債権総論
第五版

債権総論

第五版

中田裕康

岩波書店

第五版はしがき

　第四版の刊行から4年余りが経過した。本書は、この間の法令・判例・学説の動きに対応するための改訂版である。

　2017年に民法(債権関係)が改正された後も、民法及び関連する法令の改正や制定は進み、かなりの分量になっている。さらに、現在、準備されている担保法制の改正は、本書第10章(集合債権譲渡の部分)に直接的にかかわるものである。

　判例の展開も大きい。多くは改正前の民法のもとでのものだが、それを含め、現行民法を理解するうえで参照されるべきものが少なくない。

　これらにもまして、学説の進展は著しい。改正民法が施行され本書第四版が刊行された2020年当時、既に改正に関する多数の論稿が公表されていたが、それからの4年余の間に公刊された著作の規模は、それをはるかに凌駕する。改正民法の解説とともに新たな検討を加える教科書、改正前からの議論をも振り返りつつ解釈論を深めたりさらなる改正を提唱したりする著書・論文、改正と実務との関係を考究する論稿、外国法や歴史の検討に基づく重厚な基礎的研究など、質量ともに豊かである。

　現在の日本における債権総論の水準を平明に描く、という本書の目標を実現するため、これらの動きを反映させたいと考えた。問題は、膨大な情報や議論に対応しようとすると、長大化することである。といって、簡潔にすぎると、かえってわかりづらくなる。その兼ね合いに悩んだが、結果として、増頁を回避できなかった。それでも、初めて勉強される読者が戸惑われることのないよう、本文と◇のコラムの平明さを維持することに努めた。他方、立ち入った問題は、◆のコラムに送り、初めての方には後で読んでいただくようにしてきたが、今回、その部分を増加させた。また、さらに進んだ検討をされようとする読者を念頭に、主として脚注で、関連文献をやや手厚く示すことにした。

　今回の改訂は、全体にわたるものである。2022年春に大学の教壇を離れたが、幸い、研究環境を維持することができている。ただ、学生諸氏と接する機

会が大きく減じた。そのため、読者の方々から、対面で、あるいは、お手紙やオンラインで、頂いたご教示やご質問は、これまでにもまして貴重だった。ここに厚くお礼を申し上げる。

　今回の改訂にあたっても、岩波書店編集部伊藤耕太郎氏をはじめ、同社関係諸部門の皆様から、多大のご助力を頂いた。深く感謝申し上げる。

2025年2月
中 田 裕 康

初版はしがき

　債権総論は、むずかしいといわれる。たしかに、「債権」という権利について、その内容や効力などを検討するという抽象的な議論は、日常生活とは距離があり、もともと、わかりにくい。学説のむずかしさもある。かつては、我妻栄『新訂債権総論』に代表される通説があったが、その後の学説は、通説を批判し、その前提を問い直すことによって発展した。それは進展ではあったが、ともすれば、議論が多層的かつ精緻な、つまり複雑なものとなり、また、ときとして、その内容が独自の概念に凝縮されることもある。その結果、その成果が研究者の狭い社会の中でしか共有されていない状況に陥っているのかもしれない。さらに、多数の判例と特別法の出現、高度な実務の発達、国際的な動向の影響など、情報量が著しく増加し、その吸収がたいへんだということもある。このような事態のもとで、学生のなかには、さらには法曹界においてさえ、近年の学説の展開に関心をもたない人々が見られなくもない。

　しかし、他方、裁判の場はもとより、先端的な取引実務の場においても、新たな問題の解決や新しいシステムの構築にあたって、債権総論にかかわる理論的検討が求められることは、決して稀ではない。そして、なによりも、民法(債権法)の改正が予定されている現在、それに正面から取り組み、よりよい民法の構築に向けて力を出し合うためには、この領域における実定法(制定法・判例)と学説の現況を把握することが必要となる。そうだとすれば、むずかしいといわれる債権総論を少しでも平明に伝えることは、大学でこの分野を研究する機会を与えられている者の責務であろう。優れた体系書・教科書が多くあるなか、筆者がその驥尾に付したいと考えたのは、このような気持ちからである。

　本書は、現在の日本における債権総論の水準を描こうとするものである。初めて学ぶ人、ひととおりの勉強をした人、さらに、既に実務や研究に携わっている人のそれぞれに向けてのメッセージが込められている。初学者は、本文と◇のコラムを読むことにより、基本的な理解を得ることができるだろう。より

進んだレベルにある人々は、本文と◆のコラム、あるいは、後者のみを読むことにより、現在の問題状況を把握することができるだろう。非力ではあるが、それが可能になるように努めた。

筆者としては、本書が読者の役に立つものとなることを希望している。そして、本書を読了した後、債権総論は、むずかしいけれども、おもしろいものだ、という印象を抱くようになられた読者が、少数ではあっても、いてくださることを、実は期待してもいる。

本書を書き終えた今、一橋大学における13年間の生活が終わりつつある。研究室のある国立キャンパスは、四季それぞれに美しく、家族的な暖かい雰囲気に包まれている。この素晴らしい環境で、研究と教育に従事できたことが、本書の基盤となっている。同僚である教職員各位、また、ゼミ参加者を中心とする学生・院生諸氏に、心からの感謝を申し上げる。

多くの先学、同時代の研究者・実務家、前任校である千葉大学のスタッフと学生・院生諸氏など、謝辞を申し上げるべき方々は尽きない。長年にわたり、これらの方々から頂戴した学恩に、深く感謝申し上げる次第である。

本書の校正にあたっては、千葉大学准教授鳥山泰志氏のご協力を得た。多数の有益な意見や指摘により、本書は格段に改善された。厚くお礼を申し上げる。もとより、まだ残っているかもしれない過誤は、筆者の責任であり、読者の指摘をいただきつつ、さらに改良していきたいと思う。

本書の執筆は、8年前、岩波書店編集部伊藤耕太郎氏からお誘いを受けたことに由来する。その後、法科大学院の発足を始めとして、さまざまな事情で執筆が遅延しがちであったが、同氏に絶妙の間合いで励ましていただき、ようやく脱稿することができた。また、同氏の社内異動に伴い、新たに担当をお引き受けくださった佐藤司氏には、的確かつ精力的に出版の準備を進めていただいている。お2人の編集者にも、深甚の謝意を表する。

2007年12月

中田 裕康

本書の記号と略語の説明

本書では、人は、原則として、A、B、Cで表す。ただし、債権者をG、債務者をS（ドイツ語のGläubiger, Schuldnerに由来する伝統的記号）で表すことや、原告をX、被告をY（近年の慣行的記号）で表すこともある。物は、原則として、甲、乙、丙で表す。

条文は、民法については、平成29(2017)年法律第44号（債権関係）、平成30(2018)年法律第59号（成年年齢）、同年法律第72号（相続法制）、令和元(2019)年法律第2号（民事執行法改正）、同年法律第34号（特別養子）、令和3(2021)年法律第24号（所有者不明土地）、同年法律第37号（デジタル社会形成）、令和4(2022)年法律第102号（親子法制）、同年法律第48号（民事訴訟法改正関連、未施行）、令和5(2023)年法律第53号（民事関係手続IT化関連、未施行）及び令和6(2024)年法律第33号（家族法制、未施行）による改正後の現行民法（一部、未施行を含む）の条文数のみで表示し、2017年改正前の規定は「旧○○条」という形で示す。すなわち、「400条」は現行民法400条を、「旧400条」は2017年改正前の民法400条を意味する。2017年から2024年までの間の改正に関しては、「2021年改正前486条」などの形で示す。その他の法律については、一般的な省略形で表示する。たとえば、「商511条」は商法511条を表す。法律改正前の規定は、「2017年改正前商514条」などの形で示す。なお、動産債権担保法制の改正について2025年2月に法制審議会が決定した「担保法制の見直しに関する要綱」を「担保要綱」とし、その項番で表示する。

◇は、本文の記述を具体化し、わかりやすくするための説明・例示・敷衍・補足などである。債権総論を初めて学ぶ読者を想定している。

◆は、本文の記述よりもさらに基礎的又は発展的な問題の検討や、私見の提示などである。2017年改正前の民法及びその改正の経緯についての説明も、ここで行う。債権総論をひととおり修得した読者を想定している。

文献の引用は、下記〈凡例〉の左欄の名称等による。それ以外の文献は、各章ごとに紹介する。その際、論文については、副題を省略することがある。文章の引用に際しては、現代表記・算用数字に改めることもある。

〈凡例〉
I 体系書・教科書（債権総論）
安達　安達三季生『債権総論講義〔第4版〕』(2000年、信山社)
淡路　淡路剛久『債権総論』(2002年、有斐閣)
池田　池田真朗『新標準講義民法債権総論〔全訂3版〕』(2019年、慶應義塾大学出版会)
石坂上〜下　石坂音四郎『日本民法第三編債権上巻〜下巻』(上1924年〔初版I1911年、II12年〕、中1919年〔同III13年、IV14年〕、下1921年〔同V15年、VI16年〕、有斐閣

書房）

石田文　石田文次郎『債権総論』(1947年、早稲田大学出版部。使用版は1953年7版）

石田ほか　石田剛＝荻野奈緒＝齋藤由起『債権総論〔第2版〕』(2023年、日本評論社）

石田　石田穰『債権総論』(2022年、信山社）

内田勝　内田勝一『債権総論』(2000年、弘文堂）

内田　内田貴『民法Ⅲ（債権総論・担保物権）〔第4版〕』(2020年、東京大学出版会)（〔第3版〕〔2005年〕）

梅　梅謙次郎『民法要義巻之三（債権編）〔訂正増補第33版〕』(1912年。復刻版、1984年、有斐閣）

近江　近江幸治『民法講義Ⅳ（債権総論）〔第4版〕』(2020年、成文堂)（〔第3版補訂〕〔2009年〕）

大村(3)　大村敦志『新基本民法3担保編〔第2版〕』(2021年、有斐閣）

大村(4)　同『新基本民法4債権編〔第2版〕』(2019年、有斐閣）

岡松　岡松參太郎『註釋民法理由下巻債権編』(1897年、有斐閣書房）

岡村　岡村玄治『改訂債権法総論』(1931年、巖松堂書店。初版は1924年）

奥田　奥田昌道『債権総論〔増補版〕』(1992年、悠々社）

奥田＝佐々木上〜下　奥田昌道＝佐々木茂美『新版債権総論上巻〜下巻』（上2020年、中2021年、下2022年、判例タイムズ社）

小野　小野秀誠『債権総論』(2013年、信山社）

於保　於保不二雄『債権総論〔新版〕』(1972年、有斐閣）

甲斐ほか　甲斐道太郎編『債権総論〔第2版〕』(2001年、法律文化社）

片山ほか　片山直也＝白石大＝荻野奈緒『民法4債権総論〔第2版〕』(2023年、有斐閣）

勝本上〜中Ⅲ　勝本正晃『債権総論上巻〜中巻之三』（上1930年、中Ⅰ1934年、中Ⅱ1936年、中Ⅲ1936年、巖松堂書店）

加藤　加藤雅信『新民法大系Ⅲ債権総論』(2005年、有斐閣）

角　角紀代恵『債権総論〔第2版〕』(2021年、新世社）

川井　川井健『民法概論3債権総論〔第2版補訂版〕』(2009年、有斐閣）

川島　川島武宜『債権法総則講義第一』(1949年、岩波書店。使用版は1956年3刷）

川名　川名兼四郎『債権法要論』(1915年、金刺芳流堂）

北川　北川善太郎『債権総論（民法講要Ⅲ）〔第3版〕』(2004年、有斐閣）

倉田監　倉田卓次監修『要件事実の証明責任（債権総論）』(1986年、西神田編集室）

近藤＝柚木上・中　近藤英吉＝柚木馨『註釈日本民法（債権編総則）上巻・中巻』（上1934年、中1935年、巖松堂書店）

近藤＝柚木ほか下　田島順＝柚木馨＝伊達秋雄＝近藤英吉『註釈日本民法（債権編総則）下巻』(1936年、巖松堂書店）

澤井　澤井裕『テキストブック債権総論〔補訂版〕』(1985年、有斐閣）

潮見Ⅰ・Ⅱ　潮見佳男『債権総論Ⅰ〔第2版〕・Ⅱ〔第3版〕』（Ⅰ2003年、Ⅱ2005年、信山社）
潮見新Ⅰ・新Ⅱ　同『新債権総論Ⅰ・Ⅱ』（2017年、信山社）
潮見プラ　同『プラクティス民法　債権総論〔第5版補訂〕』（2020年、信山社）〔原則として、より詳細な前2書（新Ⅰ・新Ⅱ）のみを引用する〕
末弘　末弘嚴太郎『債権総論』（1938年、日本評論社）
鈴木　鈴木禄弥『債権法講義〔4訂版〕』（2001年、創文社）
双書(4)　水本浩ほか『民法(4)債権総論〔第4版〕』（1997年、有斐閣）
髙橋　髙橋眞『入門債権総論』（2013年、成文堂）
円谷　円谷峻『債権総論〔第2版〕』（2010年、成文堂）
手嶋ほか　手嶋豊＝藤井徳展＝大澤慎太郎『民法Ⅲ債権総論』（2022年、有斐閣）
富井　富井政章『民法原論第三巻債権総論上』（1929年。復刻版、1985年、有斐閣）
中井　中井美雄『債権総論講義』（1996年、有斐閣）
中島　中島玉吉『債権総論』（1928年、金刺芳流堂）
長島LO　長島・大野・常松法律事務所編『アドバンス債権法』（2023年、商事法務）
中田ほか　中田裕康＝高橋眞＝佐藤岩昭『民法4債権総論』（2004年、有斐閣）
中舎　中舎寛樹『債権法』（2018年、日本評論社）
野澤　野澤正充『債権総論　セカンドステージ債権法Ⅱ〔第4版〕』（2024年、日本評論社）
野村ほか　野村豊弘＝栗田哲男＝池田真朗＝永田眞三郎＝野澤正充『民法Ⅲ――債権総論〔第5版〕』（2023年、有斐閣）
鳩山　鳩山秀夫『増訂改版　日本債権法（総論）』（1925年、岩波書店）
林ほか　林良平（安永正昭補訂）＝石田喜久夫＝高木多喜男『債権総論〔第3版〕』（1996年、青林書院）
原田　原田剛『債権総論講義』（2024年、成文堂）
平井　平井宜雄『債権総論〔第2版〕』（1994年、弘文堂）
平野プラ　同『プラクティスシリーズ債権総論』（2005年、信山社）
平野　平野裕之『債権総論〔第2版〕』（2023年、日本評論社）
星野　星野英一『民法概論Ⅲ（債権総論）』（1978年、良書普及会。使用版は1992年補訂版6刷）
本書4版　中田裕康『債権総論〔第4版〕』（2020年、岩波書店）（〔第3版〕〔2013年〕）
前田　前田達明『口述債権総論〔第3版〕』（1993年、成文堂）
松井　松井宏興『債権総論〔第2版〕』（2020年、成文堂）
松坂　松坂佐一『民法提要債権総論〔第4版〕』（1982年、有斐閣）
水本セミ　水本浩『債権総論（民法セミナー4）』（1976年、一粒社）
水本　同『債権総論』（1989年、有斐閣）
三藤〔来栖〕　三藤邦彦『債権総論・担保物権〔第1分冊〕』（1999年、信山社）〔来栖三郎

講義案(1970 年)を土台として改訂したもの
宮本　宮本健蔵編著『新・マルシェ債権総論〔第 2 版〕』(2023 年、嵯峨野書院)
山中　山中康雄『債権総論』(1953 年、巖松堂書店)
山野目　山野目章夫『民法概論 3 債権総論』(2024 年、有斐閣)
山本監　山本敬三監修、粟田昌裕＝坂口甲＝下村信江＝吉永一行『民法 4 債権総論〔第 2 版〕』(2024 年、有斐閣)
柚木(高木)　柚木馨(高木多喜男補訂)『判例債権法総論〔補訂版〕』(1971 年、有斐閣)
横田　横田秀雄『債権総論』(1908 年、清水書店。使用版は 1923 年 18 版)
吉田　吉田邦彦『債権総論講義録(契約法Ⅰ)』(2012 年、信山社)
我妻　我妻栄『新訂債権総論(民法講義Ⅳ)』(1964 年、岩波書店。使用版は 1971 年 9 刷)
渡辺＝野澤　渡辺達徳＝野澤正充『債権総論』(2007 年、弘文堂)

Ⅱ　債権総論以外の領域の体系書・教科書等
伊藤・破産　伊藤眞『破産法・民事再生法〔第 5 版〕』(2022 年、有斐閣)
伊藤・民訴　伊藤眞『民事訴訟法〔第 8 版〕』(2023 年、有斐閣)
内田Ⅳ　内田貴『民法Ⅳ〔補訂版〕』(2004 年、東京大学出版会)
江頭・商取引　江頭憲治郎『商取引法〔第 9 版〕』(2022 年、弘文堂)
小川編・破産　小川秀樹編著『一問一答新しい破産法』(2004 年、商事法務)
加藤Ⅴ　加藤雅信『新民法大系Ⅴ事務管理・不当利得・不法行為〔第 2 版〕』(2005 年、有斐閣)
潮見・新契約Ⅰ　潮見佳男『新契約各論Ⅰ』(2021 年、信山社)
潮見・不法行為Ⅰ　潮見佳男『不法行為法Ⅰ〔第 2 版〕』(2009 年、信山社)
司研・類型別　司法研修所編『4 訂 紛争類型別の要件事実』(2023 年、法曹会)
四宮＝能見・総則　四宮和夫＝能見善久『民法総則〔第 9 版〕』(2018 年、弘文堂)
高橋・民訴上・下　高橋宏志『重点講義民事訴訟法上・下〔第 2 版補訂版〕』(上 2013 年、下 2014 年、有斐閣)
竹下編・破産　竹下守夫編代『大コンメンタール破産法』(2007 年、青林書院)
道垣内・担物　道垣内弘人『担保物権法〔第 4 版〕』(2017 年、有斐閣)
中川＝泉・相続　中川善之助＝泉久雄『相続法〔第 4 版〕』(2000 年、有斐閣)
中田・契約　中田裕康『契約法〔新版〕』(2021 年、有斐閣)
中野・民執　中野貞一郎『民事執行法〔増補新訂 6 版〕』(2010 年、青林書院)
中野＝下村・民執　中野貞一郎＝下村正明『民事執行法〔改訂版〕』(2021 年、青林書院)〔前掲書の方がやや詳細なので、原則として、中野・民執を引用する〕
原田・ローマ法　原田慶吉『ローマ法〔改訂〕』(1955 年、有斐閣。使用版は 1975 年 16 版)
樋口・アメリカ　樋口範雄『アメリカ契約法〔第 3 版〕』(2022 年、弘文堂)

平井・契約　平井宜雄『債権各論Ⅰ上　契約総論』(2008 年、弘文堂)
平井・不法行為　平井宜雄『債権各論Ⅱ不法行為〔2 刷部分補正〕』(1993 年、弘文堂)
星野Ⅳ　星野英一『民法概論Ⅳ(契約)〔合本新訂 5 刷〕』(1994 年、良書普及会)
山口・フランス　山口俊夫『フランス債権法』(1986 年、東京大学出版会)
山下・保険上・下　山下友信『保険法(上)・(下)』(上 2018 年、下 2022 年、有斐閣)
米倉プレ　米倉明『プレップ民法〔第 5 版増補版〕』(2024 年、弘文堂)
我妻Ⅱ　我妻栄(有泉亨補訂)『新訂物権法(民法講義Ⅱ)』(1983 年、岩波書店)
我妻Ⅲ　我妻栄『新訂担保物権法(民法講義Ⅲ)』(1968 年、岩波書店。使用版は 1971 年 3 刷)
我妻V_1　同『債権各論上巻(民法講義V_1)』(1954 年、岩波書店)
我妻V_2　同『債権各論中巻一(民法講義V_2)』(1957 年、岩波書店)

Ⅲ　コンメンタール・講座・論文集等
注民(10)　奥田昌道編『注釈民法(10)債権(1)』(1987 年、有斐閣)
注民(11)　西村信雄編『注釈民法(11)債権(2)』(1965 年、有斐閣)
注民(12)　磯村哲編『注釈民法(12)債権(3)』(1970 年、有斐閣)
新版注民(10)Ⅰ　奥田昌道編『新版注釈民法(10)Ⅰ債権(1)』(2003 年、有斐閣)
新版注民(10)Ⅱ　同『新版注釈民法(10)Ⅱ債権(1)』(2011 年、有斐閣)
新版注民(13)　谷口知平＝五十嵐清編『新版注釈民法(13)債権(4)〔補訂版〕』(2006 年、有斐閣)
新注民(8)　磯村保編『新注釈民法(8)』(2022 年、有斐閣)
新注民(10)　山田誠一編『新注釈民法(10)』(2024 年、有斐閣)
改正コメ　松岡久和＝松本恒雄＝鹿野菜穂子＝中井康之編『改正債権法コンメンタール』(2020 年、法律文化社)
新基コメⅠ　鎌田薫＝松本恒雄＝野澤正充編『新基本法コンメンタール債権 1』(2021 年、日本評論社)
講座Ⅳ　星野英一編集代表『民法講座Ⅳ債権総論』(1985 年、有斐閣)
講座Ⅴ　同『民法講座Ⅴ契約』(1985 年、有斐閣)
講座別Ⅰ　同『民法講座別巻 1』(1990 年、有斐閣)
講座別Ⅱ　同『民法講座別巻 2』(1990 年、有斐閣)
百年Ⅰ　広中俊雄＝星野英一編『民法典の百年Ⅰ全般的観察』(1998 年、有斐閣)
百年Ⅲ　同『民法典の百年Ⅲ個別的観察(2)債権編』(1998 年、有斐閣)
展望Ⅰ～Ⅲ　椿寿夫編『講座現代契約と現代債権の展望 1～3』(1990 年・91 年・94 年、日本評論社)
争点　内田貴＝大村敦志編『民法の争点』(2007 年、有斐閣)
民事法Ⅱ　鎌田薫ほか編著『民事法Ⅱ担保物権・債権総論〔第 2 版〕』(2010 年、日本評

民事法Ⅲ　同『民事法Ⅲ債権各論〔第2版〕』(2010年、日本評論社)
民法理論研　民法理論の対話と創造研究会編『民法理論の対話と創造』(2018年、日本評論社)
星野追悼　星野英一追悼『日本民法学の新たな時代』(2015年、有斐閣)
瀬川＝吉田古稀上・下　瀬川信久＝吉田克己古稀『社会の変容と民法の課題　上巻・下巻』(2018年、成文堂)
近江古稀上・下　『社会の発展と民法学上巻・下巻』(2019年、成文堂)
フロンティア　瀬川信久＝能見善久＝佐藤岩昭＝森田修編『民事責任法のフロンティア』(2019年、有斐閣)
池田古稀　池田眞朗古稀『民法と金融法の新時代』(2020年、慶応義塾大学出版会)
中田古稀　中田裕康古稀『民法学の継承と展開』(2021年、有斐閣)
新井古稀　新井誠古稀『高齢社会における民法・信託法の展開』(2021年、日本評論社)
磯村古稀　磯村保古稀『法律行為法・契約法の課題と展望』(2022年、成文堂)
宮本古稀　宮本健蔵古稀『民法学の伝統と新たな構想』(2022年、信山社)
米倉米寿　米倉明米寿『現代の担保法』(2022年、有斐閣)
河上古稀Ⅰ・Ⅱ　河上正二古稀『これからの民法・消費者法(Ⅰ)・(Ⅱ)』(2023年、信山社)
小野古稀　小野秀誠古稀『社会の多様化と私法の展開』(2024年、法律文化社)
潮見追悼・財　潮見佳男追悼『財産法学の現在と未来』(2024年、有斐閣)
潮見追悼・家　潮見佳男追悼『家族法学の現在と未来』(2024年、信山社)
中田・研究　中田裕康『継続的取引の研究』(2000年、有斐閣)
中田・現代化　同『私法の現代化』(2022年、有斐閣)
中田・規範　同『継続的契約の規範』(2022年、有斐閣)

〔民法(債権法)改正の検討〕
改正課題　山本敬三ほか『債権法改正の課題と方向』別冊NBL 51号(1998年、商事法務研究会)
基本方針Ⅰ～Ⅴ　民法(債権法)改正検討委員会編『詳解　債権法改正の基本方針Ⅰ～Ⅴ』(2009～10年、商事法務)
森田・深める　森田宏樹『債権法改正を深める』(2013年、有斐閣)

〔2017年民法改正〕
秋山ほか・改正　秋山靖浩＝伊藤栄寿＝宮下修一編著『債権法改正と判例の行方──新しい民法における判例の意義の検証』(2021年、日本評論社)
磯村・改正　磯村保『事例でおさえる民法　改正債権法』(2021年、有斐閣)
井上＝松尾・改正　三井住友銀行総務部法務室著、井上聡＝松尾博憲編著『practical 金融法務　債権法改正〔第2版〕』(2020年、金融財政事情研究会)

大村＝道垣内・改正　大村敦志＝道垣内弘人編『解説民法（債権法）改正のポイント』（2017年、有斐閣）
改正講座Ⅱ　鎌田薫＝加藤新太郎＝松本恒雄編『債権法改正講座第2巻債権総論』（2024年、日本評論社）
改正と民法学Ⅰ～Ⅲ　安永正昭＝鎌田薫＝能見善久古稀記念『債権法改正と民法学Ⅰ～Ⅲ』（2018年、商事法務）
鎌田ほか・改正　鎌田薫＝内田貴ほか『重要論点　実務民法（債権関係）改正』（2019年、商事法務）
潮見・改正　潮見佳男『民法（債権関係）改正法の概要』（2017年、金融財政事情研究会）
潮見ほか・改正　潮見佳男＝千葉惠美子＝片山直也＝山野目章夫編『詳解改正民法』（2018年、商事法務）
潮見ほか・BA改正　潮見佳男＝北居功＝高須順一＝赫高規＝中込一洋＝松岡久和編著『Before/After 民法改正〔第2版〕』（2021年、弘文堂）
道垣内＝中井・改正　道垣内弘人＝中井康之編著『債権法改正と実務上の課題』（2019年、有斐閣）〔初出2018〕
倒産法交錯　中島弘雅＝片山直也＝岡伸浩編代『民法と倒産法の交錯』（2023年、商事法務）〔各論文の表題は割愛する〕
中田ほか・改正　中田裕康＝大村敦志＝道垣内弘人＝沖野眞已『講義債権法改正』（2017年、商事法務）
平野・改正　平野裕之『新債権法の論点と解釈〔第2版〕』（2021年、慶應義塾大学出版会）
森田・文脈　森田修『「債権法改正」の文脈――新旧両規定の架橋のために』（2020年、有斐閣）
森田監・改正　森田宏樹監修、丸山絵美子＝吉永一行＝伊藤栄寿＝三枝健治『ケースで考える　債権法改正』（2022年、有斐閣）
山野目・改正　山野目章夫『新しい債権法を読みとく』（2017年、商事法務）

Ⅳ　立法関係資料
〔明治民法等〕
民法速記録Ⅰ～Ⅶ　法務大臣官房司法法制調査部監修『日本近代立法資料叢書1～7　法典調査会民法議事速記録一～七』（1983年～84年、商事法務研究会）
総会速記録　同『同12 法典調査会民法総会議事速記録』（1988年、同上）
主査会速記録　同『同13 法典調査会民法主査会議事速記録』（1988年、同上）
整理会速記録　同『同14 法典調査会民法整理会議事速記録』（1988年、同上）
民法修正案理由書　廣中俊雄編著『民法修正案（前三編）の理由書』（1987年、有斐閣）
Exposé des motifs, t. 1～4　Code civil de l'Empire du Japon accompagné d'un exposé

des motifs, t. 1-4, 1891, Kokubunsha(『日本立法資料全集別巻 28〜31』〔1993 年、信山社〕の復刻版を使用)

仏訳民法　Code civil de L'Empire du Japon, Traduction par I. Motono et M. Tomii, 1898, Librairie de la Société du Recueil Général des Lois et des Arrêts(復刻版〔1997 年、新青出版〕を使用)

史料債総　前田達明監修『史料債権総則』(2010 年、成文堂)

〔現代語化〕

吉田＝筒井・現代語化　吉田徹＝筒井健夫編著『改正民法の解説』(2005 年、商事法務)

〔2017 年改正〕

論点整理説明　商事法務編『民法(債権関係)の改正に関する中間的な論点整理の補足説明』(2011 年、商事法務)

中間試案説明　商事法務編『民法(債権関係)の改正に関する中間試案の補足説明』(2013 年、商事法務)

部会資料　法制審議会民法(債権関係)部会において審議に付された資料(法務省ウェブサイトに掲載。序章注 22 記載の出版物もある)

部会議事録　同部会の審議の議事録(同上)

一問一答　筒井健夫＝村松秀樹編著『一問一答 民法(債権関係)改正』(2018 年、商事法務)

V　判例評釈・判例解説

判民大 10　『判例民法大正十年度』(大正 11 年度まで)(有斐閣)

判民昭 10　『判例民事法昭和十年度』(大正 12 年度〜昭和 27 年度、昭和 40 年度、昭和 41 年度)(有斐閣)

最判解民令 3　『最高裁判所判例解説民事篇令和 3 年度』(昭和 29 年度〜)(法曹会)

百選 I　潮見佳男＝道垣内弘人編『民法判例百選 I 総則・物権〔第 9 版〕』(2023 年、有斐閣)(〔第 8 版〕同編〔2018 年〕)

百選 II　窪田充見＝森田宏樹編『民法判例百選 II 債権〔第 9 版〕』(2023 年、有斐閣)(〔第 3 版〕星野英一＝平井宜雄編〔1989 年〕、〔第 4 版〕同編〔1996 年〕、〔第 5 版新法対応補正版〕星野英一＝平井宜雄＝能見善久編〔2005 年〕、〔第 6 版〕中田裕康＝潮見佳男＝道垣内弘人編〔2009 年〕、〔第 7 版〕中田裕康＝窪田充見編〔2015 年〕、〔第 8 版〕窪田充見＝森田宏樹編〔2018 年〕)

百選 III　大村敦志＝沖野眞已編『民法判例百選 III 親族・相続〔第 3 版〕』(2023 年、有斐閣)(〔第 2 版〕水野紀子＝大村敦志編〔2018 年〕)

倒産百選　松下淳一＝菱田雄郷編『倒産判例百選〔第 6 版〕』(2021 年、有斐閣)

重判令 5　『ジュリスト重要判例解説令和 5 年度』(昭和 44 年度〜)(有斐閣)

基本判例　平井宜雄編『民法の基本判例〔第 2 版〕』(1999 年、有斐閣)

判例に学ぶ　星野英一編『判例に学ぶ民法』(1994年、有斐閣)

VI　条約・国際的原則等
CISG　United Nations Convention on Contracts for the International Sale of Goods (1980)
UNIDROIT　UNIDROIT Principles of International Commercial Contracts (1994)
UNIDROIT 2004/2010/2016　UNIDROIT Principles of International Commercial Contracts 2004/2010/2016 〔2016年版で内容の変化がない場合、以前の版の引用を省略することがある〕
PECL I〜III　Principles of European Contract Law, Parts I & II (2000)、Part III (2003)
DCFR　Principles, Definitions and Model Rules of European Private Law——Draft Common Frame of Reference (2009)
CESL　Proposal for a REGULATION OF THE EUROPEAN PARLIAMENT AND OF THE COUNCIL on a Common European Sales Law (2011)

VII　判例集・雑誌
民録(大審院民事判決録)、民集(大審院／最高裁判所民事判例集)、裁集民(最高裁判所裁判集民事)、裁時(裁判所時報)、判時(判例時報)、判タ(判例タイムズ)、新聞(法律新聞)、法協(法学協会雑誌)、論叢(法学論叢)、民商(民商法雑誌)、北法(北大法学論集)、名法(名古屋大学法政論集)、阪法(阪大法学)、神戸(神戸法学雑誌)、都法(東京都立大学法学会雑誌)、法雑(法学雑誌)、新報(法学新報)、志林(法学志林)、早法(早稲田法学)、法研(法学研究〔慶應〕)、同法(同志社法学)、ジュリ(ジュリスト)、法時(法律時報)、曹時(法曹時報)、金法(金融法務事情)、金判(金融・商事判例)、法教(法学教室)、法セ(法学セミナー)、リマークス(私法判例リマークス)など、通例の省略型を用いる。

目　次

第五版はしがき ……………………………………………………………… v
初版はしがき ………………………………………………………………… vii
本書の記号と略語の説明 …………………………………………………… ix

序　章　債権総論とは何か …………………………………………… 1

1　民法典と債権総論　1
　(1) 日本の民法典の形成と構造[(a) 問題の所在　(b) 民法典の形成　(c) 民法典の構造]　(2) 債権総論の位置づけ[(a) 債権総則と債権総論　(b) 債権総則と債権各則　(c) 債権総則の「総則」性の不明瞭さ──明治民法　(d) 債権総則の具体化と「総則」性の維持──2017年改正]
2　社会の中の債権総論　8
3　債権法に関する国際的な動き　9
　(1) 債権法の統一化の動き　(2) 債権法の現代化の動き
4　日本民法の改正　13
5　本書の構成　15

―――― 第 1 編　債権の発生 ――――

第 1 章　債権の概念 …………………………………………………… 18
第 1 節　2 つの定義 ………………………………………………………… 18
第 2 節　債権と物権 ………………………………………………………… 21
第 3 節　債権と請求権 ……………………………………………………… 24

第 2 章　債権の発生原因と要件 …………………………………… 26
第 1 節　債権の発生原因 …………………………………………………… 26

1　各種の発生原因　26
　　　　(1) 法律行為　(2) 法律の規定　(3) 信義則（社会的接触関係）
　　2　債権とその発生原因との関係　29
　第2節　債権の発生の要件 …………………………………………………… 30
　　1　債権の「目的」　30
　　2　債権の「目的」の要件　30
　　　　(1) 債権の目的と契約　(2) 給付の適法性　(3) 給付の可能性　(4) 給付の確定性　(5) 給付の金銭的価値　(6) 債権の目的の要件の意義

第3章　債権の種類 …………………………………………………………… 35

　第1節　債権の分類 …………………………………………………………… 35
　　1　債権の内容の多様性　35
　　2　分類の視点　35
　　　　(1) 様々な分類　(2) 履行の強制方法という視点[(a) 2組の分類　(b) 作為債務・不作為債務　(c) 与える債務・なす債務]　(3) 債務不履行責任の成否という視点
　第2節　民法の規定する債権 ………………………………………………… 39
　　1　特定物債権　40
　　　　(1) 意義[(a) 特定物・不特定物　(b) 代替物・不代替物]　(2) 特定物債権の特徴[(a) 善管注意保存義務　(b) 履行不能　(c) その他]
　　2　種類債権　49
　　　　(1) 目的物の品質　(2) 目的物の特定[(a) 特定の意義　(b) 特定の要件　(c) 特定の効果]　(3) 制限種類債権[(a) 伝統的な説明　(b) 批判]
　　3　金銭債権　61
　　　　(1) 意義　(2) 金銭債権と通貨　(3) 金銭債権の特徴
　　4　利息債権　65
　　　　(1) 意義[(a) 元本債権と利息債権　(b) 利息と遅延損害金]　(2) 民法の規定[(a) 利率　(b) 単利と複利]　(3) 高利の規制[(a) 利息規制についての法制度のあり方　(b) 利息規制に関する現在の法制度]　(4) 融資枠契約
　　5　選択債権　74
　　　　(1) 意義　(2) 選択債権の特定[(a) 選択権の行使　(b) 給付不能]

　　　　　　　　　　　　　　　　　　　　　　　目　次　xxi

────── **第 2 編　債権の効力** ──────

第 4 章　「債権の効力」とは何か ……………………………………… 80

第 1 節　「債権の効力」を検討する視点 ……………………………… 80

第 2 節　債権に含まれる力の分析 ……………………………………… 81

1　債権の 4 つの力　81
（1）請求力［(a) 意義　(b) 障害事由］　(2) 給付保持力　(3) 訴求力　(4) 執行力

2　一部又は全部の力の欠如　85
(1) 徳義上の債務　(2) 自然債務［(a) 意義　(b) 不訴求の合意のある債務　(c) 法律上訴求できない債務　(d) 自然債務という概念の要否］　(3) 責任なき債務

3　債務と責任　89

第 3 節　債権の具体的機能 ……………………………………………… 91

1　当事者間の効力　91
(1) 債権者のできること　(2) 債務者のできること

2　債務者の責任財産の保全　93

3　第三者に対する効力　93

第 4 節　「契約の拘束力に基づく救済手段」という視点 ……………… 94

第 5 章　当事者間の効力 …………………………………………………… 97

第 1 節　履行の強制 ……………………………………………………… 97

1　意　義　97
(1) 履行の請求と履行の強制　(2) 履行の強制における 2 つの理念　(3) 履行の強制と強制執行

2　要　件　102
(1) 履行の強制の要件　(2) 履行の強制の障害事由［(a) 履行不能　(b) 債務の性質　(c) その他］　(3) 履行の強制と損害賠償

3　履行の強制の具体的方法　108
(1) 強制執行に関する法律　(2) 履行の強制の 3 種の方法［(a) 種類　(b) 利用可能な方法］

4　各種債権の履行の強制の方法　111
(1) 与える債務［(a) 金銭債権　(b) 特定物債権　(c) 種類債権］　(2) なす債務

　　　　　［(a) 代替的作為債務　(b) 不代替的作為債務　(c) 不作為債務］　(3) 問題となる
　　　　ケース［(a) 幼児の引渡し　(b) 謝罪広告］
　第 2 節　債務不履行に基づく損害賠償 ………………………………………… 121
　　第 1 款　債務不履行の概念 ……………………………………………………… 121
　　　1　2 つの用語法　121
　　　2　債務不履行の種類と領域　121
　　　　　(1) 債務不履行の種類　(2) 債務不履行の領域問題
　　　3　債務不履行と不法行為　123
　　第 2 款　債務不履行に基づく損害賠償の要件 ………………………………… 127
　　　1　要件の概観　127
　　　2　債務の存在　128
　　　3　事実としての不履行　128
　　　　　(1) 概観　(2) 履行遅滞［(a) 意義　(b) 履行の可能性　(c) 履行期の到来　(d) 履
　　　　行しないこと］　(3) 履行不能［(a) 意義　(b) 原始的不能　(c)「違法性」は要件か］
　　　　(4) 履行拒絶　(5) その他の債務不履行［(a) 基本的検討　(b) 個別的な問題］
　　　　(6) 領域問題［(a) 概観　(b) 安全配慮義務　(c) 契約交渉の破棄　(d) 契約締結前
　　　　の情報提供義務　(e) 契約終了後の義務］
　　　4　損害の発生　165
　　　5　事実としての不履行と損害との因果関係　165
　　　6　免責事由　166
　　　　　(1) 意義　(2) 帰責不可事由の内容［(a) 問題の概観　(b) 改正前民法のもとでの
　　　　判例　(c) 現行民法の規律］　(3) 証明責任　(4) 履行遅滞中の履行不能と帰責事
　　　　由
　　　7　責任能力の要否　176
　　　8　履行補助者——他人の行為による債務不履行責任　177
　　　　　(1) 問題の所在　(2) 判例　(3) 学説［(a) 伝統的通説　(b) 有力説　(c) 第 3 の
　　　　説］　(4) 現行民法のもとでの考え方
　　第 3 款　債務不履行に基づく損害賠償の効果 ………………………………… 183
　　　1　損害賠償の方法　183
　　　　　(1) 金銭賠償の原則　(2) 金銭賠償の実現にあたっての問題点
　　　2　損害の概念と種類　184
　　　　　(1) 損害論［(a) 損害の概念の多層性　(b) 損害の概念に関する議論］　(2) 損害の
　　　　種類［(a) 損害を分類する意味　(b) 財産的損害・精神的損害　(c) 塡補賠償・遅延
　　　　賠償　(d) 履行利益・信頼利益］

3　損害賠償の範囲　206

　　(1) 概観　(2) 民法416条の系譜と学説の流れ[(a) 旧416条の系譜　(b) 学説の流れ——相当因果関係説とその批判]　(3) 民法416条の解釈[(a) 416条の読み方　(b) 通常損害・特別損害]

4　損害賠償額の算定　217

　　(1) 金銭的評価　(2) 損害賠償額算定の基準時[(a) 問題の所在　(b) 判例の基準　(c) 学説の展開]　(3) 中間利息の控除　(4) 損害賠償額の減額事由[(a) 損益相殺　(b) 過失相殺]　(5) 金銭債務についての特則[(a) 意義　(b) 法定利率による損害賠償額　(c) 不可抗力でも免責されないこと]　(6) 損害賠償額の予定[(a) 意義　(b) 損害賠償額の予定の制御　(c) 賠償額の予定と履行請求・解除　(d) 違約金　(e) 金銭でないものによる損害賠償]

5　損害賠償による代位　243

6　代償請求権——隣接する問題　245

　　(1) 意義　(2) 要件[(a) 目的物のある債務の履行不能　(b) 同一の原因による権利・利益の取得　(c) 損害額を限度とすること]　(3) 効果

第3節　受領遅滞　……………………………………………………………………　251

1　意　義　251

2　要　件　253

3　効　果　255

　　(1) 弁済の提供の効果　(2) 受領遅滞の効果[(a) 目的物の保存についての注意義務の軽減　(b) 増加費用の負担　(c) 履行不能における帰責事由の割当て　(d) 弁済供託が可能になること　(e) 債務者からの損害賠償請求・契約解除の可否]

4　受領遅滞の終了　260

第6章　債権の効力——債務者の責任財産の保全等 …………… 261

第1節　責任財産と債権者平等　………………………………………………………　261

第2節　債権者代位権　…………………………………………………………………　263

1　目的と機能　263

　　(1) 概観　(2) 責任財産保全の目的　(3) 債権の簡易優先回収機能　(4) 特定債権保全の目的　(5) 現行民法における債権者代位権の意義

2　一般的な債権者代位権　267

　　(1) 要件[(a) 保全の必要性　(b) 被保全債権に関する要件　(c) 被代位権利に関する要件　(d) 債務者の権利不行使]　(2) 行使[(a) 方法　(b) 範囲　(c) 相手方の抗弁]　(3) 効果[(a) 代位権行使の着手の効果　(b) 代位権行使が認められた場合の効

果　(c) 代位訴訟の判決の効力]

3　特定債権保全のための債権者代位権　286

(1)「債権者代位権の転用」　(2)「転用」の具体例[(a) 登記請求権——登記請求権　(b) 不動産賃借権——妨害排除請求権　(c) 抵当権に基づく侵害是正等請求権——妨害排除請求権　(d) 金銭債権——登記請求権　(e) 金銭債権——金銭債権]　(3) 民法改正と「転用型」の取扱い

4　現行民法における債権者代位権制度の構造と意義　295

(1) 責任財産保全目的と債権回収機能の関係[(a) 債権回収機能の評価　(b) 現行民法の解釈]　(2) 責任財産の保全と特定債権の保全の関係[(a) 民法改正までの経緯　(b) 現行民法の解釈]　(3) 現行民法における債権者代位権制度の意義

第3節　詐害行為取消権 …………………………………………… 303

1　意　義　303

(1) 概観　(2) 目的と機能[(a) 責任財産の保全の目的　(b) 債権回収機能　(c) 債権者平等を保つ機能]　(3) 破産法との関係　(4) 現行民法における詐害行為取消権

2　要　件　309

(1) 債権者側の要件——被保全債権[(a) 金銭債権であること　(b) 詐害行為より前の原因に基づいて生じたものであること　(c) 強制執行によって実現できるものであること]　(2) 債務者側の要件——債権者を害することを知ってした行為[(a) 概観　(b) 一般的要件]　(3) 受益者・転得者の要件——悪意[(a) 受益者　(b) 転得者]　(4) 各行為類型の要件[(a) 財産減少行為(正味財産減少行為)　(b) 相当価格での財産処分行為　(c) 特定の債権者に対する行為　(d) 転得者に対する詐害行為取消請求]

3　行使方法　336

(1) 訴えの提起　(2) 請求の内容と相手方[(a) 基本構造　(b) 受益者に対する訴訟　(c) 転得者に対する訴訟]　(3) 行使の時期[(a) 期間制限　(b) 被保全債権の時効消滅　(c) 破産手続との関係]

4　効　果　342

(1) 概観[(a) 効果の概要　(b) 認容判決の効力が及ぶ者の範囲]　(2) 行為の取消し——その範囲[(a) 被保全債権額による制限　(b) 目的物が不可分である場合]　(3) 逸出財産の返還及び価額償還[(a) 返還債務等の債務の発生と返還等の方法　(b) 不動産である場合　(c) 金銭・動産である場合]　(4) 取り消された場合の受益者・転得者の権利等[(a) 受益者の権利等　(b) 転得者の権利]

5　詐害行為取消権の性質論　358

第 7 章　第三者による債権侵害 …………………………………… 361

第 1 節　債権の性質と第三者との関係 ……………………………… 361

第 2 節　不法行為に基づく損害賠償請求 …………………………… 362

1　不法行為法の展開と債権侵害論の展開　362
2　かつての通説の分類　363
3　通説批判と新たな議論　364

(1) 通説批判　(2) 新たな類型化　(3) 「債権侵害による不法行為」の問題設定に対する疑問

第 3 節　債権に基づく妨害排除請求 ………………………………… 368

1　物権的請求権との比較　368
2　不動産賃借権に基づく妨害排除請求　369

(1) 不動産賃借人による妨害停止の請求等　(2) 二重賃貸借の場合

3　一般の債権に基づく妨害排除請求　372

―――― 第 3 編　債権の消滅 ――――

第 8 章　債権の消滅 …………………………………………………… 376

第 1 節　「債権の消滅」という視点の意味 ………………………… 376

1　履行・回収・消滅　376
2　各種の債権消滅原因　379

第 2 節　弁　済 ………………………………………………………… 381

1　意　義　381

(1) 概要　(2) 弁済と履行　(3) 弁済の概念の範囲　(4) 弁済の法的性質　(5) 弁済者の意思の位置づけ[(a) 弁済者の意思に関する議論　(b) 弁済の要件との関係]

2　弁済の提供　385

(1) 意義　(2) 効果[(a) 債務不履行についての免責　(b) その他の効果　(c) 双務契約における機能]　(3) 提供の方法[(a) 2 つの方法　(b) 現実の提供　(c) 口頭の提供　(d) 口頭の提供も不要とされる場合]

3　弁済の仕方　399

(1) 弁済の要件面での問題　(2) 弁済の時期　(3) 弁済の場所　(4) 弁済の内容[(a) 弁済の目的物に関する規定　(b) 特定物の引渡し　(c) 他人の物の引渡し]

(5) 弁済の方法[(a) 振込みによる弁済 (b) 弁済の費用]
  4 弁済の当事者 406
    (1) 弁済者と弁済受領者 (2) 弁済者[(a) 弁済をすべき者・しうる者 (b) 債務者 (c) 弁済の権限を与えられた者 (d) 第三者] (3) 弁済受領者[(a) 債権者 (b) 弁済受領権限を与えられた者 (c) 受領権者以外の者に対する給付 (d) 受領権者としての外観を有する者]
  5 弁済の効果 433
    (1) 債権の消滅[(a) 基本的効果 (b) 弁済の充当] (2) 弁済の証明のための弁済者の権利[(a) 受取証書交付請求権 (b) 債権証書返還請求権] (3) 弁済による代位[(a) 意義 (b) 要件 (c) 効果]

第3節 弁済供託 ……………………………………………………… 471
  1 意 義 471
    (1) 弁済供託と各種の供託 (2) 弁済供託の法的性質
  2 要 件 473
    (1) 供託する者 (2) 供託所 (3) 目的物 (4) 供託原因[(a) 債権者の受領拒絶 (b) 債権者の受領不能 (c) 債権者の確知不能] (5) 債務の本旨に従うものであること
  3 方 法 476
  4 効 果 477
    (1) 債権の消滅 (2) 債権者の供託物還付請求権 (3) 供託物の所有権の移転
  5 弁済者の取戻権 478
    (1) 意義 (2) 取戻権の消滅・不発生

第4節 代物弁済 ……………………………………………………… 480
  1 意 義 480
  2 要 件 481
    (1) 債権の存在 (2) 代物弁済契約 (3)「他の給付をした」こと
  3 効 果 483
    (1) 債権の消滅 (2) 他の給付の目的である権利の移転 (3) 代物弁済契約時から現実の給付時までの法律関係 (4) 他の給付の目的物に契約不適合があった場合
  4 代物弁済予約等 485

第5節 相 殺 ………………………………………………………… 486
  1 意 義 486
    (1) 概念 (2) 立法趣旨――便利と公平 (3) 合意に基づく相殺

2 効 果 492
    (1) 債権の遡及的消滅[(a) 遡及効　(b) 相殺適状の終了と遡及効　(c) 債権証書の返還]　(2) 相殺の充当
  3 要 件 496
    (1) 概観　(2) 積極的要件・その1——相殺適状[(a) 対立する債権の存在　(b) 同種の目的　(c) 債務の性質が相殺を許さないものでないこと　(d) 弁済期の到来]　(3) 積極的要件・その2——相殺の意思表示[(a) 意思表示の要求　(b) 意思表示の相手方　(c) 内容と方式　(d) 時期　(e) 条件・期限の禁止]　(4) 消極的要件——相殺の制限[(a) 相殺制限の意思表示　(b) 自働債権の制限——抗弁権の付着する自働債権　(c) 受働債権の制限・その1——不法行為等による損害賠償債権　(d) 受働債権の制限・その2——差押禁止債権　(e) 受働債権の制限・その3——差押えを受けた債権　(f) その他の法律による禁止　(g) 相殺権の濫用]　(5) 差押えと相殺[(a) 概観　(b) 法定相殺　(c) 相殺予約]

第6節　更　改 …………………………………………………… 523
  1 意 義 523
  2 要 件 525
    (1) 従前の債務の消滅を目的とすること　(2) 新たな債務の発生を目的とすること　(3) 重要な変更　(4) 契約の当事者
  3 効 果 527

第7節　免　除 …………………………………………………… 528

第8節　混　同 …………………………………………………… 529
  1 意 義 529
  2 混同による債権消滅の例外 529
    (1) 例外が認められる理由　(2) 例外の事例

──── 第4編　当事者の複数と変動 ────

第9章　多数当事者の債権関係 ……………………………………… 534

  第1節　総　説 …………………………………………………… 534
    1 意 義 534
      (1) 概念と具体例　(2) 3種類の問題[(a) 対外的効力　(b) 影響関係　(c) 内部関係]　(3) 民法の規定
    2 2つの視点 538

(1) 債権債務の帰属形態という視点　(2) 人的担保と見る視点　(3) 2つの視点の関係

  3　本章の叙述　541

第2節　債権者が複数である関係 …………………………………………… 542

  1　分割債権　542
    (1) 意義　(2) 効力［(a) 対外的効力　(b) 影響関係　(c) 内部関係］

  2　連帯債権　545
    (1) 意義　(2) 効力［(a) 対外的効力　(b) 影響関係　(c) 内部関係］

  3　不可分債権　550
    (1) 意義　(2) 効力［(a) 対外的効力　(b) 影響関係　(c) 内部関係］

第3節　債務者が複数である関係 …………………………………………… 554

  第1款　分割債務 ……………………………………………………………… 554

  1　意　義　554
  2　効　力　555
    (1) 対外的効力　(2) 影響関係　(3) 内部関係

  第2款　連帯債務 ……………………………………………………………… 556

  1　意　義　556
    (1) 概念　(2) 内容［(a) 基本的内容　(b) 個数論　(c) 性質論］

  2　成　立　562
    (1) 意思表示による場合　(2) 法令の規定による場合

  3　効　力　564
    (1) 対外的効力　(2) 影響関係［(a) 概観　(b) 法定の絶対的効力事由　(c) 相対的効力の原則］　(3) 内部関係［(a) 求償権と負担部分　(b) 求償権の要件・効果］

  4　不真正連帯債務　583
    (1) 概観　(2) 改正前民法のもとでの議論［(a) 伝統的学説　(b) 批判］　(3) 現行民法のもとでの意義

  第3款　不可分債務 …………………………………………………………… 586

  1　意　義　586
  2　効　力　590
    (1) 対外的効力　(2) 影響関係　(3) 内部関係

  第4款　保証債務 ……………………………………………………………… 593

  1　意　義　593

(1) 保証の構造　(2) 保証の機能[(a) 債権者・債務者にとっての機能——物的担保との比較　(b) 保証人の類型による機能の相違　(c) 保証の規律の合理化と類型化]　(3) 保証債務の性質[(a) 概観　(b) 別個債務性　(c) 付従性　(d) その他の性質]

2　要　件　604
　　(1) 書面による保証契約[(a) 保証契約の締結　(b) 書面性　(c) 保証人の資格]　(2) 主たる債務[(a) 主たる債務の存在　(b) 主たる債務の内容]

3　効　果　612
　　(1) 債権者と保証人との関係[(a) 基本的効果　(b) 保証人の抗弁]　(2) 債権者と主たる債務者との関係　(3) 保証人と主たる債務者の内部関係[(a) 保証人の求償権　(b) 委託を受けた保証人の場合　(c) 委託を受けない保証人の場合　(d) 債務の消滅行為と通知　(e) 主たる債務者が複数いる場合]

4　各種の保証　633
　　(1) 連帯保証[(a) 意義及び成立　(b) 連帯保証の特徴]　(2) 共同保証[(a) 意義　(b) 共同保証人と債権者の関係　(c) 影響関係　(d) 保証人相互間の内部関係]　(3) 根保証[(a) 概観　(b) 個人根保証契約　(c) 根保証一般に関する規律　(d) 身元保証　(e) 不動産賃借人の債務の保証]　(4) 事業に係る債務の個人保証[(a) 意義　(b) 主たる債務者の情報提供義務　(c) 保証意思宣明公正証書の作成]

第10章　債権債務の移転 …………………………………… 664

第1節　2つの視点 ……………………………………………… 664

第2節　債権譲渡 ………………………………………………… 665

第1款　債権譲渡の意義 ……………………………………… 665

1　債権の移転の諸態様　665

2　債権と有価証券　666

第2款　債権の譲渡 …………………………………………… 668

1　債権譲渡の可能性　668
　　(1) 民法典論争——債権譲渡は自由か　(2) 債権譲渡の制限[(a) 債権の性質による制限　(b) 法律の規定による制限　(c) 譲渡制限特約による制限]　(3) 将来債権の譲渡性[(a) 譲渡の可能性と民法の規定　(b) 将来債権の譲渡の検討の順序]

2　債権譲渡の要件　682
　　(1) 成立要件と対抗要件　(2) 成立要件[(a) 一般　(b) 将来債権の譲渡]　(3) 対抗要件——民法467条の構造[(a) 立法例　(b) 「対抗」　(c) 「第三者」　(d) 強行法規性　(e) 将来債権の譲渡]

3　債務者との関係　690

(1) 通知・承諾の一般的効力[(a) 債務者に対する対抗要件　(b) 通知　(c) 承諾　(d) 効果]　(2) 債務者の立場[(a) 概観　(b) 債務者の抗弁の対抗　(c) 債務者の相殺の対抗　(d) 将来債権の譲渡の後に発生した事由]　(3) 抗弁の放棄──旧468条1項を削除した後の問題[(a) 旧468条1項の削除　(b) 抗弁放棄の意思表示]

4　債務者以外の第三者との関係　710

(1) 意義──不動産の二重譲渡との対比[(a)「確定日付ある通知・承諾」と「登記」の対比　(b) 対抗要件としての機能　(c) 債務者の存在　(d) 同時又は先後不明の場合がありうること]　(2) 二重譲渡の諸態様[(a) 組み合わせ　(b) 確定日付ある通知の効力の限界　(c) 劣後譲受人への弁済　(d) 将来債権の譲渡]

5　債権譲渡の機能　718

(1) 債権譲渡の伝統的機能[(a) 代物弁済としての債権譲渡　(b) 換価のための債権譲渡　(c) 取立てのための債権譲渡　(d) 担保のための債権譲渡]　(2) 債権譲渡の実態の変化

6　集合債権の譲渡　722

(1) 集合債権の譲渡の意義と検討課題　(2) 集合債権の譲渡一般についての問題点[(a) 対象となる債権の特定　(b) 対抗要件　(c) 将来債権の譲渡の効力と構造]　(3) 集合債権譲渡担保[(a) 概観　(b) 集合債権譲渡担保に関する担保要綱の規律]　(4) 債権の流動化[(a) 意義　(b) 債権の小口化　(c) 資産の流動化]

第3款　有価証券の譲渡　742

1　意　義　742

(1) 改正の経緯　(2) 有価証券の種類

2　各種の有価証券に関する規律　744

(1) 指図証券[(a) 意義　(b) 譲渡の方式　(c) 所持人の地位　(d) 債務者の地位　(e) 質入れ]　(2) 記名式所持人払証券及び無記名証券[(a) 意義　(b) 譲渡の方式　(c) 所持人の地位　(d) 債務者の地位　(e) 質入れ]　(3) その他の記名証券[(a) 意義　(b) 譲渡の方式　(c) その他の規律]　(4) 公示催告手続等

第4款　電子記録債権の譲渡　750

第3節　債務引受　752

1　意　義　752

(1) 概要　(2) 2種の制約　(3) 種類

2　併存的債務引受　755

(1) 意義　(2) 要件[(a) 債務の存在　(b) 当事者の合意]　(3) 効果[(a) 連帯しての債務の負担　(b) 影響関係　(c) 引受人の抗弁　(d) 求償権]

3　免責的債務引受　759

(1) 意義　(2) 要件[(a) 債務の存在　(b) 当事者の合意　(c) 対抗要件]　(3) 効果[(a) 債務の負担と免責　(b) 引受人の抗弁等　(c) 求償権の不存在　(d) 担保の

移転〕
  4 現行民法の債務引受の特徴 764
  5 履行引受 770
第 4 節 契約上の地位の移転 …………………………………………… 770
  1 意 義 770
  2 要 件 772
    (1) 移転される契約の存在 (2) 当事者の合意 (3) 対抗要件
  3 効 果 774

事項索引 ……………………………………………………………… 779
判例索引 ……………………………………………………………… 786

序　章

債権総論とは何か

1　民法典と債権総論

(1)　日本の民法典の形成と構造

(a)　問題の所在

　債権総論とは、形式的にいえば、民法第3編第1章「債権総則」及びその関連法令が規律する法分野を対象とする学問領域だ、ということになる。しかし、ことはそう簡単ではない。債権総則の実質は何か、それをひとまとまりのものとして論じることにどんな意味があるのか、外国でも「債権総論」はあるのか、2017年の民法改正によって債権総論の意義は変化したのかなど、次々に疑問が湧く。これらの疑問に取り組むためには、少し歴史を振り返る必要がある。

(b)　民法典の形成

　日本の民法典は、19世紀末に作られた。この民法は、内容的にはフランス法の影響が強いが、全体としての構成はドイツ法によく似ている。これは次の事情による。

　現在の民法は、日本における2つ目の民法である。最初の民法は、1890（明治23）年に公布された。これは財産法の部分をフランスの法学者ボワソナード（Boissonade）が起草し、家族法の部分を日本人委員が起草したものであり、旧民法と呼ばれる。旧民法は、内容・形式ともに、フランス法の直接的な影響下にあるものだった。1893年に施行される予定だったが、民法典論争が起こり、結局、施行されないままとなる[1]。そこで、旧民法を修正するという形式で、

---

1)　大久保泰甫＝髙橋良彰『ボワソナード民法典の編纂』(1999)、星野通編著〔松山大学法学部松大GP推進委員会増補〕『民法典論争資料集〔復刻増補版〕』(2013〔初版1969〕)。史料債総は、旧民法制定前から明治民法の2003年改正までの規律内容の変遷を示す。

新しい民法が作られることになった。3人の日本人学者(穂積陳重・富井政章・梅謙次郎)が起草し、法典調査会で検討されたうえ、帝国議会の審議を経て、財産法の部分は1896年に、家族法の部分は1898年に公布され、どちらも1898年に施行された(これに伴い旧民法は廃止された)[2]。これが現在の民法の原始規定にあたるものである。本書では、この民法を「明治民法」と呼ぶ。

財産法についていうと、フランス法直系の旧民法から明治民法に修正される段階で、他の多くの国々の法律が参照され、その影響を受けた。なかでも、当時、やはり法典編纂過程にあったドイツ民法草案の影響が非常に大きい。特に、構成については、ドイツ民法典とほぼ同様になった(内容的には、ドイツ法の影響は大きいし、英米法その他の諸国の法に由来する規定もあるが、旧民法を経てフランス法に遡りうる規定がなお多い)。

(c) 民法典の構造

構成面でのドイツ民法典との類似性は、2つある。

第1は、全体の編別である。フランス民法典(1804年)の原始規定は、「人」「財産及び所有権の諸変容」「所有権取得の諸態様」の3編から構成される。「人」が「物」を「取得する」という、日常的なイメージに沿った構成であり、インスティトゥティオネス体系という。旧民法もその系統である。これに対し、ドイツ民法典(1896年公布、1900年施行)は、より抽象化し、「総則」「債務関係法」「物権法」「親族法」「相続法」という5編の構成とした。明治民法は、ほぼこれにならった。ここには、物権と債権を体系的に区別するという理論的思考がみられる(→第1章第1節・第2節)。

第2の類似性は、総則が多いことである。民法全体についての総則(民法総則)があり、物権・債権・親族・相続の各編にもそれぞれの総則があり、債権編のなかでも契約の章にはその総則があり、契約の章のなかでも売買の節にはその総則がある。各階層で、共通項が前に出され、個別的な規定は後に配置される。これにより、法典全体の体系化と、規定相互間の論理的関係の明確化がはかられている。これもドイツ民法の影響による。

---

[2] 経緯の概観として、星野英一『民法のすすめ』(1998)191頁以下、小柳春一郎「民法典の誕生」百年I3頁。

明治民法に取り入れられた、このようなドイツ民法の体系をパンデクテン体系という。この体系は、現在も維持されている。

> ◆ **民法典の体系**[3]　　旧民法は、インスティトゥティオネス体系の流れを汲む。これは、ガイウス(Gaius)の法学入門書『法学提要(Institutiones)』(161年頃？)に由来し、ローマ法大全の一部としての『法学提要』(533年公布)、フランス民法典を経て受け継がれたものである。しかし、明治民法制定の際、当時の新しいモデルであるパンデクテン体系が採用された。これは、19世紀後半にドイツの法学者(イェーリング〔Jhering〕、ヴィントシャイト〔Windscheid〕など)が、ローマ法を体系化するために構築した論理体系であり、ドイツ諸邦の法解釈・立法、さらにドイツ民法典編纂に大きな影響を与えた。明治民法は、そのうちザクセン民法典(1863年公布、1865年施行)の編別にならった。明治民法の起草者は、債権法の中心となる契約は主に所有権等の物権に関して行われるから、物権法を先に置いた方が理解しやすい、と考えたようである。

(2) 債権総論の位置づけ

(a) 債権総則と債権総論

こうして、債権総則は、債権法の共通規範を定めたものだということになる。ところで、債権編の総則規定は、明治民法で122か条(399条〜520条)、現行民法で181か条(399条〜520条の20)ある。これは他と比べると突出して多い(物権編総則は5か条、親族編総則は6か条、相続編総則は4か条)。その理由は、次のように説明することができる[4]。物権法・親族法・相続法においては、個別的な法律制度の数は限られているし、それぞれの制度は個性が強いので、共通規定を置く意味はあまりない。また、物権や家族に関する制度は、個人の自由意思による変更が認められる余地が小さいので、一般的な原則を示す必要も少ない。これに対し、債権法では、具体的な債権関係は多種多様であるし、人々の自由

---

3) 碧海純一＝伊藤正己＝村上淳一編『法学史』(1976)146頁以下〔村上〕、オッコー・ベーレンツ＝河上正二『歴史の中の民法』(2001)、福島正夫編『明治民法の制定と穂積文書』(1956)114頁(法典調査会規程理由書第2条理由)、仁保亀松「日本民法法典編纂の法理観」『関西大学創立五十年記念論文集』(1936)31頁、前田達明編『史料民法典』(2004)1118頁、中田「民法の体系」争点4頁〔同・現代化所収〕。

4) 三藤〔来栖〕1頁、平井8頁。債権総則の必要性と重要性は、19世紀ドイツの法学者プフタ(Puchta)が指摘し、サヴィニー(Savigny)が1851年の著作で展開した(赤松秀岳「債権概念と債権法の意義」同法60巻7号〔2009〕79頁参照)。

意思によって新たな関係が形成される余地が大きい。それだけに、一般的な共通規定を定めておく必要があり、その意義も大きい。こうして、債権総則の規定数が多くなり、それを対象とする債権総論が学問分野として発達した。

(b) 債権総則と債権各則

以上の経緯から考えると、債権総則は債権法の共通規範を定め、債権各則は個別規範を定めている、ということになる。しかし、日本民法典における債権総則と債権各則との関係は、もう少しこみ入っている。

債権各則は、契約・事務管理・不当利得・不法行為の4つの章からなる。この4つは、いずれもそこから債権が発生するものである（売買契約が成立すると目的物引渡債権や代金債権が発生し、不法行為があると損害賠償債権が発生する）。つまり、債権各則は債権の発生原因を規律する（これを研究対象とする学問領域が「債権各論」である）。これに対し、債権総則（明治民法）は、「債権ノ目的」「債権ノ効力」「多数当事者ノ債権」「債権ノ譲渡」「債権ノ消滅」という5つの節からなっていた。つまり、発生した債権とは、どのような内容のもので、どのような効力があり、どのようにして消滅していくのか、また、当事者が複数である場合や発生した債権を譲渡する場合はどうなるのかを規律する。

債権各則が債権の発生原因を取り扱い、債権総則が発生した債権の効力等を取り扱うのだとすると、両者は個別・共通という関係に立つのではなく、債権の発生から消滅に至るプロセスの別の部分を規律していることになる。パンデクテン体系を貫くのなら、債権総則には、まず債権の発生に関する共通規定を掲げ、次いで、債権の効力、消滅、移転などに関する共通規定を置き、その後、債権各則で、個別的な諸規定を置くことが考えられる。しかし、明治民法の起草者は、そうするとかえってわかりにくくなると考え、債権の発生原因をまとめて債権総則の後に回した。

◆ **債権発生原因の規定**　旧民法は、財産編第2部「人権及ヒ義務」の第1章に「義務ノ原因」を置いた（第2章は「義務ノ効力」、第3章は「義務ノ消滅」）。その冒頭規定（295条）で、義務（債務）の発生原因として、「合意」「不当利得」「不正ノ損害」「法律ノ規定」を列挙し、続けてそれぞれの詳しい内容を規定した。しかし、明治民法の起草者は、「義務の原因」のなかに契約その他の原因を規定することは、理論上は正しいかもしれないが、そうすると、そこに各種の契約も規定すべ

きことになり、法典の体裁としては、この順序は「余程煩わしい」ので、「まず債権そのものに関する規定を置い」て、「債権の種々の原因は別に後に固め置いた方が法典の体裁としてはよほど簡明にして宜しい」と考えた。これはドイツ民法草案の体裁によったものだという（民法速記録Ⅲ643頁〔富井政章〕）。もっとも、ドイツ民法のような債務関係の概念の規定（ド民241条）、損害賠償債権一般についての規定（同249条以下）はない（平井3頁参照）。

(c) 債権総則の「総則」性の不明瞭さ——明治民法

このように明治民法の債権総則は、不徹底なパンデクテン体系であり、その「総則」としての性格は、やや不明瞭である[5]。この不明瞭さを2つの面から観察しよう。

(i) **債権の種類についての抽象化の不徹底** 債権総則は、本来、あらゆる債権にあてはまる共通規範であるはずだが、実は特定の種類の債権を想定している規定が少なくない。特に、金銭債権を想定している規定が多い。また、不動産引渡債権に最もよく妥当する規定もある。もちろん、債権一般にあてはまる規定もある。この点において債権総則の規定の抽象度は一様でない。

(ii) **債権発生原因との関係の不明確さ** より重要なのは、債権発生原因との関係の不明確さである。この不明確さは、①債権発生原因との関係を切断していながら、②債権発生原因との連続性をもつ規定が多くあること、から生じる。

① 債権発生原因との切断は、形式的にいえば、前述した法典編纂の際の立法技術に由来する。学説は、そのことに、より実質的な意味もこめた。すなわち、債権総論は、「債権をその成立の原因から切離して抽象的に観察し、その性質や効力を検討するもの」であり、その結果、「特殊の契約関係に対する近時の国家的干渉・統制からくる影響をして間接的な従って又比較的緩慢なものたらしめる」（我妻4頁〔1940年に書かれた序言〕）。さらに、担保・執行・倒産の場面では、債権は、それ自体が最も基本的な概念として機能する。こうして、債権は、発生原因の影響を原則としては受けない、抽象化された権利として、考

---

[5] 債権総則の「総則」性に対する疑問については、来栖三郎「法律家」末川博還暦『民事法の諸問題』(1953)235頁〔『来栖三郎著作集Ⅰ』(2004)所収〕、平井9頁。

察の対象とされてきた(平井2頁参照)。

> ◆ **担保・執行・倒産における債権**　債権は、担保・強制執行・債務者倒産の場面において、基本的な概念として機能する。債権が強制的に実現され、同一債務者に対する複数の債権者間の利害調整がされる場面では、発生原因が何であれ、債権額を基準とする思考方法が浸透している(「債権起点思考」と「契約起点思考」につき、中田「契約当事者の倒産」野村豊弘ほか『倒産手続と民事実体法』別冊NBL 60号〔2000〕4頁〔中田・現代化所収〕)。債権総論と担保物権を合わせた体系化(三藤〔来栖〕、内田、大村敦志『基本民法Ⅲ債権総論・担保物権』〔2004〕)も、債権の抽象化と親和性をもつであろう。

② 債権発生原因との連続性というのは、次の通りである。債権総則は、あらゆる発生原因の債権を対象とするので、契約から生じる債権(契約債権)も、それ以外の法律事実(事務管理・不当利得・不法行為など)から生じる債権(法定債権)も、同様にその対象となる。しかし、実際には、契約債権を想定していることが多い。たとえば、「債権の目的物を種類のみで指定した場合」(401条1項)というのは、ほとんどが契約による場合であろう。このため、債権総則といいながら、債権発生原因としての契約に関する規律が影響を及ぼすことが多い。たとえば、債権法の特質とされる、任意法規性・普遍性・信義則の支配は、主として契約債権にかかわることである(奥田27頁、平井9頁)。「債権総則は契約総則といってもそれほど大きな誤りではない」(平井9頁)といわれるゆえんである。

しかし、この連続性も、債権総則という枠内のことであり、その制約を受ける。たとえば、売買契約から生じる債権が履行されないとき、債権者は履行の強制(414条)・損害賠償請求(415条)・契約解除が可能だが、解除は、前2者とは異なり、契約固有の制度であるため、債権総則では規定されず、契約総則で規定される(540条以下)。契約法として構成するのであれば、契約の成立、その履行、不履行の際の救済手段、というプロセスに沿った規律をすることが考えられるが、債権総則である以上、そこまではできない。

(d)　債権総則の具体化と「総則」性の維持——2017年改正

このような債権総則の「総則」性の不明瞭さは、立法技術の問題であるだけではない。その根底には、「債権」という概念を中核とする債権法を考えるの

か、「契約」を基軸とする債権法[6]を考えるのか、という対立がある。この対立は、①有用性のレベルと②規律内容のレベルで現れる。

　①「債権」の概念を中核とする規律の有用性は、次の通りである。債権者は何をすることができるのか、債権はどのようにして消滅するのか、債権者又は債務者が複数いる場合はどうなるのか、債権債務を取引の対象とするとどうなるか、担保・強制執行・債務者倒産の場面で債権をどう取り扱うか(→(c)◆)については、発生原因にかかわらない「債権」一般についての規律がわかりやすい。これに対し、近年、「契約」を基軸とする債権法の有用性が指摘されるようになった。これは、契約の成立とその履行・不履行を規律するものであり、特に「契約が履行されない場合に債権者に与えられる救済は何か」という観点を重視する。社会において重要な意味をもつ契約のプロセスに即した規律は、現実に即しており、わかりやすく有用である。

　② 規律内容のレベルで現れる対立は、より本質的な問題にかかわる。抽象化された「債権」に関する規律では、当事者の意思とは独立した客観的基準によることになりがちである。これに対し、「契約」を基軸とする規律では、当事者が契約で何を合意していたのかが重視される。これは、私的自治の原則の帰結であるという(不法行為などの法定債権については、その根拠となる法制度の趣旨によって判断する)。

◇　たとえば、台風のために債務が履行できない場合の債務者の責任について、考えてみる。「債権」に関する規律では、台風の到来した時点に着目して、履行できないことをどのように評価するかという発想になる。「契約」を基軸とする規律では、当事者が契約の時点で台風が来るというリスクについてどのように合意していたのかという発想になる。後者においては、さらに、解決基準をすべて合意(契約の趣旨にしたがって補充的に解釈されたもの)に求めるのか、取引社会の常識のような一般的要素も併せて考慮するのかについて、見解が分かれる。

---

6)　潮見I3頁以下参照。潮見佳男ほか「特集・契約責任論の再構築」ジュリ1318号(2006)81頁以下(特に、潮見佳男「総論——契約責任論の現状と課題」同81頁、山本敬三「契約の拘束力と契約責任論の展開」同87頁〔同『契約法の現代化II——民法の現代化』(2018)所収〕)、「シンポジウム　契約責任論の再構築」私法69号(2007)(私見は、同5頁以下)参照。これに対する検討として、森田修「『新しい契約責任論』は新しいか——債権法改正作業の文脈化のために」ジュリ1325号(2006)210頁。

2017年改正に至る民法改正の検討段階では、債権総則と契約総則の統合も含めた検討がされた[7]が、結局、従来の民法の編成自体は基本的に維持したうえ、債権総則のいくつかの規定において債権の発生原因を規律内容に取り込むことになった。上記の①と②の各レベルで調和が図られたわけである。これは、債権総論においてこれまでに形成されてきた判例・学説の蓄積を活かしつつ、契約による債権について当事者の合意内容を尊重する考え方を導入するという意義がある。他方、それは債権総則を具体化するものであり、その「総則」性の不明瞭さを増大させたともいえる。しかし、国際的な動きをみても、「債権」と「契約」の規律のあり方は、一様ではない。2017年改正は、「総則」を存置しつつ、当事者の合意の尊重を重視するという調和点を見出したものである。それは明治民法制定から120年を経た日本における、債権法の姿についての1つの選択であったということができる[8]。

◆ **債権法・契約法の編成**　　国際的な動き（→3〔9頁〕）も、一様ではない。UNIDROIT及びPECLが契約法という観点から規律していたのに対し、DCFRは、契約によるものか否かを問わず、債務とそれに対応する権利という観点から規律する（DCFR Ⅲ.1.101, Full edition, vol.1, p.669）。なお、PECLも第3部は債権法の色彩が強い。国内法では、2016年に改正されたフランス民法が、まず、契約を中心とする「債権債務関係の発生原因」の章を置き、次に「債権債務関係の一般制度」の章で日本法の債権総則と共通するところが多い規律を置く（いずれも新設の章）。これに対し、2020年に制定された中国民法典では、契約編と権利侵害責任（不法行為）編があるが、債権編は置かれていない（物権編はある→後掲注(16)）。

2　社会の中の債権総論

少し抽象的な説明が続いた。ここで現実面に目を転じよう。債権総論は、現

---

[7]　法制審議会での審議（→4〔13頁〕）に先行する研究者グループの検討において、民法の債権編を契約債権を中心とする規律とする（法定債権についてはそれを準用する）試みがあった（基本方針Ⅰ16頁以下）。法制審議会の部会でも、債権編の再構成が検討され（論点整理説明502頁以下）、中間試案の段階でも、契約債権に関する規律をその他の債権と区別して規定することが提案された（履行請求権の限界事由や債務不履行による損害賠償についてなど。中間試案説明106頁以下・110頁以下・119頁以下など）。しかし、従来の編成の維持を求める意見も強く、最終的には本文記載のようになった。
[8]　中田「民法（債権法）改正の対立軸」瀬川＝吉田古稀上371頁・388頁以下〔中田・現代化所収〕。

実社会とも密接に関係している。すなわち、債権総論は、金融取引やサービス取引の基本となる。それは、債権債務が取引の対象となる場面の基本ルールでもある。債権総論はまた、民事執行法や倒産法の基礎ともなり、担保法とも密接な関連をもつ。

> ◇　金融取引について。債権総則の多くは、金銭債権の規律を定める。金銭債権は様々の原因から発生するが、とりわけ契約によるものが経済活動において重要である。たとえば、銀行は、取引先に融資をすることにより貸金債権を取得し、預金を受け入れることにより預金債務を負担する。金融取引で紛争が生じた場合、債権総論の問題となることが多い。現在、複雑な金融取引が発達しているが、そこでも債権総則が基本ルールとなる。
>
> 　サービス取引について。従来、取引といえば、不動産や商品など、モノの取引が中心であった。しかし、近年、サービス取引の重要性が増している。宅配便、警備保障、学習塾など、枚挙に暇がない。サービス取引では、業者が顧客に対し、何らかの行為をすると約束する。それは、まさに債権債務の関係である。業者は何をすれば約束を果たしたことになるのか、客は何を要求できるのか、欠陥サービスによって客が損害を被ったらどうなるのかなどの問題がある。ここでも債権総論が重要な意味をもつ。
>
> 　取引の対象として。社会において、債権は１つの財産として認識されることが多い。銀行預金や郵便貯金は債権ではあるが、むしろ財産という感覚が普通である。商店の売掛金債権も財産である。それらの債権は、譲渡されたり、担保に入れられたり、差し押さえられたりすることがある。さらに、企業がその保有する債権をもとにして資金調達をする場合、複雑な仕組みが構築される。また、事業譲渡の際には、債権だけでなく債務もあわせて移転されることがある。債権総論は、これらの場合にも重要な意味をもつ。
>
> 　強制執行や倒産の場面では、債権は最も基本的な概念となる。債権の回収を確保するため、抵当権などの担保が設定されることがあるが、担保法においても債権総論が極めて重要である。そもそも、人的担保というべき保証なども債権総論に含まれている。

3　債権法に関する国際的な動き

（1）　債権法の統一化の動き

債権総論がこのように現実にかかわるものである以上、国際取引でも問題となる。パンデクテン体系の民法典をもつ国は限られているが、別の体系の民法

典をもつ国々(フランスなど)や、民法典をもたない国々(英米など)でも、社会的実態としては共通する問題が発生する。そこで、取引から発生する債権について、統一ルールの作成が試みられる。

まず、ウィーン売買条約(国際物品売買契約に関する国連条約。United Nations Convention on Contracts for the International Sale of Goods〔CISG〕)[9]がある。1980年に成立し、1988年に発効した。多数の国々が締約国となっており、重要な意味をもつ。日本は2008年に本条約に加入し、2009年に日本での効力が生じた。

次に、ユニドロワ国際商事契約原則(UNIDROIT Principles of International Commercial Contracts)[10]がある。国際的な商事契約の取引原則について、日本を含む各国の研究者と実務家が検討して、1994年に条文の形で提示し、解説を付したものである。2004年、2010年、2016年に、順次、対象を拡大し、あるいは改訂を施した版が出た。これは条約ではなく、直接的な法的効力をもつわけではないが、仲裁で使われたり、立法の際に参考とされることが期待されている。

第3に、欧州における統一の試みがある[11]。まず、ヨーロッパ契約法原則(Principles of European Contract Law〔PECL〕)[12]がある。欧州各国の研究者が協力して、統一的な契約原則を条文の形で表し、解説と注を付したものである。1995年に第1部が、2000年に第1部の改訂版と第2部が、2003年に第3部が

---

[9] 曽野和明=山手正史『国際売買法』(1993)、ペーター・シュレヒトリーム(内田貴=曽野裕夫訳)『国際統一売買法』(1997)、甲斐道太郎ほか編『注釈国際統一売買法Ⅰ・Ⅱ』(2000・2003)、潮見佳男=中田邦博=松岡久和編『概説国際物品売買条約』(2010)。

[10] ユニドロワ(私法統一国際協会)は、ローマにある国際機関であり、戦前は国際連盟の附属機関だった。1994年版につき、曽野和明ほか訳『UNIDROIT 国際商事契約原則』(2004)、2004年版につき、内田貴「ユニドロワ国際商事契約原則2004——改訂版の解説」NBL 811号38頁〜815号45頁(2005、未完)、2010年版につき、私法統一国際協会(内田貴ほか訳)『UNIDROIT 国際商事契約原則2010』(2013)、2016年版につき、同『UNIDROIT 国際商事契約原則2016』(2020)。

[11] 本文記載のもののほか、イタリアのガンドルフィ(Gandolfi)教授を中心とするグループの契約法草案(2001年・2007年)がある。平野裕之「ヨーロッパ契約法典草案(パヴィア草案)第一編」法律論叢76巻2=3号75頁・6号115頁(2004)参照。

[12] オーレ・ランドーほか編(潮見佳男ほか監訳)『ヨーロッパ契約法原則Ⅰ・Ⅱ』(2006)、『同Ⅲ』(2008)。経緯、背景、反応につき、ハイン・ケッツ(潮見佳男ほか訳)『ヨーロッパ契約法〔第2版〕』(2024〔初版1999〕)、川角由和ほか編『ヨーロッパ私法の動向と課題』(2003)、ユルゲン・バセドウ編(半田吉信ほか訳)『ヨーロッパ統一契約法への道』(2004)、潮見佳男『契約法理の現代化』(2004)、大久保泰甫「ヨーロッパ共通民法典をめぐる大論議——フランスを中心として」南山大学ヨーロッパ研究センター報11号(2005)1頁・12号(2006)51頁。

出た(各英語版公刊年)。次に、ヨーロッパ私法の原則、定義、モデル準則——共通参照枠草案(Principles, Definitions and Model Rules of European Private Law——Draft Common Frame of Reference〔DCFR〕)がある[13]。2つの研究グループが一部はPECLに基づきつつ、私法のより広い領域(不法行為や信託等も含む)について、条文形式の準則とその解説及び注を示したものである。2008年に暫定版が出た後、2009年に完成版が出た(概略版と全6巻の完全版がある)。これらの研究成果は、将来のヨーロッパ統一契約法、さらには統一私法を目指すものとして注目される。なお、欧州委員会は、2011年に、ヨーロッパ共通売買法(Common European Sales Law〔CESL〕)[14]を提案した。これは、EU域内での国境を越えた売買を中心とする取引について、当事者が選択できる第2の契約法体系として、欧州議会及び欧州理事会規則を定めようというものである(未採択)。

　以上の諸ルールには、債権総論に関する内容も多く含まれている[15]。

(2)　債権法の現代化の動き

　各国の国内法でも、債権法の現代化が進んでいる。オランダ(1992年改正民法施行〔関連主要部分〕)、ロシア(1994年民法典第1部・1996年同第2部)、中国(2020年民法典)[16]などがある[17]。特に、ドイツとフランスにおける民法改正が注目さ

---

13)　クリスティアン・フォン・バールほか編(窪田充見ほか監訳)『ヨーロッパ私法の原則・定義・モデル準則——共通参照枠草案(DCFR)』(2013)。
14)　内田貴監訳『共通欧州売買法(草案) 共通欧州売買法に関する欧州議会および欧州理事会規則のための提案』別冊NBL 140号(2012)、石田京子「『共通欧州売買法』の制定に向けたEUの動向〈紹介〉」NBL 974号(2012)21頁、山田到史子「共通ヨーロッパ売買法提案(Proposal for a Common European Sales Law)の概要」法と政治63巻1号(2012)71頁。
15)　このほか、国際的な債権譲渡について、国連国際債権譲渡契約条約がある(2001年12月採択、未発効)。池田真朗＝北澤安紀「注解・国連国際債権譲渡条約——UNCITRAL総会報告書をもとに」法研75巻7号158頁〜10号198頁(2002)、池田真朗『債権譲渡と電子化・国際化』(2010)65頁以下・435頁以下。
16)　中国では、民法通則(1986年)、契約法(1999年。従来の3法に代わる)、権利侵害責任法(不法行為法)(2009年)などの民事単行法があったが、2020年5月にこれらを統合する民法典が制定され、公布された(2021年1月1日施行)。全7編からなるが、債権編はなく、したがって債権総則もない(契約編第1分編通則の数章〔契約の履行、契約の保全、契約の変更及び譲渡、契約上の権利義務の終了、違約責任〕に債権債務に関する規定を置き、契約によらない債権債務にもこれを原則として適用する。梁慧星のグループが2013年に公表した草案〔第3版〕では、「債権総則編」「契約編」「権利侵害行為編」があった)。小田美佐子＝朱曄訳「中華人民共和国民法典」立命館法学390号412頁・391号436頁(2020〜21)、住田尚之「中国民法典の登場」国際商事法務48巻7号885頁〜49巻1号33頁(2020〜21)、渠涛訳『中華人民共和国民法典Ⅰ対照条文編』(2022)、梁慧星起草代表(渠涛訳)『同Ⅱ資料編』(2022)参照。

れる。

　ドイツ民法は、日本民法と同じ頃にできたが(→1(1)(c)〔2頁〕)、2001年、債務関係法を中心に大改正がされ、2002年1月1日から施行されている[18]。日本民法は、立法段階でドイツ民法草案の影響を受けたほか、特に1910年頃から、ドイツの民法学説が日本の学説判例に大きな影響を及ぼした(「学説継受」。北川善太郎『日本法学の歴史と理論』〔1968〕参照)。その後、1960年代からフランス民法の影響が再評価されているが、現在なおドイツ民法学の影響は大きい。そのドイツ民法典の大改正は、日本の学説にも影響を及ぼしつつある。また、改正にあたっては、CISG等の国際的な潮流も十分に検討されており、その意味でも注目に値する。

　フランス民法は、その制定から200年目にあたる2004年頃から財産法の改正作業が進められ、2016年に債権債務関係法の部分が全面改正された(同年10月1日施行)[19]。各規律の内容を現代化するだけでなく、編成も全面改正した(債権債務関係について、①発生原因〔契約、契約外の責任、その他の発生原因に分けて規定する〕、②一般制度〔日本法の債権総則に相当するものが多い〕、③証明、の3部構成)。

---

17)　その他の国々の動きにつき、中田ほか・改正8頁〔中田〕(同・現代化所収)、中田・契約6頁以下。なお、アメリカの統一商事法典(1951年成立、52年公刊)も、追加・改正が重ねられ、2003年には第2編(売買)が改正された。もっとも、この第2編の改正は、州議会で採択されることがなく、失敗したといわれる(木戸茜「契約責任決定規範の多元性(1)」北法68巻6号〔2018〕1頁・42頁)。
18)　岡孝編『契約法における現代化の課題』(2002)、半田吉信『ドイツ債務法現代化法概説』(2003)、潮見・前掲注(12)。
19)　フランス民法改正は、担保法(保証を含む)及び時効法の改正が先行し、民事責任法の改正は未了である。2004年以降、カタラ(Catala)教授のグループが2005年に債権債務関係法及び時効法の改正草案(カタラ草案)を、テレ(Terré)教授のグループが2008年から13年に契約法・民事責任法・債権債務関係一般についての改正草案(テレ草案)を公表し、また、08年から11年に司法省契約法改正草案が作成された。その後、2016年2月に授権法律に基づくオルドナンスによる改正がされ(同年10月1日施行)、2018年4月にそれが一部修正のうえ追認された(同年10月1日施行)。北村一郎「フランス民法典200年記念とヨーロッパの影」ジュリ1281号(2004)92頁、荻野奈緒ほか「フランス債務法改正オルドナンス(2016年2月10日のオルドナンス第131号)による民法典の改正」同法69巻1号(2017)279頁、中田「2016年フランス民法(債権法)改正」日仏法学29号(2017)97頁〔同・現代化所収〕、馬場圭太「フランス民法典改正史」改正と民法学Ⅰ259頁、馬場圭太ほか「2016年債務法改正オルドナンスの追認」日仏法学30号(2019)142頁、フランソワ・アンセル及びベネディクト・フォヴァルク=コソン(齋藤哲志=中原太郎訳)『フランス新契約法』(2021)参照。また、売買、賃貸借、請負、委任など各種の契約に関する部分の改正準備も進められており、ストフェル=マンク(Stoffel-Munck)教授のグループが2023年に改正草案を司法大臣に公式に提出した。

旧民法の母法でもあるフランス民法の現代化は、同時期に進められた日本民法の改正との比較も含め、関心を呼び、検討が進められている。

4　日本民法の改正

日本では、明治民法制定以来、債権法の改正はほとんどなかった。2004年に財産法の部分が現代語化されたが、保証の部分の改正を除くと、内容面での改正はわずかだった[20]。債権法の本格的な改正については、20世紀末以来、まず研究者グループによる研究が進められた[21]。その後、法務大臣が、2009年10月、契約を中心とする債権関係の規定の見直しについて法制審議会に諮問し、同会は、民法(債権関係)部会(以下「部会」という)を設けた。部会は、同年11月から調査・審議を開始し、その後、2011年4月に「民法(債権関係)の改正に関する中間的な論点整理」(以下「中間論点整理」という)を、2013年2月に「民法(債権関係)の改正に関する中間試案」(以下「中間試案」という)を決定した(それぞれパブリック・コメントの手続に付された)。2015年2月、部会は「民法(債権関係)の改正に関する要綱案」を決定し[22]、同月、法制審議会は同じ内容の「要綱」を決定して、これを法務大臣に答申した。同年3月、政府は、「要綱」を条文化した民法改正法案を国会に提出した。2017年5月、この法案

---

20)　「民法の一部を改正する法律」(2004年12月1日公布、2005年4月1日施行)による。吉田＝筒井・現代語化79頁以下、池田真朗『新しい民法』(2005)、中田「民法の現代語化」ジュリ1283号(2005)86頁〔同・現代化所収〕。確立した判例・学説を反映する若干の規定の改正があった。また、あわせて、保証制度の一部改正があった。

21)　改正課題、内田貴ほか「座談会　債権法の改正に向けて」ジュリ1307号102頁・1308号134頁(2006)、潮見ほか・前掲注(6)。最も大規模な成果として、民法(債権法)改正検討委員会編『債権法改正の基本方針』別冊NBL126号(2009)、基本方針Ⅰ〜Ⅴ。このほか、椿寿夫ほか編『民法改正を考える』法時増刊(2008)、民法改正研究会『民法改正と世界の民法典』(2009)、同編『民法改正　国民・法曹・学界有志案』法時増刊(2009)。鳥瞰するものとして、星野英一「日本民法典の全面改正」ジュリ1339号(2007)90頁。

22)　部会での審議は、合計117回(部会99回、分科会18回)に及んだ。その議事録、審議資料、中間論点整理及び法務省民事局の補足説明、中間試案及び法務省民事局の補足説明、要綱案は、いずれも法務省ウェブサイトで閲覧できる。出版物としては、凡例Ⅳに記載したもののほか、議事録及び審議資料につき、商事法務編『民法(債権関係)部会資料集第1集』(全6巻、2011〜12)、同編『同第2集』(全12巻、2012〜16)、同編『同第3集』(全7巻、2016〜17)、審議資料の一部につき、『民法(債権関係)の改正に関する検討事項』(民事法研究会、2011)、中間論点整理につき、『「民法(債権関係)の改正に関する中間的な論点整理」に対して寄せられた意見の概要』(金融財政事情研究会、2012)がある。

が国会で可決され[23]、「民法の一部を改正する法律」が成立した(同年6月2日公布、2020年4月1日施行[24])。

この間、中間論点整理では広汎な論点が取り上げられたが、中間試案では項目が大幅に絞りこまれ、要綱では中間試案からの変更と絞り込みがあった。要綱から法案の段階でも若干の削除がある。成立した法律は、国会での成立の遅れに伴う附則の技術的修正を除くと、法案の通りの内容である[25]。

こうして、社会・経済の変化、実定法・学説の発展、市場のグローバル化に伴う国際的調和への動きを背景に、債権法が改正された。それは、当初検討されていたものよりも限定的な改正だが、様々な対立軸の着地点というべきものである(中田・前掲注(8)参照)。

民法改正は、その後も続いている[26]。本書では、上記の債権関係の改正を「2017年改正」又は「今回の改正」、改正された民法を「現行民法」又は「改

---

[23] 信山社編『民法債権法改正・国会審議録集(1)』(2017)。なお、衆議院と参議院の各法務委員会で、改正法の施行にあたって、政府に格段の配慮を求める事項について、附帯決議がされた。
[24] 施行に伴う経過措置については、村松秀樹ほか「債権法改正に関する経過措置の解説」NBL 1156号10頁〜1165号23頁(2019〜20)。
[25] この間、立法に向けての動きと併行して、学界及び実務界でも議論が展開され、多数の著作が公表された。円谷峻編著①『社会の変容と民法典』(2010)、池田真朗ほか編著『民法(債権法)改正の論理』(2010)、山本和彦ほか編『債権法改正と事業再生』(2011)、土田道夫編『債権法改正と労働法』(2012)、円谷峻編著②『民法改正案の検討 第1巻〜第3巻』(2013)、森田・深めるなど。このほか、東京・大阪・福岡などの弁護士会及び関係団体の意見書が公表された。改正の意義につき、内田貴『民法改正』(2011)、大村敦志『民法改正を考える』(2011)、批判として、加藤雅信『民法(債権法)改正——民法典はどこにいくのか』(2011)、同『迫りつつある債権法改正』(2015)など。中間試案に関するものとして、内田貴『民法改正のいま——中間試案ガイド』(2013)、要綱仮案以降のものとして、瀬川信久編著『債権法改正の論点とこれからの検討課題』別冊NBL 147号(2014)、「特集・債権法改正を論ずる」法時1079号(2014)など。改正法については、凡例Ⅲ・Ⅳ記載のもののほか、筒井健夫ほか①「民法(債権法)改正の概要」NBL 1106号4頁〜1120号40頁(2017〜18)、同②「民法(債権法)改正の要点」金法2072号42頁〜2084号24頁(2017〜18)、山本敬三『民法の基礎から学ぶ民法改正』(2017)、Hiroo Sono, Luke Nottage, Andrew Pardieck, Kenji Saigusa, Contract Law in Japan, 2019、内田貴『改正民法のはなし』(2020)。改正法に対する批判として、加藤雅信「債権法改正法の成立」名古屋学院大学論集(社会科学篇)54巻2号(2017)25頁。
[26] 2017年改正後の民法改正として、成年年齢引下げ等(18年6月公布、22年4月施行)、相続法制(18年7月公布、20年4月までに順次施行)、民事執行法改正(子の引渡し)に伴うもの(19年5月公布、20年4月施行)、特別養子制度(19年6月公布、20年4月施行)、所有者不明土地関係(21年4月公布、23年4月施行)、デジタル社会形成に伴うもの(21年5月公布、同年9月施行)、親子法制(22年12月公布、24年4月までに順次施行)、IT化に関する民事訴訟法改正関連(22年5月公布、未施行)、民事関係手続整備関連(23年6月公布、未施行)及び家族法制(24年5月公布、未施行)がある。

正民法」[27])、改正前の民法を「改正前民法」と呼ぶことにする。

5　本書の構成

このように、現在、債権法は、国内外において大きな変動期にある。本書は、その動きのなかで、2017 年以降の改正を経た現行民法のもとでの日本の債権総論を叙述することを目的とする。おおむね債権総則の規定に従って編成されるが、次の点は異なっている。第 1 に、「債権の発生」という編を設ける。これは、債権とその発生原因との関係を正面から示すことにより、抽象的なものとしての債権の概念の意義と限界を確認するためである。第 2 に、それに続けて、「債権の効力」「債権の消滅」という編を置き、最後に「当事者の複数と変動」という編を置く。民法典では、「多数当事者の債権及び債務」「債権の譲渡」「債務の引受け」は、「債権の消滅」よりも前に配置されているが、まずは、債権の発生・効力・消滅という基本的な推移を示した後に、発展的な場面に進む方が理解しやすいと考えるからである。

---

27) 「現行民法」は、正確には 2017 年改正後の諸改正（前注）を経たものであるが、「改正民法」と厳密に使い分けるわけではない。

第1編

債権の発生

第1章

債権の概念

第1節　2つの定義

　民法には、債権の定義規定はない。学説では、2つの系統の定義がある。
　1つは、伝統的な定義である。債権とは、「ある特定の人が他の特定の人に対して、ある特定の行為をすること(あるいはしないこと)を請求しうる権利」だという(定義α。野村ほか1頁[野村]、淡路1頁。石坂上7頁参照)。このうち「ある特定の行為をすること(あるいはしないこと)」という部分が、債権の内容である。金100万円を支払う、馬1頭を引き渡す、演奏をする、夜間騒音を出さない、などの行為である。債務者のなすべき行為、すなわち、債権者が請求できる行為を「給付」という。

> ◆ **旧民法における債権の定義**　旧民法財産編293条2項は、債権を次のように定義する。「義務ハ一人又ハ数人ヲシテ他ノ定マリタル一人又ハ数人ニ対シテ或ル物ヲ与ヘ又ハ或ル事ヲ為シ若クハ為ササルコトニ服従セシムル人定法又ハ自然法ノ羈絆ナリ」。旧民法を修正して明治民法を作る際、定義・分類等の規定は置かない方針がとられたので、この規定も削除されたが、その内容は、その後も学説で引き継がれた。定義αは、この系統のものである。

　定義αに対しては、債務者の行為にのみ着目し、行為の結果に触れていないという批判がある。たとえば、定義αによれば、馬を引き渡せという債権は、債務者に対して馬を引き渡すという行為を請求できる権利だということになる。しかし、ここで重要なのは、通常、引き渡す行為自体よりも、その結果もたら

される馬であろう(我妻66頁、星野5頁)。

　そこで、行為だけではなく、行為の結果も重視する定義が示される。すなわち、債権とは、「特定人(債権者)が特定の義務者(債務者)をして一定の行為(給付)をなさしめ、その行為(給付)のもたらす結果ないし利益を当該債務者に対する関係において適法に保持しうる権利」だという(定義β。奥田3頁)。

　定義αとβの違いは、給付の概念を分析すると鮮明になる。給付とは、基本的には、債務者のなすべき行為(給付行為)を意味するが、ときには、債務者の行為の結果(給付結果)を意味することもある(488条1項参照)。定義αは給付行為に着目し、定義βは給付結果をも重視する。βが現実の感覚に合うようだが、αが債務者の行為を重視することには、理由がある。

　第1の理由は、債務者に対する人格的支配の排除である。債権の概念には、歴史的には、この意義があった[1]。債権者は、債務者に対し、特定の行為を請求できるだけであり、その全人格を支配するものではない。この観点からは、債務者の特定の行為のみを対象とするという面が強調されるべきことになる。

　第2の理由は、物権と債権との峻別[2]である。物権は、物を直接、支配できる権利であり、債権は、人に行為を請求できる権利である。債権は、財貨を獲得するための手段として、人に何かをさせる権利であり、それがされれば消滅する。結果として獲得された財貨が誰にどのように帰属するのかは、物権の問題である。債権法は財貨移転秩序を規律し、物権法は財貨帰属秩序を規律する。債権の定義としては、債務者の行為に着目すべきであり、それで十分である(淡路3頁、近江14頁以下)。

　以上が定義αの背後にある思想である。これに対し、定義βからは、次の

---

[1]　小橋一郎訳『サヴィニー現代ローマ法体系第1巻』(1993)302頁以下〔原著1840〕、守矢健一「サヴィニの金銭消費貸借論について」磯村古稀511頁、平井1頁。

[2]　物権と債権の峻別論の生成過程・意義・問題点については、好美清光「Jus ad remとその発展的消滅」法学研究(一橋)3号(1961)179頁、佐賀徹哉「物権と債権の区別に関する一考察」論叢98巻5号27頁〜99巻4号62頁(1976)、赤松秀岳『物権・債権峻別論とその周辺——二十世紀ドイツにおける展開を中心に』(1989)、筏津安恕『私法理論のパラダイム転換と契約理論の再編——ヴォルフ・カント・サヴィニー』(2001)、瀬川信久「物権・債権二分論の意義と射程」ジュリ1229号(2002)104頁、水津太郎「物権債権峻別論の意義と限界」三色旗(慶應大学)716号(2007)11頁、同「ヨハン・アーペルの法理論」法研82巻1号(2009)385頁、森田宏樹「物権と債権の区別」新世代法政策学研究17号(2012)45頁、同「物権と債権の区別」法時1052号(2012)79頁、大場浩之『物権債権峻別論批判』(2023)、大塚智見「物権と債権の区別」法時1188号(2023)5頁。

主張がされよう。債務者の人格的支配の排除は、定義βをとっても維持できる。物権と債権の峻別については、現代では必ずしも明確ではなくなっている(→第2節)。また、債権によって債権者にもたらされる利益は、物権には限らない。むしろ、それがどのような利益かを検討することが、債権の発生原因(特に契約)との関係を考えるうえでも重要である。債権者に結果としてもたらされる利益に注目することは、生活実感にあうし、債権を財産としてとらえる際に有用である。

このように、定義αが債権の概念の歴史的意義や物権・債権の理念的な区別を重視するのに対し、定義βは債権の現実の機能を重視し、物権・債権の区別を相対的に理解し、債権者にもたらされるべき利益に着目する。定義αは、やや狭く、定義βをとりたい。

◇　給付という言葉は、日常用語としては、「財物を供給・交付すること」(広辞苑)という意味で、「支給」「交付」などと同様に用いられる(補助金の給付、年金の給付など。689条もこの用法)。しかし、ここでの給付(prestation, Leistung)は、債権と結びつけられた概念であり、上述のように、債権の内容としての給付行為・給付結果を意味する(たとえば406条)。

◆ **債権と債務**　これは、どちらの側から見るかということだが、民法典の編の表題は微妙に異なる。日本は「債権」編だが、ドイツは「債務関係法(Recht der Schuldverhältnisse)」編、台湾(中華民国民法〔1929～31公布〕)は「債」編である。この法領域の総称として、日本では「債権法」、ドイツでは「債務法(Schuldrecht)」、フランスでは「債権債務関係法(droit des obligations)」と呼ぶことが多い。日本法は、旧民法財産編では「第一部　物権」「第二部　人権及ヒ義務」とされていたが、法典調査会で、後者について、まず「人権」編とする提案がされ、数次の議論が重ねられた末(主査会速記録134頁、総会速記録55頁、民法速記録Ⅱ966頁)、「債権」編と改められた。①「債務」編とする案もあるが、「物権」編・「債務」編より、「物権」編・「人権」編の方が体裁がよい、②しかし、「人権」の語は個別の規定では用いられないし、物権も「人ノ権」だから、「人権」編は適当でない、③「債権」編とすることは、「債」の字義や原語たる「をぶりげーしよん」に照らしても問題ない、という理由である。義務本位ではなく権利本位に傾く近代法の趨勢に従ったとの説明(仁保亀松「日本民法法典編纂の法理観」『関西大学創立五十年記念論文集』〔1936〕31頁・55頁)もあるが、この点が正面から議論されたわけ

ではない(「権利本位」に反対する意見が支持を得なかったという経緯はある)。

◆ **債権の概念についての議論**　債権の概念は、債権の効力(→第4章第2節)、弁済の意義(→第8章第2節。北川9頁、前田440頁参照)とも関係する。なお、権利論との関係で、定義αは権利意思説に、定義βは権利利益説に、それぞれ親和的であると指摘されることがある(於保3頁、潮見佳男・新注民(8)7頁以下、金山正信＝金山直樹・新版注民(10) I 46頁以下、山本・前掲序章注(6)88頁以下、潮見新 I 153頁以下。石坂上17頁以下参照)。権利利益説からは、債権は「債権関係において、債務者から一定の利益(給付結果)を得ることが期待できる債権者の地位」と定義されるという(潮見新 I 155頁・274頁)。権利意思説的な発想に立ちつつ、「意思」の分析と柔軟な契約解釈をとることを前提にして定義βをとる立場もある(加藤4頁。加藤雅信＝加藤新太郎編著『現代民法学と実務(中)』〔2008〕1頁〔潮見佳男〕〔初出2005〕参照)。

◆ **債権の所有と帰属**　債権には財産としての面がある。債権者は、債権を譲渡したり、債権を侵害した第三者に損害賠償を請求したりすることができる。しかし、債権者が「債権を所有する」という表現は、耳慣れないし、適切でもない。債権についての所有権を認めることは、法律関係を複雑化し不明瞭にするからである[3]。もっとも、財産とその主体との結びつきの構造の解明は求められる。その検討に際し、「帰属」の概念が用いられる(→第10章注(56)参照)。

第2節　債権と物権

債権と物権との違いを検討しよう。

① 排他性　物権には排他性があるが、債権にはない。1つの物について、同一内容の物権は1つしか成立しない(一物一権主義)。ある馬の所有権者はAかBかどちらか1人である(共有は可能だが、それは別の問題である)。これに対し、

---

[3] 我妻栄「権利の上の所有権という観念について」同『民法研究Ⅲ』(1966)163頁〔初出1936〕。岩川隆嗣「『財産権』の法的性質について」法時1188号(2023)23頁参照。

債権であれば、同一内容の権利が複数成立しうる(非排他性、併存可能性)。コンサートの指定席がAとBに二重に販売された場合、AもBも主催者に対し、その席で聴かせろと請求する債権をもつ。ABともに債権者であり、両者の立場は平等である。2つの債権はどちらも有効に成立している。主催者がAを席につければ、Bに対する債務を履行しなかったことになるにすぎない。

> ◆ **債権の非排他性と平等性** 債権の性質として、平等性が掲げられることもある(於保9頁、奥田21頁、前田528頁)。債権の非排他性は平等性の前提となる。平等性の概念は、債権の非排他性、非優先性、比例弁済原則などを含むことがあり、多義的である(→第6章第1節。中田・後掲第6章注(1)参照)。

② **物権の絶対性と債権の相対性** 物権は誰に対しても主張できるが、債権は債務者に対してしか主張できない。このため、債権については、公示は不要である。しかし、現在では、債権でもほぼ絶対的な効力をもつものがある(一定の要件を備えた不動産賃借権など)。公示のない物権もある(先取特権など)。

> ◇ 債権者は債務者に対してしか給付を請求できないが(債権の相対性)、だからといって、債権を侵害した第三者に対し何らの請求もできないというわけではない(→第7章)。債権の相対性と契約の相対効については、→第7章第2節3(3)4つ目の◆〔367頁〕。

③ **種類・内容の自由度** 物権は、その種類・内容が決まっていて、新種の権利を勝手に創り出すことはできない(175条。物権法定主義)。債権は、種類も内容も決まっていない(契約による債権の場合、契約自由の原則がある。521条2項)。しかし、物権でも、水利権など慣行上の物権や譲渡担保権など新たな物権も認められてきたし(譲渡担保権は担保要綱で明文化が示されている)、地役権(280条)の具体的内容は多様である。他方、契約自由の原則は、様々な特別法により、現実には制約されている。

④ **譲渡性** 物権は自由に譲渡できるが、債権は古くはそうではなかった。しかし、現在では、債権の譲渡性も基本的に認められている(466条1項本文。同項但書・612条などの制限はある→第10章第2節第2款1〔668頁〕)。

⑤ **物権の優先性** 同一の物に物権と債権がある場合、物権が優先する。

たとえば、借地人Aは地主Bとの間で土地を利用する賃借権をもつが、Bが第三者Cにその土地を譲渡すると、Cの土地所有権（物権）がAの賃借権（債権）に優先し、AはCに賃借権を主張できない。しかし、現在では、借地人が一定の要件を満たすことにより、賃借権を新所有者に主張できる制度がある（605条、借地借家10条）。

> ◆ **物権の直接支配性** 物権は一定の物を直接に支配する権利であるが（直接支配性）、債権による物の支配には債務者の行為を必要とするという対比がされることもある。これに対しては、ⓐ直接支配性の概念が不明瞭である、ⓑ物権編には、その性質を欠く先取特権（306条以下）や権利を目的とする担保物権（362条・369条2項）及び権利性について議論のある占有権（180条以下）も含まれている、ⓒ対比されているものは債権の一部にすぎない、ⓓここから物権は人と物との関係を規律するともいわれるが、物権でも人に対する関係が問題となる、などの批判がある。

このように、物権と債権の区別は、排他性以外については修正され、両者の接近がみられる。しかし、その区別は、日本民法の体系の基本的枠組みを構成している。また、2つの権利のモデルを対置したうえ、それぞれを出発点とする修正を考えるという思考方法は有用である。その意味で、両者の区別を知っておく意味はある。ただし、ある問題について、そこから直ちに結論を演繹することは、早計であることが多い。

> ◆ **物権と債権の区別の不明瞭さの原因**[4] 次の諸原因が考えられる。ⓐ物権と債権の違いを示す上記①～⑤が問題となる場面は多様であり（主な紛争当事者も各場面で異なる）、それぞれにおいて両者の境界が異なりうる。ⓑ債権の定義については前述の議論があるが、物権の定義は、それにもまして拡散しており（定義ではなく物権の本質を述べるにとどめる学説や、多元的な定義をする学説もある）、対比の前提が確定していない。ⓒ権利には、物権と債権以外のものもあり（無体財産権、人格権など）、物・債権・両者の中間的権利の3種に尽きるわけではない。ⓓ物権と債権の峻別論は、パンデクテン体系をとる民法典のもとでは重要なテーマ

---

4) 前掲注(2)のほか、我妻Ⅱ9頁、松岡久和『担保物権法』(2017)398頁以下、鈴木禄弥『物権法講義[5訂版]』(2007)451頁以下、ヴォルフ＝ヴェレンホーファー（大場浩之＝水津太郎＝鳥山泰志＝根本尚徳訳）『ドイツ物権法』(2016)1頁以下、吉田克己『物権法Ⅰ』(2023)14頁以下、樋口範雄「英米法から見た『物権』と『債権』」ジュリ1229号(2002)77頁。

となるが、そのような民法典においても物権法の編に物権といえない権利を含めている。ⓔ同体系をとらないフランス民法典のもとの学説は、物権法より広い「財の法」を観念する。民法典のない英米法のもとでは、物権の概念はかなり異なるし、債権に対応する1つの概念があるわけでもない。つまり、物権と債権の峻別論は普遍的なものではない。

第3節　債権と請求権

債権に類似するものとして、請求権(Anspruch)という概念がある。請求権とは「他人に対して作為又は不作為を要求する権利」である。19世紀中葉に、ヴィントシャイトをはじめとするドイツの法学者が提唱し、その後、ドイツ民法典(194条1項)にとり入れられた概念である。

◆ **請求権の概念**　権利はその侵害によって直ちに「訴権」に転化するのではなく、まず実体法的関係としての請求権という形態をとり、この請求権の不満足によって、請求権から訴権へと転化すると考える。請求権の概念を置くことにより、実体法と訴訟法の分化を徹底し、実体法体系を権利義務の体系として確立するために提唱された。もっとも、請求権の概念は、その後、多義的に用いられている(奥田昌道『請求権概念の生成と展開』〔1979〕、奥田7頁以下、奥田＝佐々木上15頁以下)。

日本では、請求権の概念について、大別して2つの見解がある(淡路6頁以下)。第1は、請求権とは、実体法上の権利を裁判との関係でとらえたものだという理解である。請求権は、債権によるもののほか、物権的請求権(所有権に基づく妨害排除請求権等)、親族法上の請求権(扶養請求権等)などもある。債権・物権・親族法上の権利など実体法上の権利が、裁判においては、具体的な請求権として主張される、と理解する。第2は、請求権とは、実体法上の権利に含まれている様々な力のうち、請求しうる力という面をとらえたものだという理解である。債権については、定義β(→第1節)によれば、債務者に対して給付を請求しうるだけでなく、その結果を受領し、保持できるという力も含まれるが、請求権は、そのうち請求しうる力(請求権能)に着目した概念だということにな

る[5]）。

　債権と請求権には、歴史的背景をもつこのような違いがあるが、法律も厳格に使い分けてはいないし、学説の用語法も多様なので、さしあたっては神経質に区別する必要はない。

5）　このレベルの概念（→第4章第2節1(1)(a)〔81頁〕）と、債権に基づく具体的な個別行為の請求権（たとえば、特定物引渡請求権）との区別の必要性、さらには、訴訟・執行における個別的行為請求権との関係への留意の必要性が指摘されている（奥田＝佐々木上18頁以下）。

第2章
債権の発生原因と要件

第1節　債権の発生原因

1　各種の発生原因

　債権の発生原因は、債権各則にまとめて規定されているが、それ以外の原因によって債権が発生することもある。債権の発生原因として検討すべきものは、大別して3つある。

(1)　法律行為

　第1は、法律行為である。契約がその主なものである。単独行為もある。さらに合同行為(社団設立行為など)の概念を設ける見解もある。以下、契約で代表させる。

　契約によって発生する債権(契約債権)の内容は、契約の解釈によって定まる。当事者の真意が探求されるが、合意の欠けている部分について、慣習、任意規定、信義則などにより補充される。また、本来の給付義務以外に付随的な義務が認められ、それに違反した場合に債務不履行による損害賠償請求権が発生することがある。この付随的な義務の内容・性質については、議論がある(→第5章第2節第2款3(5)(a)〔142頁〕)。

◆ **単独行為による債権の発生**　　契約の解除や遺言などの単独行為によっても債権が発生することがある。解除により各当事者に原状回復義務が生じ(545条1項本文)、物を交付していた当事者は、その返還を求める債権を取得する。遺言者が一定額の金銭の遺贈をした場合、同人が死亡すると、受遺者が遺贈の放棄をしない限り、遺贈義務者は支払義務を負い、受遺者は支払を求める債権を取得する(985

条以下)。懸賞広告(529条)が単独行為であるという説をとれば、これもその例となる(ただし契約説も有力である)。いずれも制度的なものであり、その制度に即して要件・効果が論じられる。では、特段の制度がない場合はどうか。

　フランスでは、一方的債務負担行為(自らが債務を負担するという一方的な意思表示)によって債務が発生するか否かについて議論がある。1873年に提唱されたオーストリアの学説及び1896年のドイツ民法(懸賞広告〔657条〕などの規定がある)の考え方がフランスに導入され、以来、一方的債務負担行為による債務発生の可否・当否(危険性、法律関係の不安定性など)、肯定する場合の範囲(契約の申込み、懸賞広告、自然債務の民事債務への転換〔2016年改正フ民1100条2項(道義的義務の履行の約束)参照〕など)について論じられてきた[1]。わが国でも、懸賞広告や保証書について、この概念を用いる見解があり(大村敦志『新基本民法6 不法行為編〔第2版〕』〔2020〕168頁以下)、また、債権譲渡における債務者の抗弁放棄の意思表示に関して言及されることがある(→第10章第2節第2款3(3)(b)〔707頁〕)。フランスでも議論のある概念であり、独立した債務発生原因として掲げるには、なお検討を要するだろう。

(2)　法律の規定

　第2は、法律の規定である。債権法の分野では、事務管理(697条以下)、不当利得(703条以下)、不法行為(709条以下)がある。物権法や家族法の分野でも法律の規定により債権が発生することがある。占有者の費用償還請求権(196条)、具体化した扶養請求権(877条)などである(奥田＝佐々木上17頁)。

　法律の規定によって発生する債権(法定債権)の内容は、その法律の趣旨によって定まる。

(3)　信義則(社会的接触関係)

　第3に、契約関係にはないが、一定の社会的接触関係にある者の間で、信義則上の義務が発生し、それに違反した場合に、損害賠償請求権が発生することがある。この義務及び請求権の性質については、議論がある。

　この義務は、①契約準備段階にある者の間、②契約以外の一定の法律関係にある者の間、③契約の一方当事者と第三者との間、に生じることがある。

---

1) F. Terré et al., Droit civil, Les obligations, 13ᵉ éd., 2022, p. 70 et s.; Ph. Malaurie et al., Droit des obligations, 12ᵉ éd., 2022, p. 233 et s. 山口・フランス176頁以下。契約成立過程の問題につき、池田清治『契約交渉の破棄とその責任』(1997)159頁以下、滝沢昌彦『契約成立プロセスの研究』(2003)2頁以下・23頁以下、山城一真『契約締結過程における正当な信頼──契約形成論の研究』(2014)329頁・356頁参照。

①では、ⓐ契約の交渉を開始した後に、その交渉を一方的に破棄した者が「契約準備段階における信義則上の注意義務違反を理由とする損害賠償責任」を負うことがある(最判昭59・9・18判時1137号51頁、百選Ⅱ3[池田清治]、最判平2・7・5裁集民160号187頁)。ⓑ契約を締結するにあたって、一方が他方に対し情報提供義務・説明義務を負い、それに反した場合に損害賠償義務を負うこともある(最判平16・11・18民集58巻8号2225頁、重判平16民3[久保宏之]、最判平23・4・22民集65巻3号1405頁、百選Ⅱ4[角田美穂子])。ⓒ契約交渉過程で取得した秘密情報を守るべき義務(守秘義務)が生じることもある。

②では、ⓐ国と公務員のように、契約関係にない者同士であっても、相手方の安全を配慮すべき義務(安全配慮義務)が認められることがある(最判昭50・2・25民集29巻2号143頁、百選Ⅱ2[吉政知広])。また、ⓑ継続的な取引関係にあるがその基本となる契約は締結されていない者同士の間でも、その義務が認められることがあろう(中田『継続的売買の解消』〔1994〕459頁)。

③では、元請企業が下請企業の労働者に対し、安全配慮義務を負うとした例(最判平3・4・11判時1391号3頁)、不動産仲介業者が委託関係にない第三者に対し、業務上の一般的注意義務を負うとした例(最判昭36・5・26民集15巻5号1440頁)、不動産の売主と一体性のある宅建業者が買主に対し、売主と同様の説明義務を負うとした例(最判平17・9・16判時1912号8頁、百選Ⅱ[6版]4[尾島茂樹])、シンジケート・ローンのアレンジャーである金融機関が、参加を招聘した他の金融機関に対し、借入人に関する情報を提供すべき注意義務を負うとした例(最判平24・11・27判時2175号15頁)がある。

これらの義務の違反による損害賠償の性質について、判例は、債務不履行責任と構成するもの(最判昭50・2・25前掲)、性質を明示しないもの(最判昭59・9・18、最判平3・4・11各前掲)もあるが、不法行為責任とするものが多い(最判平2・7・5、最判平16・11・18、最判平23・4・22、最判昭36・5・26、最判平17・9・16、最判平24・11・27各前掲)。

◆ **信義則上の義務と損害賠償**　信義則上の義務違反から損害賠償責任が発生するメカニズムは、次の通りである。①債務不履行責任構成では、一定の社会的接触関係から信義則により債務が直接発生し、その不履行によって損害賠償責任が生じ

ると考える。②不法行為責任構成では、一定の社会的接触関係から信義則により相手方の利益を配慮すべき注意義務が発生し、それに違反することが不法行為となって損害賠償債務が生じると考える。②の構成は明快であり、あとは、どのような場合に義務及び損害賠償債務が発生するかという具体的適用の問題となる。これに対し、①では、そもそも信義則によって債務が発生するのか、債権の内容・効力は何か、信義則によるのではなく契約関係を柔軟に認めることによって解決できないのかを、さらに検討する必要がある。①②については、その要件効果の比較も含め、後述する(→第5章第2節第1款3〔123頁〕・第2款3(5)(a)〔142頁〕・(6)〔148頁〕)。

◆ **債権の発生時期**　債権がいつ発生するのかが問題となることがある(将来発生すべき債権の譲渡やそれを担保に供する合意がある場合など)。債権のレベルでの考察(債権の「成立」をその「発生」と「完成」に区別する見解につき、沖野眞已「学界展望〈フランス法〉」国家学会104巻1=2号〔1991〕176頁参照)、その基礎となる発生原因(特に契約)のレベルでの検討(賃貸借契約における抽象的賃料債権と具体的賃料債権の区別につき、森田・深める118頁以下)に続いて、本格的研究が進められている[2]。

2　債権とその発生原因との関係

債権に関する規律において、債権の発生原因をどの程度まで考慮すべきかが問題となる。特に、契約による債権については、その発生段階だけでなく、履行段階でも、当事者の合意の内容を反映させることが考えられる。これは、債権法の編成にもかかわる問題である。現行民法は、抽象性のある債権の概念を存置し、債権編の編成を維持しつつも、債権総則において必要に応じ債権の発生原因を考慮に入れている(400条・412条の2・415条)(→序章1(2)(d)〔6頁〕)。

---

[2]　白石大「債権の発生時期に関する一考察」早法88巻1号91頁〜89巻2号1頁(2013〜14)(発生時期を、反対給付履行時〔物質主義〕、契約締結時〔意思主義〕、契約で予め定めた時期〔規範主義〕とするフランス法学の諸見解を検討し、賃料債権が賃貸借契約締結時に発生するという見方を提示する)。

第2節　債権の発生の要件

1　債権の「目的」

　債権の成立要件に関する民法の規定としては、債権総則第1節「債権の目的」がある。これは399条の見出しでもある。ここでの「目的」という言葉は、日常用語とは少し違い、債権の「内容」を意味する。具体的には、債務者のすべき一定の行為(給付行為)のことである。たとえば、名馬の売買契約において、買主の債権の目的はその名馬を引き渡すという売主の行為である。

> ◇　「目的」という語は、日常的には、「成し遂げようと目指す事柄」(広辞苑)、「狙い」という意味で使う(「大学で学ぶ目的」「目的と手段」など)。これに対し、法律用語では、「目的」を「客体」「対象」「内容」という意味で使うことがある(フランス語の objet〔英語の object〕の訳語である)。「債権の目的」は、後者の用法であり、債権の内容といってもよい。

　他に、「目的物」という言葉もある。これは、物を引き渡すという内容の債務におけるその引き渡すべき物のことである。上記の例では、買主の債権の目的は名馬の引渡しであり、目的物はその名馬である。目的と目的物は、条文上も区別されている(402条1項の本文と但書を比較せよ。2004年の民法現代語化前は少し乱れがあった)。

2　債権の「目的」の要件

(1)　債権の目的と契約

　債権の目的の要件とは、債権としての効力を生じるには、どのような内容のものでなければならないか、ということである(平井13頁)。債権が事務管理・不当利得・不法行為から生じる場合(法定債権)は、金銭債権であることが多く、あまり問題は生じない。

　契約から生じる債権(契約債権)の場合、その内容は様々なので、検討を要する。伝統的には、給付の適法性・可能性・確定性が3要件としてあげられてき

た(我妻20頁以下)。また、399条は、「金銭に見積もることができないもの」も債権の目的となりうると規定する。これらの「要件」には、2種類の異なるレベルの問題が含まれている。第1は、およそ債権として成立しうるための要件である。たとえば、「あなたを幸せにします」と約束したとしても、「幸せにせよ」という債権は発生しない。あまりにも漠然としすぎていて、そもそも債権としての効力をもちえないからである。399条もこのレベルの問題である。第2は、債権の発生原因である契約の有効要件である。契約による債権については、その契約が無効であれば、結局、債権は発生しなかったことになる。これは契約の有効要件の問題であり、債権の目的の要件といっても、それは結果的にそうなるにすぎない(奥田30頁)。旧民法では、もっぱら、債権の発生原因である合意の有効性という角度から規定していた(財産編322条・323条)。以下、この2つの問題があることを意識しつつ、検討しよう。

(2) 給付の適法性

給付は適法なものでなければならない。これは債権の発生原因である契約の有効要件の問題である。たとえば、麻薬を引き渡すという給付は、それ自体は債権の内容となりうる(病院が製薬会社から医療目的で麻薬を購入する場合。麻薬及び向精神薬取締26条)。しかし、通常は麻薬の売買契約は公序良俗に反して無効であり、その結果として、麻薬を引き渡すという内容の債権も発生しないことになる。

(3) 給付の可能性

2017年改正前民法のもとでの伝統的な学説は、給付が可能であることを債権の目的の要件としていた。すなわち、債権成立の時点で給付が不能である場合(原始的不能)、債権は成立しない。したがって、不能の給付を目的とする契約は無効である。ただし、そのような契約を過失によって締結した者は、相手方に対し「契約締結上の過失」に基づく損害賠償責任を負うが、それは相手方の信頼利益の賠償(無効な契約を有効と信じたことによって被った損害の賠償)に限られる(我妻21頁、我妻$V_1$80頁・38頁以下)。

現行民法は、このような考え方をとらなかった。契約に基づく債務の履行が契約成立時に不能であったとしても、415条の規定により履行不能によって生じた損害の賠償を請求することは妨げられない(412条の2第2項)。415条は債

務不履行による損害賠償の規定であり、債務の存在を前提とする。つまり、契約成立時に不能であっても債権が発生しないわけではなく、給付の可能性は債権の目的の要件ではない。客観的には実現が不可能であったとしても、当事者がそれを債権の目的とすることを合意したのであれば、その効力を認めてよいという考え方による。伝統的学説については、かねてからその根拠づけに対し批判があったこと、実際上も、履行不能となったのが契約成立の前か後かで法律関係が大きく変わることは適当ではないことが考慮されたものである。詳しくは後述する(→第5章第2節第2款3(3)(b)〔136頁〕)。

なお、債権が成立した後に不能となった場合は、後発的不能という。伝統的学説は、この場合、その債権は消滅するが、債務者に帰責事由があれば損害賠償請求権に変じると考えた。現行民法は、この場合、債権は消滅しないが、債権者は、履行を請求することができず(412条の2第1項)、損害賠償を請求できるとする(415条1項)。これも後述する(→第5章第1節2(2)(a)〔105頁〕・第2節第2款3(3)(a)〔134頁〕)。

> ◇ 軽井沢の別荘「甲」の売買契約を東京で締結したが、山火事で甲が焼失したとする。伝統的な学説によれば、焼失が契約締結前であれば(原始的不能)、売主は契約締結上の過失により信頼利益の賠償責任のみを負い、焼失が契約締結後であれば(後発的不能)、売主は帰責事由(旧415条後段)のあるときは債務不履行による損害賠償責任を負う。現行民法では、焼失が契約締結の前か後かを問わず、売主は415条により債務不履行による損害賠償責任を負う。

(4) 給付の確定性

給付の内容は、確定していなければならない。「あなたを幸せにします」と約束しても、その内容は漠然としすぎていて債権として成立しえない。具体的に何がどの程度確定されるべきかは、契約の種類によって異なる。契約締結時点で確定していなくても、何らかの方法で確定可能であればよい。

> ◇ ゴルフ場建設工事中に締結されたゴルフクラブ入会契約につき、「プレー的魅力があり戦略性に富む名門コースとするというだけでは、法律上の債務というには具体性がなく」「債務不履行を認める余地はない」とした例がある(最判平9・10・

14 判時 1621 号 86 頁)。

◆ **契約成立のための確定性**　不動産売買など契約締結まで相当期間の交渉がされる取引において、契約が成立するためには確定的な意思表示が必要だといわれることがある。この場合、合意内容の確定性の問題と、合意の終局性の問題とを区別すべきである(中田・契約 99 頁以下)。

(5)　給付の金銭的価値

　399 条は、「金銭に見積もることができないもの」も、債権の目的となりうると規定する。つまり、給付は、金銭的価値のあるものでなくてもよい。ローマ法では、法的保護を受けうる債権は限定されており、金銭に評価できないようなものは債権の内容にはなりえなかった。旧民法もこれを受け継いでいた(財産編 323 条 1 項)。しかし、近代資本主義社会の発展のためには、このような限定をせず、契約自由の原則を広く認めることがよいと考えられ、当事者が結んだ契約を保護する方向へと進んだ。そこで、明治民法制定の際に改められた。起草者は、本条が債権の目的に関する大問題を決したと述べている(民法修正案理由書 390 頁)。このように、本条は歴史的には大きな意味がある(北居功・新注民(8)63 頁以下)。

　もっとも、現在では、本条はそれほど重要な規定ではなくなっている[3]。第 1 に、「金銭に見積もりうる」と解される領域が広くなったからである。かつては、医師・弁護士・教師の仕事が金銭に見積もりえない例とされたが、現在では、これらの仕事も金銭に見積もりうると考えられる(星野 12 頁)。第 2 に、問題関心が、債権の目的が金銭に見積もりうるかどうかではなく、ある約束が法律上の拘束力をもつのかどうか、それとも単なる道徳的・社交的・宗教的な約束にすぎないのか、に移ったからである。

◇　恋人とのデートの約束に違反しても損害賠償責任が生じないのは、債権の目的が金銭に見積もりえないからではなく、そのような約束には法律上の拘束力がない

---

3)　損害保険契約の被保険利益は金銭に見積もることができるものに限られる(保険 3 条)。損害保険契約における利得禁止原則に由来する(山下・保険上 309 頁以下)。399 条とは少し位相が異なる。

からである。民法起草者も、399条も無制限に広いのではなく、「日常交際上ノ漠然タル約束」などは債権を発生させないと述べている(民法修正案理由書391頁)。拘束力を否定した例として、最判昭34・2・26民集13巻2号394頁(訴訟終了に際し弁護士が相手方弁護士にした自己の主張の存否について調査回答するとの約束)、津地四日市支判昭58・2・25判時1083号125頁(隣人訴訟事件)、肯定した例として、最判昭42・12・21判時511号37頁〔判決日は誤植〕(ダム建設にあたっての電力会社の補償合意)。

古い裁判例で、寺の僧侶が依頼者のために念仏供養をするという契約の効力について、念仏供養を一心に行うという契約は内心の作用にかかわるものだから法律上の効力を生じないが、称名念仏(仏の名を唱えること)をして故人を供養するという契約は外形上の行為に関するものだから法律上有効である、としたものがある(東京地判大3頃・月日不詳新聞986号25頁)。これも金銭に見積もりうるかどうかではなく、法律上の拘束力の有無の観点から考えるべき問題である(平井15頁)。

(6) 債権の目的の要件の意義

以上のように、債権の目的の要件として、独自の意味をもちうるのは、給付の確定性であるが、これも契約の成立の要件に吸収することができる。そうすると、契約債権については、もっぱら契約の成立又は効力の問題(中田・契約99頁・143頁以下)として論じれば足りることになる。ただ、債権の目的が何かを考えることは、契約その他の債権の発生原因の成否・効力を判断する際に、1つの有用な思考過程とはなりうるだろう。

> ◆ **法定債権における債権の目的** 法定債権の多くは金銭債権だが、それ以外のものもある。もっとも、物の引渡しを目的とするもの(悪意占有者の果実の返還〔190条1項〕、事務管理者による受取物の引渡し〔701条・646条1項〕、不当利得である物の返還〔703条〕)において、債権の目的の要件が問題となることに、ほとんど考えられない(適法性が問われる場合は考えることができるが、これに公序良俗〔90条〕や不法原因給付〔708条〕の問題として論ずべきものであろう)。また、事務管理者の管理義務(697条)の具体的内容は、事務管理制度及び事務の種類・性質から定まるであろう。不法行為において、「名誉を回復するのに適当な処分」(723条)の具体的内容及びその適法性が問題となることがあるが(謝罪広告の合憲性など)、これは不法行為法の問題として論ずべきものである。いずれも、債権の目的の要件からの演繹によって決すべきものではない。

第 3 章
債権の種類

第 1 節　債権の分類

1　債権の内容の多様性

　債権のうち、不法行為などによる法定債権の内容は、ほとんどが金銭を支払えというものだが、契約債権の内容は様々である。たとえば、建物の売買契約からは、買主には、建物の引渡しや登記をせよという債権が生じ、売主には、代金を支払えという債権が生じる(555条)。賃貸借契約からは、賃借人には、目的物を使わせよという債権や、目的物を修繕せよという債権が、賃貸人には、賃料を支払えという債権や、契約終了時に目的物を返せという債権が生じる(601条・606条など)。委任契約からは、委任者には、受任者が委任事務をきちんと処理せよという債権が生じる(643条・644条)。これらの債権の内容は、物や金銭の引渡し、役務の提供、登記手続など多種多様である。

2　分類の視点

（1）　様々な分類

　これらの諸債権は、いろいろな角度から分類することができる。まず、債権総則には、特定物債権、種類債権、金銭債権、利息債権、選択債権に関する規定があり、それぞれの概念に関連する分類がある。これは第2節で説明する。また、可分債権・不可分債権という分類もある。これは後に第9章(多数当事者の債権関係)で説明する。ここでは、他の重要な2つの視点からの分類を取り上げる。履行の強制方法という視点からの分類と、債務者が責任を負うのはどの

ような場合かという視点からの分類である。

◇　上記の各分類は、同じ平面上のものではない。それぞれについて、何のための分類なのかを注意する必要がある。

(2)　履行の強制方法という視点

(a)　2組の分類

債務者が債務を履行しないとき、債権者は裁判所などに申し出て、その履行を強制してもらうことができる。履行の強制が可能かどうか、その具体的な方法が何かは、債権の内容によって異なる。この視点からの分類が、作為債務・不作為債務の分類と、与える債務・なす債務（なし又はなさない債務）の分類である。

(b)　作為債務・不作為債務

これは、債務の内容が作為か不作為かという分類である。民事執行法で用いられている（民執171条1項・172条1項）。2017年改正前には民法にも規定があった（旧414条2項・3項）。ドイツ民法が参照されることが多い（奥田32頁など。ド民241条1項）。

(c)　与える債務・なす債務

これはフランス法に由来する分類である。もっとも、フランス法における「与える債務」は、伝統的には「所有権を移転する債務」という限定的な内容のものであるのに対し、日本では、物を物理的に引き渡す債務も含む、より広い概念として用いられることが多い（我妻25頁など）。このような概念の広狭による混乱を避けるため、また、履行の強制方法以外の問題にも通用するものとして、この分類に代えて、引渡債務（財産権及びその目的物の占有を移転する債務）・行為債務（作為〔引渡しを除く〕又は不作為を内容とする債務）という分類をする学説も有力である（平井19頁が提唱。大村(4)37頁、北居・新注民(8)49頁など）。もっとも、「引渡債務」というと占有の移転のみを内容とする債務であるかのような印象を与えるという問題もある（内田15頁、角14頁参照）。本書では、これまで日本の学説が理解してきたように、引渡しも含む広い意味で「与える債務」という概念を用いることにする。なお、「与える債務」は、もちろん、贈

与契約上の債務(549条)という意味ではない。

> ◇ (b)と(c)の各分類は、債権の履行の強制方法を説明する際に用いられる。両者の組み合わせ方は、大別して2種類ある。作為債務と不作為債務を大分類とし、作為債務の小分類として与える債務となす債務を配置する方法と、与える債務となす債務を大分類とし、なす債務の小分類として作為債務と不作為債務を配置する方法である。概念の整理ができていれば、混乱することはないだろう。いずれにせよ、「与える」べき物の種類(特定物・不特定物・金銭)、「なす」べき行為の性質(代替的・不代替的)によってさらに区分される(→第5章第1節4〔111頁〕)。

> ◆ **フランスにおける分類** 「与える債務」「なし又はなさない債務」は、2016年改正前フランス民法1101条・1126条・1136条以下・1142条以下でとられていた基本的分類である。このうち、「与える債務」は、ローマ法のdare(与える〔所有権の移転、役権の設定〕)に由来する、所有権を移転する債務という限定的なものとして理解されてきた。他方、同1138条が所有権の移転につき意思主義をとるので、「与える債務」が発生するのは、種類物(未特定)又は将来の物(未取得)が目的物である場合、所有権移転時期を後ろにずらす合意のある場合などに限られる。このため、「与える債務」の概念の意義について疑問が投じられ、2016年改正により、「与える債務」「なし又はなさない債務」の概念は、民法典から消去された(所有権の移転は、契約の効力として、改正後の1196条が規定する)。もっとも、改正後の債権債務関係法の体系書も、教育的観点等から、この分類を紹介するものが多い。

(3) 債務不履行責任の成否という視点

債務者はどのような場合に債務不履行の責任を負うのかという視点からの分類として、結果債務と手段債務がある。フランスのドゥモーグ(Demogue)が1920年代に提唱し、フランスの判例・学説で広く認められている。

結果債務(obligation de résultat)とは、債権者に対して一定の結果をもたらすべき債務であり、債務の内容はもっぱら特定の結果の実現に向けられている。売主の目的物引渡債務、買主の代金債務、交通機関が乗客を目的地まで運送する債務などである。結果が実現されなければ、不可抗力や債権者の行為など外来の原因による場合を除き、債務者は契約責任を負う。手段債務(obligation de moyens)とは、債務者が達成すべき任務に適した手段をとり、慎重かつ勤勉に、最善を尽くすことを約束するが、結果のいかんは必ずしも問題にならないとい

う債務である。医師は患者に対し、入念で注意深く医学上の情報に適合する治療をしなければならないが、患者が治癒しなかったからといって直ちに責任が発生するわけではない。

　日本でも、この分類を導入する見解が有力である[1]。分類の意義として、このいずれかにより債務不履行責任の追及に際しての証明責任の負担に違いが生じるといわれる時期もあったが(中野・前掲注(1)の指摘が重要)、近年では、それは債務の内容・射程(証明の対象)の違いである(いずれであるかにより、債務者が何をすれば債務不履行責任を負わないことになるのかが異なる)とみるべきだという見解(森田・前掲注(1))が有力になった。この分類に対し、分別基準が明快でないなどの批判(北川19頁、石田48頁以下)もあるが、この分類は債務不履行責任の構造を理解するための1つの視角を提示するものとして意味がある。

◆ **結果債務と手段債務の区別の意義**　2017年改正前民法のもとで、債務者が債務を履行しない場合、債権者は損害賠償を請求できるが、その要件である債務者の帰責事由(旧415条)については、債務者に証明責任があると理解されていた。すなわち、債務不履行があったという事実を債権者が証明すると、債務者は、自分には帰責事由がなかったと証明しない限り、損害賠償責任を負う。ところで、医療過誤訴訟などにおいては、債権者(患者側)が証明すべき「債務不履行の事実」とは、債務者(医師)がすべきことをしなかったことであり、その内容は、帰責事由があったというのとほぼ同様のものである。その結果、債権者の証明すべきことは、債務者の帰責事由の証明とほぼ同様になり、また、不法行為における加害者(債務者)の過失の証明とも、実際上、変わらないことになると指摘された。手段債務は、そのような類型の債務として位置づけられ、その意義の有無や具体的なあてはめについて議論された。

　これに対し、帰責事由の概念自体を再検討し、それは債務者が「契約において約

---

[1]　川島武宜＝平井宜雄「契約責任」加藤一郎ほか『経営法学全集18 企業責任』(1968)268頁、吉田邦彦「債権の各種──『帰責事由』論の再検討」同『契約法・医事法の関係的展開』(2003)2頁〔初出1990〕、森田宏樹「結果債務・手段債務の区別の意義について」同『契約責任の帰責構造』(2002)1頁〔初出1993〕、森田・深める1頁以下。体系書・教科書では、星野57頁、奥田31頁・164頁、淡路16頁・116頁、大村(4)37頁以下・94頁、潮見新Ⅰ157頁以下など。帰責事由との関係につき、中田「損害賠償における『債務者の責めに帰することができない事由』」フロンティア245頁〔同・現代化所収〕。訴訟法の観点からの先駆的なものとして、中野貞一郎「診療債務の不完全履行と証明責任」同『過失の推認(増補版)』(2004)67頁〔初出1974〕。なお、UNIDROIT 2010・2016、5.1.4はこの分類を採用し(仏語版の条見出しは「結果債務と手段債務」)、PECL 6.102及びDCFR Ⅲ.1.102の解説でも触れられている。

束したことを(不可抗力によらず)履行しないこと」に含まれているとし、その意味での「帰責事由」の存否の判断にあたって、結果債務・手段債務の区別が有用であるという見解が登場した。すなわち、結果債務では、結果の不実現があれば帰責事由があると判断されるが、手段債務では、帰責事由の存否の判断には債務者の具体的な行為態様の評価が必要になるという(森田・前掲注(1)55頁)。この見解は、債務不履行責任(契約責任)を保証責任(結果債務)と過失責任(行為債務)との二元的体系として把握する見解(潮見Ⅰ269頁以下)とともに、債務不履行責任の構造を見直すことを推進した。

改正民法は、債務不履行があれば損害賠償責任が生じることを原則としたうえ、「債務者の責めに帰することができない事由」を免責事由とした(415条1項)。この原則の定立について、上記の見直し論が大きな役割を果たした。この事由の存否は、「契約その他の債務の発生原因及び取引上の社会通念に照らして」判断すべきものと規定されているので、実務的には、そのあてはめという思考方法により免責の可否が判定されることになる。ただ、免責事由の内容の類型的把握及びその事由がある場合に債務者が免責される根拠の説明に際して、結果債務と手段債務の区別は、引き続き1つの視角を提示し、実際面でも有用性があるだろう(→第5章第2節第2款6(2)(c)(ⅱ)2つ目の◆〔173頁〕)。

第2節　民法の規定する債権

民法は、「債権の目的」の節に、5種類の債権に関する規定を置いている。「特定物債権」「種類債権」「金銭債権」「利息債権」「選択債権」である(400条～411条)。これらの規定は、債権の種類を示すというだけでなく、契約から生じる債権について目的物の種類に応じて債権の目的(内容)を定めるための解釈基準としての意味もある[2]。順に検討しよう。

---

[2] 大村敦志『もうひとつの基本民法Ⅱ』(2007)154頁〔初出2006〕。原田剛「民法第3編第1章『第1節債権の目的』再考」新報130巻7=8号(2024)115頁、原田10頁以下は、これらは債権総論の債権と債権各論の債権の中間に位置する抽象度の債権だという。

1　特定物債権

(1)　意　義

(a)　特定物・不特定物

特定物債権とは、特定物の引渡しを目的とする債権である(400条)。

特定物とは、具体的な取引に際して、当事者がその物の個性に着眼し、当初から「これ」と定めて合意した物である。世間一般でどうかという客観的な基準ではなく、その当事者の主観において特定の物とされていたかどうかが基準となる。たとえば、名画、土地、中古自動車は、通常、特定物となる。名画はその作品自体しか存在しないし、土地は位置や形状によって価値が異なるし、中古自動車はそれぞれ状態が違うから、当事者は、取引に際して、その個性に着目するのが通常であろう。また、亡くなった作家の愛読者が作家の遺族から遺品であるワインを譲り受ける場合、同種のワインを他から入手できるとしても、その取引においては特定物となる。

特定物でない物を不特定物という。不特定物は、通常、種類・品質・数量で表される。たとえば、ブドウの売買で「種類は巨峰、品質は等級秀、数量は10 kg」と合意した場合、目的物は不特定物である。売主は、合意された基準を満たしてさえいれば、具体的にはどのブドウを引き渡してもよい。さらに、もっと大まかに、種類と数量だけで表され、品質について特に定められていないこともある(ブドウの売買で「種類は巨峰、数量は10 kg」とだけ定めた場合)。このように、債権の目的物が種類と数量だけで表された場合、その物を種類物という(星野14頁)。もっとも、不特定物と種類物の概念を厳密に区別しないことも少なくない[3]。厳密にいうと、種類物は、①品質の定めがなく種類・数量のみで表された物であり、不特定物は、②種類・品質・数量で表された物(①が品質で絞り込まれたもの)であるが、種類物という語には、①だけでなく②もあわせて意味する用法もある、ということになる。このような物の引渡しを目的

---

3) 磯村保「特定物・不特定物、種類物、代替物・不代替物」法教157号(1993)36頁。近江30頁参照。於保34頁、奥田＝佐々木上45頁は、種類物の語を便宜ないし慣用という。フランスでは、種類物(choses de genre)は、代替物(choses fongibles)を特定物(corps certains)との対比で示す表現だといわれる(G. Cornu, Vocabulaire juridique, 15ᵉ éd., 2024, p.173)。

とする債権を種類債権又は不特定物債権という。

(b) 代替物・不代替物

特定物・不特定物とは異なり、世間一般で考える、客観的な基準による区分もある。これが代替物・不代替物の分類である。物の客観的な性質に着目する基準であり、客観的にみて、同じ種類・品質・数量の他の物で代えることができるものを代替物、そうでないものを不代替物という。多くの場合、特定物は不代替物、不特定物は代替物だが、交差することもある。

◇ 上記の作家の遺品のワインは、特定物・代替物となるだろう。中古自動車1台の売買の場合、通常、特定物・不代替物となるが、中古自動車20台を映画撮影用に賃借する場合、不特定物・不代替物でありうる。

◆「特定」と「代替」 「特定物」と「代替物」は、概念の観点が異なるとともに、どのような場面で用いられるのかも異なる。特定物に関する規律は、その物についての当事者の義務の内容・程度にかかわるものが多く（400条・413条・483条参照）、代替物に関する規律は、義務の履行の場面における代替性という性質を反映するものが多い（562条・587条・666条1項、民訴382条、民執22条5号参照）。このため、両者の交差する場面において、「特定」に関する規律が代替性のある物については緩和されることがある（債務者の変更権→2(2)(c)(ⅱ)〔57頁〕、種類債権の履行の強制→第5章第1節4(1)(c)〔112頁〕）。

(2) 特定物債権の特徴

特定物債権には、いくつかの特徴がある。

(a) 善管注意保存義務

(ⅰ) 意義　特定物債権の債務者は、引渡しをするまで「契約その他の債権の発生原因及び取引上の社会通念に照らして定まる善良な管理者の注意をもって、その物を保存しなければならない」(400条)。特定物の売主が目的物を引き渡すまでの間に負う義務が典型的なものである。

不特定物債権の場合は、債務者は、後述する「特定」(→2(2)〔49頁〕)が生じるまで、目的物の保存義務を当然には負わない。不特定物債権の債務者は、所定の種類・品質・数量の物を履行期に引き渡せば足り、履行期前にそれに適合する物を所持していたとしても、その物自体を引き渡す義務を負うわけではない。

それを引き渡すつもりであったとしても、滅失したときは、他から別の物を調達して引き渡さなければならない(調達義務)。したがって、所持している物について保存義務を負うことはない。もっとも、債務者が、契約上の義務として、又は、信義則上、履行期に履行できるように準備をすべき義務を負うことはあり、その具体的態様として、手元の物の保管について一定の義務を負うことはありうるが(潮見新Ⅰ212頁参照)、それは別問題である。これに対し、特定物の場合は、その物を保存する義務が当然に生じる。その義務の内容は、善良な管理者の注意をもって目的物を保存することである。本書では、これを善管注意保存義務と表すことにする。

400条は一般規定であり、特別規定があればそれが適用される(梅13頁)。また、同条は任意規定であり、特約により注意義務を加重したり、軽減したりすることも、当然に予定されている(民法修正案理由書391頁)。

◆ **400条の適用対象** 債務者が特定物の引渡しに先だってこれを保存することのある契約は少なくない(贈与、売買、賃貸借、寄託など)。本条の沿革(平井22頁)に照らし、本条が特定物売買などにおける所有権移転義務を伴う引渡義務を典型的な場合として想定しているとしても、それ以外の場合に適用がないわけではない。もっとも、本条の一般規定性・任意規定性に照らし、本条は補充的性質をもつと考えるべきであり、まずは問題となっている契約の解釈及び法律の規定(たとえば、659条、商595条)によって、その契約における保存義務の内容を導くべきである。賃貸借における用法遵守義務(616条・594条1項)との関係については、議論があるが、同義務のほかに保存義務を観念することを排除するまでもないだろう(中田・契約399頁以下)。

◆ **履行期後の引渡しの場合** 債務者の善管注意保存義務は、現に引渡しがされるまで続く。履行期経過後も同様である。もっとも、債権者が受領遅滞にあるときは、債務者の注意義務は軽減され、自己の財産に対するのと同一の注意を払えば足りる(413条1項)。なお、債務者が履行遅滞にあるときも、400条の適用外だといわれる(我妻27頁、平井23頁、潮見新Ⅰ197頁、奥田＝佐々木上47頁以下など)。債務者の責任が加重されるからである(413条の2第1項参照)。しかし、後述のとおり、保存義務と引渡義務を区別するとすれば、履行遅滞による責任加重は引渡義務に関するものであり、保存義務には依然として400条の適用があると考えたい。

（ⅱ）**内容**　「善良な管理者の注意」という概念は、古い沿革があり、旧400条でも用いられていたが、同条に関しては種々の議論があり[4]、2017年改正で、債務不履行責任等に関する規定の改正にあわせて改められた。改正後の400条については、何組かの概念の関係を検討する必要がある。

　第1は、①「善良な管理者の注意」と、②「自己の財産に対するのと同一の注意」との関係である。①は、400条のほか、いくつかの規定で現れる（249条3項・298条1項・644条・852条・869条、商595条、信託29条2項等）。②は、受領遅滞（413条1項）、無報酬の受寄者の注意義務（659条）の規定で現れる（他に、940条1項。827条・918条も同様）。

　改正前民法のもとでは、②が債務者の能力に応じて定まるのに対し、①は一般的・客観的標準で定まるものであると説明されることが多かった。もっとも、①は発生原因となる契約によっては定まらない場合の補充的規定であると理解されていたので（我妻26頁、奥田35頁、最判昭32・9・10裁集民27号687頁）、契約解釈によって定まる領域が広がれば、適用の余地が狭まり、間接的ながら契約の影響を受けるものであった。さらに、そもそも、保存義務の内容は、契約によって定まるものであると指摘されるようになった。実務においても、①も個別事情に応じて定まるものと考えられていた（一問一答66頁）。そこで、今回の改正で、①が個別事情と無関係に客観的かつ一律に定まるものでないことを明確にするため、「契約その他の債権の発生原因及び取引上の社会通念に照らして定まる」という文言が追加された。

　②の注意義務の程度は、①よりも軽減されたものである。従来から、そのように解釈されていたが（旧民法財産編334条もそれを示唆する。Exposé des motifs, t. 2, p. 414）、改正民法では、より明確になった（413条1項参照）。

　◇　たとえば、特定物である絵画の売主は、その絵の価値・状態やありうる保管方法等を前提として、契約及び取引上の社会通念に照らして定まる善管注意保存義務を負う（その具体的内容は、売買だからすべて同じだというわけではない）。この義務は、債務者の個人的な資質・能力にかかわらず定まるという意味では、「客観的」

4）　道垣内弘人「善管注意義務をめぐって」法教305号（2006）37頁、基本方針Ⅱ165頁以下、北居・新注民(8)82頁以下。この義務と債務の内容及び帰責事由との関係につき、吉田・前掲注(1)9頁・13頁以下・45頁以下、森田・前掲注(1)22頁参照。

といってもよいが、契約から離れて定まるという意味での「客観的」ではない。

> **◆ 改正の経緯**　①「善良な管理者の注意」は、②「自己の財産に対するのと同一の注意」と対置されてきた。①は、旧400条、旧民法財産編334条1項を経て、フランス民法(原始規定)1137条の「善良な家父の注意(les soins d'un bon père de famille)」、さらにはローマ法の概念である「注意深い家長(diligens paterfamilias)」が用いる注意に遡る(原田・ローマ法163頁。フ民1137条は2014年改正で「思慮分別のある注意(les soins raisonnables)」に改められ、それが2016年改正後1197条の「思慮分別のある人の注意(les soins d'une personne raisonnable)」に引き継がれた)。②は、旧659条、旧民法財産編334条2項を経て、フランス民法1927条に遡る。ローマ法以来の過失の分類との関係では、①は抽象的過失、②は具体的過失に対応するといわれる。①は、その立場にある標準的な人として払うべき注意であり、一般的・客観的基準によって定まるのに対し、②は、当該債務者の能力・資質に応じて定まると説明されてきた(金山＝金山・新版注民(10)Ⅰ177頁以下)。
>
> 2017年改正前民法において、特定物の保存に①が求められたのは、旧483条と関係する。同条は、特定物債権について、発生時から履行期までの間に、目的物の状態が変化したとしても、債務者は履行期の現状で引き渡せばよいとする(現状引渡しの原則)。特定物である以上、他の物と取り替えようがないからであるが、そうすると引渡しまでは①を求めることが均衡がとれる、と考えられた。
>
> これに対し、①でも個別事情が考慮されるべきであるという指摘があり、また、②でも当該債務者の能力を考慮するのではなく、「標準人(平均人)」が自己の財産に対するのと同一の注意と考えるべきであるという見解が現れた(②につき、前田34頁、奥田607頁以下)。つまり、①についても具体的要素が入り、②についても評価的要素が入ることになる。他方、旧483条に対し、どのような品質の目的物を引き渡すべきかは契約によって定まるものであり、一律に定まるものではないという批判が投じられた(基本方針Ⅲ20頁以下)。
>
> 現行民法は、①について本文記載の文言を追加し、②について①よりも軽減されたものであることを明確にし、現状引渡しの原則も、契約等に照らして品質を定めることができない場合の補充的なものとされた(483条。ただし551条1項〔贈与〕)。そこで、これらを通じて、ⓐ特定物か不特定物かを問わず、契約の解釈による一元的解決へと向かうのか(潮見新Ⅱ55頁、潮見・新注民(8)313頁参照)、ⓑ特定物の概念の意義を認め、また、契約の解釈に吸収しきれない領域を残すのかが問題となる。現行民法は、なおⓑを採っているといえよう(→後記の◆「取引上の社会通念」の意味〔45頁〕)。

第2は、契約債権と法定債権の関係である。契約債権における善管注意保存

義務の内容は、契約の性質(有償か無償かを含む)、当事者が契約をした目的、契約の締結に至る経緯などの契約に関する諸事情を考慮し、取引に関して形成された社会通念も勘案して、決せられる(部会資料 68A、第 1、2 説明 2(1)、同 79-3、第 6、1 説明。一問一答 66 頁)。法定債権については、それぞれの発生原因に関する事情を考慮し、取引に関して形成された社会通念も勘案して、決せられる。

◆ **法定債権としての特定物債権**　　その例としては、事務管理者が受け取った特定物を本人に引き渡すべき場合(701 条・646 条 1 項)、受益者が不当利得として原物を返還すべき場合(703 条・704 条・121 条の 2)がある。発生原因に関する事情としては、前者では、事務管理の開始の経緯、事務の内容などが、後者では、受益者が受けた給付の原因である表見的な法律関係の性質、無効・取消しの原因などが考えられるが、契約債権の場合に比べ、定型性がより高くなるだろう(中間試案の段階では、契約債権と法定債権を分け、前者は「当該契約の趣旨に適合する方法」によることとされ、善管注意保存義務は後者についてのみ課せられていたが〔中間試案説明 89 頁以下〕、後に統合された。もっとも、その際も、法定債権における「債権の発生原因」の内容は明確でない〔部会資料 79-3、第 6、1 説明参照〕)。

第 3 は、①「契約その他の債権の発生原因」と、②「取引上の社会通念」の関係である。この組み合わせは、他の規定でも現れる(412 条の 2 第 1 項・415 条 1 項但書・541 条)。契約による善管注意保存義務について、それは、①を考慮し、併せて②も勘案して定まるという理解(一問一答 66 頁)と、①から導かれる「契約の内容」によって定まるのであり、②はそれを改変するものではなく、「契約の内容」を導くために客観的事情も考慮されることを表すにすぎないという理解(潮見新Ⅰ195 頁以下。大村(4)27 頁も参照)がある。具体的な判断に際しては大差ないだろうが、後者は債権法における合意の重要性を強調するものである。もっとも、②は、契約債権と法定債権の双方に共通するので、②が「契約の内容」の判断の一要素にすぎないということは、規定の文言とはやや離れる。契約債権については、①が基本であるが、②も考慮して定まるというのが契約当事者の通常の意思であること、法定債権についても、①を基本としたうえ、②も考慮するのが相当であること、これらが 400 条の趣旨であると理解したい。

◆ **「取引上の社会通念」の意味**　　部会では、①「契約その他の債権の発生原因」

こそが決め手であり、②「取引上の社会通念」の概念を導入すべきではなく、仮に導入するとしても、①と②を「及び」で結ぶべきではないという意見が出されたが、①と②を「及び」で結ぶ案に賛同する意見もあり、改正民法の表現となった（部会議事録 90 回 38 頁～46 頁参照）。①とともに②を規定した意味は、契約債権について、ⓐ善管注意保存義務の内容を定めるための作業を「契約の解釈」がすべて担うとするとその負担が過重となるところ、②はそれを緩和する機能をもつこと、ⓑ特に契約後に発生した事情の評価の仕方について、当初の契約にすべて織り込まれていると考えるのとは異なる契約観の余地も残すこと、ⓒ柔軟な取扱いの可能性を求める実務の要請に合致すること、にあろう。他方、善管注意保存義務の内容が、契約から離れて一般的に定まるものではないとすることは、400 条の改正にあたっての部会における共通認識であった（中間試案説明 89 頁以下、部会資料 79―3、第 6、1 説明）。そこで、①を基本と解すべきであるが、②は上記の意味をもつものであり、400 条は、契約債権については両者を組み合わせることをデフォルト・ルールとしたと考えたい（中田・前掲注(1)271 頁参照）。なお、①について、部会審議の最終段階で「契約その他の当該債権の発生原因」の「当該」が削除されたことから、「個別合意に執着する表現を避け、より類型的に契約を捉える」可能性が開かれたという指摘があるが（内田貴「契約責任の将来像」フロンティア 117 頁・126 頁）、部会審議の経緯に鑑みると、これは、①の意味をやや軽くみる理解というべきであろう。

（ⅲ）　**義務違反の効果**　善管注意保存義務違反の効果が単純な形で現れるのは、目的物の引渡し前の段階で、債務者が同義務に反しているが、目的物の滅失・損傷は生じていない場合である。このとき、債権者は、次のことができる。すなわち、履行の請求（適切な保存をせよと求めること。412 条の 2 第 1 項参照）及び履行の強制（414 条）、損害賠償請求（415 条）、契約の解除（契約債権であって要件を満たす場合。541 条・542 条）、不安の抗弁権の主張（双務契約において先履行義務を負う債権者が自らの債務の履行を拒むこと）である。

その他の場合には、引渡義務との関係が問題となる。

◆　**善管注意保存義務と引渡義務の関係**　善管注意保存義務（以下、この項では「保存義務」という）は、特定物の引渡しを目的とする債権において生じるので、引渡義務との関係が問題になる。以下では、売買契約など有償契約（559 条参照）について検討する（森田・深める 52 頁以下、潮見新Ⅰ196 頁以下参照）。なお、滅失と履行不能とは異なる概念だが、ここでは簡単化のため、滅失によって履行不能にな

ることを前提とする。

　債務者に保存義務違反がある場合、次のようになる。①引渡し前の段階で、目的物の滅失・損傷が生じていない場合、本文の通りである。②引渡し前の段階で、保存義務違反により目的物が滅失した場合、引渡義務の履行不能となる。債権者は、損害賠償請求(415条)・解除(542条)ができる。保存義務違反がある以上、損害賠償の免責事由(415条1項但書)は認められない。③保存義務違反により目的物が損傷した場合、引渡義務の不履行ともなり、債権者は、修補請求(412条の2第1項)・損害賠償請求(415条)・解除(541条・542条)ができる。損傷のある物が引き渡されたときは、追完請求(562条)・代金減額請求(563条)もできる(損害賠償請求・解除もできる。564条)。債権者は、保存義務の不履行を理由として損害賠償請求・解除をすることもできるが、引渡義務の不履行の方が証明が容易であり、結局、全体を通じて引渡義務が前面に出ることになる(潮見新Ⅰ196頁参照)。④保存義務違反はあったが目的物の滅失・損傷は生じていない状態で引渡しがされ、その後、その違反が原因となって滅失・損傷が生じた場合、危険の移転後ではあるが、債務者はなお契約不適合責任を負う(567条1項。中間試案説明91頁・430頁)。

　債務者に保存義務違反がない場合、次のようになる。⑤債務者が保存義務を尽くしていたのに、引渡し前に目的物が滅失した場合、引渡義務の履行不能となる。債権者は、反対給付(代金支払)の履行を拒むことができ(536条1項)、解除することもできる(542条)。債務者が保存義務を尽くしていた事実は、損害賠償請求における免責事由(415条1項但書)の存在を認めるための重要な評価要素となる。⑥債務者が保存義務を尽くしていたのに、引渡し前に目的物が損傷した場合、当事者の合意内容等によっては、損傷した目的物を引き渡せば免責されることがある(483条)。そうでないときは、引渡義務の不履行として、債権者は、修補請求(412条の2第1項参照)・解除(541条・542条)をすることができ、損傷のある物が引き渡されたときは、追完請求(562条)・代金減額請求(563条)もできる。損害賠償請求については⑤と同じである。なお、483条は、履行期の状態を基準とするので、履行遅滞後に債務者が保存義務を尽くしていたが損傷が生じた場合も、債務者が責任を負うことがある。

(b)　履 行 不 能

　特定物債権は、目的物が滅失すれば、直ちに履行不能となる(ただし、後掲注(11)参照)。

　　◇　特定物である建物の売買契約をした後、引渡し前にその建物が滅失すると、売主の債務は履行不能となる。その結果、次のようになる。買主は、履行を求めるこ

とができない(412条の2第1項)。売主は債務不履行による損害賠償責任を負う(買主は債務の履行に代わる損害賠償を請求できる)。ただし、滅失が売主の責めに帰することができない事由によるときは、売主は免責される(以上、415条1項・2項1号)。買主は、代金の支払を拒むことができる(536条1項〔危険負担〕)。買主は、無催告で解除することもでき(542条1項1号)、解除すれば、代金支払債務を免れる。契約締結前に滅失していた場合も、買主は、415条による損害賠償を請求できる(412条の2第2項)。引渡し後に双方に帰責事由なく滅失した場合は、売主は責任を負わず、買主は代金支払を拒めない(567条1項)。

◆ **給付危険・対価危険** 契約の目的物が当事者双方に帰責事由なく滅失した場合、債務者が給付義務や損害賠償義務等を免れるかどうかを「給付危険」の負担の問題という。たとえば、滅失により債務者が給付義務を免れるとき、給付危険は債権者が負担するという(給付危険の語には、債務者の給付義務の存否のみを対象とする狭い用法と、それとともに債務者の損害賠償責任等の債務不履行責任の存否も併せて含む広い用法がある)。他方、この場合に、債権者が反対給付をする債務を依然として負うかどうかを「対価危険」の負担の問題という。「債権者」「債務者」は、不能となった債権を基準として定める。売買でいうと、不能となった債権は目的物の引渡しに係る債権だから、債権者は買主、債務者は売主、反対給付は売買代金の支払である。現行民法のもとでは、債務者(売主)が対価危険を負担する。ただし、債権者(買主)の代金債務が消滅するのではなく、債権者(買主)は履行拒絶権を取得する(536条1項)。

不特定物債権は、債務者が所持する対象物が滅失しても、通常は履行不能にはならず、債務者は他から調達して債権者に引き渡す義務を負い続ける。特定(401条2項)との関係については、後述する(→2(2)〔49頁〕)。

◇ 不特定物債権について履行不能が生じえないわけではない。たとえば、売買契約締結後、法律により目的物の取引が禁止された場合には履行不能となる。

(c) そ の 他

特定物の引渡場所は、債権が発生した当時、その物が存在していた場所である(484条1項)。

◆ 特定物のドグマ　2017年改正前民法のもとで、瑕疵担保責任(旧570条)に関して、その対象を特定物に限定する見解があった。この見解は、特定物売買においては、当事者がその物の個性に着目して取引をした以上、世の中にはその物だけしか存在しないのだから、売主の履行義務はその物自体を給付することに尽きており、それを引き渡した以上、その物に瑕疵があったとしても売主は債務不履行責任を負わないという考え方(「特定物のドグマ」)に立つ。改正民法は、この考え方を採らなかった。

2　種類債権

(1)　目的物の品質

　種類債権とは、一定の種類に属する、一定の数量の物の引渡しを目的とする債権である。米 100 kg の売主の債務、軽油 10 kl の消費貸借の借主の返還債務などである。種類債権については、目的物の品質の定め方が問題となる。401 条 1 項がこれを規定する。

　第 1 に、品質は、法律行為の性質(587 条参照)又は当事者の意思によって定まる。当事者にとって品質は重要だから、明示又は黙示の合意で定まっているのが普通である。

　第 2 に、これらによって定まらない場合は、中等の品質の物(中級品)になる。それが当事者の意思に適合すると考えられるし、取引上も妥当だからである。当事者の意図が例外的に良い品質の物又は悪い品質の物を対象としていたのなら、その旨の約定をすべきであったと考えられる(三藤〔来栖〕8 頁)。

◇　種類物の語には、①種類と数量のみで表され品質が定められていない物という用法と、②種類・品質・数量で表された物(不特定物)もあわせて意味する用法があるが(→1(1)(a)〔40 頁〕)、401 条 1 項は①の意味の種類物についての規定である。

(2)　目的物の特定

(a)　特定の意義

　種類債権についての次の問題は、具体的な目的物がどのようにして定められるのかである。種類債権であっても、債権発生後、履行までの間のある段階で、具体的なある物について「以後その物を債権の目的物とする」(401 条 2 項)とい

う状態が生じる。そのような状態になることを、種類債権の「特定」あるいは「集中」という。当初の目的物は種類物(不特定物)であったが、それ以後は、特定物とほぼ同様になるわけである。

> ◇ 401条2項は、前の◇の①の意味での「種類物」の品質が1項によって既に定まったことを前提としている。2項は②に関する規定であり、ここでは不特定物という方がわかりやすい。

(b) 特定の要件

特定は、次の事由により生じる。

(ⅰ) **両当事者の合意等** 第1は、両当事者が合意した場合である。合意によって給付すべき物を決めることができるのは当然のことであり、特段の規定はない。両当事者が第三者に特定すべき物を指定する権利(指定権)を与え、第三者がこれに基づき指定した場合も同様である(我妻33頁、平井26頁)。

(ⅱ) **債権者の同意を得た債務者の指定** 第2は、「債権者の同意を得てその給付すべき物を指定したとき」である(401条2項)。債権者と債務者が合意した場合ではなく(それは上記(ⅰ)になる)、債権者が債務者に指定権を与え、それに基づいて債務者が(単独で)指定した場合のことである(我妻33頁など通説。これに対し、この(ⅱ)に上記(ⅰ)も含める理解につき、梅16頁、金山直樹・新版注民(10)Ⅰ236頁以下、北居・新注民(8)97頁・109頁参照)。

(ⅲ) **債務者の行為** 第3に、「債務者が物の給付をするのに必要な行為を完了」したときである(401条2項)。引渡しに必要なすべての行為を債務者側において行ったことである(平井26頁)。具体的な時期は、債務の履行のされ方により、持参債務・取立債務・送付債務の3種に区別して検討されることが多い。この区別は、「必要な行為」の具体的基準を示すという意味がある(平井26頁は、この区別の理論的意義に疑問を投じる)。

α **持参債務の場合** 持参債務とは、債務者が目的物を債権者の住所に持参して履行すべき債務である。これが原則である(484条1項)。この場合、債務者が債権者の住所に目的物を持参し、債権者がいつでも受け取れる状態に置くこと、すなわち、債権者の住所における現実の提供が必要である(大判大8・12・25民録25輯2400頁〔債務者が物(鱈)を取り分け債権者に送付するため運送人に託

第 2 節　民法の規定する債権　51

しただけでは特定しない］。我妻 32 頁など通説）。

◇　客が家電店でカタログを見てパソコン 1 台を注文し、家電店がメーカーからパソコンを取り寄せたうえ、客の家に配達すると約束した場合、持参債務となる。

β　取立債務の場合　取立債務とは、債務者の住所で引き渡す（債権者が債務者の住所まで取りに行く）という債務である。この場合、特定には次の 2 つの要素が必要であるといわれる。すなわち、①目的物の分離（債務者が給付すべき目的物を他の物と分離し、債権者が取りに来れば、いつでも受領できる状態に置くこと）、及び、②債権者に対する通知（そのような状態になったことを債権者に通知して、受け取るよう求めること）である。分離と通知の両方が必要であり、分離しないまま通知しても特定は生じないという理解が一般的である（最判昭 30・10・18 民集 9 巻 11 号 1642 頁についての三淵乾太郎『最判解民昭 30』196 頁、その差戻審である札幌高函館支判昭 37・5・29 高民集 15 巻 4 号 282 頁、我妻 33 頁など。百選Ⅱ 1［潮見佳男］参照）。

◇　客が家電店でカタログを見てパソコン 1 台を注文し、家電店がメーカーからパソコンを取り寄せたうえ、届いたら客に連絡し、客が店に取りに来ると約束した場合、取立債務となる。この場合に、家電店が客の注文したパソコンの売れ行きがよさそうだと考えて、メーカーに同機種のパソコンを 5 台注文し、メーカーから 5 台が届いたとする。その段階では、まだ特定せず、家電店は、そのうちの 1 台をその客の分として、他の 4 台と取り分けたうえ（分離）、客に通知する必要がある。

◆　**分離を伴わない通知**　特定のための「分離」を形式的に理解すると、硬直的な帰結となることがある。上記の例を少し変え、家電店が客 A から 1 台、客 B から 4 台の注文を受け、合計 5 台を入荷したところで、A と B にそれぞれ通知したとする。ここで、A の分と B の分を分離していたか否かで帰結が大きく異なる（→(c)(ⅰ)）とすると、妥当な結果とならない場合もある。あくまでも「物の給付をするのに必要な行為を完了」したかどうかが問題であり、分離の有無はその重要な評価要素として位置づけるのが適切であろう（平井 27 頁、潮見新Ⅰ 221 頁以下参照）。

γ　送付債務の場合　送付債務とは、債権者の住所でも債務者の住所でも

ない場所(第三地)に目的物を送付すべき債務である。第三地が履行場所と定められている場合には、持参債務に準じて、その場所での現実の提供が必要である。ただし、債務者が債権者の要請に応じて好意で第三地に送付する場合には、発送によって特定する。どちらであるのかは、契約解釈の問題である。

(c) 特定の効果

(i) **主要な効果**　　特定が生じることによる主要な効果は、4つある。

α　善管注意保存義務の発生　　特定により、債務者に善管注意保存義務(400条)が発生する。特定前は、債務者は調達義務を負うが、ある具体的な物の保存義務を負うわけではない。

β　所有権の移転可能　　特定により、目的物の所有権の移転が可能になる。特定前には所有権の移転はありえない。特定した時以降、具体的にいつ移転するのかは、物権変動(所有権移転)の時期に関する議論によるが、当事者の意思によって定まる(契約の解釈による)と考えるのがよいだろう。判例によれば、売買の目的物の所有権が買主に移転するのは、特定物売買では、原則として、契約成立時であり(最判昭33・6・20民集12巻10号1585頁、百選Ⅰ48[横山美夏])、不特定物売買では、原則として、特定した時である(最判昭35・6・24民集14巻8号1528頁、最判昭44・11・6判時579号49頁)。これも契約解釈の原則的基準を示したものと理解しうるだろう(山野目章夫『民法概論2物権法』[2022]40頁参照)。

γ　危険の移転の前提要件充足　　売買及びその規律が準用される有償契約においては、特定により、引渡し又は受領遅滞による目的物の滅失等についての危険の移転の前提要件が充足されることになる(567条[1項前段括弧書参照]・559条)。

δ　滅失による履行不能　　特定すると、その後に目的物が滅失した場合、通常、履行不能(412条の2第1項)となる[5]。特定した後は、債権者は特定され

---

[5]　特定後の滅失により履行不能となるというものとして、大村(4)29頁、野村ほか15頁[栗田＝野澤]、石田ほか24頁[荻野]、山本監24頁以下[栗田昌裕]、松井24頁、奥田＝佐々木上58頁、角19頁以下、片山ほか37頁[片山]。履行不能となるとしつつ、567条1項により制約されるというものとして、潮見新Ⅰ214頁以下、潮見プラ22頁・25頁・28頁以下、平野30頁・平野裕之『債権各論Ⅰ契約法[第2版]』(2024)278頁、内田20頁、山野目47頁[両規律の関係の理解は一様でない)。他方、石田82頁・96頁以下は、特定物債権と特定した種類債権を通じて滅失しても代替物給付義務があるという(制限種類債権は別とする)。

たその物を引き渡す義務を負うので、それが滅失して履行不能になると、債権者は、もはや引渡しを請求できなくなる（もともと不特定物なのだから、他にも同じ種類・品質の物は存在するであろうが、債務者は調達して引き渡すことをしなくてよい）。債務者は、履行に代わる損害賠償の義務(415条1項本文・2項1号)は負うが、滅失が債務者の責めに帰することができない事由による場合は、これも免責される(同条1項但書)。引渡債務の発生原因となる契約が双務契約である場合は、反対給付債務(代金支払債務)の帰趨が問題となる。特定した後、当事者双方の責めに帰することができない事由によりその物が滅失し、履行不能になった場合、債権者の反対給付債務が消滅するわけではないが、債権者はその履行を拒むことができる(536条1項)。この場合、債権者は、解除をすることができ、解除をすれば反対給付債務が消滅する(542条1項1号)。なお、履行不能となるかどうかは、「契約その他の債務の発生原因及び取引上の社会通念に照らして」評価されるので、特定した物が滅失しても不能と評価されない場合は、債務者は依然として引渡義務を負う(特定した物が滅失したときは代替物を引き渡す旨の合意や慣行がある場合など)。

これに対し、売買及びその規定が準用される有償契約においては、特定した後であっても、引渡しの前に目的物が滅失した場合は、買主は代替物の引渡しを請求できる(567条1項前段の反対解釈)という見解もある。

◆ **特定の効果と引渡しの効果の関係** 2017年改正前民法のもとでは、特定が生じた後、目的物が滅失すると履行不能となり、債務者は引渡債務を免れるが（我妻34頁など通説。最判昭30・10・18前掲参照)、債権者は反対給付債務を免れない（旧534条2項）とされていた。たとえば、不特定物売買で特定が生じた後、目的物が滅失すると、買主は代替物の引渡しを請求できないが、代金を支払わなければならない。このうち特に買主の代金支払債務の存続（債権者の危険負担）について批判が強く（本書3版41頁以下参照）、2017年改正により旧534条は削除された。この改正では、また、売買について新たに567条の規律が設けられた。同条は、買主の代金支払だけでなく、履行の追完請求についても規定する。同条1項前段によると、目的物が特定され、さらに引渡しまでされた後、当事者双方の責めに帰することができない事由によって滅失又は損傷した場合、買主は追完請求ができなくなる。他方、401条2項は、改正されなかった。そこで、不特定物売買で目的物が特定した後、引渡しがされる前に、当事者双方の責めに帰することができない事由によって

滅失又は損傷した場合に、どうなるかが問題となる。①履行不能説[6]と②代替物給付義務説[7]が対立する[8]。

①履行不能説は、特定後・引渡し前の滅失の場合、履行不能（412条の2第1項）となり、買主は代替物の引渡しを請求できない（代金の支払は、536条1項により拒むことができる）という。567条1項は、引渡しがあった場合に、その後に生じた滅失又は損傷について規律するものであり、引渡し前の履行不能についての規律ではないという。この説は、不特定物は特定によって当初からの特定物とほぼ同様になることを重視し、両者を通じて履行不能の規律によると考えるものである。

②代替物給付義務説は、特定後・引渡し前の滅失の場合、567条1項前段の反対解釈により、買主は代替物の引渡しを請求できる（代金は支払わなければならない）という。履行不能の規律が適用されないことの説明の仕方は、一様ではない。この説は、不特定物は特定した後も客観的には代替性のあるものが多いことを重視するとともに、対価危険の負担と給付危険の負担を一致させるべきであると考えるものである。

①説からは、ⓐ ②説によると、特定の意義が小さくなるが、2017年改正において401条2項の効果をそのように大きく変えることは考えられていなかったこと、ⓑ特定の効果として善管注意保存義務（400条）が発生し、所有権移転が可能となる（現に移転することが多い）にもかかわらず、不可抗力等による滅失の場合に債務者に調達義務を課すことは適切ではないこと（債務者は、特定前は調達義務を負い、特定後は善管注意保存義務及び調達義務を負うというのでは、制度間に不整合が生じるし、実質的にも、債務者の負担が過剰になり、善管注意による保存のインセンティブを損なうこと。他方、債権者の過剰負担は、旧534条の削除により解消されていること）、ⓒ特定物債権においては滅失によって履行不能になるとすると、②説では特定物売買か不特定物売買かで大きな相違が生じることになるが、当初からの特定物か、不特定物で合意により特定したものかによってそのような相違をもたらすことは妥当でないし、現に567条も両者を区別していない（同条の「売買の目的として特定したもの」は両者を含む）こと、が指摘されうる。

---

[6] 山本敬三「契約責任法の改正」同『契約法の現代化Ⅲ——債権法改正へ』(2022) 253頁・289頁〔初出2016〕、同「民法改正と要件事実」前同書291頁・313頁以下〔初出2016〕、中田・契約326頁以下、奥田＝佐々木上59頁、森田監・改正283頁以下〔丸山絵美子〕、片山ほか37頁〔片山〕、山本監26頁〔栗田〕。

[7] 潮見・改正270頁以下、潮見新Ⅰ202頁以下・214頁以下、潮見プラ28頁、山野目章夫「民法の債権関係の規定の見直しにおける売買契約の新しい規律の構想」曹時68巻1号(2016)1頁、道垣内＝中井・改正317頁以下〔山野目発言〕、石川博康「売買」潮見ほか・改正426頁・436頁以下、曽野裕夫＝松井和彦＝丸山絵美子『民法Ⅳ契約』(2021) 202頁以下〔曽野〕、北居・新注民(8)117頁以下、野澤正充『契約法の新たな展開』(2022) 379頁以下、野澤17頁以下、石田96頁・82頁以下。

[8] 以下の議論において、修補請求については、いずれにせよ483条との関係が問題となるが、この点は、特定物に関する議論（→1(2)(a)(ⅲ)◆〔46頁〕の⑥）を参照。

②説からは、ⓐ567条1項は、対価危険のみならず給付危険の規律も定めており、どちらも引渡しによって買主に移転すると理解するのが自然であり、条見出しにも沿うところ、それに伴い401条2項の効果も改められることは想定されていたこと、ⓑ特定の他の諸効果との関係については、合意による危険の移転を認めることにより、又は占有改定(183条)を柔軟に認定して引渡しによる危険の移転を認めることにより、対応できること、あるいは、売買及びその規律が準用される有償契約においては特定の他の諸効果も見直すべきこと、ⓒ当事者の合意による特定などの場合は特定物債権と同様に考えてよく、代替物の請求は401条2項前段(必要行為完了)などの場合に限って認めれば足りること、あるいは、特定物債権でも代替物であるときは滅失しても履行不能とならないこと、ⓓ特定後も給付義務を課すことが売主に過酷なときは、履行不能として対応できること、ⓔ①説によると、目的物の損傷の場合には修補請求を認めることになるが、滅失と損傷とで異なる規律となるのは不当であること、が指摘されうる。

本書は、次の理由により、①説をとりつつ、滅失が履行不能にならないことがありうると考える。ⓐについては、部会では、対価危険に関する改正前民法の問題点を解決するために検討が始められたものであり(中間試案説明92頁・428頁以下、部会資料75A、第3、12説明1)、それが当然に履行不能による規律の適用除外をもたらすというコンセンサスはなく、「特定」の諸効果についてはそれを維持することが想定されていた[9]。そもそも②説のいう「給付危険の移転」の概念は不明確である(森田・文脈363頁以下、山城一真「債務不履行の救済」法セ808号〔2022〕78頁、片山ほか27頁〔片山〕参照)。また、567条1項後段は、「対価危険の移転時期」を旧534条2項の特定時から引渡し時に遅らせたものではなく、旧534条1項の廃止を前提として、536条1項の特則を定めたものにすぎない(一問一答287頁参照)。ⓑについては、実際上は合意又は占有改定の認定により解決されうる場合が多いとしても、制度として諸効果の相互関係の整合性を考慮すべきである。ⓒについては、特定の生じる態様によって効果を変えるのは401条2項の文言にな

---

9) 部会においては、401条2項について、部会資料19−2、第1、5、論点整理説明10頁以下、部会資料31、第2、4、同53、第6、2、同58、第8、2、中間試案説明91頁以下、部会資料68A、第6、2、同79−1、第6、2、同83−2、第8で取り上げられ、㋐401条2項の要否、㋑合意による特定の明文化、㋒変更権の明文化が主として検討されたが、㋐、㋒、㋑の順に、改正しないという結論に至った。危険負担との関係では、旧534条(対価危険の債権者負担)の削除との関係に留意すべきであるとの注記を伴う部分はあるが(部会資料31、50頁、中間試案説明92頁)、そこでも代替物の引渡債務はなくなるものと考えられている(そのうえで、変更権について検討する)。本文②説につながる意見は、比較的早い段階で分科会で表明されたが(部会第1分科会第3回会議議事録17頁〜27頁〔内田貴委員〕)、部会で改めて審議されることはなかった。部会では、審議最終段階において若干の質疑応答がされたにとどまる(部会議事録97回33頁〜35頁。山本敬三幹事の質問に対し事務当局〔金関記官〕からは本文①説に沿った説明がされた。これに対し、内田委員が②説につながる意見を表明した)。

いことであり、そのような解釈は規律を不明瞭にし適切でない。ⓓについては、履行不能の判断の前提として、特定のあったことを考慮するのなら①説に近づくし、考慮しないのならその理由は不明である。ⓔについては、滅失と損傷を通じて、履行不能の成否によって一元的に理解すればよい(滅失しても履行不能とならない場合があることは、413条の2第2項に加えて567条2項が置かれたことの前提となっているし、損傷であっても履行不能となることはありうる→中田・売約325頁)。

②説は、押し進めると、売買等の有償契約における特定の諸効果を極小化することになる(曽野ほか・前掲注(7)205頁以下[曽野]参照)。改正前民法のもとでも、401条2項により種類債権が特定物債権になるわけではなく、同項は危険移転の「分水嶺」を示したものにすぎないという見解があったし[10]、動産売買を中心とする商取引においては特定の効果が小さい規律が適切であるという評価もありうるだろう。そのような観点から規定を改めることは考えられる。その場合、主題を明示したうえ、取引実態の調査や意見募集などにより実務の状況を理解したうえ、民法の他の規定との関係を綿密に検討し、慎重に審議すべきであろう。しかし、今回の改正では、そのようなことはなかった。部会において取引実務の側から必要性が表明されたわけでもなく、結果においても400条など特定の効果は維持されている。この問題は、さらに突き詰めると、特定物売買における代物請求の可否[11]や、特定物の概念自体の意義にまで及ぶことにもなるが、それは引き続き検討されるべき課題である。②説の想定する取引については、明確化された履行不能の規律(412条の2第1項)によって対応することが、現行民法の規律全体を通じての解釈として適切であると考える。

まとめるとこうなる。不特定物売買において、特定後・引渡し前に滅失したときは、通常、履行不能となるが、契約及び社会通念に照らして不能とならないこともある(412条の2第1項)。引渡し後に滅失したときは、履行不能になるか否かを問わず、買主は代替物の引渡しを請求できない(567条1項)。

◆ **契約内容に適合しない物と特定** 　　種類債権の特定は、対象とされた物が契約

---

10) 舟橋諄一「『特定物』と種類債権の『特定』」法政研究22巻2-4号(1955)299頁。
11) 2001年改正ドイツ民法のもとでの議論の紹介及びこれに示唆を得た日本法の検討として、今西康人「買主の追完請求権に対する制限について」関西大学法学論集53巻4=5号(2004)276頁・293頁以下、田中洋『売買における買主の追完請求権の基礎づけと内容確定』(2019)140頁以下・特に156頁以下、古谷貴之『民法改正と売買における契約不適合給付』(2020)325頁以下、田中宏治『ドイツ売買論集』(2021)53頁以下・400頁以下、石田82頁以下参照。代替物である特定物の意義、履行不能の概念、履行請求権と追完請求権の関係にかかわる問題であるが、412条の2第1項の適用上、目的物が代替物であるがなお特定物売買であって、その目的物が引渡し前に滅失したが不能とはならないと評価される場合は、理論的にはありうるとしても、現実にはかなり生じにくいように思われる。

内容に適合していなかった場合でも生じるか。この問題は、①401条2項の要件を満たすのか(たとえば「債務者が物の給付をするのに必要な行為を完了」したといえるか)、②567条にいう「売買の目的として特定したもの」の「特定」の要件を満たすのか、という形で現れる。その際、③各条の「特定」の効果は何か、④両条を通じて「特定」の概念は同じか、について見解が分かれうる。③については、私見は直前の◆の通りである。④については、同じものと理解すべきであろう。①②を通じて、契約内容に適合しない物であっても、問題となっている効果との関係では特定のあったことを認めうる場合はあると考える(具体的事案において特定の成否の評価が効果との関係で幅をもつことはありうるが、これは別の問題)[12]。なお、これに関し、改正前民法のもとで「不特定物と瑕疵担保」に関する議論があったが(中田・契約333頁、北居功『契約履行の動態理論Ⅱ 弁済受領論』[2013]170頁以下参照)、現行民法では、いずれにせよ562条の規律に服することになる。

(ⅱ) **債務者の変更権** 特定物には、①当事者にとって主観的に非代替的であること、②給付すべき目的物が当初からある1つの物に定まっていること、の二面がある(磯村・前掲注(3)38頁)。不特定物が特定すると、特定物と同様に扱われるが、①②を備えることにはならない。この違いは目的物が滅失した場合に明らかになる。本来の特定物であれば、債務者が他の物を引き渡すことはできないが、もともと不特定物であったときは、同じ品質・数量の他の物を引き渡すことは物理的には可能である。そこで、債務者に他の物を引き渡す義務はないとしても、債権者に特に不利益がないのであれば、債務者が他の物を引き渡すことを認めてよいだろう。これにより、債務者は、損害賠償責任を負う場合(415条)であっても、他の物を引き渡すことによって、同責任を免れうることになる。

この結果を導くにあたって、債務者の変更権を認める見解(我妻34頁、奥田45頁など。大判昭12・7・7民集16巻1120頁、有泉亨『判民昭12』294頁)と、法律上の変更権は認められず、変更は契約解釈によってのみ認められうるという見解(平井27頁)がある。信義則によって変更権を認める(我妻、奥田各前掲)のが適当であろう。部会では、明文化が検討されたが、見送られた(論点整理説明10頁以下、部会資料31、第2、4(1)・同補足説明4、同53、32頁。内田21頁は、562条1

---

12) 中田・契約325頁以下参照。森田宏樹「売買における契約責任」フロンティア273頁は、契約に適合しない物でも引渡しによって特定し、担保責任に関する規律が適用されるという。

項但書が変更権を定めたものだというが、これは、従来、変更権が問題とされた場面のものではない。おそらく、売買においては、特定後・引渡し前の滅失によっては履行不能は生じない〔567条1項による制約〕という前提のもとでの新たな提案と理解すべきものであろう→(ⅰ)δの1つ目の◆〔53頁〕)。

> ◆ **変更権の効果**　変更権の行使により、特定の効果が消滅し、特定のなかった状態に戻るという見解(有泉・前掲、潮見新Ⅰ213頁以下〔変更の意思表示により特定の撤回が生じるという〕、北居・新注民(8)112頁以下)がある。しかし、そうすると、第2の特定がされるまで債権者にとっての不利益の有無(第2の特定による目的物の給付が、第1の特定による目的物の給付及びその滅失による履行に代わる損害賠償と比較して、債権者に不利益をもたらさないか)が判断しにくいなど、債権者の不安定性が高くなる。また、特定(意思表示ではない)の効果を意思表示で消滅させる根拠も不明確である。変更権の効果は、債務者による他の物の給付が、信義則上、弁済又は弁済の提供として認められうることだと解したい。

> ◆ **債権者の変更権**　債務者の帰責事由による滅失の場合、一定の要件のもとで、債権者にも変更権を認め、他の物の給付を請求できるという見解(勝本上161頁、有泉・前掲、沢井裕「危険負担」『現代契約法大系(2)』〔1984〕100頁・108頁)もあるが、特定による他の効果との関係から、慎重に解すべきである(潮見新Ⅰ213頁)。

(ⅲ)　**弁済の提供との関係**　特定が生じると、これらの重要な効果が生じるから、そのためには、債務者としても相当の行為をしておくことが必要である。しかし、そこまでは至らなくても、債務者がある程度のことをすれば、一定の効果が認められる。これが弁済の提供(履行の提供)である。弁済の提供があれば、債務者は自らの債務不履行責任を免れる(492条→第8章第2節2(2)(a)〔386頁〕)。弁済の提供の方法として、現実の提供(493条本文)がされた場合は、401条2項の「物の給付をするのに必要な行為を完了」したといえるので、弁済の提供と特定とが同時に生じる。他方、弁済の提供として、口頭の提供、すなわち、債務者が「弁済の準備をしたことを通知してその受領の催告」をする方法(493条但書)がとられた場合、単なる通知によっては、弁済の提供は認められても、特定は生じないことがある。取立債務において、特定が生じるためには、目的物を分離したうえで通知することが必要だと解する場合には、その

乖離が定型化されることになる(→(b)(ⅲ)β〔51頁〕)。

(3) 制限種類債権
(a) 伝統的な説明

制限種類債権とは、取引上同一種類とみられるものをさらに特殊の範囲で制限したものを目的物とする債権である(我妻29頁)。たとえば、閉店に伴う在庫品セールで、ある倉庫の中にある同じ商品100個の中の1個の売買があった場合に生じる。倉庫内の商品ならどれでもよいわけだから種類債権ではあるが、通常の種類債権とは、次の3点の違いがあるといわれる。

① 履行不能の成否　種類債権では、特定前は、債務者の手元にある対象物が滅失しても履行不能とはならず、債務者は他から調達して引き渡す義務を負う。制限種類債権では、特定前であっても、その制限内の物がすべて滅失すると履行不能になる(他から同じ商品を入手できるとしても、もはや調達して引き渡す義務はない。最判昭30・10・18前掲、三淵乾太郎『最判解民昭30』197頁)。

② 目的物の品質　種類債権では、品質は401条1項により定められるが、制限種類債権だと、その倉庫内の商品というように具体的に限定されているから、品質は問題とならない(最判昭30・10・18前掲。北川22頁、石田93頁は、中等品を引き渡す義務を負うという)。

③ 目的物の保存義務　通常の種類債権だと、債務者には特定前は保存義務はなく、特定後は善管注意保存義務が生じる(400条)。制限種類債権だと、債務者は、特定前であっても保存義務を負うという見解がある(札幌高函館支判昭37・5・29前掲は「自己の財産におけると同一の注意義務」を負うといい、北川22頁、石田91頁は善管注意義務を負うという)。

◇　この問題について、最判昭30・10・18前掲とその調査官解説(三淵・前掲)が大きな影響を与えた。ため池に保管された漁業用タールの一定数量の売買契約がされた後、ため池内のタール全部が滅失したという事案である。本判決及び上記解説は、①取立債務の場合の種類債権の特定の要件、②通常の種類債権と制限種類債権との違い、についてしばしば引用される。本判決の改正前民法のもとでの意義につき、百選Ⅱ〔6版〕1〔潮見佳男〕を参照。

(b) 批　判

制限種類債権という概念は、実はそれほど明確ではない。たとえば、BがAに米300 kgを引き渡すという債務は種類債権であるが、目的物が特定の農家Cの作る米300 kgである場合、制限種類債権となる可能性がある。制限は、場所による制限に限らないはずである。ここで、Cが米作りを中止し、在庫もないとすると、BのAに対する債務は履行不能になりうる。しかし、BがCの米の保存義務を負っていたと常にいえるわけではない（BがCの米を未入手のことさえある）。そうすると、問題の本質は、制限種類債権かどうかではなく、当事者が契約でいかなる義務を負ったのかにあるのではないか。保存義務は、制限種類債権だから生じるのではなく、倉庫など「一定の場所による制限」であったことから、契約解釈によって認められうるものである。伝統的な定義は、通常の種類債権か制限種類債権かを、「さらに特殊の範囲で制限した」という要件で区別しようとするが、そのような二分法ではなく、当事者が契約でいかなる債務を負ったのか（どの範囲のなかからどのような性質の物を引き渡すべきか、どのような障害があれば債務者は引渡債務から解放されるのか）によると考えるのが適当である（鈴木273頁、潮見新Ⅰ208頁以下、北居・新注民(8)99頁。最判昭30・10・18前掲も、契約内容の探求を求めている点が注目される〔百選Ⅱ〔6版〕1〔潮見佳男〕の指摘〕。山本豊・民事法Ⅱ164頁は、「在庫債務」の語を用いて明確化をはかる）。制限種類債権は、通常の種類債権の特徴とされるものを相対化する手がかりとなる概念として意味をもつにとどまる、と考えるべきである。

◆　**通常の種類債権と制限種類債権の区別の相対性**　　特定前の履行不能は、通常の種類債権でも生じうる（たとえば、債権発生後の目的物の禁制品化→1(2)(b)2つ目の◇〔48頁〕）。目的物の品質は、まずは法律行為の性質又は当事者の意思によって定まるのであり（401条1項）、目的物の範囲について何らかの制限があることは、その判断要素として位置づけられる。特定前の保存義務は、通常の種類債権でも、履行期に履行がされるよう適切に準備する義務として認められることがある。「場所による制限」がある場合、債務者がその場所を管理するときは、何らかの保存義務があると解釈すべきことが多い、という程度の意味をもつにすぎない。

3 金銭債権

(1) 意　義

　金銭債権とは、金銭の支払を目的とする債権である。売買代金債権、賃料債権、貸金債権など身近なものが多い。損害賠償債権も通常は金銭債権である（417条・722条1項）。このように金銭債権は、社会生活において極めて重要な機能をもつ。

　金銭債権においては、どの通貨で支払うかは、原則として問題にならない。「10万円を支払う」という金銭債権の本質は、10万円という価値を通貨によって移転することにある。10枚の1万円札にせよ、100枚の1000円札にせよ、紙幣という物質の引渡しは、その方法にすぎない。どの通貨でもよいのだから、窮極の種類債権ともいえるが、物ではなく価値が本質的内容であるという点で、通常の種類債権とは性質が異なる（我妻35頁）。

　そこで、次のものは、ここでいう金銭債権（「金額債権」ともいう）とは区別される。まず、特定の物質としての通貨を目的物とする場合（特定の珍しい番号の紙幣の引渡債権など）は、特定物債権である（「特定金銭債権」という）。また、特定の種類の物質としての通貨を目的物とする場合（発行年平成31年の500円硬貨1個の引渡債権など）は、種類債権である（「絶対的金種債権」という）。

　他方、特定の種類の通貨で支払うと合意した場合（10万円を5000円札で支払う合意など）は、金銭債権（金額債権）の一種である（「相対的金種債権」という→(2)）。

(2)　金銭債権と通貨

　通貨とは、法律により国内における強制通用力（金銭債権の弁済としてその受領を強制されること）を認められた貨幣である。法貨ともいう。日本では、狭義の貨幣（硬貨）及び日本銀行券（紙幣）が通貨である（通貨2条3項参照）。日本銀行券は「法貨として無制限に通用する」（日銀46条2項）。貨幣（硬貨）は、「額面価格の20倍までを限り、法貨として通用する」（通貨7条）。このため、債務者が10万円を500円硬貨200個で支払おうとしても、債権者は受取りを拒絶することができる。

　このような制限を除き、債務者は、その選択に従って「各種の通貨」をもって弁済できる（402条1項本文）。10万円を、1万円札10枚で支払ってもいいし、

5000円札10枚と1000円札50枚で支払ってもいい。もっとも、債権の内容が「特定の種類の通貨」で支払うというものである場合(相対的金種債権)は、別である(同項但書)。5000円札のみで支払うと合意した場合がそうである。ただし、そのようにして合意された「特定の種類の通貨」が、弁済期に強制通用力を失っているときは、債務者は他の通貨で弁済しなければならない(同条2項)。

このことは、外国通貨で債権額が指定された場合(たとえば、1万ユーロ)も同様である(402条3項)。すなわち、その外国通貨の各種の通貨で支払うことができ、それが強制通用力を失ったときは、他の通貨で弁済しなければならない。外国通貨については、さらに、日本の通貨(円貨)との選択の可否及び換算が問題となる。外国通貨で債権額が指定された場合、債務者は日本通貨で弁済することができる(403条)。債権者も、その外国通貨又は日本通貨のいずれによっても請求することができる(最判昭50・7・15民集29巻6号1029頁)。つまり、債権者が外国通貨で請求したときは、債務者はその外国通貨又は日本通貨で弁済することができるが、債権者は日本通貨で請求することもできる(判決を得て、強制執行もできる)。外国通貨と日本通貨との換算は履行地における為替相場による(403条)。換算の基準時は、現実に弁済する時点であるが、債権者が日本通貨での請求を裁判上する場合には、事実審口頭弁論終結時が基準となる(最判昭50・7・15前掲)。

◆ **特定の外国通貨でのみ支払う合意** 403条は任意規定であり、特定の外国通貨でのみ支払う合意は有効であるという見解がある(潮見新Ⅰ231頁、内田66頁。基本方針Ⅱ180頁以下、北居・新注民(8)145頁以下参照)。PECL 7.108(1), DCFR Ⅲ.2.109(1)も、特定の通貨でのみ支払う合意の効力を認める。UNIDROIT 6.1.9(1)(b)・(2)は、この合意の効力を認めたうえ、債務者がその通貨で支払うことが不可能な場合、債権者は支払地の通貨での支払を請求できると定める(債権者は、そのうえで損害賠償請求等ができる。同 comment 2)。次の◆に記載する状況に鑑みると、その合意が通貨高権に反し無効である(潮見Ⅰ75頁)とはいえないという意味では、任意規定であるといってよい。もっとも、そのうえで、債務者が日本通貨でした供託の効力、債務者が債権者に対して有する日本通貨による債権での相殺の可否(以上の2点につき信義則との関係)、債務者が外国通貨で弁済しない場合に債権者のする損害賠償請求(遅延損害金以外の為替差損等の損害)の可否・内容、その場合の債権者からする日本通貨による履行請求の可否、外国通貨で表示された債

務名義による強制執行手続(特に配当手続)、手形法41条の規律との関係などの問題を詰める必要がある。部会では、外国通貨による債権額の指定の効力を強化することが検討されたが、パブリック・コメントで懸念が多く示され、見送られた(中間試案説明92頁以下、部会資料68A、42頁。「座談会 民法(債権法)の改正を考える(下)」NBL 972号〔2012〕64頁・70頁以下〔小野傑・道垣内弘人・青山大樹〕参照)。

◆ **通貨及び通貨法の概念の展開**　従来、通貨は、法律が強制通用力を付与した狭義の貨幣と紙幣であり、その使用に関する公権的規制は国家の通貨主権の行使によるとされてきた。しかし、通貨については、預金債権による弁済、電子マネー[13]の発達、暗号資産(仮想通貨)[14]の出現などの変化があり、また、資金決済法等の法改正もあって、決済手段・決済サービスが多様化する状況[15]のもと、金銭及び通貨の概念の分析が進められている。他方、通貨法は、変動為替相場制のもとで外為取引の自由、資金移動の自由が定着し、また、欧州通貨統合を機に、つとに緩和されていた[16]。こうして、通貨や通貨法の概念が改めて検討されている[17]。

---

13) 金銭、通貨、強制通用力などの概念につき、森田宏樹「電子マネーの法的構成」NBL 616号6頁～626号48頁(1997、未完)。中央銀行が発行するデジタル通貨につき、「『中央銀行デジタル通貨に関する法律問題研究会』報告書」金融研究39巻2号(2020)1頁、森下哲朗「デジタル円」ジュリ1602号(2024)30頁。民間主体の発行するデジタルマネーにつき、デジタルマネーの私法上の性質を巡る法律問題研究会編「デジタルマネーの権利と移転」金融研究43巻1号(2024)1頁〔初出2023〕。山本慶子＝左光敦・NBL 1251号(2023)44頁は、初出報告書の概要紹介〕。
14) 暗号資産(仮想通貨)は、デジタルマネーと違って、特定の発行主体が存在しない。その私法的性質につき、森田宏樹「仮想通貨の私法上の性質について」金法2095号(2018)14頁、片岡義広「再説・仮想通貨の私法上の性質」金法2106号(2019)8頁、道垣内弘人「仮想通貨の法的性質——担保物としての適格性」近江古稀上489頁、加毛明「仮想通貨の私法上の法的性質」金融法務研究会『仮想通貨に関する私法上・監督法上の諸問題の検討』(2019)1頁、北居・新注民(8)132頁以下。私法上・監督法上の問題につき、神田秀樹「仮想通貨と監督法」金融法務研究会・前同119頁、「暗号資産をめぐる法的諸課題(シンポジウム資料)」金法2119号(2019)6頁以下、加藤貴仁「暗号資産に関する新たな法規制」ジュリ1540号(2020)62頁、河合健ほか編著『暗号資産・デジタル証券法』(2020)、「特集 通貨とデジタル・キャッシュの将来と課題」ジュリ1602号(2024)〔森下哲朗・赤羽喜治・斎藤創・加藤貴仁など〕。監督法上の暗号資産(2019年改正前は仮想通貨)の定義として、資金決済法2条5項。金商法上、金銭とみなすことにつき、金商2条の2。
15) 概観として、神田秀樹＝神作裕之＝みずほフィナンシャルグループ編著『金融法講義(新版)』(2017)554頁以下。決済については、後掲・第8章注(4)も参照。
16) 曽野和明＝神田秀樹＝森下哲朗「通貨法(lex monetae)概念とその役割の再検証」金法1715号(2004)10頁、同「シンポジウム」金融法研究21号(2005)3頁。
17) 概観として、久保田隆「通貨と通貨主権の法的扱いを巡る一考察：法的貨幣論序説」早稲田大学法学会編『早稲田大学法学会百周年記念論文集第2巻民事法編』(2022)359頁。

(3) 金銭債権の特徴

金銭債権は、物の引渡しではなく、価値を通貨によって移転することを目的とすることから、いくつかの特徴をもつ。

① 金銭債権は、履行不能となることがない。世の中から通貨がなくなることは、実際上、考えられないからである。また、金銭債権については、種類債権における特定も生じない(我妻35頁など通説)。

> ◇ 債務者に資力がなく支払えないというのは、履行不能とは別の問題である(→1(2)(b)〔47頁〕)。金銭債権に対する差押えがあったため、同債権の債務者がその債権者に弁済できない(民執145条1項)という場合も、履行不能ではない(債務者は供託できる)。

② 金銭債務が履行されない場合の損害賠償の要件・効果について、特別の規定がある(419条)。後に説明する(→第5章第2節第3款4(5)〔234頁〕)。

③ 金銭債権は、貨幣価値の変動[18]により、実質的価値が変化する。しかし、その場合も、実質的価値を基準とする(実価主義)のではなく、額面が基準となる(名目主義)。戦前の金銭債務を戦後に弁済する際、貨幣価値の換算(額面の300倍にせよとの請求)を否定した判例がある(最判昭36・6・20民集15巻6号1602頁)。事情変更の原則を根拠にしたり、ドイツ法を参照したりして、実価主義が主張されることがあるが、個々の裁判所が個別的に実価主義をとると収拾がつかなくなるおそれがある。立法による場合も、経済に与える影響は甚大であり、慎重な検討が必要となる。

> ◇ ドイツは、第1次大戦後、天文学的なインフレに見舞われた。これに対応するため、学説が事情変更の原則を提唱し、判例も信義則に基づいて増額評価を認め、1925年に増額評価法の立法に至った(五十嵐清『契約と事情変更』〔1969〕72頁以下)。

◆ **金銭債権の名目主義** 名目主義がとられる実質的根拠は何か。最判昭36・6・20前掲では必ずしも明らかではない。学説では、以下の説明がある(能見善久

---

[18] 租税法学からの検討として、藤岡祐治「為替差損益に対する課税:貨幣価値の変動と租税法」国家学会130巻9=10号114頁〜132巻1=2号192頁(2017〜19)〔時間軸と空間軸の両面から検討し、所得概念と金銭の関係という包括的問題を視野に入れる〕。

「金銭の法律上の地位」講座別Ⅰ101頁・125頁以下）。ⓐ当事者の意思。名目主義か実価主義かを定める明文がない以上、当事者の意思によって決めるべきだが、通常は、当事者の意思は名目主義だという。しかし、名目主義の実質的根拠としては十分ではない。ⓑ金銭債権の性質。金銭債権は金銭の購買力が常に変動することを前提にしている（価値体現的性格をもつ）ので、名目主義はその当然の帰結だという（平井29頁。川地宏行「金銭債務の弁済と通貨の役割」法セ813号〔2022〕10頁・11頁も参照）。これも実質的根拠としては明確でない。ⓒ経済活動への影響。司法において実価主義をとると、訴訟の多発、判断の不統一を招き（米倉プレ142頁以下）、また実価主義を一般的ルールとすると、予見可能性を害し、経済秩序の安定を害するという（林ほか47頁〔林＝安永〕、能見・前掲127頁、本書3版48頁参照）。もっとも、予見可能性については、名目主義と実価主義のどちらをデフォルト・ルールとするのが効率的かという問題に帰着するという指摘がある（藤岡・前掲注(18)130巻9＝10号77頁）。結局、特約の認められる範囲もあわせて考慮しつつ、名目主義のほうが社会的コストがより小さいと想定されているということになろう。なお、経済の国際化のなか、名目主義の意義自体が低下しているとの指摘がある（曽野ほか・前掲注(16)金法12頁。藤岡・前掲注(18)132巻1＝2号132頁参照）。

④　金銭債権は、強制執行においても特徴がある。金銭債権者は、原則として、債務者のどの財産に対しても執行することができる（民執43条以下）。金銭債権の間接強制は、原則として認められない（→第5章第1節4⑴(a)〔111頁〕）。一定の金銭債権者は、債務者の財産状況の調査制度を利用できる（民執196条以下）。

⑤　金銭債権のみを対象とする規律がある（動産債権譲渡特4条、電子債権2条1項など）。

4　利息債権

(1)　意　義

(a)　元本債権と利息債権

利息債権とは、利息を支払うことを目的とする債権である。元本債権と対をなす。金銭の消費貸借（住宅ローンなど）や消費寄託（銀行預金など）において多くみられる。

利息債権については、①基本権たる利息債権と、②支分権たる利息債権とを分けて考えるのが一般的である（我妻43頁など）。①は、元本の存在を前提とし

て、一定期間の経過により一定の率による利息を支払うことを内容とする、基本的・包括的な債権である。②は、①の効果として一定期間が経過したことによって現に発生した個々の具体的債権である。両者の違いは、元本債権に対する付従性の強弱にある。①は、元本債権に対する付従性が強い。元本債権が消滅すれば消滅し、元本債権が譲渡されれば随伴する。②は、元本債権に対する付従性が弱く、一度発生すれば元本債権から独立して存在する。元本債権が弁済により将来に向かって消滅しても②は残存する。元本債権が譲渡されても随伴しない。元本債権とは別に②のみが時効消滅することもあるし、②のみを処分することもできる。

> ◆ **基本権と支分権**　基本となる権利とそこから発生する具体的権利の二重構造は、定期金債権と給付を目的とする債権(168条1項)、信託受益権と受益債権(信託2条7項)、ゴルフクラブ会員権と施設利用権(最判平7・9・5民集49巻8号2733頁)など随所に見られる(中田「信託受益権の消滅時効」道垣内弘人ほか『信託取引と民法法理』〔2003〕269頁参照)。各権利の確認請求、一方の消滅が他方に及ぼす影響(特に消滅時効)、一方の権利のみの譲渡・差押えの可能性及びその他方への影響、基本となる権利の内容(支分権を発生させること以外の内容も含むか)などを分析するうえで有用なことがある(2つの権利の関係は一様ではない)。なお、本文中の②とは別に、「将来弁済期到来によって生ずべき抽象的な支分的利息債権」(奥田＝佐々木上75頁)を観念することも可能だが、利息債権固有の分析概念としては②でほぼ足りるのではないか。

(b)　利息と遅延損害金

　利息も遅延損害金も、期間に応じて一定の率で発生するという点で共通するが、性質は異なる。利息は、元本を利用しうることの対価として、元本の額と経過期間に比例して支払われる金銭その他の代替物(利米など)である。いわば元本の使用料である。遅延損害金は、履行期に弁済しないという債務不履行(履行遅滞)による損害賠償である(弁済されていれば債権者が得られたはずの利益の賠償)。金銭債務の不履行による損害賠償は、残債務額に対し、遅延期間と一定率(419条1項)を乗じて定まるので、利息と類似してみえる。しかし、両者の概念は区別される(375条参照)。債務不履行に陥った後は、利息は発生せず、遅延損害金だけが発生する。なお、遅延利息という言葉が使われることもある

が、これは、通常、遅延損害金を意味する。

◇ 10月1日に利息付消費貸借契約が結ばれて金銭が貸し渡され、弁済期を10月31日と定めたが、実際に弁済されたのは11月20日だったとする。この場合、10月1日から31日までの31日間について利息が発生し、11月1日から20日までの20日間について遅延損害金が発生する(借主は借りた日から借入金を使用できるので、利息は、借主が金銭を受け取った日から発生する。589条2項。最判昭33・6・6民集12巻9号1373頁参照)。

◆ 民法上の「利息」の多義性　民法は、利息の語を多義的に用いている。たとえば、447条1項の「利息」は遅延損害金と区別されるが(→第9章第3節第4款3(1)(a)(ⅰ)α〔612頁〕)、489条の「利息」は遅延損害金も含む(→第8章第2節5(1)(b)(ⅲ)γ〔436頁〕)。575条2項の「代金の利息」の性質については、「遅延利息」か「法定利息」かという議論がある(中田・契約337頁以下)。375条1項(原始規定では374条)の「利息その他の定期金」に遅延損害金が含まれるか否かについても大議論があり、民法典施行3年後に2項が追加されたという経緯がある(片山直也『『最近判例批評』を読む』法時867号〔1998〕23頁)。なお、遅延利息(les intérêts moratoires)の語は、旧民法(財産編393条・476条2項、証拠編66条2項)に由来する。これは、遅延による損害賠償(les dommages et intérêts moratoires)である(→第5章第2節第3款2(2)(b)1つ目の◆〔192頁〕)。

(2) 民法の規定

(a) 利　率

(ⅰ) **利息と利率**　利息は、当事者の合意又は法律の規定によって発生する。たとえば、金銭の貸借においては、民法の原則は無利息であり、特約があることによって利息が発生するが(589条1項)、商人間では、商法の規定によって当然に利息が発生する(商513条1項)。商人間ではない当事者間で利息をつけるとだけ合意し利率の合意がない場合、又は、法律の規定により法定利息が生じる場合(たとえば、442条2項)は、法定利率による。当事者が利率も合意している場合は、約定利率による。

(ⅱ) **法定利率**　改正民法は、法定利率を変動制とした。施行当初(2020年4月1日)の法定利率は、年3％と定められた(404条2項)。おおまかにいうと、以後、3年ごとに、過去5年間の市中金利の平均値の新旧比較により、1％刻

みの加減がされる。比較的、緩やかな変動制である。これにより、第2期(2023年4月1日～26年3月31日)の法定利率も年3％のままである(→下記1つ目の◆)。

より正確には、こうである。まず、変動の頻度は、法務省令(令和元年法務省令1号)で定めるところにより、3年を1期とし、1期ごとに変動するものとする(404条3項)。次に、変動幅は、直近変動期(法定利率に変動があった期のうち直近のもの)の「基準割合」と当期の「基準割合」との差を1％刻み(端数切捨て)で示したものである。これを直近変動期の法定利率に加算又は減算する(同条4項)。「基準割合」とは、法務省令(前同)の定めるところにより、過去5年間の各月における短期貸付けの平均利率の合計を60で除して計算した割合(0.1％未満の端数切捨て)として、法務大臣が告示するものである。過去5年間とは、各期の初日の属する年の6年前の年の1月から前々年の12月までである(たとえば、2038年4月1日～41年3月31日の期だと、2032年1月～36年12月まで)。短期貸付けの平均利率とは、各月に銀行が新たに行う貸付期間1年未満の貸付けの利率の平均値(日本銀行が毎月発表する国内銀行の「貸出約定平均金利(新規・短期)」)である(以上、同条5項)。法定利率は、金銭の運用よりも調達の場面で考えるのがよく、そのためには貸出金利の水準を参照するのが適切であるところ、銀行は国民一般から預金を受け入れるとともに、間接金融の中心的役割を果たしており、銀行が行う多様な貸付先に対する貸付利率の変動が、市中における金利の一般的な動向を表す指標として適切であると考えられたので、この基準が採用された(部会資料74B、第1(1)説明2、同81B、第1説明1、一問一答79頁・84頁)。

◇　たとえば、法定利率が第17期(基準割合は1.6％)には4％だったが、第18期(基準割合は0.6％)に変動して3％になったと仮定する。第19期の基準割合が1.3％だとすると、法定利率の変動はない(第18期との差0.7％は切捨て)。第20期の基準割合が1.7％だとすると、法定利率は1％を加算して4％になる(直近変動期である第18期との差1.1％の端数を切り捨てたもの)。

◆　**第2期の法定利率**　404条5項及び法務省令に基づき、法務大臣は、基準割合を、第1期(2020年4月1日から3年間)は0.7％、第2期(2023年4月1日から3年間)は0.5％と、それぞれ告示した。その結果、当初の法定利率年3％(404条2項)は、第2期においても変わらないことになった。

適用される利率の基準時は、その利息が生じた最初の時点である(404条1項)。たとえば、貸金債権においては、利息は借主が金銭を受け取った日から生じるので(589条2項)、その日の法定利率による(一問一答86頁)。

> ◆ **固定制から変動制へ**　改正前民法では、法定利率は固定制であり、民事は5％、商事は6％だった(旧404条、2017年改正前商514条)。しかし、これは実情に合っていないという批判があった。部会では、まず、利率を固定制にしたまま利率を5％から引き下げることにするか、一定の指標に応じて法定利率が変動する変動制にするかが検討された。固定制を維持すると、将来、金利水準が変動すると、その都度、民法を改正しなければならなくなる。そこで、「市中の金利と法定利率との間に大きな乖離があることによる不合理な現状を是正するべく、金利計算の簡明さを保ちつつも、法定利率をその時々における市中の金利の水準に可及的に合致させる」ため変動制とすることとされた。その際、何を指標にするか、変動の頻度と変動幅をどのように定めるかが問題となる。この点については、過去の市中金利の変動の分析や、様々なシミュレーションの検討のうえ、現行民法の規律が採用された(中間試案説明95頁、部会資料74B、第1、同77B、第1、同81B、第1、一問一答79頁～85頁)。現行民法のもとでの法定利率には、民事・商事の区別はない。経過措置については、附則15条1項を参照。

法定利率は、利息債権だけでなく、遅延損害金についても重要な機能をもつ(419条1項→第5章第2節第3款4(5)(b)〔234頁〕)。特に、不法行為による損害賠償について事故の日から年3％の遅延損害金がつくことが重要である。また、中間利息の控除の際の基準ともなる(417条の2→第5章第2節第3款4(3)〔226頁〕)。

(b)　単利と複利

利息には、当初の元本に対してのみ利息が付される「単利」と、利息が順次元本に組み入れられる「複利」がある(複利は重利ともいう)。当事者が合意しない限り、単利が原則である。ただし、利息の支払が1年分以上延滞し、債権者が催告してもなおその利息が支払われないときは、合意がなくても、債権者は延滞した利息を元本に組み入れて複利とすることができる(405条。法定重利)。一方で、重利による債務の増大から債務者を保護する要請があり、他方で、利息さえ支払わない債務者の怠慢を責め、その場合に債権者を保護する要請があることから、一定の要件のもとで認めるものである(民法修正案理由書396頁以下。梅26頁以下参照)。合意(利息発生後の重利契約又は事前の重利予約)があれば、たと

えば、月単位での組み入れも可能である。ただし、利息制限法を中心とする高利の規制(→(3))に服する(最判昭 45・4・21 民集 24 巻 4 号 298 頁。我妻 46 頁など通説。外国では重利の合意自体を禁止又は制限する立法例もある)。

> ◆ **遅延損害金に対する 405 条の類推適用**　遅延損害金は利息と共通性があるので(→(1)(b))、405 条の適用又は類推適用が問題となる。判例は、貸金債務の遅延損害金については同条の適用を認め(大判昭 17・2・4 民集 21 巻 107 頁)、不法行為に基づく損害賠償債務の遅延損害金についてはその適用又は類推適用を認めない(最判令 4・1・18 民集 76 巻 1 号 1 頁、笹本哲朗「判解」曹時 75 巻 2 号 211 頁、北居功「判批」民商 158 巻 6 号 104 頁〔以上 2023〕)。405 条の上記趣旨に照らし、各債務について、類型的に、債務者と債権者のそれぞれの要保護性と、当該遅延損害金の利息との近接性を考慮する判断といえよう(潮見新 I 243 頁参照)。このような類型的処理をするためには、遅延損害金は 405 条の「利息」に含まれず、債務の種類によって同条の類推適用が問題となる、と理解すべきことになる。その際、同条の趣旨に照らすと、重利による負担から債務者を保護する要請の例外をどの範囲で認めるべきか、という観点を基本とすべきであろう。なお、貸金債務の場合、類推適用されうるとしても、利息制限法など高利の規制は及ぶと考える。また、類推適用される場合において債務者が倒産したときは、その後の組入れについては倒産法の規律に服すると考える。

(3) 高利の規制

(a) 利息規制についての法制度のあり方

社会的に重要な問題となるのは、高金利である。利息の規制については、いくつかのレベルの問題があり、国や時代により法制が異なる[19]。第 1 に、基本思想の対立がある。一方で、契約自由の原則が強調される。他方で、キリスト教における利息に対する否定的態度、社会的経済的弱者の保護、人間が合理的に判断しうる能力の限定性などの観点から、規制が唱えられる。第 2 に、規制の方法に関する問題がある。一定の数値(上限金利)を示すのか、評価を伴う抽象的な概念で規律するのか、規制に違反した場合の効果はどうか、規制の実効性をどのようにして確保するのかなどである。これらについて、民事法・刑事

---

[19] 大村敦志『公序良俗と契約正義』(1995)、小野秀誠『利息制限法と公序良俗』(1999)、田中実「利息」小川浩三ほか編著『キーコンセプト法学史』(2024) 263 頁。

法・行政法の各観点からの規律がありうる。第3に、不相当な金銭消費貸借の予防の問題がある。業界の適正化、借り手の側の問題の解決などが課題となる。

日本でも、利息をめぐる法制には変遷がある[20]。民法上、暴利行為は公序良俗違反として無効(90条)とされるが、そのほかに制定法と判例が重要な意味をもつ。基本となる利息制限法(1954年)の解釈をめぐる判例・学説の展開と、関連する諸立法の制定・改正を経て、2006年に貸金法制全体に及ぶ大改正があり、2010年以降、新制度が全面的に施行されている[21]。以下では、現行法の規律を説明することとし、改正前の状況については簡単な言及にとどめる(旧制度については本書初版50頁以下参照)。

(b) 利息規制に関する現在の法制度

(ⅰ) **法制度の概要** 利息の規制に関する基本的な法律は、①利息制限法、②出資法(出資の受入れ、預り金及び金利等の取締りに関する法律)、③貸金業法である。①は民事上の制限、②は刑事上の規制、③は貸金業務の適正化を図る観点からの行政法的規制(民事上の効果を伴う規定や罰則規定も含む)である。

これらの法律の適用対象は、3段階に分かれる。ⓐすべての金銭消費貸借を対象とするもの(①②)、ⓑ営業的金銭消費貸借を対象とするもの(①②)、ⓒ貸金業者の業務を対象とするもの(③)である。ⓑは、貸金業者に限らず、銀行等の行う金銭消費貸借も含む。ⓒは、貸金業者(登録制)についての規律だが、一部、無登録で貸金業を営む者(闇金融業者等)も対象とする規定も含んでいる。

(ⅱ) **すべての金銭消費貸借に関する規律** 利息制限法は、民事上の制限を課する(最判令3・1・26民集75巻1号1頁は、経済的弱者の窮迫に乗じた不当な高利

---

20) 規制は、民法制定前の旧利息制限法(1877年)に遡る。これに代わる利息制限法(1954年)の制定の経緯については、吉田昂「利息制限法解説」曹時6巻6号(1954)82頁。日本法の変遷を簡潔に示すものとして、金山直樹「利息制限立法のあり方」銀法669号(2007)12頁及び一連の論稿(金判1249号1頁・1254号1頁・1260号1頁・1264号1頁〔2006〜07〕)を参照。なお、小野秀誠「利息制限法違反の効力」争点191頁。

21) 筒井健夫=山口聡也「利息制限法改正の概要」金法1801号(2007)37頁、同「利息制限法施行令の概要」金法1824号(2008)24頁、森寿明「出資の受入れ、預り金及び金利等の取締りに関する法律の一部改正の概要」金法1804号(2007)21頁、高橋洋明「『貸金業の規制等に関する法律等の一部を改正する法律』の解説」金法1796号(2007)6頁、上柳敏郎=大森泰人編著『逐条解説貸金業法』(2008)、角田美穂子「改正貸金業法の完全施行をめぐる論点」ジュリ1404号(2010)2頁、小塚荘一郎「消費者の多重債務問題に対する法的アプローチの構造——比較法から見た平成18年貸金業法の改正」岩原紳作ほか編代『会社・金融・法 下巻』(2013)585頁。

の貸付けの防止が同法の主な趣旨だという〔社債は適用外だとする〕）。元本の額に応じて利息の上限が定められており（元本10万円未満だと年20％、10万円以上100万円未満だと年18％、100万円以上だと年15％）、それ以上の合意をしても超過部分は無効である（利息1条）。遅延損害金については、上記の上限利息の各1.46倍が上限となる（同4条）。このほか、利息の天引き（同2条）、みなし利息（同3条）に関する規律がある。他方、出資法は、刑事上の制限を課する。利息又は遅延損害金が年109.5％（1日あたり0.3％）を超える契約をすると、貸主に刑事罰が科せられる（出資5条1項）。ここで、民事上は無効だが、刑事罰はないという「グレーゾーン」が生じるが、営業的金銭消費貸借については、後記の通り、その領域は極めて小さくなっている（→(ⅲ)）。

◆ **旧制度下での問題**　改正前の利息制限法1条2項は、債務者が制限超過利息を任意に支払ったときは、その返還を請求できないとしていたので、貸金業者は、刑事罰を受けないグレーゾーンで取引をし、高金利を得ていた。これに対し、最高裁は、借主保護のため、1960年代の10年間に、同項をほぼ空洞化させた（最大判昭43・11・13民集22巻12号2526頁、百選Ⅱ〔5版〕56［大河純夫］、最判昭44・11・25民集23巻11号2137頁）。それにもかかわらず、貸金業者は、グレーゾーンでの取引を続け、悪質な取立ても見られた。そこで、1983年に、貸金業の規制等に関する法律（2006年に「貸金業法」と変更）の制定及び出資法の改正がされ、貸金業者による貸付けが規律されるようになった。すなわち、貸金業者（登録制）については、グレーゾーンを狭くする（刑罰金利の上限は最終的に年29.2％〔1日あたり0.08％〕とされた）一方で、一定の要件（①支払の任意性、②手続の遵守）を満たせば、利息制限法の制限を超過する利息の支払を有効と認めることにした（「みなし弁済制度」。改正前貸金業43条1項、改正前出資5条2項）。この要件の充足の有無について、最高裁は、当初、①について比較的緩やかに解したが（最判平2・1・22民集44巻1号332頁）、その後、②について厳格に解し（最判平11・1・21民集53巻1号98頁、百選Ⅱ〔5版〕57［小野秀誠］）、さらに①についても厳格に解するに至った（最判平18・1・13民集60巻1号1頁、百選Ⅱ〔8版〕56［小野秀誠］）。2006年改正は、以上の判例を受け、改正前利息制限法1条2項（制限超過利息の任意支払）・4条2項（制限超過予定賠償額の任意支払）の削除、みなし弁済制度の廃止、刑罰金利の上限の引下げなどをした。

（ⅲ）　**営業的金銭消費貸借**　これは債権者が業として行う金銭消費貸借である（利息5条）。これについては、刑事上、利息及び遅延損害金の上限が年20

％とされ（出資5条2項）、民事上、遅延損害金の上限が年20％とされる（利息7条1項）。この結果、グレーゾーンは、元本10万円以上100万円未満及び100万円以上の各区分における利息（利息1条2号・3号）の部分にのみ、存在することになる。この部分については、貸金業者に関しては、行政処分の対象とされる（高橋・前掲注(21)11頁、上柳＝大森・前掲注(21)20頁）。営業的金銭消費貸借においては、貸付けが反復して行われることが多く、また、小口に分割して規制を潜脱することを防止する必要もあるので、元本額の合算についての規定がある（利息5条。このほか、継続的な金銭消費貸借取引の場合につき、最判平22・4・20民集64巻3号921頁〔旧法事件〕参照）。また、みなし利息について、民事・刑事の規定が調整されている（利息6条、出資5条の4第4項）。このほか、保証料の制限等（利息8条）がある。なお、超高金利（年109.5％超）の場合の重罰規定がある（出資5条3項）。

（ⅳ）**貸金業者の取引** 多重債務問題の解決を目的とする2006年の貸金法制の改革の骨格は、①貸金業の適正化（貸金業への参入条件の厳格化、貸金業協会の自主規制機能の強化、行為規制の強化）、②過剰貸付けの抑制（指定信用情報機関制度の創設、総量規制の導入）、③金利体系の適正化、④闇金融対策の強化（無登録営業の罰則強化、超高金利の重罰規定）、⑤多重債務問題に対する政府を挙げた取組みである（高橋・前掲注(21)7頁）。

これらの多くは貸金業法で規定されているが、③と④（超高金利の重罰規定）は、営業的金銭消費貸借一般の問題として、利息制限法・出資法で対応されている（→(ⅲ)）。超高金利（年109.5％超）については、刑事上の重罰規定のほか、従来から、貸金業を営む者（無登録者も含む）のする超高金利の消費貸借契約は、契約自体が無効とされている（貸金業42条1項）。なお、著しく高利の貸付けが不法行為となることもある（最判平20・6・10民集62巻6号1488頁は、年利数百〜数千％の事例について、708条の趣旨により、損害賠償額から被害者〔借主〕の受け取った元本相当分を控除することも否定した）。

（4）融資枠契約

利息に関する法制度として、以上とはかなり異なる類型の取引を対象とするものとして、特定融資枠契約法がある。企業が銀行から融資を受ける場合、通常は、その都度、審査を受け、銀行が適当と認めれば融資が実行される。しか

し、これでは、企業としては不安定であり、一定の枠内であれば自動的に融資が受けられるという制度が求められる。この制度のもとでは、銀行は常にその枠内の資金の準備をしておく必要があり、それはコストがかかるので、企業は銀行に対し融資枠設定の対価としての手数料を支払う。このような契約を、コミットメント・ライン契約ないし融資枠契約という。融資枠契約は外国では多かったが、日本では利用が少なかった。それが利息制限法や出資法に違反するのではないかという問題があったからである（融資枠に比べて実際にされた融資の額が小さかった場合、手数料額は融資枠との関係で決まるので、現実の融資額との関係では高率になることがある）。また、メイン・バンク制が揺らぎ、銀行と企業の関係を契約によって明確にしたいという需要もあった。そこで、1999年に特定融資枠契約に関する法律が制定され、同法の定める要件を満たす融資枠契約については、利息制限法・出資法が適用されないことになった[22]。これは、大企業など一定の範囲の法人が借主となる場合に限られている。金融業者が消費者から、このような形で制限を超えた手数料を得ることは認められない。

5　選択債権

(1)　意　義

　選択債権とは、債権の内容が「数個の給付の中から選択によって定まる」債権である(406条)。対象となる給付に個性があり、選択が問題となるという特徴がある。一定の範囲内の物を引き渡す債務において、それぞれの物が当事者にとって個性のない場合は制限種類債権だが、当事者にとって個性を有する場合は選択債権となる。たとえば、Aがある地域に所有する土地 1000 m² のうち 100 m² をBに与えるという場合、土地には個性があるから、制限種類債権ではなく、選択債権となる（最判昭42・2・23民集21巻1号189頁参照）。各給付に個性があればよく、内容は限定されない。画家が絵を描くか、又は、所有する花瓶を与える、という組合せでもよい。
　選択債権は、当事者の契約によって発生するほか、法律の規定により発生することもある。たとえば、無権代理人の責任(117条1項)につき、相手方は履

---

[22]　揖斐潔＝古閑裕二「特定融資枠契約に関する法律の概要」NBL 663号(1999)8頁。

行請求権又は損害賠償請求権を選択しうる(我妻57頁など通説。大判昭2・4・21民集6巻166頁は反対)。

> ◆ **選択債権と制限種類債権の区別**　区別の基準として、①当事者の意思(「個物の個性」と「一定範囲」のどちらに重点が置かれたか。奥田＝佐々木上51頁)、②選択債権に関する規律を及ぼすことの当否(選択権の存否・移転、不能による特定、選択の遡及効→(2))、③特定前の強制執行の可否(制限種類債権の場合、執行法上は、既に対象の個別的特定があり、執行できると解されているが〔中野・民執796頁〕、選択債権の場合は、特定されないと執行できない〔前田67頁、潮見新Ⅰ266頁〕。これは、債務名義の解釈及び効力の問題でもある〔中野・民執176頁以下〕)などがある。①を基本とし、②③の効果も考慮しつつ、判断すべきである。

> ◆ **任意債権**　任意債権とは、ある特定の給付を本来の内容とするが、債権者又は債務者が他の給付に代える権利(代用権又は補充権という)をもつ債権である。本来の給付が特定していて、他方の給付は補充的なものにすぎない点で、選択債権と異なる。任意債権では、本来の給付が不能になると、給付不能による特定(410条)の問題とはならず、単に履行不能の規律に服することになる(我妻63頁など通説)。フランス法学では、債務者が他の給付をすることで本来の債務から免責されるという任意債務(obligation facultative)の概念があり、ボワソナードがこれを取り入れて旧民法財産編436条となったが(Exposé des motifs, t. 2, p. 617)、明治民法では、それは代物弁済予約だとして削除された(梅30頁。岡松38頁参照)。これに対し、学説により、債権者も補充権(Ersetzungsbefugnis)を有する債権関係というドイツ法的構成が導入され(石坂上207頁以下〔債権者の任意債権として723条を例示〕、鳩山61頁。いずれも、梅・前掲の代物弁済構成を批判する)、これが通説となった(富井193頁、我妻62頁など)。外国通貨で債権額を指定した場合、債務者の任意債権である(403条)だけでなく、債権者の任意債権でもあるという判例(最判昭50・7・15前掲)もその延長線上にある。現行民法のもとでの任意債権の概念の意義については、本来の給付の履行が不能となった場合の帰結について、代用権を債務者がもつ場合(任意債務)と債権者がもつ場合を分けて検討する必要がある(410条との具体的相違、債務者の変更権との関係など)。なお、2016年改正フランス民法は、任意債務に関する規定を新設し、当初合意された給付が不可抗力のために履行が不可能になると、任意債務は消滅すると定める(1308条)。

(2)　選択債権の特定

選択債権が履行されるためには、数個の給付のうちの1つに絞られ、単純債

権に変更される必要がある。これを選択債権の特定という。特定は、当事者の合意によるほか、次の事由によって生じる。

(a) 選択権の行使

選択権をもつ者が選択をすることにより、特定する。誰が選択権をもつのかは、当事者が予め合意していれば、それによる。合意がないときは、債務者が選択権をもつ(406条)。選択権者が選択しない場合には、一定の要件のもとに、選択権は相手方に移転する(408条)。選択は第三者に委ねることもできるが、その第三者が選択することができないか、選択する意思を有しないときは、選択権は債務者に移転する(409条2項)。

選択権の行使は、意思表示によってされる(407条1項・409条1項)。選択権は形成権であり、この意思表示により直ちに効果が発生し、その効力は債権発生の時に遡る(411条本文)。この遡及効は第三者の権利を害しえないと規定されているが(同条但書)、第三者との関係は対抗要件具備の有無・先後で決まるので、この規定の意味はほとんどない(我妻61頁、星野23頁など)、あるいは、無用の規定である(前田66頁、潮見新Ⅰ270頁など)といわれている。

◆ 411条但書の意味　AがBに甲不動産又は乙不動産を与えるという内容の選択債権が発生した後、AがCに甲を譲渡し、その後にAB間で甲が選択された場合、411条但書によれば、BはCを害しえない。しかし、BC間の優劣は、177条によって決まるから、411条但書は無意味だといわれる。BC双方とも未登記の場合、物権変動理論によっては、この規定が機能することもありえよう(舟橋諄一＝徳本鎮編『新版注釈民法(6)物権(1)』〔1997〕444頁以下〔原島重義＝児玉寛〕参照)。部会では、411条但書を削除することが検討されたが、見送られた(部会資料31、第2、6補足説明2、同53、32頁)。

(b) 給付不能

選択の対象となる給付のうち一部の給付が不能である場合、当然に残存する給付に特定するわけではない。一部の給付の不能によって、選択権者が選択権を当然に失うべきことにはならないし(当事者の一方が選択権者であるときは、不能となった給付を選択する方が同人にとって有利であることもある)、また、選択権を有しない当事者は、もともと選択権者の選択に従うべき立場にあったのだから、不能となった給付が選択されたとしても新たな不利益を被るわけではない

からである。もっとも、選択権者の過失によって不能が生じた場合にまで、選択権者の選択を認めるのは、公平の観点から適当ではない。そこで、この場合は、残存する給付に特定する(410条。一部改正された。経緯につき、部会資料68A、第6、3(2)説明)。不能は、原始的であるか後発的であるかを問わない(412条の2第2項参照)。

　この結果、次のようになる。①選択権者(選択権を有する当事者又は第三者)の過失による不能である場合は、債権は残存する給付について存在する(410条)。②選択権を有しない当事者の過失による不能の場合は、選択権者は残存する給付を選択してもよいし、不能となった給付を選択してもよい。③いずれの当事者の過失にもよらない不能の場合は、②と同様である(ただし、選択権を有する第三者の過失による場合は、①になる)。

　◇　債務者Aが債権者Bに甲又は乙を引き渡す、これに対しBがAに10万円支払うという契約で、甲が滅失したとする(単純化のため、選択権は、いずれかの当事者にあるとする)。

　①では、乙について双方の履行がされる(Aは乙を引き渡し、Bは対価を支払う)。
　②で、選択権者が甲を選択したとする。ⓐ債権者Bが選択権者で、不能が債務者Aの過失による場合。甲を選択したBは、履行の請求はできないが(412条の2第1項)、履行不能による損害賠償請求(415条)及び解除(542条)ができる。ⓑ債務者Aが選択権者で、不能が債権者Bの過失による場合。甲を選択したAは、甲を引き渡す債務を免れつつ(412条の2第1項)、対価の支払を求めることができる(536条2項)。これに対し、Bは解除できない(543条)。②で、選択権者が乙を選択した場合、乙について双方の履行がされる。
　③で、選択権者が甲を選択したとする。ⓐ債権者Bが選択権者である場合。甲を選択したBは、履行の請求はできず、また、損害賠償を請求できないことがあるが(415条1項但書)、解除はできる(542条)。ⓑ債務者Aが選択権者である場合。甲を選択したAは、甲を引き渡す債務を免れるが、Bは対価の支払を拒むことができ(536条1項)、解除もできる(542条)。③で、選択権者が乙を選択した場合、乙について双方の履行がされる。
　全体を通じて、過失により甲を滅失させた者は、不法行為による損害賠償責任(709条)を負うことがある。

第 2 編

債権の効力

第4章
「債権の効力」とは何か

第1節　「債権の効力」を検討する視点

　第2編は、本書のなかで最も分量が多い。個別の問題に関する議論も豊富である。そこで、まず、この第4章で、「債権の効力」の問題の全体像を示したうえで、次章以下の具体的検討(第5章～第7章)に進むことにしたい。
　さて、「債権の効力」を検討する視点は、2つある。
　第1は、債権には、どのような力が含まれているのかという視点である。この視点からは、債権という権利の内容を分析し、その本質を探求することになる。第2節では、この視点からの検討をする。
　第2は、債権が存在するとき、当事者は実際に何ができるのかという視点である。この視点からは、債権の具体的機能を検討することになる。第3節では、この視点からの検討をする。それはまた、第5章から第7章を概観するものともなる。
　ところで、具体的機能について検討を進めていくと、問題は、債権又はその発生原因である契約が履行されないときに、当事者にどのような救済方法が認められるべきかであって、それが「債権の効力」であるか否かは重要ではないのではないかという疑問が生じる。この疑問は、実は、「債権の効力」という概念自体の意義を問うことでもある。民法(債権法)改正の検討過程でも、基本的な問題として議論があったところであり、本編にも深く影響する。第4節では、これを検討する。

第2節　債権に含まれる力の分析

1　債権の4つの力

債権には4つの力がある。請求力、給付保持力、訴求力、執行力である[1]。

(1)　請 求 力

(a)　意　　義

請求力とは、債権者が債務者に対し、任意に履行せよと請求できる力(権能)である(412条の2第1項)。債権に請求力があるので、債権者の請求は、権利の行使と評価され、濫用にあたるような場合を除き、不法行為とならない(奥田・注民(10)180頁)。

履行の請求があったことにより一定の法的効果が生じることを定める規定がある。法定追認(125条2号)、時効の完成猶予(150条・457条1項)、履行遅滞責任の発生(412条2項・3項・520条の9)、解除の要件の充足(541条)である。ここでは、履行の請求が「催告」として構成されるものもある(150条・541条)。そのほか、債権者が履行を請求できることを前提とする規定もある(432条・436条・452条・484条2項)。

◆ **請求力の明文化**　部会審議の終盤、次の規定案でまとまりつつあった。「債権者は、債務者に対し、その債務の履行を請求することができる。ただし、債務の履行が契約その他の当該債務の発生原因及び取引上の社会通念に照らして不能であるときは、この限りでない。」という案である(部会資料82−1、第10、1)。しかし、「債務の履行が……不能であるときは、債権者は、その債務の履行を請求することができない。」と規定しておけば、債権者が債務者に履行を請求できる旨の規律も表現されていることになるという法制的観点からの指摘があり、最終段階でそのように改められ(部会資料83−2、第10、1説明)、412条の2第1項となった。つまり、同項は、債権には請求力があることをも表しているというのが、立法準備過程

---

[1] 奥田73頁以下、奥田＝佐々木上98頁以下。「実体法上の権能」と「手続法上の権能」を区別し整理するものとして、森田・文脈246頁以下。債権のもつ力(権能)を問題とするのは、「権利意思説」の観点であるというものとして、潮見新Ⅰ154頁(→第1章第1節3つ目の◆〔21頁〕)。債権者の権限という観点からの異なる分析として、石田22頁以下。

での理解である。

(b) 障害事由

412条の2第1項は、直接的には、債権者が債務の履行を請求できない場合について規定している。それは、「債務の履行が契約その他の債務の発生原因及び取引上の社会通念に照らして不能であるとき」、すなわち履行不能の場合である（後発的不能と原始的不能を含む。同条2項参照）。①「契約その他の債務の発生原因」と②「取引上の社会通念」との関係については、一方で、①が決め手であり、②は①が契約当事者の主観的意思のみによって定まるものではなく、客観的事情をも考慮して定まることがありうることを示すものであるにすぎないという理解（潮見新Ⅰ283頁）があり、他方で、①と②は並列のものであるという理解（森田・文脈275頁）がある。①を基本としつつ、②も考慮して判断するというのが、本条の趣旨であると解すべきであろう（→第3章第2節1(2)(a)(ⅱ)〔43頁〕）。なお、本条は任意規定である（部会資料79—3、第7、1説明1）。

履行不能の場合、債権者は履行を請求できなくなるが、債権が消滅するわけではない。債権を消滅させるためには、発生原因が契約であるときは、その解除が必要である（解除の効果に関する学説の対立があるが、少なくとも未履行の債権は消滅するという見解が一般的である）。

(2) 給付保持力

給付保持力とは、債務者のした給付を適法に保持できる力（権能）である。債権に給付保持力があるので、債権者は、債務者のした給付を受領し、保持することができ、それは不当利得とならない（債権の存在が703条の「法律上の原因」となる）。

この請求力と給付保持力が債権の最小限の力である。ほとんどの債権は、通常の取引の流れのなかで請求がされ、任意に履行されて消滅するのであり、この2つの力だけが発揮される。債権者が任意の履行を請求できるのは当然であり、あえて法的な力というまでもないという見方もなくはないが、上記の法的効果があること、当事者間の行為規範となり自主的な解決を促進すること（能見善久・改正課題110頁参照）、債権の効力を分析するうえで有用であることから、債権の基本的な効力と考える立場（奥田75頁、星野25頁など）を支持したい。

(3) 訴 求 力

　訴求力とは、債権者が債務者に対し、訴えによって履行を請求することができる力である。訴求可能性ともいう。債務者が任意に履行しない場合、債権者は、自力救済が禁止される反面、裁判所に訴えを提起し、給付判決を得ることができる。

　金銭債権を裁判で請求できることは、古くから、また、広く認められているが、物の引渡しや債務者の作為・不作為を内容とする債権については、時代や国によって異なる。ローマ法では、給付判決は、常に金銭判決によってなされ、確定金額の請求でないものは金銭評価されるべきものとされた（原田・ローマ法388頁）。現在でも、英米法では、契約違反の救済は金銭賠償が原則であり、債務を約束された形のままで履行することを求める特定履行が認められるのはその例外として位置づけられる。しかし、日本法では、債権の本来の内容を実現せよと裁判で求めうることが原則として認められている。

　訴求力は、債務者に請求できる力であるという意味で、請求力と共通する。そこで、両者を合わせて（広義の）請求力ということもある（川井46頁）。また、訴求力は、債権を強制的に実現するための力であるという意味で、執行力と共通する。そこで両者を合わせて強制力ということもある（奥田81頁）。

(4) 執 行 力

　債権者が給付判決を得て確定したが、なお債務者が任意に履行しない場合、債権者は強制執行手続をとることにより、国家機関の手によって債権の内容を実現することができる。これを執行力あるいは執行可能性という。これには2種類ある。

　第1は、貫徹力である。名画の引渡しや建物の明渡しなど債権の内容をそのまま実現するものである。この場合、強制されるのは特定の物の引渡しや特定の行為をすることに限定される（ゴッホの「ひまわり」の代わりにモネの「睡蓮」を取り上げることはできない）。

　第2は、摑取力である。これは、金銭債権の場合で、債務者の財産全体が対象となる。すなわち、債権者は、原則として、債務者のどの財産にもかかっていくことができる（どれを摑み取ることもできる）。裁判所又は執行官が債務者の財産を差し押さえ、それを換価し、得られた金銭を債権者に交付する。もっと

も、債務者の財産のなかでも、抵当権などの担保権が設定されている財産については担保権者が優先する。また、債務者の生活や仕事に必要なものなど、差し押さえることができない財産もある（民執131条・152条）。したがって、一般債権者が引当てにできるのは、債務者の総財産から、担保権の対象となっている特別財産と差押禁止財産を除いたものであり、これを一般財産という。

債務者の一般財産が摑取力の対象となっている状態を「責任」という（奥田82頁）。つまり、債務者はその一般財産をもって債権者に対して責任を負う。そこで、債務者の一般財産のことを責任財産ともいう。摑取力とは、金銭債権において、債務者の責任財産に対して強制執行することができる力だということになる。

◆ **一般財産と責任財産**　厳密にいうと2つの概念には違いもある。①一般財産は、総財産から特別財産と差押禁止財産を除いたものとして、その範囲は客観的に定まる。これに対し、責任財産は、「責任」という観点から評価されたものであり、その範囲が当事者の意思によって画定される余地がある。たとえば、「責任財産限定特約」があるときは、責任財産は一般財産の一部に限定される。この特約は、ある金銭債権について、債務者が有する財産のうち一定の財産に限って強制執行の対象とするという、債権者と債務者の間で予めされる合意であり、有効と解されている（後掲注(9)参照）。②逆に、責任財産の概念のほうが一般財産より広いという用法もある。すなわち、「責任」を「一定の財産が債務の引当てとなっていること」と広く定義することや（奥田94頁）、責任財産を「強制執行の対象となる財産」という意味で用いることがある。この場合、金銭債権においては摑取力の対象である一般財産が責任財産となるが、物の引渡債権等においては貫徹力の対象となる特定の財産が責任財産となる。民事執行法学では、②の用法が通例である[2]。

このような違いはあるが、多くの場合、一般財産が責任財産となる。そこで、一般財産及び責任財産は、一般債権者が引当てにできる債務者の財産全体として、その「一般担保」である、あるいは、総債権者にとっての「共同担保」[3]である、といわれることもある（→第3節2〔93頁〕・第6章第1節〔261頁〕）。

---

[2]　中野・民執293頁、上原敏夫＝長谷部由起子＝山本和彦『民事執行・保全法〔第7版〕』(2024)73頁など。片山ほか59頁以下〔片山〕参照。

[3]　責任財産と共同担保の関係につき、瀬戸口祐基「共同担保概念の民法上の意義」法協135巻1号1頁～11号1頁(2018. 特に1号34頁以下・6号37頁以下)、同「債権者の共同担保に関する流動性」法教513号(2023)29頁〔共同担保概念における財産と債務の流動性を指摘し、それらの帰属する法主体との関係を論じる〕。片山直也『詐害行為の基礎理論』(2011)600頁も参照。

2　一部又は全部の力の欠如

　請求力・給付保持力・訴求力・執行力が完備したものが完全な債権だとすると、そのうちの全部又は一部が欠けている場合は、どうなるのか。以下の(1)(2)(3)の概念は、必ずしも同じ平面上のものとはいえないが、機能的には段階的に位置づけることができる。

（1）　徳義上の債務

　4つの力がすべて欠けている場合は、法律上の債権があるとはいえない。道徳上・社交上・宗教上などの約束においては、約束した者はそれを守るべき義務はあるが、約束の相手方が自分に対してそれをせよと求める権利があるわけではない。

> ◇　法と道徳との違いとして、権利を発生させるか否かという点がある。法の世界では、支払え、引き渡せ、賠償しろという権利が発生する。道徳の世界ではそれは発生せず、義務だけが生じる。親切にせよと求める権利はなくても、親切にすべき義務はありうる（星野英一『法学入門』〔2010〕70頁）。

　このような法律上の約束ではない約束を徳義上の約束と呼び、徳義上の約束から生じる義務を徳義上の債務と呼ぶことがある[4]。この場合、相手方は、その義務の履行を請求することはできない。約束した者が相手方に約束の対象とされた物を交付した場合、相手方がそれを保持できるのは、徳義上の約束の効力によるわけではない。それは、徳義上の約束の目的物が現実に引き渡された時点で、法律上の贈与契約がなされそれが直ちに履行された（現実贈与）と解することによる（米倉プレ90頁）。約束者の返還請求が封じられることを法律で定める立法例もある（ド民814条）。

---

4 ）　石田喜久夫①『自然債務論序説』(1981)135頁以下は、「道徳上の義務」と呼び、同②「徳義上の債務・自然債務・責任なき債務（債務と責任）」法教157号(1993)34頁は、徳義上の「債務」というと法上の義務になるので、徳義上の「義務」と呼ぶべきだという。他方、徳義上の債務と呼ばれることも多いので、本書では内容を明確にしたうえで、こちらを用いる。広中俊雄「徳義上の契約」同『契約法の理論と解釈』(1992)66頁〔初出1969〕も参照。

(2) 自 然 債 務

(a) 意 義

給付保持力はあるが、訴求力のない債務を自然債務という。当事者の合意により訴求できないものと、法律上の原因により訴求できないものがある。

(b) 不訴求の合意のある債務

訴えを提起しないという当事者間の合意は、契約自由の原則により、有効と解されている。不訴求の合意又は不訴求の特約という。この特約がある場合、債権者は、裁判外で請求することはできるし、任意に履行されればそれを受領しても不当利得とならないが、任意に履行されないときは、訴えを提起して請求することはできない(訴えを提起しても、訴訟要件を欠くものとして却下される)。この特約がある場合、通常の債務に不訴求の特約が付加されたにすぎないと考えることもできるが(吉政知広・新注民(8)391頁参照)、不訴求の特約によって債務自体が効力の弱化した債務に変質すると考えれば、これを自然債務と呼びうることになる(奥田90頁)。

> ◇ 合意による自然債務が認められた例として、大判昭10・4・25(新聞3835号5頁、カフェー丸玉女給事件)がある。カフェーの客YがX給Xに独立資金として400円を与えるという書面を作成したが、履行しなかった。大審院は、Yが馴染み浅い客であることなどから、この約束は、Yが自ら進んで履行するときは債務の弁済となるが、Xがその履行を強要することのできない特殊の債務関係を生じさせるものと判断した。この判決は、合意による自然債務を認めた例として理解されている(我妻69頁など)。もっとも、事案の解決方法としては、契約の成立の問題又は心裡留保(93条)の問題とする方が安定的であり妥当であろう(潮見新Ⅰ360頁参照)。

なお、不訴求の合意は、民事訴訟法学上は、不起訴の合意と呼ばれる。裁判を受ける権利(憲32条)を制約するものとして、有効性が慎重に判断される(最判令6・7・11民集78巻3号921頁)。

(c) 法律上訴求できない債務

①消滅時効が完成し債務者が時効を援用をした債権(145条)、②破産手続において免責された債権(破253条1項柱書本文)、③勝訴の終局判決後に債権者が訴えを取り下げた場合(民訴262条2項)、④公序良俗に反する契約による債権

(90条)、⑤(旧制度下の)利息制限法の制限を超過する利息債権(改正前利息1条2項、改正前貸金業43条1項→第3章第2節4(3)(b)(ⅱ)◆〔72頁〕)など、債権者が訴求することはできないが、債務者が任意に履行すればもはや返還を請求できなくなるという債権がある(他に、最判平19・4・27民集61巻3号1188頁〔日中共同声明による請求権放棄〕も参照)。

　債務者が返還請求ができない理由は、一様ではない。①は、実質的には援用の撤回があったものと認められることによる(奥田92頁)。②は、破産免責制度の効果だと説明されている(最判平9・2・25判時1607号51頁、最判平11・11・9民集53巻8号1403頁、最判平30・2・23民集72巻1号1頁。これに対し、債務消滅説も有力である。伊藤・破産806頁以下)。③は、債権自体は消滅していないが、取下げの濫用に対する制裁あるいは再訴の濫用の防止という手続法の観点から再訴が禁じられる。④は、不法原因給付の規定(708条)による。⑤は、改正前の利息制限法や貸金業法の政策的判断によるものである。

　(d)　自然債務という概念の要否

　(b)と(c)の諸債務を一括して自然債務と呼ぶこともあるが、ひとまとめにする意味はなく、個別にその性質を検討すべきであるという批判も強い(川島56頁は、「自然債務」概念に総括することは有害無益だという)。実際、(b)と(c)は性質の違う問題であるし、(c)にも様々なものが含まれている。たとえば、裁判外で請求することは、(b)については認められるが、(c)のうち少なくとも④については認められない。債務者が返還請求できないのは、(b)については給付保持力によるといえるが、(c)④は不法原因給付という別の制度によるものだし、(c)⑤は政策的判断の反射的な効果によるものである。また、債務者が返還請求をしたとき、(b)については、訴え却下となるが、(c)のうち少なくとも④⑤は請求棄却になるだろう[5]。こうしてみると、少なくとも(c)④⑤は異質のものというべきである。

　残る(b)及び(c)①②③も性質が異なっており、自然債務という概念で統合することに大きな意味はない。もっとも、自然債務という概念は、歴史的にも

---

5)　滝澤孝臣『民事法の論点――その基本から考える』(2006)128頁以下〔初出2005〕は、自然債務について請求棄却とする裁判例が多いが、訴え却下判決とすべきだという。

古くから用いられており[6]、訴求はできないが任意に履行されれば債務が消滅するという種類の債務を表現する言葉として用いることは、さしつかえないだろう(奥田87頁、平井254頁など)。たとえば、相殺の可否(我妻71頁〔否定〕、奥田91頁〔肯定〕)、担保物権の被担保債権・保証の主たる債務となりうるか[7]などの問題について、整理概念として用いることは便利である。さらに、この概念は、法的義務とは何かを考察する契機にもなりうる(我妻71頁、星野31頁、吉田235頁。北村一郎「《非法》(non-droit)の仮説をめぐって」星野英一古稀『日本民法学の形成と課題 上』〔1996〕3頁参照)。ただ、その具体的内容が論者によって異なること、また、そこから直ちに具体的な効果を演繹しうるものでないことには留意する必要がある。最判平9・2・25前掲、最判平11・11・9前掲、最判平30・2・23前掲が、「債権者において訴えをもって履行を請求しその強制的実現を図ることができな」い債権と呼び、自然債務という言葉を避けているのもそのような配慮によるものであろう。

(3) 責任なき債務

訴求力まではあるが執行力のない債権もある。当事者が不執行の合意(強制執行をしないとの合意)をした場合、債権者は、訴えをもって請求することは認められ、勝訴判決を得ることもできるが、強制執行はできない[8]。この場合、金銭債権であっても摑取力がなく、債務者はその一般財産をもって責任を負うことにならない。そこで、これを責任なき債務という。

◆ **不執行の合意がある場合の手続** 不執行の合意がある場合、判決手続においては、裁判所は、強制執行をすることができないことを判決主文で明らかにしなければならない。具体的には、「被告は原告に対し、金〇〇円を支払え。前項については強制執行をすることができない。」という主文になる(最判平5・11・11民集47巻9号5255頁)。この合意があるにもかかわらず強制執行がされたときは、請求異議の訴えによってその排除を求めることになる(最決平18・9・11民集60巻7

---

[6] ローマ法における奴隷に対する債務、方式を履践した契約によるのではない債務などにつき、石田・前掲注(4)、川島54頁。フランス法につき、山口・フランス234頁以下、フ民1302条2項〔2016年改正前1235条2項〕・1100条2項参照。なお、旧民法財産編562条~572条には自然義務の規定がある。

[7] 鳥山泰志「担保権存在条件としての『債権』」一橋法学3巻1号191頁~3号191頁(2004)。

[8] 中野・民執78頁・81頁以下(執行契約の一種である不執行契約と呼ぶ)。類型的考察をするものとして、梅本吉彦「強制執行の抑制の合意」専修法学論集100号(2007)1頁。

号 2622 頁〔大審院判例を変更。執行証書の事案〕、髙橋譲『最判解民平 18』985 頁。中野・民執 85 頁以下参照)。全体を通じ、上原敏夫「不執行の合意」法教 337 号 (2008) 84 頁)。

◆ **不執行の合意と責任なき債務の関係**　前者には貫徹力を奪う合意も含まれるので、摑取力に関する概念である後者に包含されるわけではない。他方、後者は、理論的には前者以外のものもありうる。両者は、内容の一部が重なる関係にある。

◆ **不完全債務**　自然債務と責任なき債務を合わせて不完全債務と呼ぶこともある(我妻 68 頁、星野 29 頁など)。しかし、両者を合わせる法技術的な意義は乏しいし、責任概念の広狭との関係で複雑にもなるので、本書ではこの概念を用いない。

3　債務と責任

債務と責任との分離の形態は、いくつかある。

第 1 に、債務はあるが責任のない場合がある(責任なき債務)。不執行の合意がある場合である。

第 2 に、責任が一定の範囲に限定される場合がある(有限責任)。①相続において限定承認がされると、相続人は、債務は相続するが相続財産の限度においてのみ責任を負う(922 条)。②団体の構成員が団体の債務について有限責任を負うことがある(会社 104 条〔株式会社の株主〕・580 条 2 項〔持分会社の有限責任社員〕、有限責任組合 15 条〔有限責任事業組合の組合員〕など)。③限定責任信託においては、受託者は信託財産責任負担債務について信託財産によってのみ責任を負う(信託 216 条以下)。④金銭債権の債権者と債務者の間で、予め債務者の財産のうち一定の財産に限って強制執行できるという合意(責任財産限定特約)をする場合がある[9]。

第 3 に、責任を負う者が債務を負わない場合がある(債務なき責任)。物上保証人(他人の債務を担保するために自己の財産に抵当権等の担保権を設定した者)、抵

---

9) これは執行契約の一種であり有効とされる(中野・民執 78 頁・82 頁以下)。企業金融における用法及び破産との関係につき、山田誠一「責任財産限定特約」ジュリ 1217 号 (2002) 47 頁。用例につき、片山ほか 64 頁〔片山〕。

当不動産の第三取得者(抵当不動産について抵当権のついたまま所有権を取得した者)は、自己の特定の財産をもって他人の債務について責任を負う状態にあるが、自らが債務を負うわけではない。

このように、債務と責任を区別することは、いくつかの法的現象を説明したり、新たな仕組みを検討する際に有用である。

> ◆ **債務と責任の関係**[10]　19世紀末葉以降のドイツの学説は、古代ゲルマン法の研究に基づいて、債務と責任の区別を提唱した。すなわち、債務とは、単に給付する義務を負っているというだけの意味であり、責任とは、その義務を負う結果、強制執行に服するという意味である。古い時代には、債務があるから当然に責任があるとはいえず、責任は契約その他の原因によって付加されることによって生じた。責任がある場合、債務者は法的強制に服する。その態様として、人身をもってする人格的責任と財産をもってする財産的責任があったが、人格的責任は次第に姿を消し、もっぱら財産だけが責任の対象とされるに至った(物的責任)。さらに、何らの特別の形式を通じないで、すべての債務には物的責任が伴うことが国家によって保障されるようになる。こうして、債務と責任が一体化され、責任とは、債権の執行力、特に摑取力に服することと理解されるようになった。しかし、2つの観念を区別することは、なお有用であるといわれた。以上のドイツでの考え方が日本にも導入されている。債務と責任の概念及び両者の関係について学説の理解は分かれ(磯村・前掲注(10)4頁以下)、両者の分離に対する消極的評価[11]もあるが、上述したような有用性は認められよう。

---

10) 磯村哲「債務と責任」谷口知平＝加藤一郎編『民法演習Ⅲ(債権総論)』(1958)1頁、我妻72頁以下、川島47頁以下、奥田94頁以下、奥田＝佐々木上125頁以下、林ほか69頁以下[林＝安永]。
11) 石田文次郎『財産法に於ける動的理論』(1928)314頁は、責任が債権の本質であり、責任のある債務だけが法律上の債務だといい、川島48頁は、近代法では責任は債権に吸収されもはや2つの観念を維持する必要はないという。債務と責任の分化を前提とする責任なき債務の概念を定立しても、法技術概念としての意味に乏しいという評価もある(平井253頁)。鳥山泰志「抵当本質論の再考序説(5)・(6・完)」千葉大学法学論集25巻3号(2010)200頁・4号(2011)45頁は、債務と責任論のドイツにおける展開と後退を叙述したうえ(3号187頁・159頁・151頁・106頁以下)、抵当権の本質論との関連で、債務なき責任の観念についての問題を提起する(4号119頁以下)。

第3節　債権の具体的機能

次に、債権が具体的にどのような機能をもつのかという観点からの検討をする。債権者と債務者はそれぞれ互いに何ができるのか(→1)、債権者は債務者の責任財産について何ができるのか(→2)、債権は第三者に対してどのような効力をもつのか(→3)である。

1　当事者間の効力

(1)　債権者のできること

債務者が債務を履行しない場合、債権者ができることとして、主なものが3つある。

第1は、履行の強制である(414条1項)。債権の内容それ自体の履行を強制することである。たとえば、家屋を買って代金も支払ったのに、売主が引き渡さない場合、裁判所に訴えて、その家屋の引渡しを実現することができる。債権の執行力に対応する。

第2は、損害賠償の請求である(415条)。債務者が任意に履行しない場合、債権者は損害賠償を請求することができる。

第3は、契約の解除である(541条・542条)。ただし、これは契約から生じた債務の場合に限られる。解除には、①不履行によって被害を受けている当事者(債権者)を契約による拘束から解放し代替取引の自由を保障するという機能と、②不履行をしている当事者(債務者)から同人が期待した契約による利益を剥奪するという機能の両面がある。解除制度においては、この両面に配慮する必要があるが、①が本来の制度趣旨であり、②は副次的機能とみるべきだろう[12]。解除は、契約上の債務の不履行の場合の問題だから、契約の章で規定され、債権総則には登場しない。債権総則は、不法行為上の債権なども対象とする「総

---

12)　中田・契約193頁以下。なお、民法的解除と商法的解除、契約の拘束力の原理と迅速な取引の要請とを対比しつつ、独仏の法定解除制度の展開を検討するものとして、杉本好央『独仏法における法定解除の歴史と論理』(2018)。

則」だからである。しかし、社会における債権の多くは契約によるものであり、債務不履行が生じた場合の債権者にとっては、非常に重要な制度である。

> ◇　家屋の売主Ａが引き渡さない場合、買主Ｂは裁判でその履行を強制できるが、Ａとの取引に見切りをつけ（損害賠償は別途請求することにして）、別の家屋を買うこともある。このとき、Ｂは、Ａとの売買契約を解除しておかないと、翻意したＡから代金を請求されるおそれがある。この場合、解除は、不履行により被害を受けているＢを別の家屋を安心して購入できる状態にするという機能をもつ（上記①）。不履行をしたＡは、もはや引渡しをして代金を得るという利益を得られなくなるが（上記②）、このような制裁的な面は副次的な機能と理解すべきである。

以上の3つの制度の関係はこうである。①履行の強制と解除は両立しない。履行の強制は債権を存続させたままその実現を図るのに対し、解除は債権を消滅させるものだからである。②履行の強制と損害賠償は両立する（414条2項）。履行の強制によって債務の内容が実現できたとしても、それまでの遅滞による損害賠償は生じうる。③解除と損害賠償は両立する（545条4項）。両立する場合（②③）、債権者はどちらでも自由に選べるのか、何らかの制限を受けるのか、②に関して履行の請求と履行に代わる損害賠償（填補賠償）との関係はどうか、などが問題となる（→第5章第2節第3款2(2)(c)(ⅲ)ε〔199頁〕）。

双務契約による債権の債権者は、債務が履行されない場合、以上の3つのほか、同時履行の抗弁（533条）を主張できる。また、売買契約の買主など有償契約による債権の債権者には、追完請求権や代金減額請求権が認められることがある（562条・563条・565条・559条）。

このうち、履行の強制を第5章第1節、損害賠償を同第2節で検討する。解除等については、契約法に委ねる。

(2)　債務者のできること

債権が存在するとき、債務者のできる最も重要なことは、履行できることである。「履行できる」というのは、履行によって債権を消滅させることができるという意味である（473条）。第三者も一定の要件のもとに履行できるが（474条）、まずは債務者が「履行できる」。

ところで、履行は、債務者が単独でできることもあるが、多くの場合、債権

者がそれを受領することによって完成する。債権者が受領しない場合、債務者は、履行の提供をすれば、債務不履行責任を免れる(492条→第8章第2節2(2)(a)〔386頁〕)。それだけでなく、受領しない債権者に、より積極的に責任を負わせるという制度もある(413条)。これを受領遅滞という。これは、第5章第3節で検討する。

2　債務者の責任財産の保全

一般債権者は、債務者の責任財産(一般財産)を引当てとしている。一般債権者が複数いて、その債権総額が責任財産の総額より少ない場合、各債権者は、全額の満足を受けることができる。しかし、債権総額が責任財産より多い場合、各債権者は債権額に比例した弁済を受けるにとどまる(債権者平等の原則)。こうして、一般債権者は、債務者の責任財産の維持について、利害関係をもつことになる。そこで、一定の場合、債権者は債務者の財産管理に介入することが認められる。介入の仕方には2通りある。

第1は、債務者が責任財産の減少を放置している場合、債務者に代わって債務者の権利を行使し、その財産の減少を防ぐ方法である。債権者代位権という(423条)。たとえば、無資力の債務者が自己の有する債権を取り立てないままにしている場合である。第2は、債務者が責任財産を減少させる行為を自ら積極的にした場合、債権者がその行為を取り消し、減少した財産を回復する方法である。詐害行為取消権という(424条)。たとえば、無資力の債務者が、唯一の貴重な財産である絵画を親戚に贈与した場合である。なお、この2つの制度は、責任財産の保全以外のためにも用いられることがある。これらについては、第6章で説明する。

3　第三者に対する効力

債権は、債権者の債務者に対する権利であり、その効力は当事者間に限られ、第三者を義務づけることはない(債権の相対性)。しかし、だからといって、第三者が債権の存在を無視してよいことにはならない。第三者が債権を侵害した場合、不法行為による損害賠償や債権に基づく妨害排除請求が問題となることがある。これは、第7章で説明する。

第4節 「契約の拘束力に基づく救済手段」という視点

　契約上の債務が履行されない場合、第3節1(1)に示したように、債権者には、履行の強制、損害賠償請求、解除、同時履行の抗弁、追完請求、代金減額請求が認められることがある。さらに実際の取引においては、担保の要求、契約条件の改訂など、きめ細かい調整がされることもある。改正前民法のもとで、これらの諸方法は、債権の効力という抽象的な概念を出発点として考察され、各方法の相互関係やその限界づけは、不履行の態様と債務者の過失の有無によって定まると考えられてきた。たとえば、履行不能の場合には、債権者は、履行の強制はできないが、債務者に過失(帰責事由)があれば損害賠償請求ができる、というようにである。

　この発想に対し、①債権の発生原因(契約、不法行為など)との関係で債権者がいかなる利益を付与されているのかという視点が欠けている、②そのために各制度の相互関係や限界を画定する根拠や基準が不明確である、③契約上の債権が履行されない場合(それが現実に多く発生し重要である)に債権者ができることの全体像がわかりにくい、などの批判が投じられた。批判説は、債権の効力という観念から不履行の際の帰結を導き出すのではなく、債務不履行によって債権者に与えられる救済方法を債権の発生原因との関係で検討する、という新たな視点を提示した。特に、契約による債権については、履行されない場合に債権者が何をどの範囲でできるのかは、その契約において当事者がどのように合意し、債権者にどのような利益が付与されていたのかによる、という考え方が強調される。すなわち、契約が履行されない場合の救済方法の内容を契約の拘束力から導くという見方である[13]。

　この見方に対しては、①上記1(1)以外の問題や契約法以外の法領域(消滅時効、不法行為、担保、執行、倒産)をも視野に入れると、「債権の効力」の観念の有用性はなお存在する、②契約が履行されない場合の規範を契約の拘束力のみに還元することに対しては、なお慎重な見解が根強い、③この観念を基礎にし

て制定法や判例が積み重ねられてきた、④国際的にも、契約による規律とともに、債権という観点からの規律をする立法や原則も現れている、などの理由から、「債権の効力」による説明を維持する見方も、依然として有力である。

この対立は、「債権」の概念を中核とする債権法か、「契約」を基軸とする債権法かという、民法改正にあたっての基本的対立(→序章1(2)(d)〔6頁〕)とも呼応しつつ、様々な問題点について現れた。今回の改正は、この基本的対立については、債権総則を存置しつつ、当事者の合意を重視するということで調和点を見出したものであるが、「債権の効力」か「契約の拘束力に基づく救済手段」かの対立についても、民法第3編第1章に「第2節　債権の効力」という節を残したうえで、諸制度において当事者の合意を尊重する観点を導入することで、同様の調和が図られた[14]。

そこで、以下では、「債権の効力」という観念を維持したうえ、「契約の拘束力に基づく救済手段」という視点にも配慮しつつ、検討を進めたい。これが第2編の全体像である。

◆ **契約債権に関する考慮**　契約債権について、当事者の合意を尊重するという観点から、様々な問題を再構成する動きがあり、現行民法はそれを考慮している。債権総論の領域においては、特定物債権の債務者の保管義務(400条→第3章第2節1(2)(a)〔41頁〕)、履行不能の概念(412条の2第1項→第5章第2節第2款3(3)(a)1つ目の◆〔135頁〕)、原始的不能の取扱い(412条の2第2項→第2章第2節2(3)〔31頁〕・第5章第2節第2款3(3)(b)〔136頁〕)、履行の強制の障害事由(→第5章第1節2(2)(a)〔105頁〕)、債務不履行に基づく損害賠償請求権の免責事由(415

---

13)　潮見Ⅰ10頁以下、潮見佳男『契約法理の現代化』(2004)339頁以下〔初出2001〕(中田「書評」民商133巻2号〔2005〕141頁参照)、同『債務不履行の救済法理』(2010)1頁〔初出2006〕、山本敬三「契約の拘束力と契約責任論の展開」同『契約法の現代化Ⅱ——民法の現代化』(2018)329頁〔初出2006〕、内田貴ほか「座談会　債権法の改正に向けて」ジュリ1307号102頁・1308号134頁(2006)〔特に、潮見佳男・山本敬三発言〕参照。これは「レメディ・アプローチ」と呼ばれることもあるが、この言葉は多義的である(潮見佳男「総論——契約責任論の現状と課題」ジュリ1318号〔2006〕81頁・85頁注24)。潮見プラ58頁以下参照)。これに対し、森田修『契約責任の法学的構造』(2006)は、「『体系化原理としての履行請求権』の第一義性」を強調する。この構想に対する本書の立場については、中田①「コメント」私法69号(2007)7頁、同②「債権法における合意の意義」新世代法政策学研究8号(2010)1頁〔同・現代化所収〕を参照。
14)　森田修「履行請求権の意義とその限界事由」改正講座Ⅱ2頁参照〔改正民法は「体系化原理としての履行請求権」の考え方を堅持しつつ、いくつかの場面で「remedyアプローチ」を取り入れたという〕。

条1項但書→第5章第2節第2款6(2)(c)(ⅰ)◆〔169頁〕)、履行補助者(→同款8(3)(c)〔180頁〕)、損害賠償の範囲(416条→同節第3款3(3)(b)(ⅱ)〔213頁〕)などでみられる。また、契約法の領域でも、解除、担保責任などでみられ、事情変更の原則について議論がある。これらの問題は、従来も個別的に論じられてきたが、「契約の拘束力」を基礎とする体系的な契約責任の構想が注目された。

第5章

当事者間の効力

第1節　履行の強制

1　意　義

（1）　履行の請求と履行の強制[1]

債権者は、債権の内容を実現するために、次のことができる（→第4章第2節1〔81頁〕）。

①　債権者は、債務者に対し、債務の履行を請求することができる（412条の2第1項。債権の請求力）。

②　債権者は、債務者に対し、訴えによって履行を請求することができる（同項。債権の訴求力）。

③　債務者が債務を任意に履行しないときは、債権者は、国家の助力を得て、債権の内容を強制的に実現させることができる（414条。債権の執行力）。

この③を履行の強制という。多くの場合、①②③の順序で進行するだろうが、

---

1) 奥田昌道『請求権概念の生成と展開』(1979)281頁以下〔初出1978〕、福永有利「強制履行に関する民法414条は、民法中に置くべきか」展望Ⅱ95頁、森田修①『強制履行の法学的構造』(1995)、同②『契約責任の法学的構造』(2006)、同③「履行請求権か remedy approach か」ジュリ1329号(2007)82頁、椿寿夫①「予約の機能・効力と履行請求権」法時831号58頁〜862号89頁(1995〜98)、同②「履行請求権」法時848号100頁〜861号73頁(1997〜98)、椿寿夫＝野村豊弘＝新美育文「債権の効力としての履行請求権」比較法研究60号(1998)100頁、能見善久・改正課題107頁以下、同「権利行使と債務不履行」法教262号(2002)8頁、奥田昌道＝坂田宏・新版注民(10)Ⅰ534頁以下、吉政知広①「『履行請求権の限界』の判断構造と契約規範」民商130巻1号37頁・2号66頁(2004)、同②「履行強制」争点176頁、窪田充見「履行請求権」ジュリ1318号(2006)103頁。現行民法につき、森田・文脈245頁以下、吉政知広・新注民(8)381頁以下。

③は、必ずしも①と②のあることを前提としない。

> ◇　絵画「甲」の売主Yが、買主Xから代金を受け取ったのに、甲を引き渡さないとする。引渡しを実現させるためには、2段階の手続を要する。
> 　第1段階は、判決手続である（上記の②）。XはYに対し、訴えを提起する。裁判所は、Xの請求を正当と認めれば、「Yは、Xに対し、甲を引き渡せ。」という判決をする。
> 　判決が確定したのにもかかわらず、Yがなお甲を引き渡さない場合、第2段階に進む。これが執行手続である（上記の③）。Xは、この判決に基づいて強制執行の申立をする（確定判決は、強制執行を可能にする「債務名義」になる。民執22条1号）。申立てがされると、執行官は、Yから甲を取り上げ、Xに引き渡す（民執169条1項）。その際、執行官は、必要があれば、Yの住居に立ち入って屋内を捜索し、戸や金庫に鍵が掛けられていればそれを開く処分をすることができ（同169条2項・123条2項）、さらに、Yが抵抗するときは、警察の援助を求めるなどして、これを排除できる（同6条1項）。Yは、公務執行妨害罪により処罰されることもある（刑95条1項）。もとはと言えば、私人間の絵の売買という私的な行為なのに、任意に履行しなければ、最終的には国家の生々しい力が発動されることになる。
> 　以上は履行の強制に至る代表的なプロセスだが、確定判決以外にも「債務名義」はあるので（民執22条）、訴えの提起が常に履行の強制の前提となるわけではない。

　債権者が債務者に対し、履行の請求及び履行の強制をできる権利を、履行請求権と呼ぶことがある。もっとも、この語は多義的であり、上記の①を意味する場合、①と②を意味する場合、③を意味する場合、①～③を意味する場合などがある[2]。本書では、基本的に①と②を意味するものとして用いる（③は、原則として、履行の強制と呼ぶ）。

> ◆　**履行請求権の位置づけ**　履行請求権は、債権の効力なのか、債務不履行の効果なのかという議論がある。前者が伝統的な理解であるが、後者の主張が近年登場している（→次の次の◆）。これも履行請求権の意味を整理したうえで検討すべき問題である。少なくとも、本文の①と②は、債務不履行の効果とはいえない。たとえば、412条2項・3項の「履行の請求」は、債務不履行の効果ではなく、債務不履行を生じさせる要件であり、履行請求権（①）が債務不履行に先立って存在すること

---

[2]　窪田・前掲注(1)103頁以下参照。森田・文脈245頁以下は、「体系化原理としての履行請求権」と「救済としての履行請求権」に分けて検討する。

を示している(484条2項も参照)。また、本来の給付と遅延損害金とを求めて訴えを提起する場合、本来の給付の請求原因は、債権発生原因の存在(契約の成立など)であり、遅延損害金の請求原因が債務不履行(履行遅滞)であるという裁判実務の区別(司研・類型別2頁以下)は、履行請求権(②)が債務不履行を前提とするものではないという理解が、現実にも定着していることを表している。③については、本質的には債権の効力であるが、国家が履行の強制という手段を債権者に付与するにあたって、債権者の権利の実現と債務者の利益の保護との調和を図るための制度上の考慮により、債務不履行を原則としてその要件としていると考えたい。

◆ **履行の強制の規定の位置** 民法起草過程では、当初、第3編の「第2節 債権ノ効力」は、3つの款に区分され、そのうち「第1款 履行」に、412条・414条の元になる規定のほか484条・485条等の元になる規定が置かれ、「第2款 賠償」に、415条〜422条の元になる規定が置かれた。その後、整理会の段階で、484条・485条の元になる規定は「第5節 債権ノ消滅」の「第1款 弁済」に送られ、「第2節 債権ノ効力」では、弁済以外に関することを規定するものとされ、第2節の款の区分は廃された(民法速記録Ⅲ29頁以下、整理会速記録235頁以下)。しかし、明治民法414条が「履行」に関する規定であり、同415条以下が「賠償」に関する規定であるという理解は、その後も維持された(梅41頁以下、鳩山108頁以下、末弘42頁以下、我妻64頁以下)。

これに対し、その後、履行の強制と債務不履行との関係が積極的に検討されるようになり、議論が深まった(於保122頁以下、奥田73頁以下、星野34頁、平井248頁、北川147頁、内田3版123頁、潮見Ⅰ152頁・241頁。椿・前掲注(1)②参照)。2004年の民法現代語化の際、旧412条〜422条が「第1款 債務不履行の責任等」という款名で括られ、2017年改正でこの款名が維持されたことにも、この議論の傾向の影響がうかがわれる。もっとも、節名は依然として「債権の効力」であり、款名にも「等」があるのだから、現行民法の構成が、履行の強制を債権の本来の効力と位置づける従来の理解を改めたということにはならないだろう。なお、501条1項の「債権の効力……としてその債権者が有していた一切の権利」には、もちろん履行の強制も含まれるはずであり、ここにもその位置づけが反映している。

◆ **債務不履行に対する救済手段としての履行請求権という見方** 債権者には、債務不履行に対する救済手段の1つとして履行請求権が認められ、その内容を貫徹するものとして、履行の強制が法的に保証されているという見解[3]もある(→第4

---

3) 潮見新Ⅰ155頁以下・274頁以下・339頁以下。潮見佳男『契約法理の現代化』(2004)360頁以下〔初出2001〕。

章第4節〔94頁〕)。この見解によれば、履行請求権は、契約の効果ではなく、債務不履行の効果として認められることになる。この見解については、履行請求権の意義(本文①②を含むのか。すなわち、債務不履行が生じる前の債権の効力をどう考えるのか)、及び、履行請求権と履行期との関係(→2(1)1つ目の◆〔103頁〕)について、なお不明瞭な点が残る(潮見佳男・新注民(8)225頁以下参照)。

◆ **追完請求権との関係** 履行期に一応は履行されたが、それが不完全なものであり、「債務の本旨に従った履行」(415条1項)とはいえない場合に、債権者が債務者に対し、その不完全さを解消するよう請求できる権利を追完請求権という(改正前民法のもとで、「完全履行請求権」と呼ばれることもあった)。売買契約については、引き渡された目的物が契約の内容に適合しない場合、買主は、修補、代替物の引渡し、又は不足分の引渡しを請求できることが規定されている(562条)。これは、売主が買主に移転した権利に契約不適合があった場合に準用され(565条)、さらに、有償契約に準用される(559条)。追完請求権には、本来の履行を請求する権利としての面と不履行に対する救済手段としての面がある[4]。そこで、履行請求権をどのように位置づけるのかによって、追完請求権の位置づけも変わることになる。たとえば、①追完請求権は、債権の基本的効力である履行請求権と本質を同じくする、契約不適合の場面における具体的な発現形態であるというもの、②562条の規定する追完請求権は、「本来の履行請求権」を単に具体化したものではなく、契約に適合しない物が引き渡されたことに対する救済手段として認められる、売主の「担保責任」の一内容を構成するものだというもの、③履行請求権も追完請求権も債務不履行の効果として認められる救済手段であるが、後者には特別の制約が課されるというものがある[5]。この問題は、ⓐ履行請求権と追完請求権が認められるのは、債権の効力(契約の効果)としてなのか、債務不履行の効果としてなのか、ⓑ追完請求権については履行請求権に比し特別の制約を課する必要があるか否か、の組み合わせによって、見解が分かれうる(潮見新Ⅰ328頁以下の分類を参照)。本書は、履行請求権を債権の効力として理解し、追完請求権については上記の二面性のあることを前提としたうえ、何らの履行もされないのではなく不完全な履行がされたことの独自性の評価とその是正方法を、各種の契約類型(売買、請負、委任等)に即して

---

[4] 森田宏樹『契約責任の帰責構造』(2002)229頁参照(287頁と294頁・296頁に二面的性質の反映がみられる)、窪田・前掲注(1)107頁以下参照。

[5] ①は、基本方針Ⅱ200頁、内田147頁。②は、森田宏樹「売買における契約責任」フロンティア273頁・282頁。田中洋・前掲第3章注(11)314頁も、買主の追完請求権と本来的履行請求権の基礎づけにおける異質な側面を指摘する。③は、能見・改正課題112頁、潮見新Ⅰ330頁以下、潮見・新契約Ⅰ130頁以下、潮見・新注民(8)270頁以下〔潮見説は両請求権の異質性を強調する〕。

検討すべきものであると考える(559条但書参照)。

(2) 履行の強制における2つの理念

　私人の権利の実現のために、国家がその権力を背景とする強制執行制度を用意するのは、権利としての債権の保護(契約上の債権については、契約の尊重)という実体法上の理念に基づくものであるが、これに自力救済の禁止の代償という制度的要請が伴う。自力救済を許すと、社会の平和が乱れ、国の司法秩序が崩壊するので、これを禁止するとともに、その代償として強制執行制度を置く必要があるということである。これらのことから、給付内容の効果的実現が追求される。他方で、債務者の人格の尊重が要請される。履行の強制の仕方には、古来、様々なものがあるが、債務者の人格の尊重が次第に意識されるようになる。こうして、強制執行制度においては、債権の保護と債務者の人格の尊重という2つの理念をどのように調和させるのかが課題となる(中野・民執1〜12頁、奥田=坂田・新版注民(10) I 546頁)。

◇　十二表法(紀元前450年頃)には、債務者の有責判決後の拿捕から殺害(身体分割)又は外国への売却が定められていたが、その後は、債務者を奴隷とすることが行なわれた(中野・民執17頁、オッコー・ベーレンツ=河上正二『歴史の中の民法』〔2001〕322頁)。中世のフランスでは、借金を支払わない者は教会の破門の対象となったようである(新倉俊一訳『結婚十五の歓び』〔1979〕24頁)。債務を履行しない債務者を拘禁する制度は、少なくない。フランスでは、中近世に広く見られた「身体的強制」としての拘束の制度が革命期に復活され、フランス民法典の原始規定がこれを承継し、1867年に廃止されるまで存続した(森田・前掲注(1)①122頁、奥田=坂田・新版注民(10) I 543頁以下)。ドイツではなお一定の場合に強制拘禁が認められている(奥田=坂田・新版注民(10) I 549頁以下)。イギリスでも、1860年まで債務者監獄制度があったといわれる(小池滋『ロンドン』〔1978〕158頁以下、同「債務者監獄の話」図書1996年6月号8頁。チャールズ・ディケンズの父親が1824年に3か月間、ロンドンの債務者監獄に入れられ、その際の屈辱感がディケンズの作品に投影しているという)。日本でも、江戸時代において、身的責任(「敲」などの身体責任・自由拘束・能力制限等)が課されることがあった(金田平一郎『近世民事責任法の研究』〔2018〕34頁以下〔初出1948〕)。これらの人格的な責任は、債務者自身の履行又はその親戚・知人等が代わって履行することを促すために用いられたようだが、現在の日本法は、このような制度は採用せず、執行は債務者の財産

に対してされる。

(3) 履行の強制と強制執行

履行の強制は、強制執行の手続によって具体化される(414条1項)。履行の強制は実体法上の概念であり、強制執行は手続法上の概念である。

414条1項は、2つのことを規定している。第1は、債権には執行力(貫徹力・摑取力)があることである(→第4章第2節1(4)〔83頁〕)。あわせて、「債務の性質がこれを許さないとき」には、履行の強制が認められないという、その限界も示される。これは、実体法上の規律である。第2は、履行の強制は、具体的には、「強制執行の手続に関する法令の規定」に従って行われること、その方法としては「直接強制、代替執行、間接強制」などがあることである。これは、手続法上の規律へと架橋するものである。改正前民法414条の意義については多くの議論があったが(本書3版79頁~81頁)、現行民法はこのように整理した(森田・文脈263頁以下、部会資料68A、第1、3説明参照)。

強制執行制度の具体的なあり方は、債権の実現の実効性確保を図りつつ債務者の人格をも尊重し、どのように権利の実現を図るのが正義にかなうのかの判断を伴う「最適の執行」を目指して構築されるべきであるが、それは実体法上の規律を前提としたうえで、手続法的観点から具体化されるべきものである[6]。

2 要 件

(1) 履行の強制の要件

債務者が任意に債務の履行をしないとき、債権者は履行の強制を裁判所に請求することができる(414条1項本文)。その要件は、①債権が存在すること、②履行期にあること、③債務者が履行しないことである。ただし、④履行が不能

---

[6] 強制執行制度のあり方については、竹下守夫=鈴木正裕編『民事執行法の基本構造』(1981)28頁以下〔最適の執行について論じる〕〔竹下〕、山本和彦「強制執行手続における債権者の保護と債務者の保護」竹下守夫古稀『権利実現過程の基本構造』(2002)273頁〔同『倒産法制の現代的課題』(2014)所収〕、青山善充「民事執行法改正の回顧と今後の展望」司法研修所論集114号(2005)37頁。民事執行における実体法の面と手続法の面の関係につき、中野・民執21頁以下〔両者が抵触する局面では後者が優先するという〕、森田・文脈250頁以下〔両者が峻別できないことを不作為債務や金銭債務について検討する〕。なお、強制執行は、債権の履行の強制だけでなく、物権、人格権、親権などに基づく請求についても行われうる。

であるとき(412条の2第1項)、⑤債務の性質が履行の強制を許さないものであるとき(414条1項但書)、⑥その他の障害のあるときは、この限りではない。

①は、当然のことである。

②の履行期とは、債権者が債権を行使することができる時期(135条1項・166条1項2号参照。四宮＝能見・総則406頁以下)であり、債務者が履行遅滞に陥る時期(412条)ではない。履行の強制は、債権の効力によるものであり、債務不履行を本質とするものではないと考えることによる。もっとも、実際には、履行の強制は、債務者が債務不履行に陥った段階で行われる。

③は、「債務者が任意に債務の履行をしない」(414条1項)ことである。債務不履行は、履行の強制の本質であるとはいえないが、履行の強制における制度上の考慮により、原則としてその要件とされていると考えたい(→1(1)1つ目の◆〔98頁〕)。これに対し、履行の強制は、債務不履行の効果として認められるという見解もある。

履行しないことが、債務者の責めに帰すべき事由によることは必要ない。債務を履行するのは債務者として当然のことであり、履行されない以上、債務者に帰責事由がなくても、債権者が強制的に実現することは妨げられない(損害賠償請求〔415条1項但書〕と異なり、債務者の責めに帰することができない事由によることが履行の強制を妨げることにもならない)。

④〜⑥については、履行の強制の障害事由として、次項で検討する。

以上は、実体法上の概念である履行の強制の要件であるが、手続法上、強制執行が実施されるための要件としては、有効な債務名義の存在及び執行当事者適格に代表される実体的要件とともに、有効な執行申立てなどの手続的要件がある(中野・民執155頁以下)。

◆ **債務不履行と履行の強制**　「履行期」は、ⓐ債権者が権利を行使できる時期(135条1項参照)を意味するが、ⓑ債務者が履行遅滞になる時期(412条)をいうこともある(米倉プレ105頁参照)。ⓐとⓑは、ずれることがある(412条2項・3項)。債務不履行による損害賠償を請求するためには、ⓑに至っている必要があるが、履行の請求又は訴求については、ⓐに至っていれば、ⓑには至っていなくてもよい。履行の強制についても、債権の効力という観点からは、ⓐに至っていればよいといえるが、実際上は、ⓑの段階で行われる。すなわち、確定期限の場合は、期限の到

来によって履行遅滞となるし(412条1項)、不確定期限の場合又は期限の定めがない場合も、現実には、債権者は債務者に対し、履行の強制に先立って履行を請求するであろうから、それにより履行遅滞になる(412条2項・3項)。そもそも、債務名義が確定判決である場合は、訴え提起が先行しているので、履行の請求が既にされていることになる。

民事執行法上も、強制執行の開始時には、ほとんどの場合、債務者は履行遅滞にあることになる(確定期限については、民執30条1項。不確定期限については、債権者の提出したその到来を証明する文書が執行文とともに債務名義と同時又は事前に債務者に送達される〔民執27条1項・29条〕ので、債務者は期限の到来を知ることになる。執行証書などにおいて債務の履行期の定めのない場合が残された問題となる)。なお、民執151条の2・167条の16は、債務不履行に特別の効果を付与しているので、一般的には債務不履行が強制執行の要件とはされていないとも解しうるが、明確ではない(中野・民執155頁、上原ほか・前掲第4章注(2)47頁参照)。

不作為債務の履行の強制については、債務不履行との関係が、実際上の問題となる。不作為債務においては、客観的事実としての不履行がなくても、そのおそれがある場合には、履行の強制が命じられることがある(最決平17・12・9民集59巻10号2889頁は、間接強制決定は、債務者の義務違反の立証がなくても、されうるとし、特に不作為債務においてその必要があるという。→4(2)(c)◆〔118頁〕)。間接強制の構造との関係で理解すべき問題であるが、不履行の前でも履行の強制の第一段階に入りうることになる。

このようなことから、本書は、債務不履行は、履行の強制の本質とはいえないが、制度上の考慮により、原則としてそのための要件とされていると理解する。

◆「任意に」の意味　414条1項は、「債務者が任意に債務の履行をしないとき」と定めるが、債権者が債務者に任意の履行を促すこと(催告すること)が履行の強制の要件であるわけではない(フ民〔2016年改正後〕1221条が、遅滞化〔付遅滞〕を要件とするのと異なる)。法典調査会の当初案には「任意ニ」の語はなく、その形で可決されたが(民法速記録Ⅲ54頁～63頁)、整理会で「債務者カ任意ニ債務ノ履行ヲ為ササルトキ」と改められた。起草者は、「任意ニ」は、強いて必要ではないが、「強制履行」(明治民法414条)の語と対照させ、その意味を強調するために入れたと説明する(整理会速記録239頁〔穂積陳重発言〕)。「任意に」の文言から、履行の強制には催告が必要だということにはならない。

◆　比較法的観点からの履行の強制の位置づけ　日本法では、履行の強制を認めるのが原則であり、例外的な場合に否定されるにすぎない。これは、ヨーロッパ大

陸法、特にかつてのドイツ法の考え方（裁判を通じて履行を請求できることは「債務のバックボーン」だといわれた）を取り入れたものである（森田・前掲注(1)①237頁以下・284頁、椿・前掲注(1)②848号102頁以下）。これに対し、英米法では、契約が履行されない場合、債権者は原則として損害賠償のみを求めることができ、履行の強制が認められるのは損害賠償では不十分な場合に限るという発想が出発点にある（債権の内容をそのまま実現させる特定履行(specific performance)は例外的にしか認められない。樋口・アメリカ50頁以下）。このように2つの対照的な法制があったが、両者は次第に接近しつつある。ドイツでは、債務法現代化法（2002年施行）の立法過程において、履行請求権を債権の構造化の中心とする立場から、それは債務不履行における救済方法の1つにすぎないと位置づける立場への転換があったという評価がある（潮見・前掲注(3)）。他方、アメリカでは、特定履行が従来よりも緩やかに認められる傾向もあるといわれる（樋口・アメリカ56頁以下）。国際的には、出発点の相違を乗り越えて、履行請求権を「不履行」に対する救済手段と位置づけたうえ、履行の強制を一定の範囲で認める流れがある（CISG 28は特定履行の可否について法廷地法を優先させるが、UNIDROIT 2016, 7.2.1-7.2.5, PECL 8.101, 9.101-103, DCFR Ⅲ.3.301-303, CESL 106, 110-112では統合が試みられている）。もっとも、2016年改正フランス民法は、履行請求権を債権者に与えられた諸訴権の冒頭に掲げつつ（1341条。債権者代位権、詐害行為取消権、直接訴権がこれに続く）、契約の不履行の相手方が課しうる制裁の1つとして現実履行の強制を規定する（1221条）。このように、非金銭債権が履行されない場合の履行の強制と損害賠償との配分については接近しつつあるが[7]、履行の請求及び履行の強制をどのように位置づけるのかについては、なお多様である。

(2) 履行の強制の障害事由

(a) 履 行 不 能

債務の履行が不能であるときは、債権者は履行を請求することができず（412条の2第1項）、履行の強制を求めることもできない。

履行不能とは、債務の履行が「契約その他の債務の発生原因及び取引上の社会通念に照らして」不可能と認められることである。その代表例として、①物

---

7) 法と経済学の観点から、損害賠償だけでなく履行の強制を認める規律が一定の条件のもとで利点を持ちうるという分析をするものとして、田中亘「契約違反に関する法の経済分析——強制履行を認める法体系の意義」社会科学研究62巻2号(2011)3頁。なお、履行の強制を債務不履行の効果ととらえる見解も、日本民法の解釈論としては、債権者の「履行請求権」が損害賠償請求や解除に対し優位性があることを認め、その限りでは、「履行請求権」を契約の効果（債権の本来的機能）ととらえる伝統的立場と同様になるという（潮見新Ⅰ275頁以下、潮見プラ65頁以下）。

理的に不可能であること、②法律上不可能であることがある。改正前民法のもとで、通説は、不能であるかどうかは、社会の取引観念にしたがって定められると述べていた(我妻143頁など)。これに対し、債権の発生原因である契約でどのように合意されていたかが重要であるとの指摘がされた。この指摘は、履行の強制をどの範囲で認めるのか(その障害事由は何か)について、債務の履行がされない時点における状況のみに着目して、履行の可否を客観的に(社会の取引観念にしたがって)判定するのではなく、そもそも契約において債務者がいかなる義務を負っていたのかを重視すべきだというものである(潮見Ⅰ165頁以下、吉政・前掲注(1)①)。現行民法は、この指摘も考慮し、「契約その他の債務の発生原因及び取引上の社会通念に照らして」判断すべきものとする(412条の2第1項。「契約その他の債務の発生原因」と「取引上の社会通念」の関係については→第4章第2節1(1)(b)〔82頁〕)[8]。このことは、①②の評価においても当てはまる。

　①の例は、中古建物の売買において、その建物が滅失した場合である。建物が大破したとして、それが滅失によって不能となったといえるかどうかは、当該売買契約及び取引上の社会通念に照らして判断される。

　②の例は、目的物の取引が法律により禁止された場合である(大判明39・10・29民録12輯1358頁〔葉煙草の売買契約後に取引を禁止する煙草専売法が発布された〕)。また、不動産の二重売買において、売主が第二買主に所有権移転登記をしたときは、第一売買における買主に対する売主の財産権移転義務は履行不能となる(最判昭35・4・21民集14巻6号930頁。我妻143頁など通説)。

　その他の例として、履行に要する費用が債権者が履行によって得る利益と比べて著しく過大なものである場合がある(中間試案第9、2イ、ド民275条2項、フ民〔2016年改正後〕1221条、潮見・新注民(8)264頁以下参照)。たとえば、建物の建築請負において、建物の付随的な部分に軽微な未施工箇所「甲」があることが判明したが、既に工事が進んでいたため、甲を施工するためには他の既施工部分をすべて取り壊す必要があるところ、甲の未施工による実質的な不都合はほ

---

[8] 批判的検討として、坂口甲『履行不能法の形成と発展』(2024)213頁以下・234頁以下(履行請求権の限界は不能ではなく債務の内容によって画されるという理解に基づいて同項を解釈すべきだという)。他方、森田・前掲第4章注(14)12頁以下は、現行民法における不能概念の解釈につき2つの方向を提示する。

とんどないという場合である（旧634条1項但書参照。一問一答341頁参照）。軽微かどうか、実質的な不都合があるかどうかは、当該請負契約及び取引上の社会通念に照らして判断される。

◇　売買の目的物である指輪を売主が大きな湖の中央部で落とし、指輪が湖底に沈んだ場合、指輪の引渡しは、履行不能となったといえよう。他方、沈んだ指輪を捜索して回収するサルベージ契約を締結した場合、それは不能とはいえない。しかし、この場合であっても、契約後に大地震があり湖底の形状が大きく変わったときは、不能となりうる。これらは、契約及び取引上の社会通念に照らして判断される。もっとも、上記サルベージ契約において、「契約締結後、震度4以上の地震があった場合は、履行不能となったものとする」との合意があり、現に震度4の地震があった場合、取引上の社会通念に照らして不能とは認められない、と評価することはできない（契約が基本となる）。

◆　**代替取引の容易性**　金銭債務以外の債務について、「債権者が他から履行を得ることが合理的にみて可能であるとき」は、債権者は債務者に履行を請求できないとする国際的契約原則がある（UNIDROIT 2016, 7.2.2(c), PECL 9.102(2)(c)〔内田貴ほか訳(UNIDROIT 2016年版)、潮見佳男ほか訳(PECL)による〕。DCFR Ⅲ.3.302(3)・(5)及びCESL 110.3・164・165は、そのような場合、特定履行を排除はしないが、損害賠償額を縮減する。なお、DCFR Ⅲ.3.301(2)(a)及びCESL 132.2は、債務者〔買主〕が受領しない場合における債権者〔売主〕の金銭債権の履行請求について、債権者〔売主〕の代替取引可能性による制約を課する）。損害軽減義務の観点から種類債務の履行の強制が否定される場合があるという学説もある（→4(1)(c)◆〔113頁〕）。履行をしない債務者が債権者に対して他から入手せよと主張して、履行の強制を免れることを一律に認めることは、適切ではない。債務不履行を受けている債権者に、適時に解除して代替取引をすべき義務を課し、その判断の当否のリスクを負わせることになるからである。412条の2第1項の基準によって、場合によっては、権利濫用の法理によって、履行の強制が否定されることがありうると考えれば足りるだろう。

(b)　債務の性質

履行の強制は、債務の性質がこれを許さないときは、認められない（414条1項但書）。たとえば、劇作家の脚本執筆債務である。

(c) その他

不執行の合意があるときは強制執行はできない(→第4章第2節2(3)〔88頁〕)。

また、一般法理によることだが、履行の強制が権利濫用(1条3項)として認められないこともある(最判昭37・5・24民集16巻5号1157頁、最判昭43・9・6民集22巻9号1862頁。吉政・新注民(8)408頁以下参照)。

(3) 履行の強制と損害賠償

履行の強制は、損害賠償請求を妨げない(414条2項)。たとえば、履行の強制によって債務の内容が実現されたとしても、履行遅滞による損害賠償は請求できる。この損害賠償は、債務不履行の効果であり、ここでは注意的に規定したものであるにすぎない。履行請求権と履行に代わる損害賠償(塡補賠償)との関係については、後述する(→第2節第3款2(2)(c)(iii)ε〔199頁〕)。

3 履行の強制の具体的方法

(1) 強制執行に関する法律

414条1項にある「民事執行法その他強制執行の手続に関する法令」には、これまで大きな変遷がある。まず、1890年に、訴訟手続と強制執行手続とを含む旧民事訴訟法が制定された。その後、1979年に、旧民事訴訟法から強制執行手続の部分が切り出され、担保権実行手続を定める競売法と統合する形で、内容も新たな民事執行法が制定された(1980年施行)。これが現在の民事執行法である。同法は、2003年(権利実現の実効性強化)、2019年(子の引渡しなど)、2023年(デジタル化)の大改正その他数次の改正を経ている。なお、訴訟手続については、1996年に現在の民事訴訟法が制定された(1998年施行)。

(2) 履行の強制の3種の方法

(a) 種 類

債務の履行を強制する方法として、414条は3種類の主なものを示す。これらについて、民事執行法に定められた具体的な手続は、次の通りである。

第1は、直接強制である。債務の内容をそのまま強制的に実現する方法である。たとえば、金銭の支払、絵画の引渡し、土地の明渡しの場合である。民事執行法43条～167条の14・168条～170条が規定する。

第2は、代替執行である。債務者以外の人に債務の内容を実施させ、その費

用を債務者から取り立てる方法である。たとえば、建物の取壊しの場合である。民事執行法171条が規定する。裁判所が、債権者又は特定の第三者（執行官であることが多い）に対し、債務者の代わりに債務の内容を実現してよいと決定することにより行われる（民執171条1項）。これを授権決定という。

　第3は、間接強制である。債務者が履行しないなら1日につきいくら支払え、というように一種の制裁金を課して、債務者が履行するよう間接的に強制する方法である。この金銭は、国庫に帰属するのではなく、債権者に支払われる。民事執行法172条が規定する。

◆ **間接強制金の性質**　間接強制金は、裁判所が「遅延の期間に応じ、又は相当と認める一定の期間内に履行しないときは直ちに」支払を命じる「債務の履行を確保するために相当と認める一定の額の金銭」である。間接強制による支払額が債権者の被った現実の損害額より大きかったとしても、債権者は差額を返す必要はない（奥田116頁、中野・民執812頁）。逆に、現実の損害額が間接強制による支払額よりも大きい場合には、債権者は差額を請求することができる（民執172条4項）。間接強制決定が取り消された場合に間接強制金が債権者の不当利得となることがある（最判平21・4・24民集63巻4号765頁〔仮処分命令(ⓐ)の保全執行として間接強制決定(ⓑ)がされ、間接強制金が支払われた後、ⓐの被保全権利が発令時から存在しなかったと本案訴訟判決で判断され、ⓐが事情変更により取り消され、ⓑも取り消された事案〕、中村心『最判解民平21』377頁、重判平21民訴6〔山田文〕、森田修「判批」法協127巻11号〔2010〕182頁）。

　このような間接強制金の性質について議論がある（改正前民訴734条は「損害ノ賠償」としていたが、現行法は単に「一定の額の金銭」という）。①債務の履行を確保するために裁判所が定める法定の違約金であるという違約金説（浦野雄幸『条解民事執行法』〔1985〕752頁、潮見新Ⅰ346頁）と、②間接強制決定（に含まれる債務名義上の債権についての履行命令）に反したことに対する制裁であるという制裁金説（大濱しのぶ『フランスのアストラント』〔2004〕489頁、中野・民執811頁・820頁）がある。②説は、間接強制金が、本来は裁判所の命令違反を制裁するものであって損害賠償とは異なるという理解を前提に、現行法上も、それが手続法に基礎づけられ、債務名義上の債権の実現のために裁判所の合理的裁量によって決定されることを強調する。しかし、現行法上、間接強制金は債権者に帰属するだけでなく、損害賠償との関係も上記の通りであるので、純粋な制裁（裁判所侮辱罪のような）とはいえない。また、①説は、間接強制金を損害賠償そのものだというわけではない（違約金につき→第2節第3款4(6)(d)〔243頁〕）。つまり、「裁判所の命令違反に対する制裁か、債権者の損害の賠償か」という問題設定には注意を要する。現行法

の間接強制金は、実体法と手続法の両領域に基づくものであり、①説の「裁判所が定める法定の違約金」という表現はそれを含意する。①説を支持したい。いずれにせよ、実体法と手続法の両面からの適切な規律の構築が必要だが、理論的には、間接強制金と債務名義上の債権との関係をどう理解するかが問題となる。最判平21・4・24前掲は、間接強制は、債務者に間接強制金の支払を命ずることによって債務の履行を確保しようとするものであり、債務名義に表示された債務の履行を確保するための手段であると述べた。間接強制金が債権者に帰属することの基礎に債務名義上の債権があるというものと考えられるが、間接強制金と債権及び債務名義との関係は明示されていない(中村・前掲387頁・391頁参照)。これは、債権の効力の本質論にかかわる問題である(森田・前掲は詳細に分析し1つの説明をする)。なお、間接強制金の額の算定につき、消費者契約法47条を参照。

(b) 利用可能な方法

債権者が利用できる方法の概略は、こうである。①金銭債権については直接強制によるが、ある種の金銭債権については間接強制も認められる。②物の引渡債務については、債権者は、直接強制又は間接強制を選択できる。③作為債務・不作為債務のうち代替執行が可能なものについては、債権者は、代替執行又は間接強制を選択できる。④作為債務・不作為債務のうち代替執行が不可能なものについては、間接強制による。このように、間接強制が広く認められ、また、債権者が執行方法を選択できるものとされている。これは2003年及び2004年の民事執行法改正によるものである。

◆ **間接強制の位置づけの変化** 1979年に制定された民事執行法は、旧法下の判例及び通説の見解を受け継ぎ、間接強制を最後の手段として位置づけていた。直接強制又は代替執行が可能であれば、それによるべきであり、間接強制はそれらが利用できない場合にのみ許されるとした(間接強制の補充性)。間接強制は、心理的な強制を用いて債務者にしたくないことを強いるものであり、その人格の尊厳を害し、好ましくないという考え方による。

これに対し、次の批判があった。①直接強制よりも間接強制の方が人格の尊厳を害するとはいえない。実力行使を伴う直接強制が債務者に大きなショックを与えうるのに対し、債務者に自発的な履行を促す間接強制は、むしろその人格を尊重しているともいえる(星野40頁、澤井30頁。平井246頁参照)。②間接強制に対する反感は、フランス革命後の意思の自由の尊重という思想に由来するが、それは一時期の考え方であって普遍的なものではない。フランスでも、その後、間接強制と同様

の結果をもたらす制度(アストラント)が認められており、他の国々でも間接強制に相当する制度が認められている(三ケ月章『民事執行法』〔1981〕10頁。平井246頁参照)。③フランスにおいても、民法〔2016年改正前〕1142条(なし又はなさざる債務の不履行は、損害賠償に解消される)は人格自由の尊重の理念に基づいて制定されたわけではなく、また、アストラントが債務者の人格を侵害するという見解も一般的ではなかった(森田・前掲注(1)①)。④実際上も、直接強制や代替執行では迅速性・効率性に欠けることがある(谷口＝筒井・後掲注(9)126頁以下)。

　2003年の民事執行法改正は、これらの批判に鑑み、強制執行の実効性確保の観点から、間接強制の補充性を廃し、また、執行方法の選択を、権利実現に最も利害関係を有する債権者の判断に委ねることとした。なお、金銭債権の間接強制は、2003年改正では見送られたが、2004年改正で一部が認められるに至った(→4(1)(a)◆)。

4　各種債権の履行の強制の方法

(1)　与える債務

　与える債務については、目的物の種類(金銭・特定物・種類物)により区別される。

(a)　金銭債権

　金銭債権については、古くから強制執行が認められている。債務者の一般財産のなかの適当な財産を差し押さえ、換価し、その金銭を債権者に交付する。強制執行の対象となる財産の種類に応じた手続が規定されている(不動産につき民執43条以下、動産につき同122条以下、債権その他の財産権につき同143条以下)。

　金銭債権については、原則として、直接強制のみが認められるが、扶養義務等に係る金銭債権(両親が離婚した子の父に対する扶養料請求権がその典型)については、一定の要件のもとに、間接強制も認められる(民執167条の15・167条の16)。

◆　**金銭債権の間接強制**　　金銭債権についても、権利実現の実効性を高める観点から、間接強制を認めるべきだという要請があり、特に少額金銭債権についてはその程度が高い。他方、これを認めると、①債務者が支払能力を欠くために債務を弁済できない場合でも、間接強制金が課され、それが累積していくことになる、②債権者が遅延損害金に加えて間接強制金を取得する結果、利息制限法所定の制限利率

を超えたり、419条に反する結果が生じるおそれがある、③悪質な金融業者が債務者の近親者等による代払いなどを狙って制度を濫用するおそれがある、という問題がある。そこで、2003年の民事執行法改正の際は、金銭債権の間接強制については先送りとされ、2004年の改正の際に、上記の通り、養育費支払など限定された範囲で導入された[9]。資力がありながら弁済しない債務者については、債務者の財産状況の調査制度(財産開示手続〔民執196条以下〕・第三者からの情報取得手続〔民執204条以下〕)の利用が見込まれる。債権の保護と苛酷執行の防止とのバランスが今後とも課題となる(青山・前掲注(6)55頁)。

(b) 特定物債権

建物の明渡しや名画の引渡しを目的とする債権であり、直接強制又は間接強制による(不動産の引渡し等については、民執168条以下、動産の引渡しについては、同169条以下。間接強制については、同173条1項・172条1項)。

(c) 種類債権

種類物ないし不特定物の引渡しを目的とする債権の履行の強制については、2つの問題がある。

第1は、特定に関する問題である。執行官が債務者のもとにある種類物のなかから任意の物を取り上げてよいとすると、債務者の関与によってされるべき特定(401条2項)がされないことになる。そこで、間接強制によって債務者に特定のための行為をさせるべきだという見解がある(星野41頁、澤井31頁)。他方、民事執行法学では、種類債権でも、その種類が債務名義で明確にされていれば、執行官が執行の現場で目的物を決定でき、直接強制が可能であるというのが定説とされる(中野・民執796頁。我妻30頁参照)。特定に伴う効果(→第3章第2節2(2)(c)(ⅰ)〔52頁〕)を考えると、強制執行の場面で債務者が特定に関与する機会を奪われたとしても、実質的な不利益はなく、民事執行法学説でよいだろう(不代替物たる不特定物の給付についても民執169条によることができる。前田68頁)。

---

9) 谷口園恵＝筒井健夫編著『改正担保・執行法の解説』(2004)127頁、小野瀬厚ほか「民事関係手続の改善のための民事訴訟法等の一部を改正する法律の概要について(3・完)」NBL 805号(2005)15頁、加藤新太郎ほか「座談会 間接強制の現在と将来」判タ1168号(2005)23頁、上原敏夫「執行手続における少額金銭債権の保護」民訴雑誌51号(2005)32頁〔同『執行手続・倒産手続の研究』(2023)所収〕、中野・民執767頁以下、中野＝下村・民執817頁以下、吉政・新注民(8)420頁以下。

第2は、そもそも種類債権について履行の強制を認める意味があるのかという問題である。市場で取得できる種類物(代替物)については、債権者は市場で代品を取得すればよく(その不利益については解除や損害賠償で対処する)、あえて債務者に対し履行を強制する意味は乏しい。さらに一歩進め、そのような場合には、履行の強制を認める必要がないという見解もある[10]。

> ◆ **損害軽減義務と履行の強制**　上記の最後の見解は、債務が履行されない場合の債権者の損害軽減義務を指摘し、債権者は、適宜、市場で代替取引をすることにより、損害の総額を小さくすべきであり、さらに、他から代品を取得すべきであった債権者については履行の強制の請求は認められないという。ここでは、①実質論のレベルの問題と②債務不履行体系にかかわる問題がある。①は、債権者に代替取引をする義務を課するとすれば、代替取引の要否や代替取引をする時点についての判断リスクを債務不履行の被害者である債権者に全面的に負わせることになり妥当ではないのではないかという問題である。②については、動産の引渡債務の不履行の場合に、損害賠償請求しかできないのが原則である英米法と、履行の強制ができるのが原則である日本法とは異なっていること、日本法では債権者が解除をせずに代替取引した場合には契約になお拘束されていて、自動的に解放される制度にはなっていないことが指摘される[11]。①②とも理由があり、原則としては履行の強制を認め、例外的に、慣習、権利濫用又は信義則による制限がありうるにとどまると解すべきである(→2(2)(a)◆[107頁])。

(2)　なす債務

　なす債務については、直接強制、すなわち、債務者を監視して強制的に行為させることは、債務者の人格の尊厳を害し許されない。他の方法によることになる。

　(a)　代替的作為債務

　なす債務のうち、債務者本人でなくても結果を実現できる債務を代替的作為債務という。たとえば、債務者の所有する土地上の建物を取り壊す債務である。これは、代替執行又は間接強制による(民執171条1項1号・172条1項・173条1

---

10)　内田貴『契約の時代』(2000)170頁以下〔初出1990〕。内田139頁以下参照。
11)　森田・前掲注(1)①256頁以下〔初出1993〕、潮見新Ⅰ292頁、潮見・新注民(8)246頁。議論を整理するものとして、吉川吉樹①「損害軽減義務と履行請求権」争点174頁、履行期前の履行拒絶の場面に焦点を当て、比較法的検討をするものとして、同②『履行請求権と損害軽減義務——履行期前の履行拒絶に関する考察』(2010)〔一部初出2007。増補新装版2020〕。

項。旧414条2項本文参照)。

> ◇　建物の取壊しは、代替執行又は間接強制によってしか実現されえないというわけではない。たとえば、Aが自分の庭の物置を取り壊す作業を工事業者Bに請け負わせたが、Bが履行しない場合、AがBに対し、物置の取壊しを求める訴訟を提起し、その判決に基づいて代替執行を申し立てるというのは無意味である。Aは、Bとの契約を解除し、他の業者に作業をさせ、要した余分な費用についてBに損害賠償を請求すればよい。代替執行や間接強制が問題となるのは、債務者の支配する領域内で給付(代替的作為)がされるべき場合(たとえば、債務者の土地上にある債務者の建物を取り壊すべき債務)である。この場合、債務者の支配する領域に立ち入って工事をするために代替執行の授権を得るか(奥田＝佐々木上142頁、潮見新Ⅰ344頁)、間接強制による必要がある。

(b)　不代替的作為債務

(ⅰ)　一般　　債務者本人がするのでなければ、債務本来の趣旨に沿うことにならない行為を目的とする債務を、不代替的作為債務という。これは間接強制(民執172条1項)によるしかない。他人の財産の管理をした者が任務終了に際して管理の精算行為をすべき債務について、この方法を認めた例がある(大決大10・7・25民録27輯1354頁)。

不代替的作為債務は、間接強制さえ許されず、履行を強制できないものも少なくない(我妻93頁以下、奥田＝佐々木上142頁以下、潮見新Ⅰ349頁以下参照)。そこには、自然債務とみるべきもの(→第4章第2節2(2)〔86頁〕)、履行不能と評価すべきもの(412条の2第1項)、債務の性質が履行の強制を許さないもの(414条1項但書)がありうるが、手続法上は、履行の強制ができない債務についての給付又は確認の訴えの利益の有無や、強制執行の申立ての可否などの形で争われる(中野・民執121頁以下、中野＝下村・民執117頁以下参照)。

第1に、債務の履行が、法律上又は事実上、不可能又は著しく困難な場合がある。履行には第三者の同意又は協力が必要だが、債務者が相応の努力をしてもそれが得られる見込みがない場合など、債務者の意思だけでは履行できない外的障害があるときは、債務者に圧迫を加えても債務者を苦しめるだけであり、許されない。

◇ 債務者の意思だけでは履行できないとされた場合として、債務者が質物として差し入れていた株券が震災で焼失したため、質権者(銀行)が債務者に対し、株券を発行した会社から新株券の発行を受けて交付せよと請求し、間接強制を求めたが、会社が容易に再発行に応じるかどうかは不明だとして退けた例(大決昭5・11・5新聞3203号7頁)、外国人歌手のコンサートのチケット購入者が雨天中止となったコンサートの再演を主催者に求めたが退けた例(東京地判昭63・5・12判時1282号133頁)、借地権及び地上建物の売主が買主に対して負う地主の承諾を得る義務及び建物賃借人を立ち退かせる義務について間接強制は認められないとしつつ、義務の確認請求は認めた例(東京地判平3・3・28判時1403号74頁、松下淳一「判批」判評400号〔1992〕45頁、山本弘「判批」リマークス6号〔1993〕132頁)がある。他方、債務の内容が、性質上、債務者の意思のみで履行できるものであるときは、債務者が他の裁判で相反する義務を負っているとしても、間接強制決定は妨げられないとした例がある(最決平27・1・22判時2252号33頁〔2件〕、上原敏夫ほか編『民事執行・保全判例百選〔第3版〕』(2020)148頁〔栗原伸輔〕)。

◆ **第三者の協力を得るための努力** 民事執行法の領域では、間接強制の可否について、伝統的には、①第三者の協力が容易に得られる見込みがあるかどうかを基準とする見解(兼子一『強制執行法〔増補版〕』〔1951〕289頁)が一般的だったが、その後、②「執行方法で克服できない外的な障害」の有無を基準とするもの(中野・民執810頁)が現れ、近年では、③ドイツ法を参照しつつ、債務者が期待可能な法律上・事実上のすべての措置を尽くしたかどうかを基準又は判断要素とする見解(松本博之『民事執行保全法』〔2011〕330頁以下、山本和彦「間接強制の活用と限界」曹時66巻10号〔2014〕1頁、中野＝下村・民執859頁〔②の内容として考慮〕)が唱えられている。履行不能の基準(412条の2第1項)や直接強制及び代替執行における執行不能による執行の終了とのバランスを考えると、③の見解は、「期待可能」要件の理解にもよるが、やや硬直的であり債務者に過酷であるとの感を否めない。①の「容易」性の評価において又は②の枠組みのなかで、債務者の相応の努力(債務の内容及び債務者と第三者との関係に照らして債務者に求められる合理的な努力)の内容を判断するのがよいと考える。

◆ **子が拒絶する親子交流** 離婚後、子の監護をしていない親(非監護親)が監護している親(監護親)に対し、子との面会交流を求め、それを認める審判又は調停に基づいて、間接強制を申し立てることがある(不代替的作為義務・不作為義務の履行の強制)。判例は、面会交流の日時又は頻度・時間の長さ・子の引渡方法等の定

めにより監護親のすべき給付が特定されているときは、原則として間接強制を可能とする(最決平 25・3・28 民集 67 巻 3 号 864 頁、百選Ⅲ21〔髙田昌宏〕)。問題は、子が非監護親との面会交流を拒絶する意思を示している場合である。子との交流では子の利益が最優先で考慮されるべきであり(766 条 1 項後段)、その理念のもとで慎重な手続を経て審判・調停がされた以上、履行されるべきである。しかし、子がなお拒絶し続けているとすると、それは考慮すべきその後の事情ともいえる。特段の事情のない限り間接強制を可能としつつ、並行して、子の利益を改めて吟味するための手続(面会交流禁止等の調停・審判の申立てなど。766 条 3 項参照)を通じて、子の利益の尊重が図られるべきであろう。

2024 年改正により、この制度は、「親子交流」として、婚姻中の別居親などにも拡充された(817 条の 13・766 条・766 条の 2〔未施行〕)。いずれの場面でも子の利益が最優先で考慮される。また、親子交流の試行的実施(家事 152 条の 3〔未施行〕)にあたっても子の意思が考慮されうる(北村治樹＝松波卓也「『民法等の一部を改正する法律』(家族法制の見直し)の概要」NBL 1273 号〔2024〕18 頁・26 頁)。これらの適切な運用による、上記のような事態の発生の抑止が期待される。

第 2 は、債務者の自由意思に反して強制することが、社会通念上是認できない場合である。夫婦の同居義務に基づき妻に対し同居請求の訴えを提起し勝訴した夫が、同居義務の履行につき間接強制を求めたが、退けられた例がある(大決昭 5・9・30 民集 9 巻 926 頁)。

第 3 は、債務者の自由意思を圧迫して強制したのでは、債務の本旨にかなった給付が実現できない場合である。作家の執筆債務がその例である(→2(2)(b)〔107 頁〕)。

以上のような場合、履行の強制はできず、債権者は、損害賠償請求、契約解除、あるいは期限延長等の対応をするしかない。

(ⅱ) **意思表示をすべき債務**　不代替的作為債務のうち、債務者が意思表示をすべき債務については、特別の規定がある。この債務において、債権者に必要なのは、債務者が意思表示をすること自体ではなく、意思表示により生じる法的効果である。そこで、意思表示をすべき債務については、これを命じる判決その他の裁判があれば、裁判をもって意思表示に代えうるものとされ、具体的には、裁判確定時に債務者が意思表示をしたものとみなされる(民執 177 条。旧 414 条 2 項但書参照)。「極限まで短縮された執行過程」(中野・民執 825 頁)といわれる。判決代用ともいう(奥田 114 頁)。

◇　たとえば、売買契約の申込みに対し承諾すべき債務においては、承諾を命じる判決の確定により売買契約が成立する（NHK 受信契約につき、最大判平 29・12・6 民集 71 巻 10 号 1817 頁）。この方法は、他の場合にも類推適用されることがある。債権譲渡の通知（意思表示ではなく観念の通知である）については、通知を命じる確定判決の謄本又は正本を債務者に提示し又は送付することにより、通知があったものとされる（大判昭 15・12・20 民集 19 巻 2215 頁）。農地の所有権移転に必要な許可の申請（農地 3 条）にも用いられる（高松高判昭 28・5・12 高裁民集 6 巻 5 号 287 頁など）。物権法の領域でも、隣地の使用請求に対する承諾の意思表示（2021 年改正前 209 条 1 項）について認めた例がある（東京地判平 11・1・28 判時 1681 号 128 頁）。指図による占有移転（184 条）における本人の代理人に対する通知についても同様である（最判昭 63・10・21 判時 1311 号 68 頁）。

◆　**判決による不動産登記**　　不動産についての権利に関する登記は、原則として、当事者双方が共同して申請しなければならない（共同申請の原則。不登 60 条）。登記義務者が協力しないときは、登記権利者は、登記手続をせよという訴えを提起し、それを命ずる確定判決により単独で登記申請ができる（不登 63 条 1 項）。この制度の位置づけについては、いくつかの説明があるが、登記手続を命ずる判決の確定によって民事執行法 177 条 1 項により意思表示が擬制され（狭義の執行の完了。最判昭 41・3・18 民集 20 巻 3 号 464 頁）、それを前提として不動産登記法 63 条 1 項により単独での登記申請が可能になる（広義の執行）というべきだろう[12]（本書 4 版 109 頁の説明を一部改める。種々の説明として、我妻 96 頁、林ほか 126 頁［林 = 安永］、内田 135 頁、山野目 87 頁、中野・民執 829 頁［不登 63 条を注意規定という］、伊藤眞 = 園尾隆司編代『条解民事執行法〔第 2 版〕』〔2022〕1668 頁以下［青木哲］、吉政・新注民(8)425 頁以下）。なお、登記義務者の登記権利者に対する登記引取請求訴訟の確定判決に基づき、登記義務者が単独申請することも可能である（清水響編著『一問一答 新不動産登記法』〔2005〕174 頁）。

(c)　不作為債務

不作為を目的とする債務の履行の強制には、次の方法がある（旧 414 条 3 項参照）。

第 1 は、不作為債務に違反する継続的な行為をやめさせることである。たとえば、汚水の排出をやめさせること、マンションの 1 室を暴力団の組事務所と

---

12)　上原敏夫 = 池田辰夫 = 山本和彦『民事訴訟法〔第 7 版〕』（2017）204 頁以下。

して使用させないこと(静岡地浜松支決昭 62・11・20 判時 1259 号 107 頁参照)などである。間接強制による(民執 172 条 1 項)。

　第 2 は、不作為債務に違反したために生じた結果を除去することである。たとえば、看板を設置しないという契約に違反して設置した場合、その看板を除去することによって債務内容が実現される(東京地決平 11・1・18 判時 1679 号 51 頁)。代替執行又は間接強制による(民執 171 条 1 項 2 号・172 条 1 項・173 条 1 項)。

　第 3 は、不作為債務に違反する行為を予防することである。汚水を排出しない設備を設置させる、秘密を洩らさない債務に違反した場合に備えて予め担保を提供させるなど、「将来のため適当な処分」をせよと求めることができる。代替執行又は間接強制による(民執 171 条 1 項 2 号・172 条 1 項・173 条 1 項。中野・民執 813 頁、中野＝下村・民執 862 頁以下)。

　不作為債務においては、不作為を命ずる債務名義が単純であっても(「被告は、○○をしてはならない。」など)、執行段階で、それを実現する方法は多様でありうる(奥田＝佐々木上 150 頁、中野＝下村・民執 865 頁以下参照)。

◆ **不作為債務の間接強制における立証責任**　　最決平 17・12・9 前掲〔継続的不作為義務に関する事案〕は、不作為債務の強制執行として間接強制決定をするには、債権者において、債務者がその不作為義務に違反するおそれがあることを立証すれば足り、債務者が現に同義務に違反していることを立証する必要はないという(間接強制金の取立てのための執行文付与の段階で義務違反の立証を求めることにより、債務者の保護をはかる)。義務違反がないと間接強制ができないとすると、実効性を欠くからである(中野・民執 822 頁参照)。この決定の射程は、1 回的不作為義務などにおける「事前執行」の可否にまで及ぶという指摘がある(宮坂昌利『最判解民平 17』939 頁・947 頁以下)。間接強制の構造からの理解(債務不履行との関係では、間接強制が発令と間接強制金取立ての 2 段階で完成し、その最終段階までに不履行が発生していることで足りると考える)や、発令段階の状態の実体法的分析による解決(森田修「判批」ジュリ 1313 号 82 頁、同「判批」法協 123 巻 11 号 226 頁〔以上 2006〕)があり、履行の強制について債務不履行の要件が制度的要請によるものであること(→2(1)1 つ目の◆〔103 頁〕)が示唆されているといえよう。

(3)　問題となるケース

現実の紛争で問題となることが多い例を 2 つあげる。

(a) 幼児の引渡し

夫婦の別居や離婚に際して、幼児の引渡しをめぐる紛争が生じることがある。親権者の意思に反して幼児を支配下に置く者などに対し、幼児の引渡義務（親権など家族法上の根拠によるものが多いが、債権によることもありうる）の履行を強制する方法が問題となる。ここでは、義務者だけでなく、子の意思・人格の尊重も考える必要がある。引渡義務の存否が審理される手続としては、①家庭裁判所の審判手続又は審判前の保全処分手続、②地方裁判所の民事訴訟手続又は民事保全手続、③人身保護手続がある。子の福祉に配慮する制度が整っている家庭裁判所の手続である①が広く用いられる（最決平29・12・5民集71巻10号1803頁は、離婚後の親権者が②の請求をすることを権利濫用とした。③は、最判平5・10・19民集47巻8号5099頁などが要件を加重した）。

履行の強制が問題となるのは、①又は②により、執行力のある引渡命令（家事審判、審判前の保全処分、判決、仮処分など）が出された場合である。その執行方法について、学説は分かれていたが（本書3版87頁以下）、2019年の民事執行法改正により、次の規律が定められた[13]。すなわち、子の引渡しの強制執行は、ⓐ執行裁判所が決定により執行官に子の引渡しを実施させる方法（直接的な強制執行）、又は、ⓑ間接強制による。ⓐは、ⓑの決定確定から2週間を経過したときのほか、ⓑによっては引渡しの見込みがあると認められない場合や、子の急迫の危険を防止するために直ちに執行する必要がある場合には、ⓑを経ずにすることもできる。ⓐは、執行官が執行場所に赴いて、債務者による子の監護を解いて債権者に引き渡すことによって行う。子と債務者が共にいること（同時存在）は不要だが、子の利益に配慮し、原則として債権者の出頭を必要とする（以上、民執174条・175条）。執行裁判所及び執行官は、できる限り強制執行が子の心身に有害な影響を及ぼさないよう配慮しなければならない（同176条）。

なお、国境を越えた紛争について、国際的な子の奪取の民事上の側面に関す

---

[13] 内野宗揮「民事執行法等の改正の概要」論究ジュリ32号(2020)55頁、成田晋司＝關隆太郎「民事執行規則等の一部を改正する規則の概要（下）」NBL 1164号(2020)17頁、山本和彦編著『子の引渡手続の理論と実務』(2022)。「直接的な強制執行」が代替執行に類似しつつ、固有の性質をもつことにつき、山田文「執行官の権限」山本編著・前掲269頁。改正法のもとで間接強制を認めた例として、最決令4・11・30判時2561=2562号69頁（強制執行申立てを権利濫用とした原決定を破棄）、重判令5民訴9［渡部美由紀］、村上正子「判批」判評787号(2024)124頁。

る条約(ハーグ条約)がある(1980年採択、1983年発効。日本は2014年に加入)。2013年に制定された同条約の実施に関する法律により、返還命令(決定)の執行の方法が、民事執行法に先行して定められていた(同134条以下)。同法は、2019年の民事執行法改正の際、一部、改正された(間接強制前置の不要化及び子と債務者の同時存在の不要化など)。

> ◆ **人身保護手続** 本文③の人身保護手続は、人身保護法によるものであり、幼児(被拘束者)を支配下に置く者(拘束者)は、審問期日に裁判所の指定する場所にその子を出頭させなければならなくなる(人身保護12条2項。従わない場合の制裁につき同18条参照)。請求が認められると、出頭した場所(通常は、裁判所)で、幼児(被拘束者)が拘束者から請求者に引き渡される。かつては、人身保護手続における迅速性と引渡しの実効性から、この手続が多く用いられたが、その後、要件が加重され(最判平5・10・19前掲など)、本文②が広く用いられるようになった(③でも被拘束者に国選代理人が付される〔人身保護規31条2項〕など、その利益保護が図られている。現在も③が用いられることはある)。

(b) 謝罪広告[14]

他人の名誉を毀損した者に謝罪広告が命じられることがある(723条)。憲法19条との関係につき、最大判昭31・7・4(民集10巻7号785頁)は、「単に事態の真相を告白し陳謝の意思を表明するに留まる程度のもの」であれば、代替執行による強制執行をしても、良心の自由を侵害するものではないとした。代替執行による場合、債権者は授権決定を得て新聞社等に謝罪広告の掲載を申し込み、掲載料を後で債務者に請求する。新聞社等がその謝罪広告の掲載を拒む場合は、その判決の執行は不能となる。被告自身が支配する媒体を通じての謝罪広告が命じられた場合は、間接強制によることになる(東京地判平13・12・25判時1792号79頁〔被告のホームページへの掲載〕、東京高判平17・11・30判時1935号61頁〔被告であるマンション管理組合の発行する報告書への掲載〕参照)。謝罪広告については、債務者の人格の尊重という観点から疑問を投じる学説もなお有力であり(幾代通〔徳本伸一補訂〕『不法行為法』〔1993〕309頁など)、特に間接強制による場合には、その問題が増幅する。被告において、新たな名誉毀損とならないよう

---

14) 三木浩一・民事法Ⅲ384頁以下。

配慮しつつ、裁判所の確定判決に基づく執行による広告である旨を併記する方法が考えられよう。

第2節　債務不履行に基づく損害賠償

第1款　債務不履行の概念

1　2つの用語法

「債務不履行」という語は、①「債務が履行されないという事実」を表す用法と、②「債務が履行されず、それについて債務者が責任を負うべきこと」を表す用法がある。改正前民法では、①に加えて債務者の「帰責事由」がある場合に②となったので(①＋帰責事由＝②)、①と②の違いは明瞭だった。現行民法のもとでは、①があれば原則として②になるので、違いがわかりにくくなっている。しかし、①があっても②にならない例外はあるし、分析のために有用でもあるので、分けておく。本節では、「債務不履行」を基本的に②の意味で用いる。①は「事実としての不履行」と呼ぶことにする。なお、「事実としての」といっても、自然的な事実を意味するのではなく、法的に評価された「事実」である。

2　債務不履行の種類と領域

(1)　債務不履行の種類

415条1項によると、債務不履行による損害賠償請求がされうるのは、①「債務者がその債務の本旨に従った履行をしないとき」と、②「債務の履行が不能であるとき」である。①には、ⓐ履行遅滞(412条)、ⓑ履行拒絶(415条2項2号)、ⓒその他がある。ⓒは、不完全な履行(一応履行らしいものがされたが、債務の本旨に従った履行とはいえないとき。562条・565条はその例)が代表的なものだが、それ以外にもある。②の履行不能には、後発的不能だけでなく、原始的不能も含まれる(412条の2第2項)。

415条1項が、①とは別に②を規定したのは、明治民法415条の起草過程で、

「債務者が……履行をなさざるとき」とだけ書くと、履行不能は含まれないと解されるおそれがあると考えられたことに由来する。明治民法では、さらに、履行不能になれば債務は消滅する（債務者は債務から解放される）が、債務者に帰責事由があるときは損害賠償義務が生じるという構造がとられており、履行不能を他の債務不履行と区別する体系上の意味もあった（中田「民法415条・416条」百年Ⅲ7頁、平井48頁）。しかし、現行民法では、履行不能は債務消滅原因とはされておらず（412条の2第1項）、損害賠償の免責事由についての条文上の区別もない（415条1項但書では、「債務の不履行」とまとめられている。潮見新Ⅰ368頁参照）。①と②が異質のものだと理解すべきではない。もっとも、①のⓐ〜ⓒ及び②のそれぞれにおいて特有の問題があるので、分けて検討することは有益である。それを「類型」といってもよいが、民法改正前の議論を持ち越す必要もないので、ここでは「種類」と表現しておく。

◆ **改正前民法のもとでの債務不履行の類型に関する議論**[15]　かつての通説は、損害賠償と解除を通じて、債務不履行を3類型に分類し、次のように説明した（三分説）。債務不履行には、履行遅滞、履行不能、不完全履行がある。旧415条前段・旧541条は履行遅滞を規定し、旧415条後段・旧543条は履行不能を規定する。不完全履行については明文規定はないが、追完が可能であれば履行遅滞に準じ、追完が不可能であれば履行不能に準じる（鳩山128頁以下、我妻99頁以下、我妻Ⅴ₁152頁以下）。これに対し、第2次大戦後、次の批判が投じられた[16]。①三分説はドイツの学説を継受したものだが[17]、ドイツと日本とでは民法の規定の構造が異なっている。ドイツ民法（1896年公布）は、債務不履行に基づく損害賠償請求が認められる場合として、履行不能と履行遅滞の2類型のみを規定したが[18]、それでは狭すぎたため、ドイツの学説は第3の類型を創出した。しかし、日本の旧415条前段は「債務ノ本旨ニ従ヒタル履行ヲ為ササルトキ」と規定しており、履行遅滞に限定していない。②日本の三分説は、ドイツの学説の提唱する第3の類型の債務不履行の一部分だけを取り入れ、不完全履行を狭く理解したため、3つの類型のいず

---

15)　早川眞一郎「不完全履行、積極的債権侵害」講座Ⅳ49頁、同「債務不履行の類型論」争点180頁、中田・百年Ⅲ1頁・23頁以下。
16)　川島126頁以下、北川善太郎『契約責任の研究』(1963)300頁以下。
17)　シュタウプ(Staub)を中心とするドイツの学説を、岡松参太郎「所謂『積極的債権侵害』ヲ論ス」新報16巻1号57頁〜4号35頁(1906)が紹介したことに始まる。
18)　経緯につき、森田・前掲注(1)②17頁以下。なお、ドイツ民法は、2001年に改正され(2002年施行)、現在では、2種に限定していない。

れにも入らないものが残された[19]。すなわち、不完全履行としては、物を引き渡す債務において給付が不完全であった場合が主に考えられており、なす債務・なさざる債務については研究が不十分である。

この批判を経て、学説では、債務不履行を一元的に理解するもの[20]、履行不能とそれ以外の二分類を提唱するもの(平井48頁)なども現われたが、条文との関係では、履行遅滞(旧415条前段・旧541条)、履行不能(旧415条後段・旧543条)、その他の債務不履行(旧415条前段・旧541条)と整理するものが多かった。このほか、履行期前の履行拒絶という、旧民法にはあった類型も注目されるようになっていた(本書3版115頁)。

現行民法は、これらの議論を受けたものである。なお、債務不履行による契約の解除については、催告の要否という大きな区分のもとに、種々の債務不履行が振り分けられた(541条・542条)。

(2) 債務不履行の領域問題[21]

債務不履行の種類を考えるとき、債務不履行とは何かはあまり意識されない。債務不履行の概念は所与のものとして、その内部での分類が論じられる。しかし、ある状態が債務不履行なのかどうかが問題となることも少なくない。たとえば、契約交渉の不当破棄に基づく損害賠償義務は、債務不履行責任か、不法行為責任かという問題である。原始的不能の場合の債務者の責任の性質についても、民法改正前には議論があった。このように、債務不履行にはどのような種類のものがあるかという問題(分類問題)は、債務不履行責任の領域はどこまでなのかという問題(領域問題)につながる。(1)の①ⓒは、①ⓐⓑ及び②のいずれにも含まれないものであるが(分類問題)、①ⓒには、そもそもそれは債務不履行責任なのかどうかが問題となるものもある(領域問題)。

3 債務不履行と不法行為

債務不履行による損害賠償請求権と不法行為による損害賠償請求権の関係が

---

19) 星野49頁。大村敦志『もうひとつの基本民法Ⅱ』(2007)152頁〔初出2006〕。
20) 辰巳直彦「契約責任と債務不履行類型——三分体系批判」北川善太郎還暦『契約責任の現代的諸相(上巻)』(1996)1頁参照。能見・改正課題114頁以下〔立法論〕。
21) 大村敦志『新基本民法6 不法行為編〔第2版〕』(2020)173頁以下は、契約責任(債務不履行責任)と不法行為責任の関係を分析し、競合的関係のみならず、補完的関係もあるという。後者の関係の提示とその分析は、領域問題の広い観点からの位置づけに資する。

問題となることがある。

> ◇　個人タクシーの運転手 A が不注意で事故を起こし、乗客 B を負傷させた場合、A の B に対する損害賠償責任の根拠として、AB 間の運送契約上の債務の不履行（415 条）と、A の B に対する不法行為（709 条）とが考えられる。

　両請求権の関係について、大別して 3 つの見解がある。第 1 は、請求権競合説である。債権者(被害者)は、どちらの請求権を選択して行使してもよいという。判例・多数説のとる考え方である。第 2 は、請求権非競合説である。重なり合うときは債務不履行責任が優先するという。不法行為は一般的関係にある者の間で損害が発生した場合の規律であり、債務不履行は債権債務関係のある当事者間の規律であるから、後者は前者の特則として、優先して適用されるという。一見すると 2 つの責任が重なり合っているようだが、それは法律の条文上だけのことである、という意味で、法条競合説とも呼ばれる。一時期は優勢だったが、現在は、有力少数説である。第 3 は、規範統合説である。2 つの請求権を統一的に考え、要件・効果のうち適切なものを適用すべきだという。学説では、この方向に共鳴するものが少なくないが、どのように統合するかは見解が分かれている。民事訴訟法学の訴訟物理論との関係もあり、議論が多い（小林秀之「請求権の競合」争点 195 頁）。

　近年、この問題を、訴訟法学の議論とは別に、実体法の観点から改めて検討する動きがある（平井・契約 8 頁以下、大村・前掲注(21)174 頁以下）。これを受け、当事者間の契約や契約に関する制定法が不法行為責任をも規律できるのか、できるとしてその要件及び限界は何かについて研究が進められている[22]。実定法の動向[23]もあわせ、注目される。

---

[22]　小粥太郎「債権法改正論議と請求権競合問題」法時 1027 号(2010)101 頁、吉政知広「被害者の意思的な関与による不法行為規範の変容」現代不法行為法研究会編『不法行為法の立法的課題』別冊 NBL 155 号(2015)59 頁、小粥太郎・新注民(8)570 頁以下。

[23]　当事者の合理的意思を理由に運送契約上の責任限度額の規定が不法行為責任にも適用されるとした判例(最判平 10・4・30 判時 1646 号 162 頁、百選Ⅱ[8 版]111[山本豊]、百選Ⅱ36[上野達也])がある。また、2018 年商法等改正により、運送人の不法行為責任に、契約責任に関する規定が及ぶこととされた(商 587 条、国際海運 16 条。松井信憲＝大野晃宏編著『一問一答　平成 30 年商法改正』[2018]43 頁以下・207 頁、落合誠一ほか『商法Ⅰ[第 6 版]』[2019]234 頁以下、江頭・商取引 331 頁以下参照。先行する規定として、国際海運[2018 年改正前]20 条の 2 第 1 項)。

これらの動きも考えると、請求権競合説を基本としつつ、当事者の合意の尊重とその限界という観点を取り入れたうえ、競合の具体的態様に即して解決する方向が妥当であろう。

◆ **債務不履行と不法行為の相違点**　債務不履行の要件効果は、以下で詳述するが、不法行為との相違点を予めまとめておく。全体としては、被害者にとっては不法行為責任の方が債務不履行責任よりもやや有利だが、相違は小さくなりつつある。

　要件面の相違は３点ある。①債務者側の事情に関する証明責任。債務不履行では、債務者に免責事由(責めに帰することができない事由)のあることの証明責任を債務者が負う。不法行為では債務者(加害者)に故意又は過失があることの証明責任を債権者(被害者)が負う。債務不履行は既に債権債務がある当事者間の問題であるのに対し、不法行為はもともと無関係の者の間でも発生しうるからである。②損害賠償請求権の発生要件。債務不履行責任では、債権の発生(たとえば契約の成立)とその不履行という２段階の争点が生じるが、不法行為責任では不法行為の成立という１段階の争点となる。被害者(債権者)にとっては、債務不履行責任は、①では有利だが、②では２段階の争点が生じるので、両者を通じると、それほど有利不利はない。③補助者の行為についての責任。債務不履行では履行補助者の問題、不法行為では使用者責任(715条)の問題となる。補助者の行為について債務者が免責されるのがどのような場合かは、前者においては学説は分かれる(→第２款８(3)〔178頁〕)。後者においては規定(715条１項但書)があるが、実際に免責を認めた例は乏しい。

　効果面の違いは多い。④損害賠償請求権の消滅時効。時効期間は、債務不履行の場合、５年又は10年(166条１項)だが、不法行為の場合、３年又は20年である(724条)。もっとも、人身損害については、いずれも短期５年、長期20年となり、期間がそろえられている(167条・724条の２)。改正前民法のもとでは時効期間の相違が重要であったが、改正により重要性は低下した。⑤損害賠償の範囲。債務不履行では416条による。不法行為について、判例は同条を類推適用するので同様になるが、学説では異論がある。なお、損害賠償又は履行を請求する訴訟で債権者(被害者)に生じた弁護士費用の賠償について、判例は、債務不履行に基づく損害賠償としては一定の類型のものについてしか認めないが、不法行為に基づく損害賠償においてはより一般的に認める(→次の◆)。⑥遅延損害金の付される時点。債務不履行だと、期限の定めのない債務については債務者が履行の請求を受けた日の翌日から遅滞となるが(412条３項)、不法行為だと、損害の発生と同時に遅滞となり、不法行為の当日から遅延損害金が付される。なお、賠償額の基準となる法定利率も、債務者が履行遅滞となった最初の時点のものである(419条１項)。⑦中間利息控除の法定利率の基準時。いずれも請求権発生時だが(417条の２・722条１項)、具体的には異なりうる。⑧遺族固有の慰謝料請求権。生命侵害の場合、不法行為だと遺族

固有の慰謝料請求権が認められるが(711条)、死亡した被害者が当事者であった契約の債務不履行責任としては認められない。⑨過失相殺。債務不履行(418条)と不法行為(722条2項)の規定が少し異なり、条文上は不法行為責任の方が被害者に有利である。もっとも、統一的に解釈される方向にある。⑩相殺。悪意による不法行為の場合、加害者(債務者)は、被害者に対し別口の債権を有していても相殺できないが(509条1号)、債務不履行についてはそのような規定がない。もっとも、人身損害については、いずれにせよ相殺できない(同条2号)。⑪是正措置の請求。債務不履行の場合、履行又は追完の請求ができる(412条の2・562条)。不法行為の場合、差止請求の可否が議論される。

　以上のほか、特則に関する相違がある。⑫特別法。たとえば、失火責任法は失火者の不法行為責任が生じるのを失火者に過失(709条)ではなく重過失があった場合に限定するが、判例・学説はこれは債務不履行には適用がないと解する。なお、運送人の責任に関する規定(商576条・577条・584条・585条)は、運送人の債務不履行責任を軽減するが、不法行為責任にも準用されるので(同587条本文)、両責任の違いは小さい(同条但書の違いはある)。2018年商法改正によるものである。⑬事前の特約。契約責任では、予め特約で責任を制限したり免除することがあるが、不法行為責任では一般的にはそのようなことはない(債務の履行に際しての不法行為につき、消契8条参照)。なお、契約当事者間の責任減免特約が当事者間の不法行為責任にも及ぶことはある。

◆ **弁護士費用の賠償**　判例は、不法行為に基づく損害賠償請求においては、弁護士費用の賠償を相当な額の範囲内で認めることが多い(①最判昭44・2・27民集23巻2号441頁〔競売申立てが不法行為となる場合〕、②最判昭45・4・21判時595号54頁〔交通事故〕など)。現在では、損害額の1割程度を認める運用がされている。債務不履行に基づく損害賠償請求においては、安全配慮義務違反を理由とするものについて認めたものがあるが、判決理由では不法行為に基づく請求との近接性が指摘されている(③最判平24・2・24判時2144号89頁)。他方、債務の履行請求のための訴訟に要した弁護士費用を債務不履行に基づく損害として賠償請求をすることについて、否定例がある(④最判昭48・10・11判時723号44頁〔貸金の履行請求。419条の制限による〕、⑤最判令3・1・22判時2496号3頁〔土地の売主の引渡・登記手続債務の履行請求〕)。これらの結論の理由として、弁護士に依頼しなければ権利を訴訟上行使することが困難な場合であること(①②③)、契約上の債務の履行請求と不法行為に基づく損害賠償請求の違い(目的、当事者の意思、事前対策の可否)、売買契約における債務の一義的確定性(以上⑤)が指摘される。この問題は、民事訴訟の訴訟費用の負担という面がある。訴訟費用は敗訴者負担と定められているが(民訴61条)、弁護士費用は特別な場合を除き訴訟費用に含まれない(民訴費2条

> 10号参照)。そこで、原告勝訴の場合に弁護士費用を損害賠償として認め被告に負担させうるとすると、被告勝訴の場合に被告が弁護士費用を負担したままであるのと不均衡になる。そこで、弁護士費用の負担を損害賠償の問題とするのでなく、司法制度利用のために負担すべき費用の問題としてとらえるべきだという指摘もある(平井・不法行為142頁以下・166頁)。たしかに司法制度にかかわる問題だが、裁判所は、各時代における弁護士の役割を考慮しつつ、個別の訴訟で損害賠償の問題として解決するという枠組みのなかで、「相当因果関係に立つ損害」という概念を用いて妥当と考える判断を積み重ねてきたと理解することができる。①と③の関係や①③と⑤の関係及びそれぞれの異同について議論が続いているのも、それを受けたものであろう(→第2款3(6)(b)(ⅱ)◆〔150頁〕・第3款4(5)(b)(ⅱ)α〔236頁〕)[24]。

第2款　債務不履行に基づく損害賠償の要件

1　要件の概観

債務不履行に基づく損害賠償責任の発生要件は、①債務の存在、②事実としての不履行、③損害の発生、④事実としての不履行と損害との因果関係である(415条1項本文)。以上の4つが存在していても、⑤免責事由があるときは、債務者は責任を負わない(同項但書)。また、かつての通説は、⑥債務者の責任能力を要件としていた。以下、①から⑥を順次検討する(→2~7)。

このほか、債務者の履行を補助する「履行補助者」の位置づけについて、かねてから議論がある。本款の最後で検討する(→8)。

---

[24] 近時のものとして、荻野奈緒「債務不履行と弁護士費用賠償」同法71巻1号(2019)563頁。それ以前の文献については、中田「③判決判批」リマークス46号(2013)26頁も参照。⑤判決の評釈が多く、検討が深められている(村田大樹・法教488号138頁、加藤新太郎・NBL 1201号101頁、住田英穂・新判解Watch 29号83頁〔以上2021〕、松尾弘・法セ804号125頁、林耕平・民商157巻6号108頁、坂口甲・ジュリ1570号64頁、都筑満雄・判評761号7頁、田中洋・リマークス65号21頁〔以上2022〕)。荻野奈緒・新注民(8)663頁以下も参照。なお、中田・前掲29頁は、弁護士費用が損害賠償の範囲に含まれるか否かを債務又は義務の内容から考えるものである。

2　債務の存在

債務不履行が生じるためには、債務が存在する必要がある。債務の発生原因には、契約、不法行為などがある。契約による債務(契約債務)の内容は、契約の解釈で定まる。不法行為など法律の規定によって発生する債務(法定債務)の内容は、その法律の趣旨によって定まる。

> ◇　債務不履行における「債務」は、契約債務であることが多いが、それ以外のものもある。たとえば、不法行為による損害賠償においては、不法行為の時から支払済みまで法定利率(年3％)による遅延損害金が付加されるが、これは不法行為による損害賠償債務(709条)の履行遅滞による損害賠償債務(419条1項)である。

3　事実としての不履行

(1)　概　観

以下では、事実としての不履行について、履行遅滞((2))、履行不能((3))、履行拒絶((4))、その他の債務不履行((5))の順に検討する。その他の債務不履行については、基本的な検討をした後、個別的な問題として、不完全な履行と不作為義務違反の検討をする。最後に、領域問題((6))を検討する。

> ◆　**債務の本旨に従った履行をしないとき**　　415条1項のこの文言について議論がある。これは、「債務の内容をその通りに実現しないとき」という程度の意味だが、それなら「債務の履行をしないとき」でも足りそうである。実際、そのように修正する提案がされたが、見送られた(中間試案説明111頁以下、部会資料79―1、第8、1(1)、同83―2、第11、1、内田60頁・126頁、小粥・新注民(8)468頁以下)。
> 　「債務の本旨」という表現は、旧民法財産編382条1項(直接履行)・451条1項(弁済)の「義務ノ本旨」に由来する。「本旨」はボワソナードの用いた「forme et teneur(態様及び内容)」の訳語であり、これはフランスで古くから用いられている表現である(石川博康「『契約の趣旨』と『本旨』」法時1068号〔2014〕22頁)。ボワソナードは、forme et teneur を、債務の内容通り過不足なく、という意味で用いたが(Exposé des motifs, t. 2, p. 517; t. 3, p. 427)、その後、「債務の本旨に従った履行をしない」という文言は、債務不履行の類型を表すものとして(履行不能を含む

ものとして、又は、履行不能と並立するものとして。中田・百年Ⅲ8頁以下参照)、債務不履行の態様を表すものとして(一部履行の可否の基準や信義則を示すものとして。鳩山109頁以下)、あるいは、契約の趣旨・目的との関係で(平井63頁以下)、言及されるようになり、不明瞭になっていった。そこで、「本旨に従った」の削除論が唱えられ(内田貴『債権法の新時代』〔2009〕88頁以下)、上記中間試案に至ったのだが、これを契機に、「債務の本旨」には当事者の合意以外の規範的要素を取り込みうる機能もあると指摘されるようになった(潮見新Ⅰ370頁。小川浩三「幾度もサヴィニーの名を」法時1026号〔2010〕23頁、石川・前掲27頁以下、森田宏樹「契約または債務の『本旨』とは何か」法教513号〔2023〕1頁参照)。

　争点は、①契約債務における債務内容の確定方法、②契約における合意規範と法規範との関係、③民法中の4つの「本旨」(415条1項・493条・600条1項・644条)の理解にある。これらを415条1項の「債務の本旨」の解釈論として展開するよりも、同項の意味については上記の程度のものと理解したうえで、①〜③を個別的に検討する方が議論の明確化に資するのではないか(①につき→(5)(a)(ⅲ)〔143頁〕。②につき→第2章第1節1(3)〔27頁〕・第4章第4節〔94頁〕・(6)〔148頁〕、さらに、契約の解釈〔中田・契約105頁以下〕、1条2項との関係など。③については、明治民法起草者等による翻訳において、415条・493条ではforme et teneurが、600条・644条ではbut visé dans le contrat〔「契約の目的」〕が用いられ区別されていたこと〔仏訳民法103頁・119頁・144頁・154頁〕の評価が問題となる〔600条につき森田・前掲、644条につき中田・契約530頁以下参照〕)。

(2)　履行遅滞

(a)　意　義

履行遅滞とは、債務者が履行することが可能であるのに((b))、履行すべき時期が来ても((c))、履行しないこと((d))である。履行遅滞は、「債務の本旨に従った履行をしないとき」の一例ではあるが、要件(履行期の経過)及び効果(原則として遅延賠償)の面で特徴があることから、伝統的に債務不履行の1類型とされてきた(「遅れて弁済する者は過少に弁済す」という法諺がある〔杉山直治郎訳『仏蘭西法諺』(1951)64頁〕)。

(b)　履行の可能性

履行が不可能である場合には、履行遅滞ではなく、履行不能になる。

(c)　履行期の到来

(ⅰ)　**意義**　　履行期とは、履行すべき時期という意味である(履行した時と

いう意味ではない)。412条が具体的に規定する。

確定期限があるときは、期限の到来した時から遅滞となる(412条1項)。「3月10日までに金○円を支払う」という債務がある場合、支払をすべき日の翌日である3月11日から当然に遅延損害金が付される。ただし、以下の場合には、確定期限が到来しただけでは、遅滞の責任は発生しない。①指図証券など、提示が必要な有価証券の場合。期限到来だけでなく、証券を提示して履行の請求をする必要がある(520条の9・520条の18・520条の20)。②取立債務など、履行についてまず債権者の協力が必要な場合。確定期限の到来だけではなく、債権者が必要な協力をしなければ、遅滞の責任が生じない(我妻103頁、奥田昌道=潮見佳男・新版注民(10) I 463頁、潮見・新注民(8)209頁)。③同時履行の抗弁(533条)を主張できる場合(→(d)(ⅱ)β〔134頁〕)。

不確定期限があるときは、債務者は、①期限の到来した後に履行の請求を受けた時、又は、②期限の到来を知った時、のいずれか早い時から遅滞になる(412条2項)。不確定期限とは、将来必ず到来するが、それがいつかは不確定なものである。「Aが死亡したら、債務者Bは債権者Cに建物を明け渡す」という債務がある場合、Aが死亡すると、期限が到来し、CはBに履行を請求することができるようになる(135条1項)。しかし、その時から直ちにBが遅滞に陥るわけではない。①Aの死亡後、Bが履行の請求を受けた時には、期限の到来した事実(Aの死亡)をBが知らなくても、履行遅滞になる。今回の改正で、従来の通説(鳩山132頁、我妻104頁、於保91頁など)が明文化されたものである。②履行の請求がなくても、BがAの死亡を知ったとすれば、その時から遅滞になる。

期限の定めがないときは、債務者は履行の請求を受けた時から遅滞になる(412条3項)。債権者は、いつでも履行を請求することができるが、債務者が遅滞に陥るのは請求を受けた時からである。厳密にいうと、債務者は請求を受けた日に履行すれば遅滞の責任を負わず、履行せずにその日を徒過することにより、つまり、請求の到達の日の翌日から、遅滞の責任を負う(大判大10・5・27民録27輯963頁)。

◇ このように、履行期といっても、①債権者が権利を行使できる時期と、②債務

者が履行遅滞になる時期とには少し違いがある。①は、それ以後、履行の請求が可能になること、消滅時効の起算点となること(166条1項2号)という意味があり、②は、それ以後、債権者が債務者に対し損害賠償請求や契約解除をすることができるという意味がある。したがって、債務者は履行遅滞に陥っていないが、債権の消滅時効は進行するという事態もありうる(米倉プレ106頁)。

◆ **権利行使可能時と履行遅滞時のずれ**　旧民法は、フランス民法(2016年改正前フ民1146条・1139条)を受け継ぎ、期限が到来した後、原則として、催告など債務者を遅滞に陥れる手続(付遅滞)を経て、履行遅滞になるとした(財産編384条1項・336条1号)。しかし、明治民法起草者は、付遅滞の制度は債務者を過度に保護するものであり取引に支障があると考え、確定期限については、債務者が承諾し約定したものである以上、期限到来により当然に遅滞に陥ることに改めた(民法修正案理由書400頁〜402頁)。他方、不確定期限のあるとき及び期限の定めのないときは、債務者の保護を考慮し、債務者が知ったこと(旧412条2項)又は履行の請求を受けたこと(同条3項)を必要とした。このように、明治民法は、付遅滞制度を廃止したうえ、412条全体を通じて、期限の到来についての債務者の認識を重視した(梅41頁以下参照)。その後、学説は、期限到来に加えて催告によって遅滞に陥ることを原則とするドイツ民法(2001年改正前284条。確定期限ある場合などは例外的に催告不要とする)の影響を受け、不確定期限については、期限到来についての債務者の認識がなくても、履行の請求があれば遅滞となると述べ(我妻104頁)、これが今回の改正で取り入れられた。債務者の認識に着目して当事者間の利益調整を図る制度から、債権者の請求による遅滞化(付遅滞)を基軸とする制度へと、重心が動いたとみることができよう(2001年改正ド民286条、2016年改正フ民1231条・1344条参照)。

(ⅱ)　**履行期の具体的時期**　契約債務については、履行期は契約で定められていることが多い。なお、契約各則に、各種の契約の性質に応じた履行期に関する規定がある(573条〔売買〕、591条〔消費貸借〕、597条〔使用貸借〕、614条・622条・597条1項〔賃貸借〕、662条・663条〔寄託〕など。返還時期の定めのない消費貸借においては、貸主は「相当の期間」を定めて返還の催告をする必要があるので〔591条1項〕、これを定めないで催告しても、催告の時から相当期間を経過した後に遅滞となる)。

◇　実際の取引では、「期限の利益の喪失条項」が重要である。銀行取引やリース契約・クレジット契約などにある、「債務者が1回でも支払を怠ると全部の債務に

ついて期限の利益を失い、履行期が到来する」という条項である。期限の利益を当然に喪失するというタイプと、債権者の請求により喪失するというタイプがある。

　法定債務については、原則として期限の定めのない債務として成立すると解されているが(我妻105頁)、各債務の特性を考慮する必要がある。判例はこうである。まず、善意の不当利得返還債務(703条)は、期限の定めのない債務として、債務者が返還請求を受けた時から遅滞に陥る(大判昭2・12・26新聞2806号15頁、最判平18・12・21判時1961号53頁②事件)。次に、不法行為による損害賠償債務は、損害発生と同時に履行遅滞となる(最判昭37・9・4民集16巻9号1834頁。事故のあったその当日から遅延損害金が付けられる)。不法行為と相当因果関係にたつ損害である弁護士費用の賠償債務も同様である(最判昭58・9・6民集37巻7号901頁)。安全配慮義務違反による損害賠償債務については後述する(→(6)(b)(ⅱ)◆〔150頁〕)。

◆ **善意の不当利得返還債務の遅滞**　　学説も判例を支持するのが通説(我妻105頁等)だが、細かく見る必要がある。ここでは、①善意の受益者がその後に悪意になると、以後、「利息」(704条前段)を支払うべきこと(最判平17・7・11判時1911号97頁〔訴状送達を受けた日に悪意になったとする〕)との関係、及び、②金銭を返還すべき善意の受益者の現存利益に利息相当額が含まれるとされること(最判昭38・12・24民集17巻12号1720頁、百選Ⅱ68[大久保邦彦])との関係を考慮する必要がある。①については、不当利得では、悪意になる時期が規範的に判断され(最判平18・12・21前掲参照)、また、侵害利得の類型においては訴訟との関係で規律される(189条2項)のに対し、412条3項の請求は、裁判外でも簡易にできるという違いがある。②については、「現存利益」及び「損失」との関係では利息の利率が問題となりうるのに対し、412条3項を適用すると法定利率による遅延損害金が発生する(419条1項)。つまり、412条3項の規律をそのまま適用すると、履行の請求によって簡易かつ画一的に法定利率の遅延損害金が発生することになる。①②との関係を考えると、この場合における上記規律の適用については、「履行の請求」があったことの評価を慎重にし、意思の表示が明確である訴状送達時を基準とすべきであろう(最判平18・12・21前掲参照。これに対し、不法行為に基づく損害賠償債務との関係を重視し、善意受益者が悪意になった時点に遅滞になるという見解もある〔潮見新Ⅰ473頁、潮見・新注民(8)215頁以下〕)。

◆ **不法行為による損害賠償債務の遅滞**　沿革と公平の観念により判例を支持するのが通説(我妻 105 頁等)だが、①412 条 3 項により請求時を基本としつつ、704 条との権衡を考え侵害利得型については不法行為時とする説(潮見新 I 472 頁)、②412 条 3 項とのバランス及び訴訟遅延の場合の考慮により訴状送達時としつつ、弁護士費用は判決確定日から起算するという説(平井・不法行為 166 頁)、③口頭弁論終結時説(藤原弘道「損害賠償債務とその遅延損害金の発生時期(下)」判タ 629 号〔1987〕2 頁・11 頁)などがある。これらの指摘が実質的に妥当な場合はあるが、損害の多様性、中間利息控除との関係を考えると複雑化を避けるという考慮も必要であるし、また、損害の把握について推認ないし擬制を伴わざるを得ないことも考えると、判例の簡明な基準を維持して、必要に応じて修正する方向がよいのではないか(その例として、最判平 22・9・13 民集 64 巻 6 号 1626 頁〔後遺障害にかかわる社会保険給付の支給により不法行為時に損害が填補されたものとする損益相殺的調整をし、その分について遅延損害金を否定〕)。

(d)　履行しないこと

(i)　**履行の提供の不存在**　履行遅滞の第 3 の要件は、債務者が履行しないことである。債務者は、提供により不履行の責任を免れる(492 条)ので、正確にいうと、履行の提供をしないことである。

(ii)　**履行しないことの正当化事由の不存在**　債務者が同時履行の抗弁(533 条)や留置権(295 条)を主張しうるとき、履行期に履行しなくても、履行遅滞とならず、債務不履行責任を負わない。これについて、2 種類の問題がある。

α　訴訟において、これらの事由の存在を誰が主張立証すべきか。履行期が到来しているにもかかわらず、損害賠償責任を負わないというためには、原則として債務者が主張立証すべきものである。もっとも、同時履行の抗弁については、債権者が債権の発生原因を主張する段階で、それが双務契約であることが現れるので、双方の債務が同時履行関係にあることも当然に明らかになる(売買等の場合。役務提供型の契約では報酬後払が原則)。そこで、①債権者が自らの債務の履行の提供をしたこと(533 条)をも主張立証しなければ、損害賠償を請求できないのか(債権者説。請求原因として現れる)、②債務者が同時履行の抗弁を主張して初めて損害賠償責任を免れるのか(債務者説。抗弁として現れる)が問題となる。①が通説的な見解だが(我妻 111 頁、我妻 V₁ 98 頁、川井 76 頁、奥田＝佐々木上 176 頁など)、②も有力である(倉田監 37 頁以下、潮見新 I 310 頁、潮見・

新注民(8)221頁など)。双務契約上の双方の債務が公平及び当事者意思への適合という観点から同時履行関係とされている以上、債務不履行責任を追及しようとする者が、その関係が消滅したことを主張立証すべきである。①を支持したい。なお、「同時履行の抗弁権」の行使の要否の問題として、①を存在効果説、②を行使効果説ということも多いが、「抗弁権」という「権利」を強調することは、制度趣旨から遠ざかるおそれがある(中田・契約156頁以下)。

β　債務不履行責任において、同時履行の抗弁等はどこに位置づけられるべきか。伝統的学説は、「履行しないことが違法であること」を履行遅滞の要件とし、同時履行の抗弁等の不存在をその例とした(我妻111頁、奥田134頁)。しかし、批判が投じられた。すなわち、これは帰責事由を主観的要件、違法性を客観的要件として対置するドイツ民法の解釈論にならう考え方だが、同時履行の抗弁等が存在するときは、そもそも債務不履行と評価されないし、その他の事由がある場合も帰責事由の内容として考慮すれば足りる(平井45頁・46頁・82頁)、あるいは、違法性は、債務不履行の要件事実としては必要なく、「債務の本旨に従った履行がない」という要件の中で考慮されるべきことにすぎない(潮見Ⅰ282頁)という。また、「違法性」という表現は漠然としており(星野51頁)、論者によって多様なものが含まれる(北川112頁は、履行猶予の抗弁権、正当防衛もあげ、川井76頁は取立債務で取立てがされないときをあげる)という問題もある。現行民法においては、帰責事由は損害賠償責任の要件ではなく、「債務者の責めに帰することのできない事由」が免責事由とされていること(415条1項但書)をも考えると、「違法性」という包括的概念を要件とするのは適切ではなく、同時履行の抗弁等は、履行遅滞における事実としての不履行の問題とし、正当防衛等は免責事由の問題と位置づければ足りる(→6(2)(c)(ⅱ)〔171頁〕)。

(3)　履 行 不 能

(a)　意　義

履行不能とは、債務の履行が「契約その他の債務の発生原因及び取引上の社会通念に照らして」不可能だと認められることである(412条の2第1項)。弁済期到来の有無を問わない。その内容は、すでに説明した(→第1節2(2)(a)〔105頁〕)。ここでは、具体例として、若干の裁判例を示しておこう。

物理的不能については、賃貸借の目的物の滅失の例が多い(最判昭30・4・19

民集 9 巻 5 号 556 頁〔借家人側の失火による家屋の滅失。返還債務の不能〕、大判昭 12・11・27 裁判例 11 巻民 293 頁〔風害による広告用塀の倒壊。直ちに不能とはいえないとする〕）。

　法律的不能については、法律により目的物の取引が禁止された場合（大判明 39・10・29 前掲〔葉煙草の売買〕）が典型例である。裁判例は、不動産取引に関するものが多い。不動産の二重売買において、売主が第二買主に所有権移転登記をしたときは、第一買主に対する売主の財産権移転義務は履行不能となる（大判大 2・5・12 民録 19 輯 327 頁、最判昭 35・4・21 前掲）。他方、契約の目的物について債務者が第三者から仮差押えを受けたとき（大判大 10・3・23 民録 27 輯 641 頁〔請負契約〕）や、処分禁止の仮処分を受けたとき（最判昭 32・9・19 民集 11 巻 9 号 1565 頁〔売買契約〕）は、いまだ履行不能にならないという。また、他人の権利を目的とする契約の例も少なくない。他人の権利の売主がその権利を取得して買主に移転できないことになった場合（最判昭 41・9・8 民集 20 巻 7 号 1325 頁）、他人の建物の賃貸借において、賃貸権限のない B から賃借した C が、所有者 A との間で当該建物の賃貸借契約を締結した場合（最判昭 49・12・20 判時 768 号 101 頁〔B の C に対する使用収益させる債務は不能となり、賃貸借は終了する〕）、賃貸人 A の承諾ある建物転貸借において、賃貸借契約が賃借人（転貸人）B の債務不履行を理由とする解除により終了した場合（最判平 9・2・25 民集 51 巻 2 号 398 頁、百選Ⅱ56[吉永一行]〔A が転借人 C に目的物の返還を請求した時に、転貸借は B の C に対する債務の履行不能により終了する〕）、履行不能となるという。

　事実としての履行不能が問題となるのは、履行の強制の可否、損害賠償請求の可否、損害賠償の範囲の画定（特別事情の予見の時期）、損害賠償額の算定の基準時、契約解除の可否、危険負担など、多様な場面においてである。判例は、「社会の取引観念」という名のもとに、各問題の性質に照らした規範的判断をしてきたと理解することができる（中田・百年Ⅲ27 頁）。現行民法の規定する「契約その他の債務の発生原因及び取引上の社会通念に照らして」という基準は、そのような判断方法の枠組みを示したものといえよう。

◆ **不能概念の維持**　改正前民法のもとで、旧 415 条本文は、債務の本旨に従わない不履行の場合に広く損害賠償を認めているので、履行不能か否かよりも、不履

行(帰責事由のあるもの)の有無こそが重要であり、その前提となる債務の内容(契約による債務ならその解釈)が重要であるという指摘があった(平井60頁・80頁・51頁)。このように、不能かどうかではなく、不履行を基準として考え、その前提となる債務を生じさせる契約に着目するのは、現代の有力な国際的潮流でもある。そこでは、不履行(non-performance)があれば損害賠償責任が生じるとしたうえで、その例外となる「免責事由」が示され、履行不能に相当する事由もそこに取り込まれる。その背景には、履行不能の取扱いが大陸法と英米法とで異なるために、新たな共通ルールを構築したという経緯があるが、基本には当事者の合意を重視するという思想がある。もっとも、免責事由のなかに「合理的にみて回避が期待できたか」などの要件をおき、そこで取引社会の基準・判断も考慮されうるという構造であり、意思一辺倒というわけではない[25]。

　民法改正の検討過程では、①契約債権について履行不能の語に代えて「履行請求権の限界」という語を用いること、②その事由の存否は「当該契約の趣旨に照らして」判定することが検討された(中間試案第10、3(1)ウ、第9、2ウ。中間試案説明114頁・106頁)。しかし、パブリック・コメントを経た後の審議で、①について、契約債権に限らない債権一般の規律とすべきことや、わかりやすさなどの理由から、「不能」の語が復活し(部会資料68A、第1、2説明2(1))、②について、「契約その他の債務の発生原因及び取引上の社会通念に照らして」と改められた(部会資料79−1、第8、1(2)、同84−1、第11、1)。

> ◆ **不能の分類**　いくつかの分類がある。原始的不能・後発的不能、客観的不能・主観的不能(万人にとって不可能か、当該債務者にとって不可能か〔→(b) 1つ目の◆〕。潮見・新注民(8)247頁以下参照)、絶対的不能・相対的不能(客観的かつ克服しがたい不可能か、債務者の一身上の都合又はその非行に基づく不可能か。山口・フランス43頁参照)、全部不能・一部不能などである。

(b)　原始的不能

　412条の2第2項は、契約に基づく債務の履行がその契約の成立時に不能であったとしても(原始的不能)、415条によりその履行の不能によって生じた損害の賠償を請求することは妨げられないと規定する。

---

[25]　この流れはウィーン売買条約からみられ、その後、UNIDROIT、PECL、DCFR、CESLでも維持されている。曽野和明=山手正史『国際売買法』(1993)263頁以下、円谷峻『現代契約法の課題』(1997)187頁以下、潮見佳男『契約責任の体系』(2000)86頁以下、潮見・前掲注(3)368頁以下、大村・前掲注(19)65頁以下。

改正前民法のもとの伝統的な学説は、債務不履行による損害賠償責任が生じる履行不能とは、後発的不能であり、原始的不能は含まれないと考えていた。原始的不能の場合には、債務は成立せず、契約は無効であって、契約締結上の過失責任による信頼利益の賠償が問題となるにすぎないという。これに対し、原始的不能の場合にも契約が有効に成立するという学説が有力となった。改正民法は、有効とする考え方を採ったものである。

原始的不能といっても、いろいろな場合がある。たとえば、①給付の内容は一般的には実現可能な性質のものだが、契約締結時点では目的物が存在していなかった場合がある。これには、ⓐ当事者が目的物を存在するものと思っていた場合(軽井沢の別荘「甲」の売買契約を東京で締結したが、その前日に、山火事で甲が既に焼失していた場合〔我妻 21 頁〕)、ⓑ当事者が目的物が存在しない可能性のあることを前提として契約した場合(暴風雨のために洋上で遭難した可能性のある船舶「乙」の積荷の売買契約を、状況を確認できない段階で、そのリスクを織り込んで締結したところ、後日、乙が沈没していたことが判明した場合〔奥田 32 頁〕)がある。また、②給付の内容が一般的にみて実現不可能な性質のものである場合(不老不死の薬品「丙」の交付)もある。412 条の 2 第 2 項が適用される典型例は①であるが、②にも及ぶと解すべきである。

すなわち、原始的に不能である給付をすることを約した当事者は、その契約の解釈によって定まる債務を負担し、その不履行によって生じた損害賠償責任を負う。ただし、不履行が債務者の責めに帰することができない事由によるときは、免責される(415 条 1 項但書)。錯誤による取消しの可否については、消極説もあるが、取消しが認められる余地はあると考えたい。

◆ **不能な給付を目的とする債務**　　「不可能なことの債務は存在しない」というローマ法以来の法諺があり、旧民法財産編 322 条 1 項も、不能の作為又は不作為を目的とする合意を無効としていた。明治民法は規定を置かなかったが、学説は、19 世紀ドイツ普通法学[26]及びドイツ民法〔2001 年改正前〕306 条(〔客観的に〕不能な給

---

26)　石坂音四郎「給付不能論」同『民法研究第 2 巻』(1913) 203 頁〔初出 1911〜12〕、磯村哲「Impossibilium nulla obligatio 原則の形成とその批判理論」石田文次郎還暦『私法学の諸問題(一)民法』(1955) 397 頁、北川・前掲注(16) 278 頁以下、廣瀬克巨「原始的不能論前史」新報 84 巻 4=5=6 号 (1977) 37 頁・7=8=9 号 (1978) 45 頁、前田達明「原始的不能についての一考察」林良平還暦『現代私法学の課題と展望 下』(1982) 59 頁。

付を目的とする契約は、無効である)を参照し、債務の目的は実現可能なものでなければならないと考えた。すなわち、債権成立の時に不能(原始的不能)であれば、債権は成立せず、契約は無効であるが、契約締結上の過失理論による信頼利益の賠償が認められうるという見解が通説となった[27]。

しかし、これに対する批判的見解が現れ[28]、原始的不能であっても契約は有効に成立するという見解が有力になった。原始的不能の場合、契約は原則として無効だが、例外的に有効とすべきことがあるというもの[29]だけでなく、その場合も、契約は一般的に有効であり、目的物の滅失が契約締結の前か後かを問わず、債務者に責任があれば債務不履行となるという見解が現れた[30]。これらの批判説は、①ローマ法以来の沿革あるいは立法政策というだけでは根拠として不十分である、②履行の可能性の有無と債権の成否(さらには、契約の有効性)とは直結しない(履行が不可能でも履行に代わる損害賠償はありうる)、③不能となったのが契約締結の前か後かで法律関係が大きく異なることに合理性がない、④客観的な可能性の有無より、当事者のした合意を尊重すべきである、などと指摘する。④については、契約による当事者のリスク分配の視点が強調されるようにもなった[31]。国際的にも、原始的不能によって契約が当然に無効となるわけではないとする傾向にある[32]。

この状況のもとで、部会は、中間試案の段階で、「契約は、それに基づく債権の履行請求権の限界事由が契約の成立の時点で既に生じていたことによっては、その効力を妨げられない」という提案をした(第26、2)。しかし、このような消極的な規定

---

27) 鳩山15頁・144頁以下、鳩山秀夫『増訂日本債権法各論(上巻)』(1924)65頁以下〔使用版は1934年20刷〕、我妻20頁以下、我妻V₁38頁以下。
28) 山中康雄『契約総論』(1949)197頁以下、戒能通孝『債権各論』(1946)59頁以下〔使用版は1951年4版〕。
29) 奥田30頁。潮見I45頁及び北川善太郎=潮見佳男(潮見)・新版注民(10)II82頁は、両当事者が契約締結にあたって対象の存否及び給付の可能性についてどのような表象を抱き、どのようなリスク負担を想定して契約を締結したのかを起点にすべきだと述べ、この方向を支持する。平井61頁は、原始的不能自体についての断定は避けつつ、契約解釈により債務の成立を認めうる場合はあるという。
30) 北川・前掲注(16)373頁、星野51頁、広中俊雄『債権各論講義〔第6版〕』(1994)78頁。加藤65頁・加藤雅信『新民法大系I民法総則』(2002)217頁は、「前提的保証合意」で説明する。内田3版25頁以下は、債務不履行責任として信頼利益の賠償を認める。早い時期の問題点の指摘として、末弘17頁(その出発点として、末弘厳太郎「双務契約と履行不能(1)(2)」法協34巻3号1頁・4号47頁〔1916〕)。
31) 潮見I45頁。基本方針II34頁以下参照。
32) UNIDROIT 3.3(1), UNIDROIT 2016, 3.1.3(1), PECL 4.102, DCFR II.7.102. ドイツ民法でも、2001年改正によって旧306条の規律が改められ、原始的に不能な給付を目的とする契約も有効とされるに至った(311a条)。この改正につき、田中教雄「原始的不能による損害賠償について」法政研究72巻3号(2006)301頁〔債務不履行における過失責任主義との関係を指摘〕。改正途上の議論につき、松下英樹「原始的不能ドグマ克服論の体系」九大法学73号(1997)201頁。

の仕方では、具体的にいかなる法的効果が導かれるのかが明らかでないという法制的観点からの指摘があり、「契約の効力が妨げられないことによって実現される最も代表的な法的効果として損害賠償を取り上げ」て規定することに改められた（部会資料83－2、第26、2説明）。これが412条の2第2項が制定された経緯である[33]。

◆ **不能な給付を目的とする契約**　不能な給付を目的とする契約が締結された場合、以下の3種類の問題がある。

　第1は、債務不履行責任である。次の検討を要する。①まず、契約の解釈により、当事者がいかなる債務を負担したのかを確定しなければならない。本文に示した例では、別荘甲の売主の債務は、甲の引渡しである（「滅失しなかった甲の引渡し」ではない）。船舶乙の積荷の売買では、売主は条件付きの債務を負ったのか、それとも、射倖性ある財産的地位を買主に付与したことで尽きているのかなどを検討する。薬品丙の交付については、現在では不治とされている難病についての新薬の開発というのが当事者の意思であるかもしれない。②次に、その債務の履行が不能か否かを判断しなければならない。判断基準は、契約及び取引上の社会通念である（412条の2第1項）。かつて、月世界旅行が不能の例としてあげられたことがあったが（石坂・前掲注(26)234頁）、現代では異なる評価となるだろう。③損害賠償については、次の諸問題がある。ⓐまず、①で確定された債務の不履行に基づく損害を416条に定められた範囲で賠償しなければならない（415条1項本文）。ⓑ次に、債務者の免責事由が問題となる。債務者は、原則として、その債務の履行の不能による損害賠償責任を負うが、不履行が契約及び取引上の社会通念に照らして債務者の責めに帰することができない事由によるものであるときは、免責される（同項但書）。後発的不能と同様、原始的不能においても、これは妥当する（債務者の「過失」の有無と結びつくわけではない）。ⓒ債権者の過失も問題となりうる。履行不能又はこれによる損害の発生・拡大に関して債権者に過失があったときは、過失相殺がされる（418条）。④なお、債権者は無催告で解除することができる（542条1項1号）。

　第2は、契約の成否・効力である。①まず、法律行為法上の規律が問題となる。不能な給付を目的とする契約が締結された場合、心裡留保（93条）、虚偽表示（94条）、錯誤（95条）、詐欺（96条）として、あるいは、公序良俗違反（90条）として、

---

33)　大村＝道垣内・改正105頁以下［加毛明］、一問一答72頁、森田修「『原始的不能ドグマの克服』と新債権法」改正と民法学Ⅲ35頁〔改正民法が債務不履行に基づく損害賠償において過失責任主義を堅持したとの理解のもとに、「二つの過失」と損害賠償の関係を検討〕、福田清明「契約上の債務が原始的不能の場合の損害賠償について」岡孝古稀『比較民法学の将来像』(2020)273頁〔ドイツ民法改正を参照しつつ、契約当事者が原始的不能のリスク分配をしなかった場合、債務者が事情を知らなかったことに帰責事由がないときは、415条1項但書を適用することを提言〕。改正前の議論を含め、潮見・新注民(8)278頁以下参照。

無効又は取消し可能である場合がある。このうち錯誤による取消しについては、ⓐ要件の面で、原始的不能があっても有効とされる場合には、錯誤の重要性の要件(95条1項柱書)を欠くという理由により(潮見新Ⅰ84頁、潮見・新注民(8)294頁)、あるいは、ⓑ効果の面で、債権者の取消しを認める実益はなく、債務者の取消しを認めることは不適当であるという理由により(四宮＝能見・総則300頁)、否定する見解がある。ⓐは、契約当事者による原始的不能のリスク分配を重視するものであるが、その分配の前提ないし基礎とされていた事実について錯誤がある場合には、なお95条の要件を満たす可能性があるだろう(動機の錯誤。奥田＝佐々木上196頁参照)。ⓑについては、債権者が解除できない場合(たとえば544条)には、なお取消しを認める実益があるし、債務者の取消しが不適当である場合は、その重過失を認めて(95条3項柱書。ただし、同項2号)、あるいは、信義則又は権利濫用により、それを封じれば足りる。債権者は、債務不履行責任の追及と錯誤取消しとを選択することができ(たとえば、交換契約において、相手方Bの債務が原始的不能だが、債権者Aが解除できない場合、Aが取り消すと自己の給付義務を免れる)、債務者も上記の制限はあるものの錯誤による取消しは排除されない(債務不履行に基づく損害賠償義務を免れる。一問一答72頁)。②次に、当事者の合意によって契約の効力が生じない場合がある。ただ、これを「不能であった場合は、契約を無効とする」という合意(基本方針Ⅱ38頁、潮見新Ⅰ83頁。潮見・新注民(8)295頁参照)の認定によって解決することは、契約の無効を当該契約によって基礎づけるという難点がある。むしろ、合意解除の予約とする構成、又は、解除条件付き契約とする構成(四宮＝能見・総則400頁参照)がよいだろう。

　第3は、契約準備段階における信義則上の義務違反による損害賠償である(→(6)(d)〔159頁〕)。債務者は、自らが給付できることについて確認する義務を負い、できないとき又はその可能性が低いときには、その情報を相手方に提供する信義則上の義務を負うことがある(潮見新Ⅰ85頁参照)。債務者が給付できないことを知っていた場合には、故意による不法行為責任を負うこともある。

(c)　「違法性」は要件か

　伝統的学説は、履行不能においても「違法性」を要件とする(我妻146頁は、他人の動物の保管者が緊急避難としてこれを殺した場合を例としてあげる)。しかし、履行遅滞について述べた通り(→(2)(d)(ⅱ)β〔134頁〕)、「違法性」という包括的概念を要件とする必要はなく、適切でもない。緊急避難は、免責事由(415条1項但書)の問題とすれば足りる。

(4)　履 行 拒 絶

　履行拒絶とは、債務者がその債務の履行を拒絶する意思を明確に表示したこ

とである(415条2項2号)。履行期の前後を問わないが、履行拒絶の意思がその後に翻されることが見込まれないほど確定的なものであることを要する。たとえば、交渉過程で、債務者が「それなら履行しない」という発言をしただけで、当然に履行拒絶となるわけではない(部会資料82-2、第11、2説明、一問一答76頁)。履行拒絶があれば、債権者は、契約を解除することなく、債務の履行に代わる損害賠償(塡補賠償)を請求することができる。なお、債権者は、契約を解除することもできる(542条1項2号・3号・2項2号。履行遅滞の要件を満たしていなくてもよい)。履行拒絶による塡補賠償が現実にされるか、契約が解除されるまでの間は、債権者は、履行の請求をすることもできる(潮見新Ⅰ477頁以下)。

◇ 東京在住のある専門領域の医師Aが半年後の4月から2年間、北海道の病院で勤務するという契約をしたが、1月になって病院の経営者が替わり、新経営者が、その専門領域の医師を雇わないと公言し、Aにも通知してきた場合、Aは、4月を待たなくとも、また、契約を解除しなくても、損害賠償(塡補賠償)を請求することができる。

◆ 履行拒絶の規定の新設　　旧民法は履行拒絶に言及していたし(財産編383条1項。中田・百年Ⅲ3頁)、ドイツではシュタウプが履行拒絶を債務不履行の第3の類型(→第1款2(1)◆〔122頁〕)の一例とし、支持を得ていた。しかし、明治民法で履行拒絶への言及がなくなったことに加え、シュタウプを紹介した論文が「給付ノ拒絶」を債務不履行と認めることに反対したこと(岡松・前掲注(17)1号76頁以下)もあり、消極説が通説となり、やがて三分説の定着とともに履行拒絶は忘れられていった。しかし、その後、英米法及びその影響を受けた諸ルール(CISG 72, UNIDROIT 7.3.3, 7.3.4, PECL 9.304, 8.105(2), DCFR Ⅲ.3.504, 505, CESL 116, 136)やドイツの判例・学説の展開を受け、履行期前の履行拒絶(anticipatory repudiation)ないし履行期前の不履行(anticipatory breach of contract, anticipatory non-performance)を債務不履行の一例として認める研究が進んだ[34]。

---

34) 北川＝潮見・新版注民(10)Ⅱ59頁以下、北川108頁、星野48頁、平井67頁、潮見Ⅰ152頁・186頁(不安の抗弁権との関係も検討)、内田3版127頁。近年の研究として、王冷然「イギリス法における履行期前の契約違反」法学69巻3号(2005)53頁、谷本陽一「契約危殆責任の起点としての履行期前の履行拒絶」早稲田法研論集118号122頁～122号155頁(2006～07)、松井和彦『契約の危殆化と債務不履行』(2013)221頁以下、吉川・前掲注(11)②。現行民法につき、小粥・新注民(8)481頁以下〔履行期前の履行拒絶を重視し、付随義務不履行の一類型の明確化と評価する。履行期後の無催告解除も認められることの説明が期待される〕、北居・新注民(8)53頁以下参照。

> 当初は、履行期前の契約解除を認めることが主な関心事であり、その根拠、要件、債務者の防御方法(保証の提供により解除を免れるなど)が論じられた。ここには履行遅滞を基点とする発想がある。他方、履行期に履行されないことが明らかである場合には、履行不能を柔軟にして解決することも考えられる(大判大 15・11・25 民集 5 巻 763 頁、我妻栄『判民大 15』537 頁参照)。これは、履行期の前後を問わず、塡補賠償の請求につながるものであり、その方向の検討も進んだ(基本方針Ⅱ 257 頁以下。2001 年改正後ド民 281 条 2 号参照)。
> 　部会では、履行拒絶は、塡補賠償請求権及び解除権の発生原因として検討が進められ(前者につき、論点整理説明 24 頁以下、中間試案第 10、3(2)、中間試案説明 115 頁、部会資料 68A、第 2、2 説明 3、同 82-2、第 11、2 説明など)、交渉による解決に及ぼす影響にも配慮しつつ、415 条 2 項 2 号及び 542 条 1 項 2 号・3 号・2 項 2 号の表現に至った。履行不能に並ぶものとして位置づけられている。

(5)　その他の債務不履行

(a)　基本的検討

(ⅰ)　**意義**　履行遅滞、履行不能及び履行拒絶以外の「その他の債務不履行」は多様である。形式的には、「債務の本旨に従った履行をしないとき」(415 条 1 項→(1)◆〔128 頁〕)のうち履行遅滞と履行拒絶を除いたものだが、かつての三分説のいう不完全履行に収まらない様々なものがある。その分析の方法も一様ではない。まず、いくつかの具体例を示したうえ((ⅱ))、その分析の方法を検討する((ⅲ))。その後、個別的な問題として、不完全な履行((b)(ⅰ))と、不作為義務違反((b)(ⅱ))を検討する。領域問題については、項を改めて検討する((6))。

(ⅱ)　**具体例**

〔例①〕　6 個 1 組のティー・カップの売買で、1 個にひびが入っていたケース。給付された目的物の一部に不完全な点があった場合であり、不完全な履行の典型例である。追完可能であれば、一部又は全部の履行遅滞となる(カップが量産品であるとき)。追完不可能であれば、一部又は全部の履行不能となる(カップが代替性のない骨董品であるとき)。ここでは、売主の担保責任(562 条以下)との関係が問題となる。

〔例②〕　ヒヨコ 100 羽の売買で、5 羽が病気であったため、買主の飼っていた鶏にまで伝染したケース。〔例①〕と類似するが、給付された目的物の品質が

悪かったことに加え、債権者の他の財産にまで損害が及んでいる点に特色がある。

〔例③〕　家具の売買で、家具屋が客の家に搬入する際、家具は無傷で所定の位置に納めたが、その家のカーペットを傷つけたケース。目的物の引渡しという意味では債務を履行しているが、債務者が履行に際し、不注意のため、債権者に損害を与えた例である。この場合、不法行為も成立しうるが、債務不履行も認めてよいという見解が一般的である。

〔例④〕　観葉植物の売買で、特殊な取扱いが必要であるのに、売主が説明をしなかったため、買主がその取扱いをせず、すぐに枯れてしまったケース。売買の目的物は引き渡されているが、売主の債務はそれにとどまるのかが問題となる。

〔例⑤〕　塀にペンキを塗る作業の請負で、請負人が指定されたのとは違う色で塗ったケース。なす債務だが、債務者のすべきことが明瞭な場合である。

〔例⑥〕　離島の医師に難病の患者が運び込まれ、医師は従来の治療法でできる限りのことをしたが患者は助からなかった、しかし、その難病に対する新たな治療法が最近外国で発見され、日本でも大学病院の最先端の医師はその情報を得ていたというケース。この場合、債務者のすべきことが何だったのかは自明ではなく、債務の内容と免責事由が問題となる。

(ⅲ)　2つのアプローチ

α　分析　　以上の6つの例を整理しよう。

第1に、債務の種類としては、〔例①②③④〕は与える債務、〔例⑤⑥〕はなす債務の問題である。第2に、本来の債務の履行という観点からは、〔例①②⑤〕は履行されていない場合、〔例③④〕は履行されている場合、〔例⑥〕は本来の債務の内容及びその履行の有無が問題となる場合である。第3に、債権者の損害との関係では、〔例①④〕は目的物自体についての損害だが、〔例②③〕では債権者の他の財産にまで損害が拡大している(〔例⑤〕もその可能性がある)。

全体を通じて、債務者の本来の債務は何か、それが履行されたといえるか、本来の債務以外の義務(債権者の財産に損害を与えない義務、説明する義務など)はあるのか、両者の関係はどうかが問題となる。このことは特に契約上の債務について問題となる。ここで2つのアプローチがある。個々の契約の解釈による

ものと債務の構造を分析するものである。

　β　契約解釈アプローチ　　これは、契約の解釈[35]によって、当事者がどのような内容の債務を負っているのかを考える方法である。契約の解釈には、まず合意の内容を明らかにする「本来的解釈」と、その作業によっては認められない債務であっても契約の目的・性質によっては信義則によって一定の債務の存在を認める「規範的解釈」がある（平井51頁。中田・契約107頁以下参照）。

> ◇　「中央区役所の正面玄関前で品物を引き渡す」という債務については、まず、それは東京都中央区か、千葉市中央区か、他の都市の中央区かを確定する必要がある。当事者の真意の探求と表示の意味の確定が問題となる。これが本来的解釈である。次に、東京都中央区役所に定まったとして、債権者の側で受領の手配をするなどの協力をすべき義務を負うと認められることがある。これは規範的解釈による。

　このアプローチによると、契約の解釈によって特定された債務の内容を前提として、債務者の作為・不作為が「債務の本旨に従った履行をしないとき」にあたるかどうかを検討する。たとえば、〔例③〕では、家具の売買契約には、家具屋が家具の搬入にあたって客の家を損傷してはならないという債務も含まれていると解釈し、傷つけた場合はその債務に違反したと考える。

　γ　債務構造分析アプローチ　　これは、債務の構造を分析し、より体系的に説明しようとする方法である。学説によって呼称等の相違があるが[36]、大別すると、①給付義務、②付随義務、③保護義務がある。①は、「債権者に対して為すべく義務づけられている行為を為すべき義務」である（たとえば、家具を引き渡す義務）。②は、給付義務を債務の本旨に従って実現できるよう配慮する、

---

[35]　磯村保「法律行為の解釈方法」ジュリ増刊『民法の争点Ⅰ』(1985) 30頁、沖野眞已「契約の解釈に関する一考察（二）」法協109巻4号(1992) 1頁、基本方針Ⅱ147頁以下。

[36]　給付義務・付随的注意義務・保護義務（奥田16頁以下・163頁以下、奥田＝佐々木上23頁以下・215頁以下）、給付義務（主たる給付義務・従たる給付義務）・附随義務・安全保護義務（北川15頁以下。北川・前掲注(16)参照）、主たる給付義務・従たる給付義務・保護義務（石田54頁以下）など（潮見・新注民(8)24頁以下参照）。以下の説明は、奥田・前掲を基本とする。ドイツ法及び日本法の詳細な研究として、潮見佳男『契約規範の構造と展開』(1991)〔義務構造論に対する批判に応えたうえ、その進路を示す。次注参照〕、長坂純『契約責任の構造と射程──完全性利益侵害の帰責構造を中心に』(2010)〔完全性利益の侵害及び保護義務に焦点を当て検討〕、髙田淳「付随義務の分類」新報126巻9＝10号55頁〜127巻1号1頁(2020)〔付随義務として保護義務のほか、契約目的支援義務を提示〕。保護義務違反につき、北川＝潮見・新版注民(10)Ⅱ115頁以下。

給付結果・給付利益の保護へ向けられた注意義務である(たとえば、家具を期日に引き渡せるよう調達し、保管し、目的物が損傷しないよう配達する義務)。③は、①②と並立する、債権者・債務者間で相互に相手方の生命・身体・財産を侵害しないよう配慮すべき注意義務である(たとえば、家具の搬入にあたって買主の家のカーペットを損傷しない義務)。

　契約上の債務において、①は契約から、②③は信義則から発生する(奥田18頁以下)。債権者は、①については履行を請求できる(義務に対応する債権がある)が、②③については違反に対する損害賠償請求ができるだけである。他方、①②は債務者の義務であり、その保護利益は給付利益であるが、③は相互の義務であり、その保護法益は完全性利益(相手方の生命・身体・健康の完全性及び所有権その他の財産的利益)である。

　この方法によると、前記の諸例は、〔例①②⑤(⑥)〕が給付義務違反、〔例④〕が付随義務違反、〔例②③〕が保護義務違反だということになる。

　付随義務という言葉は、判例でも用いられる。たとえば、ⓐ国の公務員に対する安全配慮義務(最判昭50・2・25前掲)、ⓑ貸金業者の債務者に対する取引履歴開示義務(最判平17・7・19民集59巻6号1783頁)、ⓒマンションの売主が買主に対して防火戸の電源スイッチの位置・操作方法等を説明する義務(最判平17・9・16前掲)などである。もっとも、ⓐでは、ある法律関係に基づく特別な社会的接触関係の付随義務として信義則上負う義務とされ、ⓑでは、金銭消費貸借契約の付随義務として信義則上負う義務とされ、ⓒでは、「少なくとも、本件売買契約上の付随義務として」あった義務とされる。このように、判例は付随義務の言葉を用いてはいるが、その内容は一様ではない。

　δ　比較　　契約解釈アプローチが契約上の義務を解釈によって柔軟に認めることを考えるのに対し、債務構造分析アプローチは、給付義務を限定的にとらえたうえ、いわばその前後左右を包む付随的な義務を考える。このアプローチは、債務者の義務を分析するだけでなく、様々な場面の問題を統一的体系的に説明しようとする。たとえば、保護義務は、売買契約の場面だけでなく、旅客運送契約(目的地までの移動が給付義務、途中で怪我をさせないことが保護義務)などの場面、契約締結前の交渉段階の場面、さらには、契約関係のない場面においても、認められうる。そうすると、債務構造分析アプローチの方が、明確で

体系化も可能であって優れているようにもみえる。しかし、給付義務と付随義務・保護義務の区別は単純にできるわけではない（たとえば、旅客運送契約の場合、目的地まで「安全に」移動させることが給付義務ではないか。奥田165頁参照）。また、付随義務・保護義務とされるものについて、履行請求を認めるのが妥当な場合もありうる。そもそも、このような各種の義務が定立されたのは、履行不能・履行遅滞以外に明文のなかったドイツ民法（1896年公布）において、積極的債権侵害による損害賠償を認めるために、これらの義務を措定する必要があったという背景がある（平井49頁）。そうすると、日本法ではあえてそのような区別はせず、個々の契約の解釈によって債務内容を確定することを基本としたうえで、類型化をはかる方向（契約解釈アプローチ）が妥当であろう[37]。もっとも、債務構造分析アプローチは、整理概念として有用であり、具体的問題を解決する際の分析枠組ともなりうる。また、給付義務以外の義務について実質的根拠の考察を促す機能もある。これを用いることを否定する必要はない[38]。問題は、付随義務・保護義務として論じられるものを認めるべき場合の義務の性質、実質的根拠、義務違反の基準と効果を明らかにすることである。これは、特に領域問題において多く現れる問題である。その検討に先立って、債務不履行の領域内にあることが明らかな種類の不履行について、簡単にみておく。

　（b）　個別的な問題

　（ⅰ）　**不完全な履行**　　売買において、売主が引き渡した目的物が種類、品質又は数量に関して契約の内容に適合しない場合、買主は、損害賠償請求権及び解除権のほか、追完請求権及び代金減額請求権を有する（564条・562条・563条）。売主が移転した権利が契約の内容に適合しない場合も同様である（565条）。なお、目的物の種類又は品質に関する契約不適合については、責任の期間制限及び競売に関する特則がある（566条・568条4項）。改正前民法のもとで、売主

---

37) 平井49頁参照。各種の義務の分析から出発し、契約解釈論・債務発生原因論との接合をはかるものとして、潮見・前掲注(36)5頁以下・162頁以下、北川＝潮見(潮見)・新版注民(10)Ⅱ121頁以下。加藤雅信＝加藤新太郎編著『現代民法学と実務（中）』(2008)23頁以下〔ゲスト潮見佳男、初出2005〕、潮見新Ⅰ159頁以下参照。
38) ドイツ民法は、2001年改正によって同241条に2項（「債務関係は、その内容により、各当事者に相手方の権利、法益及び利益に対する配慮を義務づけることがありうる。」）が追加され、給付義務（1項）と保護義務（2項）の並立が明記された。

の担保責任(特に、瑕疵担保責任〔旧570条〕)の性質が債務不履行責任か法定責任かについて争いがあったが(中田・契約299頁以下・329頁以下)、現行民法はこれを債務不履行責任としている。

この規定は、他の有償契約に原則として準用される(559条本文)。もっとも、物の引渡しや権利の移転を伴わない契約(特に、役務提供型の契約)については、不完全な履行があったのか未履行なのかという争いがありうることや、追完請求や代金減額請求が無意味なこともあり、契約の性質により準用が許されない場合(559条但書)も少なくないだろう。

無償契約については、債務者の義務の内容が推定されることがある(551条1項・590条1項・596条)。

この種類の債務不履行は、かつての三分説で不完全履行と呼ばれたものを含むが、より一般的な内容のものであるので、区別するため、「不完全な履行」と呼ぶことにする。

　(ⅱ)　**不作為義務違反**　不作為義務には、生活妨害に関するもの(夜間騒音禁止、汚水流出禁止、高い建物の建築禁止)、物の利用に付随するもの(賃貸借における増改築禁止、動物の飼育禁止、転貸禁止)、契約交渉当事者間のもの(秘密保持、第三者との交渉禁止)、継続的な取引をする当事者間のもの(秘密保持、競業避止、排他的取引、テリトリー遵守、販売方法遵守)、事業者団体のもの(一定額以下での入札をしないこと、価格を維持すること)など多様なものがある。ここでは、義務の前提となる合意の効力・解釈が争われることがある(最決平16・8・30民集58巻6号1763頁〔企業間の協働事業化に関する基本合意における独占交渉条項の効力〕、最判平10・12・18民集52巻9号1866頁〔特約店契約における販売方法に関する制限〕など)。不作為義務の違反によって債権者は有形無形の多様な損害を被るものの、損害額の証明が困難なことが多い。そこで、契約において広汎な禁止規定や厳格な制裁規定(解除、違約金等)が規定されがちである。そのような規定は、当事者の自由を制約することになるが、それによって、当該当事者の利益だけでなく、より広い法益(基本的人権、環境、競争秩序、第三者の利益など)にかかわることがある。合意による不作為義務の不履行は、債務不履行責任であることは明らかだが、その合意の効力自体が、契約自由と公序との関係という観点から問題となることがあるという特徴がある。

148　第5章　当事者間の効力

(6) 領域問題

(a) 概観

債務不履行責任の領域問題がみられるものとして、①債務不履行責任か法定責任かという争いがあるもの、②不法行為責任との関係が問題となるものがある。

①は、改正前民法のもとで、瑕疵担保(旧570条)など売主の担保責任や、受領遅滞(旧413条)について議論があった[39]。これは、ある制度について、法律に規定された効果のみが生じるという制限的な立場(法定責任説)と、より広い効果が生じうることの前提として、当事者間に一般的な債務の存在を認める立場(債務不履行責任説)の対立であり、その制度の理解にかかわるものである。改正民法は、売主の担保責任について債務不履行責任であることを明らかにし、受領遅滞については効果を具体的に規定することとした(→第3節〔251頁〕)。

より広い範囲で問題となるのが②である。ここでは、まず、ⓐ契約の交渉段階、締結時、履行段階、終了後という一連の過程のなかで生じたトラブル(障害)について、どこまでを債務不履行責任とするかという問題がある。契約交渉の破棄、契約締結前の情報提供義務、原始的不能、保護義務、契約終了後の義務などの問題である。次に、ⓑ契約関係にない当事者間でなんらかの債務の存在を認め、その不履行の責任を問いうるかという問題もある。契約関係にはない当事者間の安全配慮義務、AB間・BC間にそれぞれ契約がある場合のAC間における損害賠償責任の性質などの問題である。最後の問題は、AC間の不法行為責任にAB間又はBC間の契約規範が及ぶかという問題(→第1款3〔123頁〕)、さらには、不法行為責任と契約責任との相互関係や契約の相対的効力の例外という、関連するより大きな問題に繋がる。ここでは、安全配慮義務(②ⓑ→(b))、契約交渉の破棄(②ⓐ→(c))、契約締結前の情報提供義務(②ⓐ→(d))、契約終了後の義務(②ⓐ→(e))の検討をする(原始的不能については→(3)(b)、

---

[39] 受領遅滞については、債務不履行責任説をとると、受領遅滞が債務不履行の1類型となる(法定責任説だと、受領遅滞自体に基づく損害賠償責任は発生しない)。このほか、解除の効果について直接効果説を徹底する立場から、損害賠償(旧545条3項〔現4項〕)を法定の責任と理解する少数説があった。会社法では、役員等の第三者に対する責任(会社429条1項など)について、特別の法定責任である(単なる不法行為責任ではない)というのが判例・多数説である。「法定責任説」といっても多様である。

保護義務については→(5)(a)(ⅲ)γ、契約と不法行為責任の関係については→第1款3)。
　(b)　**安全配慮義務**[40]
　(ⅰ)　**概観**　安全配慮義務とは、相手方の生命・身体・健康(以下「生命身体等」という)を危険から保護するよう配慮すべき義務である。1970年代以降、判例法理が発達した。当初、一般的な表現の判示がされたため、その射程が注目されたが、次第に明確化され、固有の実際的意義をもつ領域が特定されるようになった。現行民法のもとで、その領域はさらに縮減した。他方、安全配慮義務違反による責任は不法行為責任とは異なる性質のものとして出発したが、次第に異同が精緻化され、現在、両責任の関係について新たな検討がされ始めている。こうして、安全配慮義務の意義は、実際面から理論面へと移行しつつある。
　(ⅱ)　**判例**　リーディング・ケースは、最判昭50・2・25前掲である。自衛隊員Aが自衛隊の車両整備工場で車両整備作業をしていたところ、同僚の隊員が運転する車両に頭部を轢かれて死亡した。そこでAの両親が国に対し損害賠償を請求した。不法行為による損害賠償請求権の消滅時効期間(旧724条)が経過していたので、安全配慮義務違反が主張され、最高裁はこの主張を容れた。「安全配慮義務は、ある法律関係に基づいて特別な社会的接触の関係に入った当事者間において、当該法律関係の付随義務として当事者の一方又は双方が相手方に対して信義則上負う義務として一般に認められる」とし、この義務が国と公務員との関係(契約関係ではない)にも認められること、その違反による損害賠償請求権の消滅時効は10年(旧167条1項)であることを判示した。
　判例は、その後、雇用契約(最判昭59・4・10民集38巻6号557頁〔宿直中の従業

---

40)　下森定編『安全配慮義務法理の形成と展開』(1988)、奥田昌道①「安全配慮義務」石田喜久夫＝西原道雄＝高木多喜男還暦『損害賠償法の課題と展望』(1990)1頁、同②「安全配慮義務」判例に学ぶ民法94頁、高橋眞①『安全配慮義務の研究』(1992)、同②「安全配慮義務」争点197頁、髙橋眞③『続・安全配慮義務の研究』(2013)、同④『安全配慮義務の構造と展開』(2024)、宮本健蔵①『安全配慮義務と契約責任の拡張』(1993)、同②『続・安全配慮義務と契約責任の拡張』(2021)、淡路剛久「日本民法の展開(3)判例の法形成——安全配慮義務」百年Ⅰ447頁、北川＝潮見・新版注民(10)Ⅱ125頁以下、松本克美「債権法の現代化と安全配慮義務」瀬川＝吉田古稀上425頁、平野裕之「安全配慮義務の契約法における密かなる浸透」前同441頁、秋山ほか・改正61頁以下〔中原太郎〕、小粥・新注民(8)491頁以下、山田創一「安全配慮義務の再評価」宮本古稀113頁、渡辺達徳「安全配慮義務違反による損害賠償と義務の確定・免責の判断」河上古稀Ⅰ273頁。

員が盗賊に殺害された事故につき会社の同義務違反責任を肯定〕）、下請企業の従業員と元請企業との関係（最判昭 55・12・18 民集 34 巻 7 号 888 頁、吉井直昭『最判解民昭 55』411 頁〔元請企業と下請企業の従業員との間の雇用契約に準ずる法律関係上の債務の不履行を肯定〕、最判平 3・4・11 前掲〔元請企業が下請企業の労働者との間で特別な社会的接触関係に入ったとして同義務を肯定〕）にも安全配慮義務を認め、その適用領域を広げた。他方、学校事故については微妙な判断をし（最判平 18・3・13 判時 1929 号 41 頁〔高校の課外活動としてのサッカーの試合中の落雷事故で担当教諭の「生徒を保護すべき注意義務」を肯定。差戻審では使用者責任とされた〕、髙橋・前掲注(40)③55 頁〔初出 2009〕参照）、また、国は拘置所に収容された被勾留者に対し安全配慮義務を負わないとした（最判平 28・4・21 民集 70 巻 4 号 1029 頁、中原・前掲注(40)）。

判例は、また、安全配慮義務違反による責任の要件・効果を次第に明らかにした。そのなかには、被害者に不利なものも少なくない（特に、遅延損害金がいつから付されるかについての判断〔次の◆の③〕）。この結果、消滅時効期間（民法改正前の規律）を除くと、安全配慮義務構成の方が不法行為構成よりも被害者に有利だとは、一概にいえなくなっていた。他方、安全配慮義務を、不法行為責任の前提として、認める例が現れた（最判平 2・11・8 判時 1370 号 52 頁〔船長の窒息死事故につき受託海運会社の不法行為責任の前提としての安全配慮義務を認めた原判決を支持〕、奥田昌道「判批」リマークス 4 号〔1992〕28 頁）。

以上が 2017 年民法改正前に形成された判例法理であるが、議論の現状（→(iv)）をみる前に、安全配慮義務が問題となる場面を整理しておこう（→(iii)）。

◆ **安全配慮義務違反責任の要件・効果（判例）**　　被害者に不利な判断としては、①国の公務員に対する安全配慮義務違反を理由とする損害賠償請求訴訟においては、原告が同義務の内容を特定し、義務違反に該当する事実を主張・立証する責任を負う（最判昭 56・2・16 民集 35 巻 1 号 56 頁。渡辺・前掲注(40)参照）、②国の安全配慮義務とその履行補助者の運転上の注意義務とは別であり、履行補助者が後者の注意義務に違反したからといって、国の安全配慮義務違反があったことにはならない（最判昭 58・5・27 民集 37 巻 4 号 477 頁、百選Ⅱ〔5 版〕3〔國井和郎〕。不法行為における 715 条の方が広くなりうる）、③遅延損害金について、安全配慮義務違反を理由とする債務不履行に基づく損害賠償債務は、期限の定めのない債務であり、債権者から履行の請求を受けた時に履行遅滞となる（最判昭 55・12・18 前掲。不法行

為責任だと不法行為時から履行遅滞となる)、④安全配慮義務違反の債務不履行により死亡した者の遺族は、固有の慰謝料請求権を有しない(最判昭 55・12・18 前掲。不法行為における 711 条との相違)、というものがある。被害者に有利な判断としては、⑤安全配慮義務違反による損害賠償請求権の消滅時効の起算点について、一般には損害発生時としつつも、これを遅らせたものがある(最判平 6・2・22 民集 48 巻 2 号 441 頁、百選 I 40［香川崇］〔じん肺罹患を理由とする場合——最終の行政上の決定を受けた時〕、最判平 16・4・27 判時 1860 号 152 頁〔じん肺による死亡を理由とする場合——死亡の時〕)。また、⑥不法行為責任にそろえるものとして、安全配慮義務違反を理由として被害者が被訴した場合の弁護士費用を損害として認めるものがある(最判平 24・2・24 前掲→第 1 款 3 の 2 つ目の◆〔126 頁〕)。

(iii) **安全配慮義務の意義**　安全配慮義務が固有の意義をもつのはどのような場合か、また、他の法理との関係はどうかが問題となる。同義務が、①契約から生じる場合と、②契約以外の当事者間の関係から生じる場合、に分けて検討する(平井 57 頁参照)。

α　①には、まず、ⓐ相手方の生命身体等を危険から保護するよう配慮すること自体が契約の直接の目的である場合がある。介護契約、保育委託契約などである。ここでは、安全配慮義務は、契約上の義務の 1 つであり、その具体的内容が問題となるにとどまる。義務違反があれば損害賠償請求が認められ、また、履行請求も認められる。

次に、ⓑそれ以外の契約であって、相手方の生命身体等を危険から保護するよう配慮することが求められる場合がある。雇用契約、宿泊契約、在学契約、施設利用契約、借家契約、旅行契約、旅客運送契約などである(労働契約については、労契 5 条が設けられた)。義務違反があれば損害賠償請求が認められる。

債務構造分析アプローチによれば、安全配慮義務は、①ⓐでは給付義務であり、①ⓑでは信義則上認められる付随義務又は保護義務となりそうである。ここでは 2 つの問題がある。

第 1 の問題は、①ⓑにおいて認められる安全配慮義務は、結局は、一般的な保護義務に還元されるのではないかである(北川 16 頁、鈴木 645 頁、淡路 136 頁)。これは、判例法により形成された安全配慮義務の歴史的意義は認めつつも、その全体像がおおむね示された現在、もはや一般理論のなかに位置づけうるという評価である。安全配慮義務が過渡期の理論であるという指摘(潮見 I 126 頁)や、

判例の認める使用者の安全配慮義務は狭隘だが、むしろ保護義務の一種としてとらえるべきだという見解(潮見新Ⅰ172頁)が示されている。

　第2の問題は、①ⓑにおける安全配慮義務が付随義務又は保護義務だとすると、義務違反に対する損害賠償請求のみが認められ、履行請求(危険を防止するため人的・物的環境を整えよと求めること)は認められないことになるが、これを認めるべき場合があるのではないかである。雇用契約を中心に議論されている(宮本・前掲注(40)①180頁以下〔初出1986〕、同②5頁以下〔初出2020〕、高橋・同注153頁〔初出1989〕、奥田・同注①35頁、②105頁、潮見新Ⅰ167頁・178頁以下)。これについては、安全配慮義務は信義則に基礎を置くが給付義務として位置づけるべきものであるという考え方(宮本)と、給付義務と付随義務(保護義務)の区別から帰結するのではなく、生命身体等を保護法益とする場合には履行請求を認めるという考え方がある(潮見)。この最後の考え方は、もはや契約解釈アプローチに近い。

　契約解釈アプローチによれば、次のようになるだろう。安全配慮義務について重要なことは、㋐損害賠償請求の前提となる安全配慮義務が認められるのは、どのような契約か、㋑そのなかで履行請求も認められるものは、どのような契約か、を示すことである(契約解釈の指針の提示)。たとえば、施設利用契約にも、㋐のみであるものと、㋑でもあるものとがあるだろう。次のように考えたい。㋐については、契約の履行過程において相手方の身体を一定の人的・物的環境に置くことを予定し、かつ、本人がその環境を制御できるという契約においては、生命身体等という法益の重大性に鑑み、相手方の生命身体等の安全に配慮する義務が少なくとも抽象的には認められる(その具体的な内容・程度は、契約の解釈によって定まる)。㋑については、契約上、相手方が将来にわたってその環境に置かれるべき場合は、障害事由(→第4章第2節1(1)(b)〔82頁〕)がない限り、履行の請求も認められる。履行の強制については、手続法上の要請(特に判決手続・執行手続において求められる作為又は不作為請求の具体性)に応じる必要がある(宮本・前掲注(40)②5頁以下参照)。

　β　②当事者間に契約関係がなくとも安全配慮義務が生じうる関係としては、ⓐ当事者間の公法上の法律関係、ⓑ契約の一方当事者とその相手方以外の第三者との関係がある。

②ⓐは、国と国家公務員の関係などである。判例(最判昭和50・2・25前掲)は、「特別の社会的接触の関係」における信義則上の義務として安全配慮義務を認めた。さらに、近年の判例(最判平28・4・21前掲)について、調査官は、接触関係があれば常に同義務が生じるのではなく、「当該法律関係における権利義務関係等の内容と安全配慮の要請との関連性」がその発生根拠であると指摘する(野村武範『最判解民平28』298頁・310頁)。この指摘は、これを「契約の場合であれば、給付内容を中心とする契約内容と安全配慮の要請との関連性」と説明しており、公法上の関係の評価にあたっても、①ⓑと同様、債務構造分析アプローチ又は契約解釈アプローチに準じて考察することの可能性を示唆している。ここでは、信義則上の義務としての安全配慮義務の固有の存在意義が認められる。

②ⓑは、建築工事における元請負企業と下請負企業の従業員の関係などである。直接の契約関係があるわけではないが、一定の社会的接触関係がある場合には、特別の債務としての安全配慮義務が認められる。もっとも、これは、元請負企業と下請負企業の間の契約上の安全配慮義務の効力を第三者(下請企業の従業員)にまで及ぼすことができるかという、元請・下請間の契約の第三者効(相対効の例外)の問題ないしその契約の内容の問題としてとらえることもできる(宮本・前掲注(40)②55頁以下〔初出2004〕〔第三者のための保護効を伴う契約説〕、大村(4)103頁〔契約内容の問題とする可能性を指摘〕。中田・契約518頁以下参照)。そうだとすると、②ⓑは、①に還元されることになる。

（ⅳ）　**安全配慮義務論の現状**　　判例の展開により、損害賠償請求については、被害者にとって安全配慮義務違反構成の方が不法行為構成よりも有利だとは一概にいえなくなり、むしろ不法行為構成の方が有利な点も少なくない(補助者の行為についての責任、遅延損害金の起算点、遺族固有の慰謝料)。被害者にとっての最大のメリットだった消滅時効期間についても、2017年民法改正により、ほぼ同じになった(166条・167条・724条・724条の2。起算点についての細かい違いはある)。他方、被害者にとって不法行為構成の方が有利であった点も平準化の方向にある(弁護士費用、相殺の禁止〔509条の改正〕)。現行民法のもとで、法定利率の変動があった場合において、中間利息控除の基準時(417条の2にいう「請求権が生じた時点」)及び遅延損害金の額(419条1項にいう「債務者が遅滞の責任を負

った最初の時点」)について、両構成の間で差異が生じる可能性はあるが、損害額のレベルでは変動を緩和する運用も考えられ(→第3款4(3)2つ目の◆〔227頁〕・4(5)(b)(ⅰ)◆〔235頁〕)、その差異は実際上はさほど大きな問題にはならないと予測される。このように、安全配慮義務違反に基づく損害賠償を債務不履行責任と性質づけることの意味は低下した。しかし、現在、安全配慮義務は、不法行為責任の領域にも及ぶものとして、なお検討が続けられている(次の◆参照)。

　まとめよう。安全配慮義務に関する判例法理は、当初、注目を集めたが、次第に沈静化した。債務不履行に基づく損害賠償責任の根拠としての安全配慮義務の意義は、現在、限定的になっている。もっとも、登場以来、半世紀近いその歩みは、大きな果実をもたらした。この義務の発生根拠と性質をめぐる議論は、契約及び契約外の法律関係を通じての義務の存在を明らかにし、また、不法行為責任と債務不履行責任の比較の検討を精緻化させた。実定法としては、労働契約法5条に結実した。

　このように、安全配慮義務に関する議論は、当初の実践的なものから、理論的なものないし指導理念としてのものへと重心を移しつつあるが、契約関係の存否にかかわらず存在する可能性のある義務として、なおその意味を失っていないといえるだろう。

◆　**安全配慮義務の現代的意義**　次の指摘がある。①安全配慮義務は、契約関係の存否を問わず、履行請求権の根拠となりうる(潮見新Ⅰ179頁、松本・前掲注(40)433頁、山田・同注132頁以下)。②同義務には、事故等の現実の防止に向けての行為規範の定立と制度の整備を、またシステムと個人の動的関係の考察を促す意義がある(髙橋・前掲注(40)④36頁以下〔初出2019〕・66頁以下〔初出2020〕・ⅴ頁)。③同義務は、不法行為責任における行為義務の基礎づけとしても導入されうる[41]。いずれも重要な指摘である。①は種々の差止請求権制度(第7章注(6)参照)との関係の検討、②は制度整備の推進方法及び規範・考察の各具体化、③は不法行為責任を基礎づける安全配慮義務に対する契約による制御の可否・限界の検討、及

---

41)　秋山ほか・改正68頁以下〔中原〕、中原太郎「使用者責任と国家賠償責任」フロンティア433頁・458頁、松本・前掲注(40)432頁以下、山田・同注127頁以下。橋本佳幸『責任法の多元的構造』(2006)101頁以下、髙橋・前掲注(40)④16頁以下〔初出2019〕・56頁以下〔初出2020〕、平野・同注470頁以下参照。

び、安全配慮義務違反という不法行為類型の固有の意義の明確化が課題となるだろう。

（c）　契約交渉の破棄[42]

（ⅰ）　**意義**　契約締結前には、契約上の債務は発生しておらず、その債務不履行もありえないということになりそうである。しかし、実際には、契約交渉過程で当事者間に一定の社会的接触関係が発生し、その法的規律が問題となることがある。その1つとして、契約交渉の不当破棄の問題がある。

不動産売買契約、金融機関のする融資契約、企業間の業務提携契約や共同事業を目的とする契約などでは、一定期間の交渉段階があるのが通常である。その途中で交渉が破棄された場合、破棄された当事者は、契約の成立を主張し、また、仮に未成立であったとしても、契約交渉の不当破棄により損害を被ったとしてその賠償を求めることがある。

判例では、これを認めた例が少なくない。代表的なものとして、最判昭59・9・18前掲がある。建築中のマンションの販売業者が、購入を検討していた歯科医の問合せを受け、設計変更等をしたのに、結局、歯科医が買取りを拒絶したという場合に、契約の成立は認められないとしつつ、歯科医に対し「契約準備段階における信義則上の注意義務違反を理由とする損害賠償責任を肯定した原審の判断」を支持し、損害賠償を命じたものである（最判平19・2・27判時1964号45頁も同様）。この判決は損害賠償の性質については明言していないが、契約準備段階における信義則違反が不法行為になるとした例もある（最判平2・7・5前掲）。学説も、一定の場合に、契約交渉を破棄した者が相手方に対して損害賠償責任を負うことを認めるのが一般的である。もっとも、責任の性質、実質的判断要素、損害賠償の範囲について議論がある。

（ⅱ）　**責任の性質**　①不法行為責任説、②契約責任説、③信義則説がある。

42）　池田清治『契約交渉の破棄とその責任』（1997）、本田純一『契約規範の成立と範囲』（1999）、円谷峻『新・契約の成立と責任』（2004）、中田・民事法Ⅲ1頁、潮見佳男・新版注民(13)108頁、山本敬三①「契約交渉の破棄による損害賠償責任の成否に関する判断基準」潮見追悼・財391頁、同②「契約交渉の破棄による損害賠償責任の効果」曹時76巻11号（2024）1頁、吉内佑実「契約交渉破棄事例における説明義務違反と意思決定の自由の保護」潮見追悼・財435頁、中田・契約112頁以下。

③は、契約準備段階における信義則上の義務を観念するものだが、違反した場合の責任の性質について、さらに、ⓐ不法行為責任説、ⓑ契約責任説、ⓒ契約締結上の過失責任説に分かれる。①と③ⓐは、あえて区別する必要はない。②と③ⓑは、あわせて検討する必要がある。③ⓒは、とる必要はないだろう。

◆ **交渉破棄の責任の性質** ①説と③ⓐ説は、信義則上の義務を介在させるかどうかの違いに過ぎず、不法行為の成否の判断にあたって、あえて区別する必要はない。②説と③ⓑ説との違いも、信義則上の義務を介するかどうかだが、それよりも、両者を通じて、ⓓ契約法を支配する信義則は、契約締結準備段階にも及び、それに反するときは契約責任が生じるという考え方と、ⓔ契約交渉段階における中間的又は予備的な合意の成立を認め、その違反により契約責任が生じるという考え方があると整理する方が有効であろう(これらの考え方は、②説と③ⓑ説を通じてありうるが、以下では、便宜上②説に含めるものとして表示する)。ⓓは、契約責任を契約締結以前に時間的に拡張するという発想(北川・前掲注(16)289頁参照)をこの場面で用いるものだが、成立しなかった契約の先駆的効力という説明はやや技巧的であり(契約締結前の説明義務を成立した契約上の義務とすることは一種の背理だという最判平23・4・22前掲の立場では、なおさらそうだと評価されることになろう→(d)(ⅲ)〔162頁〕)、むしろ「関係的契約法」による説明(内田・前掲注(10)75頁、内田160頁)のように契約観念自体の再考を迫るものというべきであろう。ⓔは、中間的合意の違反に着目するものだが(河上正二「『契約の成立』をめぐって」判タ655号11頁・657号14頁〔1988〕)、「組織型契約」について、交渉過程の合意の意義を重視し、信義則上の義務違反責任の性質を契約上の債務不履行責任に類似する責任とするものもある(平井・契約130頁)。③ⓒ説は、契約準備交渉段階に入った当事者間の関係は、そうでない場合よりも緊密だから、相手方に損害を被らせないようにする信義則上の義務を負い、自らの責めに帰すべき事由によりその義務に違反して相手方に損害を生じさせた者は、不法行為が成立しない場合でも、損害賠償責任を負い、それは信頼利益の賠償であるというものだが(潮見・新版注民(13)91頁参照)、契約締結上の過失は、ドイツにおいて制限的な不法行為法を補うために発達した法理であり、不法行為の成立要件が概括的一般的である日本法(709条)のもとでは、これをとる必要がないという批判があり(平井54頁、平井・契約128頁)、その批判は正当である。

実質的に重要なのは、①説(③ⓐ説を含む)と②説(③ⓑ説を含む)の対立である。①説は、契約が未成立であることを強調する。②説は、全くの他人同士ではな

く、契約締結に向けての準備段階にある当事者間での問題であることを強調する。両説の具体的相違は、時効期間（人身損害ではないので、724条と166条1項の相違が顕出する）、補助者の過失による本人の責任（使用者責任か履行補助者責任か）にある。しかし、より議論が多いのは、理論面である。

両説の対立は、契約準備段階にある当事者の義務のとらえ方で生じる。義務には、2種類ある。㋐相手の信頼を裏切らない義務（自らの行為によって契約が成立するであろうという信頼を与えた者が相手方に対して負う、その信頼を裏切らない義務）、㋑誠実交渉義務（相手方に信頼を与えたかどうかを問わず、交渉が相当程度進展した以上、相互に負う、契約成立に向かって誠実に交渉する義務）である（平井54頁、潮見・新版注民(13)139頁、池田・前掲注(42)25頁以下・329頁以下参照）。

①説では、㋐に反した場合に不法行為が成立することについては、先行行為に対する矛盾行為の禁止という一般原則（信義則）によるものとして、特に問題はない（平井54頁。磯村保「矛盾行為禁止の原則について」法時744号90頁〜755号80頁〔1989〕参照）。しかし、㋑に反した場合に不法行為の成立を認めることは、契約締結の自由及び意思自治の原則との関係で、緊張関係が生じうる。裁判所が、契約の内容、交渉の進捗状況、当事者の出費・第三者との取引機会の喪失及びこれらについての相手方の関与の程度、当事者の属性、その取引社会の慣行等を考慮して、信義則の名のもとで規範を形成してきたものと理解すべきであろう。

②説（②ⓔ説）では、㋐㋑とも、契約締結前の中間的な合意によって発生する。中間的合意は、大規模な契約における基本合意など精練された書面でされることもあるが（最決平16・8・30前掲参照。平井・契約137頁以下）、黙示的な合意であって、裁判所による事後的な評価によるものも少なくない。また、合意の存在を認定できる場合であっても、それは契約とは評価できないという指摘がある。すなわち、そこでの当事者の意思は法的効果意思ではなく事実的意思にすぎない（潮見・新版注民(13)168頁。横山美夏「民法学のあゆみ」法時805号〔1993〕112頁・114頁参照）、契約の有効要件としての給付内容の確定性に欠ける、という指摘である。これは、いかなる合意が契約として認められる資格をもつと考えるのかという問題である。このように、①説と②説（②ⓔ説）の対立は、契約概念の問題にまで至る。日本では契約概念が比較的緩やかに解されていることか

ら(中田・研究80頁参照)、中間的な合意の法的効力についてもそれほど厳格な態度をとる必要はなく、これを一種の契約と認めてよいという考え方と、中間的な合意に違反した場合には、その合意が契約とはいえないとしても、契約上の債務不履行責任に類似する信義則上の責任が生じうるという考え方(平井・契約130頁・137頁以下参照)がある。中間的な合意にも契約と認めうるものはあると考えるが、仮に契約と認められないときであっても、後者の考え方が妥当する場合はあるだろう。そこでの「合意」の存在は、信義則違反の有無の評価がさらに加わるものである以上、緩やかに認めてよいと考える。

(ⅲ) **実質的判断要素** 契約交渉破棄については、種々の実質的な判断要素がある。契約を締結しない自由を保障すべき理由としては、意思自治・自己決定権の尊重、契約内容が合理化されること(自由闊達な交渉、調査検討の機会の十分な保障、交渉中に生じた事情変更や発見された問題点の契約内容への反映などによる)、第三者との取引の可能性を広く残すことによる社会全体としての効率性の向上(自由競争)、情報量・情報処理能力の低い当事者に十分な検討の機会を保障することなどがある。契約交渉破棄に対する責任を認めるべき理由としては、相手方の信頼・期待の保護、破棄した者の矛盾行為に対する非難、相手方に必要な情報の不提供(横山・前掲115頁)などがある。これらの要素のどこを強調するかが、法的性質論にも影響を及ぼしうる。

(ⅳ) **損害賠償の範囲** 義務に違反した場合に負担すべき損害賠償の範囲について、契約の成立を信頼したことによる「信頼利益」の賠償に限られるという見解がある。しかし、「信頼利益」の概念は必ずしも明確でなく(→第3款2(2)(d)(ⅰ)〔203頁〕)、これに限定する必要はない。不法行為責任にせよ契約責任にせよ、損害賠償の範囲に関する一般法理によって決すれば足りる(もっとも、山本・前掲注(42)②は、裁判例では「契約清算型損害賠償」に限定されているという)。

なお、明示的にされた基本合意などの中間的合意の違反についても、最終的な契約の成立可能性が低いことから「履行利益」は認められないと即断するのではなく、やはり損害賠償の一般法理によって判断すべきである。

◆ **明文化の試み** 現行民法は、契約締結の自由を明文で規定するが(521条1項)、部会では、これとあわせて、契約交渉の不当破棄についての規定も置くことが検討

された(中間試案第27、1、中間試案説明336頁以下)。しかし、そのような規定を設けると濫用されるおそれがある、信義則を具体化する規律を明文化するとかえって硬直的になるおそれがある、などの消極意見があり、表現の工夫(部会資料75A、第2)や、当事者の信義誠実交渉義務のみを規定すること(同80B、第3)が検討されたが、最終的に見送られた(同82-2、9頁)。2016年改正フランス民法で明文規定が置かれた(1112条〔2018年に一部改正〕。損害賠償の範囲を限定する内容)のと対照的である。

◆ **契約以外の法律関係と信頼**　公法上の関係(最判昭56・1・27民集35巻1号35頁)や、直接の契約関係にない私人間の関係(最判平18・9・4判時1949号30頁)において、信頼を保護法益とする不法行為責任が認められた例もある。

(d)　契約締結前の情報提供義務[43]

(ⅰ)　**意義**　私人は、契約をするか否かを自由に決定できるのが原則である(521条1項。契約自由の原則の1つである契約締結の自由)。この自由は、締結しようとする契約について必要な情報を自ら収集し、検討し、判断することを前提としている。情報の収集及び処理が不十分であった当事者は、詐欺・錯誤等にあたらない限り、それに伴う不利益を甘受すべきであり、相手方は情報を提供する義務はない。そもそも契約締結前である以上、義務はないともいえる。しかし、このような帰結は、当事者間に情報量・情報収集力・情報処理能力に大きな格差がある場合、不当と感じられることがある。そこで、契約締結前であっても、情報提供義務ないし説明義務があるといえないのかが問題となる。

裁判例では、金融取引、保険、不動産取引、フランチャイズ契約、医療に関する事案が多い。最高裁の判断では、財産的損害にかかわるものとして、変額保険の募集における生命保険会社の説明義務違反を認め損害賠償を命じた原判決を維持したもの(最判平8・10・28金法1469号49頁)、建築基準法上の問題の

---

[43]　小粥太郎「説明義務違反による不法行為と民法理論」ジュリ1087号118頁・1088号91頁(1996)、横山美夏①「契約締結過程における情報提供義務」ジュリ1094号(1996)128頁、同②「契約締結過程における情報提供義務」改正と民法学Ⅱ377頁、中田ほか編『説明義務・情報提供義務をめぐる判例と理論』判タ1178号(2005)、後藤巻則「情報提供義務」争点217頁。

ある建築等の計画について建築会社及び融資銀行の説明義務違反を認めたもの（最判平18・6・12判時1941号94頁。土地購入資金を融資した金融機関の説明義務違反を認めなかった最判平15・11・7判時1845号58頁も参照）がある。また、説明をしなかったため十分な情報のもとに意思決定をする機会を侵害したことによる慰謝料にかかわるものとして、肯定例（最判平16・11・18前掲〔分譲住宅の購入価格の適否を検討するうえでの重要な事実の説明〕）、否定例（最判平15・12・9民集57巻11号1887頁〔火災保険契約の申込者が地震保険契約をするか否かについての説明〕）がある。

関連する問題として、助言義務、契約上の情報提供義務・説明義務、適合性の原則がある。

◆ **助言義務**[44]　情報提供義務を超えて、相手方が求めている目的に照らしてその行動が有利かどうかについて、専門家としての評価をし、助言する義務が問題となることがある。医師、弁護士など専門家のする契約において、契約上の義務として、これが認められることはありうる。さらに、契約締結前の義務としてもこれを認める見解が有力である（平井55頁、内田貴『民法Ⅱ〔第3版〕』〔2011〕29頁。潮見新Ⅰ149頁）。契約締結前にこれが認められるのは、一方当事者が専門家であって、相手方の求めている目的を知っており、かつ、相手方との間に信認関係が成立している場合になるだろうが、そのような場合はむしろ広い意味での契約が黙示的にせよ成立していると考えられるのではないか。

◆ **契約上の情報提供義務・説明義務**　情報提供自体が契約の目的である場合（情報提供サービス契約、コンサルタント契約等）は、当然、契約上の債務となる。一定の契約類型においては、報告義務等の形で情報提供が義務づけられているものもある（645条・671条・673条。契約に委任又は準委任の性質を認め義務を認めたものとして、最判平20・7・4判時2028号32頁〔フランチャイズ契約における運営者の報告義務〕、最判平21・1・22民集63巻1号228頁〔預金契約における銀行の取引経過開示義務〕、百選Ⅱ65［瀬戸口祐基］）。特に、医療においては、療養指導としての説明（最判平7・5・30判時1553号78頁〔黄疸の認められる未熟児である新生児の退院時の説明〕、最判平14・9・24判時1803号28頁〔末期ガン患者の家族への告知の検討と説明〕）、療法についての同意を得るための説明（最判平12・2・29民集54巻2号582頁〔宗教上の信念から輸血拒否をする患者に手術をする際の輸血の

---

44)　後藤巻則『消費者契約の法理論』（2002）96頁以下〔初出1999〕。

可能性〕、最判平 13・11・27 民集 55 巻 6 号 1154 頁〔医療水準として未確立の他の療法〕、最判平 17・9・8 判時 1912 号 16 頁〔骨盤位の胎児の分娩方法〕、最判平 18・10・27 判時 1951 号 59 頁〔予防的な療法の実施〕)において、診療契約上の説明義務違反が認められた例がある(否定例としては、最判令 5・1・27 判時 2578 号 5 頁〔入院する精神科病院の選択の際、当該病院の無断離院防止策等を説明する義務がないとした事例〕)[45]。また、売買契約における付随義務として説明義務を認めた例(最判平 17・9・16 前掲〔マンションの売主及び売主と一体となって事務を行っていた宅建業者の設備操作方法の説明義務〕)がある。電気通信事業者の加入電話契約者に対する新種サービスの内容と危険を周知すべき責務を認めた例(最判平 13・3・27 民集 55 巻 2 号 434 頁)も情報提供義務の一種とみることができよう(川井 87 頁)。

このほか、契約締結後の情報提供義務・説明義務が法律によって定められることもある(458 条の 2・458 条の 3→第 9 章第 3 節第 4 款 3(1)(a)(ⅲ)〔615 頁〕。努力義務として、消契 3 条 1 項 4 号・9 条 2 項)。

◆ **適合性の原則**[46]　もともとは証券会社が投資取引において顧客の状況に照らして不適当な勧誘をしてはいけないという行政法上の業者の行為規制であったが、最判平 17・7・14(民集 59 巻 6 号 1323 頁)は、適合性の原則から著しく逸脱した証券会社の不法行為責任の可能性を認めた。この判例及び米英の状況に鑑み、2006 年に法改正があり、金融商品取引法における同原則が拡充される(金商 40 条 1 号)とともに、〔改正前〕金融商品販売法にも同原則が追加された(同 3 条 2 項)。この結果、行政法上のルールであった適合性と民事的効果が事実上結合した(松尾直彦編著『一問一答　金融商品取引法』[2006]323 頁。潮見佳男「判批」金法 1780 号[2006]71 頁参照)。金商法は、業者の行為規制を拡充するものであるが、金販法の規定では、説明義務の中に同原則を取り込む形がとられている。こうして、適合性の原則は、①行政法上の規律(金融庁の監督指針等が具体的に定める)と私法上の規律、②狭義のルールと広義のルール(ある特定の者に対してはいかに説明を尽くしても一定の商品の販売・勧誘を行ってはならない〔狭義〕。業者が利用者の知識・経験・財産等に適合した形で販売・勧誘を行わなければならない〔広義〕。金融審議会第一部会『中間整理(第一次)』17 頁以下[1999])、「財産権保護型投資者保護公序」と「生存権保障型投資者保護公序」(潮見・前掲注(3)121 頁)、のそれぞれの面で検討

---

45)　手嶋豊「医療と説明義務」判タ 1178 号(2005)185 頁、米村滋人『医事法講義〔第 2 版〕』(2023)132 頁以下〔「医療的決定保護を目的とする義務」と「その他の目的を有する義務」に分類する〕。
46)　アメリカ法につき、王冷然『適合性原則と私法秩序』(2010)、ドイツ法につき、角田美穂子『適合性原則と私法理論の交錯』(2013)。

する必要がある。なお、金販法は、2020年に金融サービス仲介業に関する規律等も追加のうえ、金融サービス提供法と改称された(適合性の原則は、同4条2項)。

(ⅱ) **義務の根拠**　情報提供義務は、行政法上、課されることがあるが(金商37条の3、宅建業35条等)、これが直ちに私法上の根拠となるわけではない。私法上の一般的な規定としては、消費者契約法3条1項2号・3号があるが、努力義務にとどめられている。私法上の効果を伴うものもあるが(金融サービス4条・6条・7条、借地借家38条3項・5項)、対象が限定されている。

情報提供義務を一般法理によって認める根拠としては、大別して2つの考え方がありうる。①情報提供義務を契約自由の原則を実質的に確保するための義務(自己決定の前提となるべき契約環境を整える義務)と考えるものと、②当事者の情報及び交渉力の格差を重視し、専門家責任又は消費者保護の観点から考えるものとである。①は、自己決定の原則を実質化する方向であり、②は、同原則を一定の場合に制限する方向である。契約締結前の情報提供義務については、①が基本であり、②は主として助言義務及び適合性の原則にかかわるものと考えたい。この実質的根拠が、実定法上、信義則という形で現れることになる。

(ⅲ) **責任の性質**　契約締結前の信義則上の情報提供義務・説明義務に違反したことによる損害賠償責任の性質については、①不法行為責任説、②債務不履行責任説(契約責任説)がある[47]。①は、ⓐ契約がまだ締結されていない段階における義務であること(当該契約との時間的関係)、ⓑ契約の締結を左右する情報を提供する義務を当該契約から導くことはできないこと(当該契約との論理的関係)、ⓒ相手方の救済は不法行為責任を認めれば足りること(妥当性。ドイツの不法行為法との相違が指摘される)、が根拠である。②は、ⓐ無関係の者同士で

---

47)　最判平23・4・22前掲より前の不法行為責任説として、潮見・不法行為Ⅰ160頁、債務不履行責任説として、我妻V₁41頁、平井・契約134頁など。同判決以後、評釈等による検討が進んだ(平野裕之・NBL955号15頁、久須本かおり・愛大190号89頁〔以上2011〕)、池田清治・ジュリ1440号74頁、丸山絵美子・民事判例Ⅳ140頁、小笠原奈菜・現代消費者法15号82頁、潮見佳男・金法1953号75頁、早川結人・名法246号205頁〔以上2012〕、溝渕将章・阪法62巻5号395頁、渡辺達徳・リマークス46号6頁、山口雅裕・判タ1384号40頁、松井和彦・判評652号13頁〔以上2013〕、松本恒雄・金判1511号58頁〔2017〕、百選Ⅱ4〔角田美穂子〕など)。同判決の考え方を支持するものとして、北川＝潮見・新版注民(10)Ⅱ203頁。これを批判するものとして、原田剛「法解釈・契約解釈における信義則」新井古稀168頁、吉田69頁、山野目110頁。

はなく契約交渉過程にある者同士の間の義務であること(当事者の関係)、ⓑ義務の根拠が契約自由の実質的確保にあり(→(ⅱ))、義務の存否・内容は当該契約の内容との関連性が強いこと(当該契約との実質的関係)、ⓒ不法行為責任だけでなく、契約責任をも認める方がよいこと(妥当性)、が根拠である。

判例では、①ⓑを強調し、不法行為責任説をとったものがある(最判平23・4・22前掲。消滅時効について旧724条を適用した)。すなわち、契約の締結に先立ち、当事者Aが信義則上の説明義務に違反して、「当該契約を締結するか否かに関する判断に影響を及ぼすべき情報」を相手方Bに提供しなかった場合、Bが当該契約を締結したことにより被った損害につき、Aは、不法行為責任はともかく、当該契約上の債務の不履行による賠償責任を負うことはない、なぜなら、締結された契約は説明義務違反の結果として位置づけられるので、同義務をその契約に基づいて生じた義務ということは「一種の背理」だからだという(実質的な債務超過状態にあり経営破綻の現実的危険がある信用協同組合について、そのことを説明しないまま出資を勧誘した事例)。しかし、やや形式的であり、②の各理由(特に②ⓑ)を考えると、債務不履行責任としてよいのではないか(説明を要するような契約であるからこそ義務があるといえる。免責条項の効力・限界を考えるうえで、契約内容との関係を検討しやすいという利点もある〔神作裕之「判批」判評666号(2014)24頁参照〕)。なお、情報提供・説明を義務づける合意が当該契約とは別に存在し、それに違反した場合、債務不履行となることは当然である。

◆ **情報提供義務の対象による区別**　　上記判例の「背理」論は、説明があればおよそ契約が締結されなかったであろう場合だけではなく、その内容(契約条件)での契約とはならなかったであろう場合にも及ぶことになりそうである。他方、「当該契約を締結するか否かに関する判断に影響を及ぼすべき情報」以外の情報の提供については、なお債務不履行責任を認めうる余地を残したものと解しうる(千葉裁判官の補足意見を参照。横山・前掲注(43)①131頁は、つとに「契約の締結に向けられた情報提供義務」と「契約の履行に向けられた情報提供義務」との区別を提唱していた)。

(ⅳ)　**効果**　　こうして、契約締結前の情報提供義務違反は、不法行為(判例)又は債務不履行による損害賠償責任を生じさせる。法律行為の問題として

は、取消し(95条・96条、消契4条)の原因ともなる。解除については、否定する見解が有力だが、なお検討の余地がある(平井・契約134頁)。

◆ **情報提供義務による契約の適正化**　「適切な情報が提供されていたらあったであろう契約内容」と「情報提供義務違反(誤情報提供又は情報提供懈怠)の結果として現にある契約内容」とを比較し、前者に近づけるための諸方法(履行請求、損害賠償、代金減額請求、一部の条項の効力の否定)に通底する根拠として情報提供義務を想定することが検討されている(小笠原奈菜「当事者が望まなかった契約の適正化と情報提供義務——契約関係維持を中心として」山形大学法政論叢47号110頁〜54=55号1頁〔2010〜12〕)。この観点からは、催告をしたうえでの将来に向かっての解除の可能性も考えられよう。

　また、契約締結過程における当事者の正当な信頼の保護という観点から、同過程の手続的適正性の保障をすべきであるとし、意思表示の規範的解釈を通じて、契約締結過程において不適切な表示をし、又は適切な表示を怠ったことにより相手方の信頼を裏切った当事者に対し、信頼された内容を契約の領域に取り込む(給付義務を承認する)という効果を課す試みもある(山城一真『契約締結過程における正当な信頼』〔2014〕)。この方向は、契約締結前の言明を契約内容に取り込む規律(PECL 6.101, DCFR Ⅱ.9.102, CESL 69)にも通じる。

◆ **明文化の試み**　部会では、契約締結過程における情報提供義務の明文化が検討された(中間試案第27、2、中間試案説明340頁以下)。しかし、同義務が認められる場合は多様であり、一律に規定を設けると判断を硬直化させるという批判があり、また、同義務を認める範囲の広狭についても意見の隔たりが大きく、部会での合意形成が困難であることから見送られ、従来どおり信義則の解釈適用に委ねることとされた(部会資料75B、第1、同81-3、30頁)。明文化は、保証の委託を受ける者に対する情報提供義務にとどまる(465条の10)。なお、2016年改正フランス民法では、情報提供義務に関する一般的な規定が新設された(1112-1条)。

(e)　契約終了後の義務[48]

契約が終了した後も、当事者に何らかの義務ないし負担が残ることがある。

---

48)　本田・前掲注(42)、熊田裕之「ドイツ法における契約終了後の過失責任」新報97巻1=2号(1990)369頁、高嶌英弘「契約の効力の時間的延長に関する一考察」産大法学24巻3=4号59頁・25巻1号1頁(1991)、蓮田哲也『契約責任の時間的延長——契約余後効論を中心として』(2020)〔「主たる給付義務の履行後における債務関係」を分析する〕。

たとえば、退職後の従業員が負う競業避止義務及び秘密保持義務、元使用者が退職従業員に対して負う在職証明書の発行義務、機械の売主が一定期間アフターサービスをしたり部品等を製造又は保管する義務、眺望のよさを売り物にしたリゾート・マンションの販売業者が売買終了後も隣地に眺望を妨げる建物を建築しない義務、また、契約終了後とは限らないが、貸金業者の借主に対する取引履歴開示義務(最判平 17・7・19 前掲)、医師の患者や遺族に対する治療後の説明義務(米村・前掲注(45)141 頁以下、手嶋・同注 188 頁、河上正二「医師の死因解明義務について」平井宜雄古稀『民法学における法と政策』〔2007〕593 頁)などである。これらは、「契約終了後の過失」「余後効」「契約終了後の保護義務」などの観念で包括的に論じるべきものではなく、契約上の義務の一部の存続、社会的接触関係による信義則上の義務、不法行為責任等の観点から、個別的に評価すべきものである(潮見新Ⅰ183 頁参照)。

4 損害の発生

債務不履行による損害賠償については、損害の発生が要件となる。履行の強制や契約解除では、これは要件とならないので、異なっている。損害の意義については、債務不履行の効果のところで説明する(→第 3 款 2〔184 頁〕)。金銭債務の場合(419 条 2 項)についても、後述する(→第 3 款 4(5)〔234 頁〕)。

5 事実としての不履行と損害との因果関係

最後の要件は、事実としての不履行と損害との間の因果関係の存在である(星野 59 頁、平井 71 頁、内田 178 頁以下)。これは、不履行がなければ損害が生じなかったであろう、という関係であり、事実的因果関係と呼ばれる。損害賠償の範囲のところで検討する(→第 3 款 3〔206 頁〕)。

◇　手術をした医師が患者の体内にガーゼを置き忘れたとすると診療債務の不履行になるが、患者が、翌日、手術とは全く関係のない原因で死亡したとすると、医師の不履行と患者の死亡との間には因果関係はない。

6 免責事由[49]

(1) 意　義

以上の4つの要件(債務の存在、事実としての不履行、損害の発生、事実としての不履行と損害との因果関係)が満たされていても、債務者が債務不履行による損害賠償責任を負わないことがある。それは、その不履行が「契約その他の債務の発生原因及び取引上の社会通念に照らして」債務者の責めに帰することができない事由(本書では「帰責不可事由」と呼ぶ)によるものであるときである(415条1項但書)。この規律は、債務不履行の種類を問わず、適用される。

◇　特定物である中古自動車を買主の住所で引き渡す債務を考える。①地震のために売主の車庫が倒壊し、そこで保管されていた同車が滅失し、引き渡せなくなった場合、その不能が帰責不可事由によると評価されれば、売主は損害賠償責任を負わない。②地震のために交通が遮断し、履行期に引き渡すことができなかった場合、その遅滞が帰責不可事由によると評価されれば、売主は損害賠償責任を負わない。

◆　**改正前民法における「帰責事由」要件の適用範囲**　　改正前民法は、債務者の責めに帰すべき事由(帰責事由)を、履行不能による損害賠償の要件としていた(旧415条後段)。これは、①事実としての履行不能があっても、債務者に帰責事由がなければ、債務者は債務不履行責任を負わないこと、②事実としての履行不能が生じた場合、債務者に帰責事由があれば本来の債務は損害賠償債務として存続するが、

---

[49] 中田①「損害賠償における『債務者の責めに帰することができない事由』」フロンティア245頁・267頁以下、同②「民法の概念の名づけ方」曹時72巻9号(2020)1頁〔いずれも同・現代化所収〕、潮見佳男「債権法改正と『債務不履行の帰責事由』」曹時68巻3号(2016)1頁、森田・文脈297頁以下、能見善久「民法改正と債務不履行責任」司研論集130号(2021)48頁・78頁以下、山野目章夫「『契約及び取引上の社会通念』とは何か」曹時73巻1号(2021)1頁、小粥・新注民(8)538頁以下、渡辺達徳「債務不履行」改正講座Ⅱ32頁。民法改正前の議論として、吉田邦彦「債権の各種──『帰責事由』論の再検討」同『契約法・医事法の関係的展開』(2003)2頁〔初出1990〕、森田・前掲注(4)1頁〔初出1993〕、森田・深める30頁以下、中田・百年Ⅲ1頁、潮見Ⅰ258頁以下、北川＝潮見・新版注民(10)Ⅱ160頁以下、山本敬三①「契約の拘束力と契約責任論の展開」同『契約法の現代化Ⅱ──民法の現代化』(2018)329頁〔初出2006〕、同②「債務不履行責任における『帰責事由』」同書378頁〔初出2011〕、小粥太郎「債務不履行の帰責事由」ジュリ1318号(2006)117頁、荻野奈緒「契約責任における不可抗力の位置づけ」同法58巻5号(2006)353頁、田中教雄「債務不履行における過失責任の原則について」法政研究78巻1号(2011)168頁。改正前民法のもとでの通説的見解を現行民法のもとでも基本的に維持するものとして、石田176頁以下。

帰責事由がなければ債務は消滅すること、を示すという2つの意味があった。①は、履行不能に限ったことではないが、②は、履行不能特有のことである。明治民法の起草者は、①と②の両方の意味を考えていたようである（中田・百年Ⅲ9頁）。しかし、後の判例（大判大10・11・22民録27輯1978頁、最判昭61・1・23訟月32巻12号21頁など）・学説（我妻100頁など）は、①を重視し、履行不能以外の債務不履行にも帰責事由が必要だと解釈した。今回の改正では、履行不能は債務消滅原因とされず、①が一層強く考慮されることになった。

(2) 帰責不可事由の内容

(a) 問題の概観

415条1項は、①債務者は、事実としての不履行があれば損害賠償責任を負うが、債務者の責めに帰することができない事由（帰責不可事由）があるときは免責されること、②帰責不可事由の存否は、「契約その他の債務の発生原因及び取引上の社会通念」に照らして判断されることを規定する。

改正前民法415条のもとで、通説的見解は、①′債務者の損害賠償責任が発生するためには、事実としての不履行があるだけでは足りず、債務者の責めに帰すべき事由（帰責事由）が必要であること、②′帰責事由は、「債務者の故意・過失または信義則上これと同視すべき事由」であると述べた（我妻100頁・105頁）。もっとも、②′について、判例は常にこのように定式化していたわけではなく、学説でも批判する見解も有力だった。①′についても、帰責事由を責任成立要件とするのではなく、免責事由と位置づける見解も現れていた。

改正民法の規律は、改正前民法のもとでの判例の内容を考慮しつつ定められた。しかし、従来の議論の影響を受け、とりわけ②について理解の対立がある。

(b) 改正前民法のもとでの判例[50]

改正前民法のもとで、債務者に帰責事由がないとし、あるいは、その存否の検討が必要だとした最上級審裁判例として、次のものがある。

〔売買〕①売買契約後に目的物の取引を禁止する法律が発布された場合（大判明39・10・29前掲〔葉煙草の売買。傍論〕）、②土地の売主が、第三者の所有する地

---

50) 長尾治助『債務不履行の帰責事由』(1975)、吉田・前掲注(49)48頁以下、中田・百年Ⅲ35頁。

上建物について復興局の移転命令があったときは直ちに同建物を収去して更地とし、買主に引き渡す債務につき、売主が当時の情勢に応じて速やかに立ち退かせるのに必要な合理的な努力をした場合（大判昭16・9・9民集20巻1137頁〔傍論〕。中田・前掲注(49)①254頁注(37)参照）がある。他人の権利の売買について、③Aの保有する鉱業権をBがCに売ったが、BがAから権利を取得してCに移転することができなかったところ、CがAに直接請求できる関係にあった場合（大判大10・11・22前掲）、④競売手続中のA所有不動産をBがCに売ったが、履行期に所有権移転登記手続ができなかったところ、これは競落許可決定に対し利害関係のないDが即時抗告をしたために競落手続が一時中断したことによるものであった場合（最判昭57・7・1判時1053号89頁〔CとDが通じていた模様〕）がある。③④では、ⓐ他人の権利の移転という結果の不実現と、ⓑ権利移転ができなかったことについての売主の帰責性とが問題となり、ⓐは債務不履行、ⓑは帰責事由と位置づけられているようだが、権利を移転するために売主が何をすべきであったのかが債務の内容と帰責事由のいずれにもかかわるという特徴がある。

〔賃貸借〕⑤建物賃借人の返還義務が原因不明の出火による建物焼失のため不能となったが、債務者が善良な管理者の注意をもって建物を保存していた場合（大判昭11・3・7民集15巻376頁）。ここでは、返還義務と善管注意保存義務の関係が問題となる。

〔委任〕⑥米穀取引所仲買人が委託者の注文に応じて一定の場・節において定期米の「買埋」をする義務について、その場・節で相場が成立しなかった場合（大判大6・5・23民録23輯896頁）。

〔診療契約〕⑦患者に胆嚢癌の疑いがあると診断した医師が当該状況のもとで結果的に患者の家族に説明をしなかった場合（最判平7・4・25民集49巻4号1163頁）。ここでは、債務の内容と帰責事由とが明瞭に区別されていない。

〔保育委託契約〕⑧保育委託された乳幼児が乳幼児突然死症候群による突然死をした場合（最判昭61・1・23前掲）。履行補助者の「保育委託契約上の過失」を否定した。

このように、不履行が契約後の客観的状況の変化によるもの（①）のほか、債務の履行について第三者との関係が問題となるもの（②③④⑥）、債務者の複数

の義務の内容が問題となるもの(⑤)、債務者の債務の内容と帰責事由の関係が不明瞭なもの(⑦⑧)がある。②以下では、債務の内容と帰責事由が密接に関連し、あるいは、一体となっているようである。

（c）　現行民法の規律

（ⅰ）　**議論の状況**　415条1項は、「従来の実務運用を踏まえ、帰責事由についての判断枠組みを明確化した」にすぎず、「実務の在り方が変わることは想定されていない」といわれる(一問一答75頁)。前項で取り上げた裁判例も、引き続き参照されるべきことになる。もっとも、415条1項の理解の仕方は、分かれる。①債務者の損害賠償責任の帰責根拠、②一定の場合に債務者が損害賠償責任を負わないことの根拠、③415条1項但書が定めるのは責任成立要件か免責事由か、④免責事由の内容、について、民法改正前から続く議論がある。

◆ **415条1項に関する議論**　契約債務について、改正前民法のもとでの議論も含め整理する。

　①帰責根拠。債務者が損害賠償責任を負うのは、ⓐ債務者に故意過失があるからか(過失責任主義)、ⓑ契約によって義務づけられているからか(契約の拘束力)、という対立がある。ⓐは、㋐歴史的背景(我妻100頁)のほか、㋑本来の給付義務の履行より損害賠償責任の方が債務者の負担が大きいから、損害賠償責任には債務者の過失が追加的に必要であるという。ⓑは、㋐帰責事由が過失責任原則を表したものとみることは、明治民法施行後の学説継受によるものであり、民法典から当然に導かれるものではないこと、㋑不法行為責任とは異なり、債務不履行責任では行為者(債務者)に行動の自由がないことが前提となるので、過失責任主義をとるべきではないことを指摘する。もっとも、どちらの理由づけも決定的とはいえない。ⓐ㋑については、本来の給付より損害賠償の方が債務者の負担が大きいと常にいえるわけではない(中田・前掲注(49)①269頁)。ⓑ㋑については、ⓐにおいても、過失の前提となる債務者の行為義務の内容・程度がまずは契約によって定まるのだとすれば、契約と切り離されるわけではないこと、また、ⓐも、既に給付すべき義務を負っている債務者の責任は無関係の者の間の不法行為責任より重いので、帰責事由の内容は普通の過失よりも広いと考えていることが指摘される。他方、ⓑにおいても、債務者が免責される場合のあることは認められ、その際、履行段階における債務者の行為が評価対象とされることがありうるが、その評価基準を、直接、契約に求めるのか、契約によって定められた行為義務違反(過失)に求めるのかは、大差がない。結局、ⓐかⓑかという議論の仕方は、少しきめが粗い。

②一定の場合に債務者が責任を負わないことの根拠。帰責事由がない場合又は帰責不可事由がある場合に、債務者が損害賠償責任を負わないことの根拠も、①のⓐとⓑで異なる。①ⓐでは、債務者に故意過失がないことが根拠である。①ⓑでは、不履行を惹起させた事態から生じるリスクをその契約において債務者が引き受けていなかった（契約の拘束力が及ばない）ことが根拠である（基本方針Ⅱ243頁）。もっとも、ここでも①と同様、ⓐとⓑの関係は、なお分析を要する。

　③責任成立要件か免責事由か。債務不履行による損害賠償責任が成立するためには、ⓐ事実としての債務不履行だけでは足りず、債務者の有責性などの事由も必要なのか（不履行＋α）、ⓑ事実としての債務不履行があれば足りるが、一定の事由があれば免責されるのか（不履行－β）という議論がある。理論的には、ⓐかⓑかは、債務不履行による損害賠償の位置づけにかかわる。㋐債務不履行による損害賠償の性質は、債務の履行とは異なるものか、履行の一態様なのか、㋑損害賠償請求権の発生は、債権の効力によるのか、不履行の効果か、㋒本来の給付の履行請求と損害賠償請求の優先関係はどうか、という問題がある。この3つの問題について、ⓐは、伝統的な理解（㋐は履行と異なる、㋑は債権の効力による、㋒は本来の給付の実現が第一義的なものであると理解する）を前提とするが、ⓑは、伝統的理解からもそれ以外の立場からも導くことができる。一方、判例・学説は、従来から、帰責事由の不存在の証明責任を債務者が負うと理解してきた。このため、帰責不可事由の存在の証明責任を債務者が負うといっても、実際上はほとんど変わりなく、ⓑに対する実務上の抵抗感は大きくない。部会でも早い段階からⓑをとることで一致し、法制審議会の決定した要綱でも、そのことが明示された[51]。以上のことから、415条1項但書は、免責事由としての帰責不可事由を定めたものだと理解すべきことになる（帰責事由が損害賠償の責任成立要件であることを前提として、その証明責任の所在を明らかにしたにすぎないものではない）。

　④免責事由の内容。415条1項但書は、帰責不可事由の存否を「契約その他の債務の発生原因及び取引上の社会通念に照らして」判断するとした。これについては、①のⓐとⓑの対立を反映し、理解が分かれる。一方で、これは過失責任を排除したものではないという理解がある[52]。他方で、これは①ⓑを前提とする規定であり、契約の内容こそが決め手であって、「取引上の社会通念」という表現が入っている

---

[51]　部会資料32、第2、2参照。要綱（→序章4〔13頁〕）第11、1の見出しは、「債務不履行による損害賠償とその免責事由（民法第415条関係）」である。

[52]　過失責任の存続を指摘するものとして、加藤雅信「債権法改正法の成立——債権法改正総括」名古屋学院大学論集（社会科学篇）54巻2号（2017）25頁・53頁以下。森田修・改正と民法学Ⅲ35頁参照。手段債務類型における過失判断との近接性を指摘するものとして、水野謙・改正と民法学Ⅱ1頁、小粥・新注民(8)551頁。①ⓑに加えて過失ないしfaultをも帰責根拠とするものとして、笠井修『契約責任の多元的制御』（2017）83頁、木戸茜「契約責任決定規範の多元性」北法68巻6号1頁～72巻3号414頁（2018～21）。

のは、免責事由が契約当事者の主観的事情だけでなく、契約の性質、契約をした目的、契約締結に至る経緯その他の事情も考慮して定まることを示すためのものであり、「及び」という接続詞が用いられているのは法制執務上の技術的考慮によるものであるにすぎないという理解がある[53]。

　この対立は、具体的には、契約債務の履行に障害が生じた時点における（特に契約締結後に生じた）事情が免責事由となるかどうかの判定に際して、ⓐ契約の内容とともにそれ以外の要素をも基準に加える余地を残すのか、ⓑ基準を契約の内容に一元化するのか、に収斂する。ⓑは、「契約」が合意内容の規範的評価を経たものであることを前提として、免責事由も契約の拘束力で基礎づけるべきことを主張するが、ⓐからは、すべてを「契約」に還元することに対する疑問（ⓑの前提とする契約観に対する疑問、「契約の解釈」という作業に過剰な負担を課すことになりかえって不透明になること、契約書の文言が事実上支配することに対する実務的懸念、不法行為責任による損害賠償責任と相違するおそれの存在、法定債務の場合についての不明瞭さ）や、履行段階における取引上の社会通念のもつ意味の積極的評価が示される。

　私見は、①については、ⓑ（契約の拘束力）を基本とすべきであると考え、③については415条1項但書は免責事由を規定したものであると理解する。しかし、②④については、①のⓑに強いて一元化する必要はないと考える。契約の解釈や任意規定により債務内容の確定をしたうえで、なお残るリスクの配分について、当初の合意時の状況とともに不履行時の客観的状況を適切に考慮に入れる方法として、415条1項但書は「取引上の社会通念」をも判定基準とすることをデフォルト・ルールとしたものであると理解したい（中田・前掲注(49)①271頁）。これは、契約の解釈という作業の負担を軽減するため、また、取引実務及び裁判実務の要請を反映するための規定であるが、抽象的にいえば、債権者・債務者間の衡平のためのものである。もっとも、当事者間で、415条1項但書とは異なる合意をすることは、妨げられない。その合意の効力は、一般法理（公序良俗、約款・消費者契約に関する規律など）に服する。

（ⅱ）　**具体的な判断過程**　　415条1項については、（ⅰ）に示した通りの諸対立があり、錯綜するが、具体的な判断過程は、次のように整理することができるだろう。

---

53)　潮見・前掲注(49)、潮見・改正54頁以下・67頁以下、潮見新Ⅰ379頁以下、山本敬三「契約責任法の改正——民法改正法案の概要とその趣旨」同『契約法の現代化Ⅲ——債権法改正へ』(2022) 253頁〔初出2016〕。これに対し、内田162頁は、「合意」及び「取引上の社会通念」が「契約の解釈」の対象となると説明する。

第1に、事実としての不履行の有無を判断する。これは、債務の内容(契約による債権においては契約の解釈により、法定債権においては法律の規定により、確定される)と債務者の作為・不作為とを比較し、債務の本旨に従った履行があるといえるかどうかで決する。伝統的通説は、違法性も債務不履行による損害賠償請求の要件とするが(我妻101頁など)、そこであげられる留置権(295条)や同時履行の抗弁(533条)は、事実としての不履行の判定において考慮すれば足りる。違法性を独立した要件とする必要はない。

　第2に、事実としての不履行がある場合に、債務者の帰責不可事由の存否を判断する。契約債務についていうと、まずは契約の解釈によって、不履行をもたらした事実が債務者を免責すべきものとされているか(そのリスクを債務者が負担したものとされているか)を検討する。契約解釈によっては定まらない場合、契約の内容とともに不履行時の社会通念をも考慮して、契約後に生じた事情及び債務者が不履行を回避するためにした行為を評価し、帰責不可事由の存否を判断する。以上のどの段階においても契約と離れて不履行時の社会通念のみで決せられるわけではない。

> ◇　帰責不可事由は不履行についてのものである(不履行が帰責不可事由によるものである場合に免責される)。たとえば、隣県にある会場で講演をする契約をした者が、当日、会場に行くために電車に乗ったところ、その電車が落雷に伴う事故のため途中で運行を停止したとする。同人が講演をしなかったとして、運行停止は不可抗力によるものだが、それが当然に不履行(講演をしなかったこと)の帰責不可事由になるわけではない。運行停止時に他の交通手段がなかったか、その交通手段をとることが期待できたかなども考慮したうえで、判断される。

　帰責不可事由の例としては、①不可抗力[54]、②履行を妨げる債権者の行為[55]、③履行を妨げる第三者の行為のように、債務者が制御できず、予見可能性も結

---

[54]　潮見新Ⅰ383頁以下、小粥・新注民(8)541頁以下(国際売買約79条1項を参照する)、荻野・前掲注(49)参照。なお、2016年改正フランス民法は、契約における不可抗力(force majeure)の概念を明確化する規定を置くとともに(1218条1項)、損害賠償からの免責、債務からの解放、契約の停止・解除という効果も規定した(1231-1条・1351条・1218条2項)。今後の民事責任法改正との関係はなお注意すべきだが、1つのモデルとして参考になる。

[55]　潮見佳男「債権者の責めに帰すべき事由」中田古稀289頁・323頁以下、潮見新Ⅰ385頁以下。

果回避可能性もない事由が考えられる。もっとも、これらも「契約その他の債務の発生原因及び取引上の社会通念に照らして」判断されるべきことである。天災地変は不可抗力だから債務者が免責されるというのではなく、免責をもたらす天災地変を不可抗力と呼ぶというべきであろう。そうすると、①〜③のような中間概念の要否に疑義が生じうるし、そもそも①の概念自体が多義的である。しかし、①②は、民法の他の規定との関係を考慮する契機になる(①につき、419条3項、②につき、418条・536条2項・543条)。また、③は、第三者の種類によって区別し、純然たる第三者であれば①に、債権者側の第三者であれば②に準じて考慮しうる。こうして、①〜③は、帰責不可事由の存否を考える際の整理の手がかりにはなる。

◆ **債務の種類に応じた検討**　与える債務のうち、金銭債務においては、他の債務であれば免責事由となるべき不可抗力があっても、考慮されない(419条3項→第3款4(5)〔234頁〕)。債権者の行為により履行が妨げられる場合も同様だが(債務者は、債権者の受領拒絶又は受領不能に伴う対応〔493条・494条1項〕をすべきである)、債務者からの損害賠償請求との相殺が問題となることがありうる(418条の適用の可否は検討課題)。金銭以外の財産権を与える債務においては、債務者は、本文の①〜③により免責されることがある(419条3項と対比)。

なす債務においては、①〜③により免責されることもあるが(①医師の手術中に大地震があったために手術が成功しなかった場合、③遠隔地での手術を引き受けた医師の乗った飛行機がハイジャックされたために手術できなかった場合)、多くの場合、もっぱら事実としての不履行の有無が問題となり、それがあると判断される場合には、改めて免責事由が問題となることはないだろう(医師の施術の当否が問題となる場合など。次の◆を参照)。

不作為債務においては、事実としての不履行のレベルで債務者の作為の有無が判断されることになり、免責事由が問題となることは稀であろう(汚水を排出しない債務について大地震による排出防止装置の損壊があった場合などは考えられる)。

◆ **結果債務と手段債務**　結果債務においては債務者の不履行と帰責不可事由を区別して検討する余地があるが、手段債務においては不履行の有無の判断で尽くされるといわれる(潮見新Ⅰ381頁以下)。実際、改正前民法のもとで、結果債務においては、不可抗力によらない結果の不実現があれば、債務者に「帰責事由」があると判断されるが、手段債務においては、債務者の具体的な行為態様の評価によって「帰責事由」の存否が判断されるという見解(森田・前掲注(4)。吉田・前掲注(49)、

淡路142頁以下参照)や、保証責任(結果債務)と過失責任(行為債務・手段債務)の二元的体系を考え、前者では不可抗力及び債権者の(圧倒的な)過失(418条参照)が免責事由となるが、後者では債務の本旨に従った履行の有無のみが問題となるという見解(潮見Ⅰ267頁以下)が示されており、これらは415条1項の規律の定立に寄与した(→第3章第1節2(3)◆〔38頁〕)。現行民法のもとでも、結果債務と手段債務の区別は、債務不履行責任の構造を理解するための視点として意義があるし、実際面でも類型化の指針となり、また、証明責任を考察する際に有用である。もっとも、具体的な判断過程において、まずそのいずれであるかが定まらないとその先に進めないというわけではない。

◆ **免責事由と因果関係** 免責事由として取り上げた本文中の①~③が、事実としての不履行と損害との因果関係を遮断する機能をもつこともある(医師の不適切な施術を受けた患者がそれとは無関係な原因で死亡した場合など)。これは、本文とは異なる局面の問題である(→5〔165頁〕)。不可抗力によって排斥される因果関係の分析については、荻野・前掲注(49)を参照。

第3に、不履行を正当化する事由のないことが必要である。法律の規定、正当防衛その他債務を履行しないことを正当化する事由がある場合に、債務の履行に優先する、より高次の利益の保護が求められる。正当化事由がある場合、帰責不可事由があるといってもよいが、415条1項但書の規律(→(ⅰ)◆の末尾〔171頁〕)とは異なり、合意による変更は原則として認められない。

(3) 証明責任

不履行が帰責不可事由によるものであることの証明責任は、債務者が負う。これは、415条1項の構造から導くことができる。債権者が事実としての不履行の証明をすると、債務者は、帰責不可事由によるものであると証明しない限り、損害賠償責任を負う(改正前民法のもとでも、帰責事由の不存在の証明責任は債務者にあるというのが、起草者の考えであり〔民法速記録Ⅲ641頁(富井政章発言)〕、判例〔大判大10・5・27前掲、大判大14・2・27民集4巻97頁、最判昭34・9・17民集13巻11号1412頁〕・通説〔我妻111頁・146頁など〕であった)。

◇ 証明責任とは、裁判所が自由心証主義によって事実の存否を判断しようとしても、なお真偽不明である場合に、それを負担している当事者が不利益を受けるとい

う意味での責任である。立証責任又は挙証責任とも呼ばれるが、これらの言葉は当事者が証拠を提出する行為責任だという誤解を生じやすいので、近年では、証明責任ということが多い[56]。

◆ **手段債務における証明責任**　本文の記述は、結果債務においては理解しやすいが、手段債務においては、不履行の有無が主たる争点となるので、そこでの証明責任が問題となる。そこで、手段債務について、債務者の具体的な行為義務違反の証明責任を債権者が負う場合と債務者が負う場合に類型化して検討する見解もある（森田・深める30頁以下）。

(4) 履行遅滞中の履行不能と帰責事由

　債務者が履行遅滞に陥った後に、当事者双方の責めに帰することができない事由によって履行不能となった場合は、債務者に帰責事由のある履行不能とみなされ、債務者は免責されない(413条の2第1項)。履行遅滞に陥った後、債務者に帰責事由なく履行不能になった場合に債務者の責任を認めることは、明治民法起草者の理解であり、民法改正前の判例（大判明39・10・29前掲〔葉煙草の売買で、売主の遅滞後に法律で取引が禁止された例〕）・通説（我妻145頁など）でもあった。413条の2第1項は、これを明文化したものである。「当事者双方」としたのは、債権者に帰責事由があるときまで、債務者の帰責事由ある履行不能とみなすのは相当でないし、債務者に帰責事由があるときは、この規律によるまでもないからである（部会資料79-3、第8、4説明）。なお、遅滞がなくても履行不能となるべきであったときは、債務者は責任を負わない。遅滞との因果関係を欠くからである（我妻145頁など通説。部会資料68A、第2、4、同79-3、第8、4説明参照）。

---

56)　上原ほか・前掲注(12)155頁。なお、債務不履行の各要件と証明責任・主張責任（証明責任を負う事実を主張する責任）・要件事実の関係については、いくつかの議論がある。潮見佳男『債務不履行の救済法理』(2010)147頁以下〔初出2005〕、田村幸一「債務不履行関係訴訟の証明責任・要件事実」新堂幸司監修『実務民事訴訟講座[第3期]5巻』(2012)205頁。要件事実の概念及び意義につき、加藤新太郎「要件事実論の到達点」前同書21頁及び同書巻頭(2頁)の鼎談（新堂幸司＝高橋宏志＝加藤新太郎）を参照。

7　責任能力の要否

　改正前民法のもとで、伝統的な通説は、帰責事由があるというためには、債務者の責任能力(自己の行為の責任を弁識する能力。712条・713条参照)が必要であると述べていた。過失責任の当然の内容であること(我妻111頁)、不法行為との体系的整合性(加藤153頁)が理由とされる(ドイツ民法〔新旧〕276条による827条・828条の準用が引用される)。しかし、その後、これを不要だとする見解が有力になった。①不法行為法において、責任能力制度は、客観化された過失責任のもとで、著しく能力の低い一定の行為者の免責を認めるという政策的考慮に基づく例外的制度であると位置づけられるので[57]、債務不履行責任において、同様の政策的考慮をする必要の有無は、過失責任原則をとるかどうかとは別に考慮されるべきである。その考慮は、債務不履行においては、意思能力・行為能力制度によってされていると考えられるので、さらに責任能力を要件とする必要はない(前田155頁、潮見Ⅰ283頁、北川＝潮見(潮見)・新版注民(10)Ⅱ34頁。平井81頁は、帰責事由を過失責任と切り離すことから不要説をとる)。②実質的に考えても、ⓐ行為能力のある本人により、又は、本人(意思能力を欠く者又は制限行為能力者)の法定代理人により、有効に成立した契約から生じる債務について、事後的に生じた本人の意思能力の喪失又は行為能力の制限に伴うリスクを相手方(債権者)に転嫁すべきではないし(内田176頁。於保98頁、奥田130頁参照)、ⓑ意思能力を欠く者及び制限行為能力者の保護は、契約成立段階で行為能力を求めることによりはかられているので、責任能力を要件とする必要はない。

　責任能力不要説の①②の理由は、説得的である。この理由づけは、現行民法において帰責不可事由が免責事由となっていることとは独立して妥当する(潮見新Ⅰ392頁参照)。なお、なす債務については、法定代理人の締結した契約においては債務の内容又は事実としての不履行の存否の問題として、本人が有効に締結した契約で事後的に本人の状態が変化した場合においては免責事由の問題として、考慮されるべきことが多いだろう(小粥・新注民(8)553頁参照)。いず

---

[57]　前田達明『民法Ⅵ₂(不法行為法)』(1980)65頁、森島昭夫『不法行為法講義』(1987)138頁、平井・不法行為93頁、潮見・不法行為Ⅰ396頁以下、前田陽一『債権各論Ⅱ不法行為法〔第3版〕』(2017)69頁以下など。

れにせよ、責任能力を要件とする必要はない。

8 履行補助者──他人の行為による債務不履行責任

(1) 問題の所在

債務者が債務の履行にあたって、他の人の助力を得ることは少なくない。その場合、様々な問題が発生する。①債務者は、債務の履行について他人を用いることが許されるか、②他人のした行為によって債務者自身が履行したものと評価されるか(第三者の弁済〔474条1項〕ではなく債務者の弁済〔473条〕と認められるか)、③他人のした行為によって事実としての不履行が生じた場合、債務者は債務不履行責任を負うか、④負うとして、それはどのような他人の行為についてなのか、⑤負うとして、その要件は、債務者自身が行為をした場合と比べて、重いか、軽いか、同じか、⑥他人のした行為について債務者が債務不履行責任を負うのは、どのような法律構成によるのか、⑦債務の履行について他人が用いられる場合における特約の効力はどうか、などである。

これらは、従来、③～⑥を中心に、「履行補助者の故意過失」の問題として論じられてきた。履行補助者とは、債務者が債務の履行のために使用する者である。民法改正に当たっては、①②も含めた規律を設ける立法提言があり(基本方針Ⅱ225頁以下)、部会でも、③～⑥について規定を置くことが検討されたが、見送られた。この問題は、その位置づけを含めて、引き続き解釈に委ねられている。そこで、まず判例・学説の展開を振り返る。

(2) 判 例

大審院は、昭和初期に、履行補助者の故意過失について債務者の責任を認めた。すなわち、船舶の承諾ある転貸借において、転借人の被用者の過失により船舶が座礁し返還が不可能になった場合に、転貸人(原賃借人)及び転借人の原賃貸人に対する損害賠償責任を認めた例(大判昭4・3・30民集8巻363頁、百選Ⅱ5〔荻野奈緒〕)、家屋の承諾ある転貸借において、転借人の失火により同家屋が全焼した事件で、転貸人の原賃貸人に対する責任を認めた例(大判昭4・6・19民集8巻675頁)がある。以後、判例は、賃借家屋の居住者の失火について、賃借人の責任を認めるものが続いた(大判昭15・12・18新聞4658号8頁〔賃借家屋内の病室に居住する入院患者の失火〕、最判昭30・4・19前掲〔賃借人の妻の失火〕、最判昭

35・6・21民集14巻8号1487頁〔賃借人の雇い入れた住込みの工員の失火〕)。このほか、医師の診療債務に関するものもある(大判昭15・3・20法学9巻12号95頁〔代診の過失について開業医の責任を肯定。履行補助者という表現はない〕、最判平7・6・9民集49巻6号1499頁〔担当医の注意義務違反について医療機関の責任を肯定〕、百選Ⅱ75[手嶋豊])。他方、安全配慮義務に関する否定例がある(最判昭58・5・27前掲〔国の安全配慮義務の履行補助者に運転上の注意義務違反があった場合について、国の安全配慮義務違反を否定〕)。

(3) 学 説

学説は3段階の展開をみせた。まず、伝統的な通説が形成され、次に、これを批判する有力説が現れ、さらに、通説も有力説も批判する第3の説が台頭した。

(a) 伝統的通説

伝統的な通説[58]は、改正前民法のもとで、履行補助者の故意過失を債務者の帰責事由の問題としてとらえた。すなわち、債務者の帰責事由は、「債務者の故意過失または信義則上これと同視すべき事由」であるが、このうち「信義則上これと同視すべき事由」として最も重要なのが、履行補助者の故意過失だという。このように位置づけたうえで、次の類型化をする。①第1に、「真の意味の履行補助者」がある。これは債務者が自分の手足として使用する者である。債務者は、「真の意味の履行補助者」を自由に使用することができるが、その故意過失については、自分自身に故意過失があったのと同じ責任を負う。②第2に、「履行代行者」がある。これは債務者に代わって履行の全部を引き受けてする者であり、「真の意味の履行補助者」以外の補助者である。これには3つの場合がある。ⓐ履行代行者の使用が法律又は特約で禁じられているのに債務者が使用した場合は、そのこと自体が債務不履行だから、履行代行者に故意過失がなくても、債務者は全責任を負う。ⓑ履行代行者の使用が明文上許されている場合は(旧106条・104条・625条2項・旧658条1項など)、履行代行者の故

---

[58] 我妻栄「履行補助者の過失に因る債務者の責任」法協55巻7号(1937)61頁〔同『民法研究Ⅴ』(1968)所収〕、我妻106頁以下。奥田126頁もほぼ同様。民法典制定から通説の形成に至る過程は、鳥谷部茂「履行補助者」講座Ⅳ15頁、中田・百年Ⅲ10頁・36頁、北川=潮見(潮見)・新版注民(10)Ⅱ183頁以下。

意過失は債務者の故意過失とならず、債務者は、代行者の選任又は監督に過失があった場合に限って責任を負う（旧 105 条・旧 658 条 2 項を参照）。ⓒどちらでもない場合は、債務者は①の場合と同様の責任を負う。

この立場の代表的な見解は、承諾ある転貸借における転借人を②ⓑにあたるとし、転借人の過失について賃借人に責任を負わせる判例に反対する（我妻 109 頁）。

(b) 有 力 説

この通説に対し、批判が投じられた。まず、この問題は、債務者の帰責事由の部分問題としてではなく、「他人の作為・不作為による債務不履行責任」という債務不履行の特殊な型として、より高いレベルに位置づけられるべきものだという（星野 62 頁）。また、通説の分類や帰結も批判される。すなわち、上記①と②の区別は不明確である（「債務者の手足」云々は比喩にすぎない）、上記②ⓐは債務者自身の債務不履行の問題にほかならない、上記②ⓑにおいて債務者の責任が不当に軽い、上記②ⓒを①と同じに扱うことは疑問であるなどである（星野 63 頁〔第 1 点・第 4 点〕、平井 85 頁〔第 1 点～第 3 点〕）。

以上の批判を前提として、新たな説が登場し有力になった[59]。この説は、履行補助者の行為による債務者の責任（履行補助者責任）を、「他人の行為による不法行為責任」との対比において検討する。すなわち、債務者は、履行補助者を用いた場合、補助者が「被用者的補助者」（715 条の被用者に相当）である場合のみならず、「独立的補助者」（716 条の請負人に相当）である場合においても、債務の履行についての補助者の帰責事由によって債務不履行が生じたときは、その選任監督上の過失の有無を問わず、責任を負う。つまり、履行補助者責任は、他人の行為による不法行為責任とは、716 条又は 715 条 1 項但書に相当する場合に異なる帰結となり、また、補助者自身の責任を前提としない点も異なるものである。

この立場は、転借人の過失による目的物の滅失・損傷について、賃借人の責任を認める（履行補助者の法理としてではなく、賃貸借法理の一環として認めるもの

---

[59] 落合誠一『運送責任の基礎理論』(1979)〔初出 1977〜78〕、平井 85 頁、前田 161 頁以下。川井 91 頁以下参照。

〔平井 86 頁〕と、転借人を独立的補助者として認めるもの〔前田 163 頁〕がある)。

(c) 第3の説

続いて、第3の説が台頭した。この説は、従来の説を次のように批判する。伝統的通説は、履行補助者の故意過失が債務者の故意過失と同視されることの理論的根拠が明確でない。有力説は、履行補助者責任が使用者責任よりも厳格であることの理論的根拠(履行補助者責任の固有の帰責根拠)が明確でなく、また、「他人の行為」が契約内容及び債務の履行過程にどのように取り込まれるのかという評価の視点が欠けている。

この立場の論者の1人[60]は、この問題は、債務発生原因としての契約及びその履行過程に第三者(履行補助者)の行為がどのように組み込まれ、評価されるのかという視点のもとで、整理が試みられるべきであると述べ、具体的には、結果債務の場合と手段債務の場合の区別、及び、第三者の使用が禁止されていたか否かの区別を提唱する。なお、組織化されたサービスの提供については、組織編成義務違反(債務者の自己責任)が認められる場合があるという。

また、この立場の他の論者[61]は、この問題を、債務者が契約上の債務を一方的に変更できないという契約の拘束力の観点からとらえ(「契約の尊重」)、債務者自身が他人の行為を自らの「履行行為」として用いたという意思決定に帰責の根拠を見いだす。そして、このような帰責根拠が妥当する「債務不履行責任の一般原則としての履行補助者責任」のほか、政策的な利益考量に基づく「代位責任」としての「『他人の行為』による契約上の保障責任」が認められる場合もあるという。

これらの論者は、旅行業者など組織化されたサービスを提供する契約において、自己責任と解するか、代位責任と解するかなどの相違はあるが、契約による債務の内容を特定したうえで、その履行行為として補助者の行為がどのように評価されるかを考える点で共通する[62]。

---

60) 潮見・前掲注(25)235 頁以下、同「民法学のあゆみ」法時 861 号(1998)98 頁、北川＝潮見(潮見)・新版注民(10)Ⅱ195 頁以下、潮見新Ⅰ408 頁以下。片山ほか 125 頁以下〔片山〕参照。
61) 森田・前掲注(4)65 頁以下〔初出 1996～97〕。
62) 内田3版 148 頁・内田 169 頁以下、加藤 157 頁、大村(4)101 頁などが肯定的に評価し、吉田 84 頁以下も同様の見解を展開する。小粥・新注民(8)496 頁以下参照。

（4） 現行民法のもとでの考え方

このような議論があるなかで、部会では、㋐第三者を類型化し、各類型に応じた帰責ないし免責の要件を規定することや、㋑第三者の行為による責任がどこまで債務の内容に取り込まれていたかによって、帰責ないし免責の要件を規定することが検討された。しかし、㋐は、多様な契約債権があるなかで、どのような観点からどのように類型化するかについての見通しが立ちにくいこと、㋑は、一般的な規律に解消されうることから、規定を置くことは見送られた[63]。

そこで、引き続き解釈に委ねられる。基本的には(3)(c)の方向が妥当であると考えるが[64]、いくつかの問題があり、整理を要する。

> ◆ **問題の整理**　第1に、対象とする問題領域の確定が必要である。債務の履行にあたって債務者が他人の助力を得る場合については、(1)で示した様々な問題があるが、そこに現れる「他人」を統一的な概念で示すとすれば、内容が希薄化するおそれがある。たとえば、他人の行為が債務者自身の履行と評価できるかという問題((1)②)と、他人の行為の結果について債務者が債務不履行責任を負うかという問題((1)③)において、「他人」の範囲は異なりうるであろう。前者は、弁済の主体の問題として検討すべきものである。また、債務者が他人を用いることができるかという問題((1)①)は、債務者の自己執行義務との関係で、特約の効力の問題((1)⑦)は、契約の相対効との関係で、それぞれ独立して検討すべきものであろう。そこで、(1)の③〜⑥を「他人の行為による債務不履行責任」の問題とし、これについて履行補助者の概念を用いるのが、理解しやすいのではないか。
>
> 第2に、履行補助者の行為による債務者の責任を考えるためには、まずは、当該契約による債務の内容を確定する必要がある。たとえば、動産の売買において、債務者が運送業者に目的物を交付したが、運送中の事故のために目的物が滅失した場合については、運送中の危険を契約当事者のどちらが負担する合意であったのかを確定する必要がある。これは、債務の内容（債務者が何をすれば履行したことになるのか）の問題であり、契約の解釈によって定まる（FOB条件における危険の移転について、江頭・商取引69頁以下）。国の公務員に対する安全配慮義務と、その履行補助者の運転者としての注意義務とを区別した判例（最判昭58・5・27前掲）は、このレベルの問題として位置づけることができる。

---

[63] 論点整理説明59頁以下、部会資料34、第6、2、同54、10頁。部会議事録40回33頁〜35頁、第1分科会議事録3回37頁〜40頁参照。
[64] 現行民法のもとで(3)(a)をとりにくいことにつき、荻野・前掲〔百選Ⅱ5〕13頁は、旧105条・旧658条2項の規律の削除と、415条の改正という変化を指摘する。

第3に、債務者の債務の履行過程にあると評価される段階で履行に障害が生じたときは、債務者が補助者を用いていたとしても、債務者の責任は軽減も加重もされないのを原則と考えるべきである。補助者の使用について債権者の承諾がある場合、それが債務者の責任を軽減又は免除するものであるかどうかは、その契約により債務者の負う債務の内容及びそこでの「承諾」の評価によって定まるべきものであり（加藤163頁）、各種の契約（賃貸借、主催旅行契約、チーム医療等）の内容に即して、契約各論レベルの問題として解決すべきである。たとえば、転貸借についての賃貸人の承諾は、転借人の過失による目的物の滅失の場合に賃貸人（転貸人）を免責するという趣旨までをも含むものではなく、賃借人（転貸人）は責任を負うと解すべきことが通常であろう（内田171頁）。
　このように、履行補助者の行為は、他人の行為による債務不履行責任として、契約債務であれば契約の内容及びそれが重要な要素となる帰責不可事由（415条1項但書）の存否によって評価されるべきものである。ただ、検討のための整理の手がかりとして、あるいは、不法行為責任との対比を示すため、下位概念（被用者的補助者・独立的補助者など）を用いることは妨げられないだろう（大村(4)101頁）。

◆ **特約の効力**　契約当事者間の特約又は契約の一方当事者と第三者との特約の効力が問題となることがある（(1)⑦）。その1は、AB間の契約において債務者Bの権利を制限する特約がある場合、その制限はBの補助者Cにも及ぶかという問題がある。たとえば、注文者Aの土地上に請負人Bが建物を建築するというAB間の請負契約に完成途上の建前の所有権はAに帰属するという特約がある場合、その効力は下請負人Cに及ぶとされた例がある（最判平5・10・19民集47巻8号5061頁、百選Ⅱ〔6版〕65［坂本武憲］、百選Ⅱ60［曽野裕夫］）。その2は、債権者Aが債務者Bの履行補助者Cに対し、Cの不法行為責任を追及した場合、CはAB間の免責条項、又は、BC間の免責条項を主張できるかという問題がある。これらは契約の相対効の問題として論じるべきものである[65]。

◆ **債権者の履行補助者**　過失相殺（418条）において、債権者自身の過失だけでなく、受領補助者その他取引観念上債権者と同視すべき者の過失も含むというのが

---

65) その1について、森田宏樹「判批」判例セレクト'94(1995)27頁、中田・契約518頁、その2について、山本豊「免責条項の第三者効」広中俊雄還暦『法と法過程』(1986)902頁〔同『不当条項規制と自己責任・契約正義』(1997)所収〕、亀岡倫史「免責条項等の履行補助者保護効」島大法学40巻2号73頁～4号221頁(1996～97)、両者について、岡本裕樹『「契約は他人を害さない」ことの今日的意義』(2024)199頁以下〔前者は契約の相対性原則の適用領域外の「履行代行者」の立場の問題、後者は同原則の一側面である「第三者のための効力を伴う免責」の問題だという〕〔初出2004～05〕参照。

判例(最判昭58・4・7民集37巻3号219頁)・通説(我妻130頁など)である。これは過失相殺制度から導かれることであり、「債権者の履行補助者」という概念(川井95頁)を設ける必要はないだろう。

第3款　債務不履行に基づく損害賠償の効果

1　損害賠償の方法

(1)　金銭賠償の原則

　債務不履行があると、債権者は債務者に対して損害賠償を請求できる(415条1項)。損害賠償の方法はいくつかありうる。大別すると、①債務不履行がなかったとすればあったであろう状態とほぼ同じ状態を実現する方法と、②債務不履行による損害を金銭に見積もってその金額を支払う方法がある。民法は、②を原則とした(417条)。金銭賠償の原則という。明治民法の起草者は、①だと「いたずらに事物の混雑を来たし、かえって不便」なので、「損害を測定するに最も便利なる金銭」によってその賠償を定めることにしたと説明する(民法修正案理由書407頁)。

◇　①は、たとえば、借りていたカメラを壊した場合に、同じ機種のカメラを買って返すという方法である。「原状回復」といわれることもある。「原状」とは「元の状態」という意味だが(現状〔＝現在の状態〕ではない)、この「原状回復」には、厳密な意味で「元の状態に戻す」こと以外の方法も含まれる。

◆ **金銭賠償以外の賠償方法**　①の方法には、返還すべき代替的特定物を損傷した場合の修補又は代替物の引渡し、「なす債務」のなし方が不完全であった場合の追加的措置、不作為債務に反して建築した建造物の撤去などがある。ドイツ民法249条は、原状回復を原則とし、金銭賠償を補充的なものとして位置づける。フランスの学説には、「賠償」を「現実賠償」と「等価賠償」に区分する見解や、後者をさらに「非金銭的等価賠償」と「金銭的等価賠償」に分類する見解がある(森田・前掲注(4)197頁。荻野・新注民(8)680頁参照)。もっとも、①の方法を強いることは、事実上の困難をもたらすことがある(たとえば、返還すべき中古カメラを

損傷した場合に債務者が同様の中古カメラを入手して引き渡すことの困難)。そこで、明治民法起草者は、「実際不便」である①の方法をとらないが、当事者が合意していれば①も認めることとした(民法速記録Ⅲ80頁、整理会速記録242頁。421条も参照)。ところで、①の方法は、「実際不便」であるというだけでなく、「履行」と原状回復ないし現実賠償との関係の明確化を正面から求めることにもなる(どこまでが「履行」で、どこからが「賠償」か。債権者・債務者はどこまで「履行」に拘束されるのか)。日本民法は、②の方法をとったため、履行と賠償は別のものだという印象が与えられてきたが、問題は伏在していたにすぎない。履行請求権と損害賠償請求権の関係を検討する際には、改めて直面する問題であり(→第1節2(1)〔102頁〕・第3款2(2)(c)(ⅲ)ε(ア)〔199頁〕)、さらには履行と賠償の関係自体にも及ぶ問題である[66]。

(2) 金銭賠償の実現にあたっての問題点

金銭賠償をするとしても、具体的にいくら支払うべきかを決定するについては、理論上も実際上も難問が多い。そもそも損害とは何か(→2)、どの範囲の損害が賠償されるのか(→3)、賠償すべき具体的金額はどのようにして算定されるのか(→4)について、順に検討しよう。その後、損害賠償をしたことに伴う効果(→5)を検討する。

2 損害の概念と種類

(1) 損 害 論

(a) 損害の概念の多層性

債務者が債務を履行せず、債権者が不利益を受けると、その内容を検討して、賠償すべき金額が定められる。この過程において、「損害」は、いくつかのレベルで観念することができる。履行期に目的物が引き渡されなかったという不履行を例にすると、次のものが考えられる。

① 不履行によって債権者が受けた不利益の総体(履行期に目的物を受領できなかった債権者の不利益全体を抽象的に観念したもの)

---

[66] 白石友行『契約不履行法の理論』(2013)は、フランス法に示唆を得て、契約不履行に基づく損害賠償を、本来の契約債務とは別に不履行によって発生する「損害の賠償」として理解する(「賠償モデル」)のではなく、本来の契約あるいは債務の「履行の実現」を給付の金銭的等物によって行うものとして理解する(「履行モデル」)構想を提示する。

② ①の不利益を構成する個別項目(ⓐ履行されるまで代品を賃借した事実、ⓑ履行期に履行されていれば有利に転売できたのにできなくなった事実、ⓒ履行の遅れによる精神的苦痛、ⓓ損害賠償請求訴訟を弁護士に委任せざるをえなくなった事実)

③ ②のうち債務者が賠償すべき個別項目(ⓐ、ⓑ)

④ ③の個別項目を金銭に評価したもの(ⓐはa円、ⓑはb円)

このほか、③′として、③の個別項目の集合(ⓐ＋ⓑ)、④′として、④を合算した金額((a＋b)円)を観念することもできる(④′は③′を金銭で表示したものともなる)。

> ◇ ②でⓐ〜ⓓを掲げたこと、③でⓐⓑを掲げたことは、いずれも例示にすぎない。②では、その他の損害もありうる。③では、他の選別もありうる(ⓐ〜ⓓ全部、ⓐのみなど)。また、ⓐ〜ⓓは、さらに具体的な項目に分析できることもある。たとえば、ⓐでは、㋐代品の賃貸借契約を締結し、賃借物を受領するに至るまでの負担、㋑賃貸借契約による債務の負担、㋒賃借物の返還に要する負担などである。②から③への絞込みの段階で、ⓐの㋐㋑㋒のうち、㋑のみとなるということもありうる。

民法の条文に現れる「損害」の語は、①又は③′のレベルのもの(415条1項・421条)、②③に関するもの(416条)、①から④までを含むもの(419条2項)など、一様ではない。最終的に賠償されるべき金額が④′であることは明らかだが、民法は、このレベルでは「損害賠償の額」(418条・419条1項・420条)という語を用いている。なお、不法行為による損害賠償請求においても、「損害」の語が頻出する(709条以下)。債務不履行責任と不法行為責任とが接する局面が増大しているので、両者の損害概念を統一的に把握することが望ましい(平井68頁)。

このように、損害の概念は多層的なものである。この多層性は、損害の概念をめぐる議論の展開によって明らかになっている。

(b) 損害の概念に関する議論[67]

(ⅰ) ドイツの差額説——議論の出発点　　日本の民法典自体は損害の概念を

---

[67] 潮見佳男①「財産的損害概念についての一考察」判タ687号(1989)4頁、同②「人身侵害における損害概念と算定原理」民商103巻4号1頁・5号43頁(1991)、髙橋眞『損害概念論序説』(2005)第4章〔初出1990〕、第5章〔初出1998〕(以下、本章で「髙橋・序説」として引用)、北川＝潮見・新版注民(10)Ⅱ262頁以下、荻野・新注民(8)631頁以下。

定義していないが、学説は、民法典制定後まもなく、ドイツの学説を参照しつつ、損害の意義を論じるようになった。その出発点となったのが差額説である。これは、「ある人が損害を受けたる状態における財産の額と損害の原因たる事実が発生せざりしならば存すべかりし財産の額との差額」（石坂上283頁）が損害であると考える。つまり、債権者の全財産（総資産から総負債を差し引いたもの）を観念し、債務不履行がなかったとしたら債権者が有していたであろう「仮定的な全財産の額」と、債務不履行があった結果として債権者が現に有する「現実の全財産の額」との差額を損害と考えるものである。損害は抽象的な計算額として理解される。総体差額説とも呼ばれる。この説は、ドイツにおいて、19世紀中葉、従来の細分化された利益・損害概念に代わる統一的抽象的な利益・損害概念として提唱され、通説となった[68]。これに対し、「具体的に現実の損害として観察」した「実際生ぜる不利益そのもの」を損害と考える損失説（具体的損害説）もあり、これも差額説とともに、日本に紹介された（石坂上284頁以下）。

（ⅱ）　**日本における差額説の展開と同説に対する批判**　日本では、金銭賠償の原則（417条）と結びつける形で、差額説を支持する学説が有力だった（於保136頁）。しかし、差額説に対しては、次の批判がされた[69]。①2つの全財産額を確定することは困難である。このため、債権者に不利になる、特に少額の損害賠償においては非実用的である、損害は曖昧な推定によらざるをえなくなる、現に裁判実務では用いられていない、などの問題がある。②精神的苦痛のような非財産的損害を含めにくい。③差額説は、ドイツの損害賠償法制度の構造と

---

68)　モムゼン（Mommsen）の『利益論』（1855）をヴィントシャイトが承継発展させ、後のドイツ民法典に影響を与えた。北川善太郎①「損害賠償論序説——契約責任における」論叢73巻1号1頁・3号17頁（1963）、同②「損害賠償論の史的変遷」論叢73巻4号（1963）1頁、平井宜雄『損害賠償法の理論』（1971）31頁以下（以下、本章で「平井・理論」として引用）、同「『損害』概念の再構成（1）」法協90巻12号（1973）1頁（以下、本章で「平井・再構成」として引用）、樫見由美子「ドイツにおける損害概念の歴史的展開」金沢法学38巻1=2号（1996）211頁、北川＝潮見・新版注民(10)Ⅱ263頁以下（ドイツのDifferenztheorieには、損害を金額の「差額」と理解する金額差額説だけではなく、状態の「差」と理解するものもあると指摘する。なお、金額差額説の分析と位置づけにつき、林・後掲注(89)を参照）。
69)　批判の①②については、石坂上284頁、北川善太郎・注民(10)470頁、北川＝潮見・新版注民(10)Ⅱ265頁、前田166頁、③は、平井・理論26頁・139頁以下、同・再構成2頁、平井67頁。これらの批判について、潮見新Ⅰ430頁以下参照。

有機的に一体をなす法技術概念であり、それとは異なる制度をとる日本で採用することはできない。特に、ドイツと日本とでは、「完全賠償の原則」の採否という前提が異なる。

◆ **完全賠償の原則と差額説**　ドイツ民法は、債務不履行と損害との間に因果関係があれば、その損害はすべて賠償されるべきだという完全賠償の原則をとった（平井・理論 24 頁以下）。つまり、(a)において、因果関係のある損害として①②に含まれるものである以上、②から③に至る絞込みはされず、すべて賠償される。その結果、①と③′は一致し、④′はそれを金銭で表示したものとなる。そうすると、①と④′を区別する必要はなく、両者の融合した計算額としての損害という観念が成立しうることになる。しかし、日本法は、完全賠償の原則をとらず、②から③への絞込みがあるので（416 条）、①と③′は異なり、④′は①を金銭で表示したものとはならない。したがって、①を金額で表示する総体差額説は、日本法では適切でないことになる。

(iii)　**総体差額説と異なる損害概念**　総体差額説に対する以上の批判を背景にして、日本において、次のような損害概念が提唱されている。

α　**損失説(個別損害説)**　この説は、債務不履行によって債権者が個々の特定の法益に被った不利益を損害と考える（林ほか 133 頁［林＝安永］）。もっとも、それだけだと全体としての損害が不明であるため、賠償されるべき損害項目が脱落する可能性が常に存在することになる（北川・注民(10)474 頁、北川＝潮見・新版注民(10)Ⅱ279 頁）。そこで、(財産的)損害とは財産的不利益の総体であると考えるが、そのような全体としての損害を認識し把握するための資料として、個々の「損害項目」があると考える見解が登場する（奥田 172 頁）。これは、個々の項目ごとに特定の法益の仮定的状況と現状とを比較し、その差を計り、その総和を損害額とすることに結びつく（北川 157 頁）。この考え方は、「個別損害項目積上げ方式」をとる裁判実務とも合致する。この説は、ドイツの損失説（具体的損害説）の流れを汲むものであり、個別項目ごとに「差」を観念することから、やはり差額説と呼ばれることがあるが、総体差額説とは発想の起点が異なるものである（奥田説は折衷的）。この見解については、(a)の②から③への絞込みがある日本法において、④′が①を示すものとはならないという問題がある。

β　損害＝事実説[70]　　これは、損害の事実とその金銭的評価を区別すべきであり、損害とは損害の事実をいうと考える見解である。この説は、損害賠償の範囲、損害額算定の基準時、金銭的評価などの問題について統一的に把握する理論的視角を与え、また、民事訴訟法248条（損害額の認定）とも適合的であるという。同説は、従来の学説〔差額説、損失説〔個別損害説〕〕を「損害＝金銭説」と呼ぶ。損害＝事実説については、後に損害賠償の範囲の項で詳しく取り上げる（→3(2)(b)〔208頁〕）。

◇　損害＝事実説は、債務者が返還すべき絵画を滅失させた場合、絵画の滅失自体が損害であり、それを「金何円」と評価することは、「金銭的評価」という別のレベルの問題だと考える。滅失後、その絵画の価格（相場）が変動した場合、損害＝金銭説だと、損害自体が変動することになるので、どの時点を基準として損害を把握するかが問題となるが、損害＝事実説だと、損害は絵画の滅失という事実で固定しており、あとはそれを金銭的にどう評価するかというだけのことだから、価格の変動は金銭的評価の一資料にすぎないことになる（→4(2)〔219頁〕）。

◆　損害＝事実説における損害の単位　　損害＝事実説の主唱者は、日本民法の解釈論としては、損害概念一般を定義する法技術的必要は乏しく、損害賠償の内容に解消されるという。つまり、(a)の①の概念の意義は乏しく、③′が問題となるだけだが、それは②と③を論じることに尽きるということであろう。その結果、事実としての損害をどの単位のものとして把握するのかも、損害賠償の範囲の問題となり、損害の概念自体は一義的に定まらないことになる（(a)の①か、②③か、③′か、ⓐⓑか、⑦④か）。この点は同説に不明瞭さを残すものとなる（債務不履行における「損害の事実」は、(a)の①〔平井・理論163頁〕、①②〔平井68頁以下〕、①又は③′〔平井・理論471頁〕を指すことがあるようである〔最後のものは、「損害の事実とは、損害賠償請求権を発生させる原因が原告に与えたすべての不利益な変化」だという〕）。なお、不法行為における「損害」は金銭的評価の対象となる「最上位の損害の事実」であり、「損害の事実の集合」を意味するという（平井・理論475頁）。また、損害＝事実説の立場から、不法行為における個別の損害項目（費用項目）を金銭評価の際の判断要素として位置づけ、「損害」とは区別するものもある（内田貴『民法Ⅱ〔第3版〕』〔2011〕430頁）。

この問題は、損害＝事実説における「損害概念の抽象化」の問題（大村(4)114

---

[70]　平井・理論140頁、平井68頁、平井・不法行為75頁〜76頁、平井宜雄「民事訴訟法第248条に関する実体法学的考察」同『不法行為法理論の諸相』(2011)259頁〔初出2001〕。

頁)にも通じるであろう。

◆ **人身損害**　人身損害については、主として不法行為による損害賠償について議論が発達している。ここでは、個別損害項目積上げ方式を差額説と呼び、それに対比されるべきものとして、死傷損害説が唱えられるという「ねじれ」がみられる（髙橋・序説175頁・194頁、潮見・前掲注(67)②5号54頁）。

γ　規範的損害論　以上の議論とは別の角度の問題として、損害を論じる際、規範的観点を取り入れるべきことが指摘されている。債務不履行によって債権者の受けた変化のうち、何を「不利益」と判断するのかは、実体法上の規範的判断に帰着する（平井・前掲注(70)281頁）からである。たとえば、法令違反を前提とする損害が賠償の対象となるかという問題がある（前田201頁、川井97頁。最判昭39・10・29民集18巻8号1823頁は、無許可の運送営業をしていた者がトラックを買ったところ、売主が引渡しを遅滞したため、営業できなかったとして、その間に得られたであろう利益を損害賠償として請求したのを認めた）。また、女性の懐胎又は出産前に診断した医師の過誤により、健常な子の誕生を予期していた母親から先天性の重い障害をもつ子が生まれた場合、両親はその子の介護費用等を損害として賠償請求できるのか、また、その子自身が損害賠償を請求できるのかという問題がある（人の出生、生命という事実を「損害」と評価することはできない。東京高判平17・1・27判時1953号132頁参照）。ドイツでは、差額説を批判し、又は、修正するものとして、「規範的損害論」が提唱され、フランスの判例は「侵害された利益の正当性」を損害賠償の要件とする[71]。損害の概念になんらかの方法で規範的観点を取り込むことは必要であろう。

δ　事実状態比較説　日本では、総体差額説を支持する見解でも、「全財産額の差額」というのではなく、「利益状態の差」などの表現を用いるものが少なくない（於保135頁など。髙橋・序説137頁）。近年、差額説及び損害＝事実説

---

71)　ドイツでの議論につき、若林三奈「法的概念としての『損害』の意義」立命館法学248号108頁～252号62頁(1996～97)、同「『損害』の意義」私法62号(2000)161頁、フランスでの議論につき、中田「侵害された利益の正当性」一橋大学法学部創立50周年記念『変動期における法と国際関係』(2001)337頁〔同・現代化所収〕、加藤雅之「規範的損害概念への展望」法政論究(慶應)61号(2004)195頁。

のそれぞれを批判したうえ、規範的損害論を取り入れた「事実状態の比較」を提唱する見解がある。すなわち、仮定的事実状態(債権者が本来有していた権利内容〔＝契約上の地位〕を規範的に評価したうえ確定する)と、現実的事実状態(契約上の地位に対する侵害の態様と程度を規範的に評価したうえ確定する)との「差」を損害とする(潮見Ⅰ311頁以下、潮見新Ⅰ440頁以下、北川＝潮見(潮見)・新版注民(10)Ⅱ281頁以下)。もっとも、2つの事実状態のそれぞれの確定に規範的評価を取り入れたうえ、その「差」を損害として把握することについての具体的方法には不明瞭さが残る。また、そのようにして観念される損害も、ほとんどが賠償範囲論に吸収されるというので、損害の概念のもつ固有の意義は、権利体系全体の体系的一貫性の確保にあるという抽象的なものとなる(潮見新Ⅰ435頁)。

(ⅳ)　**私見——事実としての損害の多層的把握**

α　学説の対立軸　　学説の対立軸は複数ある。

第1に、損害を金額として把握するのか、事実として把握するのかである。事実としての損害とその金銭的評価との区別は、実定法(419条2項・421条、民訴248条)も前提としているし、理論的にも実務的にも必要である。損害は、事実として把握すべきである。

第2に、損害の概念に規範的評価を取り込むか否かである。前述の通り、これを取り込むべきである。

第3に、損害を、包括的な総体として観念するのか、個別的な損害項目の集合として観念するのかである。損害賠償の範囲の画定や損害額の算定にあたって、後者の観点が必要なことは言うまでもない。問題は、前者の観点に意味があるかどうかである(つまり、(a)の②③③′以外に①を観念することの意味)。次の理由から、包括的な総体としての損害を観念する意味があると考える(髙橋・序説226頁参照)。第1に、債務不履行による損害賠償の要件として、「事実としての不履行」と区別される「損害の発生」を置くことは、債務不履行責任の構造を明確にするが、その場合の「損害」としてはこのレベルのものを観念すべきである。第2に、各種の損害を統合する概念として、統一的な損害概念を措定することは、損害に関する議論を明確にする。第3に、個別的な損害項目の集合によって到達されるべき全体を観念することは、個別項目の脱落を防止し、相互関係を明確にする。第4に、この意味での損害の存否の判断に際して規範

的観点を取り込むことが可能である(たとえば、出生前診断の過誤により誕生した子の医師に対する損害賠償請求の可否については、この段階の議論が可能である)。もっとも、このことは、損害論を包括的な総体としてのみ把握することを意味しない。損害の概念は、(a)に示した通り、多層的なものと理解すべきである。

β　小括　以上により、次のように考えるべきである。損害は、①包括的な総体としての損害、②それを構成する具体的な損害項目、③そのうち賠償の対象となるべき損害項目、③′賠償の対象となるべき損害項目の集合体、として、多層的に把握されるべきであるが、いずれも事実としての損害である。③の各項目を金銭的に評価したもの(④)の総和(④′)が賠償されるべき損害額の基礎となる。

①は、「不履行によって債権者が受けた不利益の総体」である。不利益であるかどうかは、実体法上の規範的評価によって判断する。その際、債務不履行がなければあったであろう事実状態と、債務不履行の結果として現在あるところの事実状態とを比較することは、不利益の有無の1つの判断資料となる。この場合の各事実状態は、財産状態に限らず、非財産的状態も含むが、客観的に把握されるものであり、規範的評価は含まれない(規範的評価は、不利益の有無の判断に際して行う)。②は、具体的な損害項目であり、その総和が①に等しいものと観念される。②の損害項目の単位の大きさは、③との関係で定まるが、次項((2))で説明する損害の種類が、単位の大きさを定めるにあたって参照される。③は、②のうち、民法416条によって画定された範囲に含まれる損害項目である。ここでも規範的評価が入りうる。

(2)　損害の種類

(a)　損害を分類する意味

損害の内容を具体的に理解するため、いくつかの種類の損害を検討する。損害の区分には、2種類ある(髙橋・序説122頁)。第1は、賠償されるべき損害の範囲を画定するための区分である。日本法では、「通常損害」「特別損害」がそれにあたる。これは、次項で検討する(→3〔206頁〕)。第2は、包括的な総体としての損害を具体的に把握するための区分である。以下では、この観点からの3つの分類を紹介する(→(b)・(c)・(d))。

(b) 財産的損害・精神的損害

債務不履行によって債権者に生じた、財産上の不利益を財産的損害、精神的苦痛ないし不利益を精神的損害という。精神的損害を賠償する金銭を慰謝料という。

財産的損害は、さらに積極的損害と消極的損害に分かれる。積極的損害とは、債権者が現に受けた損失である。債権者に実際に発生したマイナス、既存の利益の減少のことである。消極的損害とは、債権者の得べかりし利益の喪失である。債権者がプラスを得そこなったことである。逸失利益ともいう。

この分類は、総体としての損害を把握するにあたって脱落や重複を防ぐために有用であり、また、損害の金銭的評価をするための基準形成にも役立つという実践的意味をもつ。

> ◇ タクシーの運転手のミスで乗客が怪我をし、乗客の手荷物も破損したとする。乗客が病院に支払った治療費、手荷物の破損は積極的損害である。乗客が怪我のために休業し収入が減ったとすると、得られたはずの収入の喪失は消極的損害である。

> ◆ **受けた損失・得べかりし利益**　これらの概念は、ローマ法以来存在する（damnum emergens〔発生している損害〕と lucrum cessans〔欠けた利益〕。フランス語の損害賠償 dommages-intérêts もこの両者を含む。フ民〔2016年改正〕1231-2条参照）。前者が賠償の対象となることには異論がないが、後者については、ローマ法においても常に認められていたわけではなく（原田・ローマ法160頁）、後には教会法における利息禁止の立場からの障害などもあり（樫見・前掲注(68)216頁）、議論があった。その賠償を認めることにしたドイツ民法252条についても議論があった（平井・理論196頁以下）。現在の日本で、積極損害は通常損害に、消極損害は特別損害に結びつきやすいという指摘（大村・前掲注(19)165頁〔初出2006〕）があるのも、この文脈で理解することができる。

精神的損害の賠償については、不法行為(710条)とは異なり、債務不履行においては明文規定がないが、賠償されるべき場合もある。原則として、人格的利益が侵害された場合だが（ド民253条2項参照）、財産権が侵害された場合[72]で

---

72) 牧野ゆき「財産権侵害事例における慰謝料請求の可否」上智法学50巻1号(2006)35頁。

あっても例外的に慰謝料が認められることがある(たとえば、ペット・ホテルに預けた愛犬がホテル側の過失で死んだ場合)。商人間の取引では、通常は、賠償の対象とならない(416条2項)。

◆ **精神的損害・非財産的損害・無形損害** 不法行為による損害賠償請求で、法人の名誉が侵害されたことによる「無形の損害」の賠償を認めた判例(最判昭39・1・28民集18巻1号136頁)があり、精神的損害・非財産的損害との関係が問題となる。法人の名誉毀損による無形損害は、金銭的評価における計算が困難だという意味で精神的損害と共通するが、その性質は財産的損害と理解すべきである。したがって、財産的損害は法人の名誉毀損による無形損害を含み、非財産的損害は精神的損害と外延が一致すると整理しておきたい。

◆ **人的損害・物的損害** 交通事故にかかわる損害賠償実務や保険実務を中心として、人の生命侵害・身体傷害を理由とする損害(人的損害、人身損害、人損)と物の滅失・損傷を理由とする損害(物的損害、物損)が区別されることがある(自賠1条・3条、山下・保険上56頁、荻野・新注民(8)635頁以下参照)。これは侵害された利益に着目した分類である(人的損害から財産的損害が生じることも、物的損害から精神的損害が生じることもある)。前者は人格的利益より、後者は財産権より、それぞれ限定された利益を対象とする用法が多いようである。人の生命・身体の侵害による損害賠償請求権については、法律上も特則が置かれることがある(民167条・509条2号・724条の2、破253条1項3号)。また、同一の交通事故により同一の被害者が身体傷害(人的損害)と車両損傷(物的損害)を被った場合、不法行為に基づく損害賠償請求権はそれぞれについて生じ、短期消滅時効の起算点(旧724条前段)は各別に判断されるとした判例がある(最判令3・11・2民集75巻9号3643頁、船所寛生『最判解民令3』692頁。評価は分かれる。古笛恵子・民商158巻5号〔2022〕85頁〔区別論〕、松本克美・判評771号〔2023〕8頁〔統一論〕など)。

(c) 塡補賠償・遅延賠償

(ⅰ) **意義** 「債務の履行に代わる損害賠償」(415条2項)を塡補賠償という。債務が履行されたのに等しい地位を回復させるに足りるだけの損害賠償である(平井70頁)。本来の給付の埋め合わせという性質をもつ。たとえば、カメラの返還債務が滅失により履行不能となった場合、そのカメラの市場価値に相当する金銭を支払うものである。

遅延賠償とは、履行が遅れたことによる損害の賠償である。金銭債務の不履

行における遅延損害金(419条1項→4(5)〔234頁〕)が典型的なものである。修理を依頼した自動車の引渡しが履行期より遅れたので、その間、注文者が代車を賃借した場合の賃料も、その例である。

遅延賠償の請求は、本来の履行の請求と併存しうるが、塡補賠償の請求については、本来の履行の請求との関係が問題となる。以下、便宜上、遅延賠償から説明する。

> ◇ 415条2項が塡補賠償について規定しているからといって、同条1項が遅延賠償のみを対象とする規定だというわけではない。1項は、債務不履行による損害賠償の要件一般に関する規定であり、塡補賠償と遅延賠償の分類を前提とするものではないし、両者に含まれない損害賠償を否定するものでもない(不完全な履行がされた場合など)。

(ⅱ) **遅延賠償**　履行遅滞の場合、遅延賠償が中心になる。履行の強制に加えて請求することもできる(414条2項)。後に履行されたとしても、履行期より遅れたという事実は残るから、遅延賠償はなお請求できる。履行拒絶の場合、塡補賠償の請求ができるが(415条2項2号)、履行の請求とともに遅延賠償を請求することも妨げられない。不完全な履行がされた場合、追完が可能であれば、追完の請求と遅延賠償を請求できることがある。

> ◆ **遅延賠償の概念**　典型的な遅延賠償は、本来の履行とともに請求される、遅延した期間に応じた損害の賠償である。金銭債務における遅延損害金が代表例である。他方、履行遅滞による損害賠償(415条・416条)には、物の引渡債務の遅滞のためその間に債権者が支払った代物の使用料、債権者が得そこなった目的物の賃貸による利益、機会を逸した売却による利益、債権者が支出したが遅延により無駄になった費用、遅延により拡大した損害、塡補賠償(→(ⅲ)δ(ウ))も含まれうる。最後のものを除き、どこまでを遅延賠償と呼ぶかは定まっていない(我妻121頁以下、北川・注民(10)623頁以下、潮見・新注民(8)227頁以下参照)。「遅延賠償」の外延を確定する意味はあまりなく、それは履行期経過後に生じる、本来の履行の請求と併存しうる損害賠償であり、塡補賠償と対置されるものだという程度で足りるのでないか[73]。

（ⅲ）　塡補賠償

α　概観　　塡補賠償は、本来の給付の埋め合わせという性質をもつので、請求できるのは、典型的には履行不能の場合である。履行遅滞などそれ以外の不履行の場合にも請求できるかどうかは、民法改正前に議論があったが、415条2項はこれを認め、塡補賠償請求権が発生する場合を具体的に規定した（→β～δ）。これにより明確になったが、履行請求権と塡補賠償請求権の関係や、追完請求の場面の規律など、難問が残されている（→ε）。

β　履行不能　　履行不能の場合、塡補賠償の請求が認められる（415条2項1号）。ここでは、履行不能による契約解除（542条1項1号）との関係が問題となる（545条4項）。債権者が受け取る損害賠償額は、解除の有無にかかわらず、同額になることが多い。

> ◇　AがBに対し、A所有の絵画甲を1億円で売る契約をしたが、引渡し前にAの火の不始末により甲が焼失した。契約締結後、甲を描いた画家の絵の相場が上昇し、焼失時には甲の時価は1億2000万円になっていたとする。この場合、Bが契約を解除しなければ、AはBに甲の塡補賠償として1億2000万円を支払い、BはAに売買代金1億円を支払う。相殺により、Bは2000万円を受け取ることになる。Bが契約を解除したとすれば、AはBに対し、履行されていればBが得たであろう利益に相当する2000万円（甲の塡補賠償額から支払を免れた代金額を控除したもの）の賠償をする。結局、どちらも同じになる。

◆　履行不能における解除の意味　　履行不能の場合に、解除に意味がないわけではない。①時価が下がった場合。AがBに対し、A所有の絵画甲を1億円で売る契約をしたが、引渡し前にAの火の不始末により甲が焼失した。焼失時には甲の時価は8000万円に下がっていたとする。Bは、解除しなければ、1億円を支払って、甲の塡補賠償8000万円を受け取る（2000万円損をする）ことになるが、解除すると、代金の支払を免れる（磯村・改正115頁）。②交換契約の場合。A所有の絵画甲とB

73）　フ民（原始規定）1147条（2016年改正後1231-1条）における区別につき、山口・フランス215頁以下参照。ドイツにおける区分につき、上田貴彦「遅滞責任としての費用賠償の可否とその特異性」中京法学54巻3=4号（2020）331頁、高田淳「損害賠償種類論における時期的区分説の骨子」新井古稀272頁、同「損害賠償種類論における時期的区分説の検証」新報127巻3=4号（2021）265頁、同「損害賠償種類論における損害現象論的区分説の骨子」小野古稀42頁、同「損害現象論的区分説における給付に代わる損害賠償の識別」新報131巻3=4号（2024）69頁。ドイツにおける費用賠償（支出賠償）については、後掲注（80）も参照。

所有の絵画乙を交換する契約をしたが、引渡し前にAの火の不始末で甲が焼失したとする。Bは、解除しなければ、乙をAに引き渡して甲の塡補賠償金を受け取ることになるが、解除すると、乙は手元に置いて、損害賠償金を受け取ることができる(甲の相場だけが上昇していた場合)。③一般に、履行不能の場合、損害賠償額算定の基準時として解除時をとるという考え方(最判昭28・12・18民集7巻12号1446頁、百選Ⅱ〔8版〕8〔坂口甲〕)をとると、目的物の解除時の時価が基準となる。この考え方をとらないとしても、解除時の時価が損害の金銭的評価の資料となることはありうる(→4(2)(c)(ⅴ)γ〔225頁〕)。こうして、解除の時期が損害賠償額に影響を及ぼすことがありうる(潮見Ⅰ442頁)。

　以上の◇と◆を通じて、債権者(B)は、目的物の価格変動のリスクを債務者(A)に負担させつつ、解除権行使の有無・時期を選択できることになる。債務者は、催告による解除権の消滅(547条)又は反対給付の履行請求(債権者の解除を促す)によって対応することになる。

　γ　履行拒絶　　債務者がその債務の履行を拒絶する意思を明確に表示した場合、債権者は塡補賠償の請求ができる(415条2項2号→第2款3(4)〔140頁〕)。履行期の前後を問わない。この場合、債権者は契約を解除することもできるが(542条1項2号)、解除してもしなくても、塡補賠償を請求することができる(一部の履行拒絶については解除権未発生のこともある〔同項3号参照〕。小粥・新注民(8)481頁参照)。

　δ　契約の解除又は債務不履行による解除権の発生
　(ア)　概観　　契約債権については、①「その契約が解除され」たとき、又は、②「債務の不履行による契約の解除権が発生したとき」、債権者は塡補賠償を請求することができる(415条2項3号)。民法改正前には、①の場合に塡補賠償を請求できることは一般的に認められていたが、②の場合については議論があった。改正民法は②についても認めたわけである。なお、債務不履行により契約が解除されたときは、②が先行するので、①は不要である。そこで、①は、債務不履行による契約の解除以外の解除が固有の対象となる。
　(イ)　契約の解除　　履行遅滞により契約が解除がされた場合、債権者が履行に代わる損害賠償を請求できることは、従来、判例(最判昭28・12・18前掲など)・学説(我妻112頁以下・我妻V₁ 190頁など通説)の認めるところであった。そこで前提とされていた履行請求権と塡補賠償請求権の関係についての理解につ

いては、その後、議論の展開があったが（→ε(ア)〔199頁〕）、塡補賠償請求を認めるという結論には、異論がない。415条2項3号の「その契約が解除され」たときというのは、これを明文化したものである。

　この規定の固有の対象となるのは、債務不履行による契約の解除以外の解除である。すなわち、債務者がその債務の本旨に従った履行をしない場合において（415条1項本文）、債権者が（541条による法定解除ではなく）約定解除権を行使したとき、当事者が合意解除をしたとき、債権者にも不履行があって債務者が解除したときなどである（部会資料68A、第2、2説明3、同79－3、第8、2説明）。

　（ウ）　債務不履行による解除権の発生　　債務者が債務を履行しない場合において、債権者が相当の期間を定めて履行の催告をし、その期間内に履行がなく、かつ、期間経過時における不履行が軽微でないときは、債務不履行による契約の解除権が発生する（541条）。履行遅滞の場合が代表例である。このほか、542条1項3号ないし5号の場合にも、債務不履行による解除権が発生する（同項1号・2号の場合は、415条2項1号・2号が対応している）。一部不能の場合（542条1項3号）については、学説（我妻146頁、奥田149頁など通説）が、定期行為の場合（同項4号）については、判例（大判大4・6・12民録21輯931頁〔傍論〕）・学説（我妻113頁）が、従来、認めていたところである。これらの場合、債権者は、解除しなくても、塡補賠償を請求することができる。

　◇　履行遅滞にある債務者に対し、債権者が解除しないまま塡補賠償を請求することに実益があるのは、次のような場合である。すなわち、継続的契約の毎期の給付が現物である場合（土地使用の対価を収穫物で支払う契約で支払がされない場合において、債権者が履行期到来分については塡補賠償を求めるが、将来分については契約を維持して収穫物を得たいとき）、交換契約で反対給付が履行済みである場合（債権者が自己の履行した給付の返還を欲しないとき）などである（我妻114頁、星野47頁、奥田138頁、平井76頁参照）。

◆　履行遅滞と塡補賠償（民法改正前の議論）　　議論は3段階ある。
　①古くは、債務不履行により契約が解除された場合に債務者がすべき損害賠償（旧545条3項）の性質に関する議論があった。それは債務不履行による損害賠償と

は異質なもの(信頼利益の賠償)であるという見解もあったが、支持を得られず、債務不履行による損害賠償そのものであるという理解が一般的になった(我妻V₁ 191頁・199頁以下。平井・契約247頁以下、中田・契約239頁以下参照)。

②次に、履行遅滞の場合に、債権者が契約を解除することなく塡補賠償を請求できるか否かが議論された。通説的見解は、塡補賠償請求権は、本来の債権が同一性を有しつつ、その内容が変化したものであるという理解(我妻101頁)を基礎とする。履行遅滞の場合、債権者は履行の請求ができるのだから、履行に代わる損害賠償の請求は認められない、塡補賠償の請求をしたければ解除すればよい、という考え方を基本としたうえ、実際上の必要を考慮し、例外を認めようとする。この例外について、①の議論を意識しつつ検討された。ほぼ通説といえるのは、債権者は、相当な期間を定めて催告し、その期間が経過したときは、解除しなくても、塡補賠償を請求することができるという見解(我妻114頁、於保101頁、奥田138頁、鈴木219頁、淡路114頁、内田3版155頁)である。これは、債権者は催告(旧541条)をすれば、契約を解除して「消極利益」の賠償を請求するか、契約を維持して履行に代わる金銭的賠償を請求するか、を選択できるという大審院判決(大判昭8・6・13民集12巻1437頁〔傍論〕)を支持するものである(「消極利益」の賠償の部分は除く)。このほか、この見解を支持しつつ、債権者の反対給付につき債務者が利害関係を有しないことを要件として付加するもの(平井76頁)、債権者が履行を催告したうえ、追完請求権を放棄することを要件として付加するもの(加藤112頁)があった。また、解除を必要としつつ、債権者が催告のうえ、その期間経過後に塡補賠償を請求したときは、同時に解除の意思表示がされたものとみなすと解することで解決を図るものもあった(星野47頁)。他方、遅延後の履行が債権者にとって無意味となる場合にのみ例外を認めるものもあった(林ほか98頁[林=安永])。

③例外を認めるとすると、債権者が解除せずに塡補賠償を請求した場合、ⓐ債権者はなお履行を請求することができるか、ⓑ債務者はなお履行することができるか、が問題となる。これについては、ⓐⓑともに否定するもの(星野47頁)、ⓐについて塡補賠償の請求は追完請求権の放棄を前提とするというもの(加藤112頁・125頁)、ⓑについて肯定するもの(我妻114頁)、ⓐⓑについて原則として肯定するもの(潮見Ⅰ369頁)があった。ここで、問題の本質は履行請求権と塡補賠償請求権の関係(→ε(ア)〔199頁〕)にあることが意識されるようになる(潮見Ⅰ366頁、北川=潮見・新版注民(10)Ⅱ490頁以下)。すなわち、②で基礎となっていた、塡補賠償請求権は本来の債権が同一性を保ったままその内容が変更したものである(したがって両立しない)という理解を批判し、履行の請求ができることと、塡補賠償を請求できることとは、そもそも併存しうるものであるという理解が有力になった。

> ◆ **代償請求**[74]　本来の給付を請求すると同時に、その強制執行が不可能な場合に備えて、予め塡補賠償を請求する訴えを提起することは認められる（最判昭30・1・21民集9巻1号22頁、百選Ⅱ〔3版〕10〔竹下守夫〕、百選Ⅱ〔4版〕11〔上原敏夫〕）。これを代償請求という。たとえば、「被告は原告に対し、絵画甲を引き渡せ。仮にその執行が不奏功（執行不能）のときは、金1億2000万円を支払え。」というように請求する。この場合、催告は要件とならない。本来の給付の請求と代償請求の関係は、後者が予備的な請求であるといわれることがあるが、民事訴訟法上は、現在の給付の訴えと将来の給付の訴えとの単純併合と解されている。代償請求の強制執行は、民事執行法31条2項による。

ε　残された問題　　415条2項は、塡補賠償を請求できる場合を具体的に規定したが、残された基本的な問題がある。

（ア）　履行請求権と塡補賠償請求権との関係　　本来の給付を請求できる権利である履行請求権と塡補賠償請求権の関係については、3つの問題がある。①履行請求権は、ⓐある時点で塡補賠償請求権に転化するのか、ⓑ両者が併存する段階もあるのか。②履行請求権と塡補賠償請求権には同一性が、ⓐあるのか、ⓑないのか。③履行請求権は、ⓐ債権の本来的効力なのか、ⓑ損害賠償請求権などと並ぶ、不履行に際して債権者に与えられた救済手段の1つにすぎないのか。改正前民法のもとで、伝統的通説は、いずれもⓐと理解してきた。このため、債務不履行による損害賠償の要件として、本来の給付を請求できる権利（履行請求権）が損害賠償請求権に転化していることがあげられることもあった（平井74頁・82頁）。これに対し、いずれもⓑと理解する見解が台頭した（潮見Ⅰ359頁以下、北川＝潮見・新版注民(10)Ⅱ496頁以下）。他方、伝統的立場から、①ではⓑを認めつつ、③ではⓐを堅持する見解が[75]示された。

現行民法は、415条2項2号・3号により、①についてⓑをとることを明らかにする。そこで、債権者が解除しないまま塡補賠償の請求をした場合、㋐債権者は、なお本来の履行を請求することができるのか、また、㋑債務者は、な

---

74)　竹下守夫『民事執行法の論点』(1985)115頁、中野・民執159頁、高見進・民事法Ⅱ233頁以下、上原ほか・前掲注(12)101頁・220頁。
75)　森田・前掲注(1)②2頁以下は、履行請求権の排除の要件と塡補賠償を認める要件を一元的に取り扱う構成から、二元的に取り扱う構成へと改めつつ、「体系化原理としての履行請求権」の意義を強調する。

お本来の履行をすることができるのか、が問題として浮上する(民法改正前からあった問題だが、より明瞭な形で現れる)[76]。解除しないまま行う塡補賠償請求に、履行請求又は履行の排斥という形成的効果まで認めることは過剰である。㋐については債権者はなお履行を請求することができ、㋑については債務者は解除されるまでは履行することができる、ただし、㋐㋑を通じて、塡補賠償請求に解除の意思表示が含まれていると解すべき場合や、信義則・権利濫用法理の規律に服すべき場合は、債権者の履行請求又は債務者の履行が排除又は制限される、と考えたい[77]。

②と③については、現行民法のもとでも、引き続き理解が分かれる(②→次の◆。③→第1節1(1)1つ目の◆〔98頁〕。小粥・新注民(8)554頁以下参照)。

◆ **履行請求権と債務不履行による損害賠償請求権の同一性** 本来の給付を請求できる権利である履行請求権(以下、この項では「本来の債権」という)と塡補賠償請求権の関係は、従来、より一般的に、本来の債権と債務不履行による損害賠償請求権の関係の問題として検討されてきた。改正前民法のもとの判例(大判大8・10・29民録25輯1854頁など)・通説(我妻101頁、平井74頁、川井95頁)は、両者に同一性があるという(損害賠償請求権は本来の債権が姿を変えたものだと考えるので、債務転形論と呼ばれることもある)。すなわち、①本来の債権の担保は、損害賠償請求権に及ぶ(346条・447条1項)。②時効期間の性質は、本来の債権によって決まる。③本来の債権が時効消滅すると損害賠償請求権も発生しない(大判大8・10・29前掲)。④履行不能による塡補賠償請求権の消滅時効の起算点は、本来の債権の履行を請求しうる時である(最判昭35・11・1民集14巻13号2781頁、最判平10・4・24判時1161号66頁、我妻101頁など。反対、川島武宜編『注釈民法(5)』〔1967〕298頁〔平井宜雄〕、難波譲治「判批」リマークス20号〔2000〕18頁、潮見Ⅰ363頁)。⑤本来の債権が譲渡されると、既発生の損害賠償請求権(遅延損害金債権)も、原則として移転する。

しかし、これらは「同一性」の有無から演繹するのではなく、問題ごとに、その制度の趣旨や当事者の意思に照らして判断すべきものであろう(民法改正の前後を通じて)。すなわち、①は担保の及ぶ範囲の問題、②③④は時効制度の問題、⑤は

---

76) 森田修「履行請求権と塡補賠償請求権との併存」瀬川信久=吉田克己古稀『社会の変容と民法の課題〔上巻〕』(2018)397頁。

77) 潮見新Ⅰ482頁以下、小粥・新注民(8)561頁は、㋐は肯定するが、㋑は否定する。なお、部会では、㋐を否定することが検討されたが(中間試案第10、3(3)、中間試案説明117頁)、結局、規定を置かず、解釈に委ねることとされた(部会資料68A、第2、2説明3〔10頁〕)。

当事者の意思解釈の問題として、個別に検討すべきものである。なお、④は、損害賠償請求権について、本来の債権との関係を考慮しつつ、166条1項各号所定の起算点を解釈すべきものである（填補賠償請求権については、415条2項各号所定の事由のうち最も早く生じた事由の時が権利行使可能時になると考える。履行不能及び履行拒絶の場合〔同項1号・2号〕は、生じたのが履行期の前か後かを問わず、その時である〔民法改正前の判例を支持しない。履行期経過後は同項3号の問題ともなりうる〕。なお、本来の債権について時効が完成した後、履行不能となり、その後、時効の援用がされたときは、時効の遡及効〔144条〕により、本来の債権が消滅し、その不履行も生じなかったことになる〔545条4項の場合とは区別されうる〕。契約が解除された場合〔415条2項3号〕は、解除時である。債務不履行による解除権発生の場合〔同号〕は、催告解除については、実際に催告がされたか否かを問わず債務不履行の時から相当期間〔541条〕を経過した時だと考える。以上を通じて、本来の債権についての時効の完成猶予及び更新は、損害賠償請求権の時効にも及びうると考える。学説は多様である。秋山ほか・改正38頁以下〔松井和彦〕、小粥・新注民(8)555頁、潮見新Ⅰ480頁、内田146頁、平野・改正87頁以下、四宮＝能見・総則427頁以下参照）。

（イ）　追完請求の場面における415条2項の適用の有無　　売買の目的物が引き渡されたが契約の内容に適合していない場合、買主は、追完（修補、代替物の引渡し、不足分の引渡し）を請求できるが(562条)、415条による損害賠償の請求もできる(564条)。ここで、買主が「追完に代わる損害賠償」を請求する場合、415条2項の適用、類推適用又はその法意により、同項所定の事由があること又は買主が追完の催告をすることを要するという見解がある。また、買主の代金減額請求権(563条)との均衡を理由に、買主が追完の催告をすることを要するという見解もある。しかし、消極に解したい。売買契約の内容に適合しない目的物が引き渡された場合、買主は、415条2項の事由又は追完の催告がなくとも、同条1項により、損害賠償を請求できると考える。

◆ **契約不適合による損害賠償請求の要件**　　売買契約の内容に適合しない目的物が引き渡された場合、買主が損害賠償を請求する要件として、415条1項を満たせば足りるという見解(415条1項説)、「追完に代わる損害賠償」の請求については、同条2項の適用、類推適用又はその法意により、同項所定の事由の存在又は追完の催告を要するという見解(415条2項説)、「追完に代わる損害賠償」の請求については、563条との均衡を理由に、追完の催告を要するという見解(563条説)が

ある[78]。

　415条2項説は、①ⓐ「履行請求権と履行に代わる損害賠償請求権の関係」とⓑ「追完請求権と追完に代わる損害賠償請求権の関係」が同質であること、②請負契約において修補に代わる損害賠償請求権を規定していた改正前民法の規定(旧634条2項)が削除される際、一般規定である415条2項の適用あることが想定されていたと考えられること、を理由とする。しかし、①は、履行請求権は債務不履行の効果の1つであるにすぎないという理解を前提とするが、その前提について議論がある(→第1節1(1)1つ目の◆〔98頁〕)。また、①のⓐとⓑが同質であるという評価についても異論がみられる(→第1節1(1)4つ目の◆〔100頁〕、森田修・前掲注(76)423頁以下、森田宏樹・前掲注(5)285頁、田中洋・前掲第3章注(11)314頁)。②については、次の指摘がある。415条2項の文言は「追完に代わる損害賠償」を想定していない。旧634条2項のもとで、注文者は修補請求をすることなく直ちに修補に代わる損害賠償を請求できるとし、注文者の選択権を認めた判例(最判昭52・2・28金判520号19頁、最判昭54・3・20判時927号184頁)の規律を今回の改正で改めることが意図されていたとはいえない。契約不適合については415条2項のうち3号が問題となるが、不適合が軽微であるため解除権が発生しなくても損害賠償は認めるべき場合があるし、売主に対する不信感から買主が売主に請求せずに他の者に修理させることは実際上ままあることであり、その損害賠償を認めるべき場合もあり、いずれも契約に適合しない物を引き渡した売主は甘受すべきものである。

　563条説は、③代金減額請求について同条のとる「追完の優先」の考え方は損害賠償請求においても妥当すること、④「追完に代わる損害賠償」の請求において追

---

[78] 全体につき、小粥・新注民(8)562頁以下、平野・改正135頁以下。415条1項説として、一問一答76頁・341頁、潮見ほか・改正148頁以下〔荻野奈緒〕、森田宏樹・前掲注(5)285頁(同「履行に代わる損害賠償と解除権の発生の要否」法教500号〔2022〕1頁も参照)、内田148頁、山野目・前掲注(49)114頁、奥田=佐々木上221頁以下。415条2項説として、潮見新Ⅰ483頁以下、潮見・改正70頁、潮見プラ133頁以下、潮見・新契約Ⅰ161頁以下、福田清明「改正民法415条の『履行に代わる損害賠償』と『その他の損害賠償』について」名城法学69巻1=2号(2019)147頁、同「双務契約上の役務提供債務の不完全な履行による2種類の損害賠償(民法415条)と追完請求の優位性」宮本古稀93頁、古谷・前掲第3章注(11)25頁以下、石田343頁。563条説として、潮見ほか・改正130頁以下〔田中洋〕、田中洋「改正民法における『追完に代わる損害賠償』」NBL1173号4頁～1178号38頁(2020)、森田監・改正329頁〔三枝健治〕。後2説を支えるものとして、森田修「請負関連規定に関する民法改正経緯」法協136巻10号(2019)134頁・181頁、同・前掲第4章注(14)7頁以下。後2説にはドイツ法の影響がうかがわれるが(ド民281条1項は給付に代わる損害賠償の前提として履行・追完のための相当期間の付与を定める)、日独の各規律構造の全体としての比較検討をなお要しよう。ドイツにおける追完に関する議論につき、原田剛『売買・請負における履行・追完義務』(2017)3頁以下、田中洋・前掲第3章注(11)19頁以下・63頁以下、古谷・同注131頁以下、田中宏治・同注133頁以下・309頁以下、福田・前掲。

完の催告が不要だとすると、催告が要件である代金減額請求制度が用いられず同条が死文化することを主張する。③については「追完の優先」を「履行の優先」から導くことには①と同様の問題があり、563条から導くことには、「追完の優先」の採否・程度は各制度において個別的に検討すべきであるとの指摘が考えられる。④については、損害賠償よりも代金減額による解決を望む買主はいるだろうし、そのような買主にとって催告は大きな負担ではないであろうから、563条が死文化することはないともいえよう。

　後2説も、常に催告を求めることは妥当でないと考え、415条2項類推適用の例外(潮見プラ135頁以下、潮見・新契約Ⅰ165頁以下)、あるいは、履行の追完の催告が不要とされる例外(田中・前掲注(78)1177号35頁以下)を精緻に示すが、複雑な解釈論だという感を禁じ得ない。「追完に代わる損害賠償」という概念を理論的に位置づけようとする試みには傾聴すべきところがあるが、①のレベルでの一致がみられないとすると、追完の機会を売主にどこまで与えるべきかの判断の問題となる。通常は追完の請求(催告)はされるであろうから問題は生じにくいが、それがされない場合の実情の指摘(奥田＝佐々木上222頁)は軽視できない。なお、部会では、契約不適合による損害賠償請求のために予め追完請求をすることは要件としないものと考えられていた(部会資料56、第11、4(2)から同59、第36、4(2)への変更につき、部会議事録67回49頁～57頁〔特に50頁〕参照)。

　以上のことから、「追完に代わる損害賠償」について解釈による特別の要件を課すのではなく、契約不適合自体について、415条2項とは切り離して、同条1項による損害賠償請求を認めれば足りると考える(415条1項説)。

(d)　履行利益・信頼利益

(ⅰ)　**概念**　履行利益の賠償とは、債務の本旨に従った履行がされていたら債権者が得られたであろう利益の賠償である。これは、有効な契約について、履行期のあるべき状態を基準として考える。たとえば、絵画の売買契約で引渡しが不能となった場合、買主がその絵画を第三者に転売する契約を結んでいたとすると、その転売利益がこれにあたる。

　信頼利益の賠償とは、契約が無効又は不成立であるのに、それを有効と信じたことによって債権者が被った損害の賠償である。たとえば、契約締結のための費用、代金支払のために借入れをした場合の支払利息はこれにあたる。信頼利益の賠償は、契約交渉を不当に破棄した者(→第2款3(6)(c)(ⅳ)〔158頁〕)、錯誤により契約を取り消した表意者(95条1項)、債務不履行によって契約を解除された債務者(545条4項)、無権代理人(117条1項)などについて、その責任と

して言及されることがある(改正前民法のもとでは、原始的不能の場合や売主が瑕疵担保責任〔570条〕を負う場合においても論じられた)。もっとも、これらの問題は、それぞれ前提となる法律関係に関する議論があるうえ、信頼利益の概念自体も多義的で曖昧なところがある。

◆ **信頼利益概念の不明瞭さ**　不明瞭さは、次の諸点でみられる。
　①信頼利益について、2つの理解がある(髙橋・序説〔序章～第3章〕)。債権者の利益状態が、契約交渉開始時(t_1)にはa、契約締結時(t_2)にはb、契約の無効・不成立が判明した時(t_3)にはcであったとし、契約が有効で履行期(t_4)に履行されていたらあったであろう利益状態をdとする($d>a>b>c$)。第1の理解は、無効・不成立の契約について、債権者が契約締結時(t_2)に契約の無効・不成立を知っていたとしたら現在(t_3)あったであろう利益状態(e)を想定し、それを実現するのが信頼利益の賠償だという考え方である(奥田210頁)。この見解は、利益状態d(履行利益の賠償)と同e(信頼利益の賠償)とを対比するものであり、いずれも仮定的な利益状態を想定する。第2の理解は、信頼利益の賠償とは、無効・不成立の契約を有効と信じた結果、現在ある利益状態cを、原状に回復するものだと考えるものである(髙橋・序説113頁以下。回復されるべき原状としては、利益状態aとする考え方と同bとする考え方がありうる)。この理解は、原状回復利益の賠償ということもできる。この理解によると、履行利益では現在(t_3)から履行期(t_4)を眺めるのに対し、信頼利益では現在から過去(t_1又はt_2)を眺めるのであり、思考の方向の相違だということになる。以上の理解は、第1・第2とも、「利益状態の差」を考えるので、差額説との関係を考える必要もある。
　②「無効又は不成立の契約を有効であると信じた」ことの意味が不明確である。ⓐ契約が有効に成立「した」と信じたことか、ⓑ有効に成立「する」と信じたことか、である。①の第1の理解は、ⓐを前提としている。①の第2の理解は、いずれもありうる(回復される原状として利益状態a・bのどちらを想定するかが変わることになる)。
　③信頼利益とされる具体的内容が様々である。積極的損害(契約を有効と信じてした無駄な出費)のほかに、消極的損害(他の有利な申込みを断ったことによる逸失利益)も含むとすると、それをどう説明するのか(①の第1の理解だと説明しやすいが、第2の理解だとどうなるか。履行利益との関係はどうか)、完全性利益をどう位置づけるのか(髙橋・序説115頁。北川147頁参照)などの問題がある。
　④信頼利益の賠償に言及される法律関係は多様であり、それぞれにおいて信頼利益に限るかどうかの議論がある。民法改正前には、原始的不能と売主の瑕疵担保責任が重要な場面であり、議論があった(現行民法では、いずれも415条による損害

賠償がされるものとされ、信頼利益に限定されていない〔412条の2第2項・564条〕）。契約解除、無権代理人責任については、信頼利益に限定しないという見解が一般的になっている（中田・契約239頁以下、四宮＝能見・総則380頁）。錯誤については、ドイツ民法122条1項（錯誤者による相手方又は第三者の信頼利益の賠償）を紹介しつつ、不法行為責任又は契約締結上の過失責任を認めるという見解が有力だが（四宮＝能見・総則265頁など）、日本法について信頼利益に限定するというわけではなさそうである。信頼利益の概念がなお用いられるのは、契約交渉不当破棄に関する学説においてであるが（池田・前掲注(42)329頁以下など）、それは「履行利益」を認めないという趣旨であり、他の場面で用いられてきた「信頼利益」との関係は不明瞭である。結局、これらの諸法律関係を通じて統一的な「信頼利益」を観念する意義が問題となる。

（ⅱ）　**概念の意義**　　信頼利益の概念は、不明瞭さを伴う。また、議論されてきた諸法律関係の多くが信頼利益の概念を用いない方向で収束しつつある。そうすると、もはやこの概念を放棄すべきであろうか。外国でも、履行利益と並べて、それとは異なる種類の利益を考えることがある。履行利益（又はそれに相当するもの）の賠償は、理論的に認められない、あるいは、政策的に認めるべきでないと判断しつつも、債権者に何らかの損害賠償を与えるのが適当であると考えられる場合に観念される。「履行利益ではないもの」を「信頼利益」と呼ぶとすると、それが多義的なものとなることは当然である。履行利益・信頼利益の区分は日本法では法技術的意味はなく、損害賠償の範囲は一般原則（416条）によることを基本とするという見解（平井71頁）が唱えられることは、自然である。もっとも、「履行利益ではないもの」を観念することには、「法技術的意味」ではないにせよ、一定の有用性は認められよう。すなわち、それは「履行利益」概念を相対化するとともに、損害賠償の内容・範囲、さらにはその根拠を考えるための1つの視点を提供する[79]。信頼利益は、そのような刺激を与える概念として意義がある。

---

[79]　髙橋・序説、大村・前掲注(19)161頁以下、森田・文脈417頁以下、内田177頁以下。アメリカ契約法における「信頼利益」概念の意義につき、内田・前掲注(10)119頁以下（信頼利益概念を提唱したフラー論文の意義を論じる）、吉田邦彦「アメリカ契約法学における損害賠償利益論」同『契約法・医事法の関係的展開』（2003）68頁以下参照（「信頼利益」概念のもつ現実的意義〔中間的・妥協的解決をはかりうる〕とイデオロギー的意義〔個別的な「期待利益」概念を克服する批判的・関係的概念として機能しうる〕を指摘する）。

◆ **履行利益と並ぶ利益**　履行利益・信頼利益の区分は、ドイツ民法で発達したが（髙橋・序説〔第1章・第3章〕）、アメリカ法もその影響を受け（アメリカで信頼利益概念を提唱したフラーとパーデュ〔Fuller & Perdue〕の論文〔1936～37〕はドイツのイェリング〔Jhering〕の影響を受けている）、期待利益（expectation interest）・信頼利益（reliance interest）・原状回復利益（restitution interest）の区分が導入された（第2次契約法リステイトメント344条〔「期待利益」は履行利益に相当する。「原状回復利益」は、債務者の受けた利益を戻すものであり、（ⅰ）の◆で触れた原状回復とは異なる〕。望月礼二郎『英米法〔新版〕』〔1997〕434頁以下、樋口・アメリカ64頁以下、内田・吉田・前掲各注(79)）。また、イギリス法もアメリカ法の影響を受け、信頼利益の概念が導入されている（望月・前掲、北井辰弥「契約上の損害賠償における信頼利益の保護」新報102巻11＝12号〔1996〕141頁）。UNIDROIT 2016, 3.2.16, PECL 4.117, DCFR Ⅱ.7.214も、契約取消しの場面で信頼利益の賠償による解決をする。なお、ドイツでは2001年民法改正により、債務不履行の場面で、無駄になった費用（支出）相当額の賠償を認める規定（284条）が設けられた[80]。フランスでは、2016年改正民法で、契約交渉破棄の場合における損害賠償範囲の限定について、具体的に規定された（1112条2項〔2018年に一部改正〕）。

3　損害賠償の範囲

(1)　概　観

1つの債務不履行によって、債権者に様々な損害が生じることがある。そのうちどの範囲のものを債務者が賠償すべきかを定めるのが416条である。「通常生ずべき損害」は賠償され（1項）、「特別の事情によって生じた損害」であっても、「当事者がその事情を予見すべきであったとき」は、やはり賠償される（2項）。旧416条は、1項は同じだが、2項では、「当事者がその事情を予見し、又は予見することができたとき」に賠償されると規定していた。今回の改正は、予見又は予見可能性の存否という事実のレベルの問題として理解されがちな基準ではなく、「予見すべきであった」という規範的評価を基準とすることを明

---

[80]　上田貴彦「ドイツ給付障害法における費用賠償制度の概観」同法57巻5号〔2006〕127頁、潮見・前掲注(56)187頁以下〔初出2006〕、北川＝潮見・新版注民(10)Ⅱ307頁以下、金丸義衡「契約法における支出賠償の構造」姫路法学47号（2007）33頁、同「支出賠償における支出概念と賠償範囲」甲南法学60巻1=2=3=4号（2020）125頁など。荻野・新注民(8)650頁以下参照。

示したものである。

> ◇　A社から機械の部品を注文された部品業者B社が、手違いのため、約束した時期よりも1週間遅れて納入した。その間、A社は工場の機械を動かせず、生産ラインが停止し、製品の製造が遅れ、顧客に迷惑をかけた。A社は信用をなくし、大口取引先を失い、ついには社長が経営に熱意を失い、結局、2年後に倒産した。この場合、部品納入の遅滞による債務不履行責任を負うB社は、A社の倒産に伴う莫大な損害を賠償しなければならないか。それはしなくてもよいとすると、どこまでの損害を賠償すべきか。416条は、上記の基準によって、その範囲を定める。

　この規定については、多くの議論がある。まず、416条は厳密にいうと何を定めているのかを知るために、同条の系譜と学説の流れを振り返る(→(2))。その後、同条の解釈を具体的に検討する(→(3))。

(2)　民法416条の系譜と学説の流れ

(a)　旧416条の系譜

　旧416条は、当事者の予見可能性を最終的な決め手としていた。このように当事者の予見可能性を損害賠償の範囲の画定基準とするのは、16世紀のフランスの学説に始まり、18世紀のフランスの学説を経て、フランス民法典に採用されたものであり、これが1854年のイギリスの判例に影響を及ぼした。旧416条は、直接的には、このイギリスの判例法理を基本とし、さらに若干の変更を加えたものである。

> ◆　**予見可能性を基準とする考え方の系譜**　この考え方は、フランスの法律家デュムラン(Dumoulin. モリネウス Molinaeus ともいう)が『利益論』(1546)でローマ法(勅法彙纂)の解釈という形で提示し[81]、フランス民法の父と称されるポチエ(Pothier)が『債権債務関係概論』(1761)でこれを承継し[82]、フランス民法(1804年)1150条・1151条がそれをほぼ取り入れた。アメリカの法律家セジウィック

---

81)　國宗知子「デュムランの利益論研究のために」中央大学大学院研究年報12号Ⅰ-2(1983)41頁、同「モリネウスの利益論の『射程』」片山金章追悼『法と法学の明日を求めて』(1989)499頁、同「デュムランの生涯その作品(1)」経済系164集(1990)70頁、北川・前掲注(68)②23頁。
82)　フランス法については、難波譲治「フランス法における契約損害の予見可能性」論叢124巻2号40頁・125巻3号80頁(1988〜89)、同「民法416条の立法趣旨」高島平蔵古稀『民法学の新たな展開』(1993)319頁のほか、中田・百年Ⅲ14頁注(24)の文献。

> (Sedgwick)は、『損害賠償額算定論』(1847)で、ポチエの見解及びフランス民法1150条・1151条を紹介し[83]、同書が1854年のイギリス財務府裁判所判決（ハドレィ対バクセンデイル事件 Hadley v. Baxendale）で参照された[84]。旧416条は、この判決の考え方を基本とし、若干の変更を加えたものである[85]。

(b)　学説の流れ——相当因果関係説とその批判[86]

（ⅰ）　**相当因果関係説**　旧416条の系譜は上記の通りだが、わが国のかつての通説は、この系譜とは離れて、ドイツの学説を継受し、損害賠償の範囲は債務不履行との「相当因果関係」で定まると述べた。すなわち、旧416条は、1項及び2項を合して相当因果関係説を採用したものであり（鳩山78頁）、1項は、相当因果関係の原則を立言し、2項は、その基礎とすべき特別の事情の範囲を示す（我妻120頁）という。判例も、同条が相当因果関係の範囲を示すというに至った（大連判大15・5・22民集5巻386頁）。こうして、旧416条は「相当因果関係」を表す規定だという理解が一般的になった。

（ⅱ）　**相当因果関係説に対する批判**　この理解に対しては、旧416条とドイツの相当因果関係説とは異なるものであるという批判が20世紀後半にされ[87]、特に1970年代前後から徹底的な批判が投じられた（平井・理論76頁以下、平井90頁）。

◆　**相当因果関係説に対する批判**　要点は2つある。
第1点は、ドイツと日本との損害賠償法の相違である。ドイツ民法は、債務不履

---

[83]　セジウィック(セジュウィック)については、北村一郎「『テミス』と法学校(2・完)」法協133巻7号(2016)204頁・184頁〜180頁。

[84]　ハドレィ・ルールについては、平井・理論126頁以下、樋口・アメリカ290頁以下、笠井修「損害賠償法における『予見可能性』の基礎付け」中央ロー・ジャーナル9巻3号(2012)49頁、樋口範雄ほか編『アメリカ法判例百選』(2012)206頁[溜箭将之]のほか、中田・百年Ⅲ22頁注(34)の文献を参照。

[85]　平井・理論146頁以下、中田・百年Ⅲ20頁。反対、石田229頁以下。

[86]　北川善太郎『日本法学の歴史と理論』(1968)63頁以下、國井和郎「債務不履行における損害賠償の範囲」講座Ⅳ499頁、中田・百年Ⅲ39頁以下、瀬川信久「損害賠償の範囲と判断枠組み」争点193頁、北川＝潮見・新版注民(10)Ⅱ327頁以下、森田・文脈409頁以下、米村滋人「損害賠償の範囲」改正と民法学Ⅱ53頁、荻野・新注民(8)615頁以下。

[87]　山田晟＝来栖三郎「損害賠償の範囲および方法に関する日独両法の比較研究」我妻栄還暦『損害賠償責任の研究 上』(1957)168頁、北川・前掲注(86)53頁。

行と因果関係のある損害はすべて賠償されるという「完全賠償の原則」をとった。これは、「因果関係」以外の要件（予見可能性など）によっては損害賠償の範囲を制限しないというものである。しかし、単に因果関係があるというだけだと無限に拡大するので、学説は、「因果関係」の概念自体を法的観点から限定することによって、妥当な結論を導こうとした。その結果、到達したのが「相当因果関係」の概念であり、これがドイツにおいて通説・判例となった（ドイツ民法典制定前から「因果関係」の法的限界づけのあり方について議論があり、その1つが相当因果関係説であるが、同説のなかにも諸説あった。トレーガー〔Traeger〕は、民法典施行後まもない1904年に、これらを折衷し精錬した見解を提示し、これがドイツでの通説・判例となった。このトレーガーの相当因果関係説が日本に導入された〔平井・理論48頁以下、前田181頁以下、澤井49頁〕）。他方、日本民法は、完全賠償の原則をとっておらず、予見可能性によって損害賠償の範囲を制限している（制限賠償の原則）。つまり、ドイツ民法が否定した考え方（フランス法・イギリス法の考え方）に立脚する。ドイツの相当因果関係説の前提となる法制度と異なる法制度をとる日本に、同説を持ち込むのはおかしい。

　第2点は、日本において、「相当因果関係」の概念は曖昧であり、紛争解決の基準となっていないということである。実際には、裁判官が賠償すべきだと考えた損害について、後から、それは債務不履行と相当因果関係がある損害だと呼んでいるにすぎない（平井・理論94頁）。そもそも、「相当因果関係」と旧416条が同義であるのなら、旧416条を解釈・適用すれば足り、「相当因果関係」の概念は無用であるはずである（平井90頁）。

（ⅲ）　**保護範囲説**　　相当因果関係説を批判した学説は、これに代わるものとして、次の見解を提唱した（平井・理論135頁、平井91頁、平井・不法行為109頁以下）。

　従来、「相当因果関係」の概念で取り扱われてきた問題は、次の3つの問題に分析して検討されるべきである。すなわち、①事実的因果関係、②保護範囲、③損害の金銭的評価である。①は、事実としての因果関係があるかどうかである。債務不履行という事実と損害と評価される事実との間に「あれなければこれなし」という条件関係があるかどうかで決定する（but for test）。②は、事実的因果関係がある損害のうち、賠償されるべき損害の範囲を画定することである。旧416条は、この範囲を画定する基準である。③は、画定された範囲内にある損害（事実）を金銭に見積もることである。金銭賠償の原則（417条）に伴い必要とされる。これは、裁判官の裁量的・創造的評価によってされる作業である。

つまり、旧416条は、その全体で「相当因果関係」を定めるものではなく、「相当因果関係」の一部である「保護範囲」を定める規定であると主張する。

> ◇　この分析を(1)の◇〔207頁〕で示した例(A社に対するB社の部品納入遅延)に当てはめてみよう。①Bの納品は1週間遅れたが、その間、Aの工場では予備の部品を使用することができたのであり、工場の機械を動かせなかったのは、その部品とは別の原因によるものだったとすると、Bの債務不履行とAの倒産との間には、そもそも事実的因果関係がない。②Aの工場には予備の部品はなく、生産ライン停止は、Bの部品の納入遅延のためであったとすると、Bの履行遅滞と2年後のAの倒産の間には、事実的因果関係があるかもしれないが、Bはそこまでは賠償しなくてよいのではないか。これが416条の規定する保護範囲の問題である。③Bの納入遅延によりAが1週間操業できなかったことが賠償範囲に含まれるとすると、Bはそれによる損害を賠償すべきことになるが、その損害が「金何円」なのかを決定する必要がある。これが金銭的評価の問題である。

（ⅳ）　**保護範囲説の評価**　　批判説により、相当因果関係説の問題点は、広く意識されるようになった。また、「相当因果関係」には3種の問題が含まれているという保護範囲説の分析は、同説を支持すると否とを問わず、広く知られている(川井100頁)。そこで、保護範囲説を基本的には支持する見解が有力である(星野70頁、内田182頁以下、淡路167頁、大村(4)111頁など)。

他方、保護範囲説に対しては、全体的批判[88]のほか、次の批判[89]もある。①事実的因果関係と賠償範囲の問題とを峻別することは、因果関係の意義を過度に限定するものであり、適当ではない。②金銭的評価を裁判官の広汎な裁量に委ねることは、裁判官の負担を過重にし、適当ではない。③ドイツでは、相当

---

[88] 石田224頁以下(保護範囲説の前提とするドイツの相当因果関係説理解及び416条理解のいずれも不当だという)。この批判説は、416条はドイツの全部賠償の原則に近い立場をとり、蓋然性によって賠償範囲を画定しようとする規定であると述べ、危険性関連を基準とすることを提唱する(石田穣『損害賠償法の再構成』〔1977〕136頁・137頁以下・181頁・192頁、石田236頁以下)。

[89] ①は、主として不法行為に基づく損害賠償における批判である。吉田邦彦「法的思考・実践的推論と不法行為『訴訟』」同『民法解釈と揺れ動く所有論』(2000)197頁・240頁〔初出1992〕、水野謙『因果関係概念の意義と限界』(2000)、同「事実的因果関係」争点274頁、米村滋人「法的評価としての因果関係と不法行為法の目的」法協122巻4号118頁・5号165頁(2005)。②は、近江91頁など。③は、北川159頁。④は、林耕平「契約責任法における責任内容確定の構造と方法(1)～(4)」北法73巻6号55頁～75巻3=4号173頁(2023~24。未完)、同・私法86号(2025)掲載予定。

因果関係説では賠償範囲が広くなりすぎるという批判に基づいて保護範囲説が登場したという経緯があるが、日本ではそのような批判は出ていない。④制限賠償の原則と、「損害」に金額を含める理解とは、両立しうる。

そこで、相当因果関係説を擁護する見解もある。すなわち、ドイツとは損害賠償法の構造が異なるとしても、日本では旧416条により定められる損害賠償の範囲を相当因果関係にあるものとして説明する意味があるという(森島・前掲注(57)313頁。近江91頁参照)。また、旧416条を相当性の観点で把握しつつ、公平や規範の保護目的の観点を付加するものもある(澤井49頁)。

これらに対し、保護範囲説の問題提起を受容したうえ、展開させる見解が登場する。保護範囲説の提唱者は、旧416条を不法行為による損害賠償に類推適用する判例・学説を批判し、これを契約債権の不履行の場合の規律としてとらえたが(平井・理論449頁以下、平井・不法行為111頁以下)、この点を発展させるものである。すなわち、契約による債権については、契約規範によって保護されている債権者の利益は何か、という観点から範囲を画するという[90]。このような「契約利益」を重視する立場(契約利益説)からは、予見又は予見可能性の存否がそのために適切な基準とは当然にはいえず、むしろ予見可能性の要件を規範的にとらえるべきだという指摘がされるようになる(潮見Ⅰ330頁・345頁以下、潮見新Ⅰ454頁以下・461頁以下)。この指摘は、旧416条の改正を促す1つの推進力となった(これのみによるわけではない→(3)(b)(ⅱ)2つ目の◆〔215頁〕)。

(3) 民法416条の解釈

(a) 416条の読み方

旧416条に関する学説の展開を反映し、その読み方についても諸説あった(星野71頁)。その中で有力であった見解を基礎として、改正された416条を次のように理解したい(米倉プレ114頁以下参照)。

416条は、事実的因果関係のある損害のうち、賠償されるものの範囲を画定する規律である。このため、まず、事実的因果関係のない損害は除かれる。次に、同条1項と2項を次のとおり理解する。すなわち、2項に「特別の事情に

---

[90] 川村泰啓『商品交換法の体系Ⅰ』(1972)150頁など、北川＝潮見・新版注民(10)Ⅱ354頁以下・358頁以下。

よって生じた損害」とあるから、特別の事情以外の、いわば「通常の事情」によって生じた損害は、1項でカバーされるしかない。また、1項に「通常生ずべき損害」とあるが、異例な損害については1項・2項とも言及していないので、これは賠償されないと読むのが素直である。結局、債務不履行と事実的因果関係がある損害のうち、1項は、通常の事情のもとで債務不履行から通常生ずべき損害（通常損害）をカバーし、2項は、特別の事情がある場合に、その事情を当事者が予見すべきであったときは、その事情のもとで債務不履行から通常生ずべき損害（特別損害）をもカバーすることになる。

この読み方に対しては、条文にない「通常の事情」という概念を持ち込んでいるという批判があるが（奥田181頁、奥田＝佐々木上289頁）、「特別の事情」がないというだけのことなので、それほど無理なものとはいえないと考える。

◆ その他の読み方　　保護範囲説（損害＝事実説）は、旧416条について、次の読み方を提唱した。まず、事実的因果関係のない損害は除く。そのうえで、同条は債務不履行を原因として生じた損害のうち、通常生ずべき損害はもちろん、それ以外のものでも、予見可能性のある損害を賠償させる趣旨であるという。すなわち、1項は通常損害につき、予見可能性の有無を問わず賠償されることを定める。2項は特別損害につき、予見可能性のある場合に限って賠償されることを定める。この見解で特徴的なのは、2項に「特別の事情によって生じた損害」とあるのを「特別損害」と置き換えたうえ、予見可能性の対象を「事情」ではなく、「損害」と解することである。損害＝事実説によれば、損害とは事実のことだから、事情と損害との区別は重視しなくてよいことになる（平井91頁・93頁、野村ほか61頁以下［栗田＝野澤］）。この見解に対しては、同条2項が「その事情を予見し、又は予見することができたとき」と明言しているのに「損害」の予見と読むのは、条文に反するという指摘がある（奥田181頁）。前提とする損害＝事実説自体に対する批判もある。

また、損害＝事実説に立ちつつ、旧416条の文言に、より忠実な読み方を提示するものもある。1項については、「通常の事情」という概念を持ち込まず、「債務不履行から通常生ずる損害（通常損害）」は、予見可能性の立証を要せずして賠償されるとし、2項については、「特別の事情によって生じた損害（特別損害）」は、その事情について予見可能性があれば、その事情から通常生ずる損害が賠償されるという（内田3版158頁。内田184頁参照）。非常に巧妙だが、「事情」と「損害」との関係が明確でなく、これを明確にしたとすれば、結局は本文に記載した読み方に帰着するように思われる。

(b) 通常損害・特別損害

（ⅰ）**区別の基準**　いずれにせよ、通常損害と特別損害は、前提となる事情について当事者が予見すべきであったという要件の有無が異なるので、区別する必要がある。通常損害（通常の事情のもとで債務不履行から通常生ずべき損害）とは、その種の債務不履行があれば、通常発生するものと社会一般の観念に従って考えられる範囲の損害である。たとえば、借主が目的物を滅失させた場合のその物の滅失それ自体、売主が目的物を引き渡さなかった場合に買主が代品の調達を強いられたことである。特別損害（特別の事情のもとで債務不履行から通常生ずべき損害）とは、特別の事情のもとで生じた損害で、当事者がその事情を予見すべきであったときは、賠償されるものである。たとえば、売買契約の目的物について買主が既に転売契約を締結していたところ、売主が目的物を引き渡さなかったため、買主が転売契約を履行できず転売利益を失ったことや、買主が転買主に違約金を支払ったことなどである。

しかし、両者の区別は具体的には微妙である。たとえば、転売については、買主が商人なら転売することは当然だが、買主が消費者なら転売は例外的なことである。このため、転売利益の喪失は、買主が商人なら通常損害に、消費者なら特別損害になることもある。結局、両損害の区別は、その債権の発生原因である契約の類型によって決せられるというほかない。その際に考慮される要素としては、①当事者の属性・立場・関係（商人かどうか。売主か買主か。メーカーと卸売会社の関係か、小売店と消費者の関係か）、②目的物の種類・性質（不動産か動産か。特定物か不特定物か。代品の購入が可能か否か）、③社会経済状況（価格変動が自然の趨勢なのか特別な現象なのか）などがある。これを効果の方から見ると、当事者が予見すべきであったことの証明を債権者に要求するのが妥当であるものが特別損害、当然そこまでは賠償を認めるのが妥当なものが通常損害ということもできる（旧 416 条につき星野 72 頁、奥田 179 頁・195 頁）。つまり、現実に発生した損害のうち、その時代・社会の経済関係や生活様式に応じて、当事者が予見すべきであったかどうかを問わず、賠償すべきだと客観的に判断されるものが通常損害だということになる。

（ⅱ）**特別の事情を予見すべきであったこと**　2 項については、誰が（主体）、いつの時点で（判定時期）、予見すべきであったことが必要なのかが問題となる。

①債務者が債務不履行の時に予見すべきであった事情だと理解する説と、②両当事者が債務発生原因である契約締結の時に予見すべきであった事情だと理解する説がありうる。民法改正前から議論のあった点だが、「予見すべきであった」という規範的評価は、損害賠償責任を負う債務者について、同責任の発生する債務不履行時においてされるべきものであると考え、①を採りたい。「予見すべきであった」というのは、債務者が現実に予見していなかったとしても予見すべきであった事情が含まれる一方、現実に予見していたとしても予見すべきであったとはいえない事情は除外されることを意味する。

◇　不動産の売主Ａが引渡債務を履行しなかったところ、買主Ｂが既にその不動産についてＣとの間で転売契約を結んでいたとする（転売が特別事情に当たる場合であるとする）。Ａが債務不履行時（履行期）に転売契約の事実を知らなかったとしても、Ａは転売について予見すべきであったと評価されることがある。他方、ＢＣ間の転売契約において高額の違約金の定めがあったとして、ＡＢ間の契約締結後に、ＢがＡにその違約金の定めという特別事情の存在を告げた場合、Ａは債務不履行時にこれを予見していたことになるが、予見すべきであったと当然に評価されるわけではない（一問一答77頁参照）。

◆　**民法改正前の議論**　　旧416条の「予見可能性」の主体及び判定時期について、2つの見解の対立があった（中田・百年Ⅲ19頁・47頁以下、潮見・前掲注(56)187頁以下、北川＝潮見・新版注民(10)Ⅱ408頁以下、米村・前掲注(86)54頁以下）。

第1は、債務者＝不履行時説である。債務者にとって、履行期ないし債務不履行の時に予見可能であった事情が基礎となるという、判例・通説の見解である（大判大7・8・27民録24輯1658頁、百選Ⅱ7［難波譲治］、我妻120頁など）。第2は、両当事者＝契約締結時説である。債権者と債務者の双方にとって、契約締結時に予見可能であった事情のみが基礎となるという、有力説の見解である（平井・理論173頁・181頁、平井96頁、川村・前掲注(90)150頁、百選Ⅱ［3版］7［好美清光］、奥田180頁）。損害賠償の範囲は、第1説よりも第2説の方が狭くなる。なぜなら、予見の主体の面では、債務者の予見だけでよいという第1説より、当事者双方の予見を要するという第2説の方が、対象が限定されるし、考慮される事情は、第1説だと契約成立後に債務者が知った事実も考慮されるが、第2説だと契約締結時に予見できた事情に固定されるからである。

両説の論拠は、いくつかのレベルに分かれる。まず、明治民法の起草過程をみると、予見時期は履行期を基準としたことが明らかだが、予見の主体については、は

っきりしない。条文上は「当事者」となっているので、債権者・債務者の両者を指すようではある(仏訳民法103頁は les parties と複数形)。このレベルでは決着がつかない。

　議論は、実質的妥当性と理論的根拠について展開された。①債務者＝不履行時説(以下「不履行時説」ともいう)は、債務者が債務不履行をする際に、特別事情について予見可能である以上、それによる損害は賠償すべきである、それがいやなら履行すればよい、という。②両当事者＝契約締結時説(以下「契約時説」ともいう)は、契約責任においては、当初の合意によって債権者の保護されるべき利益が定まるのだから、契約締結時における両当事者の予見可能性を基準とすべきだという。契約締結時に予見された利益だけが、その契約に組み込まれ、当事者はそれを前提にして、契約内容を決定しているのであり、そのバランスを事後的に崩すのは不当であるという。③不履行時説は、こう反論する。契約時説だと、契約締結以後の債務者の認識は考慮されないことになるから、不履行の際、債務者が特別事情を予見することができ、したがって、相手に多額の損害が生じることが予見できた場合でも、なお履行せず、契約締結時を基準とする相対的に少額の損害賠償だけを支払えばすむことになるが、不当である。アメリカ契約法の「契約を破る自由」を日本に持ち込むべきではない。④契約時説は、こう反論する。不履行時説をとると、債権者が契約の後で生じた特別事情を債務者に通知さえすれば、すべて賠償範囲に入ってしまう。⑤これに対し、不履行時説は、ここでの予見可能性は、事実のレベルではなく、予見すべきであったと判断されるかどうかという規範のレベルのものだから、債権者がそのような行動をとったからといって、自動的に賠償範囲に入ることにはならないという。

　このように、契約締結時説が契約締結時の合意による利益・リスクの配分を尊重するのに対し、不履行時説は、契約締結後の各当事者の自己中心的な行動を抑止し、両者の協力を促すべき要請(信義則の要請)を強調する。この両者の調和が課題である。両説のほかにも、債務者＝契約締結時説(CISG 74.1, UNIDROIT 2016, 7.4.4, CESL 161)や、債務者＝契約締結時説を前提としつつ、債務者の意図的な又は重過失による不履行の場合を除くという規律もある(PECL 9.503, DCFR Ⅲ.3.703)。

◆ 416条の改正　　改正された416条は、前の◆で課題として示した調和を、「予見すべきであった」という規範的評価を基準とすることで実現しようとするものである。改正前の裁判実務でも予見の有無という事実の問題ではなく予見すべきであったか否かという規範的判断がされていたという指摘(一問一答77頁)や、予見可能性は「予見すべきであった」という規範的評価を含む概念であるという指摘(平井・理論173頁、星野74頁。潮見Ⅰ332頁以下参照)があった。さらに、予見可能性ではなく、「契約利益」の観点から、履行障害についてのリスク配分を契約を基

点としてすべきであるという主張もあった(潮見Ⅰ352頁。契約利益説)。416条の改正については、部会で活発な議論がされたが[91]、2項を「予見すべきであった」とのみ改正することで合意に達した。契約締結時の合意を尊重する立場からは、その後に生じた事情によって生じる損害の負担についても、契約の解釈によって、あるいは、類型的判断によって(米村・前掲注(86)81頁参照)、契約内容に取り込むことができ、その基準を契約締結時以降の時点で用いることが許容されうると考え、そのことを新規定の規範的評価が意味していると説明することができる。当事者間の信義則を重視する立場からは、債務者が現実に予見していた事情であっても規範的評価によって除外されるものがあることは、積極的に支持されうる。契約利益説からは、新規定の規範的評価は、契約締結後に生じた事情であっても、契約から導かれる債務者の予見・回避義務を介して債務者に損害を負担させうることを表していると理解し、支持することができる(潮見新Ⅰ466頁以下)。

新規定は、予見すべきであったことについて、その主体と判定時期を明示していない。主体については、判例の明文化(債務者説)も検討されたが、最終的には解釈に委ねられた(部会資料82―2、第11、6説明)。「債務者は予見すべきだが債権者は予見すべきだとはいえない事情」を除外する(両当事者説)か否か(債務者説)が問題となるが、あえて除外する必要はないだろう。判定時期については、新規定が契約締結後に債権者が債務者にある特別事情を告げさえすれば、それによる損害が当然に賠償の対象になることを排除しようとするものであること(部会資料79―3、第8、6説明)からすれば、債務不履行時を基準とすると解するのが素直であろう。規範的評価である以上、いずれについても大きな違いは生じないが、契約締結時の合意を尊重する立場においても、「債務者が不履行時に予見すべき事情」をリスク負担の基準とすることは、不可能ではないはずである(契約でそのような基準を定めることは可能である)。損害賠償の範囲を固定したい債務者は、賠償額の予定(420条1項)を合意することもできる。なお、法定債権については、発生時よりも不履行時の方が妥当であると考えられるので、不履行時説によると統一的理解が可能になる(ただし、不法行為債権については416条の類推適用の可否について議論がある)。

◆ **2つの規範的評価の関係**　416条1項には「通常生ずべき損害」が、2項には「その事情を予見すべきであったとき」が規定されているが、2つの「べき」はどのような関係にあるのか。まず、「通常生ずべき損害」と本文(a)で提示した「通常

---

[91]　難波譲治「債務不履行における損害賠償範囲規定の改正について」立教法務研究8号(2015)267頁、森田・文脈426頁以下、米村・前掲注(86)64頁以下、荻野・新注民(8)624頁以下・657頁以下参照。

の事情」とでは、「通常」の概念のもつ機能が異なる。後者は、「特別の事情がない」という消極的意味をもつにすぎないが、前者は、積極的な意味を含みうる(澤井49頁参照)。損害の単位の大きさにもかかわる問題だが、事実的因果関係から規範的性質をそぎ落とす場合には、「通常生ずべき」という基準はそれを補完し、規範的評価を施しうる場となりうるだろう(無免許自動車運送事業者の得べかりし営業利益の喪失を通常生ずべき損害とした最判昭 39・10・29 前掲、賃借人の営業利益喪失について、通常生ずべき損害の解釈として、損害回避減少措置をとらなかった賃借人はそのすべての賠償を賃貸人に請求できないとした最判平 21・1・19 民集 63 巻 1 号 97 頁、百選Ⅱ6〔田中洋〕、中田「判批」法協 127 巻 7 号〔2010〕130 頁)。そうすると、416 条は、損害発生についての「通常生ずべき」という基準と、特別事情についての「予見すべきであった」という基準との、2 つの規範的基準を併用したことになる。この 2 つの基準を比較すると、1 項の「通常生ずべき」という基準は、その債務不履行からその損害が発生する蓋然性が一般的・定型的に認められることを前提としたうえで、その蓋然性を規範的に評価するという構造(発生の蓋然性の規範的評価)であるのに対し、2 項の「予見すべきであった」という基準は、当事者の契約によるリスク分配と信義則の調和の観点により、当初から個別的かつ規範的に判断するという構造(当為としての予見)であるといえるだろう。

4 損害賠償額の算定

(1) 金銭的評価

　損害賠償をするためには、賠償範囲(416 条)に含まれる損害項目について、それがいくらの金銭に相当するのかを評価する必要がある(417 条)。この作業を金銭的評価という。

　損害賠償を請求する者は、損害発生の事実だけでなく損害額も立証すべきであり、裁判所は、損害額が証明されないと認めたときは、その請求を棄却すべきである(最判昭 28・11・20 民集 7 巻 11 号 1229 頁)。これについては、以下の例外がある。第 1 に、金銭債務の不履行については、損害賠償額が法定されているので(419 条 1 項)、この問題は原則として生じない(→(5)〔234 頁〕)。第 2 に、慰謝料の額については、裁判所が自由心証をもって量定すべきものであり、その認定根拠が示される必要はない(大判明 43・4・5 民録 16 輯 273 頁〔不法行為の事例〕)。第 3 に、損害が生じたことは認められるが、損害の性質上、その額の立証が極めて困難な場合には、裁判所は、口頭弁論の全趣旨及び証拠調べの結果

に基づいて、「相当な損害額」を認定しなければならない(民訴 248 条)[92]。

　これらの例外にあたらない場合、裁判所は、損害賠償を請求する者の提出した証拠に基づいて損害項目の金銭的評価をする。それは実体法上の基準を根拠とする算定方法に従って行われる。そのような算定方法として、判例がとるものは、次の通りである。①物又は権利を引き渡す債務の不履行については、目的となる物又は権利の時価(市場価格)を基準として評価する。②人身損害については、不法行為における生命侵害・身体傷害の場合の金銭的評価の判例の基準が妥当する(平井 101 頁)。③その他の場合についても、債権の種類及び損害の種類・性質に応じて、具体的な算定方法が発達している。たとえば、債権者の被った損害項目自体が具体的な金額で表示されうる場合(履行遅滞の場合の代品の賃借料、履行不能の場合の転売利益の喪失など)は、それが主要な資料となる。④なお、損害賠償額算定の基準となる場所は債務の履行地である(最判昭 36・4・28 民集 15 巻 4 号 1105 頁)。

　このように、金銭的評価の具体的方法は、実務において発達しているが、以下では、いくつかの個別的な問題を検討する。まず、上記①の「時価」に関連して、「損害額算定の基準時」という問題がかねてから議論されている(→(2))。また、上記②を中心として現れる問題として、債権者が将来取得すべき利益や将来負担すべき費用についての損害賠償を現在請求する場合に、「中間利息の控除」をする必要がある(→(3))。これらを検討した後、損害賠償額の減額事

---

[92]　本条は、「認定することができる」と規定するが、要件を満たせば、認定は必要的になる(最判平 18・1・24 判時 1926 号 65 頁)。本条については、平井・前掲注(70)、髙橋・民訴下 56 頁以下(証明度軽減説と法的評価〔裁判所の自由裁量〕説を検討し、後者を支持)、伊藤眞「損害賠償額の認定」原井龍一郎古稀『改革期の民事手続法』(2000)52 頁、伊藤滋夫「民事訴訟法 248 条の定める『相当な損害額の認定』」判時 1792 号 3 頁～1796 号 3 頁(2002)。慰謝料算定を本条の対象と考えるか否かも見解が分かれる。裁判例(不法行為責任を含む)としては、東京高判平 10・4・22 判時 1646 号 71 頁(不動産に関する課税の特例が受けられなかった損害)、東京高判平 13・7・16 判時 1757 号 81 頁(マンション建築計画の実現が妨げられた損害)、最判平 18・1・24 前掲(特許権上の質権を取得できなかった損害)、東京高判平 18・8・30 金判 1251 号 13 頁(火災によるマンション室内の損傷のうち防火戸不作動により拡大した損害)、最判平 20・6・10 判時 2042 号 5 頁(和解をはさむ採石行為のうち和解前の分による損害)、東京高判平 21・5・28 判時 2060 号 65 頁(入札における談合による損害)、最判平 23・9・13 民集 65 巻 6 号 2511 頁(有価証券報告書の虚偽記載による株式取得者の損害)、最判平 30・10・11 民集 72 巻 5 号 477 頁(前同損害から減ずべき他事情による損害〔類推適用〕)、大阪高判平 29・1・27 判時 2348 号 24 頁(競売建物の現況調査報告書の誤りによる損害)など。

由(→(4))、金銭債務についての特則(→(5))、損害賠償額の予定(→(6))を順次説明する。

(2) 損害賠償額算定の基準時

(a) 問題の所在

物を引き渡す債務について債務不履行があり、塡補賠償をすべき場合、その物の価格が変動しているとすると、どの時点の価格を基準とすべきかという問題が生じる。これは、「損害賠償額算定の基準時」として議論されてきた問題である(荻野・新注民(8)669頁以下参照)。

◇ 物の価格には、自動車や機械類のように時間の経過とともに低下していくものもあれば、土地、船舶、絵画、石油のように変動するものもある。これらを引き渡す債務が履行不能となったり、履行遅滞により契約が解除されたりなどして塡補賠償をすべき場合(415条2項)に、どのように算定すべきかという問題である。

◆ 損害賠償額の算定時期が問題となる他の場合　主として不法行為責任においてではあるが、賠償額の算定時期が論じられることは他にもある。担保権侵害の場合、不法行為時か、被担保債権が弁済された時か、担保権実行時か(大判昭7・5・27民集11巻1289頁、最判平18・1・24前掲参照。議論の全体については加藤Ⅴ291頁以下、潮見・不法行為Ⅰ85頁以下)、人身損害の場合、逸失利益の算定について不法行為時以降の状況の変化(被害者の状態の変化、経済状況の変化等)を賠償額にどのように反映させるかなどである。しかし、これらには損害の存否、範囲、逸失利益の評価方法など固有の問題があり、「損害賠償額算定の基準時」として一括して論じることは、適切ではない。

履行不能と履行遅滞を例にして、候補となりうる時点を検討する。まず、①契約締結時、②履行期、③損害賠償請求の訴え提起時、④事実審口頭弁論終結時が考えられる。このほか、履行不能の場合には、ⓐ履行不能時もありうる。ⓐは②より前のことも後のこともある。また、契約が解除された場合には、ⓑ解除時もありうる。ⓑは、履行不能ならⓐと④との間にあり、履行遅滞なら②と④の間にある。さらに、債権者が他から代替物を購入したとすると、ⓒ代替取引時も考えられる。

> ◇ 判決の時はどうか。判決の言渡しは、口頭弁論終結、判決内容の確定、判決書の作成を経て、判決書原本に基づいてされる（民訴243条1項・250条〜252条）。したがって、判決当日の価格を基準とすることは、実際上、無理である。判決時に最も近い時期は、口頭弁論終結時となる（同251条1項参照）。上告審では事実調べはしないので、裁判における最も遅い時点は④となる。

(b) 判例の基準

(ⅰ) **履行不能の場合** 履行不能における損害賠償額算定の基準時について、判例は次の5つの基準を示す。①原則は、履行不能時の時価である。②目的物の価格が騰貴しつつあるという特別の事情があり、債務者が履行不能時において、その事情について予見可能であった場合には、債権者は騰貴した価格で請求できる。③ただし、債権者がその騰貴した価格まで目的物を持ち続けてはいず、騰貴前に目的物を他に処分したであろうと予想された場合は除かれる。④価格がいったん騰貴した後に下落した場合、その騰貴した価格（中間最高価格）を基準にしうるためには、債権者が転売等により騰貴価格による利益を確実に取得したと予想されたことが必要である。⑤しかし、価格が現在なお騰貴している場合は、債権者が現在においてこれを他に処分するであろうと予想されたことは必要ない。以上の基準は、大連判大15・5・22前掲（富喜丸事件。416条が不法行為にも類推適用されるとしたうえ、船舶の滅失について①②④を示した）が骨格を示し、最判昭37・11・16（民集16巻11号2280頁〔宅地の所有権移転義務の履行不能〕）が完成した。なお、②⑤については、債権者が転売目的ではなく自己使用目的で不動産を購入した場合でもよいとされる（最判昭47・4・20民集26巻3号520頁〔土地建物の所有権移転義務の履行不能〕、百選Ⅱ8〔坂口甲〕）。

(ⅱ) **履行遅滞の場合** 履行遅滞については、判例の基準は必ずしも明確ではないが、債権者が解除をした場合は、解除時の時価が基準になるというものが主流であった（最判昭28・12・18前掲〔下駄材の売主の遅滞〕）。解除によって、本来の給付義務が履行に代わる損害賠償義務に変わるのだから、その時点の時価を基準とすべきだと説明された。もっとも、現行民法のもとでは、ある時点で履行請求権が塡補賠償請求権に転化するという考え方はとられていないので（415条2項3号→2(2)(c)(ⅲ)ε(ア)〔199頁〕）、この説明を維持することはできない。

一方、解除があったにもかかわらず、別の時点をとった判決もある。すなわち、履行期の時価を基準とするもの（最判昭36・4・28前掲〔干ウドンの売主の遅滞。解除時を否定したわけではない〕）、解除した後、債権者が第三者と代替取引をした時点での時価を基準とするもの（大判大5・10・27民録22輯1991頁〔牛皮の買主の遅滞。売主が下落した価格で他に売却〕、大判大7・11・14民録24輯2169頁〔亜鉛引鉄線の売主の遅滞。買主が騰貴した価格で他から購入〕）である。

（ⅲ）　**代償請求**　　代償請求（→2(2)(c)(ⅲ)δ(ウ)2つ目の◆〔199頁〕）の場合、事実審口頭弁論終結時が基準となるという判例が確立している（最判昭30・1・21前掲）。

（c）　学説の展開

（ⅰ）　**損害賠償債権発生時説**

α　**内容**　　このように判例は様々な基準を示すが、学説も推移がある。かつては、判例を支持し、次のように説明する見解が有力だった。損害賠償額の算定には、いかなる範囲までの損害を賠償すべきかという問題（賠償範囲の問題）と、賠償すべき損害をいかにして計算するかという問題（賠償額算定の問題）がある。416条は、両方の問題を規律する。このうち賠償額算定の問題では、算定の基準時がいつかが中心問題となる（基準時の問題）。この基準時は、損害賠償債権が発生した時であり、その後の物価変動による損害は、相当因果関係の範囲内で加算される（於保141頁以下）。

β　**批判**　　損害賠償債権発生時説に対しては、大別して2つの批判がされた。

第1は、賠償範囲の問題と基準時の問題は明確に区別されるのではなく、両者は交錯している、という批判である[93]。

　◇　種類物を100万円で売買する契約で、売主が履行しなかったので、買主が契約を解除し、第三者から代品を買い受けたとする。その物の時価は、解除時に120万

---

[93]　北川善太郎「損害賠償額算定の基準時」論叢88巻4=5=6号（1971）84頁・153頁、奥田184頁、内田189頁。これに対し、価格騰貴と転売利益の異質性を指摘しつつ、本文の2つの問題を整序するものとして、潮見佳男「価格騰貴と履行に代わる損害賠償」曹時72巻12号（2020）1頁。また、林・前掲注(89)は、賠償範囲論と金銭的評価論の分離に疑問を投じ、3種の損害概念とそれぞれの責任内容の確定方法を提唱する。

円、第三者からの購入時に130万円であったとする。買主が契約価格では入手できず代品を購入せざるをえなかったという損害が賠償されうるかと考えると、賠償範囲の問題となる。目的物を入手できなかったことを損害と考え、その額を解除時で算定するのか、代替取引時で算定するのかと考えると、基準時の問題となる。

第2は、基準時が損害賠償債権発生時という特定の時点で一元的に定まるという考え方に対する批判である。この点は、損害賠償債権発生時説の側でも、一律に決しにくいところがあると認めており、各種の損害について判例を類型的に整序する必要があるというが、具体化はされていない（於保143頁）。
そこで、以下の様々な見解が示されている。
（ⅱ）**規範的一元説** 基準時を形式的・一般的に決定するのではなく、規範的観点を導入すべきだという考え方であり、かねてから有力な見解である。「諸般の事情を考慮し、公平の理念に訴えて判断」すべきだというもの（我妻126頁）、「口頭弁論が終結すべかりし時」を一応の基準時としつつ、債権者が合理的な行動をとったことを求めるもの（星野81頁）、債権者に給付がされたのと同じ利益を与えるという観点をとりつつ、債権者に損害の拡大を避止すべき義務を認めるもの（奥田201頁以下）などである。これらの見解は、不能時や解除時等に本来の給付請求権が損害賠償債権に転化するからその時点が基準時となるという形式論理に対する疑問を背景とする（なお、現行民法はこのような転化の考え方をとっていない→2(2)(c)(ⅲ)ε(ア)〔199頁〕）。もっとも、規範的評価を経たうえで、結果として、ある特定の基準時が一元的に定まるという前提は維持されているようである。
（ⅲ）**多元説** これに対し、基準時は一元的に定まるのではなく、複数ありうるという見解もある。取引の性質・目的物の種類・価格変動・当事者の特性・経済情勢等から実体法上選択可能な複数の時点が決まり、債権者はそのなかから自分に有利な時点を選択できるという（北川・前掲注(93)152頁以下、北川＝潮見（北川）・新版注民(10)Ⅱ463頁、北川167頁。潮見新Ⅰ497頁以下は、これを基本とし、損害軽減義務及び権利濫用法理による制約を付する）。
（ⅳ）**損害＝事実説**
α 裁判官の裁量説　損害＝事実説の提唱者は、「損害賠償額算定の基準

時」という問題の前提自体を批判し、次のようにいう。416条は、事実的因果関係に立つ損害のうち、賠償されるべき損害の範囲を制限する基準であり、損害の金銭的評価の問題とはかかわりない。金銭的評価は、創造的・裁量的判断の結果である。したがって、特に基準時を論じる必要はなく、裁判官は、416条の範囲内の損害について、口頭弁論終結時において、「全額評価の原則」(債権者にできるだけ従前と同様の経済的地位を回復させるべきだという実体法的原則)に従って、評価すればよい(平井・理論263頁、平井104頁、平井・不法行為144頁)。

> ◇ 損害＝事実説によると、損害は、物の滅失の場合なら滅失したという事実自体であり、目的物の時価が変動しても変化しない。時価は金銭的評価のための資料にすぎない。

　この見解に対しては、416条と金銭的評価との区別については賛同する見解が有力だが(星野80頁、内田193頁参照)、金銭的評価を裁判官の裁量に委ねることについては疑義が示されている(前田204頁、北川167頁、近江99頁・91頁など。反論として、平井・不法行為133頁)。

　β　基準提示説　　そこで、損害＝事実説をとりつつ、基準時を決める基準は実体法的に決まると述べ、それを提示するものがある(内田193頁以下)。すなわち、特定物については「全額評価の原則」により、判決時に最も近い口頭弁論終結時を基準とし、種類物については「損害軽減義務の原則」[94]で判断するという見解である。債務不履行にあった債権者は、単に債務者を非難して自分は何もしないというのではなく、ある段階で見切りをつけて代替取引をするなど合理的な行動をとって損害を軽減すべきであり、それを怠ったときは、その後の騰貴価格を基準とはなしえないという(したがって、債権者が対価を支払済みの場合は別になる)。

　(ⅴ)　私見
　α　小括　　損害賠償額算定の基準時という問題は、損害の概念や416条の意義に関する見解の相違も反映し多様である。もっとも、いずれにせよ、求め

---

[94] 内田・前掲注(10)191頁以下、齋藤彰「契約不履行における損害軽減義務」石田＝西原＝高木還暦・前掲注(40)51頁、同「研究報告」私法55号(1993)204頁。谷口知平「損害賠償額算定における損害避抑義務」我妻栄還暦『損害賠償責任の研究　上』(1957)235頁参照。

られるのは、債務者が債権者にどのような損害を賠償するのが公平妥当かという判断(奥田201頁)であり、そのために考慮すべき具体的要素については、どの説でもそれほど大きな違いがあるわけではない。判例及びこれを支持する学説は、損害賠償債権発生時を基準時としたうえで、その後の価格変動を相当因果関係の有無によって判断するが、その際、特別事情の有無、予見可能性の判断(旧416条2項)という形で、種々の考慮要素を取り込む(於保143頁)。一方、損害=事実説(基準提示説)も、416条とは区別される金銭的評価の実体法的基準として、種々の考慮要素を体系的に示そうとする。判断構造のあり方の考察と、具体的基準の検討が必要である。

β　判断構造　「損害賠償額算定の基準時」の問題は、差額説(損害=金銭説)だと、損害の範囲の問題と基準時の問題の関係が複雑になるが、損害=事実説をとれば、損害の金銭的評価の問題と位置づけられるので、簡明である。

もっとも、損害=事実説のうち、金銭的評価を裁判官の裁量とする見解に対しては、異論が多い。とはいえ、その見解のいう「創造的・裁量的判断」(平井99頁)は、金銭的評価の本質的性格を示すものであり、恣意的判断を意味するものではないことは確認しておく必要がある(伊藤滋夫・前掲注(92)1796号8頁の危惧する「感覚的裁量」とは、次元の異なる問題である)。さらに、論者自身も、裁判官の判断にあたっては実体法的原則(全額評価の原則)が存在するとし(平井104頁)、特に、民事訴訟法248条の制定後においては、裁判官の裁量は、判例法理が発展させてきた実体法上の算定方法によって、それが確立している程度に応じて、「実体法的に『枠をはめられている』」という(平井・前掲注(70)473頁)。そこで、この見解においても、実体法的根拠をもつ基準の検討がされるべきことになる。

私見は、損害を、①包括的な総体としての損害、②それを構成する具体的な損害項目、③そのうち賠償の対象となるべき損害項目、③′賠償の対象となるべき損害項目の集合体、と多層的にとらえるが、いずれも事実としての損害であり、③の金銭的評価が必要になる(→2(1)(b)(iv)β〔191頁〕)。その際、実体法的根拠をもつ基準を提示することは、判例及び民事訴訟法248条の趣旨に鑑みても、また、裁判官の判断の透明性を高め、当事者の攻撃防御活動を効率的にするという観点からも、必要であると考える。

第2節 債務不履行に基づく損害賠償　225

　γ　具体的基準　　損害項目の金銭的評価における実体法上の基準という観点からは、この問題を「損害賠償額算定の基準時」として一般的に論じるのではなく、「物を引き渡す債務における塡補賠償の金額の算定方法」の問題ととらえ、その特徴を分析することが適切である（→(a)〔219頁〕）。その特徴は、①目的物の市場価格が変化しうること、②債務不履行後の債権者又は債務者の行動によって基準となりうる時期が変動しうること、である。

　①については、何をもって「目的物の市場価格」とするのかは、一義的ではない。履行不能においては、ⓐ目的物自体の価格が基準となる場合（土地の二重譲渡のように現物が存在する場合）、ⓑ目的物と同種の物の価格が基準となる場合（特定後の種類物の滅失の場合）は、単純である。これに対し、特定物（船舶、絵画、中古自動車等）の滅失による履行不能の場合は、ⓒ目的物が滅失しなかったならばその物が滅失後のある時点で有していたであろう価格をいうのか、ⓓその時点における目的物と類似する物の価格をいうのかが問題となる（ⓒはⓐと、ⓓはⓑと共通する）。次に、履行遅滞又は履行拒絶においては、特定物であれ種類物であれ、目的物自体の価格が基準となる。契約不適合により解除された場合は、契約に適合する物の価格が基準となる。

　②については、債権者又は債務者の行動により変動しうる時期としては、ⓐ解除時、ⓑ代替取引時、ⓒ訴え提起時、ⓓ口頭弁論終結時がそれにあたる。これらの時期を基準とする場合、一方当事者による時期の選択（ⓐⓑⓒ）又は一方若しくは双方の当事者の行動による時期への影響（ⓓ）の効果を、相手方に及ぼしうることの理由が問題となる。

　このように錯綜するが、物を引き渡す債務の塡補賠償としては、履行に代わる損害賠償という性質上、履行期に目的物が引き渡されていたとすれば、債権者が口頭弁論終結時に得ていたであろう利益を金銭で得させることを基本とすべきである。ただし、履行遅滞その他の債務不履行において、債権者が解除したときは、債権者がその時点で損害賠償額を確定する選択をしたと考えられるし、不履行をした債務者はこれを受け入れるべきであるから、解除時と考えるべきである。その後、債権者が代替取引をし、さらに不利益を被ったとすると、それは別の損害項目として考える。履行不能の場合は、口頭弁論終結時の価格が基準となるが、経時的に減価する性質の特定物の場合は、履行期の価格を基

準とすべきである。価格の騰落のある特定物の場合、債権者が口頭弁論終結時に得ていたであろう利益の評価にあたっては、債権者ができたであろう行動(中間最高価格での処分、代替的特定物の場合の代替取引)を考慮すべきである。ここでは、債権者も損害の拡大を防止するよう努めるべきだという規範的評価(418条がその現れである。我妻129頁)も入るが、その判断にあたっては、当事者の属性(商人か否か)、目的物の性質、価格変動の状況等を考慮すべきである。以上を一応の基準としつつ、当事者の不合理な行動があるときは、評価にあたって、それも考慮する(たとえば、不代替的特定物の価格上昇期に債権者が意図的に口頭弁論終結を遅らせた場合)。

◆ **損害＝事実説(基準提示説)の基準** 特定物と種類物に分け、後者について損害軽減義務の概念により説明する見解(→(iv)β〔223頁〕)は、明快な基準として評価しうる。しかし、特定物と種類物による二分法は、上記①の観点からすると貫徹できないことになる。また、債権者も損害を軽減すべきではあるが、それを義務として強調しすぎることには慎重であるべきだろう。日本法は、債権者が本来の履行を請求することができ、解除するか否かは債権者の選択によるという構造をとるし(→第1節4(1)(c)〔112頁〕。547条も参照)、債務不履行の被害を受けている債権者に対し、市場ルールに即した合理的行動をとることを常に要求することは過剰である(北川＝潮見・新版注民(10)Ⅱ468頁以下、潮見新Ⅰ498頁以下)からである。

(3) 中間利息の控除

債権者が将来取得するはずだった利益(将来の収入等)や将来負担することになる費用(介護費用等)を損害賠償として現在請求する場合、現在価額に換算する必要がある。そのため、その利益を取得すべき時又はその費用を負担すべき時までの利息相当額を控除する。利息相当額の計算は、損害賠償請求権が発生した時点における法定利率(404条2項〔現在は3％ →第3章第2節4(2)(a)(ⅱ)〔67頁〕〕)によって行う。これを中間利息の控除という(417条の2)。この規定は、不法行為による損害賠償にも準用される(722条1項)。

◇ 医療過誤で死亡した人の遺族が損害賠償を請求する場合、被害者が生きていたら得られたであろう収入から生活費等を差し引いた額が逸失利益となる。被害者が50歳であり、67歳(実務上の基準)まで働けたとすると、17年分の収入が対象とな

る。被害者の年収が500万円であり、生活費等が4割だとすると、(500万円−200万円)×17年＝5100万円が逸失利益である。しかし、これをそのまま損害賠償額とすると、遺族は被害者が1年後ないし17年後に得たはずの金銭を現時点で早く受け取ることになるので、その間の利息分を多く受け取ることになる。そこで、その利息分を控除し、現在価額に引き直した金額が現時点で請求できる賠償額となる(417条の2第1項)。医療過誤により重い後遺症を被った患者が損害賠償として将来の介護費用を請求する場合も同様である(同条2項)。

◆ **改正の経緯**　417条の2は、今回の改正で新設された。民法改正前は規定がなく、判例により、被害者の将来の逸失利益を現在価額に換算する際、控除すべき中間利息の割合を民事法定利率〔当時は年5％〕によるべきこととされていた(最判平17・6・14民集59巻5号983頁〔交通事故による生命侵害の場合〕)。これについては、一方で、低金利時代における被害者保護の観点からの批判(年5％だと過大な控除となる)があり、他方で、法的安定・統一的処理を要する場合の他の法制度(民執88条2項、破99条1項2号等)の考え方がここでも妥当することや、控除割合を事実認定の問題とした場合の弊害(将来の経済情勢の予測困難、裁判の不統一、被害者間の不公平、損害額の予測可能性低下による紛争予防への支障)などの観点からの支持があった(全体につき、中村也寸志『最判解民平17』321頁、重判平17民9［髙橋眞］参照)。今回の改正では、法定利率が引き下げられるとともに変動制となり(404条)、これが遅延損害金に適用される(419条1項)こともあり、被害者保護を含む関係者間の公平が考慮されて、上記の規律となった(一問一答87頁)。

◆ **法定利率の基準時**　中間利息の控除割合となる法定利率は、その損害賠償請求権が生じた時点における利率である。安全配慮義務違反により継続的又は後発的な損害が生じた場合などにおいて、損害賠償請求権がいつ生じたのか不明瞭なことがあり、途中で法定利率の変動(404条3項)があった場合に問題となる(潮見ほか・BA改正102頁［窪田充見］、荻野・新注民(8)690頁以下参照)。また、損害賠償請求権の発生時期が明確な場合であっても、法定利率の変動時期に近い場合には、その前後で控除割合が異なることから、不公平感が生じうる。遅延損害金の起算日との連動による説明が考えられるが、①期限の定めのない債務などについては、417条の2と419条1項とでずれが生じうる、②遅延損害金は債務者が弁済すればその時点で発生が止まるが、中間利息は損害賠償額の算定の時点でまとめて控除され固定される、という違いがあり、問題は残る。実務では、慰謝料額の調整などの方法が検討されることになるだろう。

◆ **具体的計算方法**　中間利息の控除の具体的な計算方法はいくつかあるが、単利式のホフマン方式と複利式のライプニッツ方式が代表的なものである（後者の方が多く控除される結果となる）。民法改正前の判例は、どちらの方式も不合理とはいえないと判断したが、どちらをとるかで特に年少者の逸失利益の算定額に大きな差異が生ずる。そこで、1999 年に、東京・大阪・名古屋地裁の各交通部が、交通事故について年 5％ の割合によるライプニッツ方式をとるという共同提言をしたが、それだと控除率が大きすぎるという批判もあった（以上につき、中村・前掲 324 頁以下、井上繁規ほか「交通事故による逸失利益の算定方式についての共同提言」ジュリ 1171 号〔2000〕124 頁、大島眞一「ライプニッツ方式とホフマン方式」判タ 1228 号〔2007〕53 頁）。今回の改正で法定利率が下がったので、批判が緩和される可能性があるが、417 条の 2 自体は、どの方式をとるべきかを定めるものではない。

◆ **一時金賠償と定期金賠償**[95]　債務不履行による損害賠償の方法として、債権者が将来において取得すべき利益や負担すべき費用も一括して一時金で支払う方法（一時金賠償）のほか、利益を取得すべき時期や費用を負担すべき時期に定期的に支払う方法（定期金賠償）もある。定期金賠償には、損害をより正確に算定できること、事情の変化に対応できること（民訴 117 条参照）などの利点があるが、履行の確保（不履行の際の回収の負担や債務者の無資力化の危険）などの問題もある。このため、一時金賠償が原則となる（417 条の 2 は一時金賠償についての規定である）。では、債権者が定期金賠償を求めるときはどうか。近年、不法行為に基づく損害賠償において、被害者の求めに応じて定期金賠償を命じた判決があり（最判令 2・7・9 民集 74 巻 4 号 1204 頁〔交通事故に起因する後遺障害による逸失利益〕、百選Ⅱ94〔長野史寛〕）、改めて検討が進められている。現在、不法行為について論じられているが（上記判例も、不法行為に基づく損害賠償制度の目的・理念に照らして相当と認められる場合を対象とする）、医療過誤や安全配慮義務違反などによる身体傷害についても同様の問題がある。損害賠償請求権の発生時期・内容、債権者保護の要否・要件、債権者が終期前に死亡した場合の対応などの検討（より一般的には、損害額算定をどこまで「現実」に近づけるべきかの考察）を要するが、債務不履行に基づく損害賠償においても定期金賠償を認めてよい場合があるだろう。

---

[95]　中原太郎「判批」法協 139 巻 5 号（2022）76 頁、山口斉昭「定期金賠償に関する一考察」後藤巻則古稀『民法・消費者法理論の展開』（2022）483 頁、大寄麻代『最判解民令 2』375 頁、日本交通法学会編『定期金賠償に関する理論的・実務的課題（交通法研究第 50 号）』（2023）、荻野・新注民(8) 683 頁以下。

(4) 損害賠償額の減額事由

債務不履行による損害賠償が認められる場合であっても、賠償額が減額されることがある。損益相殺と過失相殺がある。いずれも「相殺」という文字が入るが、民法505条以下の相殺とは関係がない。

(a) 損 益 相 殺

債務不履行により、債権者が損害を受けたのと同時に利益も得た場合、その利益の額を損害額から控除することを損益相殺という。条文にはないが、一般に認められてきた。今回の改正で明文化することが検討されたが見送られ、引き続き解釈に委ねられている(中間試案説明125頁、部会資料68A、42頁以下)。公平の理念によるものだが(民536条2項後段参照)、その意義や範囲について議論がある。不法行為による損害賠償に関する判例・学説が多い(下記の判例①〜⑥は、各説明の例とは異なり不法行為の事案である)。

たとえば、運送契約の債務不履行により死亡した旅客の遺族は、被害者の損害賠償請求権を相続して請求するが、その際、①逸失利益の算定にあたり、被害者が得たであろう収入から対応する期間の生活費が控除される(最判昭39・6・24民集18巻5号874頁)。生きていれば収入を得たはずだが、その間に支出したはずの生活費が不要になったのだから、その分は差し引かれるわけである。また、②遺族が遺族年金を受け取った場合、その分は賠償される損害額から控除される(最大判平5・3・24民集47巻4号3039頁)。しかし、③遺族が生命保険金を受け取ったとしても、控除されない(最判昭39・9・25民集18巻7号1528頁〔生命保険金は払い込んだ保険料の対価だから〕)。④香典も控除されない(最判昭43・10・3判時540号38頁〔香典は損害を補填すべき性質を有するものではないから〕)。⑤被害者が幼児だったとして遺族である親が支出を要しなくなった養育費も控除されない(最判昭53・10・20民集32巻7号1500頁〔損失と利得に同質性がないから〕)。別の例として、⑥建築請負契約で引き渡された建物に建て替えを要する重大な瑕疵があった場合、注文者の請負人に対する損害賠償請求において、注文者がそこに居住していたことによる使用利益は、損害額から控除されない(最判平22・6・17民集64巻4号1197頁〔建物買主の工事施工者に対する不法行為による損害賠償請求〕)。

これらの帰結は、いかなる基準によるものだろうか。かつての通説は、債務

不履行と相当因果関係にある利益が控除されると述べていた(我妻128頁など)。被害者の得べかりし収入から対応する期間の生活費は控除されるが、養育費は控除されないこと(上記①・⑤)については、このような説明も考えられるが、不明瞭である(現に⑤の判例は同質性のないことから導く)。現在では、より精密に検討される。しばしば問題となるのは、債務者から損害賠償を受ける者が、第三者からも支払を受ける場合である。重複填補(併行給付)の調整の問題という。最大判平5・3・24前掲は、「被害者が不法行為によって損害を被ると同時に、同一の原因によって利益を受ける場合には、損害と利益との間に同質性がある限り、公平の見地から、……損益相殺的な調整を図る」という。ここでは、第三者の支払の原因となった制度の趣旨・目的が重要な判断要素となる(上記の②と③④の区別)。また、債権者が受ける利益の性質や債務者が減額されることの相当性も問題となる(上記⑥では、債権者が自らの身を危険にさらしていた居住を「利益」であると、少なくとも債務者は主張できないなど。武藤貴明『最判解民平22』393頁・407頁参照。石田254頁以下も参照)。これらの基準は債務不履行にも妥当するだろう。

◆ **損害の概念と損益相殺** より困難なのは、損害の概念(→2(1)(b)〔185頁〕)との関係である。債務不履行による全財産の差額を損害と考える総体差額説では、マイナスもプラスも差額の算定に組み込まれるので、上記①は損害の評価の問題であり、損益相殺の問題ではないことになる。また、損害＝事実説から、損益相殺とは金銭的評価又は重複填補の調整の問題であるにすぎず、独立の地位を与えるまでもないといわれることがある(平井106頁)。他の損害論(損失説〔個別損害説〕、規範的損害論、事実状態比較説)においても、損害の評価と別に損益相殺という概念を設けることの当否、認める場合は概念の範囲及び利益控除の理由・基準について、議論がありうる(事実状態比較説〔不法行為〕からの分析として、潮見佳男「差額説と損益相殺」論叢164巻1～6号〔2009〕105頁。なお、不法原因給付に関する問題は、債務不履行に基づく損害賠償においては債務発生原因である契約が無効となることが多いので現れにくい)。このように、損害の評価・損益相殺・「損益相殺的な調整」の三者の関係について、損害概念の理解の相違を背景にして、考え方が分かれうる(損害を多層的に評価する私見〔→2(1)(b)(iv)(190頁)〕では、損害項目の金銭的評価の際に利益を控除するプロセスを損益相殺と呼び、損害の総額が定まった後、重複填補の調整をすることを損益相殺的調整と呼ぶことになる)。とはいえ、損益相殺ないし損益相殺的調整の概念は、最終的な損害賠償額を算定する過程で、①利

益控除の可否や②過失相殺との先後の検討を安定的に行うための場を提供するものとして有用性があり、維持されてよいだろう（②については控除後相殺説と相殺後控除説の対立がある。不法行為法を参照。私見では、損益相殺については控除後相殺説をとり、損益相殺的調整では第三者からの支払の制度の趣旨・目的によって判断する）。

(b) 過　失　相　殺[96]

　債務不履行がある場合に債権者に過失があったときは、損害賠償責任の有無及び賠償額の決定にあたって、それが考慮される（418条）。これを過失相殺という。公平の原則及び信義則の現れである（我妻128頁）。①債務不履行に関しての過失、②損害の発生に関しての過失、③損害の拡大に関しての過失が対象となる。債権者の被用者のように債権者と同視すべき者の過失も、債権者の過失として評価される（最判昭58・4・7前掲→第2款8(4)3つ目の◆〔182頁〕）。過失相殺は、債務者の主張がなくても裁判所が職権ですることができるが、債権者の過失となるべき事実については、債務者が証明責任を負う（最判昭43・12・24民集22巻13号3454頁）。

　◇　個人タクシーの運転手AがⅠ運転を誤って事故を起こし乗客Bに怪我をさせた場合、AはBに対し、運送契約上の債務不履行責任を負う。事故の原因が、Bが突然タクシーの中で暴れだし、Aが驚いてハンドル操作を誤ったためだったとすると、債務不履行について債権者の過失があるといえる（上記①）。事故はAの運転ミスによるものだったが、Bが怪我をしたのはBがシートベルトを着用していなかったためだったとすると、損害の発生について債権者の過失があるといえる（上記②）。Bはシートベルトを着用していたのに怪我をしたのだが、病院に運びこまれたBが安静にせよという医者の指示に反する行動をしたため回復が遅れたとすると、損害の拡大について債権者の過失があるといえる（上記③）。

　過失相殺については、不法行為においても類似の規定がある（722条2項）。不法行為の方が債権者（被害者）に有利な内容である。すなわち、債権者に過失

---

[96]　能見善久・注民(10)640頁、窪田充見①『過失相殺の法理』（1994）、同②新版注民(10) Ⅱ 533頁以下、同③「過失相殺」改正と民法学Ⅱ83頁、荻野・新注民(8)693頁以下。債権者の不注意というリスク等の契約による当事者間の分配という観点からの分析として、道垣内弘人「債務不履行における過失相殺」曹時65巻1号（2013）1頁、裁判例における契約関係以外の要素の考慮などにつき、王冷然「裁判例から見る債務不履行における過失相殺」河上古稀Ⅰ293頁。

がある場合、①過失相殺をすることは、債務不履行では必要的だが、不法行為では裁量的であり、②債務不履行では、債務者の損害賠償責任自体が否定されることもあるが、不法行為では、加害者の責任が否定されることはなく、損害額が軽減されうるのみである。

区別の理由は、明治民法起草者によれば、不法行為においては、いやしくも加害者に不法行為のある限りは、損害賠償責任を免れない、ということである(民法修正案理由書 684 頁)。つまり、不法行為責任は債務者(加害者)に過失があることが前提となっているのに対し、債務不履行責任は、債務者に過失がなく債権者にのみ過失がある場合も成立しうることを前提とし、それゆえ過失相殺の段階での免責がありうると考えられた(梅 63 頁・914 頁)。これに対し、債務不履行に基づく損害賠償責任一般について債務者の帰責事由(過失)を要すると解されるようになると、区別の積極的根拠が失われることになり(我妻 131 頁、平井 109 頁)、区別の必要はないという見解が一般的になった(我妻 131 頁、奥田 212 頁など。反対、星野 86 頁、加藤 166 頁、加藤 V 310 頁以下)。そのうえで、不法行為の規定にそろえるという見解(平井 109 頁、窪田・前掲注(96)①155 頁、②537 頁)と、両者とも、過失相殺を裁量的とするが、責任否定の場合も認めるとするという見解(内田 3 版 169 頁)に分かれていた。

現行民法は、帰責事由を損害賠償責任の成立要件とするのではなく、帰責不可事由を免責事由とするので(415 条 1 項但書→第 2 款 6(2)(c)(ⅰ)〔169 頁〕)、明治民法起草者の理解が改めて注目されることになる(星野 86 頁参照)。すなわち、現行民法においては、もっぱら又は主として債権者(被害者)の過失によって損害が生じた場合、債務不履行については、債務者の免責は債務不履行責任の成立段階だけでなく、過失相殺の段階でも判断されるのに対し、不法行為については、加害者の免責は不法行為責任の成立段階でのみ判断される、ということになる。もっとも、債務不履行において、債権者の過失があるとき、債務者が 415 条 1 項但書によっては免責されないが、418 条によって免責されるという場合は、実際にはほとんど考えられないだろう。なお、債務不履行責任と不法行為責任との区別をする他の規律において、人身損害については債務不履行と不法行為責任を区別せず、被害者を同様に保護している(167 条・724 条の 2・509 条)。過失相殺においても、人身損害については、債務不履行についても 722

条 2 項と同様に解してよいのではないか。

◆ **債務と過失との関係**　債務不履行における過失相殺の場合、当事者間に契約などによる債務が先行して存在する点が、不法行為の場合と異なる。そこで、前者においては、債務と債権者の過失との関係が問題となる。第 1 に、過失相殺は、債務の不履行等に「関して」のものでなければならない(418 条)。次の場合は、客観的にみれば不合理な債権者の行動があったとしても、「関して」の過失とはいえず、過失相殺はされないと解すべきである。①債務の内容が債権者の過誤による不合理な行動による損害の発生を防止するものである場合(債権者の当該行動があったところ債務の不履行のため損害発生を防止できなかったとき。森田修「判批」NBL 1025 号 14 頁・20 頁のいう「フェールセーフ義務」違反。道垣内・前掲注(96)参照)。②取引の内容が債権者の不合理な行動を予定するものである場合(たとえば、詐欺的商法において被害者となった債権者が軽率に欺罔されたとき。加藤Ⅴ 312 頁のいう「クリーンハンドの原則と同様の考慮」。窪田・前掲注(96)①253 頁以下参照)。第 2 に、過失相殺の割合を定める際にも、債務の内容との関係を考慮すべきである。③債務の内容が債権者の不合理な行動のあることを想定すべきものである場合、当該行為は、「関して」の過失といえないことがあるほか、過失相殺されるとしても額の算定において考慮されるべきである(たとえば、使用者の安全配慮義務における被用者の軽率な行為)。

◆ **債権者の過失による債務不履行責任の否定**　沿革的には、ローマ法以来、債権者の過失は損害賠償訴権の否定をもたらすものであったが、ボワソナードは賠償額の減額を認めることとし、旧民法財産編 387 条(不履行又ハ遅延ニ関シ当事者双方ニ非理アルトキハ裁判所ハ損害賠償ヲ定ムルニ付キ之ヲ斟酌ス)が規定された。同条の文言上、単に賠償額の減額のみが認められるのか、責任が否定される場合もあるのかが明確でなかったので、旧 418 条はこれを明らかにした(民法修正案理由書 408 頁)。梅博士の上記説明は、これを受けたものである。以上につき、能見・注民(10)640 頁以下参照。

◆ **418 条と損害軽減義務**　418 条を損害軽減義務の根拠とする見解がある(内田 196 頁、内田・前掲注(10)183 頁、加藤 165 頁)。比較法的背景(英米法圏の mitigation、ド民 254 条、CISG 77、UNIDROIT 2016, 7.4.8、PECL 9.505、DCFR Ⅲ.3.705、CESL 163)に照らしても、損害賠償額の算定に関する従来の日本の学説(星野 81 頁、奥田 202 頁等)に照らしても、418 条を実定法上の根拠の 1 つとして損害軽減義務を認めることは可能である。特に、損害の拡大に関する過失については、こ

の義務との共通性を認めやすい。問題は、その効果をどこまで及ぼすかである。履行強制の可否(→第1節4(1)(c)〔112頁〕)、416条1項の「通常生ずべき損害」の解釈(最判平21・1・19前掲参照→3(3)(b)(ⅱ)3つ目の◆〔216頁〕)、損害賠償額算定の基準時(→(2)(c)(ⅳ)β〔223頁〕・(2)(c)(ⅴ)γ◆〔226頁〕)において、損害軽減義務の考え方は参照されるべきであるが、それを貫徹することには慎重であるべきである。過失相殺においても、この義務との関係は丁寧に分析する必要がある(潮見新Ⅰ503頁・508頁以下参照)。損害軽減義務は、これらの制度を通じて考察するための視点として重要だが、各制度における他の要請との考量が必要である。

(5) 金銭債務についての特則[97]

(a) 意　義

金銭債務は、履行不能とならないなどの特殊性があるが(→第3章第2節3(3)〔64頁〕)、債務不履行による損害賠償の面でも特色がある。金銭債務の不履行における損害賠償額は、法定利率(約定利率の方が高ければ約定利率)により定められる(419条1項)。その際、債権者は損害の証明をする必要がなく(2項)、債務者はたとえ不可抗力による場合でも、その額を支払わなければならない(3項)。

(b) 法定利率による損害賠償額

(ⅰ)　**意義**　　金銭債務の不履行(履行遅滞)の場合、損害賠償は、一定の利率により、遅滞の期間に応じて定められる額となる。遅延損害金という。その利率は、債務者が遅滞の責任を負った最初の時点における法定利率であるが、約定利率が法定利率を超えるときは、約定利率となる(419条1項)。

◇　金銭消費貸借契約において、利息の定めがない場合、損害賠償額は法定利率である年3％である(419条1項本文・404条2項〜5項→第3章第2節4(2)(a)(ⅱ)〔67頁〕)。利息を2％と定めていたが、遅延損害金の定めがない場合、損害賠償額はやはり3％である(419条1項本文・404条2項〜5項)。利息を5％と定めていたが、遅延損害金の定めがない場合、損害賠償額は5％である(419条1項但書)。利息を5％、遅延損害金を10％と定めていた場合、損害賠償額は10％である(420

---

[97]　能見善久①「金銭債務の不履行について」来栖三郎古稀『民法学の歴史と課題』(1982)191頁、同②注民(10)656頁、同③「金銭の法律上の地位」講座別Ⅰ101頁、同④新版注民(10)Ⅱ552頁、窪田充見①「金銭債務の不履行と損害賠償」奥田昌道還暦『民事法理論の諸問題 下巻』(1995)327頁、同②「金銭消費貸借における損害賠償をめぐる問題についての覚書」磯村古稀481頁、滝澤孝臣『民事法の論点――その基本から考える』(2006)46頁〔初出2006〕、荻野・新注民(8)719頁以下。

条1項)。利息と遅延損害金の違いについては→第3章第2節4(1)(b)〔66頁〕。

　遅延損害金が付されるのは、債務者が履行遅滞となった日からである。契約債権について履行期の定めがある場合は、それが到来し、経過した日、つまり、履行期の翌日からである(412条1項。他の場合につき、同条2項・3項)。不法行為に基づく損害賠償債務は、催告を要することなく、損害の発生と同時に遅滞に陥る、つまり、不法行為の日から遅延損害金が付されるというのが判例である(最判昭37・9・4前掲。弁護士費用につき最判昭58・9・6前掲〔不法行為の時に発生し遅滞に陥る。支払時までの中間利息は控除する〕)。安全配慮義務違反による損害賠償債務は、期限の定めのない債務であり、債務者が履行の請求を受けた日の翌日から遅延損害金が付される(最判昭55・12・18前掲)。

　適用される法定利率は、「債務者が遅滞の責任を負った最初の時点」における利率である。起算日と同様、契約債権で履行期の定めのある場合はその翌日、不法行為債権の場合は不法行為の日、安全配慮義務違反の場合は債務者が履行の請求を受けた日の翌日が基準日となる。

◆ **法定利率の基準時に関する個別的問題**　　不法行為における問題がいくつかある。後遺症による逸失利益については、基準時の明確性を考慮すると、症状固定時ではなく、不法行為時が基準時となると解すべきである[98]。継続的不法行為については、「最初の時点」がいつかが問題となる。日々損害が発生する態様のもの(騒音被害など)については、途中で法定利率の変動があった場合、その前後で損害賠償債務を区分する(それぞれの法定利率を適用する)ことが可能であろう[99]。一体としての損害が遅れて発現する態様のもの(被害が累積した後に発症し又は増悪する疾病や潜伏後に遅発する疾病など)については、その発現の時を基本としたうえ、それがいつであるのかについては、合理的な範囲内で被害者の選択を認めてよいのではないか(症状が現れた時、医師の診断を受けた時、行政上の認定を受けた時など。消滅時効の起算点とは違い、遅い方が被害者に有利であるとは限らない)。離婚に伴う慰謝料としての損害賠償債務については、損害が評価されうる離婚成立時(最判令4・1・28民集76巻1号78頁、家原尚秀「判解」ジュリ1586号〔2023〕96頁。樫見由美子「判批」判評779号〔2024〕8頁参照)とすることでよいだろう。

---

[98]　部会資料81B、第1、説明5(2)ア。前田陽一「人身損害賠償の中間利息・遅延利息と後遺障害・遅発性損害などをめぐる問題」法の支配190号(2018)49頁・55頁以下。
[99]　中井康之「法定利率」金法2021号(2015)46頁・49頁、前田・前掲注(98)58頁。

236　第5章　当事者間の効力

> 　法定利率の変動が見込まれる場合、当事者が自己に有利な利率を選択するための行動をする可能性がある。もっとも、404条の定める変動制は緩やかなものだし、遅延損害金は債務者が弁済すれば発生しなくなるのだから、問題となることは多くなく、個別的な解決で対応すべきだろう。たとえば、安全配慮義務違反のように遅滞が履行の請求にかかる場合、利率上昇が見込まれる状況のもとで債権者が意図的に請求を遅らせることがありうるが、それによって遅延損害金の発生する期間が短縮することも考えると、強くとがめるまでもないだろう[100]。利率低下が見込まれるときに債務者が弁済猶予を懇請し、履行期の変更を図る場合は、弁済猶予合意の解釈（従前の法定利率によることが前提の合意だったなど）による解決も考えられる。

(ⅱ)　損害賠償額の固定

α　固定の理由　損害賠償を法定利率等による遅延損害金に固定した理由は、次の通りである。①金銭の用途は多様だから、金銭債務の不履行による損害を判断するのはむずかしいし、現実の損害は思わぬ額になることがあり、そのすべてを債務者に賠償させるのは適当ではない。②金銭は相当の利息を支払えば取得できるし、金銭を受け取った者は相当の利息を得て他に貸与することが容易だから、利息分を損害とみることができる（①②は梅65頁。①につき Exposé des motifs, t. 2, p. 541 は裁判所の負担過重を指摘する）。このほか、③債務者の責任を遅延損害金に限定することと不可抗力免責を認めない重いものとすることでバランスがとれているという説明（能見・前掲注(97)③139頁、内田197頁）もあるが、損害賠償の定額制（à forfait）と不可抗力で免責されないことは、どちらも①②に基づく規律と理解すべきだろう（不可抗力免責を認めると、債務者はその間、遅延損害金の支払を免れつつ、弁済すべき資金を利用して利息を得ることができることになる〔Exposé des motifs, t. 2, p. 543〕。「バランス」による説明に対する批判として、窪田・前掲注(97)②485頁注(8)も参照）。

　したがって、債権者は、419条1項所定の額以上の実損害を被ったと証明しても、その賠償を請求できないというのが伝統的な考え方であり（梅67頁、我

---

100)　部会資料81B、第1、説明5(2)イ。なお、前田・前掲注(98)54頁は、人身損害については、債務不履行責任の場合も不法行為責任にそろえる（事故時を基準とする）方向を示す。人身損害について両責任を平準化することには共感するが（→(4)(b)〔231頁〕）、遅延損害金の起算日をどうするか、また、法定利率が上昇する場合も同様にするのが妥当かという課題がある。

妻 138 頁など。Exposé des motifs, t. 2, p. 542 は濫用的請求と紛争の防止を強調する)、判例である(最判昭 48・10・11 前掲〔弁護士費用の賠償を否定→第 1 款 3 の 2 つ目の◆(126 頁)〕)。なお、法律上の例外として、民法 647 条(受任者)・665 条(受寄者)・669 条(組合員)・671 条(業務執行組合員)がある。

β 例外に関する議論　これに対し、民法改正前において、一定の場合に旧 419 条 1 項を超える実損害の賠償を認める学説があった。①旧 419 条は通常損害に関する規定であり、特別の事情による損害には旧 416 条 2 項が適用されるという説(岡村 64 頁、奥田 50 頁)、②債務者に故意(平井 110 頁、加藤 167 頁)、又は、帰責事由(能見・前掲注(97)③141 頁、同・②664 頁、前田 214 頁。山中 103 頁参照)がある場合には、実損害の賠償を認めてもよいという説、③信義則によって債務者に旧 419 条の援用を禁じ、債権者に実損害の主張・立証を認める余地を残すべきだという説(澤井 36 頁)、④利息超過損害として問題となっている債権者の利益が契約内容に取り込まれているか否かを契約の解釈によって確定し、債務者に経済的利益の保護義務があると認められるときは、その違反に対する損害賠償を認める説(潮見 I 380 頁。「貸す債務」につき、窪田・前掲注(97)①参照)、⑤督促費用などを弁済の費用(485 条)と構成することにより請求を認める説(能見・新版注民(10) II 568 頁)などである。これらの学説は、実損害の賠償を認める外国法を参照することも少なくない(ド民 288 条 4 項〔改正前 2 項〕、フ民 1231-6 条 3 項〔改正前 1153 条 4 項〕)。

これに対し、民法は、金銭債務において実損害を賠償させる場合については特に定めている(647 条等)のだから、その反対解釈として、特則のない場合には法定利率分に限定される、債務者は賠償額の予定(420 条)で対処すべきだという指摘もあった(米倉プレ 120 頁以下)。

今回の改正の過程で、契約による金銭債務の不履行の場合は、旧 419 条 1 項・2 項によらず、416 条を適用することが提案されたが(中間試案第 10、9(1))、パブリック・コメントの手続で示された反対意見などが考慮され、見送られた(部会資料 68A、43 頁)。この点は、引き続き解釈に委ねられている。

◆ 現行民法のもとでの解釈　上記の反対意見は、①利息超過損害の請求を認めないと社会正義にもとるという実務感覚はない、②旧 419 条 1 項は紛争抑止機能を

もつ、③利息超過損害の請求を認めると債権者が過酷な請求をするおそれがある、④破産手続において利息超過損害を前提とする債権届出がされることになり手続の長期化を招くおそれがある、という。これらは契約債権について 419 条の固定制を一般的に外すことに対する懸念だが、固定制を前提として例外を認めることまで否定するものとはいえない。647 条等の反対解釈論については、これらの規定は、それぞれの沿革によるものであり、必ずしも限定的なものではない（中田・研究 263 頁）。金銭債務の発生原因となる契約の内容（特定の目的のための金銭の給付であること）及び債務不履行時の債務者の主観的態様（債権者が他から調達できない状態にあり不履行により債権者に損害が生ずべきことについての認識）に照らし、419 条 1 項の根拠（α の①②）が妥当しない場合には、同項を縮小解釈し、債務不履行の一般原則（416 条）の適用を認めうる場合があると考えたい（肯定論として、潮見新 I 518 頁以下〔債権者の契約利益の観点〕、窪田・前掲注(97)②492 頁以下〔履行不能（目的不達成）の場合の例外。415 条 2 項適用論ともいえよう〕）。

（c）　不可抗力でも免責されないこと

金銭債務の履行遅滞における遅延損害金の支払について、債務者は不可抗力を抗弁とすることはできない（419 条 3 項）。415 条 1 項但書との関係では、一般の債務の不履行の場合には免責事由と評価されるべき不可抗力であっても、金銭債務の場合には考慮されないということになる（→第 2 款 6(2)(c)(ⅱ) 1 つ目の◆〔173 頁〕）。債務者が過失なく真の債権者を確知することができない場合でも、債務者は、供託（494 条 2 項）をしなかった以上、損害賠償責任を免れない（最判平 11・6・15 金法 1566 号 56 頁）。ただし、419 条 1 項を超える実損害の賠償を認めるとすれば（→(b)(ⅱ)β)、その場合には 415 条 1 項但書の免責事由も認めるべきである（岡村 65 頁、前田 214 頁、荻野・新注民(8)735 頁以下参照）。

◆　削除案の見送り　　419 条 3 項は、旧民法財産編 392 条を受け継ぐものである（能見・新版注民(10) Ⅱ 560 頁）。その理由として、旧民法起草者は、不可抗力期間中の債務者の金銭利用可能性をあげ（→(b)(ⅱ)α)、明治民法起草者は、金銭は相当の利息を払えば調達できることをあげるが（梅 67 頁）、やや観念的である。今回の改正の過程では、同項は比較法的にも異例であり、具体的妥当性を欠くこともあるとの理由で、その削除が提案された（中間試案第 10、9(2)）。しかし、パブリック・コメントの手続で示された反対意見などが考慮され、見送られた（部会資料 68A、43 頁）。具体的妥当性は信義則・権利濫用等の一般条項や個別立法等によっ

て保ちうる、削除すると紛争解決コストが高まる、大量取引の場で債務者の免責事由を個別に判断することは困難であるなどの理由である。利息超過損害も不可抗力免責も否定し、金銭債権の定型的処理を確保したい、という実務的要請がうかがわれる(批判的検討として、潮見新Ⅰ512頁以下)。

(6) 損害賠償額の予定
(a) 意　義

　債務不履行に基づく損害賠償を請求するためには、債権者は損害が発生したことを証明し、その金額を明らかにする必要がある。しかし、実際にはその証明は面倒であり、額をめぐる紛争が生じることもある。そこで、そのような事態に備えて、債務不履行があった場合の損害賠償額を当事者が予め合意しておくことがある。これが損害賠償額の予定である(420条1項)。債権者は、損害額がより少ない場合であっても、また、なんらかの損害が発生したことを要件とすることもなく(能見善久＝大澤彩・新版注民(10)Ⅱ601頁以下、難波譲治・新注民(8)750頁以下)、予定された賠償額を請求できるが、より多額の損害を被った場合でも、予定された賠償額以上は請求できない。

　賠償額の予定の機能は、①債権者の損害の証明の困難の除去、②債務者の履行の促進、③債務者にとってリスク計算が容易になること、である。

> ◇　空地を工事の資材置場として半年間に限って一時使用し、半年後には必ず返すという賃貸借契約(借地借家25条参照)において、期限が来ても返還しないときは借主は1日1万円の損害金を支払うと約束することがある。貸主は、期日に返還されない場合、現実にいくらの損害が発生したのかを証明することは容易でないが、このように決めておくと便利である(①の機能)。この金額が通常の賃料よりも幾分か高いとすると、債務者は期日に返還をするよう努めることになる(②の機能)。
> 　また、新幹線が遅れた場合、乗客の損害は人によって様々であるが、賠償額を予め一律に定めておくことにより、JRとしてのリスク計算と、それに基づく価格設定が可能になる(③の機能。内田198頁)。

◆ **損害賠償額の予定と債務者の免責事由**　損害賠償額の予定がある場合、債務者は、免責事由(415条1項但書)の存在を証明した場合でも、なお予定賠償額を支払うべきか。改正前民法のもとでは、債務者が自らに帰責事由のないことを証明し

> た場合にどうなるかが議論された。明治民法制定当時は、事実としての不履行が債権者の過失や不可抗力によって生じた場合は、そもそも損害賠償の問題とならないのだから支払わなくてよいという見解(否定説)が有力だったが(岡松 103 頁、梅 70 頁〔債権者の過失に言及〕)、その後、その場合も予定された賠償額を支払うべきだという肯定説(我妻 132 頁など)が通説化した。しかし、近年、否定説(平井 111 頁、能見＝大澤・新版注民(10)Ⅱ601 頁など)が再び有力になった。両説とも、賠償額の予定の合意解釈の問題だと考え、自説の結論が当事者の通常の意思であると主張する。現行民法のもとでは、事実としての不履行があれば原則として損害賠償責任が発生し、賠償額の予定が機能するが、免責事由がある場合には、そもそも損害賠償責任が生じないという構造だと理解するのが簡明である。合意の解釈という面からも、賠償額を予定した当事者の通常の意思が、「免責事由があっても損害賠償責任を負う」ことまで含むものであるとはいいにくい。否定説をとりたい(現行民法下の否定説として、潮見新Ⅰ541 頁以下、内田 198 頁、難波・新注民(8)750 頁)。

(b) 損害賠償額の予定の制御

(ⅰ) 制御の可能性　賠償額の予定の尊重は、契約自由の原則の現れである。しかし、予定された損害賠償額が不当である場合には、その合意の効力が制限又は否定されることがある。旧 420 条 1 項後段は、裁判所は、賠償額の予定に拘束され、その額を増減することができないと規定したが、判例は、予定賠償額が高すぎる場合や低すぎる場合に、公序良俗に反し無効(90 条)とする判断をしていた[101]。外国でも、手法・概念は一様ではないが、賠償額の予定や違約金の合意に対する制御が認められている[102]。そこで、今回の改正により、

---

101) 河上正二『約款規制の法理』(1988)299 頁。高すぎる例としては暴利行為、低すぎる例としては、航空機墜落による乗客の死亡に対する損害賠償額を低く定める運送約款(大阪地判昭 42・6・12 判時 484 号 21 頁、東京地判昭 53・9・20 判時 911 号 14 頁)がある。能見＝大澤・新版注民(10)Ⅱ609 頁以下・661 頁以下、難波・新注民(8)753 頁以下・780 頁。
102) 英米法では、合意が損害賠償額の予定(liquidated damages)であれば有効だが、違約金(penalty)と判断されると効力が否定されるとされてきた(近年、変化がある)。ドイツ法では、過大な違約罰について裁判官に減額する権限を与える(ド民 343 条)。フランス法では、違約金条項について 1975 年民法改正により裁判官に改訂権限を認めた(フ民 1152 条 2 項・1231 条。2016 年改正後の 1231-5 条 2 項〜4 項)。木南敦「損害賠償額の予定と違約罰について」論叢 113 巻 6 号 1 頁・114 巻 4 号 1 頁(1983〜84)、能見善久「違約金・損害賠償額の予定とその規制」法協 102 巻 2 号 1 頁〜103 巻 6 号 1 頁(1985〜86)、能見＝大澤・新版注民(10)Ⅱ571 頁以下、難波・新注民(8)740 頁以下。制約の正当化根拠について、森田果「損害賠償額の予定と違約罰」法学 67 巻 4 号(2003)39 頁。

420条1項後段が削除された(一問一答69頁以下)。

◆ **賠償額の予定の機能と制御**　①賠償額の予定には、違約罰の機能がある(大村(4)121頁)。実損害額が予定賠償額より少ないとき、債務者が条項の効力を争うことがある。②賠償額の予定には、責任制限条項の機能もある(大村前同)。実損害額が予定賠償額より多いとき、債権者が条項の効力を争うことがある。

　①②を通じて、条項が公序良俗に反するとして無効とされることがある。もっとも、賠償額の予定は、そもそも実損害額と相違が生じる可能性を想定する合意であるので、相違が生じたからといって、直ちに無効になるわけではない。実損害額との相違の大きさ、条項の目的、合意に至る事情などを考慮し、90条該当性が判断される(中間試案説明129頁以下参照)。条項が無効とされると、416条の範囲で賠償されることになる。また、①②を通じて、賠償額予定条項は、解釈により制御されることもある(②につき、債務者に故意又は重過失あるときは適用されないなど)。さらに、定型約款の規定(548条の2)、個別規定(②につき、572条)、特別法(①につき、消契9条1項、利制4条1項、②につき、消契8条1項2号、労基16条→(ⅱ))が適用されることもある。①については、条項を有効としつつ減額する裁判例もある。一部無効(過大部分を無効とし、有効な範囲に縮減する。消契9条1項、利制4条1項参照)として構成する見解が多いが、その実質は裁判官による契約の改訂であるという指摘や、条項の援用レベルでの規制を考えるべきだという見解もある[103]。②については、条項を有効としつつ裁判所が増額することは、裁判官による契約自由への介入の程度がより大きく、認めるべきではないだろう(潮見新Ⅰ545頁。反対、山本豊『不当条項規制と自己責任・契約正義』〔1997〕140頁〔初出1987〕)。

（ⅱ）　**特別法**　交渉力・情報の不均衡がある当事者間の取引を規律する特別法で、賠償額の予定の効力を制限するもの(消契9条1項、利制4条1項、割販6条、特定商取引10条・25条・40条の2第3項・4項・49条2項・58条の3)や、否定するもの(消契8条1項2号、労基16条)がある。なかでも、消費者が支払う損害賠償額を予定する条項の効力を制限する消費者契約法9条1項が重要であ

---

[103]　裁判例については、大村敦志『公序良俗と契約正義』(1995)273頁以下、能見＝大澤・新版注民(10)Ⅱ612頁以下、難波・新注民(8)768頁以下。一部無効構成として、能見＝大澤・前同612頁〔能見。「均衡回復型」という〕、一部無効の実質を裁判官による契約改訂と指摘するものとして、大村・前同364頁以下、大村敦志『新基本民法1総則編〔第2版〕』(2019)105頁・110頁、援用規制を提言するものとして、酒巻修也『一部無効論の多層的構造』(2020)〔契約締結後の事情の考慮との関係及び他の条項との関係の問題を指摘する〕。

る[104]。近年、これらの規定の適用について最高裁の積極的姿勢が注目される（最判平 18・11・27 民集 60 巻 9 号 3437 頁等〔学納金返還請求において消契 9 条 1 号（現同条 1 項 1 号）を適用。90 条違反は否定〕、最判平 19・4・3 民集 61 巻 3 号 967 頁〔外国語会話教室の受講契約の解除に伴う受講料の返還請求について特定商取引 49 条 2 項 1 号を適用〕）。その適用にあたっては、当該条項を損害賠償の予定と性質決定しうるかどうかを慎重に検討すべきである[105]。

　(iii)　**過失相殺**　損害賠償額の予定のある当事者の間で債務不履行が生じたが債権者にも過失がある場合、過失相殺による減額は可能か。明治民法起草者は、否定的見解であった（梅 70 頁）。しかし、近年の通説（能見＝大澤・新版注民(10) II 658 頁以下参照）及び判例（最判平 6・4・21 裁集民 172 号 379 頁、潮見佳男「判批」法教 174 号セレクト 94〔1995〕25 頁）は、過失相殺を認める。債権者が自己の過失を債務者に転嫁することは許されるべきではないからだと説明されるが（於保 155 頁）、結果として、当事者の当初の合意よりも、債務不履行時の事情を優先し、裁判所による評価の余地を生じさせることになる。賠償額の予定の合意の解釈として、過失相殺の場合は除くという趣旨であったと考えることもできるが、端的に、合意の尊重と公平との調整をしたものとして、肯定説を支持したい（潮見新 I 542 頁は、権利濫用ないし信義則違反を理由として例外的に減額を認める。難波・新注民(8) 779 頁は、債務不履行に関する債権者の過失につき過失相殺を認める）。

　(c)　賠償額の予定と履行請求・解除

　賠償額の予定があっても、履行の請求や解除は妨げられない（420 条 2 項）。それが契約当事者の意思だと推定されるからである（梅 71 頁）。債権者は、債務者に債務不履行があれば解除しなくても予定された賠償額を請求できる、という合意であると解すべき場合が多い（我妻 135 頁、平井 112 頁）。

---

104)　消費者契約法 9 条 1 号（現同条 1 項 1 号）の「平均的な損害の額」につき、森田宏樹「消費者契約の解除に伴う『平均的な損害』の意義について」潮見佳男ほか編『特別法と民法法理』(2006) 93 頁。その改正の見送りにつき、山本敬三「2022 年消費者契約法改正と今後の課題」NBL 1230 号 4 頁〜1234 号 10 頁（2022〜23）〔1231 号 23 頁以下・1234 号 10 頁以下〕。特別法による規制につき、能見＝大澤・新版注民(10) II 637 頁以下、難波・新注民(8) 782 頁以下。

105)　潮見佳男「『学納金返還請求』最高裁判決の問題点――民法法理の迷走」NBL 851 号 74 頁・852 号 55 頁(2007)参照。

(d) 違約金

「違約金」と呼ばれるものは、①損害賠償額の予定(420条1項)である場合と、②違約罰である場合がある。①は、現実に発生した損害に代わるものである。②は、債務不履行に対する制裁であり、合意の内容により、違約金とは別に実損害の賠償を請求し、又は、違約金を超える実損害の賠償を請求することができる(能見＝大澤・新版注民(10)Ⅱ665頁、難波・新注民(8)792頁。損害賠償と違約罰の関係の法制度による相違につき、河野航平「損害賠償額の予定の位置づけとその類型化」法学政治学論究130号〔2021〕1頁)。どちらか明確でない場合は、①と推定される(同条3項)。

(e) 金銭でないものによる損害賠償

当事者が金銭でないものを損害賠償にあてることを予定した場合、420条が準用される(421条)。417条は、別段の意思表示があれば金銭でないものによる損害賠償が可能であることを定めるが、420条は金銭についてしか規定していない。そのため、金銭でないものによる損害賠償の予定が可能であることを明らかにするため、421条が置かれた(民法修正案理由書411頁)。

5　損害賠償による代位

422条は、損害賠償による代位について規定する。損害賠償をした債務者が債権者の地位に代わって入るということである。賠償者の代位ともいう。すなわち、債権者が、損害賠償として、その債権の目的である物又は権利の価額の全部の支払を受けたときは、債務者は、その物又は権利について当然に債権者に代位する。「当然に」というのは、何らの譲渡行為(意思表示)も、対抗要件も要しないという意味である(我妻149頁など通説。債権者がその後に第三者に譲渡した場面については、山下純司・新版注民(10)Ⅱ674頁を参照)。

◇　AがBにA所有の名画甲を寄託したが、Bの管理がずさんだったために、何者かに甲が盗まれたとする。BのAに対する甲の返還債務の履行不能により、BがAに填補賠償を全額支払ったとすると、甲の所有権は自動的にAからBに移転する。さもないと、Aは填補賠償を得たうえ、甲の所有権も有することになり、二重に利得する結果になるからである。

> ◇ 代位という言葉は、民法でときどき出てくる。損害賠償による代位(422条)のほか、物上代位(304条・350条・372条)、共同抵当における代位(392条2項)、債権者代位権(423条)、弁済による代位(499条以下)がある。代位とは、「ある地位に代わって入る」という意味である。損害賠償による代位は、債権の目的である物(所有権)又は権利の主体としての債権者の地位に、賠償者が代わって入るということである。

　この制度は、債権者の二重の利得を防止し、賠償した債務者の利益を保護するためのものである(山下・新版注民(10)Ⅱ669頁)。したがって、損害賠償による代位が生じた後、代位した債務者が債権の目的物を現実に入手したときは、債権者は、受領した価額を返還して、物の返還を請求できると解すべきである。この制度は、目的物の本来の所有者(債権者)から所有権を奪うことを目的とするものではないからである(於保158頁、奥田=佐々木上326頁。反対、石田322頁)。
　損害賠償による代位の制度がなかったとすると、債務者が塡補賠償をした後、目的物が回復された場合には、債権者(所有権を有し続けている)が受け取った塡補賠償金を債務者に不当利得として返還することになる(703条)。この方法でも債権者の二重利得の防止は実現できそうだが、これだと、債権者が無資力になっていた場合は、債務者に対する不当利得の返還がされないおそれがある。損害賠償による代位の制度により、賠償した債務者は、このような債権者の無資力の危険を負担しなくてすみ、その利益が保護されることになる(梅75頁、星野88頁、難波・新注民(8)798頁)。

> ◇ 上記設例で、BがAに賠償した後、名画甲が発見された場合、AはBに賠償金を返して、甲の返還を請求できる。Bは賠償金を受け取るまでは、甲の返還を拒める(533条の類推適用)。

　他の例としては、A所有の物をBが預かっているとき、第三者Cが不法行為によりその物を滅失させた場合、BがAに債務不履行による損害賠償をすることにより、AのCに対する不法行為に基づく損害賠償請求権がAからBに移転するということがある。この場合、BはAの有していた立場でCに請求するわけだが、BC間の法律関係がその請求に影響を及ぼすことがありうる

かという問題がある(最判平 10・4・30 前掲〔運送中の物品の紛失につき所有者 A に賠償して代位した荷受人 B(当該運送を容認していたなどの事情があった)の運送人 C に対する請求と運送契約上の責任制限条項との関係〕、百選Ⅱ〔8 版〕111[山本豊]、奥田昌道「判批」判評 481 号〔1999〕31 頁、奥田＝佐々木上 326 頁)。

このほか、保険などにおいて、422 条と類似した制度が広く存在する(保険 24 条・25 条、自賠 23 条、労災 12 条の 4 第 1 項など)。また、第三者の不法行為により労働者が死亡し、使用者が遺族に補償(労基 79 条)した場合に、第三者に対する損害賠償請求権につき、本条の類推適用を認めた例がある(最判昭 36・1・24 民集 15 巻 1 号 35 頁)。

6 代償請求権——隣接する問題

(1) 意 義

履行不能となったのと同一の原因により債務者が債務の目的物の代償である権利又は利益を取得したときは、債権者は、受けた損害額の限度で、その権利の移転又は利益の償還を債務者に請求することができる(422 条の 2)。これを代償請求権[106]という。民法改正前は、判例(最判昭 41・12・23 民集 20 巻 10 号 2211 頁、星野英一『判民昭 41』811 頁、百選Ⅱ〔8 版〕10[田中宏治])・学説によって認められていたが、改正民法は規定を新設した。

> ◇ A と B が A の所有する建物甲の売買契約をしたが、引渡しまでの間に、甲が火災によって滅失したとすると、甲を引き渡す売主 A の債務が履行不能となる。甲の所有権は、滅失の時点で A にあったとする。①その火災が C の放火によるものであったとすると、A は C に対し不法行為に基づく損害賠償請求権を取得するが、この権利は甲の代償であるので、B は A に対し、その権利の移転を請求することができる。②その火災は落雷の結果であったが、A が甲を目的物とする火災保険の保険金を受領したとすると、この利益(保険金)は甲の代償であるので、B は A に対し、その利益の償還を請求することができる。

> ◇ 紛らわしい概念を整理しておこう。「損益相殺」は、債権者が得た利益を債務

---

[106] 潮見ほか・改正 140 頁[田中宏治]、田中宏治『代償請求権と履行不能』(2018)(以下、本節で「田中・代償」として引用)、同・新注民(8)805 頁以下。

者に請求する損害賠償額から控除するものである。「損害賠償による代位」は、損害賠償をした債務者が債権者の地位に代わって入ることである。いずれも、債権者のもとにある価値を損害賠償責任を負う債務者に移転させるものである。これに対し、「代償請求権」は、履行不能となった債務者が得た価値を債権者に移転させるものである。なお、「代償請求」は、強制執行が不可能な場合に備えて予め塡補賠償を請求する訴えを提起することであり、まったく別の制度である。

◇　履行不能の効果としては、履行を請求できなくなること(412条の2)、損害賠償(塡補賠償)(415条)、代償請求権(422条の2)、危険負担(536条)、解除(542条)がある。代償請求権は、損害賠償とは別のものだが、関連するので、ここで取り上げる。

◆　**代償請求権の由来**　類似する制度がフランス民法(原始規定)1303条・イタリア王国民法〔1865年〕1299条にあり、その影響のもとに、旧民法財産編543条が置かれた(田中・代償13頁以下)。しかし、明治民法起草過程で不要と考えられ、削られた(債権者が第三者〔目的物を焼失させた不法行為者など〕に直接請求すれば足りると考えられた。民法速記録Ⅲ638頁〔富井政章〕)。しかし、その後、学説は、債務者の得た代償の引渡しについて規定するドイツ民法(旧281条〔現285条〕)を参照し、日本でも解釈論としてこれを認めるべきだと述べ(石坂上581頁以下)、通説となった(鳩山163頁、我妻148頁、於保108頁など。反対、岡村100頁)。そして、上記最高裁判決が正面から認めた(なお、ドイツ民法285条は、「代償の引渡し(Herausgabe des Ersatzes)」の見出しのもと、債権者は「債務者が代償(Ersatz)として受け取ったものの引渡し」又は「〔債務者の第三者に対する〕賠償請求権(Ersatzanspruch)の譲渡」を求めることができると規定する。この Ersatzanspruch を「代償請求権」と訳すと、債権者の債務者に対する権利を「代償請求権」と呼ぶ日本法の用語との間にずれが生じることになる)。422条の2は、ほぼこの最高裁判決を明文化したものである。

(2)　要　件

(a)　目的物のある債務の履行不能

代償請求権は、債務の履行が不能となった場合に、債務の目的物の代償を債権者が請求できる権利であるので、債務は目的物のあるものであることを要する。なす債務であって目的物のないものは、含まれない。履行不能(412条の2。原始的不能を含む〔潮見新Ⅰ74頁以下、田中・代償465頁〕)について、債務者の免責

事由(415条1項但書)の有無を問わない。したがって、代償請求権は、債務不履行に基づく損害賠償請求権と併存することがある(両者の関係については→(3) 1つ目の◆)。

> ◆ **免責事由のない履行不能の場合**　改正前民法のもとで、代償請求権は、①債務者に帰責事由がなく、債権者が損害賠償請求権を有しない場合に認められるのか(林ほか105頁[林＝安永]、前田221頁、潮見Ⅰ171頁、北川＝潮見・新版注民(10) Ⅱ96頁、本書3版193頁。フランス民法)、②債務者に帰責事由がある場合にも認められるのか(於保109頁、星野88頁、奥田151頁。ドイツ民法)について議論があった。①は、債権者が損害賠償請求権を有する場合にまで代償請求権を認めるのは、債務者の財産管理に対する過剰な介入であると考え、②は、債権者に損害賠償(塡補賠償)請求権と代償請求権の選択を認めるのが、債権者の利益の観点から望ましいと考えた。最判昭41・12・23前掲は、債務者に帰責事由のない事案において、①に限定しない判断を示した。
> 　今回の改正の過程では、いったんは①に基づく提案がされたが(中間試案第10、5、中間試案説明118頁以下)、パブリック・コメントの手続を経て、最終的には②の考え方が採用された(私見は①であった。部会議事録78回13頁～15頁・同90回58頁～60頁参照。なお、①に対して、主張立証責任の観点からの批判があるが[潮見新Ⅰ299頁、奥田＝佐々木上206頁]、代償請求権を行使する債権者に債務者の帰責不可事由の不存在を主張立証させることは、必ずしも不自然ではないし、現実には、主位的に損害賠償請求を、予備的に代償請求をすることが考えられるから、批判は当たらないように思われる)。代償請求権が債務者の財産管理に対する債権者の介入という性質をもつこと自体が否定されたわけではないので、422条の2の適用は謙抑的にすべきであると考える(結論同旨、田中・代償452頁、田中・新注民(8)806頁。同条の制限的解釈を提示するものとして、秋山ほか・改正97頁[伊藤栄寿]、山野目170頁)。

(b)　同一の原因による権利・利益の取得

履行不能をもたらしたのと同一の原因により目的物の代償である権利又は利益を債務者が取得したことが必要である。目的物を滅失させた第三者に対する不法行為に基づく損害賠償請求権(権利)、焼失した物を目的物とする火災保険により受領した保険金(利益)がその例である。後者は、保険契約に基づくものであり、原因が異なるので代償請求権の対象とならないという見解もあるが、肯定するのが民法改正前からの判例(最判昭41・12・23前掲)・通説(奥田150頁以

下、北川＝潮見・新版注民(10)Ⅱ94頁以下、潮見新Ⅰ294頁、内田202頁、奥田＝佐々木上204頁)である。火災が履行不能の原因となるとともに保険事故発生による保険金請求権及びその履行として交付された保険金の原因ともなるので「同一の原因」要件を満たし、かつ、目的物に代わるものであるので、代償請求権の対象となるといえよう。

> ◆ **二重売買における第二買主に対する代金請求権**　Ａの不動産がＢとＣに二重に売買され第二買主Ｃが所有権移転登記をしたとき、第一売買は履行不能となるが、この場合、ＡがＣに対して取得する売買代金債権又はＣから受領した代金について、第一買主Ｂは代償請求権を取得するか。①否定する説と②Ａの実損害を限度として肯定する説がある(Ａの実損害を限度とせずに肯定する説は、422条の2のもとでは認められない)。①は、Ａの利益は取引を介して得たものであること、履行不能と代金の取得は「同一の原因」によるものでないこと(林ほか104頁以下[林＝安永]、片山ほか154頁以下[片山])、不当利得返還請求権における原物と代位物との関係とのバランス(北川＝潮見・新版注民(10)Ⅱ95頁以下)が理由である。②は、第三者の債権侵害に基づく不法行為とのバランス(前田221頁)、受益者が利得した代替物を第三者に売却した場合に受益者が売却代金相当額の不当利得返還義務を負うとする最判平19・3・8民集61巻2号479頁との一貫性(潮見新Ⅰ297頁)が理由である。
> 　①の論拠として、次の点も考えられる。ＡのＣに対する代金債権はＡＣ間の売買契約によって発生するのに対し、ＡのＢに対する債務の履行不能はＣの登記によって生じるので、「同一の原因」によるとはいえない(Ｃの登記の前にＡがＣから代金を受領していた場合、より明瞭である)。また、ＢはＡに対して損害賠償請求権を有するところ、ＡのＣに対する代金債権又はＡの受領した代金は、Ａの責任財産に属するので、これに対して強制執行することができ、また、Ａが無資力の場合は代金債権について債権者代位権を行使することもできる(大村＝道垣内・改正128頁・130頁[加毛明])。②については、他の制度との比較や「代位物」などの観念を用いることは、422条の2を拡大解釈する方向に導くが、その正当性は不明である(「代償」「代位」「代位物」などの概念に共通性があるとしても、各制度においてその範囲を検討すべきである)。①を支持したい。

(c)　損害額を限度とすること

債権者は、「その受けた損害の額の限度において」代償請求権を有する。代償のうち債権者の損害額を超える分は債務者が取得する。民法改正前から示されていた判例(最判昭41・12・23前掲)・学説(奥田151頁、前田221頁など。反対、

磯村保「二重売買と債権侵害」神戸35巻2号385頁～36巻2号289頁〔1985～86〕)を明文化するものである[107]。

(3) 効 果

以上の要件が満たされたときは、債権者は債務者に対し、目的物の代償である権利の移転又は利益の償還を請求することができる。このうち、利益償還請求の性質が請求権であることは、異論がない。他方、権利移転請求については、請求権であるという見解(田中・代償471頁)と、形成権であるという見解(平野100頁以下〔対抗要件も不要だという〕、平野・改正150頁)がある。債権者はもともと目的物に対する債権(優先権のあることは前提となっていない)しか有していなかったのに、形成権説によると、代償請求権の行使により、代償たる権利が債権者に直ちに帰属し、債権者は優先的に当該権利の相手方から取得することになるが、その正当化はむずかしい(抵当権の物上代位とは異なる)。また、同じく代償である権利の移転と利益の償還を区別する理由もない。代償請求権は、権利移転請求も利益償還請求も請求権であり、債権者は債務者に対する他の債権者よりも優先するわけではないと考える(田中・新注民(8)818頁以下)。債権者は債務者に対し、代償である権利については、権利を移転する意思表示をすること(及び、その権利が債権であれば第三債務者に対する通知)を請求し、代償である利益については、その償還(金銭の支払又は物の引渡し)を請求すべきである。

◆ **代償請求権と損害賠償請求権の関係**　代償請求権を行使するか否かは債権者の自由であるので、その行使前に債務者が代償をもって損害賠償債務の弁済ができるわけではない(田中・代償469頁)。債権者が代償請求権を行使すると、債務者に帰責不可事由がない場合には、代償請求権と損害賠償(塡補賠償)請求権が並存することになる。一方が消滅すると他方も消滅する関係にある(債務者が代償請求に応じると、債務の目的物の代償の交付により債務が消滅し、損害賠償請求権も消滅する。債務者が損害賠償請求に応じると、代償請求権は損害額を上限とするので、当然に消滅又は縮減することになる。債務者が損害賠償債務について弁済供託した場合も同様に解すべきである)。

代償が物であるときは、債権者は、金銭債権である塡補賠償請求権と債務者が取

---

[107] 田中・代償467頁以下、田中・新注民(8)816頁以下と石田318頁は、それぞれ立法論的疑問を投じつつ、前者は現行法の要件を尊重し、後者はほぼ空洞化する解釈を示す。潮見新Ⅰ297頁も参照。

得した物についての代償請求権を有することになる。債務者に資力があり、執行が容易であるにもかかわらず、債権者があえてその物に対する代償請求権を行使するなどの場合、権利濫用法理による制約を受けることがあると考える。

◆ **代償請求権の根拠**　代償請求権を認めるべき理由としては、かねてから公平があげられている。債権者が損害賠償を請求できないのに、債務者が代償を保持しうるのは、不公平であること[108]や、旧536条2項(危険負担における債務者の二重利得の防止。大判昭2・2・25民集6巻236頁参照)、422条(損害賠償による代位)、304条・350条・372条(物上代位)との共通性[109]が指摘された。不当利得法として位置づける見解[110]もある。422条の2については、履行不能により債権者が履行請求できない場合に、代償請求権を認めるのが当事者意思であると推定されるという説明もある(田中・代償453頁、田中・新注民(8)813頁)。公平や当事者意思の推定という説明は、債権者が塡補賠償請求権を有しないときは妥当するとしても、塡補賠償請求権とともに代償請求権をも認めることについては十分な根拠づけとならない。他の諸規定との関係は、共通性とともに、各制度の固有の趣旨を検討すべきである(二重利得の防止、担保物権者の優先権の保護)。そうすると、債権者が塡補賠償請求権を有するときにも、代償請求権を認めるのだとすれば、それは、判例(最判昭41・12・23前掲)の一般論に依拠して、債権者の保護を拡大するという政策的判断がされたと理解するほかない。その判断の当否には疑問を抱くが、解釈論としては、前述の通り、特に債権者が塡補賠償請求権を有する場合については、422条の2は謙抑的に適用すべきであり、また、権利濫用法理による制約を受けると考えたい。

---

108) 鳩山163頁以下、我妻148頁以下。特に、旧534条1項のもとでは、特定物売買で売主に帰責事由のない不能の場合、売主は代金債権と代償とを有し、買主は塡補賠償請求権を有しないという事態が生じ、その是正が求められた。
109) 鳩山164頁、前田221頁、星野Ⅳ58頁、近江63頁、小野154頁など(「代位の思想」と呼ばれることがある)。他方、代償請求権を危険負担の規定の補充として理解することに対する批判として、田中宏治「民法536条2項但書類推適用論の批判的検討——代償請求権に関する一考察」阪法48巻1号(1998)169頁。
110) 遠山純弘「法律行為による利益(lucrum ex negotiatione)と代償請求権(3・完)」法学研究(北海学園)38巻2号(2002)335頁・350頁以下。田中・代償458頁以下参照。

第3節　受領遅滞

1　意　義

　債務を履行するために債権者の受領を必要とすることが多い。たとえば、商品の売主は、目的物を引き渡す債務を負うが、買主が受領しないと履行は完了しない。受領を要しない債務もあるが(テレビ局が放映する債務、不作為債務など)、例外的である。では、受領を要する債務について、債務者は履行しようとするのに債権者が受領しない場合、どうなるのか。

> ◇　画商Ａと客Ｂが絵画甲の売買契約をし、ＡがＢの自宅に甲を届けることを合意した。指定された日時にＡがＢ方に甲を持参したところ、Ｂが留守であったため、仕方なく持ち帰った。この場合、甲の引渡債務の債務者であるＡの権利義務に何か変化が生じるのか。Ａは債権者であるＢに対して何か主張できるのか。このような問題である。

　関連する規定が2つある。1つは、492条(弁済の提供の効果)である。「債務者は、弁済の提供の時から、債務を履行しないことによって生ずべき責任を免れる」と定める。もう1つは、413条(受領遅滞)である。「債権者が債務の履行を受けることを拒み、又は受けることができない場合」について、法律関係を定める。弁済と履行の関係については後に説明するが(→第8章第2節1(2)〔381頁〕)、一言でいえば、両者は同じことを別の観点から見たものである。そうすると、債務者が履行(弁済)の提供をしたのに債権者が受領しない場合、債務者は自らの債務不履行責任を免れ(492条)、債権者には受領遅滞の効果(413条)が生じることになる。

　改正前民法は、弁済の提供の効果について、債務者は弁済の提供の時から「一切の責任を免れる」という広汎な規定を置き(旧492条)、他方、受領遅滞については、「債権者は、履行の提供があった時から遅滞の責任を負う」という簡潔な規定しか置いていなかった(旧413条)。このため、両条の適用関係が不明瞭であった。また、受領遅滞に関する学説の議論も錯綜していた。主な学説

として、法定責任説と債務不履行責任説があった。両説は、受領遅滞の要件・効果について理解を異にし、債務不履行自体に関する学説の対立も重なって、議論が複雑化していた[111]。

このような状況のもと、現行民法は、弁済の提供の効果と受領遅滞の効果をそれぞれ具体的に規定し、規範の内容を整序し、明確にしている[112]。

> ◆ **改正前民法のもとでの法定責任説と債務不履行責任説**　法定責任説(鳩山 172 頁、於保 117 頁以下、林ほか 82 頁[林＝安永]、奥田 226 頁、平井 175 頁、内田 3 版 97 頁)は、こう考える。債権者は、権利を有するだけで義務を負うわけではないから、受領義務はなく、受領しなくても義務違反にならない。しかし、誠実な債務者を救済し、当事者間の利害の公平な調節をする必要があるので、旧 413 条は特に債権者に責任を負わせることにした。それは法定責任であり、要件も同条に規定されていることに尽きる。したがって、債権者の帰責事由(改正前民法のもとでは債務不履行の要件だった)は不要である。受領遅滞の効果は、弁済の提供の効果(旧 492 条)と重なり、旧 413 条はそれを債権者の責任という面から規定したものである。
>
> 　法定責任説の主な論拠は、こうである。①債権は権利であって義務ではない。②債務者の給付義務に匹敵する受領義務という重い義務を債権者に課すことは、民法典の想定するところではなく、当事者の一般的な意識からも遠い。③受領義務を一般的に認めると、不当な結果が生じる場合がある。もっとも、この説も、特約があれば、契約上の義務として債権者に受領義務が生じることを認める。さらに、明示の特約がなくても、契約の解釈、慣習、信義則によって、具体的な契約において受領義務が生じる場合があることを認めるものが多い。しかし、それは、あくまでも個別的な契約ないし具体的状況のもとでの信義則の効果として認められる義務であるにすぎず、債権一般の効果としてのものではない。
>
> 　債務不履行責任説(債務不履行説ともいう。我妻 236 頁、星野 134 頁、澤井 83 頁、前田 296 頁、近江 3 版 102 頁、加藤 366 頁)は、こう考える。債権者と債務者は、信義則により、給付の実現に向けて互いに協力すべき関係にあるので、債権者は、一般的に受領義務を負う。受領遅滞はこの義務についての債権者の債務不履行である。旧 413 条は旧 492 条とは別に債権者の責任を認める規定であり、旧 413 条の「責任を負う」というのは、債権者の負う受領義務の不履行に対する責任、すなわち、一種の債務不履行責任である。したがって、債権者の遅滞についても、一般の債務不履行と同様、帰責事由が必要である。

---

111)　学説の展開については、新田孝二「受領遅滞」講座Ⅳ73 頁、奥冨晃『受領遅滞責任論の再考と整序』(2009)〔初出 1996〜2008〕、奥田＝潮見・新版注民(10) Ⅰ 470 頁以下。
112)　これに対する独自の観点からの批判として、石田 362 頁以下。

債務不履行説の主な論拠は、こうである。①債権者と債務者は、給付の実現に向けて互いに協力すべき関係にある。②旧413条を旧492条と同じ内容だと考えると、旧413条をあえて規定した意味がなくなるし、債務者の保護にも欠ける。③旧413条は債務不履行の規定と並べられ、その一態様とされている。すなわち、旧412条は債務者遅滞の要件、旧413条は債権者遅滞の要件、旧414条以下は債務不履行の効果である。

◆ **受領遅滞についての明治民法起草者の考え方**　旧民法には受領遅滞の制度はなく、債務者の利益保護は弁済の提供と供託の各制度によっていた。明治民法起草者は、債権総則の審議を終え、売買の規定を審議する段階で、旧413条を追加した。起草者は、当初、売買における買主の引取義務を定め、これを有償契約に準用するという構想だったが、贈与契約でも問題が生じうることから、一般的な規定として、債権総則に債務者の遅滞と並べて債権者の遅滞の規定を置くことにした(民法速記録Ⅳ92頁以下〔穂積陳重〕)。弁済の提供だけでは、「債権者一身の事由に因りて債務者が受くべき不利益を救うに足」りないからである(民法修正案理由書402頁)。不利益とは、危険負担(民法速記録Ⅳ94頁〔穂積〕、民法修正案理由書403頁、梅47頁)及び運搬費用・保管費用などの損害(梅47頁)である。債権者遅滞責任の要件については、諸制度を比較のうえ、債権者の過失を要件としない制度とした(民法速記録Ⅳ93頁〔穂積〕、民法修正案理由書403頁)。

2　要件

受領遅滞の要件は、履行するために債務者の受領が必要な債務について、債権者が履行を受けることを拒んだこと(受領拒絶)、又は、履行を受けることができないこと(受領不能)である(413条・413条の2第2項)。原則として債務者が履行の提供をしたことが前提となるが(413条1項・413条の2第2項参照)、これを要しないこともある(413条2項。494条1項1号・567条2項と対比)。いずれにせよ、履行を受けることの拒絶又は不能があったと評価できるかが問題となる(潮見新Ⅱ49頁以下参照)。なお、履行が可能であることも前提となる。

履行を受けること(受領)は、受領遅滞の効果を考慮すると、その履行を債務の本旨に従ったものと認めて受け入れるという債権者の意思的要素を伴うものではなく、事実として受けることという意味だと解すべきである(中間試案説明148頁以下、潮見新Ⅱ52頁、潮見・新注民(8)308頁以下参照)。

「履行を受けることを拒み」は、「履行を拒絶する意思を明確に表示した」（415条2項2号等）と比べても明らかなとおり、また、受領遅滞の効果を考慮すると、広い概念として理解すべきである（潮見新Ⅱ53頁参照）。

受領拒絶又は受領不能について、債権者の帰責事由は不要である（法定責任説だと当然そうなるし、債務不履行責任説であっても、現行民法は債務不履行に基づく損害賠償及び契約解除に債務者の帰責事由を要件としないので、そうなる）。

◆ **履行不能と受領不能**　履行不能の場合は、債務不履行又は危険負担の問題となり、受領不能の問題とならない。しかし、履行不能か受領不能か微妙な場合がある。たとえば、使用者の経営する工場で労働する債務について、工場が焼失した場合である。労働者（債務者）の報酬（反対給付）請求権の存否にかかわる。給付が不能となった原因がいずれの当事者の支配に属する範囲内の事由に基づくかを標準とし、債務者のそれに基づくときは履行不能、債権者のそれに基づくときは受領不能と考える「領域説」が有力である（その評価につき、小野秀誠『危険負担の研究』〔1995〕180頁以下参照）。雇用契約でいえば、①履行不能の場合、ⓐ債務不履行（415条・542条）又はⓑ危険負担の問題となり、ⓑでは使用者（債権者）に帰責事由がある場合に報酬請求権が認められることになるが（536条2項）、②受領不能の場合、受領遅滞による危険の移転に伴い報酬請求権が認められる（結果として536条2項と同様になる）という（奥田229頁。我妻239頁参照）。履行不能か受領不能か、つまり、履行が不能か可能かは、債務の発生原因である契約及び取引上の社会通念に照らして判断される（412条の2第1項）。その際、「領域」は、役務提供型契約における危険の配分に関する解釈基準の1つであると位置づけることができるだろう（潮見・新注民(8)306頁参照〔履行不能を広くとらえ債権者の帰責事由のレベルで処理する。本書とは、履行が可能で受領が不能という状態の評価が異なる〕）。

◆ **受領と受取り（引取り）**　受領の概念と受取り（引取り）の概念の関係は、次の通りである。①「受領」を債務者の給付を完了するのに必要な債権者の協力であると広くとらえると（我妻215頁など）、「受取り（引取り）」は、「受領」の一態様だということになる。②ドイツの学説に基づき、「受領（Annahme）」は、債権者が権利者として協力し債務者の給付を承認するもので、現実の引渡しだけでなく簡易の引渡しなどによっても行われるのに対し、「引取り（Abnahme）」は、債権者が義務者（債務者）として協力するもので、現実の引渡しによって行われると区別する整理もある。この見解は、債権者には一般的受領義務はなく、債務者は債権者に受領を求める訴えを提起できないが、売主・請負人は引取義務を負う買主・注文者に対し引

> 取りを求める訴えを提起し、その強制を実現できるという（遠田新一「債権者の受領遅滞による債務者の解除権」『契約法大系Ⅰ』〔1962〕286 頁）。これを受けて、法定責任説では、損害賠償請求や解除は受領遅滞の効果としてではなく、合意又は信義則による引取義務の違反の効果として認められうるという（奥田 224 頁以下参照）。③商法学説を中心として、「受取り（receipt）」は売買の目的物の事実としての占有移転である「引渡し（delivery）」を買主側からみたものであり、「受領（acceptance）」は買主が商品が契約条件に合致するか否かを検査した後それを受け入れる意思的行為を指すという区別がされる（江頭・商取引 18 頁〔商法 524 条 1 項・526 条 1 項の用語法を批判する〕。星野 134 頁はこの区別を支持する）。

3 効 果

(1) 弁済の提供の効果

受領遅滞の効果を理解するために、原則としてそれに先行する弁済の提供（履行の提供）の効果を確認しておくことが便宜である。詳しくは後述するが（→第 8 章第 2 節 2(2)〔386 頁〕）、弁済の提供の効果は、債務者が債務不履行責任を免れることである（492 条）。具体的には、債務者は、弁済の提供をすると、履行期が過ぎても履行遅滞とならず、①契約を解除されることも、②損害賠償を請求されることも、③担保権が実行されることも、なくなる。このほか、④債権者の同時履行の抗弁がなくなる（533 条）などの効果もある。もっとも、弁済の提供があっても、債務自体が消滅するわけではない。

(2) 受領遅滞の効果

現行民法は、弁済の提供の効果とは別に、受領遅滞の効果を具体的に規定する。3 つある。

(a) 目的物の保存についての注意義務の軽減

1 つ目の効果は、目的物の保存についての注意義務の軽減である（413 条 1 項）。特定物を引き渡す債務の債務者は、善良な管理者の注意をもって保存する義務を負うが（400 条）、債権者の受領遅滞があった後は、その義務は軽減される。債務者は、履行の提供をした時から引渡しまで、「自己の財産に対するのと同一の注意をもって」保存すれば足りる。これは、無償受寄者の保管についての注意義務（659 条）と同じレベルである（したがって、無償受寄者については、寄託者

の受領遅滞による注意義務の軽減は生じない。潮見新Ⅱ55頁→第3章第2節1(2)(a)(ⅱ)1つ目の◆〔44頁〕)。

債務者が413条1項の注意義務に違反した場合の効果は、善管注意保存義務を負う債務者がこれに違反した場合の効果(→第3章第2節1(2)(a)(ⅲ)〔46頁〕)と同様である。債務者が同項の注意義務に違反していないのに目的物が滅失又は損傷した場合は、受領遅滞の効果として、債権者の責めに帰すべき事由によるものとみなされ、債権者は損害賠償請求等ができない(413条の2第2項・567条2項→(c))。

(b) 増加費用の負担

2つ目の効果は、費用の増加額の負担である。受領遅滞によって履行の費用が増加したときは、その増加額は債権者が負担する(413条2項)。運搬費用や保管費用の増加分などである(詳しくは潮見・新注民(8)316頁以下)。この効果との関係では、債務者の履行の提供は、要件とされていない(特に、受領不能の場合。受領拒絶についても、債権者が予め受領を拒んでいる場合などに、履行の提供なく増加費用の債権者負担の効果が生じることがありえよう)。

債権者の住所移転その他の行為による弁済の費用の増加について、同様の規定がある(485条但書→第8章第2節3(5)(b)〔405頁〕)。両規定の適用領域は、一部は重なるが、485条但書は必ずしも受領遅滞を前提としないし(住所を移転し予めその連絡をした場合など)、413条2項は必ずしも債権者の行為を前提としない(債権者に帰責事由のない受領不能も含まれる)ので、一致するわけではない[113]。

(c) 履行不能における帰責事由の割当て

3つ目の効果は、履行不能における帰責事由の割当てである。受領遅滞の状態にある場合、履行の提供があった時以後に当事者双方の責めに帰することができない事由により履行不能が生じたときは、その履行不能は債権者の責めに帰すべき事由によるものとみなされる(413条の2第2項)。その結果、債権者は履行不能を理由として、①損害賠償を請求することができず(415条1項但書)、

---

[113] 485条但書と旧413条の沿革及び関係につき、奥冨・前掲注(111)259頁以下・283頁以下(前者は、債務者が負担する弁済費用を債権者の帰責性を要件として債権者に転嫁するものだが、後者は、不可抗力による場合も含む債権者の不受領の間に生ずる増加費用を債権者に賠償請求する権利を債務者に与えるものだという)。

②契約を解除することができず(543条)、③反対給付の履行を拒むことができない(536条2項。対価危険の移転)。債務者は、弁済の提供により、履行遅滞についての債務不履行責任を免れているが(492条)、こちらは履行不能に関する規律である。

なお、売買契約について、同様の規定がある(567条2項)。買主の受領遅滞後に目的物が滅失又は損傷したとしても、目的物の修補や代替物の引渡し等による履行の追完が可能であれば、売主の債務の「履行が不能となった」とまではいえないことがある。しかし、受領遅滞後に目的物の滅失・損傷が生じた場合に、履行の追完が可能か否かで差異を設ける合理的理由はない。そこで、履行の追完が可能な場合であっても、目的物の滅失・損傷の危険が売主から買主に移転することを示すため、567条2項が置かれた(部会資料75A、第3、12説明1)。ここでは、損害賠償請求・契約解除・代金支払のほか、追完請求と代金減額請求についても規定されている(同条1項。対価危険と給付危険の移転)。

◇　画商Aと客Bが絵画甲の売買契約をし、AがBの自宅に甲を届けることを合意した。指定された日時にAがB方に甲を持参したが、Bが留守であったため、仕方なく持ち帰った。AがBに電話をすると、Bは気が変わったので、受け取りたくないという(契約は解除されていない)。Aは、自己の店舗で甲を保管していたが、1週間後、落雷により店舗も甲も焼失した。この場合、Bは損害賠償請求も契約解除もできず、かつ、甲の代金を支払わなければならない(567条2項・1項)。

◆　**取立債務である制限種類債務の場合**　　取立債務である制限種類債務について特定が生じていない状態で、債務者が口頭の提供をしたが、債権者が受領せず、かつ、特定もされない間に、目的物の全部が不可抗力で滅失した場合、債権者の受領拒絶があったと評価されるときは、債務者は反対給付の履行を求めることができる(413条の2第2項・536条2項。最判昭30・10・18前掲の事案を参照→第3章第2節2(3)(a)〔59頁〕)。

(d)　弁済供託が可能になること

債権者の受領拒絶(弁済の提供が要件)、又は、債権者の受領不能は、弁済供託の原因となる(494条1項)。債務者は、弁済の目的物を供託して、債権を消滅させることができる(→第8章第3節〔471頁〕)。

(e) 債務者からの損害賠償請求・契約解除の可否

(ⅰ) **改正前民法のもとでの議論**　改正前民法のもとで、受領遅滞の効果として、債務者からの損害賠償請求及び契約解除(以下、この項では「損害賠償請求等」ということもある)の可否について対立があった。債務不履行説は、一般的に債権者の受領義務を認め、受領遅滞はその義務違反となると考えるので、債務者からの損害賠償請求等を認める。法定責任説は、債権一般について受領義務が認められるものではないと考えるので、受領遅滞からそれらの効果が生じるとは認めない。もっとも、同説も、特約、契約解釈、慣習、信義則によって、個別事情のもとで受領義務が生じうることは認めるので、その場合には、損害賠償請求等が可能になる。

◇　この議論の実益はどこにあるのか。双務契約の場合、受領しないような債権者は自らの債務も履行しないだろうから、債務者はそれを理由に損害賠償請求等をすればよく、あえて受領遅滞をもちだすまでもないことが多い。しかし、債務者が先履行義務を負う場合や債権者が自己の債務を履行済みである場合には、債務者は通常の債務不履行責任を追及できないので、受領遅滞の効果としての損害賠償請求等の可否が問題となる。

(ⅱ) **現行民法のもとでの考え方**　民法改正の検討過程では、受領遅滞の効果として、一般的に、又は、当事者の合意若しくは信義則による受領義務のある場合に、債務者は損害賠償請求及び契約解除ができるとする規定を置くことが検討されたが、合意に至らず見送られた(中間論点整理第7、2、部会資料34、第5、2ア、同54、9頁)。そこで、解釈に委ねられている。どう考えるべきか。

債権関係にある当事者が信義則に服することは当然であるが(1条2項)、だからといって、債務者の損害賠償請求等の前提となる債権者の受領義務を、契約内容から離れて常に認めることは、困難であろう。債務者の損害賠償請求等は、契約解釈や信義則により個別的に受領義務が認められる場合に、その違反に対する救済として認めれば足りる。もっとも、契約解釈においては、類型的に引取義務が認められる契約(売買、目的物の引渡しを伴う請負など)については、それが標準となる。そうすると、債務者は、受領義務の発生原因を主張し証明する責任を負うことになるものの、通常は契約類型によって義務が認められる

ので、債務者に厳しすぎるということにはならないだろう。

　また、現行民法は、旧413条の「債権者は……遅滞の責任を負う」という一般的な表現を改め、受領遅滞の効果を、上述の通り具体的・個別的に規定しつつ、債務者からの損害賠償請求及び契約解除についての規定を置いていない。このような改正のもとで、債権者に一般的に受領義務を認め、受領遅滞の効果として損害賠償請求及び契約解除を認めることは、一層困難になっている。

　判例では、請負契約について、債権者(注文者)の受領義務違反を理由とする債務者からの解除を否定した例がある(最判昭40・12・3民集19巻9号2090頁)。他方、継続的な鉱石売買契約において、信義則に照らして、債権者(買主)の引取義務を認めたもの(最判昭46・12・16民集25巻9号1472頁、百選Ⅱ49〔平野裕之〕)がある。その位置づけについて議論があるが、具体的事案において信義則上の義務を認めたものと理解するのが適当である。

　以上のことから、現行民法のもとで、債務者からの損害賠償請求等は、受領遅滞の効果として認められるものではなく、受領義務が契約解釈又は信義則により個別に認められる場合にその違反の効果として認められうると考える(潮見・新注民(8)327頁以下)。このような考え方は、受領義務にとどまらず、債権者の協力義務や債務者の受領請求権についても及ぼすことができるだろう。

◆ **債権者と債務者の協力義務**　　一定の場合、契約当事者間に協力義務が生じることがある。たとえば、工事請負契約において、注文者は工事現場を提供して工事が円滑に進むようにする義務がある。このような義務を、①個々の契約の解釈によって導くのか、②契約類型ごとに判断するのか、③契約一般における協力義務として考えるのか、④債権債務関係一般において考えるのかという問題がある。これらは互いに排斥しあうものではないが、①②が基本となり、③④は信義則を介して考慮されることになろう[114]。

---

114) ②につき、生田敏康「債権者の協力義務──ドイツ請負契約における注文者の義務を中心に」早稲田法学会誌44巻(1994)1頁、③につき、後藤・前掲注(44)166頁以下〔初出1992〕、③④につき、内田・前掲注(10)43頁以下〔初出1993〕、石崎泰雄「受領遅滞の不履行(協力義務違反)への統合理論」都法46巻2号(2006)97頁、坂口甲「ドイツにおける債権者遅滞制度と債権者の協力義務」論叢165巻4号94頁～166巻2号130頁(2009)、④につき、我妻6頁以下・238頁、潮見新Ⅱ64頁以下。ドイツ法の忠実義務との関係につき、林ほか82頁注(1)〔林＝安永〕参照。奥冨・前掲注(111)は、債権者の受領義務違反による責任と法定責任である受領遅滞責任との峻別を説く。

4　受領遅滞の終了

　受領遅滞は、次の場合に終了する(鳩山182頁)。①弁済、免除、解除などにより債権が消滅したとき。②当事者が新たな履行期を定めるなどの合意をしたとき。③債権者が自己の受領遅滞を解消させるための措置を講じたとき(受領遅滞の効果を承認したうえ、あらためて受領の準備をし、受領する旨を債務者に通知するなど。最判昭45・8・20民集24巻9号1243頁、最判昭56・3・20民集35巻2号219頁参照)。②に代え、④債務者の一方的意思表示による受領遅滞の免除を終了事由とするものもあるが(於保121頁、潮見新Ⅱ64頁、奥田＝佐々木中351頁)、それによる法律関係はやや不安定である。

第 6 章

債権の効力
——債務者の責任財産の保全等

第 1 節　責任財産と債権者平等

　金銭債権が履行されない場合、債権者は、裁判所に提訴して勝訴判決を得るなどして債務名義を得たうえ、債務者のどの財産に対しても強制執行をし、回収をはかることができる。金銭債権以外の債権（非金銭債権）が履行されない場合も、損害賠償債権について、同様になる。さらに、破産の段階に至れば、非金銭債権も金銭債権に転換され（金銭化。破 103 条 2 項 1 号イ）、その額に応じた配当を受けることになる。このように、債権は、窮極的には債務者の一般財産を拠り所にする。債権者が複数いる場合、各債権者は、債務者の一般財産にかかっていくことができる。そこで、債務者の一般財産は、債権者の共同の担保であるといわれる。また、債務者がその一般財産をもって債権者に責任を負うという意味で、一般財産のことを責任財産ともいう（→第 4 章第 2 節 1(4)◆〔84 頁〕）。

　責任財産が総債権者の債権額より少ない場合、各債権者は、その債権額の割合に応じた弁済を受ける（比例弁済原則）。その際、各債権は、その発生時期にかかわらず、原則として、平等に取り扱われる（非優先性）。非優先性を前提とする比例弁済原則のことを、債権者平等の原則という[1]。

---

[1]　中田「債権者平等の原則の意義」曹時 54 巻 5 号（2002）1 頁〔同・規範所収〕、潮見・新注民(8) 18 頁。鈴木禄弥「『債権者平等の原則』論序説」曹時 30 巻 8 号（1978）1 頁、中西正「破産法における『債権者平等原則』の検討」伊藤眞古稀『民事手続の現代的使命』(2015)973 頁、ヤン・フェリックス・ホフマン（水津太郎訳）「債権者平等原則と価値追跡」法研 91 巻 8 号（2018）33 頁、小粥太郎「債権者平等の原則と担保」米倉米寿 3 頁、鳥山泰志「債権者平等の原則」法教 526 号（2024）6 頁参照。責任財産及び共同担保につき→第 4 章第 2 節 1(4)◆〔84 頁〕。

◆ **債権者平等の原則の意義**　債権の平等性と債権者平等の原則は、区別すべきである。債権の平等性は、「同一内容の債権」について、債権の非排他性(債権は同一内容のものでも同時に2つ以上存在しうる)を前提とする非優先性を意味する。債権者平等の原則は、「同一債務者に対する債権」について、非優先性を前提とする比例弁済原則を意味する。
　債権者平等の原則は、債務者の財産の分配に際しての原則だが、平常時だけでなく、執行、倒産などの場面で現れる。各場面で同原則がどこまで貫徹されるのかは、①非優先性の例外を認める必要性(ⓐある範囲の債権を定型的に別扱いとする理由、ⓑ個別債権者の行動の自由の評価)、②比例弁済を実現するコストの負担を、どう考えるかにより異なりうる。③執行・倒産の場面では、各法の理念に沿うよう①②が制度に組み込まれる(債権者平等の原則の正当化根拠につき、ホフマン・前掲注(1)、同原則のより限定的な理解につき、小粥・同注を各参照)。

　このように、債権は債務者の責任財産の状況によって影響を受けうるので、債権者は、自己の債権の満足をはかる手段を求める。民法は、3種類の方法を用意している。第1は、債務者の総財産のなかから一定の財産を切り出し、それについて優先権を得る方法である。抵当権などの約定担保物権がこれである。第2は、債務者以外の人の財産も引当てにする方法である。保証などの人的担保(第三者の一般財産を引当てにできる)及び物上保証(第三者の特定の財産を引当てにできる)がこれである。第3は、債務者の責任財産の減少を防止する方法である。これを責任財産の保全という。2種類ある。1つは、債務者が自己の権利を行使しないためにその財産が減少することを防ぐ方法である。これが債権者代位権(423条)である。もう1つは、債務者が積極的に自分の財産を減少させる行為をした場合に、それを元の状態に戻す方法である。これが詐害行為取消権(424条)である。債務者が自己の財産をどのように管理し、処分するかは同人の自由だが、自己の債務を弁済できないような状態になった場合には、債権者が債務者の財産管理に介入することを認めるものである。
　もっとも、債権者代位権については、責任財産の保全とは別の目的で用いられることもある。民法改正前から判例・学説が認めてきたが、現行民法はこれを明文化している。そのため、現行民法の債権者代位権制度には、責任財産保全目的以外のものも含まれる。本章の見出しの副題を「債務者の責任財産の保

全等」としたのは、そのためである。

第2節　債権者代位権

1　目的と機能

(1)　概　観

　債権者代位権は、債権者が自己の債権を保全するため必要があるとき、債務者に属する権利を行使することができる権利である(423条1項)。保全される債権者の債権を被保全債権、代位行使される債務者の権利(債権に限らない)を被代位権利という。債権者は、代位債権者ともいう。被代位権利の相手方は、第三者というが、被代位権利が債権であるときは、第三債務者ともいう。以下では、債権者をA、債務者をB、相手方(第三者)をC、被保全債権を甲債権、被代位権利を乙権利と表すこともある。

　民法改正前、判例及び多くの学説は、債権者代位権について、①本来、債権者が債務者の責任財産を保全することを目的とする制度であるという理解に立ちつつ、②債権者が自己の債権を簡易かつ優先的に回収するためにそれを利用しうるという機能も承認した。さらに、③債権者が自己の特定の債権(甲債権)の行使に対する障害を除去するために、債務者の有する特定の権利(乙権利)を行使するという、債権者代位権の「転用」も認めた(この「特定の債権(甲債権)」を、以下「特定債権」という)。現行民法は、①だけでなく、②③も取り込む規定を設けている。まず、これらの目的と機能(責任財産保全の目的、債権の簡易優先回収機能、特定債権保全の目的)について、概要を説明する。

> ◆　**特定債権**　　この言葉は、2004年現代語化前423条の「自己ノ債権ヲ保全スル為メ」の要件について、債務者が無資力である場合の「一般債権」の保全と、それ以外の場合の「特定債権」の保全とを対置して検討した学説(鳩山186頁)に由来する。その後、「転用型」についての後述のような理解の不一致に伴い、「特定債権」の意義も不明確になり(我妻160頁参照)、また、特定物の引渡しを目的とする債権である「特定物債権」との混同のおそれが指摘されたこともあって(平井264頁)、この語ではなく「非金銭債権」の語が用いられることが多くなった。しかし、金銭

債権を被保全債権とする「転用型」もありうることから、上記③を表現するためには、非金銭債権の語も不正確だという批判もあった。そこで、再び、特定債権の語が用いられるようになった（これは金銭債権であることもある）[2]。

(2) 責任財産保全の目的

債権者代位権は、本来、資力のない債務者の財産の減少を防ぐための制度である、というのが通説的理解である。債権者は、債権者代位権によって債務者の権利を行使し、それによって債務者の責任財産を維持したうえ、必要があればその財産に対して強制執行をする。債権者代位権の本来の目的は、責任財産の保全（責任財産を維持し強制執行の準備をすること）にあると理解されている（この理解の形成過程については後述→4(2)(a)◆〔298頁〕）。

> ◇ 土地をCからBが買ったが登記していないとする。放置していると、CがDに二重に譲渡してDへの登記がされた場合、BはDに対抗できず(177条)、Bの責任財産が減少することになる。そこで、Bに対して貸金債権を有するAは、Bに代位して、Cに対し、登記をBに移転せよといえる。B名義となった土地に対し、Aは、その後、強制執行をすることができる（梅78頁）。

ところで、日本の強制執行制度においては、先に差し押さえた債権者が優先するという優先主義ではなく、後れて手続に加わった債権者も含めて平等に取り扱うという平等主義がとられている。債権者代位権を行使して責任財産の維持に貢献した債権者であっても、その債権が優遇されることはなく、執行段階になれば、他の債権者と同じ立場で比例弁済原則による配当を受けるだけである。その債権者の保護としては、代位の手続に要した費用が共益費用として優先的に取り扱われる(306条1号・307条)という程度である。

(3) 債権の簡易優先回収機能

これではせっかく努力した債権者は報われない。しかし、実際には、債権者代位権を行使した債権者が優先的に満足を得る方法が判例・学説によって認め

---

[2] 東條敬『最判解民昭50』89頁、森田・深める351頁以下（鳩山構想及び判例を再評価し、「債務者の資力の有無に関係しない債権」として「特定債権」の語を用いる）、池田73頁（ただし、「一般の金銭給付を目的とする債権」は除外する）。潮見新Ⅰ707頁は「特定の債権」という。

られ、現行民法はそれを許容する規定を置いている。すなわち、①債権者 A が債務者 B に対し金銭債権(甲債権)をもち、B が第三債務者 C に対し金銭債権(乙権利)をもつとき、A が甲債権を被保全債権として B に代位して乙権利を行使したときは、A は C から、直接、乙権利の目的である金銭の支払を受けることができる(423 条の 3)。②A は、C から受領した金銭を B に返還しその責任財産に戻し入れるべきところ、B への返還債務と B に対する甲債権とを相殺することができる(我妻 169 頁など通説)。この方法により、A は、強制執行による場合に比べ、簡易に、しかも、B の他の債権者に優先して、自己の債権の満足を受けることができる。

「簡易に」というのはこうである。強制執行による場合は、A は、まず、甲債権について B に対する確定判決などの債務名義(民執 22 条)を取得し、これによって乙権利を差し押さえ、C から取り立てるが(同 155 条)、C が任意に弁済しないときは C に対する取立訴訟(同 157 条)を提起する。これに対し、債権者代位権による場合は、A は、B に対する債務名義なしに乙権利を行使し、C から取り立てることができ、C が任意に弁済しないときは C に対する代位訴訟を提起する。つまり、後者では、B に対する債務名義の取得及び乙権利の差押えがなくてすむ。

「優先して」というのはこうである。強制執行による場合、A が乙権利を差し押さえても、B の他の債権者もこれを差し押さえた場合、A は優先しない(A が転付命令〔民執 159 条・160 条〕を得れば優先するが、この場合、甲債権の弁済があったとみなされるので、A は C の無資力のリスクを負担する)。これに対し、債権者代位権による場合は、A が相殺をすれば、他の債権者はこれを阻止することができず、A が優先する(B の他の債権者が B の A に対する受領金返還請求権を差し押さえたとしても、A が優先する。511 条 1 項→第 8 章第 5 節 3(5)(b)(ⅱ)〔515 頁〕)。

ここでは、代位債権者は、債権者代位権を、強制執行の準備のために債務者の責任財産を維持するために行使するのではなく、自己の債権を簡易かつ優先的に回収するために用いている。もっとも、それは債権者代位権制度の目的というより、その要件が充足されている場合に、債権者が他の主観的目的で利用することを許容するものである。したがって、それは制度の目的というより、その機能として理解するのが適当である。

(4) 特定債権保全の目的

これに対し、本来の債権者代位権制度とは異なる要件のもとで、特定債権の行使に対する障害を除去し、それを行使できるようにするために、債務者の有する特定の権利を行使することが、判例で認められてきた（→3(2)〔287頁〕）。いくつかの例があるが、現行民法は、そのうちの1つについて規定を新設している（423条の7）。

> ◇ 土地をCからBが買い、さらにBからAが買ったが、登記は依然としてCにある。この場合、Aは、Bに対する登記請求権（甲債権）を保全するため、BのCに対する登記請求権（乙権利）をBに代位して行使することができる（423条の7）。CからBに登記が移されると、AはBに対し、甲債権を行使して、BからAに登記を移させることができる。つまり、乙権利を代位行使してB名義にすることにより、甲債権の行使に対する障害が除去され、行使のための準備がととのったことになる。上記(2)の◇であげた例と似ているが、(2)の例では甲債権は金銭債権であり、目的はBの責任財産の保全であるのに対し、ここでは甲債権は登記請求権であり、目的はAが甲債権を行使できるようにすることにある。このように、特定債権を行使できるようにすることを、特定債権の保全という。

(5) 現行民法における債権者代位権の意義

現行民法は、債権者代位権について、①責任財産保全という本来の目的、②代位債権者が自己の債権を簡易かつ優先的に回収しうるという機能、③特定債権の保全という目的、のいずれも認める制度としている。そこで、3者の関係や全体としての債権者代位権の制度趣旨が問題となる。

現行民法は、まず、①と②の両方について統一的な規律をする（423条〜423条の6）。次に、③の代表例について、この規律の一部を準用する（423条の7・423条の4〜423条の6）。この構成のもとで、①と②の関係、また、①②と③の関係が問題となる。以下では、まず①②を「一般的な債権者代位権」として検討する（→2）。次に③を「特定債権保全のための債権者代位権」として検討する（→3）。最後に、①〜③の関係を考える（→4）。

◆ **民法改正前の議論** 民法改正前の学説では、①が債権者代位権制度の本来の存在理由であると理解したうえ、②をその現実的機能として例外的に容認する一方、

③は形だけを借りた「転用型」であると位置づけるものが一般的だった(我妻160頁以下など)。

これに対し、①と②の間で、②の現実的機能を正面から肯定し、むしろ②こそが債権者代位権制度の趣旨であると理解する見解が提示された。この見解は、債権者代位権とは、「単に債務者に属する権利を共同担保の保全のために行使する権利ではなく、相手方に対し直接行使できる債権者固有の権利」であり、それは、一般に債権者の有する共同担保に対する権利を根拠とする「包括担保権的なもの」という(包括担保権説)[3]。

他方、近年、③を①の「転用」とするのではなく、①と③を並立するものとして位置づける見解(基本方針Ⅱ407頁以下、森田・深める351頁以下)や、①を本来のものとしたうえ①と③に区別することを批判し、債権者代位権は債権者の債権実現確保のための制度であると主張する見解[4]が現れていた。

2 一般的な債権者代位権

(1) 要 件

ここでは、423条〜423条の6で定められた一般的な債権者代位権について、要件を検討する。

(a) 保全の必要性

まず、債権者が「自己の債権を保全するため必要があるとき」でなければならない(423条1項)。これを保全の必要性という。被代位権利は債務者Bの権利だから、それをどうするかは、本来、Bの自由であり、債権者Aは干渉できない。その干渉を正当化するものが、保全の必要性である。それは、Aが

---

[3] 平井宜雄「債権者代位権の理論的位置」加藤一郎古稀『現代社会と民法学の動向下』(1992)223頁〔同『民法学雑纂』(2011)所収〕、平井260頁以下。包括担保権説は、債権者代位権をフランスにおける直接訴権のように理解するという。直接訴権については、加賀山茂「民法613条の直接訴権《action directe》について」阪法102号65頁・103号87頁(1977)、工藤祐巌「フランス法における直接訴権(action directe)の根拠について」南山法学20巻2号(1996)23頁・3=4号(1997)277頁、山田希「フランス直接訴権論からみたわが国の債権者代位制度」名法179号181頁〜192号93頁(1999〜2002)、岩川隆嗣「フランス法における責任追及の直接訴権」法研94巻11号(2021)75頁〔2016年民法改正後の状況〕。佐藤岩昭「債権者代位権に関する基礎的考察」平井宜雄古稀『民法学における法と政策』(2007)275頁〔同『包括的担保法の諸問題』(2017)所収〕は、423条を根拠とする「一般的直接請求権」を提唱する。包括担保権説に対する批判として、角191頁以下。

[4] 池田真朗「債権者代位権擁護論」法研84巻12号(2011)33頁〔同『債権譲渡と民法改正』(2022)所収〕。

干渉しなければBの責任財産が減少し、その結果、Aが自己の債権の満足を得られなくなること、すなわちBに弁済のための資力がないことである。また、保全されるべき債権は、責任財産を維持するという目的との関係から考えると、金銭債権だということになる。こうして、制度の本来的な目的からすると「自己の債権を保全するため」の「債権」とは金銭債権であり、保全の必要性とは債務者の無資力だということになる（最判昭40・10・12民集19巻7号1777頁）。そこで、保全の必要性を無資力要件と呼ぶこともある。

このことは、代位債権者が自己の債権を簡易かつ優先的に回収するために代位権を利用する場合も同じである。この利用方法の場合も、代位債権者Aが第三債務者Cから支払を受けた金銭を債務者Bに返却すべきであることを前提としたうえで、相殺によって自己の債権（被保全債権）の満足を受ける、という構造だからである。

◆ **保全の必要性と無資力要件**　①改正前民法423条は「必要」という言葉を明示していなかったが、保全の必要性は要件であり、それは債務者の無資力を意味すると理解されていた。これに対し、債権者代位権の簡易な債権回収手段としての機能を徹底し、債務者の無資力は要件ではないとする無資力要件不要説（天野弘「債権者代位権における無資力理論の再検討」判タ280号24頁・282号34頁〔1972〕）が現れたが、支持は広がらなかった（本書4版248頁参照）。現423条1項は、保全の「必要があるとき」と明記する。②次に、同項の要件が特定債権の保全の場合にも及ぶのかが問題となる（その有無で要件の広狭が異なりうる）。これは、423条と423条の7の関係の問題である（→4(2)(b)(ⅰ)〔300頁〕）。いずれにせよ、一般的な債権者代位権では、保全の必要性は債務者の無資力を意味すると理解されている。③そこで、無資力とは何かが問題となる。大まかにいえば、責任財産によって一般債権総額を満足させられない状態だが、単なる計数上の関係ではなく、債務者の信用なども考慮される（→第3節2(4)(c)(ⅰ)α2つ目の◆〔328頁〕）。④より具体的に、代位の目的である被代位権利を責任財産の算定に含むか否かの議論がある。含まないとする見解（潮見新Ⅰ660頁、奥田＝佐々木中391頁。基本方針Ⅱ409頁参照）もある。しかし、機械的に除外するとすれば、被代位権利の選択によって無資力か否かが変わるなど不安定化・複雑化の懸念があるし、債権者代位権の行使可能性がかなり広がる結果にもなる。債務者の財産管理の自由と債権者の利益保護の調和の観点からすると、③を基本としつつ、柔軟化をはかる方向が考えられよう（保存行為については保全の必要性を柔軟に認めるなど）。

(b) 被保全債権に関する要件

(i) **被保全債権の存在**　債権者代位権を行使する時点で、被保全債権が有効に存在している必要がある。被保全債権が被代位権利よりも前に成立したことは必要ない（最判昭33・7・15新聞111号9頁）。債権者代位権で問題となるのは、債務者の権利不行使による責任財産の減少であるから、債務者が権利不行使状態にある代位権行使時に被保全債権が存在していればよい（詐害行為取消権の要件とは異なる→第3節2(1)(b)(i)〔309頁〕）。

債権が不確定なものである場合はどうか。離婚に伴う財産分与請求権を被保全債権とすることにつき、協議・審判等によって具体化されるまでは、その範囲及び内容が不確定・不明確だから認められないとした判例がある（最判昭55・7・11民集34巻4号628頁）。具体化されるべき不確定な請求権についても、423条2項但書の趣旨に照らし、保存行為としての代位権行使を認める（内田Ⅳ131頁）ことができる場合があるだろう。

(ii) **被保全債権の内容**

α　**金銭債権**　被保全債権は、金銭債権でなければならない（保存行為については例外を認める余地はある〔この点、第4版に付加する〕）。担保権付きの金銭債権でもよい（最判昭33・7・15前掲）。

◆ **非金銭債権も被保全債権となるか**　金銭債権以外の債権（物の引渡し・役務の提供・不作為などを目的とするもの）も、不履行により損害賠償債権になれば、債務者の一般財産によって担保されるべきことになるから、被保全債権となりうるという指摘がある（於保164頁、潮見新Ⅰ654頁、奥田＝佐々木中383頁）。非金銭債権について不履行があり、損害賠償債権（金銭債権）が発生した場合、これが被保全債権となりうることは当然である。問題は、非金銭債権のままで一般的な債権者代位権の行使ができるかである。①これを認めると、債権者は、訴訟及び強制執行においては非金銭債権の内容しか請求できないのに、債権者代位権によると債務者の一般財産に属する権利を行使できることになり、自己に給付せよと請求できることにもなる（423条の3。受領した後、債務者に引き渡すべきものではあるが）。このように債務者の財産管理権への介入を拡大すべき理由は明らかでない。②債権者代位権は、被保全債権の履行期が到来していないと原則として行使できないから（423条2項本文）、行使時には少なくとも履行遅滞となっているので、非金銭債権のままでの行使を認める必要性は大きくない。③423条の2の「債権の額」という語は、被保全債権が金銭債権であることを前提としていると考えられる。④詐害行為取消

権においても行使時に金銭債権となっていることを要すると考えられる(→第3節4(3)(b)(ⅱ)β◆〔349頁〕)。以上により、被保全債権は、代位権行使時において、金銭債権であることを要すると解すべきである。ただし、次の点はなお検討を要する。ⓐ保存行為(423条2項但書)については、非金銭債権のままでの代位権行使を認める余地があると考えられる(上記①の問題は小さい。②④は423条2項但書。③は→(2)(b)◆〔277頁〕)。ⓑAのBに対する動産引渡債権(甲債権)を被保全債権として、BのCに対する同一又は同種の動産の引渡債権をAが代位行使し、Cに対しAへの引渡しを求め(423条の3)、受領した動産のBへの引渡債務と甲債権とを相殺することの可否も問題となる。これは、動産引渡債権にまで簡易優先回収機能を拡張することの当否の問題だが、民事保全・執行手続や特定債権保全のための債権者代位権があることを考えると、拡張の必要はないのではないか。ⓒなお、特定債権保全のための債権者代位権においては、被担保債権は金銭債権に限られていないところ、423条1項は423条の7も包摂すると理解する場合(→4(2)(b)(ⅰ)〔300頁〕②の理解)、債権者代位権において非金銭債権も被保全債権となりうるということはできる。ⓐ～ⓒの検討にあたって、非金銭債権も「理論的には」債権者代位権における被保全債権となりうると表現すること(内田338頁参照)は、不可能ではない。

　β　執行力のある債権　　被保全債権は、強制執行によって実現することができるものでなければならない(423条3項)。たとえば、破産手続において免責された債権(破253条1項柱書本文。東京高判平20・4・30金判1304号38頁→第4章第2節2(2)(c)〔86頁〕)や不執行の合意のある債権(→第4章第2節2(3)〔88頁〕)を被保全債権とすることはできない。債権者代位権は、責任財産を維持し強制執行の準備をすることが本来の存在理由であるという考え方が現れている。

　(ⅲ)　被保全債権の履行期の到来　　被保全債権は、原則として、履行期が到来していることが必要である(423条2項本文)。履行期前のため自己の債権の履行も請求できない債権者が債務者の権利を行使するのは早すぎ、場合によっては濫用のおそれもあるからである(梅80頁、星野96頁)。ただし、保存行為はその例外とされる(同項但書)。保存行為とは、時効の完成猶予、未登記の権利の登記、第三債務者が破産した場合の債権届出など、債務者の財産の現状を維持する行為である。履行期前に行使したとしても、債務者に不利益はないし、急を要することが多いからである(奥田259頁)。

◆ **履行期未到来の債権による代位**　保存行為のほか、次の関連事項がある。
　①改正前民法は、債権者は被保全債権の履行期前でも、裁判所の許可を得て「裁判上の代位」をすることにより、債権者代位権を行使できると定めていた(旧423条2項本文、旧非訟85条〜同91条)。しかし、利用が少ないことなどから、今回の改正で廃止された。これに対し、形成権(解約権など)の行使についての課題の指摘もある(中田ほか・改正114頁注2[沖野])。
　②「転用型」の場合には、被保全債権の履行期前でも代位行使する必要がありうるという指摘がある[5](→4(2)(b)(i)◆〔301頁〕)。
　③不当な勧誘により法人等に寄附をした人の家族が、本人に対する扶養請求権(履行期未到来のもの)を被保全債権として、取消権や返還請求権を代位行使することを認める特別法が2022年に制定された(寄附不当勧誘10条。履行期未到来分に相当する金銭は、家族が受け取る〔423条の3前段〕のではなく、供託される)。

(c)　被代位権利に関する要件

(i)　**原則**　原則として、すべての権利が代位行使の対象となる。債権には限らない。物権的請求権でもよい。取消権・解除権(大判大8・2・8民録25輯75頁)・相殺権(大判昭8・5・30民集12巻1381頁)などの形成権でもよい(ただし、地位が不安定化する第三者の保護は別途考える必要がある)。登記請求権(→1(2)の◇〔264頁〕参照)、債権者代位権(大判昭5・7・14民集9巻730頁、最判昭39・4・17民集18巻4号529頁。反対、平井268頁)も対象となる。

◆ **無効の主張**　法律行為の無効は、誰でも主張できるというのが伝統的な理解である。たとえば、虚偽表示による売買の無効(94条1項)を、売主の債権者は、代位によらず、主張できる(川井131頁は無効主張の代位と構成する)。民法改正前には錯誤(効果は無効だった。旧95条)について議論があった(本書3版211頁)。

◆ **相殺権の代位行使**　債務者Bと第三債務者Cが相互に債権を有する場合、Bの債権者AがBの相殺権を代位行使できるというのが判例・通説である。もっとも、Bは無資力だから、Cに資力があるときは、相殺は、通常、Cに有利である。

---

[5] 山本和彦「債権者代位権」改正と民法学Ⅱ111頁・114頁(同①「債権者代位権」NBL1047号(2015)4頁、②「債権法改正と民事訴訟法」判時2327号(2017)119頁もあるが、本章では、原則として、より新しい上記論文を「山本・代位権」として引用する)。

Aによる相殺は、Bの資力を維持することになる場合(Cの債権が担保付きである場合やCがBよりもひどい無資力である場合)に限って、認めるべきである(我妻170頁)。これは保全の必要性の要件の問題である。こう解すると、Cの地位が不安定になるので、Cの保護を別に考える必要がある(Aの損害賠償などによる)。

◆ **訴訟上の行為の代位**　債権者は、実体法上の権利・利益を主張するため、債務者に代位して訴訟上の行為(訴えの提起、強制執行の申立て、第三者異議の訴えなど)をすることができる(我妻168頁など通説)。ただし、債務者自身が相手方に対する訴訟を提起した後は制約がある(→(d)〔275頁〕・(3)(a)(ⅱ)2つ目の◆〔283頁〕)。

(ⅱ)　**例外**

α　一身専属権[6]

(ア)　**意義**　「債務者の一身に専属する権利」は、代位行使の対象にならない(423条1項但書)。一身専属権かどうかの判断基準としては、①その権利が債権者の共同担保として評価されるべきかという基準と、②その権利を行使するかどうかを債務者の自由意思に任せるべきかという基準がある。明治民法起草者など初期の学説は、①と解していたが(梅79頁)、その後、一身専属権を、ⓐ相続・譲渡の対象にならないが代位行使は可能な「帰属上の一身専属権」と、ⓑ代位行使ができない「行使上の一身専属権」とに分け、ⓑは権利の行使が「権利者の意思のみによって決する」ものであるとする学説[7]が現れてからは、②が通説的見解となった(我妻167頁)。しかし、近年、再び①を強調する見解が現れ(平井267頁)、その後、①を重視しつつ、②を①と関連づけて考慮する見解(淡路247頁、潮見新Ⅰ665頁)が有力になっている。①を判断する重要な基準として②があると考えるべきであろう。具体的には、当該権利を発生させる制度の趣旨と構造に照らして、債務者の自律的判断の尊重、債権者の期待の保

---

[6]　前田陽一①「不法行為に基づく損害賠償請求権の『帰属上』『行使上』の一身専属性の再検討」立教法学44号(1996)60頁、同②「相続法と取引法──相続人債権者の債権保全を中心に」椿寿夫古稀『現代取引法の基礎的課題』(1999)647頁、同③「遺留分侵害額請求権と債権者代位権の再検討」潮見追悼・家801頁、辻上佳輝「民法423条の一身専属権について──遺留分減殺請求権の代位行使」論叢150巻2号38頁・6号49頁(2001〜02)。

[7]　鳩山秀夫「一身に専属する権利の意義」同『民法研究第3巻』(1926)564頁〔初出1915〕。

護、債権者・債務者が他にとりうる手段などを考慮して判断すべきである。

（イ）具体例　親族法上の地位自体にかかわる権利（離婚請求権、嫡出否認権など）は、間接的に債務者の財産状態に影響するとしても、債務者の自由意思を尊重すべきだし、債権者も共同担保として期待すべきものではないので、一身専属権にあたると解すべきである。親族法上の地位に基づく権利で財産的利益を内容とするもの（扶養請求権など）も、同様である。以上は、ほぼ異論がない。

相続法上の権利については、争いが多い。①相続の承認・放棄をする権利、相続回復請求権については、代位行使を否定する学説が多数だが、肯定説も有力である。②遺留分減殺請求権（旧 1031 条）については、相続人の債権者は、特段の事情がある場合を除き、代位行使できないとするのが判例（最判平 13・11・22 民集 55 巻 6 号 1033 頁、百選Ⅲ96〔幡野弘樹〕、中田「判批」法協 119 巻 11 号〔2002〕195 頁）だが、学説は分かれる（下森定・新版注民(10)Ⅱ732 頁以下）。2018 年相続法改正により新設された遺留分侵害額請求権（1046 条）は、遺留分に関する権利を行使する旨の意思表示（形成権の行使）によって金銭債権が発生するという構造のものであり、この形成権の代位行使については、遺留分減殺請求権と同様に考えることができる[8]。③遺産分割請求権については、学説は分かれる[9]。

◆ **相続法上の権利の代位行使**　上記（イ）について、①は、相続の承認・放棄における相続人の意思の尊重を考慮し、否定したい（放棄は、相続財産が債務超過で、相続人が軽度の無資力の場合に問題となる）。②も原則として否定したい（中田・前掲「判批」）。③は、遺産分割手続において相続人の債権者に認められた地位（利害関係人として参加しうるが当事者にはならない。相続分の譲渡を受けた場合は別論）、債権者は遺産分割前でも相続財産に執行できることを考えると、債務者に代わって遺産分割協議をすることは、基本的に否定すべきである。遺産分割審判の申立ての代位行使は認めてよい（谷口知平＝久貴忠彦編『新版注釈民法(27)〔補訂版〕』

---

[8]　潮見佳男『詳解相続法〔第 2 版〕』(2022)674 頁以下、前田陽一＝本山敦＝浦野由紀子『民法Ⅵ親族・相続〔第 7 版〕』(2024)440 頁〔いずれも代位否定説には疑問を投じる〕。前田・前掲注(6)③は、2018 年改正によって代位肯定説がよりとりやすくなったというが、同改正が相続人債権者の介入可能性を広げる趣旨のものだとは考えにくい。

[9]　久保宏之「遺産分割請求と債権者代位権」高木多喜男古稀『現代民法学の理論と実務の交錯』(2001)329 頁、下森・新版注民(10)Ⅱ731 頁以下、潮見・前掲注(8)318 頁。

〔2013〕400頁[伊藤昌司]、中川＝泉・相続346頁以下）。

　人格的利益を侵害する不法行為に基づく慰謝料請求権は、被害者がその行使の意思を表示しただけでなく、具体的な金額の請求権が当事者間で客観的に確定した場合には、代位行使できるが、その前の段階では、代位行使の対象とならない(最判昭58・10・6民集37巻8号1041頁)。

　契約の申込み・承諾については、代位行使を否定するのが通説である(我妻167頁など。反対、於保171頁)。契約自由及び意思自治の観点から支持しうる。これに対し、第三者のためにする契約の受益の意思表示(537条3項)については、代位行使を肯定するのが判例(大判昭16・9・30民集20巻1233頁)だが、学説は分かれる(肯定説として我妻V₁122頁、於保170頁など。否定説として末川博『契約法上』〔1958〕124頁、奥田＝佐々木中387頁、潮見新I677頁など。四宮和夫『判民昭16』350頁は、要約者との関係・諾約者との関係を分けて考える)。肯定説は、受益の意思表示をしうる地位が形成権であることから説明するが、第三者のためにする契約における受益の意思表示のもつ意味、及び、贈与契約の承諾について代位行使が否定されること(内田341頁参照)との均衡を考え、否定説に与したい。

　消滅時効の援用権は、代位行使の対象となる(最判昭43・9・26民集22巻9号2002頁)。時効の援用を良心規定と解すれば、その代位行使の可否が問題となりうるが、無資力であってAにもCにも債務を弁済していないBの意思よりも、Aの利益を重視すべきである(Bには、債務の承認、時効利益の放棄、後日の弁済などの方法がある。詐害行為の問題はあるが)。

　債権譲渡の通知は、譲受人が譲渡人に代位して行うことはできない(大判昭5・10・10民集9巻948頁)。467条1項の立法趣旨の潜脱を防止するためである(→第10章第2節第2款3(1)(b)〔691頁〕)。債権がCからB、BからAへと順次譲渡された場合、BのCに対する通知請求権(債務者に譲渡の通知をせよと求める権利)を、AがBを代位して行使することはできる(大判大8・6・26民録25輯1178頁。我妻530頁など通説→3(2)(a)3つ目の◆〔289頁〕)。

　β　差押えが禁止された権利　　差押えを禁じられた権利は、代位行使が許されない(423条1項但書)。民事執行上の差押禁止債権(民執152条)や、生活保護として金品を受ける権利(生活保護58条)などである。そのような権利は、禁

止をする法の趣旨により、債務者の共同担保を構成しないと考えられるからである(代位行使を認めると、債権者は被保全債権と受領した金銭の返還債務とを相殺して、債権回収ができることになり、禁止の潜脱が可能になる。山本・代位権 114 頁)。

(d) 債務者の権利不行使

債権者代位権は、無資力の債務者がその権利を行使しないために責任財産が減少することを防ぐ制度だから、債務者自身がまだ権利を行使していないことが要件となる。債務者が既に権利を行使しているときは、行使方法や結果の良否にかかわらず、債権者代位権の行使は認められない。債権者は、債務者の訴訟遂行が拙劣である場合には、訴訟に補助参加(民訴 42 条)をして自己の権利の保全を図ることができるし、馴れ合い訴訟などにより債務者から第三者に財産が流出する場合は、詐害行為取消権を行使することができるので、その保護も用意されている。債務者が権利を行使しない理由を問わない。債権者が権利行使の催告をする必要もない。改正前民法のもとの判例(大判昭 7・7・7 民録 11 輯 1498 頁、最判昭 28・12・14 民集 7 巻 12 号 1386 頁)・通説(我妻 166 頁、奥田 258 頁、平井 268 頁など)であり、現行民法においても同様に解すべきである(潮見新 I 662 頁、平野 174 頁、内田 340 頁、奥田＝佐々木中 384 頁以下など)。債務者が給付訴訟を提起した後、債権者が当事者としてその訴訟に参加できるかどうかについては、議論がある(→(3)(a)(ⅱ)2 つ目の◆〔283 頁〕)。

(2) 行　使

(a) 方　法

債権者代位権の要件が備わると、債権者 A は債務者 B の権利を行使する権限、すなわち、B の財産を管理する権限を取得する(於保 172 頁、我妻 168 頁、奥田 262 頁)。その場合、A は B の代理人としてではなく、自己の名で B の権利を行使する。

債権者代位権は、裁判上でも、裁判外でも、行使することができる。裁判上行使する場合は、A が原告、第三者 C が被告となり、被代位権利に基づく請求がされる。代位訴訟という。

被代位権利の代位行使において、A の C に対する請求は、C は B に給付せよという内容であるのが原則である。たとえば、B の C に対する不動産登記請求権を A が代位行使する場合、C は B に移転登記をせよと請求する。

ただし、被代位権利が金銭の支払又は動産の引渡しを目的とするものである場合、AはCに対し、自己に支払又は引渡しをせよと請求することができる（423条の3前段）。代位債権者Aの権限には弁済受領権限も含まれるし、Aが受領できないとすれば、Bが受領しない場合に債権者代位権の目的を達成できなくなるからである。従来の判例（大判昭10・3・12民集14巻482頁〔金銭の支払〕。大判昭7・6・21民集11巻1198頁〔土地明渡し〕、最判昭29・9・24民集8巻9号1658頁〔建物明渡し〕参照）を明文化した規定である（改正前民法下の事案である、最判令6・4・19民集78巻2号267頁も参照〔株券の交付→3(2)(b)2つ目の◆(291頁)〕。立法論的批判として、石田417頁以下）。これにより、AはCから金銭を受領し、それをBに返還する債務と、Aの有している被保全債権とを相殺するという、簡易優先弁済機能が保障されることになる。なお、CがAに支払又は引渡しをしたときは、これによって、被代位権利は消滅する（同条後段）。

◆ **代位債権者の返還債務と被保全債権の相殺**　債権者Aが第三債務者Cから受領した金銭の取扱いについては、①Aが自己の債権（被保全債権）の弁済に充当することも、これと相殺することも認めない見解（福井勇二郎『判民昭10』146頁）、②相殺を認める見解（我妻169頁など通説）、③厳密な意味での相殺（505条）ではなくAが優先弁済にあてるという意味にすぎないとの見解（平井259頁）がある。①と②③の対立は、責任財産保全という債権者代位権制度の本来の目的との相違（この目的との関係ではCから受領したAは受託者的地位にあること）、Aの債権回収のためには強制執行手続が存在すること、無資力である債務者Bに対する債務をAが新たに負担して自己の債権と相殺することの不当性（破71条1項参照）をどう評価するかによる。民法改正の過程では、相殺を禁止する提案がされたが（中間試案第14、3(2)）、少額債権の回収においてこの方法のもつ有用性の指摘や、相殺を禁止することの現実的意義が小さいことなどから、禁止規定を置かないこととされた（部会資料73A、第5、3説明3、一問一答94頁以下）。そこで、②又は③となる。実際にはAが相殺の意思表示（506条1項）をするわけではないことを重視すれば③となるが、Bの他の債権者がBのAに対する返還請求権を差し押さえたとしてもAが優先することが相殺であることによって保障されること（511条1項）を考えると、②をとるべきだろう（本書3版を改める）。

　なお、Aの相殺が濫用的なものであるときは、相殺権の濫用（→第8章第5節3(4)(g)〔512頁〕）として制限されるとの指摘がある（前掲部会資料、潮見新Ⅰ692頁、内田346頁、山本・代位権129頁など）。相殺禁止規定を置かず簡易優先弁済機能を残したことの評価にかかわる問題だが、現行制度のもとでは、個別事案において

濫用と評価されるのはかなり限定されるだろう（AがほかからBに対する金銭債権を安く買い取った後、この方法を用いた場合など）。

　裁判外の行使の例としては、被代位権利の消滅時効の完成猶予のため、AがCに直接、催告（150条）をする場合がある（裁判外の行使もできることは、詐害行為取消権の場合と異なる→第3節3(1)〔336頁〕）。
　(b)　範　囲
　被代位権利が金銭債権など、可分な給付を目的とするものである場合、債権者が行使できるのは、自己の債権（被保全債権）の額を限度とする（423条の2）。改正前民法のもとでの判例（最判昭44・6・24民集23巻7号1079頁、百選Ⅱ〔8版〕11〔三枝健治〕）・学説（平井269頁、川井136頁、近江3版143頁。反対、奥田264頁、林ほか176頁〔石田〕）を明文化した規定である。債務者の責任財産の保全という目的を重視すると、債権者は被代位権利の全額を代位行使できそうだが、そうすると債権者が受領した金銭のうち自己の債権額を超える分を債務者に返還すべきところ、それがされないおそれ（代位債権者の無資力リスク）がある。代位債権者にとっては、自己の債権額さえ確保できればよい。そこで、このような規律となるが、これも責任財産の保全という目的より、債権回収機能を重視するものである。

　◇　AのBに対する甲債権が100万円、BのCに対する乙権利が300万円の各金銭債権である場合、Aが乙権利の代位行使ができるのは100万円の範囲のみである。責任財産の保全という存在理由から考えると、Aは300万円全額について代位でき、これをCから取り立てたうえ、Bに返還することになるはずだが、AはCから受領した金銭をBに返還する債務と甲債権を相殺して、甲債権を回収することが目的だから、代位できるのは甲債権の額の範囲でよいことになる。

　◆　**責任財産保全の目的である場合**　　債権者代位権が被代位権利の保存又は管理など責任財産保全の目的で行使される場合は、423条の2の制限は及ばないと解しうるのではないか。さらに、被代位権利を処分することも、債務者の責任財産全体をみて、それを保全することになる場合には可能であろう（我妻170頁。相殺権の代位行使につき→(1)(c)(ⅰ)2つ目の◆〔271頁〕）。

（c） 相手方の抗弁

被代位権利の相手方Cは、権利者Bでなく代位債権者Aが権利を行使するからといって、不利益を受ける理由はない。Cは、Bに対して主張できる抗弁（同時履行の抗弁、弁済による被代位権利の消滅など）をもって、Aに対抗することができる（423条の4）。

> ◆ **虚偽表示と債権者代位権** 被代位権利の発生原因となるBC間の契約が虚偽表示により無効であることを、CはAに対して主張することができる（大判昭18・12・22民集22巻1263頁）。では、Aは、虚偽表示について善意の第三者であると主張できるか。たとえば、CのBへの土地の売却が虚偽表示であったとする。①被保全債権が金銭債権である場合は、消極に解すべきである。BCの契約の外形に対する信頼とAの債権取得との関係は希薄であり、Aを第三者として保護する必要は低い。差押債権者が民法94条2項の第三者にあたること（判例・通説）から、強制執行の準備段階にある代位債権者もこれと同様に取り扱うべきだという見解（山木戸克己「判批」民商20巻3号〔1944〕34頁、潮見新Ⅰ686頁）があるが、CからBへの登記がまだされていない場合やAの善意の基準時の点を考えるとAの保護に傾きすぎる。②被保全債権がBCの契約の目的物に対してAが取得した権利である場合は、別である。CがBに虚偽表示により土地を売り渡し、Bから善意のAが転得した場合、Aは94条2項の第三者である。ここで、登記がCにあるとき、423条の7により、AがCからBに登記を移転させる際には、Aはなお善意の第三者としての地位を主張できる。さもないと、Aは登記を取得する手段がなくなり、94条2項の規範を実現できなくなるからである（我妻170頁。結論同旨、平野181頁、内田344頁）。

相手方Cは、代位債権者Aに対して有する抗弁を主張することはできない。Aが行使するのは、債務者Bの権利だからである（潮見新Ⅰ686頁。反対、星野101頁、平井271頁）。もっとも、Aの権利行使が権利濫用ないし信義則違反であるという場合には、相対的に考え、Cの主張を認めうることがあろう。同様に、CがBに対する抗弁事由をAに主張したのに対し、Aが提出できる再抗弁事由は、BがCに対して主張できる事由であり、AのCに対する固有の事由は主張できない（最判昭54・3・16民集33巻2号270頁）。

（3） 効 果

債権者代位権の効果について、3つのレベルで検討しよう。債権者が債権者

代位権の行使に着手したことによる効果((a))、代位権行使が認められた場合の効果((b))、代位訴訟が提起され判決がされた場合の判決の効力((c))である。

(a) 代位権行使の着手の効果

(ⅰ) 一般的効果

α 債務者の処分権限の存続　債権者Ａが債務者Ｂの乙権利(被代位権利)について債権者代位権を行使しても、債務者Ｂは、乙権利を処分する権限を失わない。これは、Ａの行使が裁判外のものか、裁判上のもの(代位訴訟の提起)か、あるいは、ＢがＡの行使を知っていたか否かを問わない。Ｂは、乙権利について、依然として自ら取り立てたり、第三者に譲渡するなどの処分をすることができる(423条の5前段)。相手方Ｃも、Ｂに対して履行することを妨げられない(同条後段)。乙権利が債権である場合、ＣがＢに履行すると、その債権は消滅する。なお、乙権利が金銭債権等である場合、ＡはＣに対して自己に支払うよう求めることができ、ＣがＡに支払うと乙権利は消滅するので(423条の3後段)、それ以後は、Ｂは取立てなどの処分ができなくなる(中田ほか・改正112頁〔沖野〕)。

Ａが裁判外で代位権を行使した場合、ＢはＣに対し、乙権利について給付訴訟を提起することができる。裁判上の行使の場合については、後述する(→(ⅱ))。

◆ **債務者の処分権限存続の理由**　423条の5の規律は、改正前民法のもとの判例(大判昭14・5・16民集18巻557頁、最判昭48・4・24民集27巻3号596頁)及びこれを支持する多数説[10]の考え方(債権者が適法に代位権行使に着手した場合、債務者にその事実を通知するか又は債務者がこれを了知したときは、債務者は被代位権利につき債権者の代位権行使を妨げるような処分をする権能を失う)を採らなかったものである。債務者の処分権限を存続させることにした理由は次の通りである(一問一答94頁、中間試案説明157頁以下、潮見新Ⅰ695頁以下、中田ほか・改正111頁以下〔沖野〕)。

---

10)　我妻170頁など。これに対し、債務者の処分権喪失に反対する見解として、三ケ月章①「わが国の代位訴訟・取立訴訟の特異性とその判決の効力の主観的範囲」同『民事訴訟法研究第6巻』(1972)1頁〔初出1969〕、同②「取立訴訟と代位訴訟の解釈論的・立法論的調整」同『民事訴訟法研究第7巻』(1978)93頁〔初出1974〕、前田358頁、平井272頁など。改正前の議論については、本書3版217頁以下。

①債権者代位権制度の目的が責任財産の保全にあること。債権者が債権者代位権の行使に着手した後であっても、債務者が自ら当該権利（被代位権利）を行使するのであれば、それによって責任財産は維持される。それにもかかわらず、債務者による処分を制限するのは、債務者の財産管理に対する過剰な介入となる。債権者が債務者による処分を禁止したければ、民事執行法又は民事保全法によって、当該権利について差押え又は仮差押えをすればよい。債務者の権利行使方法が拙いとしても、債権者代位権は、債務者の権利不行使の場合に介入できる制度であり、権利行使の巧拙に干渉できる制度ではない。債務者の処分が債権者を害する場合（たとえば、債務者による被代位権利の放棄・無償譲渡）、債権者は詐害行為取消権を行使したり、権利濫用の主張をすることができる。

②相手方の保護。仮に、債権者Aが債権者代位権を行使すると債務者Bは自ら取り立てることができなくなり、相手方CもBに履行できなくなるとすると、Cは、履行する前に、Aの代位権行使が要件を満たした適法なものか否かを判断し、適法ならAに、不適法ならBに、履行しなければならなくなる。しかし、Cにとってその判断は困難であり、二重の弁済を強いられるおそれがある。

③強制執行制度との関係。民事執行・保全制度があるのに、債権者代位権制度を存続させる以上、代位権行使の効力を弱める方がバランスが保たれる[11]。特に、現行民法は、債権者が相手方から直接に金銭の支払を受けたうえ、相殺するという債権者代位権の債権回収機能を認めており（423条の3）、これに加えて、債権者が代位権の行使に着手しただけで、裁判所の判断も示されていない段階で、債務者の処分権限を喪失させるとすると、債権者の権限が過大になる。

β　被代位権利の時効の完成猶予　　債権者Aが債務者Bに代位してBの乙権利（被代位権利）を行使すると、乙権利の消滅時効は、完成が猶予される。裁判外の行使であれば、催告（150条1項）となり、裁判上の行使（代位訴訟提起）であれば、裁判上の請求（147条1項1号。大判昭15・3・15民集19巻586頁）となる。

この場合、被保全債権（Aの甲債権）については、請求による完成猶予の効果は生じない（下森・新版注民(10) II 755頁）。

(ii)　代位訴訟提起の効果——訴訟告知の必要　　債権者Aは、第三者Cを被告とする代位訴訟を提起したときは、遅滞なく、債務者Bに訴訟告知をしなければならない（423条の6）。訴訟告知とは、訴訟当事者が、訴訟外の第三者

---

[11]　山本・代位権122頁以下は、三ケ月・前掲注(10)の両論文の主張（債権者代位権の廃止、それが無理なら債務者の処分権を残す形での執行制度との調整）との関係を分析する。

に対して、訴訟が係属している事実を知らせることである(民訴53条1項)。訴訟告知には、法的な利害関係をもつ第三者に手続関与の機会を保障する機能と、告知した者が敗訴した場合にその責任を被告知者に分担ないし転嫁させる機能(同条4項)があるが、ここでは前者の機能が重視されている。AC間の代位訴訟の効力は、勝訴・敗訴のいかんを問わずBに及ぶ(→(c)〔285頁〕)ので、Bにも手続に関与する機会を保障することが適切だからである[12]。この制度趣旨に鑑み、債権者が遅滞なく訴訟告知をしなかった場合、訴えは却下されると解すべきである[13]。

訴訟告知を受けた債務者は、債権者の提起した代位訴訟に参加することができる。債務者Bは、処分権限を引き続き有するが(423条の5)、重複訴訟(二重起訴)の禁止(民訴142条)が及ぶので、代位訴訟とは別に、相手方Cを被告とする訴えを提起することはできない。

なお、代位訴訟が提起されて訴訟告知がされても、債務者Bは、被代位権利について処分権限を失うわけではないから、Bは、訴訟外において、被代位権利について自ら取立てその他の処分をすることができるし(423条の5前段)、第三者C(代位訴訟の被告)も、Bに履行して被代位権利を消滅させることができる(同条後段)。

◆ **訴訟告知を受けた債務者の対応** 債権者Aが債務者Bの乙権利について債権者代位権を行使してもBの処分権限が存続すること(423条の5)は、Aが相手方Cに対し代位訴訟を提起した場合でも同様である。しかし、BがCに対し別訴を提起することについては、民事訴訟法上の制限がある。代位訴訟においてAはBの法定訴訟担当者(民訴115条1項2号)として当事者(B)と同視され、かつ、その訴訟物は被代位権利(乙権利)であるので、Aが代位訴訟を提起した後、Bが乙権利についてCに履行を求める訴えを提起することは、重複訴訟の禁止(同142条)により許されない(高橋・民訴上129頁以下、伊藤・民訴243頁)。もっとも、債務者の

---

[12] 一問一答94頁。株主代表訴訟における訴訟告知制度(会社849条4項)との関係につき、中間試案説明159頁、伊藤眞「改正民法下における債権者代位訴訟と詐害行為取消訴訟の手続法的考察」金法2088号(2018)36頁・47頁(以下、本章で「伊藤・考察」として引用)、山本・代位権130頁以下。

[13] 伊藤・考察48頁、伊藤・民訴628頁、山本・代位権135頁、名津井吉裕ほか『事例で考える民事訴訟法』(2021)110頁〔八田卓也〕、潮見新Ⅰ702頁、奥田=佐々木中405頁。新堂幸司『新民事訴訟法〔第6版〕』〔2019〕828頁注1参照。

当事者適格は否定されない（423条の5）ので、Bは当事者として代位訴訟に参加することができる。この場合、参加の形態と、先行する代位訴訟への影響が問題となる。以下、被保全債権が金銭債権であり、AはCに対しAへの支払を求め、BはCに対しBへの支払を求めるとする。

（1）Bが被保全債権の存在を争わず、Aの請求とは別にCに対して履行を請求する場合、Bは共同訴訟参加（民訴52条）をすることができる。Bが参加すると代位訴訟がどうなるかは、見解が分かれる[14]。①Bの権利行使により、Aの代位権行使は権利不行使要件（→（1）（d）〔275頁〕）を欠くことになり、Aが当事者適格を失うので、Aの代位訴訟は直ちに訴え却下とされるという考え方もありうる。しかし、これでは、債権者代位権の実効性が著しく損なわれる（Aの訴えが却下された後、Bが参加の申出を取り下げる可能性もある。Aは再訴できるとしても、Cの応訴の負担が大きい）。そこで、この見解は正面からは提唱されていない。これと対極的なものとして、②Bの参加により、2つの訴訟は並立することになり、いずれの請求も認められるときは、裁判所は両訴訟とも請求を認容するという見解がある。その結果、AとBは早い者勝ちとなる（Aが受領すると423条の3後段、Bが受領すると473条）。有力な見解だが、債権者代位権における責任財産保全目的より債権回収機能を重視するものであり、権利不行使要件を軽視しすぎるという批判がある。そこで、両者の中間的見解が唱えられる。その代表的なものとして、③Bが事実審口頭弁論終結時まで請求を維持したときは、債務者自身の確定的な権利行使があったものと認め、債務者の権利不行使要件を欠くものとして、Aの請求について訴えを却下し、Bの請求を認容するという見解がある。権利不行使要件の充足を代位訴訟の提起時だけでなく、口頭弁論終結時にも求めるものである。現行民法における債権者代位権制度の意義に照らし、これが妥当であろう（本書4版を改める）。

---

[14] 見解②は、山本・代位権138頁以下、道垣内＝中井・改正104頁〔山本和彦発言〕、畑瑞穂「債権法改正と民事手続法」司法研修所論集125号（2016）128頁・136頁、潮見新Ⅰ700頁。見解③は、奥田＝佐々木中409頁注16参照。③に近いものとして、Aの訴えを却下するのではなく請求棄却とするという先行見解がある（伊藤・考察44頁以下、伊藤・民訴748頁注121）。債務者の権利不行使を実体法上の要件とするものであるが、債権者代位権の要件のうちどこまでを訴訟要件とするのかについては訴訟法学の議論に委ねたい。また、Bの参加によりAは当事者適格を失うが、Aに対する却下判決とBに対する本案判決は同時にされねばならず、それまでにBが参加の申出を取り下げると、Aは代位訴訟を続行できるという見解もある（間渕清史「債権者代位訴訟覚え書」民訴雑誌67号〔2021〕26頁）。運用面を重視するものである。このほか、③とは別の中間的見解として、Bの権利行使により、Aの代位訴訟の請求は「Bへの支払を求める」ものへと変容し、Bへの支払を認める判決をするという見解もある（高須順一「債権法改正後の代位訴訟・取消訴訟における参加のあり方」名城法学66巻3号〔2016〕55頁・69頁）が、処分権主義との関係などから採りにくい。他方、見解①に接近するものとして、Bの権利行使により責任財産保全が部分的にせよ実現されることを重視する見解がある（瀬戸口祐基「債権者代位権による責任財産の保全をめぐる諸問題」法時1169号〔2021〕18頁・24頁以下）。

(2)　BがAの被保全債権の不存在を主張する形で代位訴訟に参加する場合、Bは独立当事者参加(権利主張参加)(民訴47条)をすることができるという見解が有力である(伊藤・民訴738頁以下、山本・代位権142頁)。改正前民法のもとでは、この独立当事者参加について、重複訴訟の禁止には抵触せず許されるが、審理の結果、Aの被保全債権の存在が認められAの代位権行使が適法であったと判明した場合は、Bが被代位権利について処分権を失うため訴訟追行権を失うことにより、Bは当事者適格を欠くものとしてBの訴えが却下されると解されていた(最判昭48・4・24前掲、川口冨男『最判解民昭48』66頁)。現行民法のもとでは、Aの代位権行使が適法であっても、Bは被代位権利の処分権限を有するので、Bの訴えは却下されない。そうすると、独立当事者参加(権利主張参加)における「権利(請求)の非両立性」の要件を満たさないのではないかが問題となる。(1)②の見解からは、BだけでなくAも給付判決を受けることによるBの不利益(名津井ほか・前掲注(13)114頁以下〔八田〕)や、CがAの当事者適格を争う保障はなくBによる訴訟牽制の必要があること(山本・代位権141頁以下)により、なお独立当事者参加を認めてよいと説明される。(1)③の見解では、Aが給付判決を受けることはないので、非両立性はさらに疑わしくなる。そこで、独立当事者参加は認められず、共同訴訟参加のみを認めるという考え方もありえよう(奥田=佐々木中406頁、三木浩一ほか『民事訴訟法〔第4版〕』〔2023〕586頁〔菱田雄郷〕参照)。

◆　**債務者の給付訴訟が先行する場合**　　以上とは逆に、債務者Bの相手方Cに対する給付訴訟が先行している場合に、債権者Aが補助参加(民訴42条)ではなく、当事者として共同訴訟参加(同52条)ができるかどうかの議論もある。①肯定説として、ⓐAの請求とBの請求の関係を「同格」とみることの帰結として導くもの(名津井吉裕「債権者代位訴訟と第三者の手続関与」民訴雑誌60号〔2014〕87頁及び144頁以下〔同・発言〕。畑・前掲注(14)138頁参照)、ⓑ債務者の権利不行使は債権者代位権の直接の要件ではなく、保全の必要性の要件に吸収されているとの理解のもと、債務者が提訴していても訴えが取り下げられるおそれがあるなどの場合には保全の必要性があるというもの(山本・代位権140頁、道垣内=中井・改正104頁〔山本〕)、②否定説として、債務者の権利不行使が債権者代位権の要件であることを理由とするもの(伊藤・考察44頁、間渕・前掲注(14)31頁)がある。これも現行民法における債権者代位権制度の理解にかかわることだが、債務者の権利不行使は引き続き債権者代位権の要件であると考え(→(1)(d)〔275頁〕)、②を支持したい(ただし、被代位権利が損害賠償債権であってBがCとの馴れ合いで著しく低額の請求をする場合などでは、例外を認める余地はあろう〔津地判平12・12・7判例地方自治214号37頁参照〕。他方、広く①を認めると、Bの給付訴訟係属中にAが訴訟外で代位権を行使してCから弁済を受けることまで許容されることになる

のではないか)。

> ◆ **被代位権利に対する他の債権者** 債権者Aが債務者Bの第三債務者Cに対する金銭債権(乙権利)につき、Bに代位して、Cに支払を求める訴え(代位訴訟)を提起した後、Bの他の債権者D(債務名義を既に有する)が乙権利を差し押さえ、Cに支払を求める訴え(取立訴訟)を提起したとしても、Aの代位権行使の権限が失われるものではなく、裁判所はAとDの請求を併合審理し、ともに認容することができる(最判昭45・6・2民集24巻6号447頁)。Aの代位訴訟提起後、Bの他の債権者E(債務名義を有しない)が乙権利について代位訴訟を提起することは、重複訴訟の禁止(民訴142条)により認められない(ただし、Aの代位訴訟が乙権利の一部に対するものである場合、残部についてはできる。423条の2参照)。Eは、Aの代位訴訟に、当事者として、共同訴訟参加(同52条)又は独立当事者参加(同47条)をすることはできる(以上、潮見新I 703頁、奥田=佐々木中407頁。伊藤・考察45頁参照)。

(b) 代位権行使が認められた場合の効果

(i) **債務者への効果の帰属** 代位権行使の効果は、直接、債務者に帰属する。たとえば、被代位権利が不動産の移転登記請求権である場合、登記名義は相手方から債務者に移転する。債権者が被代位権利の目的である金銭の支払又は動産の引渡しを受けた場合(423条の3前段)も同様であり、支払又は引渡しによって、被代位権利は消滅する(同条後段)。債権者は、受領した金銭又は動産を債務者に引き渡さなければならない。ただし、金銭については、債権者は、その返還債務と被保全債権を相殺することにより、優先弁済を受けることができる(→(2)(a)[275頁])。動産については、代位債権者は、債務名義を取得して、受領した動産に対して強制執行をすることができる。

(ii) **費用償還請求権** 債権者は、債権者代位権の行使に要した費用の償還を債務者に請求することができる。債権者・債務者間に「一種の法定委任関係」を認め、650条により説明する見解が多数である(於保176頁、潮見新I 687頁、奥田=佐々木中394頁。川井139頁も同旨)。しかし、その概念は明確でない。事務管理に基づく費用償還請求権(702条)と解したい(近江126頁。なお、代位債権者の善管注意義務[大判昭15・3・15前掲]は、697条の基礎にあるものとして、又は698条の反対解釈により、認めることができる)。この請求権は、共益費用として一

般の先取特権により担保される(306条1号・307条。我妻Ⅲ75頁)。

(c) 代位訴訟の判決の効力

債権者Aが債務者Bに代位して第三者Cに対する訴訟を提起した場合、その判決の効力(既判力)がBにも及ぶのかが問題となる。

◇ 既判力が及ぶとすると、AC間の判決があった後、改めてBがCに対して被代位権利に関する訴訟を提起しても、裁判所はAC間の判決の判断内容を前提にしてBC間の訴訟について裁判しなければならない。このため、Aが敗訴していれば、Bも敗訴することになる。なお、Bが共同訴訟参加(民訴52条)又は独立当事者参加(同47条1項)をしていた場合には、それぞれの訴訟法上の効果が生じるが、ここで問題となるのは、これらの訴訟参加のない場合である。

代位訴訟の判決の効力は、勝訴・敗訴を問わず債務者に及ぶというのが、従来の判例(大判昭15・3・15前掲)・通説(我妻171頁、高橋・民訴上256頁など)であり、これは民法改正後も維持される[15]。現行民法のもとで、この考え方は、次のように説明することができる。代位債権者は、423条によって債務者の財産の管理処分権が与えられていることを基礎として、訴訟法上、代位訴訟における当事者適格が認められる。ここでは、代位債権者Aは債務者Bの法定訴訟担当としての地位にある。したがって、債務者Bは、「当事者(A)が他人(B)のために原告又は被告となった場合のその他人」(民訴115条1項2号)であるので、代位訴訟の確定判決の効力はBに及ぶ。このように解すべき理由は、①Aは、責任財産保全のために代位権を行使するのであり、この効力を認めないと法律関係が確定しない不利益が大きいこと、②Aが形成権を代位行使した場合との均衡、③Bは代位訴訟が提起された後、訴訟告知を受けるから(423条の6)、手続に参加する機会が保障されていること[16]、④それにもかかわらずBが参

---

[15] 伊藤・民訴625頁、伊藤・考察39頁以下、潮見新Ⅰ704頁以下、奥田=佐々木中405頁。代位訴訟の判決の効力が債務者に及ぶことを制限し又は否定する学説については、本書3版221頁、高橋・民訴上252頁以下、伊藤・民訴625頁以下を参照。

[16] 民法改正前から債務者の手続関与の機会保障の必要が指摘されていた。池田辰夫『債権者代位訴訟の構造』(1995)77頁以下(実体法上の権利行使の催告に代わるものとして訴訟告知制度の利用をいう)、内田3版295頁、淡路255頁、潮見Ⅱ58頁など。現行民法は、訴訟告知を義務づけるので、この点がさらに重要性を増した(伊藤・民訴628頁以下参照)。

加しなかったとすると、Bは自らの権利行使を怠ったといえるので不利益が及んでもやむを得ないこと、⑤Cは二重の応訴の負担を避けることができるので不利益はないこと、などである。

3 特定債権保全のための債権者代位権

(1) 「債権者代位権の転用」

債権者Aの債務者Bに対する甲債権が金銭債権であるとき、AはBの責任財産のうちどの財産に対しても強制執行することができる。それゆえ、Aは、責任財産の保全に利害関係をもつ。これに対し、甲債権が金銭債権でない場合、AはBに対して特定の給付を求めることができるだけであり、他の財産に強制執行はできない(名画を引き渡せという債権なら、その名画にしか執行できない)。もっとも、Bの債務不履行により損害賠償債権が生じると、それは金銭債権だから、Aは責任財産の保全に利害関係をもつことになる。

債権者代位権が責任財産を維持し、強制執行の準備をする制度だとすると、被保全債権は金銭債権(債務不履行による損害賠償債権を含む)であることが前提となる(→2(1)(b)(ⅱ)α◆〔269頁〕)。Aは、Bが無資力で、その責任財産を維持する必要がある場合、債権者代位権を行使できる。この場合、甲債権と代位される乙権利との直接の関係は求められず、乙権利がBの責任財産に属していればよい。

甲債権が金銭債権でなく損害賠償債権になってもいない場合は、債権者代位権制度は原則としてかかわらないはずである。しかし、甲債権と乙権利が密接に関連しているなど、前者を行使できるようにするためには後者を代位行使することが必要な場合、責任財産保全の目的とは異なるが、債権者代位権の方法によることが認められる例がある。これが「債権者代位権の転用」として、判例・学説で認められてきたものである。

現行民法は、その具体例の1つについて規定を置いている(423条の7)。まずは、その例も含め、「転用」が認められてきた具体例を検討し(→(2))、次に民法改正過程における「転用型」の取扱いを説明する(→(3))。「転用」あるいは「転用型」と鉤括弧を付するのは、改正前民法のもとでは広く用いられてきたが、現行民法のもとでは再検討を要する表現だからである(→(3))。

(2) 「転用」の具体例

(a) 登記請求権——登記請求権

これは423条の7に明文化された例である。AのBに対する登記請求権を保全するために、BのCに対する登記請求権をAが代位行使する場合である。たとえば、CがBに土地を売り、BがAに同土地を売ったが、登記名義はCに残っている場合、AはBに対する登記請求権(甲権利)を、BはCに対する登記請求権(乙権利)をもつ。ここで、乙権利が行使されず、CからBに登記が移転されないと、Aは甲権利を行使できない。この場合、Aが甲権利を実現するためには乙権利を行使することが必要であることから、Bが無資力でなくても、Aに乙権利の代位行使を認めるのが、民法改正前の判例・通説であった(大判明43・7・6民録16輯537頁、百選Ⅱ[7版]14[髙嶌英弘]、我妻161頁など)。理由は、こうである。①Aには、他に適当な手段がなく、この方法を認める必要がある。特に、AはCに対し、直接Aに移転登記をすること(中間省略登記)を請求できない。これを認めると、登記が実体的な権利関係・状態をできるだけ反映しているべきだという登記法の要請に反することになるし、また、Bの利益を害することがある(BのAに対する同時履行の抗弁などの抗弁権が奪われる)からである。これに対し、代位行使の方法によるときは、CからB、BからAへと登記が移転するから、実体に符合するし、BのAに対する抗弁権は、BからAに登記が移転する段階で行使されうるから問題ない。②代位行使を認めても、Cに不当な不利益をもたらすことはない。③詐害行為取消権における旧425条(取消しの効果)のような規定がない。

これに対し、批判もあった。債権者代位権制度の趣旨とは異なる、問題の解決はこのような便法によるのではなく中間省略登記に関する登記法の解釈によってされるべきだ、というものである(平井265頁)。しかし、登記法上の解決がされず、むしろ2004年に制定された新不動産登記法では、中間省略登記を認めず、現実の物権の変動過程を登記に反映させる規律となっている[17]。上記の方法は、新不動産登記法の考え方に沿うものといえる。かくして、上

---

[17] 安永正昭『講義物権・担保物権法[第4版]』(2021)85頁以下、最判平22・12・16民集64巻8号2050頁参照。

記の方法は、確立した判例として定着しているものとして、改正民法で明文化された。

なお、423条の7は、不動産登記請求権に限らず、登記又は登録が権利の得喪変更の対抗要件である場合に、登記請求権又は登録請求権の代位行使ができると一般化した規定となっている。たとえば、登録を受けた自動車(車両5条1項)、登録を受けた航空機(航空3条の3)にも適用される。「登記又は登録をしなければ……対抗することができない財産」とあるので、他の対抗要件具備方法(引渡し〔178条〕、譲渡通知〔467条〕など)がある財産には適用されない。しかし、そのような財産についても、本条と同様の規律を認めてよい場合は考えられる(→本項3つ目の◆)。

◆ **代位行使者に登記を移転する具体的方法** 権利に関する登記は共同申請が原則なので(不登60条)、各段階で双方の申請を確保する必要がある。まず、CからBへの移転はこうである。Cの申請については、AがBを代位してBのCに対する登記請求権を行使し、CはBに登記を移転せよと命じる確定判決を得る(同63条1項)。Bの申請については、AがBを代位してBの登記申請権(登記官に対する公法上の権利)を行使する(同59条7号、不登令3条4号・7条1項3号)。次に、BからAへの移転はこうである。Bの申請については、AがBに対する登記請求権を行使し、BはAに登記を移転せよと命じる確定判決を得る。このとき、Aは、単独で申請できる(不登63条1項)。このように2つの確定判決が必要だが、1つの訴訟で併せて請求できるので、手続は1度ですむ。

◆ **代位による登記申請** Bに対して金銭債権を有するAが423条によりBの登記申請権を代位して行使し(代位申請。不登59条7号、不登令3条4号・7条1項3号)、B名義の登記としたうえ、その不動産を差し押さえることがある(Bの先代名義の不動産についてAが代位によりBへの相続登記をし〔不登63条2項〕、差し押さえるなど)。この場合、債権者代位権がBの責任財産保全のために用いられているようでもあるが、不動産登記手続における形式的審査主義の結果として、また、実質的な不都合もないことから、債務者の無資力の証明は求められていない(山野目章夫『不動産登記法〔第3版〕』〔2024〕289頁。内田352頁以下、潮見新Ⅰ713頁注19参照。平井266頁は保存行為に準ずるので無資力を要件としないという)。代位申請によって保全される権利は、債権に限らず、物権的請求権でもよく(幾代通=徳本伸一『不動産登記法〔第4版〕』〔1994〕98頁参照)、代位申請が用いられるのは、

相続登記のほか、分筆登記（山野目・前掲320頁）、登記名義人の住所移転等についての変更登記（不登64条1項）など、責任財産の実質的減少の防止のためというより、代位者の権利の実現又は保全の前段階における手続的要請によることが多い（登記請求権の代位行使とは異なる）。代位申請制度は、1906年（明治民法施行の8年後）に、旧423条では登記申請権の代位行使が認められないという当時の登記実務上の解釈に伴う不都合を解決するため設けられたもののようであり（幾代＝徳本・前掲95頁）、無資力が要件とされていないことについては、この経緯と当時の旧423条理解とをあわせて検討する必要がある。なお、2021年不動産登記法改正による相続登記の義務化と代位申請との関係については、不登76条の2第3項・76条の3第5項。

◆ **動産・債権の譲渡の場合**　動産・債権の譲渡については、動産債権譲渡特例法による登記請求権が問題となるが、他に、引渡し（178条）や譲渡通知（467条）という対抗要件具備方法があるので、423条の7の文言上は、適用対象外となる。しかし、たとえば、Dから譲渡登記を受けたC名義の登記がある動産又は債権がCからB、BからAへと譲渡された場合、BのCに対する登記請求権をAが代位行使することは、妨げられないのではないか（特に、債権について、債務者に対する通知をしないで第三者対抗要件を備える必要がAにある場合など。動産につき、潮見新Ⅱ711頁参照）。

　より一般的には、債権がCからB、BからAへと順次譲渡されたが、Cが債務者に対する通知をしない場合について、大判大8・6・26前掲は、BのCに対する通知請求権（債務者に通知せよと請求しうる権利）をAが代位行使できるという。登記請求権と同様、AのBに対する通知請求権を被保全債権とし、Bの無資力を要しない「転用」の可否が問題となるが、Aの通知請求権の実現のために必要であり、C、B及び債務者の利益を害することもないので、認めてよいだろう（423条の適用又は423条の7の類推適用による→4(2)(b)(ⅰ)〔300頁〕）。

(b)　不動産賃借権──妨害排除請求権

　次は、Aの不動産賃借権を保全するため、AがBの妨害排除請求権を代位行使する場合である。たとえば、AがBからB所有の甲土地を賃借したが、Cが甲土地を不法占拠している場合、Aの権利は賃貸借契約による債権なので、第三者Cに対しては主張できず、AがCに明渡しを直接求めることはできないことになる。そこで、Aは、Bが無資力でなくても、Bに対する甲土地の使用収益をさせよという賃貸借契約上の債権（601条）を保全するため、BのCに

対する所有権に基づく妨害排除請求権を代位行使することが認められている（大判昭4・12・16民集8巻944頁、百選Ⅱ〔5版〕12〔田山輝明〕、我妻164頁など通説。Bが有する通行地役権についても同様〔森田宏樹編『新注釈民法(13)Ⅰ』(2024)319頁〔森田〕〕）。

　AがCの妨害を排除するための方法は、他にもある。①AがBから甲土地の引渡しを受け、占有していた場合は、Aは占有の訴えにより、Cに妨害の停止(198条)又は返還(200条)を請求できる。②Aの賃借権が登記(605条)など対抗要件を備えている場合は、賃借権に基づく妨害停止請求又は返還請求ができる(605条の4。改正前民法のもとでは最判昭30・4・5民集9巻4号431頁)。③さらに、不動産賃借権の特殊性により、その対抗力の有無を問わず、これによる妨害排除請求を認める学説がある(→第7章第3節2(1)1つ目の◆〔370頁〕)。

　問題は、Aが占有を得ていず賃借権の対抗要件も備えていない場合(賃貸借契約はしたが引渡しを受けておらず、賃借権の登記もない場合)について、債権者代位権の「転用」を認めるのか、上記③の学説によるのかである。転用肯定説は、代位構成によると、CのBに対する抗弁(CはBの黙示の承諾を得ている、Cの甲土地の利用関係が断絶していないなど)を判断できるという利点があるという（我妻86頁、川井57頁）。転用否定説は、③の方法によってもCの占有権原は考慮されるので同じことだし、むしろ代位構成によると、CのAに対する抗弁が対抗されえなくなるので不当であるという(平井126頁)。

　少なくとも、③を認めていない判例法のもとでは、債権者代位権の「転用」を認めるのが妥当である。解釈論としては③を認めるべきだが(→第7章第3節2(1)1つ目の◆〔370頁〕)、だからといって、直ちに債権者代位権の「転用」を否定するまでもない。CのBに対する抗弁については、代位構成の方がより明確に位置づけうるし(川井57頁)、CのAに対する抗弁があるのは例外的な場合であり、それは権利濫用等の一般条項で対応できる。「転用」がBやCに不当な不利益を与えるわけでもない。将来、③が認められる状況になれば、Cの抗弁を考慮するための安定的な基準も形成されるであろうから、代位構成はおのずと衰退することになるだろうが、それは別論である。

　なお、この場合、AはCに対し、自己への明渡しを求めることができるという判例法理(大判昭7・6・21前掲、最判昭29・9・24前掲)は、現行民法のもと

でも維持されうるだろう(423条の3の類推適用〔同条が「動産の引渡し」とするのは、金銭債権を被保全債権とする場合を想定していたからのようである。部会資料73A、第5、3説明2参照〕→4(2)(b)(ⅰ)◆〔301頁〕)。

◆ **建物賃借人による賃貸人の建物買取請求権の代位行使**　土地賃貸人が借地人のした土地賃借権の譲渡を承諾しないとき、土地賃借権及び地上建物の譲受人Bは土地賃貸人Cに対し、建物の買取請求権を有する(借地借家14条、旧借地10条)。この建物の賃借人Aは、建物賃借権を保全するために、Bに代位して、建物買取請求権を行使できるか。判例(最判昭38・4・23民集17巻3号536頁、最判昭55・10・28判時986号36頁)は、否定した。「債権者が民法423条により債務者の権利を代位行使するには、その権利の行使により債務者が利益を享受し、その利益によって債権者の権利が保全されるという関係」が必要だが、本件でBが受ける利益は建物の代金債権であり、それによりAの賃借権が保全されるものではないとの理由による。学説では、①判例を支持するもの(川井132頁)もあるが、②判例に反対し、Bの無資力を要件とせずに代位行使を認めるものが多い。②ⓐAが代位行使すると、Cが建物所有権を取得するが、Aは引渡しを得ているのでCに借家権を対抗できることになり(借地借家31条)、結局、Aの賃借権が保全されるという(鈴木禄弥「判批」法学29巻4号〔1965〕121頁、水本ゼミ94頁、前田250頁、淡路263頁)。②ⓑさらに、Aの入居が建物譲渡の前か後かで分け、譲渡前に入居していた場合にのみ代位行使を認める見解もある(星野英一『借地・借家法』〔1969〕361頁、林ほか183頁〔石田〕)。借地上の建物の賃借人の実定法上の地位は微妙だが、一定程度の保護はされている(借地契約の合意解除、地代の第三者弁済、借地借家6条の正当事由判定の際の評価、同35条など)。このこととの均衡も考え、②ⓑの見解を支持したい。森田・深める390頁以下参照(被代位権利の趣旨の評価という観点から見解の対立を分析)。

◆ **株式譲受人による譲渡人の株券発行会社に対する株券発行請求権の代位行使**
改正前民法の適用される事案について、最高裁は、民法改正後、新たな判断を示した(最判令6・4・19前掲)。株券発行会社Cの株式を株券発行前にBから譲り受けたAは、Bに対する株券交付請求権を保全する必要があるときは、BのCに対する株券発行請求権を代位行使することができ、その場合、Cに対し、株券の交付を直接自己に対してすることを求めることができるという(Bの無資力を要件としない)。代位による登記申請(→(a)2つ目の◆)にも似るが、自己への直接の交付を請求できるとする点で、(b)とも共通する。

(c) 抵当権に基づく侵害状態是正等請求権——妨害排除請求権

Aが抵当権者であり、Cが抵当不動産を不法占拠している場合について、かつての判例は、抵当権の非占有担保としての性質などを理由として、Aは、抵当権に基づく妨害排除請求も、所有者BのCに対する返還請求権の代位行使も認められず、Cに明渡しを求めることはできないとした(最判平3・3・22民集45巻3号268頁)。しかし、その後、判例が変更された(最大判平11・11・24民集53巻8号1899頁)。「抵当不動産の交換価値の実現が妨げられ抵当権者の優先弁済請求権の行使が困難となるような状態」があるときは、抵当権侵害となり、「抵当権の効力として、抵当権者は、抵当不動産の所有者に対し、その有する権利を適切に行使するなどして右状態を是正し抵当不動産を適切に維持又は保存するよう求める請求権を有する」として、Aは、この侵害状態是正等請求権を保全するため、BのCに対する妨害排除請求権を代位行使できるとした。ここでは、保全される権利は金銭債権どころか債権ですらなく、423条の類推適用よりもさらに離れていることから、判決は「民法423条の法意に従い」という表現を用いている。この判決は、傍論で、抵当権に基づく妨害排除請求も認めていたが、その後、これを正面から認める判例が現れた(最判平17・3・10民集59巻2号356頁、百選Ⅰ86[田髙寛貴])。抵当権に基づく妨害排除請求を認めることは多くの支持を得ている。今後、代位構成をとる必要はなくなるだろう。

(d) 金銭債権——登記請求権

被保全債権が金銭債権である場合は、債権者代位権の本来の形となり、債務者の無資力が要件となるが、これを要件とはせずに債務者のもつ登記請求権の代位行使を認めた事例がある(最判昭50・3・6民集29巻3号203頁、百選Ⅱ9[工藤祐巌]、東條・前掲注(2))。Dは、所有する土地をBに売却し、Bから代金の一部を受領したが、残金の支払と登記が未了の段階で死亡した。AとCがDを相続した。Aは、Bに登記を移転して残金の支払を受けようとしたが、Cが拒んだので、登記の移転ができず、支払も受けられなかった。そこで、Aは、Bの同時履行の抗弁を失わせて自己の代金債権を保全するため、Bに代位して、BのCに対する登記請求権を行使した。最高裁は、Bの資力の有無を問わず、この方法が認められると判断した。被保全債権が金銭債権であっても、その保全のためには被代位権利を行使することが必要であり、またそれ以外には法的

な手段がないと考えられた特殊な場合において、債務者の無資力要件がはずされたことになる。

> ◆ **登記引取請求権による構成** この判決について、AがBに対する登記引取請求権を被保全債権としていれば、上記(a)と同様に取り扱うことができたので、本件は実質的には(a)の延長上にあるとの指摘がある(下森定「判批」判評200号〔1975〕27頁、森田・深める388頁以下〔移転登記協力請求権構成も提示〕)。この場合、同請求権をAが単独で行使できるのか、ACがそろってのみ行使できるのかが問題となる。①ACの移転登記義務はACの不可分債務(判例)であり、登記引取請求権もそれに対応しAが単独で行使できると考えるか、②移転登記はACがそろわないと実現できない(下森・前掲29頁、東條・前掲注(2)94頁)ので、A単独ではBに登記を引き取れと強制できず、同請求権は被保全債権となりえないと考えるかである。債権関係の分析とあわせ、なお検討を要する(中田・規範333頁以下参照)。

(e) 金銭債権——金銭債権

AのBに対する金銭債権を保全するためには、BのCに対する金銭債権を代位行使することが必要な場合において、原則通り、Bの無資力が要件とされた例がある(最判昭49・11・29民集28巻8号1670頁、百選Ⅱ10〔小峯庸平〕)。自動車事故の被害者の遺族であるAが加害者Bに対し損害賠償債権を取得した。Bが保険会社Cとの間で責任保険契約を締結していたので、Aは、損害賠償債権を被保全債権としてBに代位し、Cに保険金の支払を求めた。しかし、最高裁は、交通事故による損害賠償債権も金銭債権だから、保険金請求権を代位行使するには、債務者の無資力が要件である(Bは無資力とはいえない)とし、Aの請求を退けた。本判決に対しては学説の反対が強い。責任保険においては、保険金請求権が被害者の損害賠償債権を担保する機能をもち、損害賠償債権と保険金請求権が密接不可分の関係にあることから、Aに対し、Bに対する債務名義を取得して保険金請求権を差し押さえる手続をとるよう強いる必要はなく、転用を認めてよいという(平井266頁、前田251頁など)。もっとも、その後、1976年に保険約款が改正され、AのBに対する損害賠償債権の額が確定すれば、AはCに直接請求をすることができるようになり、また、2008年に制定された保険法により、責任保険の被保険者Bの保険金請求権について被害者

Aが先取特権を有するものとされた(同22条1項)ので、実際上の解決はされた。しかし、この問題は、無資力要件の意味を深く検討する契機となった。

(3) 民法改正と「転用型」の取扱い

判例の集積に伴い、債権者代位権の転用をめぐる議論も活発になった。もっとも、「転用型」とは何かについて、理解が一致していたわけではない。①被保全債権が金銭債権でない場合だというもの、②無資力が要件とされない場合だというもの、③責任財産の保全とは異なる目的で用いられる場合だというものがある。

さらに、「転用型」という概念自体に対する疑問も投じられるようになった。この概念は、債権者代位権の制度趣旨を債務者の責任財産保全に純化し、それを「本来型」とすることを前提としている。しかし、もともと債権者代位権制度はそのように限定されたものではなかったと指摘したうえ、責任財産保全目的と特定債権保全目的とを並置する見解や、両者の区別自体を批判する見解が現れた(→1(5)の◆〔266頁〕)。

このような状況のもとで民法改正に関する審議が始まり、「転用型の債権者代位権の在り方」について検討された(論点整理説明65頁以下)。中間試案の段階では、「責任財産の保全を目的としない債権者代位権」について、具体例(後の423条の7)を定めるほか、その一般的要件を定めることが提案された。この要件は、代位行使の必要性・補充性・相当性を内容とするものだった(中間試案第14、9(2)、中間試案説明159頁以下)。しかし、適切な要件設定が困難であることから、一般的要件の規定は見送られ、具体例の規定(後の423条の7)の解釈や類推適用に委ねることとされた(部会資料73A、第5、7説明3)。

「登記又は登録の請求権を保全するための債権者代位権」という見出しをもつ423条の7が定められた現行民法のもとでは、もはやこれを「転用型」と呼ぶのはふさわしくない。本書で、「特定債権保全の目的」としたのもこのためである。しかし、そう呼んだとしても、問題が解決するわけでなない。「特定債権保全の目的」の債権者代位権行使が認められる基準と根拠、また、423条と423条の7の関係を検討する必要がある(→4)。

◆ 個別権利実現準備型　「転用型」に代えて、「個別権利実現準備型」という類

型を用いる提案があり（基本方針Ⅱ410頁以下）、広がりつつある（潮見新Ⅰ636頁・706頁以下、石田ほか125頁［齋藤］）。よい名称だが、①「個別権利」というと債権以外の権利が含まれることになり、423条の7との関係が不明瞭になる、②「実現準備」にとどまらない「実現」にまで至る場合もありうる、という課題がある。そこで、本書では、判例・学説で従来から用いられてきた「特定債権」の語を用いて「特定債権保全の目的」の債権者代位権と表現することにする。これは、被保全債権として金銭債権も含みうるが、責任財産の保全を目的とせず、債務者の無資力を要件としないものである。

4　現行民法における債権者代位権制度の構造と意義

現行民法は、債権者代位権について、①債務者の責任財産保全という目的、②債権者が自己の債権を簡易かつ優先的に回収しうる機能、③特定債権の保全という目的のいずれをも認める制度とする。以下では、まず①と②の関係を検討し（→(1)）、次に①と③の関係を検討する（→(2)）。最後に、現行民法における債権者代位権制度の意義につき一言する（→(3)）。

(1)　責任財産保全目的と債権回収機能の関係

(a)　債権回収機能の評価

民法改正前には、被保全債権も被代位権利も金銭債権である場合に、債権者が第三債務者から金銭を受領して、事実上、優先弁済を受ける方法については、評価が分かれていた。民法改正の過程でも、この機能を封じようとした中間試案から、これを容認する改正法への変化があった。この機能の評価については、①債権者代位権制度は責任財産保全目的に純化されるべきかどうかという制度理解の問題だけでなく、②代位債権者に簡易優先回収機能を認めることは、強制執行手続の回避になるのではないか、また、それは破産手続における債権者平等に抵触するのではないかという、他の制度との関係の問題がある。

①については、債権者代位権制度は、もともとは、一般債権者の共同担保である債務者の財産を維持するための制度として設けられたが、債権の効力の1つ（対外的効力）として位置づけられ、必ずしも限定的なものとは理解されていなかった。しかし、20世紀後半以降、詐害行為取消権とともに、責任財産保全のための制度であると限定的に理解されるようになった。民法改正にあたっ

ては、必ずしも「純化」を前提とする必要はない。

むしろ、②が実質的な論点となる。民事保全・執行制度においては、債務者・第三債務者をはじめとする関係者の利益の保護が図られており、本来、その制度によるべきものである。そうすると、債権者代位権制度自体の存在意義が問題となり、仮にこれを認めるとしても、債権回収機能は否定すべきだという考え方もありうる。そこで、もしその機能を認めるのだとすれば、関係者の利益保護に十分配慮する必要がある。破産手続との関係は、破産法で対処することが考えられる。

◆ **強制執行手続との関係**　債権者代位権と強制執行手続の関係については、かねてから代位訴訟と取立訴訟との関係という形で論じられてきた。債権者代位権はフランス法に由来し、そこでは執行制度の不備を補う意味があった[18]、取立訴訟はドイツ法に由来し、そこでは執行制度が発達していて債権者代位権の制度は存在しないこと、日本ではこの2つの法系の制度が並立したため混乱が生じたことが指摘された（三ケ月・前掲注(10)①15頁以下）。日本の現在の強制執行手続は、様々な事情を考慮して精緻に構築されたものであり、これに一元化する方向も提示された（三ケ月・前掲注(10)①64頁、②146頁）。

これに対し、債権者代位権には、次のような固有の存在意義があるともいわれた（松坂103頁、林ほか166頁〔石田〕、潮見Ⅱ16頁）。①強制執行は、債務名義を要し、手続も煩雑なので、急速を要する場合には、まず簡易な代位権によって債務者の財産を保全し、その後、強制執行をするのが便宜である。②強制執行の対象は請求権に限られるが、債権者代位権の対象には取消権・解除権などの形成権も含まれる。③債務者の権利の保存行為（時効の中断〔完成猶予〕、対抗要件具備など）は、強制執行によることはできず、債権者代位権によるほかない。

このうち、②③はもっともであるが、①については、民事保全手続や倒産法上の保全処分が整備されていること、また、請求権に対する代位は、結局は、訴訟によって実現することになる可能性が高いので必ずしも簡易とはいえないことから、疑問が残る。特に、債権回収機能が追求される場面では、①だけが求められるので問題が鮮明になる。

民法改正にあたっては、法制審議会の審議が始まる前の段階では、債権回収機能

---

18) 松坂佐一『債権者代位権の研究』(1950)17頁。工藤祐厳「フランス法における債権者代位権の機能と構造」民商95巻5号29頁・96巻1号33頁(1987)、淡路233頁以下、瀬戸口祐基「債権者代位権制度のフランスにおける位置づけ」神戸68巻4号(2019)273頁・277頁（未整備だった倒産制度の代替手段として誕生したとの説明が多いという）も参照。

を否定する立法提案が示され（基本方針Ⅱ407頁以下）、部会でも中間試案の段階では、これを封じる提案がされた（中間試案第14、3(2)）。しかし、少額債権の回収においてこの方法のもつ有用性の指摘などが考慮され、この機能を認めることとされた（部会資料73A、第5、3説明3、一問一答94頁以下）。もっとも、他方で、債権者が代位権行使に着手した後も、債務者の処分権限が維持されること（423条の5）及び代位訴訟を提起した場合に債務者に対する訴訟告知を義務づけること（423条の6）により、債務者の利益に配慮し、代位債権者の権限を弱めるという形で、制度全体としての均衡が図られたことになる。

◆ **破産手続との関係**　代位債権者の簡易優先回収機能は、債権者平等と対立する。しかし、債権者平等をどこまで貫くかは、場面によって異なりうる（→第1節）。債権者代位権が行使されるのは、債務者が無資力だが、いまだ破産等の倒産手続が開始されていないという中間的な場面であり、そこではなお、債権者に制度利用のインセンティヴを与えるため、債権回収機能を認めることも可能である[19]。しかし、債務者について破産手続が開始すれば、代位訴訟は中断し、破産管財人が受継できることになる（破45条）。破産手続まで進んだ以上は、債権者の主観的な意図にかかわらず、債権者代位権は本来の制度趣旨である責任財産保全の制度として位置づけられる。債権回収機能を追求していた債権者は、狙いを達成できなくなるが、この機能の存在意義を上記のように考えると、代位債権者には、その程度の保護が与えられるにすぎないということになる[20]。

(b)　現行民法の解釈

改正された債権者代位権制度は、次の構造になっている。まず、責任財産保全が債権者代位権制度の目的であることは、423条1項但書・同条3項・423条の5・423条の6に現れている。次に、代位債権者の債権回収機能は、423条の2・423条の3に現れている。もっとも、この2か条については、責任財産保全のための制度であることが明確な詐害行為取消権においても、同様の規定がある（424条の8・424条の9）。また、債権回収機能が実現するのは、423条の3によって代位債権者が受領した金銭を債務者に返還すべき債務があること

---

[19] 森田修『債権回収法講義〔第2版〕』(2011)20頁以下は、私的整理段階での債権者代位権と債権者平等の調和を試みる。
[20] 伊藤・破産453頁以下。なお、「転用型」についても基本的に同様といわれていたが（小川編・破産75頁）、民法改正に伴い、423条の7についても、423条1項の場合と同様に訴訟手続が中断することが破産法で規定された（2017年改正後破産45条1項）。

を前提にして、被保全債権との相殺が禁じられていないことによるものである。そうすると、沿革的にも(→(2)(a)の◆)、条文の構造の面からも、責任財産保全の目的が基本であり、その要件(被保全債権は金銭債権であり、債権者が無資力であること)が満たされることを前提として、債権回収機能が認められるという関係にあるといえるだろう。

(2) 責任財産の保全と特定債権の保全の関係

(a) 民法改正までの経緯

明治民法において、債権者代位権は、次のような制度として設けられた。すなわち、債務者の財産は総債権者の共同担保であるところ、債務者がその権利を行使しないことによって害される債権者の利益を保護するため、債権の第三者に対する効力を認める、というものである。もっとも、民法制定当初は、要件がそれほど厳密に考えられていたわけではない。また、20世紀前半には、債務者の無資力を要件としない場合があることを認めた大審院判例を契機に、債権の対外的効力という観点から、債権者代位権には一般債権(金銭債権)の保全と特定債権の保全のいずれも含まれるという見解が有力だった。しかし、20世紀後半以降、債権者代位権制度の目的を責任財産の保全に純化して理解し、それが「本来型」であり、それ以外のものは「転用型」だという見解が広まった。これに対し、債権者代位権制度はそのように限定されたものではなかったと指摘し、責任財産保全目的と特定債権保全目的とを並置する見解や、両者の区別自体を批判する見解が現れた。423条の7は、このような状況のもとで制定された。

> ◆「責任財産保全」＝「本来型」という理解の形成と批判　「責任財産の保全」という表現が定着したのは、20世紀半ば以降のことであり、ここに至るまでには複雑な経緯がある。これは、①フランス民法(原始規定)1166条から、②旧民法財産編339条を経て、③明治民法423条に至る各段階で変容があり、また、③について当初から不明瞭な点があったことによる。
> 　①は、間接訴権(斜行訴権)について規定する。それは債務者の総財産が一般債権者の共同担保であることを前提として、経済的困難にある債務者が自らの権利の行使を怠ることによって害される債権者の利益を保護するためのものと説明された。②は、ボワソナード草案に基づくもので、①と同様の説明がされるが、①とは異なり間接訴権を裁判上の代位によるべきものとした(松坂・前掲注(18)、三ケ月・前

掲注(10)、平井・前掲注(3)、山口・フランス259頁以下、工藤・前掲注(18)、池田・前掲注(4)、佐藤・前掲注(3)、Exposé des motifs, t. 2, pp. 422-428。2016年改正フ民1341-1条のもとの状況も含め、瀬戸口・前掲注(18))。②から③に至る段階では、訴権から実体法上の権利へと性質が変わり、また、裁判上の代位は原則として不要と改められる一方、「自己ノ債権ヲ保全スル為メ」という要件が付加されるという変化があったが、③の起草者は、③も②と大きく違わないと説明した(民法速記録Ⅲ100頁以下〔穂積陳重〕)。また、③は、当初、「第二節　債権ノ効力」の「第三款　第三者ニ対スル債権者ノ権利」の3つの規律(債権の相対的効力〔案417条〕、間接訴権〔案418条〕、廃罷訴権〔案419条～案422条〕)の1つだったが、後に「第二節」の款の区分がなくされ、第三款の見出しも、その冒頭で原則を示していた案417条も削除され、案418条～案422条に相当する規定のみが残された(民法速記録Ⅲ100頁以下、整理会速記録235頁・243頁以下)。このため、案418条(後に423条となる)の意味が紛れるようになった。

　初期の学説には、③について①と同様の説明をするもの(岡松108頁)もあったが、③は間接訴権を定めたものだとしつつ、「債権ヲ保全スル為メ」とは債権者が「其債権ノ履行ヲ確保センカ為メ」であると解し、債務者の無資力に言及しないもの(梅78頁)もあった。初期の判例も、債務者の無資力を要件とするもの(大判明39・11・21民録12輯1537頁)としないもの(大判明43・7・6前掲)があった。その後の学説では、ⓐ債権者代位権を「債権の対外的効力」として位置づけ、「債権」を金銭債権に限らない一般的なものとして理解するか、それとも、債権者代位権を詐害行為取消権とともに「責任財産の保全」のための制度であると位置づけ、「債権」は金銭債権に限ると考えるか、ⓑ債務者の無資力を要件とする場合としない場合との関係をどう考えるか、について見解が分かれた。ⓐについて、20世紀半ばまでの体系書は、債権者代位権と詐害行為取消権は債権者の共同担保である債務者の総財産を保全する制度である、との理解に立ちつつも、これらを「債権の対外的効力」又は「債権の効力」という表題のもとで説明するものが多かった(鳩山183頁、石田文147頁など)。しかし、1940年前後から「債権の担保」(末弘67頁)、「債権の対外的効力(債務者の一般財産の保全)」(我妻栄『債権総論』〔1940〕136頁)とするものが現れ、1950年前後からは、債権の対外的効力という見方を正面から批判して、「責任財産の維持」(川島56頁。1949年1刷も同じ)あるいは「責任財産の保全」(於保不二雄『債権総論』〔1959〕144頁)として位置づけるものが現われ、これが定着することになった(2004年民法改正では、「第二款　債権者代位権及び詐害行為取消権」という款区分が導入された)。また、ⓑについては、無資力に言及しないもの(梅77頁以下)から、無資力を要件とする一般債権とこれを要件としない特定債権に分けるもの(鳩山186頁)を経て、無資力である債務者の一般財産を保全する「制度本来の趣旨」と特定債権を保全するためである「制度の転用」に分けるもの

(我妻 160 頁以下)が通説となった(加藤 191 頁は批判)。

　民法改正のための部会審議が始まった直後の 2010 年代初頭、以上の経緯を検討し、改正の方向を論じる研究が現れた。すなわち、423 条は「主として債権者の債権実現確保のための債権者の権能を示す規定として立法された」という認識に基づき、その後の学説の展開を批判的に検討し、判例法理を積極的に評価するもの(池田・前掲注(4))、債権者代位権を、㋐総債権者の共同担保の維持によって保全される一般債権によるものと、㋑債務者の資力の有無に関係しない特定債権によるものとに区分し、㋒直接請求権を認めるのが妥当だが直接的な法的構成が未確立の場合に代替する法技術として用いられるものは「転用＝借用」と位置づけたうえ、㋐と㋑の一般規定を構想するもの(森田・深める 403 頁・427 頁以下)である。

(b)　現行民法の解釈

(ⅰ)　423 条と 423 条の 7 の関係　　債権総則の「第二節　債権の効力」のうち、改正前の「第二款　債権者代位権及び詐害行為取消権」は、改正により、「第二款　債権者代位権」と「第三款　詐害行為取消権」に分割された。そのため、現行民法においては、債権者代位権は、引き続き債権の効力の 1 つでありつつ、詐害行為取消権とは独立したものとして、責任財産保全目的に純化されるのではなく、それ以外の目的のものをも含む制度である、と理解しやすい形になっている。問題は、423 条と 423 条の 7 の関係である。これについては、単純化すると 2 つの理解がありうる。

①　第 1 は、両条は、債権者代位権の独立した 2 つの類型を定めているという理解である。423 条の類型は、責任財産保全を目的とし、被保全債権は金銭債権であり、「保全するため必要があるとき」は債務者の無資力を意味する。423 条の 7 が代表する類型は、特定債権を行使できるようにすることを目的とし、被保全債権は限定されない(金銭債権も含む)が、同条の規定する例から抽出されるべき要件が付される。この見解は、423 条の 7 が 423 条に言及していないこと、423 条の 7 が 423 条の 4～423 条の 6 を(適用ではなく)準用していること、破産法 45 条 1 項が両者を区別していること、が形式的根拠となる。2 類型を統合する債権者代位権の包括的概念に関する規定はなく、それは理論的に想定することになる。登記請求権以外の特定債権の保全については、423 条の 7 が類推適用されるべき規定となる。

②　第 2 は、423 条 1 項が債権者代位権を統合する規定であるという理解で

ある。同項の「自己の債権」は金銭債権に限らない。「保全するため必要があるとき」は、金銭債権なら債務者の無資力として一般化されるが、特定債権なら個別的・類型的に判断される（金銭債権は、前者の要件を欠く場合も、後者の対象となりうる）。この見解は、423条1項の「自己の債権」は金銭債権に限定されていないことが形式的根拠となる。債権者代位権の概念は、同項によって示されていることになる。423条の7が規定されたのは、それも債権者代位権の1類型であることを明示するとともに、423条の2・423条の3が適用されないことを示すためである。登記請求権以外の特定債権の保全については、423条が（類推適用ではなく）適用されるが、保全の必要性の判断にあたって、423条の7の規律が考慮される。

　両者の具体的な相違は、いくつか考えられるが、決定的なものではない。債権者代位権の制度目的としての責任財産の保全と特定債権の保全との関係は、どちらかというと①が後者をより重視し、②が前者を本来のものと考える傾向にあるだろうが、これも決定的ではない。債権者代位権の包括的理解を民法の規定に求めうることから、②を採りたい（同旨、山野目206頁）。

◆ ①と②の具体的な違い　3点あげる。第1は、登記請求権保全のための債権者代位権において、423条2項が適用されるかどうかである。①だと適用されず、被保全債権の履行期到来前にも代位行使できるといいやすい。②だと適用され、代位行使が認められないことになりそうだが、状況によっては保存行為（同項但書）として、第三者に対する処分禁止の仮処分をすることが可能である（一問一答97頁）。なお、この点は、登記請求権以外の特定債権の保全の場合も問題となる（山本・代位権114頁参照）。

　第2は、423条の7の被保全債権である登記請求権は、ⓐ債権的請求権だけを意味するのか、ⓑ物権的請求権をも意味するのかである（安永・前掲注(17)83頁以下参照）。①だと両者を含むと解する余地があるが、②だとⓐとなり、ⓑは類推適用によることになる。

　第3は、登記請求権以外の特定債権の保全において、423条の2及び423条の3の規律が及ぶかどうかである。①だと適用外となるが、②だと規律が及ぶことになる。たとえば、ⓐ被保全債権が特定債権である金銭債権であり、被代位権利も金銭債権である場合（→3(2)(e)〔293頁〕参照）、ⓑ被保全債権が株券交付請求権であり、被代位権利が譲渡人の株券発行会社に対する株券発行請求権である場合（→3(2)(b)2つ目の◆〔291頁〕）、②だと代位債権者から第三債務者に対する直接請求がで

きるが、①だとできないことになる。もっとも、①でも423条の7を「類推」適用するわけだから、同条後段による準用の範囲を拡大するという解釈ができなくはない。また、ⓒ不動産賃借権を被保全債権として不法占拠者に対する所有者の権利を代位行使する場合(→3(2)(b)〔289頁〕)、代位債権者に対する引渡しの請求を認めるとすると、①だと423条の7の類推適用(後段は拡大)及び423条の3の類推適用となり、②だと423条の3の類推適用となる。

　第1点と第2点については①が、第3点については②が、それぞれ簡明だが、他方でも対応できなくはない。

（ii）　**特定債権の保全のための債権者代位権**　　適用条文はともかくとして、特定債権の保全のための債権者代位権が認められるのは、どのような場合かが問題となる。債権者代位権の行使が認められるのは、それが合理的な結果をもたらし、かつ、債務者及び第三者に不当な不利益を与えないからである。他方、これを広く認めることは、その問題を本来規律すべき法規範の迂回路を設けることになるし、無資力でない債務者の財産管理権への債権者の介入が広がるという問題がある。AのBに対する甲権利とBのCに対する乙権利があるとき、Bの無資力を要件とすることなく債権者代位権の行使が認められるのは、「Aが甲権利を実現するためには乙権利を代位行使する必要があり、かつ、それが相当であること」を基準としてはどうか。必要性は、甲権利と乙権利の客観的関係によって判断する。相当性は、BがAに対して負担する義務、B及びCの利益の保護、Aが用いることのできる他の制度の有無・その制度への影響を考慮し判断する。なお、Bが手続に関与しうる利益も保護すべきだが、これは訴訟告知に関する423条の6の適用（又は準用）及び保存行為に関する423条2項但書の適用（又は類推適用）によって対応することができるだろう。

　具体的には、423条の7の規定のほか、「転用型」を認めた判例の類型との比較がされるべきである（たとえば、不動産賃借権に基づく妨害排除請求権の代位行使の許容を、配偶者居住権〔1031条2項参照〕、配偶者短期居住権、不動産使用借権に基づく場合に広げうるかなど。最後のものにつき、森田・深める416頁以下〔貸主の義務の内容で判断〕参照）。

◆　**特定債権の保全のための債権者代位権の要件の検討**　　無資力要件を不要とし

うる場合について、次の諸見解があった。①妥当な結果を導くための他の方法が十分開発されていず、特にまず考えられる法的手段の使用が伝統的理論などのゆえに困難であり、かつ、その転用によってあまり弊害が生じない場合(星野英一「判批」法協93巻10号〔1976〕126頁)、②被保全債権が被代位権利によって担保される関係が密接である場合、及び、保存行為に準ずる権利の代位行使である場合(平井266頁)、③被保全債権と被代位権利の連鎖があり、両者に内容的な牽連性がある場合(加藤191頁)、④債務者の関与のもとで被保全債権の存否を判断しうる訴訟構造である場合(百選Ⅱ〔8版〕12[工藤祐厳])などである(本書3版229頁参照)。⑤民法改正の審議過程で示された中間試案では、前述の通り、必要性・相当性・補充性を要件としていた(中間試案第14、9(2))。⑥これに対し、補充性の要件は不要であるとし、債権者が被保全債権の内容(債権者に保障されている契約利益)を実現するために、「債務者が被代位権利を行使することが必要であり、かつ相当であること」と定式化するものもあった(森田・深める431頁。直接請求権を認めるべき場合はこれとは別に考える)。

(3)　現行民法における債権者代位権制度の意義

以上の検討をまとめると、こうなる。現行民法における債権者代位権制度は、①責任財産の保全を目的とするものを基本とするが、②債権者が自己の債権を簡易かつ優先的に回収するためにこれを用いることを認めており、また、③特定債権の保全を目的とするものも認めている。これらを統合する債権者代位権の概念は、423条1項に規定されている。①②については、被保全債権は金銭債権であり、保全の必要性は債務者の無資力である。③については、被保全債権は特定債権(金銭債権であることもある)であり、債務者の特定の権利を債権者が行使することを、その必要性と相当性を要件として、認めるものである。

第3節　詐害行為取消権

1　意　義

(1)　概　観

資力のない債務者が積極的に自分の財産を減少させる行為をした場合、債権者は詐害行為取消権をもつ。すなわち、債権者は、債務者が債権者を害するこ

とを知ってした行為の取消しを裁判所に請求することができる(424条1項)。債権者取消権ともいう。

以下では、債権者(取消債権者)をA、債務者をB、Bの行為(詐害行為)の相手方でそれによって利益を受けた者(受益者)をC、詐害行為によってCに移転した財産(逸出財産)を転得した者(転得者)をDと表すこともある。詐害行為取消権が問題になるとき、ABCは必ず登場する。Dは登場することもしないこともある。

◇ AがBに対し1000万円の金銭債権を有しているところ、Bが弁済する資力もないのに、唯一の財産である時価500万円の絵画を甥のCに贈与したとする。この贈与は、Bの責任財産を減少させ、Aを害する。そのことをBCが知っていたとすると、Aは、BC間の贈与契約を取り消し、Cから絵画を取り戻すことができる。このように、AがBのした行為を取り消し、Cから逸出財産を取り戻して、Bの責任財産を維持し、それによってAのBに対する債権(被保全債権)の価値を保つというのが、詐害行為取消権制度である。

◇ 上記の例で、BC間の贈与が強制執行を免れるための財産隠匿行為であるとすると、Aは、それに加担したCに対し不法行為責任を追及すれば足りるのではないか。しかし、BC間の行為があってもAのBに対する債権自体は消滅しないこと、Aは一般債権者にすぎないことから、不法行為の成否自体が問題となる(→第7章第2節3(3)3つ目の◆[367頁])。また、不法行為の効果は金銭賠償が原則だから、Aは逸出財産の取戻しはできない。そこで、詐害行為取消権制度には、不法行為制度とは独立した存在意義がある。

◆ **詐害行為取消権の普遍性と沿革**[21]　詐害行為取消権は、債権者代位権とは違い、歴史的にも比較法的にも普遍的な制度である。既に古典期のローマ法において、債権者を害する奴隷解放を無効とする法律(紀元4年)があった。その後、6世紀中葉にユスティニアヌス帝のもとで古くからあるいくつかの債権者保護手段がまとめられ、パウリアナ訴権(actio Pauliana. パウルスの訴権[法務官パウルス説と法学者パウルス説がある])と呼ばれるものとなった。これが、その後、1804年のフランス民法典に受け継がれた(1167条[2016年に改正され1341-2条となった])。ボワソナードは、このフランス民法の規定に、当時のフランスの学説(少数説)の影響のもとに独自の規定を加え、旧民法(財産編340条〜344条。廃罷訴権)を起草した。明治民法は、これを修正したものだが(旧424条〜旧426条)、ボワソナードが独自

に加えた部分が残った(旧425条)。さらにこれを改めたのが現行民法である。ドイツや英米でも同様の制度がある。

(2) 目的と機能
(a) 責任財産の保全の目的

詐害行為取消権は、債務者の詐害行為を取り消し、逸出財産を回復することによって、債務者の責任財産を保全する制度である。詐害行為の典型的なものとして、贈与や廉価売却がある。この場合、債権者Aは、債務者Bと受益者Cの間の契約を取り消したうえ、逸出財産をCからBに戻させることができる。もっとも、詐害行為の種類によっては、逸出財産の取戻しを伴わない場合もある。BのCに対する債務免除がその例であり、この場合は、取消しだけで済む。詐害行為取消権が行使されると、Bだけでなく、Cなどの第三者に影響が及ぶ。Cからすれば、権利者であるBと取引をしたのに、後になって取り消されてしまうと、不利益が大きい。そこで、詐害行為取消権については、債権者代位権のような「転用」は認められていない。

(b) 債権回収機能

もっとも、取消債権者が詐害行為取消権を行使することによって、自己の債権(被保全債権)の回収をすることは許容されている。債権者Aが債務者Bの詐害行為を取り消すと受益者Cに財産の返還を請求できるが、返還すべきものが金銭である場合は、AはCに対し、その金銭をAに支払うよう求めることができる(424条の9第1項)。Aは受領した金銭をBに返還する債務と自己の

---

21) 加藤正治『破産法研究第4巻』(1919)137頁、井上直三郎「詐害行為に対する救済制度の変遷」論叢20巻4号2頁・6号60頁(1928)、船田享二『ローマ法第3巻〔改版〕』(1970. 初版1943)489頁、松坂佐一『債権者取消権の研究』(1962)1頁〜174頁〔初出1943・55・60〕、原田・ローマ法233頁、下森定「債権者取消権に関する一考察」志林57巻2号44頁・3=4号176頁(1959〜60)〔同『詐害行為取消権の研究』(2014)所収〕、佐藤岩昭『詐害行為取消権の理論』(2001)〔初出1987〜88〕(以下、本章で「佐藤・理論」として引用)、片山直也①「一般債権者の地位と詐害行為取消制度——19世紀フランスにおける議論を中心に」半田正夫還暦『民法と著作権法の諸問題』(1993)324頁、同②「一般債権者の地位と『対抗』——詐害行為取消制度の基礎理論として」法研66巻5号(1993)1頁〔①②とも同・前掲第4章注(3)所収〕、中西俊二『詐害行為取消権論』(2006)、工藤祐厳「詐害行為取消による債務者の責任財産回復の法的構成」川井健傘寿『取引法の変容と新たな展開』(2007)404頁、水野吉章「詐害行為取消権の理論的再検討」北法58巻6号576頁〜61巻3号224頁(2008〜10)、前田260頁、淡路268頁。

債権(被保全債権)とを相殺することにより、自己の債権を回収することができる。この方法は、民法改正前から判例・学説によって認められていたが、理論面での問題があった。現行民法は、その問題も解決したうえ、これを許容する制度とした(→4(3)(c)(ⅰ)〔351頁〕)。これは、詐害行為取消権制度の目的というより、その機能というべきものであるが、現行民法は、この機能を保障する規定を置いている。

(c) 債権者平等を保つ機能

詐害行為の受益者が債権者の1人であることも少なくない。この場合、債権者Aが、債務者Bのした他の債権者Cに対する弁済や代物弁済を詐害行為として取り消すことが、ごく例外的にではあるが、認められている(424条の3)。この場合、詐害行為取消権は債権者平等を保つ機能をもつことになる。

もっとも、破産手続とは異なり、債権者平等が制度化されているわけではない。Aは、Bに回復された逸出財産に対し強制執行をすることになるが、そこで債権者平等が実現されるかどうかは強制執行制度の規律による(日本の強制執行制度は平等主義が強いが、それでもCが手続に参加しなければAが独占できる)。さらに、CからBに戻すべき財産が金銭である場合には、上述の通り、Aが事実上の優先弁済を受けることになり、債権者平等は実現されない。そもそも、破産手続が開始していない段階で、債務者のした弁済等が取り消されるべきかどうかについても議論があった。ここで、破産法との関係が問題となる。

(3) 破産法との関係

破産法は、破産者が一定の条件のもとでした、債権者を害する行為や特定の債権者に担保を供与する行為等について、破産管財人の否認権[22]を認めている(破160条〜176条)。否認権は、詐害行為取消権と同じ起源をもつもののほか、破産者の詐害意思の有無を問わず認められるものもある。また、否認権は、破

---

22) 否認権と詐害行為取消権との関係については、伊藤・破産559頁以下、斎藤秀夫＝伊東乾編『演習破産法』(1973)382頁〔斎藤〕、森田・前掲注(19)63頁以下、中田「詐害行為取消権と否認権の関係」山本克己ほか編『新破産法の理論と実務』(2008)301頁〔同・現代化所収〕、潮見新Ⅰ727頁以下、奥田＝佐々木中415頁以下。特に、現行民法のもとでの両者の関係につき、倒産法交錯2頁〔片山直也〕〔片山直也『財産の集合的把握と詐害行為取消権』(2024)所収〕、同201頁〔水津太郎〕。なお、否認権は、破産法のほか、民事再生法(127条以下)、会社更生法(86条以下)にもあるが、清算型倒産手続であり歴史も古い破産法の否認権との関係が特に重要である。

産管財人により、総破産債権者のための債務者の財産全体の清算という重厚な破産手続の一環として行使されるが、詐害行為取消権は、個々の債権者により、自己の債権を回収するための強制執行の準備として個別に行使される。このように、否認権と詐害行為取消権は、目的・内容の一部が共通するが、別個独立の権利である。

　もっとも、詐害行為取消権は、破産手続は開始していないが債務者が無資力である段階で行使されることから、破産手続との連続性をもつ(それゆえ、債務者について破産手続開始決定があると、詐害行為取消訴訟は中断し、破産管財人が受継することになる。破45条)。そこで、詐害行為取消権と否認権との間で、対象となる行為の範囲の異同が問題となる。かつては否認権の対象の方が広いと解されていたが(鈴木197頁)、新破産法(2004年公布、2005年施行)により、否認権の成立要件が類型ごとに精緻に規定された結果、判例によって形成されてきた詐害行為取消権の対象との関係が問題となった。すなわち、詐害行為取消権の対象となる基準が不明確であること、詐害行為取消権の対象の方が否認権の対象よりも広くなりうることが指摘された。現行民法は、これを受け、新破産法との整合性を図った。その理由として、①否認権の成立要件を明確化したのは、財政状況が悪化した者の再建・再生の支障にならないようにするためであるところ、それは詐害行為取消権にも妥当すること(政策的理由)、②債権者平等は、破産手続において、より厳格に実現されるべきであることから、同手続の開始前の段階で、一部の債権者に対する弁済等を詐害行為取消権の対象とすることは、慎重であるべきこと(理論的理由)があげられる。ただし、②については、それをどこまで徹底すべきかについて議論がある。

> ◆ **否認権と詐害行為取消権の違い**　否認権は、破産管財人が、逸出財産を破産財団に適切に回復したうえ、これを破産債権者全員に公平に分配するという、その職責に基づいて、破産手続内で行使する。詐害行為取消権は、個々の債権者が、自己の債権を回収するための強制執行の準備として、個別に行使する(取消債権者が優先弁済を受ける結果となることもある)。否認権は、詐害行為取消権よりも起源が広く、総債権者の公平の理念も加わる。このため、否認権には、偏頗行為否認が含まれ、対抗要件否認や執行行為否認もある(対象範囲については、後に詳しく検討する→2(4)〔324頁〕)。

> 債権者の取消権行使に比べて、破産管財人の否認権行使には制約が少ない。詐害行為取消権は、訴えによってのみ行使できるが(424条1項)、否認権は、訴えのほか、否認の請求や抗弁によっても行使できる(破173条1項)。詐害行為取消権では、被保全債権は詐害行為の前の原因に基づいて生じたものであることを要するが(424条3項)、否認権にはそのような制約はない。詐害行為取消権は、取消債権者の債権額の範囲内でのみ行使しうるが(424条の8)、否認権行使にはそのような限定はない。期間制限について、改正前民法の制度のもとの判断だが、総破産債権者の詐害行為取消権について消滅時効(旧426条前段)が完成していても、破産管財人は否認権を行使できる(最判昭58・11・25民集37巻9号1430頁)。

(4) 現行民法における詐害行為取消権

詐害行為取消権が行使される場面では、種々の利益が対立する[23]。①取消債権者にとっての責任財産の保全、②債務者にとっての財産処分の自由、③受益者・転得者にとっての取引安全、④総債権者にとっての債権者平等である。破産手続という最終的な段階の1つ手前の段階で、これらの利益をいかに調和させるのかが、詐害行為取消権制度の根底に存在する問題である。他方、詐害行為取消権については、これとは異なる次元での基本的対立がある。詐害行為取消権によって債務者のした行為が取り消され、受益者や転得者から逸出財産が取り戻されるメカニズムの理論的説明についての見解の対立である。

改正前民法には、詐害行為取消権に関する規定は3か条しかなく、判例・学説の役割が大きかった。しかし、上記の対立を背景として、規範内容が不明瞭となり、破産法上の否認権の規律との調整も求められていた。そこで、改正民法は、詐害行為取消権の要件を明確化するとともに、行使方法及び効果を具体的に規定し、理論的課題についても対応した。

以下では、まず、詐害行為取消権の要件・行使方法・効果を検討し(→2・3・4)、最後にその性質論を検討する(→5)。

---

23) 下森定「債権者取消権の成立要件に関する研究序説」川島武宜還暦Ⅱ『民法学の現代的課題』(1972)225頁・253頁以下参照〔下森・前掲注(21)所収〕。

2 要 件

(1) 債権者側の要件——被保全債権

詐害行為取消権の被保全債権となるためには、①金銭債権であること、②詐害行為より前の原因に基づいて生じたものであること、③強制執行によって実現できるものであることが必要である。

(a) 金銭債権であること

詐害行為取消権の制度趣旨は債務者の責任財産の保全であるので、被保全債権は金銭債権であることを要する。

ただし、非金銭債権であっても、債務不履行によって損害賠償債権(金銭債権)になれば、被保全債権となりうる。非金銭債権のうち、特定物債権(特定物の引渡しや登記の移転を目的とする債権)については、特に二重譲渡との関係が問題となる(→4(3)(b)(ⅱ)〔348頁〕)。

◆ 担保・保証付きの債権　担保又は保証の付いている金銭債権が被保全債権となりうるかは、場合を分けて考える必要がある。①債務者の提供した物的担保が付いている場合、債権額が担保価値を超える部分についてのみ、取消権を行使できる(大判昭7・6・3民集11巻1163頁)。つまり、超過部分のみを一般債権に含め、それと債務者の責任財産との関係で、債務者の行為が債権者を害するかどうかを判断し、害する場合、超過部分について詐害行為取消権を行使できる。②第三者が物的担保を提供した場合は、物上保証人の求償を通じて債務者の責任財産が引当てとなるので、債権全額について取消権を行使できる。③保証人がいる場合も、同様に、債権全額について取消権を行使できる(以上、我妻181頁など通説)。

(b) 詐害行為より前の原因に基づいて生じたものであること

(ⅰ) 債権の発生　詐害行為取消請求をするためには、被保全債権が発生していなければならない。ただし、履行期にある必要はない(大判大9・12・27民録26輯2096頁、我妻178頁など通説。反対、平井282頁、吉田212頁)。詐害行為によって、債権者が不利益を受けることに変わりはないからである。債権者代位権と異なる(423条2項参照)のは、そこで懸念される問題(→第2節2(1)(b)(ⅲ)〔270頁〕)が少ないからである(星野109頁参照)。

◆ **履行期未到来の債権による取消請求**　問題がないわけではない。①履行期がはるかに先である場合には、債務者の詐害の意思(→(2)(b)(ⅲ)〔322頁〕)が認められないことがありうる(内田 364頁)。②履行期の到来した金銭債務の弁済の取消し(→(4)(c)(ⅰ)α〔327頁〕)を履行期未到来の債権者が請求することの当否、認める場合の要件・効果は、検討を要する(小粥・前掲注(1)16頁以下)。

（ⅱ）**詐害行為との先後関係**　取消債権者の債権は、詐害行為より前の原因に基づいて生じたものでなければならない(424条3項)。債権発生原因があった以上、債権者はその時点での債務者の一般財産を引当てとして期待することができ、その後にされた詐害行為を取り消すことができるという考え方による(債務者の行為後に債権発生原因が生じたときは、債権者はその行為によって既に減少した財産を引当てにしうるにすぎず、その行為によって害されたわけではないという考え方)。また、自己の債権の発生原因が生じる前の時点における債務者の行為にまで介入するのは行き過ぎだという理由(一問一答 100頁)も付加しうる。詐害行為取消権が総債権者の共同担保を保全するものであることを強調すると別の考え方もありうるが、取消債権者の債権の保全を基準とするのでこのようになる。

◇　Aは、Bの委託を受け、3月1日にGのBに対する貸金債権について保証した。Bは、その後、無資力となったが、それにもかかわらず、6月1日に、Bに残された優良な財産甲をCに贈与した。Aは、7月1日に、Gに対し、保証債務を履行し、それによってBに対する求償権を取得した(459条)。この求償権は、詐害行為より後に発生したものだが、それより前の原因に基づくので、被保全債権となりうる。

◆ **基準時の柔軟化**　民法改正前の判例(大判大6・1・22民録23輯8頁、最判昭33・2・21民集12巻2号341頁)・学説(我妻178頁など)は、被保全債権は「詐害行為よりも前に発生した」債権であることを求めていた。424条3項は、その基準時に少し幅を持たせた。仮に「詐害行為よりも前に発生した」と規定した場合、厳格に解されると、次のような債権が排除されるおそれがあると考えられたことによる(部会資料73A、第6、1説明3)。すなわち、①被保全債権に係る遅延損害金で詐害行為後に発生したもの(最判昭35・4・26民集14巻6号1046頁、三淵乾太郎『最判解民昭35』157頁・162頁、最判平8・2・8判時1563号112頁、沖野眞已

「判批」判評 457 号〔1997〕45 頁)、②将来の婚姻費用の支払に関する債権(最判昭 46・9・21 民集 25 巻 6 号 823 頁。夫婦関係が悪化し、調停がされた後に、婚姻費用を支払うべき夫がその財産を処分した事例)、③白地手形の補充がされる前に詐害行為がされた事案(名古屋高判昭 56・7・14 判時 1030 号 45 頁)などである。また、上記部会資料は、④請負人の報酬債権の発生時期との関係についても言及する。これらは、「前に発生した」という基準のもとでも、「発生」を柔軟に解するなどの方法で、個別的に解決できないわけではない(たとえば、②について、上記判決は、将来の婚姻費用支払債権が家庭裁判所の調停で支払を決定されたものである場合に、既に発生した債権と認め、調停の前提とされた事実関係の存続がかなりの蓋然性をもって予測される限度で被保全債権とするという)。424 条 3 項は、債権発生原因の存在を基準とすることが、より安定的な解決に導き、かつ関係者の利害調整にとって適切であると判断したものだと理解することができる。「原因」とは何か(遅延損害金の発生原因は、債権か不履行か)、①は被保全債権の発生の問題なのかその範囲の問題なのかという議論はありうるが、同項はその議論に立ち入ることなく、①〜④などを含めようとしたものといえよう。なお、469 条 2 項 1 号・511 条 2 項にも「前の原因に基づいて生じた」という表現があり、相殺権を拡張しているが、424 条 3 項とは異なる制度であり、当然に連動するわけではない。

◆ **債権発生後の変動と詐害行為取消権**　民法改正前だが、次の判例がある。被保全債権は、詐害行為前に発生していれば、その後、譲渡されてもよい。譲受人が取消権を行使できる。債権は、その主体の変更により同一性を失わないからである(大判大 12・7・10 民集 2 巻 537 頁)。詐害行為前に発生していた債権について、詐害行為後に準消費貸借契約が締結された場合、当事者の反対の意思が明らかでない限り、既存債権と新債権の同一性が維持されていると推定されるので、新債権を被保全債権とする取消しができる(最判昭 50・7・17 民集 29 巻 6 号 1119 頁)。これらは、(債権発生時でなく)債権発生原因時を基準とする現行民法のもとでも妥当するだろう(なお、債権譲渡に関し、469 条 2 項柱書但書・511 条 2 項但書とは、譲渡前の法律関係が異なる)。

(ⅲ)　**対抗要件具備との関係**　B が C に権利を譲渡した後、A の B に対する金銭債権が発生し、さらにその後、B から C への譲渡について対抗要件が具備された場合、A は、詐害行為取消権を行使できるか。

改正前民法のもとでは、詐害行為前の債権発生が要件だと解されていたところ、①権利移転行為、②債権発生、③対抗要件具備行為の順に生じた場合が問

題となった。判例は、不動産譲渡の場合の登記(177条。最判昭55・1・24民集34巻1号110頁)及び債権譲渡の場合の譲渡通知(467条2項。最判平10・6・12民集52巻4号1121頁、百選Ⅱ14[北居功]、中田「判批」法協117巻4号〔2000〕117頁)について、①も③も取り消すことができないという。①は債権発生前の行為だからである。③については、詐害行為取消権の対象となるのは、債務者の財産減少行為(①)であるところ、不動産譲渡における登記や債権譲渡における通知は対抗要件にすぎず、それによって権利移転行為がされたことになったり、その効果が生じたりするわけではなく、権利移転行為自体が詐害行為を構成しない場合に、それについてされた登記や譲渡通知のみを切り離して詐害行為と認めるのは相当でないという。

この考え方は、被保全債権が「行為の前の原因」に基づいて生じたものであることを基準とする現行民法のもとでも維持されえよう。すなわち、①権利移転行為、②債権発生原因、③債権発生、④対抗要件具備行為の順に生じた場合、①も④も取り消すことができない。

◆ **判例法理の評価**　判例の考え方は基本的に支持しうるが、債務者Bと受益者Cが共謀してBC間の譲渡を秘し、BがAから融資を受けてAの債権を発生させた後、対抗要件を備えるというように通謀的害意性が高い場合には、例外を認めてよいのではないか(下森定「判批」民商83巻3号〔1980〕94頁)。なお、不動産譲渡につき、Cに登記されるまではBの債権者はその不動産を差し押さえることができるから(つまり、その不動産が債務者Bの責任財産から離脱するのは登記時だから)、登記前に発生した債権に基づく譲渡行為の取消しを認めるという有力説(我妻179頁)があるが、破産法上の対抗要件否認制度(破164条)との体系的バランスを考えると採りえない。また、債権譲渡通知は、観念の通知であり、準法律行為だから、取消しの対象となるという学説が従来多かったが、判例は、それよりも対抗要件であるという面に着目したわけであり、妥当である(中田・前掲判批)。

(c)　強制執行によって実現できるものであること

被保全債権は、強制執行によって実現することができるもの(執行力のあるもの)でなければならない(424条4項)。詐害行為取消権は、債務者の責任財産を保全し強制執行の準備をするための制度だからである。たとえば、破産手続において免責された債権(破253条1項柱書本文。最判平9・2・25前掲〔判時〕、倒産百

選91〔瀬戸口祐基〕)や不執行の合意のある債権を被保全債権とすることはできない(→第4章第2節2(2)〔86頁〕・(3)〔88頁〕)。

◆ **被保全債権と詐害行為取消権の個数**　詐害行為取消訴訟の訴訟物である詐害行為取消権は、取消債権者が有する個々の被保全債権に対応して複数発生するわけではなく、1個のものだというのが判例である(最判平22・10・19裁集民235号93頁、金判1355号16頁〔Bに対し甲債権と乙債権を有するAが、甲債権に基づいてBC間の詐害行為を取り消す訴えを提起し、旧426条の制限期間の後、被保全債権を甲債権から乙債権に変更したとしても、訴え提起による詐害行為取消権の消滅時効の中断の効力には影響がない〕)。詐害行為取消権制度は、回復された一般財産から総債権者が平等弁済を受けるものであり、「取消債権者の個々の債権の満足を直接予定しているものではない」という。取消債権者の債権回収機能を認める規律(事実上の優先弁済の許容、取り消しうる範囲を被保全債権額に限定すること)もある一方で、責任財産保全という本来の制度趣旨を強調するものである(奥田＝佐々木中430頁以下参照)。

(2)　債務者側の要件——債権者を害することを知ってした行為

(a)　概　観

取消しの対象は、「債務者が債権者を害することを知ってした行為」である(424条1項)。民法改正前の学説は、かつて、これを「債権者を害する行為」(客観的要件)と「債務者が債権者を害することを知ってしたこと」(主観的要件)に分解して検討したが(我妻176頁)、その後、これらを相関的ないし総合的に判断する方向に進んだ(平井283頁は「一種の一般条項」的な取扱いという)。他方、2004年に制定された新破産法は、否認権に関する規定を整備し、否認の対象となる行為とならない行為の区別を明確化した(破160条～166条・170条)。これが詐害行為取消権の解釈にも影響を及ぼした(本書3版241頁以下)。現行民法は、否認権との関係を考慮しつつ、「債権者を害することを知ってした行為」についての一般的要件を定めるとともに(424条→(b))、いくつかの類型について個別的要件を定める(424条の2～424条の4→(4)〔324頁〕)。

(b)　一般的要件

(ⅰ)　概観　　以下では、「債務者が債権者を害することを知ってした行為」を、債権者を害する行為(詐害行為)と債務者が知ってしたこと(詐害意思)に分

けて検討する。なお、破産法学では、否認権を検討する際、詐害行為と偏頗行為を区別することが多いが、本節でいう詐害行為は、いずれをも含む概念である。

(ii) **詐害行為──客観的要件**

α 債務者の行為　「行為」は、厳密な意味での法律行為に限られず、いわば法律的行為であればよい。旧424条1項は、「法律行為」と規定していたが、沿革及び実質を考慮し、より広いものとして理解されていた。改正民法はそれを反映した(一問一答100頁)。もっとも、破産法上の否認権の対象よりも少し限定されている。

契約、単独行為(債務免除など)は、法律行為であり、もちろん含まれる。会社の組織に関する行為(設立、会社分割など)も、当然には除外されない(会社法などの規律との関係で判断される)。弁済、時効の更新事由としての権利の承認(152条)、法定追認の効果を生じる行為(125条)も含まれる(潮見新Ⅰ761頁、奥田＝佐々木中447頁)。しかし、対抗要件具備行為は含まれず、その原因行為が取消しの対象となる(破164条との違い→(1)(b)(iii)〔311頁〕)。

事実行為や単なる不作為は含まれない(於保181頁、奥田＝佐々木中447頁)。詐害行為取消権とは、取り消すことによって、ある行為の法的効力をなくさせる制度だからである(平野207頁。事実行為について、担保法の領域で対応されることはある。370条但書、自抵6条など)。

債務者の行為でなければならず、第三者の行為は含まれない。第三者の行為であっても債務者の行為と評価できる場合はありうる(奥田289頁)。

虚偽表示により無効である行為も対象となる。債権者は、虚偽表示による無効を主張するほか、詐害行為取消権を行使することも選択できる。

◆ **会社の組織に関する行為と詐害行為**　①会社の組織に関する行為であっても、財産権を目的とする行為としての性質を有するのであれば、詐害行為取消請求の対象となりうる。②しかし、会社の組織に関する行為を個々の債権者が取り消すと、会社をめぐる法律関係が混乱するうえ、424条による取消しの効果が限定されていることもあり(→4〔342頁〕)、法的安定性が害されるので、会社法などの法令において対応策が講じられている場合には、まずはその規律によるべきことになる。会社設立の取消しにつき、①により肯定した例(大判大7・10・28民録24輯2195頁)

と、②により否定した例(最判昭39・1・23民集18巻1号87頁〔詐害設立に関する規定が昭和13年に商法(平成17年改正前)141条として置かれたことから、それによって規律される設立行為に旧424条の適用の余地はないとした〕)がある。また、会社分割について、②を検討したうえ、取消しを認めた例(最判平24・10・12民集66巻10号3311頁、谷村武則『最判解民平24』654頁)がある。その後、2014年会社法改正により、濫用的会社分割の場合に残存債権者が承継会社等に債務の履行を請求できることとされた(会社759条・761条・764条・766条の各4項〜7項。取引法的問題である詐害事業譲渡についても同様。同23条の2)。

　会社の組織に関する行為の取消しは、上記の法的安定性の問題に加え、取消しの対象、受益者、詐害信託の取消し(信託11条)との関係などの問題もあり、会社法の観点からの制度的対応が望ましいが、未対応の部分についてはなお詐害行為取消権が機能する余地はあるだろう。会社法上の制度が存在する場合に詐害行為取消請求が併存しうるかどうかは、その制度の趣旨・目的によるが、併存するときでも、その制度の趣旨・目的は詐害行為取消請求権の規定の適用にあたって尊重されるべきであると考える[24]。

◆ **虚偽表示と詐害行為取消権**　BがCに財産を売り渡したのだが、それはAの強制執行を免れるための財産隠匿行為であったとする。Aは、BC間の売買は虚偽表示により無効(94条1項)だと主張できる(そのうえで、Aは、債権者代位権によ

---

[24]　2014年会社法改正後も、濫用的会社分割に対し、詐害行為取消権も行使しうるという見解が多い(坂本三郎編著『一問一答　平成26年改正会社法〔第2版〕』〔2015〕355頁以下、江頭憲治郎『株式会社法〔第9版〕』〔2024〕958頁など。最判平24・10・12前掲の評釈等でも同様である〔岡正晶・金判1405号1頁、北村雅史・商事法務1990号4頁・1991号10頁、鈴木千佳子・リマークス48号86頁、小出篤『会社法判例百選〔第4版〕』186頁など〕)。他方、慎重な見解もある(鳥山恭一・法セ697号131頁、奥田＝佐々木中454頁)。詐害行為取消請求を認めると、残存債権者には、①破産手続開始後も管財人による受継がありうる(破産45条2項。会社759条7項等では不可)、②債務の履行請求(同条3項等)のほか、逸出財産の返還請求(424条の6第1項本文)もできる、③期間制限(426条)が一般的であり解釈の幅がある、という利点がある。①は、尊重すべきであろう。②は、返還請求を認めると、承継会社等の事業の継続に支障をきたしたり、その関係者を害したりする可能性があるので、詐害行為取消についても、価額償還(424条の6第1項後段)を原則とする解釈論を志向すべきだろう(同後段の「困難であるとき」の柔軟な解釈〔高須順一「詐害行為取消権の新しい地平線」宮本古稀145頁・158頁以下〕、包括的な権利変動の類型では取消しの効果は残存債権者に対する対抗不能であり価額償還が原則となる、あるいは、返還の「困難性」を認めうるという解釈〔片山直也「濫用的会社分割・事業譲渡と詐害行為取消権」金法2071号(2017)20頁・28頁、同「詐害行為取消における価額償還請求権の新たな機能」近江古稀上763頁・777・782頁〕(いずれも片山・前掲注(22)所収)など)。③は、426条の解釈にあたって会社法759条6項等の示す具体的時点を考慮すべきだろう。なお、詐害行為取消請求における会社分割の位置づけにつき、倒産法交錯167頁〔行岡睦彦〕。

り、BのCに対する不当利得返還請求権をBに代位して行使する)。ここで、BC間には、売買契約の真意があったと認められた場合は、虚偽表示は成立せず、詐害行為取消権によるほかない。

問題は、BC間に売買契約の真意がなく虚偽表示が成立しうるが、仮に有効なら詐害行為にあたるという場合である。判例は、転得者Dがいて、Dは虚偽表示については善意(94条2項)だが、詐害行為であることについては悪意であるという場合に、詐害行為の取消しを認める(大判昭6・9・16民集10巻806頁)。学説は、そのように限定せず、受益者Cとの関係でも、Aが詐害行為取消権の要件を証明してこれを行使するときは、Cは虚偽表示であることを理由に取消しを阻止することはできないという(我妻177頁など通説)。Cの主張は信義則上許されないという構成(内田361頁)により、学説の結論を支持すべきである(於保182頁、潮見新Ⅰ762頁は、無効行為の取消しという構成により、同じ結論に至る)。

β 財産権を目的としない行為

(ア) 意義　債務者のした行為であっても財産権を目的としない行為は、取り消すことができない(424条2項)。詐害行為取消権は、もともと財産上、債権者を保護しようとするものだからである(梅87頁)。

ここでは、家族法上の行為が問題となる。婚姻、縁組、離婚など家族関係の成立や解消を目的とする行為は、結果的に財産状態に変化が生じることがあるとしても、個人の意思を尊重すべきであり、取消しの対象とならない。家族法上の行為であっても、財産の変動を目的とするものについては問題がある。

(イ) 相続法上の行為　相続放棄と遺産分割について議論がある。

① 相続放棄　ⓐ相続財産がマイナスであって資力のある相続人が相続を放棄した場合、被相続人の債権者(相続債権者)は相続放棄を取り消すことができないというのが判例(最判昭49・9・20民集28巻6号1202頁)であり、学説でもほぼ異論がない。相続放棄は、財産を積極的に減少させる行為というより、消極的にその増加を妨げる行為にすぎないこと、相続放棄のような身分行為は他人の意思で強制すべきでないことが理由である[25]。ⓑ相続財産がプラスであって資力のない相続人が相続を放棄した場合、相続人の債権者(相続人債権者)が

---

[25] 相続放棄をした相続人は、初めから相続人とならなかったものとみなされる(939条)ので、同人に対し相続債権者は被保全債権をもたなかったことになり、詐害行為は問題にならないという見解もある(内田Ⅳ354頁)。

相続放棄を取り消すことができるかどうかは学説が分かれる(潮見佳男編『新注釈民法(19)』[2019]660頁[山口亮子])。肯定説は、相続人債権者の期待を保護すべきことなどを理由とする(前田282頁、前田・前掲注(6)②682頁、潮見新Ⅰ768頁)。否定説は、⒜の理由は⒝でも妥当することなどを理由とする(我妻177頁、内田367頁、奥田＝佐々木中452頁〔被相続人の地位を承継するか否かは優れて個人的な問題だという〕)。対立は、相続開始により相続人が当然に承継した財産の減少とみるか(前田・前掲注(6)②)、相続放棄の遡及効により相続しなかったので相続人の固有財産が基準となるとみるか(内田)の違いにもよるが、実質論のレベルでの評価の違いが大きい。相続放棄に関する規定(915条・919条・921条・939条)及び財産分離制度(941条以下)の存在(債権者が介入しうる程度を示す)に照らすと、詐害行為取消権行使の可否に関しては、債権者の期待より相続人の放棄の自由を優先することが民法の構造に整合的であると考えられることも併せ、否定説に与したい。

② 遺産分割協議　判例は、①⒜とは異なり、取消しの対象となるという(最判平11・6・11民集53巻5号898頁、百選Ⅲ[2版]69[佐藤岩昭]、百選Ⅲ76[森田宏樹])。遺産分割協議は、共同相続人の共有となった相続財産について、その全部又は一部を、各相続人の単独所有とすることなどによって、相続財産の帰属を確定させるものであり、性質上、財産権を目的とする法律行為といえるからという理由である。学説では、遺産分割の安定性を重視し、債権者は共有物分割への参加(260条)ができるにとどまるという見解[26]もあるが、判例の結論を支持する肯定説が多い。相続により共同相続人の共有となった相続財産について、遺産分割による変動の実質を考えれば、肯定すべきであろう。もっとも、具体的事案においては、906条の趣旨を考慮したうえ、詐害行為となるか否かを慎重に判断すべきであるとの指摘がある(奥田＝佐々木中452頁、前田ほか・前掲注(8)347頁以下。青竹美佳「遺産分割協議と詐害行為取消し」潮見追悼・家585頁も同方向〔具体的相続分を基準とする〕。内田Ⅳ425頁も参照)。正当な指摘だと考える(他方、法定相続分を基準とする詐害行為取消請求を認めたうえ共同相続人間の事後

---

26)　川島武宜『民法(三)』(1951)166頁、星野英一「遺産分割の協議と調停」同『民法論集第3巻』(1972)479頁〔初出1960〕、中川＝泉・相続346頁注6。

調整に委ねるという考え方も示されている。森田・前掲評釈参照)。

　(ウ)　親族法上の行為　　離婚給付について2件の判例がある。まず、債務超過状態にある者による財産分与は、「〔2024年改正前〕民法768条3項の規定の趣旨に反して不相当に過大であり、財産分与に仮託してされた財産処分であると認めるに足りるような特段の事情のない限り」詐害行為としての取消しの対象となりえないという(最判昭58・12・19民集37巻10号1532頁、百選Ⅱ〔4版〕20 [片山直也])。次に、財産分与が上記「特段の事情」にあたるものである場合は、「不相当に過大な部分について、その限度において」取り消されるとし、また、離婚に伴う慰謝料の支払の合意について、それは新たに創設的に債務を負担するものではないので詐害行為とはならないが、当該配偶者の負担すべき損害賠償額を超える金額の支払合意は、超える部分については、実質的には贈与ないし対価を欠く新たな債務負担行為なので、取消しの対象となりうるという(最判平12・3・9民集54巻3号1013頁、百選Ⅲ19[森田修])。

◆ **財産分与と詐害行為**　　財産分与には、①婚姻中に形成された夫婦の共同財産の清算、②離婚後の扶養、③離婚に伴う慰謝料の要素がある(2024年改正民768条3項〔未施行〕参照)。①については、債務超過状態だと、そもそも分与すべき財産がないはずだから、なお分与すれば、それは詐害行為になるという見解(柚木馨「判批」判評8号〔1957〕16頁、柚木(高木)191頁)がある。たしかに分与者Bの債務が夫婦の共同財産の形成に寄与した範囲ではそうだが、それ以外の財産について配偶者Cの潜在的共有持分の清算をすべき部分はありうるし、そもそもBの債務が共同財産とは無関係のこともありうるから、債務超過状態での財産分与が当然に詐害行為になるとはいえない(二宮周平編『新注釈民法(17)』〔2017〕414頁以下・426頁[犬伏由子]参照)。②については、その根拠には諸説あるが(二宮編・前掲399頁以下[犬伏])、離婚により経済的困難に陥る配偶者の生活を維持するとの理由から、これについて配偶者を優遇してよいという見解が多数である(島津一郎編『注釈民法(21)』〔1966〕216頁[島津]など)。もっとも、この見解が依拠する旧破産法47条9号の扶助料に関する規定は、新破産法では削除されたので、消極説の説得力が相対的に高まっている[27]。しかし、詐害行為取消請求においては、破産の

---

27)　大島俊之『債権者取消権の研究』(1986)112頁は、財産分与が取り消され扶養を受けられないCが公的扶助に依存することの回避(旧破47条9号参照)は、Bからの将来の定期金での支払でなされるべきだという。破産法の改正は、破産者の生活保障は、扶助料によるのではなく、自由財産、新得財産、破産免責の制度に委ねるとの判断がされたことによる(伊藤・破産333頁注144)。

ような免責制度がなく、B及びCの生活保障が不安定であるし、そもそもBは、離婚しなければ婚姻費用分担としてCの分も支出していたわけだから、一定の程度・期間の扶養部分は、取消しの対象外としてよいだろう。③については、慰謝料の部分の性質は損害賠償債権であり、配偶者といえども一般債権者と同様に考えるべきだという見解(前田達明『民法随筆』〔1989〕177頁〔初出 1984〕)が有力である。既発生の損害賠償債務の確認(最判平 12・3・9 前掲)とその弁済とを区別して考えるべきである。結局、①②は、過大な分のみが取消しの対象となり、③は慰謝料の支払を弁済の詐害行為性という観点から判断すべきことになる。

γ 債権者を「害する」こと

(ア) 意義 「害する」とは、債務者の行為の結果、債権者が十分な満足を得られなくなることである。債務者に弁済資力があれば、詐害行為にはならない。

「害する」態様は、3種類ある。第1は、債務者の行為により、債務者の責任財産の総額から一般債権の総額を差し引いた額(正味財産額)がマイナスとなるか、又は、そのマイナスが拡大する場合である(正味財産減少型)。第2は、債務者の行為により、正味財産額は変わらないが、一般債権総額に対する責任財産総額の比率が低下する場合である(配当率減少型)。第3は、正味財産額も配当率も減少しないが、財産の性質上、債権者たちが共同担保として期待できる可能性が低下する場合である(担保価値減少型)。

◇ ①Bの積極財産が 1500 万円の預金、債務がAに対する債務 1000 万円であったとする。BがCに 1000 万円を贈与すると、Aは害される(正味財産減少型。新たに債務超過状態に陥った場合)。②Bの積極財産が 1500 万円の預金、債務がAに対する債務 2000 万円であったとする。BがCに 1000 万円を贈与すると、Aは害される(正味財産減少型。債務超過状態を悪化させた場合)。③Bの積極財産が 1500 万円の預金、債務がA・C・Dに対する債務各 1000 万円(合計 3000 万円)であったとする。BがCにのみその債務を弁済すると、A・Dは害される。正味財産額は、弁済の前後を通じてマイナス 1500 万円で変わらないが、債権総額に対する責任財産の比率(A・Dへの配当率)は、50%から 25%に低下するからである(配当率減少型)。④Bの積極財産が 1500 万円の土地、債務がA・C・Dに対する債務各 1000 万円(合計 3000 万円)であったとする。BがEにこの土地を 1500 万円で売り、現金 1500 万円を受領したとすると、A・C・Dは害されることがある。正味財産額

も配当率も変わらないが、土地に比べ、現金は使ったり隠したりしやすいから、担保として実質的に当てにできる度合が低下するからである(担保価値減少型)。

◇ 責任財産という言葉は、一般債権者の債権の引当てとなる債務者の一般財産という意味で、プラスの財産(資産)を指すことが通常である。これに対し、プラスの財産(資産)とマイナスの財産(負債)を合算したものを責任財産と呼ぶ例[28]もあるが、この用語法は混乱を招くおそれがあるので、本書ではとらない。

なお、会計学等で、資産を積極財産、負債を消極財産、前者から後者を差し引いたものを正味財産(純財産)ということがある。本書でも、便宜的にこれらの言葉を用いるが、厳密にいうと、積極財産には担保権が設定された財産や差押禁止財産も含まれ、消極財産には担保付き債権も含まれるから、積極財産と責任財産、消極財産と一般債権とが一致するわけではない。本章では、担保権の有無は区別して述べるが、差押禁止財産は捨象する。一般財産と責任財産の関係については→第4章第2節1(4)◆〔84頁〕。

　民法改正前の学説では、正味財産減少型だけが詐害行為となるというのがかつての通説だった(我妻184頁以下)。しかし、判例[29]は、それ以外の型についても詐害行為となることを認め、学説も判例を支持するものが多くなった[30]。他方、新破産法は、否認権について、①詐害行為否認(破160条)と②偏頗行為否認(破162条)に大別したうえ、具体的な類型ごとに要件を明確化した。①には正味財産減少型が相当し、担保価値減少型はその特則として位置づけられる。②には配当率減少型が相当する。民法改正の審議では、偏頗行為(配当率減少型)を詐害行為取消権の対象とすることに消極的な意見もあったが(論点整理説明80頁以下)、厳格な要件のもとで、これも対象に含めることとされた。その結果、現行民法は次の表の構成となっている。

---

[28] 錦織成史「詐害行為取消権の拡張・転用」『京都大学法学部創立百周年記念論文集第三巻』(1999)125頁・141頁。

[29] 飯原一乘『詐害行為取消訴訟〔第2版〕』(2016)。

[30] 林錫璋「債権者取消権」講座Ⅳ141頁・167頁。錦織・前掲注(28)は、詐害行為取消権の原型(詐害行為)・拡張型(責任財産危殆化行為)・転用型(偏頗行為)に分類し、類型ごとに判断基準を具体化すべきことを説いていた。

行　為		類　型	条　文
債権者を害することを知ってした行為		正	424条
相当の対価を得てした財産処分行為		担	424条の2
特定の債権者に対する行為	担保提供行為	配	424条の3
	対価的均衡のとれた債務消滅行為	配	
	対価的均衡を欠く債務消滅行為	配・正	424条の4

類型の「正」は正味財産減少型、「配」は配当率減少型、「担」は担保価値減少型を示す。

　これらの条文は、424条が一般的な要件を規定し、424条の2以下の3か条がその特則を定めるという関係にある。424条1項の規定による請求は「詐害行為取消請求」と呼ばれ（同条3項）、424条の2以下の3か条では「詐害行為取消請求」ができるための要件が定められているので、これら3か条においては、424条1項の要件に他の要件が追加されることになる[31]。これを適用対象の側から整理すると、424条は、424条の2以下の3か条の適用のない行為、すなわち、正味財産減少型の行為が対象となる。

　（イ）　債務者の無資力との関係　　詐害行為取消権の行使については、その目的（責任財産の保全）及びその効果の重大性（債務者の財産管理処分権への介入）により、債務者の無資力が要件となる（潮見新Ⅰ643頁）。「害すること」との関係では、その行為によって無資力となる場合と、無資力の状態でその行為をする場合の双方が含まれる。無資力かどうかは、単なる計数上の関係ではなく、債務者の信用（事実上有力な融資者があることなど）をも含むというのが伝統的通説である（→(4)(c)(i)2つ目の◆〔328頁〕）。

　「害する」か否かの判断の基準時はいつか。債務者の行為時と事実審口頭弁論終結時（取消しをする判決に最も近い時点）との間の債務者の資力の変動が問題となる。まず、行為時に、行為により無資力となったか、又は、無資力状態で行為をしたことが必要である。加えて、事実審口頭弁論終結時にも無資力状態にあることが必要である（大判大15・11・13民集5巻798頁、我妻184頁など通説）。さらに、その中間でいったん資力を回復した場合は、その時点で詐害行為取消

---

[31]　潮見ほか・改正200頁・204頁以下〔沖野眞已〕は、その関係を詳しく分析する。倒産法交錯20頁以下〔片山〕も参照。

権は消滅し、その後、再び無資力状態に陥ったとしても、取消権が復活することはないと解すべきである[32]。債務者が行為後に資力を回復したのなら、責任財産保全という詐害行為取消権の目的に照らし、取消しを認める必要はないからである。

　（ウ）**担保権の設定された財産**　　以上の叙述は、債務者の一般財産に関するものであり、担保権が設定された財産（特別財産）は別である。担保権者は、被担保債権について、担保権の設定された財産から優先弁済を受けうるので、一般債権者はその分を引当てにできない。したがって、積極財産からは担保権が把握している価値を、消極財産からは担保権によって担保されている債権の額を、それぞれ除外して判断する（担保権には、債務者が自己の債権者に供しているものと、他人の債務の物上保証をしているものがあるが、いずれも除外する）。担保権付き不動産の譲渡が詐害行為となるためには、行為時だけでなく、事実審口頭弁論終結時にも、一般債権者の引当てとなる分（担保権の把握していない価値）があることが必要である（大判大12・5・28民集2巻338頁）。

　（ⅲ）**詐害の意思——主観的要件**　　詐害行為取消権の対象となるのは、「債権者を害する行為」ではなく、「債務者が債権者を害することを知ってした行為」である。つまり、債務者の詐害の意思が主観的要件となる。詐害の意思について、民法改正前の学説は、当初、詐害行為取消権全体を通じて統一的に説明しようとしたが、その後、客観的要件との相関関係で判断する見解が有力になり、さらに、新破産法の制定を受け、詐害行為の類型ごとに検討することが試みられていた。現行民法は、類型ごとに主観的要件を具体的に定める（→(4)）。

◆　**民法改正前の「詐害の意思」の理解**　　かつては、その行為が債権者を害するという認識で足りるという認識説（悪意説ともいう。我妻189頁などかつての通説）と、それでは足りず、より積極的な意思が必要だとする意思説（意欲説と害意説に分けることもある）との対立があった。意思説をとる大審院判決（大判昭8・5・2民集12巻1050頁）があったが、最高裁では、認識説をとるもの（最判昭35・4・26前

---

[32]　野田良之『判民昭12』43頁、大判昭12・2・18民集16巻120頁参照。否認権との関係も含め、宇野瑛人「債務者の財産状態と財産減少行為否認の有害性」法学82巻4号(2018)1頁、倒産法交錯50頁［山木戸勇一郎］。

掲〔債権者の1人に新たな担保権を設定〕）や、債務者と受益者の通謀を要件とするもの（最判昭48・11・30民集27巻10号1491頁〔債権者の1人に代物弁済〕）などが現れた。これを受け、学説でも、客観的要件と区別された主観的要件について認識か意思かを論じるという従来の枠組みを批判し、詐害行為の成否は、主観的要件と客観的要件を総合的又は相関的に考慮して判断すべきであり、判例はそうしているという理解（下森・前掲注(23)251頁など）が広まり、通説化した（星野115頁、奥田286頁、平井284頁、澤井69頁、淡路299頁など）。たとえば、贈与のような無償行為については、債務者の単なる認識で足りるが、不動産の相当価格での売却については、より積極的な詐害意思が必要だと考える。さらに、新破産法制定後は、類型化して検討する試みがあった（本書3版249頁以下）。

(3) 受益者・転得者の要件——悪意

(a) 受 益 者

詐害行為取消権が生じるためには、債務者の詐害意思だけでなく、受益者の悪意も必要である。すなわち、受益者が、債務者の行為の時点で、債務者の行為が債権者を害することを知らなかったときは、債権者は取り消すことができない（424条1項但書）。善意であったことの証明責任は、受益者が負担する（大判大7・9・26民録24輯1730頁、我妻191頁など、判例・通説）。

(b) 転 得 者

転得者に対する詐害行為取消権が生じるためには、①受益者に対して詐害行為取消請求ができること、②転得者が悪意であること、が必要である（424条の5）。

①については、改正前民法のもとでは議論があった（本書3版258頁）。受益者Cが善意でも転得者Dが悪意である場合は、Dに対し詐害行為取消請求ができるという見解が多数であり、判例にもそのように解しうるものがあった（最判昭49・12・12裁集民113号523頁、金法743号31頁）。しかし、そうすると、取得した財産を取消しによって奪われたDが善意のCに対して責任を追及する可能性があり、取引安全が害されるおそれがあることや、破産法上は否認できないこと（2017年改正前破170条1項。同改正後170条1項参照）との権衡が考慮され、受益者が善意の場合は、転得者に対する詐害行為取消請求はできないこととされた（一問一答105頁）。受益者の善意の証明責任は、転得者が負う（部会議事録82回55頁以下、潮見新Ⅰ803頁、奥田＝佐々木中473頁。反対、潮見ほか・改

正211頁以下[沖野]。債権者が債務者の詐害行為と詐害意思に加えて転得者の悪意[→②]をも証明した状態のもとで蓋然性の高い受益者の主観的容態及びその証明の事実上の負担を考えると、受益者の善意を転得者に証明させるのが妥当であろう。破産法上の議論につき、伊藤・破産630頁注322参照）。

②については、転得者が受益者から転得したか、他の転得者から転得したかで分けて規定されている。受益者から転得した者については、転得者が「転得の当時、債務者がした行為が債権者を害することを知っていたとき」に限り、債権者は取り消すことができる（424条の5第1号）。他の転得者から転得した者については、その転得者及びその前に転得したすべての転得者が、「それぞれの転得の当時、債務者がした行為が債権者を害することを知っていたとき」に限り、債権者は取り消すことができる（同条2号）。つまり、受益者から取消請求の相手方となる転得者までの全員が悪意であることが必要である。善意者の保護及びそれによる取引の安全を重視した規律である。転得者の認識の時点は、転得時である。転得者の認識の対象は、債務者の行為が債権者を害することであり、受益者の悪意ではない（受益者が悪意であったことを知っていたという「二重の悪意」ではない。一問一答106頁）。転得者が悪意であったことの証明責任は、債権者が負担する（改正前民法のもとの通説〔我妻191頁など〕と異なる）。

> ◇ 無資力である債務者Bがその所有する絵画甲を受益者Cに贈与し、CがDに、DがEに、甲を転売し、Bの債権者AがEに対し、詐害行為取消請求をするとする。Aは、DとEがそれぞれの転得の当時、BのCに対する贈与が債権者を害するものであったことを知っていたことを証明しなければならない。DとEの悪意の対象は、いずれもBの行為（Cに対する贈与）の詐害行為性であり、Cの悪意ではない。Eの悪意の対象は、Dの悪意でもない。なお、Cが善意であったことをEが証明したときは、Aは詐害行為取消請求ができない。

(4) 各行為類型の要件

以下では、債務者の行為類型ごとに要件を検討する。まず、受益者に対する詐害行為取消請求について検討し（→(a)～(c)）、その後、転得者に対する詐害行為取消請求について、まとめて検討する（→(d)）。

(a) 財産減少行為（正味財産減少行為）

　無償行為など正味財産を減少させる行為は、一般的な要件のもとで、詐害行為取消請求の対象となる（424条1項）。贈与、不相当に低廉な価格での財産処分（廉価売却など）、債務の免除などである。このように積極財産を減らす行為のほか、消極財産を増やす行為（対価のない債務負担行為）も含まれる。負担すべき額を超える額の離婚慰謝料債務の支払合意（→(2)(b)(ⅱ)β(ウ)〔318頁〕）、第三者の債務の保証（潮見ほか・改正207頁[沖野]。伊藤・破産598頁以下参照）などである。主観的要件は、債務者の認識（債権者を害することを知ってしたこと）である。

◆ **否認の場合(1)**　　破産法は、破産法学上の概念である「詐害行為」の否認（破160条1項）及び無償行為の否認（同条3項）の類型を設けている[33]。

(b) 相当価格での財産処分行為

　不動産の時価での売却など、相当の対価を得てした財産の処分行為（相当価格処分行為）は、加重された要件のもとで、詐害行為取消請求の対象となる（担保価値減少型）。すなわち、①債務者が隠匿等の処分をする具体的なおそれ、②債務者の隠匿等の処分の意思、③受益者の悪意（②の認識）、のいずれも満たす場合に限り、詐害行為取消請求ができる（424条の2）。①は、その行為が不動産の金銭への換価その他の当該処分による財産の種類の変更により、債務者が隠匿、無償の供与その他の債権者を害することとなる処分をするおそれを現に生じさせることである。不動産を相当価格で売却した場合、債務者の正味財産は減らないが、不動産が金銭に変わることによって隠匿等がしやすくなる。そのおそれは抽象的には常に存在するが、具体的なものとなっていなければならない（「現に生じさせる」）。債務者の得た対価が責任財産中に現存する場合は、「おそれ」がなかったと評価するための要素となりうるだろう。潮見ほか・改正205頁[沖野]参照）。②は、債務者がその行為の当時、対価として取得した金銭その他の財産について、隠匿等の処分をする意思を有していたことである。③は、受益者が、債務者の行為の当時、債務者が隠匿等の処分をする意思を有していたことを知って

---

[33]　倒産法交錯55頁以下[山木戸]、倒産法交錯145頁[佐藤鉄男]。

いたことである。これらの要件が424条の一般的な要件に付加される。価格の相当性は、行為の時点で判断される。

改正前民法のもとで、不動産の相当価格での売却等について、判例は、原則として詐害行為となるとしたうえで例外を認めており、学説もこれを支持するものが増えていたが、基準には不明確さがあった。現行民法は、破産法161条の規律を参照し、明確化され限定された要件を満たす場合に限り、詐害行為となることを認める。経済的危機にある債務者の取引について、相手方が詐害行為取消しをおそれ、萎縮して応じないということのないようにし、債務者の再建可能性を高めようとする一方、要件を満たす場合には責任財産の保全の可能性を残すものである。なお、破産法161条2項には推定規定があるが、民法の規定としては詳細に過ぎることから、同項の類推適用等の運用に委ねられた（以上、部会資料73A、第6、2説明参照。倒産法交錯63頁以下［山木戸］も参照）。

◆ **否認の場合(2)**　破産法は、相当の対価を得てした財産の処分行為の否認について、破産者が隠匿等の処分をする具体的なおそれ、破産者の隠匿等の処分をする意思、相手方の悪意(破産者の隠匿等処分意思の認識)を要件とし、さらに相手方が一定の立場にある場合にその悪意を推定するというきめ細かい規定を置く（破161条）。否認の対象となる場合を限定した背景には、相手方（受益者）に与える萎縮的効果を除去することにより、経済的危機に瀕した債務者が財産を換価して経済的再生をはかることを容易にし、また、不動産等の流動化による資金調達のリスクを除去しようという判断がある（小川編・破産222頁、伊藤・破産583頁以下）。

◆ **改正前民法での判例**　判例は、不動産の相当価格での売却等は、原則として詐害行為になるとしたうえで、例外を認めていた。すなわち、①不動産を消費又は隠匿しやすい金銭に代えることは、原則として詐害行為になるが（大判明44・10・3民録17輯538頁、大判大6・6・7民録23輯932頁）、②代金を「有用ノ資」に充てるためなど、債務者の売却の目的・動機が正当なものであるときは、詐害行為とならない（大判明44・10・3前掲［傍論］、大判大6・6・7前掲［債務の弁済資金とするため］、大判大13・4・25民集3巻157頁［債務の弁済資金とするため］、最判昭41・5・27民集20巻5号1004頁［抵当権付き債務の弁済資金とするため］）、③ただし、特定の債権者と通謀して同人に優先弁済を受けさせるために処分する場合は、詐害行為となる（大判大6・6・7前掲［傍論］、大判大13・4・25前掲［傍論］、

最判昭 39・11・17 民集 18 巻 9 号 1851 頁）という。

(c) 特定の債権者に対する行為
(ⅰ) 債務消滅行為
　α　弁済　　弁済は、加重された要件のもとでのみ、詐害行為取消請求の対象となる。すなわち、①弁済が債務者の支払不能の時にされたこと、②債務者と受益者が通謀して他の債権者を害する意図で弁済が行われたこと、のいずれも満たす場合に限り、詐害行為取消請求ができる（424 条の 3 第 1 項）。①の支払不能とは、「債務者が、支払能力を欠くために、その債務のうち弁済期にあるものにつき、一般的かつ継続的に弁済することができない状態」である。同項 1 号が破産法 2 条 11 項の定義を導入したものである。これらの要件が 424 条の一般的な要件に付加される（したがって、債務者は無資力であり、かつ、支払不能であることを要する〔部会議事録 82 回 55 頁〕。結論同旨、潮見ほか・改正 208 頁〔沖野〕）。

　ただし、弁済の時期が債務者の義務に属しない場合について、①の特則がある。債務者が履行期より前に弁済した場合は、その時点では債務者は支払不能になっていなかったとしても、それが支払不能になる前 30 日以内であったときは、②の要件も満たせば、債権者は詐害行為取消請求ができる（424 条の 3 第 2 項）。これは、①だけだと、債務者が近々支払不能になると察知した債権者が債務者に期限前弁済をさせ、詐害行為取消請求を免れる可能性があるので、これを封じるためのものであり、破産法 162 条 1 項 2 号を参考としたものである（部会資料 73A、第 6、3、説明 1）。なお、弁済は債務者の義務だから、424 条の 3 第 2 項のうち「債務者の義務に属せず」の部分は、関係しない。

◆　否認の場合(3)　　破産法は、偏頗行為について、危機時期以後の行為のみを否認の対象とし、故意否認は認めないことした（破 162 条 1 項 1 号・160 条 1 項柱書括弧書）。旧破産法のもとでは、支払停止・破産申立て前であっても実質的危機時期における弁済について故意否認を認めるのが判例・通説であったが（伊藤眞『破産法〔全訂第 3 版補訂版〕』〔2002〕343 頁）、このように時期的限定の不明確な故意否認を認めると、取引安全及び否認権の成否に関する予測可能性を奪うという問題があり、改められた（小川編・破産 226 頁）。

◆ **無資力と支払不能**　無資力と支払不能とは、①のれんのように資産計上が許されるものにまでは至らない、信用・資金調達能力なども考慮に入れる（この点で債務超過とは異なる）という共通点はあるが、②債務者の換価困難な財産を考慮に入れるかどうか、③弁済期未到来の債務を考慮に入れるかどうかでは異なる（「無資力」は②③とも肯定。「支払不能」は②③とも否定する見解が多いが、③について議論がある）という違いがある。

　破産法上、支払不能は、「債務者が、支払能力を欠くために、その債務のうち弁済期にあるものにつき、一般的かつ継続的に弁済することができない状態」（破2条11項）である[34]。財産があっても換価困難なら支払不能となりうるし、財産がなくても信用や収入による弁済能力があれば支払不能ではない（伊藤・破産118頁）。弁済期の到来した債務が考慮対象となるというのが一般的理解だが（小川編・破産31頁・232頁、竹下編・破産21頁[小川秀樹]）、弁済が無理算段でされているときは弁済期の到来に立ち入ることなく支払不能と認められることがあり、さらに弁済期到来は支払不能の要件ではないという学説が台頭し、議論となっている。支払不能は、支払停止があれば推定される（破15条2項）。支払停止は、「弁済能力の欠乏のために弁済期の到来した債務を一般的、かつ、継続的に弁済することができない旨を外部に表示する債務者の行為」であり（手形不渡りなど。伊藤・破産121頁）、外形的に明確であるので、証明しやすい。これに対し、債務超過は、債務額の総計が資産額の総計を超過している状態をいう（伊藤・破産125頁）。

　無資力は、債務超過と同義に使われることもあるが、債務者の信用（我妻185頁〔事実上有力な融資者がいることを例とする〕など通説）、のれん（於保184頁など通説）、労務による収入（潮見新Ⅰ658頁、奥田＝佐々木中441頁）も考慮されうるものであり、単なる計数上の関係ではない。もっとも、債務超過においてものれんのように資産計上が認められるものは評価されるだけでなく、資産の評価について清算価値を基準とするか継続事業価値を基準とするかの対立があるなど（伊藤・破産128頁以下）、「計数」に関する評価の問題はある（基本方針Ⅱ417頁注9参照）。なお、現行民法の解釈論として無資力を支払不能と債務超過の上位概念と位置づける見解（内田367頁）もあるが、複雑化する懸念がある。

---

34)　宇野瑛人「支払不能概念の構造とその機能についての一視角」法協136巻2号83頁～7号116頁（2019）（特に「履行期到来の要否」の問題の理論的意義を検討する。日本の議論の現状につき2号114頁以下、問題の再定位につき7号160頁以下）。履行期要件不要説として、山本和彦「支払不能の概念について」新堂幸司＝山本和彦編『民事手続法と商事法務』(2006)151頁。424条の3に支払不能の要件を置く意義につき、小粥・前掲注(1)15頁以下（批判的検討）、倒産法交錯81頁[瀬戸口祐基]（消極的な役割と評価）。

◆ **改正の経緯**　民法改正前の学説では、弁済は詐害行為とならないという否定説(我妻185頁など)と、一定の場合には詐害行為となるという例外的肯定説[35]が対立していた。否定説は、①弁済は債務者の義務であること、②弁済により責任財産は減少するが一般債権も減少するので差引額は変わらないこと、③一部の債権者に弁済すると、他の債権者に対する返済の割合が低下するが、債権者平等は破産手続開始後において実現されるべきものであること、④危機的状態にある債務者が特別の関係のある債権者に弁済して再建のための支援を得ようとするのを禁じる理由はないことを指摘する。例外的肯定説は、詐害行為が問題となるのは現実には破綻に際した状況であり、債権者平等の原則を考慮すべきことを主張する。判例は、「弁済は、原則として詐害行為とならず、唯、債務者が一債権者と通謀し、他の債権者を害する意思をもって弁済したような場合にのみ詐害行為となるにすぎない」という(最判昭33・9・26民集12巻13号3022頁、最判昭40・1・26裁集民77号129頁〔債権者平等分配の原則は破産宣告で始めて生じるという〕)。両説の対立の根底には、詐害行為取消権が偏頗行為を対象としうるか(破産前に債権者平等を考慮しうるか)という問題がある。

　民法改正の審議では、否定説の③と④が重要な論点となった。③からは、弁済は詐害行為取消権の対象にならないということになるが、詐害行為取消権に関する判例の存在や、破産手続開始前においても債権者平等には意義があるとの指摘もあり、弁済も対象とされることとなった。他方、④については、新破産法は弁済が否認される要件を明確に定めているのに、詐害行為取消権の要件が不明確であると、債務者の再建可能性を高めるという要請の支障になることが指摘された。結局、詐害行為取消権の要件を明確化し、かつ、④の問題を解決するため、詐害行為取消権の一般的な要件に破産法における偏頗行為否認の要件を重ねることとされ、424条の3の規律となった(部会資料73A、第6、3、説明1参照。「通謀して」の要件の拡張につき、一問一答104頁参照)。

　④について、具体的には次の通りである。改正前民法においては、支払停止・破産手続開始申立て・支払不能は基準とされていなかったので、これらの前の一定期間内にされた行為に限るという制約(破160条3項・162条1項2号参照)をすることができない。そこで、支払不能の概念の導入が検討された。もっとも、無資力要件を支払不能要件に置き換えることは、支払不能の概念が債務者の責任財産及び一般債権の全体を反映するものではないこと(前の◆の②③参照)から、責任財産保全

---

[35]　林ほか196頁[石田]、近江3版159頁は、信義則に反する場合は詐害行為となるという(先行する見解につき、林ほか200頁注23[石田])。債権者平等の原則の侵害という観点から例外を設けるものとして、佐藤岩昭「詐害行為取消権の成立要件に関する一考察」星野英一古稀『日本民法学の形成と課題　上』(1996)429頁[同・前掲注(3)所収]、潮見Ⅱ144頁。判例のいう「債権者平等分配の原則」の理解につき、倒産法交錯111頁・131頁以下[赫高規]参照。

という詐害行為取消権の制度趣旨と整合的でない。また、次のような実際上の不都合もある。すなわち、取消債権者と破産管財人の間には、権限行使の目的や地位の相違がある。しかも、破産管財人は、支払不能、支払停止、破産手続開始の申立てを経て、破産手続開始決定があった後の時点において、破産者の行為を回顧的に評価して、否認の要件事実を証明すればよいのに対し、取消債権者は、流動的な状態のもと、支払停止・破産手続開始の申立てが将来生じるかどうかも不確定な時点で、債務者の行為が現に債権者を害することを証明する必要がある。このように、詐害行為取消権に支払不能の要件を導入することには問題があるが、破産法上否認されないのに、詐害行為として取り消されることは適切でないという見解が重視された。その結果、責任財産保全という制度目的の観点から無資力要件を残しつつ（424条の3第1項柱書・424条3項括弧書）、支払不能も要件とすることにより（424条の3第1項1号）、破産法における偏頗行為否認が可能な場合に限るという制約が付されたことになり、詐害行為取消請求の範囲が制限されることになった。

◆「逆転現象」の評価と解釈論　　民法改正の審議の過程で、「逆転現象」という言葉がしばしば用いられた。平時における一般債権者が詐害行為取消権を行使できるのに、破産手続開始後における破産管財人が否認権を行使できないという現象のことである（中間試案説明166頁）。そこで、「逆転現象」の解消が必要であるという指摘があった[36]。

ここには①制度理解の問題と②政策的考慮の問題がある。①制度については、ⓐ債権者平等が実現されるべきなのは破産の段階だから、否認権の対象よりも詐害行為取消権の対象が広くなる「逆転現象」は不当であると考えるのか、ⓑ否認権（特に故意否認）と詐害行為取消権は、起源・目的は共通しつつも、行使権者・期間・対象など具体的内容には相違があるものとして、破産に至らない段階と破産の段階のそれぞれにおいて債権者平等を図る役割を担うものであり、詐害行為取消権の対象範囲が否認権のそれによって当然に画される必然性はないと考えるのかである。②政策的には、ⓐ経済的危機にある債務者との取引に対する萎縮的効果を除去し、取引の安全性を高めることにより、再建のための支援を得やすくすることを重視するか、ⓑ私的整理を円滑化することによって債務者の破産を回避しその再建に資することを重視するかである。

民法改正前には、有力な少数説が①ⓐと②ⓐを指摘しており（我妻185頁）、新破産法においては否認権の規定の改正にあたり②ⓐが重視された（小川編・破産222頁・227頁・229頁・230頁など。資産流動化のリスク除去にも言及がある）。今回

---

[36]　内田359頁参照。森田・文脈515頁以下・547頁以下は、新破産法から今回の民法改正までの流れを検討し、「破産法との横並び」論により「破産法一辺倒」が出現したと評価する。

の改正の過程で述べられた「逆転現象」論は、②ⓐとともに、①ⓐを強調するものといえよう。

今回の改正で、詐害行為取消権の要件を明確にし、また、行為類型ごとに破産法の否認権との関係を考慮しつつ、規律の明確化を図ったのは、①②のどの考え方からも説明されうるものである。このうち、①については、詐害行為取消権と否認権の両制度の整合性を考慮すべきことは当然だが、そのこととⓐとが必然的に結びつくわけではなく、ⓑもありうると考え、私見はⓑを支持したい。②については、ⓐとⓑは対立するものではなく、両方の実現を目指すべきだと考える。

現行民法の詐害行為取消権に関する規律の解釈にあたって、否認権の規律との整合性を考慮すべきことや、債権者平等が平時よりも破産手続開始後においてより重視されるべきことは、当然のことではあるが、「逆転現象」の解消を絶対視し、そこから形式的に結論を導くことについては、意見が分かれる。私見は、詐害行為取消権の対象範囲を考えるためには、まず破産法の否認権の範囲を画定し、それを超えることは一切認められないという態度はとるべきではないと考える。その結果、仮に、詐害行為取消権の行使が否認権の制約を超えて認められる場面が生じたとしても、破産に至らない状態での取引秩序の維持、私的整理の規律及び私的交渉の促進[37]という面から説明できるだろう。

β 代物弁済

（ア）対価的均衡のとれた代物弁済　代物弁済は、弁済と同一の効力をもつ（482条）。債務額に相当する額の代物での給付をする場合、「債務の消滅に関する行為」として424条の3第1項により詐害行為取消請求の対象となる。この場合、「行為」とは、代物弁済の合意だけでなく、給付までされたことをいうと解すべきである。

代物弁済は、弁済とは異なり、債務者の義務ではない。そこで、同条2項の「債務者の義務に属」しない行為にあたるかどうかが問題となる。破産法の規定とそろえて解釈するとすれば、代物弁済は、これにはあたらない（同条1項の適用対象となるのみである）ことになる。

◆ **否認の場合(4)**　破産法は、対価的均衡のとれた代物弁済は、詐害行為否認

---

[37] 森田・前掲注(19)72頁以下、小林秀之＝沖野眞已『わかりやすい新破産法』(2005)203頁、倒産法交錯28頁[高井章光]参照。倒産法交錯26頁[片山]・110頁[瀬戸口]も参照。高須順一「詐害行為取消権の再構成」潮見追悼・財251頁は、前提は異なるが、共通する問題意識を示す。この問題は、法的倒産手続に入ることをどこまで積極的に評価するかにもかかわる。

の対象にはならず(破 160 条 1 項柱書括弧書)、偏頗行為否認の対象となるものとする(破 162 条)。破産法 162 条は、偏頗行為のうち、①「破産者の義務に属せず、又はその時期が破産者の義務に属しない行為」(同条 1 項 2 号)については時期の緩和をし、②「破産者の義務に属せず、又はその方法若しくは時期が破産者の義務に属しない」行為(同条 2 項 2 号)については受益者(債権者)の悪意を推定する。弁済期経過後の代物弁済は、「その方法が破産者の義務に属しない」場合である(つまり、②ではあるが、①ではない)と解されている(小川編・破産 232 頁、伊藤・破産 595 頁注 252)。

◆ **代物弁済の非義務性の評価**　改正前民法のもとでは、債権額に相当する物での代物弁済については、詐害行為とならないという有力説(我妻 186 頁)があったが、主観的態様の詐害性が強い場合に詐害行為の成立を認めるのが多数説だった。判例は、一般債権者に対してされた代物弁済は、目的物の価格いかんにかかわらず、債務者に詐害の意思があれば詐害行為となるとし(大判大 8・7・11 民録 25 輯 1305 頁)、この場合の詐害の意思について、「他の債権者を害することを知りながら特定の債権者と通謀し、右債権者だけに優先的に債権の満足を得させる意図」とした(最判昭 48・11・30 前掲〔債権譲渡による代物弁済〕)。代物弁済は、弁済とは異なり、義務ではないことをどう評価するかという問題がある(斎藤次郎『最判解民昭 48』274 頁・278 頁、本書 3 版 252 頁)。

　現行民法のもとで、弁済期経過後の代物弁済が 424 条の 3 第 2 項の対象となるかどうかについては、同項柱書と破産法 162 条 1 項 2 号の文言が同一であることから、破産法の解釈(→前の◆)を参考にすれば、それは「方法が義務に属しない」場合であるとして否定され、424 条の 3 第 1 項の要件のもとでのみ取り消すことができると解するのが自然である(中間試案説明 170 頁、一問一答 103 頁、中田ほか・改正 132 頁〔沖野〕、潮見ほか・改正 209 頁〔沖野〕、内田 370 頁、片山ほか 193 頁〔白石〕)。これに対し、代物弁済の非義務行為性を強調し、弁済期経過後の代物弁済も同条 2 項の対象となるという見解もある(潮見・改正 90 頁、潮見新Ⅰ786 頁。倒産法交錯 27 頁注 66〔片山〕参照)。

(イ)　**過大な代物弁済**　債務者が受益者に対する債務の額よりも過大な価額の給付をする代物弁済の場合は、①代物弁済によって消滅する債務の額に相当する部分と、②それを超える部分(過大部分)とに分けた規律がある。①は、特定の債権者に対する債務消滅行為として 424 条の 3 第 1 項の要件のもとで取消しができ、②は、財産減少行為の実質を有するので 424 条 1 項の要件のもと

で取消しができる(424条の4。424条1項該当性を要件とするのは確認的意味だと理解すべきである)。①の要件は満たさないが、②の要件は満たす場合、過大部分のみの取消しとなる(一部取消し)。代物たる給付が不可分のものである場合は、債権者は、一部の返還(現物返還)を求めることはできず、価額の償還を求めることになる(424条の6第1項後段)(一問一答103頁)。①の要件を満たす場合は、全部の取消しが可能である。

◆ 否認の場合(5)　過大な代物弁済については、破産法160条2項に同様の規律がある。

◆ 過大な代物弁済の全部の取消し　過大な代物弁済自体が424条の3第2項の「債務者の義務に属」しない行為にあたる可能性を認める見解がある(中田ほか・改正132頁[沖野]。潮見・改正91頁以下、潮見新Ⅰ792頁は、過大か否かを問わず認める)。過大な代物弁済が財産減少行為と債務消滅行為の両面をもつ中間的なものであること、また、過大な代物弁済の一部取消しの効果が受益者に厳しいものであること(→4(4)(a)(ⅱ)1つ目の◆〔356頁〕)を考慮すると、柔軟な解釈を志向することは理解できる。債務の額に比して代物の価格が著しく過大であるときは、負担付贈与(553条。債務者の贈与＋受益者の債権放棄)と性質決定して、424条1項の対象としうる場合もありえよう。

γ　その他の債務消滅行為　債務者が特定の債権者との間でする相殺(505条。相手方からは相殺できない場合に問題となる)及び更改(513条)も424条の3第1項の「債務の消滅に関する行為」にあたる。債務者Bがその財産を特定の債権者Cに売却し、その代金債権とCのBに対する債権を相殺するという場合、実質的には代物弁済と同視できるので、同様に取り扱う(424条の3第1項・424条の4による)ことができる(最判昭39・11・17前掲参照)。この場合、売却行為自体を424条1項又は424条の2に基づいて取り消すことも可能である。これらに対し、債務免除(519条)は、財産減少行為として、424条1項の対象となる。

(ⅱ)　担保の供与

α　既存債務についての担保の供与　特定の債権者に担保を供与すること(抵当権を設定するなど)は、債務消滅行為と同じく、424条の3の対象となり、加重された要件のもとでのみ、詐害行為取消請求の対象となる。弁済と同様の

理由で、これも限定されている。

> ◆ **否認の場合(6)**　破産法は、既存債務について担保を供与することは、詐害行為否認の対象にはならず(破160条1項柱書括弧書)、偏頗行為否認の対象となるものとし、担保供与義務の有無に応じた規律をする(破162条1項・2項2号)。

> ◆ **改正前民法のもとでの議論**　民法改正前には、特定の債権者に対する担保供与は債務者の義務ではなく、その債権者に優先弁済を得させ、他の債権者を害するので、原則として詐害行為となるというのが判例(最判昭32・11・1民集11巻12号1832頁、最判昭35・4・26前掲。例外事例として、最判昭44・12・19民集23巻12号2518頁)・通説だった(ただし、我妻187頁は詐害行為にならないという)。

　β　新たな借入れについての担保供与　債務者が担保を提供して新たに借入れをすること(同時交換的行為)は、424条の3の対象とならない。既存の債務について担保を供与することは、一般債権者に担保権者としての優先権を付与することになるので、加重された要件のもとではあるが取消しの対象となるが、同時交換的行為の場合は、債権者は当初から担保権者として登場するので債権者平等にもとることはないし、そのような債権者を保護することは、経済的危機にある債務者に再建の機会を与えることにもなるからである。ただし、債務者の財産を担保として融資を受けることは、経済的には、財産を相当対価で処分することと類似するので、424条の2による取消しの対象とはなりうる(潮見新Ⅰ781頁、中田ほか・改正131頁[沖野]、中間試案説明167頁)。

> ◆ **否認の場合(7)**　破産法は、新たな借入れのための担保供与を、偏頗行為否認の対象から除外する(破162条1項柱書括弧書)。旧破産法のもとで、融資と担保権設定が同時にされるなどの「同時交換的行為」が危機否認の対象となるか否かについて、学説上の争いがあった。新破産法は、①新規に出捐(しゅつえん)して債権を取得する者については、融資と担保供与との間に密接な関連性があり、既存債権者との間の平等を保つ必要がない、②これを否認の対象とすると債務者が救済融資を受ける途を閉ざすことになる、という理由で、既存債務についての担保供与と区別した(伊藤・破産590頁、小川編・破産229頁以下)。もっとも、担保供与が目的物の売却による資金調達と実態が近いところから、売買の否認と同様の規律が及ぶと解され

ている(小川編・破産 231 頁)。

◆ **改正前民法のもとでの議論**　判例は、借入れの目的・動機及び担保目的物の価格に照らし、妥当なものであれば、詐害行為にならないとしていた(最判昭 42・11・9 民集 21 巻 9 号 2323 頁、奈良次郎『最判解民昭 42』598 頁)。学説は、既存債務についての担保供与と特に区別せず、詐害行為とならない例外事例のなかで言及するものが多かったが、不動産の売却行為と同視し、抵当権設定は常に詐害行為とならず、譲渡担保設定は目的物価格が被担保債権額を超過する場合にのみ詐害行為となるという少数説(我妻 188 頁)があった。現行民法は、424 条の 3 の対象外とし 424 条の 2 の対象とすることで、要件を明確にした。

(d)　転得者に対する詐害行為取消請求

転得者に対する詐害行為取消請求の一般的要件は、前述の通り、①受益者に対して詐害行為取消請求ができること、②転得者が悪意であること、が必要である(424 条の 5)。424 条の 2 以下の各行為類型においても同じだが、②の認識の対象が問題となる。一般的要件においては、認識の対象は、債務者の詐害行為であり、受益者の悪意ではない(「二重の悪意」ではない)。そうすると、424 条の 2 第 3 号の債務者が隠匿等の処分をする意思についての受益者の悪意は、一般的要件における受益者の悪意と同様、それについて転得者の認識は要しないと解すべきであろう(一問一答 106 頁注 2 参照)。他方、424 条の 2 第 2 号の債務者の隠匿等の処分意思や 424 条の 3 第 1 項 2 号の債務者と受益者の通謀害意については、債務者の行為の詐害性の要素となるものであり、それについては転得者の認識を要すると解すべきである(以上につき、潮見ほか・改正 212 頁以下[沖野]、倒産法交錯 124 頁以下[赫])。

◆ **否認の場合(8)**　破産法は、民法改正に伴い、転得者に対する否認の要件を定める規定を改正し、「二重の悪意」が不要であることを明確にした(破 170 条。伊藤・破産 630 頁以下)。

3 行使方法

(1) 訴えの提起

債権者は、取消しを「裁判所に請求することができる」(424 条 1 項)。具体的には、債権者は、自己の名において、訴え(反訴を含む)を提起して、取消権を行使しなければならない。抗弁の方法によることは許されない(最判昭 39・6・12 民集 18 巻 5 号 764 頁。大審院判例もある)。条文の文言のほか、詐害行為取消権は、他人のした行為を取り消すという重大な効果をもたらし、第三者の利害に大きな影響を及ぼすので、裁判所に要件充足の有無を判断させる必要があり(我妻 204 頁、奥田 313 頁、星野 117 頁、林ほか 208 頁[石田]、内田 375 頁参照)、かつ、取消権行使の効果を判決主文で明確にすることが適当だからである(奥田・石田・内田前掲は、他の債権者への公示の必要をいう)。否認権のように抗弁等の方法によっても行使しうるという制度(破 173 条 1 項)もありうるが、破産管財人が統一的に行使する否認権の場合とは区別される。フランス法から旧民法に至る訴権的構成という沿革的理由を重視する見解もある(川島 67 頁、佐藤・理論、平井 288 頁、淡路 308 頁)。

(2) 請求の内容と相手方

(a) 基本構造

詐害行為取消権は、①債務者の行為を取り消し、②債務者の財産上の地位をその行為がされる前の状態(原状)に復するものである(大連判明 44・3・24 民録 17 輯 117 頁、百選Ⅱ[8 版]14[沖野眞已])。逸出財産の返還を求める場合、①と②が請求される。取消しのみを求める(①のみを請求する)ことも可能である。①は形成訴訟であり、②は給付訴訟である。債務者のした行為が債務免除や対価のない債務負担行為(未履行の書面による金銭贈与契約など)のように、取消しのみですみ返還請求が不要な場合は、①だけが請求される。

> ◇ 債務者 B が受益者 C に甲土地を贈与したことについて、B の債権者 A が詐害行為取消請求をし、認められた場合、判決主文は、「B と C との間の贈与契約を取り消す。C は B に対し、甲土地についてされた所有権移転登記の抹消登記手続をせよ。」となる。

(b) 受益者に対する訴訟

(i) **相手方** 債権者Aは、受益者Cを被告として、訴えを提起する(424条の7第1項1号)。債務者Bは、被告とならない。

これは、改正前民法の判例法理を引き継ぐものである。その理由はこうである。詐害行為取消権は、Bから逸出した財産を回復し、Bの責任財産を保全する制度である。財産を戻さなければならないのはCだから、被告はCである。もっとも、その前提として、Bの行為が取り消される必要があるから、Bも被告になりそうだが、取消しは絶対的なものである必要はなく、CがBの行為の効果をAに対しては主張できないという、AC間での相対的な効力さえ認められれば十分である。結局、AはCだけを被告として、BC間の行為の取消しと、CがBに逸出財産を返還すべきことを請求すればよい。したがって、Bを被告とする必要はなく、Bには被告適格がない。

このように民法改正前の判例は、詐害行為の問題は債権者Aと受益者Cとの間で解決させるという立場であり、その前提として、詐害行為が取り消された効果は、AC間だけで生じ、他の人には影響を及ぼさないと考える。これを取消しの相対的効力、あるいは、相対的取消しという。

しかし、AC間の取消しの効力が債務者Bに及ばないとすると、実際上も理論上も困難な問題が生じる。たとえば、Bの所有する土地甲のCに対する廉価売却がAによって取り消され、甲がB名義に戻ったとする。①この場合、Bには取消しの効力が及んでいないので、CはBに支払った代金の返還を請求できない。②AはB名義に戻った甲に対し強制執行をすることができるが、効力が及んでいないはずのBに甲の所有権が帰属していることの理由が不明である。そこで、債務者に対しても、効力を及ぼすほうがよい。その方法として、受益者とともに債務者も被告とすることが考えられるが、そうすると、もはや意欲を失っている債務者を当事者にしなければならないことに伴う実際上の不都合が多い。現行民法は、債務者を被告とはしないまま、詐害行為取消請求を認容する確定判決の効力が債務者にも及ぶものと規定する(425条)。

その結果、債務者は自らが関知しない訴訟の効力を及ぼされることになる。そこで、債権者は、詐害行為取消請求の訴えを提起したときは、遅滞なく、債務者に対し、訴訟告知(民訴53条)をしなければならないとされる(424条の7第

2項)。債権者が訴訟告知をしなかった場合、訴えを却下すべきだという見解が多いが、それには及ばないという見解もある(→3つ目の◆)。

◆ **民法改正の経緯**　民法改正の検討過程では、改正前民法のもとでの判例法理のとる相対的取消しの帰結に問題があることから、債務者にも判決の効力を及ぼす方向での検討が進められた(論点整理説明74頁)。その方法として、まず、債務者も被告にする案が提示された(中間試案第15、1(3))。これに対し、債務者が行方不明、死亡、法人たる債務者の代表者の不存在などの場合における原告の実務的負担、詐害行為取消訴訟の紛争の実質は責任財産の奪い合いであり債務者は実質的な利害関係を失っていること、多くの債務者は訴訟追行の意欲が乏しいこと、債務者を被告とすると和解への支障となることなどが指摘された(部会資料73A、第6、6説明2(3))。また、詐害行為取消請求を裁判上の行使を要する実体法上の形成権と構成することにより、債務者を被告とする必要がないという見解も示された[38]。こうして、最終的には、債務者を被告としないまま、判決の効力を及ぼし、かつ、債務者に訴訟告知をするという制度となった。

◆ **相対的取消しの考え方の維持**　現行民法において、詐害行為取消しの効果が絶対的取消しになったわけではなく、相対的取消しの考え方が維持されているという見解が有力である(中田ほか・改正141頁以下[沖野]、潮見新Ⅰ740頁以下。潮見ほか・改正214頁・215頁以下[小粥太郎]参照)。次の理由による。①425条は、詐害行為取消請求を認容する確定判決の効力を債務者とそのすべての債権者にまで拡張しているが、それ以外の者には及ぼしていない。たとえば、転得者を被告とした場合、債権者・転得者間の判決の効力は、債務者には及ぶが、受益者(債務者の債権者でないもの)には及ばない(425条の4第1号もそれを前提とする)。②絶対的取消しとするのであれば、債務者を被告とするのが自然である(人訴12条2項〔第三者が提起する婚姻取消し等の訴え〕、会社855条〔株式会社の役員解任の訴え〕参照)。被告になっておらず、能力にも意思表示にも問題のない債務者のした有効な行為の効力に対し、第三者(債権者)の介入を認めるとすれば、それは必要最小限にとどめるべきである。③受益者について取消しの効果が特に規定されている(425条の2・425条の3)ことも、絶対的取消しではないことを反映している。これに対し、現行民法における効果を絶対取消しに近づけて理解する見解もある(平野194頁、平野・改正175頁以下、嶋津元「詐害行為取消判決はいかにして総債権者の利益となるか」岡山大学法学会雑誌72巻3=4号〔2023〕1頁。潮見・改正99頁も参照)。

---

38)　畑瑞穂「詐害行為取消訴訟の構造に関する覚書」石川正古稀『経済社会と法の役割』(2013) 1163頁。

具体的問題は個別規定の解釈から導けば足りるし、重要なのは認容判決の効力の分析(→4(1)(b)◆〔343頁〕)であって相対的か絶対的かという議論はあまり意味がないという見方もありうるが、現行民法における詐害行為取消権制度全体の整合的理解及び具体的問題の検討手順の安定性(→4(1)(b)⑥)を考えると、相対的取消しを基本とする観点にはなお意味がある。現行民法は、相対的取消しの考え方を維持しつつ425条による債務者に対する効力を付加したものであると理解したい。

◆ **訴訟告知の意義**　訴訟告知の意義及びそれをしない場合の効果は、債権者代位権と詐害行為取消権の相違をどう評価するかにより、考え方が分かれる。①債権者代位権においては、債権者は法定訴訟担当としての地位で訴えを提起し、判決の効力は勝訴・敗訴を問わず債務者に及ぶ(民訴115条1項2号)。債務者は、代位訴訟に当事者として参加できる(→第2節2(3)(a)(ⅱ)〔280頁〕・(c)〔285頁〕)。②詐害行為取消権においては、債権者は固有の当事者適格によって訴えを提起し、判決の効力は請求を認容する確定判決に限って債務者に及ぶ(425条→4(1)(b)◆〔343頁〕)。債務者は、取消訴訟に補助参加することができる。

①と②を通じて、訴訟告知は債務者が手続に関与する機会を保障するためのものだと理解すれば、②でも訴訟告知を欠くと訴え却下となる(高須順一「訴訟告知の効力(下)」NBL1064号〔2015〕43頁・48頁、潮見新Ⅰ817頁、奥田＝佐々木中492頁以下〔却下されず確定した認容判決の効力は認める〕、畑瑞穂「詐害行為取消権の要件・訴訟構造等」改正講座Ⅱ156頁・171頁)。また、②では訴訟告知は既判力拡張を支えるものであり、手続保障の要請は①よりも強いと指摘し、同じ結論に至る見解もある(山本・前掲注(5)②122頁)。他方で、①と②の相違を重視し、訴訟告知は、①では民訴115条1項2号を実質的に支えるものだとしても、②では債務者に補助参加の機会を与える警告的性質のものにすぎないとし、②でそれを欠いても訴え却下とするまでもないという見解もある(伊藤・考察42頁・48頁、伊藤・民訴628頁注270・733頁注88)。

(ⅱ)　**請求の内容**　債権者Aが受益者Cに対し、逸出財産甲の返還を求めるときは、Cを被告として、債務者Bのした行為の取消しと甲の返還を請求する(424条の6第1項前段。返還請求の具体的方法は→4(3))。Cが転得者Dに甲を譲渡していたなどその返還をすることが困難であるときは、AはCに対し、甲の価額の償還を請求することができる(同項後段)。価額償還という(改正前民法のもとでは、価格賠償と呼ばれることが多かった)。「価額」とは、甲の客観的価格であり、CのDに対する譲渡の対価の額ではない。なお、転得者Dがいる

場合も、AはDを被告とせず、Cだけを被告とすることができる。Aの請求が逸出財産の返還を伴わない場合(Bのした債務免除の取消しなど)、AはCを被告として、Bのした行為の取消しのみを請求する(同項前段)。

◆ **価額償還の基準時**　不動産の譲渡が詐害行為とされた場合、価額償還における価額の算定は、特別の事情のない限り、詐害行為取消訴訟の事実審口頭弁論終結時が基準となるというのが判例である(最判昭50・12・1民集29巻11号1847頁、川口冨男『最判解民昭50』633頁)。詐害行為取消しの効果が発生し受益者が財産回復義務を負担するのは判決確定時であり、それに最も近い事実審口頭弁論終結時を基準とすることが詐害行為取消制度の趣旨に合致し、債権者と受益者の利害の公平を期しうるからだという。つまり、①価額償還は現物返還に代わるものであるという性質論と、②取消しの効果は判決確定により生じるという形成判決の論理が理由であり、加えて、③「特別の事情」の評価により実質的調整をはかるものである。支持する学説も多い(川井164頁、内田387頁など)。これに対し、詐害行為によって受益者が受益した時を基準とするという見解も有力である(潮見新Ⅰ810頁。奥田323頁、奥田＝佐々木中483頁以下参照)。受益者が悪意であることを重視し、受領時から返還義務を負っていたと考えるものであり、受領後の価格上昇についても不当利得の規律(704条)を参照する。

このうち、②については、取消しの効果は判決確定時に生じるが、過去に遡及するという判例(最判平30・12・14民集72巻6号1101頁〔受益者の金銭返還債務が履行遅滞となる時期〕→4(3)(a)(ⅰ)〔346頁〕)との関係が問題となる。価額償還における価額算定の基準時と返還債務の履行遅滞時期は別の問題であるが(潮見プラ255頁・262頁以下、宮崎朋紀『最判解民平30』365頁)、効果を遡及させうるという限度では共通する。そうすると、前者の問題においても柔軟に考えやすくなる。ここで、多様な見解のある否認権における価額償還に関する議論が参考になる。詐害行為取消判決が形成判決であるとしても、遡及効を認めるのであれば、形成権である否認権(破産167条1項)との区別は相対化されるからである。否認権における価額償還の基準時としては、否認権行使時説が判例・多数説だが、否認対象行為時説、受任者の処分時説、破産手続開始時説、否認訴訟口頭弁論終結時説などがある(伊藤・破産650頁以下参照)。詐害行為取消権においても、詐害行為時又は受領時を基準としたうえで、その後の事情も考慮するという考え方も十分ありうる。

一次的な基準時を設定したうえ、特別の事情があるときは、その前の事情(口頭弁論終結時説)又はその後の事情(受領時説)も考慮するとすれば、いずれにせよ大きな違いは生じない。もっとも実質的事情(目的物が不動産か代替性のある物か〔最判平19・3・8前掲参照〕、価格が上昇したのか下落したのか、現物返還が困難となった原因は何かなど)を適切に評価するためには、口頭弁論終結時説のほうがやや

安定性に優るのではないか。それはまた、現物返還との均衡(上記①)の観点からも支持しやすいだろう(特に価格下落時)。

(c) 転得者に対する訴訟

転得者Dに対して詐害行為取消請求をする場合、債権者Aは、Dを被告として、債務者Bの行為の取消しとDが転得した財産の返還を求める訴えを提起する(424条の7第1項2号・424条の6第2項前段)。債務者Bは、被告とならない。取消しの対象は、Bのした行為であり、受益者Cと転得者Dの間の行為ではない。Dが転得した財産を既に第三者に譲渡していたなど、その財産を返還することが困難であるときは、AはDに対し、その価額の償還を請求することができる(同項後段)。「価額」とは、その財産の客観的価格である。

(3) 行使の時期

(a) 期間制限

詐害行為取消請求の訴えは、債務者が債権者を害することを知って行為をしたことを債権者が知った時から2年、債務者の行為の時から10年が経過すると、提起できなくなる(426条)。詐害行為取消権は、もともと瑕疵のない債務者の行為を債権者が責任財産保全のために取り消すことができるという特別の権利であり、第三者に影響するところが大きく、法律関係を速やかに確定する必要があることから、短い出訴期間が定められた。

改正前民法のもとでは、2年間の期間制限は消滅時効であると規定されていたが(旧426条前段)、時効だと完成猶予や更新が可能となり、法律関係が早期に安定しない弊害があるので、出訴期間に改められた(一問一答114頁)。

(b) 被保全債権の時効消滅

被保全債権が時効消滅すると、詐害行為取消権は行使できない。受益者は、被保全債権の消滅時効を援用できる(最判平10・6・22民集52巻4号1195頁)。

債権者が受益者に対し詐害行為取消訴訟を提起しても、被保全債権の時効の完成猶予及び更新の効果は生じない(時効中断につき、大判昭17・6・23民集21巻716頁、最判昭37・10・12民集16巻10号2130頁)。

(c) 破産手続との関係

債務者について破産手続が開始した後は、破産債権者は、詐害行為取消訴訟

を提起することはできない(大判昭4・10・23民集8巻787頁)。詐害行為取消権の目的である債務者の責任財産の回復は、破産手続開始後は、破産財団の増殖に置き換えられ、破産管財人が否認権の行使によりこれを実現するのが適当だからである(伊藤・破産451頁以下)。詐害行為取消訴訟係属中に債務者が破産したときは、訴訟手続は中断し、破産管財人又は相手方の受継申立てに基づいて、破産管財人が取消債権者側を受継する(破45条1項・2項)。

4 効 果

(1) 概 観

(a) 効果の概要

詐害行為取消請求を認容する判決が確定すると、①債務者のした詐害行為は取り消され、②被告とされた受益者又は転得者は財産の返還又は価額の償還をしなければならなくなる(424条の6→(2)・(3))。この効果(権利関係の変動)は、詐害行為取消判決の確定によって生じるが、過去に遡及する(最判平30・12・14前掲、奥田=佐々木中503頁以下→(3)(a)(ⅰ))。①は、相対的取消しである(→3(2)(b)(ⅰ)2つ目の◆〔338頁〕)。取消債権者は、②を実現するために強制執行をすることができる。

①②に伴う受益者又は転得者の側の利益の保護も図られている(425条の2～425条の4→(4))。

(b) 認容判決の効力が及ぶ者の範囲

詐害行為取消請求を認容する確定判決の効力が及ぶのは、訴訟当事者に加えて、425条によって拡張された範囲の者である。以下の通りである。

① 取消債権者は、訴訟当事者であり、効力が及ぶ(民訴115条1項1号)。

② その他のすべての債権者にも及ぶ(425条)。詐害行為の時よりも後に債権者となった者、さらには、詐害行為取消判決の確定した時よりも後に債権者となった者も含まれる(部会資料73A、第6、9説明2、中間試案第15、6参照。潮見新Ⅰ826頁)。

③ 債務者にも及ぶ(425条)。したがって、債務者に戻された財産について、債務者と取引をする者も、債務者への帰属を前提とすることができる。

④ 受益者は、訴訟当事者である場合(民訴115条1項1号)、又は、債務者の

債権者である場合(425条)、効力が及ぶ。

⑤　転得者も、訴訟当事者である場合(民訴115条1項1号)、又は、債務者の債権者である場合(425条)、効力が及ぶ。

⑥　それ以外の者には効力が及ばない。たとえば、訴訟当事者でなく債務者の債権者でもない受益者には及ばない(転得者が被告となった場合)。転得者も、同様である(受益者又は他の転得者が被告となった場合)。効力の及ぶ受益者(④)又は転得者(⑤)の債権者にも及ばない(潮見新Ⅰ827頁)。債務者の保証人について若干の問題がある(→(4)(a)(ⅱ)2つ目の◆[356頁])。

> ◆ **認容判決の効力とは何か**　425条により拡張される認容判決の効力については議論がある。①債務者、②債務者のすべての債権者、③それ以外の者について、ⓐ形成力、ⓑ既判力、ⓒ執行力が及ぶかである。立案担当者は、①②にはⓐⓑが及ぶと説明し、ⓑは形成訴訟における形成要件の存在についての既判力であると説明した(部会議事録91回37頁以下。いわゆる二重要件説。畑瑞穂「債権法改正法案における詐害行為取消請求訴訟に係る確定判決の効力」上野泰男古稀『現代民事手続の法理』〔2017〕133頁・138頁)。ⓐについては、㋐425条の効果なのか(①②に及ぶ)、㋑形成判決の一般的効果なのか、㋒実体法上の形成権が裁判上行使された結果なのか(畑・前掲注(38)1185頁、同・前掲注(14)140頁参照)が問題となる。㋑㋒だとすると、それは③にも及ぶのか、債務者を被告とせずにそのような効果を認めうるのかが問題となる。ⓑについては、㋐425条が特定の範囲の第三者に対し既判力を拡張するというもの(伊藤・考察42頁、山本・前掲注(5)②122頁〔債務者に対する訴訟告知を支えとするという〕)、㋑同条により当然に既判力が拡張されるわけではないが、反射効や信義則等の適用により既判力の拡張を認めたのと同様になる場面もあるというもの(畑・前掲注(14)141頁・154頁・156頁以下、畑・前掲上野古稀)、㋒既判力ではなく、「判決の法律要件的効果」が及ぶというもの(勅使川原和彦「詐害行為取消請求訴訟の判決効に関する若干の検討」徳田和幸古稀『民事手続法の現代的課題と理論的解明』〔2017〕409頁)などがある(奥田＝佐々木中501頁以下、倒産法交錯275頁・288頁以下[高須順一]参照)。ⓒについては、債務者の受益者に対する返還請求権を取消債権者が行使しない場合、債務者が取消債権者に代わって強制執行をすることができるというものがある(伊藤・考察42頁以下)。

(2)　行為の取消し——その範囲

(a)　被保全債権額による制限

詐害行為取消判決が確定すると、債務者の行為は取り消される。全部が取り

消されるのが基本だが、範囲が限定されることがある。

まず、取消債権者の債権額が詐害行為の目的となる財産の価額に満たず、かつ、その財産が可分であるときは、債権者は、被保全債権額の範囲でのみ債務者の行為を取り消すことができる(424条の8第1項。債権者が価額償還を請求する場合も同じ。同条2項)。一部取消しという。取消権は、詐害行為によって生じた債権者の損害を救済するものだから、そのために必要な限度においてのみ取り消しうるというのが判例法理であり(大判明36・12・7民録9輯1339頁、大判大9・12・24民録26輯2024頁〔他に多数の債権者がいるというだけで被保全債権を超えて取り消しうることにはならない〕、大判昭8・2・3民集12巻175頁〔債権者が多数いても総債権額に対して案分された範囲に限定されることはない〕)、現行民法はこれを明文化した。この制限を課さないと、債権者が受領した金銭のうち被保全債権の額を超える分が債務者に返還されないおそれ(取消債権者の無資力リスク)が生じる。取消債権者にとっては、自己の債権額さえ確保できればよい。そこで、このような規律となるが、結果として、責任財産の保全の目的より、債権回収機能が重視されることになる。

> ◇　500万円の金銭債権を有する債権者は、無資力の債務者が受益者に現金800万円を贈与した場合、500万円分の贈与についてのみ取り消すことができる。

取消しの範囲の基準となる被保全債権額には、遅延損害金も含まれる(最判昭35・4・26前掲、最判平8・2・8前掲→2(1)(b)(ⅱ)1つ目の◆〔310頁〕)。

> ◆　**債務超過額相当部分による限定のないこと**　倒産者の行為により債務と責任の総額が積極財産を上回ることになった場合、故意否認の効果は、債務超過額相当部分のみでなく、行為の目的物全体に及ぶ(会社更生につき、最判平17・11・8民集59巻9号2333頁、倒産百選44〔畑瑞穂〕、伊藤眞＝松下淳一編『倒産判例百選〔第5版〕』〔2013〕88頁〔中田〕。反対、奥田318頁)。これは、本文記載の問題とは別の問題である。

(b)　目的物が不可分である場合

相手方から詐害行為の目的物である財産の返還を請求できる場合は、その財

産自体を返還させるのが原則であるが（現物返還の原則）、受益者が現物返還をすることが困難であるときは、債権者は価額償還を請求することができる（424条の6第1項。転得者については同条2項）。目的物が不可分である場合、取消しの範囲と返還方法の関係が問題となる。

目的物が一棟の建物など不可分のものである場合、債権者は、被保全債権の額にかかわらず、原則として、詐害行為の全部を取り消し、現物返還を請求することができる（最判昭30・10・11民集9巻11号1626頁）。

不動産に抵当権が設定されていた場合は、債務者の行為によって一般財産が減少するのは、不動産の価額から抵当権の被担保債権額を控除した残額に限られるので、取り消しうるのは、その範囲にとどまるはずである。もっとも、「抵当権の設定された不動産」を目的物とする詐害行為なのだから、その行為全部を取り消し、現物返還をさせてよい（最判昭54・1・25民集33巻1号12頁）。それにより原状が回復されるだけであり、抵当権者が不利益を受けることもないからである。ただし、受益者又は転得者のもとで、当該抵当権が消滅しその登記が抹消された場合は、もはや原状回復が不可能となる（抵当権登記抹消後の不動産を返還すると、債務者の一般財産は以前より増加する）ので、一部取消しの限度で価額償還を請求するしかない（最大判昭36・7・19民集15巻7号1875頁、百選Ⅱ12［森田修］、最判昭63・7・19判時1299号70頁、百選Ⅱ［8版］18［片山直也］）。要約すると、抵当権が消滅した場合は、一部取消し・価額償還によるが、抵当権設定登記が残っているときは、全部取消し・現物返還による、というのが判例の基本的な考え方だということになる（倉吉敬『最判解民平4』65頁・75頁）。

◆ **共同抵当の目的とされた数個の不動産が目的物である場合**　詐害行為の目的物が共同抵当の目的とされた数個の不動産である場合、詐害行為後、弁済によって抵当権が消滅したときは、不動産の価格からその不動産の負担すべき抵当権の被担保債権額を控除した残額の限度で取り消され、価額償還が命じられる（一部の不動産自体の回復は認められない）。この控除額は、392条の趣旨に照らし、共同抵当の目的とされた各不動産の価額に応じて抵当権の被担保債権額を按分した割り付け額である（最判平4・2・27民集46巻2号112頁、百選Ⅱ［5版］18［佐藤岩昭］）。

◇　詐害行為の一部取消しが認められる場合を整理しておこう。①被保全債権額が

詐害行為の目的となる財産の価額に満たない場合(→(a))、②詐害行為の目的となった財産の一部のみが責任財産に属していた場合(→(b))、③債務者の行為のうち相当性を欠く範囲でのみ詐害性が認められる場合(→2(2)(b)(ⅱ)β(ウ)〔318頁〕、最判平12・3・9前掲)、④過大な代物弁済の場合(→2(4)(c)(ⅰ)β(イ)〔332頁〕)がある(片山直也・民事法Ⅱ300頁以下参照)。

(3)　逸出財産の返還及び価額償還
(a)　返還債務等の債務の発生と返還等の方法
(ⅰ)　**債務の発生**　詐害行為取消請求を認容する判決が確定すると、訴訟当事者であった受益者に、逸出財産返還債務又は価額償還債務が発生する。この確定判決の効力は債務者にも及ぶので(425条)、債務者は受益者に対し、逸出財産返還請求権又は価額償還請求権を取得する(その執行につき、伊藤・考察42頁以下)。受益者の債務は、受益者が逸出財産を受領した時に遡って生じる、期限の定めのない債務であり、受益者が取消債権者から履行の請求を受けた時から、履行遅滞になる(最判平30・12・14前掲、百選Ⅱ11〔沖野眞已〕)。転得者を被告とする詐害行為取消請求を認容する判決が確定した場合も同様である(債務の発生は転得した時となる)。

◆　**返還債務が履行遅滞になる時点**　最判平30・12・14前掲は、改正前民法のもとで、受益者が受領した金員相当額の取消債権者に対する支払債務(→(c)(ⅰ)〔351頁〕)について、詐害行為取消請求の訴状送達の日の翌日から履行遅滞に陥るとし、同日からの遅延損害金の支払を命じた。詐害行為の取消しの効果は判決確定によって生じるが、その効果は遡及し、受益者が金銭を受領した時に支払債務が発生する、それは期限の定めのない債務であり、判決確定前にされた履行の請求も412条3項の履行の請求にあたる、という。形成判決であっても、実体法の趣旨によって遡及効が生じることがあるが(新堂・前掲注(13)212頁、高橋・民訴上75頁)、本判決は、責任財産保全という詐害行為取消権制度の目的と、受益者が判決確定までの運用利益を取得するのは相当でないこととを理由として、受領時に遡るとした(宮崎朋紀『最判解民平30』351頁。なお、判決のうち、受益者の「責任」を原因としてその回復義務が生じるという部分は、その「悪意」によって説明すべきだろう)。この考え方は、現行民法のもとでも、取消債権者への支払等の請求(424条の9)に妥当し、さらに、債務者への返還請求・償還請求にも妥当すると考えてよいだろう(潮見プラ262頁以下、片山直也「判批」民商155巻5号〔2019〕48頁・64頁参照。)。反対給付に関する受益者の権利(425条の2)との関係については→(4)(a)(ⅰ)◆

〔354 頁〕。

　受益者が逸出財産を受領した時から履行の請求を受けた時までの間の法律関係は、本判決の射程外である。受領時において受益者が 704 条の悪意であったときは、利息支払義務又は使用利益返還義務を認めてよいだろう（なお、424 条 1 項の善意の証明責任は受益者にあるが〔→2(3)(a)(323 頁)〕、704 条の悪意の証明責任は損失者にあると解されている。悪意の意味を含め、窪田充見編『新注釈民法(15)』〔2017〕170 頁以下〔藤原正則〕参照。受領時から「遅延利息」を付す見解につき、潮見・新注民(8) 218 頁、宮崎・前掲 367 頁以下参照）。

（ⅱ）　**返還等の方法**　　詐害行為取消権は債務者の責任財産の保全を目的とするという制度趣旨から考えると、逸出財産の返還及び価額償還は、債務者に対してされるべきことになる (424 条の 6)。取消債権者は、債務者の回復した財産に対し、債務名義に基づいて強制執行をするが、その際、他の債権者よりも優先的に弁済を受けるわけではない。このことは、債権者が逸出財産又は価額償還金を直接受領した場合 (424 条の 9) でも同様である。以上が一般論だが、具体的には逸出財産の種類によって異なる (→(b)・(c))。

◆「その財産の返還をすることが困難であるとき」　　424 条の 6 第 1 項・2 項は、現物返還が「困難であるとき」に価額償還を認める。現物返還を原則とするのは、改正前民法のもとの判例の立場であり（大判昭 9・11・30 民集 13 巻 2191 頁）、支持する学説が多いが、これを批判し、価格賠償（価額償還）を積極的に認める見解もあった。①取消債権者が受益者又は転得者から金銭を受領して自己の債権の優先弁済にあてることができるという機能（→(c)(ⅰ)〔351 頁〕）を正面から認め、その観点から、現物返還の原則ではなく価格賠償の原則を提唱するもの[39]、②相手方が価額による弁済を求めるときは、取消債権者として拒否すべき理由はなく、2018 年改正前民法 1041 条（遺留分権利者に対する価額による弁償）を類推適用し、認めるべきだというもの（鈴木 192 頁）である。取消債権者が優先弁済を受けうる場合を広くするものであり、その評価が問題となる。現行民法は、現物返還が「困難であるとき」という要件を設定しているので、その解釈問題となるが、拡張解釈を一般化する必要はないと考える（個別の問題につき→2(2)(b)(ⅱ)α 1 つ目の◆〔314 頁〕）。

---

[39]　平井宜雄「不動産の二重譲渡と詐害行為」鈴木祿彌古稀『民事法学の新展開』(1993)169 頁・193 頁〔同『民法学雑纂』(2011)所収〕、平井 297 頁、辻正美「詐害行為取消権の効力と機能」民商 93 巻 4 号 (1986)12 頁。

(b) 不動産である場合
(i) **登記の移転**　逸出財産が不動産である場合には、(a)の一般論に従い、登記が元の状態に戻される(占有が戻されるわけではない)。具体的には、債務者Bの詐害行為に基づいてされた受益者Cの登記(権利の設定、移転等の登記)が抹消される(BからCに移転登記がされたときは、抹消登記に代えて、CからBへの移転登記でもよい)。登記が転得者Dにあるときは、取消債権者AはDに対し、抹消登記ではなく、DからBへの移転登記を求めることもできる(最判昭40・9・17訟務月報11巻10号1457頁)。

Aは、Bに対する債務名義に基づいて、Bの登記名義になった不動産に対して、強制執行をすることができる。また、Aは、その不動産に対して仮差押えをすることができ、それによりBがその不動産を再び処分することに備えることができる。

(ii) **二重譲渡の場合**
α　問題の所在　Bが所有する甲土地をAに売る契約をした後、Cにも二重に売り、Cに移転登記をしたとする。AはCに所有権の取得を対抗できず(177条)、BのAに対する債務は履行不能となり、AはBに対し損害賠償債権をもつ(415条)。ここで、Aが詐害行為取消権を行使して、BC間の売買契約を取り消し、Cから甲土地を取り戻すことができるだろうか。3段階の問題がある。①特定物債権(特定物の引渡しや登記の移転を目的とする債権)による詐害行為取消権の行使は可能か。②可能だとして、第二売買が詐害行為として取り消された場合、登記はCから誰に移されるのか。③登記がCからBに戻された場合、改めてAがBに対し、当初の売買契約に基づき、Aへの登記の移転を請求できるか。順次検討しよう。

β　特定物債権　大審院は、特定物債権による詐害行為取消権の行使を認めなかった。ⓐ詐害行為取消権は一般債権者の共同担保を保全するための制度であり、特定物債権は被保全債権とならない(大判大7・10・26民録24輯2036頁〔木材の二重売買〕)、ⓑ不動産についてこれを認めると177条の趣旨に反する(大判昭8・12・26民集12巻2966頁)という。学説は、これに反対した(鳩山206頁など)。最高裁は、学説に同調し、判例を変更した(最大判昭36・7・19前掲)。特定物債権であっても、債務者が目的物を処分することにより無資力となった場合

には、当該特定物債権者は、その処分行為を取り消すことができるという。ⓐについては、特定物債権も、「窮極において損害賠償債権に変じうる」から、債務者の一般財産により担保されなければならないことは、金銭債権と同様であるといい（→2(1)(a)〔309頁〕）、ⓑについては、424条では無資力要件が加わっているから、177条と効果が異なってもよいという。現行民法のもとでは、ⓐは、「変じうる」のではなく、特定物債権の不履行により、履行に代わる損害賠償請求権が生じうる（415条2項）というべきだが、論理構造は同様となろう。

◆ **金銭債権が生じているべき時期**　特定物債権者が詐害行為取消権を行使できるとして、特定物債権のままで行使しうるのか、現に金銭債権（履行に代わる損害賠償債権）が生じている必要があるのか、あるとして、いつまでに生じているべきかという問題がある。時系列はこうである。①Aの特定物債権発生（BA間の売買契約）、②Bの処分行為（BC間の売買契約＝詐害行為）、③Cの登記（BのAに対する債務の履行不能）、④Aの取消権行使（訴え提起）、⑤取消訴訟の口頭弁論終結。上記最高裁判決は、②の時点では被保全債権が金銭債権に変じていなくてもよいというものである。では、いつまでに生じている必要があるのか。学説は、ⓐ取消権行使の時点（④）で金銭債権になっていればよいと解するのが通説である（我妻180頁など。遅くとも③の時点で履行に代わる損害賠償請求権が生じている〔415条2項1号〕。②の時点では未発生だが、424条3項の「前の原因」の解釈で対応する。百選Ⅱ12［森田修］27頁参照）。ⓑ特定物債権のまま取消権を行使できるという見解（柚木（高木）196頁）もあるが、取消債権者が取り戻した財産（特定物）を自己の債権の弁済にあてうることを前提とするものであり（同231頁以下）、とりにくい。ⓒ口頭弁論終結の時点（⑤）までに生じていればよいという見解（潮見新Ⅰ751頁注57、奥田＝佐々木中436頁。奥田307頁〔執行不能による将来の損害賠償債権を被保全債権とする〕参照）もあるが、③の前であれば、AはBに履行請求をする（必要なら仮処分をする）ことが177条の予定するところであり、415条2項の事由が生じる前にあえて取消権の行使を認める必要もない。通説の結論でよい。

γ　**誰に登記するのか**　AがBC間の売買契約を取り消すと、AはCに対し、甲土地の登記をBに戻せといえる（424条の6第1項）。では、AはCに対し、直接、CからAに移転登記せよと請求できるか。424条の9の反対解釈により否定される。この結論は、民法改正前の判例（最判昭53・10・5民集32巻7号1332頁、百選Ⅱ〔8版〕16［早川眞一郎］、百選Ⅱ13［片山直也］、辻正美「判批」民商81巻1号〔1979〕125頁）でも同様であった。すなわち、「債権者取消権は、窮極的に

は債務者の一般財産による価値的満足を受けるため、総債権者の共同担保の保全を目的とするもの」だから、「特定物債権者は目的物自体を自己の債権の弁済に充てることはできない」という。実際、これを認めると、詐害行為取消権の本来の趣旨と異なるだけでなく、二重譲渡の場合には登記の先後で優劣を決するという177条の原則と大きく抵触する。詐害行為取消権の成立要件は、単なる二重譲渡の場合よりも加重されている（債務者の無資力と詐害の意思、受益者の悪意が必要）ので、177条とは異なる処理をするという説明は不可能ではないが、同条が物権変動の規律の根幹をなすことを考えると、行き過ぎであろう。Aが自己の所有権を主張できるかどうかは、177条の問題として解決すべきである。もっとも、AがBCの売買を取り消すことができるのは、424条1項又は424条の2の要件を満たす場合だから、177条による解決においてもCが背信的悪意者であると認められる可能性が高いだろう（177条と424条とでは、Cの悪意の内容は異なるが）。

　δ　**債務者に対する登記請求**　それでは、第二売買が取り消され、登記名義がCからBに戻った後、改めてAがBに対し、AB間の売買契約に基づき、甲土地の登記の移転を求めることができるか。177条の趣旨を尊重すれば否定すべきことになるが、現行民法のもとで、この結論を導くことは容易ではない。取消しの効力が債務者Bに及ぶので、甲土地の所有権はBに帰属するからである。AはBに対する特定物債権について履行に代わる損害賠償を請求すること（415条2項1号）を前提として、つまり、責任財産保全のために、詐害行為取消権を行使したのに、甲土地の登記がBに戻ると、再び特定物債権であることを主張してその履行を求めることは、権利の濫用であるという構成が考えられる。Aは、金銭債権者として、B名義となった甲土地に対し、強制執行をし、満足を受けうるにとどまる（その際、他の債権者は配当要求をすることができる。なお、Aは、執行手続において自ら買受人になれば当該不動産を取得できるが、それは別問題であり、また、確実に取得できるわけでもない）。

◆　**取消債権者の移転登記請求を否定する法律構成**　改正前民法のもとでは、取消しの効果が債務者Bに及ばないという前提で、登記がBに戻った段階の法律関係を分析し、それはAの強制執行に服するという状態であるにすぎず、Bが回復

> された財産について管理処分権を有するものではないとの構成が考えられた(本書3版266頁以下)。この構成は、現行民法のもとでは、とることがむずかしい。そこで、特定物債権が損害賠償債権に変わった以上、再び特定物債権に戻ることはないという構成が考えられる(平井・前掲注(39)192頁、百選Ⅱ12〔森田修〕27頁各参照)。しかし、二重譲渡の後、売主が第二買主と合意解除するなどして登記を取り戻した場合に、第一買主に対して登記移転義務を負うと解されることと区別できるかという課題がある(内田363頁。辻・前掲評釈135頁参照)。また、現行民法のもとでは損害賠償債権に「変わった」ともいいにくい。これらの問題を回避しつつ、177条と424条のそれぞれの制度目的を尊重しようとすれば、本文の構成が考えられる(山野目224頁参照)。もっとも、Bが争わなければ、Aへの移転登記がされることになる。Bの他の債権者は、甲土地の登記名義がBに戻った時点で仮差押えをすることができるが、Aに先行することは、実際上はかなり困難であろう。

(c) 金銭・動産である場合

(ⅰ) **債権者への支払又は引渡し**　受益者が返還すべきものが金銭である場合、取消債権者は、直接、自己に対して支払えと請求することができる(424条の9第1項)。受益者に対し、債務者に返還せよと命じても、債務者が受領を拒絶し又は受領できないときには実現できないこと、また、金銭を無資力の債務者に返還すると債務者が費消するおそれがあることが理由である。民法改正前の判例(大判大10・6・18民録27輯1168頁、最判昭39・1・23民集18巻1号76頁)・学説の認めるところであった。この場合、受益者が債権者に対し、その支払をしたときは、もはや債務者に対して支払う必要がない。このことは、①返還請求の内容が動産の引渡しである場合、②転得者が返還すべき場合、③債権者が価額償還請求をする場合も同様である(①②は424条の9第1項、③は同条2項)。このような取消債権者の権利を直接請求権と呼ぶこともある。

これによって、取消債権者の債権回収が可能になる。すなわち、取消債権者Aは、「他ノ債権者ト共ニ弁済ヲ受クルガ為メニ」(大判大10・6・18前掲)、受益者等から金銭・動産を受領したのだから、これを債務者Bに返還しなければならない。しかし、Aが金銭を受領した場合、Aは、自らの被保全債権(金銭債権)とBの金銭引渡債権(その性質は、事務管理者に対する受取物引渡債権〔701条・646条〕と考える)を相殺することにより、被保全債権の回収ができることになる。

◆ **相殺の可否** 改正前民法のもとで、取消債権者がその債権を回収できることが認められていたが、取消しの効力が債務者に及ばない以上、債務者の取消債権者に対する引渡債権は生じないはずである。ここでは相殺ではなく、事実上の優先弁済が認められているにすぎなかった(本書3版268頁)。現行民法では債務者に効力が及ぶので、改めて相殺の可否が問題となる。民法改正の過程では、取消債権者の相殺を禁止する提案がされたが(中間試案第15、8(4))、禁止すると詐害行為取消権行使の誘因が減少し詐害行為抑止機能が低下すること、禁止の現実的意義が小さいこと、債権者に民事執行手続によることを求めるのが現実的でない場合があることなどから、禁止規定を置かないこととされた(部会資料73A、第6、8説明3、一問一答110頁)。優先弁済機能に対する制約につき、山本監173頁以下[栗田]参照。

◆ **動産の場合** 取消債権者Aが受領したものが動産である場合、Aは、債務者Bに返還せずに、金銭債権に基づく強制執行をすることができる(民執124条)。他の債権者も配当要求ができる。なお、動産が特定物でAがその引渡請求権者であった場合、AがBへの返還債務と引渡請求権(被保全債権である損害賠償債権のもとになる債権)とを相殺することは可能か。不動産の二重譲渡で第二譲渡が取り消され登記名義が債務者に戻った場合〔→(b)(ⅱ)β〕との関係が問題となるが、取消債権者(動産の第一譲受人)がその性質は別として動産の占有を取得している点を重視すれば、相殺の余地があるのではないか。

◆ **債務者の返還請求権との関係** 債権者Aが受益者Cに対し詐害行為取消請求をし、取消しとAに対する金銭支払を認める判決が確定したが、Cが履行していない状態を考える。ここでは、AのCに対する金銭支払請求権(甲請求権)だけでなく、債務者BのCに対する返還請求権(乙請求権)も存在する(→(a)(ⅰ)〔346頁〕)。CがAに支払えば、Bに支払うことを要しない(424条の9第1項後段)。CがBに支払えば、Bの責任財産が維持されるし、Cに二重払を強いる合理性はないので、CはAに支払うことを要しないと解すべきである(一問一答108頁、潮見新Ⅰ824頁。中間試案第15、8(3)後段参照)。つまり、甲乙両請求権のいずれか一方が実現されれば、他方は消滅する関係にある(423条の3後段と424条の9第1項後段の文言の違いは、もともと存在していた被代位権利と、取消しによって発生し、その性質が解釈に委ねられている乙請求権との違いを反映するものだろう)。

では、①甲乙両請求権は別個の権利なのか、②実質的には同一の権利なのか。A以外のBの債権者Xが乙請求権を差し押さえた場合、①だと、甲請求権にはその効力が及ばず、CはAには支払えることになり、②だと、甲請求権にも当然に効

力が及び、CはBにもAにも支払えない(供託はできる。民執156条1項)ことになる(一問一答108頁注2)。実質的には、①だとAが受領して相殺できる可能性が残り、②だと封じられる。

②が多数説である[40]。詐害行為取消権は、債務者の責任財産保全を目的とする制度であり、直接請求権は、そのために認められた、債務者の財産についての管理権に由来するものであることを理由とする。Aが自己の債権を回収するためには、被保全債権について債務名義を得たうえ、乙請求権を差し押さえる必要がある(潮見新Ⅰ832頁)。詐害行為取消権の目的を重視する見解である。

他方、改正民法が部会での種々の議論を経て詐害行為取消権の債権回収機能を認めるに至った経緯に鑑みると、②は同機能をやや軽視する感がある(森田・文脈545頁以下参照)。また、乙請求権は、Aの取消請求の結果発生したものであり、債務者の他の財産とは異なる面がある。自ら詐害行為取消請求をする機会がありながらこれをしなかったXが、Aの訴訟追行の成果を最後の場面で取得することについて、それほど保護に値するとも思われない。Xが乙請求権を差し押さえた後、AがCに対し甲請求権に基づく強制執行をした場合のCの負担も大きい。Aに対し、被保全債権による乙請求権の差押えを求めることは、Xとの平等弁済の機会を残すという意味はあるが、現実にはXは現れにくい反面、甲請求権について債務名義を得ているAの負担が過大ではないか。①を採り、差押えの効力の客観的範囲の問題(中野・民執670頁)として考え、その効力は甲には及ばないと考えたい。

(ⅱ) **債権者間の争い**　取消債権者Aが受益者Cに対し、自己への金銭の支払又は価額償還を請求した場合において、①債務者Bの他の債権者はAに対し分配請求ができるか、②CもBの債権者であるとき、CはAの請求に対し、自己の債権に対応する按分額の支払を留保すると主張できるか。民法改正前の判例は、いずれも否定した(①につき最判昭37・10・9民集16巻10号2070頁、②につき最判昭46・11・19民集25巻8号1321頁、百選Ⅱ[7版]19[片山直也]。本書3版268頁以下参照)。現行民法のもとで、①については特段の法律上の手続がなく(→(ⅰ)1つ目の◆参照)、②については424条の9に留保がないことから、いずれも無理であろう。

---

[40] 潮見新Ⅰ824頁以下、内田388頁、奥田＝佐々木中489頁(以上の著者は、他方で、連帯債権〔類似〕であるともいう。潮見新Ⅱ622頁、内田470頁、奥田＝佐々木中604頁)。鎌田ほか・改正239頁以下[鎌田]、高須順一『詐害行為取消権の行使方法とその効果』(2020)203頁、高須・前掲注(24)153頁。

(4) 取り消された場合の受益者・転得者の権利等

(a) 受益者の権利等

(i) 反対給付返還請求権等　債務者がした財産処分行為(代物弁済など債務消滅行為を除く)が取り消されたときは、受益者は、その財産を取得するためにした反対給付の返還を請求することができる(425条の2前段)。債務者が反対給付(現物)を返還することが困難であるときは、受益者は価額償還を請求できる(同条後段)。

> ◇　債務者Bが所有する建物甲を低廉な価格でCに売却し、それが取り消された場合、CはをBに返還しなければならないが、Bも受領した代金をCに返還しなければならない。Bが甲とCの所有する甲よりも低廉な建物乙とを交換し、それが取り消されたが、Bが既に乙を他に売却していた場合、BはCに乙の価額を償還しなければならない。

改正前民法のもとでは、詐害行為取消しの効果は債務者Bに及ばず、Bのした行為は、Bと受益者Cの間では効力を有し続けていたので、Cの反対給付返還請求は認められなかった。しかし、この結論は合理性がないし、破産法上の否認権については相手方の返還請求権等が認められていることも考慮され、425条の2が新設された(一問一答111頁)。

> ◆ 受益者の権利の保護の程度　受益者の反対給付返還請求権等は金銭債権であることが多いが、債務者は無資力なので、全額の支払を受けることは困難であるのが通例である。そこで、受益者の返還請求権等について、債務者に返還した財産を目的とする先取特権を付与して優先的に保護することが検討された(中間試案第15、11(2)・(3))。これは、破産法上の否認権においては相手方を財団債権者として保護する考え方(破168条1項2号。破産財団の二重の利得の防止が目的)を参考にするものである(中間試案説明183頁)。しかし、詐害行為の相手方である受益者を取消債権者より優先的に保護する必要はないなどの理由で採られなかった(部会資料73A、第6、10 説明1(3)、一問一答112頁、森田・文脈569頁以下。中田ほか・改正149頁[沖野]参照)。
>
> 次に、受益者の同時履行の抗弁が問題となる。詐害行為が取り消された後、①債務者Bが受益者Cに財産の返還を求める場合、②取消債権者AがCに対しBへの返還を求める場合、③AがCに対しAへの支払等を求める場合、それぞれCが

反対給付返還請求権等との同時履行の抗弁を主張できるかである。ⓐ425条の2と425条の3の規定の表現の相違（後者ではCが先履行であることが明らかである）や、ⓑ破産法上の否認権では相手方（C）の権利が保護されていることとの均衡を考えると、Cの同時履行の抗弁を認めることも考えられなくはない。しかし、そうすると、詐害行為取消権の実効性が著しく損なわれる。特に、③の場合、CはBがCに反対給付を返還するのと引換えにのみAに支払う、というCの抗弁を認めると、AはBに対しCに返還せよと求めることはできないので、Aの権利は、実際上、実現できなくなり、424条の9の意味が大きく低下する。ⓐは425条の2の表現はCの同時履行の抗弁を認める趣旨のものではないし、ⓑについては、破産では否認権を行使するのは管財人なので①の場合しかないという違いがある（部会資料79―3第13、11説明）。Cの反対給付返還請求権等を優先的に保護することはしないという選択がされたこととの平仄、責任財産の保全の目的及び債権者の債権回収機能の尊重をも考慮すると、Cの財産返還が先履行となると解すべきである（潮見新Ⅰ836頁、内田391頁、奥田＝佐々木中510頁）。このことは、②の場合も、さらには①の場合も同様だと考えるのが一貫する（ただし、①につき一問一答112頁参照）。その結果、Cの返還債務は、Cが履行の請求を受けた時から履行遅滞になるが（→(3)(a)(ⅰ)◆〔346頁〕）、Bの返還債務は、Cが財産を返還するまでは履行遅滞にならない。

この論理を貫くと、CとBの債務がいずれも金銭債務である場合でも、Cは相殺して差額のみを支払うこと（差額償還）はできないことになる（505条1項。中舎460頁以下、奥田＝佐々木中511頁以下）。他方、上記ⓐは、425条の2で差額償還を認める解釈の余地を残す趣旨のものである（部会資料・前同、潮見新Ⅰ838頁以下）。実際、上記①は、破産管財人の否認権行使の場面と共通するし、差額償還のほうが任意の履行を促しやすい。しかし、①で同時履行の抗弁を否定するのであれば、現物返還との均衡を考え、差額償還も否定すべきであろう。BCが合意のうえ差額償還をした場合、他の債権者による新たな詐害行為取消請求の可能性が生じるが、それは不当なことではない。

（ⅱ）**債権の回復**　取り消された債務者の行為が債務消滅行為であった場合（過大な代物弁済の過大部分を除く）、受益者が債務者から受けた給付を返還し、又は、価額償還をしたときは、その行為で消滅した受益者の債務者に対する債権は、復活する（425条の3）。この場合、受益者の債務者に対する給付の返還又は価額償還が先履行であることは、文言上からも明らかである（「したときは」との表現）。

◇ 債務者 B が債権者の 1 人である C に対し、B 所有の建物甲をもって C の B に対する乙債権について代物弁済をし、乙債権が消滅したところ、取消債権者 A によって代物弁済が全部取り消された場合、C が B に甲を返還したときは、乙債権が復活する。

◆ **過大な代物弁済の取消し(効果)**　債務者 B が過大な代物弁済をした場合、その全部が取り消され、受益者 C が目的物を返還したときは、C の債権は復活する(425 条の 3)。過大部分のみが取り消されたときは(424 条の 4)、C は過大部分について価額償還をすべきことになるが(424 条の 6 第 1 項後段)、C の債権は復活しない(425 条の 3 括弧書)。その結果、C は代物を、消滅した債権と価額償還とによって、つまり客観的価格で買い取らされたことになる(C の債権額を 100、代物甲の価格を 500 とし、C が 400 の価額償還をした場合、C は甲を 500 で買い取らされたことになる)。それよりむしろ、C が B に代物を返還し、C の債権を復活させる方が妥当な解決であるようにも思われる。過大な代物弁済について全部取消しの方法を探求すること(→2(4)(c)(ⅰ)β(イ)2 つ目の◆〔333 頁〕)には、そのような意味もある。

◆ **債務者の保証人の債務の復活の有無**　債務者 B のした債務消滅行為(弁済、代物弁済など)が取り消され、受益者 C が B から受けた給付を返還すると、C の B に対する債権は復活する(425 条の 3)。この場合、この債権について B の保証人であった W の保証債務も復活するか否かが問題となる(W は 425 条の範囲に含まれない。物上保証人についても同様の問題がある)。破産法上の否認の場合(破 169 条、改正前破 79 条)について、判例(最判昭 48・11・22 民集 27 巻 10 号 1435 頁、井田友吉『最判解民昭 48』97 頁、倒産百選 42［田頭章一］)・通説(伊藤・破産 658 頁以下、竹下編・破産 693 頁以下［加藤哲夫］)は、保証債務は当然に復活するという。ただし、否認訴訟の既判力が拡張されるわけではないので、C は、W に対する保証債務の履行を求める訴訟での敗訴の危険を避けるために、否認訴訟において W に訴訟告知(民訴 53 条)をする必要がある(伊藤・前同、加藤・前掲 694 頁)。この考え方は詐害行為取消権にも妥当するという見解が多いが(潮見新Ⅰ841 頁、平野 314 頁、奥田＝佐々木中 512 頁。内田 383 頁参照)、なお検討を要する。①否認権における議論のうち、保証の目的が担保であること及び相手方 C の保護の必要があることという実質論は、詐害行為取消権でも妥当する。もっとも、詐害行為取消権では、C に通謀加害の意図(424 条の 3 第 1 項 2 号)があることが前提であり、そのような悪性の高い C の要保護性は低下する。②否認権では行使の効果を人的相

対性のある物権的効果と理解する(伊藤・破産 644 頁以下、加藤・前掲 678 頁以下)などの解釈論を前提として人的範囲が議論されるが、詐害行為取消権では 425 条で人的範囲が法定されており、その拡張の当否が問題となる。③民法では、主たる債務の事後的変動の際に保証人の承諾を求める規律(472 条の 4・518 条 1 項但書)があり、それとの均衡を考慮する必要がある。保証債務の復活は保証契約の趣旨から導くことになるが(田頭・前掲参照)、①②③に鑑みると、そう簡単ではなく、消極に傾く。仮に W にも効力が及ぶと解する場合は、④取消訴訟の既判力は W に及ばないので訴訟告知の必要があること、⑤B の債務消滅行為の後、取消しまでの間に生じた事由について調整が必要となることは、否認権と同様である。

(b) 転得者の権利

転得者 D に対する債権者 A の詐害行為取消請求によって債務者 B の行為が取り消された場合も、(a)と同様の処理をすべきことになる。もっとも、転得者 D を被告とする詐害行為取消判決の効力は、受益者 C (債務者の債権者でない場合)や、D の前者(前同)には及ばないので、少し技術的な手当てがされる。すなわち、D は次の権利を行使できる。

① B のした行為が財産処分行為(債務消滅行為を除く)であった場合、仮にその行為が受益者 C に対する詐害行為取消請求によって取り消されたとすれば 425 条の 2 によって C に生ずべき B に対する反対給付返還請求権又は価額償還請求権を、D が行使することができる(425 条の 4 第 1 号)。

② B のした行為が債務消滅行為であった場合(過大な代物弁済の過大部分を除く)、仮にその行為が受益者 C に対する詐害行為取消請求によって取り消されたとすれば 425 条の 3 によって回復されるべき C の B に対する債権を、D が行使することができる(425 条の 4 第 2 号)。

③ ①と②のいずれも、D がその前者(C 又は転得者)から財産を取得するためにした反対給付の価額又は D がその前者から財産を取得することによって消滅した債権の額を限度とする(同条柱書但書)。

◇ ①債務者 B が所有する建物甲(時価 2000 万円)を 600 万円で C に売却し、C が D に 800 万円で転売したところ、B の債権者が D を被告として詐害行為取消請求をしそれが認められた場合、D が B に甲を返還したときは、D は B に対し 600 万

円の返還を請求できる。②CのDに対する売却価格が500万円だったとすると、DはBに500万円の返還を請求できる。

◆ **転得者の受益者に対する担保責任等の追及**　上記◇の①の場合、DはBから600万円の返還を受けたとしても、なお200万円の損失がある。取消しの効果はCに及ばないので、CD間の売買契約は依然として有効に存在しているから、CはDに対し原状回復義務を負わない。では、甲を奪われたDは、Cに対し、売主の担保責任(565条)又は債務不履行責任(561条参照)により、200万円を請求することができるか。CはDに売買契約上の債務を履行したわけだし、CがDに移転した甲の権利に契約不適合があったわけでもないから、この請求は認められない。425条の4の規律は、そのことを前提に、そのような転得者の地位に配慮したものだといえる(潮見新Ⅰ843頁、中田ほか・改正152頁以下[沖野])。Dの保護としては、Bの詐害行為についていずれも悪意であるCとDがBの責任財産からの逸出財産を目的とする契約をする際、将来、取り消されるリスクの配分についてどのように合意していたのかという観点から、CD間の契約解釈によって解決することが考えられるだろう。

◆ **否認の場合**　破産法は、否認された行為の相手方の地位について、425条の2・425条の3に先行する規定を置いている(破168条・169条)。相手方の返還請求権又は価額償還請求権が取戻権又は財団債権として保護される点が、詐害行為取消権と異なる(破168条1項)。また、民法改正に伴い、転得者に関する規定も新設した(破170条の2・170条の3)。

5　詐害行為取消権の性質論

改正前民法のもとで、判例法理(大連判明44・3・24前掲が基礎となる)は、詐害行為取消訴訟は、形成訴訟と給付訴訟のあわさったものであり(折衷説)、詐害行為取消しの効果は、取消債権者と訴訟の相手方(受益者又は転得者)の間でのみ生じる(相対的取消し)と理解した。これに対する主な批判として、①相対的取消論によれば、取消しの効力は債務者に及ばないはずなのに、取消しによって逸出財産が債務者に復帰したことを前提にして強制執行がされることの理論的説明がない[41]、②詐害行為取消権の制度目的が総債権者のために債務者の責任財産の保全にあるとすると、逸出財産が取消債権者又は債務者に引き渡される

帰結を認めるのは、その目的を達成することにならない(取消債権者は自己の債権の優先弁済に充てるし、債務者は再び処分するおそれがある)というものがある。

そこで、判例法理の問題点を指摘し、これを克服しようとして、1960年前後から、ドイツの学説の影響のもとに、責任説[42]が提唱された。同説は、次のようにいう。詐害行為取消権は、債務者の責任財産を保全するためのものだから、逸出財産を受益者から現実に取り戻す必要はなく、受益者の手元に置いたまま、債務者の責任財産として取り扱うことができれば足りる。つまり、逸出財産について受益者の取得した所有権はそのままにしておき、不動産であれば登記は受益者名義のままで、動産であれば受益者が占有したままで、取消債権者が強制執行できるようにすればよい。民法改正の審議でも、この方向での改正を主張する意見もあったが、実際上の難点も指摘され、採用されなかった。ほかにも、いくつかの見解がある(訴権説[43]、優先弁済肯定説[44]、新たな形成権説[45]など。本書3版272頁以下参照)。

改正民法は、取消判決の効力を債務者にまで拡張する(425条)ことで、上記①の問題に対応した。上記②については、詐害行為取消権の目的を責任財産保全としつつ、その債権回収機能を認めたうえで、関係者の利害調整と詐害行為取消権の取引社会における意義を考慮し、調整するという選択をした。その際、破産法上の否認権との関係も考慮された。その結果、性質に関する議論の重心は、425条の判決効の拡張をどのように理解するか、また、否認権との関係で詐害行為取消権の独自性をどこまで認めうるかに移ったといえよう。

---

41) 中野貞一郎「債権者取消訴訟と強制執行」同『訴訟関係と訴訟行為』(1961)160頁・166頁、中野・民執296頁。
42) 下森・前掲注(21)2号77頁以下・3=4号220頁以下、同・新版注民(10)Ⅱ803頁以下、中野・前掲注(41)187頁以下、中野・民執295頁。責任説を基本的に支持するものとして、安達129頁、潮見Ⅱ93頁、加藤229頁。上原敏夫「否認(詐害行為取消し)の効果と受益者の債権者」新堂幸司古稀『民事訴訟法理論の新たな構築(下)』(2001)437頁[同・前掲第5章注(9)所収]も参照。
43) 佐藤・理論、中田ほか123頁以下[佐藤]、佐藤岩昭「詐害行為取消権の法的構成」争点201頁。小林秀之=角紀代恵『手続法から見た民法』(1993)178頁以下[小林]、中西・前掲注(21)参照。
44) 平井・前掲注(39)、平井293頁以下。提唱者は、訴権説と自称するが(平井281頁)、上記の訴権説とは内容が異なるので、区別すべきだろう。本文の名称は、内田3版300頁による(佐藤・前掲注(43)は、平井説を「価格賠償説」と呼ぶ)。詐害行為取消権を取消債権者が優先弁済を受けうる権利として理解する先行論文として、大島・前掲注(27)134頁以下〔初出1982〕、辻・前掲注(39)。
45) 前田267頁以下、前田達明「詐害行為取消権について」同法61巻5号(2009)1頁。

◆ **折衷説**　詐害行為取消権の性質について、かつて形成権説と請求権説の対立があった（林・前掲注(30)）。①形成権説は、詐害行為取消権の本質は、債務者と受益者との間の法律行為を取り消すという形成権であり、取消しの効果は絶対的無効だと考える。取消しの訴えは、形成訴訟であり、債務者と受益者が共同被告となる。他方、受益者が逸出財産を債務者に返還しなければならないのは、取り消された結果であるにすぎず、債務者の返還請求は、詐害行為取消訴訟とは別個の、所有権又は不当利得返還請求権に基づくものである。取消債権者が受益者から逸出財産を取り戻すのは、債権者代位権による（債権者の債務者に対する債権に基づいて、債務者の受益者に対する逸出財産返還請求権を代位行使する）。形成権説に対しては、取消しに絶対的効力を認めることは不当に取引関係を混乱させる、逸出財産を取り戻すために債権者代位権を行使しなければならないという構成は迂遠である、という批判がある。②請求権説は、詐害行為取消権の本質は、受益者に対する逸出財産の返還請求権であると考える。債務者の法律行為の効力は消滅しない。訴えは、受益者に対する給付訴訟であり、その効力は相対的である。請求権説に対しては、条文の「取消し」という文言に反する、逸出財産が存在しない詐害行為（債務免除など）について理論的説明がむずかしい、という批判がある。そこで、判例は折衷説をとり、通説も支持した。これは、現行民法のもとでも基本的に維持されている。

◆ **責任説の課題**　責任説は「責任法的無効」を生じさせる「取消訴訟」と「責任訴訟（強制執行忍容訴訟）」との2つの訴訟を必要とする。これに対し、理論的に明快ではあるものの、「責任法的無効」という概念になじみが薄く、「責任判決」という特殊な形式の判決が現行法上は認めにくいとの指摘があり、多数説となっていなかった。これに加えて、民法改正の審議では、責任説について、①詐害行為を取り消した後に、逸出財産を任意売却する方法をとることが困難であり、私的整理の場面で詐害行為取消権を活用しにくい、②逸出財産が受益者又は転得者のもとにないか、又は、その一般財産に混入している場合について、詐害行為取消判決の確定後の処理が不明確である、③破産法上の否認権との接合に困難を生じる、などの問題点が指摘された（中間試案説明164頁、森田・文脈525頁以下）。そこで、責任説に基づく改正は見送られた[46]。

---

46) 高須順一「詐害行為取消権の法的性質とその効力」志林114巻4号(2017)15頁・28頁以下、同・前掲注(40)33頁以下は、現行民法のもとでも責任説の発想は解釈で生かしうると述べ、同「詐害行為取消権における折衷説の歴史的意義と今後の課題」志林121巻1号(2023)53頁・80頁以下は、その具体化を示す。また、現行民法のもとで、倒産法制との接続を意識しつつ集団性・事業継続性に着目する「債権関係秩序説」を提示する（同・前掲注(40)・注(24)・注(37)）、同「詐害行為取消権の効果と行使方法」改正講座Ⅱ177頁）。石田456頁以下・462頁以下も参照。

第7章
第三者による債権侵害

第1節　債権の性質と第三者との関係

　債権は、債務者に対する権利であり、第三者にはその効力は及ばない(債権の相対性)。それゆえ、当事者は、合意により債権の内容を自由に決定することができるし、それが公示されることも原則としてない。

　債権は、また、同じ債務者に対する同じ内容のものが複数成立しうる(債権の非排他性)。債権が存在するとき、第三者が同じ債務者に対する同じ内容の別の債権を取得することは可能であり、それによって既存の債権の効力が損なわれることはない。先の債権者は、その債権が履行されなかった場合、債務者に対し債務不履行責任を追及することは可能だが、後の債権者に対し責任を追及することはできない。

　このような債権の性質を前提とすると、第三者が債権を侵害しても、債権者は何もいえないことになりそうである。しかし、債権が債務者に対する権利であることと、その権利が法的な保護の対象となることとは、別の問題である。第三者が債権を侵害した場合、債権者の第三者に対する請求は、やはり認められるべきではないのか、具体的には、不法行為に基づく損害賠償請求や債権に基づく妨害排除請求はできないのか、が問題となる。これが「第三者による債権侵害」と呼ばれる問題である。

　もっとも、「第三者による債権侵害」というテーマの意義について、次のような疑問も投じられている。損害賠償に関しては、このテーマのもとで多種多様な紛争類型が検討されてきたが、これは「債権侵害」という共通項でとらえ

るよりも、類型ごとに不法行為に基づく損害賠償の可否の問題として検討すべきではないのか。妨害排除に関しては、議論は不動産賃借権の場合にほぼ限られており、これは不動産賃借権自体の問題ではないのか。

実際、ここで現れる諸問題は、債権という権利の性質のみから解決できるものではない。とはいえ、債権のもつ上記の諸性質が各問題の帰結に影響を及ぼしていることも事実である。以下では、このような留保を意識しつつ、損害賠償請求、妨害排除請求の順に検討する。

第2節　不法行為に基づく損害賠償請求[1]

1　不法行為法の展開と債権侵害論の展開

第三者による債権侵害が不法行為に基づく損害賠償責任を生じさせるかどうかは、明治民法709条の「他人ノ権利ヲ侵害シタル」という要件を満たすかどうかの問題として論じられてきた。この「権利侵害」要件について、不法行為法では大きな展開があった[2]。

◇　①明治民法の起草者は、「権利侵害」の要件を比較的緩やかに理解し、1898年の民法施行後しばらくの間の判例も同様であったが、②1914年の大審院判決がこの要件を極めて厳格に解した（大判大3・7・4刑録20輯1360頁〔雲右衛門事件〕）。③しかし、1925年の大審院判決がこれを緩和し（大判大14・11・28民集4巻670頁〔大学湯事件〕）、学説もそれを支持した。④1930年以降、学説では、「権利侵害」要件を「違法性」要件に置き換える「違法性理論」が広まり、違法性の有無を「被侵害利益の種類」と「侵害行為の態様」との相関関係で考察する「相関関係説」が通説となった。⑤しかし、この通説は、1970年頃から厳しい批判を受け、⑥その後の学説は、「故意過失」と「権利侵害」の要件について、過失一元説、違法性一元説、故意過失・権利侵害二元説、故意過失・違法性二元説などに分かれている。

---

1)　新美育文「第三者による債権侵害」講座Ⅳ477頁、吉田邦彦『債権侵害論再考』(1991)（以下、本章で「吉田・再考」として引用）、同「債権侵害と不法行為」争点187頁、潮見佳男「債権侵害（契約侵害）」山田卓生編代『新・現代損害賠償法講座2』(1998)249頁、窪田充見編『新注釈民法(15)』(2017)308頁以下〔橋本佳幸〕、潮見・新注民(8)14頁以下。
2)　瀬川信久「民法709条」百年Ⅲ559頁、山本敬三「不法行為法学の再検討と新たな展望——権利論の視点から」論叢154巻4=5=6号(2004)292頁。

⑦なお、2004年民法改正の際、709条の文言は「他人の権利又は法律上保護される利益を侵害した」と改められた。

709条の「権利侵害」要件論の展開とともに、債権侵害論も進展した。①明治民法起草者及び初期の学説は、イギリス法の影響のもとに、債権侵害も不法行為となると考えていた。②しかし、1910年前後から、当時のドイツ法学の影響のもと、709条の「権利」を厳格に理解し、「相対権」である債権はこれにあたらないから、第三者の債権侵害は不法行為とならないという学説が有力になった。これに対し、債権も権利の1つであり、権利には一般に「不可侵性」があるから、その侵害は不法行為になるという見解もあった。③大審院は、1915年の判決で、およそ権利には「対世的権利不可侵ノ効力」があり、債権もその例外ではないとして、債権侵害による不法行為の成立を認めた[3]。④その後、学説でも、債権侵害による不法行為の成立を認める見解が一般化し、その具体的検討が進められた。特に、1940年以降、相関関係説に基づき、「弱い権利である債権の侵害が不法行為となるためには、侵害行為の違法性が強いことが必要である」との考えを前提として、債権侵害を類型化する見解が通説となった。⑤これに対し、1980年前後から、従来の通説を批判し、より実質的な評価を取り込む新たな類型化が試みられ、⑥さらに、「債権侵害」という問題の立て方自体に対する疑問も提起された。以下では、この④⑤⑥をみていく。

2　かつての通説の分類

かつての通説は、債権は、債務者の意思を媒介として成立する権利だから、被侵害利益としては物権より弱く、したがって、債権侵害が違法性をもつのは、侵害行為の違法性が特に強い場合でなければならないと考えた。同説は、この理解を前提として、債権侵害を次のように分類した(我妻77頁以下)。すなわち、①債権の帰属自体を侵害した場合、②債権の目的(給付)を侵害し、債権を消滅

---

[3]　大判大4・3・10刑録21輯279頁(刑事事件の附帯私訴。百選Ⅱ15[新堂明子])は、AのBに対する委任契約上の債権をCが侵害したことにつき、CのAに対する不法行為が成立する可能性を認めた。本判決の直後、大審院民事部も債権侵害による不法行為の成立可能性を認めた(大判大4・3・20民録21輯395頁)。

させた場合、③債権の目的(給付)を侵害したが、債権は消滅しない場合である。①・②・③によって、不法行為が成立するために求められる侵害者の主観的態様が区別される(本書3版281頁以下参照)。

3 通説批判と新たな議論

(1) 通説批判

この通説に対しては、1970年代後半に、形式的であって実態に即していないという批判が現れ(星野126頁)、1980年代の本格的検討を経て、次のような多面的な批判がされるに至った(吉田・再考148頁・562頁以下、吉田95頁以下、平井118頁参照)。①通説は、ドイツ法を一面的にのみ継受した結果、比較法的には極めて特殊なほど、債権侵害による不法行為の成立を認めることにつき消極的である。②通説の分類は、観念的なものであるため、わかりにくいし、現実の多様な紛争類型を反映しておらず、類型ごとの分析も十分でない。③通説は、価値判断のプロセス及び判断枠組みが不鮮明である。すなわち、債権の相対性・債務者の自由意思の尊重・債権者平等の原則・自由競争原理などから、十分な検討を経ないまま、結論(不法行為の成立の限定)を導いている。他方、債権が原則として公示制度を欠いている点について、さらに検討する必要がある。

> ◆ **具体的紛争類型** 批判説は、以下の具体的類型を抽出する[4]。①二重譲渡型(不動産の二重売買による、第一買主の売買契約上の債権の侵害)、②不正競争型(代理店等の一手販売権の侵害など)、③引抜き型(他社従業員の引抜きによる、会社の従業員に対する雇用契約上の債権の侵害)、④労働争議型(違法な労働争議による使用者の債権の侵害)、⑤間接損害型(CがBを受傷させ働けなくしたため、Bの勤務する企業AもBに対する雇用契約上の債権の侵害)、⑥その他(特殊取引義務違反型〔CのAへの不実情報の提供など取引上の注意義務違反によるAB間の契約の侵害〕、責任財産減少型〔債務者の責任財産を減少させる行為〕、賃借権侵害型〔賃貸借の目的物の不法占拠など〕)である。

(2) 新たな類型化

このような批判を経て、現在の学説には、契約関係の保護を拡大し、第三者

---

4) 吉田・再考561頁以下。吉田邦彦『民法解釈と揺れ動く所有論』(2000)262頁以下参照。

による債権侵害の成立の可能性を広げる傾向、及び、紛争類型に応じて実質的な検討をしたうえ、類型ごとに不法行為の成立要件を提示する傾向がみられる。そのための具体的方法として、①第三者の主観的態様と②侵害の態様とを分析することが多い。①につき、たとえば、債権侵害による不法行為が、ⓐ第三者に「害意」ある場合にのみ成立するもの、ⓑ「認識・認容」ある場合に成立するもの、ⓒ過失があれば成立するものというように、分類される（前田233頁以下、内田209頁以下、淡路218頁以下など。内容は論者により異なる）。また、②につき、第三者の侵害態様を取引行為と事実行為に区別するものがある（吉田・再考670頁、前田・内田前掲）。このような観点から、「債権侵害による不法行為」の新たな分類が試みられている（吉田・再考674頁、吉田96頁以下、前田233頁以下、内田217頁、潮見プラ555頁以下など）。

(3) 「債権侵害による不法行為」の問題設定に対する疑問

かつての通説に対する批判説は、イギリスにおける「第三者による契約侵害の不法行為」及びフランスにおける「契約の第三者効（対抗力）」を検討し、ドイツの「債権侵害」論を相対化したうえ、「契約の対第三者保護」を強調した（吉田・再考562頁）。こうして、問題の本質は、「債権侵害」というより「契約侵害」にあるという見方が生じた。さらに、既に成立した契約関係だけでなく、契約の成立が期待される関係をも視野に入れ、問題は「契約準備交渉から契約終了後に至るまでの間に相対の取引的接触の中で生ずる、第三者による取引的不法行為」という視点でとらえられるべきだという見解もある（潮見・前掲注(1)276頁、潮見・不法行為Ⅰ109頁）。また、そもそも、この問題は、不法行為法の領域で、その要件論に対応させながら論じるべきものだという指摘もあった（北川善太郎『債権各論（民法講要Ⅳ）〔第3版〕』〔2003〕299頁、淡路207頁）。

現在、債権が709条の「権利」として保護の対象となること、また、かつての通説のいう第1類型（「債権の帰属自体を侵害した場合」）において、第三者の故意過失を要件とする通常の不法行為が成立することには、異論がない。他方、不法行為法において、被侵害利益の種類と侵害行為の態様との相関関係で違法性を判断するという相関関係説は多くの批判を受けており、債権を「弱い権利」としてひとまとめにすることには、もはや多くの支持は得られない。

ここにおいて、「債権侵害」という問題の立て方自体が疑われることになる。

従来、そこで論じられてきた問題は、709条にいう「権利又は法律上保護される利益」のうち、人格権・人格的利益・物権・物権的利益を除いた種々の権利・利益(契約関係はその一部である)に関するものであった。その侵害が不法行為となるかどうか、なるとしてどのような要件のもとにおいてかは、「債権侵害」という観点のみから判定できるものではない。「債権侵害」の観点は、せいぜい債権の性質(相対性、非排他性、非公示性)から導かれる共通の考慮要素を提示する意味をもつにとどまる。かつての通説が観念的であるというのも、「債権侵害」を出発点とする以上、当然の帰結であったのであり、通説の分類方法は、その限りでは、ほぼ完成されたものであった。問題は出発点にある。今後は、不法行為法において、非人格権的・非物権的利益の侵害について、個別類型ごとに、それぞれ問題となる価値や、他の制度との関係を考慮しつつ検討し、あるいは、個別事案において、法的保護に値する利益の侵害があったかどうかを具体的に検討すべきである(たとえば、特定の方法によって債権を回収するという利益が害された場合、それが債権侵害にあたるかどうかより、端的にその利益が法的保護に値するか否かを検討すべきである。最判令5・10・23判時2592号53頁参照)。

◆ **個別類型の検討例①——従業員の引抜き**　個別類型の検討においては、諸価値の考慮が必要となる。たとえば、「引抜き型」においては、既存の契約の尊重、従業員の職業選択の自由、第三者の契約自由、労働市場の流動性などの価値を考慮すべきことになる。その際、雇用契約自体については、職業選択の自由を尊重するとしても、守秘義務の特約については、従業員の保有する情報という別の法的利益の保護も考慮すべきであろう。フランス法につき、荻野奈緒「フランスにおける契約侵害論の構造」民法理論研223頁参照。

◆ **個別類型の検討例②——不動産の二重譲渡**　個別類型の検討において、諸価値の考慮だけでなく、不法行為以外の制度との関係も考慮すべきことがある。たとえば、不動産の二重譲渡においては、177条による所有権の帰属の規律と、709条による損害賠償の規律との関係が問題となる。多くの見解がある。すなわち、①所有権の帰属も不法行為の成否も、背信的悪意を基準とする(最判昭43・8・2民集22巻8号1571頁〔177条〕、最判昭30・5・31民集9巻6号774頁〔709条。単純悪意では不成立〕。加藤一郎『不法行為〔増補版〕』〔1974〕107頁、四宮和夫『不法行為』

〔1987〕312 頁以下・345 頁以下、加藤Ⅴ195 頁)、②所有権の帰属と不法行為の成否とを区別し、前者は背信的悪意を基準とし、後者は故意過失を基準とする(星野127 頁、平井 121 頁。澤井裕『テキストブック事務管理・不当利得・不法行為〔第3版〕』〔2001〕155 頁、北川・前掲 302 頁は、①と②の中間)、③所有権の帰属と不法行為の成否とを区別し、前者は、単純悪意を基準とし、後者は故意過失を基準とする、④所有権の帰属も不法行為の成否も、単純悪意を基準とする(吉田・再考 576頁)、⑤所有権の帰属も不法行為の成否も、悪意・過失を基準とする(内田 214 頁)などである(潮見・前掲注(1)250 頁以下、潮見・不法行為Ⅰ111 頁以下参照)。

このうち、①は、自由競争及び公示制度(登記)の尊重を重視するが、②以下は、大なり小なり自由競争の貫徹に疑問を投じる[5]。所有権帰属と損害賠償とで基準が異なってもよく、不法行為による損害賠償においては故意過失を基準としてよいと考えるが、第二譲受人には調査義務まではなく(大村敦志『新基本民法 6 不法行為編〔第 2 版〕』〔2020〕55 頁以下)、それだけ不法行為の成立は限定されることになるだろう。

◆ **個別類型の検討例③——責任財産の減少**　第三者が債務者の責任財産を減少させることにより一般債権者を害する場合は、詐害行為取消権(424 条)との関係を考慮する必要がある。

第三者による責任財産減少行為が債務者との取引行為による場合は、もっぱら詐害行為取消権の規律に服すると解すべきである。現行民法における詐害行為取消権の成立要件の明確化(→第6章第3節1(4)〔308 頁〕)に鑑みると、不法行為責任を補充的に及ぼすことは控えるべきである。

第三者の行為が事実行為である場合は、債務者が第三者に対し、減失・損傷した財産に代わる債権(損害賠償債権〔709 条〕、不当利得返還請求権〔703 条〕、償金請求権〔248 条〕等)を有するか否かで分けて考える。債務者が上記債権を有する場合は、それが債務者の責任財産を構成するので、責任財産は減少しない。債務者がこれを有しない場合(第三者の行為を許容していたときなど)及びこれを有するがなお責任財産が減少する場合は、第三者が一般債権者に対して不法行為責任を負う余地はある。この場合、第三者の一般債権者に対する過失を認めることは、通常はむずかしく、不法行為が成立するのは、事実上、第三者に故意がある場合となるだろう。

◆ **契約の相対効と対抗可能性**　契約の相対効とは、契約は当事者間でのみ効力があり、第三者には効力を及ぼさないということである。「ある人々の間で合意さ

---

[5] 磯村保「二重売買と債権侵害——『自由競争』論の神話」神戸 35 巻 2 号 385 頁～36 巻 2 号 289頁(1985～86)参照。

れたことは、他の人々を害することも益することもない」というローマ法の法理 (H. Roland et L. Boyer, Adages du droit français, 3e éd., 1992, p. 785, 高畑順子『フランス法における契約規範と法規範』〔2003〕1頁以下）が、フランス民法原始規定1165条を経て、旧民法財産編345条に承継されたが、明治民法では当然のこととして削除された（中田・契約51頁以下）。フランスでは、20世紀に入って、この相対効と契約の第三者に対する対抗力（対抗可能性）とを区別することが提唱され、受け入れられた（吉田・再考429頁以下、片山・前掲第4章注(3)557頁以下）。2016年改正フランス民法は、次のように定める。適法に形成された契約は、それをした者には、法律に代わる（1103条。拘束力）。契約は、当事者間でしか債権債務関係を生じさせない（1199条。債権債務関係の創出・相対効）。第三者は、契約によって生じた法状態を尊重しなければならない（1200条1項。対抗可能性）。

なお、債権の相対性という概念は、物権の絶対性との比較という観点で用いられることが多い（→第1章第2節②〔22頁〕。ドイツでは、「狭義の債務関係」〔＝債権〕の相対性と物権の絶対性の対置が一般的であり、前者は第三者の債務関係顧慮義務の原則的否定をも含むことにつき、岡本・前掲第5章注(65)32頁以下〉。

第3節　債権に基づく妨害排除請求[6]

1　物権的請求権との比較

債権侵害の第2の問題として、第三者が債権を侵害する場合、債権者は妨害排除を請求できるのかという問題がある。不法行為に基づく損害賠償は金銭賠償を原則とするので（722条1項・417条）、債権自体に基づく妨害排除が検討されることになる（原状回復を原則とする国々では、不法行為の問題となる）。まず、妨害排除請求が認められている物権的請求権との比較をしてみよう。

物権的請求権の条文上の根拠としては、①占有の訴えを認める規定（197条～

6）　好美清光①「債権に基く妨害排除についての考察」法学研究（一橋）2号（1959）165頁、同②「賃借権に基づく妨害排除請求権」『契約法大系Ⅲ』（1962）166頁、同③「不動産賃借権侵害と妨害排除、損害賠償」西村宏一編『不動産法大系Ⅲ』（1970）547頁〔改訂版（1975）595頁も同旨〕、同④「賃借権に基づく妨害排除」法セ320号（1981）28頁、星野英一『借地・借家法』〔1969〕436頁以下、赤松秀岳「債権に基づく妨害排除の問題は、なお論ずべき点を残していないか」展望Ⅰ25頁。根本尚徳『差止請求権の理論』（2011）参照〔不法行為法とは別に民法体系に存在する差止請求権制度に基づき、私人の権利又は利益の違法な侵害に対し、当該法益の性質に適した内容の差止めを認める「違法侵害説」を主張。債権も保護対象の1つとなるという〕。

200条)がある以上、本権に基づく訴えも当然に認められるべきこと、②「本権の訴え」を予定する規定があること(202条・189条2項。193条の「回復」も参照)、③物権でありながら物権的請求権がない場合が特に規定されている(302条・333条・353条)のは、物権的請求権の存在を前提としていると考えられることがあげられる。債権についても、205条(準占有)を介して、①②の根拠を援用することは不可能ではないが(来栖三郎『契約法』〔1974〕346頁参照)、それが決め手になるわけではない。

　物権的請求権の理論的根拠としては、物権の直接支配性、排他性、絶対性などがあげられる[7]。もっとも、大審院は、権利者がその権利行使に際して妨害を排除できるのは権利の性質上当然のことであり、その権利が物権か債権かを問わないとした(大判大10・10・15民録27輯1788頁〔専用漁業権の賃借権〕、末弘厳太郎『判民大10』499頁)。学説でも、この判決を機に、権利の不可侵性を理由として、債権に基づく妨害排除請求も認める見解が展開された(末弘11頁)。しかし、最高裁は、大審院とは異なり、債権者は債務者に対してしか行為を請求することができないとして、妨害排除請求を否定した(最判昭28・12・14民集7巻12号1401頁〔石灰石山を使用収益する契約上の権利につき、債権に排他性を認めて第三者に妨害排除を請求しうるものとはできないという〕)。学説も、現在では、債権一般については妨害排除請求を認めないという見解が多い。

2　不動産賃借権に基づく妨害排除請求

(1)　不動産賃借人による妨害停止の請求等

　しかし、一定の不動産賃借権(債権である)については、これに基づく妨害排除請求を認めるのが民法改正前の判例・通説であった。

　現行民法は、その旨の明文規定を置く。すなわち、対抗要件を備えた不動産賃借人は、その不動産の占有を妨害する第三者に対する妨害停止請求、及び、その不動産を占有する第三者に対する返還請求をすることができる(605条の4)。

---

[7]　物権が目的物に対する直接の支配権であること(我妻Ⅱ22頁)、物権が排他的帰属を内容とする権利であること(広中俊雄『物権法〔第2版増補〕』〔1987〕37頁)、物権の直接性・排他性(川井健『民法概論2 物権〔第2版〕』〔2005〕10頁)、物権の絶対性(山野目章夫『民法概論2 物権法』〔2022〕134頁)などである。

対抗要件とは、不動産賃貸借の登記(605条)、借地借家法の定めるもの(借地借家10条・31条)などである。これは、民法改正前の判例法理である(最判昭30・4・5前掲。対抗力がない土地賃借権について妨害排除を否定した例として、最判昭29・7・20民集8巻7号1408頁)。

> ◆ **対抗力ある賃借権に基づく妨害排除請求を認める理由**　民法改正前の学説も、対抗力ある賃借権に基づく妨害排除請求を認めていた。2系統の見解がある。
>   第1は、対抗力の付与に実質的意味を認める見解である。3種類ある。まず、①対抗力がある賃借権には「排他性」があり、妨害排除が認められるという見解がある(我妻84頁)。次に、②賃借権の対抗力が所有者又は処分権者によって付与されることを重視する見解がある。すなわち、賃借権が対抗力を備えることができるのは、賃貸借契約が目的物の所有者等との間で結ばれた場合に限られる(他人物賃貸借も契約としては有効だが、対抗力は付与されない)。そのような賃貸借について妨害排除を承認しても第三者を不当に害することがないことは、物権と同様である(好美・前掲注(6)①283頁以下、②185頁)。そこには、所有者たる賃貸人が支配権能を設定して賃借人にこれを譲渡する関係(授権)がある(奥田240頁)。また、③対抗力ある不動産賃借権を「物権化した賃借権」として、妨害排除請求権を認める見解がある。対抗力の付与は特別法による不動産賃借権の保護強化の一環であり、対抗力を備えた不動産賃借権は「物権化」の途上にあるというもの(好美・前掲注(6)①283頁以下)、対抗力ある不動産賃借権は、歴史的にみて、「物権化」したものと理解できるというもの(水本32頁、前田240頁)がある。もっとも、この②又は③の見解に立ちつつ、対抗力は「物権化」の1メルクマールにすぎないとし、対抗力がなくても妨害排除請求を認める余地を認める見解も少なくない。すなわち、④特別法(借地借家法、農地法等)が継続性を強く保障する賃借権は、そのことにより物権化しているので、そのような賃借人は、不法占拠者に対しては対抗力がなくても妨害排除請求が認められるというもの(赤松・前掲注(6)45頁、近江3版181頁)、⑤目的物の処分権者から付与された賃借権は実質的には地上権と同様であり、対抗力がなくても無権限者に対する妨害排除請求を認めうるというもの(好美・前掲注(6)③560頁、④32頁、奥田246頁)がある。
>   第2は、対抗力の有無は妨害排除請求の可否の理由に直結するわけでないとしたうえ、妨害排除請求権を認める根拠は、端的に、不動産賃借権の今日における特殊な地位とその保護の必要性に求めるべきだという見解である(星野132頁、平井127頁、淡路232頁。明治民法の起草過程につき、来栖・前掲346頁以下)。この見解では、対抗力のない不動産賃借権でも、不法占拠者に対する妨害排除請求を認めることになる。実質的に考えても、地上権者は未登記でも不法占拠者に対し妨害排除を請求できるところ、不動産賃借人には同様の地位を認めうるし(広中俊雄

『債権各論講義〔第6版〕』〔1994〕162頁）、そもそも不法占拠者に賃借人の対抗力の不存在を主張する利益を認める必要はないからである。

　第1の見解に対しては、次の疑問がある。①の「排他性」による説明は、「排他性」概念が不明確であり、対抗力と排他性の関係、及び、排他性と妨害排除の関係も明確ではない。②の所有者等の処分であることによる説明は、妨害排除請求の要件としての賃借権の対抗力との関係が明確でない。③④の「物権化」による説明は比喩的である。⑤については、現行民法のもとで展開し、605条の4・605条の2第1項・605条の規定の構造からも不動産所有者たる賃貸人が設定した賃借権に限られるとの見解もある（森田宏樹編『新版注釈民法(13) I』〔2024〕314頁以下・320頁以下〔森田〕）。しかし、上記各条の対象とする場面はそれぞれ異なるほかか、管理人のする賃貸借（252条の2第1項・252条4項など）や転貸借（613条）の場合に賃借人（転借人）と不法占拠者との関係をどう規律するかは、より実質的に考える必要がある。また、賃貸人側内部の所有権又は管理権限をめぐる紛争を不法占拠者が利用しうるとする必要もないように思われる。そこで、妨害排除請求の根拠は不動産賃借権自体に求めるべきであると考え、第2の見解を支持したい。605条の4は、対抗要件を備えない不動産賃借権に基づく不法占拠者に対する妨害排除請求を否定するものではないと考える（中田・契約458頁。潮見新 I 716頁、潮見・新契約 I 439頁、内田354頁、平野68頁。不動産賃借権の要保護性を考慮する観点につき、秋山ほか・改正304頁以下〔秋山〕）。学説は、第1・第2を通じてみると、対抗力のない不動産賃借権についても不法占拠者に対する妨害排除請求を認めるものが多いといえよう。

◆ **不法占拠者に対し妨害排除を請求する他の方法**　　B所有の不動産の賃借人Aが不法占拠者Cに対し妨害排除を請求する方法は、他にもある。①占有の訴え。Aが当該不動産の占有を開始していたときは、占有の訴えにより、Cに対し、妨害の停止（198条）又は返還（200条）を請求することができる。この方法は、Aが未占有の場合（Bと契約したがまだ引渡しを受けていなかった場合など）には、とることができない。②債権者代位権の行使（423条・423条の7）。Aは、AのBに対する賃貸借契約に基づく使用収益請求権を被保全債権として、BのCに対する所有権に基づく妨害排除請求権を代位行使することができる（Bの無資力は不要→第6章第2節3(2)(b)〔289頁〕・4(2)(b)〔300頁〕）。この方法は、二重賃借人に対しては、とることができない（BのCに対する妨害排除請求が認められないから）。

(2)　二重賃貸借の場合

　賃貸借の目的不動産を占有するのが二重賃借人である場合については、どち

らの賃借権が優先するのかが先決問題となる。現行民法は、対抗力のある方が優先することを定める。すなわち、不動産賃借権は、登記すれば、その不動産について物権を取得した者その他の第三者に対抗することができる(605条)。「物権を取得した者」とは、不動産の譲受人が典型的なものであり、賃借人は、賃借権の登記があれば、新所有者に対抗できる(「売買は賃貸借を破る」の例外)。「物権を取得した者」に対抗できることは、かねてから定められていた(旧605条)。現行民法は、これに「その他の第三者」を付加したのだが、二重賃借人はこれに含まれる。つまり、登記のある賃借人は、二重賃借人に優先する(借地借家10条1項・31条の場合も同様と解すべきである)。改正前民法のもとで判例・学説が認めていた規律である(中田・契約456頁以下)。

> ◆ **改正前民法のもとでの二重賃貸借の規律**　判例は、土地賃借権に対抗力がある場合は、その賃借権は物権的効力をもち、賃借人はその土地につき物権を取得した第三者に対してだけでなく、二重に賃借権を取得した者に対しても対抗できるとした(最判昭28・12・18民集7巻12号1515頁、百選Ⅱ[8版]57[赤松秀岳]、百選Ⅱ50[栗田昌裕])。この対抗力は、もともとは賃借人と不動産の新所有者等との関係において問題となるものだったが、本判決は、「物権的効力」という概念を介して、これを二重賃貸借にも持ち込んだわけである。学説も、対抗力を二重賃貸借の優劣決定基準とすることに賛成するものが多かった(奥田246頁、平井126頁など)。制限物権、特に、地上権(265条)との比較(地上権は物権だから登記の先後で優劣が決まるが[177条]、不動産賃借権は債権だが機能的には地上権に近いので同様に処理してよい)や、不動産の新所有者との相対的関係(対抗力を備えた賃借人は新所有者に対抗でき、新所有者は対抗力を備えない賃借人を排除できるのだから、二重賃借人間でも対抗力のあるものが優先すると考えてよい)などが理由である。

3 一般の債権に基づく妨害排除請求

現行民法は、対抗要件を備えた不動産賃借人に、第三者に対する妨害停止請求及び返還請求を認める(605条の4)。この規定は、配偶者居住権にも準用される(1031条2項)。それでは、明文規定がない場合、債権に基づく妨害排除請求は認められないのか。

まず、対抗要件を備えない不動産賃借権に基づく妨害排除請求については、

605条の4は、これを否定する判例法理を忠実に明文化したものだという理解と、なお解釈に委ねられる部分があるという理解がある。当該判例(最判昭29・7・20前掲)は、債権と物権の峻別から演繹する抽象論を説くにすぎず、その後の判例・学説の展開に鑑みると、形式的な議論であるとの印象を否めない(学説は、結論として、対抗力がない不動産賃借権に基づく不法占拠者に対する妨害排除請求を認めるものが多い→2(1)1つ目の◆)。同条を限定的に理解してその反対解釈をするのではなく、同条で規定されていない部分については、判例・学説による法形成に委ねられていると考えたい(中田・契約458頁)。

不動産賃借権以外の債権はどうか。債権に基づく妨害排除請求の可否につき、権利の不可侵性により肯定する、あるいは、債権の相対性や非排他性により否定する、という抽象的な議論は、説得力に乏しい。また、人格権に基づく差止めが認められていること(最大判昭61・6・11民集40巻4号872頁、百選Ⅰ4[山本敬三])からも明らかな通り、妨害排除請求が物権の性質からしか導きえないものでもない。妨害排除請求を認めることの可否は、各種の債権について具体的に判断すべきものである。もっとも、債権は、債務者の行為を目的とし、それゆえ当事者間でその内容を自由に形成することができ、かつ、公示がないのが通例であるから、これに基づく妨害排除請求を一般的に認めることは、第三者の私的自治を侵害し[8]、不測の損害をもたらすおそれがある。したがって、その効力は債務者にのみ及ぶことを原則とすべきである。しかし、債権者にとって妨害排除を認める必要性が強く、かつ、それにより取引の安全が害されない場合には、例外的に、債権の効力としてこれを認めることは妨げられないだろう。

必要性の観点からは、第1に、他の法制度(債権者代位権、詐害行為取消権、占有の訴えなど)があるときは、原則として、それによるべきである。第2に、妨害を排除すれば債権が履行されうる場合でなければならない。具体的には、継続的な債権関係であって、侵害を除去することにより、債務者による債務の履行が期待できる場合である。取引の安全については、侵害者が無権限又は故意の場合には、これを害することにはならないであろう。

---

[8] 債権の相対性とは区別された契約の相対性原則について第三者の私的自治の保護という観点を提示するものとして、岡本・前掲第5章注(65)91頁以下・109頁以下。

実際に問題となりうるのは、不動産賃借権以外では、①不動産使用借権、②動産賃借権、③委任・請負・雇用に基づく役務提供請求権、④知的財産の通常実施権などであろう。①は、故意の不法占拠者との関係では認めてよいのではないか[9]。②は、動産取引の安全を考え、原則として否定し、占有の訴えに委ねるべきだが、故意の妨害者との関係では認めてよい(平井122頁、淡路224頁参照)。③は、故意による妨害の場合であって、債務者に履行する意思があるときは認めてよい[10]。④は、独占的通常実施権者であっても(代位構成ではない)固有の差止請求権は認められないと解されているようである[11]。

---

[9]　平井123頁。広く認めるものとして、天野弘「不動産賃借権者による妨害排除請求権の代位行使という判例理論の再検討(下)」判タ288号(1973)27頁、幾代通＝広中俊雄編『新版注釈民法(15)』(1989)96頁[山中康雄]。しかし、我妻V₂ 377頁、星野Ⅳ183頁、淡路224頁、近江158頁など消極説が多数である。

[10]　平井123頁。松坂16頁は一般的に肯定。好美・前掲注(6)①294頁以下、星野132頁、淡路224頁は、債務者の自由を重視する観点から消極。

[11]　中山信弘＝小泉直樹編『新・注解特許法〔第2版〕中巻』(2017)1467頁以下[城山康文]、村井麻衣子「特許権の独占的通常実施権者による差止請求の可否」パテント65巻9号(2012)46頁。近年、著作物の独占的ライセンシーに差止請求権を与える制度の創設について検討されている。松田俊治『ライセンス契約法』(2020)72頁以下、栗田昌裕「独占的ライセンスと差止請求権」ジュリ1565号(2021)40頁、文化審議会内ワーキングチーム「独占的ライセンスの対抗制度及び独占的ライセンシーに対し差止請求権を付与する制度の導入に関する報告書(令和3年12月1日)」文化庁ウェブサイト掲載。

第 3 編

債権の消滅

第8章

債権の消滅

第1節 「債権の消滅」という視点の意味

1 履行・回収・消滅

　債権総則の第6節として「債権の消滅」の節があり、弁済・相殺・更改・免除・混同という5つの款が置かれている(473条以下)。債権総論の体系書・教科書では、これらを含む債権消滅原因について概観した後、弁済以下を順次検討するというのが伝統的なスタイルだった(たとえば、我妻209頁以下)。ところが、近年、これとは異なる構成で叙述するものが少なくない。読者の理解の便宜を考え、あるいは自らの体系的観点から、債権総論の構成を民法典とは組み替える試みはかねてからあったが[1]、最近、その傾向が強まっている。その際、「債権の消滅」をどう配置するかが大きな問題となる。そこには、「債権の消滅」という視点のもつ意味は何か、という理論的問題が潜んでいる。

　たとえば、借金のある人が貸主に元利金全額を返済したとする。この出来事は、①借主から見れば借入金債務の履行をしたということであり、②貸主から見れば貸金債権を回収したということであり、③債権の生成消滅という観点からは債権が消滅したということである。民法典は、③の観点から、これを債権の消滅原因の1つである「弁済」として規律するが、①②の観点を無視しているわけではなく、それらも債権編の随所に現れている。

---

[1]　債権総論全体の配列につき、椿寿夫「債権総論という講学分野は、どのような未来像が考えられるか」展望I3頁、平野プラ10頁。

そこで、むしろ正面から、このような出来事を「債務の任意の履行(債権内容の任意的実現)」という観点から検討したり[2]、「債権の回収」という観点から検討する[3]試みが現れる。これらの試みが、社会において債権が現実に果たす機能に即したものであることは、いうまでもない。しかし、それだけではない。「債務の履行」は、一方で「債務の内容」と関連し、他方で「債務の不履行」と関連する。「債務の履行」という観点は、これらの関連性を明確にする。さらに、「債務の内容」との関連で考えるとき、「債権」という概念を抽象化された権利としてとらえるのではなく、その発生原因(特に、契約)との関係で、より実質的なものとしてとらえ直す視点も生まれる。19世紀の民法典が「債権の消滅」に関する諸規定を規律する1つの節を置くのに対し、20世紀末以降に作成された国際的契約原則(日本民法の債権総則の規律に相当するものもかなり含む)が新たな構成をとるのも、これらの試みの現代的意義を示唆している。

◆ **債権法における「債権の消滅」の位置**　フランス民法典の原始規定(1804年)は1234条以下に(2016年改正後は1342条以下に)、日本の明治民法(1896年前3編公布)は474条以下に(2017年改正後は473条以下に)、ドイツ民法典(1896年公布)は362条以下に、それぞれ1つの章又は節を置き、そこで数種の債権消滅事由について規定する。これに対し、UNIDROIT(1994年)は、契約の「内容」の章と「不履行」の章の間に「履行」の章を置き、UNIDROIT 2004・2010・2016は、「不履行」の章の後に、「相殺」の章を追加して置く。PECL(2000年・2003年)も、契約の「内容及び効果」と「不履行及び救済一般」の間に「履行」の章を置き、数章を隔てた後に「相殺」の章を置く。これらは、契約法原則であるという構造によるものとはいえ、「債権の消滅」に関する規定をひとまとめにしていない。他方、DCFR(2009年)第3編は、債務とそれに対応する権利という観点から規律するが、やはり、「履行」の章の後、数章を隔てて「相殺及び混同」の章を置くにとどまり、「債権の消滅」でまとめてはいない。

---

[2]　山中47頁以下(「正常な展開」を「不正常な展開」に先行させる)が先駆的だが、平井10頁以下・161頁以下の影響が大きい。内田、淡路、大村(4)、角も同様。北川、内田勝、手嶋ほかも共通する。

[3]　鈴木、潮見Ⅱ、潮見プラ、石田ほか、森田修『債権回収法講義〔第2版〕』(2011)。最後のものが明確に示すように、「回収」の視点は、民事執行法、民事保全法、倒産法との関係に目を向けさせることにもなる。

そもそも、日本民法典の債権編第1章第6節「債権の消滅」は、債権の消滅原因のすべてを網羅するものでもない。たとえば、消滅時効は、ここには規定されていない。また、債権消滅原因の一般的なリストを示したり（フ民〔2016年改正前〕1234条）、各種の債権消滅原因の通則規定を置くわけでもなく、5つの消滅原因を順次規定するにすぎない。つまり、債権消滅原因の規定としても中途半端である。

　以上のことから、民法典の構成を解体して再構築する上記の試みは、十分に意義があるものと評価できる。

　しかし、「債権の消滅」という視点にも、なお意味はある。第1に、どのような出来事があれば、債権者は債務者に請求できなくなり、その給付を受領できなくなるのかを検討することは、「履行」を別の角度からみるという意味がある。第2に、金銭債権は、契約だけでなく不法行為など様々の原因から発生する重要な債権であるが、その内容や不履行に関しては、なす債務などに比べれば比較的問題が少なく、むしろ、いつ、どのようにして消滅したのかが大きな問題となる。金銭債権は、現実にもいろいろな形で消滅するので、各種の消滅原因を横断的に検討することには、実践的な意味もある。第3に、他の法制度において、債権（債務）の消滅が1つのまとまった概念とされることがある（424条の3・424条の4・425条の3、破28条6項・160条2項など）。第4に、現行民法でも維持されている民法典の構成は、各論者の多様な立場にかかわらず、共通の出発点となりうると考えられる。

　そこで、本章では、上記の近年の試みの根底にある問題を意識しつつ、民法典の構成に近い形での叙述を進める。

◆ **決済**[4]　　一定のシステムのもとで金銭債権を消滅させることを決済（資金決済）と呼ぶことがある。資金移動を伴うもの（電子マネー、銀行振込み、収納代行、クレジットカード等）と伴わないもの（ネッティング等）があるが、前者のみを指す

4）　岩原紳作『電子決済と法』(2003)、小塚荘一郎＝森田果『支払決済法〔第3版〕』(2018)、千葉惠美子編『キャッシュレス決済と法規整』(2019)、加毛明「決済手段の移転に関する私法上の法律問題」河上古稀Ⅰ245頁、金融法研究39号(2023.資金決済法制特集)参照。金銭・通貨の概念との関係については→第3章第2節3(2)2つ目の◆〔63頁〕。そのほか、証券取引についての証券決済システムなどもある。

ことも多い。近年、電子化された決済が発達している。システムの安全性・効率性・利便性の向上に資するため、資金決済法(2009 年公布。数次の改正がある)を中心とする規制がある(資金決済1条参照)。また、各種の決済方法について、権利の法的性質とその移転の法律構成が検討されている。

2　各種の債権消滅原因

　民法の「債権の消滅」の節には、上記の5つの款があるが、弁済の款に規定されている供託(494条〜498条)と代物弁済(482条)は、弁済とは異なるものとして、区別される。こうして、この節には、7つの債権消滅原因が規定されていることになる。この7つとその他の主なものも含めた債権の消滅原因は、次のように整理することができる。

　① 債権の本来の消滅原因として、弁済がある。

　② 債権者が間接的にではあるが満足を得る消滅原因として、弁済供託、代物弁済、相殺、更改、混同がある。

　③ 債権者の満足を伴わない消滅原因として、免除、消滅時効、債権の発生原因である法律行為の消滅(解除条件の成就、終期の到来、法律行為の取消し、契約の解除、合意解除など)がある。

　④ 多数当事者の債権関係や請求権競合などにおいて、甲債権の消滅に伴い乙債権が消滅することがある。乙債権の消滅原因は、甲乙の関係及び甲債権の消滅原因によって異なる。

> ◇　③では、債権の発生原因である法律行為及びその消滅原因によって、遡及効の有無が異なる。遡及効のない消滅(賃貸借の解除〔620条〕など)では、消滅時までに発生した債権は存続し、弁済等によって消滅する。他方、取消しは、遡及的無効をもたらすので(121条)、債権も遡及的不発生となるが、現象的には債権の消滅といえる。解除(545条)についても、直接効果説に立てば、同様である。

◆ 履行不能　　改正前民法のもとでは、債務者に帰責事由のない履行不能によって債務は消滅する(帰責事由がある場合は損害賠償債務として残る)ものとされていた(→第5章第2節第1款2(1)〔121頁〕・第2款6(1)◆〔166頁〕)。現行民法のもと

> では、履行不能があると、債権が消滅するのではなく、履行の請求ができなくなるにとどまる(412条の2第1項)。

> ◆「目的到達」による消滅　座礁した船を救うという救助契約に基づいて救助船を差し向けたが、同船が到着する前に、座礁船が自然に暗礁から離れて救助が不要になった場合、救助せよという債権は、もはや意味がなくなる。改正前民法のもとで、19世紀後半以降のドイツにおける議論を背景として、このような場合に「(狭義の)目的到達による債権の消滅」という特別の債権消滅原因を認めるべきかどうかの議論があったが、その必要はなく、それは債務者に帰責事由のない履行不能の一種だと考える見解が多数だった(磯村哲・注民(12)18頁～24頁、奥田485頁、前田525頁、平井164頁)。多数説を支持すべきであり(本書3版299頁)、現行民法のもとでは債務の消滅原因ではないと考えるべきである(潮見新Ⅱ3頁注1、渡辺達徳・新注民(10)150頁。反対、野村ほか237頁以下[永田])。

> ◆ 消滅した債権の復活　消滅した債権を合意によって復活させることができるか。肯定説(債権の復活を認めるが保証人や物上保証人など第三者には対抗できないという。林ほか225頁[石田]、奥田486頁、川井283頁[弁済について])と、否定説(そのような合意は従前の債権と同一内容の債権を新たに発生させるにとどまるという。我妻212頁、於保345頁、前田524頁)がある。
> 　これは、債権の消滅原因ごとに、消滅をもたらす行為又は事実自体の撤回ないし解消の可否も考慮しつつ、検討すべきことであろう。たとえば、債権の消滅時効の援用の撤回、相殺契約の合意解除、債務者の同意を得てする免除の撤回は、原因となる行為自体の撤回・解消の問題として考えればよい。弁済(本書は性質決定不要論をとる→第2節1(4)[383頁])については、なされた給付の原状回復が可能であれば、債権の同一性を維持したまま存続させる当事者の合意の効果を認めてよいが、消滅につき正当な利益を有する第三者には対抗できない、と考える(最判昭35・7・1民集14巻9号1641頁、最判平22・3・25判時2081号3頁は、弁済によって生じた法律上の効果を当事者双方の合意により排除することは妨げられないという。奥田＝佐々木下1008頁、渡辺・新注民(10)157頁以下参照)。

以下では、債権総則第6節に規定のある7つの消滅原因を検討するが、中心となるのは、弁済と相殺である。理論的にも実際的にも重要だからである。

第2節　弁　済

1　意　義

(1)　概　要

　弁済とは、債務者又は第三者が債権の内容である給付行為をし、それによって債権が消滅することである(473条・474条1項)。したがって、弁済の要件は、①債務者又は第三者が給付行為をしたこと、②給付行為がその債務についてされたこと、になる(最判昭30・7・15民集9巻9号1058頁、我妻214頁参照)。

> ◆「目的を達して」との関係　　弁済の概念を説明する際、「これによって債権はその目的を達して消滅する」と述べる学説が多い(我妻213頁、於保348頁、奥田487頁、奥田＝佐々木下1010頁、澤井149頁、林ほか226頁[石田]など)。これはドイツにおける目的到達の法理(磯村・注民(12)14頁～29頁)を背景にするが、同法理を現在の日本法に導入する必然性はない(平井164頁)。また、目的という言葉は多義的であり(債権の目的[objet]か、債権者の目的[Zweck]か、両者の関係はどうか)、混乱を招くおそれがある。そこで、この言葉を使わない説明とした。

　弁済については、「履行」との関係、概念の範囲、法的性質、弁済者の意思の位置づけが問題となる。順に検討する。

(2)　弁済と履行

　弁済と履行は、同じことを別の観点から見たものである。履行は、債務の内容を実現するという債務者(又は第三者)の行為の面から見たもので、債務不履行と対比される。弁済は、債権が消滅するという面から見たものである[5]。

> ◇　このような理解は古くからある。旧民法は「弁済ハ義務ノ本旨ニ従フノ履行ナリ」と規定し(財産編451条1項)、梅博士は「弁済とは履行により債務を消滅せし

---

5) 星野234頁、奥田487頁、奥田＝佐々木下1010頁[債務不履行というが債務不弁済とはいわないと指摘]、澤井149頁、平井163頁、林ほか226頁[石田]、鈴木352頁、川井282頁、内田36頁など。履行は債務内容の実現過程、弁済はそれによる債権の消滅と表現するものもある(於保67頁・348頁、前田87頁。北川35頁参照)。

> むるをいう。ゆえに理論上……、弁済と履行とは全く同一物にして毫も異なる所なし。……ただ履行は債権の効力より観察し、弁済はその消滅より観察していえるものなり」と述べていた(梅 231 頁)。

(3) 弁済の概念の範囲

　弁済・履行については、①それによって債権が消滅する(債務者が債務から解放される)という面と、②債務者が義務を果たす行為であるという面があり、そのどちらを重視するかという問題が歴史的にはあった(大陸法における①から②への歴史的推移につき、磯村・注民(12)1頁)。具体的には、ⓐ債務者自身ではなく第三者が給付行為をした場合、ⓑ債務者が任意に給付行為をしたのではなく債権者の強制執行又は担保権実行によって給付結果がもたらされた場合が問題となる。②を強調すると、ⓐⓑとも弁済・履行ではないことになる(平井163頁)。日本法は、ⓐについては、明文で弁済とした(474条)。ⓑについては、弁済の概念に含めるという見解(星野234頁)と、弁済ではないが解釈又は民事執行法により弁済に準じて取り扱われうるという見解[6]がある。

> ◆ **弁済概念の広狭**　ⓐについて、474条は、法が「弁済」を擬したものにすぎないという見解もある(潮見新Ⅱ3頁注1)。ⓑについては、この問題は、㋐債権の概念として債務者の給付行為のみに着目する(給付結果を考慮しない)のか否か、㋑債務と責任を峻別する体系をとるのか否か、㋒弁済とは別に「目的到達による消滅」を債権の消滅原因とするのか否か、などの理論的問題にかかわるとともに、民事執行手続における配当に関して弁済の規定をどこまで適用ないし類推適用できるのかという具体的問題にもかかわる(490条〔合意による弁済の充当〕が民事執行手続における配当には適用されないと解釈する場合〔→5(1)(b)(ⅴ)2つ目の◆(439頁)〕、ⓑは弁済でないといえば簡単である)。また、論者の主たる関心の対象が、金銭以外の物を与える債務やなす債務の履行の強制の性質なのか、民事執行手続における配当の性質なのかの違いもあるようである。
> 　㋐～㋒についてはいずれも消極に解すべきこと、414条には実体法上の規律(梅232頁参照)とともに手続法の規律への架橋が規定されていると解すべきこと(→第5章第1節1(3)〔102頁〕)、任意性によって弁済か否かを区別するのは不安定にな

---

6) 奥田 488 頁、前田 440 頁、林ほか 228 頁[石田]、潮見新Ⅱ3頁注1。また、執行による手続上の満足と債権の弁済は同義ではないとの指摘がある(中野・民執 41 頁。梶山玉香「執行による『満足』と債権の消滅」同法 41 巻 6 号 100 頁・42 巻 2 号 99 頁〔1990〕参照)。

ること(間接強制の場合のみを弁済という必要もないこと)、配当について手続法上の要請から弁済の規定が修正を加えられるとしても、そのことと配当の実体法上の性質論とは別の問題であること、ⓐ及びⓑを弁済でないというと、それによる債権の消滅の説明が新たな課題となるがそれにはさほどの意味はないことから、ⓐとともにⓑも弁済の概念に含める説を支持したい。そうすると、②のみを強調するのではなく、①もあわせて考え、結局、弁済・履行ともに、ⓐⓑを含む、やや広い概念として理解したい。

いずれにせよ、弁済の概念の中核となるのは、債務者による任意の履行であり、それが基本である。ただ、債務者以外の者が弁済し(474条)、又は、債権者以外の者が弁済を受領する(478条参照)こともある。そこで、弁済の当事者については、債務者・債権者よりも広く、弁済者・弁済受領者と呼ぶことが多い。「弁済者」は、弁済をすることができる者(482条の定義)のほか、弁済をする者又は弁済をした者を意味することもある。「弁済受領者」は、弁済を受領する者又は弁済を受領した者を意味する。

(4) 弁済の法的性質

弁済の法的性質について、かねてから議論がある。弁済は準法律行為であるというのが伝統的な通説だが、弁済の法的性質を議論する必要がないという見解も有力になっている。

◆ **弁済の法的性質** かつては、①法律行為説、②折衷説(給付行為が法律行為なら弁済は法律行為、給付行為が事実行為なら弁済は事実行為という)があったが、③準法律行為説が通説となった(我妻216頁など)。もっとも、③については、弁済が法律行為ではないことを前提として法律行為に関する規定を準用するための便宜的表現であるとの認識が示されていた(於保351頁)。また、法律行為論でいう準法律行為の概念と弁済との違いも指摘されている(澤井150頁、淡路61頁)。そこで、④事実行為説も有力である(林ほか229頁[石田]、奥田491頁)。これらに対し、弁済と履行の同一性を強調する立場から、⑤性質決定不要説(弁済の性質を論じる必要はなく、履行として要求される行為の要件を考えれば足りるという)が唱えられた(平井164頁。安達282頁、鈴木353頁、内田114頁、淡路63頁〔②に近い〕が支持。先行する星野252頁もこの立場に近い)。このほか、ごく少数だが①をとるものもある(石田549頁以下。独自の体系を前提とし、また技巧的説明を伴う)。

①以外の各説の具体的結論はそれほど変わらない。弁済の法的性質を論じる意味

> はないという点では⑤を支持してよいが、弁済者の意思の位置づけについては、さらに検討を要する（淡路 62 頁以下参照）。

(5) 弁済者の意思の位置づけ

(a) 弁済者の意思に関する議論

現在は、弁済の法的性質論よりも、弁済者の意思をどう評価するかという点に関心が移っている。弁済者の意思については、従来、「弁済の意思」の要否という形で論じられてきたが、その内容は多義的である。①債務を消滅させようとする意思（効果意思）、②債務の弁済として給付行為をする意思、③給付行為が法律行為である場合にその要素としての意思、がありうる[7]。弁済が法律行為であると解する説は①を要求するが、現在、これを支持するものはごく少ない。また、弁済の性質に関するどの説でも、ほとんどが③は必要だとする[8]。②については議論がある。②は、給付と債権とを結合する一要素だが、その最も重要な1つであると位置づけるのが妥当であると考える。

> ◆ **債務の弁済として給付行為をする意思**　②の意思が必要か、必要だとすると、その内容は何か（内心の意思か意思表示か、存否・内容はどのようにして認定されるのか）、なぜ必要か、その意思を欠く給付行為がされた場合の効果は何か、弁済の充当（488 条〜491 条）との関係はどうか、などが議論される。具体的には、ⓐ金銭債務を負う者が贈与の意思で債権者に金銭を交付した場合、ⓑ債務の内容が事実行為（特に不作為）である場合、ⓒ複数の債務が存在する場合などについて、意思の欠如や意思表示の瑕疵の効果、弁済者の行為能力の要否等が論じられる。
> 　弁済の法的性質決定不要説の論者は、②の意思は不要であり、③に尽きるという。
> 　これに対し、準法律行為説や事実行為説では、②の意思を必要とする論者が多いが、その内容は様々である。㋐代表的な説明として、それは社会的事象としての「具体的行為」と「債権」とを結合する、「債務を弁済するという目的的意思（関係づけの意思）」であり、法的評価を経て確定されるものであって内心の主観的意思ではない（それゆえ、不作為債務では違反状態が生じないという消極的事実で足りる）というものがある（潮見新Ⅱ6頁以下）。これに近い立場が多いが、不作為債務

---

[7]　滝沢昌彦「弁済における意思の位置付け」中田裕康＝道垣内弘人編『金融取引と民法法理』(2000)63頁参照。

[8]　ただし、我妻217頁は即時取得や混和による債権者の所有権取得も弁済と認める。また、物や金銭の引渡しを単純に法律行為と見ることに対する批判がある（安達282頁）。

についての説明は分かれる(奥田488頁、奥田＝佐々木下1015頁は、特定の債務とは限定されないが債務の弁済として給付行為をする事実的意思を求めつつ、不作為債務では不要とする〔林ほか229頁〔石田〕が支持〕。前田439頁は、債務の履行という認容下にある目的支配意思を求め、不作為債務でこれを欠く場合は弁済ではなく目的到達による消滅を認める)。なお、滝沢・前掲注(7)77頁は、債務者の正当な権利の保護という手続的要件として②の意思が必要であり、「特定の債務の弁済として」給付される必要があるという。㊃これらに対し、我妻214頁以下は、「給付がその債権についてなされること」の判断に際して、給付者(債務者又は第三者)の意思を、給付と債権とを結合する一要素にすぎないとする。

　どう考えるべきか。ⓑの事実行為(特に不作為)については、債務者に②の意思がなくても、債権の消滅を認めてよい(ここでも②を求める見解は、その帰結〔前田〕・説明〔潮見〕にやや無理がある。なお、②の欠如を理由に不作為債務の消滅を否定しても、履行請求はもはや無意味である。違約金や反対給付などの派生的問題は生じうるが、そこで②の欠如を考慮することはありうる)。ⓒの複数債務については、弁済充当の制度のなかで弁済者の意思を尊重すればよい(梅268頁参照)。残るのは、ⓐの金銭債務者が贈与意思で金銭を交付した場合に弁済の効果を否定する際、②の意思がないからというのか(㋐)、給付者の意思をも要素とする客観的事情により給付と債権との結合が否定されるからというのか(㋑)だが、㋐でも、②の意思について法的評価によるとしたり(潮見)、「事実的意思」と考える(奥田)のなら、㋑と大差はない。他方、②の意思の要求を貫徹すると事実行為(特に不作為)の場合に無理が出るし、債務者の権利保護は③の意思を求めれば保障される。結局、②の意思を要件とはせず、給付者の意思は、給付と債権とを結合する一要素だが(我妻)、その最も重要な1つである(淡路63頁)と位置づけるのが妥当である。

(b)　弁済の要件との関係

冒頭で示した通り、弁済の要件は、①債務者又は第三者が給付行為をしたこと、②給付行為がその債務についてされたことである。

「弁済者の意思」は、②において、給付と債権とを結合する重要な要素である(有力説は、それは要件だと考える→(a)◆㋐)。このほか、①において、給付行為が法律行為である場合には、その要素としての意思が求められる。

2　弁済の提供

(1)　意　義

弁済と履行が同じものだとすると、それは一連のプロセスとして理解するこ

とができる。すなわち、債務者がその履行の準備をし、履行の着手をし、履行を完了し、それによって債権が消滅するという過程である(平井164頁、北居功「弁済のプロセス」争点182頁)。この過程には、債務者だけが関与することもある。不作為債務は通常そうだが、作為を目的とする債務でもありうる(自分の家の窓に目隠しを付ける債務など)。しかし、債務の履行の各段階で、債権者の関与や協力が必要となる場合も少なくない。特に、その最終段階では、債権者の受領が必要となることが多い。債権者が受領しないと、いつまでも債務が残り、債務者としても困る。債務者は供託をして債権を消滅させることができるが、そこまでには至らなくても、債務者としてすべきことをすれば、少なくとも自らが債務不履行責任を負わされることはないようにしておくのが適当であろう。弁済の提供は、そのための制度である。

すなわち、弁済の提供とは、弁済の完了に債権者の受領その他の行為が必要な債務について、債務者としてすべきことをすべてしたうえで、債権者の受領その他の行為を求めることをいう。

(2) 効 果

(a) 債務不履行についての免責

債務者は、弁済の提供の時から、債務不履行責任を免れる(492条[9])。具体的には、債務者は、①契約の解除(541条)をされることがなくなり、②損害賠償(415条)を請求されることもなく、③違約金(420条3項)も請求されない。また、④担保権の実行がされず、⑤抵当権の効力が抵当不動産の果実に及ぶこと(371条)もない。

これらの効果は、債権者が自己の受領遅滞を解消させるための措置をとるまで持続する(最判昭35・10・27民集14巻12号2733頁、最判昭45・8・20前掲など。早川・前掲注(9)242頁)。

弁済の提供があっても、債権自体が消滅するわけではない。これを消滅させるためには、債権者に受領してもらうか、あるいは、弁済供託(494条)をする必要がある。

◇ 名画甲を引き渡す債務を負う債務者が約束の日時・場所に甲を持参したが、債

---

9) 早川眞一郎「民法492条」百年Ⅲ211頁。

権者が現れなかったので持ち帰った場合、債務者としては、結果的には履行期に履行していないことになるが、すべきことはしたのだから、後日、債務不履行責任を追及されることはない。

◆ **担保権の実行と強制執行**　弁済の提供があれば履行遅滞とならないので、その後、担保権が実行されることはない。ただし、手続法上の制約はある。たとえば、抵当権の実行としての担保不動産競売の申立てにおいて、被担保債権の履行遅滞が必要だが、申立て自体はその証明がなくても可能であり、債務者は執行異議(民執11条)でこれを争うことになる。なお、被担保債権の弁済の提供を受けその受領を拒絶した仮登記担保権者の明渡請求を否定した判例がある(最判昭50・2・25民集29巻2号112頁〔仮登記担保法制定前の事案〕)。

他方、強制執行については、弁済の提供だけでは債務が消滅しないので、免れることはできず、免れるためには弁済供託が必要である(大判明38・12・25民録11輯1842頁、我妻234頁)。これに対し、弁済の提供をした債務者が損害賠償責任を免れることとの均衡上、強制執行も免れうるとし、ただ手続開始後は提供のみでは執行停止を求めることはできない(民執39条1項8号参照)という見解もある(平井171頁。於保384頁、山下末人・注民(12)239頁も判例に反対)。債権の効力と担保権の効力、弁済の提供と弁済期限の猶予(民執39条1項8号、中野・民執243頁・343頁)は、それぞれ区別することができ、強制執行については、やはり消極に解すべきであろう(弁済の提供だけでは免れえない)。

(b)　その他の効果

弁済の提供に伴う、その他の効果もある。①同時履行の抗弁の消滅(533条)、②受領遅滞の前提要件の充足(413条・413条の2第2項・567条2項)、③弁済供託の前提要件の充足(494条1項1号)、④利息の発生停止である。①〜③は、492条からではなく、各規定から導かれることになる。たとえば、弁済の提供をしたのに債権者が受領を拒絶した場合に債務者の注意義務が軽減されることは、492条の直接の効果ではなく、413条1項の効果である。④は、利息の発生原因である契約に関する規律により、又は遅延損害金の発生停止((a)②)との均衡の考慮に基づく492条の類推適用により、導かれると考える。

◆ **「一切の」の削除**　旧492条は、「……債務の不履行によって生ずべき一切の責任を免れる」と規定していた。このため、弁済の提供によって様々な効果が生じ

ると理解され、他の制度の効果との関係が不明瞭になっていた。現行民法は「一切の」を削除することにより、492条の効果を履行遅滞による債務不履行責任の不発生に絞り、他の規律との関係を明確にした。

◆ **利息の発生停止** 判例・学説は、弁済の提供があれば、約定利息が発生しなくなるという(かつては異論もあった)。改正前民法のもとで、①弁済の提供の効果とするもの(我妻234頁〔提供後も約定利息が発生するとすれば、提供にもかかわらず遅延損害金が発生するのと同一に帰し不当だという〕)と、②受領遅滞を理由とするもの(大判大5・4・26民録22輯805頁〔売買代金の約定利息〕、鳩山180頁以下〔ド民301条を参照〕)がある。実質論としては、もはや元本を使用する利益がない債務者に対し債権者が利息発生期間を一方的に延長できることになるのは不当である(柚木(高木)424頁)、売買代金について債務者(買主)が目的物の引渡しを受けているときは別である(山下・注民(12)240頁)、債務者が金銭を返還せずに保管しうることにより不当利得の問題が生じうる(内田100頁)などの指摘がある。

　この問題は、利息の発生原因及び期限の定めの有無に応じて検討すべきである。次のように考える。ⓐ金銭消費貸借においては、借主はいつでも返還できるから(591条2項)、弁済の提供があれば利息は発生しなくなる(同項の解釈)。元本債務は期限の定めのない無利息債務に近いものとなり、借主の不当利得は生じない。ただし、返還時期の定めがありその前の弁済の提供であったときは、損害賠償をすべき場合がある(同条3項類推適用)。ⓑ売買においては、㋐約定利息の定めはあるが期限の定めがない場合、弁済の提供があれば利息は発生しなくなる(契約の解釈)。㋑約定利息及び期限の定めがある場合、期限前の提供は、相手方の利益を害するものとして(136条2項)、債務の本旨に従ったものといえず、その効果が認められないことがある。もっとも、売買代金について期限を定めつつ、残代金に期限までの利息を付加して支払うという約定においては、期限前の支払を許容する趣旨であることが多いだろう。この場合は㋐と同様になる。㋒575条2項の利息については、その性質(中田・契約337頁以下)に応じ、遅延損害金であるものには492条が適用され、法定利息であるものには同条が類推適用される(我妻前掲参照)。以上を通じて、果実の帰属(575条1項)との関係が問題となる。ⓒその他の有償契約は、ⓑに準じる(559条)。ⓓその他の法定利息(442条2項・459条の2第2項、商513条1項など)も、弁済の提供により発生しなくなる(492条類推適用又は契約に関する規律による)。

(c)　双務契約における機能

　弁済の提供の効果は、(a)(b)の通りであるが、実際に問題となるのは、賃

貸借を始めとする双務契約の場合が多い。双務契約の当事者は、それぞれ債権者かつ債務者であるので、相互に履行を請求し合う関係にあり、複雑になる。そこで、双務契約における弁済の提供の機能を整理しておこう。機能には、防御的機能と攻撃的機能がある。

防御的機能とは、債務者は、弁済の提供をすれば、もはや債務不履行責任を追及されないことである。もっとも、双務契約の場合、同時履行の抗弁(533条)があるので、履行期が到来しても、当然には債務不履行にはならない。弁済の提供が防御的機能を果たすのは、債務者が先履行義務を負う場合や相手方がその債務の履行を提供した場合など、債務者が既に履行遅滞に陥っている場合である(奥田529頁)。実際には、賃借人の賃料の遅滞の例が多い。このような場合、弁済の提供によって遅滞が解消され、債務者は債務不履行状態から抜け出し、責任を追及されること(特に、契約を解除されること)がなくなる。

攻撃的機能とは、逆に相手方を債務不履行状態に陥れたうえ、その責任の追及(特に、契約の解除)ができるようになることである。弁済の提供をすることにより、相手方の同時履行の抗弁を封じ(533条)、その防御手段を奪うわけである。これは、自らの債務が不履行状態に陥っていない場合でも、発揮されうる機能である。

このように、弁済の提供は、防御・攻撃のいずれの面でも、契約解除に関して重要な意味をもつ。解除の前提となる債務不履行の存否を決するからである。弁済の提供についての判例も、ほとんどが解除に関するものであり、とりわけ不動産賃貸借に関するものが多い。他方、損害賠償責任に関する判例は、ごく少ない。提供があったのに履行が完了しなかったという事態では、免責事由の存在など415条のレベルで責任不発生の結論を導けることが多く、また、紛争類型としても解除に向かうことが多いからであろう(早川・前掲注(9)247頁)。

◆ **弁済の提供の継続** 弁済の提供は同時履行の抗弁を消滅させるものではなく、消滅させるためには弁済の提供の継続が必要であるといわれることがある(たとえば、最判昭34・5・14民集13巻5号609頁〔傍論〕)。これは、効果との関係を分けて検討する必要がある(中田・契約155頁)。売主Aと買主Bの売買で、Bが代金の支払を提供したのにAが目的物を引き渡さない例で考える。①Bの履行の請求に対しては、Aは同時履行の抗弁を主張することができ、引換給付判決となる。

②解除及びそれに先立つ催告については、Bはいったん提供した以上、改めて提供する必要はない。③損害賠償については、Bの提供によってAは履行遅滞に陥っているのだから、Aがその状態から脱出するためには自らの債務の弁済の提供をする必要があり(奥田529頁)、それまでの間は、遅延賠償及びBの解除権が発生していれば塡補賠償をしなければならない。結局、①で「継続」が問題となるが、これは再度の提供を要するという意味であるにすぎない(鈴木潔『最判解民昭34』61頁・66頁)。

(3) 提供の方法

(a) 2つの方法

弁済の提供には2つの方法がある。493条本文の方法を「現実の提供」、同条但書の方法を「口頭の提供」という。原則として、現実の提供(事実上の提供)をしなければならないが、一定の場合には、口頭の提供(言語上の提供)でもよい。提供があったと認められるかどうかの判断に際しては、信義則の役割が大きい(我妻223頁)。

(b) 現実の提供

(ⅰ) **意義** 現実の提供とは、「債務の本旨に従って」「現実に」した「提供」である(493条本文)。「債務の本旨に従って」とは、契約の解釈により(法定債権ならその法律の趣旨に照らして)定まった債務の内容を、弁済をすべき時期・場所において提供することである(平井63頁・167頁参照)。「提供」とは、「債務者としてその事情のもとでできる限りのことをし、ただ債権者の協力がないために履行を完了できないという程度にまですべてのことをし尽く」したことであり、「現実に」とは「債権者が直ちに給付を受領できるようにすること」である(大判大10・7・8民録27輯1449頁)。債権者のすべき協力が受領のみである場合、債務者は現実の提供をすることによって免責される。受領以外の債権者の協力が必要な場合において、債権者が債務者の催告(493条但書)に応じて協力をしたときも、なお受領を要するのであれば、債務者は現実の提供をすることによって免責される。

具体的な問題は、債務の種類によって違った形で現れる。金銭債務とそれ以外の債務に分けて検討しよう。

(ⅱ) 金銭債務の現実の提供

α　問題となる場合　現実の提供が問題となるのは、金銭債務の場合が多い。契約解除の成否に関し、それに先立ってされた提供の効力が争われる紛争が典型的である。主な問題は、金額が相違する提供の効力、及び、金銭以外のものによる提供の効力である。このほか、何らかの事情で債権者の面前に金銭を提示しなかった場合の問題もある。

β　金額の相違　金銭債務の現実の提供は、その時までの利息・損害金も含めた債務の全額についてされなければならない。ただし、債務者に債務不履行責任を負わせるのが信義則に反するような場合、一部提供であっても、例外的に提供の効力が認められることがある。ごくわずか不足していたという例が多いが、その他の例もある。なお、これは不足があっても提供としては有効と認められるというだけのことであり、債務自体が縮減するわけではない。債権を消滅させるためには、不足額を含めた全額について弁済又は弁済供託等をする必要がある。

◇　不足がわずかである例として、元利合計 154,500 円を提供すべきところ 1,360 円足りなかった場合に、有効な提供と認めたものがある(最判昭 35・12・15 民集 14 巻 14 号 3060 頁〔不動産譲渡担保の被担保債権に不足する提供だったが、債務者への所有権復帰を認めた〕)。裁判例の各事案を検討し、債務額の 1% 以下の不足なら有効な提供と認められうるが、不足額の大きさも問題となり、また、信義則を根拠とする以上、債務者に故意がある場合は認められないという分析がある(加藤一郎＝森島昭夫編『不動産取引判例百選〔第 2 版〕』〔1991〕144 頁〔栗田哲男〕)。

◇　不足部分が大きいのに、提供の効力を認めた例もある。交通事故の被害者が提起した損害賠償請求訴訟の控訴審係属中に、加害者が被害者に対し、1 審判決の認容額全額につき、弁済の提供をしたうえ供託したが、その後、控訴審判決が 1 審判決よりも多額の賠償を認めたので、この提供・供託は、損害賠償債務額をかなり下回っていた結果となった。最高裁は、このような場合には、原則として、弁済の提供はその範囲で有効である(その分の遅延損害金は発生しない)と判断した(最判平 6・7・18 民集 48 巻 5 号 1165 頁)。金銭消費貸借や売買代金など契約上の債権では金額が明確だが、不法行為による損害賠償債権では裁判所の審理によって確定するので、弁済の提供や供託の効力についても、両者を区別するわけである(借地借家

11条・32条参照)。

　これに対し、多すぎる提供(超過提供)の場合は、債権者が超過分を控除して債務額を受領しうるときは、有効な提供となる(柚木(高木)412頁など)。しかし、超過提供が債務の本旨に従った履行の提供とは認められないこともある。

◇　AがBに甲土地を賃貸し、賃料の支払を求めたところ、Bが隣接する乙土地も賃借していると主張して、甲乙両土地の賃料に相当する金員を、その全額を受領するのでなければ支払わない意思で提供した場合、Aが受領すると乙土地の賃借権まで認めたことになりかねないので、そのような過大な提供は無効だということになる(最判昭31・11・27民集10巻11号1480頁参照)。

　γ　金銭以外のものによる提供　　郵便小為替の送付(大判大8・7・15民録25輯1331頁)、銀行の自己宛振出小切手の提供(最判昭37・9・21民集16巻9号2041頁)は、金銭債務の弁済の提供として認められた。他方、個人振出の小切手の提供は、銀行の支払保証がある場合は別として、特別の意思表示又は慣習がない限り、債務の本旨に従ったものとはいえないとされた(最判昭35・11・22民集14巻13号2827頁)。金銭以外のものによる提供の有効性は、当事者の事前の合意があれば、それにより、合意がない場合には、支払の確実性及び現金化に要する日数・費用・手続負担を実質的な判断基準としたうえで、それらを反映するものとみられる取引慣習を重視して、判断すべきである(UNIDROIT 2016, 6.1.7は、「支払地において通常の取引過程で用いられるいかなる形態によっても」支払がされうると規定するが、提供についても参考になる)。なお、解除との関係で有効と認められる提供であっても、現金化されるまでの遅延損害金や費用の支払義務は認めるべき場合もある(星野271頁。一部不足の弁済の提供と同様に考えればよい)。

◆　銀行の自己宛振出小切手(預手)　　決済債務については、預金保険機構によって全額保護されるので、仮に銀行が破綻したとしても、その分は確保される(預金保険69条の2)。預手は、この保護の対象となる(同法施行令14条の8第3号・14条の10第3号)。ただ、銀行の破綻時に預金保険機構によって現実に支払われるまでに要する時間・費用・手続負担も考慮する必要があり、具体的事実関係に応じて

判断されるべきことになる（預手で支払う旨の事前の合意があった場合は別）。

δ　その他の問題　　金銭を持参して弁済をすべき場所に行ったが、なんらかの事情で、債権者の面前に金銭を提示しなかった場合にも、提供の効力を認めた例がある。

◇　債権者方に金銭を持参しいつでも支払える状態だったが、債権者が受領を拒んだので、面前に提示はしなかった場合（最判昭23・12・14民集2巻13号438頁）、債権者代理人の弁護士事務所に金銭を持参したが弁護士が不在だった場合（最判昭39・10・23民集18巻8号1773頁）、債務者ではなく同道した転買人が金銭を持参したが、債権者が来なかった場合（大判昭5・4・7民集9巻327頁）、提供の効力を認めた。

(iii)　その他の債務の現実の提供

α　物を引き渡す債務　　その物自体の提供が原則である。物に代わる証券の交付も、現実の提供と認められることがある。

◆　証券の交付　　貨物引換証の交付は、現実の提供と認められていた（大判大13・7・18民集3巻399頁。我妻227頁、柚木(高木)415頁、於保378頁、奥田533頁）。他方、荷為替付きで物品を送付し相手方に貨物引換証を受け取らせる方法について否定した判例（大判大9・3・29民録26輯411頁〔買主が手形金を支払わないと貨物引換証を受け取れないから〕）については、学説では反対が多い（上記各同頁。平井169頁参照）。現在、貨物引換証は用いられていない（このため、2018年商法改正で、関連規定である改正前商法571条〜575条・584条が削除された）が、同様の議論は他の証券について可能であろう（たとえば、倉荷証券の交付。我妻227頁）。当事者間に合意がない場合、現物の引渡しを受ける確実性及びそのために要する日数・費用・手続負担を実質的な判断基準としたうえで、それらを反映するものとみられる取引慣習を重視して判断すべきである（江頭・商取引19頁参照）。

物を引き渡す債務については、引渡しの時期・場所が問題となることがある。不明瞭性に伴うリスク負担の問題であり、基本的には契約解釈による（取引慣習もその資料となる）。契約締結後の当事者の行為も、提供の法律効果との関係（特に、解除の成否）において、信義則上、考慮すべきである。

◇ 「引渡場所赤石港、引渡期日5月中」という約定のもとで、売主が5月31日に赤石港の自己の店舗で引渡しの準備をして代金支払の催告をした場合、現実の提供を認めなかった例がある(大判大10・6・30民録27輯1287頁。我妻栄『判民大10』352頁、奥田＝佐々木下1102頁は疑問を示す)。

◆ **契約内容に適合しない物の提供** 提供した物が種類、品質又は数量に関して契約の内容に適合しないものであるときは、債務の本旨に従った提供とは認められず、有効な提供とならない(信義則による例外は別→(ⅱ)β〔391頁〕。567条2項参照)。不適合が隠れたものであった場合はどうか(履行遅滞中の債務者が隠れた不適合のある物の提供をしたが債権者が〔不適合とは無関係に〕受領しなかったときなど)。基本的には一般的な不適合の場合と同様だが、信義則による例外の余地がより広くなるだろう。表見的には生じていた提供の効果の事後的・遡及的否定の当否の問題である(なお、契約内容に適合しない物の引渡しがされたときは、追完請求権等〔562条～564条〕及び危険の移転〔567条〕の問題となる。後者における特定との関係につき→第3章第2節2(2)(c)(ⅰ)δの2つ目の◆〔56頁〕)。

β **なす債務** すべきことの内容によって個性があるが、債権者の協力を要することも多い。登記する債務については、後述する(→(c)(ⅲ)β◆〔396頁〕)。

(c) **口頭の提供**

(ⅰ) **意義** 口頭の提供とは、債務者が弁済の準備をしたことを債権者に通知して受領を催告することである(493条但書)。言語上の提供ともいう。①債権者が予め受領を拒む場合と、②債務の履行について債権者の行為を要する場合に、認められる。①と②で口頭の提供が認められる趣旨は異なり、それに応じ、債務者に求められる行為の程度もやや異なる。

(ⅱ) **債権者が予め受領を拒む場合**

α **意義** 債権者が予め受領を拒んでいる場合に口頭の提供で足りるとするのは、現実の提供を要求することは、債務者に無駄を強いるもので合理性がなく(星野272頁)、公平でない(於保380頁、平井170頁)からである。たとえば、建物賃貸人が家賃の大幅な値上げを通告し、値上げ後の額でなければ一切受け取らないと表明している場合がこれにあたる。

β **弁済の準備** この場合も、債務者は「弁済の準備」をすることは必要だが、その準備は「債権者が翻意して受領しようとすれば債務者の方でこれに

応じて給付を完了しうる程度」のもので足りる（我妻228頁、星野272頁、平井170頁、奥田＝佐々木下1105頁以下など）。たとえば、金銭債務であれば銀行との融資契約があることで足りるとされる（大判大7・12・4民録24輯2288頁）。債権者の受領拒絶の態度が強固であればあるほど、債務者の方ですべき準備の程度が低くなるといえよう（我妻229頁、内田107頁）。

　（ⅲ）　債務の履行について債権者の行為を要する場合

　α　意義　「債務の履行について債権者の行為を要する」というのは、弁済をするときに債権者の行為が必要だという意味ではなく、弁済をするのに先立って債権者の行為が必要だという意味である（星野272頁、平井170頁、奥田＝佐々木下1104頁など）。弁済の提供は、受領が必要な債務についてされるものであり、ここでの「債権者の行為」を受領行為と解すると、この規定がほとんど無意味になるからである。これを、債権者の先行行為と呼ぶことにする（「先行的協力行為」とも呼ばれる。奥田＝佐々木下1104頁、潮見新Ⅱ36頁）。この場合に口頭の提供で足りるとされるのは、債権者が先行行為をしない限り、債務者が現実の提供をすることが不可能だからである。たとえば、ⓐ取立債務（梅283頁など）の場合、ⓑ債権者が弁済の場所（大判大10・11・8民録27輯1948頁）や期日（我妻231頁など）を指定すべき場合、ⓒ債権者の供給する材料に加工すべき債務である場合（我妻231頁、星野272頁、前田468頁、林ほか245頁［石田］、平井170頁、奥田＝佐々木下1105頁など）である。それぞれについて具体的に検討しよう。

　ⓐ取立債務の場合、債権者の取立行為が先行行為にあたる。もっとも、債権者が取立てに来ない限り、債務者は履行遅滞にならないから、弁済の提供による債務不履行責任からの解放（492条）を求める必要はない。493条但書が債務者の債務不履行責任からの解放のために意味をもつのは、債務者が既に履行遅滞にあって、それを解消しようとする場合である（奥田＝佐々木下1104頁）。

> ◇　洋服の仕立てを注文し、客が店に取りに行く約束だったが、仕立屋が期日に間に合わず（履行遅滞）、その後に完成したとする。取立債務だから、仕立屋は客の家に持参する必要はなく、できたので来店してほしいと口頭の提供をすれば、債務不履行状態は解消される。

　これに対し、債務者がより積極的に提供の機能を発揮させようとする場合は、

自らが履行遅滞に陥っている必要はない。債務者は、口頭の提供をすることにより、相手の同時履行の抗弁を封じたうえで、契約を解除することや、相手の受領拒絶状態を生じさせたうえで、供託をして(494 条 1 項 1 号)、債権を消滅させることができる(内田 104 頁以下)。

ⓑ債権者が弁済の場所や期日を指定すべき場合、債務者は、指定があるまでは、履行遅滞になっていない(潮見新Ⅱ37 頁、奥田＝佐々木下 1105 頁)。債務者が口頭の提供をしたのに対し、債権者が指定したときは、債務者は、改めて現実の提供をしなければ、債務不履行責任を免れない(大判大 10・7・8 前掲、我妻栄『判民大 10』405 頁)。

ⓒ債権者の供給する材料に加工する債務である場合もⓑと同様だが、加工のために必要な相当な時間が経過するまでは、債務不履行にならないと考える。

β　弁済の準備　　この場合に要求される弁済の準備は、「債権者の協力があれば直ちにこれに応じて弁済を完了しうる程度」のもの(我妻 231 頁)である。これについて 2 つの理解がある。㋐それは「債権者の行為があれば直ちに弁済できるだけの準備」であり、現実の提供のレベルと大差ないという理解(平井 170 頁、前田 468 頁、内田 107 頁、潮見新Ⅱ32 頁)と、㋑それは「将来債権者が協力をすれば、債務者が相当の時期において、その債務を履行できる程度の準備であって、提供の際、即時に履行できる程度にまで達していなくてよい」という理解(大判大 10・11・8 前掲、我妻栄『判民大 10』553 頁、星野 272 頁以下、林ほか 245 頁[石田])である。ⓐの場合は㋐が相当であり、ⓒの場合は㋑が相当であろう。ⓑの場合は㋐が相当だが、㋑が相当なこともあるだろう。つまり、「債権者の協力があれば直ちにこれに応じて弁済を完了しうる程度」の具体的レベルは、債務の内容や先行行為の内容などに応じて、信義則を考慮しつつ(我妻 231 頁)定まるものと考えるべきである(本書 4 版 365 頁以下を一部改める)。

◆ **登記する債務**　　不動産の権利に関する登記をする債務が「債権者の行為を要する」ものか否かについて、旧不動産登記法(1899 年)のもとで、①肯定説(我妻 231 頁など)と②否定説(於保 380 頁など)があった。①は、「登記する債務」の内容は、登記官に対して債権者と「共同で」登記の申請をすることであり、「債務の履行について債権者の行為を要する」と考える。②は、「登記する債務」について、登記所に「出頭して」共同で申請することを重視し、登記の準備をして登記所に出

頭することが現実の提供であり、その場合、口頭の提供は問題となりえないと考える。旧不動産登記法は、共同申請の原則と出頭主義をとっていたので(同26条1項)、出頭主義をどの程度重視するかにより対立が生じた。現不動産登記法(2004年)は、出頭主義を廃止し、共同申請の原則のみを残した(同60条。清水響編著『一問一答 新不動産登記法』〔2005〕164頁)。このため、少なくとも現行法のもとでは、「登記する債務」の内容は①のように理解すべきことになる。この場合も、当事者間で合意された具体的な履行方法との関係で、現実の提供が問題となることはある(旧法下で、売主が登記に必要な準備をして合意された日時・場所〔登記所〕に赴いたことを現実の提供と認めた例として、大判大7・8・14民録24輯1650頁)。

(ⅳ) **通知・催告**　債権者の受領拒絶・先行行為の必要のいずれの場合も、債務者は、弁済の準備をしたことを通知して、その受領を催告する必要がある(493条但書)。通知と催告は同時にしてよい。

◇　売主の通知の際、引渡場所の具体的指定が十分でなかったとしても、買主が一片の問合せで直ちにこれを知りうるときは、信義の原則により、買主は問合せをすべきであったとして、売主の口頭の提供が解除の前提として十分だと判断した例がある(大判大14・12・3民集4巻685頁〔深川渡し事件〕、我妻栄『判民大14』537頁)。

◇　弁済の提供における「弁済の準備をしたことを通知してその受領の催告」をすること(493条但書)と、種類債権の特定における「物の給付をするのに必要な行為を完了」すること(401条2項)とは、目的も、程度も異なる。一般的な理解によれば、取立債務の場合、特定のためには目的物を分離しておくことが必要とされ、分離せずに通知すると提供の効果のみが認められる(ただし→第3章第2節2(2)(b)(ⅲ)β◆〔51頁〕)。

(d)　**口頭の提供も不要とされる場合**

このように、債務者は、現実の提供又は口頭の提供をすれば、債務不履行責任を免れる。では、債権者の態度が、「あらかじめその受領を拒み」というどころではなく、受領しないことが確実である場合にも、なお、口頭の提供をする必要があるだろうか。判例はこうである。①「債権者が契約そのものの存在を否定する等弁済を受領しない意思が明確と認められる場合」には、口頭の提

供をしても無意味だから、債務者にそれを要求する必要はなく、債務者は口頭の提供をしなくても債務不履行責任を免れる（最大判昭32・6・5民集11巻6号915頁）。②建物の賃貸人が現実に提供された賃料の受領を拒絶したときは、特段の事情がない限り、その後において提供されるべき賃料についても、受領拒絶の意思を明確にしたものと解すべきである。この場合、賃貸人は、その後に態度を改めて、賃料の提供があれば確実に受領すると表示するなど「自己の受領遅滞を解消させるための措置を講じたうえでなければ」賃借人の債務不履行責任を問うことはできない（最判昭45・8・20前掲）。③他方、①の場合であっても、債務者が弁済の準備ができない経済状態にあるため口頭の提供もできないときは、債務者は、弁済の提供をしない限り、債務不履行責任を免れない（最判昭44・5・1民集23巻6号935頁）。

学説は、債権者の受領拒絶の意思が強く翻意の可能性がない場合には、口頭の提供も不要とする不要説（前田468頁、川井312頁など）と、翻意の可能性が絶対にないとはいえないから、債務者のすべき準備の程度を軽減したうえで、やはり口頭の提供は必要とする必要説（柚木（高木）421頁、林ほか247頁［石田］）が対立する。この区分では判例は不要説だということになるが、判例の事案は、いずれも不動産賃貸借契約の解除が問題となったものであり、一般化すべきではないという指摘がある。正当な指摘だと考える。

◆ **不動産賃貸借契約の特徴**　　この指摘を取り入れるとして、さらに2つの視点がある。第1は、賃貸借契約の継続的契約としての性質に着目する。賃貸人がある期の受領を拒絶すると、継続的契約全体についての一部受領遅滞となり、以後、賃貸人は、受領遅滞を解消しない限り、賃借人が次期以降に口頭の提供をしなくても、信義則上、賃借人の債務不履行責任を問いえないと考える（於保382頁、奥田＝佐々木下1107頁、潮見新Ⅱ38頁。なお、小粥・新注民(8)486頁［賃貸人の履行拒絶に着目］も参照）。第2は、不動産賃貸借契約における賃借人保護のための解除権制限法理（信頼関係破壊理論等）の一環としてとらえる（星野273頁、平井171頁。内田勝61頁もほぼ同様。水本セミ194頁は「生存原理」を重視する）。一部受領遅滞の論理は、受領拒絶後も賃借人が目的物の使用収益を継続することをやや軽視することになるので（星野273頁参照）、第2の視点を支持したい。

◆ **不動産賃貸借契約以外の場合**　　AB間の不動産売買契約において、売主Aが

債務の履行をしない意思を明確にした場合、買主Bが自己の債務の弁済の提供をしなくても、Aは債務の不履行について履行遅滞責任を免れないとした例がある（最判昭41・3・22民集20巻3号468頁、川島武宜『判民昭41』160頁）。これはBからの違約手付金請求に対し、Aの同時履行の抗弁が問題となった事案であり、533条及び手付契約の解釈の問題であって、債務者が提供によって債務不履行責任を免れる場面とは異なる。

また、労働契約において、使用者が解雇の意思表示をし労務の受領を予め拒絶している場合、労働者は口頭の提供をしなくても債務不履行責任を負わないという見解がある（山川隆一「労働法における要件事実」筑波大学大学院企業法学専攻10周年記念『現代企業法学の研究』〔2001〕613頁・627頁参照）。これは、労働契約における解雇期間中の賃金の規律の問題として解決されるべきものであろう。

3　弁済の仕方

(1)　弁済の要件面での問題

弁済の効果が発生するための要件の面では、「誰が誰に対して弁済すべきか」という弁済の当事者の問題と、「いつ、どこで、何を、どのように弁済すべきか」という弁済の仕方の問題がある。前者については論じるべき点が多いので、次項でまとめて検討する（→4〔406頁〕）。後者は、契約や法律の趣旨によって定まるが、明確でない場合に備えて、いくつかの解釈規定がある。本項では、これを検討する。

(2)　弁済の時期

債務の履行（弁済）をすべき時期を履行期（弁済期）という（現に履行〔弁済〕をした時のことは、履行時〔弁済時〕といい、区別される）。履行期は、契約など法律行為によって生じる債権については、当事者の意思表示又は法律の規定（573条・591条1項・2項・597条1項・2項・614条・617条・624条・633条・662条・663条など）により定まる（解釈規定は、債権総則にではなく契約各則に個別的に置かれている）。不法行為による損害賠償債権は、不法行為の時が履行期であり、損害発生と同時に遅滞に陥る（最判昭37・9・4前掲）。

弁済の時間については、法令又は慣習により取引時間の定めがあるときは、その取引時間内に限り、弁済又は弁済の請求をすることができる（484条2項）。

弁済は、履行期にするのが原則だが、債務者が期限の利益を放棄し又は喪失

したときは(136条2項・137条)、当初の履行期前に履行すべきことになり、債務者が期限の猶予を得たり同時履行の抗弁(533条)を主張しうるときは、それよりも後に履行してよいことになる。債権者は履行期に履行しないと履行遅滞の責任を負う(412条)。この意味での履行期は、債権者が履行を請求できる時期とずれることがある(412条2項・3項参照)。債務者が履行期前に弁済した場合については、不当利得法の規定がある(706条)ほか、契約各則に個別の規定がある(591条3項・613条1項)。

(3) 弁済の場所

債務の履行(弁済)をすべき場所について、解釈規定がある(484条1項)。

まず、弁済の場所について別段の意思表示があれば、それによる。契約で明示的に合意される場合のほか、給付の性質や慣習により、合意の解釈を経て定まる場合もある。

それで定まらない場合、特定物を引き渡す債務は、債権発生の時にその物が存在した場所で弁済(引渡し)をする。

その他の債務は、債権者の現在の住所で弁済する(持参債務の原則)。現在の住所とは、弁済の時の住所を意味する。したがって、債権者が転居すれば新住所となり、債権譲渡があれば新債権者(譲受人)の住所となる(大判大7・2・12民録24輯142頁)。それによって増加した費用は債権者の負担となる(485条但書)。

このほか、売買代金の支払(574条)、寄託物の返還(664条)、有価証券の弁済(520条の8・520条の18・520条の20)、商行為による債務の履行(商516条〔特定物債務は行為時の存在場所、持参債務の持参先は営業所〕)について、個別の規律がある。

これから弁済しようとするときに、弁済すべき場所がどこかが問題となることは、実際にはあまりない(不明なら相手と連絡をとれば多くはそれで解決する)。現実の紛争は、弁済の提供がされた場合、それが弁済すべき場所でされた有効なものだったのかという事後的評価の形で現れる(特に、債務不履行による契約解除の成否との関係で問題となる)。また、弁済すべき場所は、義務履行地として裁判管轄を生じさせる(民訴5条1号)。これは、遠隔地の当事者間で紛争が起きたときは、重要な意味をもつ。

(4) 弁済の内容

(a) 弁済の目的物に関する規定

「何を」弁済するかは、債務の目的(内容)の確定の問題であり、債務の発生原因である契約などの法律行為又は法律の規定の解釈によって定まる。民法は、債権の目的が物の引渡しである場合について、特定物の引渡しに関する解釈規定と、他人の物を引き渡した場合の事後処理規定を置くにとどまる。

(b) 特定物の引渡し

特定物を引き渡す債務については、債権発生の時から引き渡された時までの間に、目的物の状態が変化することがある。その場合、債務者はどのような状態の物を引き渡すべきなのか。483条は、これを規定する。すなわち、①契約その他の債権の発生原因及び取引上の社会通念に照らして、引渡しをすべき時の品質を定めることができるときは、それによる。②①で定めることができないときは、弁済者は、引渡しをすべき時の現状で、その物を引き渡さなければならない。契約債権については、ほとんどの場合、①で定まることになる。事務管理等による法定債権については、②となることもあるだろう(法定債権である特定物債権につき→第3章第2節1(2)(a)(ⅱ)2つ目の◆〔45頁〕)。

①と②を通じて、「引渡しをすべき時」が基準時である。債権発生時でも、履行時(現実に引き渡した時)でもなく、履行期(引渡しをすべき時)である。

債務者の善管注意保存義務(400条)との関係については、前述した(→第3章第2節1(2)(a)(ⅲ)◆〔46頁〕)。

◆ 483条の改正の経緯　483条は、400条と関係が深い。法典調査会では、旧民法で別の箇所にあった2つの規定(財産編334条1項〔400条に相当〕・462条1項〔483条に相当〕。フランス法との関係につき、前田452頁)を一体化することがいったん可決されたが(民法速記録Ⅱ975頁)、後に整理会の段階で再び2つの条文に分けられ、明治民法483条となった(整理会速記録234頁・259頁)。これは、特定物の引渡債権については、引渡しをすべき時の現状で引き渡さなければならないと規定するものである。

これに対し、旧483条と旧400条の関係が不明確である、契約債権については目的物がどのような状態であるべきかは契約の趣旨によって定まるので旧483条は不要である、同条が特定物のドグマ(→第3章第2節1(2)(c)◆〔49頁〕)の根拠の1つとされることがあるなどの指摘があり、民法改正の審議の過程では、同条の削除が

提案された(中間試案第 22、6(1)、中間試案説明 284 頁以下、部会資料 70A、第 3、6 説明 1)。しかし、法定債権としての特定物引渡債権における基準を示す意義があることなどから、同条を改正のうえ存置することとされた(部会資料 83－2、第 23、6 説明 1、同 84－3、第 23、6 説明)。もっとも、「現状による引渡し」という規律が直接適用される場面は、大きく縮減した。

(c) 他人の物の引渡し

弁済者が他人の物を引き渡した場合について、475 条と 476 条の規定がある。

◆ **475 条・476 条の意味** 不特定物(たとえば、米 300 kg)を引き渡す債務において、弁済者が他人の物を引き渡した場合、債務の本旨に従った履行とはいえず、その弁済は、原則として無効である。もっとも、債権者が即時取得(192 条)したときは、弁済は有効になる(我妻 219 頁)。この場合、所有者は弁済者に対し、不法行為又は不当利得による請求をするしかない。

債権者が即時取得しないとき(債権者が善意有過失の場合など)、債権者は所有権を取得しないが、だからといって、直ちに弁済者に返還させるのは、債権者の利益を害する。他方、弁済者は、引き渡した物の所有権を有しないし、占有侵奪があったわけでもないから(奥田昌道・注民(12)68 頁)、当然には返還請求できない。そこで、このような場合につき、弁済者は「更に有効な弁済をしなければ、その物を取り戻すことができない」こととされる(475 条)。つまり、弁済者は自己の米 300 kg を引き渡さなければ、他人の米を取り戻すことができない。債権者には、それまでの間の留置的権能を認め、弁済者には、有効な弁済をすれば引き渡した物を取り戻すことができるという特別の返還請求権を認めたわけである(鳩山 406 頁、我妻 219 頁など通説。不当利得返還請求権と解するものとして、加藤 356 頁、北居功「他人物による弁済」法研 88 巻 1 号〔2015〕123 頁・142 頁)。

本条は、「更に有効な弁済」がされうることが前提となっているので、不特定物の引渡しが想定されており、特定物は対象とならない。また、金銭については、占有が所有と結合するという判例の立場(最判昭 39・1・24 判時 365 号 26 頁、百選 I 73〔川地宏行〕、最判平 15・2・21 民集 57 巻 2 号 95 頁など)を前提とすると、弁済者が「他人の金銭」を引き渡すという事態は、ほとんど生じえないだろう(かつては、大判大元・10・2 民録 18 輯 772 頁及び大判大 9・11・24 民録 26 輯 1862 頁は、金銭の即時取得を認めて、弁済を有効とした)。

「更に有効な弁済」がされるまでの間は、浮動的な状態にあるが、債権者が受領した物を善意で消費し、又は、第三者に譲渡したときは、弁済は有効になる(476 条前段。過失の有無を問わない)。債権者が所有者から不法行為又は不当利得に基づく請求を受けたり、所有者の追奪を受けた譲受人から債務不履行等の責任を追及

されたとき(梅245頁)は、債権者は弁済者に求償することができる(同条後段)。

475条・476条は、フランス民法原始規定1238条を基礎とするものだが(奥田・注民(12)67頁・74頁。475条につき、北居・前掲124頁以下)、実際に問題となることは、ほとんどない(フ民同条も2016年に削除された。Terréほか・前掲第2章注(1)p.1568 et s.)。

なお、制限行為能力者のした弁済に関する旧476条は削除された(本書4版377頁参照)。

(5) 弁済の方法

「どのように」弁済するかについては、振込みによる弁済に関する規定(477条)と弁済の費用に関する規定がある(485条)。

(a) 振込みによる弁済[10]

現在では、金銭債務の弁済は、債権者の預金又は貯金の口座への振込み(以下「振込み」という。また、預金で代表させる)によることが少なくない。企業間の代金支払、給与の支給、電気・水道代の引き落としなど、広く浸透している。

> ◇ 預金も貯金も、金銭の寄託(666条3項)だが、受寄者の種類によって区別される。預金は、銀行、信用金庫、信用組合などに預けるものであり、貯金は、ゆうちょ銀行(かつては郵政省)、JAバンク(農業協同組合)、JFマリンバンク(漁業協同組合)などに預けるものである(それぞれの根拠法で使われている言葉である)。

振込みについては、3段階の問題がある。①振込みによって債務が消滅するのはどのような場合か、②債務消滅の法的性質(弁済か代物弁済か)、③債務が消滅する時期、である。①は、基本的に当事者の合意による。477条は、②について、これを弁済とし、③について、債権者が自己の預金のある金融機関に対し、払い込まれた金額の「払戻しを請求する権利を取得した時」であると規定する。同条は、振込みによる弁済という現代社会における重要な仕組みについ

---

[10] 現行民法につき、大村＝道垣内・改正313頁以下[加毛明]、井上＝松尾・改正327頁以下、渡辺・新注民(10)186頁以下。民法改正の際の検討として、部会資料70B、第2、1説明、中間試案説明284頁以下。民法改正前の検討として、森田宏樹①「電子マネーの法的構成(3)」NBL619号(1997)30頁、同②「振込取引の法的構造」中田＝道垣内編・前掲注(7)123頁、岩原・前掲注(4)419頁以下、森下哲朗「現代における通貨法の意義」金法1715号(2004)24頁、基本方針Ⅴ226頁以下。UNIDROIT 2016, 6.1.8(資金移動による支払)、加毛・前掲注(4)も参照。

て、②と③に関する基本的な規律を示すものである。

◆ **振込みよる弁済**　①振込みによって債務が消滅するのはどのような場合か。ⓐ振込みによる弁済をするという合意がある場合は問題ない。ⓑ特段の合意のないまま債権者の預金口座に振り込んだ場合、ⓒ合意された預金口座以外の債権者の預金口座に振り込んだ場合、ⓓ現金で支払う約束だったのに債権者の了解を得ることなくその預金口座に振り込んだ場合に問題となる。ⓑ～ⓓの場合、有効な弁済として債務が消滅するか否かは、債権者と債務者の合意の認定及び解釈により、また補充的には慣習により、定まる。通常、ⓑでは肯定され、ⓓでは否定されるだろう。ⓒでは個別事情に応じて判断されるだろう。

②債務消滅の法的性質は、弁済か代物弁済か。これは、金銭債務について金銭で弁済したと評価すべきか、金銭の代わりに債権者に預金債権を取得させるという代物弁済(482条)と評価すべきかという問題である。弁済説は、銀行振出の自己宛小切手(預手)の交付の提供を弁済の現実の提供として認める最判昭37・9・21前掲を論拠とする(債権者は、預手を受け取った場合、これを自己の取引銀行の預金口座に入金し、それによって預金債権を取得する。振込みはこれと同じ結果をもたらす。預手の交付の提供が金銭の提供と同様に扱われる以上、振込みも弁済とみてよい、という)。また、理論的には、流動性ある預金は通貨と評価しうるという。代物弁済説は、債権者が預金債権を取得したとしても、銀行からの相殺の主張や第三者からの預金債権の差押えなど、現金払の場合には生じない不利益が発生するおそれがあるので、現金払とは同視できないという。

両説は、振込みによって債務を消滅させるためには、債権者の承諾を要するか否か(代物弁済だと必要。482条)という点で、違いがある。477条は、その文言及び配置により、これを弁済と位置づけているといえる(大村＝道垣内・改正314頁〔加毛〕。中間試案説明285頁、部会資料70B、第2、1説明1・2(2)・3(3)参照)。弁済説に問題がないわけではない。同説が依拠する上記判例の考え方については現在では留保を要するし(→2(3)(b)(ⅱ)γ◆〔392頁〕)、預手の交付と振込みとの間には上記の相違がある。しかし、振込みによる債務の消滅が通常は合意に基づくものである以上(→①)、仮に代物弁済であるとしてもその合意もあるといえるのが通常である。合意の解釈によっては解決できず補充的に慣習によってそれが認められる場合も、代物弁済の合意は別途必要だというのは不自然である。そうすると、①で振込みによる債務消滅が認められることを前提として、477条がその性質を弁済としたことは、規律の明確化という観点から、理解することができる。

③債務が消滅するのはどの時点においてか。たとえば、債務者Aが自己の取引先であるB銀行b支店(仕向銀行)に依頼して、C銀行c支店(被仕向銀行)にある債権者Dの預金口座に振り込んだところ、途中で、どちらかの銀行の過誤により

送金又は入金ができなかった場合や、どちらかの銀行が破綻した場合に問題となる。477条は、Dが預金債権の債務者Cに対して、振り込まれた金額の払戻請求権を取得した時(預金債権成立時)に、AのDに対する弁済の効力が生じると定める。従来の一般的な考え方を採ったものである。預金債権成立時がいつかについては、被仕向銀行が受取人の預金口座に入金記帳をした時点であるという見解(入金記帳時説)が伝統的に有力であり(森田・前掲注(10)②171頁注70参照)、中間試案でもそのような提案がされたが(第22、6(4))、被仕向銀行の過誤で入金記帳されない場合もあること、被仕向銀行の入金記帳前に成立することがあるという見解(岩原・前掲注(4)279頁以下・420頁以下など)もあること、入金記帳は各銀行のシステムで行われるがその方法は統一されておらず時点の特定が困難なこともあるとの指摘もあることから、預金債権の成立時点を具体的に示すことは見送られた。入金記帳時を基本としつつ、その前に成立することもありうると考えたい(入金記帳とは、Bからの資金移動を受けたCがDの預金口座についてする被仕向銀行の行為であり、預金者Dが預金通帳に記帳することではない)。なお、債権消滅時期については、当事者(AD)間で合意することができる。

(b) 弁済の費用

弁済の費用(運送費用、振込手数料など)の負担について、485条は次の通り規定する。

① 別段の意思表示があれば、それによる。

② それがなければ、債務者が負担する(485条本文)。弁済は債務者の行為なので、債務者の負担とすることが当事者の意思に沿うからである(梅261頁、平井181頁)。

③ 債権者の行為により費用を増加させた場合、増加額は債権者が負担する(485条但書)。持参債務における債権者の転居や受領拒絶に伴い余分にかかる費用がその例である。公平の考慮に基づくものである(平井182頁)。不可抗力など債権者の行為によらない受領不能による増加額は、受領遅滞の効果として、債権者が負担する(413条2項)。受領拒絶の場合は、受領遅滞の規律と重なる(→第5章第3節3(2)(b)〔256頁〕)。

なお、売買契約に関する費用(契約書に貼付する印紙代、仲介業者報酬など)については、当事者双方が等しい割合で負担する(558条。559条により有償契約一般に準用される)。そこで、ある費用が弁済費用(485条)か、契約費用(558条)かが問題となりうる。実際には契約又は取引慣行で決まっていることが多い(中

田・契約292頁参照)。

◇ 不動産売買の際の登記費用について争いがある。大審院は、これは契約費用と解するようだが(大判大7・11・1民録24輯2103頁〔579条の契約費用〕)、学説では移転登記手続をすることは売主の債務だから、弁済費用として売主(債務者)が負担すべきだという見解が有力である(我妻V₂ 266頁など)。しかし、現実には、登記費用は買主が負担することがほぼ慣行化している(平井182頁、奥田=佐々木下1075頁)。登記費用は買主負担として、代金額を圧縮する方が当事者にとって経済的であることが多いからである(売主負担とし、その分を代金額に上乗せすると、代金額を基準とする諸経費も増大する)。

4　弁済の当事者

(1)　弁済者と弁済受領者

債務の履行は、債務者が債権者に対してするのが本来の形である。しかし、債権の消滅という観点からは、債務者以外の者が債権者以外の者に対して給付行為をしたときでも、弁済の効果を認めてよい場合がある。民法は、弁済に関する款で、上記の本来の形についてまず規定したうえ(473条)、そこから多少、はずれた場合に関する規定を置く。弁済をする側については、債務者以外の第三者が弁済した場合(474条)であり、弁済を受領する側については、受領権限のない者に対する弁済(478条・479条)、受領権限を失った債権者に対する弁済(481条)である。以下、弁済の当事者に関するこれらの規定を検討する(梅232頁以下参照)。

(2)　弁　済　者

(a)　弁済をすべき者・しうる者

債務者は、弁済する義務を負うとともに、弁済する権限を有する。つまり、債務者は弁済をすべき者であり、かつ、しうる者である。「すべき」というのは、弁済しないと債務不履行責任を負うことになるという意味である。「しうる」というのは、その人が弁済の提供をすれば債務者が債務不履行責任を免れ、債権者がそれを受領すれば債権が消滅する、という法律効果が生じることである。このような意味で、債務者以外にも弁済しうる者はいる。

(b) 債 務 者

債務者は、当然、弁済しうる者である(473条)。債務者が履行補助者を用いて弁済することもありうる(→第5章第2節第2款8〔177頁〕参照)。

ただし、債務者について倒産手続開始の申立てがあり、債務者が弁済禁止の保全処分を受けた場合(破28条1項・6項、民再30条1項・6項、会更28条1項・6項)など、債務者が弁済できなくなることがある(伊藤・破産157頁以下・869頁)。また、債権が差し押さえられるなどして、債権者の弁済受領権限が制約された場合、債務者が弁済することも制約されることがある(→(3)(a)(ⅱ)〔413頁〕)。

(c) 弁済の権限を与えられた者

債務者の意思又は法律の規定により、弁済の権限を与えられた者も弁済できる。債務者の代理人、財産管理人、破産管財人などである。不代替的作為債務など、本人以外の人が給付行為をできない場合は、もちろん別である。

(d) 第 三 者

(ⅰ) 第三者弁済の要件

α 第三者弁済の可能性　債務の弁済は、第三者もすることができる(474条)。これは、①債務者以外で、②特段の弁済権限を与えられていない者が、③第三者として、弁済する場合のことである。すなわち、①不可分債務者(430条)、連帯債務者(436条)、保証人(446条)、併存的債務引受人(470条)は、自己の債務を弁済するのでこれにあたらない。②債務者の代理人や破産管財人は、弁済権限が付与されているのでこれにあたらない。③他人の債務を自己の債務と誤認して弁済した者は、第三者として弁済したのではないからこれにあたらず、不当利得(707条)の問題となる。

β 第三者弁済の制限　民法は、第三者の弁済を原則として有効としつつ、3つの例外を設けた。

(ア) 債務の性質　債務の性質上、第三者弁済が許されない場合がある(474条4項)。一身専属的給付という。たとえば、高名なピアニストが演奏する債務である。この場合、第三者が正当な利益を有するか否かを問わず、弁済できない。

(イ) 当事者の意思表示　当事者が第三者の弁済を禁止し、又は、制限する旨の意思表示をしたときは、第三者弁済が許されない(474条4項)。第三者

が正当な利益を有する場合であっても、許されない。当事者とは、契約であれば当事者双方、単独行為ならその行為者である。この意思表示は、債権発生後であっても、第三者が弁済の提供をする前であれば、することができる(大決昭7・8・10新聞3456号9頁参照)。したがって、不法行為債権など法定債権でも、債権者と債務者の合意によって、第三者の弁済を禁止することができる。

　この制限については、比較法的にも異例であり、立法論として疑問だという見解が有力だが(我妻244頁、奥田・注民(12)62頁など)、債権の内容は当事者が定めることができるという一般原則からすれば、その限りで当然のことである(平井186頁)。当事者の意思表示に問題がある場合には、意思表示や法律行為の効力に関する一般理論で規律されることになる。なお、弁済をするについて正当な利益を有する第三者が出現した後に、当事者が第三者弁済を禁止する合意をしても、その効力は合意前の第三者には及ばないと考える。

　(ウ)　弁済をするについて正当な利益を有する者でない第三者　　弁済をするについて正当な利益を有する者でない第三者(以下「正当な利益を有する者でない第三者」という)の弁済については、①債務者の意思による制約と、②債権者の意思による制約がある。この両者を通じて、③「正当な利益」の意味が問題となる。

　①　債務者の意思による制約　　正当な利益を有する者でない第三者は、債務者の意思に反して弁済することができない(474条2項本文)。弁済をした第三者は、通常、債務者に対する求償権を取得し、また、債権者に代位しうるので(499条・500条)、実質的に債権者が交替することになる。これを望まない債務者の意思を尊重するための規律である。「できない」というのは、給付行為をしても、弁済の効果は生じず、債権は存続するという意味である。

　もっとも、この規律だけだと債権者の保護に欠ける。そこで、債務者の意思に反することを債権者が知らなかったときは、正当な利益を有する者でない第三者の弁済も有効になるとされる(474条2項但書)。

　　◇　仮に、但書の規律がないと、債権者は不利益を被る。すなわち、正当な利益を有する者でない第三者の弁済を受領した債権者が、債務者の意思に反していることを知らずに、債権証書や担保物を弁済者に交付したところ(503条1項参照)、実は

債務者の意思に反していて弁済が無効だったことが判明した場合、債権者は債権証書等を取り戻し、受領した給付の目的物を返還し、改めて債務者に請求しなければならなくなる。

◆ **債務者の意思**　①判例は、債務者の意思は、債権者又は弁済をする第三者に予め表示されている必要はなく、諸般の事情から認定できればよいという(大判大6・10・18民録23輯1662頁)。改正前民法のもとの学説では、これを批判し、明示的・確定的であることを要すると解するものが有力だった(我妻245頁、平井187頁)。現行民法は善意の債権者を保護するので(474条2項但書)、判例の基準でよいだろう。②判例は、債務者が数人いる場合に、一部の債務者の意思に反するときは、その債務者については弁済は無効であるという(大判昭14・10・13民集18巻1165頁〔連帯債務の場合〕)。しかし、すべての債務者の意思に反するのでない限り、弁済は有効と解すべきである(四宮和夫『判民昭14』283頁〔弁済に反対しない債務者がいる限り、連帯債務複数論をとっても弁済は絶対的効力を有し、求償権についても464条の類推適用を認めうる〕、平井187頁)。③判例は、債務者の意思に反するため弁済が無効となるのは例外的なことだから、証明責任はそれを主張する側が負担するという(大判大9・1・26民録26輯19頁)。妥当である。④債務者の反対の意思は合理的な理由に基づくものでなければならないという見解がある(田高寛貴「弁済における当事者」改正講座Ⅱ338頁)。問題意識は理解できるが、規律が不安定になるおそれがある。「反対の意思」の存否の認定段階での解決又は権利濫用・信義則による解決(同355頁参照)が妥当であろう。

◆ **債務者の意思に反する第三者弁済の規律**　債務者の意思に反する第三者弁済の制限は、明治民法474条2項以来、存在する。その理由は、ⓐ他人の弁済によって恩義を受けることを欲しない債務者の感情(武士気質)の尊重と、ⓑ苛酷な求償権の行使からの債務者の保護であると説明された(梅235頁以下)。しかし、ⓐの思想は、民法において必ずしも貫徹されていないし、ⓑについても、債務者が当初の条件より法律上不利になることはなく、違法な取立てには刑法、行政法等で対応することができる。さらに、比較法的にも、このような立法例は少なく、第三者の弁済を広く認めるものが多いこと、債務者の意思に反することを知らずに弁済を受領した債権者に不利益を及ぼすことも、指摘された。そこで、この制限は合理的でないという批判が投じられた(我妻245頁以下など)。もっとも、実質的に債権者が交替する事態が生じるのを望まない債務者の意思を尊重するべきだという見解は、現在なお多い。他方、債務者の意思に反することを知らない債権者を保護すべきだという指摘も強い。そこで、474条2項は、旧474条2項を基本的に維持しつつ、これ

に債権者保護のための但書を付加するものとされた(中間試案説明 275 頁以下、部会資料 70A、第 3、2 説明 2、同 77B、第 2 説明、同 80－3、第 7、2 説明、同 83－2、第 23、2 説明、同 84－3、第 23、2 説明 1 の経緯がある)。

◆ **利益の押しつけ**　債務者は利益といえども押しつけられることはないという債務者意思の尊重は、認められない制度がむしろ多い。債務者の意思に反する保証(462 条 2 項)、債務引受(470 条 2 項・472 条 2 項)、債務者の交替による更改(514 条 1 項)、債務免除(519 条)がそうである。他方、より広く、利益を受ける者の意思の尊重という理念は、第三者のためにする契約(537 条 3 項)、事務管理(697 条 2 項・700 条但書)、遺贈(986 条)のほか、信託(信託 99 条)、保険(山下・保険下 335 頁以下)などでも現れる。契約の相対効、意思自治という一般的考察と、各制度の趣旨、利益に伴う負担という具体的検討が求められる。

②　**債権者の意思による制約**　正当な利益を有する者でない第三者は、債権者の意思に反して弁済することができない(474 条 3 項本文)。「できない」というのは、第三者のする給付行為の提供は弁済の提供とならず、その受領を債権者が拒んでも受領遅滞にならず、第三者が一方的に給付行為をしたとしても(たとえば、債権者の預金口座への振込み)、弁済とはならない、という意味である。債務者の意思に反する弁済について善意の債権者の保護はあるが(同条 2 項但書)、それだけだと、債権者は、その保護を受けるための立証の負担があるし、債務者の意思を確認できない場合(債務者が行方不明であるなど)、実際上の対応に困惑することがある。また、弁済による代位があると、債権者と弁済者との関係が発生するが(500 条・502 条・503 条)、債権者がその関係をもつことを望まないことがある(第三者が反社会的勢力である場合や、内紛を抱える場合など。山野目・改正 142 頁以下参照)。そこで、債権者の利益を保護するため、その意思による制約を認めた。

ただし、その第三者が債務者の委託を受けて弁済する場合、そのことを債権者が知っていたときは、この限りでない(474 条 3 項但書)。たとえば、債務者と第三者が履行引受契約(→第 10 章第 3 節 5 [770 頁])を締結しており、第三者が履行引受人として弁済する場合である(一問一答 189 頁)。

③　**正当な利益を有する第三者**　「弁済をするについて正当な利益を有する

者」という表現は、第三者弁済(474条2項・3項)のほかに、弁済による代位の要件(500条)でも用いられている。

> ◇　弁済による代位とは、債務者のために弁済をした者が、債権者の地位に代わって入り、債権者が有していた債権及び担保権を行使できるという制度である(499条・501条1項→5(3)〔441頁〕)。「弁済をするについて正当な利益を有する者」については、代位の効果を享受できるための要件が緩和されている。

◆　**規律の統一**　改正前民法では、第三者弁済と弁済による代位とで異なる概念が用いられていた(旧474条2項・旧500条)。すなわち、旧474条2項は、①「利害関係を有しない第三者」は、債務者の意思に反して弁済できないと規定し、旧500条は、②「弁済をするについて正当な利益を有する者」は、弁済によって当然に債権者に代位すると規定していた。保証人や連帯保証人は、①ではないが(第三者として弁済するのではなく自己の債務を弁済するのだから)、②には含まれると解されていた。しかし、この点を除けば、両者を区別する必要はないという指摘があった。また、法定代位(旧500条)の目的として、第三者弁済の促進も含まれているという関係もあると指摘される。そこで、規律の明確化をはかるため、②にあわせる形で要件が統一された(中間試案説明276頁、部会資料70A、第3、2説明1)。なお、保証人等の位置づけは、改正前と異ならない。

「弁済をするについて正当な利益を有する者」には、次の2類型がある。すなわち、ⓐ「弁済しないと債権者から執行を受ける地位にある者」と、ⓑ「弁済しないと債務者に対する自分の権利が価値を失う地位にある者」である(これは旧500条に関して学説の示していた分類である。後に詳述する→5(3)(b)(ⅲ)β〔446頁〕)。

ⓐは、物上保証人や担保不動産の第三取得者などである。保証人、連帯債務者など自ら債務を負う者も同様の地位にあるが、第三者としてではなく自己の債務を弁済するので、474条の対象とはならない(500条との違い)。

◆　**保証人の弁済**　保証人の弁済は、論理的には、①主たる債務を「弁済をするについて正当な利益を有する者」として弁済する場合と、②保証債務をその債務者として弁済する場合とがありうる。弁済者に関するフランス民法原始規定1236条、旧民法財産編452条は、①の観点から保証人に言及する(2016年改正後フ民1342-1条は一般化した)。また、旧474条に関する学説で、①の観点から保証人を利害関

係ある第三者と位置づけるものがある(梅236頁、星野237頁)。しかし、現在では、②の観点から説明し、物上保証人(自らは債務を負わないので、②はありえず①のみとなる)と対比するものが多い(我妻245頁、平井187頁、潮見新Ⅱ100頁、内田37頁以下)。①と②は、主たる債務が消滅するに至る論理構造、そのための要件事実が異なるが、説明の仕方の違いにすぎない。実質的には求償権の範囲が異なりうるが、これは保証に関する規定を適用する方が妥当である。特段の事情のない限り、②と解すべきである。以上の説明は、連帯債務者の弁済についてもほぼ同様となる。

ⓑは、後順位担保権者がその例である。改正前民法のもとで、借地上の建物の賃借人には、敷地の地代の弁済につき、旧474条2項にいう「利害関係」があると認めた判例もある(最判昭63・7・1判時1287号63頁、百選Ⅱ25[住田英穂])。弁済により敷地賃借権の消滅を防止しうる利益があるからである。

◆ **474条と500条** 旧474条2項は、「利害関係を有しない第三者は、債務者の意思に反して弁済をすることができない」と規定していた。判例は、「利害関係」を法律上の利害関係に限るとし(最判昭39・4・21民集18巻4号566頁)、事実上の利害関係では足りないとした。たとえば、単なる親戚関係(大判昭14・10・13前掲参照)、債務者の第二会社的立場にある会社(最判昭39・4・21前掲)について、利害関係を認めなかった。学説では、第三者弁済を広く認めるべきであるという観点から、「利害関係」を広く解釈し、また、「債務者の意思」を厳格に解釈する見解が有力だったが(我妻244頁以下、奥田・注民(12)62頁以下など)、事実上の利害関係まで含めると基準が不明確になるという指摘もあった(平井187頁)。

現行民法では、474条でも「弁済をするについて正当な利益を有する者」の概念が用いられるので、旧474条2項の「利害関係」との異同を検討する必要がある。

現474条2項・3項は、弁済を受領する債権者の利益保護をも図るものであり、「正当な利益」の有無についても、債権者が定型的な判断ができることが求められる(中田ほか・改正251頁[道垣内]参照)。そうすると、旧474条2項について判例のとっていた「法律上の利害関係」の基準を、学説の批判も考慮し、緩和しつつ導入することが考えられる。他方、旧500条の「弁済をするについて正当な利益を有する者」について、本文記載のⓐとⓑの2類型が広く支持されてきたが、ⓐⓑであげられている者は、いずれも「法律上の利害関係」も認められ、統合できそうである。具体的には、「法律上の利害関係」の基準をⓐとⓑの各類型で吸収したうえ、この2類型を474条でも用いることにし、ⓑの「自分の権利が価値を失う」者であるかどうかの判断において、「法律上の利害関係」について示されてきた諸議論を参照することが考えられる。

474条・500条・旧500条の「弁済をするについて正当な利益を有する者」の概念の果たす機能には違いがあるが、現行民法の解釈としては、上記のように理解することが、簡明かつ妥当であると考える(違いというのは、こうである。㋐474条2項・3項における上記概念は、債務者又は債権者の意思に反してでも第三者が弁済しうることの基準であるのに対し、500条のそれは代位の要件の緩和の基準である。㋑500条において上記概念にあたる者について代位の要件が緩和される度合いは、旧500条における緩和の度合いより小さい)。

(ⅱ) **第三者弁済の効果** 第三者弁済が認められる場合、第三者の提供は弁済の提供の効果をもち、債権者は受領を拒絶できず(拒絶すると受領遅滞となる)、債権者が受領すれば債権は消滅する。弁済者は、債務者に贈与する意思で弁済したなどの場合を除き、債務者に対して求償権をもつ。求償権の発生根拠は、弁済者が債務者に委託されて弁済した場合は委任契約(650条1項)、委託されずに弁済した場合は事務管理(702条1項・3項)又は不当利得(703条・704条)である。求償権がある場合、これを確保するために、弁済者が債権者の権利を行使できることがある。弁済による代位である(499条以下)。後述する(→5(3)〔441頁〕)。

(3) 弁済受領者
(a) 債 権 者
(ⅰ) **債権者に対する弁済の効力** 弁済に受領が必要な場合、受領しうる者に対して弁済するのでなければ、債権消滅の効果が生じないのが原則である。債権者が弁済を受領しうる者であることは当然であり、債権者に対して弁済すれば、通常は、債権は消滅する(473条)。

(ⅱ) **弁済受領権限の喪失等**
α **例外** (ⅰ)の原則に対し、債権者に対する弁済が例外的に認められない場合がある。債権者が受領権限を喪失し又は制限されている場合である。

β **債権が差押えを受けたとき** AのBに対する債権fをAの債権者Cが差し押さえた場合の問題である。Cを差押債権者、Aを債務者、Bを第三債務者という。Aは、Cの債務者だが、債権fについては債権者である。差押命令において、裁判所は、Aに対し、債権fの取立てを禁止し、Bに対し、Aへの弁済を禁止する(民執145条1項)。この場合、差押えを受けた債権fの債務者

Bが自己の債権者Aに弁済したときは、差押債権者Cは「その受けた損害の限度において更に弁済をすべき旨を」Bに請求することができる(481条1項)。この規定の趣旨は、現在、次のように理解されている。すなわち、BのAに対する弁済はAとの関係では有効だが、Cには対抗できない、したがって、Cは債権fがなお存在するものとして、取立てをし(民執155条)、又は、転付命令を得て(同159条)、弁済を受けることができる(大連判明44・5・4民録17輯253頁、最判昭40・11・19民集19巻8号1986頁、我妻271頁など)。

Bは、Aに弁済しても、Cから請求されると、二重払いを強いられることになる。この場合、BはAに求償することができる(481条2項)。

◆ **起草者の理解** 481条1項についての明治民法起草者の理解は、次のようなものだった。Bの弁済により債権fはCとの関係でも消滅するが、それはCに対する不法行為となり、CはBに対し、不法行為に基づく損害賠償請求権を直接行使できる、このことを認めたのが本項である(梅251頁。沢井裕・注民(12)122頁参照)。しかし、この帰結は709条からもおおむね導くことができるので、これだと481条1項の意義が小さくなる(平井189頁)。

◆ **481条の対象** 1項の「差押え」は、仮差押え(民保50条)も含む。対象となる債権は、差押え可能な債権(民執143条)であり、「更に弁済」という文言から、不特定物の引渡しを目的とする債権が想定されていることがわかるが、中心となるのは金銭債権である(起草者は、金銭債権と考えていたようであるが〔民法速記録Ⅲ273頁〕、同項についての現在の解釈を前提とすれば、不特定物の引渡しを目的とする債権も対象となりえよう)。

◆ **差押えの競合** 複数の債権者が同一の債権を差し押さえた場合、第三債務者は、執行法上、供託する義務を負う(民執156条2項、民保50条5項)。この場合、第三債務者は供託しないと債務を免れることができない。第三債務者が、この義務にもかかわらず、自己の債権者又は差押債権者の1人に弁済した場合、弁済を受けた者との関係でその効力が生じるが、他の差押債権者には対抗できず、第三債務者は、依然として全額の供託義務を負う。他の差押債権者は、第三債務者に対し、供託を請求できるが、481条1項により「更に弁済を」せよとは請求できない(中野・民執707頁、潮見新Ⅱ197頁以下参照)。

γ　債権者の破産　　債権者について破産手続が開始した場合、その債権は破産財団に属し、その管理・処分権は破産管財人に専属する(破34条1項・78条1項)。すなわち、破産管財人が取立権をもち、債権者は受領権限を失う。債務者が債権者(破産者)に弁済しても、破産管財人に対抗できず、債務者は二重払をしなければならないのが原則である(具体的な帰結は、債務者の善意・悪意により異なる。破50条・51条。伊藤・破産382頁以下)。

δ　債権を目的とする担保権の設定　　債権者がその債権に質権を設定した場合、債権者は債権の取立てができず、受領権限を失う(民執145条1項の類推適用。我妻Ⅲ191頁)。ただし、質権者と設定者(債権者)との合意により、設定者に取立権限を与えることは可能である(道垣内・担物116頁。譲渡担保を設定した場合につき→第10章第2節第2款6(3)(b)(ⅱ)〔734頁〕)。

ε　債権者の行為能力の制限　　債権者が制限行為能力者である場合、弁済の受領権限がなかったり、制約されたりすることがある。

◆　**制限行為能力者の弁済受領**　　被保佐人については規定がある(13条1項1号)。被補助人については、審判で補助人の同意を要するとされる場合がある(17条1項)。成年被後見人については、受領権限がなく、後見人が受領権限を有すると解すべきである(7条・9条・13条1項1号〔類推〕・859条)。未成年者については、債務の弁済により既存の債権が消滅し、弁済された財産が不利に利用されるおそれがあるので、法定代理人の同意が必要であると考える(5条1項本文・13条1項1号〔類推〕。石田穣『民法総則(民法大系1)』〔2014〕187頁、川井健『民法概論1民法総則〔第4版〕』〔2008〕31頁、潮見新Ⅱ196頁、奥田＝佐々木下1033頁)。受領が債権の処分にあたるという説明もある(奥田497頁)。

(b)　弁済受領権限を与えられた者

債権者のほかにも、法令の規定又は当事者の意思表示によって弁済を受領する権限を与えられた者がいる。債権者の代理人、債権者の財産管理人、債権の質権者(366条)、債権者代位権を行使した代位債権者(423条の3)、詐害行為取消権を行使した取消債権者(424条の9)、金銭債権を差し押さえた債権者(民執155条)、破産管財人(破78条1項)などである。債権者と弁済受領権限を付与された第三者をあわせて、「受領権者」という(478条)。

◆ **受領権限と担保**　請負代金債権等の債権者が弁済受領権限を自己の債権者に与え、受領を委任する「代理受領」は、担保としての機能をもつ。また、債権に質権や譲渡担保権を設定する際、設定者に取立権限・受領権限が与えられることがある(→(a)(ⅱ)δ)。これらについては、担保物権法を参照。

(c)　受領権者以外の者に対する給付

(ⅰ)　**原則**　弁済を受領する権限のない者に給付をしても、原則として、弁済の効果は生じない。債務者BがCに受領権限のない第三者Cに給付をしても、債権は消滅せず、債権者Aは、Bに対し依然として債務の履行を請求できる。この場合、BはCに対し、不当利得の返還請求(703条・704条)又は不法行為に基づく損害賠償請求(709条)ができる。

もっとも、受領権者以外の者に対する弁済であっても、「債権者がこれによって利益を受けた」場合は、その限度において弁済の効力が認められる(479条)。債権者本人に弁済すべき特約があり、弁済受領者にその権限がないことを弁済者が知っていたときも、同様である(大判昭18・11・13民集22巻1127頁)。

◇　AのBに対する債権fの弁済として、Bが第三者Cに100を支払い、そのうち30をCがAに与えたとする。479条がなければ、その30は、AからC、CからBに返還され、Aはその30を含む100をBに請求することになる。しかし、そのような循環は煩雑であるだけでなく、Cが無資力である場合には不当な結果にもなる。そこで、479条は、30の限度でBの弁済の効力(債権fの一部消滅)を認めた。

(ⅱ)　**弁済者の信頼の保護**　(ⅰ)の原則によると、弁済者は、受領権限なく弁済を受領した者に対し、不当利得返還請求権等をもつとはいえ、弁済受領者が無資力だと満足を得られない(受領者の無資力のリスクは弁済者の負担となる)。しかし、弁済受領権限があるという外観を信頼した弁済者を保護すべき例外的な場合がある。その中心となるのが受領権者としての外観を有する者に対する弁済(478条)であり、これを次項((d))で検討する。このほか、有価証券について、流通保護の観点から債務者の保護をはかる規定がある(520条の10・520条の18・520条の20→第10章第2節第3款2〔744頁〕)。

第 2 節　弁　済　417

（d）　受領権者としての外観を有する者[11]

（ⅰ）　**意義**　いかにも債権者らしい外観をしていて、弁済者がその人を債権者だと信じたのも無理からぬという人に弁済したが、実は債権者ではなかったというとき、弁済者の信頼を保護することが適切な場合がある。これは、その弁済者を救済するためだけではなく、より一般的に取引の安全のためでもある。そこで、「受領権者以外の者であって取引上の社会通念に照らして受領権者としての外観を有するもの」に対する弁済は、弁済者が善意無過失であった場合、有効とされる（478 条）。外観受領権者（表見受領権者ともいう）に対する弁済である。外観に対する信頼を保護する制度の 1 つとして重要な意味をもつ。

この制度は、銀行等の金融機関（以下、銀行で代表させる）による取引（預金の払戻しなど。以下「銀行取引」という）において重要な意味をもつが、まず、一般的な要件と効果を検討し（（ⅱ）（ⅲ））、その後、銀行取引の検討に進む（（ⅳ））。

◆　「外観」と「表見」　どちらも、「見せかけの」、「真正ではない」という意味である。「表見」については、1910 年に明治民法 109 条・110 条・112 条をまとめて「表見代理」として把握する論文が公表され[12]、現在では、この言葉が各条の条見出しで用いられている。また、1928 年には同 480 条・478 条・470 条・471 条をまとめて「表見的受領権者に対する弁済」として検討する論文が公表された[13]。前者は主として英米法の禁反言（estoppel）の原則を参照し（ドイツ法にも言及する）、後者はドイツ法の権利外観（法外観）理論（Rechtsscheintheorie）を参照する。他方、フランスでは、表見相続人、表見所有者などに関する判例法理を基礎に表見理論（théorie de l'apparence）が形成され[14]、2016 年改正民法 1342-3 条は、同理論のもと、表見債権者（créancier apparent）の語を用いている（Terré ほか・前掲第 2 章注

---

11)　池田真朗「民法 478 条の解釈・適用論の過去・現在・未来」『慶應義塾大学法学部法律学科開設百年記念論文集法律学科篇』(1990) 315 頁、佐久間毅「民法 478 条による取引保護」論叢 154 巻 4=5=6 号 (2004) 377 頁 (以下、各論文を本章で「池田・解釈」「佐久間・保護」として引用する)、川地宏行・新注民 (10) 281 頁以下。

12)　中島玉吉「表見代理論」京都法学会雑誌 5 巻 2 号 (1910) 1 頁 [同『民法論文集』(1915) 所収]。加藤雅信編代『民法学説百年史』(1999) 135 頁以下 [高森八四郎] 参照。

13)　杉之原舜一「表見的受領権者に対する弁済者の保護」法協 46 巻 8 号 1 頁・9 号 49 頁 (1928)。

14)　中川善之助『相続法の諸問題』(1949) 127 頁 [初出 1931]、上井長久「フランス判例法における表見所有権について」法律論叢 46 巻 4 号 (1973) 101 頁、伊藤昌司『相続法の基礎的諸問題』(1981) 54 頁 [初出 1980]、西山井依子「フランス法における一般的表見理論との関係における表見委任制度」阪経法 4 号 (1980) 31 頁・5 号 (1981) 37 頁、武川幸嗣「フランスにおける外観法理と仮装行為理論の関係」法学政治学論究 16 号 (1993) 209 頁。

(1)p.1570)。

　これらの諸制度には、①外観作出についての真の権利者の帰責性を重視するものと、②外観に対する相手方の信頼の保護を重視するものがある。禁反言の原則は①に属する。権利外観(法外観)理論は、②に属するとされてきたが、真の権利者の帰責性を考慮する動きがある[15]。表見理論については、本人の過失(faute)を根拠とするという理解もあったが、現在では基本的に②と理解されるようである。いずれにせよ、①か②かが峻別されるわけではない。もっとも、日本の制定法上、「表見」の語は、本人の帰責性がある場合に用いられるようである(表見代理〔109条・110条・112条〕、表見支配人〔商24条、会社13条〕、表見代表取締役〔会社354条〕、表見代表執行役〔同421条〕、表見代表理事〔一般法人82条〕の各条見出し)。また、日本の学説では、「表見法理」は「信頼原理」と「帰責原理」を前提とするというものがある(山本敬三『民法講義Ⅰ総則〔第3版〕』〔2011〕153頁)。そうすると、478条の弁済の相手方を「表見受領権者」と呼ぶと、同条は真の債権者の帰責性を要する制度であるという理解が前提となるおそれがある。しかし、478条の条見出しは「表見」の語を用いないし、同条が債権者の帰責事由を要件とすると解すべきか否かについては議論がある(→(ⅱ)δ〔423頁〕)。そこで、本書では、条文の文言に忠実に「外観受領権者」と呼ぶことにする(中田「民法の概念の名づけ方」曹時72巻9号〔2020〕1頁〔同・現代化所収〕。山野目427頁参照)。もっとも、「表見受領権者」や「表見債権者」という言葉は既に多く用いられているし、それらは必ずしも①に属する制度であるという理解を前提としてはいない。そのようなものとして、「表見受領権者」の語を用いることは、もちろんさしつかえない。

◆ **改正の経緯**　改正前民法には、「債権の準占有者」に対する弁済(旧478条)と「受取証書の持参人」に対する弁済(旧480条)[16]の2つの規定があった。旧478条は、明治民法478条、旧民法財産編457条を経てフランス民法原始規定1240条(2016年改正後1342-3条参照)に遡るが、フランス法においては、債権占有者とは「債権者の身分を占有する者」という限定的な概念であり、そのような者に弁済したという「無理もないと思われる錯誤」を例外的に救済するための制度であって、積極的に取引安全を目的とするのではないといわれる(池田・解釈317頁以下、新関輝夫「フランス民法における債権占有」名法41号〔1967〕84頁)。他方、旧480条は、明治民法492条、旧商法(明治23年法32号)55条2項を経て、ドイツ民法

---

[15] 喜多了祐『外観優越の法理』(1976)526頁、安永正昭「民法における信頼保護の制度とその法律構成について」神戸27巻1号1頁・28巻2号127頁(1977～78)、四宮=能見・総則385頁参照。

[16] 旧480条は、受取証書(領収証、レシートなど、弁済の受領を証明する文書)の持参人を弁済受領権者とみなし、善意無過失の弁済者を保護した。判例・通説は、同条の対象となる受取証書は、真正のものであることを要すると解した。本書3版343頁以下。

第二草案319条(ド民370条)、1861年ドイツ普通商法296条に遡るものだが、取引安全を目的として制定された(民法速記録Ⅲ280頁以下、民法修正案理由書458頁以下)。しかし、判例・学説は、旧478条を拡張的に解し、取引安全のための制度として発達させ、旧480条は限定的に解した(佐久間・保護378頁以下)。その結果、旧480条は旧478条の特則であるかのように位置づけられ、さらにはあえて特則とする合理性が乏しいと考えられるようになった。

そこで、旧478条の「準占有者」という言葉(205条の「準占有」との関係について議論があった。本書3版332頁以下)を廃し、旧478条についての判例・学説の一般的理解を表すものとして、かつ、旧480条をも吸収するものとして、新478条が制定された(一問一答186頁以下、部会資料70A、第3、4説明)。このため、旧478条のもとでの判例は、基本的に新478条のもとでも生き続けることになる。

(ⅱ) 要 件

α 外観受領権者

(ア) 意義　「受領権者以外の者であって取引上の社会通念に照らして受領権者としての外観を有するもの」に対する弁済であること。受領権者は、債権者及び弁済受領権限を付与された者だから、外観受領権者には、債権者としての外観を有する者と代理人等としての外観を有する者があることになる。

(イ) 債権者としての外観を有する者　旧478条について、判例で「債権の準占有者」と認められた例として、以下のものがある。これらは外観受領権者とも認められるだろう。

① 表見的な相続人　債権者が死亡し、相続人である養子に弁済したところ、その養子は実は真正の相続人ではなかったという場合である(大判昭15・5・29民集19巻903頁)。

② 無効な債権譲渡の譲受人　AがBに対する債権をCに譲渡し、そのことをAがBに通知したので(467条)、BがCに弁済したが、実はAC間の債権譲渡契約は無効だったという場合である(大判大7・12・7民録24輯2310頁〔事実上の債権譲渡〕参照)。

③ 債権の二重譲渡の劣後譲受人　債権が二重に譲渡された場合、譲受人間の優劣は対抗要件具備の先後によるが(467条2項)、債務者が法律上劣後する譲受人に誤って弁済したときにも、旧478条の適用があるとし、劣後譲受人を準占有者と認めた例がある(最判昭61・4・11民集40巻3号558頁〔ただし、債務

者に過失があるとした〕、百選Ⅱ〔8版〕33〔本田純一〕、百選Ⅱ26〔白石大〕)。これに対しては、467条の定める対抗要件による規律が無意味になるという批判もあるが、467条は債権の帰属についての優劣を定め、旧478条は債務者がした弁済の効力について定めるもので、両者は次元が異なると理解すべきであろう(加藤和夫『最判解民昭61』222頁、内田43頁以下、奥田＝佐々木下1045頁など)。

④ 銀行預金の払戻し　預金通帳と届出印を持参した者を準占有者と認める裁判例が多い。また、預金通帳所持者が現金自動入出機(ATM)による払戻しを受けた場合に準占有者と認めた例(最判平15・4・8民集57巻4号337頁、百選Ⅱ〔8版〕35〔河上正二〕、百選Ⅱ28〔三枝健治〕)もある(→(iv)α(イ)〔428頁〕)。

⑤ 債権証書や受取証書の所持者　債権証書や受取証書を偽造して債権者になりすました者を準占有者と認めた例がある(大判昭2・6・22民集6巻408頁〔株式配当金領収証の偽造〕)。これに対しては、ⓐ旧478条の沿革に反するし、旧480条の解釈(受取証書の真正が要件と解されていた)とも不整合であるという批判(星野242頁、池田・解釈322頁)と、ⓑ旧478条の趣旨を準占有者の主観的意思とは切り離された「債権の行使という外形的事実」に対する信頼の保護という観点からとらえ直す契機になるという積極的評価(杉之原・前掲注(13)、杉之原舜一『判民昭2』300頁)があった。ⓑは、旧478条の適用が拡大されていく、後の流れに大きな影響を与えた(河上正二「民法478条」百年Ⅲ165頁・174頁)。旧480条を吸収した新478条のもとでは、債権証書や受取証書の所持者は、他の事情と総合して、外観受領権者と認められることがあり、真正な証書であれば、その可能性はより高くなると考えるべきだろう。

（ウ）詐称代理人など　法令の規定又は当事者の意思表示によって弁済を受領する権限を与えられた者には様々なものがあるが(→(b)〔415頁〕)、しばしば問題となるのは、債権者の代理人と詐称して債権を行使する者(詐称代理人)である。たとえば、他人名義の銀行預金を、その他人になりすますのではなく、同人の代理人と称して払戻しを受けた場合である。旧478条のもとで、詐称代理人も債権の準占有者にあたりうるか否かについて議論があった。当初は、「準占有」の概念に関する議論が中心だったが[17]、次第に、表見代理との関係

---

17) 中舎寛樹『表見法理の帰責構造』(2014)259頁以下〔初出1985〕、本書3版332頁以下参照。

など、より実質的な検討に移行した[18]。判例(最判昭37・8・21民集16巻9号1809頁、百選Ⅱ〔7版〕36〔中舎寛樹〕、最判昭41・10・4民集20巻8号1565頁、最判昭42・12・21民集21巻10号2613頁)・通説は、詐称代理人が債権の準占有者にあたることを肯定した。新478条は、これに基づいて、詐称代理人など代理人等としての外観を有する者も外観受領権者となりうることを明示した。

◆ **詐称代理人を外観受領権者とする理由**　表見代理(110条を例にする)と478条の要件の違いはこうである。①相手方(弁済者)側の要件は、110条では「権限があると信ずべき正当な理由」、478条では善意無過失であり、大差ない。②代理人側の要件は、110条では代理人が権限外の行為をしたことであり、478条では詐称代理人が弁済を受領したことである。後者は限定されている。③本人(債権者)側の要件は、110条では基本代理権を与えたこと(帰責事由)が必要だが、478条では少なくとも文言上は帰責事由は要件とされていない。②と③のそれぞれの違いを関連づけることができるか、つまり、無権限の代理のうち弁済の受領という行為については、本人(債権者)の帰責事由を不要とすることができるかが問題となる。

478条で外観作出について債権者の帰責事由が不要だとすると、478条は110条より成立しやすくなる。そこで、代理における相手方に比べ、弁済における弁済者が特に保護される理由があるかどうかが問題となる。弁済者を特に保護すべき理由として、以下の事情がある。

ⓐ**相手方(弁済者)側の事情**　一般の法律行為は、その人の任意の行動により、これから新たに法律関係を形成しようという場面だから、代理人と取引をする者には、十分な慎重さを求めてもよい。しかし、弁済は、通常は債務者がするものであり、既存の義務の履行であって、債務者は弁済しなければ債務不履行責任を負わされる。この「弁済の義務性」は、弁済者を一般の相手方よりも保護すべき要因となる。保護の方法として、単に弁済者の注意義務を緩和するにとどまらず、債権者の帰責事由を要件からはずすべきである。そのような事情は、弁済者にとって弁済時に看取可能とはいえないからである(佐久間・保護384頁)。

ⓑ**本人(債権者)側の事情**　一般の法律行為においては、本人の負うべき責任は無限に広がる可能性があるから、表見代理を認めるには、本人の帰責事由を要件に加えるのがバランスがとれる。弁済の場合は、本人の損失はその債権の消滅に限られ、不利益が限定されているので、要件は緩やかでよい(星野264頁。反対、佐久間・保護386頁)。また、債権者は、弁済者の置かれた状況(受領権限が証明されているようにみえれば、債務者は弁済せざるを得ない)を認識し、利用しているのだ

---

18) 来栖三郎「債権の準占有と免責証券」民商33巻4号(1956)1頁(沿革と「生ける法」の観点からの分析)、中舎・前掲注(17)493頁以下〔初出1997〕。

から、一般の法律行為におけるよりも緩やかな要件のもとで、不利益を負わせてよい(佐久間・保護387頁)。

ⓒ**代理人側の事情**　一般の法律行為においては、取引類型によっては、本人として行動するか、代理人として行動するかで、作出すべき外観が大きく異なる場合がある(土地の売却など)。しかし、弁済の受領は定型的行為であり、他人の債権を行使する者にとって、債権者を詐称するか、代理人を詐称するかは、大差ないことがある。弁済者側からみても、受領者が債権者本人として受領するのか、代理人として受領するのか、はっきりしないこともある。このような弁済受領者の偽り方いかんという偶然的事情によって結論が異なるのは妥当でない。

ⓓ**社会的影響**　弁済の受領は、日常的に頻繁に生じる現象であり、代理人に弁済受領権限を与えることも多い。弁済受領権限の付与は、社会的にみて定型性がある。債務者は、代理人の受領によって債権が消滅したと考え、それを前提にして次の法律関係を築きあげていくので、それを後に覆されると取引が混乱する。といって、弁済に際して過度に厳密な調査を求めると、弁済事務が滞る。これに対し、代理人によって新たに法律行為をするというのは、比較的個性の強い、非定型的な取引であるので、取引秩序に与える影響も限られている。かくして、弁済の安全をはかることは、取引の敏活安全に資する(佐久間・保護385頁)。

以上の理由により、同じく代理人と取引をした場合であっても、一般の法律行為の相手方よりも、弁済者を保護することが正当化される。つまり、実質的に考えても、詐称代理人を外観受領権者に含めてよい、といえる。

β　**弁済者の善意無過失**　弁済者は、外観受領権者が弁済受領権限を有しないことについて、善意無過失でなければならない。

◆ **経緯**　明治民法478条は、弁済者の主観的要件として、善意だけを要求していた。しかし、判例(最判昭37・8・21前掲)は、弁済者の善意無過失を要件とし、学説も同様であった(同条を外観に対する信頼保護の制度と考え、かつ、真の債権者に帰責事由を要求しないとすれば、弁済者の無過失は求めてよい。種々の理由づけについては、佐久間・保護406頁参照)。そこで、2004年の民法現代語化の際、これが明文化され(吉田＝筒井・現代語化109頁)、改正民法はこれを維持した。明治民法478条が取引安全のための制度へと変化していったことを表している(池田真朗「債権の準占有者に対する弁済」山田卓生ほか『分析と展開　民法Ⅱ債権〔第5版〕』(2005) 105頁、池田217頁以下)。

γ　**弁済の任意性**　弁済は、任意のものでなければならない。さもないと

外観に対する弁済者の信頼という要素を欠くからである(四宮和夫『判民昭15』206頁、我妻280頁など通説。大判昭15・5・29前掲は反対)。したがって、転付命令によって弁済とみなされる場合(民執160条)は、478条の対象とならない。

　δ　債権者の帰責事由の要否　　478条を外観に対する信頼保護の法理に基づく制度だと理解すると、同じ法理に基づく他の諸制度と同様、本人(債権者)の帰責事由(帰責性)を必要とすべきであるとも考えられる(池田・解釈349頁、澤井169頁、加藤382頁、潮見新Ⅱ216頁以下、石田648頁など)。特に、受取証書や債権証書が偽造された場合など、債権者に何ら帰責事由のない場合にまで、478条の適用を認めることには批判が強い。他方、表見的な相続人に対する弁済のように、債権者に帰責事由があるとは想定されない場合でも、478条を適用することは一般に認められている(中間試案説明281頁)。このため、要否を一律の基準とすることには無理がある。とはいえ、弁済において債権者の帰責事由の有無を問うことなく、弁済者を保護することには実質的理由がある(→α(ウ)◆〔421頁〕)。そこで、基本的には、478条の要件としては帰責事由を要しないと解したい(我妻280頁、奥田＝佐々木下1054頁など)。ただし、債権者に帰責事由がない場合は、弁済者の過失を広く認めるなど、帰責事由の有無を過失の判断に反映させることは可能である(奥田＝佐々木下1054頁、内田56頁参照)。また、債権者に帰責事由があり、そのために弁済者が二重弁済を強いられる損失を被った場合、債権者が弁済者に対し、契約解釈又は信義則により認められる注意義務の違反による損害賠償責任を負うこともありうる。

◆　**債権者の帰責事由の有無の反映方法**　　債権者の帰責事由の有無を、①外観受領権者該当性の判断に際して考慮する方法(粗雑な偽造債権証書の持参人はそれに当たらないとするなど)、②弁済者の過失の有無の判断に際して考慮する方法(債権者から盗取された真正な受取証書の持参人に対する弁済よりも、債権者の関知しない偽造の受取証書の持参人に対する弁済の方が、過失を認められやすいなど)、③外観受領権者に対する弁済を類型化し、類型ごとに考える方法[19]がありうる。また、帰責事由がある場合、④過失相殺(418条又は722条2項)の類推適用、⑤債権者の不法行為責任、⑥債権者の注意義務(保護義務、付随義務)違反による責任が考えられる。①②③は478条の成否の判断、④⑤⑥は割合的解決に至る(上記本文は、②⑥)。特別法では、債権者の過失を取り込むものがある(→(iv)α(ウ)〔428頁〕)。

◆ **改正の経緯**　中間試案の段階では、弁済者の善意無過失の要件に代えて、弁済者が外観受領権者を受領権者と信じたことにつき「正当な理由がある場合」に弁済の効力を認めるという規律が提示された。これは、債権者の帰責事由を独立の要件としない考え方(それを考慮する解釈を否定するものではない)を前提としつつ、弁済に関する事情を総合的に考慮することを表そうとするものだった(中間試案第22、4。中間試案説明280頁以下)。しかし、従来の判断枠組みが変わることに対する懸念などが考慮され、旧478条の善意無過失要件が維持されることとなった(部会資料70A、第3、4説明2(2))。

（ⅲ）**効果**[20]　478条が適用される場合、債権は消滅する。債権者は、もはや債務者に履行を請求できず、外観受領権者に対して、不当利得返還請求又は不法行為による損害賠償請求をするしかない。外観受領権者の無資力のリスクは、債権者が負担することになる。

◆ **債権者の弁済受領者に対する請求**　債務者Bから弁済を受領した外観受領権者Cに対し、債権者Aが不当利得返還請求をした場合、CはBに過失があったと主張して、Aの請求を拒むことができるか。Cが「Bには過失があり、BのCに対する支払は478条の要件を満たさず、AのBに対する債権は存続しているので、Aには損失がない」と主張して、Aの請求を拒むことは、信義則に反し許されないとした例がある(最判平16・10・26判時1881号64頁)。不法行為に基づく損害賠償請求についても同様の例がある(最判平23・2・18判時2109号50頁、中田「判批」リマークス44号〔2012〕30頁)。

◆ **弁済者の弁済受領者に対する請求**　債務者BがCに弁済した後、Cは債権者でなかったと知り、Cに不当利得返還請求をした場合、Cは自らが外観受領権者であると主張して、Bの請求を拒むことができるか。①478条による債権消滅の効果を絶対的なものと解すれば、これを認めるべきことになる(債権消滅説。大判大

---

19)　川地宏行「民法478条の適用範囲と真の債権者の帰責事由」伊藤進古稀『現代私法学の課題』(2006)191頁、同「民法478条における債務者保護要件」法律論叢81巻1号(2008)57頁、同「債権の準占有者に対する弁済」円谷峻編著『社会の変容と民法典』(2010)256頁は、債権者の帰責事由は、「帰属誤認型」では不要だが、「同一性誤認型」と「受領権限誤認型」では必要だという(なお、同「預金不正払戻事案への民法478条の適用に対する批判的考察」近江古稀下145頁及び同「民法478条と権利外観法理の関係」立教法学109号〔2023〕100頁は、預金の払戻しを委任事務処理とし、478条ではなく「無権限指図構成」による解決を提唱する)。
20)　中田「劣後債権者に対する弁済」曹時75巻11号(2023)1頁。

> 7・12・7前掲、於保358頁、柚木(高木)445頁)。しかし、Bが478条の成立を否定する債権者Aから履行の請求を受ける可能性があることを考えると、478条の成否にかかわらず、BのCに対する請求を認めてよいだろう。こう考えると、次の各説となる。②478条は、債権者から履行の請求を受けた債務者に、これを拒否する抗弁権を認めたものだという説(履行拒絶の抗弁権説。我妻281頁、星野243頁、林ほか274頁[石田]、平井199頁)。③478条の効力を②としたうえで、Cの主張を信義則違反という説(潮見新Ⅱ204頁以下)。④債権の消滅は、債務者の援用又は債権者の承認によって確定するという説(沢井・注民(12)81頁、奥田＝佐々木下1061頁、内田58頁)、⑤弁済は有効だが、弁済者はその効力を放棄できるという説(平野435頁以下)。Cの主張を抑えるのが妥当であること、AB間の最終調整(ABCの無資力リスクの負担)に至る過程で柔軟性を保ちうることから、②が妥当だが、第三者が弁済した場合にも対応できることを考え、③を支持したい(④⑤は、援用・承認・放棄をする者に選択に伴う不利益を強いるおそれがある)。
>
> なお、Cが「準占有者」にあたらない場合、BはAに弁済していなくても、BにはCに支払った金員の損失があるので、BはCに不当利得返還請求ができるとした例がある(最判平17・7・11前掲)。

(ⅳ) **銀行取引の問題**[21] 478条が問題となる紛争は、預貯金の払戻しをめぐるものが多い(戦前は郵便貯金に関するものが多かった。奥田505頁)。さらに、銀行取引等において、弁済そのものではないが、経済的には弁済に類似する場面で、旧478条の適用・類推適用の拡大がみられた。以下、銀行以外の金融機関も含む広い意味での銀行取引における478条の問題を検討する。なお、預貯金については、預金で代表させる(→3(5)(a)◇〔403頁〕)。

α 預金の払戻し

(ア) **免責約款** 預金の払戻しについては、金融機関の免責を定める約款がある。約款作成者が責任を免れるという規定を免責約款という。たとえば、銀行の普通預金規定で、「印鑑照合等」について、「払戻請求書……に使用された印影(または署名・暗証)を届出の印鑑(または署名鑑・暗証)と相当の注意をもって照合し、相違ないものと認めて取扱いましたうえは、それらの書類につき偽造、変造その他の事故があってもそのために生じた損害については、当行は責

---

21) 千葉恵美子「預金担保貸付と民法478条類推適用の限界」山畠正男＝五十嵐清＝藪重夫古稀『民法学と比較法学の諸相Ⅱ』(1997)1頁、安永正昭「民法478条の適用・類推適用とその限界」林良平献呈『現代における物権法と債権法の交錯』(1998)421頁。

任を負いません。」と定めるものがある。

> ◇　銀行預金については、各銀行は、全国銀行協会が作成する預金規定ひな型を参照しつつ、各自の預金規定を作成し用いている。これは定型約款（548条の2）である[22]。郵便貯金については、郵便貯金法（明治38年法13条・昭和22年法26条）及び郵便貯金規則（明治38年規則78条ノ2・昭和23年規則52条）で払戻手続が規定されていたが、日本郵政公社の発足に伴い、各規定は削除され、2003年4月以降、同公社の約款によることとなり、さらに民営化に伴い、2007年10月以降、承継機関（株式会社ゆうちょ銀行等）の約款によることとなった。

　もっとも、免責約款があるからといって、金融機関が常に免責されるわけではない。判例・学説は、金融機関は印鑑照合にあたっては取引上の社会通念に照らして期待される注意義務を負うのであり、免責約款によってその義務が軽減緩和されるわけではないという。また、免責約款が478条の適用を排除するものではないと考え、その効力を478条の規律と関連づけて評価する（奥田506頁は、約款の解釈により478条の適用と重なり合うとし、大村(4)63頁以下は、約款を478条の善意無過失の判断資料とする）。さらに、印鑑照合制度自体に内在するリスク（これは時代とともに変化する）を一方的に預金者に負担させうるものでもないと考えるべきであろう。

> ◆　**印鑑照合制度の課題**　印鑑照合を基軸とする免責約款については、次の各層の問題がある。①照合にあたって金融機関が尽くすべき注意義務の程度。これは免責約款によって軽減されるわけではない。金融機関の照合事務担当者には、社会通念上一般に期待される業務上相当の注意義務が課せられ、それを尽くしたことを前提として、免責約款の援用が可能となる（最判昭46・6・10民集25巻4号492頁〔手形の印影照合の事案〕）。②慎重な照合をしても偽造を発見することが困難な場合。この場合でも、免責の可否が問題となりうる（かつて、預金通帳の裏表紙に届出印を押捺する「副印鑑制度」があり、通帳を盗んだうえ、副印鑑をスキャナで読み取り、払戻請求書に印影をカラー印刷して払戻しを受ける盗難通帳の被害が多発

---

[22]　預金規定の定型約款性については、一問一答246頁、村松秀樹＝松尾博憲『定型約款の実務Q&A〔補訂版〕』(2023)51頁、松尾博憲＝永田和浩「全銀協『民法(債権関係)の改正を踏まえた定期預金規定ひな型等の改正』の概要と関連する諸問題の検討」金法2122号(2019)6頁。なお、融資取引等に関する全国銀行協会の「銀行取引約定書ひな型」は、2000年に廃止された。

した[23]))。ここでは、技術の進展に伴い印鑑照合制度の安全性が低下したことに伴うリスクを金融機関と預金者との間でどう配分すべきかが問題となる。③通帳・印鑑が盗まれた場合。免責約款の文言上は、この場合も金融機関が免責されそうだが、銀行が盗取されたことを知っていた場合、印鑑照合が正しく行われたとしても免責されないことは明らかである。さらに、知らないことに過失があった場合も、約款の存在のみで免責される(預金債権が消滅し、損害賠償責任もない)とは言い切れないのではないか。現在、金融機関は一定の取引について本人確認義務を負っており(犯罪収益移転防止4条)、これが私法上の注意義務にも反映されることも考えられる。ここでも、印鑑照合制度に内在するリスクの適切な配分が問題となる。

　現在、IT化に伴い印鑑を用いない取引が広まりつつあるが(「印鑑レス口座」など)、印鑑照合制度を組み込んだ預金取引システムが当面の間はなお合理性・有用性のあるものとして維持されるのであれば、その安全性を保持することが必要になる。まずは、このシステムを提供する金融機関がそのための努力を続けるべきである。金融機関には、技術の進歩に伴い、従来の安全策が劣化することへのハード面・ソフト面での対策が求められる。印鑑照合の精度を機械的方法も用いつつ高めること、窓口に現れた者が預金者又は受領権者でない可能性を探知する方策を向上させること、その可能性があると疑うべき事情のある場合に適切な対応をすること(①ではより慎重な印鑑照合をする。②・③では本人確認・資格確認をすべき場合もありえよう)などである。他方、このシステムを利用する預金者の側でも、預金通帳及び印鑑の管理に注意することが求められる。

　全国銀行協会は、2008年に、盗難通帳の対面取引(非機械式払戻し)について、盗難カードに関する特別法の規律(→(ウ))に準じる対応を内容とする申し合わせをしたが、これも以上のような考え方から説明することができる。

　かつては、預金通帳と届出印を持参して払い戻す場合の担当者の過失の有無をめぐる裁判例が多かったが、その後、キャッシュカードによる機械払の場合の問題が増えていった。最高裁は、真正のカードが不正に使用された事件で、「銀行による暗証番号の管理が不十分であったなど特段の事情がない限り、銀行は、現金自動支払機によりキャッシュカードと暗証番号を確認して預金の払戻しをした場合には責任を負わない旨の免責約款により免責される」と判断したが、その際、当該銀行の支払システムの安全性も検討したうえ、同行が「当

---

[23]　前田重行「預金の払戻しにおける印鑑照合と金融機関の免責について」金判1163号(2003)2頁、「特集　盗難通帳による預金の払戻しと実務対応」金法1674号(2003)6頁、安永正昭「盗難通帳による預金の払戻しと金融機関の免責」金法1709号(2004)21頁、潮見新Ⅱ212頁参照。

時採用していた現金自動支払機による支払システムが免責約款の効力を否定しなければならないほど安全性を欠くものということは」できないと述べた（最判平5・7・19判時1489号111頁、百選Ⅱ〔5版〕39〔河上正二〕）。この判決は、免責約款の効力を認めるためには、銀行に注意義務違反がないことが必要だという従来の判断方法に従いつつ、具体的判断において、払戻し時点の過失に着目するのではなく、システム全体の安全性を基準とする。

　（イ）　478条の過失　　銀行取引においても、約款ではなく、478条自体の問題となることもある。通帳機械払（預金通帳と暗証番号だけで現金自動入出機〔ATM〕から預金の払戻しがされる方式）制度をとっていながら、約款に規定していなかった場合について、非対面の機械払にも478条の適用があるとしたうえ、銀行の過失を認めた例がある（最判平15・4・8前掲）。ここでも、銀行が「システムの設置管理についての注意義務を尽くしていた」かどうかが過失判断の基準とされた。

　このように、免責約款の効力の判断においても、478条の過失の有無についても、個々の払戻担当者の注意義務だけでなく、システム全体の設置管理についての銀行の注意義務が問題とされる。

　（ウ）　偽造・盗難カード預貯金者保護法　　以上が判例の流れだが、近年、巧妙な方法で暗証番号等の情報を入手してカードを偽造したり、カードを盗んで暗証番号を割り出すなどの犯罪が増え、問題が深刻化した。そこで、偽造・盗難カード預貯金者保護法が制定された（2005年公布、06年施行）[24]。個人である預貯金者の預貯金引出用カード（預金通帳を含む）が偽造されたり盗まれたりしたうえ機械払がされた場合に、預貯金者を保護する（同法1条・2条）。

　偽造カードを用いて機械払がされた場合、478条は適用されず（同3条）、弁済の効力は、原則として生じない（預貯金債権が消滅しない）。例外は、払戻しについて、預貯金者に故意があったとき、又は、預貯金者に重過失があり金融機関が善意無過失であったときである（同4条1項）。

　盗難カードを用いて機械払がされた場合、一定の要件のもとに、預貯金者の

---

[24]　立法担当官の解説（ジュリ1299号〔2005〕120頁）及び立法関係者を中心とする特集（ジュリ1308号〔2006〕8頁以下）がある。潮見新Ⅱ231頁以下。また、比較法的検討も含め、川地宏行「偽造・盗難キャッシュカードによる預金の不正引出と責任分担」専修大学法学研究所紀要31（2006）1頁。

損害が補塡される(同5条2項・3項)。すなわち、①預貯金者に過失がないときは、全額が補塡される。②預貯金者に過失があったときは、金融機関に過失があれば全額が補塡され、金融機関が善意無過失であれば補塡対象額の4分の3が補塡される。③預貯金者に重過失があったときは、金融機関に過失があれば全額が補塡され、金融機関が善意無過失であれば補塡されない。④預貯金者に故意があったときは、補塡されない。

　補塡を求めるための手続要件(同5条1項・3項・6項)、預貯金払戻請求権等との調整(同6条)、期間制限(同7条)も規定されている。預貯金を担保とする機械式借入れについても、これらに準じた扱いがされる(同2条7項・3条・4条2項・5条4項・5項)。

◆ **インターネット・バンキング**　インターネット・バンキングにおいて、なりすましや送金情報の改ざんなどの方法により、預金者以外の者が本人の預金口座から他の預金口座に不正送金するなどして、預金を盗みとるという犯罪が急増している。銀行がセキュリティの維持向上に努め、預金者も暗証番号等の管理に注意していたとしても、犯罪手口の高度化・巧妙化により、被害が生じる。犯罪手口は日々発達するので、システムの安全性の向上が追いつかないことがある。そこで、全国銀行協会は、2008年に、個人預金者に被害が生じた場合には、銀行に過失がなくても、一定の条件のもとに補償をすることを申し合わせ、2014年には、法人預金者について、銀行に法的責任がないと考えられる場合でも、預金者のセキュリティ対策の状況等を考慮しつつ、各銀行が個別に補償の要否を判断することを申し合わせた[25]。これは、銀行が預金者の協力も得てセキュリティの維持向上を図りつつ、システムに内在する不可避のリスクを補償というセイフティ・ネットでカバーすることにより、システムの安全性を保とうとするものだと理解することができる。

β　**478条の適用・類推適用の拡大**　預金の払戻しは預金債務の弁済だから、478条が本来対象とする場面である。ところで、銀行取引では、弁済そのものではないが、経済的には弁済に類似する取引がある。判例は、そのような場合にも、旧478条を適用又は類推適用し、その領域を広げてきた。

---

25) 沖野眞已「個人向けのインターネット・バンキング・サービスにおける不正送金に係る金融機関の責任範囲」金融法務研究会『金融商品・サービスの提供、IT技術の進展等による金融機関の責任範囲を巡る諸問題』(2017)1頁。

(ア) 定期預金の期限前払戻し　まず、定期預金を期限前に無権限者に払い戻した場合が問題となった。定期預金の期限前払戻しは、預金契約の解約とそれに伴う弁済という2つの行為に分析することもできる。解約は、預金契約の合意解除又は契約期間の変更という新たな法律行為であって、弁済ではないから、478条ではなく表見代理の規定を適用するのが自然である。しかし、最高裁は、このように分析せず、本件においては、期限前払戻しは全体として旧478条の弁済に該当し、同条の適用を受けると判断した（最判昭41・10・4前掲）。定期預金を期限前に払い戻すときは普通預金なみの利息しかつけないという商慣習があるが、本件の当事者には、預金契約締結の際、この慣習に従う合意があったので、期限前払戻しにおける弁済の具体的内容が既に確定していたといえるから、本件払戻しも当初合意された弁済行為の一態様であるという理由である。この判決は、合意を根拠とはするが、大量かつ定型的にされる銀行取引の実情に鑑みると、それはいわば過渡期の理由づけであったとみられる[26]。

(イ) 預金担保貸付　次に問題となったのが預金担保貸付（預担貸）である。これは、銀行が自行預金を担保に預金者に貸付をし、定期預金満期時に貸金債権と預金債務を相殺し、残額を預金者に払い戻すという取引である。

> ◇　たとえば、期間3年の定期預金の満期の1か月前に預金者に資金の必要が生じた場合、預金者は、期限前払戻しを受けると、普通預金なみの利息しか得られない。むしろ、1か月間だけ借入れをしつつ定期預金を満期まで維持した方が、その間の借入利息を支払っても、有利なことがある。銀行にとっても、定期預金の残高が多い方がよいし、貸付金の利息を得られるし、回収も確実である。そこで、預金担保貸付が行われる（現在の金利状況では実感しにくいが、そういう時期があった）。

問題は、銀行が真の預金者以外の第三者に貸付をしてしまった場合である。すなわち、Aの預金につき、銀行Bが預金者らしい外観をしたCを預金者だと信じてCに貸付をした場合、BがAに対する預金債務と貸金債権を相殺で

---

[26] 栗山忍『最判解民昭41』419頁参照。なお、民法改正に伴い改正された定期預金規定ひな型における期限前解約に関する条項につき、松尾＝永田・前掲注(22)7頁以下。

きるかである。預金担保貸付を法的にみると、①貸付の時点で、金銭消費貸借契約、定期預金を担保とする合意及び相殺の予約がされ、②その後、銀行が相殺をする、という2段階に分析される。①の各合意は、それぞれ新たな法律行為であり、期限前払戻しよりもさらに弁済から遠いので、478条ではなく表見代理の規定によるべきだとも考えられる。しかし、その経済的実質は、定期預金の期限前払戻しと大差ない。そこで、判例は、預金担保貸付においては、後に貸金債権と定期預金債務とが相殺されるに至ったときは、実質的には定期預金の期限前払戻しと同視できるから、銀行は、旧478条の類推適用により、この相殺を真の預金者に対抗できる(預金債権はその限度で消滅する)と判断した(最判昭48・3・27民集27巻2号376頁)。判例は、さらに、銀行の善意無過失の判定時期は、相殺時(②)ではなく、貸付時(①)であると判断した(最判昭59・2・23民集38巻3号445頁、百選Ⅱ27[野田和裕])。つまり、銀行は、貸付時(より正確にいうと、預金を担保に取った時)に善意無過失であれば、その後、悪意になったとしても、相殺の効力を主張できる。貸付後、真の預金者から問合せがあるなどして銀行が悪意になってしまうと相殺できないというのでは、旧478条を類推適用する意味が大きく減殺されるからである(銀行は、事情を知らされても、手の打ちようがない)。しかし、その結果、同条の本来の適用対象とは、いっそう離れることになる。相殺時には、相殺によって預金債権を消滅させるという意味で弁済との共通性が認められるが、貸付時には、単に新たな法律行為があるだけだからである。

　これらの判例は、旧478条の沿革に照らし、その適用を限定的に解する立場からは、批判を受けた。しかし、その結論自体は合理性があると考えるものが多く、預金担保貸付の場合は、同条が本来予定する場面ではないことを認めつつ、この条文を「借用」することができるという見解が支持を広げた。

◆ **預金担保貸付と預金者の認定**　この問題は、当初は、無記名定期預金が認められていた時期に、誰を預金者と認定すべきか(資金を出した出捐者か、預入れ行為をした者か)という問題と結びついて発生した。判例は、原則として出捐者を預金者とする立場(客観説)をとったので、預金者(出捐者A)と貸付を受けた者(預入れ行為をし、かつ、預金担保貸付を受けたC)との不一致が生じたわけである(昭和48年最判の事案)。判例は、さらに記名式定期預金においても同様とした(昭和59

年最判の事案)。もっとも、銀行は窓口に来た人を預金者と考えて取引をしているのだから、その人との間に預金契約が成立すると考えるのが自然である。そこで、近年、一般的な契約法理による当事者確定の方法がとられる方向への変化がみられる(最判平15・2・21 前掲〔普通預金の事案〕、百選Ⅱ64〔加毛明〕。反対、奥田＝佐々木下1052頁以下)。また、現在、銀行は、法律上、取引に際して本人を確認する義務が課せられている(本人確認法〔2002年〕3条を経て、犯罪収益移転防止法〔2007年〕4条。本人及び取引の任に当たる自然人について、それぞれの本人特定事項や後者の取引権限を確認する〔同法施行規6条・12条〕)。この制度のもとでは、Cが預金者と認められる可能性が高まり、その場合、Aとの関係でこの問題が生じることはなくなる。他方、Aの保護の要請も引き続きある。このように、預金者の認定の段階での問題が重要性を増している。

　(ウ)　その後の拡張　　判例は、その後、銀行総合口座における当座貸越(最判昭63・10・13判時1295号57頁)、詐称代理人に対する預金担保貸付(最判平6・6・7金法1422号32頁)にも、旧478条の類推適用を認めたが、これらは従来の判例の延長線上に位置づけられる。

　新たな領域拡大は、保険契約者貸付(中田・研究300頁以下参照)において生じた。保険契約者貸付とは、生命保険契約の保険者が契約者に対し、約款に基づき、解約返戻金のうちの一定の範囲内でする貸付のことである。返済期日は定められておらず、保険契約の消滅等の場合に、保険者が支払うべき金額から貸付金の元利金が差し引かれる。判例は、保険会社が保険契約者の詐称代理人に対し、保険契約者貸付をした場合につき、約款上の義務の履行として行われること、貸付金額が解約返戻金の範囲内に限定されること、保険金等の支払の際に元利金が差引計算されることから、経済的実質において、保険金又は解約返戻金の前払と同視できると述べ、旧478条の類推適用により、保険契約者に対し、貸付の効力を主張できると判断した(最判平9・4・24民集51巻4号1991頁、百選〔5版〕Ⅱ38〔中舎寛樹〕)。ここでは、預金担保貸付とは異なり、相殺ではなく、貸付の効力を認めるものであり、弁済との乖離はますます大きくなっている。

　さらに、カードローン契約に基づくカードが盗まれて現金が引き出された場合につき、金銭消費貸借契約の成立、及び、顧客のカード管理義務違反に基づく損害賠償責任について、478条の類推適用やそれと同様の結果をもたらす約

（エ）検討　判例による旧478条の適用領域の拡大は、このようにめざましいものがある。これについて、学説では、真の債権者の帰責事由を要件とすべきだという見解も有力だが、帰責事由を要件としないという前提で同条を「借用」する根拠を検討し、その限界を画そうとする見解が多い。後者の見解に立ち、①銀行にとって当該取引が義務づけられていること、②大量かつ定型的な処理をするためのシステムに基づく取引であって、そのシステムに社会的有用性があり、かつ、そこから生じうるリスクがシステム設置者とその利用者との間で合理的に配分されていること、が満たされる場合に、弁済との共通性を認め、478条の類推適用が可能であると考えたい。

5　弁済の効果

(1)　債権の消滅

(a)　基本的効果

弁済により債権は消滅する(473条)。債権者は、もはや履行を請求することができない。債権が消滅すると、その債権についての保証債務も消滅する(保証債務の付従性)。債権を担保するために設定されていた抵当権などの物的担保も消滅する(抵当権〔担保物権〕の付従性)。抵当権が消滅すると、抵当権の登記があっても、もはや実体を表していないことになるから、その登記を抹消すべきことになる。なお、根保証や根抵当権などは別である。

これが基本的効果だが、複数の債務がある場合に弁済者の提供した給付がすべての債務を消滅させるのに足りない場合は、どの債務が消滅するのかが問題となる(→(b))。また、弁済者は、弁済したことの証明のための権利を取得する(→(2))。債務者以外の者が弁済した場合は、債権者の権利が消滅せず弁済者に移転することがある(→(3))。

(b)　弁済の充当

(i)　意義　弁済の提供は、債務の本旨に従ってされる必要がある(493条)。

---

27)　裁判例の紹介及び消費者の損失負担を限定する立法論を含め、岩原・前掲注(4)179頁以下。特別法の規律は→α(ウ)〔428頁〕。

そのためには、債務の全部についての提供でなければならない。債務者が一部しか提供しないときは、債権者は受領を拒絶できる。しかし、当事者間に複数の債務が存在する場合などにおいて、債務者が債務の全部には満たない給付をし、債権者がこれを受領したとき、どの債務（又は、ある債務のどの部分）に割り当てるかという問題が生じる。

どの債務に割り当てるかということは、どれが消滅し、どれが残るかということであり、当事者に重大な利害を及ぼしうる。たとえば、高い利息付きの50万円の甲債務と、無利息の50万円の乙債務があって、50万円の給付がされた場合、債務者は甲債務、債権者は乙債務に割り当てることを望むだろう。これを規律するのが弁済の充当という制度である。「債務者が同一の債権者に対して同種の給付を目的とする数個の債務を負担する場合」(488条1項)などに関する規律である。実際上は、金銭債務にかかわる場合がほとんどである。

◇　次のような場合がある。①数個の債務がある場合(50万円の債務と60万円の債務があるところ70万円を入金した場合〔488条〕)。②元本・利息・費用を支払うべき場合(元本100万円、利息20万円、費用5万円を支払うべきところ30万円を入金した場合〔489条1項〕)。③1個の債務の弁済として数個の給付をすべき場合(米300kgを10回に分割して引き渡す債務を3回遅滞した後、60kgを引き渡した場合〔491条〕)。

(ii)　**当事者間に合意がある場合**　弁済の充当の順序について、当事者間に合意があれば、それによる(490条)。合意による充当が最優先である。当事者というのは、弁済者と弁済受領者である。債務者以外で弁済することができる第三者又は債権者以外で弁済受領権限を付与された第三者でもよい。合意は、事前のものでも弁済時のものでもよい。弁済後の合意による変更も可能だが、既に生じた充当の効果につき正当な利益を有する第三者には対抗できないと考える(潮見新Ⅱ17頁以下、奥田＝佐々木下1081頁→第1節2の3つ目の◆〔380頁〕)。

(iii)　**当事者間に合意がない場合**

α　**概観**　当事者間に弁済の充当の順序に関する合意がない場合、2つの定め方がある。1つは、法律が充当の順序を定める方法である。法定充当という。もう1つは、当事者の一方に充当指定権を与え、その指定に委ねる方法で

ある。指定充当という。では、法定充当と指定充当はどのような場合に行われるのか。488条・489条・491条がこれを規定する。

　β　数個の債務がある場合　　同種の給付を目的とする数個の債務がある場合、弁済として提供した給付がすべての債務を消滅させるのに足りないときは、以下の規律による。ここでは、弁済者の意思や債務者の利益が重視される。なお、元本のほか利息及び費用を支払うべき場合については、後に述べる(→γ)。本項は、その場合を除く、一般的な規律である。

> ◇　すべての債務を消滅させるのに足りないというのは、①どの1つの債務の額も超える場合に限られるのか(星野252頁参照)、それとも、②限られないのか(平井182頁、川井303頁参照)。たとえば、50万円の債務と60万円の債務がある場合、70万円を提供したときだけでなく、40万円を提供したときも対象となるのか(②)、ならないのか(①)。提供した給付がどの1つの債務の額も超えない場合、弁済の提供とはなりえず、債権者は受領を拒絶できるが、債権者が受領した場合には、なお充当の問題が生じうると考える(②)。

　第1に、指定充当がされる。すなわち、①弁済者は、給付の時に、どの債務に充当するかを指定できる(488条1項)。②その指定がなければ、弁済受領者が、受領の時に、指定できる(同条2項本文。受領の時とは、受領と同時でなく、2、3日後でもよい〔大判大10・2・21民録27輯445頁〕)。③ただし、弁済者は、直ちに異議を述べれば、②による充当を阻止できる(同項但書)。この異議があったときは、①に戻るのではなく、次に述べる法定充当による。なお、①②③の指定及び異議は、相手方に対する意思表示である(同条3項)。

　第2に、第1の指定充当がされなかった場合は、以下の法定充当による(488条4項)。

　①　弁済期にある債務とない債務があるときは、弁済期にあるものに先に充当する(同項1号)。「弁済期にあるもの」とは、債権者がその時に履行を請求できるものという意味であり、履行遅滞になっている必要はない(我妻286頁→第5章第2節第2款3(2)(ｃ)(ⅰ)◇〔130頁〕)。

　②　すべての債務が弁済期にあるとき、又は、ないときは、債務者のために弁済の利益が多いものに先に充当する(同項2号)。「債務者のために弁済の利益

が多いもの」とは、無利息の債務よりも利息付きの債務(大判大7・10・19民録24輯1987頁)、いずれも利息付きなら利率の高い債務(大判大7・12・11民録24輯2319頁)、連帯債務よりも単独債務(大判明40・12・13民録13輯1200頁。連帯債務は内部的には負担部分のみを負担するので、これに充当すると他の債務者に求償する煩を負うことになる。我妻288頁)、債務者の財産に物的担保が設定されていない債務よりも設定されている債務(我妻288頁など。担保物を自由に処分することができるようになるから)、債務名義のない債務よりもある債務(我妻289頁など)である。これに対し、保証人の有無では差は生じない(大判大7・3・4民録24輯326頁。保証付き債務に充当してもその保証人に新たな保証をしてもらえるとは限らないからであろう)。問題は、いくつかの事情が複合している場合である。たとえば、一方は担保付きだが利率が低く、他方は無担保だが利率が高いという場合だが、むしろこれが普通だろう。このような場合、利息や担保の内容など諸般の事情を考慮して判断する(最判昭29・7・16民集8巻7号1350頁)。

③ 債務者にとって弁済の利益が同じであるときは、弁済期が先に到来したもの又は先に到来すべきものに先に充当する(同項3号)。弁済期が早い債務の方が早く時効が完成することになるので、これに充当することは、債権者の利益になり、また、時効消滅をおそれての厳しい督促を受けることになる債務者の利益にもなるからである(梅274頁)。期限の定めのない債務の場合、債権者はいつでも権利を行使できるから弁済期にあるが、そのなかでは発生の早いものが弁済期が先に到来したものとなる(大判大6・10・20民録23輯1668頁)。

④ 以上の基準で先後が決まらない場合は、各債務の額に応じて充当する(同項4号)。

γ 債務者が元本のほか利息や費用も支払うべき場合　この場合、費用・利息・元本の順に充当される(489条1項)。これは法定充当であり、順序が固定されている。一方当事者による指定は認められないし、弁済期到来の有無、弁済の利益の多少とも無関係である。費用は、多くは債務者の支払うべき分を債権者が一時的に立て替えたものなので、まず支払われるべきであり、利息は、債権者の通常の収入となるべきもので長く弁済を怠るべきではないし、元本を先に弁済すると利息がつかなくなり、元本を交付した債権者の通常の期待に反し、債務者に過当に有利になるからである(梅276頁、星野254頁、潮見新Ⅱ21頁

参照)。費用には、債務者の負担すべき弁済費用(485条)、契約費用(558条)、競売費用(大判昭2・3・9新聞2684号14頁)が含まれ、利息には、遅延損害金が含まれる(大判明37・2・2民録10輯70頁、我妻291頁など)。ここでは、債権者の利益が不当に害されることのないように配慮されている。この順序は、1個の債務の場合だけでなく、同種の給付を目的とする数個の債務の場合にも適用される。

> ◇　1個の売買代金債務について、売主が立て替えている買主の契約費用(558条)、利息(575条2項)、代金(555条)を買主が支払うべきところ、買主がその全額に満たない金銭を交付した場合、費用、利息、代金(元本)の順に充当する。
> 　甲乙両債務にそれぞれ費用、利息、元本があるときは、甲乙両債務の費用、甲乙両債務の利息、甲乙両債務の元本の順に充当する。

　債務者が元本のほか利息や費用も支払うべき場合であって、複数の費用、複数の利息又は複数の元本のすべてを消滅させるのに足りない給付をした場合は、β の順に充当する(489条2項・488条)。債務が1個の場合と数個の場合のいずれも対象となり、また、費用、利息、元本のいずれかが複数である場合が対象となる。

> ◇　甲乙両債務について、それぞれ支払うべき元本、利息及び費用があるとする。甲債務の利息は2口(ある年の6月分と7月分)、乙債務の利息は1口(同年7月分)である。債務者が費用のすべてを消滅させることはできるが、利息のすべてを消滅させるのには足りない給付をした。この場合、第1に、甲乙両債務の費用に充当され、第2に、甲乙両債務の利息に充当される(489条1項)。利息のすべてを消滅させることができないので、利息について指定充当がされる(489条2項・488条1項～3項)。指定がされないときは、まず、甲債務の6月分に充当し(489条2項・488条4項3号)、次に、その残額を甲乙両債務の各7月分の利息の額に応じて、案分して充当する(489条2項・488条4項4号)。元本に対する充当はない(489条1項)。

　δ　1個の債務の弁済として数個の給付をすべき場合において、その債務の全部を消滅させるのに足りない給付がされたとき　　このときも、合意があればそれにより充当され、なければ β 又は γ と同様に充当される(491条)。

> ◇　100万円の売買代金債務を分割して毎月10万円で10回払とする約束だったが、

3か月分が延滞した後、買主が20万円を提供した場合、491条による。

（ⅳ）**整理**　以上をまとめるとこうなる。①合意による充当が優先する（490条）。②合意がない場合、指定充当（488条1項〜3項）がされ、指定がないと法定充当（同条4項）がされる。③費用・利息・元本がある場合は、その順序で法定充当（489条1項）がされ、費用・利息・元本のいずれかが複数あってその全部を消滅させられない場合は、①②による（同条2項）。④1個の債務で数個の給付をすべき場合も、①〜③に準じる（491条）。

（ⅴ）**様々な場面での充当**　充当に関する規定は、様々な場面で用いられることがある（改正前利息制限法の制限超過利息の充当、競売手続における配当金の充当、相殺の充当〔512条・512条の2→第5節2(2)〔494頁〕〕など。外国判決にかかる債権〔懲罰的損害賠償の部分を含む〕のどの部分に充当されるかにつき、最判令3・5・25民集75巻6号2935頁。充当構成をとらなかった例としては、最判平22・9・13前掲〔不法行為における社会保険給付との損益相殺的調整〕）。

◆ **改正前利息制限法の制限超過利息の充当（判例）**　2006年改正前利息制限法違反の場合において（→第3章第2節4(3)(b)(ⅱ)◆〔72頁〕）、法定充当の規定が重要な機能を果たした。同法の制限を超過する利息・損害金が任意に支払われた場合、制限超過部分は、旧491条（489条の前身）により残存元本に充当される（最大判昭39・11・18民集18巻9号1868頁）。残存元本に充当してもなお過払金がある場合、その過払金は旧489条〔488条4項の前身〕・旧491条により、他の借入金債務に充当されることがある（最判平15・7・18民集57巻7号895頁〔基本契約に基づく継続的貸付で肯定〕、最判平19・2・13民集61巻1号182頁〔基本契約がない場合につき否定〕）。ここでは、充当に際しての弁済者の意思（規範的判断による弁済者の合理的意思の推認）が問題となる。これとは別に、過払金を新たな借入金債務に充当する旨の合意が存在するなど特段の事情があれば、充当が認められることがある（最判平19・6・7民集61巻4号1537頁〔基本契約に基づくカードローンで肯定〕、最判平19・7・19民集61巻5号2175頁〔1個の連続した貸付取引で肯定〕、最判平20・1・18民集62巻1号28頁〔時を隔てた2つの基本契約による場合の判断要素を示す〕、阿部裕介「判批」法協127巻10号〔2010〕227頁、最判平25・4・11判時2195号16頁〔基本契約での合意を認めたうえ、704条の利息を先に充当するのが当事者の合理的意思とする〕、最判平24・9・11民集66巻9号3227頁〔合意の存在を認めなかった例〕）。ここでは、「充当する旨の合意」の認定（①基本契約、②個別の

金銭消費貸借契約、③弁済に際しての特約に、それが見出されるか)、その法的性質(包括的相殺合意など。阿部・前掲参照)及び解釈が問題となる。

◆ **不動産競売手続における配当金の充当**　不動産競売手続における配当金が同一担保権者の数個の被担保債権全額を消滅させるに足りない場合、弁済充当の指定に関する特約があっても、配当金は法定充当(旧489条〜旧491条)がされる(最判昭62・12・18民集41巻8号1592頁)。配当手続においては、「画一的に最も公平、妥当な充当方法である法定充当によることが右競売制度の趣旨に合致する」と考えられるからである。共用根抵当権の実行の場合においても、各債務者に案分後、法定充当がされる(最判平9・1・20民集51巻1号1頁)。根抵当権の実行手続において配当留保供託がされた場合、配当金が被担保債権に法定充当されることを前提として充当の基準時を示すものもある(最判平27・10・27民集69巻7号1763頁)。このように、不動産競売手続における配当金の充当は法定充当による、という判例法理が確立している。

これに対し、それでは実務上の不都合があるので合意充当を認めるべきであるという意見があり、部会で審議されたが、合意充当を認めることによる執行手続上の具体的支障(手続の長期化の懸念、債権者間の公平を害するおそれ、合意が認められる場合の債権の範囲や時的限界の不明確さなど)が指摘され、採られなかった(中間試案説明288頁以下、部会資料70B、第2、2説明、同80−3、第7、7説明)。

(2) 弁済の証明のための弁済者の権利

弁済者は、弁済の事実を証明するため、弁済受領者に対し2つの権利をもつ。

(a) 受取証書交付請求権

弁済者は、弁済と引換えに、弁済受領者に対し、受取証書の交付を請求することができる(486条1項)。受取証書とは、弁済の受領を証明する書面である(領収書、レシート、物品受領証など)。債務者が二重払を強いられないようにするための権利である。弁済には、一部弁済、代物弁済(482条)も含む。受取証書の作成費用は、債権者が負担すると解すべきである(我妻295頁)。

弁済と引換え(梅263頁)ではあるが、同時履行の抗弁(533条)とは異なり、債権者が受取証書の交付の提供をしないと履行を請求できないという関係にあるわけではない。弁済者が弁済の提供をしたうえで、受取証書の交付を請求しなければならない(手50条1項参照)。請求したのに、債権者が受取証書を交付しないので、弁済者が弁済を留保した場合、債務者は弁済の提供の効果として債

務不履行責任を免れ(492条。大判昭16・3・1民集20巻163頁)、債権者は受領拒絶に準じ受領遅滞(413条)となる(中間試案説明285頁、部会資料70A、第3、6、説明3、同80―3、第7、6、説明1)。

なお、デジタル社会の進展に伴い、2021年民法改正により、電子的な受取証書の提供の請求も認められるようになった(486条2項)[28]。すなわち、弁済者は、弁済受領者に対し、受取証書の交付に代えて、その内容を記録した電磁的記録(151条4項参照)の提供を請求できる。たとえば、弁済受領の事実を記載したメールを弁済者のメールアドレス宛に送信すること、PDFファイルを添付ファイルの形式で送信することなどである。ただし、弁済受領者に不相当な不利益を課する場合は除かれる。たとえば、弁済受領者が情報システムを整備していない小規模事業者や消費者である場合、システム障害があり復旧に相当の時間を要する場合などである。

(b) 債権証書返還請求権

債権証書がある場合に、弁済者が全部の弁済をしたときは、その証書の返還を請求することができる(487条)。債権証書とは、債権の成立を証明するために、債権者が債務者に作成させ、交付を受けた書面である(借用証など)。債務者が二重払を強いられないようにするための権利である(債務者は受取証書を紛失した場合など、債権者に債権証書があると債権の存在が事実上推定されてしまう。他方、債権者は、債権が消滅した以上、持っている必要がない)。弁済には、代物弁済も含む。一部弁済の場合は、そのことを証書に記入せよと請求できる(503条2項の類推適用。我妻296頁など)。

債権証書の返還と弁済とは、引換えの関係に立つものではなく、弁済者は、弁済した後に、返還を請求できるだけである。弁済者の保護は、弁済時に受取証書を交付することで一応ははかられるし、債権者が債権証書を紛失したり、手元に置いていない場合に、弁済者が支払を拒めるのは不当だからである。

---

[28] 笹井朋昭＝宮﨑文康＝小川貴裕＝寺畑亜美「デジタル社会形成整備法による押印・書面の見直し(民法・建物の区分所有等に関する法律の改正関係)」NBL 1204号(2021)4頁、内閣府＝法務省「電子的な受取証書(新設された民法第486条第2項関係)についてのQ＆A(令和3年7月)」両府省のウェブサイトに掲載。先行する特別法として、貸金業法18条4項(2006年改正の際に新設)。

(3) 弁済による代位[29]

(a) 意　義

　債務者のために弁済をした者は、債務者に対し、求償権を取得することが多い。この求償権は単なる債権であるので、債務者の資力が十分でないときは、弁済者は、債務者の他の債権者たちと平等の割合による、部分的な配当しか受けられない。民法は、このような弁済者を保護するため、弁済者が「債権者に代位する」ことを認めた(499条)。代位した者は、「債権の効力及び担保としてその債権者が有していた一切の権利を行使することができる」(501条1項)。この制度を、弁済による代位という。

> ◇　債権者Gが債務者Sに対し債権fを有し、fを担保するために抵当権甲が設定されていたとする。第三者AがGに弁済すると、AはGに代位し、債権f及び抵当権甲を行使できることになる。その結果、AのSに対する求償権が満足を受ける可能性が高まる。

　「債務者のために弁済をした者」とは、①第三者として弁済した者(474条)と、②債務者とともに債務を負う者(共同債務者)で弁済したものである。①「第三者」には、ⓐ物上保証人、第三取得者、後順位担保権者のように弁済をするについて正当な利益を有する者と、ⓑその利益を有しないが一定の要件を満たして弁済した者(474条2項・3項)が含まれる。ⓐのうち、物上保証人とは、自己の財産を他人の債務の担保に供した者である。物上保証人は、その担保物件限りの責任を負うだけであり、債務を負うわけではない。第三取得者とは、担保権の設定された不動産の所有権を譲り受けた者である。債務者からの譲受人と物上保証人からの譲受人の2種類がある。後順位担保権者とは、同じ財産に複数の担保権が設定されている場合の後の順位の担保権者である。②共同債務者には、不可分債務者、連帯債務者、保証人、併存的債務引受人があるが、代表的なものは保証人である。

---

29)　貞家克己「弁済による代位」金法500号(1968)35頁、寺田正春「弁済者代位制度論序説」法雑20巻1号24頁～3号1頁(1973～74)、船越隆司「弁済者の代位」講座Ⅳ337頁、山田誠一「求償と代位」民商107巻2号(1992)1頁、森永淑子①「保証人の『弁済による代位』に関する一考察」法学60巻3号77頁～61巻4号127頁(1996～97)、同②・新注民(10)434頁以下、松岡久和「弁済による代位」争点184頁、亀井隆太『保証人の求償と代位』(2024)。

弁済による代位は、代位弁済(我妻247頁など)、あるいは、弁済者代位(潮見新Ⅱ99頁、平野446頁など)と呼ばれることもある。

> ◇ 「代位弁済」という言葉には2つの意味がある。①第1は、上述の「弁済による代位」という意味である。この意味を表すために、より簡潔な代位弁済という言葉が古くから使用されており(岡松303頁、鳩山416頁など)、現在の実務でも一般に用いられている(学説では平井200頁など)。②第2は、「代位の効果を生ずる弁済」という意味である(502条・503条、不登84条)。
> 　このほか、「債務者に代わって弁済すること」という意味で「代位弁済」の語が用いられることもある。しかし、代位(subrogation)とは、その地位に代わって入る、という意味であり、ここでは、「債権者の地位に代わって入る」ことを意味する。「債務者に代わって」という理解は、民法上の意味とは異なることに注意する必要がある。
> 　このように、代位弁済という言葉は、混乱を招く可能性があるので、本書では②の意味に限定して用いることにする(星野257頁以下、野村ほか246頁[永田]参照。混乱の源は、旧民法財産編479条1項が仏文に比しわかりにくい表現をとったことにありそうである)。
> 　なお、債権者代位権と弁済による代位は、「権利を行使することができる」という点で共通するが(423条・501条1項)、債権者代位権では、権利は被保全債権の債務者(被代位権利の権利者)に帰属したまま代位債権者がその行使権限を取得するのに対し(債務者に「属する」権利。423条)、弁済による代位では、権利は債権者から弁済者に移転する(債権者が「有していた」権利)点が異なる(奥田＝佐々木下1113頁以下参照)。

弁済による代位により、弁済された債権(原債権という)は弁済者に移転し、それに伴い、原債権の担保も移転する。担保には、抵当権等の物的担保はもちろん、保証人等の人的担保も含まれる。その結果、弁済者は、求償権・原債権・原債権の担保を行使できることになる。この制度が設けられたのは、どの当事者にも利益があるからである。弁済者は、債権者の有していた担保を取得することにより、求償権が確保される。債権者は、弁済を受けた以上は、原債権や担保の帰趨には関心がなく、それが弁済者に移転しても不利益のない立場にあるところ、この制度があることにより、弁済が促進され、債権の満足を受ける機会が増える。債務者も、自己に代わって弁済してもらうと助かる(以上、平井200頁以下)。なお、原債権に抵当権がついていた場合、債務者の一般債権

者にとっては、弁済により抵当権が消滅した方が一般財産が増加し有利だが、もともとその分は引当てにできなかったのだから、そのような利益を保障する必要はない。こうして、この制度は、有用なものとして、ローマ法以来、古くから多くの国で認められている。

もっとも、代位の規定は、任意規定であり、代位できる地位を予め放棄する特約は有効である。現に、銀行取引においては、そのような特約が置かれるのが通例である。

◆ **信用保証協会と代位**　近年、代位に関する裁判例が増え、代位の法理が著しく発展した。その背景には、信用保証協会(中小企業が金融機関から融資を受ける際に保証をし、その資金調達を容易にする機関→第9章第3節第4款1(2)(b)◆〔598頁〕)が、債務者に対する求償権を確保するため約款に様々な規定を置き、また、公正な統一的処理をする必要上、裁判所の判断を求めることが多いという事情がある。

(b)　要　件

弁済による代位の要件は、①弁済その他により債権者に満足を与えたこと、②弁済者が債務者に対し求償権をもつことである。さらに、③弁済をするについて正当な利益を有する者でないものが代位する場合には、対抗要件を備える必要がある。

(ⅰ)　**弁済等による債権者の満足**　弁済による代位が成立するためには、第三者又は共同債務者が弁済することが必要である(499条)。条文上は、弁済と規定されているが、求償権の確保という制度の趣旨に照らし、より広く解されている(我妻250頁など通説、判例)。すなわち、代物弁済(482条)、供託(494条)、共同債務者の相殺(439条1項など)・混同(440条など)も含まれる。任意の弁済に限らず、物上保証人や第三取得者が抵当権の実行により所有権を失った場合も含まれる。

(ⅱ)　**求償権の存在**　弁済による代位は、弁済者の求償権の確保のための制度であるから、代位の前提として求償権の存在が必要である(501条2項参照)。

求償権の一般的な発生根拠は、弁済が債務者の委託による場合は、委任契約上の費用償還請求権(650条1項)であり、委託によらない場合は、事務管理の

要件を満たすときはその費用償還請求権(702条1項・3項)、満たさないときは不当利得返還請求権(703条・704条。潮見新Ⅱ131頁、森永・新注民(10)442頁以下)である。このほか、弁済者の地位に応じて、求償権に関する個別規定がある。すなわち、不可分債務者(430条・442条)、連帯債務者(442条)、保証人(459条・459条の2・462条)、併存的債務引受人(470条1項・442条)、物上保証人(372条・351条・459条・459条の2・462条)である。第三取得者については、債務者からの第三取得者(570条〔改正コメ782頁以下〔北居功〕参照〕。372条・351条・459条〔黙示の委託〕の類推適用もあると考える。大判大4・7・28民録21輯1250頁)と、物上保証人からの第三取得者(372条・351条・459条・459条の2・462条類推適用。最判昭42・9・29民集21巻7号2034頁)がある。

> ◇　求償権が生じない例としては、弁済者が債務者に贈与する意思で弁済した場合、弁済者と債務者の間で求償権を放棄する事前合意があった場合(たとえば、債務者から担保不動産を買い受けた者が売主の被担保債務の履行を引き受け弁済した場合。我妻249頁)がある。

> ◇　第三者弁済(474条)と弁済による代位(499条)の関係を整理しておこう。第三者弁済をしたからといって、常に弁済による代位が生じるわけではない。弁済者が求償権を有していないと代位は生じない。他方、第三者弁済でなくても、弁済による代位が生じることはある。保証人などの共同債務者は、自己の債務を弁済するのだから、第三者弁済にはあたらないが、代位は生じる。

(ⅲ)　**対抗要件の具備**——正当な利益を有する者でない弁済者についての追加的要件

α　意義　弁済による代位は、以上の2つの要件がそなわれば、当然に生じる。ただし、「弁済をするについて正当な利益を有する者」でないものが弁済した場合には、債権譲渡の場合と同様の対抗要件を備えなければならない(500条・467条)。すなわち、債務者に対しては、債権者の通知又は債務者の承諾が、債務者以外の第三者に対しては、確定日付ある証書による債権者の通知又は債務者の承諾が、必要である。

「弁済をするについて正当な利益を有する者」でない第三者は、債務者のた

めに弁済することについて制約がある(474条2項・3項→4(2)(d)(ⅰ)β(ウ)〔408頁〕)。その制約条件を満たして弁済すれば代位が生じるが、「正当な利益を有する者」の範囲がおのずと限定されるのに対し、これを有しない者の範囲は限定されず、そのまま効力を認めると、債務者などに不測の不利益を及ぼすおそれがある(債務者は第三者弁済の事実を知らないと債権者に弁済するおそれがあり、第三者弁済の事実を知っても代位の成立を知らないと弁済者から原債権の行使をされた場合に正当な利益の有無の判断リスクを負う)。これを避けるため、このような追加的要件が付される(梅301頁、我妻251頁、潮見新Ⅱ135頁以下参照)。

そこで、民法改正前の用語(旧499条・旧500条の見出しを参照)を踏襲し、弁済をするについて正当な利益を有する者(この利益を有する第三者及び共同債務者)の代位を法定代位、この利益を有しない第三者の代位を任意代位と呼ぶことがある(潮見新Ⅱ132頁以下、内田87頁)。しかし、現行民法のもとでは、いずれも成立要件は同じであって、後者について対抗要件の具備が求められるにすぎず、区別の意味は変化した。また、「任意代位」という言葉は、改正前に有していた意味を失っている。本書では、この点を考慮し、「法定代位」「任意代位」という言葉は、現行民法に関しては用いないことにする。

◆ **任意代位と法定代位**　フランスでは、任意代位(subrogation conventionnelle)と法定代位(subrogation légale)があり、前者には債権者の意思による代位と債務者の意思による代位がある(2016年改正前フ民1250条・1251条、改正後フ民1346-1条・1346条)。旧民法はこれを継受したが(財産編479条1項参照)、明治民法は、債権者の意思による代位のみを任意代位とし、債権者の承諾をその要件とした(旧499条。民法速記録Ⅲ287頁以下)。この任意代位については、債権譲渡と異なり法定の効果であることは前提としつつも、債権者の意思の効力が重視された(梅300頁以下)。これに対し、次の批判が投じられた。債権者から弁済者への権利の移転は法律上の効果なのに、債権者の承諾を重視するのは不当である。代位制度が第三者による弁済の奨励という趣旨だとすると、第三者弁済を制限すること(旧474条2項)と整合的でない。利害関係のない第三者が債務者の意思に反することなく弁済する場合、債権者は受領を拒否できないのに(旧474条2項)、代位は拒否できることになり(旧499条1項)、不当である(本書3版355頁)。こうして、現行民法では、債権者の承諾を要件としないこととされた(部会資料70A、第3、10(1)説明2)。これは、もはや債権者の意思による代位という意味での「任意代位」ではない。原則として債権者及び債務者の意思に反しない弁済による代位(474条2

項・3項)という意味で、この語を用いることは不可能ではないが、改正前とは意味が異なることに留意する必要がある。

　これに伴い、法定代位という語も、任意代位に対する概念としての意味を失った（どちらも法定の効果である）。旧501条（弁済による代位の効果）の規律について「法定代位権者相互の関係」ということもあったが（本書3版362頁参照）、厳密にいえば同条の対象となる保証人・物上保証人・第三取得者は、「法定代位権者」の一部にすぎない。新504条は「弁済をするについて正当な利益を有する者」を「代位権者」と呼んでいるので、新501条の対象となるのは、「主要な代位権者」と呼べば足りるだろう。なお、新504条の適用対象は、代位権者よりも少し広い（同条1項後段）。

　β　弁済をするについて正当な利益を有する者　　これについて、改正前民法のもとで、次の2類型が提唱された（我妻252頁など）が、これは民法改正後も有用である（→4(2)(d)(ⅰ)β(ウ)③〔410頁〕）。

　①　弁済しないと債権者から執行を受ける地位にある者　　連帯債務者（大判昭11・6・2民集15巻1074頁など）・保証人（大判明30・12・16民録3輯11巻55頁など）・不可分債務者などの共同債務者、物上保証人（大判昭4・1・30新聞2945号12頁など）、担保不動産の第三取得者（大判明40・5・16民録13輯519頁など）である。これらの者は、債務者が弁済しないと、自分の財産に対し強制執行や担保権の実行がされることになるので、それを避けるため、まずは弁済をしておき、後日、債務者から回収するという選択をしうることが「正当な利益」と認められる。

　②　弁済しないと債務者に対する自分の権利が価値を失う地位にある者
改正前民法のもとの判例で認められたものとして、後順位担保権者（大決昭6・12・18民集10巻1231頁〔抵当権者〕、最判昭61・7・15判時1209号23頁〔譲渡担保権者〕）、一般債権者（大判昭13・2・15民集17巻179頁〔担保権を有する債権者に弁済〕）、抵当不動産の賃借人（最判昭55・11・11判時986号39頁〔共同抵当の目的である数個の不動産の一部の賃借人による被担保債務全額の弁済〕）がある。後順位担保権者は、現時点で担保権が実行されると自己にまで配当が及ばないときは、先順位担保権者の被担保債権を弁済し、担保物の換価時期を選択する利益がある。一般債権者は、現時点で債務者の財産に対する執行や破産手続開始の申立てがされるよりも、執行等をしようとする債権者の債権を弁済し、債務者の財産状況の好

転を待つことを選択する利益がある。抵当不動産の賃借人は、抵当権の被担保債権を弁済し、抵当権実行による賃借権の消滅を回避する利益がある。これらは、弁済をするについての正当な利益ということができる。

◆「正当な利益」の内容　　上記①については、ほぼ異論がない。②については、一般債権者などについて議論がある（潮見Ⅱ290頁・潮見新Ⅱ134頁参照）。問題の実質は、①以外で「正当な利益」を有する者の範囲である。改正前民法のもとでは、債権者の承諾を要しない当然の代位（旧500条）をどこまで認めるべきかが問題であったが、現行民法のもとでは、対抗要件の具備なく代位の効果を債務者及び第三者に主張できるのはどのような者かが問題である。このことを、代位の効果を主張される側から考えてみよう。債権者側の第三者（当該債権の譲受人や差押債権者など）については、第三者弁済（474条）が有効にされている以上、債権は既に消滅しているのであり、代位の効果が問題となるわけではない（勝負は弁済との先後でつく）。債務者及び債務者側の第三者については、代位の有無が問題となる（債務者が弁済者から原債権を行使された場合、債務者の一般債権者が代位なく当該債権が消滅したと考えて行動する場合、当該債権の担保物件について取引しようとする者が被担保債権が消滅したと考えて行動する場合〔当該債権を担保する抵当権が消滅したと考えて後順位担保権の設定を受けるなど〕）。これらの者は、代位が生じたかどうか、つまり弁済者が正当な利益を有する者であるか否かの判断リスクを負担するので、その負担を正当化する基準が求められる。①の基準には定型性があり、②の基準は「債務者に対する自分の権利が価値を失う」のだから、弁済前の「権利」の存在とその権利が債務者に対するものであるという関連性を示すものとして妥当であり、いずれも上記負担を正当化するものといえよう。借地上の建物の賃借人による地代の弁済（最判昭63・7・1前掲）の場合も、②の基準を満たすということができるだろう（平井203頁参照）。

(c)　効　果

(ⅰ)　基本的効果——債権及び担保権の移転

α　法律構成　　弁済により債権者に代位した者は、求償権の範囲内で「債権の効力及び担保としてその債権者が有していた一切の権利を行使することができる」（501条1項）。債権が弁済によって消滅することと、その債権を弁済者が行使できることとの関係については、いくつかの説明が試みられたが、現在の判例・通説は、債権移転説をとる。すなわち、「弁済による代位の制度は、代位弁済者が債務者に対して取得する求償権を確保するために、法の規定によ

り弁済によって消滅すべきはずの債権者の債務者に対する債権(以下「原債権」という。)及びその担保権を代位弁済者に移転させ、代位弁済者がその求償権の範囲内で原債権及びその担保権を行使することを認める制度」である(最判昭59・5・29民集38巻7号885頁、百選Ⅱ29[森永淑子])。

> ◆ **債権移転説と擬制説**　この両説が主な見解である(船越・前掲注(29)参照)。擬制説は、こう説明する。債権は弁済によって消滅したが、法律は、特に弁済者の求償権を確保するため、あたかも消滅していないかのようにみなし、弁済者が債権者の債権・担保を行使することを認めた、つまり、法律上の擬制である。梅博士の見解(梅306頁、民法速記録Ⅲ296頁[梅発言])であり、その後も支持する学説があるが、少数説にとどまっている(現代では、前田470頁)。債権移転説は、旧民法財産編479条に既にみられる。ボワソナードは、原債権は消滅するがその担保が弁済者の求償権に接木されるというフランスの学説(接木説)を否定し、債権が移転するという構成をとった。富井博士も債権移転の構成をとり、その後の学説の展開のなかで(岡松304頁、鳩山419頁、我妻247頁など)、通説となった。債権移転説のいう「法律上の債権移転」という説明には擬制も含まれているとの指摘があるし(前田473頁。奥田＝佐々木下1113頁参照)、論理的にはどちらの説明も可能だが、原債権が移転するという構成の方が様々な効果を説明しやすい(債務者の内入弁済の原債権充当につき、近江274頁)。債権移転説を支持すべきである。

　β　**原債権と求償権の関係**[30]　弁済による代位によって、法律上、原債権は担保権とともに弁済者に当然に移転する。弁済者は、弁済によって求償権も取得しているので、弁済者には、原債権、その担保権、求償権が帰属することになる。ここで、原債権及びその担保権(以下「原債権等」という)と求償権との関係が問題となる。そこには、(ア)原債権と求償権が別異の債権であるという面(別債権性)と、(イ)原債権等は求償権を確保することを目的として存在するという面(求償権確保目的性)がある。

　(ア)　**別債権性**　具体的内容は、次の通りである。
　①　原債権と求償権とは、元本額、弁済期、利息・遅延損害金の有無・割合

---

30) 潮見佳男「求償制度と代位制度──『主従的競合』構成と主従逆転現象の中で」中田＝道垣内編・前掲注(7)235頁、潮見新Ⅱ104頁以下、髙橋眞①『求償権と代位の研究』(1996)、同②「弁済者代位における原債権と求償権」銀法655号(2006)16頁、同③『民事判例の観察と分析』(2019)119頁以下、渡邊力「求償権と弁済者代位」名法254号(2014)393頁。

が異なるので、総債権額が別々に変動する（最判昭 61・2・20 民集 40 巻 1 号 43 頁）。

> ◇ 原債権と求償権には、大小がありうる。
> ⓐ求償権の方が小さい例　　原債権が年 10% の利息付き債権で、債務者が利息のみ支払っていた場合、債務者の委託を受けた保証人が元本全額を弁済したとすると、求償権は、弁済額及び弁済の日以後の法定利息と費用等である（459 条 2 項・442 条 2 項）。費用等を無視すると、求償権は、弁済額（＝元本額）＋年 3%（2025 年現在）であり、原債権（元本額＋年 10%）より小さい。
> ⓑ求償権の方が大きい例　　ⓐと同じ例で、原債権の利率が年 2% であった場合である。また、459 条 2 項・442 条 2 項は任意規定であり、求償権について法定利息より高い利率の遅延損害金の合意をすることは有効だと認められている（最判昭 59・5・29 前掲）ので、そのような合意がある場合も、求償権の方が大きくなりうる（信用保証協会の特約で、そのような遅延損害金が定められている）。
> ⓒ時間の経過により大小が変化する例　　ⓐの例で、費用等も考慮すると、当初は求償権の方が大きいが時間の経過により原債権の方が大きくなる場合がある。また、保証人や物上保証人が複数いる場合の相互間の代位について、時間の経過により大小が逆転する場合もある（塚原朋一『最判解民昭 61』25 頁・36 頁以下）。

② 担保権の被担保債権は、求償権ではなく原債権である（最判昭 59・5・29 前掲）。

③ 原債権と求償権は、債権としての性質に差異があることにより、別個に消滅時効にかかる（最判昭 61・2・20 前掲）。

④ 原債権と求償権の一方について時効の完成猶予又は更新の事由があっても、当然に他方についてその効果が及ぶものではない。ただし、一方についての権利の行使が、同時に、他方の権利の行使でもあると評価される結果、他方の権利の時効の完成が猶予されることはある（潮見プラ 362 頁→(ⅱ)末尾 3 つ目の◆〔453 頁〕）。

⑤ 原債権について、169 条 1 項による時効期間の変更があっても、これによって求償権の時効期間も当然に変更されるわけではない（最判平 7・3・23 民集 49 巻 3 号 984 頁〔旧 174 条ノ 2 第 1 項に関する判断〕参照）。

　（イ）　求償権確保目的性　　これは、いくつかの面で現れる。

① 求償権が存在しなければ、代位は生じない。

② 原債権等は、求償権が消滅すると当然に消滅し、その行使は求償権の存

する限度に制約されるなど、求償権の存在及びその債権額と離れ、これと独立して行使することはできない(最判昭61・2・20前掲は、原債権及びその担保権は求償権確保の目的で存在する「附従的な性質」を有するという。そこで、求償権と原債権が主従的競合の関係にあるといわれることもある〔求償権が主〕[31])。

> ◇ 原債権より求償権の方が小さい場合、代位するのは、求償権の範囲内だけである(501条2項)。逆に、原債権より求償権の方が大きい場合、代位は、当然、原債権が上限となる。超過する部分は、原債権等では確保されていない求償権となる。

③ 倒産手続においては、求償権が制約又は変更を受けるときであっても、優先権のある原債権の行使が認められることがある(最判平23・11・22民集65巻8号3165頁、最判平23・11・24民集65巻8号3213頁→(ⅱ)4つ目の◆〔453頁〕)。

④ 裁判所が原債権・担保権についての給付請求を認容する場合は、原則として、判決主文で、請求を認容する限度として求償権を表示すべきである(最判昭61・2・20前掲)。

γ 共同保証人間の求償権に関する特則　ある債権について複数の保証人がいる場合、共同保証人間でも求償権が発生する(465条→第9章第3節第4款4(2)(d)〔640頁〕)。

> ◇ GのSに対する100万円の債権について、Sの委託を受けた連帯保証人AとBがいて(負担部分は同じ)、AがGに100万円を弁済したとする。この場合、AはSに対して100万円の求償権を取得するが(459条・442条2項)、AはBに対しても50万円の求償権を取得する(465条1項・442条。法定利息・費用等については省略)。

共同保証人間の代位においては、保証人の債務者に対する求償権の範囲ではなく、他の保証人に対する求償権の範囲内に限って、権利を行使することができる(501条2項括弧書)。弁済による代位が求償権の確保のための制度であるか

---

31)　潮見新Ⅱ104頁以下〔「主従的競合」構成から乖離するその後の判例につき、同111頁以下〕、渡邊・前掲注(30)395頁以下。

らである。改正前民法のもとでの理解を明文化したものである[32]。

> ◇　上記の例で、A は弁済により S に対する求償権(100万円)〔①〕とともに、代位の効果として、G の S に対する原債権の 2 分の 1(50万円)〔②〕及びそれを担保する B の保証債務に係る債権(50万円)〔③〕が A に移転する(保証人が 2 人いるので 2 分の 1 になる→(ⅲ)β①〔455頁〕)。ここで、A が③を行使できるのは、A の B に対する求償権(50万円)〔④〕の範囲内である。この場合、③と④は同じ金額だが、利息及び遅延損害金の利率の大小で違いが生じうる。すなわち、①について AS 間に年 14% の遅延損害金を付するという特約があり、②の遅延損害金が年 8% であったとする。一方、④については年 3% の法定利率(2025年現在)による法定利息が付される(465条 1 項・442条 2 項)。A が③(年 8%)に代位するについて、①(年 14%)が上限であれば、全部を代位行使できるが、④(年 3%)が上限となるので、結局、④の範囲内に限って③を代位行使できることになる(厳密にいうと、③については②の元本額が基準となり、①④については A の弁済額が基準となる)。

> ◆ **4つの権利の関係**　G の S に対する 100 万円の債権について、S の委託を受けた連帯保証人 A と B がいて、A が G に 100 万円を弁済した場合、A は次の 4 つの権利を取得する。① S に対する求償権(459条)、② G が S に対して有していた原債権(501条 1 項)、③ G が B に対して有していた保証債務に係る債権(同項)、④ B に対する求償権(465条)である。①と②の関係は、本文 β の通りである(501条 2 項)。①と③の関係も同様である。他方、④は①を担保するためのものではない。A は④の範囲内で②と③を行使できるのだが(同項括弧書)、②③と④はその限度で関連するにすぎない。そのため、①について消滅時効の完成猶予事由があっても、④の消滅時効の完成が猶予されることにはならない(最判平 27・11・19 民集 69 巻 7 号 1988 頁、齋藤毅『最判解民平 27』505 頁)。

以上が弁済による代位の基本的効果である。以下、代位者と債務者の関係((ⅱ))、代位権者が複数いる場合の相互関係((ⅲ))、代位者と債権者の関係

---

32)　改正前民法のもとの学説として、我妻 262 頁、奥田 549 頁、本書 3 版 363 頁。山田・前掲注(29)21 頁、渡邊力「共同保証人間の求償権と弁済者代位の統合可能性」名法 270 号(2017)77 頁参照。塚原朋一『最判解民昭 61』438 頁・469 頁(法定代位者相互間では常に求償権を認めるべきだという)も参照。他方、求償権の発生を前提としない「求償方法としての代位」の可能性を示す見解もあった(寺田・前掲注(29)1 号 66 頁、寺田正春「弁済者代位の機能と代位の要件・効果」椿寿夫編『担保法理の現状と課題』別冊 NBL 31 号〔1995〕135 頁。森永・前掲注(29)① 61 巻 4 号 174 頁以下も参照)。改正民法について、一問一答 195 頁。吉原知志「改正民法における法定代位権者間の負担調整」香川法学 39 巻 1=2 号(2019)1 頁・12 頁以下参照。

((iv))に分けて検討する。

（ⅱ）**代位者と債務者の関係**　代位者は債務者に対し、求償権の範囲内で、「債権の効力及び担保としてその債権者が有していた一切の権利」を行使できる(501条1項)。すなわち、原債権について、履行請求権・損害賠償請求権・債権者代位権・詐害行為取消権など、一切の権利を行使できる。債権者が債務名義を有するときは、承継執行文の付与(民執27条2項)を受けて行使できる。担保権も移転するので、代位者は担保権を実行することもできる(ただし、根抵当権については、398条の7第1項後段)。原債権について保証人がいれば、保証人に対する権利も移転する。他方、契約の解除権は、債権の発生原因である契約上の地位に基づくものだから、代位者の行使は認められない(我妻255頁など通説)。取消権も同様である。なお、債務者が代位者に債務の一部を弁済した場合や、原債権又は求償権の時効の完成猶予については議論がある。

◆ **弁済による代位と契約解除**　502条4項(旧3項)の反対解釈により、全部代位の場合には代位者の解除権を認める余地があるという見解もある(石田喜久夫・注民(12)355頁、林ほか296頁[石田])。問題となるのは、たとえば、買主が代金の支払をせず目的物を引き取ろうともしない状態で、買主の保証人が代金債務全額を売主に弁済した場合、引取義務(合意があったとする)の違反に基づく解除ができるかである。この場合、解除権は債権者(売主)に帰属するというべきであろう(→(ⅳ)α(イ)③〔464頁〕)。

◆ **代位者への内入弁済**　弁済による代位が生じた後、債務者が代位者に債務の一部を弁済した場合、この内入金は、原債権と求償権のいずれに充当されるのか。判例は、求償権と原債権のそれぞれに対し内入弁済があったものとして、弁済の充当に関する民法の規定に従って充当されると判断した(両債権充当説。最判昭60・1・22判時1148号111頁)。求償権の方が原債権よりも大きく、原債権を担保する抵当権の目的物に後順位抵当権がある場合、求償権のみに充当すると後順位抵当権者の利益を害するという理由で、これを支持する見解が有力である(近江278頁、川井319頁。高橋・前掲注(30)①107頁の疑問と潮見新Ⅱ111頁注61の指摘も参照)。求償権の方が大きいのは、多くの場合、代位者と債務者の事前の特約による(→(ⅰ)β(ア)◇〔449頁〕)。特約の効力が第三者にも及ぶ(最判昭59・5・29前掲)としても、普通抵当の後順位抵当権者の立場を考えると、実質的には判例の結論でよさそうである。求償権の確保という制度趣旨に照らし、別異の債権である原債権

◆ **弁済による代位と時効の完成猶予・更新**　原債権又は求償権の一方の時効の完成猶予・更新は、他方に及ぶか。改正前民法のもとの判例で、債務者の破産手続において、保証人が弁済をして債権者に代位し、原債権の届出名義を代位者に変更する申出をしたときは、求償権についても権利の行使があったと認められるので、原債権を超える分も含めて、求償権について時効が中断する（旧 147 条・旧 152 条）と判断したものがある（最判平 7・3・23 前掲）。これは、原債権だけでなく求償権についても権利の行使があったと認めることで解決したものである。問題は、一方の権利の行使しか認められない場合である。原債権の給付請求において、求償権の存在が請求原因事実となると解する立場（倉田監 248 頁、奥田＝佐々木下 1120 頁）からはもとより、求償権の不存在が抗弁事由となると解する立場（平井 205 頁）でも、認容判決が求償権の範囲内でのみ認められることを考えると、原債権の時効の完成猶予は求償権にも及ぶと解しうる（手形金請求により原因債権の時効中断を認めた最判昭 62・10・16 民集 41 巻 7 号 1497 頁参照。時効中断〔旧 155 条〕の判断の前提として、原債権の行使が求償権の行使とも評価しうる場合を認めた最判平 18・11・14 民集 60 巻 9 号 3402 頁も参照）。他方、求償権の給付請求においては上記の事情はなく、個別事案で求償権の行使が原債権の行使とも認められる場合は別として、一般的には、求償権の時効の完成猶予は原債権には及ばないと解すべきであろう（奥田＝佐々木下 1122 頁。淡路 551 頁参照。他方、髙橋・前掲注(30)②23 頁は、満足以外の理由による消滅は相互に影響しないという「単純競合」論）。

◆ **優先権ある債権の代位**[33]　倒産手続において優先権が認められる債権がある。

---

[33]　平野裕之「弁済者代位の法定担保性と被代位債権の専属性」法研 88 巻 1 号(2015)285 頁、杉本純子「優先権の代位と倒産手続再考」德田和幸古稀『民事手続法の現代的課題と理論的解明』(2017)751 頁、長谷部由起子「倒産手続における債権者平等」多比羅誠喜寿『倒産手続の課題と期待』(2020)359 頁、伊藤・破産 331 頁注 143、潮見新Ⅱ117 頁以下、森永・新注民(10)460 頁以下。最高裁判決前のものとして、上原敏夫「納税義務者の民事再生手続における租税保証人の地位についての覚書」新堂幸司＝山本和彦編『民事手続法と商事法務』(2006)197 頁〔本文の③。以下同〕〔同・前掲第 5 章注(9)所収〕、杉本純子「優先権の代位と倒産手続」同法 59 巻 1 号(2007)173 頁〔主に③〕、長谷部由起子「弁済による代位（民法 501 条）と倒産手続」学習院 46 巻 2 号(2011)223 頁〔①②③〕、山本和彦「労働債権の立替払いと財団債権」判タ 1314 号(2010)5 頁〔同『倒産法制の現代的課題』(2014)所収〕〔①〕。下級審裁判例を契機とするものとして、濱田芳貴・金判 1245 号(2006)12 頁、髙橋眞・金法 1885 号(2009)10 頁、伊藤眞・金法 1897 号(2010)12 頁、松下淳一・金法 1912 号(2010)20 頁など。

①労働債権(財団債権〔破 149 条〕、優先的破産債権〔306 条 2 号、破 98 条 1 項〕)、②双務契約を破産管財人等が解除した場合の相手方の返還請求権等(財団債権〔破 54 条 2 項〕)、③租税債権(財団債権〔破 148 条 1 項 3 号〕、優先的破産債権〔税徴 8 条、破 98 条 1 項〕)などである(民事再生法等にも同様の規定がある)。これらの債権について、保証人その他の者が弁済したとき、ⓐ当該債権は代位により弁済者に移転するか、ⓑ移転するとして、それは優先性を伴う債権としての移転なのか、ⓒ優先性のある債権として移転するとして、弁済者の求償権には優先権がない(倒産手続による制約又は変更を受ける倒産債権である)場合でも、弁済者は原債権を財団債権又は共益債権として倒産手続外で行使できるか、という問題がある。学説・下級審裁判例が分かれていたが、最高裁は、①②について、弁済による代位の制度の趣旨が「原債権を求償権を確保するための一種の担保として機能させること」にあると述べ、(ⓐⓑの肯定を前提として)ⓒを肯定した(①につき最判平 23・11・22 前掲〔破産・財団債権〕、②につき最判平 23・11・24 前掲〔民事再生・共益債権〕。榎本光宏『最判解民平 23』705 頁・722 頁)。これは、弁済による代位の制度趣旨を措定し、他の債権者の利益状況などを考慮したものである(榎本・前掲 715 頁は、債権譲渡の場合との均衡も指摘する)。

①について、ⓐは債権の性質上の移転可能性(466 条 1 項但書参照)の問題として、ⓑは当該債権に実体法が優先性を認めた趣旨に照らして、判断すべきである。ⓒは、弁済による代位制度の基本的枠組(債権移転説を前提に、別債権性と求償権確保目的性〔→(ⅰ)β〕の関係を調整する)のなかで、実体法上の優先権のある当該債権を倒産法が財団債権や優先的破産債権等として処遇する趣旨を考慮し、判断すべきである。最高裁は、ⓒに関し、「一種の担保として機能させること」と述べたが、これは結論を説明するための表現であるにすぎず、「担保権」との比較などに踏み込んでいくことは、生産的ではないだろう。②も①と同様だが、ⓑとⓒが重なることになる。

③については、①②と区別すべきでないという見解も有力だが、ⓒの前提となるⓐⓑ(移転性)について、消極的な見解がある(最判平 23・11・22 前掲の田原裁判官補足意見、榎本・前掲 717 頁参照)。466 条 1 項但書を参照するとⓐが否定されるとも考えられるが、国税通則法 41 条 2 項(第三者納付による抵当権への代位)は、ⓐは認めたうえ、ⓑを否定していると理解すべきであろう(ⓐを否定すると、抵当権の被担保債権がなくなり、代位について接木説をとるべきことになる)。

(ⅲ) **代位権者が複数いる場合の相互関係**

α **意義** 1 つの債権について、保証人や物上保証人などが複数存在することは、珍しくない。この場合、相互の関係を定めておかないと、不当な結果

となるおそれがある。

> ◇ 債権者Gの債務者Sに対する債権について、保証人Aと物上保証人(抵当権設定者)Bがいるとする。Aが保証人として弁済し、Gに代位して、Bの不動産の抵当権を実行したとすると、Bが全部負担する結果になる。逆に、Bの不動産の抵当権が先に実行され、BがGに代位して、Aから保証債務の履行を得たとすると、Aが全部負担する結果となる。こうして、先に弁済した者による代位の相手方だけが負担することになる。これは適当ではない。

501条3項は、複数の代位者がいる場合の規律を定める。同項各号に登場するのは、保証人、物上保証人、第三取得者(以下、(ⅲ)では、債務者から担保目的財産を譲り受けた者をいう。同項1号)、物上保証人から担保目的財産を譲り受けた者(以下、(ⅲ)では「物上保証人からの譲受人」という)である。いずれも弁済をするについて正当な利益を有する者である。つまり、3項は、このような者(504条の定義を借りると「代位権者」)の相互の関係を規律する。基本となるのは、公平の理念である。ただし、任意規定であり、当事者の合意があればそれによる(一問一答196頁)。

以下では、債権者Gが債務者Sに対して金600万円の金銭債権を有するという例で考える。保証人をA、物上保証人をB、保証人兼物上保証人をCで表す。このほか、第三取得者、物上保証人からの譲受人がいることもある。原則として、担保目的財産は不動産で代表させ、担保権は抵当権で代表させる。まず、第三取得者がいない場合を検討し(β)、次に、いる場合を検討する(γ)。

β 第三取得者がいない場合

① 保証人のみが複数いる場合　保証人の1人が弁済したとき、同人は、債権者が他の保証人に対して有する保証債務に係る債権を行使することができる(501条1項)。この場合、債務者に対する求償権ではなく、共同保証人間の求償権(465条)の範囲が上限となる(501条2項括弧書→(ⅰ)γの2つ目の◇〔451頁〕)。以上の規定はあるが、共同保証人間の代位の範囲そのものについては規定がない。原則として、人数割りの平等な割合となると解すべきである(梅316頁以下、山田・前掲注(29)21頁)。代位者の通常の意思・期待に適合し、公平の理念にも合致するからである。また、501条3項4号の規律とも整合的である。

◇ 共同保証人 A_1・A_2 がいて、A_1 が弁済した場合、A_1 は A_2 に対する求償権(甲債権)の範囲内で、債権者の A_2 に対する保証債務に係る債権(乙債権)を代位行使できる。甲乙とも金銭債権である場合、代位を認める必要はなさそうにもみえるが、ⓐ乙債権について担保権が設定されている場合、ⓑ乙債権について債務名義(民執22条)がある場合など、A_1 が乙債権を行使する実益がある場合もある(部会資料70B、第2、3説明2)。

◆ **共同保証人の代位の割合** 民法改正の審議過程では、共同保証人相互間の代位割合を人数割りとする規定を置くことが検討された。しかし、連帯債務者相互間・不可分債務者相互間に関する規定を置かないこと(→γ2つ目の◆[461頁])との均衡も考慮され、共同保証に特有の規律である保証人相互間の求償権の範囲が上限となることを規定するにとどめられた(中間試案第22、10(2)エ、部会資料70B、第2、3(1)、説明2、同80—3、第7、10説明2(1))。なお、求償権については、各自の負担部分が基準となるので(465条)、代位割合を平等とすると、ずれが生じることもありうるが、負担部分を平等としない合意があるときは、代位割合についても合意したと認めることができる場合もあるだろう。

② **物上保証人のみが複数いる場合** 「各財産の価格に応じて」代位する(501条3項3号・2号)。物上保証人 B_1 が600万円、同 B_2 が400万円の各不動産を担保として提供していたとすると、それぞれ360万円、240万円の負担となる。

③ **保証人と物上保証人がそれぞれ1人又は複数いる場合** 保証人と物上保証人との間では、「その人数に応じて」代位する。まず、保証人と物上保証人を通じて、その合計の人数で割る(501条3項4号本文)。保証人と物上保証人が1人ずつなら、各自300万円ずつの負担となる。ただし、物上保証人の提供した担保不動産の価格が人数割り分を下回るとき(たとえば、200万円であったとき)は、それが限度になる。

物上保証人が複数いる場合には、保証人の負担部分を除いた残額について、②の規律に従い、各財産の価格に応じて、代位する(501条3項4号但書)。保証人A、物上保証人 B_1(不動産価格600万円)、物上保証人 B_2(不動産価格400万円)の場合、まず、保証人も含めた人数3で割り(Aは200万円負担)、B_1 と B_2 はAの分を除いた400万円について、それぞれ240万円、160万円を負担する。

◆ **物上保証人の共同相続**　保証人と物上保証人がいたところ、物上保証人が死亡し、共同相続により担保不動産が共有となった場合、501条3項4号の物上保証人の数の計算は、当初の1人ではなく、弁済時における共有持分権者の人数で計算する(最判平9・12・18判時1629号50頁)。担保提供後の頭数の変化は多様な原因により生じうるところ、弁済によって初めて発生する法律関係である代位については、弁済時を基準時として法律関係の簡明を期するのが相当だからである(当初から共有不動産を担保とした場合と区別することは法律関係を複雑にする)。この判決には反対意見もあり、担保提供後の相続という偶然の事情で代位割合に変動が生じることは不合理であり、公平かつ合理的な利害調整という法の理念及び代位者の通常の意思・期待に反するから、当初の人数によるべきだという。これを支持する学説もあるが(松岡・前掲注(29)186頁、吉田172頁、平野467頁以下、石田627頁)、弁済時説のいう簡明性の要請は、なお説得力が大きいと考える(沖野眞已「判批」金法1524号〔1998〕32頁、窪田充見「判批」リマークス18号〔1999〕44頁、奥田＝佐々木下1131頁)。

◆ **代位割合変更特約**　保証人と物上保証人の間で、保証人が全額代位行使できるとする特約は、有効である(最判昭59・5・29前掲)。501条3項4号は補充規定であり、当事者間の特約が優先するし、後順位抵当権者が不利益を被るとしても、根抵当権の極度額の範囲内であればそれは甘受すべきだからである。信用保証協会が保証人となる場合には、このような特約が置かれることが多い。

④ **保証人と物上保証人を兼ねる人がいる場合**　中小企業が銀行から融資を受けるとき、社長個人が保証人になるとともに、自宅を担保に供するなど、実際にも例が多い。この場合、保証人兼物上保証人をどう計算するのかについて、議論がある。ⓐ1人と数える「1人説」、ⓑ2人と数える「2人説」がある。ⓐには、(a1)保証人としての1人と数える説、(a2)保証人兼物上保証人としての1人と数える説、(a3)物上保証人としての1人と数える説がある。判例は、「複数の保証人及び物上保証人の中に二重の資格をもつ者が含まれる場合における代位の割合は、民法〔2004年改正前〕501条但書4号、5号〔現501条3項3号・4号〕の基本的な趣旨・目的である公平の理念に基づいて、二重の資格をもつ者も1人と扱い、全員の頭数に応じた平等の割合である」とし(最判昭61・11・27民集40巻7号1205頁、塚原・前掲注(32)、百選Ⅱ〔3版〕43〔小川英明〕。大

判昭9・11・24民集13巻2153頁の結論を維持)、1人説をとった((a 2))であろう。小川・前掲)。学説では、ⓑも有力だが(我妻261頁、前田482頁、潮見新Ⅱ159頁以下、松岡久和「保証人と物上保証人の地位を兼ねる者の責任」田原睦夫古稀『現代民事法の実務と理論 上』〔2013〕326頁など)、多数説はⓐ((a 1)又は(a 2))をとる(内田96頁、奥田=佐々木下1130頁、近江287頁、平野472頁、山野目455頁など)。

◇　(a 2)説は、人数割りで計算するので、代位割合は原則として(a 1)説と同様になるが、二重資格者Cに対して債権者に代位する者は、代位割合の範囲内で、Cの保証債務に係る債権を行使することも、Cの設定した抵当権を行使することもでき、いずれにせよ回収した範囲で原債権は消滅することになる(近江286頁)。

◆　**二重資格者の代位割合**　1人説と2人説の対立は、基本的評価と具体的帰結の両面で生じる。基本的評価として、2人説は、債権者に対し重い負担を引き受けた者は、担保提供者間でも重い負担となるべきだという。1人説は、2つの資格での負担を加算することは、代位者の通常の意思ないし期待とはいえず、取引通念に反するし、そもそも、同一の被担保債権なのに二重の負担となるのはおかしいと批判する(塚原・前掲注(32)455頁)。具体的帰結については、2つの例で示そう。冒頭の例(原債権600万円)で、保証人A、物上保証人B_1(不動産価格600万円)、物上保証人B_2(不動産価格400万円)、保証人兼物上保証人Cがいるとする。Cの提供する不動産の価格が1000万円である場合〔例1〕と、200万円である場合〔例2〕について、各人の負担を示すと次のようになる(上記③を適用すると計算できる)。

〔例1〕

		A	B_1	B_2	C
1人説	(a 1)・(a 2)	150	180	120	150
	(a 3)	150	135	90	225
2人説		120	108	72	300

〔例2〕

		A	B_1	B_2	C
1人説	(a 1)・(a 2)	150	180	120	150
	(a 3)	150	225	150	75
2人説		120	180	120	180

(a 1)説・(a 2)説は、〔例1〕と〔例2〕で同じ結果になる(Cが提供した担保物の価格が反映されない)という問題や、物上保証のみをする場合よりも負担が小さくなることがある(〔例1〕で、Cが物上保証のみをしていたら負担は225だったのに保

証もしたために150になる。また、〔例1〕で、CはB₁より高額の担保を提供したうえ、保証までしているのに、B₁より負担が小さい）という問題がある。(a3)説では、保証のみをする場合よりも負担が小さくなることがある（〔例2〕で、Cが保証のみをしていたら負担は150だったのに、物上保証もしたために75になる）という問題がある。2人説は、保証人としての負担と物上保証人としての負担を合計する（〔例1〕だと120＋180、〔例2〕だと120＋60）ので、非常に重くなる。

　このように、1人説だと、1資格をもつよりも2資格をもつ方が負担が小さくなる場合が生じ、2人説だと、両資格の負担が加算されて過大になる。そこで、2つの資格の責任の大きい方を上限とし、重なりあう範囲で両責任は競合するという見解（責任競合説。塚原・前同456頁以下、淡路564頁）が生じる。この説では、保証人としての責任と物上保証人としての責任のいずれが先に追及されるかによって二重資格者の負担額が異なることになり、代位割合と最終的な負担割合を一致させるためには、さらに調整が必要になるという複雑さがある（塚原・前同462頁以下。寺田正春「判批」椿寿夫編代『担保法の判例Ⅱ』〔1994〕236頁、池田真朗「判批」金法1780号〔2006〕33頁、潮見新Ⅱ162頁参照）。また、2つの資格の負担部分を合算することで負担割付けの安定性を図る見解もあるが、その実現には公示などの課題（吉原・前掲注(32)45頁以下・55頁参照）があるし、二重資格者の負担が大きい。

　このように各説とも問題があるが、そのなかでは、(a2)説は、簡明で安定的であること、二重資格者に少なくとも人数割り分の負担はさせること、その範囲内で保証人及び物上保証人としての責任を負わせうることという利点がある。また、(a1)説より優れた点がある（→直前の◇〔458頁〕）。他方、2人説により二重資格者に当然に過大な負担を負わすことは、その社会的実態を考えると疑問がある。やはり、(a2)説を基本とすべきであろう。ただし、全員が二重資格者であるときは、各人の通常の意思を考慮すれば、(a3)説が妥当である（反対、平野471頁）。なお、担保提供者間で、二重資格者の負担部分を多くするという特約の存在が認定されうる場合もあるだろう。

　民法改正審議では、(a1)説を規定することが検討されたが（中間試案第22、10(2)エ、部会資料80－1、第7、10(2)ウ(オ)）、反対意見もあり、規定は置かず、引き続き解釈に委ねられることとされた（部会資料83－2、第23、10(3)説明）。

⑤　物上保証人からの譲受人がいる場合　　物上保証人からの譲受人は、物上保証人としての立場を引き継ぐと考えてよい。そのようにしても、代位者相互の関係は変わらず、公平が害されることはないからである。そこで、物上保証人からの譲受人は、物上保証人とみなされる（501条3項5号）。その結果、物

上保証人と他の物上保証人からの譲受人がいる場合、又は、物上保証人からの譲受人が複数いる場合は、②となり、各財産の価格に応じて代位する(501条3項3号・2号・5号)。また、保証人と物上保証人からの譲受人とがいる場合は、③となり、保証人と物上保証人からの譲受人との間では、その人数に応じて代位し、物上保証人からの譲受人が複数いる場合には、保証人の負担部分を除いた残額について、各財産の価格に応じて代位する(同項5号・4号)。

γ 第三取得者がいる場合　担保目的財産を債務者から譲り受けた者(第三取得者)は、物上保証人からの譲受人とは立場が違う。債務者は、最終的に負担が帰属すべき立場にあり、自己の財産に設定した担保が実行されたとしても、誰に対しても債権者に代位することはない。そのような担保目的財産を債務者から譲り受けた者も、債務者の立場を引き継ぐべきである。そうでないと、代位者相互の関係が変化し、公平が害される。また、第三取得者は、担保についての対抗要件によって、担保の存在及び債務者が誰であるかを知ることができるので、不測の不利益を被ることもない(たとえば、財産が抵当権の設定された不動産である場合、抵当権の存在及び債務者が誰であるかは、不動産登記簿によって公示されている。不登59条・83条)。なお、第三取得者からの譲受人も第三取得者とみなされる(501条3項5号)。

① 保証人と第三取得者がいる場合　保証人は第三取得者に対して代位するが(501条1項)、第三取得者は保証人に対して代位しない(同条3項1号)。債務者と保証人の間では、債務者が自己の財産に設定した担保権を実行されても、保証人に対し債権者に代位することはない。第三取得者もこの立場を引き継ぐ。

◆ 代位と付記登記　担保目的財産が抵当権の設定された不動産である場合、第三取得者に対し債権者に代位した保証人は、その抵当権を実行することができる。その際、代位を原因とする抵当権の移転の付記登記(不登4条2項)がされていれば、その登記事項証明書を提出し(民執181条1項3号。2023年改正後民執同項1号では提出不要〔未施行。NBL 1255号6頁参照〕)、されていなければ、代位による抵当権の承継を証明する裁判の謄本その他の公文書を提出する(同条3項)。このように、付記登記は、必ずしも代位の要件ではない(一問一答195頁以下。登記事項証明書の位置づけについては本書4版430頁参照)。

> 旧501条1号は、保証人が第三取得者に対して債権者に代位するための要件として、予め付記登記をすることを求めていた。その意味について議論があったが(本書3版367頁)、制度趣旨に疑問があり、この規定は削除された(一問一答194頁)。

② 物上保証人と第三取得者がいる場合　物上保証人は第三取得者に対して代位するが(501条1項)、第三取得者は物上保証人に対して代位しない(同条3項1号)。①と同様である。物上保証人からの譲受人と第三取得者がいる場合も同様であり、物上保証人からの譲受人は第三取得者に対して代位するが(同条1項)、第三取得者は物上保証人からの譲受人に対して代位しない(同条3項5号・1号)。

③ 第三取得者が複数いる場合　第三取得者の1人は、それぞれの財産の価格に応じて、他の第三取得者に対して代位する(501条3項2号)。

> ◆ 連帯債務者の場合　以上のほかにも代位権者が複数いる場合がある。たとえば、連帯債務者 S_1・S_2・S_3 のうち S_1 が弁済した場合、S_1 は、債権者が S_2 及び S_3 に対して有している連帯債務に係る債権を行使することができ(501条1項)、それは S_1 の S_2 及び S_3 に対する求償権の範囲内であるが(同条2項)、その求償権は442条以下で定まる。このように連帯債務者については、代位の根拠と範囲が定まるので、501条3項で規定するまでもない。不可分債務者についても同様である(以上、部会資料70B、第2、3説明3)。

(ⅳ)　代位者と債権者の関係

α　代位弁済をした者の保護

(ア)　全部代位　債務を全部弁済し債権者に代位する者と債権者との関係を考えよう。債権者は、弁済によって満足を得たのに対し、弁済した者は、これから代位によって得た権利を行使し、求償権を確保すべき立場にある。したがって、債権者は、自らにはもはや不要であって、しかし代位者には権利を行使するために必要であるものを、引き渡すべきである。すなわち、債権者は、債権証書(借用証など)、及び、自分が占有している担保物を代位者に交付しなければならない(503条1項)。これは、弁済の促進という代位制度の意義の実現に資する。

(イ) 一部代位[34]　　債務の一部のみの弁済の提供がされた場合、債権者は受領を拒絶できるが、実際には、少しでも回収したいと考え、受領することが多い。その結果、債権者の権利の一部について代位が生じることになる。これを一部代位という。この場合、代位者は「その弁済をした価額に応じて、債権者とともにその権利を行使することができる」(502条1項)。

◇　債権者Gが債務者Sに対し1000万円の金銭債権を有し、Sは担保として自己所有の400万円の不動産に抵当権を設定し、AがSの保証人であったとする。AがSの債務のうち500万円を弁済したとすると、Aは、この抵当権につき、1対1の割合で、Gとともに権利を行使できる。

一部代位について、主な問題が3つある。①権利を行使する主体、②権利行使による満足を受ける主体、③行使される権利の内容である。以下、①②では、原債権とその担保権(抵当権で代表させる)の行使について述べ、その他の権利の行使については③で述べる。このほか、④債権証書等に関する規律がある。

①　権利を行使する主体　　債権の一部の弁済があった場合、一部代位により弁済者に原債権及びその担保権の各一部が移転するが、残部は引き続き債権者に帰属する(抵当権は準共有〔264条〕となる)。そこで、債権者と代位者の権利行使の関係が問題となるが、現行民法は、債権者が優先することを定める。すなわち、債権者は単独で権利を行使することができるが(502条2項)、代位者は「債権者の同意を得て」「債権者とともに」のみ、債権者の権利を行使することができる(同条1項)。代位者の単独での実行を認めると、債権者が担保権を実行するかどうか、その時期をいつにするかを選択する利益を奪われ、望まない時期に担保権が実行される結果、全額の回収ができなくなるおそれがある(債権者が担保物の値上がりや債務者の財産状態の改善を待ちたい場合など)。他方、

---

[34]　部会資料39、第1、10(4)、中間試案説明299頁以下、部会資料80－3、第7、10(3)。貞家・前掲注(29)39頁以下、渡邊力「一部弁済による代位」法と政治69巻2号Ⅰ(2018)121頁、森永淑子「代位権不行使特約と一部代位に関する覚書」河上古稀Ⅰ349頁、中田・前掲注(20)19頁以下、潮見新Ⅱ137頁以下。債務者が破産した場合の問題につき、山本和彦「手続開始時現存額主義の現状と将来」岡伸浩ほか編著『破産管財人の債権調査・配当』(2017)578頁、八田卓也「破産法上の開始時現存額主義と民法上の一部弁済による代位の規律との関係についての一考察」加藤新太郎古稀『民事裁判の法理と実践』(2020)443頁、倒産法交錯390頁〔八田卓也〕、沖野眞已「主債務者破産後の物上保証人による一部弁済と手続開始時現存額主義」中田古稀877頁。

債権者は一部の弁済を受けたからといって、単独でその権利を行使することが妨げられると、大きな不利益を被る。代位制度の目的は求償権の確保に尽きるのであり、債権者の利益を害してまで、代位者の権利行使を認めたり、債権者の権利行使を制限することは行き過ぎであるので、このように定められた。

◆ **改正の経緯**　改正前民法のもとでは、債権者だけでなく、代位者も単独で担保権を実行できるというのが大審院判例(大決昭6・4・7民集10巻535頁、百選Ⅱ〔7版〕41〔下村信江〕)であったが、学説は上記の理由からこれに反対していた(我妻255頁など。なお、銀行取引においては銀行は特約〔梅319頁以来、通説は有効と解した〕で対応していた)。現行民法は、この学説を採り(502条1項に「債権者の同意を得て」を追加)、あわせて、債権者の単独の権利行使が可能であることを明確にした(同条2項)(一問一答197頁)。

② **権利行使による満足を受ける主体**　第2の問題は、権利の行使による満足を受ける段階(抵当権実行手続における配当の段階)で、債権者と代位者のどちらが優先するかである。現行民法は、ここでも債権者が代位者に優先すると定める(502条3項)。

◆ **改正の経緯**　明治民法起草者は、債権者と代位者は平等であり、代位者は弁済額に応じた案分比例による配当を受けると考えていた(梅320頁)。しかし、学説では、債権者がまず配当を受け、残余があれば代位者が受けるという、債権者優先主義を唱えるものが多く(我妻255頁、於保389頁、平井208頁など)、判例もこの考え方をとった(最判昭60・5・23民集39巻4号940頁、百選Ⅰ91〔池田雅則〕)。これに反対する学説も有力であったが(本書3版370頁参照)、抵当権の効力を強化し、債権者の優先を認める判例法理が形成され、その内容は合理的であったと考えられる。改正民法は、この判例・多数説を明文化した。

◆ **1個の抵当権が数個の債権を担保する場合**　不動産を目的とする1個の抵当権が数個の債権を担保し、そのうちの1個の債権のみについて保証人が全部を代位弁済した場合、その抵当権は債権者と保証人の準共有になり、その不動産の換価金は、特段の合意のない限り、両者が債権額に応じて案分弁済を受けるという判例がある(最判平17・1・27民集59巻1号200頁、重判平17民5〔安永正昭〕)。一部弁済による代位と区別したものである。特約との関係につき、森永・前掲注(34)参照。

③ 行使される権利の内容　以上のように、権利の行使の段階及びそれによる満足を受ける段階のそれぞれにおいて、債権者が代位者に優先するのだが、その「権利」は、抵当権に限らない。それ以外の担保権(質権・先取特権・譲渡担保権)についても同様である。代位者は、債権者の同意を得て、債権者とともに、これらの権利を行使することができ(502条1項)、それによって得られる金銭については、債権者が代位者に優先する(同条3項)。

なお、債権者が優先するのは原債権とその担保等であり、求償権については、弁済者はこの制約を受けることなく行使することができる。

◆ **債権者優先主義の及ぶ範囲**　一部代位があると、原債権は、債権者に残存する部分と代位者に移転する部分(以下「代位者部分」という)に、いわば分割される。両者の関係について、ⓐ債権者を優先する債権者優先主義(フランス民法)と、ⓑ債権者と代位者を各自の部分の額に応じた同等の地位につける平等主義(イタリア民法)があるところ、ボアソナードは、ⓑを採用し、これが旧民法財産編486条を経て、明治民法502条となった。これに対し、前述の批判があり、改正民法はⓐに改めた。ところで、502条1項・3項は、代位者の行使する権利を抵当権に限定していない。部会では、ⓐを抵当権以外の権利にまで拡張する方向で検討されたが、破産法の規律(手続開始時現存額主義→第9章第3節第2款3(1)◆〔564頁〕)との関係を破産法の議論に委ねたこともあり、ⓐの及ぶ範囲は明確にされないままとなった(部会資料39、第1、10(4)補足説明3、同80-3、第7、10(3)説明、部会議事録47回22頁以下、同80回47頁以下、同92回49頁以下)。改正の経緯に照らすと、ⓐが抵当権以外の担保物権にも及ぶことは問題ない。債権者代位権及び詐害行為取消権も同様に考えられよう。問題となりそうなのは、㋐保証人に対する保証債務に係る債権、㋑債権者が有する原債権の債務名義の利用、㋒原債権のうちの代位者部分の行使(訴え提起・強制執行申立て・配当の受領)、㋓担保物権設定者・保証人・債務者からの任意弁済の受領である。

今回の改正の趣旨(担保権実行時期の選択を中心とする原債権者の利益の保護、求償権の確保という代位制度の目的の尊重)は、限られた財産を目的とする権利の行使・換価金の分配の局面においてⓐをとることを理由づける。これに対し、流動性ある一般財産からの債権の回収の局面では、債務者に資力があれば債権者と代位者がそれぞれ回収すればよく、資力がないときは破産法の規律との関係を考えるべきであり、様相が異なる。㋐㋑の権利の行使段階については改正の趣旨がなお及びうる(保証人の責任追及・債務名義の利用の各時期選択の利益の保護。たとえば、㋑について代位者が債権者の有する債務名義を利用するため、承継執行文〔民執27条2項〕の付与を受ける際、債権者の同意を必要とする)としても、その満足段階に

ついては議論がありうる。すなわち、㋐で保証人の財産状況が悪化している場合、㋑で債権者と代位者が同じ執行手続内で配当を受ける場合は、ⓐが及ぶといえそうだが、異論もありうる（後者につき倒産法交錯402頁以下［八田］参照）。㋐㋑の満足段階で上記以外の場合、及び、㋒においては、代位者が代位者部分の範囲内で行動する限り、ⓐが及ばないこともあるのではないか。また、㋓は、任意弁済を受ける状況（担保権実行に近いか、求償権行使に近いかなど）によって異なりうるのではないか（中田・前掲注(20)21頁以下参照）。

　一部代位については、このほか、解除権に関する規律がある。一部の弁済があっても、残部は弁済されていないのだから、債権者は、債務不履行による契約の解除をすることができる。解除ができるのは、債権者だけであり、代位者はできない。債権者が解除した場合は、代位者に対し、代位者が弁済した価額及びその利息を償還しなければならない(502条4項。545条2項参照)。もっとも、解除権は、契約当事者たる地位に基づくものであり、債権者として有する権利とは別のものであって、そもそも代位の対象にならない。したがって、この規定の反対解釈により、全部代位の場合は代位者が解除できるということにはならない(→(ⅱ)1つ目の◆〔452頁〕)。

◆ **解除権に関する規定の意義**　一部代位について、ボワソナードは、フランス民法とは異なり、債権者と代位者の競合を認めたうえ、不可分性のある解除訴権は債権者にのみ認めることとし、その場合、債権者は代位者に賠償すべきこととした(Exposé des motifs, t. 2, p. 713. ボワソナード草案(新版)第2巻633頁・666頁以下。旧民法財産編486条2項、梅320頁参照)。当時、契約から生じる債権と契約自体との関係の区別が明確でなかったことによるものであろう。そこで、後に、この規定は誤解を招く無用なものであるという批判が投じられた(鳩山422頁、我妻255頁など)。もっとも、この規定の意義は、債権者の代位者に対する弁済の価額と利息の償還を命じるところにある。502条4項前段は、後段の規律を導く前提として示された注意的な規定だと理解すれば足りる。

④　**債権証書への代位の記入等**　一部代位があった場合も、代位者の権利行使についての配慮がされている。すなわち、債権者は、債権証書にその代位を記入し、かつ、自己の占有する担保物の保存を代位者に監督させなければならない(503条2項)。

β　債権者の担保保存義務[35]

（ア）　意義　　代位権者（弁済をするについて正当な利益を有する者）は、「債権者が故意又は過失によってその担保を喪失し、又は減少させたときは」「代位をするに当たって担保の喪失又は減少によって償還を受けることができなくなる限度において、その責任を免れる」（504条1項前段）。代位権者との関係で、債権者に担保保存義務を課す規定である。

> ◇　債権者Gが債務者Sに対する1000万円の債権につき、S所有の甲土地（価格600万円）に乙抵当権の設定を受けるとともに、保証人Aの保証も得ていた。Sが甲土地を他に売却したいと考え、Gに対し乙抵当権の放棄を要請したところ、Gは、Aの資力が十分あるので、乙抵当権がなくても債権の回収は確実であると考え、これに応じた。その後、Sが倒産し、GがAに保証債務の履行を請求した。Aは、Gが乙抵当権を放棄していなければ、弁済による代位により乙抵当権を行使できたはずなのに（501条1項）、それができないという不利益を被っている。そこで、504条1項前段は、Aを保護し、Gに負担を帰せしめることとし、その方法として、Aは、乙抵当権がないために償還を受けられなくなる限度で、責任を免れるものとした。具体的には、AのGに対する保証債務は、400万円に縮減する。

504条1項前段の前身である明治民法504条について、起草者は「公平を旨とする」規定であるという（梅325頁）。これに対し、その後、対照的な2つの評価がされた。

第1は、積極的評価である。同条は、実質的な意味での信義則に基づく制度であると理解する（星野264頁）。債権者にとって、保証や担保は自己の債権を確保するための手段であり、その管理処分は自由であるようにみえるが、そうではない。自己の権利であっても、その不当な管理処分によって他人の権利を害してはいけないという信義則上の要請があり、同条はそれを表しているという評価である。これを分析すると、代位権者の代位への期待の保護と、担保の

---

[35]　近江幸治「共同抵当の放棄と担保保存義務の免責および免除特約」高島平蔵古稀『民法学の新たな展開』(1993)393頁、今西康人「担保保存義務免除特約の効力について」谷口知平追悼『論文集2 契約法』(1993)245頁、高橋・前掲注(30)①125頁以下、中田「判批」法協113巻11号(1996)99頁、渡邊力「担保保存義務と免除特約」加藤雅信古稀『21世紀民事法学の挑戦 上巻』(2018)825頁、大澤慎太郎「担保保存義務の意義と特約の交錯」近江古稀下69頁、森永・新注民(10)493頁以下。504条で「担保保存義務」と明示されなかった経緯につき、潮見新Ⅱ181頁参照。

喪失・減少についての債権者の故意過失に対する制裁(548条参照)という2面があることになる(我妻264頁、潮見Ⅱ334頁、吉田169頁参照。潮見新Ⅱ182頁参照)。

> ◆ **保証人保護の思想** フランス民法(原始規定)2037条は、債権者の行為のため代位できなくなった保証人の免責を規定する。旧民法は、これを継承しつつ、対象を連帯債務者・不可分債務者に拡張した(財産編512条、債権担保編45条・72条・91条2項)。明治民法は、やはり保証人を保護するドイツ民法第1草案715条(ド民776条)なども参照し、「極めて公平なる規定」として対象を法定代位権者にまで拡張した(梅323頁)。このように対象が拡張された現在、一般的な観点からの説明がされるようになるが(渡邊・前掲注(35)843頁など)、504条1項前段の起源に保証人保護の思想があったことを想起することは、なお意味をもちうるだろう(西村信雄『継続的保証の研究』〔1952〕250頁参照)。なお、フランスでは、1984年改正で民法2037条〔現2314条〕が強行規定とされ、保証人保護が強化されている(大澤慎太郎「フランス担保保存義務の法的構造」早稲田大学法研論集123号73頁～125号1頁〔2007～08〕)。

第2は、消極的評価である。明治民法504条は、銀行取引の実情に適合せず、その規律は銀行取引において合理性が低いという評価である。債権者である銀行が融資等の与信をする銀行取引は長期継続的なものなので、時間の経過に伴う状況の変化により、債務者側から担保の差換えや一部解除の要請がされることはよくある。それが合理的な要請であり、銀行側でも支障ない場合であっても、同条があるために、銀行は応じることができない。法定代位権者(特に保証人)の個別の同意を得れば可能になるが、同意が常に必要だとすると銀行と貸付先との取引の円滑で安定した推移がその者の意向次第になり適当でないという(石井眞司「銀行保証約款における担保保存義務免除の特約」手研196号〔1973〕22頁)。

この両方向からの評価があるなかで、後記のとおり判例が積み重ねられた。改正民法は、判例法理を取り込みつつ、両方向からの評価の調整をした。すなわち、代位権者の代位への期待の保護と債権者による故意過失ある担保の喪失又は減少行為(以下「担保喪失等行為」という)に対する制裁であるという制度趣旨を維持したうえ(504条1項)、合理的な理由のある担保喪失等行為については、その適用外とする(同条2項)。「合理的な理由」の有無の判断にあたって、1項の制度趣旨が考慮されることは、当然である。

（イ）　要件・その1——免責される者　　債権者の担保喪失等行為によって免責される者は、①代位権者(弁済をするについて正当な利益を有する者。504条1項前段)と、②物上保証人である代位権者から担保目的財産を「譲り受けた第三者及びその特定承継人」(同項後段)である。②は、債権者の担保喪失等行為による免責の効果が生じた後に、物上保証人から譲り受けた者及びその特定承継人(転得者、転々得者など)である(債権者の担保喪失等行為より前に物上保証人から譲り受けていた者は、①に含まれる。501条3項5号参照)。改正前民法のもとでの判例(最判平3・9・3民集45巻7号1121頁)の考え方を明文化したものである。なお、第三取得者(債務者から担保目的財産を譲り受けた者)が現れた後、債権者の担保喪失等行為(債務者の他の財産上の担保の放棄など)があり、第三取得者について免責の効果が生じた後に、同人から担保目的財産を譲り受けた者及びその特定承継人についても、②と同様に解すべきである(504条1項後段類推適用)[36]。

　（ウ）　要件・その2——債権者の故意過失による担保喪失等行為　　債権者の故意過失は、代位の対象となる担保の喪失又は減少についての故意過失であり、免責を生じる関係についての故意過失ではない(我妻265頁など通説)。積極的な担保の放棄はもとより、保存の懈怠による権利の喪失も含む(大判昭6・3・16民集10巻157頁、大判昭16・3・11民集20巻176頁〔いずれも債権者が抵当権の登記を怠っている間に所有者が目的不動産を第三者に売却した例〕)。債権者の担保権の実行が遅れ、その間に担保財産が値下がりした場合については、債権者の態度が著しく不適当で信義則に反するという例外的な事情があるときにのみ、過失による担保減少行為にあたるというべきである(我妻265頁。肯定例として、大判昭8・9・29民集12巻2443頁)。債権者の換価時期選択の自由を尊重するとともに、担保財産の価格変動によるリスクを債権者のみに負担させるのは妥当ではないからである(代位権者も弁済による代位をして担保権の実行をすることができる)。

　担保は、物的担保又は人的担保の意味であり、債務者の一般財産を意味しない。債権者が債務者の一般財産を差し押さえた後、これを解除しても、担保を喪失させたことにはならない(大判大元・10・18民録18輯879頁)。

---

[36]　中間試案第22、10(4)、部会資料70A、第3、10(3)説明3は、第三取得者も明示する。部会資料80—1、第7、10(5)、同83—2、第23、10(5)説明1、同84—3、第23、10(5)説明、で変遷はあるが、第三取得者が排除されたわけでない。最判平3・9・3前掲の事案を参照。潮見新Ⅱ189頁。

(エ)　要件・その3——消極的要件　　上記(イ)(ウ)にあたる場合であっても、「債権者が担保を喪失し、又は減少させたことについて取引上の社会通念に照らして合理的な理由があると認められるとき」は、代位権者等の免責の効果は生じない(504条2項)。(ア)で示した旧504条に対する異なる評価を背景に、代位権者の代位への期待の保護と債権者の故意過失ある行為に対する制裁という制度趣旨を維持したうえ、長期継続的な金融取引の円滑の要請に応えようとするものである。したがって、「取引上の社会通念に照らして合理的な理由」というのは、債権者にとっての合理性だけを意味するのではなく、代位権者の正当な期待をも考慮すべきである[37]。すなわち、担保喪失等行為の取引上の社会通念に照らした評価(行為の目的・態様・時期等)、代位権者の類型(保証人か物上保証人か第三取得者か)に応じた期待、代位の対象となる担保の状況、債権者の故意過失の程度などが考慮されるべきである。具体的には、債権者が担保の差換えに応じたり、一部の担保提供者から一部の弁済を得てその担保を解放したりすることが、ここでの問題となるだろう。

　(オ)　効果　　債権者の担保喪失等行為があると、代位権者は「その責任を免れる」。保証人のように債権者に債務を負う者は、債務の全部又は一部を免れる。物上保証人や第三取得者のように債権者に債務を負担しない者は、その担保についての責任の全部又は一部を免れる(担保財産の負担する責任額が縮減する)(我妻268頁、星野264頁、潮見新Ⅱ185頁)。

　免責額を決める基準時は、担保の全部を喪失した場合はその喪失の時(大判昭6・3・16前掲)、一部を喪失(減少)した場合は残部が実行された時(大判昭11・3・13民集15巻339頁)というのが判例である。担保の喪失・減少がなかったと仮定して代位が生ずべかりし時というのが理論的であろうが、その判定は極めて困難である。行為時又は残部実行時は、それに代わる標準として理解すべきものであろう。

　(カ)　特約　　改正前民法のもとで、銀行取引においては、債権者(銀行)と保証人・物上保証人との間で、保証人等は債権者の担保保存義務を免除するという特約がされるのが通常であった。大審院は、この特約を「もとより有効」

---

[37]　部会議事録96回28頁〜29頁〔松尾関係官発言〕、同97回28頁〔同〕参照。潮見新Ⅱ187頁。

としたが(大判昭12・5・15新聞4133号16頁)、最高裁は、これを有効としつつ(最判昭48・3・1金法679号34頁)、その効力の主張が信義則違反・権利濫用となる場合のあることを認めた(最判平2・4・12金法1255号6頁)。具体的には、債権者の行為が「金融取引上の通念から見て合理性を有し、保証人等が特約の文言にかかわらず正当に有し、又は有し得べき代位の期待を奪うものとはいえないとき」には、特約の効力の主張は、原則として信義則違反ないし権利濫用とはならないとした(最判平7・6・23民集49巻6号1737頁、百選Ⅱ〔8版〕37[髙橋眞]、百選Ⅱ30[大澤愼太郎]、秋山ほか・改正194頁[中原太郎]、中田・前掲注(35))。

504条2項の新設により、上記特約は、機能が小さくなったが、証明責任の相違をもたらすので、実務上、今後も用いられるという指摘がある(井上=松尾・改正334頁)。

◆ **担保保存義務免除特約**　証明責任の相違というのは、504条2項においては、「合理的な理由がある」ことの証明責任を債権者が負うのに対し、特約のもとでは、債権者からの特約の効力の主張に対し、代位権者が信義則違反又は権利濫用の主張をすることになるので、債権者の行為が「金融取引上の通念から見て合理性を有し、保証人等が特約の文言にかかわらず正当に有し、又は有し得べき代位の期待を奪うもの」(最判平7・6・23前掲)であることの証明責任を代位権者が負う、ということである(部会資料70A、第3、10(3)説明2(2)、一問一答198頁以下)。もっとも、この判例の規律も(エ)で示した504条2項の内容と同様のものとして再構成することが考えられ(本書3版375頁参照)、また、いずれも規範的評価を伴うので、証明責任の所在が大きな相違をもたらすことにはならないだろう。なお、特約と504条2項の関係については様々な理解があり(潮見新Ⅱ190頁、大澤・前掲注(35)75頁以下、秋山ほか・改正200頁以下[中原]、森永・新注民(10)507頁など)、義務の性質や不法行為責任との関係の理解の相違にまで及ぶ。

担保保存義務免除特約については、代位権者から担保目的財産を譲り受けた者との関係も問題となる。①債権者Gが担保の放棄をしたが、特約の効力により、物上保証人Aについて旧504条の免責の効果が生じなかった場合、その後、Aから担保目的財産を譲り受けたBも、Gに対し、免責の効果を主張できないというのが判例の考え方である(最判平7・6・23前掲参照)。免責の効果の発生の有無は、GA間で決着がついており、Bは、免責の効果が発生しておらず、重い負担がついたままの財産を取得したことになる。この結論については、GA間の特約の対第三者効(契約の相対効の例外)の問題としてとらえる方法と、特約の効力により生じた法律関係の承継の問題ととらえる方法とがあるが、判例は後者をとった。新504条

> 1項後段は、Aのもとで免責の効果が生じた後の譲受人Bは免責されるとするので、特約によりAのもとで免責の効果が生じなかった後の譲受人Bは免責されないと考えるのが整合的であり、これは上記判例の考え方に沿うものでもある。この場合、GA間の免責の効果不発生は特約の効力によるものであり、504条2項はその背後に隠れる。他方、②AからBが担保目的財産を譲り受けた後に、Gの担保喪失等行為が行われた場合は、GA間の特約の効力は生じないので(Bは契約の当事者ではないから)、Bは代位権者として(501条3項5号参照)、免責を主張することができる。ただし、GB間で504条2項の合理的な理由があると認められれば、Bに免責の効果が生じない。

第3節　弁済供託[38]

1　意　義

(1)　弁済供託と各種の供託

　弁済供託とは、弁済者が債権者のために弁済の目的物を供託所に寄託することによって、一方的に債務を消滅させる行為である(494条1項)。

　債務者は、弁済の提供がされた時から、債務不履行責任を免れる(492条)。しかし、それで債務が消滅するわけではない(その結果、債務者は、①債権者が自己の受領遅滞を解消させて履行を請求すれば、それに応じられる状態を維持する必要があり、②目的物の保管について、軽減されてはいるが注意義務を負い続け、③その債務についての担保権が存続するので、担保物の価値を十分に活用できない)。また、債権者がAとBのどちらなのか不明である場合、弁済の提供をすること自体が困難なことがある。そこで、債務者が債権を一方的に消滅させる方法として、弁済の目的物の供託という制度が設けられている。よく利用されるのは、地代・家賃の供託である。供託をすると、記録が残り、後日の証明に便利だという利点もある。

---

[38]　吉戒修一編著『供託制度創設百周年記念　供託制度をめぐる諸問題』(1991)、水田耕一『新供託読本〔第7新版〕』(1992)、遠藤浩＝柳田幸三編『供託先例判例百選〔第2版〕』(2001)、磯部慎吾『基礎からわかる供託〔第2版〕』(2020)。

一般に供託というと、弁済供託に限らず、各種のものが含まれる。民事に関するものでは、担保のための供託(366条3項・461条2項)、保管のための供託(394条2項・578条、商527条、非訟91条5項・10項)、執行供託(民執156条)、譲渡制限の意思表示がされた債権が譲渡された場合の供託(466条の2・466条の3)、不動産の所在等不明共有者の持分の取得又は譲渡のための供託(非訟87条5項・88条2項)などがあり、公法上のものでは、公職選挙法上の供託(公選92条)などがある。このうち、執行供託は、金銭債権が差し押さえられた場合に、第三債務者が、権利として(民執156条1項。権利供託〔単発の差押えの場合〕)、又は、義務として(同条2項。義務供託〔差押え等の競合の場合〕)、行う供託であり、執行法上の効果をもつが、同時に、弁済供託としての性質ももつ(中野・民執705頁、奥田＝佐々木下1155頁)。各種の供託を通じた供託制度について、供託法が規定する(各種の供託につき、山田誠一・新注民(10)409頁以下)。

ここで取り上げるのは、494条以下に規定された弁済供託である。供託のなかでも中心的なものである。

(2)　弁済供託の法的性質

弁済供託は、第三者のためにする寄託契約であるというのが通説である(我妻307頁など)。すなわち、弁済者と供託所との間の寄託契約(657条)であって、第三者である債権者のためにするもの(537条)である。しかし、さらに特徴がある。①供託のほとんどを占める金銭・有価証券の供託において、供託所は国家機関である法務局等であるので(供託1条)、供託には公法的要素もある。②弁済供託によって、債権消滅の効果が生じる。

このうち、①は、ⓐ供託事務を取り扱う供託官(供託1条ノ2)の行為が行政処分かどうか(それを争う手続は行政訴訟か民事訴訟か)、ⓑ供託所に供託金の払渡しを求める権利の消滅時効期間が5年又は10年か(166条1項)、それとも5年か(会計30条)、などの問題にかかわる。判例(最大判昭45・7・15民集24巻7号771頁、中川哲男『最判解民昭45』625頁)は、弁済供託は民法上の寄託契約の性質を有するものだが、公益上の目的から、法は、国家の後見的役割を果たすため、国家機関である供託官に権限を与えたと述べ、ⓐにつき、供託官のした供託金取戻請求却下は行政処分であり行政訴訟の対象となるとし、ⓑにつき、供託金払渡請求権の時効期間は民法の規定による(旧167条1項により10年)とした。

ⓐについては、㋐行政機関としての適正な判断を通じて供託制度が公正かつ統一的に運営されるべきことの要請を重視するか、㋑弁済供託の非公権的性質や、供託官の処分と通常の行政行為との相違（供託1条ノ3以下参照）を重視するかで対立する。㋑もありうるが、判例は㋐をとった。ⓑについては、弁済供託において、国家機関は、弁済者と債権者にとって中立的であり、かつ、供託物の返還についての信用（資力）のある存在として、私法上の関係に関与するにすぎない。したがって、時効期間は民法の規定に従うと解すべきであり、判例を支持することができる。

　②の効果は、通説の説明だけでは表現されていない。そこで、弁済供託は、形式は第三者のためにする寄託だが、実質は弁済の代用である（於保405頁）、弁済供託は、法定の受領権限を授権された供託所に対する弁済である（伊藤進「弁済供託をめぐる基本問題」吉戒編著・前掲注(38)241頁、平井214頁）、弁済供託契約は、旧494条が債権の消滅という法効果を特に認めた「事件」である（前田492頁）などといわれる。たしかに、②を重視すべきだが、弁済又は事件と説明しても、結局は、法定の効果であることをどこかで認めざるを得ない。そうであれば、端的に、弁済供託は、第三者のためにする寄託契約であって、法がそれに第三者の有する債権を消滅させる効果を付与した制度である、といえば足りる。

2　要　件

(1)　供託する者

　弁済供託は、債権の消滅という効果をもたらすものだから、それができるのは、債務者その他弁済をしうる者（→第2節4(2)〔406頁〕）である。民法上、供託する者は「弁済者」であり（494条）、供託物の還付を請求することができる者は「債権者」である（498条1項）。供託一般の規律をする供託法上は、前者は「供託者」であり（供託8条2項など）、後者は「被供託者」である（供託規13条2項6号）。

(2)　供　託　所

　債務履行地の供託所に供託する（495条1項）。供託所は、金銭・有価証券については、法務局・地方法務局等（供託1条）、その他の物品については、法務

大臣の指定する倉庫営業者又は銀行(同5条)である。供託所について法令に定めがない場合は、裁判所は、弁済者の請求により、供託所の指定及び供託物保管者の選任をしなければならない(495条2項→3◆)。

(3) 目 的 物

弁済供託により債務を消滅させることができるのは、預けるべき目的物が存在する場合に限られる。金銭であることが多いが、有価証券、動産、不動産も対象となる(→3)。

(4) 供 託 原 因

494条は、どのような場合に供託できるのか(供託原因)を規定する。債権者の受領拒絶・受領不能(同条1項1号・2号)、債権者の確知不能(同条2項)である。

(a) 債権者の受領拒絶

債権者が弁済の受領を拒絶することである。それに先立って、弁済者が適法な弁済の提供(493条)をしたことを要する(494条1項1号)。

改正前民法のもとで、判例は、債権者に受領拒絶の態度が認められる場合であっても、弁済者は、いったん弁済の提供(493条但書の「あらかじめその受領を拒み」にあたるから、口頭の提供でよい)をしたうえでないと供託できないが(大判明40・5・20民録13輯576頁、大判大10・4・30民録27輯832頁)、口頭の提供をしても債権者が受領しないことが明らかなときは直ちに供託してもよい(大判明45・7・3民録18輯684頁、大判大11・10・25民集1巻616頁)と判断した。学説では、事前の弁済の提供の要否については議論があった(本書3版379頁以下)。現行民法は、必要説をとった(一問一答192頁以下)。債務者の保護は、口頭の提供がなくても直ちに供託できる上記の例外を引き続き認める(奥田＝佐々木下1158頁)ほか、口頭の提供がなくても債務者が債務不履行責任を免れうる場合を認める(→第2節2(3)(d)〔397頁〕)など、個別法理によってはかることができる。

(b) 債権者の受領不能

債権者が受領できないことである(494条1項2号)。判例は、債務者の電話による問合せに対し債権者が不在との返事があった場合(大判昭9・7・17民集13巻1217頁)など、広く理解する(平井215頁は疑問を示す)。債権者の帰責事由もいらない(奥田563頁など)。債権に質権が設定された場合、設定者(当該債権の債権者)の受領不能による供託ができそうだが(道垣内・担物117頁)、担保要綱では、

第三債務者の質権者に対する弁済を認めるなどの具体的規律が示されている（同第18、1）。債権が差し押さえられた場合も、弁済を禁止された第三債務者（481条1項、民執145条1項）の弁済供託の可否が問題となりうるが、現行法上は、執行供託（民執156条1項）により、第三債務者の利益が保護される。

(c) 債権者の確知不能

「弁済者が債権者を確知することができない」ことである（494条2項本文）。たとえば、債権者の相続人と称する者の相続権の有無が不明で、AとBとのいずれが相続人であるか確知できない場合である。供託実務では、債権者不確知と呼ばれることが多い。この場合、弁済者は複数の者を被供託者として供託する。

ただし、確知できないことについて弁済者に過失がある場合は、供託することができない（同項但書）。客観的には債権者が確定しているが、弁済者が善良な管理者の注意を払っても、それが誰であるかを事実上又は法律上、知りえない場合は、過失がないが（奥田564頁）、そうでなければ、過失がある。弁済者に過失があることの証明責任は、債権者など供託の効力を争う者が負う（一問一答192頁）。

◆ **債権の二重譲渡と供託**　債権が二重に譲渡されると、債務者にとって債権者が誰かがわかりにくくなるが、この場合、債務者は、債権譲渡の対抗要件制度の基準（467条）に従って債権者を判定すべきであり、供託はできない。もっとも、その基準を適用しても、事実上、不明である場合（Aに対する譲渡の通知とBに対する譲渡の通知の到達の先後が債務者に過失なく不明である場合）には、供託できる（→第10章第2節第2款4(2)(a)(i)β〔713頁〕）。

(5) 債務の本旨に従うものであること

弁済供託が債権の消滅という効果をもたらすものである以上、債権者に対し、債務の本旨に従った弁済と同一内容の目的物を得させる必要がある。したがって、金銭債権の一部だけを供託しても、その供託はその部分についても効力を有しないのが原則である（大判明44・12・16民録17輯808頁、我妻309頁など）。もっとも、債権額に比し供託額が不足する場合であっても、不足額がわずかであるなどの事情があるときに、供託が有効とされることもあるのは、弁済の提

供と同様である(最判昭 35・12・15 前掲、最判平 6・7・18 前掲。いずれも、弁済の提供及びそれに続く供託の効力を認めた→第 2 節 2(3)(b)(ⅱ)β〔391 頁〕)。この場合は、供託額の範囲において債権が消滅する。

3 方 法

弁済供託は、債務の履行地の供託所にする(495 条 1 項)。金銭の供託の場合、現金を供託所に提出し、又は、日本銀行に納入するほか、振込みや電子納付の方法もある(供託規 20 条 1 項・18 条 1 項・20 条の 2 第 1 項・20 条の 3 第 1 項)。手続は、オンラインによることもできる(同 38 条以下。齊藤雄一「オンラインによる供託手続の改善について」NBL 976 号〔2012〕40 頁、磯部・前掲注(38)30 頁以下)。

> ◆ **金銭以外の供託** 有価証券も供託所に供託する(供託 1 条)。金銭・有価証券以外の物品は、法務大臣の指定する倉庫営業者又は銀行に供託する(同 5 条)。供託所が法定されていない場合(債務履行地に供託法 5 条の供託所がない場合、あっても保管能力のない場合など。甲斐道太郎・注民(12)309 頁)、裁判所が弁済者の請求により、供託所を指定し、供託物保管者を選任する(495 条 2 項)。たとえば、不動産は、供託物保管者として選任された信託会社・不動産会社などに供託する。供託に適しない物(爆発物など)、滅失・損傷その他の事由による価格低落のおそれがある物(生鮮食料品、価格変動が激しく暴落しうる物など)、保存について過分の費用を要する物(家畜など)は、弁済者は、裁判所の許可を得て、その物を競売に付し、その代金を供託することができる(497 条 1 号〜3 号)。その物を供託することが困難な事情があるときも同様である(同条 4 号。目的物を保管する供託所が存在しない場合など。495 条 2 項の指定等の請求をしたうえでなくてよい。一問一答 193 頁)。これらは、いわゆる自助売却の 1 つの場合である(商 524 条参照)。

供託した者は、遅滞なく、債権者に供託の通知をしなければならない(495 条 3 項)。供託者が自ら通知してもよいが、金銭等を法務局等に供託する場合は、供託官に供託通知書の発送を請求することもでき(供託規 16 条)、その場合は、供託官の発送で足りる(我妻 311 頁)。現実にはこの方法が用いられている(奥田＝佐々木下 1164 頁、磯部・前掲注(38)39 頁〔オンライン申請の場合〕)。

4　効　果

(1)　債権の消滅

　弁済供託がされると、弁済者が供託をした時に債権が消滅する(494条)。債務者は、その後の利息・遅延損害金を支払う必要がない。保証債務も付従性により消滅する。抵当権などの担保権も消滅し、その登記の抹消を請求することができる。強制執行や担保権実行を停止させ、執行処分の取消しを求めることもできる(中野・民執338頁以下・371頁以下)。債権消滅の時期が供託時であることは、判例(大判大9・6・2民録26輯839頁)の考え方を現行民法が明文化したものである。

　もっとも、弁済者は、供託した後も一定の時期までは供託物を取り戻すことができるので(496条)、それまでの間の法律関係が問題となる。供託物の取戻しを解除条件として供託時に債権が消滅すると理解する解除条件説が民法改正の前後を通じての通説(我妻312頁、潮見新Ⅱ80頁、奥田＝佐々木下566頁など)である。条文の表現(494条1項・496条2項)と整合的であるし、供託時に生じる効果の説明もしやすい。支持すべきである。

> ◆　**債権消滅と供託物取戻しの関係**　　解除条件説のほか、停止条件説(近藤＝柚木ほか下198頁、石田文272頁、柚木(高木)487頁、林ほか323頁[石田])もある。取戻権の消滅等を停止条件とし、条件が成就すると供託時に遡及すると考える。この説でも、供託者が供託による債務消滅を前提とする請求をする場合は、取戻権の放棄があるとみて、同様の効果を導きうるが(我妻312頁)、供託者と上記請求をする者が一致しない場合は残る(第三者による供託の場合など)。また、494条1項の表現とは、やや離れることになる。

(2)　債権者の供託物還付請求権

　弁済供託がされると、債権者は、供託所に対し、供託物の還付を請求する権利を取得する(498条1項)。債権者の受益の意思表示は不要である(537条3項と違う)。債務者が債権者の給付に対して弁済すべき場合(同時履行の抗弁を有する債務者が供託した場合など)、債権者はその給付をしなければ、供託物を受け取ることができない(498条2項、供託10条)。

債権額に争いがある場合、債権者は、供託金を債権の一部弁済として受領するという留保を付して受領することができる。債権額が供託額よりも多かった場合、供託金は債権の一部弁済に充当され、債権者は残額を請求できる(最判昭38・9・19民集17巻8号981頁)。

(3) 供託物の所有権の移転

弁済供託により、供託物の所有権が債権者に移転する。その時期はいつか。金銭の供託の場合、供託によって供託所がその所有権を取得し、債権者が同額の金銭の交付を受けた時にその所有権を取得する。特定物の供託については、供託契約によって直接、債権者に所有権が移転し、供託所は債権者のために占有する(供託物滅失の危険は債権者が負担する)と考えるのが通説(我妻313頁など)であり、妥当である。

5　弁済者の取戻権

(1) 意　義

弁済者は、一定の事由がある場合を除き、供託物を取り戻すことができる(496条1項前段)。弁済者の取戻権(供託を撤回する権利という面での表現)、又は、供託者の取戻請求権(供託者が供託所に対し供託物の返還を請求する権利という面での表現)という。

> ◇　供託手続では、被供託者の還付請求権と供託者の取戻請求権をあわせて、払渡請求権という(供託8条、供託規5条・22条参照)。

> ◆ **供託法上の取戻し**　供託法は、①496条による場合のほか、②供託が錯誤による場合、③供託をした原因が消滅した場合にも、供託者の取戻しを認める(供託8条2項)。②は供託の無効を原因とし(旧95条参照)、③は不当利得の思想に基づくものであり、①とは性質が異なると説明されてきたが(我妻315頁など)、新95条のもとでは、②は供託自体を取り消しうることを原因とするということになろう(債権者は、同条4項の第三者にはあたらない。中田・契約178頁参照)。①と②③の関係については議論がある(甲斐・注民(12)327頁以下)。

取戻権が行使されると、供託をしなかったものとみなされる(496条1項後段)。

債権は消滅しなかったことになり、保証債務も消滅しなかったことになる(奥田＝佐々木下 1170 頁、潮見新Ⅱ 80 頁など)。抵当権等については後述する(→(2)③)。

(2) 取戻権の消滅・不発生

弁済者が取戻しができなくなるのは、次の場合である。

① 債権者の供託受諾(496 条 1 項前段)　　受諾は、債権者が供託所に対する意思表示により行う。供託受諾は、債権者の債務者に対する意思表示によってもされうるというのが通説(我妻 314 頁など)だが、供託所にはその事実がわからないので、それを前提とする取扱いは困難である(川井 342 頁)。債務者に対する意思表示のみでは、取戻権の消滅の効果は、供託所には主張できないと解すべきであろう。

② 供託を有効と宣告した判決の確定(496 条 1 項前段)　　たとえば、債権者が弁済を求める訴えを提起したが、債務者の供託の抗弁が認められ、請求棄却となり、その判決が確定した場合である(我妻 314 頁。森綱郎『最判解民昭 40』446 頁参照)。

③ 供託によって質権又は抵当権が消滅したとき(496 条 2 項)　　供託によって債権が消滅し、抵当権等も消滅する(付従性)。その後、取戻しを認めて、抵当権等を復活させると、第三者に不利益を及ぼすおそれがある。たとえば、供託に伴う抵当権の消滅を前提として、第三者がその不動産上に新たな抵当権を設定した場合である(この場合、消滅した抵当権の抹消登記の有無を問わない。川井 342 頁)。そこで、抵当権等が消滅した場合は、弁済者には取戻権がない(取戻権の不発生)とされた。担保要綱は、譲渡担保権が消滅したときも同様とする(同第 25)。

④ 弁済者の取戻権の放棄　　規定はないが、弁済者が取戻権を放棄したときも取り戻せなくなると解すべきである(我妻 315 頁、奥田＝佐々木下 1170 頁など)。

⑤ 取戻請求権の時効消滅　　取戻請求権は、消滅時効にかかる(166 条 1 項)。その起算点は、供託者が供託による免責の効果を受ける必要が消滅した時である(最大判昭 45・7・15 前掲、最判平 13・11・27 民集 55 巻 6 号 1334 頁、福井章代『最判解民平 13』762 頁、重判平 13 民法 3 [國井和郎])。たとえば、賃貸借契約について紛争が生じ、長年の間、賃借人が賃料を供託し続けていたが、和解が成立し、供託金は賃借人が取得することになった場合、取戻請求権の消滅時効が問題と

なる。供託者は、供託の時から取戻請求権を行使できるので、それが「権利を行使することができる時」(同項2号)であるとも解しうる。そうすると、和解の時点では、古い供託分について既に消滅時効が完成しているという事態も生じうる。しかし、供託者は、取戻請求権を行使すると、供託しなかったものとみなされ、供託による免責の効果を受けられなくなる立場にある。それにもかかわらず、その権利行使を期待することは、供託制度の趣旨(「債務者の便宜を図り、これを保護するため」の制度〔最判平13・11・27前同〕)に反する。そこで、供託の基礎となった債務(上の例だと賃料債務)について、紛争の解決等によってその不存在が確定したり、消滅時効が完成するなど、供託による免責の効果を受ける必要が消滅した時から起算すべきである。これは供託原因が債権者の受領拒絶である場合には限られない。以上が判例の考え方であり、正当である(ただし、基礎となる債務の消滅時効の成否〔福井・前掲771頁以下参照〕はなお検討を要する)。

第4節　代物弁済

1　意　義

　債務者が、債権者との間で、債務者の負担している給付に代えて他の給付をすることによって、債務を消滅させるという契約をし、「他の給付」をしたときは、その給付は、弁済と同一の効力を有する(482条)。つまり、債権が消滅する。これを代物弁済という。代物弁済は、債務者だけでなく、弁済しうる者(→第2節4(2)〔406頁〕)がすることができる(482条は、これを「弁済者」とよぶ)。

> ◇　10万円の借入金債務を負う債務者が、現金がないので、所有する絵画甲を債権者に与えるから帳消しにしてほしいと申し入れ、債権者が承諾して、両者の間で合意が成立し、債務者が実際に甲を債権者に引き渡したとする。本来、それは債務の本旨に従った履行ではないが、両者が契約をして実行されれば、弁済と同一の効力が生じる(借入金債務が消滅する)。

　代物弁済契約が成立した段階で本来の債権が消滅するわけではない。しかし、そこで合意された「他の給付」がされると、本来の債権は消滅し、以後、それ

に代わる債権が残ることはない。この点で、契約自体によって従前の債務が消滅し、新たな債務が発生する更改(513条→第6節〔523頁〕)とは異なる。

> ◇ 上の例で、債務者が画家であって、10万円の借入金債務に代えて、債権者の肖像画を描くという債務に切り替えることを債権者と合意したとする。その契約によって借入金債務が消滅し、絵を描く債務が発生するとすれば、それは更改である。更改契約の時点で、本来の債務は消滅し、新たな債務が発生することになる。

◆ **要物契約としての理解からプロセスとしての理解へ** 代物弁済について、次の3つの段階を観念することができる。①弁済者と債権者の合意、②この合意に基づき弁済者が本来の給付に代えて他の給付をしたこと、③債権が消滅すること、である。改正前民法のもとで、通説は、①②③を一体的にとらえ、代物弁済は要物契約であると考えた(於保396頁、奥田558頁、平井212頁など)。その結果、代物弁済契約には履行の観念を入れる余地がないともいわれた(奥田・前同)。しかし、現実には、①と②の間には時間差があり、したがって③の前にも問題が生じうる。特に、①の段階で他の給付の目的物の所有権が移転しうることが指摘され、判例は所有権の移転を認めた(最判昭40・3・11判タ175号110頁、最判昭57・6・4判時1048号97頁、最判昭60・12・20判時1207号53頁)。要件事実論でも、所有権取得原因としての代物弁済と債務消滅原因としての代物弁済が区別された(司法研修所編『改訂 紛争類型別の要件事実』〔2006〕113頁、井上哲男・民事法Ⅱ308頁)。学説もこれを意識し、代物弁済として不動産を譲渡する場合について、「登記を停止条件として、契約のときに効力を生ずる」と説明する有力説があった(我妻302頁、松坂266頁)。近年では、①の契約に基づいて②の給付が行われ、その結果として、③の効果が生じる、というプロセスで代物弁済を理解する見解が現れ、支持を得た(鈴木403頁、潮見Ⅱ221頁、平野プラ197頁、本書3版385頁)。現行民法は、このような判例及び近年の学説の考え方を取り入れた(一問一答187頁参照)。

2 要 件

(1) 債権の存在

代物弁済は、債権の消滅を目的とするものだから、もともと債権が存在していなかった場合は、代物弁済契約は効力を生じず、代物弁済は成立しない。給付された物は、不当利得として返還されるべきことになる(703条・704条〔消滅すべき債権が存在しない代物弁済契約の効力の観点〕。705条にあたる場合もある〔弁済

の観点〕)。

(2) 代物弁済契約

　弁済者と債権者の間で、「債務者の負担した給付に代えて他の給付をすることにより債務を消滅させる旨の契約」をすることを要する(482条)。

　本来の給付とは異なる「他の給付」は、物又は金銭の給付に限らない(旧民法財産編461条を変更した。民法修正案理由書459頁)。なす債務も含まれる(平井212頁)。しかし、実際には、金銭の支払に代えて物や債権を譲渡する例がほとんどである。「他の給付」は、本来の給付と同価値である必要はないが、両者の間に著しい不均衡があり、暴利行為にあたる場合には、公序良俗に反し無効となることがある(潮見新Ⅱ87頁)。

　代物弁済による債権消滅の効果が生じるためには、上記内容の契約の成立が必要である。代物弁済契約の成立の時から「他の給付をした」時までの間の、本来の債権と他の給付をすることとの関係は、代物弁済契約の内容によって定まる(→3(3))。

◆ **手形・小切手の交付**　かつて多く問題になった例として、金銭債権(以下「既存債権」という)の債務者が債権者に手形又は小切手(以下、手形で代表させる)を交付した場合の法律関係がある。手形は不渡りになる危険があるから、当事者が手形の交付によって既存債権を消滅させる意思であることは少ない。そこで、手形が交付された場合、通常は、当事者は、既存債権を弁済する手段として交付したと解される。これを「弁済のために」交付されたという。この場合、債権者は、まず手形債権を行使すべき義務を負うが、既存債権は存続するので、手形が不渡りになると、手形債権だけでなく、既存債権を行使することもできる。これに対し、例外的に、既存債権を消滅させる趣旨で手形が交付されることもある。これを「弁済に代えて」交付されたという。この場合、既存債権は消滅するので、債権者は、手形が不渡りになっても手形債権しか有しない。このため、既存債権の担保の消滅、時効期間などの面で不利益を受けることがある。このように「弁済に代えて」の効果は大きいので、特段の事情がなければ、「弁済のために」交付されたと推定される(大判大11・4・8民集1巻179頁、奥田＝佐々木下1148頁など通説)。しかし、例外的に、「弁済に代えて」交付されたと認められる場合、その法的性質は、更改ではなく、代物弁済だと解される(我妻304頁など。2004年改正前513条2項後段〔為替手形発行による更改〕の削除につき、吉田＝筒井・現代語化110頁)。以上は、代物弁済契約の成否に関する合意の解釈の一例である。なお、手形法学では、「支払

のために」「支払に代えて」ということが多いようである。

(3) 「他の給付をした」こと

「給付をした」とは、債権消滅の効果をもたらすのにふさわしい、現実の給付があったことを要する。そのためには、権利の移転に加え、第三者に対する対抗要件(不動産なら登記〔177条〕、動産なら引渡し〔178条〕、債権なら確定日付ある証書による通知又は承諾〔467条〕)の具備が必要である(最判昭39・11・26民集18巻9号1984頁、最判昭40・4・30民集19巻3号768頁)。権利の移転だけで債権消滅の効果が発生するとすれば、弁済者が当該権利を他に譲渡して対抗要件を備えさせるなどすると、債権者が不利益を被るので(坂井芳雄『最判解民昭40』109頁)、対抗要件具備まで必要とするのが当事者の通常の意思に合致するからである(枡田文郎『最判解民昭39』473頁)。もっとも、給付の目的物が不動産であって、登記に必要な書類を債権者が債務者から受領した時点で代物弁済による債権消滅の効力を生じさせるという特約がある場合は、書類受領時にその効力が生じる(最判昭43・11・19民集22巻12号2712頁)。債務者が二重譲渡をした場合は債権者は消滅した債務と同額以上の損害賠償債権を取得するし、登記に必要な書類を受領すれば二重譲渡の危険も少ないので、そのような特約を認めてよい(後藤静思『最判解民昭43』942頁)。学説もおおむね同様である(我妻302頁、川井332頁など。奥田＝佐々木下1148頁以下参照)。

3 効 果

(1) 債権の消滅

代物弁済により、債権が消滅する(482条・473条)。それに伴い、担保物権・保証債務も消滅する。

(2) 他の給付の目的である権利の移転

代物弁済契約により、他の給付の目的である権利が移転する。移転の時期については、権利変動の時期に関する判例の考え方(最判昭33・6・20前掲〔不動産売買。契約時〕、最判昭35・6・24前掲〔不特定物売買。特定時〕。いずれも特約による修正がありうる)に加えて、代物弁済においては、債権消滅の効果をもたらす対抗要件具備より前に権利が移転していることが前提となるので、代物弁済契約

の解釈としても、契約時又は特定時に移転することが基本となる(改正前民法のもとの判例として、最判昭40・3・11前掲、最判昭57・6・4前掲、最判昭60・12・20前掲〔いずれも不動産〕)。

(3) 代物弁済契約時から現実の給付時までの法律関係

代物弁済契約の時から、債権消滅の効果が生じる「他の給付をした」時までの間、本来の債権と、代物の給付をすることとの関係が問題となる。具体的には、この期間中、①債権者は本来の債権の履行を請求できるか、②弁済者は代物の給付をすることができるか(代物の給付の提供は弁済の提供となるか、債権者が代物の受領を拒絶すると受領遅滞になるか)、③債権者は代物の給付を請求できるか、④弁済者は本来の債権の履行をすることができるか(その提供は弁済の提供となるか、債権者が受領を拒絶すると受領遅滞になるか)である。以上を通じて、⑤本来の債権と代物を給付することとは、どのような法的関係にあるのかという問題がある。

①ないし④は、代物弁済契約によって定まることであり、その解釈の問題である(たとえば、代物が特定物であって代物弁済契約によって所有権が移転している場合と、代物が不特定物である場合とで、異なりうる)。多くの場合、①ないし④のいずれも認められるだろうが、まずは代物で弁済するという合意があることもあるだろう。また、①から④を通じて、請求又は給付ができるとして、いつからいつまでなのかも問題となるが、これも契約によって定まることである。

◆ **本来の債権と代物給付の関係**　部会では、①④を認め明文化する案(中間試案第22、5(2))、①を認め明文化する案(部会資料80-1、第7、5(2))も検討されたが、合意に至らず、最終的には見送られた(同83-2、第23、5説明)。

　⑤についても、部会で議論があった(部会議事録80回45頁〜46頁)。ⓐ代物弁済契約により、代物の給付を目的とする債権が成立し、本来の債権と併存していて、どちらかを履行すれば両方の債権が消滅するという考え方、ⓑ債権は本来の債権が1つあるだけであってその内容として複数の給付があるという考え方(406条参照)などがある。ⓐだとすると、2つの債権を各別に処分できるかという問題が生じる。そこで、ⓐ′代物弁済契約を代物弁済をする債務を負担する債権契約であると説明する見解がある(平野539頁)。他方、ⓑだとすると、甲給付を内容とする本来の債権が乙給付をも内容とする債権になると考える場合、それは債権の内容の重要な変更をもたらす更改(513条1号)であって、本来の債権を被担保債権とする担保等は

> どうなるかという問題が生じる。そこで、ⓑ′ 代物弁済契約は、債務者に代用権（潮見新Ⅱ86頁）ないし補充権（石田666頁）を与える合意であると説明されることもある。ⓑ′ も考えられるが、①〜④の帰結が代物弁済契約により定まることを表すためには、ⓐが簡明であろう（2つの債権の各別の処分はできないことは、同契約から導くことができる）。

(4) 他の給付の目的物に契約不適合があった場合

　代物弁済契約は、それによる代物給付債権の発生を認めるか否かにかかわらず、少なくとも代物の給付がされた以上は、代物の給付と債権の消滅との間に経済的対価性が認められるので、有償契約である。そこで、給付された代物に契約不適合があった場合、売主の契約不適合責任の規定が準用され、債権者は追完請求・損害賠償請求・契約解除が可能となる（559条・562条・564条・565条）。本来の債権の履行請求については、不適合がある代物の給付によっては本来の債権は消滅しないとして（潮見新Ⅱ88頁）、あるいは、代金減額請求権（563条）に対応する本来の債権の消滅範囲の縮減請求により（平野539頁）、認める見解がある。代物弁済契約の合意内容によるが（→(3)）、「他の給付をした」ことによる債権消滅の効果の安定性を考えると、代物弁済契約の解除による方が簡明ではないか。

4　代物弁済予約等

　債務者が、将来、弁済できないときは、代物で弁済することを債権者と債務者の間で合意することがある。債務が履行されないときは、債権者が予約完結権を行使することができるとする方法（代物弁済予約）や、停止条件が成就して当然に代物弁済の効力が生じるとする方法（停止条件付代物弁済契約）がある。金銭の借主の所有する不動産について、担保目的でされることが多く、通常、その仮登記がされる。この場合、債務額と代物弁済の目的物の価値が著しく相違するときは、暴利行為として公序良俗違反により無効となる可能性がある。それほどではない場合も、目的物の価値が債権額よりも大きいときは、債権者に清算金を支払わせるという判例法理の進展があった。これを受け、1978年に仮登記担保法が制定された。その内容は、担保物権法に譲る。

第5節 相　殺

1　意　義

(1)　概　念

　2人の人が互いに相手方に対して債務を負うことがある。この場合、それぞれ相手方に弁済してもよいが、差引計算が可能なら、そうすることも多いだろう。民法は、「各債務者は、その対当額について相殺によってその債務を免れることができる」と定める（505条1項本文）。たとえば、AがBに80万円の金銭債権を、BがAに100万円の金銭債権を有する場合、AがBに支払を求めても、Bが相殺すると言えば、双方の債権は「対当額」である80万円の範囲で消滅する。その結果、BはAに支払う必要はなく、あとにはBの債権20万円が残るだけとなる。相殺は、「同種の目的を有する債務」の間でされると規定されているが、実際には、金銭債権相互間にほぼ限られる。現実の取引社会において、重要な意味をもつ制度である。

> ◇　「対当額について」というのは、互いの債権債務の額が重なり合う範囲で、という意味である。「対等額」ではない。「対等」とは、互いの間に上下や優劣のないことだが、「対当」は、相対する、相当する、ということである。

　差引計算によって互いの債権債務を消滅させることは、当事者の合意に基づいて行われることもある（→(3)〔490頁〕）。しかし、505条以下に規定されているのは、合意ではなく、法律の規定に基づき、一方当事者の意思表示によってされる単独行為である（506条1項）。このため、法定相殺ともいわれる。本節で対象とするのは、特に断りがない限り、この法定相殺である。
　相殺には、2つの債権が現れるので混乱が生じやすい。相殺の意思表示をする当事者(B)の債権を自働債権、相殺をされる側の当事者(A)の債権（つまりBの債務）を受働債権という。

> ◇　「反対債権」という言葉もある。これは、自働債権を指すことが多いが（我妻

316頁など)、受働債権を指す用法もある(於保416頁など)。不統一のようだが、「反対」というのは、それ自体は中立的な概念であり、相対立する債権の一方を基準として他方を反対債権と呼ぶにすぎない(奥田569頁、平井219頁)。Aがその債権の弁済を求めたのに対し、Bが自らの債権で相殺するという状況を考え、この場合のBの債権、すなわち、自働債権を反対債権と呼ぶことが多いのに対し、相殺するBの側からみると、その債権である自働債権の反対にあるのは受働債権なので、これを反対債権と呼ぶこともあるわけである。

(2) 立法趣旨──便利と公平

相殺制度の立法趣旨について、明治民法起草者はこういう。「相殺は、実際に便利にして、かつ、その結果公平なればなり」(梅327頁)。

「便利」というのは、両当事者がそれぞれの債務について合計2回の弁済をするよりも、相殺ですませる方が簡便だという意味である。簡易決済機能と呼ぶこともある。

「公平」については、2つの面がある。

第1は、当事者間の公平である。もし相殺制度がないと、誠実な当事者が速やかに履行し、不誠実な当事者が履行しないという事態が生じ、誠実な者が不利益を受ける(梅327頁)。この場合、不誠実な者が最終的に履行すれば、先に履行した誠実な者の不利益は比較的少ないが、不誠実な者が履行しないまま無資力になると、一方のみが満足を受け、他方は受けない結果となり、不公平は甚大である。これに対し、相殺制度があれば、相殺により双方が同時に履行したことになるから公平である。起草者が考えていたのは、この意味での公平である。公平保持機能と呼ぶこともある。

「公平」の第2の面は、無資力になった当事者に対する他の債権者との関係である。相殺した者は、他の債権者に優先することになるが、それが公平であると考えられている。

◇ AがBに80万円の金銭債権を有し、BがAに100万円の金銭債権を有するところ、他にAに対して900万円の金銭債権を有するCがいたとする。Aが倒産し、その財産はBに対する上記債権のみ、Aの債権者はBとCのみであったとすると、こうなる。仮に相殺が認められなければ、BはAに80万円を弁済し、その80万円がBとCに債権額に応じて平等に分配される(Bは8万円、Cは72万円)。その

結果、Bの残債権額は92万円となるが、これは回収できないから、Bは92万円の損害を被る。これに対し、仮にBの相殺が認められれば、BのAに対する残債権は20万円となり、Bの損害は20万円ですむ。このとき、Cは債権全額が回収不能となる。つまり、相殺により、BのAに対する債権100万円のうち、Bの債務80万円と重なり合う分については、Bは他の債権者に優先して回収できる。

相殺によって他の債権者に優先しうる理由は、2人が相互に債権を有する場合、当事者はその重なり合っている範囲では双方の債権は消滅していると信頼しており、その信頼は保護する必要があるからであり（川井344頁）、また、無資力者Aの有する債権のうちAの債権者Bによる相殺の対象となるものについては、Aの他の債権者Cはこれをaの財産として正当に期待することはできないからである。その結果、相殺の対象となる債権を有する者は、無資力者と債権債務が重なり合う範囲では、他の債権者に優先して独占的に回収できることになり、そこには強力な担保が付されているのと同様になる。この機能を、相殺の担保的機能[39]という。

◆ **相殺の担保的機能の評価**　法定相殺の担保的機能については、疑問も投じられている。当事者間に担保設定の合意はないし、被担保債権・担保の対象となる債権の特定性もない（鳥谷部・前掲注(39)350頁）。第三者に対する公示もない（潮見新Ⅱ243頁）。この問題については、相殺と他の担保との比較という視点のほか、債権者平等の原則の例外をどの範囲で認めるのかという視点も重要である。倒産法において、相殺権の行使がきめ細かく規律されている[40]のも、後者の視点から理解できる。少なくとも一定の場合には相殺による優先的な回収が認められるとすると、債権者平等の例外という意味で、相殺には「担保的」な「機能」があるという

---

[39] 鳥谷部茂「相殺の第三者効は、現状のままでよいか」展望Ⅱ323頁、北居功「相殺の担保的機能」野村豊弘ほか『倒産手続と民事実体法』別冊NBL 60号(2000)200頁、深川裕佳『相殺の担保的機能』(2008)〔「牽連性に基づく優先弁済権の即時実現説」を提唱〕、高橋・前掲注(30)③215頁以下〔初出2009〕、潮見新Ⅱ242頁〔自働債権を有する者は受働債権上に質権の設定を受けたのと同様だという。366条1項参照〕、岩川隆嗣「相殺の担保的機能の基礎理論」米倉米寿97頁〔「弁済代用機能」を本来的機能とし、例外としての「担保的機能」の正当化理論として相殺期待と牽連性を検討する。「弁済代用」以外を本来的でないとする点が特徴的である〕。

[40] 破産法67条〜73条、民事再生法92条〜93条の2、会社更生法48条〜49条の2。伊藤・破産512頁以下・998頁以下参照。水元宏典『倒産法における一般実体法の規制原理』(2002)209頁以下は、その「成立要件」と「行使要件」を分析する。改正民法との関係につき、同「倒産手続における相殺権」米倉米寿765頁。

ことは、さしつかえないだろう。

◆ **相殺における「公平」の段階ごとの分析**　民法学上、「公平」は、明治民法起草者の考えていた当事者間の公平だけではなく、無資力になった当事者に対する他の債権者よりも相殺者が優先することも含めて説明されるようになった。他方、倒産法では、債権者平等の例外としての相殺権が規定されたうえ(破67条以下など)、包括執行である破産法の規律と個別執行である差押えの規律との同質性が強調されるようになる。その結果、当事者間の公平から出発して第三者に対する優先へと広げてきた民法学と、破産法の規律から出発して個別執行にも同じ規律を及ぼそうとする倒産法学とが、それぞれの側から議論を展開してきたが、両者の接合の仕方は明瞭ではない。

　これを解決するためには、3段階に分けて考えることが有益であろう。ABが相互に債権を有し、Bが相殺するとする。①当事者間の公平。履行地の異なる債務の相殺(507条)、時効消滅した債権を自働債権とする相殺(508条)、不法行為等により生じた債権を受働債権とする相殺の禁止(509条)、差押禁止債権を受働債権とする相殺の禁止(510条)、相殺の充当(512条・512条の2)、抗弁権のついた債権を自働債権とする相殺の禁止(判例・学説)は、この段階の問題である。ここでは、相殺の簡易決済機能との調整が主な課題である。②2債権者間の公平。自働債権の債権者Bと、受働債権(AのBに対する債権)を差し押さえた差押債権者Cの間で、受働債権の財産的価値をBとCのどちらに与えるのが公平かという問題である(511条)。債権譲渡と相殺に関する規律(469条)も、この段階の問題である。③倒産債権者間の公平。Aが倒産した場合、倒産債権者Bが倒産債権について、相殺権を行使して優先的に回収できるのか、他の倒産債権者たちとともに破産的配当を受けるにとどまるのかが、この段階の問題である。倒産法秩序の支配する領域である。

　民法学からは、①を基礎として②が検討されるが、その先は不明瞭になる。倒産法学からは、③の規律が当然に②に及ぶと考え、③と②の区別にはそれほど関心がないようにみえる。規律を分析するにあたっては、3つの段階をそれぞれ検討するのがよいと考える。

◆ **相殺と弁済**　相殺は、双方の弁済を簡易化するという意味では、弁済の代用であり、弁済と同様の取扱いをするのが妥当だということになる。他方、相殺は、現実の履行をするわけではなく、自働債権を消滅させることによって受働債権を弁済したことにする(いわば自働債権による代物弁済を押し付ける)という意味では、弁済との区別を考慮すべきことになる。相殺における「公平」を考察することは、この両面を調整する作業である。この作業に重きを置かない議論(たとえば、岩

川・前掲注(39)99頁)は、第2の面を重視しないという選択をするものといえよう。

(3) 合意に基づく相殺

法定相殺に対し、合意に基づく相殺もある。相殺契約あるいは相殺予約と呼ばれる。両概念についての説明は一様でないが(奥田572頁、平井225頁、川井345頁、潮見新Ⅱ258頁以下など)、以下の4種に整理できるだろう。

① 確定的相殺契約　既存の債権債務について、又は、将来の一定期間に発生する債権債務について、相殺する合意である。

② 停止条件付相殺契約　将来一定の事由が生じたときに、当然に相殺の効果が発生することにする合意である。

③ 相殺予約　将来一定の事由が生じたときに、当事者が予約完結権を行使することにより、相殺の効果が発生するという合意である。狭義の相殺予約ともいう(②③④又は②③をあわせて広義の相殺予約ということもある)。

④ 弁済期に関する特約　将来一定の事由が発生したときに、自働債権の弁済期が到来することとし、受働債権については期限の利益を放棄できることとするという合意である。この特約により、「双方の債務が弁済期にある」という状態(505条1項)が発生し、法定相殺が可能となるが、②又は③と組み合わされることもある。相殺しようとする側にとっては、自働債権について、相手方の期限の利益を喪失させる点が重要である(受働債権については、原則として期限の利益を放棄できる〔136条2項〕)。

合意に基づく相殺においては、後述する法定相殺の要件を満たしていなくても(相殺の意思表示を不要とすること〔506条1項参照〕、3当事者間での相殺〔505条1項参照〕など)、あるいは、法定相殺では禁止されている場合でも(不法行為による損害賠償債権〔509条〕又は差押禁止債権〔510条〕を受働債権とする相殺など)、可能である。法定相殺の遡及効(506条2項)の制約も可能である。もちろん、公序良俗(90条)に反する行為は認められない。また、原則として第三者を害することはできず、当事者が倒産した場合には、倒産法秩序に服する。

◆ 交互計算　平常取引をする商人間又は商人・非商人間の、一定期間内の取引から生じる債権債務の総額について相殺し、その残額の支払を約するという合意を

交互計算という(商529条)。確定的相殺契約の一類型だが、商法上の規律があるほか、第三者に対する効力について議論がある[41]。

◆ ネッティング　金融取引における債権債務の清算の事前合意をネッティングと呼ぶことがある。2当事者間のものと3者以上の多数当事者間のものがある。債権債務の履行期、通貨等を同じくするものは、確定的相殺契約又は停止条件付相殺契約の一種とみることができる。より注目されるのは、履行期、通貨等が異なる債権債務の倒産時における評価方法等を定める合意を含む多数当事者間のものである。基本契約に基づく金融取引をする多数当事者の1人に破産申立てなどの信用悪化事由が生じたときは、その時点で、当然に、その取引から生じるすべての債権債務について一括して差引決済がされ、その残額の支払を目的とする1つの債権とするという条項(一括清算ネッティング条項)が多く用いられる。取引参加者間の信用リスクの削減に資するが、第三者(破綻した当事者の他の債権者など)を害することがあり、調整を要する。この条項の倒産法上の取扱いについて、かつて、国際的標準からみると日本の倒産法制には支障があるという指摘があり、特別法(金融機関等が行う特定金融取引の一括清算に関する法律)の制定及び新たな倒産法の規律(破58条5項等)により、一定の対処がされた[42]。なお、取引参加者の中央に債権債務の主体となる清算機関(CCP)を置き、各参加者の取引から生じる債権債務を各当事者とCCPとの債権債務に置き換える仕組みも用いられる。これらの法的性質については議論がある(→第6節1◆〔525頁〕)。

---

41) 前田庸「交互計算の担保的機能について」法協78巻6号44頁・79巻4号1頁(1962)、神作裕之「交互計算の対第三者効についての覚書」曹時62巻4号1頁・6号1頁(2010)。
42) 神田秀樹「一括清算法の成立」金法1517号(1998)18頁、同「多数当事者間ネッティング」金融法務研究会『相殺および相殺的取引をめぐる金融法務上の現代的課題』(2013)58頁、神田秀樹ほか『金融法講義〔新版〕』(2017)348頁以下〔神田〕、山名規雄「金融機関等が行う特定金融取引の一括清算に関する法律の解説」NBL645号(1998)20頁、山田誠一「相殺の基本とその応用——二当事者間のネッティング」法教234号(2000)66頁、中田「契約等に対する倒産手続開始の効力」同・現代化298頁・315頁以下〔初出2004・05〕、深川裕佳『多数当事者間相殺の研究』(2012)145頁以下、大野由希ほか「一括清算法改正の概要」金法2120号(2019)14頁、潮見新Ⅱ261頁以下、内田325頁以下。

2 効 果

(1) 債権の遡及的消滅

(a) 遡 及 効

相殺の効果は、「各債務者は、その対当額について相殺によってその債務を免れる」(505条1項本文)こと、つまり、両債務の重なり合う範囲で債権が消滅することである。

債権消滅の時期は、相殺の意思表示(506条1項)がされた時点とすることも考えられるが、民法は、相殺の意思表示には遡及効があるとした。すなわち、相殺の効力は「双方の債務が互いに相殺に適するようになった時」に遡って生じる(同条2項)。「相殺に適する」とは、相殺しようとすればできるという意味であり、その状態を相殺適状という。相殺に遡及効が認められる理由は、相殺適状にある債権債務については、当事者は既に清算されたものと考えるのが通常であり、それが公平にも合致するからである。相殺されると、相殺適状の時から、もはや利息は発生しなかったことになり(期限の定めのない利息付き債権の場合など)、履行遅滞もなかったことになる。

◇ Aの金銭債権とBの金銭債権が同額であり、いずれも10月1日が履行期であり、10月1日が到来した(相殺適状となった)が、どちらも弁済されないままとなっていた。Bが12月1日に相殺したとすると、両債権は10月1日に消滅したことになる。12月1日に消滅するのだとすれば、それまでの2か月間、両債権に遅延損害金が発生することになるが、10月1日に消滅するので、どちらにも発生しない。Aの債権の遅延損害金が年15%と約定されていたのに対し、Bの債権の遅延損害金については特段の定めがなく年3%(419条1項・404条2項)であったとすると、違いが生じる。

◆ **相殺後の残額と履行遅滞** 両債権の額が異なっている場合、相殺で消滅しなかった残額(対当額を超える部分)については、履行遅滞の効果は存続し、遅延損害金は発生し続ける。もっとも、改正前民法のもとで、請負代金債権と瑕疵修補に代わる損害賠償債権との相殺については、相殺後に注文者に報酬債務が残る場合も(最判平9・7・15民集51巻6号2581頁)、相殺後に請負人に損害賠償債務が残る場合も(最判平18・4・14民集60巻4号1497頁)、残債務の履行遅滞責任は、いず

れも相殺の意思表示の翌日から発生するというのが判例であった。請負代金債権と瑕疵修補に代わる損害賠償債権との関係に鑑み、各債権の全体について同時履行関係を認め、かつ、相殺の遡及効(506条2項)の制限を認めたものである(西川知一郎『最判解民平9』882頁)。現行民法における追完請求と追完に代わる損害賠償請求権の関係については議論があるが(→第5章第2節第3款2(2)(c)(ⅲ)ε(イ)〔201頁〕)、少なくとも請負については、533条及び506条2項の解釈により、同じ結論を導くことができるだろう(→3(4)(b)◆〔507頁〕)。

◆ **相殺の遡及効と解除**　賃料不払のため賃貸人が賃貸借契約を解除した後、賃借人が自働債権の存在を知って相殺の意思表示をし、賃料債務が遡って消滅しても、解除の効力には影響がない(最判昭32・3・8民集11巻3号513頁)。相殺で解除が無効になるとすると解除以後の法律関係が不確定な状態のままとなるからである。

◆ **相殺の遡及効を認めない規律**　国際的には、相殺の遡及効を認めず、相殺通知の時に債権が消滅するという規律が有力である(PECL 13.106, UNIDROIT 2004・2010・2016, 8.5(3), DCFR Ⅲ.6.107参照)。部会でも、相殺の遡及効の見直しが検討されたが、両債権の遅延損害金の率が異なる場合についての懸念などによる消極論が多く、見送られた(中間論点整理第18、2(1)、部会資料39、第2、2(1)補足説明、同58、117頁)。

(b)　相殺適状の終了と遡及効

遡及効があるといっても、相殺の意思表示の時点においても相殺適状にあることが前提となる。相殺適状が生じた後、相殺の意思表示の前に、一方の債権が弁済により消滅した場合には、相殺適状は終了し、その後は相殺できなくなる(相殺ができ、遡及効により弁済が非債弁済となる、というのではない)。遡及効は、発生した相殺の効力を遡及させるだけであり、相殺の発生自体を決定する基準にはならないからである(近江305頁)(→3(2)(a)(ⅱ)〔501頁〕)。

◇　Aの債権とBの債権が10月1日に相殺適状になったが、相殺されていない状態で、Bの債権についてAが11月1日に弁済したとする。その後は、Bは相殺することはできない。BはAの債権(Bの債務)について、履行期の翌日から弁済まで、遅延損害金を支払わなければならない。

（c）　債権証書の返還

相殺により債権が全部消滅した場合、相殺をした者は、受働債権の債権証書があるときは、その返還を請求することができる（487条類推適用。大判大4・2・24民録21輯180頁など、我妻296頁・345頁など）。相殺をされた相手方も、自らの債権証書があるときは、その返還を請求できると考える。

(2)　相殺の充当[43]

自働債権と受働債権の一方又は双方が複数の債権である場合、相殺されると、どの債権とどの債権が対当額で消滅するのかが問題となる。相殺の充当といわれる問題である。弁済の充当（→第2節5(1)(b)〔433頁〕）に比べると、双方に債権債務があるので、少し複雑になる。改正前民法には簡単な規定しかなく、判例法理（最判昭56・7・2民集35巻5号881頁）が形成されていた。現行民法はこれを基礎としつつ、規律を整序している。512条・512条の2である。ここでは、相殺をする当事者は債権者、その相手方は債務者と呼ばれている。

基本となる規律は、512条1項である。これに加えて、同条2項1号は、自働債権が受働債権の全部を消滅させることができない場合について、弁済の充当に関する規定の一部を準用する（弁済者の給付が債務の全部を消滅させるのに足りない場合と類似するから）。要点は3つある。①合意がある場合は、合意された順序による（合意充当）。②合意のない場合は法定充当となるが、そこで基準となるのは、相殺適状となった時期の順序である。③指定充当はない。①は、弁済充当と同じだが、②と③は異なる。②は、相殺には遡及効があるので（506条2項）、元本債権相互間では、弁済期ではなく、相殺適状となった時期を基準とすることが、当事者の期待に合致し、公平だからである。③は、相殺において指定充当を認めると、一方当事者の指定により、相殺適状時に債権が消滅したという相手方の期待を奪うことが可能になり、それは適当ではないからである。

類似する問題は、ある債務について支払うべき元本・利息・費用がある場合にも生じる。512条2項2号が規定する。

受働債権が自働債権の全部を消滅させることができない場合は、狭い意味で

---

[43]　部会資料69A、第2、3説明、同80-3、第8、4説明、同84-3、第24、4説明。一問一答206頁以下、潮見新Ⅱ251頁以下。

の相殺の充当の問題とはいえない(どの債務〔受働債権〕に充当するかという場面ではないから)。しかし、相対立する複数の債権債務の一部が相殺適状時に対当額で消滅するという意味では同じであるので、この場合も同様とされる(512条3項)。

このほか、当事者の債権に、1個の債権の弁済として数個の給付をすべきものがある場合の相殺も、同様である(512条の2)。

◆ **相殺充当の例**　当事者間に合意がない場合の規律は次の通りである(以下、すべて金銭債権。かっこ内の金額は債権額、月日〔同じ年とする〕は弁済期を表す)。

① **数個の債権がある場合**　512条1項・2項1号が規律する。ⓐAがBに対しα_1債権(60万円、6月1日)、α_2債権(60万円、8月1日)、α_3債権(20万円、8月1日)、BがAに対しβ債権(100万円、4月1日)を有する状態で、B(512条にいう債権者)が10月1日に相殺の意思表示をした。この場合、6月1日に相殺適状となるα_1債権にまず充当される(512条1項)。次に、残額40万円が8月1日に相殺適状となるα_2債権とα_3債権に充当されるが、B(α債権の債務者)[44]にとって両債権の消滅の利益が同じであるときは、各債権の額に応じて、α_2債権に30万円、α_3債権に10万円が充当される(512条2項1号・488条4項2号～4号)。結果として、α_1債権は消滅し、α_2債権は30万円、α_3債権は10万円が残り、β債権は消滅する。ⓑAがBに対しα_1債権(60万円、6月1日)、α_2債権(60万円、7月1日)、BがAに対しβ債権(100万円、8月1日)を有する状態で、B(512条にいう債権者)が10月1日に相殺した。この場合、α_1債権・α_2債権とも8月1日に相殺適状となるが、B(α債権の債務者)にとって両債権の消滅の利益が同じであるときは、弁済期が先に到来するα_1債権にまず充当され、残額40万円がα_2債権に充当される(512条2項1号・488条4項2号・3号)。結果として、α_1債権は消滅し、α_2債権は20万円が残り、β債権は消滅する。ⓐⓑを通じて、488条4項1号は準用されない(相殺適状にあることが前提だから)。

② **受働債権について元本のほか利息や費用も払うべき場合**　この場合、費用・利息・元本の順に充当される(512条2項2号・489条1項)。自働債権の額が、受働債権の複数の費用、複数の利息又は複数の元本のすべてを消滅させるのに足りない場合は、488条4項2号～4号による(512条2項2号・489条2項)。

③ **自働債権の総額の方が大きい場合**　①又は②でAが相殺したとしても、同

---

[44]　512条2項1号の準用する488条4項2号・3号の「債務者」は、相殺の意思表示をする当事者(512条2項1号の債権者)であるというのが立法担当者の理解である(部会議事録92回53頁～54頁。潮見新Ⅱ254頁、深谷格・新注民(10)605頁も同じ)。しかし、このように説明すると、512条3項の場合、488条4項2号・3号の「債務者」をどう理解すべきか疑義が生じる。より単純に、総額が大きい方の債権(相殺後に残額のある債権。つまり充当が問題となる債権)の債務者といえばよいのではないか(どちらの当事者が相殺しても、「債務者」はBとなる)。山野目485頁参照。

じ帰結となる(512条3項)。

④ 受働債権に、1個の債権の弁済として数個の給付をすべきものがある場合 512条の2後段が規律する。たとえば、100万円の売買代金を買主BがA売主Aに対し毎月10万円を10回に分割して支払う合意があったが3か月分遅滞している状態で、BがAに対する他の債権(20万円)で相殺した場合であり、512条の規律による。自働債権に、1個の債権の弁済として数個の給付をすべきものがある場合も同様である(512条の2前段)。

3 要 件

(1) 概 観

相殺の要件には、相殺の効果が発生するために必要な積極的要件と、それがあると相殺の効果の発生が妨げられることになる消極的要件がある。積極的要件には2種類ある。第1は、「どのような場合に相殺できるのか」にかかわる要件、すなわち、相殺適状にあることである。第2は、「相殺の効果が生じるためには何をすることが必要か」にかかわる要件、すなわち、相殺の意思表示がされることである。消極的要件は、相殺が禁止されていないことである。以下、この順に説明する。

(2) 積極的要件・その1──相殺適状

(a) 対立する債権の存在

相殺適状の要件(505条1項本文)のうち、「二人が互いに……債務を負担する」という部分は、「対立する債権の存在」の要件と表現できる。これを分解すると、債権が対立していること、その債権が存在すること、になる。

(i) 債権の対立　債権の対立の要件は、2当事者間の場合には特に問題ない。

◆ **当事者が3名いる相殺**[45]　現実の取引では、3名以上の当事者間の債権債務について合意相殺又は法定相殺がされることがある。ここでの問題は、(α)どの当事者の意思があれば、すべての債権の消滅が生じるのか(内部的問題)、(β)債権消滅の効果を第三者に対抗するための要件は何か(対外的問題)、(γ)当事者の1人に倒産手続が開始した場合、他の当事者の相殺権が認められるか(倒産法上の問題)に分析することができる。

以下、金銭債権を有しあうABCの間で行われる、3者間の合意による相殺、又は、そのうちの1人(Bとする)の意思表示による相殺を検討する。債権債務の組み合わせには、次の4類型がある。①BがAに債権を有し、AがCに債権を有し、CがBに債権を有する場合(環状型)。②BがAに債権を有し、BがCに債務を負う場合、③BがAに債権を有し、AがCに債権を有する場合、④BがCに債務を負い、CがAに債務を負う場合である。

　α　内部的問題　　当事者間での債権の消滅は、①〜④を通じて、合意があればそれによる(契約自由の原則)。合意がない場合が問題となる。

　(ア)　ABCの3者間の合意によって、合意の時点ですべての債権を消滅させること(確定的相殺契約)は可能である。また、3者間の合意によって、将来、一定の事実が発生した場合に、その時点ですべての債権を消滅させること(停止条件付相殺契約)も可能である。

　(イ)　3者間の合意によって、そのうちの1人(B)にその意思表示によりすべての債権を消滅させる権利(予約完結権)を与え、その者が権利を行使した場合も、効果を認めてよい(相殺予約)。この場合、Bのする意思表示の相手方は、原則として他の2当事者(A及びC)とすべきだが、3者間の合意によってそのうちの1人(A又はC)と定めておくこともできる(意思表示の受領権限の授与)。

　(ウ)　3者間に合意がない場合が問題となる。

　①　環状型　　3者間に合意がない場合、1当事者の意思表示によって、すべての債権を消滅させることはできない[46]。

　②　BがAに債権を有し、Cに債務を負う場合(債務者と債権者が異なる場合)

---

45)　山本貴昭「三者間相殺予約の効力と債権者平等原則」論叢154巻3号64頁・155巻1号53頁(2003〜04)、中舎寛樹「多数当事者間相殺契約の効力」伊藤進古稀『担保制度の現代的展開』(2006)334頁〔同『多数当事者間契約の研究』(2019)所収〕、遠藤元一「三者間相殺契約はどこまで有用性が認められるか」NBL928号12頁・929号44頁(2010)、深川・前掲注(42)、山田誠一「最近の相殺をめぐる裁判例と債権法改正(その1)」金融法務研究会『相殺および相殺的取引をめぐる金融法務上の現代的課題』(2013)21頁、深川裕佳「三者間相殺契約」椿寿夫＝伊藤進編『非典型契約の総合的検討』別冊NBL142号(2013)209頁、下村信江「第三者による相殺」野村豊弘古稀『民法の未来』(2014)121頁、中田「当事者が3名いる相殺」同・現代化226頁〔初出2018〕、森田修「『三者間相殺』論と民法・倒産法」司研論集128号(2019)36頁、米倉暢大「3当事者間の相殺に関する合意と差押え」中田古稀429頁、岡本裕樹「ドイツ倒産法の相殺規制におけるコンツェルン差引清算条項の問題性」前同445頁、倒産法交錯487頁［井上聡］。

46)　債権者代位権(423条)につき問題がある。BがAに債権f_1を、AがCに債権f_0を、CがBに債権f_2を有する場合、Aが債権者代位権に基づき、債権f_0を保全するため、債権f_2を行使したとする。このとき、Bは債権f_1で債権f_2と相殺できるか。債権者代位権の第三債務者が自己の債権者に対する抗弁を主張できるかの問題である。これを認めると、BはCから請求された場合よりも有利になる(Cの承諾なく債権f_1で代物弁済でき、また、Aが無資力のときAの他の債権者に優先して債権f_1を回収できる)が、そうすべき理由はない。相殺は認められない(最判昭54・3・16前掲→第6章第2節2(2)(c)〔278頁〕)。

3者間に合意がないと相殺できないのが原則だが(大判大 6・5・19 民録 23 輯 885 頁)、例外的に、その合意がなくても、Bの意思表示で2つの債権を消滅させうる場合がある。BがAに債権 f_1 を有し、AがBに債権 f_2 を有していたが、Aが債権 f_2 をCに譲渡した場合である。BはAに対して主張できた事由をCに対しても主張できるから(468 条 1 項)、CがBに債権 f_2 の履行を請求しても、Bは債権 f_1 を自働債権、債権 f_2 を受働債権として相殺することができる。これは法定相殺である。Bの相殺の意思表示は、Cに対してすべきである(→(3)(b))。ここで、Bの相殺が認められるために、Aのする債権譲渡通知の時点で、債権 f_1 と債権 f_2 がどのような状態にあったことが必要かという問題がある。債権譲渡と相殺の問題である(469 条→第 10 章第 2 節第 2 款 3(2)(c)〔698 頁〕)。

③ BがAに債権を有し、AがCに債権を有する場合(他人の債務による相殺) 3者間に合意のない場合、Bの意思表示によって、2つの債権を消滅させることはできない。例外として、物上保証人等による相殺について、第三者弁済と類比する議論がある。BがAに債権 f_1 を有し、AがCに債権 f_2 を有し、Bは f_2 を担保するために、自己の不動産に抵当権を設定した物上保証人であったとする。この場合、Bは、弁済について正当な利益のある第三者として、f_2 の弁済をすることができるが(474 条)、弁済と同じく債務消滅の効果をもたらす、f_1 を自働債権とする法定相殺もできるかが問題となる。判例は否定的である(第三取得者につき、大判昭 8・12・5 民集 12 巻 2818 頁)が、改正前民法のもとの学説は肯定説が多かった。Bの相殺は、実質的には第三者弁済と同視できるところ、Bは弁済をするについて「正当な利益」(旧 500 条)を有すること、債権 f_2 について債権 f_1 で代物弁済することになるが、Aにとって債権 f_1 は自らに対する債権だから、承諾(旧 482 条)をしないはずはないことが理由である(我妻 323 頁、奥田 494 頁、平井 222 頁)。もっとも、Aが無資力の場合、Bの相殺を認めることは、Aの他の債権者に対してBが優先することになり、債権者間の平等を害するから、その場合は除くといわれる(於保 353 頁、奥田前掲)。現行民法のもとでも、一定の範囲で相殺を認める見解が有力である(潮見新Ⅱ 268 頁、平野 515 頁)。部会で検討されたが、Bの相殺を認めることは、ⓐAが無資力である場合、Aの債権者間の平等を害すること、ⓑAがBに対し別口の債権 f_0 を有し、Bが無資力である場合、債権 f_0 と債権 f_1 を相殺するAの期待が害されること、などの指摘があり、立法化は見送られた(中間論点整理 18、1(2)、部会資料 39、第 2、1(2)、同 56、5 頁)。ⓐⓑの各指摘は説得的である。相殺の可否は形式的に判断してこれを認めず、ⓐⓑの事情がない場合において、Bの債権 f_1 による代物弁済契約の申込みをAが承諾しないことが、信義則上、認められないことがある(その結果、たとえばAはBの不動産の抵当権の実行ができないことがある)と解すれば足りるだろう(反対、岡本・前掲注(45)471 頁〔「相殺」も認めず、配当段階の処理を提示する〕)。

④ BがCに債務を負い、CがAに債務を負う場合（他人の債権による相殺）　3者間に合意のない場合、Bの意思表示によって、2つの債務を消滅させることはできない[47]。

β　対外的問題　　第三者との関係の代表的な問題として、αにおいて消滅すべき債権を差し押さえた債権者（差押債権者）との関係を検討する。

（ア）　相殺契約　　①〜④を通じて、3者間の合意によりその時点で債権が消滅する確定的相殺契約については、その合意と差押えの先後で決まる。合意前に、一部の債権が差し押さえられたとすると、差押えの効力（民執145条1項）により、債務者（被差押債権の債権者）は、処分できなくなるから、処分行為である上記合意をしても、差押債権者その他の執行手続に参加した債権者との関係で効力を有しない。3者間の停止条件付相殺契約で、その事実が発生したときは、その事実発生と差押えの先後で決まる。その事実が発生したときは、合意時その他の時点に遡って債権が消滅すると合意していた場合において、債権が消滅すべき時点から事実発生時点の間に、差押えがあった場合は、次項（（イ））と同様の問題になる。

（イ）　相殺予約　　①〜④を通じて、3者間の合意により、当事者の1人であるBにその意思表示によってすべての債務を消滅させることのできる権利を与え、Bがそれを行使するという相殺予約の場合、差押えとBの意思表示の先後が問題となる。

ⓐ　Bが被差押債権の債権者であるときは、Bの意思表示と差押えの先後で決まる。差押え前にBの意思表示があったときは、差押え時には被差押債権がもはや存在しない。差押え後にBの意思表示があったときは、差押えの効力により、Bは処分行為ができないので、Bの意思表示は差押債権者との関係では効力を有しない。

ⓑ　Bが被差押債権の債権者でない場合も、同様である。差押え前にBの意思表示があったときは、ⓐと同じである。差押え後にBの意思表示があったときは、3者の間の合意の効力は差押債権者には及ばないと解すべきであるし（合意の相対効）、実質的にも511条に抵触すると考えられるからである。

ⓒ　3者間の合意により、Bの意思表示があったときは、それよりも前の時点に遡って全債務が消滅するとの合意があり、かつ、Bが被差押債権の債権者でない場合（約定の債務消滅時点からBの意思表示までの間に差押えがあった場合）は、遡及

---

[47]　旧457条2項は、保証人は主債務者の債権による相殺をもって債権者に対抗できる、と規定していた。そこで、保証人が他人の債権で相殺できるかが問題となった。CがAに債権f_0を有し、Bがその保証人としてCに保証債務f_2を負い、AがCに別の債権f_1を有している場合に、BはAの債権f_1を自働債権とし自己の債務f_2を受働債権として相殺できるかである。改正前民法のもとでも否定説が有力だった（本書3版397頁）。現行民法は、BはCからf_2の履行を請求されても、Aに相殺権があることを理由として、その履行を拒絶できるにすぎないと定めるので（457条3項）、相殺できないことがより明確になっている。連帯債務についても同様の問題がある（旧436条2項・新439条2項）。

効を定める合意の相対効の問題が加わるものの、ⓑと同様になると考えてよい。

ⓒの場合、他人の債務による相殺の類型（③）において、相殺予約に基づくBの相殺を認めなかった判例（最判平7・7・18判時1570号60頁）がある。すなわち、AのCに対する債権f_2が差し押さえられた後、Bが相殺予約に基づき、BのAに対する債権f_1とAのCに対する債権f_2を相殺することは、Bが債権f_1をCに譲渡したうえ、Cが債権f_1と債権f_2を相殺することと「実質的に」同様であると評価し、これを認めなかった。

　（ウ）　法定相殺　　①～④を通じて、法定相殺ができるのは、当初は2当事者間で債権債務の対立が存在していたが、一方の債権が第3の当事者に譲渡された場合（②）のみである。この場合、一方の債権を差し押さえた、当事者の債権者との関係は、「差押えと相殺」及び「債権譲渡と相殺」の組み合わせの問題である。

　（エ）　2者間に還元したうえでの相殺　　3者間の債権債務を清算するために、ABC3者間の関係をBA間（又はBC間）の2者間の関係にする操作を経たうえで、相殺することもある。すなわち、債権譲渡、債務引受、第三者の代物弁済、他人の債権による代物弁済、更改[48]などである。これらはいずれも、第3の当事者（C又はA）の意思的関与が必要である。差押債権者との関係は、それぞれの制度における第三者に対する効力及び差押えの効力の問題となる。

　γ　倒産法上の問題　　倒産手続においては、基準時以後に他から取得した債権や他から引き受けた債務による相殺が禁止される（破72条1項・71条1項、民再93条の2第1項・93条1項、会更49条の2第1項・49条1項）。価値の低下した債権を自働債権とする相殺をするための操作は、基準時以後、認められない。そこで事前の合意が問題となる。

3当事者間の合意に基づく相殺は、当事者間では、契約自由の原則により効力が認められるが（α（ア）（イ））、差押債権者との間では、合意の相対効の問題が現れ（β（イ））、倒産手続においては、これに加えて、倒産法秩序の問題[49]が現れる。このうち、合意の相対効の問題は、2者間の合意については、差押えと相殺の問題（→(5)〔513頁〕）の一環として検討されてきたが、3者間の合意については、なお不明瞭である。このため、3当事者間の合意に基づく相殺の倒産手続における処遇については、倒産法秩序が前面に出てきて、厳格な姿勢が示されることになる。民事再生手続において相殺に関する合意の効力を認めなかった判例（最判平28・7・8民集70巻6号1611頁）も、そのような姿勢を表すものといえよう。

問題の全体像を把握するためには、3当事者間の合意の相対効による規律を明確にする必要がある。2つの方法が考えられる。ⓐ1つは、3者間の債権債務関係を2者間の関係に置き換えつつ、その操作に伴う要件（対抗要件等）を付加したうえ、2

---

[48]　部会では、「三面更改」の新設が検討されたが、見送られた（→第6節1◆〔525頁〕）。
[49]　中田「契約当事者の倒産」野村ほか・前掲注(39)4頁・32頁以下参照〔同・現代化所収〕。

者間の合意の相対効の規律を及ぼす方法である(β(エ)。前掲最判平 7・7・18 参照)。ⓑもう 1 つは、3 者間の合意のうち社会的類型性・合理性・公知性のある類型について、合意の相対効の例外を認める方法である(前掲最判平 28・7・8 の補足意見参照)。いずれかによって 3 者間の合意の相対効の規律が明確化された場合、さらに倒産法秩序との関係を検討する。その際、ⓐでは「置き換え」について、ⓑでは「類型」について、倒産法秩序からの吟味がされる。この吟味に際して、㋐倒産手続開始決定が包括差押えの実質を有することを強調する立場[50]では、「2 債権者間の公平」と「倒産債権者間の公平」(→1(2)2 つ目の◆〔489 頁〕)をさほど区別せず、倒産手続における相殺権の承認(破 67 条、民再 92 条、会更 48 条)の意義を重視することになり、㋑倒産法的再構成[51]ないし倒産法的公序[52]を強調する立場では、倒産手続の特質を考慮し、倒産手続における相殺禁止規定(破 72 条・71 条、民再 93 条の 2・93 条、会更 49 条の 2・49 条)を重視することになるのであろう。私見は、ⓐとⓑは併存しうるものであると考え、㋐と㋑では後者に傾く。

(ⅱ) **債権の存在**　相殺の意思表示がされる時点で、対立する債権債務が存在していることが必要である。いったんは相殺適状にあったとしても、その後、一方の債権が弁済、代物弁済、更改、相殺等の事由により消滅すれば、もはや相殺できなくなる(最判昭 54・7・10 民集 33 巻 5 号 533 頁)(→2(1)(b)〔493 頁〕)。

例外が 1 つある。債権が時効消滅したとしても、それ以前に相殺適状にあった場合には、債権者は依然としてその債権を自働債権として相殺できる(508 条)。いったん相殺適状になった以上、当事者は当然に清算されたと考え、自らの債権について時効の完成猶予手続をとらないのが通常であり、そのような相殺についての期待及び利益は保護に値するからである(我妻 325 頁、平井 224 頁、百選Ⅱ31〔加毛明〕65 頁参照。明治民法起草者は、「狡猾者」が自己の債務の時効消滅を待ってその債権を行使することによる不公平を避けるためと説明していたが〔梅 341 頁〕、現在では、より一般的に説明される)。したがって、A に対し債務を負う B が、第三者から既に時効消滅した A に対する債権を譲り受けて、それと自己の債務

---

[50]　松下淳一『民事再生法入門〔第 2 版〕』(2014)50 頁以下。
[51]　伊藤眞「証券化と倒産法理──破産隔離と倒産法的再構成の意義と限界」金法 1657 号 6 頁・1658 号 82 頁(2002)。
[52]　山本和彦「倒産手続における法律行為の効果の変容──『倒産法的再構成』の再構成を目指して」伊藤眞古稀『民事手続の現代的使命』(2015)1181 頁(特に、1191 頁・1199 頁)。水元宏典『倒産法における一般実体法の規制原理』(2002)も参照(特に 201 頁以下)。

を相殺しようとしても、認められない（大判昭15・9・28民集19巻1744頁、最判昭36・4・14民集15巻4号765頁）。また、508条の趣旨は、当事者の相殺に対する期待の保護にあるとしたうえ、この趣旨に照らし、同条が適用されるためには、消滅時効が援用された自働債権がその消滅時効期間経過前に受働債権と相殺適状にあったことを要し、そのためには同期間経過前に、受働債権の弁済期が現実に到来していたことを要する（到来させうるというのでは足りない）とした判例がある（最判平25・2・28民集67巻2号343頁、百選Ⅱ31［加毛明］、瀬戸口祐基「判批」法協131巻10号〔2014〕233頁。相殺を主張するＢが受働債権について既に弁済猶予の利益を享受した以上、相殺による同債権の遡及的消滅という利益を得ることを認めない→(d)〔503頁〕）。

　(b)　同種の目的

　相殺適状が生じるためには、双方の債務が「同種の目的を有する」ものであることが必要である（505条1項）。たとえば、石油や米を引き渡す債務相互間の相殺も可能である。現実には、金銭債権であることがほとんどである[53]。

　なお、双方の債務の履行地が異なっていても、「同種の目的」でないとはいえず、相殺できる。ただし、相殺をする者は、相手方が被った損害を賠償しなければならない（507条）。明治民法の起草者は、履行地が異なる債務は厳密にいうと同種の目的を有するものとはいいにくいが、相殺による利益を優先させることにし、ただ、相殺により害される当事者の利益については損害賠償で解決するものだと説明していた（梅338頁以下。ＢがＡに東京で米を引き渡す債務とＡがＢに大阪で米を引き渡す債務をＢが相殺したため、Ａが東京で受け取れるはずの米を大阪で受け取らされた結果となる場合、Ａが米を大阪から東京に運ぶのに要する費用が損害となるという）。現在では、「同種の目的」性は問題とされていない（乾昭三・注民(12)421頁。履行地での履行を確保したい当事者は、相殺制限の特約〔505条2項参照〕をするといわれる〔奥田＝佐々木下1198頁〕）。

　(c)　債務の性質が相殺を許さないものでないこと

　債務の性質が相殺を許さないときは、相殺が認められない（505条1項但書）。

---

[53]　預金が共同相続された場合の銀行からの相殺の可否について議論がある。預金について共同相続人の1人がもつ権利の性質（銀行の金銭債権と同種の目的のものといえるか）が問題となる（中田・現代化371頁以下）。

たとえば、農業に従事する2人が農繁期に交互に相手の農作業を手伝うという契約をした場合、あるいは、隣家である2人が互いに夜8時以降騒音を出さないという契約をした場合、両当事者の債務は同種の目的のものであるが、債務の性質上、一方的に相殺することはできない。このように、なす債務及び不作為債務は、相殺が許されないことが多い（我妻329頁）。

(d) 弁済期の到来

自働債権と受働債権のいずれも弁済期が到来していなければならない（505条1項本文）。相殺される相手方には期限の利益があり、弁済期までは弁済しないでよいはずなのに（136条1項）、相殺を認めると、弁済期前に弁済させられたのと同様になり、期限の利益が奪われる結果となるからである。このように、この要件は、相手方保護のためのものであり、自働債権について弁済期が到来していることが必要である。なお、自働債権について期限の定めがない場合、債権者は直ちに権利を行使できるから、いつでも相殺できる（412条3項の場合と異なる→第5章第1節2(1)〔102頁〕）。他方、受働債権については、相殺しようとする者は、期限の利益を放棄すればよい（136条2項）。もっとも、期限の利益の放棄又は喪失等により受働債権の弁済期が現実に到来していない限り、相殺適状にあるとはいえない。通常は、相殺の意思表示に期限の利益の放棄の意思表示も含まれていると解されるだろう（我妻328頁。ただし、508条との関係につき、最判平25・2・28前掲参照）。

(3) **積極的要件・その2――相殺の意思表示**

(a) 意思表示の要求

債権債務が相殺適状になると自動的に相殺の効果が発生するという立法例もある（当然相殺主義）。しかし、知らないうちに相殺されてしまうという制度は、当事者に「意外ノ不利益ヲ蒙ラシムル」こともある（民法修正案理由書480頁）。そこで、506条1項は、自動的にではなく、当事者の一方から相手方に対する意思表示によって、相殺がされるものとした（意思表示主義）。もっとも、相殺には遡及効があるし（506条2項）、時効消滅した債権によっても相殺できる（508条）ので、当然相殺主義との差は小さくなっている。

◆ **相殺の方法** 当然相殺主義と意思表示主義の対立は古くからあった（PECL

> Ⅲ, p.149)。フランス民法（原始規定）1290条は前者をとり、旧民法財産編520条は
> これを受け継いだ（「当事者ノ不知ニテモ法律上ノ相殺ハ当然行ハル」）。しかし、明
> 治民法は、ドイツ民法草案にならい、後者をとった。現在、後者が主流である
> （PECL 13.104, UNIDROIT 2004・2010・2016, 8.3, DCFR Ⅲ.6.105参照）。フラン
> スでも、1290条の文言とは異なり、当事者の援用が必要と解されていたところ[54]、
> 2016年改正により援用の要件が明示された（1347条2項）。

（b）意思表示の相手方

相殺の意思表示をすべき「相手方」（506条1項）とは、相殺をする当事者が自己の債務を履行すべき相手方（受働債権の債権者）を指す（大判明38・6・3民録11輯847頁、最判昭32・7・19民集11巻7号1297頁）。自働債権の債務者（星野300頁、川井363頁）よりも、相殺により自己の債権を消滅させられる受働債権の債権者を基準とすべきである。それゆえ、受働債権が譲渡された場合は、「相手方」は譲受人である（大判明38・6・3、最判昭32・7・19各前掲）。受働債権（AのBに対する債権）がAの債権者Cによって差し押さえられたり、代位行使された場合は、AとCのいずれがBの相殺の意思表示を受領する権限を有するかの問題となる。差押えの場合、差押債権者Cが被差押債権の取立権を有するときは、意思表示は、差押債権者Cに対しても（最判昭39・10・27民集18巻8号1801頁）、差押債務者Aに対しても（最判昭40・7・20判タ179号187頁。担保不動産収益執行開始決定があった場合の所有者につき、最判平21・7・3民集63巻6号1047頁）できる。債権者代位権（423条）が行使された場合、現行民法のもとでは債務者Aの処分権限は存続するので（423条の5→第6章第2節2(3)(a)(ⅰ)α〔279頁〕）、BはAに対して意思表示をすべきだが、自己に対する支払又は引渡しを求めることができる代位債権者Cに対してもできると解すべきである（423条の3後段参照。大判昭11・3・23民集15巻551頁も参照）。

（c）内容と方式

意思表示だから口頭でもよいが、実際には、後日の証拠のため、内容証明郵便によることが多い。訴訟上されることもある。相殺の意思表示においては、相殺する債権の同一性を認識できる程度に示せば足り、債権発生の日時、発生

---

54) 岩川隆嗣『双務契約の牽連性と担保の原理』(2020)86頁以下〔初出2017〜18〕。

原因たる事実を詳述する必要はない(大判昭7・5・6民集11巻887頁)。

> ◆ **手形債権と相殺**　手形債権など有価証券に表章された金銭債権(以下、手形債権で代表させる)による相殺では、呈示・交付が問題となる。手形債権を自働債権として相殺する場合は、手形を相手方に交付することを要する(大判大7・10・2民録24輯1947頁)。ただし、相殺してもなお手形債権の一部が残る場合は、手形の交付は要しないが(大判昭7・2・5民集11巻70頁。手39条3項参照)、呈示は必要である(最判昭38・1・29手研7巻4号18頁。旗田庸「判批」ジュリ増刊『担保法の判例Ⅱ』〔1994〕267頁)。手形債権を受働債権として相殺する場合は、相殺する者は手形の交付を受けることを要しない(自ら二重払の危険を甘受してする相殺を妨げる理由がないから。社債につき、最判平13・12・18判時1773号13頁、重判平13商6[早川徹]、神田秀樹＝神作裕之編『手形小切手判例百選〔第7版〕』(2014) 202頁[柴崎暁])。

(d)　時　期

相殺の意思表示は、相殺適状にある間なら、いつでもできる。ただし、倒産法上の制限がある(破73条、民再92条、会更48条)。

(e)　条件・期限の禁止

相殺の意思表示には条件又は期限を付することができない(506条1項後段)。起草者は、条件・期限をつけると、当事者間の関係が不確定となり、速やかに債務を消滅させるという相殺制度の趣旨に反するからだと説明するが(梅337頁)、やや曖昧である。条件をつけることは、一方的意思表示により、法律関係を紛糾させ、相手方を不安定な状態に置くという不当な不利益を相手方に課することになるし、期限をつけることは、相殺が遡及効を有するため無意味であるし、遡及効を否定する趣旨なら相手方を害しうるからだという説明(我妻344頁、於保423頁、奥田593頁、平井221頁)が適切である。本項に反する相殺の意思表示は無効であるが(乾・注民(12)416頁、潮見新Ⅱ247頁、内田311頁)、その意思表示に「条件又は期限」が付されたといえるかどうかは、本項の趣旨に照らして評価されるべき問題である。

(4)　消極的要件——相殺の制限

以上の積極的要件がすべて満たされていても相殺できないことがある。当事者の意思表示による制限((a))、自働債権に関する制限((b))、受働債権に関す

る制限((c)(d)(e))、その他の法律による禁止((f))、相殺権の濫用((g))がある。

(a) 相殺制限の意思表示

当事者が相殺を禁止し、又は、制限する意思表示をした場合は、相殺することができず、又は、制限される(505条2項)。債権が契約により発生する場合は、両当事者の合意により、単独行為により発生する場合は、その単独行為により、相殺を禁止又は制限することができる。ただし、第三者との関係では、その意思表示は、第三者が悪意又は重過失である場合に限り、対抗することができる(同項)。第三者の悪意又は重過失の証明責任は、当事者(債権者又は債務者)が負う。債権譲渡の禁止又は制限の意思表示の規律(466条2項・3項)にそろえたものである(部会資料69A、第2、1、説明2、同83−2、第24、1説明)。

> ◆ **相殺禁止の意思表示と第三者** AのBに対する金銭債権f_1についてAB間に相殺禁止の合意(f_1を自働債権又は受働債権としない合意)がある場合でも、①Aからf_1を譲り受けた善意無重過失のCは、f_1を自働債権とし自己のBに対する金銭債務f_2を受働債権として相殺でき、②Bの債務f_1を引き受けた善意無重過失のDは、自己のAに対する金銭債権f_3を自働債権としf_1を受働債権として相殺できる。①ではBのAに対する他の債権についてAからf_1で相殺されないというBの利益が、②ではf_1が現実に弁済されるというAの利益が問題となる(我妻330頁)。①では、BはAとの関係では上記利益は損なわれておらず(BのCに対する債権f_2が相殺されるにすぎない)、他方、善意無重過失のCがAB間の合意で自己の相殺を制約されるのは相当でないので、Cの相殺を認めるべきことになる。②では、債務引受には債権者との合意又はその承諾が必要であるから(470条2項・3項・472条2項・3項)、f_1が現実に弁済されると期待していたにせよ自ら債務引受を認めたAと、善意無重過失のDとを比較すると、Dの相殺を認めるべきことになる。

(b) 自働債権の制限——抗弁権の付着する自働債権

自働債権に相手方の抗弁権が付着している場合も、相殺ができないとされることが多い。これを認めると、相手方の抗弁権を一方的に奪うことになるからである。同時履行の抗弁(大判昭13・3・1民集17巻318頁)、保証人の催告・検索の抗弁(最判昭32・2・22民集11巻2号350頁)などである。受働債権に抗弁権が付着している場合は、債務者がこれを放棄して相殺することは妨げられない(奥田=佐々木下1181頁)。

◇　AがBに貸金債権 f_2 を有し、BがAに売買代金債権 f_1 を有する場合、Bは f_1 と f_2 を相殺できそうである。しかし、f_1 の発生原因である売買契約において、売主Bが買主Aに目的物を引き渡していなかったとすると、Aは、Bに対して目的物引渡債権 f_0 を有し、f_0 と f_1 は同時履行の関係にたつ。つまり、f_1 にはAの同時履行の抗弁が付着し、Aは目的物の引渡しが提供されるまでは代金の支払を拒絶できる。ここで、Bが f_1 と f_2 を相殺できるとすると、f_1 についてのAの同時履行の抗弁が奪われることになり、Aは不利益を受ける（Bが f_0 を履行しない場合やBが無資力となった場合を考えよ）。この相殺は、認められない。

◆　**請負契約と相殺**　自働債権に抗弁権が付着していると常に相殺できないというわけではない。請負人Aのした仕事の目的物に契約不適合があるとき（建てた家が雨漏りするなど）、注文者Bは、Aに対し損害賠償を請求できる（559条・564条・415条）。この場合、Aの報酬債権とBの損害賠償債権は、全体として同時履行の関係にあるが（533条。旧634条2項につき、最判平9・2・14民集51巻2号337頁、八木一洋『最判解民平9』179頁、重判平9民10〔森田宏樹〕、百選Ⅱ61〔森田修〕）、Bは両債権を対当額で相殺することができる。両債権は、相互に現実の履行をさせなければならない特別の利益があるわけではなく、Bの損害賠償請求権は、実質的、経済的には、請負代金を減額し、請負契約の当事者相互の義務に等価関係をもたらす機能をもち、相殺を認めても、相手方に対し抗弁権の喪失による不利益を与えることにはならないからである（最判昭51・3・4民集30巻2号48頁〔508条との関係〕、最判昭53・9・21判時907号54頁）。533条〔旧634条2項〕は、両債権の相殺による清算的調整までの間は、Bの報酬債務が全体として履行遅滞に陥ることを妨げる意味をもつ。したがって、請負人の側でも、注文者の損害額を明確にしたうえで両債権を相殺し、残報酬債権を履行遅滞に陥らせることを認めてよい（最判令2・9・11民集74巻6号1693頁、森田宏樹・前掲81頁。反対、潮見新Ⅱ285頁）。なお、相殺後の残額と履行遅滞については、（相殺適状時ではなく）相殺の意思表示をした日の翌日から、残債務の履行遅滞責任を負う。債権が相殺適状時に遡って消滅するとしても、相殺の意思表示をするまでこれと同時履行の関係にある債務の全額について履行遅滞責任を負わなかったという効果には影響しないと解すべきだからである（→2(1)(a)1つ目の◆〔492頁〕）。

　これらの規律は、注文者の損害賠償債権と請負人の報酬債権の関係の特殊性（前者の額は直ちには確定しないのに、注文者にまず報酬の支払を強いることは相当でないこと。そのため、同時履行関係と相殺可能性の並立を認めるのが旧634条2項の起草者の理解でもあったこと〔八木・前掲186頁以下。民法速記録Ⅳ546頁以下、梅709頁参照〕）に基づくものであり、代金減額的調整に向けての当事者間の交渉を

促進することにもなる（森田宏樹・前同）。現行民法は代金減額請求権の規定を新設したが（559条・563条）、上記の特殊性とそれに基づく規律は、現行民法のもとでも存続すると考える（秋山ほか・改正243頁[水津太郎]、森田修・前掲125頁参照）。

（c）　受働債権の制限・その1――不法行為等による損害賠償債権

「悪意による不法行為に基づく損害賠償の債務」又は「人の生命又は身体の侵害による損害賠償の債務」については、債務者は、これを受働債権とする相殺をもって債権者に対抗することができない(509条)。「債権者に対抗することができない」というのは、相殺しても無効だという意味である。

◇　AがBから借りた金を返さないので、貸主Bが業を煮やし、腹いせのため、Aを殴打し、また、Aの大切にしている古い壺を壊した。Bが損害賠償債務と貸金債権を相殺するといっても、無効である（悪意による不法行為）。Bは、損害賠償債務を弁済しなければならない。
　商店主Cが町内の理容店Dで染毛をしてもらったところ、Dの過誤により、Cの肌に炎症が生じた。DはCに対し、別口の立替金債権を有する。Dは、損害賠償債務と立替金債権とを相殺できない（人の身体の侵害）。Dは、損害賠償債務を弁済しなければならない。

509条1号が悪意による不法行為に基づく損害賠償債務を受働債権として相殺できないとする理由は、①被害者の保護、②悪意の不法行為の加害者は相殺制度の公平保持機能(→1(2)〔487頁〕)による保護を受けるのに値しないこと、③不法行為の誘発の防止、である。①は、被害者が現実に弁済を受けられるようにするためである。②は、不法行為の被害者が無資力である場合、加害者は相殺できない結果、損害賠償債務は弁済しなければならないのに、自己の債権の回収が困難になる可能性があるが、悪意による不法行為をした以上、やむを得ないからである。③は、債権を有するが回収できない者が腹いせのために債務者に対し不法行為をすることを防止するという趣旨である。これらは、明治民法509条について、起草者が述べていた説明(梅342頁)と共通する。もっとも、同条は不法行為一般による損害賠償債務を対象とするものであったのに対し、509条1号では「悪意」の限定が付されているので、同号の趣旨としては、①だけでなく②③が強調されることになる。

「悪意」とは、積極的に他人を害する意思である（部会資料 80−3、第 8、2 説明 2、一問一答 202 頁）。単なる故意（709 条）では足りない。したがって、「悪意による不法行為」には、たとえば工作物責任（717 条）は含まれない（部会資料 83−2、第 24、2 説明）。被用者の悪意による不法行為によって物損が生じた場合、使用者責任（715 条）の法的性質についての議論はあるが、上記①②の趣旨に鑑みると、使用者が被害者に対して有する別口の債権を自働債権とし損害賠償債務を受働債権とする相殺は、禁止されると考えたい（最判昭 32・4・30 民集 11 巻 4 号 646 頁参照）。509 条 1 号の適用される損害は、人身損害、物損、人格的利益の侵害による損害など、不法行為による損害賠償の対象となるものを広く含む。

509 条 2 号が人の生命又は身体の侵害による損害賠償債務を受働債権として相殺できないとする理由は、①被害者の保護が中心である。人身損害を被った被害者は、現実に弁済を受けられるようにすべきである（「薬代は現金で」）。②人身損害を与えた者は相殺制度の公平保持機能による保護を受けるのに値しないことも、副次的理由となる。

509 条 2 号の損害賠償債務の発生原因は、不法行為か債務不履行かを問わない。過失による不法行為はもとより、たとえば、責任無能力者の監督義務者責任（714 条）、使用者責任（715 条）、工作物責任（717 条。部会資料 83−2、第 24、2 説明）も含む。509 条 2 号の適用される損害は、人身損害に限られる。なお、悪意による不法行為に基づく人身損害については同条 1 号が適用され、2 号の対象外となる（同条 2 号括弧書）。

◆ **破産法上の非免責債権との関係**　509 条が 2 種類の損害賠償債務に分けて規定したのは、破産者が免責の効果を受けることのできない破産債権（非免責債権）を定める破産法 253 条 1 項 2 号・3 号の区分に示唆を得たものである（部会資料 69B、第 1、説明 2(2)③）。特に、同項 2 号の「破産者が悪意で加えた不法行為」と 509 条 1 号の「悪意による不法行為」とは、表現が類似するだけでなく、破産法学でも前者の「悪意」は、単なる故意ではなく、積極的害意を意味すると解されており（伊藤・破産 811 頁）、共通する。もっとも、破産法学では破産法 253 条 1 項 2 号については加害者に対する制裁の面が強調されていること（伊藤・破産 810 頁）、509 条 2 号と破産法 253 条 1 項 3 号の対象が異なること、非免責債権は他にも多数あること（破 253 条 1 項 1 号・4 号〜7 号）、規律の効果が異なること（相殺禁止か非免責か）に照らせば、「悪意」の意味が民法と破産法とで必ずしも同一になる

わけではない。

　509条1号又は2号に掲げられた債務であっても、その債務に係る債権を譲り受けた者に対し、債務者が自己の債権を自働債権として相殺することは妨げられない(同条柱書但書)。この場合、損害賠償債権を有している者は、被害者本人ではないので、相殺禁止の趣旨(上記のうち①②)が妥当しないからである。これは、「譲り受けた」場合の規律であるので、相続・合併のような包括承継による債権の移転は含まれず、承継人の相殺は禁止される(一問一答202頁以下)。

◇　Bに対し人身損害による損害賠償債権を有するAが、同債権をCに譲渡した。Bは、自己のCに対する別口の債権を自働債権とし、Cの取得した損害賠償債権を受働債権として、相殺することができる。

　なお、509条は加害者からの相殺を禁止しているだけであり、被害者からの相殺は可能である(最判昭42・11・30民集21巻9号2477頁)。合意による相殺も、90条に反しない限り、有効である。

◆ **改正の経緯**　　旧509条は、不法行為に基づく損害賠償債権を受働債権とする相殺を禁止していた。明治民法起草者は、その趣旨を、本文に記載したとおり、①被害者の保護、②加害者は相殺制度による保護を受けるのに値しないこと、③不法行為の誘発の防止と説明した。判例は、条文に忠実に、相殺禁止を広く認め、同一の交通事故から双方に物的損害が発生し、互いに損害賠償請求権をもつ場合でも、同条により相殺できないと判断した(最判昭54・9・7判時954号29頁)。これに対し、学説は疑問を投じた。①につき、人身損害ではない単なる財産上の損害には妥当しないこと、債務不履行と不法行為が競合する場合に不法行為構成でのみ相殺が禁止されるのは均衡を失すること、②につき、過失による不法行為の債務者は法律上の保護に値しないとまではいえないこと、③につき、過失による不法行為の場合、既に発生している損害賠償債務の場合、同一事故で双方が損害賠償債務を負う場合には妥当しないことを指摘する。こうして、学説では同条の適用を限定する見解が有力になった。他方、損害保険の発達に伴い、自動車事故の事例では同条を積極的に適用して相殺を禁止し、保険給付によって、それぞれの当事者に損害賠償を現実に受けさせることが被害者保護に資するという見解も唱えられた。これらの議論(本書3版403頁以下)を考慮し、改正民法は相殺禁止の対象を調整した(部会資料69B、第1、同80-3、第8、2、同83-2、第24、2)。

部会では、交通事故により双方に物損が生じた場合、改正の結果、各当事者が保険給付を受けられなくならないようにすべきことに異論はなく、新509条により保険会社の責任保険の保険給付義務が消滅するわけではないことが審議の前提とされた(部会資料69B、第1、説明2(2)④。損害賠償請求権が成立したことは後の相殺によっても否定されず、かつ、同請求権の消滅は各当事者の出捐によるものだからとの理由)。上記の場合、現行民法のもとでも引き続き保険給付がされるべきであり、この結論は損害保険約款から導くべきものであろう(山田八千子「双方物損事故における新民法509条の適用と責任保険」中央ロー・ジャーナル14巻4号〔2018〕115頁。奥田＝佐々木下1203頁以下参照)。

(d)　受働債権の制限・その2──差押禁止債権

差押えが禁じられた債権(差押禁止債権)については、その債務者は、これを受働債権として相殺することができない(510条。相殺しても無効)。差押禁止債権とは、法律上、差押えが禁止された債権である。民事執行法(152条〔給料・退職手当等の一定部分〕)のほか、特別法にも規定がある(生活保護58条〔保護金品等受給権〕、厚年41条1項〔保険給付受給権〕、労基83条2項〔労働災害補償受給権〕など)。これらは、債権者自身が現実に給付を受ける必要があり、それゆえ、差押えが禁止されている債権であるが、もし相殺を認めると、差押えを禁止した趣旨が貫徹されないことになるからである。

労働者の賃金債権を受働債権とする相殺については、関連規定(労基17条・24条1項本文、民執152条)の文言上、全面的に禁止されるのかどうかにつき、解釈の余地があるが、判例は、原則として、全面的に禁止されるという(最判昭31・11・2民集10巻11号1413頁〔自働債権は、使用者の労働者に対する債務不履行による損害賠償債権〕、最大判昭36・5・31民集15巻5号1482頁〔自働債権は、使用者の労働者に対する不法行為上の損害賠償債権〕。例外として、最判昭44・12・18民集23巻12号2495頁〔自働債権は、使用者の労働者に対する賃金過払いによる不当利得返還請求権。限定的〕など)。

(e)　受働債権の制限・その3──差押えを受けた債権

AのBに対する債権がCによって差し押さえられた場合、BがAに対して有する債権を自働債権として相殺できるかどうかについて、511条が規律する。これは問題が多いので、後に項目を改めて取り上げる(→(5)〔513頁〕)。

（f）　その他の法律による禁止

以上のほか、法律により、相殺が禁止されている場合がある。一般的なものとしては、倒産法上の禁止が重要である（破71条・72条、民再93条・93条の2、会更49条・49条の2）。倒産法は、債権者間の平等と相殺権の尊重とを調整するため、相殺権の成否につき基準となる時期を定めているが、それと近接した時期に意図的に相殺適状を作出することにより、規律の趣旨を潜脱したり、不当な利益を得たりすることを防止するものである（たとえば、破産手続開始の申立てがあったと聞いて、その者に対する債権を安く買い集め、自己の債務と相殺するなど）。このほか、個別的なものとして、会社法208条3項・281条3項、信託法22条、労働基準法17条などがある。それぞれの制度の趣旨に基づく禁止である。

（g）　相殺権の濫用[55]

以上に掲げた各種の相殺禁止に形式的にはあたらないが、相殺が恣意的なものであり、公平の理念に反する場合、例外的に、相殺権の濫用として、相殺が認められないことがある。無資力となった相手方に対して相殺することにより、相手方の一般債権者との関係で自己又は第三者が優先的に回収する結果を得ることを濫用的だと評価するものである。

◆　相殺権の濫用が問題となる例　　①狙い撃ち相殺（AがBに数個の債権を、BがAに1個の債権を有するところ、CがAの債権のうちある債権を差し押さえたのに対し、Bが被差押債権以外の債権は弁済し、被差押債権を狙って相殺した場合。大阪地判昭49・2・15金法729号33頁は、相殺を権利濫用とした例）、②同行相殺（B銀行甲支店にAの預金があり、かつ、B銀行乙支店がA振出しの手形をCから割り引いて所持している状態で、Aの手形が不渡りとなったとき、BがCに手形の買戻しを請求するのでなく、Aに対する手形金債権と預金債務とを相殺する場合。CはAの一般債権者に優先して回収できる結果となる。最判昭53・5・2判時892号58頁は、銀行の選択の自由を認めた例）、③駆込み相殺（B銀行に預金をもつAの振り出した手形の所持人CがAの経営状況悪化の情報を得て、その手形をB銀行で割り引いてもらい、手形が不渡りになった段階で、B銀行が手形金債権と預金債務とを相殺する場合）、④担保付き債権を自働債権とする相殺（BのA

---

[55]　2017年民法改正前のものとして、本田純一「相殺権の濫用」小川英明＝中野哲弘編『現代民事裁判の課題5』(1990)487頁、深川・前掲注(39)160頁以下、平井233頁、改正後のものとして、倒産法交錯416頁［高秀成］［限定的］、潮見新Ⅱ328頁以下、内田330頁以下。

に対する債権に十分な担保が設定されているにもかかわらず、AのBに対する債権が差し押さえられた場合に、Bが担保からの回収をせずに相殺する場合。最判昭54・3・1金法893号43頁は、それだけでは権利濫用にならないという)などがある。なお、旧破産法のもとで相殺権の濫用を認めた例として、大阪地判平元・9・14判時1384号100頁〔豊田商事事件〕がある。

債権回収が自由に行われうる平常時と債権者平等が尊重される法的倒産手続段階との中間領域において、相殺制度の趣旨及び債権回収の集団的秩序の観点[56]に照らし、害意が認められる例外的な場合に、濫用と評価されることがありえよう。また、相殺権の濫用という概念を保持すること自体に、私的整理段階における行為規範を示す意味があるともいえるだろう。

◆ **改正との関係** 部会では、相殺権の濫用のあるときは相殺を認めないという規定を置くことが検討された。これは、法定相殺と差押えについて無制限説をとる(→(5)(b)(ⅱ)〔515頁〕)としても、相殺権の行使が無制限であるわけではないことを示す趣旨もあった。しかし、適切な要件設定が困難であるとの考慮から解釈に委ねることとされ、明文化は見送られた(論点整理説明177頁以下、部会資料39、第2、6、同56、5頁、中間試案説明310頁)。他人の債権を取得してする相殺を制限する(469条2項柱書但書・509条柱書但書・511条2項但書)など、相殺の可否の規律が明確化されたが、これによって相殺権の濫用の法理自体が否定されたわけではない。上記のとおり、例外的に認められる場合はなおあるだろう。破産法上の問題につき、伊藤・破産553頁以下参照。

(5) 差押えと相殺[57]

(a) 概観

AがBに対して有する金銭債権 f_2 をAの債権者Cが差し押さえた場合、BがAに対して有する金銭債権 f_1 と被差押債権 f_2 を相殺すると、Cに対抗することができるか、それはどのような条件のもとで認められるのか。この「差押えと相殺」という問題について多くの議論があったが(本書3版407頁以下)、現行民法は、相殺を広く認める規律を採用している。以下、これを検討する(対象となる債権は、両債権が同種の目的を有するものであればよいが〔505条1項〕、実際

---

56) 森田・前掲注(3)136頁は、私的整理における債権回収の集団的秩序により、相殺権者にも他の一般債権者に対する配慮義務が生じうるという。

に問題となるのは金銭債権であるので、以下、金銭債権で代表させる)。なお、AがBに対して有する金銭債権f_2をAがCに譲渡した場合に、BがAに対して有する金銭債権f_1と被譲渡債権f_2とを相殺する際にも類似する問題(債権譲渡と相殺)が生じるが、これは後に検討する(→第10章第2節第2款3(2)(c)〔698頁〕)。

(b) 法定相殺

(ⅰ) **問題の所在** AのBに対する金銭債権f_2をAの債権者Cが差し押さえると、AとBに差押命令が送達される(民執145条3項)。差押えの効力は、差押命令が第三債務者Bに送達された時に生じる(同条5項。以下にいう「差押えの前か後か」は、この時点が基準となる)。これにより、AがBから債権f_2を取り立てること及びBがAに弁済することが禁止される(同条1項)。差押命令に違反してBがAに弁済した場合、Cにはその効果を主張できず、Cは、債権f_2が存在するものとして、Bに対しなお弁済を請求することができる(481条)。なお、差押命令のAに対する送達は、Aに送達された日から原則として1週間を経過すると、CがBから債権f_2を直接取り立てることが可能になるという効果をもたらす(民執155条1項)。

ここで、BがAに対し金銭債権f_1を有している場合が問題となる。BはAに債権f_2の弁済をすることが禁止されているが、Bが債権f_1を自働債権とし債権f_2を受働債権とする相殺をして債権f_2を消滅させることはどうか。相殺は禁止されていないとしても、Bはその効力をCに対抗することができるのか。511条は、Bが債権f_1を取得したのがCの差押えの前だったのか、後だったのかで、分けて規律する。

---

57) 中西正「民事手続法における相殺期待の保護」NBL 1046号35頁〜1048号50頁(2015)、中井康之「相殺をめぐる民法改正」今中利昭傘寿『会社法・倒産法の現代的展開』(2015)717頁、中井康之ほか「シンポジウム『相殺をめぐる民法改正と倒産手続』」金法2036号(2016)6頁、岡正晶①「差押え・債権譲渡と相殺」金法2054号(2016)28頁、同②「相殺」改正講座Ⅱ382頁、山田八千子「相殺」ジュリ1511号(2017)28頁、大村=道垣内・改正340頁以下[加毛明]、沖野眞已「相殺に関する民法改正法下の解釈問題」金融法務研究会『民法(債権関係)改正に伴う金融実務における法的課題』(2018)43頁、潮見ほか・改正347頁[山田八千子]、深谷格「『差押えと相殺』に関する民法改正について」改正と民法学Ⅱ305頁、鳥谷部茂「民法(債権関係)改正における法定相殺の意義と課題」近江古稀下267頁、三枝健治「相殺」法教465号(2019)83頁、道垣内=中井・改正203頁[野村豊弘=中井康之]、岩川・前掲注(54)495頁以下、同・前掲注(39)104頁以下、森田・文脈587頁以下、秋山ほか・改正205頁[石田剛]、倒産法交錯462頁[田髙寛貴]、山本和彦「差押前の原因に基づき生じた債権を自働債権とする相殺」潮見追悼・家859頁。

（ⅱ）　**差押え前に取得した債権を自働債権とする相殺**　　差押えを受けた債権の第三債務者(B)は、差押え前に取得した債権による相殺をもって、差押債権者(C)に対抗することができる(511条1項)。差押え前に両債権が存在していれば足り、相殺適状にあったことは必要ない。

差押えの時点で、BのAに対する金銭債権f_1とAのBに対する金銭債権f_2が相殺適状にあった場合は、Cが債権f_2を差し押えた後にBが相殺しても、その効力は相殺適状が生じた時に遡るから(506条2項)、差押えの時点ではf_1・f_2とも既に消滅していた(Cの差押えは空振りだった)ことになるので、Bの相殺がCに対抗できることは問題ない。Bは、もともとAとの間で相殺できる地位にあったのだから、Cがf_2を差し押さえたからといって、その地位を奪われるのはおかしい。

差押えの前から債権f_1と債権f_2が存在していたもののまだ相殺適状にはなかった場合も、Bの相殺はCに対抗できる。Bにはf_1とf_2を相殺することに対する期待があり、これを保護することが適切であると考えられるからである。f_1とf_2の弁済期のどちらが先であるのかを問わない。これは、民法改正前の判例(最大判昭45・6・24民集24巻6号587頁。千種秀夫『最判解民昭45』461頁、百選Ⅱ32［北居功］)の考え方(無制限説)を明文化したものである。もちろん、Bが相殺できるのは、両債権が相殺適状になった後である。

改正前民法のもとでは、自働債権f_1の弁済期が受働債権f_2の弁済期よりも先に到来する場合にのみBの相殺がCに対抗できるとするなど、旧511条の文言より制限する考え方(制限説)も有力だったが、現行民法は、無制限説を明記したうえ(511条1項)、さらに相殺が対抗できる範囲を拡張した(同条2項)。これは、差押えと相殺の場面において、いずれもAの債権者であるBとCの間の公平(2債権者間の公平)を実現するための基準として、BA間の債権債務の弁済期の先後という基準は明確ではあるが硬直的となることもあるため、より実質的な基準群を定めるためのものとして理解すべきであろう。すなわち、差押え時における債権と債務の存在を原則的要件とし(511条1項)、後述のとおり、その例外(同条2項本文)と、例外の例外(同項但書)を設けたうえ、債権譲渡と相殺に関する規律(469条)を並置し、相殺権の濫用(→(4)(g)〔512頁〕)を歯止めとする、という全体構造によって、2債権者間の公平の実現とその基準の明確化

を図るものである。

◆ **改正の経緯**　受働債権が差し押さえられた場合の債務者のする法定相殺について、民法改正前、議論があった[58]。

判例は変遷した。①まず、最判昭32・7・19前掲は、債務者の相殺に対する期待及び利益を債務者の関係しない事由によって剥奪することは公平の理念に反すると判示した（基準時後に債務者が受働債権の期限の利益を放棄してした相殺の効力を認めた。転付命令と相殺についての事案）。ここで示された、債務者の相殺に対する期待・利益の保護という観点が、その後、発展する。②すなわち、最大判昭39・12・23（民集18巻10号2217頁）は、差押えと相殺について、自働債権 f_1 と受働債権 f_2 の弁済期がいずれも到来していない場合、ⓐ f_1 の弁済期が f_2 のそれよりも先に到来するときは、B は相殺をもって C に対抗できるが、ⓑ f_1 の弁済期が f_2 のそれよりも後に到来するときは、対抗できないと判断した。ⓑの場合に、B が相殺するためには、債務 f_2 を履行しないでいて、債権 f_1 の弁済期が到来するのを待たねばならないが、そのような自己の債務不履行を前提とする相殺に対する期待は正当なものとはいえないという。自働債権の弁済期が先に到来することを求めるのは、旧511条の文言にない制限を付するものであるので、ⓑにおいてBの相殺を認めないこのような見解は、制限説と呼ばれた。③しかし、最大判昭45・6・24前掲は、昭和39年判決を覆し、ⓑの場合にも B は相殺を C に対抗できるとした。旧511条は、B が f_1 を差押え後に取得した場合に限って相殺を禁止し、それによってBとCの利益の調節をはかっているのだから、差押え時に f_1 と f_2 が存在する以上、その弁済期の前後を問わず、相殺適状に達しさえすれば相殺できるという。これは、旧511条を制限せずに文言通りに適用する見解であり、無制限説と呼ばれた。以後、最高裁はこの立場を堅持した（最判昭51・11・25民集30巻10号939頁など）。

学説では対立があった。議論は、㋐旧511条の文言、㋑差押えの効力、㋒相殺の担保的機能、㋓相殺に対する期待、をそれぞれどう考えるかであるが、㋓が重要な争点となった。上記②ⓑの場合について、制限説は、自らの債務（受働債権）を履行しないでいて、自働債権の弁済期が到来したら相殺するというBは不誠実であり、その期待は保護すべきでないという。これに対し、無制限説は、銀行取引のように継続的に債権債務が発生する場合には、弁済期の先後を問題とするのは適当ではない（自動継続型の定期預金にみられるように、弁済期にはそれほどの意味がなく、その先後はしばしば偶然的であり、それに固執するのはおかしい）、Bの不履行に

---

[58] 相殺予約の効力についても議論があった。すなわち、銀行取引では、預金者が差押えを受けるなどしたときは、同人は銀行に対する債務について期限の利益を失い、また、弁済期のいかんを問わず相殺されても異議がない、とする特約（約款）があり、その対第三者効が争われた。最大判昭45・6・24前掲は、その効力を認めた。法定相殺・相殺予約をあわせ、本書3版407頁〜415頁。

ついては遅延損害金を支払わせれば足りる、と反論する。これに対し、制限説は、そのような事態は銀行取引に特有のことであり、それは相殺予約の問題として考えれば足り、法定相殺については制限説をとるべきだと再反論をする。なお、学説は、さらに分かれる。制限説のなかでも、もっぱら弁済期の先後だけで決めるという見解(弁済期先後基準説)のほか、②ⓑの場合、Bは原則としては相殺できないが、例外的にBの相殺への期待が合理的だと認められる場合には相殺を認めるという見解(合理的期待説)もあった。他方、無制限説でも、Bの相殺が相殺権の濫用にあたる場合は除かれるという見解もあった。私見は、いずれもAの債権者であるBとCの利害調整の仕方としては、弁済期先後基準説がよいというものだった(本書3版413頁以下)。

部会では、判例が昭和45年以来、長年の間、無制限説で固まっていること、それを前提とする取引実務が形成されていること、それに伴い相殺の担保的機能が社会において広く認知されていること(部会資料69A、第2、2説明2(1)ア)、弁済期の先後という偶然の事情によって相殺の可否を決するのは適切ではないという指摘のあること(中間試案説明308頁)が考慮され、無制限説を明記することとなった。

(ⅲ)　**差押え後に取得した債権を自働債権とする相殺**

α　原則　差押えを受けた債権の第三債務者(B)は、差押え後に取得した債権による相殺をもって、差押債権者(C)に対抗することができない(511条1項)。CがAのBに対する債権f_2を差し押さえた後、BがAに対する債権f_1を取得した場合にまで、Bの相殺を認めると、差押えの意味がなくなるからである(Cの差押えの後、Bがf_2に相当する額の金銭をAに〔弁済するのではなく〕貸し渡して貸金債権f_1を発生させたうえ、f_1とf_2を相殺すれば、弁済禁止を免れることが可能になる)。そもそも、Bは差押えの時点では相殺に対する期待がなかったのだから、保護する必要もない。

◆　**差押えの前か後か**　DのAに対する債権f_1をDからBが譲り受けた場合、それがAのBに対する債権f_2のCによる差押えの前か後かは、債権f_1の譲渡の第三者対抗要件具備時(467条2項。Dの確定日付ある証書による通知がAに到達した時〔判例〕又はAの確定日付ある証書による承諾の時)と債権f_2の差押えの効力発生時(民執145条5項。差押命令がBに送達された時)の先後によると考えるべきである。Bの債権f_1の取得(Dからの取得又はBのもとでの発生)がCの差押えと同時である場合は、差押え「前」の取得と解すべきであろう(森田宏樹「差押え・債権譲渡と相殺」法教471号〔2019〕1頁)。

◆ **物上代位と相殺**　抵当権者が物上代位権を行使して抵当不動産の賃料債権を差し押さえたのに対し、賃借人が賃貸人に対する債権により相殺することの可否が問題となる。判例は、抵当不動産の賃借人は、抵当権設定登記の後に賃貸人に対して取得した債権を自働債権とする賃料債権との相殺をもって、抵当権者に対抗できないとする（最判平13・3・13民集55巻2号363頁、百選Ⅰ85［白石大］、秋山ほか・改正218頁［水津］。最判令5・11・27民集77巻8号2188頁［登記後、差押え前にした将来賃料債権との相殺合意についても同様、川﨑直也「判解」ジュリ1602号［2024］115頁］）。ただし、敷金については、その充当により未払賃料債権が当然に消滅するのであり、相殺とは異なるので、旧511条の制限は及ばないという（最判平14・3・28民集56巻3号689頁、重判平14民3［道垣内弘人］）。詳細は担保物権法に譲る。

β　**差押え前の原因に基づいて生じた債権**　αの原則に対する例外がある。被差押債権の第三債務者(B)が差押え後に取得した債権であっても、その債権が差押え前の原因に基づいて生じたものであるときは、Bはその債権による相殺をもって差押債権者(C)に対抗することができる（511条2項本文）。この場合にも、Bには相殺に対する期待があり、これを保護すべきであると考えられるからである。

◇　次の出来事が順に生じたとする。①DのAに対する金銭債権をBがAの委託を受けて保証した。②AのBに対する金銭債権f_2をAの債権者であるCが差し押さえた。③BがDに①の保証債務を履行し、これによりAに対する求償債権f_1を取得した（459条1項）。この求償債権f_1は、Cの差押え後にBが取得したものだが、差押え前の原因である委託による保証契約に基づいて生じたものだから、Bは求償債権f_1と被差押債権f_2の相殺をもって、Cに対抗することができる。

◆ **「差押え前の原因」**　次のように考えたい。これは、2人の債権者（第三債務者と差押債権者）の間の公平の実現と基準の明確化を図る規律群の一部を構成する概念である。この観点からすると、「差押え前の原因」とは、差押え前に存在するのであれば、第三債務者の相殺に対する期待が保護されるべきであると評価される原因を意味する。

具体的には、次の3つの要件が考えられる。①その債権の取得に必要な諸事実（以下「必要事実」という。債権発生の要件事実より広い）の一部のみが差押えの前

に存在すること(一部性。必要事実の全部が差押えの前又は後に存在する場合は、511条1項の対象となり、同条2項の問題にならない)。②必要事実のうち差押え前に存在する事実が主要なものであること(主要性)。③差押え前にその事実があれば、差押え後に残余の事実が満たされて債権を取得すると第三債務者が期待することが正当と認められること(期待の正当性)。②と③は、関連するが、問題を明確にするためには、分けるほうがよい。主要性は、その債権の発生原因に照らして、一般的・客観的に評価する。期待の正当性については、第三債務者の相殺に対する期待の保護という観点から、事実的な評価だけでなく、規範的な評価も含まれる。①②③が満たされるとき、「差押え前の原因」があるといえる。

具体例をいくつかあげよう。以下の f_1 は第三債務者が取得する債権である。$\alpha\beta$ 又は $\alpha\beta\gamma$ は必要事実であり、差押え前に、そのうちの一部のみが存在するとする。

①f_1=請負代金債権(α=請負契約、β=仕事の完成)、②f_1=売買代金債権(α=停止条件付売買契約、β=条件成就)、③f_1=売買代金債権(α=基本契約、β=基本契約に基づく個別の売買契約)、④f_1=買主の損害賠償債権(α=売買契約、β=契約の内容に適合しない物の引渡し)、⑤f_1=保険金請求権(α=保険契約、β=保険事故の発生)、⑥f_1=委託を受けない保証人の求償債権(α=保証契約、β=保証債務の履行)、⑦f_1=受託保証人の求償債権(α=保証委託契約、β=保証契約、γ=保証債務の履行)、⑧f_1=賃料債権(α=賃貸借契約、β=目的物の引渡し、γ=賃借人の使用収益可能状態)。それぞれについて、一部性が満たされている場合、主要性と期待の正当性を評価して判断すべきである(②は破産法の観点からは別に議論がありうる→γの2つ目の◆。また、⑥につき→γの1つ目の◆)。これらに対し、⑨f_1=期限付き債権(α=契約、β=期限到来)は、差押え後に期限が到来したとしても、期限は将来必ず発生するものだから、必要事実の全部が差押え前にあると評価すべきであり、一部性の要件を欠くと考える(511条1項の対象となる)。

◆「差押え前の原因」と関連性の要否　511条2項本文により第三債務者が相殺を差押債権者に対抗するためには、自働債権となる債権と受働債権となる債権の間に関連性(牽連性、牽連関係)があることを必要とするかという議論がある。「相殺の合理的な期待」という観点から、これを原則として必要とし、それがない場合には個別的に判断するという見解が有力である(中井・前掲注(57)730頁、潮見新Ⅱ313頁以下、岡・前掲注(57)②。牽連性を重視するものとして、深谷・前掲注(57)339頁以下、岩川・前掲注(54)495頁以下、同・前掲注(39)114頁以下)。相殺の対抗可能性を合理的な範囲に限定しようという趣旨は理解できるが、そのための規律群を用意した現行民法の解釈において、それと異なる制限を付加することは、かえって混乱をもたらすおそれがある。511条2項本文の「差押え前の原因」について関連性を要件とすると、同項但書の適用対象がほとんどなくなるし、469条2項2

> 号を同項 1 号及び 511 条 2 項と区別して設けた意味も損なわれる。少なくとも当面は、現行民法のとる構成のなかで、その実質化を目指すことが適当であると考える[59]。

　γ　他人から取得した債権　　βに対する例外がある（αの例外の例外）。第三債務者(B)が取得した債権が差押え前の原因に基づいて生じたものであったとしても、第三債務者が差押え後に他人の債権を取得した場合は、B はその債権による相殺をもって差押債権者に対抗することができない（511 条 2 項但書）。この場合、B は、差押えの時点で、相殺に対する保護されるべき期待を有していたといえないからである。

> ◇　次の出来事が順に生じたとする。①D の A に対する金銭債権を E が A の委託を受けて保証した。②A の B に対する金銭債権 f_2 を A の債権者である C が差し押さえた。③E が B に対し、E が①の保証債務を履行することにより将来取得する A に対する求償債権（459 条 1 項）を譲渡した。④E が D に①の保証債務を履行し、これにより発生した求償債権を B が取得した（466 条の 6 第 2 項）。この求償債権 f_1 は、差押え前の原因に基づいて生じたものではあるが、B が E から取得したのは差押え後だから、B は求償債権 f_1 と被差押債権 f_2 の相殺を C に対抗することができない[60]。

◆　**委託を受けない保証人の求償権**　　次の出来事が順に生じたとする。①D の A に対する金銭債権を B が A の委託を受けることなく保証した。②A の B に対する金銭債権 f_2 を A の債権者である C が差し押さえた。③B が D に①の保証債務を履行し、これにより A に対する求償債権 f_1 を取得した（462 条）。この場合、B は求償債権 f_1 と被差押債権 f_2 の相殺をもって C に対抗できるか。見解は分かれる。

---

[59] 関連性について論じるものとして、上記のほか、中西・前掲注(57)1048 号 54 頁以下、中井ほか・同注、山田・同注 31 頁以下、三枝・同注 88 頁以下、平野・改正 315 頁以下、秋山ほか・改正 215 頁以下[石田]など。沖野・前掲注(57)60 頁は、関連性が問題となる場面で法定相殺に代わる解決方法として、代金減額請求権及び合意による相殺を指摘する。加毛・同注 350 頁は、相殺に対する期待の保護の規範判断の方法を示す。山本・同注 873 頁以下は、牽連性の「制限的作用」と「拡張的作用」を区別し、倒産法との均衡論から前者を否定する。

[60] E が差押え前に保証債務を履行して取得した求償債権を、差押え後に B に譲渡したとすると、511 条 1 項により、B は相殺を C に対抗できない。E が差押え後に保証債務を履行して取得した求償債権を B に譲渡した場合も、同様に考えてよいのではないか（511 条 2 項但書ではなく、1 項による。結論は変わらない）。

〔ⓐ〕求償債権 f_1 は、差押え前の原因である事務管理としての保証契約に基づいて生じたものである。Bは、相殺権の濫用とならない限り、511条2項本文により、相殺をCに対抗できる（潮見新Ⅱ310頁以下）。〔ⓑ〕求償債権 f_1 は、差押え前の原因である保証契約に基づいて生じたものではある。しかし、この場合、Aの意思とは無関係に、差押え後に債権者がDからBに入れ替わることにより相殺適状を作出するという意味では、Bが差押え後にDの債権を取得して相殺適状を生じさせるのと同様である。したがって、511条2項但書の類推適用により、BはCに対抗できない（中間試案説明310頁、部会資料69A、第2、2説明2(2)。破産法の相殺権に関する判例〔最判平24・5・28民集66巻7号3123頁、柴田義明『最判解民平24』603頁、倒産百選70［内海博俊］〕の考え方がここでも妥当するという）。〔ⓒ〕求償債権 f_1 は、主たる債務者Aとの関係では、「差押え前の原因」に基づく債権とはいえない。したがって、Bは相殺をCに対抗できない（内田319頁）。〔ⓓ〕委託を受けない保証の場合、求償債権 f_1 を生じさせる原因は、保証契約ではなく、事務管理としての弁済行為である。それは差押え後のものだから、511条2項本文に該当せず、同条1項により、Bは相殺をCに対抗できない（伊藤・破産545頁参照）。

委託を受けない保証人の保証債務の履行は、第三者弁済とは区別すべきであり、その求償権（462条）を取得するための主要な事実は保証契約であると考えるべきだから、ⓓは支持できない。第三債務者と差押債権者の公平という観点からは、Aの意思と無関係にBが一方的に相殺適状を作出して相殺するというBの期待は、保護に値しないと考えられるので、ⓐも支持できない。他方、破産法の判断をこの場面に持ち込むⓑの説明も支持できない（→次の◆）。ⓒは理由が明確でない。そこで、〔ⓔ〕委託を受けない保証人の求償権を取得するための主要な事実は保証契約であるが、Bの期待は上記のとおり保護に値しないと考えられるので、一部性と主要性は満たされるが、期待の正当性がなく、511条2項本文の「前の原因」にあたらないことを理由に、Bの相殺はCに対抗できないと考える。

◆ **511条2項と破産法の関係**　自働債権の「前の原因」について、破産法に関連する2組の規定がある。①1つは、破産法67条・2条5項・72条1項1号である。破産法では、相殺権は、破産手続開始の時において破産債権者が破産者に対して債務を負担するときに認められる（破67条1項）。自働債権となる破産債権は、「破産者に対し破産手続開始前の原因に基づいて生じた」ものである（破2条5項）。ただし、破産手続開始後に他人の破産債権を取得した場合は、相殺できない（破72条1項1号）。改正民法の立案担当者は、この規定群を参考にして、511条2項の原案を提示した（511条2項本文が破産法67条1項・2条5項に、511条2項但書が破産法72条1項1号に対応する。中間試案第23、4、中間試案説明309頁以下、

部会資料69A、第2、2説明1(2)・2(1)イ・(2))。②もう1つは、破産法72条1項2号〜4号・2項2号である。破産法は、相殺禁止の範囲を支払不能等の後に悪意で債権を取得した場合にまで広げたうえ(破72条1項2号〜4号)、その取得が基準時よりも「前に生じた原因」に基づくときは、禁止の対象から除外する(同条2項2号)。そこで、511条2項について、これらの規定を参照する見解もある(潮見新Ⅱ313頁、伊藤・破産551頁、倒産法交錯367頁〔石田剛〕)。

①については、破産債権の定義で「破産手続開始前の原因」を基準とするのは、破産財団の範囲について固定主義の原則をとることに対応し(伊藤・破産287頁、伊藤眞ほか『条解破産法〔第3版〕』〔2020〕34頁)、配当受領権を承認するに値する法的地位が破産手続開始前に形成されていることを求めるためであって(山本和彦「破産債権の概念について」徳田和幸古稀『民事手続法の現代的課題と理論的解明』〔2017〕731頁・749頁)、必ずしも相殺権の範囲画定のためだけにあるのでない。②は、相殺権の範囲を画定するための規律ではあるが、①の規律が適用されることを前提として、さらに拡張する場面での調整をするものであり、①の規律に対応する511条2項とは段階を異にする。立案担当者は、511条2項の新設について、旧511条の規律によれば、破産手続開始の場合より差押えの場合の方が相殺できる範囲が狭くなるところ、両者の相違を正当化することはむずかしいと指摘し、破産法の規律との整合性を重視するが(部会資料69A、第2、2説明2(1)イ・(2)。一問一答204頁以下参照)、そもそも破産法2条5項と511条2項の目的は異なっている。破産手続開始の場合より差押えの場合の方が相殺の範囲が狭いのは不当だという理解については、破産法上の否認権と詐害行為取消権の関係では問題となった政策的考慮(→第6章第3節2(4)(c)(ⅰ)αの4つ目の◆〔330頁〕)のような事情もなく、根拠が明瞭でない。「2債権者間の公平」と「倒産債権者間の公平」とは、いったん区別し、511条2項については、前者の観点から考えるべきである(中井・前掲注(57)721頁以下、沖野・同注52頁以下参照)。もちろん、破産法上の議論が発達している部分は、参考にすることができる。たとえば、「前の原因」の分析(山本・前掲)や、その具体例の検討である(伊藤・破産287頁以下、伊藤ほか・前掲〔条解〕34頁以下、竹下編・破産20頁〔小川秀樹〕)。無委託保証人に関する議論も、その1つとして位置づけることができる。

なお、近時、③511条2項と対比すべきものは、破産法70条・2条5項であるという見解も登場した(山本・前掲注(57)868頁以下)。しかし、同法70条の対象となる「停止条件付債権又は将来の請求権」の内容は、同法の制度上の規律(破産債権者の手続参加、配当)との関係で定まるものであり(伊藤・破産295頁以下)、511条2項の対象と当然に一致するものではないし、同見解が実質的根拠とする「逆転現象論」には上記の問題があると考えるので、賛同できない。

(c) 相殺予約

　相互に債権を有する AB 間で、「A の B に対する債権が差し押さえられたときは、A は B に対する債務について期限の利益を失い、B は直ちに相殺することができる」という相殺予約があった場合、その効力は認められる。A の債権の差押えの前に B の債権が存在していれば、B の相殺は差押債権者 C に対抗できるのであり(511条1項)、この相殺予約は相殺の対抗の可否には関係しない。それは、B が相殺できる時点(505条1項)、及びその効力が生ずる時点(506条2項)を早くするという意味をもつ(相殺すれば B の債権の本来の弁済期までの間の C の取立て〔民執155条〕を法的に拒める。また、AB 間の利息・遅延損害金の計算に影響する)。

　D が A に対し債権を有し、A が B に対し債権を有するという3者の間で、「A の B に対する債権 f_2 が差し押さえられたときは、D の A に対する債権 f_1 は当然に B に帰属することとし、B は f_1 と f_2 を相殺することができる」という相殺予約があったとしても、B の相殺は f_2 の差押債権者 C に対抗することはできない。B が D の債権 f_1 を取得したのが差押えの前か後かは、第三者対抗要件と差押えの前後で判定すべきであり(511条1項・2項但書)、ABD の合意の効力は第三者には及ばないからである(→(2)(a)(ⅰ)◆β〔499頁〕)。

第6節　更　改

1　意　義

　更改とは、当事者が従前の債務(もとの債務)に代えて、新たな債務を発生させる契約をすることにより、従前の債務が消滅することである(513条)。更改(novation)という言葉は、「一新すること」というラテン語(novatio)に由来する。まさに、従前の債務を新たな債務に一新するものである。その特徴は、①従前の債務を消滅させること、②新たな債務を発生させること、③新旧両債務の間に同一性がないこと、④①と②は相互に因果関係があることである。①により、更改は、債権の消滅原因の1つとして位置づけられる。②により、更改は、代物弁済(482条)と区別される。③により、従前の債務についていた担保や抗

弁権は消滅する。ただし、民法は、担保の移転の可能性を残している(518条)。④により、①と②の一方だけが生じることはない。

> ◇ 画家が借金の返済の代わりに貸主の肖像画を描く契約を貸主とした場合、更改により、借入金債務は消滅し、絵を描く債務が発生する。画家が貸主の承諾を得て、既に描いてあった風景画を返済に代えて交付するのは、代物弁済であり、この場合は債務は残らない。

更改には、3種類ある。給付の内容について重要な変更をするもの、債務者が交替するもの、債権者が交替するものである(513条)。沿革的には、更改は、債権譲渡や債務引受が認められていなかった時代に、当事者の交替を可能にする機能をもった(石田喜久夫・注民(12)477頁以下)。しかし、その後、債権譲渡・債務引受が認められるようになり、また、給付内容の変更も、変更契約・代物弁済・和解契約などによって実現できるので、更改の意義は小さくなった。他方、更改は、従前の債務の消滅とそれに伴う担保・抗弁権の消滅という強い効果が伴うため、使いにくい。更改は、当事者がそのような強い効果をもつ不便な制度をあえて利用するという明確な意思をもつ場合に限り認められる、と考えられるようになり、社会における機能は、さらに小さくなっていった。

とはいうものの、この強い効果に着目して、既存の制度が更改によって説明されることがある。たとえば、交互計算(商529条)について、組み入れられた債権債務が計算書の承認によって消滅し残額債権が発生することを更改と理解する見解が通説とされる(神作・前掲注(41)4号4頁)。また、普通預金の残高債権について入金記帳の更改的効果を認め、当座勘定取引契約を更改の一種とみる見解がある[61]。さらに、新たな制度について更改の利用が検討されることもある。たとえば、電子船荷証券において荷送人と運送人の法律関係を荷受人と運送人の法律関係に切り換えるための法律構成として更改を用いる例が参照されたことがある[62]。

もっとも、改正前民法の規律は、やや古びていた。現行民法は、更改の要件

---

61) 森田宏樹「普通預金の担保化・再論」道垣内弘人ほか編『信託取引と民法法理』(2003)299頁・307頁、同「流動性預金『口座』契約とは何か」金判1290号(2008)1頁。

と効果を明確にし、また、他の制度の改正との整合性も図りつつ、現代化している。

> ◆ **三面更改** 債権者Aの債務者Bに対する債権f_0を消滅させ、AのCに対する新たな債権f_1とCのBに対する新たな債権f_2を発生させる(f_0・f_1・f_2の給付内容は同一)という合意をABCがすることがある。集中決済取引でみられる(取引参加者たちは、それぞれ集中決済機関(CCP)であるCと上記合意をする。長島LO 667頁以下参照)。その法律関係の明確化・安定化のため、部会では、「三面更改」の検討がされ、試案が提示されたが、第三者対抗要件の具備を要するとすると実務的には利用できないとの指摘があり、また新たな法技術の新設の必要性に対する異論もあり、立法化は見送られた(中間試案第24、6、中間試案説明316頁以下、部会資料69A、40頁)。

2 要 件

(1) 従前の債務の消滅を目的とすること

更改は、従前の債務を消滅させることを目的とする。そこで、消滅すべき債務の存在が前提となる。従前の債務が存在していなければ、更改契約は無効であり、新たな債務も発生しない。従前の債務の発生原因である契約が無効であった場合がその例である。契約が取り消された場合も同様だが、更改により法定追認が生じることもある(125条3号)。

(2) 新たな債務の発生を目的とすること

更改は、新たな債務を発生させることを目的とするものでなければならない。

> ◆ **新たな債務の不成立と更改の効力** 従来、新たな債務が成立しないときは、更改の効力は生じず、従前の債務も消滅しないといわれてきた(旧517条、我妻361頁)。このことは、債務の目的の適法性・可能性・確定性が債権として効力が生じるための要件であるという伝統的な見解のもとでは、独立した意味をもつ。しかし、現行民法は給付の可能性を債権の成立要件としていない(412条の2第2項)。

---

[62] 商事法務研究会『商事法の電子化に関する研究会報告書──船荷証券の電子化について』別冊NBL 179号(2022)112頁・215頁以下、法制審議会商法(船荷証券等関係)部会参考資料2─2(南健悟「イギリス法における電子船荷証券に係る論点とLaw Commissionの立場」)(2022)、江頭・商取引73頁以下参照。

適法性・確定性は債権の発生原因の成立・効力要件の問題であると考えると（→第2章第2節2〔30頁〕）、新たな債務が成立しないので更改が無効である（一問一答209頁参照）というより、適法性又は確定性を欠く内容の債務を発生させようとする更改契約自体の成立・効力が問題となると考えるべきであろう。

(3) 重要な変更

更改は、従前の債務が消滅し、新たな債務が成立したといえるほど、債務の重要な部分に変更をもたらす契約である（平井235頁参照）。改正前民法では、更改は、「債務の要素」を変更する契約と規定され（旧513条1項）、また、債務に付される条件の加除変更についての規定もあった（同条2項）ので、不明瞭なところがあった。現行民法は、旧2項を削除し、更改が生じる3種類の変更を規定する。

第1は、「従前の給付の内容について重要な変更をするもの」である（513条1号）[63]。金銭の給付に代えて、役務を給付するなどである。債務に付される条件の加除変更がこれにあたる場合もある[64]。第2は、債務者の交替（同条2号）、第3は、債権者の交替（同条3号）である。第1のものは、重要性の有無や代物弁済等との区別が問題となり、第2・第3は、それぞれ債務引受（470条以下）・債権譲渡（466条以下）との区別が問題となる。更改と認めるためには、従前の債務の消滅とそれに伴う担保や抗弁権の消滅をもたらすという効果に鑑みて、当事者意思を慎重に解釈すべきである（平井236頁）。

(4) 契約の当事者

給付内容の変更による更改は、債権者と債務者の間の契約で行われる。

債務者の交替による更改は、債権者と新債務者（更改後に債務者となる者）との契約によってすることができる。旧債務者（更改前の債務者）の意思に反してでも、することができる（旧514条但書を改めた）。更改の効力は、債権者が旧債務者に対し、更改契約をした旨を通知した時に生じる（514条1項）。この場合、

---

[63] 柴崎暁「『給付の内容について』の『重要な変更』」比較法学52巻1号(2018)39頁。準消費貸借との関係については、同論文のほか、渡邊力「準消費貸借からみる契約内容の変更と新旧債務の関係」法と政治67巻1号(2016)105頁、中田・契約360頁。

[64] 柴崎・前掲注(63)52頁以下は、条件のほか、債務の態様の著しい変更も給付内容の重要な変更にあたるという。

新債務者は、旧債務者に対し、求償権を取得しない(同条2項)[65]。両者の間で、別途、金銭の支払をする合意をすることは、もちろん可能である。以上は、機能が類似する免責的債務引受の要件(472条2項)とそろえたものである(一問一答208頁)。

債権者の交替による更改は、旧債権者(更改前の債権者)・新債権者(更改後に債権者となる者)・債務者の三者の契約で行われる(515条1項)。債務者が当事者となる点が債権譲渡と異なる。債権者の交替による更改は、確定日付のある証書によってしなければ、第三者に対抗することができない(同条2項)。第2の更改の当事者の通謀により、第1の更改による新債権者を害することを防止する趣旨である(我妻364頁。467条2項参照)。

3 効 果

従前の債務が消滅し、新たな債務が成立する。両債務には同一性がない。その結果、従前の債務についての担保は消滅し、従前の債務に伴う抗弁権も消滅し、時効期間は、新たな債務の性質によって定まる。

ただし、担保のうち質権と抵当権については、債権者の意思表示によって新たな債務に移すことができる。すなわち、債権者(債権者交替の場合は、旧債権者)は、更改前の債務の目的の限度において、その債務の担保として設定された質権又は抵当権を更改後の債務に移すこと(担保の順位を維持したまま移転すること)ができる(518条1項本文。ただし、398条の7第4項)。従前と同一の利益を維持すること(担保の順位を維持すること)を望む当事者が多いという実際の便宜を考慮したものである(梅366頁以下、部会資料69A第3、3説明3)。意思表示は、「あらかじめ又は同時に」、つまり更改契約以前にしなければならない(518条2項)。担保権の附従性との抵触を避けるためである(部会資料69A第3、3説明2。潮見新Ⅱ237頁、奥田＝佐々木下1299頁)。担保を設定したのが第三者(更改契約の当事者でない者。債務者交替による更改の場合の旧債務者も「第三者」である)である場合は、その承諾を得なければならない(518条1項但書)。債務者(担保設定者で

---

[65] 柴崎暁「免責的債務引受・債務者交替による更改」改正と民法学Ⅱ277頁・295頁以下は、514条2項の規律を批判する。

あるものを除く)の承諾は、不要である。債務者は、担保の帰趨について無関係であり、その意思を考慮する必要がないからである(一問一答209頁)。後順位担保権者の承諾は不要である(「移す」の意義)。担保要綱は、譲渡担保権についても同様とする(同第25)。

法定担保物権及び保証には、この規律は及ばない(免責的債務引受〔472条の4〕との相違→第10章第3節3(3)(d)〔763頁〕。奥田＝佐々木下1299頁。中間試案説明315頁、基本方針Ⅲ102頁参照)。保証人だった者が改めて新たな債務の保証をすることができるのは、当然である。

新たな債務が履行されない場合、更改契約を解除できるか(従前の債務が復活するか)。否定説が通説である(我妻366頁など。滝沢昌彦「更改契約の債務不履行解除」NBL 1155号〔2019〕59頁は疑問を投じる)。更改自体は、従前の債務の消滅と新たな債務の発生を目的とする契約だから、その履行という概念を入れる余地はなく、更改契約自体の不履行はありえないというのが通説の理由であり、支持しうる(新債務が不可抗力で履行不能となった場合を考えると、実際上の帰結もこれでよさそうである)。

第7節　免　除

債権者が債務者に対して債務を免除する意思を表示したときは、その債権は消滅する(519条)。免除は契約によってするという立法例もあるが(ド民397条1項、フ民〔2016年改正〕1350条など)、日本民法は、これを一方的意思表示によってする単独行為とする(旧民法財産編504条以下を改めた。梅368頁以下参照)。条件・期限を付することもできるし、一部免除も可能である(我妻368頁など通説)。債務者の意思に反してでも、することができる。

免除の効果は、債権の消滅である。ただし、第三者の利益を害することはできない(借地人が借地権を放棄しても地上建物の抵当権者に対抗できないという判例〔大判大11・11・24民集1巻738頁〕や398条と同趣旨である。613条3項も参照)。

第8節　混　同

1　意　義

　債権と債務が同一人に帰属したときは、その債権は消滅する(520条本文)。これを混同という。債権者・債務者間の相続、合併、債務者による債権の譲り受けなどにより生じる。ただし、その債権が第三者の権利の目的である場合は、債権は消滅しない(同条但書)。物権についても、同様の規定がある(179条)。

2　混同による債権消滅の例外

(1)　例外が認められる理由

　混同による債権消滅の例外を定める520条但書は、第9回帝国議会に政府が提出した原案にはなく、衆議院の審議で追加された。原案では、物権の混同については179条1項但書があったが、債権の混同については同様の但書がなく、そのため債権については第三者の権利があっても混同で消滅してしまうようにみえるので、それを防ぐために修正された[66]。このように、520条但書は、当該債権を目的とする第三者の権利の保護という、明確だが限定された目的で規定された。しかし、その後、学説は、混同の例外をより広く認めるべきだという(末弘219頁、近藤＝柚木ほか下・421頁、我妻370頁)。その背景には、①混同による債権の消滅は、理論的に必然的なものではなく、自己に給付を請求することは通常無意味であること(末弘219頁)や、その債務の保証人・物上保証人の保護という政策的判断(梅372頁)によるものであるにすぎず、混同は、むしろ債権債務が同一人に帰属している間の権利行使障害事由にすぎないとも考えられること(Exposé des motifs, t. 2, p. 780、石田・注民(12)507頁)、②債権の流通の発達及び企業活動の複雑化という状況のもとで、520条但書の例外は狭きに失すること(我妻370頁)という事情がある。そこで、現在、混同の例外とされる場

---

[66]　第9回帝国議会衆議院民法中修正案委員会速記録第12号(明治29年3月14日)161頁(廣中俊雄編著『第九回帝國議會の民法審議』〔1986〕253頁)、同議会衆議院速記録(明治29年3月16日)(大日本帝国議会誌刊行会編『大日本帝国議会誌第3巻』〔1927〕1843頁)。

合が種々あげられているが、その限界は必ずしも明確ではない。

(2) 例外の事例

第1に、520条但書が直接対象とするものとして、AのBに対する債権のうえにAの債権者Cが質権を有する場合、AのBに対する債権をCが差し押さえた場合、AのBに対する債権をCが停止条件付きで譲り受けた場合がある（我妻370頁）。いずれも、混同による債権消滅により既存の第三者の権利を害すべきではないからである。この趣旨のものとしては、賃貸借に関する事例があり、たとえば、転借人が賃貸人の地位を承継したときには、賃貸借も転貸借も消滅しない（最判昭35・6・23民集14巻8号1507頁）。179条1項但書と同じ趣旨である（最判昭46・10・14民集25巻7号933頁参照）。

第2に、債権が証券化されている場合（手11条3項・77条1項、小14条3項）や電子化されている場合（電子債権22条1項本文）がある。財産権としての流通性を保護するためである。

第3に、債権債務が同一人に帰属するとはいえ、分離独立したものとして取り扱うべき場合がある。①まず、相続の限定承認の場合（925条）、財産分離の場合（950条2項・925条）、信託の場合（信託20条3項）がある。これらは、当該財産の独立性を認めるべき制度の目的から、債権の不消滅が帰結される[67]。②次に、当事者の一方が複数である場合がある。土地賃貸借において自己借地権が例外的に許容されるのがその例である（借地借家15条2項）。財産の共同利用制度の支障とならないよう、債権の不消滅が要請される。③また、法人が自己を債務者とする債権を取得する場合がある。一般社団法人が基金返還債権を取得した場合（一般法人142条2項）、会社が自社の社債を取得した場合（社債券の破棄により消滅すると解されている。神田秀樹『会社法〔第26版〕』〔2024〕364頁）、銀行保証付き私募債を銀行が取得した場合（論点整理説明181頁）、国が国債を買入消却する場合（国債証券買入銷却1条。買入れと消却の2段階からなる）において、法人が上記各債権を取得した時点で直ちに混同により消滅することは予定されていない。ここでは、制度目的の保護に加えて、不消滅についての当事者の正当

---

67) このほか、組合員が組合に対して債権を有するに至った場合に同組合員の負担部分について混同による消滅を否定した判例（大判昭11・2・25民集15巻281頁、百選II66［金子敬明］）がある。組合債務の帰属の態様自体にかかわるものである（中田・契約585頁）。

な利益の保護が図られている。④最後に、債務者が自らに対する債権を担保として譲り受ける場合(銀行が自行に対する預金を担保としてとるなど)について、担保要綱は混同の例外を定める(同第5、1)。債権譲渡担保契約の担保権としての規律の一環をなすものである。

第4に、債権の存在が他の法制度の前提となっている場合について、議論がある。交通事故の被害者の損害賠償債権と加害者の損害賠償債務のいずれをも相続した相続人が被害者の保険会社に対する直接請求権(自賠16条)を行使したのに対し、損害賠償債権が混同によって消滅したときは、直接請求権も消滅するとした判例(最判平元・4・20民集43巻4号234頁)がある。これに対しては、学説の批判が強く、混同による損害賠償債権の消滅を否定する構成や、その消滅は前提としつつ直接請求権の存続を認める構成が試みられている(大村敦志「判批」法協107巻11号〔1990〕177頁参照)。混同による債権消滅が理論的に必然の帰結ではない以上、債権消滅を絶対的な出発点とするのではなく、当該法制度の目的を実現するという観点から、混同による債権消滅の有無を考えるべきである。

混同による債権消滅の例外の基準を一義的に定めることは容易ではない(DCFR Ⅲ.6.201〔520条とほぼ同じ内容〕の注記でも、例外の規律については各国で微妙な相違があることが示されている。部会でも検討されたが、見送られた〔論点整理説明181頁、部会資料56、第4〕)。520条の解釈としては、①同条但書の拡張(第三者の権利・利益の保護の拡大、という観点から、「第三者の権利の目的であるとき」を広く解釈する)と、②同条本文の限定(混同による債権の消滅を必然的なものとみない、という観点から、「同一人に帰属した」を制限的に解釈する)の2つの方法がある。同条の沿革及びその後の種々の法技術の発達に鑑みると、①とともに、②も積極的に考えるべきである。学説が、債権を「存続させることに法律上実益のある場合」には債権は消滅しないなどと表現する(前田521頁)のも、このような方向のものとして理解することができる。

第 4 編

当事者の複数と変動

第9章
多数当事者の債権関係

第1節　総　説

1　意　義

(1)　概念と具体例

　民法427条以下に「多数当事者の債権及び債務」に関する規定がある。多数当事者の債権関係とも呼ばれる問題である。多数というのは、複数という意味であり、必ずしも大勢の人々というわけではない。当事者の一方又は双方が複数である債権関係のことである。

　債権者が複数である例としては、数人で馬1頭を買った場合の馬の引渡しを求める債権、共有している建物に第三者が放火した場合の共有者の損害賠償債権、銀行預金を共同相続した共同相続人の預金債権などがある。

　債務者が複数である例としては、共有している馬1頭を売った場合の馬を引き渡す債務、共謀して第三者を傷つけた場合の損害賠償債務、借金を共同相続した共同相続人の借入金債務、数人が飲食店で食事をした場合の代金債務などがある。Aの借金に際してBが保証人になった場合も、1つの借金に関して債務者が2人いることになる。

　◇　数人が飲食店で食事をした場合、常に多数当事者の債権関係が生じるわけではない。①会社の同僚ABCが居酒屋Gで鍋を囲みながら酒を酌み交わした場合、GとABCの間に多数当事者の債権関係が生じることが多いだろう。しかし、②年輩の紳士Aが若い学生BCを連れて高級レストランGに行ったとすると、契約はGとAの間で成立し、BCは契約当事者ではないとみるべき場合がある（我妻390頁）。

その場合、債務者はAのみであり、多数当事者の債権関係にはならない。③学生ABCが町の食堂Gに昼食に行き、それぞれが注文したとすると、GA間・GB間・GC間の3つの契約が成立する場合がある。その場合も、多数当事者の債権関係とならない。①②③を通じて、契約当事者の確定が先決問題となる（前田309頁参照）。その結果、多数当事者の債権関係があると認められると、そのうちのどの類型なのかの問題となる（→(3)）。

(2) 3種類の問題

多数当事者の債権関係において生じる問題は、3種類に大別することができる。対外的効力・影響関係・内部関係の各問題である。

(a) 対外的効力

これは、複数当事者とその相手方との関係についての問題である。

債権者が複数いる場合は、①1人の債権者が全部を請求できるのか、できるとして、それは自分1人に履行せよといえるのか、全債権者に対して履行せよといえるだけなのか、②1人の債権者は一部分しか請求できないのか、そうだとして、1人だけで一部分の請求ができるのか、全員そろった場合に全部の請求ができるだけなのか、という問題がある。

債務者が複数いる場合は、①債権者は、そのうちの1人に対して全部の履行を請求できるのか、その人の分しか請求できないのか、②債権者は、1人に対してだけでなく、全員に対して同時に請求できるのか、また、そうしなければならないのか、という問題がある。

このように、複数当事者とその相手方との間で、いかにして請求され、いかにして弁済されるのかというのが対外的効力の問題である（星野141頁）。これは、特に、訴えを提起する場合や、債務者の一部又は全部が倒産した場合に具体的な形で現れる。

(b) 影響関係

これは、複数当事者の1人について生じた事由が複数当事者の他の者に及ぼす影響の問題である（澤井88頁）。たとえば、債権者が複数の債務者のうちの1人に対し債務を免除した場合、他の債務者はどうなるのかである。問題となる事由は、4種類に大別できる。

① 弁済及びこれと同視すべき事由　　本来の意味での債権の満足を目的と

する事由である。債権者が複数の場合、1人の債権者が受けた弁済が他の債権者にも影響を及ぼすとすると、弁済されたことを知らなかった他の債権者が不利益を被るおそれがある。これに対し、債務者が複数の場合は、債務の本旨に従った履行であれば、債権者は誰から弁済されても満足を得られるから、他の債務者にも影響(債務消滅の効果)を及ぼしてもあまり問題はない。弁済のほか、供託、弁済の提供も同様である。相殺もほぼ同様となる。

② 履行の請求　履行の請求がされると、いくつかの効果が生じる。最も重要なのは、時効の完成猶予(147条1項1号・150条)である。不確定期限のある債務又は期限の定めのない債務について、債務者を履行遅滞の状態にする効果もある(412条2項・3項)。これらの効果が広く及ぶことは、債権者にとって有利であり、債務者にとって不利である。

> ◆ 法定追認の影響　取消権者のする履行の請求は、法定追認の効果をもつ(125条2号。大判明39・5・17民録12輯837頁)。そこで、取消権を有する債権者が複数いる場合、影響関係が問題となりうる。その効果が広く及ぶことは、他の債権者にとって取消権がなくなるので不利である。しかし、125条柱書の要件の絞りもあるから、実際に問題となることは稀だろう。

③ 本来的ではない債権の消滅事由　更改、免除、混同、消滅時効の完成など、①以外の債権消滅事由である。これらにより、債権は本来の意味での満足はされないまま消滅してしまうわけだから、その効果が広く及ぶことは、債権者にとって不利である。

④ その他　様々であるが、たとえば、債務の承認は、時効の更新をもたらし(152条)、その効果が広く及ぶことは、債権者にとって有利である。

これらの事由が複数の当事者の1人について生じた場合、全員に効果が及ぶことを絶対的効力があるといい、その人にしか効果をもたらさないことを相対的効力があるという。各当事者にとっては、自己に有利な事由は絶対的効力があり、不利な事由は相対的効力しかない方が望ましい。そこで、その組合せ方が問題となる。

(c) 内 部 関 係

これは、複数の当事者の内部での割当ての問題である。複数の債権者の一部

の者が弁済を受領した場合、他の債権者にどのように分与すべきか、また、複数の債務者の一部の者が弁済した場合、他の債務者にどのように分担を求めるかである。

　債務者が複数の場合、各人が負担すべき割合を負担部分という。負担部分は、債務者内部の合意で決まるが、法律で定まっていることもある。負担部分がゼロの者もありうる(たとえば、Cの送別会でABCが食事をした場合のC)。弁済等をした人は、負担部分に応じて他の人に請求できる(同じ例で、Aが店に全額を支払った場合、後でBにその分を請求できる)。これが求償である。

> ◇　負担部分は、単に内部の清算の基準であるだけではなく、対外的な意味をもつこともある(439条2項)。しかし、その主たる機能は内部の問題であるので、さしあたって、内部関係の項で説明しておく。

(3)　民法の規定

　(1)であげたような様々な場合について、(2)であげた諸問題があり、複雑である。すべての場合を1つのルールで処理することはむずかしく、ある程度、類型化して処理するしかない。民法は、多数当事者の債権関係として、7つの類型を用意した。①分割債権(427条)、②分割債務(427条)、③不可分債権(428条)、④不可分債務(430条)、⑤連帯債権(432条)、⑥連帯債務(436条)、⑦保証債務(446条)である。もっとも、これらの類型以外の多数当事者の債権関係を形成することが認められないわけではなく(鳩山228頁)、学説上、不真正連帯債務、共同債権・共同債務などの概念が提示されている。

　民法に規定された7種について、次の2組の分類が可能である。

　1つは、債権か債務かである。債権者が多数であるのは①③⑤、債務者が多数であるのは②④⑥⑦である。

　もう1つは、債権・債務の目的、すなわち給付が可分か不可分かである。これは、給付の本質又は価値を害しないで、給付を分割的に実現できるか否かによる区別である(於保27頁)。可分給付の例は、金銭の支払、重油の引渡しであり、不可分給付の例は、馬1頭の引渡しである。可分か不可分かは、給付の性質によって定まる。可分であるのは、①②⑤⑥、不可分であるのは③④、いずれもありうるのは⑦である。

> ◆ **給付の可分性の基準**　改正前民法は、「当事者の意思表示による不可分」を認めていたが(旧428条)、現行民法は、債権債務の目的が「性質上」可分か不可分かという基準に一元化した(428条・430条・432条・436条→第2節3(1)◆〔551頁〕・第3節第3款1の1つ目の◆と2つ目の◆〔587頁〕)。

ある多数当事者の債権関係がこれらの類型のどれにあたると判定するのか、また、各類型において(2)の諸問題はどう扱われるのかを、次節以下で検討する。本節では、それに先立ち、多数当事者の債権関係を全体としてどのようなものと理解するのかについて、2つの視点があることを示しておこう。

2　2つの視点

(1)　債権債務の帰属形態という視点

第1の視点は、債権又は債務が複数の当事者にどのように帰属するかである。この視点は、共同所有の諸態様を当事者が多数である債権関係(427条以下のものに限らない)に反映させようとする[1]。

伝統的見解は、こうである(条文は現行民法に置き換える)。①共同所有には、総有・合有・共有の3形態がある。総有は、最も団体的色彩の強い共同所有形態であり、各共同所有者は持分権を有しない。入会権のある種のものは総有と解される。合有は、共有に近いが、各共同所有者間に共同の目的があり、共同所有はその目的達成の手段とされる。各人は持分権を有するが、それは、この目的によって拘束された、いわば潜在的なものである。各人には、持分権を処分する自由はなく、分割を請求する権利もない。組合財産は合有と解される(668条・676条)。共有は、共同所有者間の団体的結合が極めて微弱な個人的な権利である。各人は、持分権を有し、持分処分の自由と分割請求の自由がある。民法物権編に規定された共有(249条以下)は、この共有と解される(我妻Ⅱ314頁以下)。②この3形態に対応して、共同債権関係でも、債権債務の@総有的帰属・ⓑ合有的帰属・ⓒ共有的帰属がある。民法債権編に規定された「多数当事者の債権及び債務」の諸類型は、債権債務の共有的帰属(ⓒ)の下位類型である。

---

1)　学説の整理として、山田誠一「団体、共同所有、および、共同債権関係」講座別Ⅰ285頁。

債権については、427条・428条以下・432条以下が264条(準共有)にいう「法令に特別の定めがあるとき」にあたる。債務については、準共有という概念を経るまでもなく、427条・430条・436条以下・446条以下が適用される。他方、総有的帰属(ⓐ)と合有的帰属(ⓑ)は、427条以下とは別のものである(我妻376頁以下の整理)。

> ◆ **伝統的見解に対する批判**　この見解に対しては、いくつかの批判がある[2]。①共同所有の3形態論に対しては、明治民法起草者にはそのような分類の発想はなかったこと(山田・前掲注(1)291頁)、総有や合有の概念の不明確さ(星野英一『民法概論Ⅱ〔合本新訂〕』〔1976〕132頁・178頁)、共有であっても分割請求権行使の自由を本質的性格としないものもあること(山田誠一「建物の区分所有等に関する法律と共有物の管理」民商93巻臨増号(2)〔1986〕158頁・178頁)が指摘される。②共同債権関係については、ⓐ明治民法起草者は、427条以下の規定は「債権債務の共有的帰属」に限らず共同債権関係全体をカバーするものであると理解していたこと(山田・前掲注(1)291頁)、ⓑ準共有としての債権の共有的帰属は1個の債権についての持分権が複数あるにすぎないが、「多数当事者の債権及び債務」においては債権は複数あるという異質性があること(奥田＝佐々木中526頁、潮見新Ⅱ564頁)、ⓒ団体が当事者になる場合、債権債務は団体に帰属するのであり、その構成員がいかなる個人責任を負うかは団体の性質に応じて考えていくべき問題であって、総有・合有の概念から帰結しうるものではないこと(内田460頁)が指摘される。

多数当事者の債権関係と共同所有との類比には、不明瞭な点がある。両者が重なりあう問題もある(たとえば、債権者複数の場合の権利行使方法)が、そもそも重ならない問題もある(たとえば、保証債務は、前者のみの問題である)。

債権債務の総有的帰属・合有的帰属・共有的帰属という概念は、団体と構成員との関係について用いられており、この面での検討が必要である。まず、団体の債権については、整理のために3種の帰属形態を観念することは有用である。組合財産の侵害による損害賠償債権につき、1組合員が単独で自己に対す

---

[2] 本文記載のほかにも、「債権の上の所有権」を認める必要はなく、債権の準共有論には疑問があるというもの(我妻386頁。我妻栄「権利の上の所有権という観念について」同『民法研究Ⅲ』〔1966〕163頁〔初出1936〕。反論として、米倉明「銀行預金債権を中心としてみた可分債権の共同相続」タートンヌマン6号〔2002〕1頁・31頁以下)、債権者が複数いる場合は、常にいったんは債権の準共有の状態が発生するというもの(松尾弘「債権の準共有について」法研91巻2号〔2018〕255頁)など、議論がある。

る給付を請求することを認めない判例(大判昭13・2・12民集17巻132頁)の事案で「合有債権」の成立を認める見解(来栖三郎『判民昭13』38頁・42頁)、入会地が売却されたが入会団体が残存する場合に、入会地の売却代金債権は権利者らに総有的に帰属し、各人が持分に応じた分割債権を取得するものではないという判例(最判平15・4・11判時1823号55頁、山田誠一「判批」法教279号〔2003〕130頁)は、このような観点から理解できる。また、債権の管理や処分の方法の決定についての多数決の程度を考える際にも、この観念は有用である(星野142頁)。次に、債務の帰属については、団体債務と構成員の責任の観点から、団体の性質により判断するという指摘(内田460頁)は正当だが、その結果を、総有的帰属などと呼ぶことは妨げられないだろう。

まとめよう。①債権債務の帰属形態という観点は、団体と構成員との関係を考える際に一定の有用性をもつ。これに対し、②多数当事者の債権関係という観点は、団体の観念を経由することなく、対外的効力・影響関係・内部関係を規律するものと理解することができる。

◆ **2つの観点**　①の観点は、必ずしも総有・合有・共有の歴史的概念を持ち込むものではない。ただ、団体性を強調すると、総有的帰属と合有的帰属は、単なる合意によってではなく、当事者の関係(入会、組合など)又は債権の性質によって生じるのが原則となろう(差押禁止財産創出との関係につき、高木多喜男「連名預金の法的性質」金法1229号〔1989〕5頁参照)。②の観点からは、債権者全員がそろってのみ行使できる「共同債権」、債務者全員がそろってのみ履行できる「共同債務」を、多数当事者の債権関係の1類型として位置づけることが可能になる(→第3節第3款2(3)◆〔591頁〕)。

(2) 人的担保と見る視点

第2の視点は、債務者が複数いる場合、それを一種の担保とみることができるという視点である。債権の価値は、究極的には債務者の責任財産によって決まる。仮に、ある給付について債権者が複数の者の責任財産を引当てにできるのであれば、その債権についての担保力が高まる。このことは、保証において明瞭であり、保証債務は人的担保といわれる。しかし、保証でなくても、数名の債務者が連帯責任を負う場合であれば、やはり債権者の債権の担保される度合いは高まる。複数の債務者のなかに資力のない人がいた場合、その「無資力

のリスク」は、分割債務であれば債権者が負担するが(債権者は、無資力の債務者の分を回収できない)、連帯債務であれば他の債務者が負担することになる(全部を弁済した債務者は、無資力の債務者に求償しても回収できない)。この場合、資力のある債務者は、自己の負担部分を超える部分については、他の債務者の分を保証しているのと同様になる。このように保証債務でなくても、数名の債務者が連帯責任を負う場合、人的担保としての機能が認められる。不可分債務や連帯債務がそれにあたる。

この視点は、多数当事者の債権関係の実体や機能の一面を明らかにする意味をもつ。もっとも、分割債務や債権者複数の場合は、人的担保とはいえないから、この視点は多数当事者の債権関係の全体をカバーするものではない。

(3) 2つの視点の関係

以上の2つの視点が存在するのは、偶然ではない。旧民法では、両視点が明示されていた。すなわち、一方で、財産編第2部(人権及ヒ義務)第2章(義務ノ効力)第4節(義務ノ諸種ノ体様)のなかに、「第3款 債権者及ヒ債務者ノ単数又ハ複数ナル義務」、「第4款 性質又ハ履行ノ可分又ハ不可分ナル義務」という2つの款を置き、複数の債権債務という面から規定した。他方、債権担保編総則第1部(対人担保)に、「第1章 保証」、「第2章 債務者間及ヒ債権者間ノ連帯」、「第3章 任意ノ不可分」という3つの章を置き、保証とともに債務者間の連帯や任意の(契約又は遺言による)不可分を人的担保と位置づけた。このように分けたのはフランス民法(原始規定)の影響だが、明治民法はこれらを統合した。その結果、人的担保の面が不鮮明になった(平井299頁)。しかし、この沿革からも、多数当事者の債権関係には2つの面があり、その担保としての面も重要であることは明らかである。

3 本章の叙述

本章の叙述は、以下の通りである。まず、第2節で、債権者が複数である場合について、分割債権・連帯債権・不可分債権の順に説明する。ここでは、共同所有との比較も意識される。次に、第3節で、債務者が複数の場合について、分割債務・連帯債務・不可分債務・保証債務の順に説明する。ここでは、人的担保の機能も意識される。第2節と第3節を通じて、対外的効力・影響関係・

内部関係を検討する。第2節と第3節を対照すれば、分割債権・債務、連帯債権・債務、不可分債権・債務の比較も可能になるだろう。

第2節　債権者が複数である関係

1　分割債権

(1)　意　義

　分割債権とは、債権の目的が性質上可分である場合(金銭債権など)において、複数の債権者がいるとき、各債権者が一定の割合で分割された給付を受ける権利を有する債権である(427条)。分割の割合は、法令の定め又は別段の意思表示があればそれにより、なければ平等である(同条)。債権者複数の場合、法令の定め又は別段の意思表示がなければ、分割債権となる。つまり、分割債権が原則である(第3節の「第1款　総則」に配置されている。梅92頁、我妻387頁、星野146頁)。

　分割債権の例としては、①共有物を売却した場合の代金債権、②共有地が収用された場合の対価金債権(大連判大3・3・10民録20輯147頁)、③共有物を賃貸した場合の賃料債権(最判平17・9・8民集59巻7号1931頁〔遺産分割前の相続財産から生ずる賃料債権〕、百選Ⅲ68〔尾島茂樹〕)、④共有物に対する不法行為に基づく損害賠償債権(最判昭51・9・7判時831号35頁)がある。なお、⑤金銭債権などの可分債権(可分給付を内容とする債権)が共同相続されると、相続開始と同時に当然に相続分に応じて分割され共同相続人の分割債権になるのが原則だが、預貯金債権は当然に分割されることはなく、遺産分割の対象となる(909条の2参照)。

◆　可分債権の共同相続　　判例は、相続財産中に可分債権があるときは、法律上当然に分割され、各共同相続人が相続分に応じて権利を承継するという(①大判大9・12・22民録26輯2062頁〔保険金請求権〕、②最判昭29・4・8民集8巻4号819頁〔不法行為による損害賠償債権〕、百選Ⅲ69〔宮本誠子〕)。これが伝統的な学説でもあった[3]。分割債権説(当然分割帰属説)という。郵便貯金債権についても、同

---

3)　梅謙次郎『民法要義巻之五(相続編)』(1900)113頁、同『民法要義巻之二(物権編)〔訂正増補第31版〕』(1911)223頁以下〔初版は1896〕。

様とされていた(③最判平16・4・20判時1859号61頁)。これに対し、可分債権は共同相続人間に合有的に帰属するという合有債権説、可分債権は共同相続人間の準共有となるという準共有説などの諸説があった[4]。特に、預貯金債権については、遺産分割の対象とすべき要請が強く、債権の内容・性質にも特徴があるので、分割債権説の帰結が妥当でないという批判があった。そこで、判例は、まず、定額郵便貯金債権について、郵便貯金法の規律の趣旨に鑑み、相続による当然分割を否定した(④最判平22・10・8民集64巻7号1719頁、中田「判批」法協129巻11号〔2012〕255頁)[5]。さらに、普通預金債権等について、相続開始と同時に当然に相続分に応じて分割されることはなく、遺産分割の対象となると判断して、③判決その他抵触する判例を変更し(⑤最大決平28・12・19民集70巻8号2121頁、齋藤毅『最判解民平28』526頁、百選Ⅲ70［白石大］)、定期預金債権等についても、同様の判断をした(⑥最判平29・4・6判時2337号34頁)。⑤決定は、預貯金が遺産分割の調整に資する点で現金に近いという実質と、普通預金契約の構造(口座に自由に入出金できる)及び普通預金債権の性質(同一性を保持しつつ常に残高が変動しうる)から、⑥判決は、定期預金契約の要素(分割払戻しの制限)から、預貯金債権を他の可分債権と区別した[6]。

この判例変更の結果、共同相続人は、遺産分割前には全員そろわないと預貯金の一部の払戻しを受けられず、葬儀費用や生活費などの支出ができない、という不便が生じる。そこで、2018年の民法改正により、909条の2が新設され、共同相続人は、一定の範囲内で、単独で払戻しを受けることができ、払戻しを受けた分は、その相続人が遺産の一部分割により取得したものとみなすという規律が設けられた。なお、仮分割の仮処分(家事200条2項)などにより、その範囲を超える払戻しを受けることが認められる場合もある。

⑤決定は、②判決を変更していないので、一般の可分債権は、引き続き当然分割

---

4) 全般につき、谷口知平＝久貴忠彦編『新版注釈民法(27)』(1989)4頁以下［右近健男］。分割債権説として、内田Ⅳ403頁など、合有債権説として、我妻387頁、中川＝泉・相続231頁など、準共有説として、品川孝次「遺産『共有』の法律関係」判タ121号(1961)3頁、米倉・前掲注(2)、川地宏行「共同相続における預金債権の帰属と払戻」名法254号(2014)907頁、窪田充見「金銭債務と金銭債権の共同相続」水野紀子編著『相続法の立法的課題』(2016)151頁などがある。

5) 株式、委託者指図型投資信託受益権、個人向け国債についても、権利の内容・性質に照らし、相続による当然分割を否定した(最判平26・2・25民集68巻2号173頁、百選Ⅲ71［田中亘］)。中田「投資信託の共同相続——補論とともに」金融法務研究会『近時の預金等に係る取引を巡る諸問題』(2015)22頁参照。

6) 森田宏樹「可分債権の遺産分割における取扱い」論究ジュリ20号12頁、潮見佳男「預金の共同相続」金法2071号48頁、白石大「相続による債権・債務の承継」法時1117号18頁(以上、2017)、中田「共同相続された預金債権の法律関係」同・規範354頁〔初出2020〕。なお、齋藤・前掲542頁は、預貯金債権は②判決にいう「可分債権」にあたらないという(「可分債権」の語の限定的用法)。

帰属となる。不法行為債権のように債権の存否・額が定まらず債務者の資力も一様でないものや、債権の価値が変動するものを考えると、遺産分割まで各自の相続分に応じた権利行使さえできないのは妥当ではないからであろう。

遺産分割までの間の預貯金債権は、共同相続人による準共有(264条)となり、物権法の共有の規定が準用されるという見解が多い(齋藤・前掲547頁・549頁以下など。⑤決定の法廷意見は準共有といってはいない)。試論ではあるが、相続財産に属する可分債権は、遺産共有(898条)により、264条の対象となるが、民法第3編第1章第3節が同条但書の「法令に特別の定め」に当たり、一般の可分債権は分割債権(427条)となり、預貯金債権は性質上の共同債権となると考えたい(→第3節第3款2(3)◆〔591頁〕)。

(2) 効　力

(a)　対外的効力

分割債権においては、各自の債権は独立しており、各債権者は単独で上記の割合による自己の分の権利を行使できる。もっとも、その債権が契約によって生じたものである場合は、契約に基づく制約を受ける。具体的には、同時履行の抗弁(533条)や解除(544条)である。

◆ **分割債権と同時履行の抗弁の関係**　ABCが共有する家屋をSに売った場合、ABCの代金債権は原則として分割債権となるが、特約がなければSには同時履行の抗弁がある。したがって、ABC全員で家屋の所有権移転登記の履行の提供をしない限り、Aは自己の分の代金債権を、分割債権とはいえ、単独では行使できない。

ABCが共有する米900 kgをSに売った場合はどうか。この場合、ABCのSに対する代金債権と米の引渡債務が、それぞれ分割債権・債務なのか、連帯債権・債務なのかという問題があるが、どのような債務相互間で同時履行関係を認めるべきかというのは、それとは区別される問題である。代金債権が分割債権だとしても、米900 kgの履行の提供をしない限り、Aは自己の分の代金債権を、分割債権とはいえ、単独では行使できないことがある。

◆ **分割債権と契約解除**　分割債権の発生原因である契約を解除する場合は、全員から又は全員に対してしなければならない(544条)。契約が解除されれば、債権も消滅する。これは分割債権の行使の問題ではなく、契約解除の要件の問題である。

(b) 影響関係

分割債権の場合、影響関係は、原則としてない。ある債権者の債権について、時効消滅や債務免除があったとしても、他の債権者には影響しない。

(c) 内部関係

内部関係も、個別的に処理される。もっとも、427条は対外的効力を定めたものであり、内部関係はこれとは別に定めることができる(我妻394頁など通説)。対外的効力における割合(①)と内部で定めた割合(②)の大小にかかわらず、ある債権者Aが②による自己の分の弁済を受けた場合、他の債権者に分配する必要はない。①が②より大きい場合、Aが②を超えて①の弁済を受けたときは、内部関係の合意に従って、①と②の差の部分を他の債権者に分配すべきである。Aが①を超える弁済を受けたときは、①を超える部分は他人の債権の弁済の受領となる。Aは、内部関係の合意又は事務管理、不当利得若しくは不法行為の規定に従い、②を超える部分を他の債権者に交付すべきである(Aに①を超える部分の弁済受領権限がない場合、他の債権者が債務者にその部分を自らに弁済せよと請求し、これに対し債務者が民法478条の適用を主張することはありうる)。

2 連帯債権[7]

(1) 意 義

連帯債権とは、債権の目的がその性質上可分である場合(金銭債権など)において、複数の債権者がいるとき、各債権者がそれぞれ独立して、すべての債権者のために全部又は一部の履行を請求することができ、債務者は債権者のうちの誰に対してでも履行することができる(誰かに履行すればすべての債権者について債権が消滅する)という債権である(432条〜435条の2)。債権者の数に応じた複数の債権があると考えるべきである(石坂中923頁。連帯債務につき→第3節第2款1(2)(b)〔559頁〕)。

連帯債権は、法令の規定又は当事者の意思表示によって成立する(432条)。連帯債権は、1人の債権者が受領すると全債権が消滅するので、他の債権者にとって危険が大きい。したがって、契約によって連帯債権を成立させるために

---

[7] 山田誠一「多数当事者の債権および債務(保証債務を除く)」改正と民法学Ⅱ145頁。

は、債権者全員と債務者の合意が必要であると解すべきである。その成立を認定することには慎重であるべきである（奥田＝佐々木中 600 頁。椿寿夫・注民(11) 47 頁参照）。

> ◆ **沿革**　連帯債権は、旧民法には規定があった（債権担保編 74 条〜85 条）が、明治民法を起草する際、実際にはほとんどその適用をみないという理由で、削られた（民法修正案理由書 418 頁）。現行民法は、これを復活させた。これは、多数当事者の債権関係を給付の性質上の可分・不可分という観点から整理し、可分給付について当事者の意思表示により不可分債権とすること（旧 428 条）をやめたことに伴い、複数の債権者の各人が可分給付の全部の履行を請求できる類型を連帯債権として規律することが適切であると考えられたことによる（中間試案説明 207 頁、部会資料 80—3、第 2、6 説明、一問一答 120 頁）。つまり、強い社会的需要に応えたというより、民法の規律を合理的に整序することが契機となった。しかし、今回の改正で規律内容がかなり明確になったので、金融取引などにおいて、今後、利用される可能性がある（→次の◆の⑥）。

連帯債権の例としては、共有建物の賃貸借において全賃貸人と賃借人の合意により賃料債権を連帯債権とする場合がある[8]。

> ◆ **連帯債権の例の検討**　次の例があげられることがある。①復代理人Sに対する本人Aと代理人Bの権利（106 条 2 項）、②適法な転借人Sに対する賃貸人Aと転貸人Bの権利（613 条）、③債権がAとBに二重に譲渡され、それぞれについての確定日付ある通知が債務者Sに同時に到達した場合におけるAとBの権利（→第 10 章第 2 節第 2 款 4(2)(ⅰ)β〔713 頁〕）である（①②③につき、潮見新Ⅱ625 頁、①②につき、星野 155 頁、澤井 105 頁、②③につき、内田 470 頁）。もっとも、①②では、AのSに対する債権はAB間の契約とBS間の契約を前提として法の付与するものであってAS間の関係の一環をなすものであり、BのSに対する債権はBS間の契約に基づくものであってBS間の関係の一環をなすものであり、両債権の関係については、それぞれの固有の規律に服する。③は、1個の債権の譲渡について通常の帰属決定基準が働かない状況における補充的基準によるものであり、複数の債権があるわけではない（中田・前掲第 8 章注(20)15 頁・17 頁）。①②③において、SがA又はBの一方に弁済すると、他方の債権も消滅するが（①につき最判

---

8)　UNIDROIT 2016, 11. 2. 1 comment 3, illustration 5. 潮見新Ⅱ631 頁、内田 470 頁。最判平 17・9・8 前掲（民集）参照。共有物売買の例につき、山田・前掲注(7)159 頁参照。

昭51・4・9民集30巻3号208頁)、そのような給付の一倍額性という共通項でひとまとめにするよりも、各法制度に即して検討するのが適切である。連帯債権という中間項を挟んでその規律を当てはめて論じることは、かえって混乱を招くし、連帯債権の概念を不明瞭にするおそれもある。本書では、これらを例とはしない。

　旧民法の立法理由書では、④約束手形又は為替手形の受取人が複数いる場合が例とされる(Exposé des motifs, t. 4, p. 99)。受取人の重畳的記載は商法の判例・学説で認められているが、単独での手形行為については制約があり(大判大15・12・17民集5巻850頁)、単独請求や一部請求について議論がありうる。連帯債権というには支障がある。

　⑤外国でみられる夫婦等の連名預金が例とされることもある(大村(3)179頁以下。石田781頁以下参照)。日本に導入された場合は、その預金契約の内容によって判断すべきである(石田ほか152頁[齋藤]参照。導入の検討として、長屋忍「いわゆるジョイント・アカウントについて」新井誠編代『高齢社会における信託活用のグランドデザイン第2巻』〔2024〕173頁)。

　⑥シンジケート・ローンの方法の1つとして、貸主Aの借主Sに対する貸金債権f_1に並ぶものとして、エージェントBのSに対する債権f_2をf_1の連帯債権として創出し、f_2に担保権を設定するという仕組みが検討されている(担保権はBが管理するので、Aは、担保管理の負担を免れ、また、f_1を簡易に譲渡できる。Sにとって、f_2はf_1と並行する債務〔パラレルデット〕となる)[9]。

(2)　効　力

(a)　対外的効力

　連帯債権者は、各人が、すべての債権者のために、債務者に対し、全部又は一部の履行をするよう請求することができる。また、債務者は、どの債権者に履行してもすべての債権者に対して履行したことになる(432条)。

> ◇　連帯債権である100万円の金銭債権について、債権者ABの1人であるAは、債務者に対し、Aに100万円を支払えということも、Aに50万円を支払えということもできる。債務者がAに支払えば、その範囲でABの債権は消滅する。

---

[9]　岩川隆嗣「パラレルデットの有効性に関する考察」東京大学法科大学院ローレビュー8号(2013)20頁、鈴木健太郎＝宇治野壮歩「連帯債権を利用したパラレルデット」金法1988号(2014)62頁、中田「債権者の追加」潮見追悼・財301頁、潮見新Ⅱ627頁注154、内田470頁以下、長島LO387頁以下。

(b) 影響関係

連帯債権者の1人について生じた事由は、原則として、他の連帯債権者に対してはその効力を生じない(相対的効力の原則。435条の2本文)。例外として、履行の請求、履行、更改、免除、相殺、混同には絶対的効力がある(432条〜435条)。また、当事者の別段の意思の表示があるときは、それによる(435条の2但書)。

◆ 連帯債権の影響関係における相対的効力の例外

① 履行の請求の絶対的効力(432条)。債権者の1人が請求すると、全債権者について時効の完成が猶予され(147条1項1号・150条)、その債権が不確定期限のある債務又は期限の定めがない債務に係る債権である場合は、債務者は、全債権者に対して履行遅滞になる(412条2項・3項)。

② 履行の絶対的効力(432条)。債務者が債権者の1人に履行(弁済)すると、履行された範囲で全債権者について債権が消滅する。供託、弁済の提供、受領遅滞も同様と解すべきである(潮見新Ⅱ628頁)。

③ 更改・免除の絶対的効力(433条)。債権者の1人と債務者の間で更改又は免除があった場合は、その債権者がその権利を失わなければ分与されるべき利益に係る部分について、他の債権者は履行を請求できない。

免除を例に説明しよう。ABがSに対し1000万円の連帯債権を有しており、分与を受ける割合はAB平等だとする。AがSに免除したとすると、免除しなければAに分与されたはずの500万円をBはSに請求できない。Bは、残りの500万円を請求できるだけである。

④ 相殺の絶対的効力(434条)。債務者が債権者の1人に対し相殺を援用したときは、他の債権者についても効力が生じる。

ABがSに対し1000万円の連帯債権を有し(分与を受ける割合は平等)、SがAに対し1000万円の債権を有していたとする。SがAに対し相殺をすると、その効力はBにも及び、ABの連帯債権は消滅する。Bは、Aから500万円の分与を受ける。この場合、BはSには請求できず、Aに分与の請求をすることになるので、Aの無資力のリスクをBが負担することになるが、ⓐこれはSが現金でAに弁済しAが費消した場合にも生じうる問題であること、ⓑ相対的効力にするとSの相殺に対する期待が害されること、ⓒ相対的効力にすると事後処理が迂遠になることから、このように規定された(部会資料83−2、第17、7説明1)。改正前民法のもとで不可分債権における相殺の効力について議論があったし(本書3版439頁)、ⓐⓑⓒの理由には疑問も残るが(ⓐは相殺を禁止する諸規定が相殺と弁済を区別していることとの関係、ⓑは連帯債権の債務者が他の連帯債権者の利益を害してでも債権

を消滅させるという期待の保護の要否、また、Sが他から無資力のAに対する債権を安く取得して相殺することの可否、ⓒは更改・免除の規定の仕方との対比）、しかし、相殺を弁済に近づけて考えるという判断がされたことになる。

⑤ 混同の絶対的効力(435条)。債権者の1人と債務者との間で混同があったときは、債務者は弁済したものとみなされる。

ABがSに対し1000万円の連帯債権を有していたところ（分与を受ける割合は平等）、Sが死亡し、AがSを単独で相続したとする。この場合、SがAに弁済したとみなされ、Bとの関係でも債権は消滅する。Bは、Aから500万円の分与を受ける。

⑥ 別段の意思の表示(435条の2但書)。債権者の1人と債務者との間で、別段の意思を表示したときは、その意思に従う。つまり、他の債権者に生じた事由の効力が、別段の意思を表示した債権者にも及ぶことになる。

⑦ 最後に、代物弁済について検討する。代物弁済にも絶対的効力を認める見解がある（潮見新Ⅱ628頁・633頁注170）。民法改正前の学説では、不可分債権について代物弁済に相対的効力しか認めない学説が多かった（奥田342頁など）。現行民法のもとで、代物弁済を、ⓐ弁済〔②〕・相殺〔④〕に近いと考えるのか（全部消滅）、ⓑ更改・免除〔③〕に近いと考えるのか（部分的効力）、ⓒ相対的効力と考えるのか、が問題となる。代物弁済が弁済と同一の効力を有するとされること(482条)、また、連帯債権が、債権者が他の債権者が弁済を受けることに伴う危険を引き受ける制度として設計されていることを強調すると、ⓐと考えることもできなくはない。しかし、その場合であっても、⑦債務者と代物弁済契約をし、代物の給付を受けた債権者は、他の債権者に対しては、本来の給付を受けた場合の利益の分与をすべきである(442条1項参照)。また、⑦代物の価額が債権額よりも低いときは、差額について一部の免除があったと解釈し、その部分に433条を適用すべきこともあるだろう。もっとも、⑦については、本来の給付の目的物が可分ではあるが非代替的な物である場合には、不可能である。⑦も、個別的解決でしかない。このような問題があるので、原則に戻って、相対的効力（ⓒ）としたうえ、433条の類推適用によって部分的効力（ⓑ）を実現するとともに、債務者のした代物弁済契約の意思表示について錯誤取消しを認めることによって、妥当な解決を図ることがよいと考える（奥田＝佐々木中601頁以下）。

(c) 内部関係

連帯債権者の内部関係は、法令の規定又は当事者の意思表示があるときは、それによる。特別の定めのない場合であっても、連帯債権者の1人が単独で履行を受けたときは、他のすべての債権者に対し、内部関係の割合に応じて、受

領した給付を分与すべきである(各債権者には、それぞれ「分与されるべき利益」〔433条〕がある)。その割合は、特別の事情のない限り、平等であると推定すべきである。

連帯債権の内部関係については、民法に規定がない。連帯債権の対外的効力及び影響関係に関する規律(特に433条)、連帯債務の規定(442条~445条)、民法改正前の学説(我妻447頁など)を手掛かりとして、以上のように考えるべきであろう(潮見新Ⅱ630頁、山田・前掲注(7)154頁以下参照)。これは、連帯債権の概念にかかわることであり、何をその例とするかとも密接に関係する問題である。

3 不可分債権

(1) 意 義

不可分債権とは、債権の目的がその性質上不可分である場合において、複数の債権者がいるとき、各債権者がそれぞれ独立して、すべての債権者のために履行を請求することができ、債務者は債権者のうちの誰に対してでも履行することができる(誰かに履行すればすべての債権者について債権が消滅する)という債権である(428条)。連帯債権と類似するが、債権の目的が性質上不可分であるという違いがある。このため、連帯債権の規定を準用しつつ、債権の目的の性質に応じて異なる規律を置いている(428条による準用・429条)。

◇ 3人で馬1頭を買った場合の馬の引渡しを求める債権は、不可分債権である。それぞれの買主は自分に引き渡せと請求できる。売主は誰に引き渡してもよい。
　貸主が数名である家屋の使用貸借の終了を原因とする家屋明渡請求権も不可分債権であり、一部の貸主のみで明渡しの請求ができる(最判昭42・8・25民集21巻7号1740頁)。借主はどの貸主に明け渡してもよい。

不可分債権は、債権の目的が性質上不可分である場合に成立する(428条)。性質上不可分とは、給付の性質上、その本質又は価値を害しないで、分割的に実現することができないことである(於保27頁)。詳しくは、不可分債務の項で検討する(→第3節第3款1の2つ目の◆〔587頁〕)。

◆ **意思表示による不可分債権の廃止**　改正前民法428条は、物理的には可分な給付であっても、当事者の意思表示によって不可分債権とすることを認めていた(3人で米300 kgを買い、意思表示によってその給付を不可分とするなど)。しかし、各債権者が全部の履行を請求できる場合の規律内容(特に、絶対的効力事由)を規定するうえでは、性質上可分か不可分かによる区別をする方が合理的であると考えられ、意思表示による不可分債権は排された(一問一答118頁)。

　不可分債権が可分債権となったとき(不可分だった給付が、後に可分な給付に変化したとき)は、各債権者は自己が権利を有する部分についてのみ履行を請求することができる(431条)。427条の原則に戻るわけである。この場合、当事者の合意によって、連帯債権とすることもできる(中間試案第16、9(2)、部会資料80-3、第2、8説明2)。

◇　貸主が数名である家屋の使用貸借が終了し明渡請求権が発生したが、明渡し前にその家屋が借主の火の不始末で滅失したときは、損害賠償債権となる(412条の2第1項・415条2項1号)。この場合、各貸主は、それぞれ自己の分(内部関係で定まる)のみの履行を請求できる。ただし、当事者が合意をすれば、連帯債権とすることもできる。

(2)　効　力

(a)　対外的効力

　不可分債権者は、それぞれが単独で、すべての債権者のために自己に履行せよと請求できる。債務者は、どの債権者に履行しても、すべての債権者に対して履行したことになる(428条・432条)。

　不可分債権は、債権者全員がそろって(共同して)でないと請求できないという債権ではない(全員が共同してでしか請求できない債権は、本書では共同債権と呼ぶ→第3節第3款2(3)◆〔591頁〕)。

(b)　影響関係

　不可分債権者の1人について生じた事由は、原則として、他の不可分債権者に対してはその効力を生じない(相対的効力の原則。428条・435条の2本文)。例外として、履行の請求、履行、相殺には絶対的効力があり、また、当事者の別

段の意思の表示があるときは、それによる(428条・432条・434条・435条の2但書)。連帯債権と類似するが、更改・免除・混同について、債権の目的が不可分であることを反映した違いがある(429条・428条・435条の2本文)。

> ◆ **不可分債権の影響関係における効力** 以下には、連帯債権(→2(2)(b)◆〔548頁〕)と対比しやすいよう、相対的効力の場合も記載する。不可分債権者をAB、債務者をS、目的物を甲とする。
> ① 履行の請求の絶対的効力(428条・432条)。連帯債権と同様である。
> ② 履行の絶対的効力(428条・432条)。連帯債権と同様である。
> ③ 更改・免除の効力(429条)。債権者の1人と債務者の間で更改又は免除があった場合も、他の債権者は、債務の全部の履行を請求できる(相対的効力)。この場合、履行を受けた他の債権者は、更改又は免除の相手方となった債権者がその権利を失わなければ分与されるべき利益を債務者に償還しなければならない。連帯債権とは異なる。
> 　免除を例に説明しよう。ABがSに対し、1000万円の価値のある甲を引き渡せという不可分債権を有していたところ、AがSに対して債務を免除したとする。この場合、Bは依然としてSに甲の引渡しを請求できる(429条本文)。しかし、Aは免除しているのだから、BはAに利益を分与する必要はない。そこで、Bは、Aが分与されるはずだった利益をSに償還する(同条但書)。その際、Bは、甲の共有持分2分の1を償還してもよいが、相当する価額500万円を償還してもよい(於保217頁。価額償還とする見解が多いが〔我妻399頁など〕、Bに常に価額償還を強いるのは行き過ぎであろう)。
> 　相対的効力の原則(428条・435条の2)によれば、Aの免除はBには影響しないから、BはSから甲を受け取った後、Aに対し甲の共有持分2分の1又は500万円を分与し、その後、Aが分与を受けたものをSに返還する(AはSに免除していたから)という方法も考えられる。しかし、そうすると、Aの分がSからB、BからA、AからSへと一回りすることになるが、これは合理的ではない。なぜなら、ⓐこのような償還の循環は非効率である、ⓑもしAが無資力だとSが損害を被るが、そのような危険をSに負担させる必要はない、ⓒ自ら債務を免除したAは自分をいったん経由せよと求めうる立場にない、からである。これらの理由により、Bが直接Sに償還するという制度となっている。
> 　連帯債権の場合は、債権の目的が可分であるので、SがBにいったん全部の履行をしたうえ、Aの分をBからSに償還するということさえ必要なく、そもそもBはAの分を請求できないとすれば足りた(433条)。給付の目的が可分か不可分かの違いによる相違である。
> ④ 相殺の絶対的効力(428条・434条)。連帯債権と同様である。もっとも、不可

分債権の場合、債務者が債権者の1人に対し、「同種の目的を有する」(505条1項)債権を有するのは、非常に稀であろう(同じ種類の新車1台を給付する債権を相互に有するなど)。

不可分債権における相殺の絶対的効力に関しては、連帯債権における問題(→2(2)(b)◆④)のほか、次の問題もある。ABがSに対し甲という種類の新車1台を求める不可分債権を有し、SがAに対し甲の新車1台を求める債権を有し、SがAに対し相殺した場合、Bの債権も消滅する。その結果、Bは、本来、Sから取得した甲の共有持分を得られたはずなのに、Aに対する価額償還請求しかできなくなるのではないかという問題である。Sの相殺によってAが得た利益は、SのAに対する甲の新車1台を求める債権の消滅であるので、Bは、その利益の分与として、Aに対し、甲の新車1台の共有持分の請求ができると解してはどうか(4版の説明を一部改める)。

⑤ 混同の相対的効力(428条・435条の2本文)。債権者の1人と債務者との間で混同があったとしても、他の債権者には効力は及ばない。連帯債権とは異なる。

ABがSに対し甲の引渡しを求める不可分債権を有していたところ、Sが死亡し、AがSを単独で相続したとする。この場合、債権は消滅せず、Bは、Sの相続人であるAに対し、全部の履行を請求することができ、履行を受けると、Aに利益の分与をする。同じ例で、Aが死亡し、SがAを単独で相続した場合は、Bは、Sに対し、全部の履行を請求することができ、履行を受けると、Aの相続人であるSにAの受けるべき利益の分与をする。

⑥ 別段の意思の表示(428条・435条の2但書)。債権者の1人と債務者との間で、別段の意思を表示したときは、その意思に従う。連帯債権と同様である。

⑦ 代物弁済については、絶対的効力を認めると、代物弁済契約をし代物の給付を受けた債権者(A)以外の債権者Bは、本来の給付(甲の持分)を取得できないことになる場合が多い(牛1頭を引き渡すべき不可分債権で、Aが馬1頭の代物弁済を受けたときなど)。連帯債権であれば、その多くは金銭債権であり、その場合、BはAからの利益分与を金銭で受けることによって本来の給付を取得できるが、不可分債権の場合、それが困難なことが多い。やはり、相対的効力の原則に戻ったうえ、429条後段の類推適用と場合によっては債務者に錯誤取消しを認めることで、妥当な解決を図るのがよいと考える(奥田=佐々木中616頁以下)。

(c) 内 部 関 係

不可分債権者の内部関係は、法令の規定又は当事者の意思表示があるときは、それによる。特別の定めのない場合であっても、不可分債権者の1人が履行を受けたときは、他のすべての債権者に対し、内部関係の割合に応じて、利益を

分与すべきである(各債権者には、それぞれ「分与されるべき利益」〔429条〕、「権利を有する部分」〔431条〕がある)。その割合は、特別の事情のない限り、平等であると推定すべきである。

不可分債権の内部関係については、民法に規定がないが、民法改正の前後を通じて、おおむねこのように解されている(我妻399頁、潮見新Ⅱ634頁、山田・前掲注(7)159頁など)。

第3節　債務者が複数である関係

第1款　分割債務

1　意　義

分割債務とは、債務の目的が性質上可分である場合(金銭債務など)において、複数の債務者がいるとき、各債務者が一定の割合で分割された給付をする義務を負う債務である(427条)。分割の割合は、法令の定め又は別段の意思表示があればそれにより、なければ平等である(同条)。分割債権に対応し、債務者複数の場合の原則となる。

分割債務と認められた例として次のものがある。①数人が共同で買い受けた鉱山の代金債務(大判大4・9・21民録21輯1486頁〔明示又は黙示の意思表示のないとき〕)、②金銭債務が共同相続された場合の共同相続人の債務(大決昭5・12・4民集9巻1118頁〔手形金債務〕)。

◆ **可分債務の共同相続**　金銭債務その他の可分債務が共同相続された場合、法律上当然に分割され、各共同相続人がその相続分に応じて承継する(大決昭5・12・4前掲、最判昭34・6・19民集13巻6号757頁、百選Ⅲ72〔福田誠治〕)。相続分とは、遺言がない場合は、法定相続分(900条・901条)である。相続分を指定する遺言(902条)がある場合、債権者は、なお法定相続分に応じて権利を行使することができるが、共同相続人の1人に対して指定相続分による債務の承継を承認したときは、以後、指定相続分によってのみ権利を行使することができる(902条の2)。

> 2018年の相続法改正により、判例(最判平21・3・24民集63巻3号427頁、百選Ⅲ93[白須真理子])の考え方が明文化されたものである[10]。

2　効　力

(1)　対外的効力

分割債務においては、各債務者は上記の割合により分割された自己の債務だけを履行すればよく、他の債務者の分を履行する義務はない。他方、債権者にとっては、これは不便だし、債務者のなかに無資力者がいる場合のリスクを負担させられることになる。そこで、427条の「別段の意思表示」により、連帯債務を成立させることがある(→第2款2(1)[562頁]。性質上の不可分債務の可能性につき→第3款1の2つ目の◆[587頁])。

(2)　影響関係

分割債務においては、1人の債務者に生じた事由は、他の債務者に影響を及ぼさない。分割債権と同様、発生原因である契約による制約を受けることがある(同時履行の抗弁[533条]→第2節1(2)(a)1つ目の◆[544頁])。

(3)　内部関係

内部関係も個別的に処理される。427条は対外的効力を定めたものであり、内部関係はこれとは別に定めることができる(我妻394頁など通説)。対外的効力における割合(①)と内部で定めた割合(②)の大小にかかわらず、ある債務者Aが②による自己の分を弁済した場合、他の債務者に求償することはできない。①が②より大きい場合、Aが②を超えて①を弁済したときは、内部関係の合意に従って、①と②の差の分を他の債務者に求償できる。Aが①を超えて弁済したときは、①を超える部分は第三者による弁済(474条)となり、内部関係の合意又は事務管理の規定に従って、②を超える部分を他の債務者に求償

---

[10]　堂薗幹一郎＝野口宣大編著『一問一答　新しい相続法[第2版]』(2020)170頁以下、堂薗幹一郎＝神吉康二編著『概説改正相続法[第2版]』(2021)150頁以下、大村敦志＝窪田充見編『解説民法(相続法)改正のポイント』(2019)143頁以下[宮本誠子]、窪田充見『家族法[第4版]』(2019)535頁以下、潮見・前掲第6章注(8)218頁以下。かつては、金銭債務その他の可分債務は、共同相続人に、連帯債務のように(穂積重遠『相続法大意』[1926]71頁)、不可分的に(中川＝泉・相続231頁)、あるいは、合有的に(我妻389頁)、帰属するという見解も有力だった。

できる。

> ◆ **法令の規定による内部関係**　可分債務の共同相続で相続分の指定がある場合、本文の①は法定相続分又は指定相続分（債権者が承認した場合）であるが（902条の2）、②は指定相続分である（899条・902条）。そこで、指定相続分よりも多い法定相続分によって弁済した共同相続人は、指定相続分が多い共同相続人に対し求償権を行使することができる（堂薗＝野口・前掲注(10)170頁・172頁以下参照）。この求償権は、902条の2・902条・899条が予定しているものであると考える。

第2款　連帯債務

1　意　義

(1)　概　念

　連帯債務とは、債務の目的がその性質上可分である場合（金銭債務など）において、複数の債務者がいるとき、各債務者がそれぞれ独立して全部の給付をすべき債務であって、債務者の1人又は数人により全部の給付がされれば、すべての債務者について消滅するというものである。債権者は、①連帯債務者の1人に対し、全部又は一部の履行を請求し、あるいは、②すべての連帯債務者に対し、同時に又は順次に、全部又は一部の履行を請求することができる（436条）。

> ◇　ABCがGに対し、900万円の連帯債務を負っているとする。①Gは、Aに対し、900万円を請求してもよいし、500万円を請求してもよい。②Gは、ABCに対し、同時に、900万円ずつ請求してもよいし、500万円ずつ請求してもよい。Gは、また、Aにまず900万円を請求し、その後、Bに500万円、さらにCに200万円を請求してもよい。もちろん、合計900万円が支払われた時点で債務は消滅するから、それ以上は請求できない（3人から合計2700万円を受け取れるわけではない）。しかし、それまでは、好きなように請求できる。

> ◇　債権者がどの債務者に対しても好きなように請求できるという性質上、連帯債

務は、どの債務者についても同一内容であり、かつ、可分でなければならない。金銭債務がその代表的なものである。A は米 100kg を引き渡し B は麦 100kg を引き渡すという債務や、A と B が共有する馬 1 頭を引き渡すという債務は、連帯債務とはならない。

(2) 内 容
(a) 基本的内容
　債務が複数の人に連帯的に帰属するという法形式は、ローマ法に由来し、フランス法やドイツ法に継受されて多様な展開をみた[11]。日本民法の連帯債務は、フランス法の影響が強いが、相違もある。その基本的な内容は、以下の通りである。

　① 全部給付義務　　債務者は、その負担部分にかかわらず、債権者に対し、それぞれ全部の給付をすべき義務を負う(436 条)。

　② 給付の一倍額性　　債務者のうちの誰かが履行すれば、他の債務者も債務を免れ、重ねて履行する必要はない。

◇　「給付の一倍額性」は、ドイツ語の nur einmal ないし Einmaligkeit(1 回限りであること)の訳語である(椿・注民(11)48 頁など)。わかりにくい言葉だが、これを用いる学説が少なくない(「1 回性」だと、給付行為の回数の問題であるかの印象を与えるおそれがある)。

　③ 影響関係の特徴　　相対的効力が原則である(441 条本文)。例外として、履行(弁済)、更改、相殺、混同には絶対的効力があり(436 条・438 条〜440 条)、また、当事者の別段の意思の表示があるときは、それによる(441 条但書)。改正前民法では、絶対的効力事由が多かったが、改正により削減され、相対的効

---

11)　船田享二『ローマ法第 3 巻〔改版〕』(1970、初版 1943)621 頁以下、椿寿夫「連帯債務論序説」論叢 62 巻 5 号(1956)42 頁〔同『民法研究Ⅰ』(1983)所収〕、同・注民(11)45 頁以下〔以上、『椿寿夫著作集 1』(2006)所収〕、淡路剛久『連帯債務の研究』(1975)(以下、本章で「淡路・研究」として引用)、福田誠治①「19 世紀フランス法における連帯債務と保証」北法 47 巻 5 号 1 頁〜50 巻 4 号 45 頁(1997〜99)、同②「連帯債務理論の再構成」私法 62 号(2000)186 頁。フランス民法から旧民法への継受につき、藤原明久「明治前半期における連帯債務法──フランス民法継受の諸相」神戸 46 巻 3 号(1996)455 頁、同「明治 23 年旧民法と判例連帯債務法の展開」同 47 巻 3 号(1997)477 頁。

力の原則が強化された。

④ **求償権** 弁済等により債務を消滅させた債務者は、他の債務者に対し、各自の負担部分に応じて求償することができる(442条)。

⑤ **債務者の1人についての無効・取消し** 連帯債務者の1人について、法律行為の無効原因(意思無能力など)や取消原因(未成年、錯誤、詐欺など)がある場合も、他の債務者の債務の効力には影響しない(437条)。

⑥ **態様などの不均一の可能性** 連帯債務者の各人により債務の態様が違うことがありうる。たとえば、条件や期限が異なっていてもよい。利息の有無・利率の相違があってもよい。債務者によって債務の額が違っていてもよい(不等額連帯)。

> ◆ **連帯債務の共同相続の場合** 600万円の連帯債務を負うABのうちAが死亡し、Aの2人の子PQが相続した場合、PQがそれぞれ600万円の連帯債務者になるという不分割承継説(連帯債務承継説)と、PQはそれぞれ2分の1の300万円の範囲で連帯債務者となるという分割承継説がある。判例は分割承継説をとり、BとPQの間で不等額連帯が生じるという(最判昭34・6・19前掲)。これに対し、不分割承継説は、連帯債務の全部給付義務性を強調し、分割承継だと債権者保護に欠けるし複雑になると批判する。他方、分割承継説は、可分債務の分割承継との均衡のほか、不分割承継だと連帯債務者が増えるだけで債権者がかえって有利になるが、その説明は困難だという。債権者と共同相続人との利益調整(川井182頁)も考え、分割承継説を支持したい。この場合、不等額連帯債務関係は、①BPQ間に生じるのか(三淵乾太郎『最判解民昭34』94頁)、②BP間・BQ間に生じ、PQ間には生じないのか(潮見新Ⅱ580頁以下、奥田＝佐々木中557頁)。ⓐBが300万円を弁済した場合の求償関係、ⓑPが300万円を弁済した場合の求償関係、ⓒQの無資力を負担すべき者(444条)が問題となる。ⓐⓑは不等額連帯における一部弁済の問題(我妻406頁・409頁参照)である。ⓐでは、いずれにせよ、BはPQに各75万円を求償できるという結論になるべきだろう。Qが無資力であるときは、ⓒの問題となる。ⓑでは、続いてQも300万円を弁済したときは、いずれにせよ同じ帰結になる。Qが弁済せず、無資力であるときは、ⓒの問題となる。ⓒが実質的相違である。BがAの無資力のリスクを負担していたことを考えると、②がよさそうである。②を支持したい(ただし、ⓐⓑの上記結論は、潮見新Ⅱ579頁とは異なるかもしれない。同581頁も参照)。

⑦ **個別措置の可能性** 連帯債務者の1人の債務についてだけ保証をした

り(464条参照)、抵当権を設定することは可能である。債権者が連帯債務者の1人に対する債権だけを第三者に譲渡することも可能である(大判昭13・12・22民集17巻2522頁〔転付命令の事案〕)。

　以上①〜⑦の基本的内容をどのように説明するかについて、2つの議論がある。1つは、連帯債務における債務は1個なのか債務者の数に応じた複数なのかという観点からの議論(個数論)、もう1つは、そもそも連帯債務とはどのような性質のものかという観点からの議論(性質論)である。

　(b)　個　数　論

　連帯債務は、主体は複数だが単一の債務なのか、債務者の数に応じた複数の債務があるのかが19世紀ドイツ法学で議論された。

> ◆　**個数論と連帯債務二分論**　　ドイツでは、連帯債務を二分し、絶対的効力がある「共同連帯」では債務は単一であり、相対的効力しかない「単純連帯」では債務は複数あるという説明がされた時期があったが、やがてそのような二分論は低調になり、「共同連帯」でも債務は複数あるという見解が優勢になった(石坂中768頁以下、椿・注民(11)49頁、我妻401頁)。

　日本では、債務者の数に応じた複数の債務があるという債務複数説が通説である(梅105頁、石坂中790頁以下、我妻402頁、於保223頁、平井329頁、潮見新Ⅱ578頁、奥田＝佐々木中550頁など)。もっとも、個数論それ自体に大きな意味があるわけではない(椿・注民(11)51頁、淡路・研究8頁)。個数論から連帯債務の内容が導かれるのではなく、どちらと考えた方が(a)の①〜⑦を説明しやすいのかという問題である。このうち①⑤⑥⑦は、債務複数説によって無理なく説明することができる(特に⑤。明治民法起草者は、個数論に立ち入らないとしつつも、債務単一説だと無効・取消しが全体に及ぶと解される可能性があるが、旧433条〔現437条〕はそれとは異なる結論を明確にしたと述べる。民法修正案理由書420頁)。②③④は、債務単一説の方が説明しやすいが、債務複数説でも説明できなくはない。複数説を支持すべきである。

　個数論は、一方の説をとると説明しにくい部分(複数説だと②③④)をどのように説明するのかの議論を促し、さらには、連帯債務の性質の検討を促すことになる。以下、債務複数説を前提として、性質論を観察しよう。

（c）性質論

（ⅰ）**改正前民法のもとでの議論**　債務複数説を前提とすると、連帯債務者の1人が履行すると、他の債務者も債務を免れるのはなぜか（(a)の②③）、連帯債務者の1人に生じた事由が他の債務者にも影響するのはなぜか（同③の絶対的効力事由）、連帯債務者の1人が弁済などによって債務を消滅させると、他の債務者に求償できるのはなぜか（同④）の説明が求められる。特に、改正前民法では、絶対的効力事由が多かったので、これを中心に議論が進み、また、求償関係も議論された（→3(3)(a)(ⅰ)◆〔574頁〕）。ここでは、絶対的効力と求償権の説明を、連帯債務者間の主観的共同関係に求める見解（主観的共同関係説）と相互保証関係に求める見解（相互保証説）の対立があった。両説とも、それぞれの関係を欠く場合には、連帯債務ではなく「不真正連帯債務」となると考えた。このように、連帯債務の性質論は、絶対的効力と求償権の根拠づけについて議論されたが、同時に、連帯債務を隣接概念と区別し、連帯債務の概念を画定する機能ももつことになった。隣接概念とは、不真正連帯債務、意思表示による不可分債務（旧430条・旧428条参照）、連帯保証であった。

◆ **主観的共同関係説と相互保証説**　主観的共同関係説は、絶対的効力と求償権を、連帯債務者間に「主観的な共同関係」があることによって説明する（我妻401頁～404頁）。債務者間に主観的な共同目的があり、互いに結合している関係がある場合には、連帯債務が複数の債務であるとしても、これらを認めてよいというわけである。この説明の延長として、全部給付義務（①）や給付の一倍額性（②）があっても、主観的共同関係がなく、それゆえ、絶対的効力（③）がなく、求償（④）も当然にはないという債務関係は、連帯債務ではなく、「不真正連帯債務」であると考える。つまり、連帯債務は、主観的共同関係があり、それゆえ絶対的効力事由と負担部分に応じた求償関係が認められる関係として観念されることになる。これに対し、相互保証説[12]は、主観的共同関係といっても、その内容は明らかでないと批判し、連帯債務者間に「相互保証関係」があることによって説明しようとする。この説は、連帯債務では、債務者はそれぞれ自己の負担部分については固有の債務を負い、他の債務者の負担部分については保証人の地位に立ち、相互に保証しあう関係にあると考える。また、そこから絶対的効力・求償関係を説明する。他方、不真正連帯債

---

12) 山中康雄「連帯債務の本質」石田文次郎還暦『私法学の諸問題(1)民法』(1955)371頁・376頁、於保224頁。先行するものとして、中島玉吉「連帯債務ノ性質ヲ論ス」同『続民法論文集』(1922)188頁〔初出1911〕〔この論文の意義につき、成田博『連帯債務論攷』(2015)1頁以下参照〕。

務は「法定担保関係」であると説明する。

しかし、両説とも連帯債務のすべての規定を統一的に説明することはできないと指摘され（淡路342頁）、連帯債務には主観的共同による一体性と相互保証性の両要素があるというものが多くなった（奥田348頁、川井181頁、大村(3)174頁以下）。

◆ **連帯債務が生じうる実体関係**　連帯債務の本質を考えるため、債務者間の社会的実体関係を分析する試みもあった（淡路・研究159頁）。実体関係としては、第1に、共同事業や共同生活などの団体的関係がある。この場合、連帯債務者間では、互いに情報を交換するであろうし、利益も共通するうえ、第三者に対しても団体的関係として現れるので、債務者間に一体性を認め、絶対的効力を及ぼしてもよいということになる。第2に、債務者が相互に保証しあう関係もある。ここでは保証制度があるのに、なぜ連帯債務が選択されるのかが問題となる。これらの実体関係をどこまで連帯債務の性質論に取り込めるかが問題となる。モデル化に対する批判として、福田誠治「連帯債務の一体性と相互保証性」争点205頁。

（ⅱ）　**現行民法における変化**　現行民法では次の変化があった。①連帯債務が「法令の規定又は当事者の意思表示によって」成立すると新たに規定された(436条)。これにより、連帯債務は、「主観的共同関係」の有無にかかわらず、広く成立しうることになる。②意思表示による不可分債務の制度が廃止された(430条参照)。このため、これと連帯債務との区別という課題が解消された。③連帯債務における絶対的効力事由は、弁済等を除いて、大きく削減された。その結果、絶対的効力の説明の必要性が低下した。

こうして、現行民法における連帯債務は、主観的共同関係の有無にかかわらず広く成立し、絶対的効力が生じるのは弁済など若干の事由に限定される、しかし、負担部分に応じた求償関係は認められる、という関係となった。これは、改正前民法のもとでの不真正連帯債務及び意思表示による不可分債務を取り込む、広い概念である。

連帯債務の概念が広くなったことから、そこには多様な関係が存在しうることになる。親しい数人が共同の目的をもって連帯債務を負う関係から、他の連帯債務者の存在さえ知らない関係までありうる。436条～445条の規定は、このように多様な関係に適用されることを予定しつつ、当事者の別段の意思(441条但書)・善意悪意(443条1項・2項)・過失の有無(444条3項)などによって、具

体的事情に対応しうるように設計されている。その統一的性質を抽象的に論じる意味は、もはや大きくない（相互保証関係というのは、性質というより機能というべきだろう。連帯保証との区別も、具体的規律の違いを論じれば足りる）。

> ◇　連帯債務者が他の連帯債務者の存在さえ知らないという関係は、併存的債務引受が債権者と引受人となる者との契約でされた場合（470条2項・1項）、主観的関連共同のない共同不法行為の場合（719条）などで生じうる。443条1項・2項の「他の連帯債務者があることを知りながら」は、知らない場合のあることを前提とする表現である。

　現行民法における連帯債務の性質は、436条〜445条の規律群を包括して適用しようとするそれぞれの「法令の規定又は当事者の意思表示」に見出すべきであろう。このことは、この規律群が、それぞれの性質に応じた修正を受けうることも含意する。法令の規定による連帯債務では、当該法令が複数の債務を連帯債務とする趣旨を考慮した修正がありうる。他方、意思表示による連帯債務では、修正は連帯債務の規律の用意した「別段の意思を表示」する方法を用いるべきことになろう。

　このように考えると、連帯債務に対置される1組の規律群としての「不真正連帯債務」の概念は、必要なくなる。もっとも、そのことは、連帯債務の規律群とは少し違うものを、個別の類型として認識することを妨げるものではない。そのような個別の諸類型を収める、いわば器として、「不真正連帯債務」という言葉を用いること自体は、しいて否定することもない。この点については、後に改めて検討する（→4〔583頁〕）。

2　成　立

(1)　意思表示による場合

　当事者の意思表示によって連帯債務が生じる（436条）のは、契約による場合が一般的である[13]。契約は、債権者と債務者との間で連帯の特約という形でさ

---

[13]　遺言でも生じうる（一定の金額の遺贈につき共同相続人の連帯債務とするなど）。我妻404頁、於保225頁、淡路349頁、奥田＝佐々木中554頁。旧民法債権担保編52条2項参照。

れる（AとBが共同事業をするためGから資金を借り入れる際、Gに対しABが連帯して債務を負うと約束するなど）。もっとも、実際にはその特約が明確でないことがある（数人が共同購入したが連帯債務とは明示していない場合など）。特約が認められるかどうかは、契約の解釈の問題である。判例は、分割債務が原則であることを重視し、特約の存在が疑わしいときは、連帯の推定をすべきではないという（大判大4・9・21前掲）。これを支持する学説（平井332頁）もあるが、債務者全員の資力が総合的に考慮されたとみるべき特殊の事情があるときは、連帯債務とする特約が黙示的にされたと認めるべきだという見解（我妻393頁）を支持するものが多い。証明責任という意味では、連帯の特約の存在はこれを主張する側が負うが、債務者間に主観的な共同の目的や相互保証性があれば重要な考慮要素となり、特約が認定されることになろう。なお、契約解釈においては、連帯保証の成立の可能性も検討する必要がある。

　既存の債務について、別の契約で連帯債務を創出することも可能である（我妻406頁）。①まず、AのGに対する債務について、後にBがGとの契約によって連帯債務を負う方法がある（470条2項参照）。もっとも、連帯債務が成立するとしても、Aの同意がない場合には、それによってAに不利益な効果（445条）が及ぶことを認めるのは不当である。その場合、Bにとっては連帯債務だが、Aは連帯の拘束を受けないことがあると考える（相対的連帯の一種。於保226頁、前田324頁、奥田＝佐々木中555頁参照→3(3)(a)(ⅱ)2つ目の◆〔575頁〕・4(3)◆〔585頁〕）。②AのGに対する債務について、後にAとBの契約によって連帯債務を負う方法もある。この場合、GがBに対して承諾した時に、その効力が生ずると解すべきである（470条3項参照）。③Gに対するAとBの分割債務をGABの合意により連帯債務とすることもできる（AとBがGから買った代金債務について事後的に連帯の特約をするなど。その構造につき、中田・前掲注(9)315頁以下参照）。

(2)　法令の規定による場合

　法令の規定によって連帯債務が生じることもある（436条）。

　民法では、併存的債務引受（470条1項）、共同不法行為（719条）、夫婦の日常家事債務（761条）がある。もっとも、これらについて、連帯債務の規定を当然かつ一律に及ぼすことには議論がありうる。個別の制度の趣旨を考慮すべきこ

とがありえよう(→4(3)〔585頁〕)。

現実の取引では、商行為による債務負担の場合が重要である(商511条1項)[14]。共同企業体の構成員に会社が含まれている場合、各構成員は、共同企業体がその事業のために負担した債務について、連帯債務を負うとした判例がある(最判平10・4・14民集52巻3号813頁)。複数の企業が共同して建設工事を請け負う際に結成される共同企業体は、民法上は、組合契約と評価され、その債務は組合員の分割債務となる(675条2項)が、構成員に会社が存在するので連帯債務となる(商511条1項。会社5条参照)。

このほか役員等の損害賠償責任について、連帯債務とする規定もある(会社430条、一般法人118条)。

3 効　力

(1)　対外的効力

債権者は各連帯債務者に対し、債務全部の履行を請求できるほか、様々な態様で請求することができる。弁済されれば、その範囲で債務は消滅する(436条)。これが基本である。

履行を請求できるというのは、債権者が任意の履行を請求する場面だけでなく、訴えを提起する場面や破産手続に参加する場面で、重要な意味をもつ。

◇　債権者は、各連帯債務者に対し、様々な態様で(→1(1)1つ目の◇〔556頁〕)、訴えを提起することができる。債権者は、連帯債務者Aに対し全額の支払を求める訴えを提起していても、重ねて他の連帯債務者Bに対し全額の支払を求める訴えを提起できる。Aに対する勝訴判決が確定した後に、Bに対し全額の支払を求める訴えを提起することもできる[15]。

◆　破産の場合　　破産手続が開始すると、破産管財人が破産者の財産を金銭に換え、各債権者に債権額に応じて分配する。債権者は、配当を受けるため、自己の債権を届け出る。そこで、連帯債務者が破産した場合、債権者がどのような額で届出

---

14)　青野博之「連帯債務の成立——民法427条と商法511条1項を中心に」法時955号(2005)74頁参照。

15)　Aに対する敗訴判決が確定した後に、Bに対し訴えを提起できるかどうかについては、手続法上、判決の反射効に関する議論がある(高橋・民訴上760頁注19)。

ができるのかが問題となる。破産法は、その場合、債権者は破産手続開始時に有する債権の全額について、それぞれの破産手続に参加できると定める(破104条1項)。連帯債務者ABCのうち、AとBが破産した場合、債権者はそれぞれの破産手続において、手続開始時に有する債権の全額で届出をし、配当を受けることができる。AとBの破産手続開始後、Cが一部を弁済したとしても、AとBの破産手続開始時の債権額が基準となる(同条2項)。このような規律を手続開始時現存額主義という(伊藤・破産313頁以下)。明治民法には、連帯債務者の破産に関する旧441条があったが、その後、旧破産法24条が制定され、さらに同条等の規律を整序する破産法104条が包括的かつ詳細な規定を置いたので、旧441条は適用されることがなくなっていた。このため、同条は、今回の改正で削除された(一問一答123頁)。

(2) 影 響 関 係

(a) 概 観

連帯債務者の1人について生じた事由は、原則として、他の連帯債務者に対してはその効力を生じない(相対的効力の原則。441条本文)。例外として、履行、更改、相殺、混同には絶対的効力があり(438条・439条1項・440条)、また、当事者の別段の意思の表示があるときは、それによる(441条但書)。改正前民法では、絶対的効力事由が多かったが、現行民法はこれを削減し、必要ある場合は当事者が合意等によって対応することに委ねている。

◆ **改正前民法における絶対的効力** 　改正前民法では、①履行の請求(旧434条)、②免除(旧437条)、③消滅時効の完成(旧439条)にも、絶対的効力が認められていた。しかし、①は、連帯債務者相互間に密接な関係がない場合にまで認めると、連帯債務者の1人に対する履行の請求により、それを知らない他の連帯債務者も、履行遅滞に陥り、また、時効の中断(完成猶予・更新)の効果を受けるという、不測の不利益を被るおそれがある。②は、債権者が連帯債務者の1人に対して債務の免除をする場合、他の連帯債務者に対してまで免除するという意思は有していないのが通常であり、免除に絶対的効力を認め、債権の効力を弱くすることは、取引の実態に適合しないという問題がある。③は、絶対的効力とすると、債権者は資力のある連帯債務者だけでなく、資力のない者を含むすべての連帯債務者との関係で時効の完成を阻止する措置をとらなければならず負担が大きい(他の批判も併せ、本書3版456頁以下参照)。①の履行の請求を相対的効力にすると、③における債権者の負担はさらに大きくなる。以上のような理由により、①〜③について、相対的効力とされた(部会資料67A、第1、2(1)・(3)・(4)各説明、同80−3、第2、2説明、

一問一答122頁以下)。

(b) 法定の絶対的効力事由

(ⅰ) **履行** 連帯債務者の1人が債権者に履行(弁済)すると、履行された範囲ですべての債務者について債権が消滅する。直接の明文はないが、連帯債務の内容(436条参照)により当然のことであり、442条もそれを前提としている。供託(494条)、代物弁済(482条)、弁済の提供(493条)、受領遅滞(413条)も同様と解すべきである(我妻411頁・414頁、潮見新Ⅱ589頁以下)。

> ◆ **代物弁済の絶対的効力** 代物弁済によって本来の債務が消滅すると、その効果はすべての債務者に及ぶと解してよい。求償の場面では、代物の額が共同の免責を得た額を超えるときは、免責を得た額に限定されるので(442条1項)、他の連帯債務者の不利益もない。この効果は、代物弁済契約が締結されただけでなく他の給付がされた段階のものであり、契約が締結された段階では相対的効力にとどまる(部会資料80-3、第2、2(5)説明1参照。潮見新Ⅱ589頁、奥田＝佐々木中570頁)。
> 　連帯債権においては、代物弁済は、債権者が本来の給付ではない他の給付を受けることに伴う問題があるが(→第2節2(2)(b)◆⑦〔549頁〕)、連帯債務の場合は、この問題は間接的にしか生じない(給付された代物に契約不適合があり、代物弁済契約が解除された場合、債務消滅の効果は生じなかったことになる→第8章第4節3(4)〔485頁〕)。連帯債務については、代物弁済を弁済と同様に取り扱うことが可能だろう。

> ◆ **受領遅滞の絶対的効力** 受領遅滞の影響関係について、改正前民法のもとで、弁済の提供との関係についての問題もあり(→第5章第3節1〔251頁〕)、かつては議論があったが(椿・注民(11)78頁)、その後、絶対的効力を認める見解が一般的になった(我妻414頁、奥田354頁、平井334頁)。現行民法のもとでも、弁済の提供を経て弁済に至った場合だけでなく、受領遅滞に至った場合も、その効果に照らしても、絶対的効力を認めてよい(潮見新Ⅱ590頁)。

(ⅱ) **更改** 連帯債務者の1人と債権者との間に更改があったときは、債権は、すべての連帯債務者の利益のために消滅する(438条)。

> ◇ ABCがGに対し30万円の連帯債務を負う場合、AとGが合意してAの債務

をAがGの肖像画を描く債務に変更する更改契約を締結したとすると、Aについて30万円の金銭債務は消滅し、絵を描く債務が成立する(513条1号)。金銭債務の消滅の効果はBCにも及び、すべての債務者についてこの債権は消滅する。BCは、絵を描く債務は負わない。

　この規定は、当事者(更改をする債務者と債権者)の普通の意思を推測して置かれたものである(梅111頁)。そこで、これと異なり、相対的効力しかないこととする特約をすれば、それは有効である。

◇　同じ例で、AGが相対的効力の特約をすると、Aは肖像画を描く債務を、BCは30万円を支払う債務を負い、いずれかが履行されれば、すべて消滅する(我妻416頁。奥田＝佐々木中570頁参照)。

◆　**改正の検討**　更改をする債権者は、他の連帯債務者の債務を消滅させる意思まで有しないのが実務上は通常であるとの指摘があり、更改も相対的効力とすることが検討された。しかし、更改は従前の債務を消滅させる点で弁済と同様であること、債権者が他の連帯債務者の債務を存続させたいのなら、代物弁済(代物給付まで本来の債務は消滅しない)を用いればよいことから、改正は見送られ、絶対的効力のままとなった(部会資料67B、第1、1説明、同80—3、第2、2(5)説明1)。

（ⅲ）　**相殺**　連帯債務者の1人が債権者に対して債権を有する場合において、相殺したときは、債権はすべての連帯債務者の利益のために消滅する(439条1項)。相殺した連帯債務者は、いわば自己の債権で支払ったことになるので、弁済と同様に扱うことができる。

◇　ABがGに対し30万円の連帯債務を負い(負担部分は同じ)、AがGに対して30万円の債権fを有している場合、AがGの債権と自己の債権fを相殺すると、Gの債権はBについても消滅する。AはBに対し、15万円を求償する。

　連帯債務者の1人が債権者に対して債権を有するが相殺を援用しない間は、「その連帯債務者の負担部分の限度において、他の連帯債務者は、債権者に対して債務の履行を拒むことができる」(439条2項)。相殺をしうる連帯債務者の

自由を尊重しつつ、求償等の負担とその際の無資力者の出現による不利益を回避するための規定である。なお、債権者とこれに対する債権を有する連帯債務者の間に相殺適状があることは、その債務者の相殺の要件であるから、他の債務者が履行を拒絶する要件でもあるというべきである（奥田＝佐々木中 565 頁）。

> ◇　同じ例で、A が相殺をしない間に、G が B に 30 万円を請求した場合、B は A の負担部分である 15 万円について履行を拒み、残額 15 万円を G に支払えばよい。仮にこの規定がないと、B は G に 30 万円を支払った後、A に 15 万円を求償し、A は G に債権 f の履行(30 万円の支払)を請求することになる。これは無用の労を課するだけでなく、仮に A が無資力だと B が回収できず、G が無資力だと A が回収できないことになり、公平といえない。

◆　**改正の経緯**　旧 436 条は、相殺できる連帯債務者が相殺しない間は、その負担部分について、他の連帯債務者は「相殺を援用することができる」と規定していた。その解釈について、①相殺権限説（処分権説）と②抗弁権説の対立があった（本書 3 版 450 頁以下）。①は、連帯債務者の間では他の連帯債務者の有する債権を相殺に供することを認めるものだが、それはその人の財産管理権に対する過剰な介入となることから、②が採られた（部会資料 67A、第 1、2(2)説明、一問一答 122 頁）。

◆　**債権者からの相殺**　債権者 G が連帯債務者の 1 人 A に対し相殺した場合も、他の連帯債務者 B に効力が及ぶ（潮見新 II 592 頁）。A は B に求償することになり、B の無資力のリスクを負担するが、A は G から相殺される立場にあったのだし、A が G に弁済した場合も同じだから、問題とならない。

(iv)　**混同**　連帯債務者の 1 人と債権者との間に混同があったときは、その連帯債務者は弁済したものとみなされる(440 条)。たとえば、連帯債務者の 1 人が債権者を相続した場合である。混同のあった連帯債務者は、他の連帯債務者に求償できる。本条は、求償関係を簡単にし、無資力者の出現による不利益を回避するための規定である。

◆　**改正の検討**　ABC が G に対し 30 万円の連帯債務を負っていた（負担部分は同じ）ところ、G が死亡し A が単独で相続したとする。440 条により、A は G に 30

万円を弁済したとみなされ、AはBとCに各10万円を求償する。これに対し、混同が絶対的効力だと連帯債務の担保的機能が弱まるという問題意識から、相対的効力にすることが検討された。しかし、相対的効力にすると、BとCはGの相続人A（債権者）に30万円の連帯債務を負ったままとなり、BがAに30万円を弁済すると、A（連帯債務者）とCに各10万円を求償することになる。これは迂遠であり、見送られた。このほか、Aの負担部分の限度で絶対的効力とするという改正も検討されたが、Gの負担していたCの無資力のリスクの帰趨を検討した結果、見送られた（444条参照）。こうして絶対的効力が維持された（中間試案説明191頁以下・196頁、部会資料67A、第1、2(5)説明3）。

(c)　相対的効力の原則
(ⅰ)　**概観**　上記の絶対的効力事由以外の事由は、相対的効力しかない（441条本文）。時効に関する例として、時効の完成（166条1項・167条）、時効の完成猶予及び更新（147条〜152条・158条〜161条）、時効の利益の放棄（大判昭6・6・4民集10巻401頁）がある。債務の履行に関する例として、履行の請求（147条1項1号・150条・412条2項・3項）、不確定期限の到来の了知（412条2項。我妻426頁）、第三者弁済における債務者の意思（474条2項）、債務の免除（519条）がある。債権譲渡に関する例として、複数の連帯債務者に対する債権が譲渡された場合の1人に対する債権譲渡通知（467条）がある。

前述の通り、このうち、①時効の完成、②履行の請求、③債務の免除は、今回の改正で相対的効力事由となったものである。②については、別段の意思の表示によって効力を及ぼすことにする実務がみられる（→(ⅱ)）。③については、債権者が免除の態様を選ぶことが見込まれる（→(ⅲ)）。①③については、求償権に関する規定がある（445条→(3)(a)(ⅱ)〔575頁〕）。

(ⅱ)　**別段の意思の表示**　相対的効力の原則に対し、連帯債務者の1人と債権者の間で、別段の意思を表示したときは、その意思に従う（441条但書）。つまり、ある連帯債務者に生じた事由の効力が、別段の意思を表示した他の連帯債務者にも及ぶことになる。

◇　連帯債務者ABCの1人であるBと債権者Gとの間で、Aに生じた事由がBにも効力を生じると合意したときは、その合意に従う。Bに効力が及ぶことについ

て、A及びCの同意は不要である。BG間で上記の合意がある場合、Aに生じた事由は、Bにも効力が及ぶ。しかし、Cには及ばない。また、Bに生じた事由は、AにもCにも及ばない。このため、441条但書の別段の意思の表示によって「絶対的効力」が生じると表現することは、誤解を招くおそれがある（Aに生じた事由の効力がBにも及ぶことにとどまる）。

◇ 441条但書の別段の意思の表示が用いられる例として、銀行のする履行の請求についての取引先との合意がある。特に、連帯保証人に生じた事由の効力について441条が準用されているので（458条）、銀行と主たる債務者の間で、連帯保証人に対する履行の請求の効力が主たる債務者にも及ぶという合意がされる（→第4款4(1)(b)(ⅰ)β(イ)③〔636頁〕）。

◆「別段の意思の表示」の許容範囲　①包括的合意　債権者Gと連帯債務者の1人であるBとの間で、「現在及び将来の連帯債務者に対してGがした履行の請求の効力は、すべてBに及ぶ」とする合意は有効か。この合意の後、Bが知らない間に新たに連帯債務者になった者に対して、Gがした履行の請求の効力がBに及ぶとすることは、今回の改正で相対的効力の原則が強化された経緯に照らしても、合理的なものといえないことが多いだろう。合意を制限的に解釈すべき場合や、合意が公序良俗（90条）、定型約款の規律（548条の2第1項）、消費者契約の規律（消契10条）に抵触すると判断すべき場合がありえよう。
　②合意の対象　441条但書の対象となる「連帯債務者の一人について生じた事由」は、当事者の合意によって連帯債務の存否や内容を実体法上変動させることができるものでなければならない。したがって、判決の既判力や差押えによる弁済禁止効を、この合意によって拡張することはできない（部会資料67A、第1、2(5)説明2）。

(ⅲ)　相対的効力事由における当事者意思の尊重——債務の免除の場合

　α　検討の対象　ある連帯債務者に生じた相対的効力事由の効力が、別段の意思表示のあるときに、他の連帯債務者に及ぶということの具体的意味を、債務の免除について検討しよう。以下では、債務者ABが債権者Gに対し600万円の連帯債務を負い、AとBの負担部分は同じである場合に、GがAに対して債務を免除する例で考える。求償については、単純化のため、利息等は捨象する。

β　民法の原則　　GがAに対し、債務の全部を免除したとする。GB間に別段の意思表示がなかったとすると、免除の効力はBには及ばないから(441条本文)、GはBに600万円を請求することができる。これを弁済したBは、Aに対し300万円を求償することができる(445条)。AはBに支払ってもGに対しその償還を請求できない。この規律は、GがAに対し、債務の一部を免除した場合も同様である。

◆「求償の循環」論の否定　　旧437条は、債務の免除をAの負担部分についての絶対的効力事由としていた。その説明として、仮に相対的効力だとすると償還の循環が生じる(①GがBに履行を請求し、②BがAに求償し、③AがGに返還を求める)ので、それを避けるためである、というのが一般的だった(梅116頁、我妻416頁、前田331頁、潮見Ⅱ558頁・559頁、本書3版452頁など)。これに対し、部会では、③について、AはGに対する返還請求権を有しないという指摘がされた。これを明示するため、AはGに対し償還を請求できないとする規定を置くことが検討されたが、償還請求を根拠づける規定がない以上、それを否定する規定を置く必要はないとして、規定は置かれないこととされた。償還請求を否定する理由は、GはBに対する全額の債権を有しており、その履行を受けただけであって、法律上の原因なく利得を得たとはいえないから、AのGに対する不当利得返還請求権は成立しないというものである。さらに、②について、求償を根拠づける規定が必要だという理由で、明記されることになった。これが445条である(部会資料67A、第1、2(3)イ、説明2、同80-3、第2、2(3)説明、同83-2、第17、2説明)。③について、不当利得返還請求の可否は、三者間不当利得をどのように考えるかという問題であるが、肯定論の余地が全くないというわけではない。しかし、相対的効力しかない免除においては、GはAに請求しないというだけであって、Aの負担部分をGが負担する(Aからの償還に応じる)までの意思はないのが通常だとすれば、Aの償還請求を認める必要はなく、あえて三者間不当利得の成立を探求する必要はないということになろう。②については、民法改正前から、求償権の根拠について議論があった(→γ1つ目の◆[572頁]・(3)(a)(ⅰ)◆[574頁])。現行民法は、債務の免除を相対的効力事由とするにあたり、②と③を当然のこととはせず、②は明文によって根拠づけ、③は規定を置かないことによって認めないことを示すという選択をし、債務の免除に関する規律を明確化した。

γ　別段の意思の表示　　GB間に別段の意思上表示があった場合はこうなる。すなわち、GのAに対する免除の効力はAの負担部分についてBにも及ぶとGBが合意していた場合、GがAに対し、債務の全部を免除したとすると、A

の負担部分である 300 万円について B も債務を免れ、B は残額 300 万円を G に弁済すれば足りる(441 条但書。旧 437 条参照)。この合意は、B に利益をもたらす。

> ◆ **B の求償**　本文記載の弁済を B がした場合、B は A に対し、A の負担部分に応じた求償をすることができるか。債務の免除を絶対的効力事由とする旧 437 条のもとでは、できないという理解が一般的だった(A は支払をせず、B は 300 万円を支払い、G は 300 万円を受領するのが最終状態であり、これにより求償の循環が避けられるとする)。現行民法のもとでは、この場合も 445 条の適用があり、原則として、B は A に 150 万円を求償できると考えるべきである。GB 間の合意が AB 間の求償関係を目的とするものでないこと、他に連帯債務者 C がいて GC 間に 441 条但書の合意がない場合において B 又は C が G に弁済したときに妥当な結果を導きやすいことが理由である。GB 間の合意に、B が A に対する求償権を放棄するという第三者のためにする契約(537 条)、又は、G が A の求償債務を免責的に引き受ける契約(472 条 2 項)が含まれている場合は、その契約の効力の問題となる。

> ◆ **一部免除**　本文記載の合意のもとで、G が A に対し、債務の一部を免除したときは、A の負担部分のうち免除割合に応じた部分について B に効力が及び、B が G に弁済すると、A にその負担部分に応じた額の求償ができると解すべきである。たとえば、G が A の債務のうち 300 万円を免除した場合、A の債務は 300 万円、B の債務は 450 万円となり、B が G に弁済すると、B は A に 225 万円の求償をすることができる。旧 437 条のもとで、一部弁済があった場合については議論があったが(本書 3 版 453 頁以下)、本文記載の合意が原則として AB 間の求償関係を動かさないものだとすると、このように解すべきことになる。

δ　**免除の対象の拡張**　G が A の債務だけでなく、B の債務も免除しようとする場合、G が A と B に対しそれぞれ免除の意思表示をすれば、その効力が生じることは当然である。A が本人かつ B の代理人として G の意思表示を受領する場合も同様である。そうでない場合に、G の A に対する債務の免除によって、B の債務も免除されるのかが問題となる。

> ◇　G が A と和解をして、A が債務の一部を弁済し、G が残部を免除する場合、その効果が問題となる。すなわち、G が後に B に残部を請求し、B がこれを弁済

したうえ、A に求償したとすると、A は和解で決着がついたと思ったのに予想外の負担をすることになる。特に、A が B の存在を知らなかった場合(→1(2)(c)(ⅱ)◇〔562頁〕)、A にとって和解の前提が崩れることがある。このようなおそれがあると、GA 間で和解がしにくくなる。

この問題は、G の A に対する免除の意思表示の解釈又は GA 間の契約の解釈によって解決すべきものである(潮見新Ⅱ597頁、片山ほか310頁以下〔荻野〕、平井・不法行為205頁参照。和解に関する裁判実務につき、奥田＝佐々木中573頁参照)。

◆ B の免責　　次の方法が考えられる。①G は、A だけでなく B の債務も免除する意思であったと解釈し、その効力が B に及ぶとする方法。これは、改正前民法のもとで不真正連帯債務(免除に相対的効力しかないとされていた)に関して、判例で示されていた考え方である(最判平10・9・10民集52巻6号1494頁、百選Ⅱ17〔福田誠治〕)。この場合、B に効力を及ぼす法律構成が問題となる。ⓐA の無権代理と B の追認(我妻417頁)、ⓑ第三者のためにする契約(平野269頁)という構成が考えられる。②GA 間の和解には、G の不訴求の特約(→第4章第2節2(2)(b)〔86頁〕)が含まれていると解釈する方法(我妻417頁以下、淡路・研究265頁参照)。③GA 間の和解には、G が B に請求し、B が弁済のうえ A に求償した場合は、G が A にその分を償還するとの約束が含まれていると解釈する方法。

　これらは互いに排斥するものではなく、問題となっている場面に応じて検討すべきものである(G の請求を B が拒む場面か、B の求償を A が拒む場面か、A が G に償還又は損害賠償を請求する場面か。このほか、A が B に求償する場面でも、求償の要件によっては問題となりうる〔最判平10・9・10参照〕)。

(3)　内部関係

(a)　求償権と負担部分

(ⅰ)　意義　　連帯債務者の1人が弁済をするなど、自己の財産をもって共同の免責を得たときは、その連帯債務者は、免責を得た額が自己の負担部分を超えるか否かを問わず、他の連帯債務者に対し、支出した財産の額のうち各自の負担部分に応じた額の求償権をもつ(442条1項)。

負担部分とは、連帯債務者相互間で各自が負担すべき割合である。各自3分の1ずつとか、5対3対2という形で示される(一部の連帯債務者の負担部分がゼロのこともありうる)。負担部分は、次のようにして定まる。①連帯債務者間の

合意があれば、それによる。②合意がない場合、連帯債務を負担することによって受ける利益の割合が異なるときは、負担部分もその割合になる(我妻432頁など通説)。共同不法行為の加害者間では、過失割合(最判昭41・11・18民集20巻9号1886頁など)などによる責任割合(最判平10・9・10前掲)による。③そのような事情もない場合は、平等である(梅126頁以下など通説)。負担部分は、内部関係のみならず、債権者との関係でも意味をもつこともある(439条2項)。

負担部分は、以上のように「割合」を意味するが、このほか、「金額」(債務全額に各人の割合を乗じた額)を意味する場合もある(442条1項の「自己の負担部分」)。区別するため、後者を負担部分額と呼ぶこともある。

求償権が認められる理由は、連帯債務者の1人が自己の財産をもって共同の免責を得たときは、他の連帯債務者も免責の効果を享受するので、その負担部分に応じて分担することが公平だからである。すなわち、求償権は、連帯債務における対外的効力(全部給付義務)と内部関係(負担部分)のずれを前提として、自己の財産を拠出した債務者とそれによる免責の効果を享受する債務者の間の公平を図るために法が定めた制度であると考えるべきである。

◆ **求償権の根拠論** 改正前民法のもとで、求償権の根拠が議論された。これは、連帯債務の沿革・本質(特に、負担部分の概念が連帯債務に内在するものかどうか)や、不真正連帯債務における求償権の存否などの議論と結びついていた(椿・注民(11)113頁以下)。求償権の根拠の具体的説明としても、①連帯債務者の内部関係においては出捐を分担するという主観的な関係があること(我妻430頁)、②ⓐ負担部分を超える弁済は実質的には他人の債務の弁済であり(鳩山270頁、於保237頁、林ほか413頁[高木]、奥田363頁、前田338頁)、ⓑそれは実質的には不当利得となること(柚木(高木)261頁、川井192頁、潮見Ⅱ572頁)、③公平のために法律が付与したものであること(星野166頁。淡路367頁〔実体関係から求償権が生じない場合。生じる場合は注意的規定という〕)などがあった。現行民法は、連帯債務について主観的共同関係の存在を前提としていないので①はとりにくいし、負担部分を超えない弁済があった場合も求償権を認めるので②もとりにくい(②ⓑについては、各連帯債務者が全部給付義務を負う以上、負担部分を超える弁済についても法律上の原因がないとはいえないこともある〔四宮和夫『事務管理・不当利得』(1981)207頁〕)。現行民法のもとで、求償権は、本文のように理解すべきことになるだろう。

(ⅱ) **調整——免除・時効完成のある連帯債務者との関係**　求償権の根拠を財産を拠出した連帯債務者と免責の効果を享受する他の連帯債務者の間の公平に求めるとすると、既に免除を受けていた債務者や時効が完成していた連帯債務者(以下「被免除債務者等」という)との関係が問題となる。被免除債務者等は、その後に他の連帯債務者が弁済したとしても、利益を得るわけではないからである。しかし、弁済した債務者が被免除債務者等に求償権を行使できないとすると、弁済した債務者は自らの負担部分を超えて負担することになる(一問一答125頁)。これは、1人の債務者に対する免除等の効力が他の債務者に及ばないという相対的効力の原則(441条)を超えて、むしろ他の債務者に不利益を与えることになり、不当である。そこで、445条は、弁済等をした連帯債務者は、被免除債務者等に対し、442条1項の求償権を行使できると定めた。相対的効力事由である債務消滅原因によって既に利益を得ていた連帯債務者と、その後に、全部給付義務のもとで自己の財産による共同の免責をもたらしうべき事由の生じた連帯債務者との間では、後者の求償を認めることが公平に資すると考えられるからである。

◆ **債権者に対する償還請求**　公平を実現する方法として、債権者に負担させることも考えられる。債権者Gに対する連帯債務者ABのうち、AがGから免除を受けた後、BがGに全額弁済した場合、①BはAに求償できないが、Gに償還を請求できるとする方法、又は、②BはAに求償できるが、求償に応じたAはGに償還を請求できるとする方法である。しかし、①は債権者の通常の意思に反するであろうし、②については「求償の循環」を否定する選択がされている(→(2)(c)(ⅲ)β◆〔571頁〕)。これらを認めることは、特約等のない限り、一般的には困難である(一問一答125頁)。

◆ **時効の完成と求償**　445条は、時効の完成も免除と同様に位置づけている。つまり、債権者Gに対する連帯債務者ABのうち、Aについて消滅時効が完成した後、BがGに全額弁済した場合、BはAに求償できる。その結果、①AがGに既に弁済していた場合、時効期間が経過し、Gに対し消滅時効を援用できる状態になっても、AはBからの求償のおそれがあるので、弁済の証拠を保持し続けなければならない。さらに、②AがBの存在を知らず、時効期間経過後に弁済の証拠を散逸させたとしても、Bの求償を受けることになる。これは、時効制度の趣旨に

少なくとも部分的には反するおそれがある。①については、Aは、連帯債務者である以上、Gに対する債務を負うほか、Bに対する求償債務を負う可能性があるので、Bとの関係でも証拠を保持する必要があると説明される(中間試案説明 197 頁以下)。②については、Aの知らない間にBが連帯債務者となっていた場合は「片面的な連帯関係」が生じ、Aについて時効が完成すると、Aは求償関係からも解放されるという説明がある(部会議事録 77 回 5 頁〜6 頁)。少なくとも、②の場合、Aは求償債務を負わないと考えるべきだろう。さらに、Aの求償債務の発生のためには、Bが連帯債務者となること(その結果、Aは、Gから免除され、又は、時効が完成しても、Bから求償されうることになり、それに伴い証拠保存義務を負うなどの不利益を被ること)について、Aの同意を要すると解してよいのではないか(相対的連帯の一種→2(1)〔562 頁〕・4(3)〔585 頁〕)。このほか、BのAに対する求償を認めたうえ、AがGに不当利得返還請求ができるという見解(石田ほか[齋藤] 162 頁)もあるが、不当利得の成否、GがBとの関係で時効完成防止措置を講じていることの評価などの課題がある。なお、ABともに時効が完成した後、BがGに弁済した場合については、時効制度の趣旨及び 445 条の趣旨(公平の調整)に鑑み、BのAに対する求償を否定すべきであろう。

(b) 求償権の要件・効果

(ⅰ) 基本的要件

α 「自己の財産をもって共同の免責を得た」こと　「自己の財産をもって」というのは、「自分の財産を出して」という意味であり、弁済のほか、供託、代物弁済、相殺、更改(大判大 7・3・25 民録 24 輯 531 頁)、混同(大判昭 11・8・7 民集 15 巻 1661 頁)、和解(平井 340 頁)が含まれる。いずれも広い意味で自分の財産を出したといえるからである。しかし、免除(大判昭 13・11・25 民集 17 巻 2603 頁)や消滅時効の完成は、財産を出したとはいえないので、これにあたらない(441 条但書の別段の意思の表示がある場合も同じである)。

β 負担部分　求償権は、各自の負担部分について生じる。求償権が生じるのは、連帯債務者の 1 人が自己の負担部分額を超えて弁済等をした場合の超過部分に限られるわけではない。自己の負担部分額以下の額の弁済等があった場合も、求償権が生じる(442 条 1 項)。一部の弁済等の場合も、割合としての負担部分に応じて求償関係を認める方が、債務者間の公平に資するからである。民法改正前の判例(大判大 6・5・3 民録 23 輯 863 頁)・通説(我妻 433 頁以下)を明文化したものである。

◇　ABがGに対し1000万円の連帯債務を負い、負担部分が平等である場合、AがGに1000万円を弁済すればBに500万円を求償できるのは当然だが、Aが300万円を弁済したときでも、AはBに150万円を求償できる。

　負担部分額以下の一部弁済があった場合でも求償を認める理由として、それによって連帯債務の弁済が促進され、債権者にとっても不都合はないからだといわれることもある（部会資料80-3、第2、4説明、潮見新Ⅱ602頁）。しかし、求償された債務者は、これに応じるよりも、むしろその分を債権者に弁済すべきであり、それこそが弁済の促進に資するともいえる。この問題は、求償された債務者の資力が乏しい場合、一部の弁済をした債務者と残部の弁済を受けていない債権者との間で、どちらを優先すべきかという形で現れる。共同不法行為によって生じる連帯債務（719条）について、民法改正前の判例は、共同不法行為者間の求償には、自己の負担部分を超えて賠償したことを要するとした（最判昭63・7・1民集42巻6号451頁、百選Ⅱ〔8版〕97［大澤逸平］、最判平10・9・10前掲）。この判例法理は、現行民法のもとでは維持されないという見解もあるが（潮見新Ⅱ603頁など）、判例の求償要件の設定が被害者の保護を図るものであったとすれば、現行民法のもとでも、別に解することは可能であろう。問題は、共同不法行為における加害者間の求償要件の設定と被害者保護の結びつきの評価にある。

◆　**共同不法行為者間の求償関係**　改正前民法のもとでは、共同不法行為の場合の求償に関する上記判例も参照し、不真正連帯債務における求償については、負担部分を超える弁済のあったことを要するという見解が多かった。もっとも、その理由は、必ずしも明確ではなく、共同不法行為者間には主観的共同関係がないこと（平井・不法行為205頁）や、これに加えて、共同不法行為で一部しか弁済されていない場合は、他の債務者は求償に応じるよりもむしろそれを被害者への賠償にあてるべきこと（東京地判昭48・5・10交通民集6巻3号872頁）があげられた。また、不真正連帯債務における求償権の根拠を不当利得に求め、負担部分額を超える弁済がされない限り、求償者には「損失」が生じないという理由づけを想定するものもあった（潮見Ⅱ570頁は、そのうえで、これを批判する）。他方、負担部分額以下の弁済の場合も求償を認めるべきであるという見解もあった（水野武『最判解民昭63』227頁・242頁以下に両説の紹介がある）。本書3版467頁では、不真正連帯債

務における求償の要件を連帯債務におけるそれと区別する十分な理由はなく、前者においても負担部分額以下の弁済でも求償しうることが原則であるとしたうえで、ただ、共同不法行為においては、被害者保護の観点から特別の配慮がされていると述べた。問題は、被害者保護と求償要件を結びつけることの当否、さらには「被害者保護」の内容の検討である[16]。共同不法行為者の1人が一部弁済をする場面としてどのようなものを想定するかにもよるが、被害者が一部弁済をした共同不法行為者にそれ以上は請求しない場合を基本に考えるのだとすれば、結びつきを認めることは不可能ではない。その場合には、従来の判例の基準を現行民法のもとで維持することは、なお可能であろう。

　現行民法における連帯債務の概念は改正前よりも広がっており、その性質は「法令の規定又は当事者の意思表示」によって定まるので、436条以下の規律群は「法令の規定」に基づく連帯債務について、その性質に応じた修正を受けることがある（→1(2)(c)(ⅱ)〔561頁〕）。もっとも、それは不真正連帯債務という包括的な概念を設定して上記規律群と異なる規律群を定立するというのではなく、あくまでも、それぞれの「法令の規定」の解釈によるべきである（中田ほか・改正174頁以下〔沖野〕参照）。719条による連帯債務においては、被害者保護が重視されるべきであり、求償権を根拠づける「公平」の内容においてもそれを反映すべきであって、求償の要件として負担部分額を超える弁済のあったことを求めることがそれに沿うとすれば、従来の判例を維持すべきことになる（一問一答119頁注3は、このような解釈の可能性を認める。平野273頁・282頁、石田ほか167頁〔齋藤〕、山野目293頁も参照）。現行民法が従来の判例を変更したと理解したうえで、その実質的な当否（山田・前掲注(7)172頁）及び民法改正のあり方（窪田充見「連帯債務――複数の賠償義務者間における求償をめぐる枠組み」法の支配190号（2018）60頁）について疑問を投じる見解があるが、上記の解釈によって対応できるだろう。さらに、719条による連帯債務だけでなく、これに準じる原因による連帯債務（被用者の709条責任と使用者の715条責任がある場合、1つの損害について複数の加害者がそれぞれ709条責任を負う場合〔競合的不法行為〕など）についても、同様に考えてよいだろう。これは、436条の「法令の規定」を緩やかに解することによって導くことができる（中田ほか・改正173頁〔沖野〕）。

（ⅱ）　**求償額**　　求償額の基礎となるのは、次の3つである。①共同の免責

---

[16] 被害者保護を求償要件加重に結びつけることに疑問を投じるものとして、福田誠治「保証委託関係や連帯債務関係における求償権の範囲」駒澤法学18巻2号（2018）1頁・105頁以下、松岡久和「民法（債権関係）の改正と不真正連帯債務」立命館法学399=400号（2022）851頁・869頁以下、田髙寛貴「債権法改正後の不真正連帯債務論のゆくえ」河上古稀Ⅰ329頁・346頁。「被害者保護」の精緻化につき、秋山ほか・改正146頁〔石田〕。

を得るために支出した財産の額。ただし、支出した財産の額が共同の免責を得た額を超える場合は、免責を得た額である（442条1項）。たとえば、債務額よりも高額である給付による代物弁済をした場合、消滅した債務額となる。②弁済その他免責があった日以後の法定利息（442条2項・404条1項～3項。現在は年3%）。③避けることができなかった費用その他の損害の賠償（442条2項）。弁済の費用、債権者から訴えられた場合の訴訟費用、弁済のために財産を換価して被った損害などである（梅127頁、我妻434頁）。

①～③の合計額に対して各自の負担部分割合を乗じたものが、各連帯債務者に対して求償できる額となる。

　（iii）　**求償権の制限――他の債務者に対する通知**　　求償権を行使しようとする連帯債務者は、弁済その他自己の財産をもって共同の免責を得る場合、その前後に他の債務者に通知をしなければならない。通知を怠った債務者は、他の債務者に対する求償権の全部又は一部を行使することができず、その分を債権者に対して請求することになる。その結果、通知を怠った債務者は、債権者の無資力の危険を負担することになる（平井341頁は、「一種の制裁」という）。

　α　**事前の通知**　　まず、事前の通知が必要である（443条1項前段）。連帯債務者の1人が弁済等をしようとするときは、それに先立って他の連帯債務者に通知をし、他の連帯債務者が債権者に対抗できる事由があれば、それを主張する機会を与える必要がある。この通知を怠ると、他の連帯債務者は、その負担部分について、債権者に対抗できた事由をもって免責を得た連帯債務者に対抗できることになる。この規律は、弁済等をしようとする連帯債務者が他の連帯債務者がいることを知っていたことが前提となる。

　ここでいう対抗できる事由とは、相殺権が適例である。連帯債務者Bが債権者Gに対し自己の債権を有していて相殺できる状態にあった場合、他の連帯債務者AがGに弁済すると、Bはもはや相殺できなくなる。そこで、AはBに事前に通知をし、Bが相殺権を行使する機会を与える必要がある。Aがこの通知をせずに弁済した場合、Bはその負担部分について、Aに対し、相殺権のあったことを主張し、Aの求償を拒むことができる。

　この場合、Aは、Bから求償を得られないが、BのGに対する債権のうちBの負担部分額相当部分の履行を、Gに請求することができる（443条1項後段）。

◆ **債権者に対する履行請求制度の意義**　この制度がなく、443条1項前段だけだとすると、こうなる。①AのBに対する求償債権とBのGに対する債権のうちBの負担部分額相当部分(債権f)をBが相殺できる(3当事者間の相殺の一種)と考えると、GはAから全額の弁済を受けつつ、自己に対する債権fの消滅という二重の利得を得ることになり、②Bが債権fを保持したままAの求償を拒むことができると考えると、Bは債務及び求償を免れつつ、債権fを有するという二重の利得を得ることになる(①が一般的。梅130頁以下、我妻435頁、潮見新Ⅱ609頁、奥田＝佐々木中580頁など)。そこで、BはAの求償を拒むが、債権fはAに与えるとするのが公平である(BはAに対し、いわば「自働債権でもって支払う」。澤井104頁参照)。その結果、債権fは、BのGに対する相殺によって消滅するはずだった範囲でBからAに当然に移転し(我妻、潮見、奥田＝佐々木各前掲。梅131頁は代位構成を指摘する)、AはGから弁済を受けることができる。

◆ **対抗できる事由**　相殺権以外で443条1項前段の対象となる「対抗できる事由」が何かについては、学説の理解は分かれる。弁済・更改などは同条2項の事後の通知の問題とすべきである(我妻436頁)。原因行為の無効・取消事由(於保242頁)は、それがあれば当該債務者は連帯債務関係から離脱することになり、求償関係は生じない(奥田＝佐々木中589頁)。期限猶予、期限未到来、同時履行の抗弁(林ほか417頁[高木])は、債権者との間では主張できても求償権に対しては意味をもたない(奥田＝佐々木前同)。消滅時効の完成(奥田367頁)は、現行民法では相対的効力事由となったので、通知を受けた連帯債務者が時効を援用したとしても、求償を免れない。消滅時効の完成が441条但書により他の連帯債務者に効力が及ぶ場合に、これにあたる可能性はあるが、極めてまれなことだろう。443条1項前段は、同項後段及び2項の規律を導く前提としての意味が大きいものとして理解すべきだろう。

　β　事後の通知　連帯債務者は、弁済等をしたときは、そのことを他の債務者に通知する必要がある(443条2項)。他の連帯債務者が二重に弁済等をすることを防ぐためである。連帯債務者Aが弁済等をしたが、事後の通知を怠ったため、他の連帯債務者Bがそれを知らないで二重に弁済等をした場合、AがBに求償してもBはそれを拒めるし、かえって自分のした第2の弁済等を有効とみなして、BからAに求償することができる。この規律は、Aが他の連帯債務者Bがいることを知っていたことが前提となる。

◆ **事後の通知の怠り**　　この場合、Bが自己の弁済等を有効とみなせるのは、債権者及びすべての債務者との関係においてなのか（絶対的効果）、Aとの関係においてのみなのか（相対的効果）。Gに対しABCが連帯債務を負っており、Aが弁済したが、事後の通知を怠り、善意のBが重ねて弁済し、これを有効とみなしたとする。絶対的効果説だと、こうなる。Aの弁済は無効となり、AはBに求償できず、BはAとCに求償でき、Cは既にAの求償に応じていたとしてもBには拒めない。あとはAG間、CA間の不当利得の問題となる。相対的効果説だと、こうなる。①BはAの求償を拒めるし、逆にAに求償することができる。②Aの弁済は、Bとの関係以外では有効なので、AはCに求償できるが、BはCに求償できない。③Bは、Bの弁済が有効であるとすればCに求償できたはずの金額を、Aに請求できる。④BはGに対し、不当利得返還請求権を有するが、①③によりAがBに支払ったときは、422条の類推適用により、Aがこれを行使できる。⑤なお、Bは、Bの弁済を有効とみなすことをせず、Aの求償に応じ、Gに不当利得返還請求をしてもよい（Aの免責行為が弁済よりも有利な額の代物弁済又は更改であって求償額が低い場合、BはGからの返還を見込めるなら、この選択をする方が有利になる）。相対的効果説が判例（大判昭7・9・30民集11巻2008頁）、通説（我妻438頁、潮見新Ⅱ610頁、奥田＝佐々木中581頁など）である。善意のBの保護のためには相対的効果で足りるし、それが求償関係の公平という趣旨（特にCの保護の観点）に適うので、これを支持することができる（③の根拠について議論があるが、不法行為による損害賠償と考える）。

γ　事前の通知・事後の通知の怠り[17]　　第1の弁済等をしたAが事後の通知を怠り、それを知らずに第2の弁済等をしたBも事前の通知を怠っていた場合はどうか。判例は、この場合、Bは、443条2項によって自己の弁済等を有効とみなすことはできないという。同条の2項は、1項の規定を前提とするものであり、1項の事前の通知をせず、そのことに過失のある連帯債務者まで保護する趣旨ではない（2項の保護を受けようとするBは、1項の通知をしておくべきだった）という理由である（最判昭57・12・17民集36巻12号2399頁、百選Ⅱ16[平林美紀]）。実際上も、Bが事前の通知をしていれば、Aから弁済等の事実を知らされ二重の弁済等を避け得た可能性があったといえる〔平林・前掲35頁、奥田＝佐々木中582

---

[17]　債権者無資力のリスクの負担という観点からの分析として、長谷川隆「連帯債務者が相互に弁済の通知を怠った場合における求償関係」判評374号2頁・375号2頁（1980）。

頁参照〕)。Bは、二重に弁済等を受けた債権者Gに対して不当利得返還請求ができるが、Gが無資力なら損失を被る結果となる。

　(ⅳ)　**無資力者がいる場合**　　連帯債務者のなかに無資力者がいる場合、弁済等をした債務者は、その者に求償しても、償還されない結果になる。しかし、弁済等をした債務者だけに連帯債務者の一員の無資力の危険を負担させる理由はなく、他の債務者にも分担させるのが公平である。そこで、求償者が無資力者から償還されえない部分は、求償者と他の資力のある連帯債務者の間で、各自の負担部分に応じて分割して負担する(444条1項)。求償者と他の資力のある連帯債務者のいずれもが負担部分を有しないときは、これらの者の間で、等しい割合で分割して負担する(同条2項)。この趣旨に鑑み、いずれの場合も、償還できないことについて求償者に過失があるときは、分担の請求はできない(同条3項)。

> ◇　ABCがGに対し900万円の連帯債務を負い、各自の負担部分が3分の1ずつである場合に、AがGに900万円を弁済し、BとCに300万円ずつ求償したが、Cが無資力であったとする。このとき、Cの分は、求償者Aと他の債務者Bが負担する。すなわち、AはBに対し、さらに150万円の分担を請求できる(合計450万円請求できる)。ただし、AがCに対する求償の時期を失しなければ、Cから償還を得られたのに、それを怠り、その間にCが無資力になった場合は、Aには過失があるので、Bに追加分150万円の請求はできない(我妻439頁)。

> ◆　**連帯の免除**　　連帯の免除とは、債権者が連帯債務者に対し、債務の額を負担部分に相当する額に限り、それ以上は請求しないとする、債権者の一方的な意思表示である。一種の債務免除である(我妻441頁)。旧445条は、債権者Gが連帯債務者Aに対し、連帯の免除をした場合、他の連帯債務者BCのうちCが無資力であったとすると、Cの償還不能部分のうちAの負担すべき部分はGが負担すると定めていた(本書3版461頁以下)。しかし、この場合、Gがそのような負担を引き受けることまで意図しているとは限らないので、同条は、今回の改正で廃止された。現行民法のもとでも、連帯の免除をすることは可能だが、441条・445条・444条が適用される(中間試案説明204頁以下、部会資料67A、第1、4(3)説明、一問一答125頁、潮見新Ⅱ618頁)。

4 不真正連帯債務

(1) 概　観

　436条以下の連帯債務と類似はするが、違いもある多数当事者の債務を、どのように取り扱うべきかが問題となる。改正前民法のもとでは、そのような債務を不真正連帯債務と呼ぶのが一般的だった。これは、ドイツの学説を継受し、日本の学説及び判例で用いられた概念である。しかし、現行民法は、連帯債務の概念を拡げ、従来、不真正連帯債務とされてきたものを、おおむね連帯債務に取り込んでいる。そこで、現行民法のもとで、不真正連帯債務という概念が存続しうるのかが問題となる。改正前民法のもとでの議論((2))を概観した後、現行民法のもとでのこの概念の意義を検討しよう((3))。

(2) 改正前民法のもとでの議論

(a)　伝統的学説

　不真正連帯債務は、主として、同一の損害を数人がそれぞれの立場で填補すべき義務を負う場合に生じるとされた(我妻443頁)。たとえば、被用者の709条による損害賠償債務と使用者の715条による損害賠償債務(最判昭45・4・21判時595号54頁、百選Ⅱ〔4版〕26［淡路剛久］)、受寄物を不注意で盗まれた受寄者の債務不履行による損害賠償債務と窃盗者の不法行為による損害賠償債務、法人の損害賠償債務(2006年改正前民44条1項)と理事個人の損害賠償債務、714条の監督義務者の債務と代理監督者の債務、718条の占有者の債務と保管者の債務、他人の建物に放火した者の不法行為による損害賠償債務と保険会社の保険契約上の填補義務である。さらに、共同不法行為者の債務は、719条の文言上は連帯だが、不真正連帯債務であると解する学説が多く、判例でもそう表現するものがあった(最判昭57・3・4判時1042号87頁、最判平6・11・24判時1514号82頁、最判平10・9・10前掲)。

　伝統的学説によると、不真正連帯債務は、次の3点で連帯債務との違いがある(我妻445頁)。①債務者間に共同目的による主観的な関連(主観的共同関係)がないこと。②影響関係では、弁済のように債権を満足させる事由以外は、相対的効力しかないこと(絶対的効力を定める旧434条～旧439条は適用されない)。③求償関係をその当然の内容とはしないこと(不真正連帯債務者の間には主観的共同

関係がない以上、負担部分が存在せず、負担部分に基づく求償関係も生じない。715条3項のように特に法律の規定がある場合などは別だが、これは連帯債務だから当然に生じるものではなく、別個の規定に基づく求償権である）。

このうち、特に②の意味が大きい。改正前民法のもとでは、連帯債務の絶対的効力事由が多く、その多くは債権者に不利なものだった。それに対し、相対的効力しかない不真正連帯債務は、債権の担保力が大きく、債権者にとって有用である。そこで、日本でも広く認められるようになった。

(b) 批　判

しかし、不真正連帯債務の概念に対し、次のような疑問が投じられた。

まず、主観的共同関係の不存在については、そもそも連帯債務の性質論のレベルで、主観的共同関係説に対する批判があった。他方、故意による共同不法行為など主観的共同関係が存在する場合であっても、不真正連帯債務と認めるべきことがあると指摘された。

次に、求償関係の不存在については、主観的共同関係の不存在からそれを導くことに対し、主観的共同関係を基準とする前提自体が問われた。実質的にも、共同不法行為の場合などでは債務者(加害者)間での求償を認めるべきであると考えられた(最判昭41・11・18前掲)。

そうすると、不真正連帯債務とは、各債務者に全額を請求でき、債務者のうちの誰かが履行すれば他の債務者も債務を免れるが、影響関係については、弁済等以外には絶対的効力が認められず、相対的効力が基本となる、そのような多数当事者の債務だということになる。しかし、それは、フランスの判例・学説で認められ、旧民法(債権担保編73条)でも規定されていた「全部義務」にほかならないと指摘し、この言葉を用いるべきだという批判もあった(明治民法が起草される際に、全部義務が規定されなかったのは、その概念が否定されたからではなく、特に統一的な規定をする必要はないと考えられたからにすぎない〔淡路・研究148頁〕。不真正連帯債務は、ドイツの学説に由来する概念であり、それはドイツ法固有の事情を背景とするものである〔椿・注民(11)58頁、平井346頁〕。前提となる制度の異なる日本において、その概念を借用する必要はなく、全部義務の概念を用いる方がよい)。

また、不真正連帯債務とされる法律関係には、多様なものが含まれており、それらは「連帯債務ではない」という消極的共通性があるにすぎないのだから、

そのような概念を設けること自体に疑問があるという批判もあった。連帯債務か不真正連帯債務かという二分論をとるのではなく、連帯債務でないものについては、それぞれの法領域でその法律関係に最も適した処理を検討すべきであるという（淡路・研究235頁、淡路332頁など）。

　これらの批判を受け、不真正連帯債務の概念自体が問い直されていた。

(3) 現行民法のもとでの意義

　前述の通り、現行民法における連帯債務は、主観的共同関係の有無にかかわらず広く成立し、絶対的効力が生じるのは弁済など若干の事由に限定される、しかし、負担部分に応じた求償関係は引き続き認められる、という法律関係である（→1(2)(c)(ⅱ)〔561頁〕）。これは、改正前民法のもとで、近年の批判を経た後の不真正連帯債務の概念を取り込みうるものである。そうすると、連帯債務に対置される1つの類型としての不真正連帯債務の概念は、もはや必要なくなる。そこで、現行民法のもとで、この概念を設ける意味（潮見新Ⅱ587頁）・実益（池田126頁）・必要（内田466頁）はなくなったといわれる一方、その意義を少なくとも部分的には認めるものもある（概念の意義の評価は異なるが、石田ほか167頁〔齋藤〕、平野・改正218頁以下、奥田＝佐々木中595頁。議論の全体につき、松岡・前掲注(16)参照）。この概念には、いわば器としての意味はあると考えたい。

◆ **現行民法のもとでの不真正連帯債務**　現行民法のもとでも、「連帯債務と少し違うもの」は存在する。それらが類型[18]として認められる場合には、そのような個別の諸類型を収める、いわば器として、不真正連帯債務という言葉を用いることは考えられる（淡路333頁参照）。それ自体が1つの類型として独自の要件・効果をもつわけではないので、かつての不真正連帯債務の一般的な概念とは性質が異なる。それは、連帯債務の概念を相対化し、柔軟なものとして理解することを促す機能をもつ。

　個別類型としては、「法令の規定」によって生じる連帯債務(436条)が候補となる。各法令の趣旨に応じて、連帯債務の個別規定を部分的に修正するという解釈が

---

[18]　起草者は、連帯債務についても、「法律ガ恰モ契約ノ雛型ヲ作ツタヤウナモノ」だと述べていた（民法速記録Ⅲ173頁〔富井政章〕、淡路・研究147頁）。他方、後記の個別類型に対しても否定的な見解として、福田誠治「連帯債務の効力」改正講座Ⅱ210頁。類型の意義につき、大村敦志『典型契約と性質決定』(1997)参照。

ありうるからである[19]。民法上のものとして、共同不法行為(719条)、併存的債務引受(470条1項)、夫婦間の日常家事債務(761条)について検討しよう。

共同不法行為においては、被害者保護の観点から、履行の請求及び免除の絶対的効力化、混同の相対的効力化(田髙・前掲注(16)347頁以下、片山ほか309頁[荻野])、求償権の要件の加重(負担部分を超える弁済に限ること)、負担部分の定め方(責任割合が基準となる)などの修正がありうる。719条の共同不法行為に限らず、これに類似するものを含め、不法行為法の観点から、影響関係・求償関係の規律を検討すべきである。

併存的債務引受においては、債務者の同意なく、債権者と引受人の契約で後発的に連帯債務関係を創出できる点が特徴である。しかし、契約の相対効により、その契約によって債務者に不利益を及ぼすことは、できないはずである。特に、求償関係(求償における通知義務、免除や時効の完成の場合にも求償されうること)において、そのことがいえる。ここには、相対的連帯債務ないし片面的連帯債務という類型が形成される契機がある。

夫婦間の日常家事債務については、夫婦相互の代理権も認められており(最判昭44・12・18民集23巻12号2476頁、百選Ⅲ9[合田篤子])、代理権を通じて影響関係が絶対的効力化される。連帯債務者間の一体性が非常に強い類型である。このことと夫婦別産制との間の調整が課題となるが、これは連帯債務の外の問題である。

そのほか、法令の規定による連帯債務の存在と類型形成の可能性は、法文に「連帯」という語のない場合も含め、開かれていると考える(→第3款1の3つ目の◆〔588頁〕)。

第3款　不可分債務

1　意　義

不可分債務とは、債務の目的がその性質上不可分である場合において、複数の債務者がいるとき、各債務者がそれぞれ独立して全部の給付をすべき債務であって、債務者の1人又は数人により全部の給付がされれば、すべての債務者

---

[19] 一問一答119頁注3参照。当事者の合意による連帯債務の規律の設定(441条但書の別段の意思表示、負担部分の合意など)も、社会的には1つの類型を形成することがありうる(「銀行取引上の連帯債務」など)。しかし、これは連帯債務自体が予定するものだから、いわば真正の連帯債務として捉えるべきものであり、ここでの対象とはならない。

について消滅するというものである(430条)。連帯債務と類似するが、債務の目的が性質上不可分であるという違いがある。このため、連帯債務の規定を準用しつつ、債務の目的の性質に応じて異なる規律を置いている(430条による準用)。

不可分債務は、債務の目的が性質上不可分である場合に成立する。性質上不可分とは、給付の性質上、その本質又は価値を害しないで、分割的に実現することができないことである(於保27頁)。不可分債務者の1人について、法律行為の無効原因又は取消原因がある場合も、他の不可分債務者の債務の効力には影響しない(430条・437条)。

◆ **意思表示による不可分債務の否定**　改正前民法のもとでは、性質上可分な給付についても、当事者の意思表示によって不可分債務とすることができると解されていた(3人が米300kgを売り、合意によってその給付を不可分とするなど。本書3版468頁)。しかし、各債務者が全部の履行をすべき義務を負う場合の規律内容(特に、絶対的効力事由)を規定するうえでは、性質上可分か不可分かによる区別をする方が合理的であると考えられ、意思表示による不可分債務は排され、性質上不可分であるもののみを不可分債務ということとされた(一問一答117頁)。

◆ **性質上の不可分債務**　性質上不可分である債務として、まず考えられるのは、物理的に又は法律上、不可分な給付を目的とする債務である。たとえば、共有する馬1頭の売主たちの負う馬を引き渡す債務、株券発行会社の株式1株を共有する売主たちの負う株券を引き渡す債務(株式の不可分性)である。なす債務を複数人が負う場合も、これにあたることがある。たとえば、1個の物を撤去する債務、複数の税理士が引き受けた1件の税務申告をする債務である。

問題となるのは、物理的には分割できるが、全体として一体をなすものが債務の目的である場合である。たとえば、1組として価値がある四季を描いた4枚の絵の共有者がこれを売った場合の引き渡す債務である。可分・不可分の区別の基準として「給付の本質又は価値を害しないで、給付を分割的に実現できるか否か」をとるとすると(→第1節1(3)〔537頁〕)、4枚で1組という性質上の不可分債務と考えることもできる。この場合、履行・履行請求は「全部」についてのみ観念することになる(1組のうちの2枚が引き渡された場合、「一部」が履行されたのではなく、売主全員が「全部」についての未履行状態、又は、契約の内容に適合しないものを引き渡した状態にあることになる)。また、売主の1人に生じた事由について、不可分債務の規律が適用されることになる。債務の目的が性質上可分かどうかは、契約

その他の債務の発生原因及び取引上の社会通念に照らして判断すべきであるが、債務の目的が本質及び価値を損なうことなく同種・同質の部分に分割して実現することができる場合に、意思表示によって各債務者が全部給付義務を負うとするときは、不可分債務ではなく、連帯債務（441条但書の修正を伴いうる）になると考えたい。

改正前民法のもとでは、不可分な利益の対価としての債務（共同賃借人の負う賃料債務など）も、性質上の不可分債務になるとするのが判例・通説だった（大判大11・11・24民集1巻670頁、我妻396頁など。反対、淡路・研究247頁、淡路336頁〔連帯債務と推定〕など）。現行民法のもとでは、これは連帯債務となるという見解が多い（潮見新Ⅱ619頁以下、内田475頁、平野253頁以下、潮見ほか・改正222頁・226頁〔大澤慎太郎〕。反対、奥田＝佐々木中549頁）。

◆ **不可分な利益の対価としての債務**　改正前民法のもとでは、受ける利益が不可分である場合、その対価を支払う債務は、本来は可分のものであっても、性質上の不可分債務となるというのが、判例・通説だった。現行民法のもとでは、そのような債務でも、物理的に可分な給付を目的とするのであれば、連帯債務とすることが自然にみえるが、なお、性質上の不可分債務とする解釈の可能性はあるという指摘もある（一問一答119頁、中田ほか・改正179頁〔沖野〕）。代表例である共同賃借人の賃料債務について検討しよう。

現行民法のもとでは、連帯債務と不可分債務の違いは、一部履行の観念（→1つ前の◆）のほか、後述の通り、債務者の1人に混同が生じた場合の規律がある。賃貸人Gと共同賃借人ABCがいて、Gが死亡し単独相続人Aが相続したとする。連帯債務（混同は絶対的効力。440条）だとすると、こうなる。①賃料債務は、全員について消滅し、AがBとCに各負担部分の求償をする。②ⓐ具体的賃料債務が将来的にすべて消滅する以上、賃貸借契約は終了すると考えるか、又は、ⓑ賃貸借契約は存続し、具体的賃料債務は、発生の都度、消滅すると考える。ⓑの場合、B・Cは賃料支払拒絶権（559条・576条）を有しない。③賃借人の債務としては、賃料債務のほか、返還義務、収去義務、原状回復義務など性質上不可分のものもあり、B・Cはこれらの不可分債務とAに対する求償義務（分割債務）を負う。不可分債務（混同は相対的効力。430条・441条）だとすると、こうなる。①Aに対しBとCが賃料債務を不可分的に負い、Bが支払うと、BはAとCに求償する。②賃貸借契約は存続し、B・Cは賃料支払拒絶権を保持する。③B・Cの上記諸債務は、賃料債務を含め、不可分債務である。

両者を比較すると、共同賃借人において混同が生じた場合、不可分債務の規律の

方が適切であるように思われる。それを実現する方法として、不可分な利益の対価としての債務を、⑦性質上の不可分債務とすること(奥田=佐々木中 549 頁)、④連帯債務ではあるが、別段の意思表示(441 条但書)があるものとみなして、混同については相対的効力となると解すること、⑨法令の規定による連帯債務であって、その趣旨に応じ、混同については相対的効力となるものとし、不真正連帯債務(→第2 款 4(3))の一種とすることが考えられる。④は擬制的なので、⑦か⑨がよさそうだが、⑦とすると連帯債務と不可分債務の区別が不明確になり、⑨とすると「法令」をかなり広く解することになる(「法令」は 601 条となろう。平野 253 頁は、信義則に求める)。方向としては⑨をとりたいが、過渡的に⑦とすることもありうる。

不可分債務は、各債務者がそれぞれ独立して全部の給付をできるものであるから、全員共同してでないと履行できない債務は含まない(弦楽四重奏を演奏する債務、複数の者が秘密を保持する債務など→2(3)◆〔591 頁〕)。

◆ **共同相続人の登記義務** 不動産の売主が所有権移転登記手続をしないまま死亡したとき、相続人は買主に対する所有権移転登記手続義務を相続する。相続人が数人いる場合、共同相続人のこの義務は、どのような性質をもつか。判例は、これを不可分債務であるとし、買主の移転登記手続を求める訴訟は必要的共同訴訟ではなく、買主は共同相続人の一部のみに対して提訴することもできるという(最判昭 36・12・15 民集 15 巻 11 号 2865 頁、最判昭 44・4・17 民集 23 巻 4 号 785 頁)。もっとも、登記手続上は、共同相続人全員そろわないと(各相続人に対する勝訴判決又はその同意がそろわないと)移転登記を実現することができない(法務省昭 27・8・23 民事甲 74 号民事局長回答〔登記関係先例集下 1917 頁〕、同昭 33・5・29 民事甲 1086 号民事局長心得回答〔登記関係先例集追加編Ⅱ279 頁〕。最判昭 50・3・6 前掲)。この関係を、①実体法の債権債務関係としては不可分債務であり、ただ登記手続上の制約があるにすぎないと解するか(奈良次郎『最判解民昭 44』1014 頁、東條敬『最判解民昭 50』89 頁。基本方針Ⅲ385 頁参照)、②債権債務関係としても不可分債務とは別の「合同債務」(下森定「判批」判評 200 号〔1975〕27 頁)ないし「合手的債務」(星野英一「判批」法協 93 巻 10 号〔1976〕126 頁)と解するかの対立がある。不可分債務であれば、各債務者は 1 人で全部の履行をすることができるはずだが、売主の共同相続人は他の共同相続人の分を履行することはできないので、②と理解するのが妥当である(広義の共同債務。中田・規範 333 頁以下・353 頁参照)。

不可分債務が可分債務となったときは、各債務者はその負担部分についての

み履行の責任を負う(431条)。427条の原則に戻るわけである。この場合、当事者の合意によって、連帯債務とすることもできる(中間試案第16、5(2)、部会資料80-3、第2、5説明2)。

> ◇ 複数債務者の特定物を引き渡す債務が債務者全員について免責事由なく履行不能となり、又は、履行遅滞後に不可抗力で滅失して履行不能となり、履行に代わる損害賠償債務が生じた場合である(梅102頁、民法速記録Ⅲ172頁〔富井政章〕参照)。

◆ **可分債務への変化**　明治民法起草者は、上記のような場合に解釈上の疑義が生じうると考え、旧民法にはなかったが、スイス債務法等を参照して、431条を新設した(民法速記録Ⅲ169頁以下〔富井政章〕)。これに対し、同条により、損害賠償の段階では債権者が債務者の一員の無資力の危険を負担することになり、債権の担保的効力が弱まって不当だという批判が強い(椿・注民(11)44頁、星野155頁、平井348頁、内田476頁)。同条の根底には、不可分債務も分割債務を基盤とするものだという発想がある(梅102頁)。それを前提とすると、債権者は、予め履行不能に備えて連帯の合意をしておくか(意思表示による連帯債務)、又は、履行不能をきたした債務者たちの行為を共同不法行為と構成することを試みるべきことになる。

2　効　力

(1)　対外的効力

不可分債務の対外的効力は連帯債務に準じるが、債務の目的が不可分であるので、「一部」の請求は除かれる。債権者は、どの不可分債務者に対してでも、同時又は順次に、全部の履行を請求することができる(430条・436条)。

(2)　影響関係

不可分債務者の1人について生じた事由は、原則として、他の不可分債務者に対してはその効力を生じない(相対的効力の原則。430条・441条本文)。例外として、履行、更改、相殺には絶対的効力があり、また、当事者の別段の意思の表示があるときは、それによる(430条・436条・438条・439条・441条但書)。連帯債務とほぼ同様だが、混同が相対的効力事由である点が異なる(430条は440条を準用していない)。

◆ **不可分債務の影響関係における効力**
①履行の絶対的効力(430条・436条)。不可分債務者の1人が債権者に履行(弁済)すると、すべての債務者の利益のために債権が消滅する(442条はそれを前提とする)。供託、弁済の提供、受領遅滞も同様と解すべきである(我妻400頁、潮見新Ⅱ621頁)。代物弁済も、連帯債務と同様に、絶対的効力を認めてよい。
②更改の絶対的効力(430条・438条)。不可分債務者の1人と債権者との間に更改があったときは、債権は、すべての不可分債務者の利益のために消滅する。
③相殺の絶対的効力(430条・439条1項)。不可分債務者の1人が債権者に対して債権を有する場合において、相殺したときは、債権はすべての不可分債務者の利益のために消滅する。もっとも、両債務の目的が同種かつ不可分であるというのは、稀なことであろう(同じ種類の新車1台を引き渡す債務を相互に負うなど)。他の不可分債務者には、履行拒絶権がある(430条・439条2項)。
④上記の絶対的効力事由以外の事由は、相対的効力しかない(430条・441条本文)。連帯債務と同様だが、混同も相対的効力事由である点が異なる。たとえば、ABCがGに対し、ある1頭の馬を引き渡す不可分債務を負っていたところ、Gが死亡し、AがGを単独で相続したとする。GA間で混同が生じるが、BCとの関係では債務は消滅しない。BCは、Gの相続人であるAに対し、馬を引き渡す不可分債務を負い、Bが履行したとすると、BはAとCに求償できる。同じ例で、Aが死亡し、GがAを単独で相続した場合は、BCは、Gに対し、馬を引き渡す不可分債務を負い、Bが履行したすると、BはG(Aの相続人)とCに求償できる。連帯債務(440条)と異なるのは、不可分債務の場合、履行すべき内容(馬)と求償の内容(金銭)が異なっており、同一の者に対して履行したうえで求償をすることが迂遠で無意味な処理とはいえないからである(部会資料67A、第1、5説明1(2)ア)。
⑤別段の意思の表示(430条・441条但書)。不可分債務者の1人と債権者との間で、別段の意思を表示したときは、その意思に従う。連帯債務と同様である。

(3) 内部関係

不可分債務の債務者間の内部関係も、連帯債務と同様である(430条による442条以下の準用)。連帯債務に準じて、各人の負担部分に応じて、清算される。

◆ **共同債権・共同債務**[20] 複数の債権者が共同して履行を請求しなければなら

---

20) 中田「共同型の債権債務について」星野追悼393頁〔同・規範所収〕、同・前掲注(6)、坂口甲「債権の準共有と共同債権に関する序論的考察」潮見追悼・財283頁。潮見新Ⅱ561頁以下、奥田=佐々木中527頁、石田822頁以下、平野257頁以下。山城一真「共同型の法律行為について」中田古稀139頁参照。

ない債権を共同債権、複数の債務者が共同して履行しなければならず、債権者は債務者全員に共同してのみ履行を請求できる債務を共同債務と呼ぶことがある（UNIDROIT 2016, 11.1.1 comment 4, 11.2.1(c)）。わが国でも、合有的債権・合有的債務（我妻 381 頁以下）、合有債権・合有債務（星野 142 頁）など類似の概念があるが、これらは組合など団体における債権債務の合有的帰属という観点からのものである。また、合手的債務（星野・前掲〔1 の 4 つ目の◆〕131 頁）などの言葉もあるが、特定の場面で用いられるものだった。多数当事者の債権債務の一類型としての共同債権・共同債務という概念は、20 世紀前半の教科書に現れているが（中島 216 頁）、広まらなかった。しかし、近時の国際的な諸契約原則で joint 又は communal という性質の債権債務の規律が登場し（上記のほか、PECL 10.101(3), 201(3), DCFR Ⅲ.4.102(3), 202(3)）、その訳語として用いられることがある（オーレ・ランドーほか編〔潮見佳男ほか監訳〕『ヨーロッパ契約法原則Ⅲ』〔2008〕21 頁以下・41 頁、クリスティアン・フォン・バールほか編〔窪田充見ほか監訳〕『ヨーロッパ私法の原則・定義・モデル準則』〔2013〕141 頁・143 頁。基本方針Ⅲ391 頁は、communal を「合同」、joint を「共同」と訳し分けているが、用語〔PECL のみ communal〕と定義との対応があるわけでもないので、ここでは「共同」としておく）。具体例としては、給付内容が不可分である共同債権（寮の管理人として雇った夫婦に居室を貸与した場合の夫婦の居室賃借権）・共同債務（4 人の演奏家が弦楽四重奏を演奏する債務）、給付内容が可分である共同債権（連名の預金で名義人全員そろってでないと払戻請求ができないもの）などがあげられている（給付内容が可分の共同債務は、債権者にとって極めて不利であり、現実に使われることはなさそうである）。

　もっとも、「共同して」の意味をさらに分析する必要があり、この概念は、なお精錬を要する（共同債権の履行請求の態様・共同債務の履行の態様〔全員同時でないといけないか、全員順次でよいか〕、共同債務者間の協力義務の有無、契約法上の拘束〔解除の不可分性、同時履行の抗弁による相手方の拘束など〕・契約上の付随条件との関係、訴訟〔必要的共同訴訟〕・執行〔必要的共同執行〕・手続上の制約〔不動産登記義務の履行など〕との関係、複数債務者の不作為債務の位置づけ、債権債務の合有的帰属との関係、発生原因など）。なお、共同債務者（→第 8 章第 2 節 5(3)(a)〔441 頁〕）、共同債権関係（→第 1 節 2(1)〔538 頁〕）とは別の概念である。

　日本民法への導入を、共同相続された預金債権（→第 2 節 1(1)◆〔542 頁〕）を例に考えると、こうなる。預金債権が共同相続されると、それは相続財産を構成するものとして共有となり（898 条）、264 条の適用対象となる。民法第 3 編第 1 章「第 3 節　多数当事者の債権及び債務」は、264 条但書の「法令の特別の定め」にあたる。同節は、そこに規定された 7 種以外の債権債務関係が創出されることを許容しており、共同債権はそれにあたる。これは、当事者の意思表示によっても成立しうるが、より安定的な類型として認められるのは、いわば「性質上の共同債権」である（債

権の目的がその性質上共同である場合)。共同相続された預金債権は、これにあたる。最大決平28・12・19前掲及び最判平29・4・6前掲が預金契約の本質(構造・要素)や預金債権の性質によって、最判昭29・4・8前掲にいう可分債権と区別するのも、この趣旨だと理解することができる(どちらも上記「第3節」に含まれる)。909条の2の存在も、共同相続された預金債権が性質上の共同債権となることを裏付ける。共同債権においては、多数の債権者がそれぞれ債権を有するが、全員共同してでないと行使できない(対外的効力)。1人について生じた事由の他への影響(影響関係)や、内部関係(分配)は、共同相続された預金債権という「性質」によって定まる。

第4款　保証債務

1　意　義

(1)　保証の構造

保証とは、債務者がその債務を履行しない場合に、他の人がその履行をする責任を負うことである(446条1項)。ここでの債務者を主たる債務者、その債務を主たる債務、主たる債務者のほかに主たる債務を履行する責任を負う人を保証人、その債務を保証債務という。保証は、特に融資に際してされることが多い。民法の保証に関する規定については、2004年[21]と2017年[22]に大きな改正があった。

保証債務は、債権者と保証人の間の書面による保証契約(446条2項)によって発生する。保証人が債務者から頼まれて保証することが多いが、保証契約は、債務者と保証人の間で成立するわけではない。

債務者が保証人に保証することを委託した場合は、債務者と保証人の間で保

---

[21] 立法担当者の解説として、吉田＝筒井・現代語化。他に、平野裕之「保証規定の改正について」法教294号(2005)16頁、野村豊弘ほか「座談会　保証制度の改正」ジュリ1283号(2005)52頁、山本敬三「保証契約の適正化と契約規制の法理」ゲルハルド・リース退官『ドイツ法の継受と現代日本法』(2009)397頁〔同『契約法の現代化Ⅱ』(2018)所収〕。
[22] 立法担当者の解説として、筒井健夫＝村松秀樹＝脇村真治＝松尾博憲『Q＆A改正債権法と保証実務』(2019)(以下、本款で「筒井ほか・保証」として引用)。

証委託契約が成立する。しかし、保証人が債務者から委託を受けずに、さらには、債務者の意思に反してでも、保証する場合もある。いずれの場合であるかは、保証債務の成否には影響せず、求償の範囲などに影響するだけである(459条〜462条・458条の2参照)。保証契約と保証委託契約は別個の契約であり、後者の存在が前者の成立の要件ではない。

> ◇ SがGから融資を受けるため、Gを債権者とする保証契約書をA方に持参してAに保証人になるよう懇請し、Aの署名押印を得たうえ、これをGに差し入れて融資を受けたという場合、Aは、Sを代理人又は使者として、Gとの間で保証契約を結んだことになる。この場合、SA間では、保証委託契約が成立する。

　保証契約の成立や効力に関する問題も、保証契約の当事者が債権者と保証人であることを前提として処理される。

　① 代理・使者　債務額が空欄の保証契約書に保証人の署名押印を得た主たる債務者が、保証人の承諾した金額を超える金額を無断で記入し、債権者からその金額を借り入れた場合、保証人と債権者の間では、代理人の権限外の行為の表見代理(110条)が成立する可能性がある。ここでは、債権者が主債務者(代理人)に権限があると信ずべき正当な理由の存否が問題となる(最判昭45・12・15民集24巻13号2081頁〔類似事案で、保証人に確認しなかった債権者に正当な理由がないとした例〕)。また、代理権消滅後の表見代理(112条)が問題となる場合もある。主債務者が保証人の使者である場合は、使者による意思表示の錯誤の問題のほか、表見代理の類推適用が問題となりうる(四宮＝能見・総則344頁)。

　② 詐欺　債務者が保証人をだまして保証させた場合、第三者による詐欺(96条2項)の問題となる。債権者が善意無過失であれば、保証人は取り消すことができない。

　③ 錯誤　保証の前提とされた事実についての保証人の錯誤が95条の要件を満たすかどうかが主な問題である。他にも保証人がいると思って保証したが、実はいなかったこと(最判昭32・12・19民集11巻13号2299頁、百選Ⅰ〔5版〕17〔野村豊弘〕)、主たる債務者が反社会的勢力であったこと(最判平28・1・12民集70巻1号1頁、百選Ⅰ22〔山下純司〕)は、それぞれ動機の錯誤(95条1項2号・2項〔法律行為の基礎とした事情についての錯誤〕参照)であるとし、錯誤の成立を否定した

判例がある。他方、空クレジットとは知らずにクレジット会社に対する立替金支払債務を保証した場合に、「保証契約は、特定の主たる債務を保証する契約であるから、主たる債務がいかなるものであるかは、保証契約の重要な内容である」との一般論を述べ、保証人に要素の錯誤(旧95条。95条1項〔錯誤の重要性〕参照)があったとし、錯誤の成立を認めた例(最判平14・7・11判時1805号56頁、重判平14民1〔尾島茂樹〕)がある。

> ◆ 保証の「原因」　保証人は、保証契約によって利益を得るわけでもないのに、なぜ債務を負うのか。その「原因」は、保証契約の外部にあるのではないか。このような観点から、主たる債務者と保証人との関係に着目し、そこでの有償・無償を、保証契約締結の際に保証意思の明確化が保証人に求められる程度の評価に反映させようという試みがある[23]。この試みを含め、3当事者からなる保証の構造自体の再検討が進められている[24]。

(2) 保証の機能

(a) 債権者・債務者にとっての機能——物的担保との比較

保証は、債権者にとっては、債権の満足を担保するため、債務者以外の者の一般財産を引当てとする制度であり、人的担保という。これに対し、同じ目的で、ある財産について他の債権者に優先して弁済を受けることを可能にする制度を物的担保という。人的担保には、保証のほか、連帯債務などがある。物的担保には、約定によるものとして、抵当権、質権、譲渡担保権などがあり、法定のものとして、留置権、先取特権がある。

人的担保と物的担保を、保証と抵当権を念頭に置いて、比較してみよう(澤井108頁、平井300頁)。

① 主体　人的担保は、債務者以外の者(保証人)が主たる債務を担保すると

---

[23] 山下純司「保証意思と錯誤の関係」学習院36巻2号(2001)73頁。大村敦志「判批」金法1620号(2001)45頁参照。森田宏樹「保証契約は無償契約なのか」法教492号(2021)1頁は、保証契約が保証委託契約から切り離されていることによる、「保証債務の抽象性」を指摘する。

[24] 椿寿夫「民法学における幾つかの課題(7)」法教231号(1999)31頁、中舎寛樹「保証といわゆる多角関係」椿寿夫編著『法人保証の現状と課題』別冊NBL 61号(2000)194頁、同「保証取引と多角関係」椿寿夫＝中舎寛樹編『多角的法律関係の研究』(2012)209頁、同『多数当事者間契約の研究』(2019)17頁以下、平野裕之①「根保証契約における保証人の死亡」法律論叢73巻4=5号(2001)85頁、同②『保証・人的担保の論点と解釈』(2024)94頁以下。

いう関係にあるが、物的担保は、債務者が自己の物に設定する場合と、債務者以外の者（物上保証人）が債務者のために自己の物を提供して設定する場合の2通りがある。

② 債務と責任　保証人は、主たる債務に関する「責任」を負うだけでなく、保証債務という「債務」を負うが、物上保証人は、債務を負わず、責任のみを負う。したがって、保証人の弁済は自己の債務の弁済だが、物上保証人の弁済は他人の債務についての第三者弁済（474条1項）である。

③ 責任の限度　保証人は無限責任を負い、その一般財産をもって責任を負う。物上保証人は、担保物の価値に限定された有限責任のみを負う。

④ 担保としての機能　社会的・経済的な機能の違いがある。物的担保は、目的となる財産の評価を誤らず、その価値が下落しない限り、担保としての確実性が高い。他方、債務者側に適当な財産がない場合もあるし、担保の設定手続も実行手続も簡易ではなく、時間もかかる。これに対し、人的担保なら、比較的容易に供することができるし、主たる債務者が支払わない場合には、法的手続を経なくても、保証人が任意に履行する可能性があり、また、強制執行認諾文言のある公正証書が作成されていれば直ちに強制執行をすることもできる（民執22条5号）。他方、保証人も無資力になれば、債権の満足が得られない危険がある。つまり、担保としての確実性と設定・実行の簡易性とにおいて、両者は一長一短である。当事者は、必要に応じて、両者を使い分けたり、組み合わせたりしながら、信用取引を行う。

（b）　保証人の類型による機能の相違

保証人からみた保証制度は、保証人の立場や保証の経緯など、社会的実態によって大きく異なる。そこで、保証債務を負担する主体によって分類し、検討することが試みられた。次の分類[25]は、保証の実態の諸相を認識するのに有益

25）　この分類は、椿寿夫「"法人（による）保証"論のための序説——個人（による）保証と対比させて」ジュリ1130号114頁・1131号115頁（1998）、椿編著・前掲注（24）、椿寿夫＝伊藤進編著『法人保証の研究』（2005）を基礎とし、少し簡略化したものである。これらの文献は、個人保証のうち、②を個別事情型と職務型に分類し、法人保証には、④⑤のほかに、国などの公法人が保証する「公共公益型」も掲げる。法人保証は、機関保証と呼ばれることもあるが、上記文献に従い、法人保証の語を用いる。その後の展開として、椿寿夫ほか編『法人保証・法人根保証の法理——その理論と実務』（2010）。別の観点からの類型化として、山下・前掲注（23）。

である。

　まず、個人保証と法人保証を分ける。個人保証には、①伝来型、②中間型、③主債務型がある。法人保証には、④協会保証、⑤企業保証がある。

　個人保証のうち、①伝来型は、突然訪れた旧友に頼まれて断りきれずに保証人となり、結果として、自らの全財産を失うというような場合である。保証の性質とされる、利他性・無償性・情義性・未必性・軽率性・無限責任性[26]がまさにあてはまる、伝統的な類型である。これに対し、③主債務型は、個人企業が銀行から融資を受ける際、オーナー社長が保証する場合(経営者保証)のように、実質は保証人自身の債務と同視できる場合である。法人格否認の法理の代用としての面もあり、一定の合理性がある。②中間型は、両者の中間的なもので、個別事情によって、①又は③に近づく。企業の役員が企業の保証をする場合(職務型)、夫名義の住宅ローンについて妻が保証人になる場合(利益共通型)などがある。

　個人保証については、①を中心にかねてから保証人の保護が主張されてきたが、近年、自己の資力をはるかに超える過酷な債務負担からの保証人の保護という観点からの検討も進められてきた[27]。また、③のうち経営者保証について

---

[26]　西村信雄『継続的保証の研究』(1952) 15頁～55頁、同・注民(11) 150頁以下。「未必性」とは、保証人が必ず履行を強いられることになるわけではない(主債務者が履行すれば債務は消滅し、それがむしろ本則である)という意味である。そのため自己に負担が及ぶことがないだろうと軽信して保証するのが「軽率性」である。「無限責任性」とは、自己の全財産をもって責任を負うことである(西村・前掲は「人的責任性」と呼ぶ)。

[27]　ドイツ法につき、原田昌和「巨額の共同責任の反良俗性」論叢147巻1号24頁・148巻1号85頁(2000)、同「極端に巨額な保証債務の反良俗性」論叢148巻2号18頁・149巻5号46頁(2000～01)、齋藤由起「近親者保証の実質的機能と保証人の保護」北法55巻1号113頁～3号213頁(2004)。フランス法につき、能登真紀子「保証人の『過大な責任』」名法227号(2008) 371頁、大澤慎太郎「フランスにおける保証人の保護に関する法律の生成と展開」比較法学42巻2号47頁・3号25頁(2009)、同「フランス法における保証債務の履行と保証人の保護」早法91巻3号(2016) 231頁、齋藤由起「個人保証規制のあり方を考える」民法理論研173頁。諸国の状況につき、法務省委託調査『諸外国における保証法制及び実務運用についての調査研究業務報告書』(2012、法務省ウェブサイト)。なお、金融庁は、金融機関が経営者以外の第三者の個人連帯保証を求めないことを原則とする融資慣行の確立に向けた指針を示している(金融庁「主要行等向けの総合的な監督指針」Ⅲ-10。笹尾一洋「個人連帯保証に係る監督指針の改正」金法1926号〔2011〕76頁)。また、異質な問題だが、「保証人紹介ビジネス」で保証人となった者の被害もある(国民生活センター2010年5月26日発表)。これらの検討にあたっては、保証人保護と消費者保護の異同(特に保護の理論的根拠の異同)を分析することが有用であろう。

は、保証契約の締結及び保証債務の履行の各段階における保証のあり方が検討されている[28]）。

法人保証のうち、④協会保証は、信用保証協会などの機関が保証するものである。ここでは、公共性・統一性の特徴がある。⑤企業保証は、銀行や保証会社が保証料と担保を得たうえで保証したり、親会社が子会社の保証をするなど、純然たる経済活動と評価できるものであり、経済合理性に基づく通常の商取引と考えてよい。

◆ **信用保証協会の保証**[29]　信用保証協会は、信用保証協会法に基づいて各地に設立される法人で、中小企業が銀行等の金融機関から融資を受けやすくなるよう、貸付金債務を保証することを主たる業務とする機関である。国や地方公共団体の資金が投入されている。具体的な流れはこうである。中小企業Sが金融機関G（銀行、信用金庫など）から借入れをする際に信用保証協会Aが保証をする。Sが返済できないときは、Aが保証人としてGに弁済する。Aは、その後、Sに対する求償権を行使する。その際、Aは、予め求償権についての保証をしていた保証人B（個人）に請求したり、予め求償権について設定されていた物的担保を実行したりする。Aは、回収できない部分については、中小企業信用保険法に基づく保険制度によって一定の範囲で填補を受けることができる（同法5条〜8条参照）。ここでは、弱小な保証人の保護という要請はなく、むしろ公共性から求められる公正で統一的な基準の形成が重要である。信用保証協会の保証においては多くの特約があるが、このよ

28）　中小企業等の経営者の個人保証は、資金調達の円滑化に資する一方、経営難に陥った場合の早期の事業再生を阻害するなどの問題がある。そこで、日本商工会議所と全国銀行協会を事務局とする研究会は、2013年に、経営者の保証にも依存しない融資に向けて、「経営者保証に関するガイドライン」を公表した（小林信明「経営者保証に関するガイドラインの概要」NBL 1018号14頁・1019号68頁〔2014〕）。法的拘束力をもつものではなく、保証契約の締結段階と保証債務の履行段階における自主的規律を示すものだが、金融庁や中小企業庁は、このガイドラインが融資慣行として浸透し定着するよう、その積極的な活用に向けた取組みを促している（金融庁・前掲注(27)Ⅲ-9、中小企業庁ウェブサイト。小林信明「経営者保証ガイドラインの活用状況と今後の課題」多比羅誠喜寿『倒産手続の課題と期待』〔2020〕537頁参照）。また、経済産業省・金融庁・財務省は、2022年に、「経営者保証改革プログラム」を公表した。経営者保証については、小出篤「中小企業金融における人的保証の機能」江頭憲治郎還暦『企業法の理論（下巻）』（2007）487頁、白石大「経営者保証人の保護の必要性とその方策」浦川道太郎＝内田勝一＝鎌田薫古稀『早稲田民法学の現在』（2017）339頁が、それぞれ異なる観点から論じる。代替的手法とされる条件付保証契約につき、長島LO 455頁。また、事業性融資推進法12条（個人保証等の制限）〔2024年公布、未施行〕参照。

29）　村田利喜弥「信用保証協会の保証」椿編著・前掲注(24)14頁、同「信用保証協会の(根)保証」椿ほか編・前掲注(25)179頁、伊藤進「信用保証協会の保証の現状と問題点」椿＝伊藤編著・前掲注(25)68頁。

> うな観点から評価すべきものである。もっとも、その求償権についての保証人Bの保証は、主債務型や中間型(職務型)であることが多いにせよ、個人保証としての問題が存在する。以上の通り、信用保証協会の保証は、公共性・統一性が特徴であるが、さらに求償権についての個人保証という一般的な問題も含んでいる。

(c) 保証の規律の合理化と類型化

このように、個人保証と法人保証とでは社会的実態は大きく異なるし、それぞれのなかでも異質なものがある。明治民法は、特段の区別をせず、保証についての一般的な規律をしていた。しかし、次第に保証人の類型による相違が認識され、特に個人保証人の保護の必要性が指摘されるようになった。そこで、2004年の民法改正で、個人保証人が当事者である「貸金等根保証契約」に関する規定が新設され(旧465条の2～旧465条の5)、その保護が図られた。さらに、2017年の民法改正で、保証人と保証の種類をより細かく分けた規律が置かれた。この改正では、保証一般についての規律の合理化も図られた[30]。

こうして、民法には、当事者の属性を捨象した一般的な規律と、保証人の類型に応じた規律とが置かれるようになった。後者については、具体化されているだけに、実質的観点からの議論も多い。以下、まずは保証一般の規律について述べ、各種の保証については後述する(→4)。

◆ **保証に類似する行為**　保証とは異なるが、類似する行為がある。
　① 損害担保契約[31]　主たる債務の存否にかかわらず、他人が被った損害を一定の要件のもとに填補することを目的とする契約である。保証とは異なり、主たる

---

30) 2004年改正の際、対象が限定された規律を民法で規定することについては、「融資に関するものは根保証契約が利用される典型例であること、法人と個人とを区別した規律を設けることも基本法としての民法の性格を損なうほどのものでもないこと」から説明された(吉田＝筒井・現代語化10頁注))。民法における「人」概念との関係につき、小粥太郎『民法の世界』(2007)26頁〔初出2004〕。
　2017年改正につき、中井康之「保証人保護の方策」改正講座Ⅱ236頁(以下、本款で「中井・方策」として引用)。
31) 伊藤進「狭義の保証人以外の人的担保」鈴木禄弥＝竹内昭夫編『金融取引法大系 第5巻担保・保証』(1984)286頁、鶴井俊吉「損害担保契約の観念は、どのような内容のものとして有用ないし必要か」展望Ⅲ39頁、下村信江「損害担保契約に関する一考察」近畿大学法科大学院論集12号(2016)21頁、我妻452頁以下、潮見新Ⅱ798頁以下、奥田＝佐々木中624頁以下、平野・前掲注(24)②313頁以下。スポンサーレターにつき、長島LO244頁。

債務の存在を前提としないので、付従性(→(3)(c))も補充性(→(3)(d))もない。多様なものがある。

　②　経営指導念書[32]　　子会社に融資をしようとする金融機関その他の取引先に対し、親会社が当該子会社の経営について指導監督をし、金融機関に迷惑をかけないよう配慮するなどの内容を含む念書である。親会社の側では、保証するとすれば、貸借対照表さらには有価証券報告書への記載や、取締役会の決議を要するなどの問題があり、金融機関の側ではそれでも何らかの意思表明を求めたいという要請があることから、用いられるようになった(元来は国際金融取引での手法)。子会社が債務不履行に陥った場合、金融機関側は、この念書により親会社が保証、損害担保契約その他による法的義務を負うと主張し、親会社側は、道義的責任しか負わないと主張する。1990年代から下級審裁判例が現れているが、これまでのところ、親会社との契約の成立も親会社の損害賠償義務も認められていない。経営指導念書にも様々なものがあるので、契約の成否及び解釈等についての個別の判断によらざるをえないが、企業間であえて曖昧な表現にした以上、法的義務の発生を肯定するためには、なお積極的な事情が必要となるだろう。なお、フランス民法2287-1条は、人的担保として、保証のほか、独立担保(garantie autonome)と意図表明状(lettre d'intention)をあげる。いずれも法的効力が認められている(同2321条・2322条)。

　③　表明保証[33]　　契約の当事者の一方が他方に対し、一定の時点における自らの能力・状態や契約の目的物の内容・状態など一定の事実状態又は権利義務の存在・不存在を表明し、その内容が真実かつ正確であることを保証することをいう。英米法ないし英米の契約実務で形成された representations and warranties が日本の契約実務に導入され、M&A、営業譲渡、シンジケートローン、資産流動化(証券化)取引、重要な不動産取引等の企業間取引において広く用いられる。契約において、他の条項(取引実行条件、損害補償、期限の利益喪失、約定解除、買戻しなど)と組み合わせて効果が定められる。損害補償との関係では、損害担保契約としての性質をもつという見解が有力である。

---

32)　滝川宜信『経営指導念書の理論と実際』(2001)、椿久美子「保証予約および経営指導念書の法的効力」椿=伊藤編著・前掲注(25)140頁、平野裕之「経営指導念書」伊藤進古稀『担保制度の現代的展開』(2006)226頁、吉田光碩「経営指導念書」椿ほか編・前掲注(25)281頁、山城一真「フランス法における人的担保としての『念書』」近江古稀下1頁、潮見新Ⅱ801頁以下、内田408頁、奥田=佐々木中627頁以下、平野・前掲注(24)②339頁以下。

33)　青山大樹「英米型契約の日本法的解釈に関する覚書」NBL894号7頁・895号73頁(2008)、井上聡「金融取引における表明保証」金法1975号(2013)45頁・金融法研究30号(2014)3頁、竹平征吾「買主の故意・重過失と表明保証責任」石川正古稀『経済社会と法の役割』(2013)847頁、道垣内弘人ほか「表明保証条項違反を理由とする損害賠償請求訴訟」論究ジュリ22号(2017)156頁、潮見新Ⅰ420頁以下、奥田=佐々木中625頁以下、長島LO701頁以下・111頁。

(3) 保証債務の性質
(a) 概　観
保証債務には、別個債務性と付従性(附従性)という２つの重要な性質がある。また、その他の性質があげられることもある。

(b) 別個債務性
別個債務性とは、保証債務は主たる債務とは別個の債務であるという性質である。独立性と呼ばれることもある。具体的には、次の通りである。

① 保証債務は、主たる債務の発生原因とは別の保証契約によって成立する。

② 主たる債務とは別に、保証債務だけが消滅することがある(保証債務の免除など)。

③ 保証債務についてのみ、違約金や損害賠償の額を約定することができる(447条2項)。

④ 保証債務のみに担保物権を設定すること、及び、保証債務を主たる債務とする保証をすること(副保証)も可能である(前田352頁・361頁、潮見新Ⅱ638頁、加藤正治『判民昭3』295頁。大決昭3・6・29民集7巻602頁参照)。

(c) 付 従 性
付従性とは、保証債務は主たる債務を担保するために存在することに由来する性質である。具体的には、次の通りである。

① 保証債務は、主たる債務が成立して初めて成立する(成立における付従性)。

② 主たる債務が消滅すれば保証債務も消滅する(消滅における付従性)。

③ 主たる債務よりも保証債務の方が重くなることはない(448条1項。内容における付従性)。

以上の3点が狭義の付従性だが、広義の付従性には、以下の3点も含まれる。

④ 債権者が変更すると(主たる債務に係る債権の移転)、保証債務もこれに伴って移転する(随伴性)。主たる債務者が変更すると(免責的債務引受)、保証人は責任を免れる(その債務者だということで保証したのであり、債務者が変われば免責されるのが合理的だから)。ただし、保証人が承諾すれば、債権者は保証を引受人の債務に移すことができる(472条の4→第10章第3節3(3)(d)(ⅱ)〔763頁〕)。

◆ **保証と債権譲渡の対抗要件**　主たる債務に係る債権を債権者が第三者に譲渡

する場合、債権譲渡の対抗要件である通知・承諾(467条)は、主たる債務者との間で行えば足り、その効力は保証人に及ぶ(大判明39・3・3民録12輯435頁)。保証人に通知しても、主たる債務者に対抗することはできない(潮見新Ⅱ641頁、内田423頁以下、奥田＝佐々木中694頁・696頁)。

⑤ 主たる債務に生じた事由は、保証債務にも効力が及ぶ。主たる債務が軽減された場合(→3(1)(a)(ⅱ)〔615頁〕)のほか、時効に関する問題が多い(→3(1)(b)(ⅱ)δ〔620頁〕・3(1)(b)(ⅲ)β〔625頁〕)。ただし、主たる債務が加重された場合は、保証人には及ばない(448条2項)。その他の例外もある(→3(1)(b)(ⅱ)α〔618頁〕)。

⑥ 保証人は主たる債務者の有する抗弁をもって債権者に対抗したり、債務の履行を拒むことができる(457条2項・3項→3(1)(b)(ⅱ)γ〔619頁〕)。

保証債務には、このように、別個債務性と付従性という2つの面がある。両者が衝突する場合は、保証の本質は主たる債務を担保することにあるので、付従性が基本的となり、別個債務性は付従性に反しない限度で認められると理解すべきである(平井303頁)。

(d) その他の性質

保証債務の性質として、補充性もある。すなわち、保証人は、主たる債務者がその債務を履行しない場合に、その履行をする責任を負う(446条1項)。そのため、保証人には、催告の抗弁(452条)と検索の抗弁(453条)がある。ただし、連帯保証では、補充性がなく、連帯保証人はこれらの抗弁権を有しない(454条)。後述する(→4(1)(b)(ⅰ)α〔634頁〕)。

以上のほか、伝統的に、保証債務の性質として、給付内容の同一性があげられることが多い(我妻451頁、前田352頁、川井204頁など)。保証債務は、主たる債務と同一内容の給付を目的とする債務だということである。主たる債務が米300kgを引き渡す債務なら保証債務も米300kgを引き渡す債務だと考える。これに対し、保証債務の内容は、保証契約の解釈によって定まるのであり、主たる債務と同一内容の給付を目的とすることを要するものではない、という見解が、近年有力になっている。本書もこの立場をとる(→2(2)(b)〔611頁〕)。

第3節　債務者が複数である関係　603

◆ **保証債務の内容**　保証債務は、主たる債務と別個の債務であり、給付内容は、①主たる債務と同一のものである（伝統的学説）、又は、②保証契約の解釈によって定まるものである（有力説）というのが、一般的な見解である。つまり、保証人は債権者に対し、主たる債務と同一内容の給付（①）、又は、契約解釈で定まる給付（②）をする債務を負う（本書は②）。

これに対し、③保証債務とは、他人の債務を履行すべき債務であるという見解もある（西村信雄「保証債務」末川博編代『民事法学辞典　下』〔1960〕1905頁〔「主たる債務を履行すべき債務という二重構造」だという。1964増補版も同じ〕、平野288頁、同・前掲注(24)②43頁以下〔「代位弁済義務説」といい、保証と履行引受を対置する〕）。③説は、446条の文言とともに、保証債務の履行によって主たる債務が消滅し、弁済による代位が生じることを説明しやすいことを根拠とする（同条1項と470条1項の表現の相違が指摘されることもある）。しかし、保証債務が多数当事者の債務の1つとして位置づけられていること、債権者が保証人に対し直接給付を請求できること、保証債務についてのみの違約金等を約定しうること（447条2項）、保証債務についての担保物権の設定や副保証が可能であること、保証人が債権者に対する債権を自働債権とし、保証債務を受働債権として相殺できること（我妻450頁参照）の説明に技巧を要するし、保証人の負担する給付の内容を保証契約から導くことがむずかしくなる。この問題は、保証債務を履行すればなぜ主たる債務が消滅するのかの説明の仕方にもかかわる。①は多数当事者の債務だから、②は給付内容が異なるとしてもなお多数当事者の債務となりうるから、③は主債務が弁済されるから、と説明することになる。

以上のほか、④保証債務とは、担保しているという状態の給付義務であるという見解もある（前田351頁。於保25頁は「担保する給付」を提唱する）。これも、③と同様の難点がある。さらに、⑤保証は、債務ではなく、主たる債務について保証人が肩代わりする責任であるという見解もある（加賀山茂『債権担保法講義』〔2011〕12頁以下）。これは現行法からは離れる。

◆ **保証債務履行請求権**　この言葉は、近年、裁判実務などで使われている（最判平29・3・13判時2340号68頁、最判平18・11・14前掲、最判平10・6・22前掲、司研・類型別44頁など）。訴訟物や消滅時効などに関して、保証債務を、債権者の保証人に対する債権として表現する際に用いられる。連帯債権を債権者の側からいうと、「連帯債権」ではなく、「連帯債務に係る債権」であるのに対し、債権者の側からみた保証債務を「保証債権」と呼べなくはない。しかし、やはり、「保証債務に係る債権」が安定的であり、これを「保証債務履行請求権」と呼ぶのであろう。もっとも、この言葉は、保証債務の内容を、他人の債務を履行すべき債務だと理解

する見解（前の◆の③）を連想させる可能性がある（貸金債権を貸金債務履行請求権とはいわない）。しかし、そうではなく、保証債務を債権者の側からみた表現の1つであるにすぎないと理解すべきである（中田「民法の概念の名づけ方」曹時72巻9号〔2020〕1頁〔同・現代化所収〕）。

2 要 件

(1) 書面による保証契約

(a) 保証契約の締結

保証債務が成立するには、債権者と保証人との間で保証契約が結ばれなければならない。

◆ **契約以外の原因による保証債務の成立**　保証債務は遺言によっても成立するという見解が有力である（我妻454頁、於保256頁、前田353頁、奥田＝佐々木中633頁など。反対、鳩山296頁、潮見新Ⅱ643頁）。一定の金額の遺贈につき相続人のなかで主たる債務者と保証人となる者を指定する例があげられる（我妻前掲）。遺贈義務者の義務は相続財産との関係で制約されるとすると（立場は異なるが、中川＝泉・相続574頁、中川善之助＝加藤永一編『新版注釈民法(28)〔補訂版〕』〔2002〕247頁〔阿部徹〕）、その制約を受けた遺贈義務を保証することになる。もっとも、そのように解釈されるべき遺言はごく稀であろう。なお、合名会社の社員の弁済責任（会社580条1項、改正前商80条）、問屋の履行担保責任（商553条）を「法定保証債務」だという見解もあるが（於保、前田、奥田＝佐々木中各前掲）、そのように性質決定をする意義は明確ではない（近江3版226頁）。各制度の趣旨に即して考え、必要に応じて民法の保証の規定を類推適用すればよい。

(b) 書 面 性

（ⅰ）**効力要件**　保証契約は、書面でしなければ、効力を生じない（446条2項）。保証契約がその内容を記録した電磁的記録でされたときは、書面によってされたものとみなされる（同条3項）。

◆ **沿革**　明治民法では、保証契約は不要式の諾成契約とされていた。しかし、外国法では、軽率な保証を防ぐため、保証契約には書面を要するなどの要件を課す

る例が多くある[34]。日本でも、書面がある場合にのみ保証契約の存在を認定すべきだという見解(平井 305 頁)や、貸金業法上の規制(書面交付義務)に違反した保証契約を私法上も無効と解する見解(潮見Ⅱ449 頁)が示されるなど、保証人保護の必要性の認識が広がった。そこで、2004 年民法改正により、書面が要件とされた。

(ⅱ) **書面の意義**　保証契約に書面が要求される趣旨は、保証の無償性、情義性、履行義務が未必的であることによる責任の認識の低さに鑑み、「保証を慎重ならしめるため、保証意思が外部的にも明らかになっている場合に限りその法的拘束力を認めるものとするのが相当」だからである(吉田＝筒井・現代語化 13 頁)。解除(改正前は「撤回」)につき書面の有無で区別する贈与(550 条)においては、書面性が非常に緩やかに解され、贈与者の意思を明確にし後日の紛争を防止するという目的が達成されていないという指摘がある(柚木馨＝高木多喜男編『新版注釈民法(14)』〔1993〕42 頁〔松川正毅〕)。この経験に照らすと、保証においては、上記の趣旨に適合する書面であることを求めるべきである。すなわち、作成に際して具体的な保証意思があることを前提として、その保証意思を外部的に明らかにする書面であると考える。

◆ **書面要件の充足**　446 条 2 項の要件には、①保証契約の合意があったこと、②それが書面でされたことの 2 段階がある。何らかの書面があるときは、ⓐそれは②の書面にあたるか、ⓑその書面上の記載は①を表示するものか、ⓒその書面は形式的には②を満たすが実は①を欠いているのではないかなど、②の側から検討される。ⓐは、同項にいう書面とは何かの問題である(本文参照)。保証人から債権者に保証書を差し入れる方式については、当然に同項の要件を満たさないものではないが(吉田＝筒井・現代語化 15 頁、平野・前掲注(21)18 頁参照)、保証意思の事後的確認という観点からも、保証書の写しを保証人に交付することが望ましい。ⓑは、意思表示の解釈の問題である。たとえば、金銭借用証の債務者の署名の隣に「証人」として署名した場合である。また、金銭の借主が支払担保のために振り出した約束手形に保証の趣旨で裏書をした場合に争われた例がある(最判平 2・9・27 民集 44 巻 6 号 1007 頁、中田「判批」法協 109 巻 1 号〔1992〕166 頁)。ⓒについては、書証(保証契約書)の形式的証拠力が争われたり、保証契約の無効・取消しが問題となることがある(加藤新太郎編『民事事実認定と立証活動Ⅱ』〔2009〕193 頁以下参

---

[34]　平野・前掲注(21)17 頁。他に、英米法(詐欺防止法)につき、樋口・アメリカ 142 頁。

照)。2004年改正の趣旨に鑑み、①②とも厳格に解すべきである。①については、保証人とされる者の主債務者との関係・契約への関与度・事後の言動が注目される(加藤編・前掲195頁)。②については、書面に内在する要素(債権者・債務者・保証人の名、主たる債務・保証する旨・保証の範囲の表示)と外在する要素(作成過程、作成後の書面の取扱い)が考慮されよう(柚木=高木・前掲[松川]、加藤新太郎「連帯保証契約書の具備すべき書面性」NBL 1075号〔2016〕78頁、奥田=佐々木中634頁参照)。

(ⅲ) **合意の解釈** ある債務者の債務について、自らも債務を負担すると表明するが、書面がなく、又は、書面はあるが446条2項の書面とは認められない場合、保証契約としては無効だが、連帯債務、併存的債務引受、損害担保契約など他の合意として効力をもつことはありうる。しかし、446条2項が設けられた趣旨に鑑みると、「無効行為の転換」を試みるのではなく、あくまでも連帯債務などそれ自体が認められるかどうかという観点から判断されるべきものである。さらに、書面の有無にかかわらず、保証以外の法形式の選択が合理的なものでなく保証に関する規制の潜脱を目的とするものである場合には、選択者の「詐害の意図」を同人に不利益に評価すべきことがある[35]。

◆ **書面によらない保証の履行** 書面によらない保証を履行したとしても、保証契約が有効になるわけではない(550条但書とは違う)。これを有効にすると、強引な取立てを助長するおそれがあるからである(吉田=筒井・現代語化14頁)。なされた給付は、保証債務については、債権者の不当利得となり、弁済者は返還請求ができる(その際705条は制限的に解すべきである。なお707条も参照)。主たる債務の第三者弁済となるかについては、書面を要件とした趣旨に鑑みても、給付と債権を結合する重要な要素としての給付者の意思が欠けていて、その結合が認められないと評価すべきだから、否定すべきである(→第8章第2節1(5)(a)〔384頁〕)。もっとも、弁済者の主たる債務者に対する求償権及び代位を認める方が弁済者の保護になる場合もある。弁済者の求償・代位の場面では、少なくとも保証を委託した主たる債務者は、信義則上、保証契約の無効を主張できないと解すべきである。委託をしていない主たる債務者についても、債権者が弁済者に返還しないまま改めて主

---

[35] 一般的には、大村敦志「『脱法行為』と強行規定の適用」ジュリ987号53頁・988号72頁(1991)〔同『契約法から消費者法へ』(1999)所収〕。貸金等根保証契約の規制につき、脱法的なものに規制の類推適用の可能性を示すものとして、吉田=筒井・現代語化21頁。

> たる債務の履行を請求することは認められないだろうから、事実上の利益を得ているといえる。474条2項とのバランスを考慮する必要もあるが、保証契約の無効の主張が信義則により封じられることがやはりあると解すべきではなかろうか。

(c) 保証人の資格

保証人となりうる資格には、特に制限はない。制限行為能力者であってもよい(後に取り消されることはある。被保佐人については13条1項2号を参照)。

もっとも、債務者が契約、法律の規定(650条2項、建設業21条など)又は裁判上の命令(29条1項など)により、保証人を立てる義務を負う場合は、それにふさわしい人である必要がある。この場合の保証人には、①行為能力者であること、②弁済の資力を有すること、という要件が課せられる(450条1項)。行為能力が制限されていると保証契約が取り消されるおそれがあり、弁済の資力がなければ保証の目的を達することができないからである(梅151頁)。立てられた保証人が、後に弁済の資力を失ったときは、債権者は①②の要件を満たす保証人(以下「適格保証人」という)に代えるよう求めることができる(同条2項)。しかし、立てられた保証人が、後に制限行為能力者になったとしても、そのために保証債務が消滅するわけではなく、弁済の資力にも影響ないので、代わりの保証人を立てる必要はない(梅154頁、平井304頁)。これらの規定は債権者を保護するためのものであるので、債権者が保証人を指名したときは、適用されない(同条3項)。なお、債務者が適格保証人を立てられないときは、他の担保(物的担保)を供してもよい(451条)。保証人を立てる義務がある場合に、債務者が適格保証人を立てず、他の担保も供しないときは、債務者は、期限の利益を失う(137条3号)。また、債権者は、保証人を立てる契約上の義務を伴う契約(主たる債務を発生させる原因となった売買契約など)を、債務不履行を理由として解除することができる(541条)。

(2) 主たる債務

(a) 主たる債務の存在

(ⅰ) 成立における付従性　保証債務が成立するには、主たる債務が存在していなければならない。主たる債務の発生原因の不成立、無効、又は、取消しにより、主たる債務が存在しない場合は、保証債務は有効に成立しない。連

帯債務(437条)とは違っている。損害担保契約(主たる債務の存否を問わない)との違いでもある。

> ◆ **契約の無効と保証** 　主たる債務の発生原因である契約が無効だと主たる債務は発生せず、保証債務も成立しないが、主たる債務者が無効な契約に関して相手方から金銭を受け取っていたために不当利得返還債務を負う場合、その債務について保証が成立するかどうかが問題となる。不当利得返還債務には保証人の責任が及ばないとした判例がある(最判昭41・4・26民集20巻4号849頁〔農業協同組合の員外貸付の保証〕)が、これを批判する学説がある(星野英一『判民昭41』296頁、星野178頁、内田412頁、百選Ⅰ〔6版〕7〔松尾弘〕)。無効原因によっては、保証契約も無効となることもあるだろうが(90条など)、そうでない場合、付従性の原則から形式的に演繹するのは適当ではない。保証契約の解釈によって定まる保証債務の範囲の問題として考えるべきである。

> ◆ **将来債務等の保証** 　主たる債務は、将来発生する特定の債務又は特定の停止条件付き債務でもよい。この場合、①保証債務も将来の債務又は条件付き債務となり、主たる債務が現に発生した時に保証債務も現実に発生すると解する説(我妻461頁など)と、②保証債務は主たる債務が未発生の段階で現実に発生していると解する説(於保261頁、前田356頁、潮見新Ⅱ651頁、奥田＝佐々木中641頁以下)がある。物的担保(順位保全の必要から現実の権利と解する必要がある)との統一的解釈の要否について対立があるほか、②説は、根保証の場合との理論的統一、保証人の詐害行為の債権者による取消し(424条)の理論構成、事前求償権(460条)の可能性において、利点があるという。②説が妥当である。
> 　将来発生する不特定の債務の保証は、根保証の規律(→4(3)〔642頁〕)に服する。特定の債権者に対して不特定の債務者が将来負担する債務の保証も、その範囲が特定されていれば、効力を有しうると考える(基本方針Ⅲ435頁参照)。債務も不特定であれば、根保証の規律に服する。特に保証人が個人である場合、公序良俗違反の可能性がある(ホステスが将来現れうる指名客の飲食代金債務を保証する契約など。最判昭61・11・20判時1220号61頁、百選Ⅰ〔5版〕12〔中舎寛樹〕参照)。損害担保契約と性質決定される場合もあるだろう。

(ⅱ)　**取り消すことができる債務の保証**

　α　**民法449条**　　行為能力の制限によって取り消すことができる債務を保証した者は、保証契約の時にその取消原因を知っていたときは、主たる債務の不履行の場合又はその債務の取消しの場合において、これと同一の目的を有す

る独立の債務を負担したものと推定される（449条）。たとえば、未成年者の債務を、未成年者だと知りつつあえて保証した場合である。付従性の原則によれば、未成年者が主たる債務の発生原因である契約を取り消すと、主たる債務は存在しなくなり、保証債務も存在しなくなる。不当利得返還債務については保証人の責任が残ると考えても、不当利得の範囲は限定される（121条の2第3項後段）。449条は、いずれにせよ、保証人は未成年者の本来の債務と同一内容の独立した債務を負うと推定した。一種の損害担保契約（→1(2)(c)◆〔599頁〕）を認めたわけである。

この規定の趣旨は、保証人の意思の推定である。すなわち、取消原因を知りつつ保証する場合、主たる債務が取り消されない限りにおいて保証するというのなら、保証人はそのことを明言すべきであり、明言しなかった以上、主たる債務が取り消されてもなおその義務を負う意思であったと推定されると説明される[36]。

◆ **449条の「主たる債務の不履行の場合」**　449条のこの部分は無視するというのが通説（我妻459頁など）である。①主債務の不履行について債務者に免責事由のない場合（415条1項）や、主債務が金銭債務である場合（419条3項）、保証人が保証債務として履行や損害賠償の責任を負うのは当然だから、さらに独立の債務を負担させる必要はないし、他方、②主債務者に免責事由のある不履行の場合にまで、保証人に独立の債務を負わせるとすれば、保証人の負担が過大となり、そのような意思の推定もできないからである。明治民法起草者は、449条にいう独立の債務の負担とは、保証とは別のものであり、それゆえ不履行の場合にも同債務が存在することを明示する必要があると考えたが（民法速記録Ⅲ396頁〔梅謙次郎発言〕、岡松180頁）、その後、不履行の場合には保証人は保証債務のみを負うという見解（石坂中1006頁以下〔理論上そうなるという〕、鳩山300頁〔当事者意思の推定規定だからだという〕）が有力になり、上記の通説となった。本条は主債務の不履行の場合にも意味があるという解釈論（近江188頁、石田852頁）もあるが、①②を考えると、通

---

36)　梅148頁。本条の沿革及び趣旨につき、前田陽一「取消・追認と保証をめぐる一考察」立教法学36号(1992)116頁、柴崎暁「民法449条の成立と付従性なき人的担保」山形大学法政論叢24＝25合併号(2002)53頁。前者は、沿革、学説史を分析したうえ、履行拒絶抗弁権説に反対し、保証人の取消権を認める。後者は、フランスの「自然債務の保証」論と「請合」論を紹介し、日本民法449条における請合意思の推定と契約自由の限界の関係を指摘したうえ、同条の「独立の債務」と保証、信用保険、損害担保契約との異同を分析する。

> 説を支持することができる。

　β　民法449条の反対解釈　　本条の反対解釈に関する問題が2つある。
　第1は、保証人が行為能力の制限による取消原因を知らなかった場合である。この場合、原則通り、取り消しうべき債務を保証したことになり、主たる債務者が取り消すと、保証人は、責任を負わなくなる。主たる債務者が取消権を行使しないときは、保証人は債務の履行を拒むことができる（457条3項）。
　第2は、行為能力の制限以外の取消原因がある場合である。詐欺強迫（96条）の場合は、保証人がそれを知って保証したとしても、本条の推定は働かない。このような場合にまで保証人に独立の債務を負わせると、債権者が詐欺強迫によって取得した債権の履行を確保できることになり、間接的に詐欺強迫を奨励することになるからである（民法修正案理由書433頁、梅149頁）。他方、錯誤（95条）の場合は、詐欺に準じるものでなければ、このような事情がないので、本条の類推適用が可能である（潮見新Ⅱ666頁）。

> ◆　**詐欺強迫をした債務者の債務の保証**　　上記の起草者の説明は、債権者が詐欺強迫をした場合を想定している。では、逆に、債務者が詐欺強迫をして債権者から金銭を借り入れ、債権者が取り消しうる場合はどうか（取り消せば即時に返還請求できるので、債務者の資力に不安がある場合、返済期間が長期である場合、約定の金利が低い場合など、取り消す方が有利なことがある）。この場合は、取消原因を知ったうえで保証した保証人については、債権者が取り消した場合にも独立の債務を負担させてよい。債権者は被害者だから、その権利を保護しても、詐欺強迫の奨励にはならず、公益性にも反しない。そこで、債権者の取消しの場合には、449条は詐欺強迫による取消しにも類推適用すべきだという学説がある（内田414頁）。しかし、そうすると、保証人が善意の場合、債権者が取り消さなければ保証人は借入金債務を保証し続けるのに、債権者が取り消すと保証人は不当利得返還債務の保証を免れることになってしまう。この場合は、保証債務の範囲の問題としてとらえ、保証人の善意悪意を問わず、不当利得返還債務について保証人の責任が及びうると解したい。契約の無効と保証（→（ⅰ）〔607頁〕）や債権者の解除に伴う原状回復義務について保証人の責任（→3(1)(a)(ⅰ)γ(ア)〔613頁〕）と同様の解決をするわけである。保証契約の解釈の範囲として、大差はないと考える（反対、潮見新Ⅱ667頁、潮見プラ617頁。奥田＝佐々木中643頁参照〔保証人善意の場合、債権者は取り消さないと指摘〕）。

（ⅲ）**主たる債務の消滅**　以上は保証債務の成立段階の主たる債務の存在の問題だが、このほか、主たる債務が消滅した場合の問題がある（消滅における付従性）。たとえば、主たる債務が免除されて消滅すると、保証債務も消滅する。主たる債務の消滅時効や主たる債務者である会社の倒産などの場合については、後述する（→3(1)(b)(ⅱ)α〔618頁〕・δ〔620頁〕）。

（b）　**主たる債務の内容**

主たる債務は、金銭債務であることが普通である。金銭債務でなくても、債務者以外の人も履行できる代替的給付を目的とする債務（米を引き渡す債務、荷物を運ぶ債務）が主たる債務となりうることは争いがない。これに対し、債務者以外の人が代わって履行することのできない不代替的給付を目的とする債務（高名な音楽家が演奏する債務）については、議論がある。この問題は、給付内容の同一性を保証債務の本質的な性質と考えるかどうかにも関係する。

①　伝統的通説はこう考える。446条1項に保証人が「その履行をする責任を負う」とあることから、保証人は主たる債務と同一内容の債務を自己の債務として負担すると解される。このため、不代替的債務は、本来は主たる債務となりえない。しかし、その債務が不履行によって損害賠償債務に変じた場合、それを保証することはできる。したがって、不代替的債務の保証は、主たる債務が債務不履行によって損害賠償債務に変わることを停止条件として効力を生じる（我妻460頁、前田356頁、川井204頁など）。

> ◆ **特定物の給付を目的とする債務の保証**　不動産の売主の債務など特定物の給付を目的とする債務の保証について、伝統的通説は、それは「目的物の移転が可能なように保証する」という趣旨であると解し、ⓐ主たる債務が債務不履行により損害賠償に変わったときは、その保証となるが、ⓑ保証人が目的物を取得して本来の給付が可能となったときは、保証人は本来の給付を内容とする債務を負担するという（我妻460頁、大決大13・1・30民集3巻53頁、末弘厳太郎『判民大13』40頁）。不代替的債務の概念を限定することにより、妥当な解決を図ろうとするものである。

②　これに対し、給付内容の同一性を保証債務の本質的な性質とする必要はないという見解がある（椿・注民(11)202頁）。同様の発想から、「準保証」論が現れた。すなわち、民法は保証債務を多数当事者の債務として位置づけている

ので、民法上の保証は、給付内容の同一性が要件であるといわざるをえない。しかし、主たる債務と給付内容が同一でなくても、債権者に本来の給付がされたのと同一の利益を与えることを約する契約も、「準保証」として、保証に準じて取り扱ってよいという(於保258頁以下、奥田387頁)。

③ 近年では、契約の一般理論を貫徹し、保証債務の内容は、保証契約の解釈によって決すべきであって、主たる債務と同一内容でなければならないという要件は不要であるという見解が有力になっている(平井307頁、内田416頁、淡路385頁、潮見新Ⅱ638頁〔内容同一性は解釈指針となるという〕)。この見解によれば、不代替的債務についても、当初から無条件で保証債務が成立する。

> ◇ 工事の完成を保証するという場合、保証人の責任は、主たる債務者が工事をしないときに、ⓐ代わって工事をする、ⓑ適切な建設業者を選んで工事をさせる、ⓒ不履行によって生じる損害賠償債務を履行するなどである可能性がある。③説によれば、それは保証契約の解釈によって定まるものであり、工事が代替的か否かによって、当初から保証が成立していたのか、停止条件付きで成立したのかを区別する必要はないということになる。

②説と③説は、具体的な結果はほぼ同様になるが、給付内容の同一性を本来の保証の要素とみるかどうかの違いがある。給付内容の同一性の実質的根拠は必ずしも明確ではないこと(椿・注民(11)199頁以下)、給付内容が異なるとしてもなお多数当事者の債務でありうること(たとえば、連帯債務者の1人について相対的効力とする特約のもとで更改があった場合→第2款3(2)(b)(ⅱ)2つ目の◇〔567頁〕)、446条の「その履行をする責任を負う」という文言を特に限定的に解する必要はないと考えることから、③説を支持したい(→1(3)(d)1つ目の◆〔603頁〕)。

3 効 果

(1) 債権者と保証人との関係

(a) 基本的効果

(ⅰ) 保証債務の範囲

α 解釈基準　債権者と保証人との関係は、446条が基本となる。同条の「その履行をする責任」の内容が保証契約の解釈によって定まると解すべきこ

とは、前述の通りである。その解釈基準の1つとして、「保証債務は、主たる債務に関する利息、違約金、損害賠償その他その債務に従たるすべてのものを包含する」との規定がある（447条1項）。借金の保証人は、元本だけでなく、利息や遅延損害金も保証したことになるわけである。

　β　一部保証　　主たる債務の一部についてのみ保証することを一部保証という。①主債務のうち一定額までの弁済がされることを担保するもの、②主債務に残額のある限りその額までは保証するもの、③主債務の残額の一定割合を保証するもの（割合保証）がある（勝本中Ⅰ378頁、我妻467頁、椿・注民(11)191頁）。たとえば、100万円の主たる債務のうち70万円を保証した場合、主債務者が40万円を弁済したとすると、保証人の残債務は、①だと30万円、②だと60万円、③だと42万円となる。保証契約の解釈の問題だが、不明確なときは、②と解する見解が多く（我妻・前掲など）、妥当である。

　γ　原状回復義務
　（ア）　解除による原状回復義務　　主たる債務の発生原因であった契約が解除された場合、原状回復義務や損害賠償債務が発生することがある（545条1項・4項）。このうち、損害賠償債務に保証が及ぶことは、早くから認められてきた（解除の場合の損害賠償の性質、損害賠償請求権と履行請求権の関係、447条1項の損害賠償の意義についての議論はあるが、結論は一致する。大判明38・7・10民録11輯1150頁〔売主の保証人〕、最判昭43・11・15裁集民93号319頁〔買主の保証人〕、我妻468頁、於保264頁など）。問題は、原状回復義務に保証が及ぶかである。

　大審院は、売買契約や請負契約など解除に遡及効のある場合について、原状回復義務には本来の債務との同一性がないので、保証人は特約がない限り責任を負わないとした（大判明36・4・23民録9輯484頁〔売主の保証人〕、大判大6・10・27民録23輯1867頁〔請負人の保証人〕）。すなわち、解除によって主たる債務者の本来の債務は消滅し原状回復義務が発生するが、同義務は本来の債務とは性質が異なる別個独立の不当利得返還債務であり、また、447条1項にいう「その債務に従たる」ものにもあたらないという（柚木（高木）284頁はこれを支持）。

　しかし、学説の多くは、これに反対した。契約の当事者のために保証をする場合、その契約から生じる第一次的な債務（たとえば、売主の目的物交付義務）だけを保証するというのは、むしろ例外的であり、普通は、その契約当事者とし

て負担する一切の債務を保証し、契約当事者の不履行によって相手方に迷惑を
かけないという趣旨であろう、という理由である(我妻468頁など)。

　最高裁は、判例を変更し、特定物の売買契約が解除された場合、売主の保証
人の保証は売主の代金返還債務にも及ぶとした。すなわち、特定物売買の売主
の保証においては、「通常、その契約から直接に生ずる売主の債務につき保証
人が自ら履行の責に任ずるというよりも、むしろ、売主の債務不履行に基因し
て売主が買主に対し負担することあるべき債務につき責に任ずる趣旨でなされ
るものと解するのが相当」だから、保証人は、「特に反対の意思表示のないか
ぎり、売主の債務不履行により契約が解除された場合における原状回復義務に
ついても保証の責に任ずる」という(最大判昭40・6・30民集19巻4号1143頁〔ル
ビは引用者〕、百選Ⅱ18［杉本好央］)。これは、本来の債務との同一性の有無とい
う債務の性質論ではなく、保証契約をした当事者の意思解釈によって判断する
ものである。

　学説は、本判決に賛成する。その射程については、①本判決は解除による原
状回復義務が原則として保証債務の対象となることを一般的に認めたという理
解(全面的承認説)もあるが(星野英一＝平井宜雄編『民法判例百選Ⅱ』(1975)68頁［石田
穣］。石田845頁参照)、②本判決は特定物の売主の保証人についての判断であり、
他の場合に当然に及ぶものではないという理解(限定説)が多い(栗山忍『最判解
昭40』196頁、淡路388頁、近江193頁、奥田＝佐々木中666頁)。保証契約の解釈
によるという以上、②が妥当である(そのうえで、他の場合においても、同様の契
約解釈がされることはある。内田422頁参照)。

◇　最高裁は、その後、請負人の保証人についても同様の判断を示した(最判昭
47・3・23民集26巻2号274頁)。請負契約が請負人の債務不履行に基づき合意解
除された場合の請負人の前払金返還債務について、請負人の保証人が責任を負うと
した。

　大審院は、賃貸借契約のように解除に遡及効がない場合については、解除に
よる賃借人の目的物返還債務は、原状回復義務ではなく、本来の債務であると
いう理由で、保証人の責任を肯定し(大判昭13・1・31民集17巻27頁)、学説も
これを支持する(平井308頁など)。判例の結論は妥当だが、賃貸借契約の場合も、

遡及効の有無や本来の債務との同一性を理由とするのではなく、保証契約の解釈から導くのが一貫する（奥田＝佐々木中666頁以下）。近年、賃貸借契約終了時の賃借人の原状回復義務について、保証人の責任を認めた例（最判平17・3・10判時1895号60頁）があるが、この方向のものとして理解することができる。

（イ）　**無効・取消しによる原状回復義務**　　この場合も、解除による原状回復義務と同様に考えてよい（近江193頁、平野305頁）。成立における付従性は、その範囲で後退すると考える。主たる債務の発生原因である契約が無効である場合（→2(2)(a)(ⅰ)〔607頁〕）や、詐欺強迫をした債務者の債務の保証（→2(2)(a)(ⅱ)β◆〔610頁〕）について、既に述べたところである。

（ⅱ）　**内容における付従性**　　保証人の負担が債務の目的又は態様において主たる債務より重いときは、主たる債務の限度に減縮される（448条1項）。たとえば、主債務より保証債務の方が債務額が大きい場合や、主債務より保証債務の方が期限が早く到来する場合、保証債務の方が重い部分は無効になる。

保証契約を締結し、保証債務が発生した後、主債務が軽減されると、それに伴って保証債務も軽減される。しかし、主債務が加重されても、保証債務は加重されない（448条2項）。こちらは、契約の効力は第三者に及ばないという一般原則によるものであり（我妻465頁、平井310頁）、今回の改正で明文化された。

（ⅲ）　**債権者の情報提供義務**

α　**意義**　　主債務者の財産状況が悪化すると、保証債務を履行すべきリスクが現実化する。保証人は、保証契約によってそれを引き受けた以上、主たる債務者の財産状況の変化について自ら注視すべき立場にある。もっとも、主債務の履行状況や主債務者が期限の利益を喪失した事実は、主債務者の財産状態の変化を示す重要な情報だが、保証人が当然にそれを取得できるわけではない。その結果、保証人の知らない間に主債務の遅延損害金が累積し、多額の支払を求められる事態が生じうる。債権者は、その情報を有するのが通常だが、原則としてそれを債務者との契約外の第三者に提供する義務はないし、提供する自由がないこともある（金融機関が顧客情報について守秘義務を負う場合など）。他方、債権者にとっても、いたずらに遅延損害金を増大させるのは、得策でない。そこで、現行民法は、主たる債務の履行段階において、2つの規定を置く。458条の2と458条の3である。

β　主たる債務の履行状況に関する情報の提供義務　　主たる債務者から委託を受けて保証した保証人は、債権者に対し、主たる債務の履行状況に関する情報の提供を請求することができる。請求があると、債権者は、保証人に対し、遅滞なく、主債務の元本、利息、違約金、損害賠償等について、不履行の有無、残額、そのうちの弁済期が到来しているものの額に関する情報を提供しなければならない(458条の2)。この情報を得た保証人は、履行遅滞となっている債務について、債務者に履行を促したり、自ら弁済して損害賠償の増大を阻止したり、事前求償権(460条2号)を行使したりすることができる。

　委託を受けた保証人に限られているのは、債務不履行の有無や主債務の額は、主債務者の信用に関する情報だから、その委託を受けていない保証人にまで、これらの情報を請求する権利を与えるのは相当でないからである(部会資料76A、第2、3説明3、同80-3、第3、6(3)説明)。保証人は、個人であるか法人であるかを問わない。本条は債権者(金融機関)が守秘義務を免れる根拠ともなるので、保証人が法人である場合も、その対象に含めるべきだという指摘があったことによる(同83-2、第18、6(3)説明)。

　債権者が請求に応じない場合、保証人は履行(情報提供)を求める訴えを提起することができる(414条1項)。債権者が情報を提供しない結果、保証人に損害が生じた場合、保証人は、債権者に対し、損害賠償を請求できる(415条)。保証契約の解除は、情報提供義務違反が保証契約及び取引上の社会通念に照らして軽微であると評価される場合は、認められない(541条但書。筒井ほか・保証37頁、奥田＝佐々木中685頁は、原則として解除できないという。内田410頁参照)。

　γ　主たる債務者が期限の利益を喪失した場合における情報の提供　　主たる債務者が期限の利益を喪失したときは、債権者は、保証人(個人に限る)に対し、期限の利益の喪失を知った時から2か月以内に、その旨を通知しなければならない(458条の3第1項・3項)。債権者は、この通知をしなかったときは、保証人(個人に限る)に対し、主債務者の期限の利益喪失の時から、通知を現にするまでの間に生じた遅延損害金について、保証債務の履行を請求することができない。ただし、期限の利益を喪失しなかったとしても生ずべきものは除かれる(同条2項・3項)。保証人の知らない間に主債務者が期限の利益を喪失し、遅延損害金が累積して保証人が多額の保証債務を負うことを避けるとともに、

他方、債権者に失権という大きな負担を課す以上は、その悪意を要件とするという規律である。2か月という期間は、債権者が知った後、通知の準備をしたうえ、期間内に通知が到達することを確保するために実務上、要請される時間と、その間に発生する遅延損害金を保証人に請求しても過大にならないことを勘案して設定されたものである（部会資料78A、第3、2説明1(3)）。2か月以内に通知が到達すれば、債権者は、（通知到達時からではなく）主債務者の期限の利益喪失時からの遅延損害金について、保証債務の履行を請求することができる。

◇　毎月20万円の分割払をするが支払を1回でも怠ったときは、当然に期限の利益を喪失し残債務全額を支払う、遅延損害金は年15%とする、という約定のもとで、債務者が支払を怠り、残債務600万円を直ちに支払うべきことになったとする。債権者は、債務者の期限の利益喪失を直ちに知ったが、保証人に通知をしたのが1年後であったとすると、600万円×0.15＝90万円の遅延損害金については、保証人に保証債務の履行を請求できない。ただし、支払を怠った月の20万円については、期限の利益の喪失がなかったとしても遅延損害金が発生するから、その分（20万円×0.15＝3万円）の保証債務の履行は請求できる（2か月目の分は20万円×0.15×11/12。以下同様）。

◇　毎月20万円の分割払をするが、債務者が差押えを受けたときは、当然に期限の利益を喪失し残債務全額を支払うという約定のもとで、債務者が第三者から差押えを受けたが、債権者がそれを知ったのは、その1か月後であったとする。この場合、債権者は知った時から2か月以内に通知すればよい。債権者がもっと早く知りうべきであったとしても、実際に知った時が起算点になる（筒井ほか・保証43頁）。

◆　**保証人が知っていた場合**　主債務者が期限の利益を喪失したことを保証人が知っていた場合も、債権者は通知をする必要があるか。不要説（潮見新Ⅱ673頁）と必要説（筒井ほか・保証53頁以下、奥田＝佐々木中687頁）がある。保証人が知っていれば、保証人は不測の不利益を被ることはなく、458条の3の目的は既に達成されているから、不要だといえそうでもある。しかし、保証人が知っていることを通知を怠った債権者が知らなかった場合にまで債権者を保護する必要はないこと、善意の保証人まで善意悪意の争いに巻き込まれるおそれのあること、債権者に一律に通知義務を課することが通知をする実務の形成に資するであろうこと、部会では、保証人（法人を含む）が悪意である場合に債権者の通知を不要とする規律から、保証人（個人に限る）の善意悪意を問題とせずに債権者に通知義務を課す規律へと変わっ

たこと(部会資料70A、第1、2(3)ア、同76B、第1、1)を考慮すると、あえて条文にない制限を追加して保証人保護を限定する必要はない。必要説に与したい。

◆ **債権者の配慮義務**　①保証債務の補充性(→1(3)(d)〔602頁〕)、②債権者の情報提供義務(458条の2・458条の3)、③債権者の担保保存義務(504条→第8章第2節5(3)(c)(ⅳ)β(ア)〔466頁〕)に通底する「債権者は保証人の負担を不当に重くしないように配慮する義務がある」という法理の存在を指摘する見解がある(内田425頁)。もっともな指摘であり、④根保証(→4(3)〔642頁〕)においても妥当するところがあろう。今回及び今後の法改正の方向を示すとともに、①～④の各項目の進展に寄与すると考えられる[37]。この法理は、保証契約のみから導かれるものではなく、その外部にある「原因」(→1(1)◆〔595頁〕)にも立脚すべきものだろう。

(b)　保証人の抗弁
(ⅰ)　**2種類の抗弁**　保証人は、主たる債務の履行をする責任を負うが(446条1項)、抗弁事由があれば、債権者の請求を拒むことができる。抗弁には、主たる債務者に由来するものと、保証人自身に固有のものがある。
(ⅱ)　**主たる債務者に由来する抗弁**
α　**主たる債務の不存在**　主たる債務がその発生原因の不成立又は無効により存在しない場合、保証債務の付従性により、保証債務も存在しないことになり、保証人はそのことを主張できる。主たる債務が弁済等により消滅した場合も同様である。これが原則であるが、若干の例外がある。すなわち、主たる債務者に、以下のような変動があっても、保証債務は影響を受けない(主たる債務の帰趨は、一様ではない)。ここでは、主たる債務を担保するという保証制度の目的が重視される。

① 主たる債務者が死亡し、相続人が限定承認した場合、相続人は相続した

---

[37]　①につき、債権者からの相殺可能性に着目し保証人の履行拒絶を補充性ととらえる観点を示すものとして、遠藤研一郎「保証の『補充性』概念の序論的考察」新井古稀115頁、同「保証の『補充性』補論」新報127巻5=6号(2021)1頁〔ドイツ法〕、②につき、これを債権者の協力・配慮義務の具体化とみるものとして、齋藤由起「保証人に対する情報提供義務」法教478号(2020)23頁。また、遠藤研一郎「債権者における保証人保護義務の一斑」新報129巻10=11号(2023)27頁は、①～③に関し、債権者が主たる債務者から適切に回収する義務を検討する。石田876頁以下は、「債権者のObliegenheitないし義務」により、②③及び過大保証の禁止を検討する。

財産の限度でのみ弁済すればよい(922条)。しかし、保証債務には影響はなく、保証人は全額を弁済しなければならない。限定承認によって債務が縮減するわけでなく、引当てとなる責任が制限されるにすぎないからである。

② 主たる債務者が破産し、免責許可決定が確定した場合、破産者は破産配当を除き、責任を免れる(破253条1項)。しかし、保証債務には影響はなく、保証人は全額を弁済しなければならない(同条2項)。

③ 会社である主たる債務者が破産した後、破産手続終結決定がされてその法人格が消滅した場合、債務の主体が消滅し、主たる債務は消滅する。しかし、保証債務には影響はなく、保証人は全額を弁済しなければならない(大判大11・7・17民集1巻460頁、最判平15・3・14民集57巻3号286頁、重判平15民3[山野目章夫])。

β 主たる債務者の抗弁　保証人は、主たる債務者が主張することができる抗弁をもって、債権者に対抗することができる(457条2項)。たとえば、同時履行の抗弁(533条)、期限猶予の抗弁[38]、手形返還との引換給付の抗弁(最判昭40・9・21民集19巻6号1542頁)である。広い意味での付従性によるものである。従来から学説で認められていたが、現行民法は、会社法581条1項も参考にしつつ、明文化した(部会資料67A、第2、2説明2(2)ア)。

γ 主たる債務者の取消権・解除権・相殺権　取消権から説明する。主たる債務の発生原因である法律行為に取消原因(行為能力の制限、錯誤・詐欺・強迫)があり、主たる債務者が取り消した場合、主たる債務は発生しなかったことになり、付従性によって保証債務もそうなるので、保証人はそれを主張できる(ただし、449条がある)。主たる債務者が追認すると、それで確定し(122条)、保証人は保証債務を履行しなければならない。取消原因があるのに、主たる債務者が取消しも追認もしない場合が問題となる。保証人は、取消権者(120条)に当たらないというのが、判例(大判昭20・5・21民集24巻9号)である。そこで、改正前民法のもとで、主たる債務自体には影響を与えないまま、保証人を保護する、履行拒絶権説が通説となった。現行民法は、これをとった。すなわち、

---

38) 齋藤由起「主たる債務の弁済期の延期による保証人への影響」瀬川＝吉田古稀上509頁〔448条1項により保証債務の弁済期も延期されるという構成と457条2項による抗弁権構成を比較し、後者を支持する〕、奥田＝佐々木中669頁以下。

主たる債務者が取消権を行使すればその債務を免れるべき限度において、保証人は、債権者に対して債務の履行を拒むことができる(457条3項)。解除権についても、同様である。

相殺権については、改正前にも規定があり(旧457条2項)、保証人保護と法律関係の簡易な決済のためのものだと説明されていた(梅171頁、柚木(高木)296頁、前田363頁、平井312頁)。その効力について議論があったが、保証人は相殺権自体ではなく、履行を拒絶する抗弁権をもつという抗弁権説が通説となっていた。現行民法は、これをとった。

このように、457条3項は、3つの権利について、会社法581条2項も参考にしつつ、従来の通説的見解をとり、明文化したものである(部会資料67A、第2、2説明2(2)イ・ウ)。

◆ **取消原因を知っていた保証人**　　行為能力の制限による取消しの対象となる債務の保証人は、保証契約の時に取消原因を知っていたときは、同一目的の独立の債務を負担したものと推定される(449条)。このような保証人には、457条3項の履行拒絶権を認める必要はないだろう。

δ　**主たる債務の時効**　　主たる債務の時効については、問題が多い。
（ア）　時効の援用　　主たる債務の消滅時効が完成し、主たる債務者が時効を援用した場合、主たる債務は時効消滅し、付従性によって、保証債務も消滅する。保証人はこれを主張できる。保証人が時効を援用した場合(145条参照)も、保証人との関係では、同じである(主たる債務者には援用の効果は及ばない。同人は自ら援用できる)。

◆ **主たる債務者の時効援用後の保証人の弁済**　　消滅時効が完成し、主債務者が時効を援用した後、保証人が債権者に弁済した場合、保証人は、債権者に返還請求できるか、また、主債務者に求償できるかが問題となる。主債務は保証人との関係ではなお存続すると構成し、保証人の弁済は有効だが、主債務者には求償できないとする見解(我妻482頁)もあったが、現在では、主債務は時効消滅し、保証債務も付従性により消滅しているので、非債弁済(705条)となるという見解が多い。さらに、求償権について、時効援用の効果や求償にあたっての通知(463条)を考慮する分析が進められている(山田誠一「判批」金法1428号〔1995〕21頁など)。次のよう

に考えたい。主債務者の援用により、主債務は時効消滅し、保証債務も付従性により消滅するから、一般的にいえば、保証人の弁済は非債弁済となる。もっとも、時効援用後に債務者が任意に弁済した場合、その構成はともかく（自然債務、援用の撤回、自認行為に準ずる行為、新たな債務負担行為とその弁済など）、結論として、弁済が有効とされる余地がある。そうすると、消滅時効が援用された債務の保証債務についても、そのようなものとして保証人がなお有効に弁済する余地がある（保証人は債権者に返還請求できない）。この場合も、主債務が消滅したのは消滅時効の援用によってであり、保証人の弁済によってではないから、保証人は主債務者に求償できない（山田・前掲23頁）。ただし、委託を受けた保証人が主債務者に事前の通知（463条1項）をしたにもかかわらず、主債務者が適切な対応をしなかったために、保証人が時効の完成を知らずに弁済し、その弁済が有効とされた場合には、保証人は主債務者に対し、保証委託契約上の債務不履行又は不法行為を理由として、損害賠償請求ができる。なお、時効の援用をした主債務者は委託を受けた保証人に対し事後通知義務を負うとし、主債務者がそれを怠ったときは、463条2項の類推により、善意の保証人の求償を認める見解もある（潮見新Ⅱ682頁、奥田＝佐々木中675頁。山田・前掲23頁参照）。

◆ **主たる債務者の時効援用前の保証人の弁済**　消滅時効が完成したが主債務者が時効を援用していない段階で、保証人が債権者に弁済した場合はどうか。援用がないと時効の効果は確定的に生じておらず（最判昭61・3・17民集40巻2号420頁、百選Ⅰ37［嶋津元］）、主債務も保証債務も存在しているので、弁済は有効である。そこで、求償が問題となる。主債務者の委託を受けた保証人の場合、事前の通知（463条1項）の問題となる（→(3)(d)(ⅱ)α〔631頁〕）。委託を受けていない保証人の場合、主債務者が保証人の弁済の「当時利益を受けた限度」（462条1項・459条の2第1項）の評価、すなわち、主債務者が時効を援用できる状態にあったことの評価の問題となる（主債務者の意思に反した保証人の場合は、主債務者が現に受けている利益〔462条2項〕の評価の問題となる）（→(3)(d)(ⅱ)β〔632頁〕）。通常、「利益」はないと評価されるだろう（内田422頁参照）。

◆ **主たる債務者の破産免責・破産終結と時効の援用**　主債務者が破産した場合は、特殊な状況が生じうる。第1に、主債務者が免責決定を受けた場合、保証人は、その後に主債務の消滅時効が完成したと主張して、時効を援用することはできない。免責された債権は、債権者において、もはや訴えをもって履行の強制ができなくなるので、「権利を行使することができる時」（旧166条1項）を起算点とする消滅時効の進行は観念できないからであるとされる（最判平11・11・9前掲。中田「判批」

金判 1588 号〔2000〕29 頁は、免責制度の趣旨から結論を支持)。現行民法(166 条 1 項)のもとでも、同様である。第 2 に、会社である主債務者が破産し、その後、破産終結決定に伴い法人格が消滅した場合、債務は消滅することになり、もはや存在しない債務について時効消滅を観念する余地はないので、保証人は、法人格消滅後の主たる債務の時効完成を主張して、時効の援用をすることはできないとされる(最判平 15・3・14 前掲)。これらの場合も、保証債務自体が時効にかかれば、その援用は可能である。この問題については、免責や破産終結が主たる債務に及ぼす効果の理解及び付従性の理解の組合せで見解が分かれる。

　(イ)　時効の利益の放棄　　主たる債務者が時効完成後に時効の利益を放棄した場合、放棄には相対的効力しかなく(457 条 1 項の適用対象外)、保証人は、保証債務の消滅時効を援用することができる(大判昭 6・6・4 前掲。大判大 5・12・25 民録 22 輯 2494 頁参照)。主債務の消滅時効についても、主債務者の放棄の効果は相対的であるので、保証人は、主債務の消滅時効を援用し、付従性による保証債務の消滅を主張することができる(我妻 481 頁、潮見新Ⅱ 682 頁など)。いずれにおいても、主債務は、その後、保証のない債務となる。

　保証人が主たる債務の消滅時効の利益を放棄した場合、主債務者にはその効力は及ばない。その後も、主債務者は時効を援用することができる。そこで、主債務者が援用したとすると、保証人は、あらためて主債務の時効消滅に伴う保証債務の付従性による消滅を債権者に対して主張できるかが問題となる。①付従性による保証債務の消滅を重視して肯定するか、②保証人の放棄の意思の尊重及び矛盾行為禁止則(信義則)を重視して否定するかである。②を原則としつつ、放棄の態様などにより信義則に反しないと評価される場合は、例外として①を認めうると考えたい(淡路 396 頁、四宮＝能見・総則 488 頁以下は①を重視し、平井 311 頁、潮見新Ⅱ 684 頁、奥田＝佐々木中 678 頁は②を重視する)。

　(ウ)　時効の完成猶予・更新　　主たる債務者について生じた時効の完成猶予及び更新は、保証人に対しても、効力を生じる(457 条 1 項)。すなわち、保証債務の時効も、完成が猶予され、更新される。時効の完成猶予及び更新の事由を問わない。履行の請求(147 条)、強制執行(148 条)などによる完成猶予・更新のほか、主債務者のした承認による時効の更新(152 条)も含まれる。連帯債務(441 条)との違いである。

457条1項の趣旨はこうである。債権者は、保証の補充性ゆえに、まず主債務者に請求することが求められているし、まず主債務者に請求したり、その承認を得たりするのは、当然の順序であるのに、時効の完成猶予・更新の効力が保証債務に及ばず、主債務よりも前に保証債務が時効消滅するとすれば不当だからである(梅169頁以下)。実際、債権者が主債務者のみならず、保証人についても時効の完成猶予及び更新の措置を講じなければならないとすると、債権者の負担は過重となる。

◆ **457条1項と付従性** ①457条1項を付従性からの帰結とする見解(最判昭43・10・17判時540号34頁、平井310頁)と、②付従性からの当然の帰結ではなく、債権者保護ないし債権担保の確保(396条参照)を図る政策的規定であるとする見解(於保276頁、中川淳・注民(11)263頁、星野187頁、淡路401頁、潮見新Ⅱ691頁、奥田＝佐々木中662頁・679頁など多数説)がある。①は、主債務者に対する履行の請求等により、主債務の時効の完成猶予・更新の効果が生じ、付従性によって、保証債務の時効も完成猶予・更新の効果が生じると考える。②は、付従性の概念を厳格に理解したうえで、保証債務の時効の完成猶予・更新は、本来は債権者と保証人との間でされなければならないところ(153条)、政策的考慮から、その例外として457条1項があると考えることになる。改正前民法のもとでは、付従性のない場面における履行の請求の絶対的効力(旧458条・旧434条)との整合的理解が求められたが(本書3版499頁)、履行の請求も相対的効力である現行民法のもとでは、付従性の概念をどのように設定するかに帰着する(椿・注民(11)208頁参照)。いずれにせよ、②の指摘する政策的考慮が実質的理由となる。

◆ **相続と時効の承認** 主債務者が死亡し保証人が相続した場合に、保証人が主債務を相続したことを知りながら保証債務を弁済したときは、特段の事情のない限り、そこには主債務者としての主債務の承認の表示も含まれ、主債務の時効中断(旧147条3号)の効力が生じるとされる(最判平25・9・13民集67巻6号1356頁)。

保証人が承認すると、保証債務の時効の更新は生じるが、主たる債務の時効の更新は生じない(153条3項。457条1項参照)。その後、主債務の時効が完成すれば、保証人はこれを援用することができる。その結果、主債務が時効消滅し、付従性により、保証債務も消滅する(大判昭10・10・15新聞3904号13頁、我妻487頁、淡路394頁。潮見新Ⅱ686頁参照。信義則を根拠とする反対説として、松久三

四彦『時効制度の構造と解釈』〔2011〕78頁以下〔初出1980〕）。ただし、保証人の承認が、将来、主債務の時効が完成してもなお独立の債務を負担する趣旨であるという特別な事情がある場合は、別である（川井216頁）。

> ◆ **確定判決による時効期間の延長**　確定判決で確定した権利は、10年より短い時効期間の定めがあるものでも、消滅時効期間が10年となる（169条1項）。①主債務が判決で確定すると、保証債務の時効期間も10年となる（最判昭43・10・17前掲、最判昭46・7・23判時641号62頁。松久三四彦「判批」ジュリ増刊『担保法の判例Ⅱ』〔1994〕196頁参照。反対、石田908頁）。②しかし、保証債務が判決で確定しても、主債務の時効期間は延長されない（大判昭20・9・10民集24巻82頁、兼子一『判民昭20』38頁）。
> 　①につき、ⓐ457条1項の趣旨の推及による説明（潮見新Ⅱ692頁、平野317頁）、ⓑ債権者と保証人の通常の意思に根拠を求める説明（淡路401頁）、ⓒ付従性による説明（最判昭43・10・17前掲、林ほか449頁〔高木〕、川井215頁）がある。付従性の概念の理解にもよるが、169条の法定の効果であることから、ⓒでよいと考える。

(ⅲ)　保証人固有の抗弁

α　補充性　　保証人の責任は、主たる債務者が履行しない場合の補充的なものである（446条1項）。この補充性に基づき、保証人には2つの抗弁が認められている。

①　催告の抗弁　　債権者が保証人に債務の履行を請求したときは、保証人は、まず主たる債務者に催告するよう請求できる（452条本文）。主たる債務者が破産手続開始決定を受けたとき、又は、行方不明のときは、この限りではない（同条但書）。保証人は、この催告がされるまで、保証債務の履行を拒める。また、保証人の請求にもかかわらず債権者が催告することを怠ったため、主たる債務者から全部の弁済を得られなかったときは、保証人は債権者が直ちに催告していれば弁済を得られた限度で、その義務を免れる（455条）。もっとも、催告は裁判外でも足りるので、債権者にとって大きな負担にはならない。

②　検索の抗弁　　催告の抗弁を受けた債権者が主たる債務者に催告をした後であっても、保証人が主たる債務者に弁済の資力があり、かつ執行が容易であることを証明したときは、債権者は、まず主たる債務者の財産について執行しなければならない（453条）。「検索」というのは、主債務者の財産を「調べ探

す」という意味である。主債務者の弁済の資力があるというのは、債権全額を弁済するには至らなくても、執行容易な若干の財産を有するということでよい（大判昭 8・6・13 民集 12 巻 1472 頁）。執行が容易だというのは、債権者が執行のために格段の時間と費用を要することなく債権を実現しうることをいう（大判昭 8・6・13 前掲〔1472 頁〕、奥田＝佐々木中 682 頁）。財産が近くにあり、現金化もしやすいということである。債務者の住所にある動産や有価証券は、通常は執行が容易だが、不動産や外国にある財産は、通常は執行が容易だとはいえない。保証人は、この執行がされるまで、保証債務の履行を拒める。ただし、1 度執行すれば、その効果がなくてもよい。この抗弁があったにもかかわらず債権者が執行することを怠ったため、主たる債務者から全部の弁済を得られなかったときは、保証人は債権者が直ちに執行していれば弁済を得られた限度で、その義務を免れる（455 条）。この抗弁は、債権者にとって重大な制約となる。

連帯保証の場合は、保証人はこれらの抗弁が認められない（454 条→4(1)(b)(ⅰ)α〔634 頁〕）。

β 保証債務の時効　保証債務は、主たる債務と独立して時効消滅することがある（別個債務性）。たとえば、主債務者が時効完成後に時効の利益を放棄した場合である（→(ⅱ)δ(イ)〔622 頁〕）。この場合、保証人は、保証債務の時効を援用して、債権者の請求を拒むことができる。その結果、主債務は保証のない債務として残ることになる。

(2) 債権者と主たる債務者との関係

債権者と主たる債務者との関係は、保証人がいることや、保証人について生じた事由によって影響を受けない。もちろん、保証人が弁済すれば、主債務者は債務消滅の効果を主張できるし、弁済以外でも、供託・代物弁済・相殺があれば、債権は満足されるので同様である。しかし、それ以外の事由が保証人に生じても、主債務者は影響を受けない。たとえば、保証人に履行の請求をしても、主債務者には効力が及ばない。保証人が主債務を承認しても、主債務の時効の更新は生じない。保証人が主債務の時効の利益を放棄しても、主債務者には効力が及ばない。

ただし、連帯保証の場合、異なる点がある（→4(1)(b)(ⅰ)β(イ)〔634 頁〕）。

(3) 保証人と主たる債務者の内部関係

(a) 保証人の求償権

保証人が弁済したときは、主たる債務者に対して、求償することができる。この求償権の性質は、保証人と主たる債務者の法律関係によって異なる。

保証人が主たる債務者から委託を受けて保証した場合、両者の間には保証委託契約が成立するが、これは委任契約(643条)である。保証人の弁済は、委任事務処理費用として、償還請求ができる(649条・650条)[39]。

保証人が主たる債務者の委託を受けないで保証した場合、両者の関係は事務管理(697条)となる。保証人の弁済は、事務管理費用として、償還請求ができる(702条)。

もっとも、保証については、求償権のこれらの性質を反映させつつ、特別の規定(459条〜465条)が置かれているので、もっぱらその規定による。ただし、これらの規定は任意規定であり、特約があればそれによる。なお、委託の有無にかかわらず、保証人は、弁済をするについて正当な利益を有するので、弁済によって当然に債権者に代位し、対抗要件具備を要しない(499条・500条)。

(b) 委託を受けた保証人の場合

(ⅰ) **概観** 主たる債務者の委託を受けて保証した保証人は、主たる債務者に対して、求償することができる(459条〜460条)。保証人が弁済等をした場合(事後求償権)と、弁済等をしていなくても予め行使できる場合(事前求償権)がある。

(ⅱ) **事後求償権**

α 原則 委託を受けた保証人が、主たる債務者に代わって弁済その他自己の財産をもって債務を消滅させる行為(以下「債務の消滅行為」という。供託、代物弁済、相殺、更改、和解など。免除は入らない。混同は→4(1)(b)(ⅰ)β(イ)②◆〔635頁〕)をしたときは、主たる債務者に対して求償権を有する(459条1項)。

事後求償権の範囲は、次の3つである。①債務の消滅行為のために支出した財産の額。ただし、支出した財産の額が債務の消滅行為によって消滅した主た

---

[39] 福田誠治「求償制度の解釈目標」駒澤法学22巻1号182頁・2号118頁(2022〜23)は、この点を重視し、委託を受けた保証においては、委任の規律によるべきであり、保証人の債務消滅行為と保証人の無過失(広い概念のようである)を求償の要件とすべきだという。

る債務の額を超える場合(消滅した債務額より高額の給付による代物弁済など)は、その消滅した額である(459条1項)。②債務の消滅行為があった日以後の法定利息(459条2項・442条2項・404条1項～3項。現在は年3％)。③避けることができなかった費用その他の損害の賠償(459条2項・442条2項)。②③は、連帯債務の規定の準用による(→第2款3(3)(b)(ⅱ)〔578頁〕)。

β 弁済期前の弁済等　主たる債務者から委託を受けた保証人が、主たる債務の弁済期よりも前に債務の消滅行為をすることは、委託の趣旨に反するし[40]、それによって主たる債務者の期限の利益が奪われるべきでもない。そこで、保証人が主たる債務の弁済期よりも前に債務の消滅行為をした場合には、求償権が制限される(459条の2)。3点ある。

第1に、求償の範囲は、保証人が債務の消滅行為をした当時、主たる債務者が受けた利益が限度となる(同条1項前段)。主債務者が債務の消滅行為の日以前に債権者に対する債権fを有していた場合、保証人の同行為がなかったら主たる債務と債権fとを相殺できたはずだ(したがって、同行為による利益を受けていない)と主張すれば、保証人は債権fに相当する分を求償できない。もっとも、これによって債権fが消滅したことになると、債権者は保証人から弁済を受けたまま、債権fから解放されることにもなり、二重に利益を受ける。そこで、債権fは主債務者から保証人に移転し、保証人は債権者に対し、その履行を請求できることとされる(同条1項後段。我妻494頁参照)。保証人に債権者に対する不当利得返還請求のみを認めることも考えられるが、債権fに担保がついている場合もあるので、このような規律にする意味がある(梅195頁参照)。

第2に、求償には、主たる債務の弁済期以後の法定利息、及び、弁済期以後に債務の消滅行為をしたとしても避けられなかった費用その他の損害の賠償が含まれるが(同条2項)、債務の消滅行為の時から弁済期までの間の法定利息、

---

40) 債権者Aに対し、主たる債務者Bが債権f_1をもち、保証人Cが債権f_2をもつとき、Cが主たる債務の弁済期前に保証債務の期限の利益を放棄してこれとf_2を相殺すると、Bはもはや主たる債務とf_1とを相殺できなくなる。これにより、CがAの無資力リスクをBに負担させることが可能になる(BはAに対する債権f_1をもち、CはBに対する求償権をもつ)。これは委託の趣旨に反する(中間試案説明215頁)。なお、債権者と主たる債務者が主たる債務の弁済期を延期した場合に、保証人が当初の弁済期に弁済することは、委託の趣旨に反することにならない(齋藤・前掲注(38)523頁以下)。

同条 2 項以外の費用その他の損害の賠償は含まれない(459 条 2 項・442 条 2 項との違い)。

　第 3 に、保証人は、主たる債務の弁済期以後でなければ、求償権を行使することができない(459 条の 2 第 3 項)。さもないと、主債務者は期限の利益を喪失したのと同じ結果となるからである(一問一答 128 頁)。

◇　以上の制限が主債務者から委託を受けた保証人について規定されるのは、委託を受けない保証人は、もともと求償の範囲が制限されているからである。つまり、委託を受けた保証人であっても、弁済期前に弁済すると、委託を受けない保証人のレベルにまで格下げされるということになる(462 条 1 項参照)。

(ⅲ)　事前求償権

　α　意義　　委託を受けた保証人は、弁済等をする前でも、予め求償できる場合がある。①主たる債務者が破産手続開始の決定を受け、かつ、債権者がその破産財団の配当に加入しないとき、②債務が弁済期にあるとき、③保証人が過失なく債権者に弁済をすべき旨の裁判の言渡しを受けたとき、である(460 条)。

　事前求償権の性質については、受任者の費用前払請求権(649 条)を保証委託契約の趣旨に照らして制限したものだという理解(我妻 491 頁)や、保証人の将来の事後求償(650 条の費用償還請求権に対応する)を確保するためのものだという理解(奥田 405 頁)が伝統的なものであった。これに対し、近年、この制度は、一定の事由がある場合に、保証人をその負担から解放し、免責するためのものであるという理解が有力になっている[41]。問題の本質は、一定の事由が生じた段階(その多くは債権者側からすれば保証の機能が発揮されるべき場面である)におけ

---

[41]　國井和郎「フランス法における支払前の求償権に関する一考察」阪法 145=146 号(1988)245 頁〔免責請求と解するフランスの定説を紹介〕、西村重雄「保証人の事前求償権」鈴木祿彌古稀『民事法学の新展開』(1993)221 頁〔ローマ法以来の免責請求等の沿革〕、高橋眞『求償権と代位の研究』(1996)57 頁以下〔初出 1993〕〔信用供与期間の終了による免責請求〕、福田誠治『保証委託の法律関係』(2010)〔信用供与期間の終了による清算請求〕、渡邊力「受託保証人の事前保護制度」法と政治 62 巻 1 号Ⅰ(2011)458 頁〔ドイツの一般免責請求権論を参考に 461 条 2 項から免責請求権を導く〕、潮見新Ⅱ709 頁以下〔保証委託関係からの解放請求権としての特徴を指摘〕、平野 323 頁〔650 条 2 項を直截化する免責請求権と再構成〕。他方、奥田=佐々木中 710 頁は慎重〔判例は伝統的見解に親和的と指摘〕。

る受託保証人と主たる債務者の適切なリスク分配のあり方にある。保証人の債務の拡大を防止し(近江200頁)、その負担を合理的な範囲に限定するための制度として、個々の発生事由の趣旨を吟味すべきである。

> ◆ **事前求償権が発生する場合の細目**　　上記の①は、主債務者が破産したが、債権者が、後日、保証人から回収しようと考えて破産手続に参加しない場合に、保証人の損害を防止するためのものである。主債務者の破産手続が終了した後、債権者が保証人に請求し、保証人がこれに応じた場合、保証人は求償権を行使して破産配当を受けることさえできないからである。債権者が破産手続に参加していれば、そこで配当を受けると保証債務も縮減するので、この場合は除かれる(梅183頁。なお、破産手続においては債権者が保証人に優先する〔破104条3項・4項〕)。②は、弁済期の後、主債務者が無資力になったり、遅延損害金が累積していくと、保証人が損害を被るからである。なお、②には、「保証契約の後に債権者が主たる債務者に許与した期限は、保証人に対抗することができない」という但書がある。本来の弁済期の後、債権者の許与した期限までの間に、主債務者が無資力になると、保証人が損害を被るからである。③は、裁判の言渡しがあれば、保証人が直ちに執行を受けるべきことになるからである(梅181頁)。裁判の言渡しを受けるとは、その判決が確定したことを意味する(我妻492頁)。

　事前求償権の範囲は、求償時における主たる債務の額、既発生の利息、遅延損害金、免責のために避けることができないと見込まれる費用及び免責のために被ることの確定している損害の賠償の合計である(459条2項・442条2項参照。中川・注民(11)277頁、柴田保幸『最判解民昭60』34頁)。

　β　**主たる債務者の保護**　　主債務者は、事前求償に応じても、保証人が実際に保証債務を履行しなければ損害を被る。これを防止するため、主債務者を保護する規定が置かれている。事前求償を受けた主たる債務者は、保証人に償還する場合、債権者が全部の弁済を受けない間は、保証人に担保を供させ、又は、保証人に対して自己に免責を得させることを請求できる(461条1項)。この場合、主たる債務者は、供託をし、担保を供し、又は、保証人に免責を得させて、償還義務を免れることもできる(同条2項)。「免責」とは、1項では、保証人が債権者に弁済するなどにより、主債務者が債権者から免責されること、2項では、主債務者が債権者と交渉して、債権者に保証債務を免除させるなどにより、保証人が債権者から免責されることである。

γ　事前求償権と事後求償権　　両者は、発生事由、消滅事由、債権の内容が異なる別個の権利である。消滅時効の起算点も異なり、時効はそれぞれ進行する(最判昭60・2・12民集39巻1号89頁。柴田・前掲26頁)。他方、事前求償権は事後求償権を確保するためのものだとし、前者を被保全債権とする仮差押えが後者の時効も中断する(旧147条2号・旧154条)という判例もある(最判平27・2・17民集69巻1号1頁)。

◆ 物上保証人の事前求償権　　物上保証人にも事後求償権は認められるが(351条・372条)、委託を受けた物上保証人の事前求償権は認められないというのが判例である(最判平2・12・18民集44巻9号1686頁〔旧460条の類推適用を否定〕、百選Ⅱ〔5版〕42〔鳥谷部茂〕)。①物上保証の委託は、債務負担行為ではなく物権設定行為の委任である、②物上保証人は、債務を負わず、抵当不動産の価額の限度で責任を負担するにすぎない、③抵当権実行又は物上保証人の弁済による被担保債権の消滅は委任事務の処理とは解しえない、④抵当権が実行されてみないと求償権の存否・範囲が確定できない、という理由である。類推適用肯定説は、保証人と物上保証人との利益状況の類似性を強調し、担保権設定後も委任事務の処理が終了していないという構成を試みるが、上記②④はなお軽視しがたいだろう。

　なお、破産法上、保証人は手続に参加して「将来行うことがある求償権」を行使することができるが(破104条3項)、これは、ⓐ民法460条1号(事前求償権)を委託を受けた保証人以外の全部義務者に拡張する規定だという理解(伊藤・破産320頁など)と、ⓑ将来の事後求償権についての規定だという理解(竹下編・破産443頁以下〔堂薗幹一郎〕)がある。この規定が物上保証人にも準用されている(破104条5項)ので、ⓐによれば、ここでは物上保証人の事前求償権も認められることになり(伊藤・破産322頁)、ⓑによれば、これも物上保証人の事後求償権についてのものだということになる(竹下編・破産449頁〔堂薗〕)。破産法の解釈問題だが、上記判例との関係では、ⓑが整合的である。

(c)　委託を受けない保証人の場合

　委託を受けない保証人は、事前求償権を有さず、事後求償権のみを有する(462条)。求償の範囲は、委託を受けた保証人よりも限定されるが、保証人となったことが主たる債務者の意思に反しないかどうかにより、さらに区別される(同条1項・2項。702条1項・3項参照)。

◆ 委託を受けない保証人の求償権の内容　　①委託を受けず、しかし、主たる債

務者の意思には反しないで保証した場合はこうである。保証人が債務の消滅行為をしたときは、受託保証人が弁済期前に債務者の消滅行為をした場合とほぼ同じ求償権をもつ。すなわち、委託を受けない保証人は、債務の消滅行為の当時、主たる債務者が利益を受けた限度において求償できる(462条1項・459条の2第1項前段)。委託を受けない保証人の求償に対し、主たる債務者が債務の消滅行為の日以前に債権者に対する債権fを有しており、これと主たる債務とを相殺できたと主張して求償を拒んだ場合、保証人は債権者に対し、債権fの履行を請求することができる(462条1項・459条の2第1項後段)。求償の範囲は、債務の消滅行為の時に利益を受けた限度に限られるので、その後の法定利息、費用、損害賠償は含まれない(459条の2第2項は準用されていない。ただし、償還債務が412条3項により履行遅滞となった場合の遅延損害金は認めてよいと考える。中川・注民(11)281頁)。

②主たる債務者の意思に反して保証した場合は、もっと狭い。保証人は、主たる債務者が「現に利益を受けている限度においてのみ」求償権を有する(462条2項前段)。「現に」とは、求償の時に、という意味である。たとえば、保証人による債務の消滅行為の後、「求償の日以前に」、主たる債務者が債権者に対する債権fを取得した場合であっても、これと主たる債務とを相殺できたと主張して、債権fの範囲で求償を拒むことができる。この場合、保証人は債権者に対し、債権fの履行を請求することができる(462条2項後段)。

③委託を受けない保証人(債権者の意思に反するか否かを問わない)が、主たる債務の弁済期より前に債務の消滅行為をした場合は、求償権は、主たる債務の弁済期以後でなければ、行使することができない(462条3項・459条の2第3項)。

④なお、主たる債務者が破産した場合、委託を受けない保証人の保護の程度は、委託を受けた保証人よりも低い(最判平24・5・28前掲〔破産後の弁済による求償権を破産債権と認めるが相殺は許さない〕→第8章第5節3(5)(b)(ⅲ)γ1つ目の◆〔520頁〕)。

(d)　債務の消滅行為と通知

(ⅰ)　**概観**　主たる債務者と保証人の内部関係において、債務の消滅行為をする者は、他方当事者が不利益を受けることのないよう、通知が求められることがある。連帯債務の場合(443条)に比べると、どちらの当事者か、また、どのような保証人かによって区別された、きめ細かい規定となっている(今回の改正で、いくつか改正された。本書3版504頁参照)。

(ⅱ)　**保証人の通知**

α　委託を受けた保証人　委託を受けた保証人は、債務の消滅行為をする

際は、事前及び事後に、主債務者に通知しなければならない。これを怠ると、求償が制限される。

事前の通知を怠った場合、主たる債務者は、債権者に対抗することができた事由をもって、保証人に対抗できる。主たる債務者が相殺権のあったことをもって対抗したときは、保証人は、相殺によって消滅すべきであった債務の履行を、債権者に請求することができる(463条1項)。なお、事前の通知は、委託を受けた保証人が債権者から履行の請求を受けた場合か、請求を受けずに自発的に債務の消滅行為をする場合かを問わず、求められる。

事後の通知を怠った場合、主たる債務者が善意で債務の消滅行為をしたとすると、主たる債務者は、その債務の消滅行為を有効であったものとみなすことができる(463条3項)。

連帯債務の場合と同様であり、主債務者の二重弁済の防止などのためである。

β　委託を受けない保証人　　委託を受けない保証人は、もともと求償権が制限されているので(462条1項・459条の2第1項・462条2項)、通知を求める意味が小さい。

事前の通知は、必要がない(463条1項と462条1項・459条の2第1項を参照)。

事後の通知については、委託を受けない保証人で主たる債務者の意思に反しないものは、委託を受けた保証人と同様である(463条3項)。

主たる債務者の意思に反する保証人は、事後の通知をする必要もない(463条3項。462条2項により、主債務者は、善意悪意を問わず、不利益が防止されている)。

(ⅲ)　**主たる債務者の通知**　　主たる債務者は、事前の通知をする必要はない。主債務者が負担部分のない保証人に求償することはありえないからである(事前の通知を怠った場合に求償権を制限するという制度の前提が欠けている)。

事後の通知は必要である。主たる債務者は、債務の消滅行為をした場合、委託を受けた保証人に対しては、事後の通知をしなければならない。これを怠ったため、保証人が善意で債務の消滅行為をしたときは、保証人は、その債務の消滅行為を有効とみなし、主たる債務者に求償することができる(463条2項)。

この規律は、委託を受けない保証人には適用されない。この場合、主債務者が保証人の存在を知らないこともあるし、知っていても、委託してもいない人に通知する負担を課するのは適当でないからである(潮見新Ⅱ707頁)。

◇ (a)〜(d)の規律をまとめると、次表のようになる(「弁済」は債務の消滅行為を代表する趣旨である。数字は条数、○囲み数字は項数を表す)。

		委託を受けた保証人	委託を受けない保証人	主債務者の意思に反する保証人
事後求償権	弁済期後の弁済	459	462①・459-2①	462②
	弁済期前の弁済	459-2	462①・459-2①・462③・459-2③	462②・462③・459-2③
事前求償権		460	—	—
弁済の際の通知	保証人から 事前	463①	—	—
	事後	463③	463③	—
	主債務者から(事後)	463②		

(e) 主たる債務者が複数いる場合

連帯債務者又は不可分債務者の1人のために保証した場合、保証人は、他の債務者に対して、その負担部分について、求償権を有する(464条)。他の債務者は、保証人のした債務の消滅行為によって利益を得るから、保証人の求償に応じるべきであるし(梅197頁以下)、求償関係が簡単になるからでもある(我妻496頁以下)。

◇ ABがGに対し1000万円の連帯債務を負い、各自の負担部分が2分の1である場合に、Aの保証人CがGに1000万円を弁済したとする。この規定がないと、CはAに1000万円を求償し、これに応じたAがBに500万円を求償することになるが、この規定により、Cは、Aに1000万円の求償ができるほか、直接Bに500万円の求償をすることもできる。

4　各種の保証

(1)　連帯保証

(a)　意義及び成立

「主たる債務者と連帯して債務を負担する保証」(458条)を連帯保証という。連帯保証の方が単純保証(普通保証)よりも債権者に有利であり、実際の取引においては、多くの場合に連帯保証が用いられる。

連帯保証は、通常、債権者と保証人の間の保証契約に「連帯して」という文言を入れることで成立する(「保証人は、債務者のこれこれの債務について、債務者と連帯して保証債務を負う。」など)。連帯保証か単純保証かは、契約の解釈の問題だが、不明確な場合は、保証人保護の見地から、単純保証と解すべきである(平井 320 頁、大村(3)159 頁)。ただし、債務が主たる債務者の商行為によって生じたものであるとき、又は保証が商行為であるときは、当然に連帯保証になる(商 511 条 2 項)。

連帯保証も保証であり、付従性がある。したがって、主たる債務が無効であったり取り消されたりしたときは、連帯保証債務も発生しない(437 条との相違)。主たる債務より連帯保証債務の方が重くなることもない(448 条)。

　(b)　連帯保証の特徴

　(ⅰ)　**単純保証との相違**　連帯保証は、次の 3 点($\alpha \sim \gamma$)で、単純保証より債権者に有利である。

　α　**補充性がない**　連帯保証には補充性がなく、連帯保証人は、催告・検索の抗弁権を有しない(454 条)。債権者は、主たる債務者より先に連帯保証人に請求することもできる。

　β　**影響関係の双方向性**　連帯保証では、影響関係が一方的ではなく、双方向的である。単純保証であれば、主たる債務者に生じた事由の効力は保証人に及ぶが、逆は及ばない。しかし、連帯保証の場合には、連帯保証人に生じた事由の効力が主たる債務者に及ぶことがある。連帯債務における影響関係の規定が準用されているからである(458 条)。分けて説明しよう。

　(ア)　**主たる債務者に生じた事由**　これは、単純保証と同様、原則として、すべて連帯保証人に効力を及ぼす。たとえば、主たる債務者が債務を承認すると、保証債務の時効の更新も生じる(457 条 1 項)。

　(イ)　**連帯保証人に生じた事由**

　①　**概要**　単純保証では保証人に生じた事由は主たる債務者に及ばないのが原則だが、連帯保証では、連帯保証人に生じた事由について連帯債務の規定が準用され(458 条)、その範囲で効力が及ぶ。

　②　**絶対的効力事由の準用**　更改、相殺、混同に関する規定が準用される。連帯保証人と債権者との間に保証債務について更改があったときは、主たる

債務も消滅する（458条・438条）。この帰結に疑問を投じる見解もある（林ほか457頁〔高木〕）。相対的効力とする合意が認められる場合もあるだろう（我妻501頁）。

連帯保証人が債権者に対して債権を有する場合において保証債務と相殺したときは、主たる債務も消滅する（458条・439条1項）。

連帯保証人と債権者との間に混同があったときは、連帯保証人は主たる債務を弁済したものとみなされる（458条・440条）。

これらの場合、連帯保証人は、自己の財産をもって債務を消滅させる行為をしたといえる（又は、そうみなされる）ので、主債務者に求償することができる。

◆ **混同の規定の準用の意味** 債権者Aを保証人Cが相続した場合、ⓐ440条の準用がないと、保証債務は混同によって消滅し、Cは、Aの相続人として、主たる債務者Bに対し、Aから相続した債権を行使する（単純保証の場合）。ⓑ同条の準用があると、Cは、保証人としてAの債務を弁済したものとみなされるので、Bに対し求償権をもち、その範囲でAの債権に代位する（連帯保証の場合）。連帯保証についても、ⓐでさしつかえないとして440条の準用の必要性に疑問を投じる見解もある（我妻501頁、内田445頁以下）。もっとも、ⓑだと、保証の委託の有無等によって異なる求償権による差異を認めるという違いがある。

なお、銀行が系列の保証会社を吸収合併することにより既存のローン債権の保証債務について混同が生じる場合、440条の準用により不都合が生じると指摘し、458条から440条の準用部分を削除すべきであるとの立法論がある（内田貴「保証人の合併」ジュリ1559号〔2021〕82頁。福田誠治「保証債権の混同」駒澤法学24巻1号〔2024〕195頁参照）。部会審議以前から提起されていた問題だが、解釈論で対応すべきこととして立法提案に至らなかったものである（基本方針Ⅲ447頁以下）。混同の生じる場合のうち特殊な事例にかかわる問題であり、解釈論及び実務的対応で解決すべきものであろう。もっとも、一般化すれば、債権者と保証人の間で混同が生じた場合、単純保証だと保証債務は消滅し主たる債務が存続するのに対し、連帯保証だと主たる債務は弁済されたとみなされ求償・代位の関係になることをどう考えるかという問題がある。すなわち、債権者にとっての連帯保証の有利性を徹底する方向で改正するか、単純保証・連帯保証・連帯債務の関係を考慮し、不揃いを容認しつつ個別の対応に委ねるかである。相続と合併との異同も考えると、当面、後者をとることはありえよう。

③ 相対的効力の原則　458条は、相対的効力の原則を定める441条も準用している。重要なのは、同条但書の準用である。債権者と主たる債務者の間で、連帯保証人について生じた事由が主たる債務者に効力を生じるという別段の意思を表示したときは、その意思に従う。銀行取引において、連帯保証人に対する履行の請求が主たる債務者に対しても効力を生じるとする合意がされることが見込まれる(井上＝松尾・改正169頁以下・304頁以下)。

◆ 連帯保証人に対する履行の請求　改正前民法のもとでは、連帯保証人に対する履行の請求は、主債務者にも効力を生じるとされていた(旧458条・旧434条)。連帯保証人に履行の請求をすると、主債務の時効の中断(改正後の完成猶予及び更新)が生じる。しかし、連帯保証人は主債務者の関与なしに出現しうるから、そのような規律は、主債務者に不測の損害を与えることがあるという批判があった。そこで、現行民法は、連帯債務におけるのと同様、履行の請求に相対的効力しか認めないこととし、それに伴う実務上の支障には当事者の合意によって対応することとした(部会資料67A、第2、4説明2(1)、筒井ほか・保証28頁)。その合意が問題となる。債権者Aと債務者Bの間で、「債権者が連帯保証人の1人に対して履行の請求をしたときは、主たる債務者にも効力が及ぶ」と合意したとする。合意の時点では、連帯保証人Cのみがいたところ、その後、Aが追加的に第三者Dとの間で連帯保証契約を締結したとすると、Dに対する履行の請求は、Bに対して効力を有するのか。履行の請求を相対的効力とした民法改正の趣旨を考慮すると、AB間の合意は、Bの関与なしに事後に現れたDに対する履行の請求はBには及ばない、と解釈すべき場合が多いだろう。また、「Bの関与なく現れた連帯保証人に対する履行の請求の効力もBに及ぶ」と明示する合意をしたとすると、それは、458条・441条の予定する範囲を超えているとして、効力が否定される余地があるだろう。さらに、90条のほか、定型約款の規律に服することもありうる。

γ　分別の利益がない　連帯保証人が数人いる場合、それぞれの連帯保証人は全部を弁済する義務を負い、保証人の数によって分割されない。単純保証における分別の利益(456条・427条)が、連帯保証においては認められない(→(2)(b)(ⅰ)〔637頁〕)。

δ　その他の点は、単純保証と同じである(成立要件、保証人の求償権など)。

(ⅱ)　連帯債務との相違　連帯保証と連帯債務の主な相違は、次の点にある。①保証人保護の諸制度(書面要件、情報提供義務など)の有無、②付従性の有

無(保証における437条不準用と448条)、③主債務者に生じた事由の効力(457条)と連帯債務者の1人に生じた事由の効力(441条)の相違、④内部関係(保証人には負担部分がない。求償は保証人から主債務者に対しての一方向のみである。連帯債務では各人に負担部分がある。求償は相互的である。ただし、連帯債務でも負担部分がゼロの者もありうる)。

改正前民法のもとでは、連帯保証は、連帯債務より全体として債権者に有利であり、多く用いられてきた。現行民法のもとでも、主たる債務者についての時効の完成猶予及び更新が保証人にも効力を生じること(457条1項)は、債権者にとっての大きな利点である。債権者が保証人保護の諸制度に応えるのは、それほど困難なことではない。そこで、人的担保としては連帯保証が引き続き一般的に用いられる。

(2) 共同保証

(a) 意 義

共同保証とは、同一の主たる債務について、数人が保証債務を負担することをいう。3つの基本形態がある。①数人がいずれも普通の保証人である場合(複数の単純保証)、②数人がいずれも普通の保証人だが、相互に連帯し、各保証人が全部の給付をすべき義務を負う場合(保証連帯)、③数人がそれぞれ連帯保証人である場合(複数の連帯保証)である。これらの場合に、共同保証人と債権者の関係、共同保証人の1人について生じた事由が他の共同保証人に及ぼす効力(影響関係)、及び、保証人相互間の内部関係が問題となる。

◇ 債務者をS、保証人をAとBとする。①は、AもBも単純な保証であり、Sとの間に連帯はなく、ABの間にも連帯がない。②は、AもBも単純な保証であり、Sとの間に連帯はないが、ABの間には連帯がある。③は、AもBも連帯保証であり、それぞれSとの間に連帯があるが、ABの間には連帯がない。③を①に引き付けるか、②に引き付けるかが、問題となることがある。

(b) 共同保証人と債権者の関係

(ⅰ) **分別の利益**[42]　共同保証においては、共同保証人には分別の利益がある(456条・427条)。各共同保証人は、頭数で分割された保証債務を負担し、債権者は分割された分しか請求できない。これが原則であり、複数の単純保証

(①)の場合、こうなる。これに対し、保証連帯(②)及び複数の連帯保証(③)の場合、分別の利益がなく、各保証人は全部の給付をする義務を負う。保証連帯(②)は、その定義上、当然である。複数の連帯保証(③)は、各保証人が主債務者と連帯するものであり、保証人相互間が連帯しているわけではないが、分別の利益がないというのが古くからの判例・通説であり（大判明39・12・20民録12輯1676頁、大判大6・4・28民録23輯812頁、大判大8・11・13民録25輯2005頁など。我妻505頁など）、現行民法にはそれを前提とする規定がある（465条の6第2項1号イ・ロの各括弧書）。分別の利益は、給付が可分であることを前提とするから、主たる債務が不可分債務である場合には認められない。

◇ 600万円の主たる債務を2人で保証すれば、各保証人は300万円ずつ保証債務を負う。しかし、2人が連帯保証人であれば、各保証人は600万円ずつ保証債務を負う。連帯保証人と単純保証人が1人ずつの場合は、前者は600万円、後者は300万円の保証債務を負う。

◆ **分別の利益の意義**　分別の利益は、ローマ法に由来し、フランス民法原始規定2026条〔2006年改正2303条、2021年改正2306条2項・3項・2306-1条〕、旧民法債権担保編23条を経て、明治民法456条となった。他方、ドイツ民法は、分別の利益を認めない（ド民769条）。分別の利益は、保証人を保護し、法律関係を簡明にするものであるが、当事者の通常の意思及び保証制度の目的に合致しない（担保力を強めるために複数の保証人と契約したのに、かえって担保力が弱くなる）という指摘もある。この評価の対立は、ローマ法以来あったが、明治民法456条は、分別の利益を最も強く認める法制度とした。すなわち、保証人が分別を請求し裁判官がそれを宣告するという制度ではなく、保証人が抗弁として分別の利益を対抗できるという制度でもなく、法律上当然に(ipso jure)分割される制度である（民法速記録Ⅲ454頁以下、民法修正案理由書438頁以下、梅166頁以下、中島・前掲注(42)261頁以下）。427条を「適用」するというのが、それを表している。456条をあえて置いたのは、立法例が分かれるので疑義をなくすこと、数人が同時に1つの行為

---

42)　中島玉吉「分別ノ利益ヲ論ス」同『民法論文集』(1915)243頁〔初出1911〕、中川・注民(11)259頁、尾島茂樹「分別の利益・再考」金沢法学42巻2号(2000)129頁、椿久美子「保証制度の改正」円谷編著・前掲序章注(25)①207頁、米倉明「法科大学院雑記帳(161)」戸籍時報778号(2019)64頁、齋藤由起「分別の利益に関する一考察」阪法69巻3＝4号(2019)291頁、下村信江「共同保証における分別の利益の再検討」金法2134号(2020)15頁、山野目章夫「保証人に対する権利行使とその訴訟構造」中田古稀349頁・352頁以下。

で保証した場合に限らず、「各別の行為により」つまり異時に別々の行為で保証した場合も含むことを示すことが理由である。456条に対しては立法論的批判も多かったが(石坂中1071頁以下、中島・前同250頁、我妻504頁など)、これを擁護し(西村信雄・注民(11)7頁)、あるいは受容する(星野192頁以下、平井322頁以下)見解も示されるようになっていた。実際上は、分別の利益がない連帯保証を用いることが定着した。部会では、共同保証の場合、別段の合意のない限り、分別の利益を認めず、保証連帯とするという改正が検討されたが、意見が分かれ、改正は見送られて456条が維持された(論点整理説明104頁、部会資料36、第2、5、同55、14頁)。

　その後、分別の利益に関する社会的問題が生じたのを契機に、改めて検討が進められている(米倉・齋藤・各前掲注(42)、片山ほか349頁以下[荻野])。456条が法律上当然の分割を定めることは明らかであり、それを前提に考えるべきである。ただし、訴訟法上の制約は受ける。

　連帯保証人には分別の利益がないのはなぜか。いくつかの説明がある。①連帯保証では各保証人が債務全額を弁済する義務ないし責任があるから(我妻505頁、西村・注民(11)256頁)、②各保証人が主債務者と連帯して全額を弁済すると約束しているから(潮見新Ⅱ732頁。梅200頁参照)、③連帯の特約により予め分別の利益を放棄したと解すべきだから(大判大6・4・28前掲[①もあげる]、柚木(高木)309頁、平野・前掲注(24)②213頁)などである。②③は連帯保証が法律上生じる場合(商511条)の説明が足りず、①が妥当だが、なお明確でない(星野193頁参照)。旧民法債権担保編23条1項但書は、分別の利益の例外として、「保証人カ或ハ債務者ト共ニ或ハ各自ノ間ニ連帯シテ義務ヲ負担」した場合、つまり連帯保証又は保証連帯の場合をあげるが、これについて、分割が当然に(de plein droit)生じるものでないことは当然である(naturel)と説明されていた(Exposé des motifs, t. 4, p. 28 et s.)。明治民法456条は旧民法債権担保編23条と同趣旨のものと説明され(民法修正案理由書438頁以下)、当初から連帯保証は例外だと考えられていた(岡松196頁)。連帯保証において、当然の分割という456条の効果を認めることは、主たる債務者と連帯して債務を負担するというその本質に反するから、分別の利益は認められないし、それが立法趣旨でもあると理解すべきだろう(一部連帯保証が可能なこととは別の問題である)。

(ⅱ)　**催告・検索の抗弁**　　複数の単純保証(①)及び保証連帯(②)は単純保証なので、各保証人は催告・検索の抗弁権を有する。複数の連帯保証(③)との違いである。

(c) 影響関係

複数の単純保証の場合(①)、分割されており、影響関係はない。保証連帯の場合(②)、各保証人が相互に連帯しているので、連帯債務に関する規定が類推適用されると考えられる(最判昭43・11・15民集22巻12号2649頁、西村・注民(11)289頁、潮見新Ⅱ732頁)。複数の連帯保証の場合(③)、どちらに近づけるべきか。改正前民法のもとで、①に近づけた判例(最判昭43・11・15前掲〔民集〕〔複数の連帯保証人の1人に対する債務免除の効力(旧437条との関係)〕、栗山忍『最判解民昭43』852頁)があったが、反対説も有力だった(於保286頁以下など)。現行民法のもとで、①と同様、影響関係がないという消極説(潮見新Ⅱ732頁。奥田=佐々木中738頁以下参照)と、②と同様、連帯債務の規定の類推適用が考えられるという積極説(筒井ほか・保証29頁)がある。

◆ 連帯保証人相互間の影響関係　債権者をG、債務者をS、連帯保証人をAとBとする。Bについて更改(438条)・相殺(439条)・混同(440条)が生じると、458条によってSに効力が及んで主たる債務が消滅し、それが付従性によってAに及ぶと考えられるので、類推適用する(BとAを直結する)必要はない。問題となるのは、441条但書(別段の意思の表示による相対的効力の原則の例外)である。相互に連帯していないAB間にあえて類推適用するよりも、GA間の個別の契約(たとえば、Bに対する履行の請求の効力がAに及ぶとする契約)を認めれば足りる(441条但書を類推適用する場合に比べ、個別の契約として効力が審査される)。相互に連帯していない共同連帯保証人間に連帯債務の影響関係の規定を類推適用する必要はなく、むしろ、しない方が明瞭かつ妥当である。消極説をとりたい。

GS間でBに対する履行の請求の効力がSに及ぶと合意した場合、GがBに請求するとSに効力が及び(458条・441条但書)、主たる債務の消滅時効の完成猶予・更新が生じるが、その効力はAにも及ぶのか。457条1項の「その他の事由」の文言によれば、及びそうである。ただ、AがBの存在を知らず、Sとも連絡のとれない状況のもとで、GがSにもAにも請求せず、Bのみに請求する場合、441条但書の趣旨に照らし、疑問なしとしない。

(d) 保証人相互間の内部関係

共同保証人の1人が弁済など債務の消滅行為をした場合、①主たる債務者に対し求償権をもつ(459条・459条の2・462条)とともに、②他の共同保証人に対しても求償権をもつ(465条)。①は、弁済等をした保証人がその支出を最終的

に負担すべき主たる債務者に負担させるためのものであるのに対し、②は、主たる債務者が無資力である場合に弁済等をした保証人のみが負担しなければならないとすると共同保証人間の公平に反することから、共同保証人間の負担の調整のために認められたものであって、趣旨が異なる。①と②は別個の求償権であり、①の求償権の時効の完成猶予・更新は、②の求償権の時効の完成猶予・更新を生じさせない(最判平27・11・19前掲。吉原・前掲第8章注(32)19頁)。

共同保証人相互間の求償権の規律は、ⓐ各保証人が全額を弁済すべき義務がある場合(465条1項)と、ⓑない場合(同条2項)とで異なる。

ⓐは、主たる債務が不可分である場合(不可分債務)及び各保証人が全額を弁済すべき旨の特約がある場合である。後者には、保証連帯、複数の連帯保証、複数の単純保証だが各保証人が分割しない別段の意思表示をした場合(456条・427条)などがあり、商法511条による連帯保証もこれに準じると解すべきである。これらの場合、連帯債務の求償権の規定が準用される(465条1項・442条～444条)。ただし、連帯債務者相互間では、自己の負担部分を超える弁済をしなくても求償できるが(442条1項)、共同保証人相互間では、自己の負担部分を超える弁済をした場合にしか求償できない(共同保証では、負担部分については主たる債務者に対する求償で満足し、それを超えた部分を共同で負担すべきだから、他の保証人に求償できるのは超過部分のみだという理由。我妻506頁)。

ⓑは、複数の単純保証であって特約のない場合である。自己の負担部分を超える額を弁済した保証人は、委託を受けない保証人と類似するので、その求償権の規定が準用される(465条2項・462条)。

◆ **465条1項による準用の内容** ⓐにおける準用の具体的内容は、次の通りである。債務の消滅行為をした保証人は、他の保証人に対し、支出した財産の額(442条1項。ただし本文記載の修正がある)と債務の消滅行為の日以後の法定利息・費用その他の損害(同条2項)を求償できる。求償にあたって通知が必要である(443条)。無資力者の負担部分の分担の規律も及ぶ(444条)。他方、465条1項は445条を準用していない。これは、連帯保証人が複数いる場合、連帯債務における求償権の規定を準用するが、影響関係の規定の準用については定めず、解釈に委ねられたことによる(445条は両方にかかわる)。影響関係の規定を類推適用するとすれば、445条も類推適用することになるといわれる(筒井ほか・保証31頁(注))。影響関係の規定の類推適用をしないとすると、相互に連帯していない連帯保証人ABのう

ち、Bについて債務免除又は時効完成があったとしても、その効力はAに及ばず（これは441条本文を類推適用しても同じ）、かつ、Aは弁済すると、債務者Sには求償できるが、Bには求償できない（445条を類推適用する場合との相違）。445条については、特に時効の完成との関係で問題が生じうるが（→第2款3(3)(a)(ⅱ) 2つ目の◆〔575頁〕）、これを相互に連帯関係にない共同連帯保証人にまで広げるのは、適切でない。免除についても、GB間の連帯保証契約の合意解除との比較なども含め、より実質的に検討すべきである。465条が準用しない445条を、あえて類推適用する必要はないと考える（→(c)◆）。

◆ **465条と分別の利益**　同条1項は分別の利益のない場合、2項はこれがある場合と区分して説明されることが多い。しかし、分別の利益は共同保証人と債権者との間の対外的問題だが、465条は共同保証人相互間の内部問題であり、異なる。後者は同条に即して検討するほうがよい。この場合、同条1項の「全額を弁済すべき旨の特約」の意味が問題となる。明治民法制定当初は、これは保証人全員（「各」保証人）がそれぞれその特約をした場合を意味するのであり、保証連帯を意味するものではない（保証連帯の場合、連帯債務の求償権に関する規定が適用されるのは明文をまたず当然のことである）と説明された（梅200頁以下）。しかし、その後、「特約」は保証連帯の場合を意味する（我妻505頁以下）とか、連帯保証の場合も同様である（奥田414頁）などといわれ、「特約」の意味が拡散した。それにつれ、1項と2項の区別は、分別の利益の有無によるものだという説明が一般化した。これに対し、上記の通り、分別の利益と465条は別の問題であると指摘されるようになった（西村・注民(11)287頁、尾島・前掲注(42)144頁、吉原・前掲第8章注(32)16頁以下）。その指摘は正当であるし、区別した方が明確になるので、本書4版までの説明を改める。

(3)　根　保　証

(a)　概　観

(ⅰ)　**意義と種類**　ここまで検討してきた保証は、主たる債務が特定の1つの債務であることを前提としていた。しかし、現実には、不特定の複数債務の保証もある。その主要な社会的類型は、大別して3種ある。

第1は、信用保証である。銀行と中小企業との間の継続的な融資取引（貸付、手形割引など）から生じる様々の債務を中小企業の経営者が保証する場合や、企業間の継続的な売買取引から生じる将来の代金債務を買主側企業の親会社が保証する場合などである。第2は、身元保証である。雇用契約に際して、将来、

被用者が使用者に損害を及ぼした場合に備えて、被用者の親や親戚などが保証するものである[43]。第3は、不動産賃借人の債務の保証である。借家人が家賃を支払わない場合や建物を損傷した場合に、その債務を保証するなどである。

これらの保証は、いずれも継続的な関係から生じる不特定の債務についてされるものであり、根保証又は継続的保証という[44]。根保証は、主たる債務が不特定で増減変動しうることに着目した、根担保(根抵当など)と共通性のある概念である。継続的保証は、主たる債務の発生原因となる関係の継続性に着目した概念である。いずれも多義的であり、また両者の視点は異なるが、内容として想定される保証は、おおむね同じである[45]。現在では、根保証と呼ばれることが多い。

(ⅱ) **4つの課題**　根保証は、将来にわたって不特定の債務を保証するものであるので、保証してから長年月を経た後、保証人が思いもかけない多額の請求をされ過酷な状況に陥ることがある。保証人保護の観点からすると、各種の根保証を通じて、4つの課題がある。

第1は、保証人に対する情報提供である。保証契約締結時及び保証契約存続中、保証人に情報を提供し、保証人が適切な対応をできるようにすることが求められる。第2は、保証人の責任の量的限定である。保証の対象となる主たる債務の範囲と金額の限定である。限定のないものを、包括根保証というが、これは保証人の責任が非常に大きなものとなることがある。第3は、保証人の責任の時間的限定である。保証の対象となる主たる債務の発生する期間を限定すること及び保証人に保証契約を終了させる権限を付与することである。第4は、

---

43) これが伝統的な(狭義の)身元保証であり、身元保証法によって規律される。このほか、介護施設への入居や病院への入院に際して行われる入居者や患者の負う諸債務の保証も、身元保証と呼ばれることがある。同法の対象外だが、現代の課題として、研究が進められている。能登真規子「入院・入所時の身元保証」滋賀大学経済学部研究年報26号(2019)39頁、同「個人保証に依存しない入院・入所慣行の確立に向けて」実践成年後見107号(2023)18頁。本書では、身元保証の語は狭義で用いる。
44) 継続的保証は、西村・前掲注(26)が「継続的債権関係たる特質を具えているところの一群の保証契約」について提示した概念である(付従的保証のほか独立的保証を含む)。根保証については、槇悌次「根保証」『現代契約法大系(6)』(1984)72頁。継続的保証と根保証の概念の整理につき、平野・前掲注(21)89頁。なお、平野裕之「根保証(継続的保証)における保証人の地位」争点207頁。
45) ある総額を一定期間にわたって分割弁済する債務の保証は、継続的保証と呼ぶ余地はなくはないが、根保証とはいえない(特定の債務の保証なので)。

保証債務の相続性の限定である。既に発生した主たる債務の保証債務は相続されるとしても、将来にわたる根保証の相続は制限すべきではないのかが問題となる。

> ◇　根保証は、包括根保証と限定根保証に分類される。包括根保証は、①保証の対象となる主たる債務の範囲、②保証される金額の上限、③対象となる主たる債務の発生する期間を限定せず、「債務者が将来負担する一切の債務」というように定めるものである。限定根保証は、①②③のいずれかが限定されているものだが、特に②の限定があるものをいうことが多い。

（ⅲ）　**制定法の概観**　これらの課題について、立法・判例・行政及び関係団体（その例として、前掲注(27)・(28)を参照）によって、対応が試みられてきた。制定法の主なものは、次の通りである。1933年に「身元保証ニ関スル法律」が制定され、身元保証人の保護が図られた。1999年に貸金業法が改正され、貸金業者のする金銭貸付けの保証について、保証人等に対する書面交付義務が定められた。2004年に民法が改正され、信用保証のうち「貸金等根保証契約」について個人保証人の保護が図られた（法人保証人から求償を受ける個人の保護に関する規定もある）。これは、2017年の民法改正で「個人根保証契約」の規律として一般化された。この規律は、個人が保証人となる根保証契約であれば、信用保証だけでなく、身元保証も、不動産賃借人の債務の保証も対象とするものである。もっとも、これら各種の根保証について、個別に検討すべき問題もある。

そこで、以下では、まず、個人根保証契約について民法の規定を中心に説明し（→(b)）、次に、根保証一般に関する規律の説明を補足し（→(c)）、さらに、身元保証（→(d)）と不動産賃借人の債務の保証（→(e)）に関する個別的問題の説明をする。なお、現行民法には、個人根保証を含む「事業に係る債務についての保証」に関する新設規定もあるが、これは項を改めて別に取り上げる（→(4)）。

◆　**貸金業法における保証人保護**　貸金業者のする金銭貸付けの保証について、貸金業法は次のように規律する（1999年、2003年、2006年の各改正で拡充した）。

まず、保証契約締結に先立って、保証契約の内容(保証期間、保証金額、保証の範囲、連帯保証の場合は民法454条の趣旨等、その他)を説明する書面を保証人となろうとする者に交付しなければならない(貸金業16条の2第3項・4項〔電磁的方法〕)。次に、保証契約締結後、遅滞なく、保証契約及び貸付契約の内容を明らかにする書面を保証人に交付しなければならない。貸付契約の内容には、契約年月日・貸付金額・貸付利率・返済の方式等が含まれる。極度方式保証契約の場合、貸付金額に代えて極度額が含まれる(同方式の場合は、契約締結時の交付書面の内容を簡素化するマンスリーステイトメント方式もある)。重要事項の変更があった場合も同様である(以上、同17条3項〜7項〔電磁的方法〕)。貸金業者がこれらの規定に違反した場合、刑罰が科せられる(同48条1項3号の2・4号・51条1項2号)。この場合、民事上も、保証契約が無効となることがあろう(潮見新Ⅱ645頁参照)。

　(b)　個人根保証契約
　(ⅰ)　**経緯**　　2004年の民法改正によって、貸金等根保証契約に関する規定が新設された(旧465条の2〜旧465条の5)。保証人が過大な責任を負いがちな保証契約について、その内容を適正化するためのものである。背景には、長期の不況下で中小企業の倒産が多発し、その債務を保証した個人である包括根保証人(経営者、親族、知人など)の生活が破綻し、ひいては企業再生や再挑戦の機会が失われているという状況があった。他方、保証人保護に傾きすぎると、円滑な金融の阻害を招くという指摘もあった。これらを考慮しつつ、融資に関する根保証について、個人保証人の保護が図られた(吉田＝筒井・現代語化3頁以下)。この改正で対象が限定されたのは、早急に措置を講じる必要性が指摘されていた、融資に関する根保証にまず対処するためであり、それ以外の根保証における保証人保護に消極的判断を示すものではなかった(同23頁注7)。しかし、根保証には様々な種類のものがあり、保証人保護の措置を講じた場合の社会的影響等を個別に検討する必要があるところ、それには相当の時間を要すると見込まれ、先送りになった(部会資料70A、第1、1説明1(2))。そこで、2017年の改正において、慎重な検討を経て、規律の対象が拡充された。もっとも、融資に関する根保証とそれ以外の根保証とでは異なる問題がある。このため、現行民法の個人根保証に関する規定には、一般の個人根保証に関する規律と、融資に関する個人根保証(個人貸金等根保証)にのみ適用される規律とが含まれている。
　(ⅱ)　**定義**　　個人根保証契約とは、①根保証契約であって、②保証人が個

人である(法人でない)ものである。根保証契約とは、「一定の範囲に属する不特定の債務を主たる債務とする保証契約」である(465条の2第1項)。

　個人貸金等根保証契約とは、①②に加えて、③主たる債務の範囲に貸金等債務が含まれるものである。貸金等債務とは、「金銭の貸渡し又は手形の割引を受けることによって負担する債務」である(465条の3第1項)。主たる債務の範囲に貸金等債務が含まれていれば、他の債務も含まれていてもよい。

　(ⅲ)　**極度額**　根保証契約において、保証人の責任を量的に限定する方法として、極度額という概念が用いられる。個人根保証契約の保証人は、主たる債務の元本、利息、違約金、損害賠償等のすべてを含む額に係る極度額を限度として、その履行をする責任を負う(465条の2第1項)。個人根保証契約は、極度額を定めなければ効力を生じない(同条2項)。保証人の予測可能性を確保し、根保証契約締結時にその判断を慎重ならしめるためである。極度額の定めは、書面に記載しなければならない(同条3項・446条2項。446条3項の方法でもよい)。記載がないと、個人根保証契約は極度額の定めがないものとして無効になる(465条の2第2項)。

　この規律は、個人根保証契約に広く適用される。融資に関する根保証のほか、継続的売買の代金債務の保証、身元保証、介護施設入居者等の債務の保証、不動産賃借人の債務の保証なども対象となりうる。

◇　建物の賃借人の債務の保証において、賃貸借契約で賃料月額10万円、契約期間2年と定められていたとしても、更新が予定されていて期間が不明確な場合や、家賃だけでなく賃借人の損害賠償債務なども主たる債務に含まれる場合は、債務は不特定であり、この規律の対象となる。その場合、極度額をたとえば「50万円」と定める必要がある。「賃料の6か月分」という定め方は、一般的には、極度額の定めとして十分ではないが、契約書に賃料月額10万円と記載されていれば、それとあわせることにより、その記載を「60万円」を意味するものと解釈し、極度額の定めがあると認められることはある。この場合、賃貸借契約が更新され、家賃が12万円になったとしても、極度額は60万円のまま変わらない(一問一答135頁以下、筒井ほか・保証79頁・83頁)。他方、建設機械の賃借人の債務の保証において、賃料月額10万円、契約期間2年の賃料債務の保証と限定されていれば、それは特定の債務の保証であり、この規律の対象とならない。

◆ **高額の極度額の定め**　改正前民法のもとで、高額の限度額(極度額)を定めることによって判例の規律を免れようとする業者が現れ、信義則等によりこれに対処する試みがあった(東京地判平12・1・27判時1725号148頁、大村・前掲注(23))。現行民法のもとでも、公序良俗(90条)、定型約款(548条の2第2項)、消費者契約(消契10条)の規律により、あるいは、465条の2第2項の趣旨に反するものとして、その効力の全部又は一部を否定することが考えられる(中井・方策263頁以下参照)。なお、国土交通省は、その「賃貸住宅標準契約書(連帯保証人型)」における極度額設定の際の参考として、実態調査等に基づく数値資料をウェブサイトで公表している。

(ⅳ)　元本の確定

α　意義　　根保証契約において、主たる債務の範囲を時間的に限定する方法として、元本の確定という概念が用いられる。元本が確定すると、以後、保証人は、確定した元本とこれに対する利息・損害金等についてのみ保証債務を負い、その後に発生した主たる債務の元本については保証債務を負わない。元本の確定の態様には、2種類ある。①元本確定期日の到来と②元本確定事由の発生である。個人根保証契約一般について、②に関する規定がある。個人貸金等根保証契約については、①に関する規定と②に関する追加規定がある。

β　元本確定期日の到来　　個人貸金等根保証契約においては、元本確定期日の到来によって、元本が確定する。元本確定期日は、特に定めがなければ個人貸金等根保証契約の締結の日から3年を経過する日である(465条の3第2項)。元本確定期日を定める場合は、同契約の締結の日から5年以内の期日としなければならない。それより後の期日の定めは無効であり、期日の定めのないものとして3年となる(同条1項・2項)。元本確定期日の変更をする場合は、変更した日から5年以内の日を新たな期日としなければならない。それより後の期日を定めると、変更は無効となる(同条3項本文。ただし、元本確定期日の前2か月以内に変更する場合には、緩和される。同項但書)。変更は、その都度行う必要があり、当初から自動更新条項をおいても無効である(吉田＝筒井・現代語化41頁)。元本確定期日の定め及びその変更は、書面に記載しなければならず、記載がないと無効である(同条4項・446条2項。446条3項の方法でもよい)。もっとも、保証人に有利な一定の約定については、書面への記載等がなくても、その効力が

認められる(465条の3第4項括弧書)。

主たる債務が貸金等債務以外の場合、一定の期日に元本が確定するという規律は適切でないことがある(不動産賃借人の債務の保証や介護施設入居者等の債務の保証では、不特定の長期間の保証になることがある)。その場合も、極度額の定めにより、保証人保護はその限りだが図られている。そこで、元本確定期日の規律は、個人貸金等根保証契約のみが対象となる(一問一答137頁)。

γ　元本確定事由の発生　　個人根保証契約一般について、次の事由が発生すると、主たる債務の元本が確定する。①債権者が、保証人の財産について、金銭債権についての強制執行又は担保権実行の申立てをしたとき(その後、実際に手続が開始した場合に限る)、②保証人が破産手続開始決定を受けたとき、③主たる債務者又は保証人が死亡したとき(465条の4第1項)。

個人貸金等根保証契約については、これらに加えて、次の事由が発生したときも、主たる債務の元本が確定する。④債権者が、主たる債務者の財産について、金銭債権についての強制執行又は担保権実行の申立てをしたとき(その後、実際に手続が開始した場合に限る)、⑤主たる債務者が破産手続開始決定を受けたとき(同条2項)。

④と⑤を主たる債務が貸金等債務である場合に限ったのは、特に不動産賃借人の債務の保証においては、主たる債務者(賃借人)について④又は⑤の事由が発生したとしても、それだけで賃貸借契約が終了することはなく、その後も債務が発生し続けることがあり、それも保証の範囲に含める必要があるというのが主な理由である(部会資料83-2、第18、5説明1)。これに対し、③は、個人根保証契約一般について、主たる債務者又は保証人が死亡した場合、相続人にまで保証が及ぶことは予定されていないのが通常であるので、一般ルールとなっている(③は、根保証債務の相続性の問題〔限定根保証について保証契約上の地位が相続されるかについて議論があった〕を解決するものである。保証人は主たる債務者の死亡時に発生していた債務、保証人の相続人は保証人の死亡時に発生していた債務についてのみ、保証債務を負い、その後に発生した債務は保証の対象外となる)。①〜⑤は、いずれも保証人保護のための規定であり、保証人に不利な特約は認められない、片面的強行規定と解すべきである(吉田=筒井・現代語化54頁注13参照)。

(ⅴ)　**法人の根保証に関する特則**　　保証人が法人である根保証には、465条

の2～465条の4は適用されない。しかし、その場合でも、保証人である法人が主たる債務者に対して取得する求償権について、個人を保証人とする保証契約が締結されているときは、その個人保証人を保護することが、個人根保証契約に関する規律を設けた趣旨に沿う。そこで、このような求償保証において、個人保証人を保護するための規定が設けられている(465条の5)。

◆ **保護の具体的内容**　債権者Aの債務者Bに対する不特定の債権について法人Cが保証するAC間の根保証契約があり、Cが保証債務を履行しBに求償する場合について、Bの求償債務を個人Dが保証するCD間の保証契約があるとする。CD間の保証は、①求償債務を主たる債務とする通常の保証である場合と、②求償債務を主たる債務に含む根保証である場合とがある(①は、主たる債務が「将来発生する求償権」という特定の債権であるので、根保証にはあたらない。吉田＝筒井・現代語化57頁注14)。

　AC間の根保証契約は、極度額の定めがなくても有効である。そうすると、①においてDの保護に欠けるので、CD間の保証契約は無効とされる(465条の5第1項)。他方、②では、CD間の契約は個人根保証契約であり、465条の2の適用を受けるので、そこで極度額の定めがあれば、Dの保護は図られ、有効である(一問一答139頁)。②において、AC間の根保証契約に極度額があったとしても、CD間で極度額の定めがなければ、CD間の個人根保証契約は無効である(465条の2。潮見新Ⅱ761頁、筒井ほか・保証95頁)。

　AC間の根保証契約で主たる債務の範囲に貸金等債務が含まれている場合、元本確定期日の定めがなく、又は、元本確定期日の定め(若しくはその変更)が465条の3第1項(若しくは同条3項)の規律に従っていなくても、有効である。AC間の根保証がそのようなものである場合、Dの保護に欠ける。そこで、①と②(必ずしも465条の3の適用を受けることはない)のいずれにおいても、CD間の保証契約は無効となる(465条の5第2項[①は前段、②は後段]。一問一答139頁)。

(ⅵ)　**保証人の解約権との関係**　根保証における保証人保護の方法として、以上のほか、改正前民法のもとで判例・学説が認めてきた、保証人の解約権がある。すなわち、期間の定めのない継続的保証(信用保証)の保証人は、特段の事情のない限り、相当の理由があれば、保証契約の解約の申入れができる。「相当の理由」とは、保証人の主債務者に対する信頼関係が害されるに至ったことや、保証契約後相当期間が経過したことがあげられる(最判昭39・12・18民集18巻10号2179頁、百選Ⅱ19[平野裕之])。また、主債務者の資産状態の悪化な

ど、著しい事情の変化があるときは、直ちに解約できる(大判昭9・2・27民集13巻215頁、我妻472頁など。身元保証4条参照)。学説では、任意解約権(相当期間経過後に解約できる)と特別解約権(特別の事情がある場合に直ちに解約できる)とを区別する見解もあるが(西村・前掲注(26)86頁以下)、判例は、経過した期間と諸事情を総合考慮して解約の可否を判断しており、截然と二分することは困難であると指摘される(内田443頁以下、奥田＝佐々木中756頁以下)。以上を通じて、既発生の債務についての保証債務は残るので、解約ないし解除といっても、その実質は、元本確定請求である。なお、以上の判例は、いずれも個人保証の事案である。

　2004年及び2017年の民法改正に際して、元本確定請求権(特別解約権)について規定を置くことが検討されたが、考慮すべき要素が多く、裁判規範として明確に表現することが困難であるという理由で見送られた(吉田＝筒井・現代語化45頁以下、中間試案第17、5(3)、中間試案説明223頁以下、部会資料70A、第1、1説明1(3))。現行民法の元本確定制度は、解約権(又は特別解約権)が想定してきた状況の一部に対応するものであるが、これは保証人保護のための制度であり、これによって判例の形成した解約権が排除されるわけではない(2004年改正につき吉田＝筒井・現代語化53頁)。たとえば、期間の定めのない継続的売買の代金債務の保証で主たる債務者(買主)が強制執行を受けた場合(465条の3の適用はなく、465条の4の元本確定事由にもあたらない)、他の事情(主たる債務者と保証人の関係、債権者と債務者の取引態様、契約締結時からの期間など)も考慮しつつ、保証人の解約(元本の確定請求)を認めるべきことがあるだろう(内田444頁、中井・方策265頁以下参照)。

　(c)　根保証一般に関する規律

　以上は、個人根保証についての民法を中心とする規律であるが、保証人の属性を問わず根保証一般に及ぶ規律を補足しておく。

　まず、保証人に対する情報提供については、書面が保証契約の有効要件とされること(446条2項)は、契約締結に際して慎重さを促す契機になるとともに、情報提供の意味をもつ。

　また、主たる債務の範囲及び金額については、包括根保証について、当事者の意思の解釈や信義則により、保証人の責任を合理的な範囲に限定する判例が

古くからある(大判大15・12・2民集5巻769頁、末弘厳太郎『判民大15』543頁)。限定根保証についても、不当に高額の極度額に関し、信義則等による制約がありえよう(→(b)(ⅲ)〔646頁〕)。法人保証については、極度額の定めの要求も元本確定制度もないが、このような一般的規律に服することはありうる(潮見新Ⅱ739頁、内田443頁)。

このほか、元本確定前の法律関係[46]について、いくつかの問題がある。

◆ **元本確定前の根保証関係**　大別して2つの理解がある。①根保証契約締結後、元本確定までの間に発生した個々の主債務について、それぞれ保証債務が成立するという理解(個別債務保証説、個別保証集積説などという)、②根保証は、元本確定時に存在する主たる債務を保証するものであり、確定前には具体的な保証債務は成立していないという理解(確定時債務保証説、根抵当類似説などという)である。

②も根抵当権と同じだというわけではない。根抵当権は、目的不動産について優先弁済権があり、後順位担保権者や第三取得者などとの関係が問題となるので、公示が求められる。根保証は、保証人の一般財産を引当てとし優先権がなく、公示もされない。元本の確定の意義についても、根抵当権では、確定の前後で法律関係が変化するものとして規定される(たとえば、確定前には随伴性が否定される。398条の7)が、根保証における元本の確定は、確定後に発生する主たる債務の元本が保証されないことを示すために用いられる概念であるにすぎず、確定前の法律関係が規律されるわけではない。両者では元本の確定の仕方も異なる。(吉田＝筒井・現代語化35頁・44頁以下参照)。

上記の2つの理解のうち、①は、法律の規定がない以上、根保証の元本確定前の法律関係は保証契約によって規律されるべきものと考え、②は、それを認めつつも、根担保として共通性のある根抵当権の規律を参照すべきものと考える。具体的相違は、以下の2つの◆の通りである(私見は①に傾く)。

◆ **確定前の履行請求**　根保証契約は、多様でありうる。ⓐ確定前は、債権者は保証人に履行を請求できないというもの(我妻475頁参照)、ⓑ確定前でも、債権者は保証人に履行を請求できるが、保証人が履行すれば、その分だけ極度額が縮減するというもの(山野目・前掲注(46)参照)、ⓒ確定前でも、債権者は保証人に履行を

---

[46] 荒川重勝「根担保論」講座別Ⅰ143頁、山野目章夫「根保証の元本確定前における保証人に対する履行請求の可否」金法1745号(2005)9頁、能見善久「根担保──根保証を中心に」金融法務研究会『担保法制をめぐる諸問題』(2006)1頁、野村豊弘「根担保の随伴性」同13頁、平野裕之「根保証における確定前の権利関係」慶応法学26号(2013)157頁、齋藤由起・百選Ⅱ42頁、奥田＝佐々木中757頁以下。

請求でき、保証人が履行しても、極度額は縮減しないというものが考えられる。ⓐは、信用保証について、債権者と主債務者の取引が継続している間は、債権者は個々の債務について保証人に請求できず、取引関係又は保証期間が満了したときに、その時点での残債務を保証人に請求できると考える（上記②）。ⓑⓒは、確定前であっても、個別の債務についての個別の保証債務があり、債権者はその履行を請求できると考える（上記①）。

　ⓒは、保証人にとって不利益が大きい。個人根保証については極度額を定める必要（465条の2）にもとるものとして、効力が認められないと考えるべきであり、法人根保証においても、保証人と主たる債務者が親子会社であるなど、例外的な場合にしか認められないだろう。ⓐとⓑとでは、個人根保証に関する465条の4第1項1号・2項1号の構造は、ⓑと整合的である（確定前でも強制執行の申立てや仮差押えの申請ができ、特に仮差押申請は確定事由とされていない〔吉田＝筒井・現代語化51頁参照〕ので、まして履行の請求は可能だということになる。山野目・前掲注(46)11頁）。もっとも、根保証の元本確定に関する規定は、確定前の法律関係を規律するものではなく、それは契約自由の原則を基礎とする解釈論に委ねられるので（吉田＝筒井・現代語化35頁参照）、ⓐが排除されるわけではない。

　判例では、法人保証の事案において、債権者は根保証契約の元本確定期日前でも保証人に履行を請求できるとしたものがある（最判平24・12・14民集66巻12号3559頁、百選Ⅱ20［齋藤由起］）。根保証契約の当事者の合理的意思解釈によるものである。ⓑかⓒかは明示しないが、通常はⓑと解するのが合理的であろう。

　部会では、この問題について検討されたが、意見の対立があり、規定を設けることが見送られた（中間試案説明224頁以下）。

◆ **根保証の随伴性**　元本の確定前に根保証の対象となっている債権が譲渡されると、保証もそれに伴うのかという問題がある。これは、担保における随伴性からの演繹や、根抵当権の規定（398条の7）の類推などのみから導きうるものではなく、根保証契約の合意内容の探究によるべきものである。それが不明確なとき、どう解釈すべきか。元本確定時の残債権が保証の対象であり、それ以前に譲渡された債権は対象外となると考え（上記②）、保証人に対する確定前の履行請求を否定するとき（上記ⓐ）、随伴性は否定されることになろう（能見・前掲注(46)）。上記①ⓑ又は①ⓒをとるときは、さらに検討を要する。㋐一方で、随伴性を認めると、本来の債権者と譲受人との関係がどうなるのか（極度額の範囲での準共有のようになるのか、その割合はどうか、債務者の弁済はそれにどう影響するかなど）という複雑な問題が生じるので、根保証契約当事者にこの点も考慮した明確な合意のある場合にのみ、随伴性を認めうるとも考えられる。㋑他方で、元本確定前にも保証人に履行を請求できるのであれば、個別保証の場合と同様、随伴性を認めるのが当事者の合理的意

思であるとも考えられる(野村・前掲注(46))。判例(最判平 24・12・14 前掲)は、根保証契約の当事者は、通常、随伴性を前提としていると解するのが合理的だとし、元本確定期日前に被保証債権が譲渡された場合でも、根保証契約の当事者間に別段の合意がない限り、譲受人は保証人に保証債務の履行を求めることができるとした。意思解釈にあたって、⑦より④を重視したものである。この場合、少なくとも保証人の弁済により極度額が縮減すること(ⓑ)を前提とすると考えるべきだろう。また、この場合に生じる複雑な問題(⑦)については、債権譲渡に関知しない保証人に不利益が生じないように解釈すべきであり、必要があるときは、主たる債務に係る債権の譲渡人と譲受人との間で調整すべきであろう。

部会では、この問題についても検討されたが、上記判例の評価を含め、意見の対立があり、規定を設けることが見送られた(中間試案説明 225 頁以下)。

(d) 身 元 保 証

雇用契約に際して、古くからの慣行により、身元保証がされることがある。身元保証人は広汎かつ長期に及ぶ責任を負う[47]。すなわち、①被用者の雇用契約上の債務不履行による損害賠償債務の保証のほか、②被用者に免責事由があり本人は損害賠償義務を負わない場合であっても、身元保証人が損害を担保するという損害担保契約を含むこともあり、③さらに広い身元引受もある。大審院判例は、このような身元保証人の責任を軽減する判断をし、その法理は 1933 年の「身元保証ニ関スル法律」に取り入れられた。同法は、引受け、保証その他名称のいかんを問わず、被用者の行為により使用者の受けた損害を賠償することを約束する身元保証契約に広く及ぶ(身元保証1条)。同法の各規定は、強行規定である(同 6 条)。身元保証が保証契約の性質をもつ(損害担保契約ではない)場合、保証人が個人であるときは、個人根保証契約に関する民法の規律も適用される(筒井ほか・保証 81 頁以下)。

◆ 身元保証に関する具体的問題
　① 保証人に対する情報提供　　身元保証人の責任にかかわる一定の事由が生じた場合、使用者は身元保証人に遅滞なく通知する義務を負う(身元保証3条)。これを怠ると、身元保証人の責任の有無又は責任額を決定する際の判断要素とされるこ

---

[47] 西村信雄『身元保証の研究』(再版 1966、初版 1965)は、明治以前の「人請」に由来するという。近年の状況と課題につき、能登真規子「身元保証の裁判例」彦根論叢 392 号 4 頁・393 号 50 頁(2012)。

② 主たる債務の範囲・金額　　裁判所は、身元保証人の損害賠償責任及びその金額を定めるについて一切の事情を斟酌する（身元保証 5 条）。身元保証人の責任に合理的な限定を加えようとするものである。個人根保証契約にあたるときは、極度額を定めなければ、無効となる（465 条の 2。465 条の 5 の適用もある。企業側の対応につき、長島 LO 426 頁以下参照）。

③ 対象となる期間　　身元保証契約は、期間の定めのない場合は原則として 3 年間効力を有し（身元保証 1 条）、期間を定める場合は 5 年を超えることはできない（超えると 5 年に短縮される。同 2 条 1 項）。更新の場合も期間は 5 年を超えることができない（同条 2 項）。また、身元保証人は、その責任にかかわる一定の事由が生じたことを使用者の通知により又は自ら知った場合、将来に向かって身元保証契約を解除することができる（同 4 条）。個人根保証契約にあたるときは、元本確定事由の規定が適用される（465 条の 4）。なお、民法改正前から、身元保証の相続性は、判例上、否定されており（大判昭 18・9・10 民集 22 巻 948 頁、百選Ⅱ〔4 版〕28〔右近健男〕）、ただ、保証人の死亡時に既に具体的に発生していた保証債務は相続されると解されていた（奥田 419 頁）。現行民法のもとでは、個人根保証については、465 条の 4 第 1 項 3 号の適用によることになる。

(e)　不動産賃借人の債務の保証[48]

不動産賃借人の賃料債務や損害賠償債務の保証も、根保証の一種である。賃料については、額が定まっているし、不払があれば賃貸人は賃貸借契約を解除するので、未払分が予想外の巨額になることは、比較的少ない。しかし、賃貸人が保証人からの回収を見込んで解除しない場合は、未払賃料も多額になりうる（そのため、保証人による将来に向かっての保証契約の解除が認められることもあった。大判昭 8・4・6 民集 12 巻 791 頁、大判昭 14・4・12 民集 18 巻 350 頁。奥田 420 頁、川井 237 頁）。また、損害賠償は多額になることもある（土地の無断転借人が不法に投棄した産業廃棄物を賃借人が撤去すべき義務の不履行による損害賠償につき、最判平 17・3・10 前掲〔判時〕）。そこで、現行民法は、個人根保証契約の規律を及ぼすこととした。もっとも、賃貸人には、賃借人の保証人に対し、金銭債務に限ら

---

48)　中田「不動産賃借人の保証人の責任」千葉大学法学論集 28 巻 1=2 号（2013）666 頁〔同・規範所収〕、遠藤研一郎「不動産賃借人保証と保証人保護法理」新報 122 巻 1=2 号（2015）85 頁、大澤慎太郎「保証の行方」慶応法学 44 号（2020）29 頁、新井剛「不動産賃貸借に関する個人保証の行方」石川博康＝加毛明編『契約法の基層と革新』（2024）97 頁。

ず、一切の責任を負ってほしいという希望がある（賃借人が行方不明になったときの明渡しや残置物の引取り、1人暮らしの賃借人が事理弁識能力を失ったり死亡した場合の身柄の引取りなど）。金銭債務については、今後、法人保証[49]や保険の利用による対応をする方向が考えられる。その他の責任については、個別的には、保証契約の解釈、消費者契約法10条の適用、身元保証法の類推適用などによる規律が考えられるが、高齢化・単身世帯の増加という状況での住宅政策という、より広い課題がある。

> ◆ その他の問題　民法改正前の判例法理は、現行民法の保証及び個人根保証の規律に取り込まれているものが多いが、それ以外の場合になお妥当するものもある。
> 　① 保証人に対する情報提供　賃借人が継続的に賃料支払を怠っているのに、賃貸人が保証人に通知もせず、いたずらに契約更新をさせているなどの場合には、賃貸人の保証人に対する請求が信義則違反となる余地があるとされた例がある（最判平9・11・13判時1633号81頁）。458条の2の情報提供義務はあるが、なお、信義則による制限もありえよう。
> 　② 主たる債務の範囲・金額　建物賃貸借契約が更新された場合、保証債務が更新後の賃貸借にも及ぶかどうかにつき、建物賃貸借は更新されるのが通常であり、保証人としても更新後の賃貸借から生じる債務についても保証する趣旨で保証契約をしたと解するのが当事者の通常の合理的意思に合致することから、更新後の賃貸借にも及ぶとされた例がある（最判平9・11・13前掲）。個人保証においては、それゆえ個人根保証にあたると評価されることになる。法人保証でも、更新との関係は、保証契約の範囲の問題と考えるべきである。

(4) 事業に係る債務の個人保証

(a) 意　義

個人保証には、情義性・未必性・軽率性・無限責任性などの性質があり、そのリスクを十分に考慮しないまま保証した者が重い責任を負い、生活が破綻す

---

49) もっとも、保証会社のなかには、不当な内容の保証契約・保証委託契約を用いたり、不当な方法で賃借人の追出しや求償債権の取立てを図るものがある。賃料不払の場合に保証人が無催告で賃貸借契約を解除できるなどの契約条項が消費者契約法10条により無効とされた例がある（最判令4・12・12民集76巻7号1696頁〔差止訴訟〕、堀内元城「判解」ジュリ1587号〔2023〕103頁）。国土交通省は、家賃債務保証業者の登録制度を設けてその業務の適正化を図り（増田尚「家賃債務保証業者登録制度」消費者法ニュース137号〔2023〕64頁）、また、「賃貸住宅標準契約書（家賃債務保証業者型）」を公表している。

るなど苛酷な状況に陥ることがある。事業のための債務の保証においては、債務額が大きくなることがあり、この問題が一層深刻になる。そこで、事業のための債務の保証について、2つの方策が設けられている。①主たる債務者が保証の委託をするときは、委託を受ける者に対し、情報を提供する義務を負うこと(465条の10)、②保証契約に先立って、保証人となろうとする者が保証債務を履行する意思を公正証書で表示しなければならないこと(465条の6〜465条の9。この公正証書を「保証意思宣明公正証書」という)である。

①と②の規律は、いずれも個人保証を対象とするが、適用範囲は①の方が広い。

◆ **対象の相違**　①は事業のために負担する債務の保証が対象だが、②はそのうちの貸金等債務の保証に限られる。違反した効果は、①では一定の要件のもとに取消し可能となるにとどまるが、②では保証契約の当然無効という非常に重大なものである。保証人にとっての手続的負担は、①ではほとんどないが、②ではある程度ある。そこで、②の対象は、①より絞り込まれている(筒井ほか・保証55頁以下)。

(b)　主たる債務者の情報提供義務

(ⅰ)　**対象と義務の内容**　次の2種類の個人保証が対象となる。①事業債務(事業のために負担する債務)を主債務とする通常の保証、②事業債務が主債務の範囲に含まれる根保証である。主債務者がこれらの保証を委託するときは、委託を受ける者に対し、次の情報を提供しなければならない。ⓐ主債務者の財産及び収支の状況、ⓑ主債務者が主債務以外に負担している債務の有無、債務があるときは、その額と履行状況、ⓒ主債務者が主債務の担保として他に提供し又は提供しようとするものがあるときは、その旨及びその内容である(465条の10第1項・3項)。

委託を受けた者は、これらの情報を得ることにより、主債務者による弁済の可能性を検討し、自分が現実に保証債務を履行しなければならなくなる蓋然性を把握したうえで、保証人となるかどうかを決定することができるようになる(部会資料76A、第2、2説明1)。

「事業」とは、一定の目的をもってされる同種の行為の反復継続的遂行である(一問一答147頁)。事業債務は、融資による債務(貸金等債務)に限らない。事

業としての売買代金債務、事業用の賃借不動産の賃料債務なども含む。「委託を受ける者」は、個人に限る。主債務者の経営者も含まれる。

(ⅱ) **義務違反の効果**　主債務者が上記のⓐⓑⓒの情報を提供しないまま、又は、事実と異なる情報を提供して、保証契約が締結された場合、次の要件を満たすときは、保証人は保証契約を取り消すことができる。㋐情報不提供又は不実情報提供により、委託を受けた者がその事項について誤認をしたこと（誤認）、㋑その誤認によって保証契約を締結したこと（因果関係）、㋒主債務者の情報不提供又は不実情報提供を債権者が知り又は知ることができたこと（債権者の悪意又は過失）である（465条の10第2項）。第三者の詐欺（96条2項）と類似するが、情報不提供又は不実情報提供について主債務者の故意は要件ではない。㋐㋑とともに㋒を要件とすることによって、保証人の利益と債権者の利益の調整が図られている（部会資料70A、第1、2(2)説明3(3)）。㋒、とりわけ債権者の過失の有無（債権者はどこまで確認し調査すべきか）が、実際上、重要な問題となる[50]。

> ◆ **債権者の過失（確認及び調査）**　次のように考えたい。債権者は、保証人となる者が主債務者から上記のⓐⓑⓒについて情報の提供を受けていたこと及びその時期を確認すべきである。債権者がⓐⓑⓒの具体的内容をどの程度まで確認すべきかは、個別的に判断されることだが、およそ確認義務がないとはいえない（長島LO 451頁参照）。債権者は、確認した内容の真否まで調査する必要はないが、不実情報であることを容易に知りえた場合は、なお過失の成立の可能性がある。債権者は、主債務者が保証人となる者に適切に情報を提供した旨の表明保証を主債務者から受けていたとしても、それだけで無過失となるわけではなく（潮見新Ⅱ782頁注356、内田438頁）、保証人となる者が主債務者から適切に情報の提供を受けた旨の表明保証を保証人となる者から受けていたとしても、当然に無過失となるわけではない（筒井ほか・保証71頁以下）。

---

[50] 中田ほか・改正200頁［沖野］、白石大「保証」ジュリ1511号(2017)34頁、今尾真「保証人の保護」改正と民法学Ⅱ173頁・184頁以下、齋藤・前掲注(37)24頁以下。実務的検討として、髙梨俊介＝中村弘明＝日比野俊介＝松尾博憲「座談会」金法2118号(2019)8頁・9頁以下、井上＝松尾・改正127頁以下、長島LO 449頁以下。

(c) 保証意思宣明公正証書の作成[51]

(ⅰ) **概観** 事業のために負担した貸金等債務(事業貸金等債務)に関する個人保証については、保証契約締結の日前1か月以内に、保証意思宣明公正証書が作成されていなければ、保証契約は効力を生じない。つまり、保証契約を締結しても、それは無効である(465条の6第1項・3項)。

「事業」とは、一定の目的をもってされる同種の行為の反復継続的遂行であり(一問一答147頁)、「貸金等債務」とは、金銭の貸渡し又は手形の割引を受けることによって負担する債務である(465条の3第1項)。

◇ 典型例は、中小企業が金融機関から事業資金の融資を受け、個人が保証する場合である。賃貸用アパートを建築するための融資を受けた子の債務(アパートローン)を親が保証する場合も、子の債務はアパート経営という事業のためのものだから、これにあたる。しかし、マイホームを購入するための融資を受けた子の債務を親が保証する場合、子の債務は事業貸金等債務ではないから、これにあたらない。

◆ **対象となる保証** 次の4種類の保証が対象となる。①事業貸金等債務を主債務とする通常の保証、又は、②事業貸金等債務が主債務の範囲に含まれる根保証において、それぞれ保証人になろうとする者が個人であるもの(465条の6第1項・3項)。③①又は②の保証人(法人を含む)の主債務者に対する求償権に係る債務を主債務とする通常の保証、又は、④①又は②の保証人(法人を含む)の主債務者に対する求償権に係る債務が主債務の範囲に含まれる根保証において、それぞれ保証人になろうとする者が個人であるもの(465条の8)。

(ⅱ) **保証意思宣明公正証書の作成の目的と手続**[52]

α **目的** 事業債務の個人保証において保証人の生活破綻などの問題があ

---

[51] 一問一答140頁以下、筒井ほか・保証98頁以下、中井・方策241頁以下、前掲注(50)及び後掲注(52)の各文献のほか、宗宮英俊=寳金敏明=岩田好二『改正民法保証法』(2018)。文献が非常に多いので、この項では、原則として個別の引用は省略する。

[52] 保証意思宣明公正証書の作成に関し、2019年6月24日、法務省民事局長の法務局長・地方法務局長あて通達「民法の一部を改正する法律の施行に伴う公証事務の取扱いについて」が発出された(民総第190号。筒井ほか・保証195頁以下に所収。以下、この項で「通達」という)。実務はこれに則って行われる。笹井朋昭=竹下慶=秋田純「保証意思宣明公正証書の作成に関する法務省民事局長通達の概要」NBL 1154号(2019)42頁、同「保証意思宣明公正証書の作成に関する法務省民事局長通達の解説」金法2123号(2019)6頁。

ることは、前述の通りだが、事業のための貸金等債務の保証は、現実に多く行われている。近年、個人保証に依存しない金融取引が目指されているが(前掲注(27)・(28))、現状では、中小企業が融資を受ける際などに、なお個人保証が利用されることがある。保証意思宣明公正証書制度は、このような現状において、保証人になろうとする者の保証意思を公的機関である公証人が事前に確認し、保証のリスクを自覚しないまま安易に保証人となることを防止するとともに、その手続を経ていない保証契約を無効とすることにより、個人保証の適正化を図るものである。長期的には個人保証の利用を抑制し、融資慣行の変化に資することも期待される。

β　手続　公正証書の作成は、保証人になろうとする者(保証人予定者)が、直接、公証人に対し、作成を嘱託することによって行われる。保証意思を確認するための制度であるから、本人自身が嘱託しなければならない。その後の手続は、次の4段階からなる(オンライン方式は不可。2023年改正公証人法37条3項〔未施行〕)。

① 保証人予定者の口授　保証人予定者本人が、次の事項を公証人に口授する。通常の保証の場合は、主債務の債権者・債務者、主債務の元本・利息・損害賠償等、主債務が履行されないときはその債務全額を履行する意思のあること(連帯保証の場合は、補充性も分別の利益もなく、全額について履行する意思のあること)である。根保証の場合は、主債務の債権者・債務者、主債務の範囲、元本確定期日に関する事項、主債務が履行されないときは極度額の限度で元本確定時までに生ずべき債務の元本及び主債務に関する利息・損害金等のすべてのものの全額を履行する意思のあること(連帯保証の場合は、補充性も分別の利益もなく、全額について履行する意思のあること)である(465条の6第2項1号)。口授を受けた公証人は、保証人予定者に保証意思のあることを確認しなければならない。

◆ 保証意思の確認　公証人は、保証予定者の保証意思を確認するため、上記の事項についての保証人予定者の理解、特に、同人が保証債務を負うことによって生じる具体的不利益を理解しているかどうかを確認し、必要に応じて説明する。また、保証人予定者が主債務者から主債務者の財産状況等の情報の提供(465条の10第1項)を受けているか、その内容、また、保証契約を締結しようとするに至った

経緯を確認する。もし、情報提供を受けていないことが確認されたときは、公証人はその提供を受けるよう促すべきである。保証意思が確認できないときは、公証人は公正証書の作成を拒絶しなければならない(公証26条)。このように、公証人は、保証意思の確認を実質的に行う必要がある(一問一答146頁、筒井ほか・保証133頁以下、通達第4、2参照)。

② 公証人の筆記と読み聞かせ又は閲覧(465条の6第2項2号)
③ 保証人予定者の署名押印(同項3号)
④ 公証人の付記及び署名押印(同項4号)

◆ **特則** 保証人予定者が署名できない場合(465条の6第2項3号但書)、口がきけない者である場合(465条の7第1項・3項)、耳が聞こえない者である場合(同条2項・3項)、それぞれについて特則がある。

γ 保証契約との関係

① **時期** 保証意思宣明公正証書の作成は、保証契約の締結に先立ち、締結の日前1か月以内に作成されなければならない(465条の6第1項)。この期間は、140条を過去に遡る期間計算に類推適用し、算定する。たとえば、4月2日に保証契約を締結するのであれば、3月2日以降に同公正証書が作成されている必要がある(筒井ほか・保証116頁)。同公正証書の作成が先立つのであれば、保証契約の締結と同じ日でもよいことになるが(通達第4、7(2)参照)、債権者は前者が先立つことを証明しなければならない。

② **内容の一致** ⓐ保証意思宣明公正証書の内容と、ⓑ保証契約の内容とは、一致していなければならない。不一致であれば、保証契約は全体として無効となる。たとえば、主債務の元本額がⓐで1000万円、ⓑで1200万円である場合はもちろん、ⓐで1000万円、ⓑで800万円である場合も、ⓐで確認された保証意思とⓑとに同一性がないと判断されるので、保証契約は全部無効であると考えるべきである(筒井ほか・保証157頁〜160頁、内田439頁。宗宮ほか・前掲注(51)151頁は、ⓐの範囲内ならよいというが、ここは同一性の有無を基準とすべきである)。ⓐで「1000万円以内」、ⓑで800万円である場合は許容されるという見解があるが(筒井ほか・保証122頁)、「○円以内」という方式の場合、保証人予定者の保証意思について、より慎重に判断すべきであると考える。つまり、

ⓐにおける保証意思の対象の明確性とⓐⓑの同一性が必要であると考える。

③ 保証契約の方式　保証契約は、書面でしなければならないが(446条2項)、必ずしも公正証書による必要はない。

◆ 強制執行認諾文言　強制執行認諾文言(民執22条5号)を保証意思宣明公正証書に付することはできないが、保証契約公正証書に付することは可能である。そうすると、保証意思宣明公正証書作成の直後に、執行認諾文言付き保証契約公正証書を作成することが可能になり、そのような実務が広がると、かえって保証人の保護にもとるのではないかという疑問が生じる(中井・方策248頁以下参照)。通達は、そのような場合については、公証人は、「当該保証契約公正証書を作成するに当たって、保証予定者が執行認諾文言を付す意味を真に理解しているかどうかの確認を慎重に行わなければならない。公証人は、保証予定者に対し、執行認諾文言付きの保証契約公正証書を作成することの意味を、将来保証予定者に生じ得る不利益を含め、より丁寧に説明し、保証予定者がその意味を真に理解をしていないことが疑われるときには、日を改めて再度意思確認を行う等の配慮をするものとする」と定める(第4、7(2))。

◆ 裁判上の和解等　事業貸金等債務の保証が裁判上の和解や民事調停において行われる場合、裁判官又は調停委員が保証意思を直接確認することになるが、これを保証意思宣明公正証書の作成に代わるものということはできない。この場合も、事前の保証意思宣明公正証書の作成が必要である(筒井ほか・保証107頁以下。奥田＝佐々木中785頁参照)。

(ⅲ)　適用除外となる者　主たる債務者の経営者等については、保証意思宣明公正証書の作成に関する規定は適用されない。具体的には、①主債務者が法人である場合は、ⓐ主債務者の理事、取締役、執行役等(465条の9第1号)、ⓑ主債務者の総株主の議決権の過半数を有する者等(同条2号)、②主債務者が個人である場合は、ⓐ主債務者と共同して事業を行う者、ⓑ主債務者が行う事業に現に従事している主債務者の配偶者(同条3号)である。

これらの者は、主債務者の事業の状況を把握することができる立場にあり、保証のリスクを認識せずに保証契約を締結するおそれが類型的に低いと考えられることが、適用除外の理由とされる(一問一答151頁)。特に、①ⓐについては、中小企業融資において取締役等による保証は、企業の信用補完や経営の規律付

けの観点から有用とされ、融資の前提とされることが多いこと、保証意思宣明公正証書の義務づけは負担を招き、資金調達阻害のおそれがあることが付加される(同153頁)[53]。

②ⓑ(個人事業者の配偶者の保証)については、個人保証の情義性が強く現れる場面であることなどを理由に、適用除外とすることに対する異論も少なくない。立法化されたのは、個人事業者では経営と家計の分離が十分でない場合があること、事業に現に従事する配偶者であれば、事業の状況を知りうる立場にあり、保証のリスクを認識できること、配偶者間では、事業の損益を個人事業者と実質的に共有する立場にあることが理由とされる(一問一答155頁)。

◆ **個人事業者の配偶者保証**　実際的な考慮としては、配偶者保証に保証意思宣明公正証書の作成手続を課しても現実的な意味が小さいという評価があるのかもしれないが(山下・前掲注(53)12頁参照)、この問題は、本質的には、保証意思宣明公正証書制度が個人保証人保護の要請と中小企業融資の円滑の要請の間で設けられた、折衷的なものであることに由来する。同制度は、現状を踏まえつつも、個人保証を利用する融資慣行の抑制に向かう過程のものであると位置づけ、当面、②ⓑについては、「事業に現に従事している」という要件を厳格に解釈すべきであると考える。

---

[53]　経営者保証の理論的意味の分析として小出・前掲注(28)。もっとも、山下純司「債権法改正による保証の規律の変化と金融実務」金融法務研究会『民法(債権関係)改正に伴う金融実務における法的課題』(2018)1頁・11頁は、経営者保証を個人保証禁止の例外とする説明としてであればモニタリング機能(特にモラルハザードの防止)は意味をもつが、保証意思確認の要求の例外とする説明としては、経営者には保証意思を改めて確認するまでの必要がないことや公正証書作成費用の負担をあげるべきだという。

◇ これまでに出てきた保証人保護に関する規律をまとめると、次表のようになる（数字は条数、○囲み数字は項数を表す）。

	規　律	保証の種類	保証人の種類
保証契約書の作成	446②③	すべて	すべて
保証意思宣明公正証書の作成	465-6〜465-9	事業貸金等債務保証	個人
保証人に対する情報提供義務	465-10（主債務者：自らの財産状況等）	事業債務保証	保証の委託を受ける個人
	458-2（債権者：主債務の履行状況）	すべて	委託を受けて保証した者
	458-3（債権者：主債務者の期限の利益喪失）	すべて	個人
根保証における極度額・元本確定	465-2（極度額）	根保証	個人
	465-3（元本確定期日）	貸金等根保証	個人
	465-4①（元本確定事由）	根保証	個人
	465-4②（同）	貸金等根保証	個人
根保証人の解約権	判例	根保証	（個人）

第10章
債権債務の移転

第1節　2つの視点

　債権債務の移転については、2つの視点がある。第1は、債権が特定の当事者間の権利であるという視点である。これを徹底すると、債権は人と人とを結ぶ法律的な鎖(法鎖)であり、他人には移転できないことになる。第2は、債権が財産権であるという視点である。銀行預金、売掛金、手形などの債権は、財産権だというのが一般的な感覚であろう。財産権は、他に譲渡する必要が生じることがある。

　ローマ法では、第1の面が強調され、債権債務の移転は認められなかった[1]。しかし、それでは実際には不便なので、様々な技法を用いて、移転が試みられた。たとえば、更改や代理を用いる方法である。もっとも、更改(債権者又は債務者の交替)は、元の債権債務関係を消滅させて、新しい関係に切り替える制度であり、新旧債務の間に同一性がない。このため、旧債務についていた担保、保証、抗弁権は消滅し、新債務に移転しないのが原則である。また、債権関係の相手方の同意が必要である。代理を用いる方法は、移転先としたい人に債権を取り立てる代理権を与え、取り立てたらそれをそのまま代理人に取得させるというものだが、取り立てる前に本人が死亡すると代理権が消滅し、うまくいかない(角104頁)。これらの技法による解決には限界がある。

　そこで、近代法に至って、法律的な鎖という見方は棄てられ、合意によって

---

1)　債権譲渡の沿革については、甲斐道太郎・注民(11)336頁以下。

債権を同一性を保ったまま移転することが正面から認められるようになった。債権譲渡である。さらに、合意によって債務者が交替し又は追加されることも認められるようになった。債務引受である。また、個々の債権債務ではなく、包括的な「契約上の地位の移転(契約譲渡)」もある。歴史的にも、この順に各国の民法典に登場する。日本では、明治民法は債権譲渡のみを規定していたが、改正民法は、これを改正するとともに、債務引受及び契約上の地位の移転に関する規定を新設した。以下の3つの節で、これらの制度を順にみていく。

◆ **債権債務の移転の法制化**　1804年に制定されたフランス民法では、債権譲渡は部分的に姿を現していたが、債務引受の規定はなかった。1896年に公布されたドイツ民法は、債権譲渡と債務引受に関する規定を置いた。1942年に改正されたイタリア民法は、さらに契約譲渡の規定も置いた。近年の国際的契約原則や民法では、債務引受(債務譲渡)及び契約譲渡について規定することが一般化している。詳しくは→第3節1(1)◆〔752頁〕。

　日本では、債権譲渡については、1890年公布の旧民法に若干の規定があり、1896年公布の明治民法ではまとまった規定があったが、債務引受の規定はなかった。しかし、日本でも、実務上、債務引受は行われており、学説・判例は、ドイツ民法を参照しつつ、その検討を進めた。また、契約上の地位の移転も行われている。現行民法の背景には、このような状況がある。

第2節　債権譲渡

第1款　債権譲渡の意義

1　債権の移転の諸態様

債権は、様々な原因によって移転する。

① **法律行為による移転**　債権者と譲受人との間の契約(売買、贈与、代物弁済など)が主なものである。ほかに、債権者が遺言により債権を譲渡する遺贈、債権譲渡契約の解除などがある。

② 法律の規定による移転　　損害賠償による代位(422条)、弁済による代位(499条)などにより、債権は当然に移転する。

③ 裁判による移転　　最も重要なのは、転付命令(民執159条)である。これは金銭債権を強制的に移転する制度である。債権者Bが債務者Aに債権f_1を、Aがその債務者S(Bの第三債務者)に金銭債権f_2を有する場合、Bがf_2について差押命令を得たうえ、転付命令を取得すると、f_2がAからBに移転し、その「券面額」に相当する範囲で、f_1が弁済されたものとみなされる(民執160条)。このほか、譲渡命令等(民執161条)がある。

④ 他の債権の移転に随伴する移転　　元本債権が移転した場合の基本権としての利息債権、主たる債務者に対する債権が移転した場合の保証債務に係る債権がその例である。

⑤ 債権者の権利義務の一般承継　　相続、会社の合併・分割の場合である。

以上のうち、契約による移転を債権譲渡という。すなわち、債権譲渡とは、契約によって債権が同一性を保ったまま移転することである。遺言による移転も債権譲渡ということがあるが(於保293頁)、特有の問題もあるので、契約による移転を債権譲渡としたうえ、遺言によるものはそれに準じて取り扱うのが適当である(淡路432頁)。なお、裁判による移転のうち、転付命令は、債権譲渡と類似の結果をもたらすものであり、実際上、重要である。

2　債権と有価証券

民法の債権譲渡の規定は、9か条からなる。債権の譲渡性に関する466条ないし466条の6、債権譲渡の対抗要件に関する467条、譲渡された債権の債務者が譲受人に対抗できる事由に関する468条と469条である。ここで想定されている債権は、貸金債権、売買代金債権、不法行為に基づく損害賠償債権、建物賃借人がその建物を使用収益する権利、診療契約をした患者の医師に対する権利など様々なものがある。いずれも債権者が誰であるかが特定されている債権である。

これに対し、債権者の変動、つまり流通することを予定した債権もある。そのような債権は、証券と呼ばれる紙と結びつく形で発達してきた。手形、小切手、株券、社債券などである。このように権利と証券が結合し、権利の移転や

行使に際して、その証券が必要であるものを有価証券という(有価証券の厳密な定義については諸説あり、これはおおまかな説明である→第3款1(2)1つ目の◆〔743頁〕)。改正前民法には関連する規定(旧469条～旧473条)があり、民法学説はこれを「証券的債権」と呼ぶようになった。他方、商法学では、有価証券の概念が発達した。また、商法にも、有価証券に言及する規定がいくつかあった。「証券的債権」と有価証券の関係については諸説あるが[2]、いずれにせよ、「証券的債権」に関する規定が実際に適用される例は、「無記名債権」を除くと、非常に少なかった(「無記名債権」の外延については争いがあった)。現行民法は、「証券的債権」に関する規定を削除し、有価証券に関する規定を置いた(商法の関連規定は削除)。これが520条の2ないし520条の20であり、そのなかには有価証券の譲渡に関する規定も含まれている。これについては、後述することとし(→第3款)、まずは、一般的な債権の譲渡について検討する。

> ◆ **指名債権と証券的債権**　改正前民法は、債権一般に関する規定(旧466条)に続けて、①指名債権(債権者が誰であるかが債権者の名前によって特定された債権。旧467条・旧468条)、②指図債権(旧469条・旧470条・旧472条)、③無記名債権(旧473条)、④記名式所持人払債権(旧471条)の規定を置いた。学説では、①と証券との関係(於保322頁)や、④の性質(鳩山375頁)について議論があったが、②～④を「証券的債権」と呼ぶ見解(我妻554頁)が一般化した。現行民法は、②～④の規定を削除し、有価証券の規定を別に設けたので、債権の種類として①を②～④と区別する必要はなくなった。そこで、①の規律を改正した規定において、現行民法(467条～469条)は、単に「債権」と呼んでいる(一問一答212頁)。指名債権(créance nominative)の語については、本書3版520頁を参照。

---

2)　本書3版571頁以下、神作裕之①「有価証券」潮見ほか・改正285頁、同②・新注民(10)649頁以下、高田晴仁『有価証券法と民法の交錯』(2021)3頁以下〔初出1996〕・62頁以下〔改正コメ550頁以下〔高田晴仁〕が初出〕。

第2款　債権の譲渡

1　債権譲渡の可能性

(1)　民法典論争——債権譲渡は自由か

　債権を自由に譲渡できるかどうかについては、明治民法が制定される際に激しい議論があった。旧民法は、債権譲渡の自由を前提とする規定を設けた(財産編333条5項・347条1項)。これは、債権譲渡に債務者の承諾を必要とする太政官布告(明治9年7月6日第99号)に対立するものだった。そこで、旧民法に対し、わが国では債権譲渡の自由を認めないのが旧来の慣習であるとの批判が投じられ、民法典論争の大きな争点となった。

> ◆ **旧民法をめぐる議論**　　(旧)民法典の施行延期を主張する延期派(江木衷など)は、こう批判した。この民法典は、個人の権利の保護に主眼をおき、私権の絶対を確定するにのみ急であり、経済社会における弱肉強食の自由活動を奨励し、金銭的利益について弱者に対し冷酷である。債権譲渡を自由にすると、親友同士の借金が高利貸に譲渡された場合には「甲乙親友間の貸借も忽ちにして高利貸に対する債務と化し、最も恐るべき債主に対する義務と変ずべし」。これに対し、施行断行を主張する断行派(梅謙次郎など)は、債権譲渡の自由を擁護した。高利貸に債権を譲渡するような者は「決して親友にあらざることは言うを待たず」と切り返し、譲渡を禁止しても債権者が高利貸に委任状を与えて取り立てることは認められるから意味がないし、債務者は約束通りの債務を履行すればよいだけのことだから特に不利益はないはずだ、と主張した[3]。

　そこで、妥協の結果、明治民法466条が制定された。これは、債権の譲渡はその性質が許す限り自由であるという原則(1項)を掲げたうえ、当事者が譲渡を禁止する特約をすれば譲渡できなくなる、ただし、特約は善意の第三者に対抗できない(2項)とするものである。しかし、この妥協の所産は、現実にはう

---

[3]　米倉明『債権譲渡——禁止特約の第三者効』(1976) 25頁以下、星野・前掲序章注(1) 180頁・241頁。

まく機能しなかった。また、債権譲渡の実態にも変化が生じた。そこで、債権の譲渡性に関する規律が現代化された。これが466条ないし466条の6である。債権譲渡を性質の許す限り自由とする原則(466条1項)を維持し、特約による制限について詳しく規定する(同条2項〜466条の5)。次項((2))では、譲渡が制限される場合を3つに分けて検討する。現行民法は、また、将来債権の譲渡性について新たに規定を置いている(466条の6)。これは、その後、検討する(→(3))。

(2) 債権譲渡の制限

(a) 債権の性質による制限

債権の性質が譲渡を許さない場合は、譲渡ができない(466条1項但書)。そのような債権は、当事者の意思表示をまたず、また、譲受人その他の第三者の主観的態様を問わず、当然に、譲渡することができない。債権の同一性を保ったまま移転するという債権譲渡の制度の範囲、あるいは、債権の譲渡可能性の範囲を画する機能をもつ。具体的には、債権の発生原因(契約ならその目的)[4]、債権の内容、債権の行使又は債務の履行において債権者の行為がもつ意味、債務者の利益などを総合して判断すべきである。

たとえば、①債権者によって権利の行使態様が異なる債権(使用借権〔594条2項〕、賃借権〔612条1項〕、使用者の権利〔625条1項〕)、②債務の履行において債権者のすべき行為の意味が重要な意味をもつ債権(「教授ノ義務」)、③特定の当事者間で決済されるべき債権(交互計算〔商529条以下〕に組み入れられた債権)、④特定の債権者が行使することに意味がある債権(契約上の扶養請求権[5]、不法行為に基づく慰謝料請求権で未確定のもの[6]など[7])は、性質上、譲渡が許されない(①は、債権者が義務を負う場合でもあり、義務を伴う権利の譲渡が禁じられているとみることもできる〔奥田＝佐々木下812頁〕)。

---

[4] 加毛明「受益権の譲渡性・差押可能性の制限」樋口範雄＝神作裕之編『現代の信託法』(2018)47頁参照〔アメリカ法の浪費者信託と比較しつつ、信託目的を根拠とする受益権の性質上の譲渡制限(信託93条1項但書)を検討する〕。

[5] 加毛・前掲注(4)は、旧民法財産取得編169条3項及び奥田433頁注8にも言及したうえ、無償の財産処分という観点からの検討の必要性を指摘する。

[6] 前田陽一「不法行為に基づく損害賠償請求権の『帰属上』『行使上』の一身専属性の再検討」立教法学44号(1996)60頁、同『債権各論Ⅱ不法行為法〔第3版〕』(2017)124頁。

[7] 石油試掘奨励金交付請求権(大判昭10・1・14民集14巻1頁)、受刑者の作業報奨金支給請求権(最決令4・8・16民集76巻6号1271頁)〔いずれも譲渡・差押えを不可とする〕。

◆「教授ノ義務」　譲渡が許されない性質の債権の例として、明治民法の起草者以来、特定の個人に対する「教授ノ義務」があげられ(梅 207 頁)、債権者が変わると給付内容が変わるからだと説明されてきた(我妻 522 頁、於保 300 頁)。たしかに、「A を教えよという権利」を譲渡して「B を教えよという権利」にすることはできない。しかし、「A を教えよという権利」を A が B に譲渡することは可能であり、その場合は、A が「教わる」ための協力をし続けるかどうかが問題になるだけである(「債権者としての A」と「債権の目的にかかわる A」の分離)。

ここでは、債権の内容が何かが重要である。譲渡により、債権の同一性が失われる場合(もはや債権譲渡とはいえない)、債権の目的となる者の行為態様の変化が生じうる場合(上記の例のほか、教えるべき「A」が一定類型の人々を意味するとき)、債権に関する特約の違反を伴う場合(→第 4 節 3 の 4 つ目の◆[776 頁])を分けて検討すべきである。

(b)　法律の規定による制限

制定法が債権の譲渡を禁止している場合も少なくない。扶養請求権(881 条)、年金受給権(国年 24 条など)、生活保護を受ける権利(生活保護 59 条)などである。特定の債権者自身に対して履行されることが必要であると法律が認めている場合である。これらの債権については、通常、差押えも禁止される。

差押えが禁止されている債権(民執 152 条)はどうか。①差押えが禁止されても譲渡はできるという説(我妻 525 頁、於保 306 頁)と、②譲渡も禁止されるという説(林ほか 492 頁[高木]、前田 401 頁、澤井 126 頁、淡路 435 頁)がある。②は、差押禁止が債権者の生活保障によることから導く。しかし、そうであるならば、差押禁止から導くのではなく、端的に債権者の生活保障から導く方が直截である。①を前提に考えてよい(そのうえで、90 条違反によって譲渡が無効とされる場合はありうるが、それは別論である。潮見新Ⅱ 385 頁参照)。

また、譲渡の目的が社会的に望ましくない場合に、禁止されることがある。信託法 10 条、弁護士法 73 条の一般的禁止のほか、貸金業者が暴力団員などに債権譲渡をすることを禁止する貸金業法 24 条 3 項がある。

このほか、債権譲渡が実質的に制約されることがある。賃金債権の譲渡は可能だが、直接払いの原則(労基 24 条 1 項)により、債務者は譲渡人に支払わなければならない(最判昭 43・3・12 民集 22 巻 3 号 562 頁参照)。また、債権譲渡の対価と

して金銭を交付するという形式をとっていても、貸金業法及び出資法上の「貸付け」にあたるとして、その規制を受けることがある(最決令5・2・20刑集77巻2号13頁、重判令5民3[原田昌和]、根崎修一「判解」曹時77巻1号〔2025〕314頁→5(1)(b)◆〔719頁〕)。

(c) 譲渡制限特約による制限

(ⅰ) **譲渡制限特約の意義**　前述の通り、明治民法は、債権の譲渡性について、妥協的な規律とした。すなわち、債権譲渡は原則として自由だが、当事者がそれを禁止する特約は有効であるとする。この特約の機能として、明治民法制定当時に考えられていたのは、債権が苛酷な取立てをする取立屋などに譲渡されるのを防ぎ、弱い債務者を保護することだった。しかし、その後、特約は、銀行や公共団体など、いわば強い債務者によって、自らに対する債権の譲渡を禁止するために用いられることが多くなった(銀行預金債権や建設業者の公共工事請負代金債権について、債務者の主導により譲渡禁止特約が付されるなど)。その理由は、①債務者における事務手続の煩雑の防止、②過誤払いの危険の回避、③債務者からの相殺の可能性の確保(特約がないと債務者たる銀行は預金債権の譲渡後に取得した債権と相殺できない)、④債務者が取引関係をもつことを望まない第三者への債権の移転の防止などである[8]。部会では、このような理由の評価や債権譲渡の現代的機能の検討が進められた[9]。その結果、一方で、債務者の側には、債権者を当初の人に固定するという利益の保護の要請があり、他方で、債権を譲渡したいという債権者の利益の保護、債権を譲り受けた者の利益の保護、ひいては取引安全の保護の要請があることが判明した。現行民法は、これらの要請の調整を図り、以下のような精緻な規定を設けている。

---

[8] 米倉・前掲注(3)70頁以下。岡本雅弘ほか「座談会 銀行取引から見た債権法改正の検討課題」金法1800号(2007)6頁・26頁以下。④は、法制審議会民法(債権関係)部会参考資料7-2による。

[9] 部会資料74A、第1、1説明2。詳細は、本書4版629頁を参照。債権譲渡の現代的機能との関係では、譲渡禁止特約が集合債権の担保化や債権流動化取引(→6(4)〔738頁〕)の支障となり、企業の資金調達の支障となることが強く主張されていた(池田真朗『債権譲渡法理の展開』〔2001〕304頁以下〔初出1999〕、道垣内弘人ほか「座談会 資金調達手法の多様化と新しい担保制度」ジュリ1238号〔2003〕2頁・22頁以下を参照)。もっとも、実務上、新たな形で譲渡禁止特約を利用する金融取引も生まれており、特約に対する需要もあるとの指摘もあった(池田・前同338頁)。比較法的観点からの検討として、白石大「債権譲渡制限特約に関する法改正の日仏比較」瀬川＝吉田古稀上529頁。

(ⅱ) **譲渡制限特約の効力**

α　**基本構造**　譲渡制限特約がある場合について、466条2項ないし4項が基本構造を定める。これは、譲渡制限特約に反する譲渡も有効とするとともに、債務者の「債権者固定の利益」を「弁済先固定の利益」の範囲で認めるものである。

(ア)　**譲渡制限特約に反する譲渡の効力**　債権の譲渡を禁止し、又は制限する意思表示があっても、それに反してされた譲渡は有効である(466条2項)。譲渡の「禁止」のほか、「制限」もあるのは、一定範囲の禁止などの限定的な制約(金融機関以外に対する譲渡の禁止、一部のみの譲渡の禁止、譲渡に一定の条件を付すことなど)も含ませるためである。「意思表示」には、合意のほか、遺言も含まれる(一問一答162頁)。もっとも、実際には、ほとんどが合意によるものなので、譲渡制限特約と呼ぶことが多い(同161頁)。

改正前民法のもとの判例は、債権譲渡禁止特約に反する譲渡を無効としていた。現行民法は、前述の調整にあたって、企業の債権譲渡による資金調達の円滑化の要請などを考慮し、特約の効力を弱めて、譲渡を有効とする(一問一答161頁、潮見新Ⅱ394頁注132参照)。

> ◆　**改正前民法のもとでの譲渡禁止特約違反の効力**　改正前民法のもとで、譲渡禁止特約に反して債権が譲渡された場合につき、①物権的効力説と、②債権的効力説の対立があった(本書3版526頁以下)。①は、譲渡禁止特約によって債権の譲渡性が奪われ、それに反する譲渡は無効であり、譲渡人・譲受人間でも債権譲渡の効力が生じないと考える。伝統的な通説であった(我妻524頁)。②は、特約によって債権者は債務者に対して債権を譲渡しないという義務を負うだけであり、これに違反して譲渡したとしても、債権者が債務者に対して債務不履行責任を負うだけで、譲渡人(債権者)・譲受人間の譲渡自体は有効である、ただし、譲受人が悪意の場合には、債務者は悪意の抗弁権を主張できると考える。近年、有力になっていた(前田400頁、平井136頁)。判例は、基本的には①をとりつつ、絶対的無効とは少し異なる効果を与えていた(最判昭52・3・17民集31巻2号308頁、最判平9・6・5民集51巻5号2053頁〔事後の債務者の承諾につき無権代理に関する116条の法意により解決〕、百選Ⅱ21〔野澤正充〕、最判平21・3・27民集63巻3号449頁〔無効の主張権者を制限〕)。

(イ)　**債務者の保護**　現行民法は、譲渡制限特約に反する譲渡を有効とし

たうえで、債務者の保護を図る(466条3項)。すなわち、債務者は、譲渡制限特約について悪意又は善意重過失である譲受人その他の第三者に対し、履行を拒絶することができる。また、債務者は、譲渡人(原債権者)にした弁済その他の債務消滅事由を、譲受人その他の第三者に対抗することができる。債権者の変更を認めつつ、債務者の弁済先固定の利益を保護するものである[10]。

「譲受人その他の第三者」というのは、債権の譲受人のほか、債権の譲渡担保権者、債権の質権者などである。以下、「譲受人」で代表させる。

譲受人が悪意又は善意重過失であっても、債権譲渡は有効であり、譲受人が債権者となり、譲渡人はもはや債権者ではない。しかし、466条3項により、債務者は、譲受人が(債務者対抗要件〔467条1項〕を備えたうえ)履行の請求をしてきても拒絶できる。債務名義を有する譲受人が強制執行をしたとしても、同様である。期限の定めのない債権が譲渡された場合、悪意又は善意重過失の譲受人が履行の請求をしても、債務者は履行遅滞にならない(412条3項参照)。債務者が譲受人に履行すれば、もちろん、それは有効である。

債務者が譲渡人に弁済すれば、債務は消滅し、その効果を譲受人に対し主張できる。「その他の債務を消滅させる事由」としては、相殺が想定される(一問一答162頁、潮見新Ⅱ399頁)。譲渡人は、もはや債権者ではないが、債務者の弁済先固定の利益を保護するため、弁済その他の債務消滅事由の相手方となる資格(弁済については受領権限)を、法が与えるものである。譲渡人が債権者となるわけではないので、譲渡人としての立場で履行の請求をすることはできない。譲渡人が債務者から給付を受領したときは、これを債権者である譲受人に引き渡さなければならない[11]。

---

10) 千葉恵美子「債権譲渡制限特約と民法改正」大塚龍児古稀『民商法の課題と展望』(2018)409頁・414頁は、悪意又は善意重過失である譲受人等との関係で、信義則違反による効果を認めたものだという。

11) 譲受人の譲渡人に対する引渡請求権の性質につき、①不当利得返還請求権(703条・704条)、②事務管理における本人の引渡請求権(701条・646条1項)、③委任者の引渡請求権(646条1項)などの可能性がある。①では利得の不当性が、②では「義務なく」の要件が、③では契約の不存在が問題となる。①も考えられる(白石大「債権譲渡制限特約を譲受人に対抗しうる場合の法律関係」法教478号〔2020〕18頁・19頁〔受領権限と保持権限を区別する〕)が、④譲渡制限特約を付した債権譲渡契約の解釈として、譲渡人が法定の受領権限に基づく受領をしたときは譲受人に引き渡すべきことが合意されているといえるのではないか。

◆ **対抗できる債務消滅事由** 466条3項の「譲渡人に対する弁済その他の債務を消滅させる事由」の「弁済」は、「その他の……事由」の例示である（459条1項の「弁済」は「その他自己の財産をもって債務を消滅させる行為」と並列である——「その他の」と「その他」の違い）。「譲渡人に対する」は「その他の事由」にもかかると解すべきこと、466条3項は同条2項を前提にしたうえで上記事由の対抗を特に認めたものであることから、この事由は債務者による譲渡人に対する債務を消滅させる事由に限定されると考えるべきである（類似の表現をする破産法104条2項について議論があるが、問題は異なる）。したがって、譲渡人からの免除はもちろん、譲渡人とともにする代物弁済や更改も含まれない（改正コメ401頁〔石田剛〕、奥田＝佐々木下830頁）。そこで、対抗できるのは、譲渡人に対する弁済、供託、相殺となる（混同も含める解釈の余地はある）。このうち、供託については466条の2に規定されているので、それによることになり、結局、弁済のほかは相殺となる。

　債務者は、相殺の意思表示を譲渡人に対してすれば、それを譲受人に対抗することができる（譲渡制限のない債権の譲渡の場合は、相殺の意思表示の相手方は譲受人である→第8章第5節3(3)(b)〔504頁〕）。なお、相殺の範囲も拡張される。相殺の譲受人への対抗については、対抗要件具備時を基準時とする一般的規律があるが（469条1項・2項）、466条3項のもとでは、対抗要件具備後の事由も対抗できるので、この規律によることは整合的でない。そこで、同項は、一般的規律の基準時である「対抗要件具備時」に代えて、「〔466条4項の〕相当の期間を経過した時」を基準時とした。つまり、債務者は、対抗要件具備時（467条1項）の後、相当期間経過時（466条4項）より前に、取得した譲渡人に対する債権を自働債権とする相殺も、譲渡人に対してすることができ、これを譲受人に対抗することができる。

（ウ）　**譲受人の保護**　債務者の保護をしたうえで、悪意又は重過失の譲受人の保護も図られる（466条4項）。すなわち、債務者が債務を履行しない場合、譲受人は債務者に対し、相当の期間を定めて、譲渡人に履行するよう催告し、その期間内に履行がないときは、債務者は、譲受人に対し、履行拒絶も譲渡人にした弁済等の対抗も、できなくなる。以後、譲受人は、債務者に対し、履行の請求をして、期限の定めのない債務の履行遅滞を生ぜしめること（412条3項）や、強制執行及び担保権の実行ができることになる。466条3項だけだと、債務者は、一方で譲受人に対しては履行を拒み、他方で譲渡人に対しては既に債権者でないと主張して履行を拒めることになり、不当だからである。

　「債務者が債務を履行しない」というのは、期限の定めのない債務において、

債務者が履行遅滞に陥っていることは必要なく、事実として履行しないことで足りると解すべきである[12]。さもないと、譲受人も譲渡人も請求できないために遅滞に付することができず、別途の対策を講じない限り、466条4項の規律が働かないことになるが(部会資料74A、第1、1説明3(2))、それは不当だからである(別途の対策については、次の◆を参照)。

◆ **債務者を履行遅滞にする方法**　譲渡制限特約のある期限の定めのない債務が譲渡され、譲受人が悪意又は善意重過失である場合、債務者を遅滞に付する(412条3項)ためには、本文に記載した通り、466条4項の相当期間経過後に、譲受人が履行の請求をすればよい。それ以前にできるだろうか。債務者が譲渡を承諾すれば、譲受人が履行を請求できることには、異論がない。
　問題は、譲受人が取立権限(請求権限)を譲渡人に与え、それに基づいて譲渡人が請求することによって、債務者を遅滞に付することができるかである。①否定説と、②肯定説がある。①は、譲受人が履行の請求をした場合に債務者は履行を拒めるのだから、譲受人が取立権限を与えたとしても同じであり、この権限に基づく譲渡人の請求に対し債務者は履行を拒むことができ、遅滞に陥ることもないという(潮見新Ⅱ398頁以下、中舎391頁、平野・改正250頁)。②は、これに対し、ⓐ466条は、悪意又は善意重過失の譲受人を債権者としたうえで、債務者の弁済先固定の利益を尊重して、譲受人からの履行請求を拒めるとしたという制限を付したにすぎず、譲渡人の請求に付遅滞の効果を付与することは、同条の制度趣旨に反しないこと、ⓑ期限の定めのない債務の債務者は、債権発生の時から権利を行使されうる立場にあるのであり、請求を受けても新たな不利益が生じるわけではないこと、ⓒこれは「何人も自身が有するものより多くの権利を他人に移転できない」という法格言の働く場面の問題ではないこと、ⓓ集合債権譲渡担保や債権流動化による資金調達の際、譲渡人が取立権限を付与されることが多いが(→6(3)(a)〔733頁〕・6(4)(c)(ⅱ)〔740頁〕)、この取立権限に付遅滞の効力がないとすることは実務上の支障をきたし、改正の趣旨に適合しないこと、を指摘する[13]。②の説明に説得力があり、

---

[12]　立場は異なるが、この結論を認めるものとして、潮見新Ⅱ403頁、中田ほか・改正215頁[沖野]。他方、栗田口太郎「債権譲渡制限特約の未来」池田古稀99頁・118頁は、履行遅滞にあることを要するとしつつ、譲受人が「譲受人又は譲渡人に履行せよ」という請求をすれば履行遅滞になるという(これは、466条4項の催告や466条の2・466条の3の供託との制度的整合性が課題となろう)。

[13]　部会議事録93回44頁[松岡委員発言]、鎌田ほか・改正110頁以下[内田貴]。栗田口・前掲注(12)115頁参照。②をとるものとして、一問一答162頁以下、大村＝道垣内・改正281頁[加毛明]、中田ほか・改正215頁[沖野]、白石・前掲注(11)21頁、改正コメ402頁[石田]、奥田＝佐々木下831頁、山野目359頁、角紀代恵・新注民(10)19頁。部会資料81-3、第2、1(1)説明参照。

これを支持したい。

◆ **転得者** 譲渡制限特約のある債権を悪意（又は善意重過失。以下略）の譲受人から譲り受けた転得者が善意である場合、債務者は特約を対抗できない（旧466条2項につき、大判昭13・5・14民集17巻932頁）。善意の譲受人から譲り受けた転得者が悪意である場合も、債務者は特約を対抗できないと解すべきである（潮見新Ⅱ401頁。反対、千葉・前掲注(10)417頁）。処分行為の有効性を確定することによる法的安定性の要請、善意の譲受人が債権を処分する可能性の保障、債務者は弁済先固定の利益を既に失っていることが理由である（善意の譲受人が藁人形である場合は別）。債務者は、悪意の転得者に対し、履行の拒絶をできないし、善意の譲受人に弁済しても対抗できない（民法改正前の学説状況については、本書3版528頁）。

◆ **特約違反の契約法上の効果** 譲渡制限特約に反する譲渡がされた場合、債務者の弁済先固定の利益は、466条3項によって保護され、また、債務者が不安定な立場に置かれることについては、466条の2の供託による対応（→β）がされている。とはいえ、譲渡人が特約に違反したことは、債務者との関係では債務不履行と評価される可能性がある。そこで、①債務者は、債務不履行を理由に契約の解除（541条・542条）ができるか、②特約違反を約定解除事由として定めた場合、それは有効か、③特約違反を理由として、当該個別契約を含む基本契約を解除することや、その更新を拒絶することは認められるか、④債務者は、債務不履行に基づく損害賠償請求（415条）ができるか、⑤特約違反について違約金条項又は損害賠償額予定条項を定めた場合、それは有効かなどの問題があり、実務的関心が高い。債権の流動化を推進する観点からは、民法が諸利益を調整のうえ、債務者の利益を保護する制度を用意したことを理由に、債務不履行とすることに消極的な方向で解することになる[14]。たとえば、①は解除の要件を満たさない、④は損害がない、②③⑤は権利濫用であるなどである。しかし、上記の観点を尊重しつつも、個別的に検討すべきであろう[15]。すなわち、まず、⓪特約が譲渡を禁止したものか、譲渡した場合に債務者に466条3項の抗弁を付与するという合意なのかを検討する（中間試案説

---

14) 消極的方向のものとして、一問一答164頁以下、潮見新Ⅱ395頁、井上＝松尾・改正202頁以下、鎌田ほか・改正78頁以下［末廣裕亮］、道垣内＝中井・改正230頁以下［井上聡］、堀内秀晃「民法改正と譲渡制限特約」金法2031号（2015）15頁。

15) 中田ほか・改正221頁以下［沖野］、道垣内＝中井・改正230頁以下［山野目章夫・深山雅也］、鎌田ほか・改正111頁以下［内田］（ただし、内田249頁は消極方向）、石田ほか234頁［石田］、加毛明「民法（債権関係）改正と債権譲渡」金融法務研究会『民法（債権関係）改正に伴う金融実務における法的課題』(2018)15頁、森田監・改正163頁以下［三枝健治］、改正コメ406頁［石田］、長島LO 467頁以下。

明237頁、加毛・前掲注(15)25頁以下)。後者なら、譲渡は債務不履行とならない。前者である場合、①は、適用すべき規定は541条か542条か、542条だとすると契約目的達成不能といえるか、解除権が認められる場合にその行使が権利濫用法理又は信義則によって制限されるべき事情はないか、②は、当該特約には弁済先固定の利益の保全以外の合理的な理由があるか(たとえば、建設工事標準請負契約約款〔2019年改正〕において、請負代金債権の譲渡制限特約は、建設工事請負人〔債権者〕による適正な施工及び工事の完成を担保とする目的があるものと考えられており、その効力は前払金や部分払等の制度も併せて評価する必要がある)、③は、継続的契約の解消の観点からどのように評価すべきか、④は、485条の増加費用に吸収されない損害があるか、⑤は、②と同様に合理的な理由があるか、などを検討すべきである。

β 債務者の供託

(ア) 債務者の供託権　譲渡制限特約のある債権が譲渡された場合、譲受人が債権者となるので、債務者にとって債権者を確知できない(494条2項)とはいえない。しかし、譲受人が悪意又は善意重過失である場合は、債務者は、譲受人の履行の請求を拒み、譲渡人に弁済することができる(弁済先固定の利益が保護される)が、そうでない場合は異なるので、不安定な状態に置かれる。そこで、第三債務者の権利としての執行供託(民執156条1項)を参考にして、債務者の供託の制度が新設された。譲渡制限特約付きの金銭債権が譲渡されたときは、債務者は債権全額に相当する金銭を供託することができる(466条の2第1項)。被供託者は譲渡人及び譲受人であり(供託規16条1項)、債務者は遅滞なく両名に供託の通知をしなければならない(466条の2第2項)。供託金還付請求権は、譲受人のみが有する(同条3項)。したがって、譲渡人の債権者が供託金還付請求権を差し押さえることはできない(部会資料78B、第3、1説明2(2))。この供託は弁済供託としての性質をもち、債務者が供託した時に債権は消滅する(494条1項)。

(イ) 債務者の供託義務　譲渡人が破産した場合、債務者に供託義務が生じることがある。すなわち、譲渡制限特約付きの金銭債権が譲渡された場合、譲渡人について破産手続開始決定があったときは、譲受人(債権全額の譲受人であって、第三者対抗要件〔467条2項等〕を備えたものに限る)は、特約について悪意又は善意重過失であったときであっても、債務者に債権全額に相当する金銭を

供託させることができる(466条の3。倒産法交錯300頁[白石大])。この場合も、被供託者は譲渡人及び譲受人であって債務者は両名に供託の通知をしなければならないこと、供託金還付請求権は譲受人のみが有すること、供託により債権が消滅することは、(ア)と同じである(同条後段・466条の2第2項・3項・494条1項、供託規16条1項)。

466条3項は、譲渡人が債務者から弁済を受け、譲渡人がこれを譲受人に引き渡すことを予定しているが、譲渡人が破産し、その後に債務者が弁済した場合、譲受人がその全額を受け取れないおそれがある。そこで、466条の3は、譲受人が、債務者に対し供託を請求し、供託させたうえ、還付を受けることによって、債権を回収できるようにする(部会資料78B、第3、1説明3(2)、一問一答168頁)。主体を全額の譲受人に限っているのは、複雑化や債務者の過重負担を避けるためである(部会資料81-3、第2、1(3)説明、内田248頁)。

◆ **債務者が供託の請求に応じない場合**　この場合、譲受人は債務者に対し、給付訴訟を提起し、金銭の支払を供託の方法によりすべき旨の判決(供託判決。民執157条4項)を得る(部会資料81-3、第2、1(3)説明)。債務者がそれに応じないときは、供託判決に基づいて、債務者を執行債務者とする強制執行をする(中野＝下村・民執747頁以下)。譲受人が供託を請求したにもかかわらず、債務者が破産管財人に弁済した場合、債権は消滅しない(譲受人は債務者に対し訴えを提起し、供託判決を得ることができる)。

γ　**債権の差押え**　譲渡制限特約があっても、当該債権が強制執行により差し押さえられた場合は、債務者は対抗できない(譲渡人の債権者が差し押さえた場合が典型例)。すなわち、債務者は、差押債権者に対し、履行の拒絶や譲渡人に対する弁済その他の債務消滅事由の対抗をすることはできない(466条の4第1項・466条3項)。さもないと私人間の特約で容易に強制執行を免れる財産を創設できることになり、そうなっては民事執行法で差押禁止財産を特に列挙して法定した趣旨に反するからである。改正前民法のもとでの判例法理(最判昭45・4・10民集24巻4号240頁)を明文化したものである。

ただし、強制執行による差押えといっても、悪意又は善意重過失である譲受人の債権者が債権を差し押さえた場合は、債務者は差押債権者に対し、466条

3項と同様、履行の拒絶及び譲渡人に対する弁済等の対抗ができる(466条の4第2項)。差押債権者には、執行債務者(譲受人)の有する権利以上の権利が認められるべきではないからである(部会資料74A、第1、1説明3(3))[16]。

(ⅲ) **預貯金債権の特則**　預貯金債権については、特則がある。譲渡制限特約付きの預貯金債権が譲渡された場合、債務者は、悪意又は善意重過失の譲受人その他の第三者に対し、その特約を対抗することができる(466条の5第1項)。すなわち、①譲渡が禁止されているときは、譲渡の効力が生じず、②譲渡の効力が生じるための一定の条件が付されているときは、その条件に従う(部会資料83－2、第19、1(5)説明)。①については、改正前民法のもとでは、譲渡禁止特約に反する譲渡の効力について議論があったが(→(ⅱ)α(ア)◆〔672頁〕)、466条2項の特則として466条の5を設けたことに鑑みると、ここでは、譲渡の効力が生じないと解すべきである。

このように、預貯金債権の譲渡制限特約については、改正前民法とほぼ同様の規律が存置され、特約が尊重される。その理由は、預貯金債権の特色(流動性預金では金額が増減することが予定されているため、譲渡を有効とすると法律関係が複雑化する)、その社会的機能(大量の定型的取引が行われるので、法律関係が複雑化すると、払戻しに支障が生じ、また、金融システムの円滑に支障が生じる)、譲渡を有効とする必要性の乏しさ(預貯金債権は直ちに資金化できるので、資金調達のために譲渡することは行われていない。預貯金債権による決済は債権譲渡でなく振込みの方法で行われる)である[17]。

もっとも、譲渡制限特約付きの預貯金債権に対し、強制執行による差押えがされたときは、債務者は差押債権者に対し、特約を対抗することができない(466条の5第2項)。改正前民法のもとの判例(最判昭45・4・10前掲)・通説と同様である。

---

16)　466条の4は、強制執行としての差押えに関する規定であり、担保権の実行としての差押えは対象外である(譲渡担保権・質権については、担保権者は466条3項の「譲受人その他の第三者」であり、同項の規律に服する)。ただし、先取特権の実行としての差押えには、類推適用することができるだろう。潮見・新Ⅱ410頁以下、中田ほか・改正219頁以下〔沖野〕、角・新注民(10)25頁。

17)　部会資料81－3、第2、1(5)説明、一問一答172頁以下、角・新注民(10)29頁。最後の点については、加毛・前掲第8章注(4)260頁以下〔債権譲渡以外の決済方法の利用が保障されていることを重視する。その観点から、資金移動業電子マネーについても、一定の条件のもとに466条の5第1項の類推適用を認める(同262頁以下)〕。

> **◆ 譲渡制限特約付き預貯金債権の譲渡と債務者の承諾** 債権者(預貯金者)Ａの債務者(金融機関)Ｓに対する譲渡制限特約付き預貯金債権の譲渡をＳが承諾したらどうなるか。改正前民法のもとで、旧466条2項について議論があった。まず、Ｓの承諾が譲渡前にされていれば、問題はない。もともとAS間の合意による制限だから、それをなくしただけのことである(旧466条2項につき、最判昭28・5・29民集7巻5号608頁)。
>
> Ａが悪意又は善意重過失のＢに譲渡した後、Ｓが承諾した場合、第三者(たとえば、その債権を差し押さえたＡの債権者Ｃ)との関係が問題となる。譲渡制限特約がなければ、ＢとＣの優劣は、Ｂの第三者対抗要件具備(確定日付ある証書によるＡからＳへの通知又はＳの承諾。467条2項)と、Ｃの差押えとの先後によって決まることを前提とする。
>
> 改正前民法のもとの判例は、①譲渡禁止特約のある債権のＡからＢへの譲渡、②Ｂの対抗要件具備、③Ｓの承諾、④Ｃの差押え、という順に生じた場合につき、Ｓの承諾により、債権譲渡は譲渡の時(①)に遡って有効になると述べ、Ｂを勝たせた(最判昭52・3・17前掲。Ｓの承諾の後に、Ｂは改めて対抗要件を備える必要があるというＣの主張を排斥)。他方、①Ａの譲渡、②Ｂの対抗要件具備、③Ｃの差押え、④Ｓの承諾、という順に生じた場合につき、「右債権譲渡は譲渡の時にさかのぼって有効となるが、民法116条の法意に照らし、第三者の権利を害することはできない」と述べ、Ｃを勝たせた(最判平9・6・5前掲)。これは物権的効力説を前提として、無効行為についての「追完の法理」により解決したものと理解された。この判例法理は、466条の5についても残存することになろう(潮見新Ⅱ418頁、千葉・前掲注(10)423頁)。

(3) 将来債権の譲渡性

(a) 譲渡の可能性と民法の規定

民法は、将来債権の譲渡が可能であると定める。すなわち、「将来債権の譲渡性」を条見出しとする466条の6は、「債権の譲渡は、その意思表示の時に債権が現に発生していることを要しない」と規定する(1項)。将来債権とは、譲渡の意思表示の時に「現に発生していない債権」である(同項・467条1項)。将来債権が譲渡された場合、譲受人は、発生した債権を当然に取得する(466条の6第2項)。対抗要件については、将来債権の譲渡は、「債権の譲渡」に含まれ、同じ規律に服する(467条)。質権設定の対抗要件も同様である(364条)。

将来発生すべき債権も譲渡することができ、債権発生前でも対抗要件を備え

うることは、大審院時代から認められていた（大判昭 9・12・28 民集 13 巻 2261 頁）。近年、中小企業がその売掛債権等を譲渡したり、譲渡担保に供するなどして、資金調達をする方法が広まり、社会的にも重要性を増している。そこで、現行民法は、将来債権の譲渡に関する従来の判例法理を基本としつつ、規律内容を明確化した（一問一答 174 頁）。なお、担保要綱にも関連する規律がある（→6(3)(b)〔734 頁〕）。

> ◇　将来債権には、様々なものがある[18]。①賃貸借契約に基づいて各期に発生する具体的な賃料債権（森田・深める 110 頁参照）、②医師が診療報酬支払基金から、毎月、支払を受けるべき診療報酬債権、③基本契約に基づく商品売買取引において、将来締結される個別契約により発生する代金債権、④特定の商品の販売会社が一定地域内の不特定多数の顧客に対して今後 1 年間に取得する当該商品の売買代金債権などである。債権譲渡契約を締結した時点での譲渡の対象となる債権は、次の状態にある。債務者は、①②③では特定の 1 人であり、④では不特定多数である。譲渡人と債務者となるべき者との間で債権を発生させる法的原因は、①②では存在し、③では基本契約の拘束性（個別契約締結義務等）によって異なり、④では存在しない。債権の額は、①では定まっているが、②③④では定まっていない。

(b)　将来債権の譲渡の検討の順序

将来債権の譲渡については、基本的な問題がある。

まず、将来債権の譲渡とは何か。467 条 1 項は、「現に発生していない債権の譲渡」が「債権の譲渡」に含まれると規定するが、「現に発生していない債権」が「債権」に含まれるかどうかは明示していない（部会資料 81-3、第 2、2 (1)説明）。そこで、「現に発生していない債権」ないし「将来債権」の譲渡とは何かが問題となる。

次に、譲受人は、いつ、どのようにして債権を取得するのか。466 条の 6 第 2 項は、「譲受人は、発生した債権を当然に取得する」と規定する。そこで、取得のプロセスをどう考えるのかが問題となる。

これらの問題を論じることに意味があるのかという点も含め、議論があるが、

---

[18] 和田勝行『将来債権譲渡担保と倒産手続』(2014) 17 頁は、債権譲渡契約締結時に対象となる債権の法的原因が存在しないかどうかによって、狭義の将来債権と広義の将来債権を区別するドイツの議論を紹介する。

それを理解するためには、債権譲渡一般についての知識が必要になる。そこで、以下では、まずは、債権譲渡の要件(2)、債務者との関係(3)、債務者以外の第三者との関係(4)、債権譲渡の機能(5)、集合債権の譲渡(6)の各項で、債権譲渡一般の説明とともに将来債権の譲渡に関する規律の説明をする。上記の基本的な問題はその後に検討することにしよう(→6(2)(c)(ⅱ)〔729頁〕)。さしあたって、将来債権とは、将来発生すべき債権という程度の意味で、説明を進める。

2 債権譲渡の要件

(1) 成立要件と対抗要件

債権者Aの債務者Sに対する債権fがAからBに譲渡され、譲受人Bが新たな債権者となるということには、①AB間の契約によってAからBに債権fが移転すること、②Bが新たな債権者としてSに対し債権fを行使できること、③Bは第三者との関係でも債権fの債権者であると主張できること、という3つの内容が含まれている。③の「第三者」というのは、Aから債権fを二重に譲り受けた者(二重譲受人)やAの債権者で債権fを差し押さえた者(差押債権者)などである。このうち、①を債権譲渡の成立要件、②と③を債権譲渡の対抗要件という。②を債務者対抗要件、③を第三者対抗要件ということもある。

以下、(2)で①の説明と①②③の関係の概観をした後、(3)で②を、(4)で③を詳しく検討する。②③については、特別法(動産・債権譲渡特例法)があるが、これは後に取り上げることとし(→6(2)(b)(ⅱ)〔724頁〕)、まずは民法上の制度を検討する。

(2) 成立要件

(a) 一 般

(ⅰ) 譲渡契約　債権が譲渡されるためには、譲渡人(債権者)と譲受人の間で、債権譲渡契約が成立することが必要である。

この契約は、譲渡人と譲受人の合意で足り、書面の作成は要件ではない[19]。

債務者の同意は必要ない。債権者が誰であるかは、債務者の利害に関するこ

---

[19] 譲渡人が債権証書(借用証等)を保有する場合は、これを譲受人に引き渡す必要はある。譲受人が弁済を受ける際、債務者に返還しなければならないからである(487条)。しかし、この引渡しは、債権譲渡の成立要件ではない。

とではあるが、債務者の保護は譲渡人に対して生じた事由を譲受人にも対抗できるという形で図られる(468条・469条)からである。

譲渡の目的となる債権は、特定されていなければならない。契約が成立するためには内容の確定した合意が存在することが必要であるし、債権の移転という処分行為(奥田＝佐々木下806頁)の効果を生じさせるためには、客体の特定が必要だからである。特定は、譲渡の目的とされる債権の「発生原因や譲渡に係る額等」によってされる(最判平11・1・29民集53巻1号151頁、八木一洋『最判解民平11』79頁、百選Ⅱ22［下村信江］)。

預貯金債権においては、債権譲渡を禁止する特約がないことが必要である。譲渡が禁止されている場合は、譲受人が悪意又は善意重過失であるときは、譲渡は効力を生じない(466条の5第1項)。

◆ **可分債権の一部譲渡**　可分債権については、分割して一部を譲渡することの可否が問題となる。これを禁止する規定がないことのほか、共同相続による分割(→第9章第2節1⑴◆［542頁］)、一部代位(502条・503条2項)、一部についての転付命令の許容(中野＝下村・民執774頁)を考えると、分割及び一部の移転はありうることになるが、債務者の利益の保護を考える必要がある。増加費用の負担(485条但書)、債務者の供託(内田234頁)、黙示の譲渡制限特約の成否、譲渡人と譲受人の債権の行使方法の制約の可能性などの検討を要する課題である。

（ⅱ）**債権の存在**　譲渡契約によって、債権が移転するためには、目的とされた債権が存在することが必要である。譲渡の目的とされた債権について、その発生原因である契約が無効であるために債権が発生していなかった場合や、発生した債権が既に消滅していた場合、債権譲渡契約は有効であるとしても(412条の2第2項)、債権譲渡の効果は生じない。

以上の（ⅰ）と（ⅱ）の要件が満たされれば、債権譲渡が成立し、譲渡契約の当事者間では譲受人が債権者となる。

（b）　**将来債権の譲渡**

（ⅰ）**将来債権の譲渡の有効性**

α　判例の展開

（ア）　初期の判例——制限的承認　最高裁で、将来債権の譲渡の効力が争

われたのは、医師が基金に対して取得する診療報酬債権の譲渡であった。医師は、健康保険の対象となる診療をすると、保険の支払を担当する基金に対して診療報酬債権を取得する(最判昭48・12・20民集27巻11号1594頁)。これは医師が業務をしている限り、ほぼ安定して発生するので、医師が金融機関から融資を受ける際に、将来取得するべき診療報酬債権をまとめて譲渡することが行われる(実質的には担保としての機能をもつ)。その効力が争われた。

　最判昭53・12・15(判時916号25頁)は、将来1年間分の診療報酬債権の譲渡を有効と認めたが、その際、「右債権は、将来生じるものであっても、それほど遠い将来のものでなければ、……有効に譲渡することができる」と述べた。そこで、実務界では、将来債権の譲渡は将来1年間分程度のものしか有効でないという理解が広まった。しかし、学説[20]では、債権譲渡契約時の債権発生可能性を基準としてその効力を制限するのは不当であり、その有効性を原則的には広く認めたうえで、特定性・包括性や対抗要件の観点から解決すべきであるという見解が有力だった。

　（イ）　平成11年判決——原則的承認　　この状況のもとで、最判平11・1・29前掲は、将来債権譲渡の有効性を広く認める判断を示した。これは、将来8年3か月分の診療報酬債権が譲渡され対抗要件も備えられた後、その6年目ないし7年目の分が差し押さえられた場合に、先の債権譲渡の効力を認めたものである。本判決は、「将来発生すべき債権を目的とする債権譲渡契約の有効性」について、①譲渡の目的とされる債権が特定されていることと、②債権譲渡契約が公序良俗に反しないことを要件として、これを認め、「契約の締結時において右債権発生の可能性が低かったことは、右契約の効力を当然に左右するものではない」と述べた。本判決が将来債権譲渡の有効性を広く認めたことについて、学説・実務界ともに積極的な賛意を示し、以後、関心は①と②の要件の検討に移った。

　β　有効要件
　（ア）　特定性　　最判平11・1・29前掲は、債権譲渡契約一般について、譲

---

20)　高木多喜男「集合債権譲渡担保の有効性と対抗要件(上)」NBL 234号(1981)8頁、河合伸一「第三債務者不特定の集合債権譲渡担保」金法1186号(1988)56頁参照。

渡の目的とされる債権の「発生原因や譲渡に係る額等」による特定を必要としたうえ、「将来の一定期間内に発生し、又は弁済期が到来すべき幾つかの債権を譲渡の目的とする場合」には、「適宜の方法により右期間の始期と終期を明確にするなど」して特定されることが必要だとした。

　この判決は単一の債務者に対して継続的に発生する将来債権を譲渡契約時に譲渡する場合に関するものであったが、新陳代謝する一定範囲の債権(既発生債権及び将来債権)を目的とし、ある時点で存在する債権を譲渡することを予約する場合もある。このような債権譲渡の予約について、対象となる債権は、「予約完結時において譲渡の目的となるべき債権を譲渡人が有する他の債権から識別することができる程度」に特定されていれば足りるとした(最判平12・4・21民集54巻4号1562頁〔譲渡人の取引先11社に対する発生原因を特定した「一切の商品売掛代金債権」の譲渡の予約の効力が問題となったが、「債権者及び債務者が特定され、発生原因が特定の商品についての売買取引とされていること」で特定されているとした。譲渡される額についても、予約完結時に確定すれば足りるという〕。春日通良『最判解民平12』499頁は、集合債権譲渡担保権の設定時における「枠」の特定と表現する)。

　新陳代謝する一定範囲の債権(既発生債権及び将来債権)を目的する譲渡担保も多く、その特定のあり方が問題となる。担保要綱の規律などとともに、後述する(→6(2)(a)〔723頁〕)。

　(イ)　**公序良俗違反性**(包括性)[21]　譲渡の目的となる債権が特定されているとしても、あまりにも過大である場合は、効力が認められないことがある。最判平11・1・29前掲は、将来債権の譲渡の効力について、次の留保を付した。「契約締結時における譲渡人の資産状況、右当時における譲渡人の営業等の推移に関する見込み、契約内容、契約が締結された経緯等を総合的に考慮し、将来の一定期間内に発生すべき債権を目的とする債権譲渡契約について、右期間の長さ等の契約内容が譲渡人の営業活動等に対して社会通念に照らし相当とされる範囲を著しく逸脱する制限を加え、又は他の債権者に不当な不利益を与えるものであると見られるなどの特段の事情の認められる場合」には、譲渡契約

---

21)　藤井徳展「将来債権の包括的譲渡の有効性──ドイツにおける状況を中心に」民商127巻1号22頁・2号36頁(2002)参照。

は公序良俗違反などとして、効力の全部又は一部が否定されることがある。

　ここでの公序良俗違反性には、2つの面がある。第1は、譲渡人保護の面である。たとえ合意のうえであっても、あまりにも長期間で包括的な債権譲渡は、譲渡人の自由に対する過度の制限となるという考え方である。自然人における社会政策的配慮(譲渡人を奴隷状態に陥れることの防止)と、自然人・法人を通じての経済法的配慮(優越的地位の濫用の防止)の考え方が含まれているようである。第2は、譲渡人の他の債権者の保護の面である。あまりにも包括的な債権譲渡は、責任財産の独占となり、他の債権者を害するということである。もっとも、これは詐害行為取消権(424条)・否認権(破160条以下)の守備範囲と重なるところがあり、むしろそれらの制度によって解決されるのが本来であろう。本判決の説示に照らすと、長期間にわたる広範囲の債権の譲渡でよほどひどい場合が想定されているようだが、譲渡人が法人であるときは、公序良俗違反により無効となるのは、譲受人の主観的意図に悪性があるなどごく稀な場合であろう。

◆ **詐害行為取消権・否認権との関係**　債権譲渡も詐害行為取消権や否認権の対象となる。譲渡契約だけでなく、譲渡人のする債権譲渡通知も対象となるかが問題となる。

　詐害行為取消権については、学説では債権譲渡通知も取消しの対象となるというものが多かったが、最判平10・6・12前掲は、債権譲渡行為自体が詐害行為とならない場合は、譲渡通知のみを切り離して詐害行為として取り扱うことは相当でないと述べ、これを否定した(→第6章第3節2(1)(b)(ⅲ)〔311頁〕)。

　否認権については、破産法164条1項(旧破74条1項)により、対抗要件具備が否認の対象となる。そこで、停止条件付き債権譲渡という構成を用いて、これを免れようとする試みがあったが、最判平16・7・16民集58巻5号1744頁は、譲渡人に支払の停止等があったことを停止条件とする債権譲渡契約に係る債権譲渡は、旧破産法72条2号に基づく否認権行使の対象となると判断した。現在の破産法のもとでも同様になる(破162条1項1号の適用が認められる)であろう(宮坂昌利『最判解民平16』509頁)。

（ⅱ）**債権の存在**　将来債権の譲渡においては、目的となる債権は、譲渡契約締結時に現に発生していなくてもよく、発生した債権を譲受人が当然に取得する(466条の6)。しかし、将来債権の発生原因となるべき契約が無効であったり、債権が発生しなかった場合は、債権譲渡の効果は生じない(発生原因であ

る契約が無効であるときは、譲渡契約も無効となることが多いだろう）。

(3) 対抗要件——民法467条の構造

(a) 立法例

譲渡人Aと譲受人Bとの間で債権譲渡が成立したとしても、それを対外的に主張できるかどうか、つまり、債務者Sや第三者Cに対して主張できるかどうかは、別の問題である。ここで立法例は分かれる。ドイツ民法は、債権譲渡はAB間の合意のみで行われ、それがSやCに対しても効力を及ぼすとしつつ、善意のSやCを個別的に保護するという制度をとる（ド民398条・407条・408条）。これに対し、フランス民法（原始規定）1690条・1691条は、AB間の合意だけでは、SやCに対する効力はなく、対外的効力をもつためには、対抗要件をそなえなければならないという制度をとっていた（2016年改正まで）。日本民法は、フランス民法（原始規定）の対抗要件主義を取り入れた[22]。

対抗要件については、467条が規定する。この条文はわかりにくい。それは、①「対抗」という言葉が2つの意味で用いられていること、②「債務者」と「第三者」との関係がわかりにくいこと、による。

(b)「対抗」

まず、債務者に対抗できるというのは、譲受人が債務者に債務の履行を請求できるという意味である。そのためには、債権譲渡のあったことを債務者に通知するか、又は、債務者がその譲渡を承諾することが必要である。譲渡人と譲受人の合意のみで成立した債権譲渡の効力を当然に債務者にまで及ぼすと、事情を知らない債務者が誤って支払い、二重弁済を強いられる危険もあり、適当でない。そこで、通知又は承諾によって、債権譲渡についての債務者の認識を確保する。この通知・承諾には、特に方式は必要ない。この意味での対抗要件

---

[22] 池田真朗『債権譲渡の研究』(1993)（以下、本章で「池田・研究」として引用）、同「民法467条・468条」百年Ⅲ101頁以下。2016年改正フランス民法1323条～1325条は、譲渡人・譲受人間の合意による債権の移転と第三者への対抗可能を一致させ（第三者相互間では早い者勝ち）、債務者に対する対抗は、債務者に対する通知等によるという制度に改めた（白石大「債権譲渡の対抗要件制度に関する法改正の日仏比較」改正と民法学Ⅱ211頁）。なお、古屋壮一『ドイツ債権譲渡制度の研究』(2007)は、「対抗」を広義に用いた独自の研究を進める。日本において今回の改正で対抗要件主義が維持された経緯については、武川幸嗣「債権譲渡取引の安全に関する一考察」池田古稀51頁、森田・文脈668頁以下、多治川卓朗「企業の事業収益資産としての債権の担保化について」宮本古稀487頁。

を、債務者対抗要件という。権利行使要件と呼ぶこともあるが（池田・研究108頁）、「対抗要件具備時」（466条の6第3項）の語が権利行使以外の場面でも用いられること（468条1項・469条1項・2項）、権利行使要件という言葉と訴訟における要件事実との間にずれがあること（→3(1)(a)◆〔691頁〕）から、本書では用いない（潮見新Ⅱ358頁注35参照）。

これに対し、債務者以外の第三者に対抗できるというのは、二重譲受人や差押債権者に対し、譲受人が優先するという意味である。不動産物権変動の対抗が登記による（177条）のと同様である。こちらは、「確定日付のある証書」によって債務者に通知し又はその承諾を得ることが必要である。確定日付のある証書とは、後になって作成日付を変更できないような確実な証書であり、民法施行法5条に規定されている（以下では、「確定日付のある証書による通知（承諾）」を「確定日付ある通知（承諾）」と略すこともある）。これを、第三者対抗要件と呼ぶ。

◇　通知について、確定日付ある証書として多く用いられるのは、内容証明郵便である（民施5条1項6号、郵便58条1号、郵便法施行規14条・15条）。郵便局に一定の形式に従った書面で同じものを3通持参すると、郵便認証司が認証（確認及び差出年月日の記載〔所定の印章の押捺等の方法による〕）をし、1通（内容文書）を名宛人に送り、1通（謄本）を差出人に返却し、1通（謄本）を局で保管する。名宛人に送られた書面に記載された差出年月日が確定日付となる（差出人は、謄本により、それを証明することができる）。もっとも、この方法では、確定日付の時点（郵便局で記載された時）と通知の効力の発生時点（債務者に到達した時）とには「ずれ」が生じるが、これでよいと解されている。467条2項は、通知があったことを確定日付で証明することを求めているのではなく、通知するという行為について確定日付ある証書を必要としているにとどまるからである（大連判大3・12・22民録20輯1146頁〔承諾についても同じ〕）。したがって、通知書に確定日付が記入されない書留郵便では足りない（最判昭58・3・22判時1134号75頁）。実際問題としても、通知の到達時期について確定日付ある証書を求めることは非常に困難である（奥田＝佐々木下869頁）。なお、電子内容証明（e内容証明）の制度もあり（郵便法施行規14条・15条）、現在ではこれが多く利用されるようになっている。

　このほか、通知書又は承諾書（私署証書）に公証人役場で日付印の押捺を受けたもの（民施5条1項2号）もしばしば用いられる。電子公証制度・電子的確定日付の制度もある（民施5条2項・3項）。

> ◆ **SMS 等による通知・承諾**[23]　2021 年の産業競争力強化法改正(同年施行)によって、債権譲渡の第三者対抗要件の特例が新設された(同法 11 条の 2)。適格性が認められた SMS 等を通じて債権譲渡の通知又は承諾がされた場合、これを確定日付のある証書による通知又は承諾とみなし、通知又は承諾がされた日付(到達した日付)をもって確定日付とするという制度である。適格性が認められるのは、認定を受けた事業者が認定を受けた事業活動計画に従って提供する情報システムで一定の要件を満たすものである。運用にあたっては、受領者(特に通知を受ける債務者)に対する十分な配慮が求められるだろう。なお、上記◇に記載した電子内容証明はインターネットを利用して内容証明郵便を差し出すサービスであるが、本制度は、確定日付自体が電子的な方法で付されるものである。

(c)　「第三者」

467 条には、「第三者」という言葉が 2 回出てくる。「債務者その他の第三者」(1 項)と「債務者以外の第三者」(2 項)である。1 項は、債務者を含む第三者全体を意味し、2 項はそのなかで債務者を除いたものを意味する[24]。

467 条 2 項の第三者とは、その債権について譲受人と両立しえない法律的地位を取得した者である。二重譲渡の第二譲受人、差押債権者はこれにあたるが、債務者の一般債権者や譲渡された債権の保証人はこれにあたらない(近江 229 頁)。第三者は、正当な利益を有することが必要であると解すべきである(有泉亨『判民昭 8』189 頁、川井 256 頁。大判大 2・3・8 民録 19 輯 120 頁参照。大判大 4・3・27 民録 21 輯 444 頁、大判昭 8・4・18 民集 12 巻 689 頁は、「譲渡債権そのものに対し法律上の利益を有する者」というが同旨であろう〔有泉・前掲 190 頁〕)。たとえば、仮装の債権を被担保債権とする先順位担保権の登記を有する者(大判大 2・3・8 前掲)、債権譲渡によって間接的に影響を受けるにすぎない者(我妻 545 頁。譲受人が譲受債権を自働債権とし、債務者 S に対する自己の債務と相殺した後、受働債権を差し押さえた S の債権者〔大判大 4・3・27 前掲、大判昭 8・4・18 前掲〕など)に対して

---

23)　平松淳ほか「令和 3 年産業競争力強化法等改正法における債権譲渡における第三者対抗要件の特例・事業再生の円滑化関係改正の解説」NBL 1199 号(2021)66 頁。批判的検討として、池田真朗『債権譲渡と民法改正』(2022)645 頁〔初出 2021〕(以下、本章で「池田・民法改正」として引用)。
24)　これとは異なる理解もある。すなわち、2 項の確定日付ある証書による通知・承諾が対抗要件の原則であり、1 項はその例外として債務者に限って単なる通知・承諾でよいとしたものだという(池田・研究 51 頁以下・97 頁。星野 207 頁、内田 232 頁)。本書 4 版 647 頁参照。

は、譲受人は確定日付ある証書がなくても対抗できる。

　（d）　強行法規性

　467条2項が強行法規であることには異論がない。1項については分かれる。「通知・承諾がなくてもその債権の譲渡を債務者に対抗できる」という債権者・債務者間の事前合意の効力いかんである。1項は債務者の利益にかかわる規定だからという理由で、この効力を認めるのが従来の通説である[25]。これに対し、判例は、1項も強行法規だとし（大判大10・2・9民録27輯244頁）、学説でも、債務者のもつ公示機関としての役割に鑑みると、1項も含め467条全体が強行法規であると理解すべきだという見解が近時有力である[26]。後者の見解を支持したい。

　（e）　将来債権の譲渡

　将来債権の譲渡の対抗要件については、債権譲渡の対抗要件の規律が適用される（467条）。改正前民法のもとの判例（最判平13・11・22民集55巻6号1056頁〔将来債権を含む集合債権譲渡担保について、設定時にされた確定日付ある証書による通知に、第三者に対する対抗力を認めた〕、百選Ⅰ〔8版〕100〔角紀代恵〕、百選Ⅰ98〔和田勝行〕）に基づくものである（一問一答174頁）。

3　債務者との関係

（1）　通知・承諾の一般的効力

　（a）　債務者に対する対抗要件

　債権譲渡の当事者間の効力は譲渡人（原債権者）と譲受人との合意だけで発生する。しかし、これを債務者に通知するか、又は、債務者が承諾しない限り、譲受人は債務者に対して新たな債権者として履行を求めることはできない（467条1項）。債務者対抗要件は、債務者に弁済の相手方を確知させ、債務者を二重弁済の危険から解放することを目的とする（梅208頁以下、石田ほか239頁〔石田〕）。

---

[25]　末弘厳太郎『判民大10』49頁、我妻541頁、於保308頁、川井251頁など。他に、三林宏「債権譲渡の対抗要件規定と強行法性」椿寿夫編著『民法における強行法・任意法』（2015）201頁は、動産・債権譲渡特例法も考慮すると任意法規説となるという。

[26]　池田・研究98頁、池田・百年Ⅲ122頁、平井140頁、淡路447頁〔連鎖的債権譲渡の場合に二重弁済を恐れる債務者の不払の可能性も指摘〕、潮見新Ⅱ423頁。

◆ **権利行使とその阻止の関係** 債務者対抗要件は、権利行使要件と呼ばれることもある。これは、本文記載の意味を表すものとして、わかりやすい。もっとも、訴訟においては、譲受人が履行を請求する際に債務者対抗要件を備えたことを積極的に主張する必要はなく、債務者の側で、債務者対抗要件の欠けていることを主張して、譲受人の権利行使を阻止できるにすぎないというのが判例・通説である（最判昭56・10・23判時1023号45頁、明石三郎・注民(11)378頁、潮見新Ⅱ423頁）。債務者がこの抗弁を提出したときは、譲受人が債務者対抗要件を備えたことを主張立証すべきことになる（司研・類型別140頁以下、武部知子・新注民(10)89頁参照）。権利行使要件と呼ぶときは、この構造との関係に留意する必要がある。

(b) 通　知

通知は、意思表示ではなく「観念の通知」だが、意思表示の規定が類推適用される。したがって、その効力は債務者に到達した時に生じる（97条1項）。

この通知は、「譲渡人」がしなければならない。債務者Sは、債権者Aから、Bに債権を譲渡したという通知を受ければ信用できるが、Bから自分が譲り受けたと言われても信用できない。SにとってAは自分の債権者だから既知だが、Bは未知であることも少なくないし、一般的に、譲渡によって不利益を受けるAの通知の方が、利益を受けるBの通知よりも信用できる（淡路450頁）からである。仮に、譲受人からの通知でもよいということにすると、Aから譲渡を受けていない詐称譲受人のBが勝手にSに通知をし、SがBに弁済した場合に問題が生じる。Sを保護するため、善意のSの弁済を有効と認めるという制度にすると、Aが自らの債権を失い損害を被る。Sの弁済が無効だとすると、Sは改めてAに弁済しなければならず、Sが損害を被る。このような事態を防ぐには、通知を譲渡人からする制度にすればよい（池田・研究19頁以下）。

譲受人は、譲渡人に対して、債務者に対する通知をせよと請求することができる。通知は、債権譲渡契約から生じる譲渡人の義務であり、訴えをもって強制することができる（民執177条の意思表示の擬制による[27]）。

譲受人が譲渡人の代理人又は使者として通知することもできる（最判昭46・

---

27) 債務者に対する通知の実現方法については、梅212頁及び中野・民執827頁〔判決謄本等の送付〕、上原ほか・前掲第4章注(2)243頁〔代替執行〕参照。

3・25判時628号44頁〔代理人〕。潮見新Ⅱ426頁など通説）。比喩的にいえば、Aの押印のある通知書をBがSに届けるわけである。

しかし、譲受人が譲渡人に代位して(423条)通知することはできない(大判昭5・10・10前掲、我妻530頁など通説)。これを許すと、真正な譲渡があったかどうか不明なまま、譲受人からの通知が認められることになり(債権者代位権は裁判外でも行使可能)、467条1項で「譲渡人」とした上記の意味がなくなるからである(大判昭5・10・10前掲は、通知することは譲渡人の「権利」ではないから代位の目的とならないというが、この理由づけは不当である。戒能通孝『判民昭5』326頁)。

> ◆ **連鎖譲渡における通知**　Sに対する債権が、AからB、BからCへと順に譲渡されたが、Aが通知しないとき、BのAに対する通知請求権(Sに通知せよと求める権利)をCが代位行使することはできる(大判大8・6・26前掲。我妻530頁など通説→第6章第2節3(2)(a)3つ目の◆〔289頁〕)。これは、BがAに代位してSに通知するのとは別の問題である[28]。

通知の時期は、譲渡と同時でなく、事後でもよい。ただし、その効力は、通知の時から発生し、遡及はしない。まだ譲渡されていない段階での事前の通知は、譲渡実行の有無・時期が不明確で債務者に不利益を与える以上、無効である(我妻531頁など)。これに対し、将来発生する債権を譲渡し、債権発生前に対抗要件を備えることは可能である。将来債権の譲渡であれ、既発生債権の譲渡であれ、対抗要件は同じである(466条の6・467条1項括弧書)。

(c) 承　諾

承諾については、債務者は、譲渡人・譲受人のどちらに対してしてもよい。承諾は、債務者自身が行うことだから通知におけるような債務者保護を考える必要がないし、どちらに対してされたとしても、債務者が債権譲渡を了知していることの対外的表明に対抗要件としての効果を付与してよいと評価できるからである。なお、承諾も「観念の通知」と解されている(債権譲渡の事実のあったことを知ったことの表示)。

---

[28]　池田真朗『債権譲渡と電子化・国際化』(2010)95頁〔初出2002〕(以下、本章で「池田・国際化」として引用)は、この場合、Cが各譲渡を証明して、最終譲渡の通知をすることにより、Sに対抗できるという立法論を検討する(同111頁以下の記述は、上記の理解と異なる)。

承諾の時期は、通知と同様、譲渡と同時でなく、事後でもよい。譲渡されていない段階での事前の承諾は、通知とは異なり、債務者の利益の放棄であるので、譲渡債権と譲受人が特定されていれば、債務者との関係では有効である（最判昭28・5・29前掲）。譲受人が特定されていない場合はどうか。この場合も有効とする見解（我妻533頁、於保310頁）があるのに対し、債務者の真意についての疑義（林ほか500頁［高木］）、第三者対抗要件との関係（潮見新Ⅱ431頁）、467条1項を強行規定と解することとのバランス（平野プラ482頁）を指摘し、無効とする見解も有力である。債務者があえてそのような承諾をし、譲受人が債権譲渡の事実を証明したとすると、債務者との関係に限れば、なお効力を認める場合はあると考える（奥田＝佐々木下850頁。内田273頁は、事前の包括的承諾を〔観念の通知ではなく〕意思表示としての同意と評価する可能性を指摘する）。

(d) 効　果

通知・承諾がない間は、債務者は、譲受人から請求されても弁済を拒むことができる。債務者が債権譲渡のあったことを知っていたとしても、同様である。対抗要件主義のもとでは、債務者の個別的な善意・悪意を問題とするのでなく、法定の手続が踏まれることによって、債務者が債権譲渡を正式に認識した状態になることが必要だからである（池田・百年Ⅲ130頁）。譲受人が請求しようと思えば、所定の手続を踏む必要がある。

この通知・承諾は、確定日付のないものでもよい。しかし、後に、他の譲受人について確定日付ある証書による通知がされれば、債務者との関係でもそれが優先する（大連判大8・3・28民録25輯441頁）。

◇　AがSに対する債権をBとCに二重に譲渡し、Bについては単なる通知をし、それが3月4日にSに届き、Cについては確定日付ある通知をし、それが3月6日に届いたとする。3月5日の時点では、Bだけが債権者であり、BはSに請求することができる。しかし、3月6日に確定日付ある通知が届いた時点で、BはCに劣後することになり、その後は、Cが唯一の債権者としてSに請求できることになる。その結果、SもBからの請求を拒絶できるようになる。つまり、債務者に対しては、確定日付のない単なる通知・承諾で対抗できるといっても、その後に、他の確定日付ある通知がされると、もはや債務者との関係においても主張できなくなる。もっとも、3月5日にSがBに弁済したとすれば、その弁済は有効であり、債権は消滅する。したがって、その後に、Cについての確定日付ある通知が届いても、SはC

に弁済を拒むことができる。

(2) 債務者の立場

(a) 概 観

債権譲渡が自由だとしても、債務者の法律上の立場を害することはできない。そこで、債務者は、譲渡人(原債権者)に対して主張できたことは、譲受人に対しても主張することができる(468条1項)。たとえば、同時履行の抗弁(533条)である。

◇ AがSに土地を売ったとする。AはSに対して代金債権を、SはAに対して登記請求権をもち、両者は互いに同時履行の抗弁をもつ。ここで、Aが代金債権をBに譲渡した場合に、Sの同時履行の抗弁が奪われるのは、おかしい。Aが代金債権を譲渡できるとしても、それによってSの立場を前より悪くすることはできない。Sは、Aが登記するまで、Bに対し、代金の支払を拒むことができる。

債務者が譲渡人との間で相殺できることも、譲渡人に対して主張できたことだといえる。もっとも、相殺については、債務者が譲渡人に対する債権(自働債権)を取得した時期など、特別の検討を要する問題が多い。そこで、これについては、別に詳しく規定される(469条)。

以下では、債務者の抗弁の対抗(→(b))と相殺の対抗(→(c))を分けて検討する。なお、将来債権の譲渡の場合については、特有の問題があるので、その後に検討する(→(d))。

(b) 債務者の抗弁の対抗

(i) 基準時と対抗できる事由 債務者は、対抗要件具備時までに譲渡人に対して生じた事由を、譲受人に対抗することができる(468条1項)。

「対抗要件具備時」とは、467条1項による譲渡人の通知又は債務者の承諾がされた時、つまり、債務者対抗要件が備えられた時である(466条の6第3項)。

◆ **対抗要件具備時** 改正前民法では、468条1項に相当する規定として、旧468条2項があったが、これは「譲渡の通知」があった場合に限定された規律だった。この限定は、旧468条が承諾の場合(1項)と通知の場合(2項)とに分け、前者につ

いて「異議をとどめない」承諾に特殊の効果を付与していたからだった。現行民法は、この特殊の効果の付与を廃止したので（→(3)(a)〔706頁〕）、通知と承諾を区別する必要がなくなり、両者をあわせて「対抗要件具備時」とした。なお、これを定義する466条の6第3項では、「次の規定による」とあり、467条全体を指示しているが、その内容は同条1項の債務者対抗要件を意味するものである（部会資料84－1、第19、2(2)・4(1)イ、同88－2、第19、3説明、部会議事録97回21頁〜24頁。次の◆も参照）。債権譲渡登記がされた場合は、譲渡人又は譲受人が債務者に登記事項証明書を交付して通知した時又は債務者が承諾した時が対抗要件具備時となる（動産債権譲渡特4条3項・2項）。もっとも、わかりにくいことは否めない（担保要綱第18、1(2)による366条改正案は、「第467条第1項の規定による通知又は承諾」と規定する。基準時の前か後かの違いはあるが、明瞭である）。

◆ **債権譲渡制限特約がある場合**　この場合に悪意又は善意重過失の譲受人に債務者が対抗できる事由の存在の基準時は、一般の「対抗要件具備時」ではなく、「〔466条4項の〕相当の期間を経過した時」となる（468条2項）。それまでは、債務者は譲受人に対して履行を拒み、譲渡人に対する債務消滅事由を譲受人に対抗できる地位にあるので、それと整合的にするための規律である。また、同特約のある場合に譲渡人が破産したときの基準時は、「〔466条の3により〕同条の譲受人から供託の請求を受けた時」となる（468条2項）。同様の規律である。

「譲渡人に対して生じた事由」とは、同時履行の抗弁の存在、弁済による債権の一部又は全部の消滅、債務の発生原因である契約の無効・取消し・解除などである。次項で、契約の無効等について検討する。

(ⅱ)　**契約の無効等**

α　**無効**　譲渡された債権の発生原因である契約が無効であって債権が発生していない場合、債務者はこれを譲受人に対抗することができる。ただし、その契約が虚偽表示によるものである場合、468条1項ではなく、94条2項が適用され、債務者は善意の譲受人に対抗することができない（潮見新Ⅱ434頁、奥田＝佐々木下853頁。旧468条2項についての判例・通説〔大判大3・11・20民録20輯963頁。我妻535頁など〕）。

β　**取消し**　譲渡された債権の発生原因である契約が債権譲渡の対抗要件具備時に既に取り消されていた場合、債務者は譲受人にこれを対抗できる。

対抗要件具備時に取り消されていなくても、取消事由が存在し、取消可能性

があった場合は、対抗要件具備後に取り消されたときは、譲受人に対抗することができる(内田280頁、改正コメ434頁[石田])。ただし、取消事由が錯誤又は詐欺である場合は、善意無過失の譲受人に対抗できない(95条4項・96条3項)。これは、取消事由の存在(取消可能性)を「譲渡人に対して生じた事由」と理解するものである。これにより、取消事由によって異なる第三者保護のあり方を債権譲渡の場面においても反映できることになる(制限行為能力・強迫の場合は、債務者保護が優先され、錯誤・詐欺の場合は、虚偽表示に類似する結果となる)。

γ 解除　譲渡された債権の発生原因である契約の解除については、見解が分かれる(以下、この項では、旧468条2項に関する学説・判例も、新468条1項に関連するものとして取り扱う)。

第1説は、対抗要件具備時に解除原因(債務不履行等)が発生していなくても、その発生の「基礎」があった場合には、対抗要件具備後に解除原因が発生し、債務者が譲渡人に対し解除したときは、譲受人に対抗することができるという(林ほか503頁[高木]、奥田=佐々木下854頁以下)。たとえば、売買代金債権が譲渡され、対抗要件が具備された後に、譲渡人(原債権者、売主)の目的物引渡債務の履行期が到来したが、履行されなかったので、債務者(買主)が解除した場合である。対抗要件具備前に解除されていた場合及び解除原因が発生していた場合は、当然、債務者は譲受人に対抗できることになる。

◆ **請負契約の解除と債権譲渡**　この見解は、旧468条1項の「譲渡人に対抗することができた事由」に関する判例(最判昭42・10・27民集21巻8号2161頁、百選Ⅱ[8版]27[和田勝行])の考え方と共通する。事案は、請負契約に基づく報酬債権が譲渡された後に、請負人の仕事完成義務の不履行があり、注文者が契約を解除したというものである(債権譲渡前には、工事は完成していなかったが、債務不履行は生じていなかった)。本判決は、請負契約における報酬債権と仕事完成義務との関係を指摘したうえ、「債権譲渡前すでに反対給付義務が発生している以上、債権譲渡時すでに契約解除を生ずるに至るべき原因が存在していた」と述べた(さらに、旧468条1項の「異議をとどめない」承諾及び譲受人の悪意という論点に進むが、これは省略する)。

第2説は、対抗要件具備時に解除原因が発生していれば、債務者は対抗要件具備後に譲渡人に対し解除して、譲受人に対抗することができるという(解除

原因が発生しておらず、その「基礎」しかない場合は、468条1項の「事由」は認められない。三宅正男『契約法（総論）』〔1978〕299頁はこの見解か）。対抗要件具備前に解除されていた場合は、当然、債務者は譲受人に対抗できることになる。

第3説は、対抗要件具備時に解除原因が発生していれば、債務者は対抗要件具備後であっても解除することができるが、解除前の債権の譲受人は、545条1項但書の第三者にあたるので、債務者はその解除をもって譲受人に対抗できないという（潮見新Ⅱ432頁〜435頁）。この説は、解除によって消滅する債権そのものの譲受人は、545条1項但書の第三者ではないという一般的な理解（大判大7・9・25民録24輯1811頁、我妻V_1 198頁など）とは異なり、第三者にあたるという理解（石田穰『契約法』〔1982〕99頁）を前提とする（ただし、石田974頁以下は第1説に近い）。対抗要件具備時に解除原因が発生しておらず、その「基礎」しかない場合は、468条1項の「事由」は認められないこと（潮見新Ⅱ433頁）、その前に解除されていた場合は、債務者は譲受人に対抗できることは、第2説と同様である。

第2説・第3説だと、債権が譲渡された場合、以後、譲渡人の債務不履行があっても、債務者は契約解除を譲受人に対抗できなくなる。これは、債務者の法律上の立場を害さないという468条1項の趣旨に反する。第1説を支持したい。

◆ **第1説に対する批判**　第1説に対しては、① 対抗要件具備時において、(ⅱ)のαでは無効原因の存在、βでは取消事由の存在を求めるのに対し、γでは解除原因の存在ではなく、その「基礎」ないし「原因」の存在で足りるとする不均衡が生じるという批判、② αでは虚偽表示の場合に善意の譲受人が保護され、βでは錯誤・詐欺取消しの場合に善意無過失の譲受人が保護されるのに対し、γでは解除前の譲受人が保護されないという不均衡が生じるという批判がある（潮見新Ⅱ433頁・435頁参照）。根本的には、債権の取引の安全をどこまで保護するかにかかわる難問である（四宮＝能見・総則242頁）。①については、譲受人が想定しうるものであることに加え、現行民法における債務者の立場の保護（469条参照）に沿うものとして説明できるだろう。②については、譲受人の主観的要件（545条1項但書では譲受人は善意悪意を問わず保護される）、及び、債務者の帰責性（虚偽表示・錯誤・詐欺ではある。解除ではないことが前提となる〔543条〕。百選Ⅱ〔8版〕27〔和田〕57頁参照）によって区別することができるのではないか。他の無効・取消原因

(意思無能力、制限行為能力、強迫など)も考慮すると、譲受人の主観的要件と債務者の帰責性を反映する上記の相違は、正当化できると考える。

(c) 債務者の相殺の対抗

(ⅰ) **概観** 譲渡された債権の債務者が譲渡人(原債権者)に対し債権を有しており、債務者が相殺をする場合、債権譲渡と相殺の関係が問題となる。債権譲渡によって債務者の法律上の立場を害することはできないとすると、債権譲渡前に債務者が相殺できた場合には、その権利は譲渡後も保護されるべきことになる。

> ◇ AがSに対し金銭債権 f_2 を、SがAに対し金銭債権 f_1 を有している場合に、AがBに債権 f_2 を譲渡したとすると、Sは譲渡後も両債権を相殺することができる。Sの相殺の意思表示は、Bに対してする(→第8章第5節3(3)(b)〔504頁〕)。

問題は、譲渡された債権 f_2 と債務者の譲渡人に対する債権 f_1 とがどのような関係にある場合に、債務者が相殺できるかである。現行民法は、対抗要件具備時を基準時とし、それより前に債務者が f_1 を取得していればよいこと、また、対抗要件具備時より後に取得した場合でも、一定の要件を満たせば、債務者は譲受人に対し、相殺を対抗できることを規定する(469条1項・2項)。この対抗要件具備とは、債務者対抗要件の具備であり、譲渡人の債務者に対する通知又は債務者の承諾である。この規律は、差押えと相殺に関する規律(511条→第8章第5節3(5)〔513頁〕)とそろえつつ、それよりもさらに相殺できる範囲を拡張する。民法改正前には、相殺を対抗できる場合を制限的に解する学説が多かったが、大きく広げたものである。

> ◆ **債権譲渡制限特約がある場合** この場合に悪意又は善意重過失の譲受人に債務者が相殺をもって対抗できる債権の取得の基準時は、一般の「対抗要件具備時」ではなく、「〔466条4項の〕相当の期間を経過した時」である。この場合において譲渡人が破産したときの基準時は、「〔466条の3により〕同条の譲受人から供託の請求を受けた時」である(469条3項)。466条3項・4項の規律と整合的にするためのものであり、抗弁の対抗に関する規律(468条2項)と同様である(→(b)(ⅰ)2つ目の◆〔695頁〕・1(2)(c)(ⅱ)α(イ)◆〔674頁〕)。

（ⅱ）　**対抗要件具備時より前に取得した債権を自働債権とする相殺**　債権 f_2 が譲渡された場合、債務者は、対抗要件具備時より前に取得した譲渡人に対する債権 f_1 による相殺をもって、譲受人に対抗することができる(469 条 1 項)。対抗要件具備時より前に両債権が存在していれば足り、相殺適状にあったことは必要ない。自働債権 f_1 の弁済期の方が受働債権 f_2 の弁済期より先に到来することも必要ない。

> ◆　**改正前民法のもとの状況**　改正前民法のもとで、判例は、差押えと相殺について無制限説をとったが(最大判昭 45・6・24 前掲)、債権譲渡と相殺についても、無制限説をとるのと同じ結論をとっていた(最判昭 50・12・8 民集 29 巻 11 号 1864 頁〔法廷意見が無制限説を示したわけではない〕、柴田保幸『最判解民昭 50』644 頁、百選Ⅱ〔8 版〕28〔岩川隆嗣〕)。学説では、債権譲渡と相殺については、差押えと相殺の場合以上に、制限説をとるものが多かった。①債権という財産権の取引安全を図るために、譲受人をより保護すべきこと、②差押債権者は相殺されても他の財産を差し押さえることができるが、債権譲受人にはその債権しかないこと、③債務者は事前に譲渡禁止特約(旧 466 条 2 項)をしておけば自衛できたのに、それをしなかったのだから、譲受人に相殺を対抗できなくなっても仕方ないことが主な理由であり、④最判昭 50・12・8 前掲は、やや特殊な事案における判断にすぎないという指摘もあった(本書 3 版 415 頁以下)。

469 条 1 項は無制限説をとる。これは、債務者の相殺に対する期待の保護の基準として、差押えと相殺について 511 条 1 項が無制限説をとったこと(→第 8 章第 5 節 3(5)(b)(ⅱ)〔515 頁〕)にそろえるものである。実質的には、債権譲渡という取引の社会的実態が変わってきたことの影響がある。

> ◇　かつての債権譲渡の典型例は、経営状況が悪化した事業者が、やむを得ず、売掛金債権等を自己の債権者に代物弁済として譲渡するものだった。譲渡人は、最後の優良資産を譲渡せざるを得ないほどの危機的状況にある。譲渡人にとって、債務者に債権譲渡の通知をすることは、自らの経営危機を公表することであり、通知を受けた債務者から以後の取引を打ち切られることを覚悟せざるをえない。これに対し、近年では、健全な経営状況にある企業が、資金調達のために、将来債権を含む自己の売掛金債権等を譲渡することが少なくない。この場合、譲渡人にとって、債務者との取引が継続することが前提となる。そのためには、債務者が債権譲渡によ

って不利益を受けないようにする必要がある。そこで、債務者の相殺権を広く認めることが要請される。さもないと、債務者から取引を打ち切られるおそれがあるからである。

(iii) **対抗要件具備時より後に取得した債権を自働債権とする相殺**

α 原則　債権が譲渡された場合、債務者は、対抗要件具備時より後に取得した譲渡人に対する債権による相殺をもって、譲受人に対抗することはできない(469条1項)。そのような相殺を認めると、債権の取引の安全が害されるし、そもそも、「二人が互いに……債務を負担する」という相殺の要件(505条1項)を欠いているからである。しかし、469条2項は、2つの例外を認めた。

β **対抗要件具備時より前の原因に基づいて生じた債権**　第1の例外は、対抗要件具備時より後に取得した債権ではあるが、それが対抗要件具備時より前の原因に基づいて生じたものである場合である(469条2項1号)。これは、①対抗要件具備時より前に、債権の発生原因が存在するのであれば、債務者の相殺に対する期待が既に生じているといえ、それは保護に値すること、②その発生原因に基づいて現実に債権が発生する時点と、債務者対抗要件の具備(譲渡人の通知又は債務者の承諾)の時点のどちらが先行するかは、偶然の事情に左右されることも多いことが考慮されたものである(一問一答181頁)。差押えと相殺に関する規律(511条2項)と共通するものである。

◇　Sは、Aの委託を受けてAのCに対する債務の保証をしていた。Aは、Sに対する債権f_2を有していたが、これをBに譲渡し、Sにその通知をした。その後、SがCに対し保証債務を履行し、Aに対する求償債権f_1を取得した。この場合、f_1の発生は通知(対抗要件具備)より後だが、その原因が通知より前にあるから、Sはf_1と譲渡された債権f_2の相殺をもって、Bに対抗することができる。

債務者の取得した債権が、対抗要件具備時より前の原因に基づいて生じたものであったとしても、債務者が対抗要件具備時より後に他人の債権を取得した場合は、債務者はその債権による相殺をもって譲受人に対抗することができない(469条2項柱書但書)。対抗要件具備時に、債務者が相殺に対する保護されるべき期待を有していたとはいえないからである(511条2項但書参照→第8章第5

節 3(5)(b)(ⅲ)γ〔520 頁〕)。

　γ　譲受人の取得した債権の発生原因である契約に基づいて生じた債権　第 2 の例外は、譲渡された債権の発生原因である契約と同じ契約に基づいて発生した債権であれば、対抗要件具備時より後に債務者が取得した債権であり、かつ、その契約が対抗要件具備時の後に成立したものであったとしても、なお、その債権を自働債権とする相殺を対抗できる、というものである(469 条 2 項 2 号)。これは、差押えと相殺に関する規律(511 条)にはない規定である。

> ◇　メーカー A と小売店 S が継続的に売買をしている。AS 間で向こう 1 年間にされる売買によって生じる A の S に対する売買代金債権を A が B に譲渡し、そのことを A が S に通知した(将来債権の譲渡)。その 1 か月後に AS 間で個別の売買契約が締結されると、発生した売買代金債権 f_2 は、B が当然に取得する(466 条の 6 第 2 項)。その売買の目的物に契約不適合があり、S が A に対し損害賠償債権 f_1 を取得した場合(564 条・415 条)、S は f_1 を自働債権とし、f_2 を受働債権とする相殺をもって B に対抗することができる。この場合、f_1 は、A の通知(対抗要件具備)より後に S が取得したものであり、かつ、通知より後に締結された個別の売買契約に基づいて生じた債権であるが、その売買契約は B の取得した f_2 の発生原因でもあるからである。

　この規定は、469 条 2 項 1 号「に掲げるもののほか」の債権に関する規律であるので(同項 2 号)、自働債権となる債権の発生原因である契約が対抗要件具備時より後に成立した場合が対象となる(「前」だと 1 号に含まれる)。したがって、同じ契約に基づく受働債権(譲渡された債権)も、対抗要件具備時より後に発生するものであり、譲渡契約時には発生していないことになる。つまり、この規定は、将来債権の譲渡を対象とするものである。

　この規定の狙いは、債権者が将来債権を用いて資金調達することを容易にすることにある。対抗要件具備時より後の原因に基づいて生じた債権についても債務者の相殺を可能とすることによって、将来債権が譲渡された後も譲渡人と債務者の間の取引が継続されることになれば、各当事者に好都合である。すなわち、債務者は相殺への期待が保護され、債権者は取引の継続ができ、譲受人も継続する取引から発生する債権を取得し続けることができる。譲受人は、取得する債権が相殺される可能性のあることを前提に、債権譲渡の条件を決めれ

ばよい(相殺の可能性を認識することを期待することはできる)。こうして、この制度は、資金調達目的の将来債権譲渡に資するといわれる(部会資料 74A、第 1、3(2)説明 2)。

　これは、同一の契約から生じた債権債務については、特に相殺の期待が強いという理由で説明される(一問一答 181 頁)。同様の考え方は、国際的な規律においてもみられる[29]。より一般的に、①債務間の牽連性の概念や、②「債権に内在的な抗弁」の概念によって説明する研究が進められている[30]。

　債務者が対抗要件具備時より後に他人の債権を取得したときは、譲受人に相殺を対抗できない(469 条 2 項柱書但書)。469 条 2 項 1 号の場合と同様である。

> ◆ **譲受人の取得した債権の発生原因である契約**　469 条 2 項 2 号は、自働債権と受働債権の発生原因が同一の契約であることを求める。同一性の判断に当たって、契約書が同一であるか否かは、重要な考慮要素ではあるが、それだけで決まるわけではない。契約書の通数のほか、契約の内容や取引慣行などを考慮し、判断すべきである(部会資料 74A、第 1、3(2)説明 2)。

> ◆ **同じ取引の一部である別の契約から生じた債権債務**　469 条 2 項 2 号が債務者の相殺に対する期待を保護することにより、将来債権譲渡による資金調達の円滑化を図るものだとすると、債権債務が厳密な意味で同一の契約から発生したものでなくても、相互に密接な関係又は牽連関係がある場合も、相殺の対抗を認めてよいという解釈が成り立つ余地がある。たとえば、1 つの基本契約から生じた 8 月分の売買の目的物の契約不適合による損害賠償債権と、9 月分の売買に係る代金債権で

---

[29]　①国連国際債権譲渡契約 18 条 1 項〔原因契約又は同一取引の一部であった他の契約から生ずるすべての抗弁及び相殺の権利〕、②PECL 11. 307(2)(b)〔譲渡された債権と密接に関係する〕、③DCFR Ⅲ.5.116(3)(b)〔譲渡された権利と密接に関係する〕。①につき、池田・国際化 65 頁以下〔初出 1999〜2004〕、①②につき、石田京子「債権譲渡と相殺」NBL 933 号(2010)28 頁。

[30]　①として、岩川・前掲第 8 章注(54)479 頁以下、百選Ⅱ[8 版]28〔岩川〕58 頁、石田剛「相殺における『相互性』『合理的期待』『牽連性』」法時 1117 号(2017)165 頁、内田 279 頁、角・新注民(10)81 頁参照。瀬戸口祐基「フランス法上の牽連する債務間の相殺における担保的機能」NBL 1267 号(2024)4 頁も参照。牽連性の概念は、いくつかの場面で現れるので、その抽象化とそこからの演繹という方法には限界があるものの、468 条・469 条の拡張可能性を考察するうえで有益な視点を提供する。②は、牽連性のある債権間の相殺を「債権に内在的な抗弁」(2016 年改正フ民 1324 条 2 項参照)の 1 例とするものである。岩川・前同 426 頁以下・493 頁以下、森田宏樹「『債権に内在的な抗弁』の法的意義について」潮見追悼・財 323 頁〔譲渡された債権の発生原因である契約に基づく内在的制約は、債権譲渡より論理的に先行するという〕。

ある。基本契約の内容(売主の供給義務など)によっては、基本契約を同号の「発生原因である契約」とみることができる場合もありうるが、個別契約を発生原因とみるべき場合であっても、同号の類推適用の可能性はあるのではないか[31]。

◆ **差押えと相殺の規律との相違**　基準時後に締結された同じ契約から発生した債権債務の相殺の対抗可能性は、債権譲渡の場合について規定されているが(469条2項2号)、差押えの場合については規定がない(511条2項参照)。この区別は、債権譲渡の場合は、その後も譲渡人と債務者との間の取引が継続することが想定され、債務者の相殺に対する期待を保護する必要があるし、譲受人も相殺の可能性を考慮して譲渡を受けるが、差押えがされた場合は、その後も差押え前と同様に取引が継続することは想定しにくく、債務者の相殺に対する期待を保護する必要はないからだと説明される(中間試案説明310頁、内田280頁)。これに対し、①差押えの場合も譲渡人と債務者との取引が継続する場合がありうること、②同一契約に基づく債権債務には牽連関係が認められるから、差押えの場合も相殺の対抗を認めるのが衡平であること、③将来の売買代金債権が差し押さえられた後でも、債務者が代金減額請求権を行使すれば減額されるのだから、損害賠償請求権との相殺も認めるべきことなどから、将来債権の差押えの場合も、債務者の相殺の対抗を認めるべきであるという見解もある[32]。もっとも、改正民法は、2つの場合をあえて区別して規定したのだから、差押えと相殺について、469条2項2号の規律の類推適用をすることは、当面の解釈論としては、かなり困難であろう(→第8章第5節3(5)(b)(ⅲ)β2つ目の◆〔519頁〕)[33]。差押えと相殺は、差押債権者の債権と相殺者の債権の関係の問題だが、債権譲渡と相殺は、債務者の立場の保護(対抗)の問題である。後者は、より広い問題の一部だとみることもでき、引き続き検討を要する(→(d))。

(d)　将来債権の譲渡の後に発生した事由

(ⅰ)　**譲渡された将来債権の発生原因である契約上の権利**　将来債権譲渡の場合、債務者の相殺権(469条2項2号)以外の抗弁事由(同時履行の抗弁など)の対

---

31)　岩川・前掲第8章注(54)490頁〔1個の「取引」に含まれる複数契約の場合〕、倒産法交錯388頁以下〔石田〕〔一括した決済が予定されている場合〕、前掲注(29)の各国際的規律も参照。基本契約ないし枠契約については、中田・研究32頁以下。他方、潮見新Ⅱ447頁以下〔契約の同一性の評価により対応する〕、中田ほか・改正233頁〔沖野〕は、469条2項2号の解釈として検討する。改正コメ446頁〔石田〕参照。

32)　①②につき、中井・前掲第8章注(57)729頁以下、①②③につき、道垣内=中井・改正219頁以下〔中井康之発言〕、②につき、岩川・前掲第8章注(54)495頁以下・百選Ⅱ〔8版〕28〔岩川〕59頁〔牽連性を根拠とする469条2項2号の類推〕、③につき、中田ほか・改正262頁〔道垣内弘人〕。

33)　道垣内=中井・改正220頁以下〔野村豊弘〕、中田ほか・改正234頁〔沖野〕。

抗の可否が問題となる。

◆ **将来債権譲渡と債務者の抗弁**　前項でみた通り、将来債権が譲渡され、債務者対抗要件が具備された後にその発生原因となる契約が締結された場合、そこから生じる「債務者の譲渡人に対する債権」と「譲渡された債権」とについて、債務者は相殺をもって譲受人に対抗できる（469条2項2号）。たとえば、債務者が損害賠償債権を自働債権とし代金債務を受働債権としてする相殺である。では、債務者が損害賠償請求以外の契約上の権利を行使する場合はどうなるか。すなわち、同時履行の抗弁（533条）、追完請求（562条）、代金減額請求（563条）[34]、解除（541条・542条）である。債権譲渡によって債務者の立場を害することはできないという基本的な考慮からも、債務者の立場を保護することによって将来債権譲渡による資金調達を円滑にするという政策的考慮からも、債務者のこれらの権利行使を認めるのが妥当であろう。その法律構成が問題となる。

　①牽連する債権債務のうち一方の債務に内在する抗弁の対抗の問題として考察し、この抗弁は、ⓐ債務者対抗要件具備時に譲渡人の債務が未発生であり、譲渡された債権の発生原因である契約が未締結であっても、あるいは、ⓑ譲渡債権の発生原因である「契約の効力に関して生じた抗弁事由」であれば、468条1項の「事由」にあたるという見解[35]、及び、②468条1項の「事由」を「抗弁事由発生の基礎」と理解したうえ、枠契約の考え方や割賦販売法30条の4第1項を参照しつつ、この「基礎」を拡大することを提言する見解[36]が注目される。

　③ここでは、債務者の契約上の権利を、債権者がその契約に基づく債権を譲渡することによって害しうる範囲が問題となる。468条1項は、「対抗要件具備時までに」という債務者の認識による基準と、「譲渡人に対して生じた事由」という幅をもちうる基準の組み合わせによって、債務者保護と譲受人保護の調整をする。将来債権の譲渡においては、債務者対抗要件具備（債務者の認識）が個別契約成立より先行するので、債務者が譲受人に対抗できる範囲が限定される。そこで、「生じた事由」の幅を広げることが、同項の趣旨に合致する。将来債権の譲渡においては、譲渡の目的となる債権の特定が譲渡契約の成立・有効要件であるところ、譲受人は、その特定自体によって、対象となる債権について生じうる抗弁事由を想定することができる。それに応じて「生じた事由」を拡大しても、譲受人保護を損なうことに

---

[34]　前掲注(32)の③は、債務者が代金減額請求の効果を譲受人に対抗できると考えているようである。道垣内＝中井・改正256頁［松岡久和］も同様である。

[35]　ⓐは岩川・前掲第8章注(54)499頁以下、ⓑは森田・前掲注(30)344頁。角・新注民(10)72頁参照。

[36]　四ツ谷有喜「将来債権譲渡において債務者が譲受人に主張しうる抗弁」瀬川＝吉田古稀上551頁。奥田＝佐々木下905頁以下も参照。

ならないし、むしろ、譲受人は、それを引き受けていると評価することができる。そうすると、譲渡の目的となる債権の特定によって、その範囲にまで「生じた事由の基礎」を見出すことができると債務者が主張することを、譲受人は拒めないと考えるべきである（たとえば、AがBに譲渡する債権が「AとSの間で向こう1年間にされる売買契約に基づく代金債権」として特定された場合、その範囲に含まれる将来の個別売買に契約不適合が生じうることをBは想定できる。契約不適合という事由の基礎を譲渡された債権が特定される範囲に見出すことをBは拒めない）。このように、468条1項の「事由」を、譲渡された債権の特定と関連させて理解することは、同項の解釈としてありうるのではないか（①〔特に⑥〕は、債権と発生原因である契約との関係の強固さ、契約に内在的か外在的かの区別と契約類型との関係の定型性に特色がある。抽象度が高いので明快だが、硬直的になるおそれもある（契約上の特約や片務契約の取扱いなど）。468条・469条とフ民1324条の規定構造の相違の評価も分かれうる。②は、「対象債権を特定する意味での債権発生原因である契約」を「基礎」とするが、譲渡人と債務者の間の包括的な「契約」を前提としなくてもよいように思う。③に対しては、「特定」と「事由」との理論的関係が不明瞭であるなどの批判があるが〔森田・前掲注(30)344頁以下〕、468条1項の構造に即した解釈論として可能だと考える）。

（ⅱ）　**将来債権の譲渡後に結ばれた債権譲渡制限特約**　　将来債権が譲渡された後、譲渡人Aと対象とされる債権の債務者Sとが債権譲渡制限特約を結んだ場合、その後に発生した債権fについて、Sと譲受人Bの関係はどうなるか。

> ◇　家電メーカーAは、ある年の7月1日、自社製品である電気器具「甲」を乙市内にあるすべての小売店に対し向こう1年間に販売することによって取得する売買代金債権をBに譲渡した。同年9月、乙市内にある家電量販店であるSとAとの間で、取引を始める協議がされた。その際、SがAに対し、取引条件として、AのSに対する売買代金債権の譲渡を禁止する特約をすることを求め、Aはこれに応じた。同年10月以降、AとSは、この特約を含む取引基本契約書に基づく取引をしている。同年11月、AはSに甲100個を販売し、100万円の売買代金債権fが発生した。それを知ったBがSに対し、100万円をBに支払うよう求めた。

改正前民法466条2項のもとで、2つの考え方があった。1つは、AB間では既に将来債権の譲渡がされ、fもそれに含まれているところ、AB間で将来債権が譲渡された時点では、AS間の譲渡禁止特約はまだ成立しておらず、これについてBが悪意になりようもない（常に善意である）から、Bは同特約の対

抗を受けないと考える。もう1つは、AS間の譲渡禁止特約の後に債権fが発生したのだから、Bが悪意又は善意重過失であるときは、同特約により、譲渡の効力は生じないと考える。

しかし、将来債権の譲渡の時に存在しなかった譲渡禁止特約についての善意・悪意を基準とすることは、不自然だし、適切でもない。この問題は、実質的には、将来債権譲渡の効力を尊重することによる債権譲渡取引の安定化の要請と、譲渡制限特約による債務者の弁済先固定の利益の保護の要請とをどう調整すべきかというものである。現行民法は、将来債権譲渡の債務者対抗要件具備時と譲渡制限特約がされた時との先後を基準とすること(466条の6第3項)により、この調整を図っている[37]。すなわち、①債務者対抗要件具備時よりも前に譲渡制限特約が結ばれていた場合、譲受人は債権fについて同特約があることを知っていたものとみなされ、債務者は譲受人への履行を拒むことができる(466条3項)。この場合は、債務者が特約により確保した弁済先固定の利益を保護するのが適切だからである。しかし、②対抗要件具備時よりも後に譲渡制限特約が結ばれた場合は、特約の効力は譲受人には及ばない。この場合、譲渡人は、既に譲受人に将来債権を譲渡し、それ以後に発生する債権については、実質的には債権の処分権を失っていたと考えられ、債務者と譲渡制限特約を結ぶことができなかった(結んでも効力がない)といえるし、対抗要件が備えられた以上、そのことを債務者に対しても主張できること、この段階では、債務者の弁済先固定の利益より譲受人の債権取得に対する期待の保護を優先するのが妥当であるといえることによる(改正コメ419頁[石田]、一問一答175頁参照)。

なお、預貯金債権については、譲受人のみなし悪意の効果は、466条の5第1項の適用となる(466条の6第3項2つ目の括弧書)。

(3) 抗弁の放棄——旧468条1項を削除した後の問題

(a) 旧468条1項の削除

旧468条1項は、債務者が異議をとどめないで債権譲渡の承諾をしたときは、「譲渡人に対抗することができた事由があっても、これをもって譲受人に対抗することができない」と規定していた。「異議をとどめない承諾」に抗弁の喪

---

[37] 石田剛『債権譲渡禁止特約の研究』(2013) 297頁〔初出2012〕がこの方向を示していた。

失という強い効果を認めたものである。たとえば、債務者が譲渡人に一部を弁済していたとしても、異議をとどめずに債権譲渡を承諾すると、譲受人に対し一部弁済の抗弁を出すことができず、全額を支払わなければならない。このような規定は、立法例としても珍しく、その趣旨の理解をめぐって様々な学説が示された。判例は、同項による抗弁の喪失は、「債権譲受人の利益を保護し一般債権取引の安全を保障するため法律が附与した法律上の効果」であるとしたうえで、抗弁について悪意の譲受人は保護されないとし(最判昭42・10・27前掲)、さらには善意有過失の譲受人も保護されないとして(最判平27・6・1民集69巻4号672頁)、その適用範囲を制限した(本書3版538頁以下)。

　この規定に対しては、単に債権が譲渡されたことを認識した旨を債務者が通知しただけで、抗弁の喪失という予期しない効果が生じることは、債務者の保護の観点から妥当でなく、その正当化根拠の説明も困難であるという批判が強かった。他方、この規定が債権譲渡取引の安全を保護しているという実務上の意義を強調する存続論もあったが、債務者の抗弁を奪うのであればその意思に基づくべきであるという意見が大勢であった。そこで、改正民法は、旧468条1項を削除した(部会資料74A、第1、3(1)説明1・2)。

　(b)　抗弁放棄の意思表示

　債務者は対抗要件具備時までに譲渡人に対して生じた事由を譲受人に対抗できるが(468条1項)、このことが債権譲渡取引における支障となる可能性がある。そこで、債権譲渡取引の当事者(譲渡人又は譲受人)が債務者から抗弁放棄の意思表示を得て取引を行うという実務的対応が予想され、その評価が問題となる。部会では、抗弁放棄の意思表示について規定を置くことが検討されたが、合意にいたらず、一般の意思表示の規律に委ねられることになった(部会資料74A、第1、3(1)説明2)。

　ここでは、一方で、債権譲渡取引の安全の要請がある。自己の有する債権を譲渡することによって有利に資金調達をしたいという譲渡人の利益、及び、安心してこれを譲り受けたいという譲受人の利益があり、これらの観点からは、債務者の抗弁放棄の意思表示を広く認めることが望まれる。他方、債務者にとっては、抗弁の放棄は、通常、少なくとも直接的な利益はない行為であり、その意思表示は認められるとしても限定的であるべきことになる。

このような基本的対立のあるなかで、当初は、包括的な抗弁放棄の意思表示の効力が関心を呼んだが、学説で指摘された疑義を受け、実務上、各種の抗弁を具体的列挙したうえで、その放棄の意思表示を得ることが提唱されるようになっている[38]。学説でも、包括的放棄の効力の検討とともに、各抗弁事由の「放棄」の意義の具体的な検討が進められている[39]。

こうして、抗弁放棄の意思表示については、①放棄の意思表示の効力、②その解釈、③放棄の対象となる各抗弁事由の「放棄」の効力が、検討課題となる。

◆ **抗弁放棄の意思表示の検討** ①放棄の意思表示の効力については、その存否、有効性、態様が問題となる。ⓐ存否。抗弁の放棄は、通常、債務者にとって単に不利益を来たすものであるから、明確な意思表示が必要であるというべきである。債権者(譲渡人)の作成した書面に放棄条項が含まれていて、それに署名したというだけでは足りないと評価される場合がありえよう(最判平17・12・16判時1921号61頁〔建物賃貸借の補修費用を賃借人が負担する合意についての判断〕参照)。ⓑ有効性。放棄自体が公序良俗違反(90条)となることは少ないだろうが、定型約款の規律(548条の2第2項)及び消費者契約法10条の規律に服することはある。債務者の錯誤(95条)、譲渡人の説明義務違反が問題となることもある。ⓒ態様。抗弁放棄は、㋐債務者の単独行為、㋑債務者と譲渡人の契約(第三者〔譲受人〕のためにする契約)、㋒債務者と譲受人の契約、㋓債務者・譲渡人・譲受人の三者間契約としてされることが考えられる。実際には、㋑又は㋓が多いのではないか。②意思表示の解釈。抗弁放棄の文言について、放棄の態様・内容(対象)、当事者の属性、放棄の対価などを考慮しつつ、意思表示又は契約の解釈をすべきである。解釈の方法については議論があるが(中田・契約105頁以下参照)、包括的放棄において、債務者がその存在を認識していなかった抗弁事由は放棄対象に含まれないという解釈[40]や、譲受人が知らずかつ知らないことに過失のなかった抗弁は主張しないという趣旨であるという解釈[41]が可能であることが多いだろう。なお、放棄の対価としては、債務者の直接的な利益を考慮対象とすべきであり、間接的な利益は限定的な考

---

38) 井上＝松尾・改正255頁以下、鎌田ほか・改正99頁以下、長島LO498頁以下。
39) 秋山ほか・改正170頁〔石田剛〕、道垣内弘人「債権譲渡における債務者による抗弁の放棄」廣瀬久和古稀『人間の尊厳と法の役割』(2018)133頁、武川・前掲注(22)64頁以下、森田宏樹「債権譲渡における抗弁の放棄の法的意義について」中田古稀373頁、白石大「債権譲渡における債務者の包括的抗弁放棄の効力」磯村古稀195頁、内田283頁以下、改正コメ435頁以下〔石田〕、平野・改正261頁以下、奥田＝佐々木下857頁以下。
40) 石田剛「債権譲渡の対抗要件・債務者の抗弁」潮見ほか・改正265頁・272頁、中田ほか・改正229頁〔沖野〕。

慮要素にとどまると考える。③各抗弁の「放棄」の意義。ⓐ弁済等による債務消滅の抗弁の「放棄」は、⑦譲受人に対する新たな債務の負担と構成する方向と、④消滅した債権の合意による復活(→第8章第1節2の3つ目の◆〔380頁〕)と構成する方向がありうる。それぞれ譲渡人に対する求償ないし返還請求も認めるべきである。⑦④とも単独行為ではなく、契約によって基礎づけられうる(⑦につき→第2章第1節1(1)◆〔26頁〕)。⑦が多いが、④も可能だと考える。いずれにせよ、契約の認定は慎重に行うべきである。ⓑ相殺の意思表示、同時履行の抗弁については、これらを主張しないという意味での抗弁の放棄は、可能だろう。ⓒ無効を主張する権利、取消権、解除権、消滅時効の援用については、各制度における「放棄」に関する規律(追認との関係、時的制限など)に従う。

債権の流動化(→6(2)〔723頁〕)における債務者の抗弁放棄の意義が指摘されることがあるが、旧468条1項のもとで形成された実務の維持を目標とするよりも、債務者の抗弁放棄が合理的であると認められるべき場面の析出とそこでの放棄の具体的方法の検討が有用であろう。

◆ 抗弁放棄の効果──「抵当権の復活」の有無　　個別の抗弁事由の放棄のうち、弁済の抗弁の放棄と被譲渡債権を担保していた抵当権の帰趨について議論がある。

改正前民法のもとで、抵当権で担保されていた債権について、弁済がされ、それにより抵当権が消滅したが(付従性)、抵当権の抹消登記手続がされていない状態のもとで、当該債権が譲渡され、債務者が異議をとどめないで承諾した場合、旧468条1項により、債務者は譲受人に弁済を対抗できなくなるが、抵当権の消滅はどうなるかが争われた。判例(最判平4・11・6判時1454号85頁など、百選Ⅱ〔7版〕30〔森永淑子〕)及び通説的見解によれば、次のようになる(本書3版543頁以下)。弁済により債権と抵当権は消滅するが、債務者と譲受人の間では、債務者の異議をとどめない承諾により、債権も抵当権も復活する。しかし、第三取得者・後順位抵当権者・物上保証人については、弁済による抵当権の消滅という利益がいったん発生した以上、その後に債務者が異議をとどめない承諾をしても、その利益は奪われない。したがって、債権は復活するが、抵当権は復活しない(無担保の債権となる)。ただし、第三取得者・後順位抵当権者が、異議をとどめない承諾の後に現れた場合には、復活した債権と抵当権が存続する。

現行民法のもとで、債務者が抗弁放棄の意思表示をし、譲受人に弁済を対抗できなくなることがあるとしても、物上保証人、第三取得者などの第三者に効力が及ば

---

41) 潮見ほか・BA改正273頁〔和田勝行〕、百選Ⅱ〔8版〕27〔和田〕57頁、秋山ほか・改正177頁〔石田〕、改正コメ437頁〔石田〕参照。本文の解釈は、実質的に改正前民法のもとの最判平27・6・1前掲を維持することになる。道垣内＝中井・改正248頁・265頁以下〔松岡久和＝高須順一〕を参照。

ないことには異論がない。意思表示により第三者を害することができないからである。抵当権が債務者所有不動産に設定されたものである場合は、抗弁放棄の意思表示(契約)の解釈の問題となる。すなわち、債務者が弁済及び抵当権の消滅という抗弁を放棄したのか、弁済の抗弁のみを放棄したのかである。常に前者となるとは限らないだろう[42]。なお、抵当権の「復活」を認める場合、前の◆の③ⓐの㋐と㋑では異なる説明をすることになる(抵当権の再設定か復活か)。

4　債務者以外の第三者との関係

(1)　意義——不動産の二重譲渡との対比

(a)　「確定日付ある通知・承諾」と「登記」の対比

債権譲渡を債務者以外の第三者に対抗するには、確定日付のある証書による通知又は承諾が必要である(467条2項)。ここでの問題は、不動産物権変動の対抗問題(177条)と似ているが、債権に特有の問題もある。そこで、不動産の二重譲渡と、債権の二重譲渡を比較してみよう(単純化のため、確定日付のある証書による通知のみを取り上げる)。

(b)　対抗要件としての機能

権利の変動があった場合に生じうる対抗問題(二重譲渡など)の優劣決定基準である対抗要件には、2つの機能が要求される(奥田 450 頁)。第 1 は、権利の変動があったことを公示する「公示機能」である。第 2 は、公示された時点を固定し、後で動かそうとしてもできないようにする「固定化機能」である。不動産物権変動の対抗要件である登記には、この 2 つの機能が備わっている。では、債権譲渡の確定日付ある通知はどうか。

第 1 に、公示機能は、弱いものだが存在する。債権を譲り受けようとする人は、その債権が存在するか、誰かに既に譲渡されていないか、差押えはないかなどを知るためには、債務者に聞けばよい。債務者は、債権の存否・帰属について知っているから、問い合わせてきた人に答えることができる。つまり、債

---

[42]　百選Ⅱ[7 版]30[森永]63 頁、秋山ほか・改正 178 頁以下[石田]、石田ほか 250 頁以下[石田]、改正コメ 438 頁以下[石田]。森田・前掲注(39)424 頁以下は、通常、前者になるという。他方、潮見新Ⅱ454 頁以下は、意思表示の意味の確定の問題であるとしつつ、譲受人の期待の保護を考慮し、前者になるという。

務者は債権の存否・帰属についてのインフォメイション・センター(情報センター)、すなわち、公示機関としての役割を担っている。もっとも、それが現実に十分に機能しているというわけではない。債務者は嘘をつくかもしれないし(梅 210 頁)、債務者には問合せに対して回答する義務はない(債務者が債権者に対し守秘義務を負うこともある)。そもそも、債権が二重に譲渡される典型的な場面である、倒産状態にある債権者 A の債権者たちが A の債権を奪い合う状況のもとで、譲受人は債務者に問い合わすことなどしない。このような機能不全はあるが、後記の特別法(→6(2)(b)(ⅱ)〔724 頁〕)の制定以前には他に適当な公示方法もなく、債務者の公示機関としての役割が認められてきた。

第 2 に、固定化機能は、確定日付があるので一応満たされる。

こうして、確定日付ある通知は、登記に比べればはるかに不完全だが、第三者に対する対抗要件としての機能を果たすことが予定されている。このことを明示した最判昭 49・3・7(民集 28 巻 2 号 174 頁、百選Ⅱ〔6 版〕30[池田真朗]、百選Ⅱ23[石田剛])は、以後の基本判例となった。

確定日付ある通知にはこの機能が託されているので、債権譲渡に先行する事前の通知は、第三者対抗要件として認められない(→3(1)(b)〔691 頁〕)。事前の承諾については、債務者との関係の効力については議論があるが、第三者対抗要件としては認められない(→3(1)(c)〔692 頁〕)。債権譲渡の予約との関係で、事前の通知・承諾の第三者対抗要件としての効力を否定した判例がある(最判平 13・11・27 民集 55 巻 6 号 1090 頁)。

◆ **債権譲渡の予約と対抗要件**　最判平 13・11・27 前掲は、預託金会員制ゴルフクラブ会員権の譲渡(第三者対抗要件は債権譲渡に準じるとするのが判例)の予約につき、予約時の確定日付のある証書による承諾では足りず、予約完結権行使時の対抗要件具備が必要だとする。債務者を公示機関とする考え方を前提とすると、「債権譲渡の予約につき確定日付のある証書により債務者に対する通知又はその承諾がされても、債務者は、これによって予約完結権の行使により当該債権の帰属が将来変更される可能性を了知するに止まり、当該債権の帰属に変更が生じた事実を認識するものではないから、上記予約の完結による債権譲渡の効力は、当該予約についてされた上記の通知又は承諾をもって、第三者に対抗することはできない」という。

◆ **対抗要件制度の改正**　部会では、債権譲渡の対抗要件制度について、上記の問題点があることや、公示機関の役割を課せられる債務者の負担を考慮し、第三者対抗要件を登記(金銭債権)又は確定日付のある譲渡書面(その他の債権)とする案などが検討されたが、従来の制度が簡易かつ安価であることなどを指摘する反対意見もあり、改正が見送られた(中間試案説明240頁以下、部会資料63、第2、同74B、第2、2、同78B、第3、2、同81—3、第2、3。白石・前掲注(22)、森田・文脈669頁以下)。問題点が解消されたわけではない。

(c)　債務者の存在

不動産譲渡では、①当事者の譲渡の合意がある状態、②登記された状態、という2つのレベルがあるが、債権譲渡では、①当事者の譲渡の合意がある状態、②債務者に対して単なる通知がされた状態、③債務者に対して確定日付ある通知がされた状態、という3つのレベルがある。前者の②に対応するのは、後者の②ではなく③である。

(d)　同時又は先後不明の場合がありうること

不動産物権変動では、複数の者が対抗要件を備えることは稀である[43]。債権譲渡の場合、確定日付ある通知が複数されることは稀ではない。さらに、複数の通知が債務者に同時に到達すること(複数の内容証明郵便が同時に配達された場合)や、債務者にとって到達の先後が不明なこと(1通が本社に、もう1通が同じ頃に支社に届いた場合)もある。このため、不動産の譲渡ではほとんどありえないような問題が、債権の譲渡では現実に発生することがある。

(2)　二重譲渡の諸態様

(a)　組み合わせ

債権者Aの債務者Sに対する債権がAからBとCに二重に譲渡された場合、対抗要件には、単なる通知と確定日付ある通知があるから、その組み合わせは4通りある。

(i)　どちらについても確定日付ある通知がされた場合

α　基準時　　確定日付は、譲渡人・譲受人間の債権譲渡契約書にではなく、

---

[43]　伊藤進「指名債権の二重譲渡」判例に学ぶ145頁・147頁は、未登記不動産が二重譲渡されて買主双方がそれぞれに保存登記をした場合をあげる。

譲渡人の債務者への通知書に付されるべきものである。債務者に通知が到達した時点を確定日付で明確にすればよいが、それは実際には非常にむずかしい（郵便認証司が配達し、配達時に確定日付を付するという制度にすれば可能だが、現在はそうではない）。内容証明郵便の場合だと、譲渡人が郵便局に持参した時点で、その日の日付印が押され、その後、債務者に配達されるので、確定日付と債務者への到達時とには、時間的なずれが生じる。このため、BCの優劣を判定する基準はどの時点かが問題となる。

　たとえば、Bへの譲渡についての通知には6月1日の確定日付があるが、Sに到達したのは6月4日であり、Cへの譲渡についての通知には6月2日の確定日付があるが、Sには6月3日に到達したという場合、確定日付を基準にするとBが勝ち（確定日付説）、債務者に到達した時点を基準とするとCが勝つ（到達時説）。最判昭49・3・7前掲は、次のように述べ、到達時説をとった。「民法の規定する債権譲渡についての対抗要件制度は、当該債権の債務者の債権譲渡の有無についての認識を通じ、右債務者によってそれが第三者に表示されうるものであることを根幹として成立している」のであり、このような467条の基本構造に鑑みると「債権が二重に譲渡された場合、譲受人相互の間の優劣は、通知又は承諾に付された確定日附の先後によって定めるべきではなく、確定日附のある通知が債務者に到達した日時又は確定日附のある債務者の承諾の日時の先後によって決すべきであり、また、確定日附は通知又は承諾そのものにつき必要であると解すべきである」。つまり、公示機関としての債務者がその機能を果たすためには、債権譲渡のあったことを認識している必要があり、そのためには、債務者に到達した時期の先後で決めるのが適当であるというわけである。学説も、現在では、到達時説をとるのが一般的である（理想としては、到達時を確定日付で証明させるべきだという到達時確定日付説もある）。この基準により優先する譲受人は、債務者との関係でも唯一の債権者となる（最判昭61・4・11前掲。債務者が誤った場合は→(c)〔717頁〕）。

　β　同時到達・先後不明　　確定日付のある2つの通知が債務者に同時に到達した場合はどうか。最判昭55・1・11（民集34巻1号42頁、百選Ⅱ〔4版〕33〔池田真朗〕）は、各譲受人は、債務者に対しそれぞれの譲受債権の全額の弁済を請求することができ、譲受人の1人から弁済の請求を受けた債務者は、他の譲受

人に弁済したなどのことがない限り、弁済の責めを免れることができないとした。たしかに、債務者がどの譲受人にも拒絶できるというのはおかしい。各譲受人の分割債権になるとする見解もある[44]が、譲受人が多数いる場合にその確定をどうするのか、請求しない譲受人がいたときは債務者が不当に利得することになるのではないか（石垣君雄『最判解民昭55』13頁）、何の非もない債務者に面倒な分割弁済を課すことは妥当ではない（近江234頁）などの問題がある。学説も上記判例の結論を支持するものが一般的であり、それが妥当である。

では、譲受人相互の関係はどうなるのか。最判平5・3・30（民集47巻4号3334頁、百選Ⅱ24［藤井徳展］）が、1つの解決を示した（この事件は、債権譲受人と差押債権者との争いだが、二重譲渡に置き換えて説明する）。債務者は、2通の譲渡通知の到達の先後が不明であり、債権者が誰であるかを確知できないとして供託した（旧494条後段〔494条2項〕）。本判決は、到達の先後不明の場合も同時到達として取り扱ってよいとしたうえ、この場合、各譲受人は、互いに自分が優先すると主張することはできず、公平の原則に照らし、各債権額に応じて供託金額を案分した額の供託金還付請求権をそれぞれ分割取得するとした。

◆ **同時到達と到達の先後不明の異同**　訴訟法的には到達の先後不明を証明責任の問題と考えることはありうるが、同時到達と到達の先後不明との間に実体法上の区別を設けるまでもないというのが、最判平5・3・30前掲の考えであろう。ただ、債務者の供託の可否は異なる。同時到達の場合は、いずれの債権譲渡も有効であって各譲受人は債務者に対し全額の請求ができ、債務者はどの譲受人にも（債権が消滅するまでは）弁済すべきだから（最判昭55・1・11前掲参照）、債権者不確知とはいえず、供託できないが、先後不明の場合は、通知が先に到達した方だけが債権者となるべきところ、債務者は過失なくその債権者を確知できない状態にあるので供託できる、と説明される（井上繁規『最判解民平5』583頁・594頁以下。先後不明というのは、債務者の主観的判断では足りず、最終的には判決によって判断されるべきものだという）。供託実務も、平成5年判決の後も供託を認めている（法務省平5・5・18民4第3841号民事局第4課長通知〔民月48巻5号112頁、金法1361号28頁〕）。もっとも、現実には同時到達と到達の先後不明との違いは微妙であり、債務者にとってはむしろ前者の証明の方が困難なことも少なくないと思われる。

---

[44]　椿寿夫「判批」判タ439号(1981)68頁、上原敏夫「債権の譲渡・差押えの競合と第三債務者の地位」曹時45巻8号(1993)1頁〔同『債権執行手続の研究』(1994)所収〕。

それでは、債務者が供託せずに譲受人の1人Bに全額を弁済した場合、他の譲受人Cは、Bに対し、分配ないし清算を請求することができるか。この点についての最高裁判決はまだない。学説は、①債権額により案分した額を請求できるとする見解が多数だが、根拠は一様ではない。ⓐ不当利得という説明(平井150頁、近江236頁、鈴木500頁)に対しては、Bは最判昭55・1・11前掲に基づいて弁済を受けているのであり、「法律上の原因なく」(703条)とはいえないとの批判がありうる。ⓑそこで、不当利得法理の擬制的適用(池田・研究180頁、淡路480頁)、「一種の私的執行」だが、譲受人は相互に優先できないので1人占めは不当な利得であるとの構成(前田415頁。山野目370頁も同様)、最判平5・3・30前掲の応用(山田誠一「債権譲渡と債権差押の競合、および、債権の二重譲渡」金法1361号〔1993〕7頁、潮見新Ⅱ470頁)などと説明される。このうち、執行との関係については、仮にCが差押債権者であって先に弁済を受けたとすると(差押えの効力により事実上そうなる)、正式の執行手続で得た弁済についてBに分配請求が認められるのかという疑問が示されている(内田272頁)。ⓒBとCは連帯債権(川井258頁、潮見新Ⅱ470頁・625頁・630頁)又は不真正連帯債権(横山長「判批」金法733号〔1974〕9頁)を有するので、その分配請求として認めるべきだという見解もある。現行民法が連帯債権の規定(432条以下)を新設したので、制定法上の基礎を得たことになる。もっとも、この関係を連帯債権と性質決定することには疑問がある(→第9章第2節2(1)2つ目の◆〔546頁〕)。ⓒは、ⓑが実質的根拠となっていると理解すべきだろう。②他方、分配請求を否定する見解もある(浅沼武「判批」金法276号〔1961〕18頁〔連帯債権説〕、水本235頁、伊藤・前掲注(43)157頁、平野390頁以下、角・新注民(10)59頁)。分配を認めるべき法律上の根拠を欠くこと(不当利得とはならないこと)、破産に至らない場面では平等原理よりも競争原理が働くことが理由である。

◆　**債権者平等の原則との関係**　これは、根本的には、債権者平等をどこまで貫くべきかという問題に帰着する。債権者平等を実現するためには、配当を受ける資格のある債権者、各自の債権額、分配されるべき財産をそれぞれ確定したうえで、きちんと分配しなければならない。そのためにはコストがかかるし、間違って弁済するリスクもある。破産手続であれば、このようなコストやリスクは手続の中に組み込まれているが、債権譲渡通知の同時到達について、そのような手続はない。C

に分配請求を認めることは、Bに債権者平等を実現するためのコストとリスクを負担させることになるが、それは適当ではないのではなかろうか。債務者が供託したときは、被供託者間の供託金還付請求権をめぐる争いになるから、上記の確定は容易であり、供託のされない場合とは区別されうる。この観点から分配請求否定説をとりたい(中田・前掲第6章注(1)26頁)。

◆ **債権譲渡と差押えの競合** この場合、確定日付ある証書による通知が債務者Sに到達した時点と差押命令がS(執行法上は「第三債務者」にあたる)に送達された時点(民執145条5項)の先後により優劣が決まる(最判昭49・3・7前掲)。これは、差押命令書が確定日付ある証書であるとみなされて467条2項の枠組みのなかに入るというのではない。467条2項における到達時説の法理が、債権譲渡と差押えの競合の場合にも妥当し、到達と送達の先後で優劣が決まるという意味である。

(ii) **一方につき単なる通知、他方につき確定日付ある通知がされた場合** Bへの譲渡についての単なる通知が先に債務者Sに到達しても、後にCへの譲渡についての確定日付ある通知がSに到達すると、譲受人相互間でCが優先するだけでなく、債務者との関係でも、Cのみが債権者となる(→(i)α)。ただし、単なる通知が届いた段階でSがBに弁済すれば、それは有効であり、その後、Cへの譲渡についての確定日付ある通知が届いても、その時点では債権が存在していないので、Cはもはや請求することができない(468条1項)。

(iii) **どちらについても単なる通知がされた場合** 2つの考え方が対立する。第1説は、この場合、BもCも互いに優先せず、債務者Sはどちらに対しても弁済を拒絶できるが、いずれかに弁済すれば免責されるという(我妻545頁、林ほか523頁[高木]、平野393頁)。第2説は、この場合、債務者への対抗要件は備えられているので、債務者はいずれに対しても弁済を拒絶できず、いずれかに弁済すれば免責されるという(平井151頁、淡路476頁、潮見Ⅱ660頁、近江229頁以下)。本来弁済義務を負うSが誰にも支払わなくてよいというのはおかしいし、最判昭55・1・11前掲の場面と同様に処理してよい((iii)は(ii)に移行する可能性はあるが[片山ほか401頁[荻野]参照]、Aが応じない限り(iii)が続く)。第2説をとりたい。

(iv) **どちらについても何らの通知もされていない場合** この場合、債務者

Sは譲渡人Aのみを債権者として対応すればよい(467条1項)。ただし、単発の債権譲渡で通知のない場合も、債務者の側から積極的に譲渡の事実を認めて譲受人に弁済することは許される(大判明38・10・7民録11輯1300頁、奥田＝佐々木下850頁など)ので、SがB又はCに弁済することは可能である。

(b) 確定日付ある通知の効力の限界

確定日付ある通知は、先に到達すれば、他に優先するし、単なる通知との関係では、後で到達してさえ、それに優先するという強い効力をもつ。しかし、前述の通り、譲渡人AがBへの譲渡について単なる通知しかしなかった場合でも、Cへの譲渡についての確定日付ある通知が債務者Sに到達する前にSがBに弁済すれば債権は消滅する。そうすると、ABSが通謀し、Cについての通知が到達した時点では本当はBに支払っていなかったのに、支払済みだったといえば、Cは負けることになる。これは、債権譲渡の対抗要件の不確実性、効力の限界を示すものである(平井151頁)。

(c) 劣後譲受人への弁済

以上が債権譲渡の優先劣後の基準であるが、債務者が誤って劣後譲受人に弁済した場合、問題となる。判例(最判昭61・4・11前掲)は、債務者が467条2項の基準によれば劣後する譲受人に弁済した場合、旧478条(債権の準占有者に対する弁済)の適用があると解しつつ、467条2項の基準がある以上、Sが善意無過失であるというためには、「劣後譲受人を真の債権者であると信ずるにつき相当な理由があること」が必要だとする(Sに過失があったと判断した)。学説もこれを支持するものが多い。これに対し、旧478条の拡張に消極的な立場からその適用を否定し、また、劣後譲受人は債権の準占有者にあたらないという反対説もある(池田・研究231頁以下)。現行民法のもとでも、議論は引き継がれる。債務者は、債権者が確知できなければ供託できるから、478条で救済するまでもないともいえるが、具体的状況によっては、劣後譲受人が債権者としての外観を有する者と評価できる場合もありうるので、判例の結論でよいだろう。

◆ **二重譲渡の可能性** 最判昭61・4・11前掲の事案は、モデル化すると、①AのBへの譲渡、②その確定日付ある通知の到達、③AのCへの譲渡、④その確定日付ある通知の到達、という時系列で、債務者がCに弁済したものである。この

場合、②で債権はBに譲渡され、その第三者対抗要件が備えられている以上、③はAによる他人の債権の譲渡であるにすぎず、二重譲渡の問題ではないのではないかという疑問もある(下森定「判批」ジュリ887号〔1987〕74頁)。これについて、時系列が上記の順である場合と、①③②④の順であった場合とが債務者には区別がつかないから、どちらも二重譲渡として取り扱う(池田真朗ほか『マルチラテラル民法』〔2002〕215頁以下〔池田〕)などと説明されている。467条は、時系列がどちらの順の場合も予定していると考えるべきであろう。

(d) 将来債権の譲渡

将来債権の譲渡の第三者対抗要件は、既発生の債権の譲渡と同じである(467条)。将来債権を譲渡した時点で確定日付ある通知があるとき、その後に発生した債権について譲渡や差押えがあっても、将来債権の譲受人が優先する。

5 債権譲渡の機能

(1) 債権譲渡の伝統的機能

以上が債権譲渡の基本的な構造と問題点である。では、債権譲渡は、実際には、どのような目的で行われるのか。これについては、近年、変化がみられる。それを受け、様々な特別法が制定されている。ここでは、まず、債権譲渡の伝統的な機能を概観しておこう。債権者Aが債務者Sに対する債権fを譲受人Bに譲渡する、という記号を使う。

(a) 代物弁済としての債権譲渡

第1は、Aの債権者であるBがAに対する自己の債権を回収するため、Aの有する債権fを代物弁済としてAから譲り受ける場合である。たとえば、商店Aの財産状態が悪化した場合、Aに融資をしていたBがAのSに対する売掛金債権fを譲り受けて、自らの貸金債権の弁済にあて、回収を図るという取引である。Bからみれば、債権回収のための債権譲渡、Aからみれば、代物弁済としての債権譲渡である。その際、Aの債権者はB以外にもいるのが普通である。Aが他の債権者Cにも債権fを二重に譲渡したり、別の債権者Dが債権fを差し押さえるなど、譲渡や差押えが競合して、複雑な問題を生じることがある。

(b) 換価のための債権譲渡

第2は、換価のための譲渡である。Aが債権fを履行期前に現金化するため、Bに売却する。たとえば、債権fが100万円の金銭債権であり弁済期が3か月後である場合、AがBにfを90万円で買い取ってもらうという取引である。569条は、この場面で機能する。手形債権なら、手形割引という形で行われる。ゴルフ会員権の売却に伴い、そこに含まれる預託金返還請求権（金銭債権）が譲渡されることもある。代物弁済のための債権譲渡は、Aの危機状態で行われることが多いのに対し、換価のための債権譲渡は、平時でもみられる。

◆ ファクタリング[45]　事業者の有する売掛債権等を履行期前に一定の手数料を得て買い取る業務をファクタリングと呼ぶことがある。ファクタリング業者は、かつては銀行系や信販会社系の会社がほとんどだったが、近年では、インターネットを介して取引を行う新進業者が多い。その法的性質としては、①換価のための債権譲渡であり、事業者Aとファクタリング業者Bの確定的な売買であるもの（真正売買）と、②実質はBのAに対する融資であり、債権譲渡はその担保として行われるもの（譲渡担保）があるが、最近では、③実質はBのAに対する高金利の融資であり、債権譲渡はその担保として期待されてもいない、法形式上のものにすぎないもの（偽装ファクタリング）もみられる。①と②は、Aが倒産したときに、譲渡された債権がBに帰属するか（①）、Aの倒産財団に帰属するか（②）が異なる。②③は、利息制限法・貸金業法・出資法の規制（→第3章第2節4(3)〔70頁〕）を受ける可能性があり、特に③について、貸金業法及び出資法上の「貸付け」にあたるか否かが問題となる。「貸付け」該当性は、当該取引の性質決定をしたうえ、貸金業法及び出資法の立法趣旨に照らして、判断すべきであろう。その際は、譲渡された債権が担保として期待されているか否か（譲渡された債権の実質的支配者、回収不能リスクの負担者、対抗要件が具備されていないときはその理由、担保権実行の可能性・予定の有無）、債権譲渡の法形式をとることについてのAの目的（意図）などを、契約書の文言によるだけでなく、実質的に検討すべきである（①②の区別の基準と、②③の区別及び「貸付け」該当性の基準とが当然に一致するわけではない）。Aが事業者でなく労働者であって、その将来の賃金債権をBに譲渡するという取引（給

---

[45] 秋峯晴男＝山口幸夫「わが国におけるリース業、ファクタリング業の実態（下）」NBL325号（1985）23頁、佐野史明「ファクタリング取引の論点整理」金法2146号（2020）35頁、白石大「債権譲渡と利息上限規制」後藤巻則古稀『民法・消費者法理論の展開』（2022）657頁、倉重八千代「我が国におけるファクタリングの法的側面についての一考察」明学院法学研究116号（2024）59頁、石田剛「事業者ファクタリングの『貸付け』該当性」小野古稀208頁、金融庁「ファクタリングの利用に関する注意喚起」同庁ウェブサイト、片山ほか365頁以下〔荻野〕。

与ファクタリング)について、貸金業法及び出資法上の「貸付け」にあたるとした刑事判例がある(最決令5・2・20前掲)。Aが事業者である場合(事業者ファクタリング)においても、参照されるべきものである。

(c) 取立てのための債権譲渡

第3は、取立てのための債権譲渡である。Sが債務を弁済しないとき、債権者Aが第三者Bに取立てを依頼し、そのために債権を譲渡することがある。

◆ **取立てのための債権譲渡** 債権の取立てを他人に依頼する場合、債権者AがBに代理権を与え、BがAの代理人として取り立てる方法もある。しかし、代理人としてよりも本人として請求する方が取り立てやすい場合など、Aがその債権をBに譲渡し、Bが新たな債権者として取り立てることがある。不良債権の取立てには問題が生じやすく、法律による規制がある(→1(2)(b)〔670頁〕)。

取立てのための債権譲渡には2つの類型がある(奥田=佐々木下881頁以下)。①取立権限の授与(取立授権)と②信託的譲渡である。①では、債権譲渡の形式はとられるが、当事者AB間ではAが依然として真実の債権者であり、Bは単に取り立てる権限を授与されたにすぎない。Aは、なお債権者としての権限を有し、取立て、免除、譲渡をすることができる。債務者Sは、債権譲渡の通知を受けた後でも、Aに対抗できる事由が生じたときは、それをBに対抗できる(奥田458頁)。②では、当事者AB間でも債権は移転し、Bが新たな債権者になる。しかし、Bは、その債権を取り立てるという目的の範囲内でしか行使することができない。すなわち、Bは、さらに第三者に譲渡したり、債権を放棄したりすることはできない。

具体的な債権譲渡が①と②のどちらなのかは、AとBの合意の解釈の問題である。不明の場合には、①が原則だという古い判例はあるが、学説は②と解すべきだというものが多い。いずれにせよ、このようなAとBの内心の問題は、それを知らない債務者やその他の第三者に対して主張することはできない。

(d) 担保のための債権譲渡

第4は、担保のための譲渡である。Aがその債権を担保にしてBから融資を受ける際、債権を譲渡する形をとることがある(債権譲渡担保)。債権は、債務者Sの資力によって実質的価値が変わるし、SがAに弁済すれば消滅してしまうので、担保としては確実なものではない。しかし、他に適当な担保がないときや、他の担保を補うものとして、債権を担保とすることがある。その方

法として、債権譲渡担保のほか、債権質もある。譲渡担保には、1つ又は複数の個別債権を目的とするものと、特定の範囲のなかで新陳代謝する現在及び将来の債権を目的とするものがある。従来、判例・学説が対応してきたが、2025年の担保要綱は立法による対応を提示する(→6(3)〔733頁〕)。

> ◆ **代理受領**　債権者Aが債務者Sから弁済を受領する権利をAの債権者Bに予め委ねておく方式の担保もある。代理受領という。BはAの代理人としてSから弁済を受け、これをBのAに対する債権に充当する。改正前民法のもとで、Aの債権に譲渡禁止特約(旧466条2項)が付されている場合(公共工事請負代金債権等)、譲渡・質入れに代わる担保手段として用いられてきた。改正後も、譲渡制限特約及びその違反に関する特約(→1(2)(c)(ⅱ)α(ウ)3つ目の◆〔676頁〕)がある場合、用いられる可能性はある。

(2)　債権譲渡の実態の変化

このように、債権譲渡がされる目的は多様だが、近年、変化がみられる。

第1は、危機時期の譲渡から平時の譲渡へという変化である[46]。従来、債権を弁済にあてたり担保とするのは、金融業者を中心とする限られた取引分野で、譲渡人の財産状態が危機時期又はそれに近い時期にあるときに行われていた。裁判に現れるのは、譲渡人の経営状況が悪化した段階でされる債権回収のための債権譲渡(代物弁済)が中心であり、債権譲渡の法理もこの場面を中心にして発展した。しかし、近年では、それ以外の債権譲渡の重要性が増している。すなわち、譲渡人が正常な経営状況のもとで、業務の一環として、財産権としての債権を換価したり、担保としたりして、資金調達のために用いる場合である。

第2は、単一の債権の譲渡から複数の債権の譲渡へという変化である。従来、債権譲渡に関する議論では、主として現に存在する1個の債権の譲渡が想定されていた。しかし、実際には、現在及び将来の多数の債権が包括的に譲渡されることが少なくない。①債権回収目的では、複数の売掛債権の譲渡や将来にわたって発生する債権の譲渡、②換価目的では、営業譲渡に伴う多数の売掛債権

---

[46]　椿寿夫『集合債権担保の研究』(1989)140頁・309頁は、「危機対応型」「正常業務型」という分類を示した。池田・前掲注(9)6頁は、「危機的状況における」譲渡から「正常業務継続の中での」譲渡へという変化を指摘する。この点も含め、池田真朗「債権譲渡法の新たな展開」争点211頁。

の譲渡、③取立目的では、企業が有する多数の債権の取立てを債権管理回収業者(サービサーと呼ばれる)に委託すること、④担保目的では、企業が現在及び将来の多数の債権を担保に入れることがみられる。

これらの変化は、現在及び将来の多数の債権を目的とする集合債権譲渡担保として現れるが、さらに、債権の流動化という新たな資金調達スキームにおいて明瞭である。そこで、特別法が発達し、担保法も改正の途上にある。これらを次項で検討する。

6 集合債権の譲渡

(1) 集合債権の譲渡の意義と検討課題

近年、多数の債権をまとめて譲渡することや、将来発生する債権を譲渡することが少なくない。真正の譲渡である場合のほか、担保としての譲渡であることも多い。担保としての譲渡は、集合債権譲渡担保といわれる。集合債権の概念は多義的だが、おおまかにいうと「現在及び将来の多数の債権」である。つまり、集合債権には、現時点での複数性の面と、時の流れのなかでの複数性の面とがある。債務者は、特定の1人であることも、特定の多数であることも、不特定の多数であることもある。20世紀末頃から判例の展開があり、関連する特別法も少なくない(近江幸治「集合債権の譲渡担保」争点155頁)。担保要綱は、集合債権譲渡担保に関する基本的規律を提示する。

いくつか具体例を示そう。メーカーAが原材料供給業者Bと取引をする際、BのAに対する原材料代金債権を担保するため、Aがその顧客に対して有する次のような製品売買代金債権をBに譲渡することがある。①Aの顧客のうちS_1からS_7までの7名に対してAが現在有する債権、②Aが顧客S_1からS_7までの7名に対して現在有する債権及び今後1年間に取得する債権、③Aが今後1年間に甲市内でA社製の乙という種類の製品を販売することにより取得する債権。また、④金融機関CがAに融資をし、その担保として、Aが所有するビルの1室の賃借人S_8に対してAが有する賃料債権の将来3年分をCに譲渡することもある。このうち、①は現在の多数の債権、②は現在及び将来の多数の債権、③は現在及び将来の多数の債権であって債務者不特定のもの、④は将来の多数の期にわたって発生する1人の債務者に対する債権である。

これらの債権を譲渡して担保とする場合、①については、7件の債権譲渡があるというだけであり、特別の問題はない。しかし、①では、各債権は債務者の弁済によって次々に消滅し、時間ととも減少していくので、担保としての価値は大きくない。これに対し、将来債権を含む②③④は、担保として有用である。このうち②③においては、担保の目的となる債権が新陳代謝するのは、Aの営業継続が前提となっており、そのため、Aの財産状況に問題のない限り、A自らが顧客から代金を回収し、運転資金にあてる必要がある。つまり、現在又は将来の個別債権の譲渡担保(①④)と、内容が新陳代謝する集合債権の譲渡担保(②③)があり、後者においては、顧客から代金を取り立てる権限が譲渡人に付与されることが多い。

以上は、担保のための譲渡だが、集合債権が確定的に譲渡されることもある(真正譲渡)。企業の倒産や事業再編に伴うもののほか、企業の資金調達方法の1つとしての「債権の流動化」がある。

これらを通じて、ⓐ譲渡の対象となる債権の特定、ⓑ対抗要件の具備方法、ⓒ将来債権の譲渡の効力などが問題となる。これを(2)で検討する。また、ⓓ担保としての債権譲渡については、担保権の実行やその前後の法律関係なども問題となる。ここでは個別債権の譲渡担保の規律との関係も参照する必要がある。これを(3)で検討する。さらに、ⓔ債権の流動化については、そのための仕組みや特別法がある。これを(4)で検討する。

(2) 集合債権の譲渡一般についての問題点

(a) 対象となる債権の特定

債権譲渡において、譲渡される債権の特定が求められる理由は重層的に存在する。すなわち、①債権譲渡契約に求められる、契約一般の成立要件としての合意の確定性(中田・契約99頁)、②債権の移転という処分行為(奥田424頁)の客体に求められる特定性、③将来債権譲渡の有効性の要件の1つとしての特定性(→2(2)(b)(ⅰ)β(ア)〔684頁〕)、④多数債権を目的とする譲渡担保の設定契約における目的の範囲の特定性(道垣内・担物356頁以下参照)、⑤担保要綱の対象となる集合債権譲渡担保に求められる特定性(→(3)(b)(ⅰ)〔734頁〕)がある(③は①②の、④は②の現れでもある。⑤は①〜④を前提とする)。

①〜④について、判例・学説により規律が形成されてきた。最判平11・1・

29 前掲や最判平 12・4・21 前掲の基準は、例示としてではあるが、現行民法のもとでも参照されるべきものとなる。⑤にあたるものには、譲渡人(譲渡担保権設定者)の取立権限や補充義務等に関する規律が適用される(→(3)(b))。⑤にあたらない債権譲渡担保は、個別債権譲渡担保ないしその集積として、①～④の特定が求められる。また、集合債権の確定的な譲渡においては、①～③の特定が求められる。

(b) 対抗要件

(ⅰ) **民法の対抗要件制度の問題点** 467 条 2 項の第三者対抗要件(確定日付ある証書による通知又は承諾)は、備えることが困難な場合が少なくない。第 1 に、債権を譲渡したこと自体が譲渡人の信用に悪影響を及ぼすおそれがあるとして、譲渡人がその取引先である(得意先であることも多い)債務者に債権譲渡の事実を知らせたくないという事情がある。譲受人は、対抗要件具備が後れると、第三者に劣後したり、譲渡人が破産した場合に不利益を被る(対抗要件否認の対象となる)おそれがある。そこで、譲受人が譲渡人から年月日等白地の債権譲渡通知書を予め受け取っておくなどの方法がとられるが、その有効性を争われる可能性がある。第 2 に、債務者が多数いる場合には、確定日付ある証書による通知をすることは大きな負担となる。特に膨大な数の小口債権を譲渡するのに、各債務者に内容証明郵便を出すとすると、その手間や費用は採算に合わないことがある。集合債権の譲渡にあたっては、これらの問題がある。

まず、第 2 の問題に対するものとして、1992 年に特定債権法が制定された。これは、譲渡会社が日刊新聞紙に掲載すれば確定日付ある証書による通知があったものとみなす制度であり、リース債権・クレジット債権を中心に相当の利用実績をあげたが、問題点もあり、2004 年に廃止された(本書 4 版 680 頁)。そこで、第 1・第 2 の問題を解決する、より一般的なものとして、次項の法律が制定された。

(ⅱ) **動産・債権譲渡特例法**[47] 1998 年に「債権譲渡の対抗要件に関する民法の特例等に関する法律」が制定された(同年施行)。2004 年に改正され、名称も「動産及び債権の譲渡の対抗要件に関する民法の特例等に関する法律」と改められた。本法は、多数の債権の譲渡について一括して迅速かつ簡易に対抗要件を具備させるという需要に応えるものであり(植垣＝小川・前掲注(47)3 頁、

潮見新Ⅱ476頁)、単一の債権の譲渡についても利用できなくはないが、特に債権流動化及び集合債権譲渡担保において利用価値が高い。

　本法の適用範囲は広い。要件は、譲渡人が法人であること、目的となる債権が金銭債権であって、民法第３編第１章第４節の規定により譲渡されるものであること(つまり有価証券等でないこと)というだけである(動産債権譲渡特４条１項〔以下、この(ⅱ)では「法４条１項」と略記する〕)。法人は、民法の対抗要件制度による譲渡と本法による譲渡とを選択することができる。

　本法は、対抗要件制度について根本的な発想の転換をし、債務者に対する対抗要件と債務者以外の第三者に対する対抗要件を分離した。467条では、確定日付ある通知・承諾があれば、債務者にも債務者以外の第三者にも対抗可能となる。これに対し、本法は、まず、債務者以外の第三者に対する対抗要件だけを備えうることにした。すなわち、債権譲渡の登記(磁気ディスク等で調製される債権譲渡登記ファイルへの記録)がされれば、債務者以外の第三者については、467条２項の確定日付ある通知があったものとみなされる(法４条１項)。これは、二重譲渡や差押えとの競合の場合の優劣決定基準となるが、債務者に対しては効力をもたない。債務者に対抗するためには、登記事項証明書を譲渡人又は譲受人が債務者に交付して通知すること、又は、債務者が承諾すること(登記事項証明書は不要)が必要である(法４条２項)。証明書の交付により虚偽の通知が防止されるので、譲受人でも通知できるわけである。債務者は、この通知を受け、又は、承諾をするまでは、譲渡人を自分の債権者であると扱ってよく、また、それまでに発生した事由は、債権譲渡登記後のものであっても、譲受人に対抗

---

47)　植垣勝裕＝小川秀樹編著『一問一答　動産・債権譲渡特例法〔三訂版増補〕』(2010)、村松秀樹ほか「民法(債権関係)改正に伴う動産・債権譲渡特例法改正の概要」金法2131号(2020)6頁。債権譲渡特例法についての法務省担当者のものとして、法務省民事局参事官室＝第四課編『Ｑ＆Ａ債権譲渡特例法〔改訂版〕』(1998)、揖斐潔「債権譲渡の対抗要件に関する民法の特例等に関する法律の概要」NBL644号6頁・645号49頁(1998)、渋佐愼吾「債権譲渡登記制度の創設および制度の概要」NBL649号6頁・650号27頁(1998)、野口宣大「債権譲渡登記制度の運用状況と実務上の論点」金法1653号(2002)32頁。実務的問題の検討も含め、池田真朗ほか①「座談会　債権譲渡特例法と金融実務」ジュリ1141号(1998)95頁、同②「座談会　債権譲渡特例法施行１年を振り返って」金法1567号(2000)38頁、森井英雄＝升田純＝辰野久夫＝池辺吉博『債権譲渡特例法の実務〔新訂第２版〕』(2002)。立法前の研究として、債権譲渡法制研究会「債権譲渡法制研究会報告書」NBL616号31頁(1997)。立法の前後を通じて、池田・研究74頁以下、池田真朗『債権譲渡の発展と特例法』(2010)44頁・56頁〔初出1998・2001〕。

できる(法4条3項)。このように、債務者に対する対抗要件と第三者に対する対抗要件が分離されている。

> ◆ **対抗要件の競合** AがSに対する債権をBとCに二重に譲渡し、Bについては債権譲渡登記がされ、Cについては確定日付ある通知がされた場合、その優劣は、債権譲渡登記がされた時と確定日付ある通知が債務者Sに到達した時の先後によって判断すべきである(揖斐・前掲注(47)645号51頁、淡路485頁、内田264頁。池田ほか・前掲注(47)①111頁以下)。では、①Bへの譲渡の登記、②Cへの譲渡の確定日付ある通知の到達、③Bへの譲渡の登記事項証明書をSに交付しての通知という順で進行した場合はどうか。Sが②と③の間にCに弁済した場合は、その弁済は有効であり、Bに対しては弁済による債務消滅を対抗できる(法4条3項)。SがCに弁済しないまま、③となった場合は、SはBに弁済すべきである(登記事項証明書には登記年月日時が記載されている〔法11条2項・8条2項1号・7条2項8号、動産債権譲渡登記規23条1項・16条1項4号〕ので、これによりCへの譲渡についての通知の到達との先後を判断する)。登記事項証明書のSへの到達と確定日付ある通知のSへの到達の先後でBCの優劣を決するという見解(中田ほか294頁[佐藤])は、本法の基本構造に反し、支持できない。また、②と③の間にSがCに弁済しても、Sは478条による保護を受けるだけであるという見解(潮見新Ⅱ485頁)は、法4条3項の規律を軽視するものであり、支持できない(この見解が①の段階でSのAへの弁済を認めることとの関係も不明である)。

本法は、債務者不特定の場合も対象とする。たとえば、オフィスビルを建築しようとする者が、建築資金の借入金の担保として、将来、入居するテナントに対して取得する賃料債権を譲渡するという場合、入居者が未定であったり、変動することがある。実体法上も、一定の要件のもとに、債務者不特定の将来債権譲渡を認めることは不可能ではない[48]。そこで、債務者が特定していない将来債権の譲渡についても登記することが可能とされる(法8条2項4号、動産債権譲渡登記規9条1項3号。2004年改正による)。この場合、後に債務者が特定すれば、その債務者に登記事項証明書を交付して通知することにより、債務者対抗要件も備えることができる(法4条2項)。特定後、この通知までの間は、債務者は譲渡人に対して生じた事由を譲受人に対抗することができる(法4条3

---

[48] 佐久間毅「将来債権の譲渡――(第三)債務者不特定の場合を中心に」ジュリ1217号(2002)31頁。

項)(以上につき、植垣=小川・前掲注(47)17頁・52頁)。

◆ **動産・債権譲渡特例法の諸規定**　2004年改正は、そのほか、譲渡対象に将来債権が含まれている場合に譲渡に係る債権の総額を登記事項から除く(法8条2項3号。植垣=小川・前掲注(47)95頁)など利便性を高めた。
　一定期間にわたって発生する債権を譲渡するには、発生期間の始期と終期を記録しなければならない(法務省告示。植垣=小川・前同93頁・247頁参照)。将来債権の譲渡では終期を予め確定期日で決められないこともあるが、最判平14・10・10(民集56巻8号1742頁、中田「判批」法協120巻10号〔2003〕209頁〔終期の記録が任意的だった時代の事案〕)は、厳格な態度を示しており、実務的工夫が試みられている(近江・前掲158頁)。また、存続期間には上限がある(債務者のすべてが特定している場合は50年以内、不特定の場合は10年以内。法8条3項)。システムへの負荷が過大になることを避けるためのものである(植垣=小川・前同99頁)。
　なお、担保要綱は、譲渡担保権に関する登記制度の見直し等を提示する(同第24)。

(c)　**将来債権の譲渡の効力と構造**

(ⅰ)　**効力の限界**　将来債権の譲渡において、目的となる債権の範囲は、債権譲渡契約によって定まる。その範囲があまりにも過大である場合には、公序良俗違反として、債権譲渡契約が無効となることがある(→2(2)(b)(ⅰ)β(イ)〔685頁〕)。これは一般的な契約の解釈と公序良俗規範の問題であるが、将来債権の譲渡においては、譲渡後に、債権の発生原因である契約の主体が変わったり、譲渡人が倒産したりした場合に、その後に発生した債権にも譲渡の効力が及ぶのかなど、債務者その他の第三者の利益がかかわることがあり、規律の明確化が課題となる。部会では、466条の6第2項の規律に加え、①「譲渡人又は債務者から当該債権に係る契約上の地位が第三者に移転した後に発生した債権についても、同様とする」という規律を置く案や、②その例外として、不動産の賃料債権の譲渡の場合は、譲受人は、賃貸人たる地位が譲渡人から第三者に移転した後に発生した賃料債権を取得できない、という規律も置く案が検討されたが、合意に至らず、見送られ(部会資料81B、第2説明、同82-2、第19説明)、将来債権の譲渡の効力の限界は、学説・判例の展開に委ねられた。

　その後、担保要綱は、集合債権譲渡担保について、担保権設定者(譲渡人)が倒産した場合の具体的規律(倒産後に発生した債権には原則として及ばない)を提示

した(→(3)(b)(ⅴ)〔737頁〕)。

◆ **特定の範囲の将来債権の譲渡とその基礎となる財産の主体の変動**　債権者Aが特定の範囲の将来債権をBに譲渡した後、Aが当該範囲の基礎となる財産をCに譲渡した場合、BC間の優劣が問題となる。たとえば、①Aが所有するオフィスビルのテナントに対する賃料債権をBに譲渡した後、そのビルをCに譲渡した場合、②Aがある営業所における取引関係により取得する取引先に対する債権をBに譲渡した後、その取引関係を含む事業をCに譲渡した場合である。次の順に検討すればよい。まずAがBに譲渡した債権の内容を確定する(現に存在する特定の債務者S_1に対する将来債権か、Aが将来契約する、当該範囲に属する相手方S_2に対する債権も含むのか、当該範囲に属していればA以外の者が将来契約するS_3に対する債権も含むのか)。これはAB間の契約の解釈による。次に、AがCに譲渡した財産の内容を確定する。これはAC間の契約の解釈による。こうして確定されたAB間の譲渡の対象とAC間の譲渡の対象を比較し、両者に重複がある場合、ABの合意がACの合意を制約しうるのか、しうるとすればなぜか(CがAの地位を引き継ぐからか、Bが対抗要件を備えたからかなど)を検討する(①につき→次の◆)。なお、この例で、AがCに財産を譲渡したのではなく、Aが破産しDが破産管財人となった場合は、破産財団の範囲や破産管財人の第三者性との関係が問題となる(伊藤・破産365頁)。

◆ **将来の不動産賃料債権の譲渡**[49]　オフィスビル甲の所有者Aが甲ビルのテナント(賃借人)について将来の一定期間にわたって取得する賃料債権をBに譲渡し、第三者対抗要件を備えた場合、甲ビルの所有権をAから取得したCはどのような法的地位に立つのか。ABの債権譲渡の対象が、①債権譲渡契約時に存在するテナントS_1に対する賃料債権である場合、②現在及び将来の甲ビルのテナントに対する賃料債権である場合(→(b)(ⅱ)〔724頁〕)がある。①については、CがS_1の賃借権の対抗を受けるときは、CはAから賃貸人たる地位を承継するが(605条の2第1項)、その際、将来の賃料が既にBに譲渡されていることも承継するのかが問題となる。建物賃借人が賃料債権の前払の効果を建物を取得した新賃貸人に主張できるという判例(最判昭38・1・18民集17巻1号12頁)、賃料債権が差し押さえられた後に賃貸建物の所有権を取得した譲受人は賃料債権の取得を差押債権者に対抗で

---

[49] 中田「将来の不動産賃料債権の把握」みんけん547号(2002)3頁〔同・規範所収〕、角紀代恵「賃料債権の事前処分と賃貸不動産の取得者」曹時59巻7号(2007)1頁、基本方針Ⅲ276頁以下、山本和彦ほか編『債権法改正と事業再生』(2011)32頁以下〔沖野眞已〕、白石・前掲第2章注(2)、占部洋之「将来債権の譲渡とその効力の限界」改正と民法学Ⅱ245頁、角・新注民(10)39頁以下。

きないという判例(最判平10・3・24民集52巻2号399頁)があるが、賃料債権譲渡の場合については、最高裁判例はなく学説も分かれる(孝橋宏『最判解民平10』290頁・302頁)。AB間の債権譲渡の公序良俗違反性について不動産賃料債権の特質を十分に考慮に入れて検討し、それが有効であると判断される場合はCは賃料債権を既に譲渡した賃貸人の地位を承継すると解すべきであろう。なお、①の場合は、AB間の債権譲渡の効力は、Cが甲ビル取得後に新たなテナントと締結した賃貸借契約に基づく賃料債権には、及ばない(AがBとの契約後、Cとの契約前に、新たに賃貸借契約を締結したテナントS_2に対する賃料債権には、ABの契約解釈により及ぶ余地がある)。②については、①の問題に加えて、AB間の債権譲渡の効力がCが新たに賃貸借契約を締結したテナントに対する賃料債権にも及ぶのかが問題となる。Cは、Aから賃貸人たる地位を承継するわけではないので、ABの債権譲渡契約の第三者であるときは、契約の相対効により、同契約の効力は及ばないと解すべきである。

　これらの問題は、AB間の賃料債権譲渡の場合だけでなく、Aの賃料債権の差押えの場合、テナントS_1のAへの賃料前払の場合にも及ぶ。また、Cが甲ビルの譲受人である場合だけでなく、Cが甲ビルの抵当権者である場合、CがAの倒産管財人である場合にも関連する。これらの場合についても、あわせて考える必要がある。賃料債権の譲渡の効力を広く認めることは、一方で、不動産所有者の多様な資金調達を可能にするという効用があり、他方で、不動産の所有権と収益権が十分な公示のないまま長期間にわたって分離することに伴う問題(不動産取引への支障、賃貸不動産の劣化など)がある。また、濫用的な賃料債権譲渡、濫用的な不動産譲渡にどう対処するかという問題もある。将来債権譲渡のなかでも特有の考慮要素を含む問題として、慎重な検討を要する。

◆ **債権とその発生原因である法律関係との分離可能性**　将来債権の譲渡の効力については、目的となる債権をその発生原因である法律関係上の地位と分離して譲渡できるかという問題もある。たとえば、受任者が将来取得すべき報酬請求権を受任者の地位と分離して譲渡することは可能であろう。しかし、株主たる地位と切り離して未発生の残余財産分配請求権を譲渡できるかどうかは、株主たる地位の統合性をどう評価するかにかかる。また、法律上、ある地位に基づく債権の譲渡可能性が制限される場合もある(たとえば、将来の退職金債権の譲渡については、譲受人からの請求は、直接払の原則(労基24条1項)に反するのではないかが問題となる)。この問題は、債権発生原因となる法律関係の規律に依存することになる。

(ⅱ)　**将来債権の譲渡の構造**　民法改正前には、将来債権の譲渡において、

①将来債権の譲渡は可能か、②それが有効であるための要件は何か、③第三者対抗要件をいつ、どのようにして具備できるのか、④譲渡の効果は何か、⑤譲受人は発生した債権をいつ、どのようなプロセスで取得するのか、⑥将来債権の譲渡とは何をどうすることなのか、について議論があった[50]（本書3版562頁）。

> ◆ **改正前民法のもとの判例**　①については、古くから認められていた（→1(3)(a)〔680頁〕）。②については、最判平11・1・29前掲は、特定性と公序良俗違反のないことを要件にして、有効性を広く認めた。③について、最判平13・11・22前掲〔1056頁〕は、集合債権譲渡担保契約の時点で指名債権譲渡の対抗要件（旧467条2項）の方法で具備できるとした。④について、最判平13・11・22前同は、債権譲渡契約により、将来生ずべき債権は「確定的に譲渡」されていると述べ、また、最判平19・2・15（民集61巻1号243頁）[51]は、「債権が将来発生したときには、譲渡担保権者は、……当然に、当該債権を担保の目的で取得することができる」と述べた。他方、⑤と⑥については、判例は明瞭でない。最判平19・2・15前同の事案では、⑤が議論されたが、最高裁は移転時期についての判断を示さず、国税徴収法の解釈問題として解決した（増田・前掲注(51)135頁参照）。また、同判決は、⑥に関し、「将来発生すべき債権に係る譲渡担保権者の法的地位」に言及するが、それが何かは明示していない。

現行民法は、①について、譲渡が可能であることを明示する（466条の6第1項）。②については、有効要件に関する従来の判例は引き続き意味をもつと考えられる。③については、一般の債権譲渡の対抗要件の規律に含める（467条。364条も同様）。④については、「譲受人は、発生した債権を当然に取得する」と定める（466条の6第2項）。また、債務者と譲受人との関係について、債務者対抗要件具備時を基準とする一般的規律（468条・469条1項・2項1号）のほか、個別的な規定もある（466条の6第3項・469条2項2号）。他方、⑤と⑥は、解釈に委ねられている（部会資料74A、第1、2説明、同81-3、第2、2説明）。

---

50)　中田「将来又は多数の財産の担保化」金融法務研究会『動産・債権譲渡担保融資に関する諸課題の検討』(2010)14頁参照。改正後の議論も含め、角・新注民(10)35頁以下・60頁以下。
51)　国税徴収法24条6項〔現8項〕の解釈として、具体的な債権が法定納期限等到来後に発生したとしても、その債権は法定納期限等到来以前に「譲渡担保財産となっている」と判断した。増田稔『最判解民平19』125頁、森田宏樹「判批」ジュリ1354号(2007)72頁、潮見佳男「将来債権譲渡担保と国税債権の優劣」NBL856号(2007)11頁、特集・NBL854号(2007)参照。

◆ 発生した債権を譲受人が取得する時期・プロセス、将来債権の譲渡の意味

民法改正後の学説として、次の見解がある[52]。

　第1説。将来債権の譲渡とは、「将来発生する債権について債権者となる地位」が、譲渡契約時に1つの財貨として移転することである。債権が発生したときは、譲受人は、この地位に基づいて、その債権を取得する。その際、債権は、譲渡人のもとで発生し瞬時に譲受人に移転するのではなく、譲受人のもとで発生する[53]。

　第2説。将来債権の譲渡とは、「法主体に認められる処分権を行使して、将来生ずべき債権の帰属関係を譲渡契約によって確定的に変更する——その結果として、譲渡人は処分権を失い、譲受人に処分権が移転する」ことである。将来債権の譲渡では、債権の発生にその帰属変更が先行するだけのことであり、債権の発生原因は譲渡人が締結した契約であって、その譲渡は当該債権の特定承継にあたる（債権が発生と同時に譲受人に移転するのでも、債権が発生した時点で譲受人が原始取得するのでもない）[54]。

　第1説に対しては、財貨としての「地位」とは何か、それと将来発生する債権との関係はどうか、債権の発生原因が譲渡人と債務者との契約その他の法律関係である以上、譲受人が原始取得することはない、などの疑問ないし批判が第2説から投じられている[55]。

　第2説については、「処分権」及び「帰属関係」の概念は、現在、研究が進展しつつあるものの、いまだ安定していないという課題がある。「処分権」を、債権の

---

52) このほか、外国における近年の議論に関するもの（日本民法改正の前後を問わない）として、ドイツにつき、石田・前掲注(37)276頁以下、和田・前掲注(18)24頁以下、和田勝行「将来の権利の処分に関する予備的考察」法時1188号(2023)43頁（同・前掲注(18)の見解を一部改める）、水津太郎①「ドイツ法における将来動産と将来債権の譲渡担保」法研88巻1号(2015)199頁・221頁以下、同②「ドイツ将来債権譲渡論の現況」金融法研究35号(2019)144頁、フランスにつき、白石大①「将来債権譲渡の対抗要件の構造に関する試論」早法89巻3号(2014)135頁、同②「将来債権譲渡の法的構造の解明に向けて」民法理論研199頁、同③「フランスにおける将来債権譲渡法制の展開」池田古稀139頁。ドイツ法研究では「(債権の)事前譲渡」モデルと「将来債権の現在譲渡」モデルの対比及び処分される権利と処分権の関係の分析(和田、水津)が、フランス法研究では「譲渡契約の対抗」の発想(白石)が、有益な示唆を与える。

53) 潮見新Ⅱ362頁・368頁以下、安永・前掲第6章注(17)438頁参照。民法改正前のものとして、道垣内弘人「単純な判決ではない」NBL854号(2007)46頁〔同『非典型担保法の課題』(2015)所収〕、中田・前掲注(50)24頁。

54) 森田宏樹①「将来債権譲渡」潮見ほか・改正274頁・280頁以下。同②「事業の収益性に着目した資金調達モデルと動産・債権譲渡公示制度」金融法研究21号(2005)81頁、同③「譲渡の客体としての将来債権とは何か」金判1269号(2007)1頁参照。

55) 森田・前掲注(54)①281頁以下。なお、千葉・前掲注(10)429頁以下は、「地位」の移転とみる見解は原始取得説であり、「処分権」の移転とみる見解は承継取得説であると評価したうえで、債務者の相殺権の範囲に相違が生じるというが、各見解における債権取得プロセスにも、各見解と相殺権の範囲との結びつきにも、諸理解がありえよう。

内容を構成する要素ではなく、法主体への排他的帰属関係に基づくものとしてとらえることは、「観念的な処分権のみを備えた債権の移転」という構成（森田・前掲注(54)③）より明瞭だが、処分権と処分される権利との関係についてなお議論がある。「帰属関係」論は、所有権、財産権、さらには身体にまで及ぶ大きな問題であり、共通の理解を広く得るには、なお時間を要しそうである[56]。

　次のように考えたい。将来債権の譲渡とは、譲渡契約により、「譲渡の目的として特定された債権が発生したときに、当然にその債権者となる法的地位」を譲渡人から譲受人に契約締結時に確定的に移転することである。譲受人は、発生した債権を当然に取得するが、その債権の発生原因が譲渡人と債務者との契約その他の法律関係である以上、その内容を承継する（債権がいったん譲渡人のもとで発生し、それが移転するという意味ではない）。このような「将来債権の譲渡」については、「債権の譲渡」の対抗要件の規律が適用され、その効力は発生した債権にも及ぶ（この法的地位は、性質上、発生すべき債権と密接不可分のものであり、こう解しても、債務者及び第三者の利益を害することがないから）。将来債権とは「現に発生していない債権」であるが、それ以上に「将来債権の譲渡」の客体を論じる必要はなく、その構造を上記のように考えれば足りる。譲受人が発生した債権を取得する時期は、この構造を前提として、問題となっている法制度の規律（倒産法、租税法など）との関係で、その決定の要否を含めて、検討すればよい。以上の内容は、466条の6及び467条によって基礎づけられる（現行民法を前提とし、第2説の指摘も考慮して、本書3版562頁を一部修正し、本書4版688頁以下の表現を整えた）。

　なお、担保としての譲渡（将来債権譲渡担保）である場合、いずれにせよ担保の効力は及ぶので、譲渡人のもとで①譲渡担保権の負担がある債権として発生し、直ちに譲受人のもとの②設定者留保権の負担がある債権に変じるのか、当初から譲受人のもとで②として発生するのかの議論は、あまり実益はなさそうである。

---

[56]　「処分権」については、石田・前掲注(37)292頁以下、和田・前掲注(18)40頁以下・171頁以下、同・前掲注(52)44頁以下、水津・前掲注(52)①②、森田宏樹「処分権の法的構造について」星野追悼463頁。「帰属関係」又は「帰属」については、これらのほか、森田宏樹「財の無体化と財の法」吉田克己＝片山直也編『財の多様化と民法学』(2014) 85頁、吉田克己①「財の多様化と民法学の課題――理論的考察の試み」NBL 1030号(2014) 10頁、同②「財の多様化と民法学の課題――鳥瞰的整理の試み」吉田＝片山編・前同2頁、同③「『人の法』の構築」水林彪＝吉田克己編『市民社会と市民法』(2018) 177頁、同④「所有権の法構造」同編著『物権法の現代的課題と改正提案』(2021) 3頁、同⑤『物権法Ⅰ』(2023) 1頁以下・76頁以下、水津太郎「ドイツ法における財貨帰属の理論」慶應義塾大学法学部編『慶應の法律学　民事法』(2008) 125頁、林誠起「債権の帰属の法的構造に関する試論」早稲田法学会誌72巻2号(2022) 89頁、同「法的処分と『契約の拘束力』」早法97巻4号(2022) 43頁、同「所有権理論と『物のアナロジー』」同98巻2号(2023) 97頁、同「物と権利」同99巻1号(2023) 47頁・2号(2024) 81頁など（以上、文献は近年のものに限った）。また、フランスのpatrimoineに関する諸研究がある。

(3) 集合債権譲渡担保

(a) 概　観

　集合債権譲渡担保において、担保の目的に新陳代謝する将来債権が含まれている場合、譲渡担保権設定者(譲渡人)Ａとその債務者(取引先・顧客)Ｓとの取引は、従来通り続くことが、通常、想定されている。ＡがＢ譲渡担保権者(譲受人)Ｂに対する債務の履行を怠らず、Ａに信用不安もない限り、ＢＡ間、ＡＳ間の取引には、大きな変化はない。実際、ＢがＡに対し、担保の目的である債権の取立て等の権限を与えることが多い。ＡがＳから担保目的債権の支払を受け、受取金をＡの事業のために用いることにより、Ａの事業が継続し、新たな担保目的債権が発生するという循環が生じるからである。他方、ＢＡ間では、Ｂの担保の価値が維持されるようにする義務をＡが負うことが一般的である。これに対し、Ｂが担保権を実行したり、Ａが倒産したりすると、新たな法律関係に入ることになる。

　集合債権譲渡担保は、現実の取引において形成され、判例・学説が規範を定立してきた。担保要綱は、これを受け、規律を整序する[57]。同要綱は、譲渡担保一般についての総則規定(同第2)、動産譲渡担保・集合動産譲渡担保の効力・実行に関する規定(同第3・第4・第9・第10)、債権譲渡担保・集合債権譲渡担保の効力・実行に関する規定(同第5・第6・第11・第12)などにより構成される。つまり、集合債権譲渡担保に関する規律は、①譲渡担保一般を対象とするもの、②債権譲渡担保を対象とするもの、③集合債権譲渡担保を対象とするものの3層からなる(③には集合動産譲渡担保の規定を準用するものもある)。詳細の説明は担保法に譲り、ここでは債権譲渡制度との関係で注意すべき点にのみ触れる。

◆ **①と②の主な規律**　　①譲渡担保一般に関する規律としては、譲渡担保権者の優先弁済権(担保要綱第2、1・2)、譲渡担保権実行前の当事者の権限(第2、3・4)、譲渡担保権の重複設定(第2、5)、不可分性(第2、6)などがある。②債権譲渡担保に関する規律としては、混同の特例(第5、1)、第三債務者の弁済等(第5、2)、譲

---

[57]　担保要綱に至る法制審議会担保法制部会の資料は、以下「担保部会資料」として引用する。同部会の審議について、生熊長幸教授の一連の批判的検討がある(立命館法学397号92頁～413号184頁〔2021～24〕、法雑71巻2号〔2024〕57頁)。

渡担保権の順位(第5、3)、質権との競合(第5、4)、債権譲渡担保権の実行(担保権者の直接取立て〔第11、1〕、帰属清算・処分清算〔第11、2〕)などがある。なお、債務者対抗要件・第三者対抗要件は、民法467条及び動産債権譲渡特例法4条の規律による(法務省民事局参事官室「担保法制の見直しに関する中間試案の補足説明」〔2023。同省ウェブサイト。以下「担保中間試案説明」という〕第6、1補足説明、担保部会資料30、第3、1説明)。

(b) 集合債権譲渡担保に関する担保要綱の規律

(i) **定義** 担保要綱の対象となる「集合債権譲渡担保契約」は、「譲渡担保債権の発生年月日の始期及び終期、発生原因その他の事項を指定することにより将来において属する債権をも含むものとして定められた範囲(「債権特定範囲」)によって特定された債権を一括して目的とする債権譲渡担保契約」である(担保要綱第6、1(1)。括弧書一部省略)。これには、債権特定範囲内の債権が新陳代謝する(設定者が第三者債務者から取り立て、回収金により事業を継続し、新たな担保目的債権を発生させる)「循環型」と、その範囲内で発生する債権が担保の目的として増加していく「累積型」があるといわれる[58]。前者が規律の主な対象である。

(ii) **取立権限** 集合債権譲渡担保契約において、譲渡担保権設定者Aが債権特定範囲に属する債権を取り立てることができる旨の定めがあるときは、Aは当該債権を取り立てることができる(担保要綱第6、1(1))。Aは取り立てた金銭を譲渡担保権者Bに引き渡すことを要しない。このような「循環型」の集合債権譲渡担保においては、Aが回収した金銭を事業に利用することを前提として取立権限が認められていると考えられるし、Bは被担保債権の不履行

---

[58] 法制審議会担保法制部会議事録13回7頁以下・22頁以下・44頁〔片山直也発言〕、角紀代恵「集合債権譲渡担保をめぐる混迷は続く」金法2207号(2023)12頁、片山・前掲第6章注(22)279頁・281頁以下〔初出2023〕、沖野眞已「法制審議会担保法制部会における議論状況を受けて」NBL1262号(2024)4頁・8頁。長島LO505頁参照。「循環型」と「累積型」の区別は、再建型倒産手続におけるABL(在庫と売掛金のいずれも譲渡担保の目的とするなどの融資)の処遇という問題関心から提示されたものであり(伊藤眞「倒産処理手続と担保権」NBL872号〔2008〕60頁、同「集合債権譲渡担保と事業再生型倒産処理手続 再考」曹時61巻9号〔2009〕1頁、中村廉平「再建型法的倒産手続におけるABLの取扱いに関する考察」NBL908号〔2009〕29頁)、その定義及び理論的意義については、なお検討を要する。担保要綱における集合債権譲渡担保(ABLに限らない)が「循環型」を主な対象とするというのも、概観を得るための表現にすぎない。

債権特定範囲に属する債権の担保価値を取得することはできな
いか…担保部会資料35、第1、説明3参照)。この取立権限(債権の取立ての
…判上又は裁判外の行為を行う権限)は、BA間の委任契約によってで
…の要件を満たす場合の法定の効果として生じる(担保部会資料42、
…。Bは、取立権限を有しないが、債務者対抗要件をそなえていれば、
…限は認められる。第三債務者Sの保護のためである(担保部会資料31、
…明1、同35、第1、説明1)。

…保権者Bは、被担保債権について不履行があったときは、担保目的
…接取り立てることができる(担保要綱第11、1。個別債権譲渡担保・集合債
…保に共通)。集合債権譲渡担保においては、Bが譲渡担保権設定者Aに
…の通知をしたときは、Aは取り立てることができなくなる。ただし、Bが
第三債務者Sにもその旨を通知しなければ、Sには対抗できない(同第12、1)。

◆ **法定の効果としての取立権限** 譲渡担保権設定者(譲渡人)Aの取立権限は、従来、譲渡担保権者(譲受人)Bとの契約によるものとして、認められてきた。すなわち、Bは、Aに対し、Aの通常の営業の範囲内において、譲渡された債権を第三債務者Sから取り立てる権限を与え、さらに、AがSから取り立てた金銭を使用する権限を与える。BがSに対し、引き続きAに支払うよう依頼することもある。判例(最判平13・11・22前掲〔民集1056頁〕)は、このような権限の付与は、集合債権譲渡の効力を妨げるものではないと判断し、学説もこれを支持した。担保要綱は、設定者の取立権限を一定の要件のもとに生じる法定の効果とした。①当事者の合意による担保権者Bから設定者Aへの取立権限付与という方法については、被担保債権の不履行前にはBに取立権限はなく、その付与もできないのではないかとの疑義がありうること、②Aが第三債務者Sから弁済を受け、担保目的債権が消滅しても、個別債権譲渡担保権とは異なり、集合債権譲渡担保権が毀損されたことにならないこと、③Sが任意に弁済しない場合にAに取立権限を付与する必要があること、④委任契約による取立権限付与は、委任契約が解除(651条)されると失効し、Sに不利益を及ぼすおそれがあることなどから、法定の効果とされた(担保部会資料35、第1、説明2。和田勝行「集合動産・集合債権譲渡担保の法的規律に関する検討課題」潮見追悼・財209頁・217頁は、取立権限の根拠は当事者の合意だという。むしろ、合意に付与された法定の効果と考えたい)。①は、譲渡担保権の理解にもかかわるが、決定的な理由とはいえず(同46、第5、2、説明1参照)、②以下の実質的理由に基づく規律と理解すべきだろう。なお、この規律は、個別債権譲渡担保及び集合債権譲渡担保(循環型・累積型)を通じて、委任契約によ

る取立権限の付与を妨げるものではない。

　　(ⅲ)　**補充義務等**　　集合債権譲渡担保権設定者は、正当な理由が〔あるとき〕を除き、債権特定範囲に属する債権の補充その他の方法によって、当該〔債〕権の一体としての価値を、譲渡担保権者を害しないと認められる範囲を超〔えて〕減少することのないように維持すべき義務を負う(担保要綱第6、2(1)・第4、6。担保権設定者の担保価値保存義務(最判平18・12・21民集60巻10号3964頁、選Ⅰ79[藤澤治奈]、我妻Ⅲ191頁、道垣内・担物116頁、森田修編『新注釈民法(7)』〔2019〕611頁[角紀代恵])の一種だが、集合債権譲渡担保(特に循環型)においては、設定者の取立権限と補充義務とがセットになっていることから、具体的な規律が示されている(集合動産譲渡担保権設定者の処分権限と補充義務の関係につき、担保部会資料37-1、第4、4説明参照)。

　集合債権譲渡担保権設定者が債権を債権特定範囲に属させた場合、担保の供与があったものとみなされ、詐害行為取消請求の対象となりうる(424条の3が適用される。担保要綱第6、2(2)・第4、6。担保部会資料32、第6、説明5)。

　　(ⅳ)　**担保権の実行**　　被担保債権について不履行があった場合、債権譲渡担保権者は、担保の目的である債権を直接に取り立てることができる(担保要綱第11、1(1))。集合債権譲渡担保権者が取立てをしようとすることを設定者に通知したときは、設定者は債権特定範囲に属する債権を取り立てることができなくなる。ただし、第三債務者にもそのことを通知しなければ、第三債務者にこれを対抗することができない(同第12、1)。このほか、譲渡担保権者は帰属清算方式又は処分清算方式による実行もできる(同第11、2・第12、1)[59]。

　集合債権譲渡担保権者が担保権の実行に着手した場合、集合債権譲渡担保権の効力は、それ以降に発生した債権特定範囲に属する債権にも及ぶ。集合債権譲渡担保契約によって、将来生ずべき債権は、設定者から担保権者に確定的に譲渡されており、各債権がそれぞれ譲渡担保の目的となっているので、その一部について担保権が実行されても、その他の債権についての譲渡の効力に影

---

59)　我妻Ⅲ674頁、道垣内・担物354頁、安永・前掲第6章注(17)480頁以下など。譲渡人による取立て及び取立金の利用の法律関係並びに取立金に対する譲受人の権利に関する担保要綱前の議論につき、本書4版684頁。

響しないという考え方による（担保部会資料35、第2、説明2、同42、第10、説明2、同48、第12、説明2）。

　（ⅴ）　**設定者の倒産**[60]　　集合債権譲渡担保権設定者について倒産手続が開始した場合、前項で示した考え方によれば、集合債権譲渡担保権の効力は、それ以降に発生した債権特定範囲に属する債権に及ぶことになる。しかし、①破産・特別清算においては事業の継続が予定されていないこと、②再生・更生手続において事業が継続される場合、手続開始後に発生する債権に譲渡担保の効力が無制限に及ぶとすると、倒産財団の負担によって発生した債権が担保権者の弁済に充てられるため、設定者の事業の再建の支障になり、また、一般債権者が害される可能性もあること、などの問題があり、かねてから議論されている。そこで、担保要綱は、集合債権譲渡担保権設定者について、①破産手続開始決定又は特別清算開始命令があったときは、譲渡担保権は、その後に発生した債権には及ばない、②再生手続又は更生手続の開始決定があったときも①と同様だが、集合債権譲渡担保契約に別段の定めがある場合は、この限りでない、とする（同第16、9(1)(2)）。そのうえで、②で発生した債権に譲渡担保権が及ぶ場合も、担保権実行手続中止命令や担保権実行手続取消命令の対象とし（同第16、2(1)(2)・3(1)(2)）、また、譲渡担保権の実行によって被担保債権が消滅したときは、管財人は共益債権などを弁済するために支出した金額を譲渡担保権者から償還させることができるとする（同第16、9(4)）。このようにして、集合債権譲渡担保権の保護と倒産手続の要請との調和が図られる。

　（ⅵ）　**一般債権者の保護**　　集合動産譲渡担保及び集合債権譲渡担保が設定者の財産を広く対象とする場合、設定者の一般債権者（特に労働債権を有する者）の利益が大きく害されることがある。そこで、その保護のための規律が設けられる（担保要綱第10、6・第12、2。担保部会資料43・45・47参照）。

◆　**「集合債権」の概念**　　集合債権譲渡担保という語は集合動産譲渡担保における「集合物論」とパラレルにとらえる発想に結びつきやすいとの批判（角・新注民(7)

---

[60] 担保中間試案説明第19、1補足説明、担保部会資料35、第3、説明1・2、同42、第14、9説明、沖野・前掲注(58)15頁以下。角・新注民(7)614頁以下、長島LO 514頁以下、倒産法交錯320頁〔粟田口太郎〕、高田賢治「将来債権譲渡担保の再生手続開始後の効力」中島弘雅古稀『民事手続法と民商法の現代的潮流』(2024)533頁参照。

> 599頁以下．本書4版678頁参照）や，倒産法学説では集合物論と同様の「集合債権」論が有力だが，各場面を検討すると「集合債権」論は不要という結論になるとの指摘（白石大「『集合債権』論・再考」中島古稀前掲注(60)549頁）がある．担保要綱のもとでは，集合動産譲渡担保と集合債権譲渡担保との異同，前者において集合物論がとられていないとの指摘（沖野・前掲注(58)18頁以下参照），後者におけるいわゆる循環型と累積型の存在を考慮しつつ，「特定の範囲に属し将来のものを含む債権を，一括して目的とする譲渡担保」の構造を検討する必要がある．その際，「集合債権」の語を，「集合物」とは独立したものとしつつ，実定法上の用語に限らずに用いることは，可能であろう．

(4) 債権の流動化

(a) 意　義

集合債権譲渡担保は，債務者が特定の債権者から信用の供与を受ける場合に用いられる．これに対し，市場から資金を調達する仕組みも発達している．すなわち，企業Aがその保有する一定範囲の債権群を一般財産から切り離して他の法主体Bに移転し，それを裏付けにして広く市場から資金を調達する仕組みである．これを債権の流動化という．

(b) 債権の小口化

リース業界やクレジット業界では，前述の特別法（→(2)(b)）によって，自己の有する多数の債権を譲渡して市場から資金を調達することが可能になった．その方法はいくつかあるが，代表的なものである譲渡方式は，次の通りである．①リース会社Aは，債権譲受業者Bに対し，Aの有する多数のリース債権群 $f_{1\sim n}$ を売却し，その売買代金債権甲を取得する（ここで，特別法上の対抗要件制度が用いられる）．②その際，Bは，債権群 $f_{1\sim n}$ の取立てをAに委託する．③Aは債権甲を小口債権販売業者Cに売却し，Cは債権甲を小口に分割して投資家に販売する．④Cは投資家から売買代金を受け取り，Aに売買代金を支払う．⑤他方，Aは債権群 $f_{1\sim n}$ を取り立て，取立金をBに支払う．⑥Bは債権甲の債務者として投資家に甲の元利金を支払う．この方法により，リース会社はリース料債権を現金化できることになる．

(c) 資産の流動化[61]

(ⅰ) **資産の流動化と証券化**　　より一般的に，一定の仕組みを用いて資産

（金銭債権、不動産等）を市場で取引される有価証券その他の金融商品に転換するファイナンスの手法を、資産の流動化ないし証券化という。最終的に転換されるのが有価証券である場合は証券化、それ以外の金融商品（組合の持分権、信託受益権等）である場合は流動化として区別されることもあるが、流動化という言葉は、証券化を含む広い概念として用いられることも少なくない。以下では、流動化という語を、この広義で用いる。

　上記の「一定の仕組み」というのは、資金調達を望む企業（オリジネーター）が、自己の保有する資産（金銭債権、不動産等）をその一般財産から切り離して特定の介在体（SPV; special purpose vehicle）に譲渡し、譲渡された資産又はその代償となる財産が証券化されて投資家に販売されることにより、市場からの資金調達を可能にするということである。SPV は、会社その他の法人、組合、信託勘定等である。SPV が会社である場合、これを特別目的会社（SPC; special purpose company）という。資産を裏づけとする証券を資産担保証券（ABS; asset backed securities）という。証券化するのは、SPV であったり、他の法主体であったりする。ここでの核心は、特定の資産がオリジネーターの一般財産から切り離されることである。これにより、オリジネーターが倒産してもその資産には影響が及ばないことになり（倒産隔離）、投資家は安心して ABS を購入できるようになる。このため、SPV への資産の移転は、担保目的ではなく（そうだとすると、倒産法上、担保権扱いされる危険がある）、真正譲渡（真正売買）であることが求められる。

◆ **資産流動化の利点**　資産の流動化は、オリジネーターにとって、①倒産隔離により、オリジネーター自身が発行するよりも高い格付けの証券が発行されうるので、効率的な資金調達ができる、②資産の売却代金で他の債務を弁済することにより、当該資産・債務を貸借対照表から消去すること（オフバランス化）ができ、その結果、資産を残したまま借入れをするよりも、資産を基準とする各種の数値（たと

---

61) 大垣尚司『ストラクチャード・ファイナンス入門』(1997)、「〈シンポジウム〉資産流動化・証券化の実態と法理」金融法研究 18 号 (2002)〔金融法研究資料編 (17) (2001) も参照〕、徳岡卓樹＝野田博編『企業金融手法の多様化と法』(2008)、小林秀之編『資産流動化・証券化の再構築』(2010)、西村総合法律事務所編『ファイナンス法大全・下』(2003)、西村ときわ法律事務所編『ファイナンス法大全アップデート』(2006)、西村あさひ法律事務所編『ファイナンス法大全・下〔全訂版〕』(2017)。近年の利用例につき、長島 LO 506 頁。

えば、総資産利益率〔ROA〕)が向上し、企業の信用度が高まる、という利点がある。

(ⅱ) **債権の流動化** 債権の流動化は、資産の流動化の一種であるが、債権であるがゆえの特色がある。すなわち、債務者に対する対抗要件の具備と債務者からの取立てという要素が付加される。

具体的にはこうなる。原債権者(オリジネーター)は、その保有する多数の債権群 $f_{1~n}$ を SPC に譲渡する(ここで動産・債権譲渡特例法上の対抗要件制度が用いられる)。これは、担保としての譲渡ではなく、真正譲渡(真正売買)である。SPC は、取得した債権群 $f_{1~n}$ を担保にして、証券(社債等)を発行し、投資家に販売する。投資家は、証券の代金を SPC に支払い、SPC は原債権者に債権群 $f_{1~n}$ の代金を支払う。他方、債権群 $f_{1~n}$ の取立ては、SPC から委託された債権管理回収業者(サービサー=委託されて債権の取立てをすることを業とする者)が行う。サービサーは取立金を SPC に交付し、SPC はそれによって投資家に元利金を支払う。原債権者がサービサーを兼ねることも可能であり、その場合は、債務者との関係では、原債権者が従来通り回収を行う。債務者のうちの一部の者が履行しないこともあるが、そのリスクは証券発行の際に織り込まれる。こうして、市場の資金により、原債権者は自己の債権を現金化できる。

(ⅲ) **特別法**

α **資産流動化法**[62] このような仕組みを実施しやすくするため、1998 年に「特定目的会社による特定資産の流動化に関する法律」(旧資産流動化法、旧 SPC 法)が制定された。この法律は、SPC として用いられる「特定目的会社」という新たな会社制度を創設した。つまり、SPC(特別目的会社)のうち本法に基づくものが特定目的会社である(これも SPC と呼ぶことがあるが、区別するため、日

---

62) 森田章「特定目的会社による特定資産の流動化に関する法律について」金法 1520 号 6 頁・1521 号 23 頁(1998)、国枝繁樹「『特定目的会社による特定資産の流動化に関する法律』およびその関係法律の整備法の概要」NBL 647 号 25 頁・649 号 24 頁(1998)、丸山秀平「債権流動化と SPC 法」ジュリ 1145 号(1998)34 頁。2000 年改正につき、伊藤壽英「資産流動化に関する法律」ジュリ増刊『あたらしい金融システムと法』(2000)2 頁。その後、2005 年に会社法制定に伴う改正(岡田大ほか『逐条解説 会社法現代化後の資産流動化法』〔2005〕)、2011 年に流動化スキーム規制を弾力する改正(山田貴彦ほか「『資本市場及び金融業の基盤強化のための金融商品取引法等の一部を改正する法律』の概説(2)」金法 1926 号〔2011〕84 頁・89 頁以下)がされた。なお、新法の題名の英訳は、Act on the Securitization of Assets である。

本語の略である TMK と呼ぶこともある）。本法はまた、特定目的会社が発行する「資産対応証券」(ABS の一種）についても定める。

旧 SPC 法は、実務的、法的な問題があると指摘され、2000 年に抜本的改正による「資産の流動化に関する法律」（資産流動化法、新 SPC 法）が制定された。新 SPC 法は、旧法の規制を緩和・簡素化し、また、新たな SPV として特定目的信託制度を導入した。

　β　サービサー法[63]　1998 年には、「債権管理回収業に関する特別措置法」（サービサー法）も制定された。本法は、弁護士法の特例として、弁護士にしか許されていなかった債権回収業を、法務大臣の許可する民間業者（サービサー）に認めるものである。その主たる狙いは、バブル崩壊後の不良債権の処理にあるが、債権流動化の促進も意図されている。2001 年に、サービサーが取り扱える債権の範囲を拡大するなどの改正がされた。

◆ **債権の流動化における問題**　債権流動化については、異なる次元のいくつかの問題がある。

　①債権流動化の実施にあたっての問題　原債権者（オリジネーター）の倒産からの隔離のためには、SPC への債権譲渡が担保ではなく真正譲渡（真正売買）であることが求められるので、当該債権譲渡の性質決定が重要な問題となる。また、SPC 自体の倒産からの隔離（もう 1 つの倒産隔離）も必要であり、それを確保する手段が検討されている。サービサー（特に原債権者が兼ねる場合）の回収金と他の資産との混同の危険（コミングル・リスク）もある。

　②債権流動化の支障となりうる法制上の問題　まず、ⓐ債権譲渡の効力に関する問題がある。1 つは、㋐債権譲渡制限特約の問題である。譲渡対象債権のなかに譲渡制限特約がついたものがあると、譲渡された債権群全体の価値が低下する。また、㋑債権譲渡が後に詐害行為取消権によって取り消されたり、否認権によって否認されたりする可能性もある。現行民法は、譲渡制限特約違反の効果（466 条以下）や詐害行為取消権の要件の明確化（424 条以下）に関する規定により、一定の配慮をしている（長島 LO 463 頁以下参照）。次に、ⓑ債務者の抗弁・相殺権の対抗可能性が拡充され（468 条・469 条）、かつ、旧 468 条 1 項の異議をとどめない承諾の制度が廃止されたことが影響を及ぼす。ⓐⓑについて、債務者の意思を介しての対応が

---

[63]　黒川弘務＝坂田吉郎「債権管理回収業に関する特別措置法（いわゆるサービサー法）の概要」NBL 653 号 6 頁〜659 号 38 頁（1998〜99）。2001 年改正につき、黒川弘務＝石山宏樹「改正サービサー法の概説」金法 1618 号（2001）50 頁、北見良嗣「サービサー制度の導入経緯と今後の展望」金法 1697 号（2004）16 頁。その後の動向につき、NBL 1257 号（2024）62 頁参照。

試みられているが(ⓐⓐにつき→1(2)(c)(ⅱ)α(ウ)3つ目の◆〔676頁〕、ⓑにつき→3(3)(b)〔707頁〕)、流動化における要請を考慮しつつも、広い視野からの検討が求められる。

③債権流動化の予定する包括的な債権譲渡に伴う社会的課題　債権流動化に限るものではないが、包括的な債権譲渡に伴う社会的課題がある。まず、ⓐ包括的な債権譲渡の結果、譲渡人の一般財産が縮減し、その一般債権者(特に労働債権者などの無担保債権者)を害する、あるいは、過剰担保として債権の担保価値の有効利用を阻害するおそれがあるとの指摘がある。企業のキャッシュフローを担保として把握する際、先に融資をした者が将来にわたって優先し、他の債権者が不利益になることについて、何らかの規律を設けるべきか、平時と譲渡人倒産時のそれぞれにおいていかなる規律がありうるのかである[64]。また、ⓑ包括的な債権譲渡を受けた融資者が融資先企業の経営に介入すると評価される場合の責任(レンダー・ライアビリティ。中田・契約362頁)を問われる可能性も想定する必要があろう。このほか、ⓒ債務者の情報の保護の問題がある。債権譲渡に伴って債務者の情報(たとえば、住宅ローン債権の債務者の個人情報)も移転することについて、適切な規律が必要なのではないかである[65]。

第3款　有価証券の譲渡[66]

1　意　義

(1)　改正の経緯

2017年改正により、民法に、有価証券に関する規定が新設された(520条の2～520条の20)。改正前民法には、学説が「証券的債権」と総称した諸債権に関する規定があった(旧469条～旧473条・旧86条3項)。他方、「有価証券」の法

---

[64] 森田修『アメリカ倒産担保法──「初期融資者の優越」の法理』(2005)、池田真朗＝中島弘雅＝森田修編『動産債権担保』(2015)47頁以下。担保要綱は一定の配慮をする(→(3)(b)(ⅵ))。なお、信託を用いる企業価値担保権を創設する事業性融資推進法(2024年公布。未施行)も一定の配慮をするが(8条2項1号ハ・89条3項3号・93条2項・122条・157条4項2号など。水谷登美男ほか「事業性融資の推進等に関する法律の概要」NBL 1270号4頁・1271号28頁〔2024〕参照)、労働者側からは実効性確保が求められている。

[65] 中田「債権譲渡と個人情報保護」潮見佳男ほか『特別法と民法法理』(2006)1頁。「債権管理回収業分野における個人情報保護に関するガイドライン」(平成29年個人情報保護委員会・法務省告示第1号)参照。

理について商法学の展開があり、この言葉は商法等の法律にも現れていた。「証券的債権」と「有価証券」の関係については議論があり、①両者は同じもので債権の面からみるか証券の面からみるかの違いにすぎない、②両者は異なる概念である、③前者に関する規定が原則規定である、などの理解があった。①からは、民法の規律には有価証券理論からは不適切なものがあるという指摘があり、②では、証券的債権の具体例は、無記名債権を除くと、わずかなものに限られるという認識があり、③でも、その現代化が求められる。いずれにせよ、商法や特別法に散在する有価証券に関する規定を整理統合することには意味があると考えられた。現在、有価証券のペーパーレス化・電子化が進み、その理論的検討も進められているが[67]、権利と紙の結合について発展してきた有価証券法理は、なお意味をもちうる。そこで、有価証券に関する現在の一般的な理解を維持しつつ、商取引・商行為によって発行される有価証券に限らない一般的な規律が、民法に置かれることとされた。これに伴い、証券的債権に関する諸規定は削除された(部会資料70A、第2、1説明→第1款2〔666頁〕)。

(2) 有価証券の種類

現行民法は、有価証券の定義規定を置いていない。有価証券の概念には学説上の対立があるところ、特定の見解に基づいた定義を設けて概念を固定化すると、その発展を制約すると考えられたことなどによる。

◆ **有価証券の概念**[68] 有価証券が「財産的価値のある私権を表章する証券」であることは、一般に承認されている。意見が分かれるのは、証券によることが必要

---

66) 現行民法につき、神作・前掲注(2)①②、高田・前掲注(2)、田邊宏康「改正民法における有価証券について」専修法学論集130号(2017)145頁、山野目章夫・新注民(10)745頁以下、小塚荘一郎＝森田果『支払決済法〔第3版〕』(2018)194頁以下、弥永真生『リーガルマインド手形法・小切手法〔第3版〕』(2018)、大塚龍児ほか『商法Ⅲ 手形・小切手〔第5版〕』(2018)295頁以下〔大塚〕(以下、本款では、これらの文献を著者の姓のみで〔山野目・前掲は「山野目注民」として〕引用する)。改正に至る過程のものとして、基本方針Ⅲ341頁以下、神作裕之「有価証券」NBL 1046号(2015)26頁。

67) 神田秀樹「ペーパーレス化と有価証券法理の将来」河本一郎古稀『現代企業と有価証券の法理』(1994)155頁、森田宏樹「有価証券のペーパーレス化の基礎理論」金融研究25巻法律特集号(2006)1頁、小出篤「『手形電子化』と電子記録債権」前田重行古稀『企業法・金融法の新潮流』(2013)537頁、中田「『電子化された有価証券』を目的とする担保」米倉米寿263頁。近年も、手形の電子化〔後掲注(69)参照〕、電子船荷証券記録制度の創設(2024年9月法制審議会決定「商法(船荷証券等関係)等の改正に関する要綱」)などの動きがある。

なのが、①権利の発生、移転、行使の全部又は一部、②権利の移転又は行使、③権利の移転、④権利の行使、⑤権利の移転及び行使、のいずれの場面であると定義するかである（⑤が有力）。主な対立点は、株券の説明の仕方の違いにある。免責証券（手荷物預かり証など）、証拠証券（借用証など）は、有価証券でないとされる。金券（収入印紙など）との区別が論じられることもある。譲渡が例外的な現象であるもの（鉄道や劇場の切符など）については議論がある。

現行民法は、4種類の有価証券に関する規定を置く（全体としての民法上の有価証券概念は、ここから浮かび上がることになる）。すなわち、①指図証券、②記名式所持人払証券、③その他の記名証券、④無記名証券である。このうち、④はすべて②の規定を準用する。そこで、次項(2)では、①、②及び④、③の順に説明する。なお、公示催告手続に関連する規定は、①〜④に共通するので、まとめて最後に説明する。

◆ **民法上の有価証券の範囲**　前述の通り、有価証券は「財産的価値のある私権を表章する証券」であることが前提となる。私権には、債権のほか、社員権や物権も含まれる。民法の有価証券に関する規定は、債権を表章する証券（手形、船荷証券〔江頭・商取引321頁参照〕など）を想定しているようだが、それに限るのか、社員権証券（株券など）等も含むのかは、議論がありうる。いずれにせよ具体的な規定は特別法に定められているので、大きな問題にはならない。特別法に基づかない社員権証券等がありうるとすると、民法の規定は、それにも適用又は類推適用されることになるだろう（田邊145頁、神作①297頁参照。ただし、神作②690頁以下は物権・社員権の有価証券化には法律上の根拠を要するという）。

2　各種の有価証券に関する規律

(1)　指図証券

(a)　意　義

指図証券とは、証券において権利者として指名された者(A)だけでなく、その者が指図した者（指図人。Aが指図したBのほか、Bがさらに指図したC〔以下同様〕

---

68)　田中耕太郎『手形法小切手法概論』(1935)95頁〔本文①。伝統的通説〕、鈴木竹雄＝前田庸『手形法・小切手法〔新版〕』(1992)1頁以下〔本文⑤を提唱〕。田邊152頁、小塚＝森田195頁、弥永3頁、大塚ほか295頁以下、髙田70頁以下、神作②667頁以下。

も含む。「指図」とは「指定」のことである）も権利者となると記載された有価証券である。権利者が「A又はその指図人」と記載されている証券である。このような記載（指図文句）がなくても、法律上、当然に指図証券となるものもある。たとえば、手形（手11条1項・77条〔以下、約束手形への準用規定は省略する〕）、小切手（小14条1項）、倉荷証券（商606条本文）、船荷証券（商762条本文）である。

(b) 譲渡の方式

指図証券の譲渡は、その証券に譲渡の裏書をして譲受人に交付しなければ、効力を生じない（520条の2）。譲渡の合意に加え、裏書の連続した指図証券の交付をすることが、譲渡の効力要件である。これにより、債務者対抗要件及び第三者対抗要件も備わる（神作①289頁、同②694頁）。

譲渡については、その指図証券の性質に応じ、手形法の裏書の方式に関する規定が準用される（520条の3。手12条・13条・14条2項）。

◆ **民法と手形法との関係** 民法の有価証券に関する規定は一般法であり、手形法は特別法であるといわれる（一問一答210頁、神作①288頁）。民法の指図証券は、その表章する債権の目的に制限がなく、物の引渡しや役務の提供を目的とする債権も含むが、手形は金銭債権を表章する（手1条2号・75条2号）という点からも、そのことは理解できる。しかし、520条の3は、手形法の規定を「準用」している。一般法が特別法を準用するのは、やや奇妙である。これは、手形法が国際条約の規定を国内法化したものであり指図証券に関しては一般法的な地位にあること、「準用」の前例があること（2004年改正前民35条2項）、有価証券に関する規律を従来の法規範の実質を維持したまま改正民法に新たに書き下すとすれば詳細かつ厳格な規律となることが考慮されたことによる（部会資料82-2、第20、1説明）。

(c) 所持人の地位

指図証券は、裏書と交付によって譲渡されるので、裏書の連続する指図証券の所持人は、証券上の権利を適法に有するものと推定される（520条の4。手16条1項は「看做ス」とあるが、「推定する」の意味だと解釈されている。神作②702頁以下）。指図証券の本来の所持人が何らかの事由によって証券の占有を失った場合、裏書の連続する指図証券の所持人から善意かつ重過失なく裏書交付を受けて取得した者は、その証券を善意取得する（520条の5。手16条2項参照）。

(d) 債務者の地位

(i) **抗弁の制限**　指図証券の債務者は、証券の譲渡前の債権者に対抗できた事由があっても、善意の譲受人には、これを対抗できない。ただし、①「その証券に記載した事項」、及び、②「その証券の性質から当然に生ずる結果」を除く(520条の6)。①は、弁済期の記載、一部又は全部の弁済のあったことの記載など、②は、証券の提示のないことなどである(高田84頁)。

> ◇　SがAを受取人とする指図証券を発行し、AがBに裏書のうえ交付し、譲渡した。AとSの間で支払猶予の合意をしていたとしても、SはこれをBに対抗できない。しかし、債務の内容(たとえば、引渡しをすべき物の状態)が証券上に記載される指図証券の場合(商758条1項3号参照)は、①により、その記載内容に基づく抗弁をBに対抗できる。また、指図証券が、それを発行する原因となる法律関係(原因関係)が有効に存在しないときは無効になるという「有因証券」である場合、原因関係の不存在の抗弁は、②により、Bに対抗できる。高度の取引安全保護のため「無因証券」とされている手形の場合、①は対抗できるが、②は対抗できない(手17条)のと異なる(神作①291頁、同②716頁、小塚＝森田199頁、高田84頁)。

(ii) **弁済**　指図証券の弁済は、債務者の現在の住所でしなければならない(取立債務。520条の8)。債務者は、裏書交付によって譲渡される指図証券の権利者の現在の住所を把握できるとは限らないからである。

　指図証券の債務者は、履行期の定めがある場合でも、履行遅滞になるのは、期限到来後に所持人がその証券を提示して履行の請求をした時からである(520条の9)。指図証券の債務者は、提示を受けて履行を請求されるまで、だれが権利者かがわからないからである。

　指図証券の債務者は、証券の所持人の真偽(にせものでないこと)及びその署名押印の真偽を調査する権利を有するが、その義務を負わない。ただし、債務者に悪意又は重過失があるときは、弁済は無効である(520条の10)。「その署名押印」とは、「所持人の署名押印」に限らず、その証券上のすべての署名と押印の真偽であると解すべきである(高田94頁以下。旧470条につき、我妻561頁、沢井裕・注民(11)415頁以下など通説。手40条3項参照)。「調査する権利を有する」とは、調査のために必要な期間、弁済を拒絶しても、履行遅滞とならないという意味である。「その義務を負わない」というのは、債務者が調査をせずに、

真実の権利者でない者に弁済したとしても、悪意又は重過失がなければ、弁済は有効であるという意味である(以上、高田93頁以下、我妻561頁)。

(e) 質 入 れ

指図証券の譲渡の規律のうち、(b)・(c)・(d)(ⅰ)は、指図証券に質権を設定する場合に準用される(520条の7)。

(2) 記名式所持人払証券及び無記名証券

(a) 意 義

記名式所持人払証券とは、債権者を指名する記載がされている有価証券であって、その所持人に弁済をすべき旨が付記されているものである(520条の13)。債権者が「A又は所持人」と記載されている証券である。たとえば、記名式持参人払小切手(小5条2項)である。

無記名証券とは、証券上に特定の権利者を指名する記載がされておらず、その所持人が権利者としての資格をもつ有価証券である(一問一答212頁)。たとえば、無記名式小切手(小5条1項3号)、無記名式の社債券(会社681条4号・6号)である。記名式所持人払証券に関する規定が準用される(520条の20)。以下では、記名式所持人払証券のみをあげるが、無記名証券についても同じである。

◆ **無記名債権に関する規定の削除** 改正前民法は、無記名債権(旧473条)を動産とみなしていたが(旧86条3項)、有価証券法理からの批判(高田131頁以下参照)や動産とみなすことの意義が乏しいとの評価(米倉明『民法講義総則(1)』〔1984〕340頁)があった。現行民法は、これらの規定を削除し、無記名証券の規定を置いている。そこで、改正前民法のもとで無記名債権と考えられていたもの(商品券、鉄道乗車券、劇場入場券、勝馬投票券など)の現行民法のもとでの性質決定が問題となる。これは、当該証券に無記名証券の規律と債権譲渡の規律のどちらを及ぼすのが適当かという観点から、個別的に判断すべきことである(神作①297頁、同②650頁以下、奥田＝佐々木下953頁参照)。

(b) 譲渡の方式

記名式所持人払証券の譲渡は、その証券を交付しなければ、効力を生じない(520条の13)。譲渡の合意に加え、証券の交付をすることが、譲渡の効力要件である。これにより、債務者対抗要件及び第三者対抗要件も備わる(神作①294頁)。

(c) 所持人の地位

記名式所持人払証券は証券の交付によって譲渡されるので、その所持人は、証券上の権利を適法に有するものと推定される(520条14)。記名式所持人払証券の本来の所持人が何らかの事由によって証券の占有を失った場合、証券の所持人から善意かつ重過失なく証券の交付を受けて取得した者は、その証券を善意取得する(520条の15。小21条参照)。

(d) 債務者の地位

（ⅰ）**抗弁の制限**　記名式所持人払証券の債務者は、証券の譲渡前の債権者に対抗できた事由があっても、善意の譲受人には、これを対抗できない。ただし、「その証券に記載した事項」及び「その証券の性質から当然に生ずる結果」を除く(520条の16)。

（ⅱ）**弁済**　指図証券と同様である(520条の18)。

(e) 質入れ

記名式所持人払証券の譲渡の規律のうち、(b)・(c)・(d)(ⅰ)は、記名式所持人払証券に質権を設定する場合に準用される(520条の17)。

(3) その他の記名証券

(a) 意　義

その他の記名証券とは、債権者を指名する記載がされている有価証券であって、指図証券及び記名式所持人払証券以外のものである(520条の19第1項)。債権者が「A」と記載されている証券であって、Aが証券上の記載によって指定した者、あるいは、証券の所持人を、権利者としていないものである。たとえば、裏書禁止手形(指図禁止手形。手11条2項)、裏書禁止倉荷証券(商606条但書)、裏書禁止船荷証券(商762条但書)である。免責証券や証拠証券は、有価証券ではないので、これにあたらない(高田112頁以下、神作②676頁以下、山野目注民761頁以下。山野目530頁・534頁以下参照)。

(b) 譲渡の方式

債権の譲渡の方式に従い、かつ、その効力を持ってのみ、譲渡することができる(520条の19第1項。手11条2項参照)。すなわち、譲渡の合意によって譲渡され、譲渡人の債務者に対する通知又は債務者の承諾が対抗要件となる(467条)。譲渡の効力要件として、譲渡の合意に加え、証券の交付も必要かどうか

は、従来から議論があり、引き続き解釈に委ねられる(中間試案説明264頁、神作①295頁。必要説として高田120頁、不要説として田邊167頁)。質入れの場合も同様である(520条の19第1項・364条)。

(c) その他の規律

権利の推定はなく、善意取得、抗弁の制限も認められない。公示催告手続に関連する規定だけが準用される(520条の19第2項)。なお、弁済の場所及び履行遅滞に関する規定(520条の8・520条の9)の類推適用の有無については、従来から議論があり、引き続き解釈に委ねられる(神作①295頁。肯定説として高田112頁)。

> ◆ 記名証券の譲渡に関する見解の対立　　中間試案説明は、記名証券の譲渡については諸説あるが、特定の見解を採用しないことを前提に、裏書禁止手形に関する規定(手11条2項)と同様の表現をとりつつ、権利の推定、善意取得、抗弁の制限に関する規定(520条の4～520条の6)を設けないことによって「その他の記名証券」の法的性質を明らかにしたうえで、公示催告手続の対象としたという(同264頁。諸説につき高田113頁以下、神作②682頁以下、山野目注民758頁以下参照)。①有価証券法理との関係(現行民法が記名証券を有価証券の一種としつつ、本文(b)(c)の学説の対立に立ち入らないことの評価)、②債権譲渡の規律との関係(467条の対抗要件を備えたが証券の交付がない状態における、譲受人・債務者の関係及び譲渡人・債務者の関係の各規律のあり方)、③有価証券に関する他の規定との整合性(公示催告手続の対象となる一方、弁済の場所及び履行遅滞に関する規定〔520条の8・520条の9〕を準用しないこと〔ただし、中間試案はこれに言及しない〕)の各問題が重なる。これらについて、何を記名証券とするかの問題と記名証券の規律のあり方の問題とが交錯する。記名証券を公示催告手続の対象とした点を重視する見解((b)の必要説・(c)の肯定説)をとったうえ、その規律にふさわしいものを記名証券と認めることが考えられよう。

(4) 公示催告手続等

各種の有価証券に共通する制度として、公示催告手続に関連する規定がある(520条の11・520条の12、及び520条の18・520条の19第2項・520条の20によるその準用)。以下、指図証券で代表させる。

指図証券を適法に所持する者が証券を喪失(盗難・紛失・滅失)しても、当然に権利が失われるわけではない。しかし、証券がないと、少なくとも事実上、権

利を行使できないし(手形については、手38条・39条)、第三者が善意取得すると権利を失う。そこで、喪失した証券上の権利を失権させるための手続がある。これが公示催告手続である(非訟100条)。指図証券は、この手続によって無効とすることができる(520条の11)。具体的には、有価証券無効宣言公示催告に関する規定(非訟114条以下)による。申立権者が公示催告の申立てをしたが、権利を争う者がない場合、裁判所は、除権決定において、その指図証券を無効とする旨を宣言する(同118条1項)。除権決定があると、申立人は、喪失した指図証券の債務者に対し、その指図証券による権利を主張できるようになる(同条2項)。

> ◆ **除権決定の効力** 除権決定により、その後、喪失した指図証券が善意取得されることはなくなる。しかし、それ以前に善意取得が生じていれば、それが除権決定によって覆るわけではない。除権決定は、指図証券喪失者に、喪失した証券を所持するのと同一の地位を回復させるにとどまり、証券上の権利をも回復させるものではないからである(手形につき、最判平13・1・25民集55巻1号1頁。髙田475頁以下、神作②739頁以下参照)。

公示催告の申立てをしても、除権決定があるまでの間、指図証券を所持しない申立人が当然に権利を行使できるわけではない。しかし、それが「金銭その他の物又は有価証券の給付を目的とする指図証券」であって、所持人がその証券を喪失した場合であれば、公示催告の申立てをした段階で、債務者に対し、債務の目的物を供託させること、又は、相当の担保を供して、その指図債権の趣旨に従って履行をさせることができる(520条の12)。

第4款　電子記録債権の譲渡

電子記録債権法(2007年公布、08年施行)によって、電子記録債権制度が創設された[69]。金銭債権の取引の安全を確保し、事業者の資金調達の円滑化を図ることなどを狙いとするものである。

電子記録債権とは、その発生又は譲渡について、電子記録をすることを要件

とする金銭債権である（電子債権2条1項）。電子記録とは、電子債権記録機関が調製する記録原簿に、同機関が記録事項を記録する方法で行うもので、当事者の請求等によって行われる（同2条3項・3条・4条）。電子債権記録機関は、一定の要件を満たし、主務大臣の指定する株式会社であり（同51条）、本法及びそれぞれの業務規程の定めるところにより、業務を行う（同56条）。不動産登記や債権譲渡登記が国の機関である法務局等によって行われるのと異なる。電子記録債権の譲渡は、譲渡記録をしなければ、効力を生じない（同17条）。対抗要件ではなく、効力要件である。譲受人の善意取得（同19条）、抗弁の切断（同20条）など、流通保護が図られている。意思表示の無効・取消しの特則（同12条）、電子記録名義人への支払による免責（同21条）の規定もある。

　電子記録債権は、約束手形と類似する面があるとともに、書面ではなく電子データによるものであること、多様な記録事項の記録が認められること、一部分割も可能であることなど手形とは異なる特徴もある。そこで、手形の代用としての利用（手形の電子化）のほか、下請負代金債権等の一括決済方式に伴う利用（支払のために電子記録債権を発生させる）、債権の流動化等における利用（シンジケート・ローン等の融資契約での活用）、債権代替の担保手段としての利用などが提言された。現在、約束手形の利用の廃止が進められており、電子記録債権の手形代用機能が重視されている[70]。

---

69) 立案担当者のものとして、始関正光＝高橋康文編著『一問一答　電子記録債権法』(2008)、萩本修＝仁科秀隆編著『逐条解説電子記録債権法』(2014)。ほかに、小野傑ほか編著『電子記録債権の仕組みと実務』、「特集・電子記録債権法」ジュリ1345号（以上2007）、池田真朗ほか編『電子記録債権法の理論と実務』(2008)。施行後では、冨田寛＝林史高「電子記録債権法の施行に伴う政省令の解説」NBL 908号9頁〜910号116頁、佐藤哲治「電子記録債権の法的位置づけ」NBL 918号32頁、「特集・資金決済の新たな動向」ジュリ1391号（以上2009）、池田真朗＝太田穣編著『解説電子記録債権法』(2010)、池田・民法改正455頁〔初出2013〕。その担保化につき、中田・前掲注(67)参照。立法以前のものとして、大垣尚司『電子債権』(2005)。
70) 全国銀行協会は、電子債権記録機関を設立し、2013年2月以来、全国規模の「でんさいネット」の業務を行っている（株式会社全銀電子債権ネットワーク『「でんさい」のすべて〔第2版〕』〔2016〕。先行する文献は、本書4版702頁参照）。政府・産業界・金融界は、2026年度末を目標として、手形・小切手の利用の事実上の廃止に向けた取組みを進めている（浅田寿人＝福田義人「企業間取引における支払手段の電子化等に向けた取組み」NBL 1202号〔2021〕12頁、商事法務2343号〔2023〕81頁参照）。電子記録債権の利用はさらに増加すると見込まれる。
　なお、債務者が原因債権の支払のために電子記録債権を発生させた場合の法律関係につき、最決令5・3・29民集77巻3号819頁（前田志織「判解」曹時77巻1号〔2025〕253頁、松村和德「判批」リマークス69号〔2024〕126頁）参照（→第8章第4節2(2)◆〔482頁〕）。

第3節　債務引受

1　意　義

(1)　概　要

　債務引受とは、契約によって、ある人の債務と同一内容の債務を他の人が負担することである。たとえば、子供の借金を親が肩代わりする場合、抵当権の設定された不動産の売買の際に買主が被担保債務を引き受ける場合、共同相続において被相続人の事業を承継する相続人が他の相続人の相続債務(債務は原則として法定相続分に応じて分割承継される。902条の2)を引き受ける場合、事業譲渡の際に譲受会社が譲渡会社の債務を引き受ける場合、多数の納入業者に対する大企業の債務を金融機関が引き受ける場合(一括決済方式の1形態)[71]などである。これに対し、相続や合併による債務の移転は、債務引受に含まれない。

　取引の需要の拡大とともに、債権を債権者と債務者の間の法鎖とみる見方が克服され、債権譲渡だけでなく、債務引受も認められるようになった。ドイツ民法(1896年公布)で債務引受に関する規定が置かれた後、各国の立法及び国際的契約原則で債務引受に相当する制度が置かれることが一般化した。日本でも、上記のような場面で、広く用いられている。そこで、改正民法は、債務引受に関する節を新設し、6か条の規定を置いた(470条～472条の4)。

◆　**債務引受に関する近代法以降の状況**[72]　　　フランス民法(1804年)では、債権譲渡は売買の章の末尾に「債権及びその他の無体の権利の移転」として姿を現してい

---

[71]　企業間の一括決済方式で併存的債務を用いる場合である(大企業は弁済期に一括して金融機関に払い込み、金融機関が引受人として各納入業者に弁済する。これにより、大企業は支払事務を簡略化でき、納入業者は金融機関から弁済を受けうるほか、引受けに係る売掛債権を弁済期前に金融機関に一定の割引額で買い取ってもらい早期に資金化する可能性が与えられ、金融機関は手数料・割引料を受け取ることができる)。金融法委員会「債権法改正に関する論点整理」NBL 964号31頁・965号54頁(2011)、平田重敏「債務引受契約を利用した金融機関の実務的取扱い」金法1999号(2014)58頁、内田290頁以下、長島LO 555頁以下、片山ほか408頁以下［荻野］。

[72]　諸国の法制につき、金安妮「債務引受および契約譲渡における立法の国際的比較」法学政治学論究101号(2014)291頁、法務省民事局参事官室(参与室)編『民法(債権関係)改正に関する比較法資料』別冊NBL 146号(2014)99頁以下。

たが、債務引受の規定はなかった。19世紀後半のドイツにおいて、取引界の需要を背景に、債権を債権者と債務者の間の法鎖とみる理解を克服し、債権譲渡だけでなく債務引受も認める普通法学説や諸ラントの立法草案が現れ、ドイツ民法（1896年公布）は、債権譲渡を中心とする債権の移転に関する規定に続けて、債務引受（免責的債務引受）の規定を置いた[73]。日本では、旧民法にも明治民法にも債務引受の規定はない[74]。しかし、学説・判例は、ドイツ民法を参照しつつ、債務引受の検討を進めた[75]。制定法でも、1938年の商法全面改正の際、営業譲受人が債務引受の広告をした場合の規定が新設された（1950年改正前商28条。商18条1項・会社23条1項の前身）、1971年の民法改正で根抵当の規定が新設される際、随伴性の否定に関し債務引受に言及されたが（398条の7第2項）、その内容は規定されなかった。

　外国法や国際的契約原則では、債務引受に相当する制度について規定されることが一般化した。1942年改正イタリア民法、2003年 PECL Ⅲ、2004年改正 UNIDROIT（2010年・2016年も同じ）、2009年 DCFR、2016年改正フランス民法などである。これらは、いずれも契約譲渡の規定も置いている。

（2）　2種の制約

　債権譲渡は原則として自由だが、債務引受には、2種類の制約がある（奥田467頁以下）。

　第1は、債務の移転可能性の面からの制約である。2つある。①給付の代替性が必要である。なす債務は、非代替的であることが少なくない（著名な画家が依頼者の肖像画を描く債務など）。②当事者の人的要素の考慮による制約もある。提供する役務の内容が代替的給付であっても、当事者間の人的要素を考慮すべきことから、移転が制約される場合がある（自動車で人を運送する債務、物品を預かる債務など）。

　第2は、債務者の資力の面からの制約である。金銭債権においては、金銭を

73）　石坂音四郎①「債務引受論」同『改纂民法研究下巻』（1920）364頁〔初出1912〕、同②「重畳的債務引受論」同書421頁〔初出1914〕。その後の展開も含め、遠藤研一郎「免責的債務引受に関する一考察」新報108巻1号89頁・2号99頁（2001）、大橋エミ「19世紀ドイツ法における債務引受概念の生成」法雑67巻1＝2号37頁〜4号47頁（2020〜21）。

74）　旧民法（財産編496条〜498条の債務者の交替による更改の規定が充実している）から現行民法に至る経緯につき、遠藤・前掲注（73）1号91頁以下、野澤正充『契約譲渡の研究』（2002）10頁以下。

75）　末川博「併存的債務引受」同『続民法論集』（1962）166頁〔初出1920〕、四宮和夫『総合判例研究叢書　民法(14)債務の引受』（1960）5頁以下、我妻509頁以下、野澤正充『債務引受・契約上の地位の移転』（2001）。

支払うという債務には個性がなく、債務の移転可能性は満たされているが、実際に支払えるかどうかは債務者の資力により異なる。債権者としては、資力のある債務者から資力のない債務者に交替されては困る。債務者が自由に交替できるとすると、貸付けや売買などにより金銭債権を発生させる(信用を供与する)ことにつき極めて慎重にならざるをえず、社会全体として、信用供与が過剰に収縮し、効率的でない結果をもたらすことにもなる(米倉プレ37頁)。

> ◆ **債務引受の立法が遅れた理由**　債務引受の方が債権譲渡よりも民法に現れるのが遅れたのにも、これらの制約が影響していたと考えられる。①移転可能性について。非代替的な給付でも、債権者が受領することは代替的であることが多い。債務者の人的要素が考慮される債務でも、債権者の人的要素は重要でないことがある(自動車で人を運送する債務の債権者)。②資力の面からの制約は、債務者にかかわることである。
> 　これらのことから、財産権の一種である債権を譲渡する取引は広くみられるが、債務の引受けは、限られた、それぞれ個性の強い場面で行われる、やや特殊な取引である。しかし、次第に金銭債務を中心に債務引受の利用例が増加し、その規律の必要性が高まった。

(3)　種　類

　債務引受により、債権者Aに対する債務者Bの債務を引き受けたCが新たに債務者となるが、元の債務者Bにも債務が残るかどうかで2種類に分かれる。Bにも債務が残り、BとCがいずれも債務を負うものを併存的債務引受という。Bは債務を免れ、Cだけが債務者となるものを免責的債務引受という。Aにとっては、後者の方が影響が大きい。

　このほか、履行の引受がある。これは債務者Bと引受人Cの間で、CがBの債務を履行すると約する契約である。この場合、Cは、Bに対しては、債権者Aに履行する義務を負うが、Aに対して直接債務を負うわけではない。債務引受であれば、併存的にせよ免責的にせよ、AはCに対する債権をもつが、履行引受では、AはBに対してしか請求できない。

　以下、これらの3つを順に説明する。

2 併存的債務引受

(1) 意　義

併存的債務引受とは、引受人が債務者と連帯して、債務者が債権者に対して負担する債務と同一内容の債務を負担することである(470条1項)。重畳的(ちょうじょうてき)債務引受ともいう。

(2) 要　件

(a) 債務の存在

債務者が債権者に対して債務を負担していることが必要である(470条1項。連帯債務における437条との違い)。その債務は、移転可能なものでなければならない。目的が性質上不可分である債務についても併存的債務引受は可能であり、470条・471条が類推適用されると考える。

(b) 当事者の合意

併存的債務引受が債権者A・債務者B・引受人Cの全員の合意でできること、AとBの2者の合意ではできないこと(勝手に他人に債務を負わせることはできないから)は、当然であって規定がない。2つの方法について規定がある。

第1は、債権者Aと引受人Cの契約による方法である(470条2項)。債務者Bの同意を要しないし、その意思に反していてもできる。

◆ **債務者の意思に反する併存的債務引受**　併存的債務引受が債務者Bの意思に反してもできるとすると、Bが自らの意思に反して利益を押し付けられることになる。しかし、併存的債務引受の機能は保証に近いところ、保証については、本人の意思に反してでも第三者がすることが可能であるので(462条2項参照)、併存的債務引受も、Bの意思に反しても、ACの契約でできるというのが、改正前民法のもとでの判例・通説だった(大判大15・3・25民集5巻219頁、我妻573頁など)。現行民法は、これを明文化した(中間試案説明266頁以下、部会資料67A、第3、1説明2)。

◆ **保証人保護との関係**　併存的債務引受は、保証と機能が似ているので、保証人保護に関する規定(→第9章第3節第4款4(4)(c)(ⅲ)◇〔663頁〕)を潜脱するために用いられるおそれがある。部会では、保証人保護の規定を併存的債務引受に準用することなどが検討されたが、見送られた(部会資料67A、第3、1説明6)。保

証と機能が類似するものは、併存的債務引受以外にもあるのに、これについてのみ手当てをすることに合理性がないとの指摘があることや、他にも対応する方法があるという理由である。この方法としては、併存的債務引受が保証人保護規定の脱法行為とみるべき場合は、法形式いかんにかかわらず、その契約を保証と性質決定すること、あるいは、保証の規定を類推適用することなどが考えられる[76]。

第2は、債務者Bと引受人Cの契約による方法である(470条3項前段)。併存的債務引受があると債務者が1人増えるわけだから、債権者Aにとっては基本的には利益になる(連帯債務の絶対効との関係は後述する)。そこで、これはBC間の第三者Aのためにする契約(537条)であるとみることができる(部会資料67A、第3、1説明3)。この方法による併存的債務引受は、AのCに対する承諾(受益の意思表示)があれば、承諾をした時に効力が生じる(470条3項後段。537条3項参照)。このほか、第三者のためにする契約に関する規定に従う(470条4項。具体的には、537条2項・538条・539条)。

(3) 効 果

(a) 連帯しての債務の負担

併存的債務引受が成立すると、引受人Cは、債務者Bと連帯して債務を負担する(470条1項)。BとCは、連帯債務の規定に従う(ただし、437条は適用されない。なお、470条2項の場合、相対的連帯となることもあると考える→第9章第3節第2款2(1)〔562頁〕)。Bの債務の担保は、そのまま存続する(連帯債務者の1人の債務についての担保となる→第9章第3節第2款1(2)(a)⑦〔558頁〕)。債務の目的が性質上不可分であるときは、不可分債務の規定に従うと解すべきである。

(b) 影 響 関 係

連帯債務者相互間の影響関係においては、相対的効力の原則が広く及ぶ(438条~441条)。併存的債務引受における債務者と引受人の間の影響関係も同様である。たとえば、債務者B又は引受人Cの一方について時効が完成しても、他方には影響しない。

---

[76] 日本銀行金融研究所『「金融取引の多様化を巡る法律問題研究会」報告書』(2016)57頁以下、大村(4)205頁、潮見・改正165頁、潮見新Ⅱ498頁以下、中田ほか・改正237頁以下〔沖野〕、内田294頁、平野・改正272頁以下、平野398頁、奥田=佐々木下969頁、野澤正充・新注民(10)120頁。具体的な判定基準を示すものとして、井上聡「債務引受」金法2034号(2016)40頁。

◆ **経緯**　改正前民法のもとの判例は、併存的債務引受における債務者Ｂと引受人Ｃの債務は、特段の事情のない限り、連帯債務であるとした(最判昭41・12・20民集20巻10号2139頁、百選Ⅱ〔8版〕31〔沖野眞已〕)。連帯債務者相互間の影響関係について、改正前民法の規定では、絶対的効力事由が多かった(旧434条〜旧439条)。たとえば、Ｂ又はＣの一方について時効が完成すると、その負担部分において、他方にも効果が及ぶ(旧439条。上記最判はそのような事例)。この帰結は、債権者にとって不利益であり、その意思にも反することが多い。学説では、古くは、ＢＣが連帯債務を負うという見解が一般的だったが、その後、影響関係は相対的効力にとどめるべきだという見解が有力になった(我妻577頁など)。そのうえで、不真正連帯債務の概念を用いるか否かなどが議論された(本書3版579頁)。現行民法は、連帯債務の影響関係の規律を改め、相対的効力の原則が広く及ぶものとしており、併存的債務引受についても同様になる。結果として、併存的債務引受に関する近年の学説の見解が実現したことになる。

(c)　引受人の抗弁

併存的債務引受により、引受人は、債務者が負担する債務と同一内容の債務を負担する(470条1項)。このため、引受人の債務負担の効力が生じた時(債権者と引受人の契約が締結された時、又は、債務者と引受人の契約が締結され、債権者が承諾した時)に、債務者が債権者に主張することができた抗弁を、引受人は債権者に対抗できる(471条1項)。

債務者の債務の発生原因である契約が解除され、又は、取り消されたときは、引受人の債務も消滅する(437条との違い)。これは、債務の存在が併存的債務引受の成立要件であること、及び、引受人の負担する債務が債務者の負担する債務と同一内容であることによる。債務者が取消権又は解除権を有するのに行使しない場合、引受人が債務の履行を拒絶できないのは、不当である。そこで、この場合、引受人はこれらの権利の行使によって債務者がその債務を免れる限度において、債権者に対して債務の履行を拒むことができる(471条2項)。保証人の場合(457条3項)と同様である(部会資料67A、第3、1説明5)。

債務者が相殺権を有するのに行使しない場合も、引受人は債権者に対して債務の履行を拒むことができる。この場合、引受人と債務者は連帯債務の規律によることになるので(470条1項)、439条2項に基づく履行拒絶となる(部会資料83−2、第21、1説明)。

(d) 求　償　権

引受人が弁済したときは、債務者に対し、連帯債務者間の求償権を取得する（470条1項・442条。潮見新Ⅱ503頁以下参照）。

> ◆ **債権譲渡と併存的債務引受の両方が行われた場合**[77]　AのBに対する債権f_1について、AのCに対する債権譲渡と、Dを引受人とする併存的債務引受がいずれも行われた場合、法律関係はどうなるのか。①債権譲渡が先行した場合、f_1はCに帰属するので、その後、f_1の債権者でないAが、Dと債務引受契約をすること（470条2項）又はBD間の債務引受契約を承諾すること（同条3項）はできない。CのBに対するf_1のみが存在する状態になる。その後、DがAに弁済してもf_1は消滅しない。Dの弁済は非債弁済となる。②併存的債務引受が先行した場合、AのDに対する債権f_2が発生するが、その後、Aがf_1をCに譲渡しても、f_2には影響しない。CのBに対するf_1とAのDに対するf_2が並立し、両者は連帯債務の関係にある（連帯債務者B・Dの債権者AがBに対する債権のみをCに譲渡した状態）。その後、DがAに弁済すると、債権f_2とともにf_1も消滅する。DはBの負担部分に応じた求償権を取得し、その範囲内で債権f_1に代位する。そこで、①と②の区別（債権譲渡と債務引受の先後の決定）の基準が問題となる。債務引受には対抗要件がないので、比較すべきなのは、債務引受の効力発生時と、債権譲渡についての、ⓐ第三者対抗要件具備時、ⓑ債務者対抗要件具備時、ⓒ債権譲渡合意時のいずれかとなる。Dは債権f_1の債務者でも第三者でもないが、f_2とf_1の上記関係を前提とすると、Cが①であることを主張してf_1の消滅を防ぐためには、Dをf_1の譲渡について467条2項の第三者に準じるものとして、ⓐをとりうるのではないか（債務引受がBD間でされた場合〔470条3項〕、DはBからf_1の譲渡の有無を知りうる。それがAD間でされた場合〔同条2項〕、Dは弁済に先立つ通知をBにする際〔443条1項〕、f_1の譲渡の有無・時期を知りうる。こうして、DはBの認識を通じて①か②かを知りうる点で、467条2項の第三者と同様の立場にある）。
>
> この問題は、一括決済方式（併存的債務引受によるもの。前掲注(71)参照）において、銀行Dが併存的債務引受をした後、納入業者Aが対象である売掛債権をCに譲渡した場合（又は、Aの債権者であるCがこれを差し押さえた場合）などに現実に生じうるものであり、検討が進められている。

---

77) 池田・国際化27頁〔初出2004〕、金融法委員会・前掲注(71)964号33頁以下、井上・前掲注(76)46頁以下、潮見新Ⅱ506頁以下、石田剛「改正民法が民事裁判実務に及ぼす影響(11・完)」判時2442号(2020)125頁、平野・改正274頁、奥田＝佐々木下971頁以下、長島LO556頁以下、遠藤研一郎「併存的債務引受と免責的債務引受」改正講座Ⅱ296頁・309頁以下。

3 免責的債務引受

(1) 意　義

免責的債務引受とは、債務者が債権者に対して負担する債務と同一内容の債務を引受人が負担し、債務者が自己の債務を免れることである（472条1項）。

(2) 要　件

(a) 債務の存在

債務者が債権者に対して債務を負担していることが必要である（472条1項）。その債務は、移転可能なものでなければならない。債務の目的が性質上不可分であってもよい。

(b) 当事者の合意

免責的債務引受が債権者A・原債務者B・引受人Cの全員の合意でできること、AとBの2者の合意ではできないことは、当然であって規定がない。2つの方法について規定がある。

第1は、債権者Aと引受人Cの契約による方法である（472条2項前段）。原債務者Bの同意を要しないし、その意思に反していてもできる。この方法による場合、AとCの間で免責的債務引受契約が成立したことをAがBに通知することによって、その時に、効力が生ずる（472条2項後段）。通知の主体が債権者とされる（引受人の通知は認められない）のは、原債務者の立場が考慮されたからである（中間試案説明269頁、部会資料67A、第3、2説明2(2)、同80-1、第5、2(2)）。

◆ **債務者の意思に反する免責的債務引受**　免責的債務引受では、債務者がその意思に反して利益を押し付けられる度合が併存的債務引受より大きい。改正前民法のもとで、債務者Bの意思に反する、債権者Aと引受人Cの合意による免責的債務引受の可否について、見解が分かれていた（本書3版580頁以下）。①債務者の意思に反しないことを要する（反するときは免責的債務引受が成立しない）というのが、判例（大判大10・5・9民録27輯899頁）及びかつての通説（我妻567頁、星野226頁など。本書3版580頁）だった。第三者弁済（旧474条2項）や更改（旧514条）に引き付けて考えるものである。これに対し、②債務者の意思に反してでもできるという見解が有力になった（末弘145頁以下、椿・注民(11)452頁以下、平井159頁、前田425頁、内田3版244頁、淡路500頁）。ⓐ債務免除が一方的にできること

(519条)とのバランス、ⓑACの合意による併存的債務引受とAのBに対する債務免除を組み合わせればBの意思にかかわらず同じ状態を作り出せるので、ここでBの意思を問題とするのは無意味であること、などが理由である。ⓒさらに、①だとAとCがBの意思を知り得ない場合に、免責的債務引受が有効に成立しているか否かが明らかにならず、取引の障害となるという指摘もあった(部会資料67A、第3、2説明2(1)参照)。現行民法は、②を採り、債務者の意思にかかわらずできることにした(中間試案説明269頁、部会資料67A、第3、2説明2)。

◆ **通知を不要とする特約**　債権者Aと原債務者Bとの間で、将来、Aが引受人となる者と免責的債務引受契約をした場合、472条2項後段の通知を不要とする(ABの現在の契約をもってBが通知を受けたものとみなす)という特約をすることは可能か。これを認めると、Bが知らない間に、その債務を免れていることになり、法律関係が不安定になる。472条2項の「その契約をした旨を通知した時」という文言にも抵触する。債権譲渡の場合にはBは公示機能をになっている。Bの利益の放棄とはいえ、上記特約の効力を認めることは、通常は困難だろう。

　第2の方法は、原債務者Bと引受人Cの契約による方法である。この方法による場合、債権者AのCに対する承諾が必要であり、契約及び承諾があった時に効力が生じる(472条3項)。
　BCが契約したがAが承諾しない場合は、BCの契約の解釈の問題となる。①BCの契約の目的がBを免責することにある場合、債務引受は成立しない。②BCの契約が併存的債務引受でもよいという趣旨のものであり、それについてであればAの承諾(470条3項)が得られる場合は、併存的債務引受として有効となる可能性がある。③そのようなAの承諾も得られない場合、BCの契約の解釈により、履行引受としての効力を認めうることがある[78]。

◆ **効力発生時期**　改正前民法のもとで、古い学説には、原債務者Bと引受人Cの合意では免責的債務引受はできず、そのような合意をしても無効だというものもあったが(石坂・前掲注(73)①386頁〜402頁。369頁参照)、その後、BC間の免責

---

[78] ②につき、無効行為の転換という理解(大村(4)204頁)もあるが、本文はBCの契約解釈の問題とするものである。潮見新Ⅱ495頁以下、森田監・改正183頁以下[三枝健治]参照。③につき、我妻572頁。椿寿夫＝右近健男編『ドイツ債権法総論』(1988)372頁[鳥谷部茂]・384頁[右近](ド民415条3項)。

的債務引受も、後に債権者Aの承諾があれば契約の時点に遡って当初から有効になるという見解が通説となった(我妻568頁など)。法律構成は様々だが、無権代理行為の追認(116条)に準じて考える見解が多かった(星野227頁など)。しかし、この通説的見解に対し、BC間の合意成立時から債権者Aの承諾時までの間に第三者(たとえばAのBに対する債権の差押債権者)が登場した場合などに法律関係が不明確になるという批判や、債務引受の効力を合意の時点にまで遡及させる必要性は乏しいという指摘があった。そこで、現行民法は、単純に、BC間の契約及びAの承諾があった時に効力が生じることとした(中間試案説明269頁以下、部会資料67A、第3、2説明3(2))。なお、債権者Aが引受人となる者Cに予め承諾をした後、Cと債務者Bが契約をすることも、当然には排除されず(472条3項と470条3項の表現が異なる。潮見新Ⅱ514頁参照)、この場合は、BC間の契約締結時に効力が生じると解すべきである(部会資料67A、第3、2(4)後段、同80-1、第5、2(3)、同84-1、第21、2(2)の表現の変遷を参照)。BC間で契約が成立したときは、そのことをB又はCがAに通知することが望ましいが、この通知は免責的債務引受の効力を左右するものではない。

(c) 対 抗 要 件

免責的債務引受については、対抗要件制度はない。免責的債務引受の効力発生時に原債務者は債務を免れ、その後、債権者の債権者が当該債務に係る債権を差し押さえても、効力がない(潮見プラ536頁)。

◆ **免責的債務引受に対抗要件がない理由** ①免責的債務引受における債権者は、債権譲渡における債務者と異なり、債権関係変動の効力発生時には常にその認識があるので、「債務者対抗要件」は問題とならない(466条1項・467条1項と472条2項・3項の構造の違い)。②「第三者対抗要件」については、ⓐ免責的債務引受によって原債務者が債務を免れることを原債務の消滅と理解し、債務免除(519条)と同様、対抗要件を要しないという説明と、ⓑそれを原債務者から引受人への債務の移転と理解しつつ、第三者との関係は、免責的債務引受の効力発生時点が証明されればそれを基準とすることで足りるから、対抗要件を求める必要はないという説明がありうる。ⓐに対しては、債務の消滅についても対抗要件制度がありうること(515条2項参照)、ⓑに対しては、債権の移転には対抗要件制度があること(467条2項。前掲注(22)参照)との不統一が指摘されうる。ⓐとⓑの相違は、免責的債務引受制度の理解の相違(→4、4つ目の◆[768頁])を反映するものだが、結論において一致し、現行民法の規律となった(潮見新Ⅱ494頁注9参照)。

(3) 効　果

(a)　債務の負担と免責

免責的債務引受により、引受人は原債務者の負担する債務と同一内容の債務を負担し、原債務者はその債務を免れる。

(b)　引受人の抗弁等

原債務者Ｂの免れる債務と引受人Ｃの負担する債務は同一内容であるので、ＢがＡに対して主張できる抗弁をＣも主張できる。すなわち、Ｃは、免責的債務引受の効力が生じた時にＢがＡに主張できた抗弁をもって、Ａに対抗することができる(472条の2第1項)。

Ｂが取消権又は解除権を有するがこれを行使しない場合、その権利の行使によってＢがその債務を免れることができた限度において、ＣはＡに対し債務の履行を拒むことができる(同条2項)。

Ｂに相殺権があったとしても、ＣはＡに対し履行を拒めない。免責的債務引受によってＢが免責されるので、ＡＢ間の相殺適状はなくなるところ、Ｂがかつて相殺適状にあったことを理由に、ＣがＡに対する履行を拒絶することを認める必要がないからである(部会資料67A、第3、3説明3)。債権譲渡の場合(469条)とは、利益状況が異なっている(Ａの相殺権については、債務引受にはＡの意思的関与があるので、別に考慮する必要がない)。

(c)　求償権の不存在

引受人は、債務者に対して求償権を取得しない(472条の3)。免責的債務引受において、引受人は自らの意思により他人の債務を自己の債務としたうえで債務を履行するのであり、それによる不利益は自らが負担する意思であると考えられ、他方、原債務者は債権債務関係から完全に解放されると期待するであろうから、その期待を保護することが適切だと考えられる。そうすると、免責的債務引受及びそれに伴う引受人の履行は、それ自体、求償関係を発生させる基礎とならないことになるが、上記のような意思や期待については、異なる評価もありうる。そこで、法律関係を明確にするため、本条が設けられた(本条は、事務管理又は不当利得に基づく求償ができないことも含意する)。他方、原債務者Ｂと引受人Ｃが別途、債務引受の対価を支払う合意をすることは妨げられない。また、ＢＣ間に委任契約があるときは、委任事務処理費用の償還請求(649条・

650条）も可能である。免責的債務引受及びその後の履行によって引受人の求償権は発生せず、別の合意によって対価の支払又は費用の償還の請求が基礎づけられるという構造である[79]。

(d) 担保の移転

(ⅰ) **意義**　免責的債務引受では、原債務者Bの債務に付けられていた担保の帰趨が問題となる。引受人Cの負担する債務は、Bの負担していた債務と同一内容であるので、これを移すことができるのが原則である（部会資料69A、第3、3、説明3。奥田＝佐々木下981頁）。担保には、抵当権・質権などの担保権と保証が含まれる。

(ⅱ) **担保権**

α　債権者の意思表示による移転　債権者Aは、引受人Cに対する意思表示によって、Bの免れる債務の担保として設定された担保権をCの負担する債務に移すことができる（472条の4第1項本文・2項。ただし、根抵当権については398条の7第3項）。この意思表示は、免責的債務引受の効力が生じる時（AC間で契約した旨をAがBに通知した時、又は、BC間の契約とAのCに対する承諾があった時）より以前に（「あらかじめ又は同時に」）、しなければならない。

債権者の意思表示を要するのは、債権者が担保の移転を望まないときは、移転させる必要がないからである。「移すことができる」というのは、後順位担保権者の承諾がなくても、順位を維持したまま移転させることができるという趣旨であり、更改の規定（518条）との均衡を考慮したものである。「あらかじめ又は同時に」というのは、担保の移転の有無について不確定な状態が続くのを回避するためである[80]。

β　担保提供者の承諾　債権者の意思表示による担保権の移転は、引受人以外の者が担保権を設定した場合には、その承諾を得なければならない（472条の4第1項但書）。引受人以外の者とは、債務者、物上保証人、第三取得者（後二者は引受人である場合を除く）である。「担保権を設定した」というのは、「担保権

---

[79] 一問一答184頁以下、中間試案説明270頁、部会資料67A、第3、3説明1(2)。批判として、柴崎暁「免責的債務引受・債務者交替による更改」改正と民法学Ⅱ277頁。

[80] 部会資料67A、第3、4説明1(2)、同69A、第3、3説明3、同83-2、第21、4説明。「あらかじめ又は同時に」の趣旨につき、更改の場合も参照→第8章第6節3〔527頁〕。奥田＝佐々木下981頁以下。他の理解として、潮見新Ⅱ519頁。

を供している」と理解すべきである。

> ◆ **承諾が必要な者**　担保提供者は、自らの負担が現実化するかどうかは被担保債権の債務者の資力に左右され、債務者の交替に重大な利害関係があるので、その承諾が必要とされる。債務者が担保提供者である場合も、債務者が免責的債務引受契約の当事者となっていないとき(472条2項)はもとより、当事者となっているとき(同条3項)であっても、免責的債務引受の成立とは別に、担保の移転の有無について、債務者の意思にかからしめることが適切であると考えられた(部会資料67A、第3、4説明2(2)。改正前民法のもとでは見解が分かれていた。本書3版581頁参照)。これに対し、引受人が担保提供者である場合は、担保の移転を望まなければ、債務引受契約をしないか、又は、担保の不継続を契約の条件とするなどの対応が可能なので、ここで要件とする必要はない(中田ほか245頁[沖野])。
> 　第三取得者と引受人との関係が問題となる。①債務者又は物上保証人が設定した担保の目的物を引受人が取得していた場合(引受人が第三取得者である場合)、引受人は、上記の対応が可能なので、その承諾は不要と解すべきである。②引受人が設定した担保の目的物を債務者又は第三者が取得していた場合、免責的債務引受の時点で、担保に供している者の利益及び意思を尊重すべきであるので、その承諾が必要だと解すべきである。そうすると、472条の4第1項但書の「設定した」は、「供している」と理解すべきことになる(潮見・改正171頁、中田ほか244頁以下[沖野]、奥田＝佐々木下982頁。部会資料67A、第3、4説明2(2)の説明は、同80－1、第5、4(3)で変化したものではないと考えるべきである)。

(ⅲ)　**保証**　免責的債務引受の対象となる債務について保証がある場合、債権者は保証人に対する意思表示により、保証を引受人の債務に移すことができるが、保証人の承諾が必要である(472条の4第3項)。債務者の交替は保証人に重大な影響を及ぼすからである。この場合、保証人の承諾は書面(又は電磁的記録)によってしなければ、効力を生じない(472条の4第4項・5項)。保証契約の要件(446条2項・3項)と同様にするものである。

4　現行民法の債務引受の特徴[81]

　現行民法における債務引受の規律を全体としてみると、これは債権者と引受人の合意によって成立する併存的債務引受を原型としているようである。つまり、①併存的債務引受原型観、②債権者・引受人合意原型観である。そこでは、併存的債務引受人は保証人に近いものとして位置づけられているようである。

つまり、③併存的債務引受・保証類似観である。さらに、学説では、①を前提として、免責的債務引受は、併存的債務引受に債権者の免除による原債務の消滅が加わったものであり、原債務者から引受人への債務の移転とは異なるという理解がみられる（潮見新Ⅱ495頁以下参照）。ここでは、債権譲渡（466条）と債権者の交替による更改（515条）が峻別されるのに対し、免責的債務引受（472条）と債務者の交替による更改（514条）は近接するものとしてとらえられる。つまり、④免責的債務引受・更改類似観である。しかし、これらの債務引受観は、唯一のものではない。たとえば、日本民法と同時期に改正された2016年改正フランス民法は、「債権譲渡（la cession de créance）」に続けて、原債務者と新債務者の合意（及び債権者の同意）による「債務譲渡（la cession de dette）」を規定する。また、アメリカ法では、債務者を基軸とする債務の移転ととらえ、それを原則として自由としたうえで、債権譲渡とは異なる考慮がされると指摘される（樋口・アメリカ338頁以下）。他にも、様々な立法例・国際的契約原則において、債務者と引受人の合意による債務の移転を基本とし、そのうえで原債務者をどのように処遇するのかを検討するという発想は少なくない。

　債務引受であれ、債務譲渡であれ、具体的に検討すべき事項は、変わるわけではない。債権者・原債務者・新債務者のそれぞれの意思と利益の尊重、新債務者の債務負担の効力発生時期、原債務者の責任の残存の有無・態様、抗弁の対抗、担保・保証の帰趨などである。種々の法制度があるなかで、現行民法は、わが国の従来の判例・学説に基本的に依拠しつつ、規律を明確化したものと評価することができる。

　しかし、従来の考え方に過度に拘束され、上記の①②にとらわれること、また③④を強調しすぎることは、今後の取引の発展可能性を抑制し、国外における異なる発想を理解するうえで障害となるおそれもある。具体的には、470条3項及び472条3項の「よっても」の「も」を重視すべきではなく、「債権者と引受人となる者との契約」及び「債務者と引受人となる者との契約」は、単

81）　中田「債務引受の明文化の意義と課題」金融法務研究会『民法（債権関係）改正に伴う金融実務における法的課題（その2）』（2019）28頁〔全国銀行協会ウェブサイト〕〔同・現代化所収〕。併存的債務引受と免責的債務引受の関係の理解については、潮見新Ⅱ495頁以下〔「同質論」と「異質論」に分類〕、森田監・改正179頁以下〔三枝〕〔「可分説」と「不可分説」に分類〕、奥田＝佐々木下985頁以下も参照。

純に並列しているのであり、前者が原則というわけではない、と解釈すべきである。また、免責的債務引受において、原債務者の債務が更改と同様に消滅することを当然の前提とするのではなく、債務が同一性を保ったまま引受人に移転すると理解する可能性を残すべきである。このような解釈方針をとることによって、債務の移転に関する実務的要請に柔軟に対応できるとともに、その理論的解明に資することにもなると考える。

◆ **併存的債務引受原型観** 以下の諸点により、現行民法は、併存的債務引受原型観をとるように思われる。①現行民法は、まず併存的債務引受を、次に免責的債務引受を規定する。民法改正前の教科書では、免責的債務引受を先に説明するものが伝統的主流だった（我妻565頁以下など）。ここには、わが国の債務引受論が免責的債務引受のみを規定するドイツ民法を参照しつつ形成されたことの影響がうかがわれる。他方、近年、併存的債務引受を先に説明するものも増えていた（星野225頁以下など）。これについては、UNIDROIT 2004, 9.2.5の影響を指摘するものがある（基本方針Ⅲ316頁）。現行民法は、近年の傾向を反映しているようである。②従来の学説でも、債務引受が併存的か免責的かは当事者の意思解釈の問題だが、免責的債務引受は債権者にとって大きな変動をもたらすから、不明確なときは併存的債務引受と解すべきだという見解が多かった（椿・注民(11)464頁。我妻574頁以下、奥田477頁、平井158頁）。③従来、原債務者の意思にかかわらず免責的債務引受ができるか否かについて見解の対立があり、肯定説は、併存的債務引受は保証と機能が類似するので債務者の意思に反してできるところ、免責的債務引受は併存的債務引受に債務免除を組み合せたものと変わらないと指摘していたが、現行民法は肯定説の結論を採った（→2(2)(b)1つ目の◆〔755頁〕・3(2)(b)1つ目の◆〔759頁〕）。

併存的債務引受を原型とすること自体は、それほど大きな特徴ではない。免責的債務引受の規律のみを置く例（ド民414条～419条〔現在は～418条〕、PECL 12.101, 102）でも、併存的債務引受が合意によってできることは前提であるし、併存的債務引受を原型とするとしても、原債務者の免責には債権者の同意が必要とされるからである。もっとも、近年の外国法や国際的契約原則においては、新債務者が原債務者の保証人として位置づけられることはなく、あくまでも新債務者が債務を負担するのであり、そのうえで原債務者の責任がどうなるのか（連帯債務者として残るのか、補充的責任を負うのか、完全に免責されるのか）が関心事である（UNIDROIT 2016, arts. 9.2.1～9.2.8、DCFR Ⅲ.5.201～209、2016年改正フ民1327条～1328-1条）。日本法の大きな特徴は、併存的債務引受において、引受人を原債務者の保証人であるようにみること（本文③）、免責的債務引受において、原債務が移転するの

ではなく消滅するという発想になりがちなこと(本文④)にある。

◆ **債権者・引受人合意原型観**　現行民法は、債権者と引受人の契約による場合をまず規定したうえ(470条2項・472条2項)、債務者と引受人となる者との契約(及び債権者の承諾)に「よっても」することができると規定する(470条3項・472条3項)。ここには、債権者・引受人合意原型観があるように思われる。その背景には、次の2点があると考える。①従来から、併存的債務引受によって原債務者に利益を押し付けることの説明として、保証との機能の類似性があげられていたところ、保証は債権者と保証人との契約であるので、併存的債務引受も債権者と引受人との契約によることが自然だと感じられること。②従来の学説は、ドイツ法の影響のもとに、免責的債務引受をまず検討し、それが債権者と引受人の契約でできることを前提としたうえで、原債務者と引受人の合意によってもできるかを検討するという発想があった。また、併存的債務引受は、契約自由の原則により、債権者と引受人の契約でできるとともに、原債務者と引受人の間でも、第三者のためにする契約としてできると考えられた(石坂・前掲注(73)①380頁以下。我妻567頁以下)。いずれも債権者と引受人の合意が基本となっている。

◆ **債務引受と債務譲渡**　債権者・引受人合意原型観は、債務引受においては、債務を引き受ける第三者の意思と、債務者の交替によって不利益を被るおそれのある債権者の意思が最も重要であり、それゆえ両者の合意が基本となり、そのうえで原債務者の意思及び利益を考慮するという発想が基本となる。この発想は、自然であり、安定的であるように感じられる。しかし、このような債権者・引受人合意原型観は、必ずしも一般的なものであるとはいえない。原債務者・新債務者合意原型観をとる法制も少なくない。たとえば、2016年改正フランス民法は、債務者と第三者の合意及びこれに対する債権者の同意によって生じる「債務譲渡」において、債務を「引き受けた」者が保証人のようになるのではなく、債務を「譲渡された」者が新債務者となることを前提として、原債務者が免責されない場合の処遇を規律する。

　この違いの背景には、2つの学説の流れがある。1853年に債務引受を最初に本格的に論じたドイツのデルブリュック(Delbrück)は、債務引受とは消極財産である債務を債務者と引受人の契約のみで移転することであり、原債務者は債権債務関係には服し続けるが、債権者の行為によってそこからも解放されうると論じた。当時の学説は、債権債務関係と債務を分離することに対する批判を留保しつつも、債務引受の概念を認めた(石坂・前掲注(73)①364頁以下、遠藤・同注1号125頁以下、大橋・同注3号42頁以下)。批判説のなかには、債務引受が債務者と引受人の契約

でされうることを否定するものがあったが、石坂博士は、これを継承し、1912 年の論文で、デルブリュック説を「根本ニ於テ誤謬ヲ含ム」と批判したうえ、債権者と引受人の契約による債務引受を提示した。他方、フランスのサレイユ (Saleilles) は、1890 年の「債務譲渡論」で、デルブリュック説を高く評価し、これを展開した。日仏でこの問題を最初に論じた石坂とサレイユのこの対蹠的態度及びそれぞれが両国に残した影響の検証は、今後の興味深い検討課題である。

　もっとも、日本でも、債務譲渡に親和的な発想はこれまでにもあった。免責的債務引受と併存的債務引受を区別し、前者は原債務の承継であり、後者は引受人による新債務の負担であるというもの (末川・前掲注(75)196 頁以下)、原債務者 B と新債務者 C の「設定的債務引受」による併存的債務引受の効力を認め、これによって契約上の地位の譲渡などが容易に行われると指摘するもの (於保 338 頁)、於保説を引用しつつ、BC 間で約される併存的債務引受は、債務の譲渡としてとらえることができるというもの (奥田 476 頁以下) である。今回の民法改正においても、部会審議開始前の研究者の立法提案で、原債務者 B と第三者 C の合意による債務引受を債権者 A と C の合意による債務引受よりも先に掲げるものがあり[82]、中間試案以降の案に対し、それは債務の移転という発想をとらず、契約譲渡とのつながりを断つものであるなどの批判もあった[83]。

　以上を総合すると、債務の移転に関する諸構成は、①債権者と引受人の合意による「債務引受」と、②原債務者と新債務者の合意による「債務譲渡」を両端にする線上において、第三の当事者 (①では債務者、②では債権者) の意思をどのように、また、どの程度、考慮するかによって異なるものとして、配置することができる。現行民法は①を重視しつつも、(免責的債務引受ではなく)併存的債務引受を原型とするというねじれがある。改正フランス民法は、②を重視しつつも、債権者の同意を譲渡自体の要件とすることにより、②を徹底することを控えた (中田・現代化 214 頁以下)。いずれも、上記の線上の 1 つの選択だとみることができる。その相違は、前述した概念形成の歴史的経緯、その概念を制約する他の法概念の存否、主として想定する債務移転の類型、競合する他の法制度との関係などによると考えられる。

◆「債務譲渡」という見方の示唆と課題　「債務譲渡」という見方は、日本法に示唆を与えるが (①②)、課題もある (③)。
　① 譲渡の自由　債務引受から債務譲渡へと見方を変えることは、視点を債権

---

[82] 池田・民法改正 355 頁・388 頁以下〔初出 1998〕。基本方針Ⅲ314 頁以下参照。
[83] 池田・民法改正 313 頁・331 頁〔初出 2014〕。角紀代恵「債務引受」金法 1999 号 (2014) 68 頁、野澤正充「債務引受・契約上の地位の移転(1)」立教法学 92 号 (2015) 290 頁も参照。

者・第三者間から原債務者・第三者間へと移すことを意味する。債務の移転の自由を出発点にしたうえ、生じうる不都合を解決するという発想をとることにより、たとえば、将来債務の移転[84]について、より柔軟に考えることが可能になるし、債権譲渡・債務譲渡・契約譲渡を統一的に考えることが可能になる。

② 債務の消滅を伴わない移転という観点　債務引受の概念は、免責的債務引受にせよ、併存的債務引受と債務免除の結合にせよ、原債務者の債務は消滅するという考え方に傾きやすい。これに対し、債務譲渡の概念によると、債務は消滅せず同一性を保ったまま新債務者に移転するという考え方(債権譲渡とパラレルなものとみる考え方)に結びつきやすい。このことは、ⓐ免責的債務引受の効果の理解(472条1項にいう「債務者は自己の債務を免れる」の理解、ⓑ472条の2第2項で相殺権に関する言及がないことの説明〔中田ほか・改正243頁[沖野]は、債務が消滅しているからという〕、ⓒ472条の4第2項で「あらかじめ」意思表示をすべきことの説明〔潮見新Ⅱ519頁は、抵当権の消滅に関する付従性との抵触を避けたという〕)、ⓓ免責的債務引受に対抗要件制度がないことの説明(→3(2)(c)〔761頁〕)に影響を及ぼしうる。これらについて、債務譲渡の概念は、債務の消滅を伴わない移転という観点からの検討に示唆を与える。472条の4第1項の立案過程で、「消滅する債務」という表現(部会資料67A、第3、4(1))が、「債務者が免れる債務」に改められたこと(同80-1、第5、4(1)以降)、また、債権と債務を含む契約上の地位の交替について「移転」と表現していること(539条の2)は、この観点の可能性を認めるものと理解できる。それは、免責的債務引受と債務者交替による更改(514条)の違いと機能分担の検討にも資するだろう(部会資料69A、第3、3説明3参照)。

③ 取引の対象としての債務　債務譲渡という概念には、検討課題もある。ⓐまず、取引の客体となる「財産」の概念の検討を要する[85]。債務は、経済的価値がマイナスである財産の最も純粋なものであるという見方がある。「負の財産」には多様なものがあるが、それは取引の対象となるのか、放棄できるのか、できないとするとなぜかなど、具体的な問題がある。根本的には、「負の財産」という統一的な観念を構築できるのか、所有権の対象となるもの(汚染土地など)と、そうでないもの(金銭債務等)をひとまとめにできるのかという問題がある。ⓑ債務の譲渡という取引の法的性質の解明も必要になる。債権譲渡は債権の売買(569条参照)などと構成できるが、債務譲渡は「負の財産」の売買なのか(代金は何か)、売買でないとすると、それは何かである。ⓒ債務譲渡の発想が実際に重要な意味をもつのは、債務の譲渡が資産(不動産、債権等)と組み合わされ、「束」として取引される場合で

---

[84]　金融法委員会・前掲注(71) 965号54頁、井上・前掲注(76)48頁(債権譲渡と債務引受をパラレルに考えようとする発想がうかがわれ、「債務譲渡」論への契機がみられる)。潮見新Ⅱ492頁以下参照。

[85]　「負財」につき、吉田・前掲注(56)②2頁・20頁、同⑤83頁以下。

あるが、そこでは、具体的取引において何が譲渡されたのか(「束」として譲渡されたものの範囲)の確定が重要な問題となる。有価証券であれば外延の画定が比較的容易だが、そうでない場合が問題である。単純な債権の譲渡においてさえ、契約条項のどこまで引き継がれるのかという問題がある[86]。今後、譲渡の客体について、その内容・範囲・単位・分割可能性の検討が、債権譲渡・債務譲渡・契約譲渡のそれぞれにおいて課題となる。

◆ **債権者の追加** 「免責的債務引受と債権譲渡」を「債務の移転と債権の移転」として対置すると、「債務者の追加(併存的債務引受)」に対し、「債権者の追加」という変動を観念することができる。この観念(仮に「債権追加」と呼ぶ)は、事後の意思表示による連帯債権の成立の検討、第三者が契約に加入した場合の法律関係の分析、新たな取引の仕組み(パラレルデットなど)の検討にあたって、意味をもちうるのではないか(中田・前掲第9章注(9))。

5 履行引受

履行の引受は、債務者Bと引受人Cの間で、CがBの債務を履行することを約する契約である。CがAに弁済するのは、Aとの関係では第三者弁済(474条)にすぎない。Cは、第三者としてAに弁済する義務をBに対して負うが、Aに対しては債務を負わない。CがAに弁済しないときは、BはCに対して債務不履行責任を追及することができるが、AはCに請求することはできない。

第4節 契約上の地位の移転[87]

1 意 義

これまで検討してきたのは、債権又は債務の移転であったが、債権債務の発生原因である契約の当事者としての地位を移転することもある。契約当事者としての地位を合意によって移転することを、契約上の地位の移転という。契約

---

86) 金融法委員会「ローン債権の譲渡に伴う契約条項の移転」金法1707号(2004)79頁。

上の地位の譲渡、契約譲渡、契約上の地位の引受け、契約引受[88]ということもある。相続や合併など一般承継による地位の移転は含まない。

契約上の地位が移転されるのは、売主の地位の移転のように一時的契約の場合もあるが、多くは継続的契約においてである。たとえば、賃貸人たる地位、使用者たる地位、フランチャイジーたる地位、特許権のライセンス契約上の地位、ゴルフ会員契約上の地位、保険契約上の地位などである。一時的契約における地位の移転は、債権譲渡と債務引受には還元できない効果(特に契約の取消権や解除権の承継)をもたらすことが重要である。これに対し、継続的契約における地位の移転では、物・権利・地位などに関する法律関係が包括的に移転することにその意義がある。事業譲渡の場面では、様々な契約上の地位の移転が含まれることが多い(長島 LO 565 頁以下参照)。

契約上の地位の移転は、20 世紀半ばから、各国の立法や国際的契約原則で規律されている[89]。日本でも、かねてから判例・学説がこれを認めてきたが、現行民法は、その代表的な場合について、基本的な原則を新たに規定した(539 条の 2)。具体的内容は、依然として各種の契約に関する規定及び判例・学説に委ねられている。

---

87) 中田・契約 255 頁以下参照。本節では概観のみ述べる。椿・注民(11)474 頁以下、椿寿夫「契約譲渡(契約引受・契約上の地位の譲渡)の制度について」論究ジュリ 12 号(2015)196 頁、野澤・前掲注(75)・(74)・(83)、野澤正充①「当事者の交代」争点 170 頁、同②「企業の再編と契約譲渡」金法 1999 号(2014)75 頁、同③「契約上の地位の移転」潮見ほか・改正 310 頁、渡辺達徳編『新注釈民法(11)Ⅱ』(2023)142 頁以下[野澤正充]、大窪誠①「契約引受と相手方の同意」私法 57 号(1995)178 頁、同②「契約上の地位の移転」改正講座Ⅱ320 頁、池田・前掲注(82)・(83)、池田・民法改正 262 頁[初出 2013]、佐藤秀勝「契約上の地位の移転」円谷峻編著『民法改正案の検討第 2 巻』(2013)36 頁、荻野奈緒「契約上の地位の移転」民法研究第 2 集 7 号(2019)54 頁。UNIDROIT 2016, Ch. 9, Sec. 3: Assignment of Contracts には、契約相手方の事前同意(9.3.4)など 7 か条の規定があり比較的詳しいが、PECL, Ch. 12, Sec. 2: Transfer of Contract 及び DCFR Ⅲ.5, Sec. 3: Transfer of contractual position では、簡潔な規定のみが置かれている。
88) 椿・注民(11)474 頁以下。大村(4)206 頁以下は、「契約引受」の分析的把握から総合的(一体的)把握への移行を示し、さらに「契約結合」との関係について議論を展開する。
89) 1942 年改正イタリア民法 1406 条〜1410 条がまず規定した。オルトラーニ・アンドレア①「イタリアと日本における契約譲渡——比較法的検討」(2016 年提出東京大学博士論文)、同②「イタリアにおける契約譲渡」法研 92 巻 10 号(2019)1 頁参照。金・前掲注(72)は、イタリアのほか、ポルトガル、オランダ、中国の立法例を紹介する。その後、フランスでも規定が置かれた(2016 年改正フ民 1340 条)。他方、アメリカにおける制限的態度につき、青木則幸「アメリカ法における契約譲渡の自由の制約について」村田彰還暦『現代法と法システム』(2014)289 頁。

2 要 件

(1) 移転される契約の存在

ある当事者間に契約が存在していることが必要である。その契約は、移転可能なものでなければならない。すなわち、契約上の地位の移転は、債権債務の移転を伴うから、債権譲渡及び債務引受が認められない場合にはできない。契約上の地位の移転自体が合意又は法律により禁止されている場合も同様である。

(2) 当事者の合意

AB 間の契約上の地位を A が C に移転する場合、ABC 全員の合意があればできることは当然である。AC の合意ではどうか。契約上の地位が移転すると、①元の当事者 A は契約関係から離脱するので、契約上の債務について免責的債務引受が生じることになり(潮見新 II 530 頁、最判昭 30・9・29 民集 9 巻 10 号 1472 頁参照)、また、②相手方 B にとって契約の相手方が変わるので、契約による結合関係が一方的に変更されることになり(野澤・前掲注(74)372 頁)、ひいては B のもつ契約の相手方選択の自由(521 条 1 項)が損なわれることになる(大窪・前掲注(87)①181 頁、荻野・同注 54 頁、佐藤・同注 46 頁参照)。そこで、原則として AC の合意だけでは足りず、B の承諾が必要である。現行民法は、このことを明文化している。すなわち、AC が契約上の地位を譲渡する合意をし、相手方 B が譲渡を承諾したときは、契約上の地位は C に移転する(539 条の 2)。

AC の合意が明示的なものでない場合が問題となる。AB 間の契約の目的物が A から C に譲渡される場合は、契約上の地位も併せて譲渡されることが多いだろうが、これは、AC の合意の内容いかんによる[90]。

契約の相手方 B の承諾を要することについては、各種の契約類型において関連規定がある(612 条 1 項・625 条 1 項など)。B の承諾が得られない場合につい

---

90) 2008 年改正前商法では、損害保険の被保険者が目的物を譲渡したときは同時に保険契約によって生じた権利を譲渡したものと推定すると規定されていたが(同 650 条 1 項)、それと異なる約款の例が多いことなどから、保険法では、それに相当する規定は設けられなかった(萩本修編著『一問一答 保険法』〔2009〕150 頁。山下友信ほか『保険法〔第 4 版〕』〔2019〕158 頁以下、山下・保険下 460 頁以下参照)。また、最判平 23・3・22 判時 2118 号 34 頁(中田「判批」金法 1929 号〔2011〕63 頁)は、貸金業者間で貸金債権の一括譲渡があった場合に、両者の合意内容に照らし、譲渡業者と借主の間の金銭消費貸借取引に係る契約上の地位の移転を認めなかった。

て、制度が設けられていることもある(借地借家19条など)。Bの承諾が得られず特別の制度もない場合、ACの関係は、AB間の契約の性質及びAC間の契約の解釈によって定まる(奥田＝佐々木下997頁参照)。他方、契約の内容によっては、Bの承諾が不要とされることもある。不要かどうかは、契約の特性と各当事者の保護されるべき利益を分析しつつ判断すべきである[91]。

これらの要件については不動産賃貸借に関して判例・学説が発達した。現行民法は、賃貸人たる地位の移転について具体的な規律を定めている。

◆ **不動産賃貸借における地位の移転**　賃貸人をA、賃借人をB、第三者をC又はDとする。①AからCに目的不動産が譲渡された場合、Bの賃借権が対抗要件(605条、借地借家10条・31条など)を備えている場合には、原則として、賃貸人たる地位がAからCに移転する(605条の2第1項)。②不動産賃貸人AがCに目的不動産の所有権とともに賃貸人たる地位を譲渡する場合、Aは、賃借人Bの承諾を要しないで、Cとの合意により、賃貸人たる地位をCに移転させることができる(605条の3)。③AからCに目的不動産を譲渡したが、賃貸人たる地位はAに留保すると合意したときは、賃貸人たる地位はCに移転しない(605条の2第2項)。④Bが賃借権を無断でDに譲渡したが、背信行為と認めるに足りない特段の事情があるため、Aが解除すること(612条2項)ができない場合、Aの意思いかんを問わず、賃貸人たる地位がBからDに移転する(最判昭45・12・11民集24巻13号2015頁)。中田・契約449頁以下・442頁以下参照。

(3)　対抗要件

契約上の地位の移転の対抗要件が問題となることがある。契約上の地位が二重に譲渡された場合など[92]における第三者対抗要件や、契約の相手方の承諾が不要である場合の当該相手方に対する対抗要件である。部会では、契約上の地位一般についての対抗要件制度の創設が検討されたが、移転される契約の類型

---

[91]　野澤・前掲注(74)は、「特定の財産の譲渡に伴う契約上の地位の移転」の場合には、地位が移転するという当事者の合理的意思が推定され、相手方の承諾は不要だが、「合意に基づく契約上の地位の移転」の場合は、相手方の承諾が必要だという。契約当事者の倒産の場合の契約の帰趨に関する考慮要素の分析(中田「契約当事者の倒産」野村豊弘ほか『倒産手続と民事実体法』別冊NBL 60号〔2000〕4頁〔同・現代化所収〕)も参照。

[92]　契約上の将来債権の譲渡と契約の目的物の譲渡との関係については→第2節第2款6(2)(c)(ⅰ)〔727頁〕。

によって考慮すべき要素や対抗要件となるべきものが異なること[93]、判例も契約類型によって異なる判断をしていることなどから、早々に見送られた[94]。免責的債務引受について理解が分かれており、その対抗要件制度が設けられなかったこと(→第3節3(2)(c)〔761頁〕)の影響もあったのかもしれない。

そこで、各種の契約類型について、個別的に対抗要件を検討すべきことになる。現行民法は、不動産賃貸借に関する規定を置く(二重賃貸借につき605条、新賃貸人の賃借人に対する対抗につき605条の3後段・605条の2第3項)。また、預託金会員制ゴルフクラブ会員権の譲渡の第三者対抗要件につき、指名債権譲渡の場合(旧467条)に準ずるとした判例(最判平8・7・12民集50巻7号1918頁)がある。

3 効 果

契約上の地位の移転を受けた者が新しい当事者となり、移転した者(譲渡人)は契約関係から離脱する(中間試案説明274頁参照)。これに伴い、契約から発生する債権債務(主たる債権債務及び付随的な債権債務)が移転する。将来発生する債権債務は、当然、移転する。既に発生した債権債務の移転の有無は、譲渡契約及び相手方の承諾の内容によるが、当事者の意思が明確でないときは、移転の対象である契約の内容及び移転の態様に応じた当事者の合理的意思によって判断すべきである。

契約上の地位の移転で重要なのは、契約上の地位そのものに伴う権利、すなわち、契約の取消権[95]や解除権[96]も移転することである。単なる債権の譲受人なら、その債権の履行の請求ができ、また、不履行の場合に損害賠償請求はで

---

[93] たとえば、物に関する契約上の地位の移転であれば、その物の対抗要件が契約上の地位の移転においても重視されるが、当事者間の人的要素が重要な契約上の地位の移転であれば、契約の相手方の承諾が重視される。部会資料38、第2、4補足説明2参照。

[94] 論点整理説明143頁以下、部会資料38、第2、4、同55、33頁。部会開始前の立法の方向性に関する議論として、池田・民法改正390頁以下〔初出1998〕、基本方針Ⅲ335頁以下。

[95] 120条の「承継人」には特定承継人も含まれ、契約上の地位の移転を受けた者はこれに当たる(於保不二雄＝奥田昌道編『新版注釈民法(4)』〔2015〕491頁〔奥田＝平田健治〕、四宮＝能見・総則332頁、佐久間毅『民法の基礎1総則〔第5版〕』〔2020〕224頁など通説。反対、野澤・前掲注(87)③311頁)。

[96] 潮見新Ⅱ524頁、内田296頁、奥田＝佐々木下993頁など通説。これに対し、山岡航「契約上の地位の移転と解除権」名古屋学院大学論集(社会科学篇)56巻4号17頁・57巻1号123頁(2020)は、解除権は性質上譲渡できないという。

きるが、契約の解除はできない(大判大14・12・15民集4巻710頁)。

契約上の地位に関連する事由の移転の有無は、事由の性質(移転可能性など)及び当事者の合意・承諾の内容による。

◆ **既発生の債権債務の移転**　①債権者側の地位の移転(売主の地位の移転における代金債権、賃貸人の地位の移転における既発生賃料債権)の場合、既発生債権の移転の有無は、譲渡当事者(AC)の合意の内容・解釈による。②債務者側の地位の移転(買主の地位の移転における代金債務、賃借人の地位の移転における既発生賃料債務)の場合、譲渡当事者(AC)の合意とともに、相手方B(債権者)の承諾の内容も重要である。ここでは、既発生債務をⓐ譲渡人Aのみが負い、譲受人Cは負わない、ⓑCのみが負う、ⓒCとともにAも負う、という可能性がある。

　①②とも、AC間の対価の額が重要な資料となる。②では、さらにBの利益保護も考慮する必要がある。売買契約のような一時的な契約上の地位の移転の場合、既発生の債権債務も移転するのが通常であろう。賃貸借のような継続的契約において特に問題となる。不動産賃貸借については、賃貸人たる地位の移転(605条の2・605条の3)、賃借権の譲渡(612条)、果実たる賃料の帰属(575条1項)、敷金関係の承継(622条の2)の諸規律との関係も考慮すべきである。②において、既発生賃料債務の移転の有無は、賃貸人(B)の承諾(612条1項)の際に合意されるであろうし、未払賃料は敷金から控除される(622条の2第1項2号)。承諾なく賃借権の譲渡をしたが信頼関係破壊は認められず賃貸人が解除できない場合は、賃料不払を理由とする賃貸人の解除の場面を考えると、旧賃借人(A)とともに新賃借人(C)も債務を負う(ⓒ)と解するのが妥当であろう(安永正昭「判批」金法1331号〔1992〕58頁。我妻581頁、星野Ⅳ214頁参照。商17条3項参照)。

◆ **継続的契約の譲渡**　いくつかの問題がある。①継続的契約においては、将来発生する債権債務の移転が重要である。それだけなら、元本債権の移転に伴い将来発生する利息債権が移転する場合も同じことだが、利息債権は利率等その具体的内容が確定しているのに対し、継続的契約の譲渡では、不確定なものも含まれる。すなわち、賃貸人の地位だと修繕義務(606条)、使用者の地位だと労働者の労働従事義務(623条)、フランチャイズ契約上の地位だとフランチャイザーの経営指導義務、フランチャイジーの売上げに応じたロイヤルティ支払義務など、不確定で多様な債権債務が移転する。また、基本契約に基づき個別契約が締結される場合において、基本契約上の地位が移転するときは、より包括的な地位の移転になる(中田・研究32頁以下参照)。②不動産賃貸借においては、賃料債権について将来にわたっての譲渡、前払、差押えがあった後、その不動産が譲渡され、賃貸人たる地位が移転し

た場合、賃料債権の事前処分等の効力が問題となる(→第2節第2款6(2)(c)(i)2つ目の◆〔728頁〕)。③既発生の債権債務の移転の有無や原当事者が保証人的な地位に立つかどうかは、個別の契約の解釈の問題となる(→1つ前の◆)。

◆ **譲渡人の責任の残存と契約加入**　以上のように、契約上の地位の移転があった場合の債務の移転については、①移転せず譲渡人Aに残る(既発生債務)、②①に加えて譲受人Cも負う、③移転しCが負う(未発生又は既発生債務)、④③に加えてAも負う、という可能性がある。②は併存的債務引受の成立を認めるものであり、④はAを保証人的地位に立たせるものである。いずれも、当事者(AC)の合意と相手方(B)の承諾の解釈により定まる。

さらに、契約上の地位の移転ではなく、AB間の契約を存続させつつ、Cが一方の側の当事者として、契約に加入するという合意もある。たとえば、AB間の建物賃貸借契約があるとき、CがAから建物の持分の一部を譲り受けて共同賃貸人になる場合である。契約加入、併存的契約の引受、契約上の地位の併存的引受などと呼ばれる(椿・注民(11)429頁、四宮・前掲注(75)27頁、石田1026頁)。ここでは、債務について併存的債務引受があるとともに、債権について債権追加(→第3節4の5つ目の◆〔770頁〕)があることになる(中田・前掲第9章注(9)317頁以下)。

◆ **契約上の地位の移転によって移転されるもの**[97]　AB間の契約上の地位をAがCに移転する場合、移転されるものは何か。契約に内在するものとして、債権の内容を定める合意(債務の目的、履行期など)、債権に関する合意(債権譲渡制限特約、相殺禁止特約など)、債権に随伴する権利(利息債権、担保権など)、債権者の権利・債務者の抗弁に関わる合意(表明保証、秘密保持、抗弁の放棄など)、契約の消長に関わる権利・合意(解除権、取消権、契約期間、合意管轄など)があるほか、AB間で確立された契約条項の解釈、契約の履行に関するAB間の慣行も問題となる。また、契約外のものとして、AB間の別の契約、Aの取得したBに関する情報、AB間の取引を基礎として形成された信義則の義務・財産的利益(顧客圏など)も問

---

[97]　契約上の地位の移転における移転の客体を検討するものとして、オルトラーニ・前掲注(89)①130頁以下〔「契約譲渡の客体」として、原契約当事者間で一致していた契約解釈や両者の間で形成された信頼の帰趨を検討〕、山下純司「契約上の地位の移転に関するアレンジメント」改正と民法学Ⅲ113頁〔契約上の地位と権利義務の分離可能性と一体化を検討〕、山岡・前掲注(96)〔処分行為の制限及び解除権の性質(譲渡不可)を検討〕、荻野・前掲注(87)59頁〔付随的条項の効力〕。さらに、契約の目的物の譲渡と契約上の地位の移転の関係(605条の2参照。野澤・前掲注(74)301頁以下参照)、債権・債務の移転と契約条項の移転との関係(金融法委員会・前掲注(86)、内田285頁以下)、複数の契約の結合(622条の2参照。中田・契約50頁以下、大村(4)208頁以下参照)など、関連するテーマがある。

題となる。ここには、①それ自体、法律上又は事実上、移転可能かどうか、②移転できるとして、それはAC間で移転される「契約上の地位」に含まれるのか、③AC間の合意により、契約上の地位の一部を移転対象から除外することができるか、④AC間で移転されたとして、それをBに対抗するための要件は何か、という問題がある。①は、権利・利益・関係の移転可能性の問題である。②と③は、AC間の地位移転契約の解釈の問題であるとともに、契約上の地位として一体化されるものは何か(②)、また、契約から生じる法律関係をどの程度まで分割できるのか(③)、より一般的には権利義務の一体化と分化に関する私的自治とその法的制約の範囲という問題である。その地位の定型性に関する法制度、その地位の流通に関する取引慣行、譲受人(C)の期待の保護、契約の相手方(B)の保護、一体化又は分化の目的の相当性などを考慮する必要がある。②は、移転される債権の内容と特約との関係の問題でもあり、特約の内容、譲受人の認識可能性、取引慣行、債権発生原因である契約の類型などを考慮すべきだが、特約の類型化(電子債権16条2項参照)は、具体的考察の手がかりとなる。また、④は、債権譲渡・債務引受における原当事者に対する対抗の問題と併せて検討する必要がある。

事項索引

ア 行

アストラント　111
与える債務　36
暗号資産　63
安全配慮義務　28, 149, 178
意思表示をすべき債務　116
一部代位　462
一部保証　613
一括決済方式　751, 752, 758
一身専属権　272
一般財産　84, 93, 261
違法性　134, 140, 172, 362
違約金　243
印鑑照合制度　426
インスティトゥティオネス体系　2
インターネット・バンキング　429
ウィーン売買条約　10
受取証書　418, 420, 439
得べかりし利益　192
SPC・SPV　739
オリジネーター　739

カ 行

外観受領権者　418, 419
外国通貨　63
価額償還　339, 340, 345, 354, 356, 358
摑取力　83, 90
学説継受　12
確定日付ある証書　688
過失相殺　231, 242
仮想通貨→暗号資産
可分債権　542, 551
可分債務　590
間接強制　109

——の位置づけ　110
——の補充性　110
　金銭債権の——　111
　不作為債務の——　118
完全賠償の原則　187, 209
貫徹力　83
元本の確定　647
危険性関連説　210
危険の移転　55
期限の利益の喪失条項　131
擬制説（弁済による代位）　448
帰責事由　166
帰責不可事由　166, 167
——の証明責任　174
偽造・盗難カード預貯金者保護法　428
規範的損害論　189
記名式所持人払証券　747
記名証券　748
「逆転現象」　330
救済手段　95, 99
求償権→連帯債務／保証人／弁済による代位
給付　20
——の確定性　32
——の可能性　31
——の金銭的価値　33
——の適法性　31
給付危険　48
給付義務　144
給付保持力　81
強制履行→履行の強制
供託→弁済供託／債権譲渡（債務者の供託）
共同債権関係　538
共同債権・共同債務　591
共同債務者　441, 446
共同保証　637
協力義務（債権者と債務者の）　259
極度額　646

780　事項索引

銀行取引　425
金種債権　61
金銭債権(金銭債務)　61
　　――債務不履行に基づく損害賠償　234
　　――の名目主義　64
　　――の履行の強制　111
金銭賠償の原則　183
経営指導念書　600
経営者保証　597, 598, 662
継続的保証→根保証
契約交渉の破棄　148
契約債権(契約債務)　26, 44, 95, 128
契約終了後の義務　164
契約上の地位の移転　770
契約締結上の過失　31, 138, 156
契約締結前の義務　28, 159, 160
契約の相対効　367
契約不適合　47, 100, 146, 201, 225, 485, 507, 702
結果債務　37, 173, 174
決済　378
原債権　448
検索の抗弁　624, 634
現実の提供　390
原始的不能　31, 121, 136
原状回復利益　206
行為債務　36
更改　523
交互計算　490, 524
公示催告手続　749
口頭の提供　394
　　――も不要とされる場合　397
後発的不能　136
高利の規制　70
個人貸金等根保証契約　646
個人根保証契約　645, 647
個人保証　597, 645
　　事業に係る債務の――　655
コミットメント・ライン契約　74
混同　529

サ　行

サービサー法　741
債権　18
　　――と物権　21
　　――の帰属　21, 363, 420, 711, 719, 731
　　――の小口化　738
　　――の準占有者→外観受領権者
　　――の消滅　376
　　　　――消滅した債権の復活　380
　　――の相対性　22, 361
　　――の発生　26
　　――の非排他性　22, 361
　　――の平等性　22
　　――の「目的」　30
　　――の流動化　738
債権移転説　448
債権債務の帰属形態　538
債権者代位権　263
　　――債権の簡易優先回収機能　264
　　――制度の構造と意義　295
　　――の「転用」　286
　　一般的な――　267
　　　　――効果　278
　　　　　　――着手の効果　279
　　　　　　――判決の効力　285
　　　　――行使　275
　　　　――要件　267
　　特定債権保全のための――　266, 286, 302
債権者遅滞→受領遅滞
債権者取消権→詐害行為取消権
債権者の過失　231, 657
債権者の担保保存義務　466
　　――免除特約　470
債権者の追加　770
債権者平等の原則　93, 261, 715
債権者不確知　475
債権証書　420, 440, 461
債権譲渡　665, 668
　　――可能性　668
　　　　――債務者の抗弁　694
　　　　　　――抗弁の放棄　706

事項索引　781

　　――制限特約　671, 695, 698, 741
　　　　――債務者の供託　677
　　　　――預貯金債権の特則　679
　　――成立要件　682
　　――対抗要件　687
　　　債務者に対する――　690
　　　第三者に対する――　711
　　――と差押え　716
　　――と相殺　698
　　――二重譲渡　710, 717
　　　　――通知の同時到達・先後不明　712
　　――の機能　718
　　――の登記　725
　　担保のための――　720
　　取立てのための――　720
債権譲渡担保　721, 724, 733
債権侵害→第三者による債権侵害
催告の抗弁　624, 634, 639
財産的損害　193
債務譲渡　767
債務なき責任　89
債務の本旨　128
債務引受　752
　併存的――　755
　免責的――　759
債務不履行　121
　　――三分説　122
　　――と不法行為　123
　　――の領域問題　123
詐害行為　314
　　――財産分与　318
　　――債務消滅行為　327
　　――相当価格での財産処分行為　325
　　――対抗要件具備行為　311
　　――代物弁済　331
　　――担保の供与　333
　　――同時交換的行為　334
　　――二重譲渡　348
詐害行為取消権　303
　　――の効果　342
　　　　――一部取消し　345
　　　　――価額償還　346
　　　　――債権者への支払　351

　　　　――債務者の受益者に対する返還請求権　346, 352
　　　　――受益者の反対給付返還請求権　355
　　　　――相対的取消し　337, 338, 358
　　　　――認容判決の効力　343
　　――の行使方法　336
　　――の性質論　358
　　――の要件　309
　　　　――詐害の意思　322
　　　　――無資力と支払不能　328
　　――破産法との関係　306
　　受益者と――　323, 337, 354
　　転得者と――　323, 335, 341, 357
　　　　――受益者に対する責任追及　358
差額説　186
作為債務　36
差押禁止債権　511
差押えと相殺　513
　　――相殺差押え前の原因　519
　　――無制限説　515
指図証券　744
詐称代理人　421
持参債務　50, 400
資産担保証券（ABS）　739
資産流動化法　740
事実状態比較説　189
事実的因果関係　209
事実としての不履行　127
事情変更の原則　64
自然債務　86
執行力　83, 91
自働債権　486
支払不能　327, 328
指名債権　667
謝罪広告　120
集合債権　722, 737
　　――譲渡担保　722, 733
　　――譲渡人の権限・義務　734, 736
受益者→詐害行為取消権
授権決定　109
主たる債務（主債務）　593, 607
　　――の時効　620
主たる債務者（主債務者）　593

手段債務　37, 173, 175
受働債権　486
受領義務　258
受領拒絶　253, 474
受領遅滞　251
　　——の効果　255
　　——の要件　253
受領不能　253, 474
種類債権　49, 112
　　——の特定　50
償還の循環　552
消極的損害　192
証券化　738
情報提供義務　28, 159, 615, 655
将来債権の譲渡　680, 683, 703, 718, 727, 731
助言義務　160
信義則　28, 393, 466
人身損害(人的損害、人損)　125, 193, 232, 509
真正譲渡(真正売買)　719, 723, 739
人的担保　540, 595
信用保証　642
信用保証協会　443, 449, 598
信頼利益　137, 156, 203
請求権　24
請求力　81
制限種類債権　59, 75
制限超過利息の充当　438
制限賠償の原則　209
精神的損害　193
正当化事由　133
責任　84
　　——債務との関係　90
責任財産　84, 261, 320
　　——限定特約　84, 89
　　——の減少　367
　　——の保全　262, 286, 305
責任説　360
責任なき債務　89
責任能力　176
積極的損害　192
絶対的効力(多数当事者の債権関係)　536
説明義務　160

善管注意保存義務　41
先行的協力行為(債権者の)　395
選択債権　75
全部義務　584
相殺　486
　　——の意思表示　503
　　——の充当　495
　　——の制限　505
　　——の遡及効　492
　　——の担保的機能　488
　　合意に基づく——　490
　　当事者が3名いる——　496
相殺権の濫用　512
相殺適状　496
相殺予約　523
相対的効力(多数当事者の債権関係)　536
相対的連帯　563, 576, 586
相当因果関係説　208
送付債務　51
訴求力　83
訴訟告知　280, 339
その他の債務不履行　142
　　——契約解釈アプローチ　144
　　——債務構造分析アプローチ　144
損益相殺　229
損害　184
　　——の金銭的評価　217
　　——の種類　191
　　——の多層的把握　190
　　——の単位　188
損害軽減義務　113, 222, 226, 233
損害＝事実説　188, 223, 226
損害担保契約　599, 606
損害賠償額
　　——の減額事由　229
　　——の算定の基準時　219
　　——の予定　239
損害賠償による代位　243, 250
損害賠償の範囲　206
　　——通常生ずべき損害　212
　　——予見すべきであった事情　214
損失説(個別損害説)　187

事項索引　783

タ　行

代位による登記申請　288
代位弁済→弁済による代位
代位割合変更特約　457
対価危険　48
第三者による債権侵害　361
　　——債権に基づく妨害排除請求　368
　　　　——一般の債権　372
　　　　——不動産賃借権　369
　　——不法行為に基づく損害賠償請求　362
第三者弁済　407
　　——と弁済による代位　444
代償請求　199, 221
代償請求権　245
　　——と損害賠償請求権の関係　249
代替執行　108
代替的作為債務　113
対当額　486
代物弁済　331, 480
代物弁済予約　485
代理受領　416, 721
多数当事者の債権関係　534
　　——影響関係　535
　　——対外的効力　535
　　——内部関係　536
他人の物の引渡し　402
担保要綱　ix, 722, 733
遅延損害金　67, 234
遅延賠償　193, 194
中間試案　13
中間的な合意　157
中間利息の控除　226
中間論点整理　13
直接強制　108
追完請求　201
追完請求権　100
通貨　61
通常損害　213
定期金賠償　228
定期預金の期限前払戻し　430
抵当権の復活　709

適合性の原則　161
電子記録債権の譲渡　750
転得者→詐害行為取消権
転付命令　666
塡補賠償　195
登記する債務　397
倒産隔離　739, 741
動産・債権譲渡特例法　724
同時履行の抗弁　133, 544
盗難通帳　427
徳義上の債務　85
特定債権　263
　　——の保全→債権者代位権
特定債権法　724
特定物　40, 611
　　——のドグマ　49
　　——の引渡し　401
特定物債権　40, 112, 348
　　——引渡義務　46
　　——保存義務　41
特別損害　213
取立債務　51, 395
取引上の社会通念　45, 166

ナ　行

なす債務　36
任意債権　75
ネッティング　378, 491
根保証　642
　　——確定前の履行請求　651
　　——の随伴性　652

ハ　行

ハーグ条約（子の奪取）　120
パウリアナ訴権　304
パラレルデット　547, 770
判決代用　116
判決による不動産登記　117
パンデクテン体系　3
引渡債務　36
非財産的損害　193

被代位権利　263, 271
否認権　306, 336, 686
　　──と詐害行為取消権　307
被保全債権　269, 309
表見受領権者→外観受領権者
表明保証　600
ファクタリング　719
不可抗力　173
不可分債権　550
不可分債務　586
不完全な履行　146
付記登記　460
不作為義務違反　147
不作為債務　36, 117
不執行の合意　88
不真正連帯債務　583
付随義務　144
不訴求の合意（不起訴の合意）　86
不代替的作為債務　114
負担部分→連帯債務
物権的請求権　24, 368
物的損害（物損）　193
不等額連帯　558
不特定物債権　41
不能　32, 135, 136
不履行（non-performance）　141
分割債権　542
分割債務　554
分別の利益　637
変更権　55
弁護士費用の賠償　126, 132, 151, 235
弁済　381
　　──と履行　381
　　──の効果　433
　　──の時期　399
　　──の準備　394
　　──の内容　401
　　──の場所　400
　　──の費用　405
　　──の法的性質　383
　　振込みによる──　403
弁済供託　471
　　──供託原因　474

　　──弁済者の取戻権　478
　　──法的性質　472
弁済者　383, 406
　　──の意思　384
弁済受領権限　413, 419
弁済受領者　413
弁済による代位　441
　　──共同保証人間の代位　450, 455
　　──原債権と求償権　449
　　──代位権者　446
　　　──代位権者相互の関係　446
　　──代位者への内入弁済　452
　　──二重資格者の代位割合　458
　　──任意代位と法定代位　445
　　──優先権ある債権の代位　453
弁済の充当　433
弁済の提供　385
　　──の効果　255, 386
　　──の方法　390
　　──防御的機能と攻撃的機能　389
法人保証　597
法定債権　30
法定重利　69
法定相殺　490
法定利率　67, 227, 234
　　──変動制　67
保険契約者貸付　432
保護義務　144
保護範囲説　209
保証　593
　　──情報提供義務　615
　　──通知（債務の消滅行為）　631
　　取り消すことができる債務の──　608
　　不動産賃借人の債務の──　643, 644, 654
保証意思宣明公正証書　658
保証委託契約　594
保証契約　594, 660
　　──書面によること　604
保証債務　593
　　──給付内容の同一性　602, 611
　　──の時効　625
　　──の内容　603
　　──の範囲　612

――原状回復義務　613
――付従性　601, 623
――別個債務性　601
――補充性　602, 624
保証責任　174
保証人　593
　――の解約権　649
　――の求償権　626
　――の抗弁　618
　――の資格　607
　――の保護　597, 663
　委託を受けた――　626
　委託を受けない――　630
保証連帯　637
保全の必要性　267, 283

マ 行

身元保証　653
無記名証券　747
無形損害　193
無資力　268, 321, 328, 582
免除　528
免責事由　166, 239
免責約款　425
「目的到達」による消滅　380

ヤ 行

有価証券　666
　――の譲渡　742
融資枠契約　73
ユニドロワ国際商事契約原則　10
幼児の引渡し　119
ヨーロッパ契約法原則　10
ヨーロッパ私法共通参照枠草案　11
預金者の認定　431
預金担保貸付（預担貸）　430
予見可能性　207, 211, 214
予見すべきであった事情→損害賠償の範囲
余後効　165
預貯金債権　679
預手　392

ラ 行

利益の押しつけ　410
履行　381
　――の請求　569
履行期　103, 129, 399
履行拒絶　123, 140, 196
履行請求権　99
　――と損害賠償請求権　200
　――と追完請求権の関係　100
　――と塡補賠償請求権との関係　199
履行遅滞　129
　――中の履行不能　175
　――不当利得返還債務　132
　――不法行為による損害賠償債務　133
履行の強制　97
　――の障害事由　105
　――の要件　102
履行引受　754, 770
履行不能　47, 105, 134
履行補助者　177
履行利益　203
　――と並ぶ利益　206
利息　66
利息債権　65
領域説　254
連帯債権　545
連帯債務　556
　――影響関係　565
　　――相対的効力の原則　565
　　――別段の意思の表示　565
　――求償権　573
　　――他の債務者に対する通知　579
　　――無資力者　582
　――性質　560
　――相互保証性　561
　――対外的効力　564
　――の共同相続　558
　――負担部分　558, 573, 582
連帯の免除　582
連帯保証　633

判例索引

大判明 30・12・16 民録 3 輯 11 巻 55 頁　446
大判明 36・4・23 民録 9 輯 484 頁　613
大判明 36・12・7 民録 9 輯 1339 頁　344
大判明 37・2・2 民録 10 輯 70 頁　437
大判明 38・6・3 民録 11 輯 847 頁　504
大判明 38・7・10 民録 11 輯 1150 頁　613
大判明 38・10・7 民録 11 輯 1300 頁　717
大判明 38・12・25 民録 11 輯 1842 頁　387
大判明 39・3・3 民録 12 輯 435 頁　602
大判明 39・5・17 民録 12 輯 837 頁　536
大判明 39・10・29 民録 12 輯 1358 頁　106, 135, 167, 175
大判明 39・11・21 民録 12 輯 1537 頁　299
大判明 39・12・20 民録 12 輯 1676 頁　638
大判明 40・5・16 民録 13 輯 519 頁　446
大判明 40・5・20 民録 13 輯 576 頁　474
大判明 40・12・13 民録 13 輯 1200 頁　436
大判明 43・4・5 民録 16 輯 273 頁　217
大判明 43・7・6 民録 16 輯 537 頁　287, 299
大連判明 44・3・24 民録 17 輯 117 頁　336, 358
大連判明 44・5・4 民録 17 輯 253 頁　414
大判明 44・10・3 民録 17 輯 538 頁　326
大判明 44・12・16 民録 17 輯 808 頁　475
大判明 45・7・3 民録 18 輯 684 頁　474
大判大元・10・2 民録 18 輯 772 頁　402
大判大元・10・18 民録 18 輯 879 頁　468
大判大 2・3・8 民録 19 輯 120 頁　689
大判大 2・5・12 民録 19 輯 327 頁　135
東京地判大 3 頃・月日不詳新聞 986 号 25 頁　34
大連判大 3・3・10 民録 20 輯 147 頁　542
大判大 3・7・4 刑録 20 輯 1360 頁　362
大判大 3・11・20 民録 20 輯 963 頁　695
大連判大 3・12・22 民録 20 輯 1146 頁　688
大判大 4・3・10 刑録 21 輯 279 頁　363
大判大 4・3・20 民録 21 輯 395 頁　363

大判大 4・3・27 民録 21 輯 444 頁　689
大判大 4・6・12 民録 21 輯 931 頁　197
大判大 4・7・28 民録 21 輯 1250 頁　444
大判大 4・9・21 民録 21 輯 1486 頁　554, 563
大判大 5・4・26 民録 22 輯 805 頁　388
大判大 5・10・27 民録 22 輯 1991 頁　221
大判大 5・12・25 民録 22 輯 2494 頁　622
大判大 6・1・22 民録 23 輯 8 頁　310
大判大 6・4・28 民録 23 輯 812 頁　638, 639
大判大 6・5・3 民録 23 輯 863 頁　576
大判大 6・5・19 民録 23 輯 885 頁　498
大判大 6・5・23 民録 23 輯 896 頁　168
大判大 6・6・7 民録 23 輯 932 頁　326
大判大 6・10・18 民録 23 輯 1662 頁　409
大判大 6・10・20 民録 23 輯 1668 頁　436
大判大 6・10・27 民録 23 輯 1867 頁　613
大判大 7・2・12 民録 24 輯 142 頁　400
大判大 7・3・4 民録 24 輯 326 頁　436
大判大 7・3・25 民録 24 輯 531 頁　576
大判大 7・8・14 民録 24 輯 1650 頁　397
大判大 7・8・27 民録 24 輯 1658 頁　214
大判大 7・9・25 民録 24 輯 1811 頁　697
大判大 7・9・26 民録 24 輯 1730 頁　323
大判大 7・10・2 民録 24 輯 1947 頁　505
大判大 7・10・19 民録 24 輯 1987 頁　436
大判大 7・10・26 民録 24 輯 2036 頁　348
大判大 7・10・28 民録 24 輯 2195 頁　314
大判大 7・11・1 民録 24 輯 2103 頁　406
大判大 7・11・14 民録 24 輯 2169 頁　221
大判大 7・12・4 民録 24 輯 2288 頁　395
大判大 7・12・7 民録 24 輯 2310 頁　419, 424
大判大 7・12・11 民録 24 輯 2319 頁　436
大判大 8・2・8 民録 25 輯 75 頁　271
大判大 8・3・28 民録 25 輯 441 頁　693
大判大 8・6・26 民録 25 輯 1178 頁　274, 289, 692
大判大 8・7・11 民録 25 輯 1305 頁　332

判例索引　787

大判大 8・7・15 民録 25 輯 1331 頁　392
大判大 8・10・29 民録 25 輯 1854 頁　200
大判大 8・11・13 民録 25 輯 2005 頁　638
大判大 8・12・25 民録 25 輯 2400 頁　50
大判大 9・1・26 民録 26 輯 19 頁　409
大判大 9・3・29 民録 26 輯 411 頁　393
大判大 9・6・2 民録 26 輯 839 頁　477
大判大 9・11・24 民録 26 輯 1862 頁　402
大判大 9・12・22 民録 26 輯 2062 頁　542
大判大 9・12・24 民録 26 輯 2024 頁　344
大判大 9・12・27 民録 26 輯 2096 頁　309
大判大 10・2・9 民録 27 輯 244 頁　690
大判大 10・2・21 民録 27 輯 445 頁　435
大判大 10・3・23 民録 27 輯 641 頁　135
大判大 10・4・30 民録 27 輯 832 頁　474
大判大 10・5・9 民録 27 輯 899 頁　759
大判大 10・5・27 民録 27 輯 963 頁　130, 174
大判大 10・6・18 民録 27 輯 1168 頁　351
大判大 10・6・30 民録 27 輯 1287 頁　394
大判大 10・7・8 民録 27 輯 1449 頁　390, 396
大決大 10・7・25 民録 27 輯 1354 頁　114
大判大 10・10・15 民録 27 輯 1788 頁　369
大判大 10・11・8 民録 27 輯 1948 頁　395, 396
大判大 10・11・22 民録 27 輯 1978 頁　167, 168
大判大 11・4・8 民集 1 巻 179 頁　482
大判大 11・7・17 民集 1 巻 460 頁　619
大判大 11・10・25 民集 1 巻 616 頁　474
大判大 11・11・24 民集 1 巻 670 頁　588
大判大 11・11・24 民集 1 巻 738 頁　528
大判大 12・5・28 民集 2 巻 338 頁　322
大判大 12・7・10 民集 2 巻 537 頁　311
大決大 13・1・30 民集 3 巻 53 頁　611
大判大 13・4・25 民集 3 巻 157 頁　326
大判大 13・7・18 民集 3 巻 399 頁　393
大判大 14・2・27 民集 4 巻 97 頁　174
大判大 14・11・28 民集 4 巻 670 頁　362
大判大 14・12・3 民集 4 巻 685 頁　397
大判大 14・12・15 民集 4 巻 710 頁　775
大判大 15・3・25 民集 5 巻 219 頁　755
大連判大 15・5・22 民集 5 巻 386 頁　208, 220
大判大 15・11・13 民集 5 巻 798 頁　321
大判大 15・12・2 民集 5 巻 769 頁　651
大判大 15・12・17 民集 5 巻 850 頁　547
大判昭 2・2・25 民集 6 巻 236 頁　250
大判昭 2・3・9 新聞 2684 号 14 頁　437
大判昭 2・4・21 民集 6 巻 166 頁　75
大判昭 2・6・22 民集 6 巻 408 頁　420
大判昭 2・12・26 新聞 2806 号 15 頁　132
大決昭 3・6・29 民集 7 巻 602 頁　601
大判昭 4・1・30 新聞 2945 号 12 頁　446
大判昭 4・3・30 民集 8 巻 363 頁　177
大判昭 4・6・19 民集 8 巻 675 頁　177
大判昭 4・10・23 民集 8 巻 787 号　342
大判昭 4・12・16 民集 8 巻 944 頁　290
大判昭 5・4・7 民集 9 巻 327 頁　393
大判昭 5・7・14 民集 9 巻 730 頁　271
大決昭 5・9・30 民集 9 巻 926 頁　116
大判昭 5・10・10 民集 9 巻 948 頁　274, 692
大決昭 5・11・5 新聞 3203 号 7 頁　115
大決昭 5・12・4 民集 9 巻 1118 頁　554
大判昭 6・3・16 民集 10 巻 157 頁　468, 469
大決昭 6・4・7 民集 10 巻 535 号　463
大判昭 6・6・4 民集 10 巻 401 頁　569, 622
大判昭 6・9・16 民集 10 巻 806 頁　316
大決昭 6・12・18 民集 10 巻 1231 頁　446
大判昭 7・2・5 民集 11 巻 70 頁　505
大判昭 7・5・6 民集 11 巻 887 頁　505
大判昭 7・5・27 民集 11 巻 1289 頁　219
大判昭 7・6・3 民集 11 巻 1163 頁　309
大判昭 7・6・21 民集 11 巻 1198 頁　276, 290
大判昭 7・7・7 民録 11 輯 1498 頁　275
大決昭 7・8・10 新聞 3456 号 9 頁　408
大判昭 7・9・30 民集 11 巻 2008 頁　581
大判昭 8・2・3 民集 12 巻 175 頁　344
大判昭 8・4・6 民集 12 巻 791 頁　654
大判昭 8・4・18 民集 12 巻 689 頁　689
大判昭 8・5・2 民集 12 巻 1050 頁　322
大判昭 8・5・30 民集 12 巻 1381 頁　271
大判昭 8・6・13 民集 12 巻 1437 頁　198
大判昭 8・6・13 民集 12 巻 1472 頁　625
大判昭 8・9・29 民集 12 巻 2443 頁　468
大判昭 8・12・5 民集 12 巻 2818 頁　498
大判昭 8・12・26 民集 12 巻 2966 頁　348

大判昭 9・2・27 民集 13 巻 215 頁　650
大判昭 9・7・17 民集 13 巻 1217 頁　474
大判昭 9・11・24 民集 13 巻 2153 頁　457
大判昭 9・11・30 民集 13 巻 2191 頁　347
大判昭 9・12・28 民集 13 巻 2261 頁　681
大判昭 10・3・12 民集 14 巻 482 頁　276
大判昭 10・4・25 新聞 3835 号 5 頁　86
大判昭 10・10・15 新聞 3904 号 13 頁　623
大判昭 11・2・25 民集 15 巻 281 頁　530
大判昭 11・3・7 民集 15 巻 376 頁　168
大判昭 11・3・13 民集 15 巻 339 頁　469
大判昭 11・3・23 民集 15 巻 551 頁　504
大判昭 11・6・2 民集 15 巻 1074 頁　446
大判昭 11・8・7 民集 15 巻 1661 頁　576
大判昭 12・2・18 民集 16 巻 120 頁　322
大判昭 12・5・15 新聞 4133 号 16 頁　470
大判昭 12・7・7 民集 16 巻 1120 頁　57
大判昭 12・11・27 裁判例 11 巻民 293 頁　135
大判昭 13・1・31 民集 17 巻 27 頁　614
大判昭 13・2・12 民集 17 巻 132 頁　540
大判昭 13・2・15 民集 17 巻 179 頁　446
大判昭 13・3・1 民集 17 巻 318 頁　506
大判昭 13・5・14 民集 17 巻 932 頁　676
大判昭 13・11・25 民集 17 巻 2603 頁　576
大判昭 14・4・12 民集 18 巻 350 頁　654
大判昭 14・5・16 民集 18 巻 557 頁　279
大判昭 14・10・13 民集 18 巻 1165 頁　409, 412
大判昭 15・3・15 民集 19 巻 586 頁　280, 284
大判昭 15・3・20 法学 9 巻 12 号 95 頁　178
大判昭 15・5・29 民集 19 巻 903 頁　419, 423
大判昭 15・9・28 民集 19 巻 1744 頁　502
大判昭 15・12・18 新聞 4658 号 8 頁　177
大判昭 15・12・20 民集 19 巻 2215 頁　117
大判昭 16・3・1 民集 20 巻 163 頁　440
大判昭 16・3・11 民集 20 巻 176 頁　468
大判昭 16・9・9 民集 20 巻 1137 頁　168
大判昭 16・9・30 民集 20 巻 1233 頁　274
大判昭 17・6・23 民集 21 巻 716 頁　341
大判昭 18・9・10 民集 22 巻 948 頁　654
大判昭 18・11・13 民集 22 巻 1127 頁　416
大判昭 18・12・22 民集 22 巻 1263 頁　278

大判昭 20・5・21 民集 24 巻 9 号　619
大判昭 20・9・10 民集 24 巻 82 頁　624
最判昭 23・12・14 民集 2 巻 13 号 438 頁　393
高松高判昭 28・5・12 高裁民集 6 巻 5 号 287 頁　117
最判昭 28・5・29 民集 7 巻 5 号 608 頁　680, 693
最判昭 28・11・20 民集 7 巻 11 号 1229 頁　217
最判昭 28・12・14 民集 7 巻 12 号 1386 頁　275
最判昭 28・12・14 民集 7 巻 12 号 1401 頁　369
最判昭 28・12・18 民集 7 巻 12 号 1446 頁　196, 220
最判昭 28・12・18 民集 7 巻 12 号 1515 頁　372
最判昭 29・4・8 民集 8 巻 4 号 819 頁　542, 593
最判昭 29・7・16 民集 8 巻 7 号 1350 頁　436
最判昭 29・7・20 民集 8 巻 7 号 1408 頁　370, 373
最判昭 29・9・24 民集 8 巻 9 号 1658 頁　276, 290
最判昭 30・1・21 民集 9 巻 1 号 22 頁　199, 221
最判昭 30・4・5 民集 9 巻 4 号 431 頁　290, 370
最判昭 30・4・19 民集 9 巻 5 号 556 頁　134, 177
最判昭 30・5・31 民集 9 巻 6 号 774 頁　366
最判昭 30・7・15 民集 9 巻 9 号 1058 頁　381
最判昭 30・9・29 民集 9 巻 10 号 1472 頁　772
最判昭 30・10・11 民集 9 巻 11 号 1626 頁　345
最判昭 30・10・18 民集 9 巻 11 号 1642 頁　51, 53, 59, 60, 257
最大判昭 31・7・4 民集 10 巻 7 号 785 頁　120
最判昭 31・11・2 民集 10 巻 11 号 1413 頁　511

判例索引　789

最判昭 31・11・27 民集 10 巻 11 号 1480 頁　392
最判昭 32・2・22 民集 11 巻 2 号 350 頁　506
最判昭 32・3・8 民集 11 巻 3 号 513 頁　493
最判昭 32・4・30 民集 11 巻 4 号 646 頁　509
最大判昭 32・6・5 民集 11 巻 6 号 915 頁　398
最判昭 32・7・19 民集 11 巻 7 号 1297 頁　504, 516
最判昭 32・9・10 裁集民 27 号 687 頁　43
最判昭 32・9・19 民集 11 巻 9 号 1565 頁　135
最判昭 32・11・1 民集 11 巻 12 号 1832 頁　334
最判昭 32・12・19 民集 11 巻 13 号 2299 頁　594
最判昭 33・2・21 民集 12 巻 2 号 341 頁　310
最判昭 33・6・6 民集 12 巻 9 号 1373 頁　67
最判昭 33・6・20 民集 12 巻 10 号 1585 頁　52, 483
最判昭 33・7・15 新聞 111 号 9 頁　269
最判昭 33・9・26 民集 12 巻 13 号 3022 頁　329
最判昭 34・2・26 民集 13 巻 2 号 394 頁　34
最判昭 34・5・14 民集 13 巻 5 号 609 頁　389
最判昭 34・6・19 民集 13 巻 6 号 757 頁　554, 558
最判昭 34・9・17 民集 13 巻 11 号 1412 頁　174
最判昭 35・4・21 民集 14 巻 6 号 930 頁　106, 135
最判昭 35・4・26 民集 14 巻 6 号 1046 頁　310, 322, 334, 344
最判昭 35・6・21 民集 14 巻 8 号 1487 頁　177
最判昭 35・6・23 民集 14 巻 8 号 1507 頁　530
最判昭 35・6・24 民集 14 巻 8 号 1528 頁　52, 483
最判昭 35・7・1 民集 14 巻 9 号 1641 頁　380
最判昭 35・10・27 民集 14 巻 12 号 2733 頁　386
最判昭 35・11・1 民集 14 巻 13 号 2781 頁　200
最判昭 35・11・22 民集 14 巻 13 号 2827 頁　392
最判昭 35・12・15 民集 14 巻 14 号 3060 頁　391, 476
最判昭 36・1・24 民集 15 巻 1 号 35 頁　245
最判昭 36・4・14 民集 15 巻 4 号 765 頁　502
最判昭 36・4・28 民集 15 巻 4 号 1105 頁　218, 221
最判昭 36・5・26 民集 15 巻 5 号 1440 頁　28
最大判昭 36・5・31 民集 15 巻 5 号 1482 頁　511
最判昭 36・6・20 民集 15 巻 6 号 1602 頁　64
最大判昭 36・7・19 民集 15 巻 7 号 1875 頁　345, 348
最判昭 36・12・15 民集 15 巻 11 号 2865 頁　589
最判昭 37・5・24 民集 16 巻 5 号 1157 頁　108
札幌高函館支判昭 37・5・29 高民集 15 巻 4 号 282 頁　51, 59
最判昭 37・8・21 民集 16 巻 9 号 1809 頁　421, 422
最判昭 37・9・4 民集 16 巻 9 号 1834 頁　132, 235, 399
最判昭 37・9・21 民集 16 巻 9 号 2041 頁　392, 404
最判昭 37・10・9 民集 16 巻 10 号 2070 頁　353
最判昭 37・10・12 民集 16 巻 10 号 2130 頁　341
最判昭 37・11・16 民集 16 巻 11 号 2280 頁　220
最判昭 38・1・18 民集 17 巻 1 号 12 頁　728
最判昭 38・1・29 手研 7 巻 4 号 18 頁　505
最判昭 38・4・23 民集 17 巻 3 号 536 頁　291
最判昭 38・9・19 民集 17 巻 8 号 981 頁　478
最判昭 38・12・24 民集 17 巻 12 号 1720 頁　132
最判昭 39・1・23 民集 18 巻 1 号 76 頁　351
最判昭 39・1・23 民集 18 巻 1 号 87 頁　315
最判昭 39・1・24 判時 365 号 26 頁　402
最判昭 39・1・28 民集 18 巻 1 号 136 頁　193

最判昭 39・4・17 民集 18 巻 4 号 529 頁　271
最判昭 39・4・21 民集 18 巻 4 号 566 頁　412
最判昭 39・6・12 民集 18 巻 5 号 764 頁　336
最判昭 39・6・24 民集 18 巻 5 号 874 頁　229
最判昭 39・9・25 民集 18 巻 7 号 1528 頁
　229
最判昭 39・10・23 民集 18 巻 8 号 1773 頁
　393
最判昭 39・10・27 民集 18 巻 8 号 1801 頁
　504
最判昭 39・10・29 民集 18 巻 8 号 1823 頁
　189, 217
最判昭 39・11・17 民集 18 巻 9 号 1851 頁
　327, 333
最大判昭 39・11・18 民集 18 巻 9 号 1868 頁
　438
最判昭 39・11・26 民集 18 巻 9 号 1984 頁
　483
最判昭 39・12・18 民集 18 巻 10 号 2179 頁
　649
最大判昭 39・12・23 民集 18 巻 10 号 2217 頁
　516
最判昭 40・1・26 裁集民 77 号 129 頁　329
最判昭 40・3・11 判タ 175 号 110 頁　481,
　484
最判昭 40・4・30 民集 19 巻 3 号 768 頁　483
最大判昭 40・6・30 民集 19 巻 4 号 1143 頁
　614
最判昭 40・7・20 判タ 179 号 187 頁　504
最判昭 40・9・17 訟務月報 11 巻 10 号 1457
　頁　348
最判昭 40・9・21 民集 19 巻 6 号 1542 頁
　619
最判昭 40・10・12 民集 19 巻 7 号 1777 頁
　268
最判昭 40・11・19 民集 19 巻 8 号 1986 頁
　414
最判昭 40・12・3 民集 19 巻 9 号 2090 頁
　259
最判昭 41・3・18 民集 20 巻 3 号 464 頁　117
最判昭 41・3・22 民集 20 巻 3 号 468 頁　399
最判昭 41・4・26 民集 20 巻 4 号 849 頁　608
最判昭 41・5・27 民集 20 巻 5 号 1004 頁
　326
最判昭 41・9・8 民集 20 巻 7 号 1325 頁　135
最判昭 41・10・4 民集 20 巻 8 号 1565 頁
　421, 430
最判昭 41・11・18 民集 20 巻 9 号 1886 頁
　574, 584
最判昭 41・12・20 民集 20 巻 10 号 2139 頁
　757
最判昭 41・12・23 民集 20 巻 10 号 2211 頁
　245, 247, 248, 250
最判昭 42・2・23 民集 21 巻 1 号 189 頁　74
大阪地判昭 42・6・12 判時 484 号 21 頁　240
最判昭 42・8・25 民集 21 巻 7 号 1740 頁
　550
最判昭 42・9・29 民集 21 巻 7 号 2034 頁
　444
最判昭 42・10・27 民集 21 巻 8 号 2161 頁
　696, 707
最判昭 42・11・9 民集 21 巻 9 号 2323 頁
　335
最判昭 43・11・15 裁集民 93 号 319 頁　613
最判昭 43・11・15 民集 22 巻 12 号 2649 頁
　640
最判昭 43・11・19 民集 22 巻 12 号 2712 頁
　483
最判昭 42・11・30 民集 21 巻 9 号 2477 頁
　510
最判昭 42・12・21 判時 511 号 37 頁　34
最判昭 42・12・21 民集 21 巻 10 号 2613 頁
　421
最判昭 43・3・12 民集 22 巻 3 号 562 頁　670
最判昭 43・8・2 民集 22 巻 8 号 1571 頁　366
最判昭 43・9・6 民集 22 巻 9 号 1862 頁　108
最判昭 43・9・26 民集 22 巻 9 号 2002 頁
　274
最判昭 43・10・3 判時 540 号 38 頁　229
最判昭 43・10・17 判時 540 号 34 頁　623,
　624
最大判昭 43・11・13 民集 22 巻 12 号 2526 頁
　72
最判昭 43・12・24 民集 22 巻 13 号 3454 頁
　231
最判昭 44・2・27 民集 23 巻 2 号 441 頁　126

判例索引　791

最判昭 44・4・17 民集 23 巻 4 号 785 頁　589
最判昭 44・5・1 民集 23 巻 6 号 935 頁　398
最判昭 44・6・24 民集 23 巻 7 号 1079 頁　277
最判昭 44・11・6 判時 579 号 49 頁　52
最判昭 44・11・25 民集 23 巻 11 号 2137 頁　72
最判昭 44・12・18 民集 23 巻 12 号 2476 頁　586
最判昭 44・12・18 民集 23 巻 12 号 2495 頁　511
最判昭 44・12・19 民集 23 巻 12 号 2518 頁　334
最判昭 45・4・10 民集 24 巻 4 号 240 頁　678, 679
最判昭 45・4・21 民集 24 巻 4 号 298 頁　70
最判昭 45・4・21 判時 595 号 54 頁　126, 583
最判昭 45・6・2 民集 24 巻 6 号 447 頁　284
最大判昭 45・6・24 民集 24 巻 6 号 587 頁　515, 516, 699
最大判昭 45・7・15 民集 24 巻 7 号 771 頁　472, 479
最判昭 45・8・20 民集 24 巻 9 号 1243 頁　260, 386, 398
最判昭 45・12・11 民集 24 巻 13 号 2015 頁　773
最判昭 45・12・15 民集 24 巻 13 号 2081 頁　594
最判昭 46・3・25 判時 628 号 44 頁　691
最判昭 46・6・10 民集 25 巻 4 号 492 頁　426
最判昭 46・7・23 判時 641 号 62 頁　624
最判昭 46・9・21 民集 25 巻 6 号 823 頁　311
最判昭 46・10・14 民集 25 巻 7 号 933 頁　530
最判昭 46・11・19 民集 25 巻 8 号 1321 頁　353
最判昭 46・12・16 民集 25 巻 9 号 1472 頁　259
最判昭 47・3・23 民集 26 巻 2 号 274 頁　614
最判昭 47・4・20 民集 26 巻 3 号 520 頁　220
最判昭 48・3・1 金法 679 号 34 頁　470
最判昭 48・3・27 民集 27 巻 2 号 376 頁　431
最判昭 48・4・24 民集 27 巻 3 号 596 頁　279, 283
東京地判昭 48・5・10 交通民集 6 巻 3 号 872 頁　577
最判昭 48・10・11 判時 723 号 44 頁　126, 237
最判昭 48・11・22 民集 27 巻 10 号 1435 頁　356
最判昭 48・11・30 民集 27 巻 10 号 1491 頁　323, 332
最判昭 48・12・20 民集 27 巻 11 号 1594 頁　684
大阪地判昭 49・2・15 金法 729 号 33 頁　512
最判昭 49・3・7 民集 28 巻 2 号 174 頁　711, 713, 716
最判昭 49・9・20 民集 28 巻 6 号 1202 頁　316
最判昭 49・11・29 民集 28 巻 8 号 1670 頁　293
最判昭 49・12・12 裁集民 113 号 523 頁、金法 743 号 31 頁　323
最判昭 49・12・20 判時 768 号 101 頁　135
最判昭 50・2・25 民集 29 巻 2 号 112 頁　387
最判昭 50・2・25 民集 29 巻 2 号 143 頁　28, 145, 149, 153
最判昭 50・3・6 民集 29 巻 3 号 203 頁　292, 589
最判昭 50・7・15 民集 29 巻 6 号 1029 頁　62, 75
最判昭 50・7・17 民集 29 巻 6 号 1119 頁　311
最判昭 50・12・1 民集 29 巻 11 号 1847 頁　340
最判昭 50・12・8 民集 29 巻 11 号 1864 頁　699
最判昭 51・3・4 民集 30 巻 2 号 48 頁　507
最判昭 51・4・9 民集 30 巻 3 号 208 頁　546
最判昭 51・9・7 判時 831 号 35 頁　542
最判昭 51・11・25 民集 30 巻 10 号 939 頁　516
最判昭 52・2・28 金判 520 号 19 頁　202
最判昭 52・3・17 民集 31 巻 2 号 308 頁　672
最判昭 53・5・2 判時 892 号 58 頁　512
東京地判昭 53・9・20 判時 911 号 14 頁　240

最判昭53・9・21 判時907号54頁　507
最判昭53・10・5 民集32巻7号1332頁　349
最判昭53・10・20 民集32巻7号1500頁　229
最判昭53・12・15 判時916号25頁　684
最判昭54・1・25 民集33巻1号12頁　345
最判昭54・3・1 金法893号43頁　513
最判昭54・3・16 民集33巻2号270頁　278, 497
最判昭54・3・20 判時927号184頁　202
最判昭54・7・10 民集33巻5号533頁　501
最判昭54・9・7 判時954号29頁　510
最判昭55・1・11 民集34巻1号42頁　713, 714, 716
最判昭55・1・24 民集34巻1号110頁　312
最判昭55・7・11 民集34巻4号628頁　269
最判昭55・10・28 判時986号36頁　291
最判昭55・11・11 判時986号39頁　446
最判昭55・12・18 民集34巻7号888頁　150, 151, 235
最判昭56・1・27 民集35巻1号35頁　159
最判昭56・2・16 民集35巻1号56頁　150
最判昭56・3・20 民集35巻2号219頁　260
最判昭56・7・2 民集35巻5号881頁　494
名古屋高判昭56・7・14 判時1030号45頁　311
最判昭56・10・23 判時1023号45頁　691
最判昭57・3・4 判時1042号87頁　583
最判昭57・6・4 判時1048号97頁　481, 484
最判昭57・7・1 判時1053号89頁　168
最判昭57・12・17 民集36巻12号2399頁　581
津地四日市支判昭58・2・25 判時1083号125頁　34
最判昭58・3・22 判時1134号75頁　688
最判昭58・4・7 民集37巻3号219頁　183, 231
最判昭58・5・27 民集37巻4号477頁　150, 178, 181
最判昭58・9・6 民集37巻7号901頁　132, 235
最判昭58・10・6 民集37巻8号1041頁　274
最判昭58・11・25 民集37巻9号1430頁　308
最判昭58・12・19 民集37巻10号1532頁　318
最判昭59・2・23 民集38巻3号445頁　431
最判昭59・4・10 民集38巻6号557頁　149
最判昭59・5・29 民集38巻7号885頁　448, 449, 452, 457
最判昭59・9・18 判時1137号51頁　28, 155
最判昭60・1・22 判時1148号111頁　452
最判昭60・2・12 民集39巻1号89頁　630
最判昭60・5・23 民集39巻4号940頁　463
最判昭60・12・20 判時1207号53頁　481, 484
最判昭61・1・23 訟月32巻12号21頁　167, 168
最判昭61・2・20 民集40巻1号43頁　449, 450
最判昭61・3・17 民集40巻2号420頁　621
最判昭61・4・11 民集40巻3号558頁　419, 713, 717
最大判昭61・6・11 民集40巻4号872頁　373
最判昭61・7・15 判時1209号23頁　446
最判昭61・11・20 判時1220号61頁　608
最判昭61・11・27 民集40巻7号1205頁　457
最判昭62・10・16 民集41巻7号1497頁　453
静岡地浜松支決昭62・11・20 判時1259号107頁　118
最判昭62・12・18 民集41巻8号1592頁　439
東京地判昭63・5・12 判時1282号133頁　115
最判昭63・7・1 判時1287号63頁　412, 447
最判昭63・7・1 民集42巻6号451頁　577
最判昭63・7・19 判時1299号70頁　345
最判昭63・10・13 判時1295号57頁　432
最判昭63・10・21 判時1311号68頁　117
最判平元・4・20 民集43巻4号234頁　531
大阪地判平元・9・14 判時1384号100頁

513
最判平 2・1・22 民集 44 巻 1 号 332 頁　72
最判平 2・4・12 金法 1255 号 6 頁　470
最判平 2・7・5 裁集民 160 号 187 頁　28, 155
最判平 2・9・27 民集 44 巻 6 号 1007 頁　605
最判平 2・11・8 判時 1370 号 52 頁　150
最判平 2・12・18 民集 44 巻 9 号 1686 頁
　630
最判平 3・3・22 民集 45 巻 3 号 268 頁　292
東京地判平 3・3・28 判時 1403 号 74 頁　115
最判平 3・4・11 判時 1391 号 3 頁　28, 150
最判平 3・9・3 民集 45 巻 7 号 1121 頁　468
最判平 4・2・27 民集 46 巻 2 号 112 頁　345
最判平 4・11・6 判時 1454 号 85 頁　709
最大判平 5・3・24 民集 47 巻 4 号 3039 頁
　229, 230
最判平 5・3・30 民集 47 巻 4 号 3334 頁　714
最判平 5・7・19 判時 1489 号 111 頁　428
最判平 5・10・19 民集 47 巻 8 号 5061 頁
　182
最判平 5・10・19 民集 47 巻 8 号 5099 頁
　119, 120
最判平 5・11・11 民集 47 巻 9 号 5255 頁　88
最判平 6・2・22 民集 48 巻 2 号 441 頁　151
最判平 6・4・21 裁集民 172 号 379 頁　242
最判平 6・6・7 金法 1422 号 32 頁　432
最判平 6・7・18 民集 48 巻 5 号 1165 頁　391, 476
最判平 6・11・24 判時 1514 号 82 頁　583
最判平 7・3・23 民集 49 巻 3 号 984 頁　449, 453
最判平 7・4・25 民集 49 巻 4 号 1163 頁　168
最判平 7・5・30 判時 1553 号 78 頁　160
最判平 7・6・9 民集 49 巻 6 号 1499 頁　178
最判平 7・6・23 民集 49 巻 6 号 1737 頁　470
最判平 7・7・18 判時 1570 号 60 頁　500
最判平 7・9・5 民集 49 巻 8 号 2733 頁　66
最判平 8・2・8 判時 1563 号 112 頁　310, 344
最判平 8・7・12 民集 50 巻 7 号 1918 頁　774
最判平 8・10・28 金法 1469 号 49 頁　159
最判平 9・1・20 民集 51 巻 1 号 1 頁　439
最判平 9・2・14 民集 51 巻 2 号 337 頁　507
最判平 9・2・25 判時 1607 号 51 頁　87, 88,

312
最判平 9・2・25 民集 51 巻 2 号 398 頁　135
最判平 9・4・24 民集 51 巻 4 号 1991 頁　432
最判平 9・6・5 民集 51 巻 5 号 2053 頁　672, 680
最判平 9・7・15 民集 51 巻 6 号 2581 頁　492
最判平 9・10・14 判時 1621 号 86 頁　32
最判平 9・11・13 判時 1633 号 81 頁　655
最判平 9・12・18 判時 1629 号 50 頁　457
最判平 10・3・24 民集 52 巻 2 号 399 頁　729
最判平 10・4・14 民集 52 巻 3 号 813 頁　564
東京高判平 10・4・22 判時 1646 号 71 頁
　218
最判平 10・4・24 判時 1661 号 66 頁　200
最判平 10・4・30 判時 1646 号 162 頁　124, 245
最判平 10・6・12 民集 52 巻 4 号 1121 頁
　312, 686
最判平 10・6・22 民集 52 巻 4 号 1195 頁
　341, 603
最判平 10・9・10 民集 52 巻 6 号 1494 頁
　573, 574, 577, 583
最判平 10・12・18 民集 52 巻 9 号 1866 頁
　147
東京地決平 11・1・18 判時 1679 号 51 頁
　118
最判平 11・1・21 民集 53 巻 1 号 98 頁　72
東京地判平 11・1・28 判時 1681 号 128 頁
　117
最判平 11・1・29 民集 53 巻 1 号 151 頁　683, 684, 723, 730
最判平 11・6・11 民集 53 巻 5 号 898 頁　317
最判平 11・6・15 金法 1566 号 56 頁　238
最判平 11・11・9 民集 53 巻 8 号 1403 頁　87, 88, 621
最大判平 11・11・24 民集 53 巻 8 号 1899 頁
　292
東京地判平 12・1・27 判時 1725 号 148 頁
　647
最判平 12・2・29 民集 54 巻 2 号 582 頁　160
最判平 12・3・9 民集 54 巻 3 号 1013 頁　318, 346
最判平 12・4・21 民集 54 巻 4 号 1562 頁

685, 724
津地判平 12・12・7 判例地方自治 214 号 37 頁　283
最判平 13・1・25 民集 55 巻 1 号 1 頁　750
最判平 13・3・13 民集 55 巻 2 号 363 頁　518
最判平 13・3・27 民集 55 巻 2 号 434 頁　161
東京高判平 13・7・16 判時 1757 号 81 頁　218
最判平 13・11・22 民集 55 巻 6 号 1033 頁　273
最判平 13・11・22 民集 55 巻 6 号 1056 頁　690, 730, 735
最判平 13・11・27 民集 55 巻 6 号 1090 頁　711
最判平 13・11・27 民集 55 巻 6 号 1154 頁　161
最判平 13・11・27 民集 55 巻 6 号 1334 頁　479, 480
最判平 13・12・18 判時 1773 号 13 頁　505
東京地判平 13・12・25 判時 1792 号 79 頁　120
最判平 14・3・28 民集 56 巻 3 号 689 頁　518
最判平 14・7・11 判時 1805 号 56 頁　595
最判平 14・9・24 判時 1803 号 28 頁　160
最判平 14・10・10 民集 56 巻 8 号 1742 頁　727
最判平 15・2・21 民集 57 巻 2 号 95 頁　402, 432
最判平 15・3・14 民集 57 巻 3 号 286 頁　619, 622
最判平 15・4・8 民集 57 巻 4 号 337 頁　420, 428
最判平 15・4・11 判時 1823 号 55 頁　540
最判平 15・7・18 民集 57 巻 7 号 895 頁　438
最判平 15・11・7 判時 1845 号 58 頁　160
最判平 15・12・9 民集 57 巻 11 号 1887 頁　160
最判平 16・4・20 判時 1859 号 61 頁　543
最判平 16・4・27 判時 1860 号 152 頁　151
最判平 16・7・16 民集 58 巻 5 号 1744 頁　686
最決平 16・8・30 民集 58 巻 6 号 1763 頁　147, 157
最判平 16・10・26 判時 1881 号 64 頁　424
最判平 16・11・18 民集 58 巻 8 号 2225 頁　28, 160
東京高判平 17・1・27 判時 1953 号 132 頁　189
最判平 17・1・27 民集 59 巻 1 号 200 頁　463
最判平 17・3・10 民集 59 巻 2 号 356 頁　292
最判平 17・3・10 判時 1895 号 60 頁　615, 654
最判平 17・6・14 民集 59 巻 5 号 983 頁　227
最判平 17・7・11 判時 1911 号 97 頁　132, 425
最判平 17・7・14 民集 59 巻 6 号 1323 頁　161
最判平 17・7・19 民集 59 巻 6 号 1783 頁　145, 165
最判平 17・9・8 判時 1912 号 16 頁　161
最判平 17・9・8 民集 59 巻 7 号 1931 頁　542, 546
最判平 17・9・16 判時 1912 号 8 頁　28, 145, 161
最判平 17・11・8 民集 59 巻 9 号 2333 頁　344
東京高判平 17・11・30 判時 1935 号 61 頁　120
最決平 17・12・9 民集 59 巻 10 号 2889 頁　104, 118
最判平 17・12・16 判時 1921 号 61 頁　708
最判平 18・1・13 民集 60 巻 1 号 1 頁　72
最判平 18・1・24 判時 1926 号 65 頁　218, 219
最判平 18・3・13 判時 1929 号 41 頁　150
最判平 18・4・14 民集 60 巻 4 号 1497 頁　492
最判平 18・6・12 判時 1941 号 94 頁　160
東京高判平 18・8・30 金判 1251 号 13 頁　218
最判平 18・9・4 判時 1949 号 30 頁　159
最決平 18・9・11 民集 60 巻 7 号 2622 頁　88
最判平 18・10・27 判時 1951 号 59 頁　161
最判平 18・11・14 民集 60 巻 9 号 3402 頁　453, 603
最判平 18・11・27 民集 60 巻 9 号 3437 頁

242
最判平 18・12・21 判時 1961 号 53 頁　132
最判平 18・12・21 民集 60 巻 10 号 3964 頁　736
最判平 19・2・13 民集 61 巻 1 号 182 頁　438
最判平 19・2・15 民集 61 巻 1 号 243 頁　730
最判平 19・2・27 判時 1964 号 45 頁　155
最判平 19・3・8 民集 61 巻 2 号 479 頁　248
最判平 19・4・3 民集 61 巻 3 号 967 頁　242
最判平 19・4・27 民集 61 巻 3 号 1188 頁　87
最判平 19・6・7 民集 61 巻 4 号 1537 頁　438
最判平 19・7・19 民集 61 巻 5 号 2175 頁　438
最判平 20・1・18 民集 62 巻 1 号 28 頁　438
東京高判平 20・4・30 金判 1304 号 38 頁　270
最判平 20・6・10 民集 62 巻 6 号 1488 頁　73
最判平 20・6・10 判時 2042 号 5 頁　218
最判平 20・7・4 判時 2028 号 32 頁　160
最判平 21・1・19 民集 63 巻 1 号 97 頁　217, 234
最判平 21・1・22 民集 63 巻 1 号 228 頁　160
最判平 21・3・24 民集 63 巻 3 号 427 頁　555
最判平 21・3・27 民集 63 巻 3 号 449 頁　672
最判平 21・4・24 民集 63 巻 4 号 765 頁　109
東京高判平 21・5・28 判時 2060 号 65 頁　218
最判平 21・7・3 民集 63 巻 6 号 1047 頁　504
最判平 22・3・25 判時 2081 号 3 頁　380
最判平 22・4・20 民集 64 巻 3 号 921 頁　73
最判平 22・6・17 民集 64 巻 4 号 1197 頁　229
最判平 22・9・13 民集 64 巻 6 号 1626 頁　133, 438
最判平 22・10・8 民集 64 巻 7 号 1719 頁　543
最判平 22・10・19 裁集民 235 号 93 頁、金判 1355 号 16 頁　313
最判平 22・12・16 民集 64 巻 8 号 2050 頁　287
最判平 23・2・18 判時 2109 号 50 頁　424
最判平 23・3・22 判時 2118 号 34 頁　772
最判平 23・4・22 民集 65 巻 3 号 1405 頁　28, 156, 162
最判平 23・9・13 民集 65 巻 6 号 2511 頁　218
最判平 23・11・22 民集 65 巻 8 号 3165 頁　450, 454
最判平 23・11・24 民集 65 巻 8 号 3213 頁　450, 454
最判平 24・2・24 判時 2144 号 89 頁　126, 151
最判平 24・5・28 民集 66 巻 7 号 3123 頁　521, 631
最判平 24・9・11 民集 66 巻 9 号 3227 頁　438
最判平 24・10・12 民集 66 巻 10 号 3311 頁　315
最判平 24・11・27 判時 2175 号 15 頁　28
最判平 24・12・14 民集 66 巻 12 号 3559 頁　652, 653
最判平 25・2・28 民集 67 巻 2 号 343 頁　502, 503
最決平 25・3・28 民集 67 巻 3 号 864 頁　116
最判平 25・4・11 判時 2195 号 16 頁　438
最判平 25・9・13 民集 67 巻 6 号 1356 頁　623
最判平 26・2・25 民集 68 巻 2 号 173 頁　543
最決平 27・1・22 判時 2252 号 33 頁　115
最判平 27・2・17 民集 69 巻 1 号 1 頁　630
最判平 27・6・1 民集 69 巻 4 号 672 頁　707, 709
最判平 27・10・27 民集 69 巻 7 号 1763 頁　439
最判平 27・11・19 民集 69 巻 7 号 1988 頁　451, 641
最判平 28・1・12 民集 70 巻 1 号 1 頁　594
最判平 28・4・21 民集 70 巻 4 号 1029 頁　150, 153
最判平 28・7・8 民集 70 巻 6 号 1611 頁　500, 501
最大決平 28・12・19 民集 70 巻 8 号 2121 頁　543, 593
大阪高判平 29・1・27 判時 2348 号 24 頁　218
最判平 29・3・13 判時 2340 号 68 頁　603

最判平 29・4・6 判時 2337 号 34 頁　543, 593
最決平 29・12・5 民集 71 巻 10 号 1803 頁　119
最大判平 29・12・6 民集 71 巻 10 号 1817 頁　117
最判平 30・2・23 民集 72 巻 1 号 1 頁　87, 88
最判平 30・10・11 民集 72 巻 5 号 477 頁　218
最判平 30・12・14 民集 72 巻 6 号 1101 頁　340, 342, 346
最判令 2・7・9 民集 74 巻 4 号 1204 頁　228
最判令 2・9・11 民集 74 巻 6 号 1693 頁　507
最判令 3・1・22 判時 2496 号 3 頁　126
最判令 3・1・26 民集 75 巻 1 号 1 頁　71
最判令 3・5・25 民集 75 巻 6 号 2935 頁　438
最判令 3・11・2 民集 75 巻 9 号 3643 頁　193
最判令 4・1・18 民集 76 巻 1 号 1 頁　70
最判令 4・1・28 民集 76 巻 1 号 78 頁　235
最決令 4・11・30 判時 2561＝2562 号 69 頁　119
最判令 4・12・12 民集 76 巻 7 号 1696 頁　655
最判令 5・1・27 判時 2578 号 5 頁　161
最決令 5・2・20 刑集 77 巻 2 号 13 頁　671, 720
最判令 5・10・23 判時 2592 号 53 頁　366
最判令 5・11・27 民集 77 巻 8 号 2188 頁　518
最判令 6・4・19 民集 78 巻 2 号 267 頁　276, 291
最判令 6・7・11 民集 78 巻 3 号 921 頁　86

中田裕康

1951 年大阪に生まれる
1975 年東京大学法学部卒業
1977 年弁護士登録(1990 年まで)
1989 年東京大学大学院博士課程修了(法学博士)
1990 年千葉大学助教授，1993 年同教授，1995 年一橋大学教授，2008 年東京大学教授，2017 年早稲田大学大学院法務研究科教授を経て，
現在：東京大学名誉教授，一橋大学名誉教授
専攻：民法
主著：『継続的売買の解消』(1994 年)，『継続的取引の研究』(2000 年)，『契約法〔新版〕』(2021 年)，『私法の現代化』(2022 年)，『継続的契約の規範』(2022 年)，『研究者への道』(2023 年．以上，有斐閣)

債権総論 第五版

2025 年 3 月 26 日　第 1 刷発行

著　者　中田裕康
　　　　なかた ひろやす

発行者　坂本政謙

発行所　株式会社 岩波書店
　　　　〒101-8002 東京都千代田区一ツ橋 2-5-5
　　　　電話案内 03-5210-4000
　　　　https://www.iwanami.co.jp/

印刷・法令印刷　カバー・半七印刷　製本・牧製本

Ⓒ Hiroyasu Nakata 2025
ISBN 978-4-00-061690-4　　Printed in Japan

民法の基礎から学ぶ 民法改正	山本敬三	A5判 180頁 定価 1430円
民法改正と不法行為	大塚 直編	A5判 136頁 定価 1980円
人間の学としての民法学 1 構造編：規範の基層と上層	大村敦志	A5判 214頁 定価 2640円
人間の学としての民法学 2 歴史編：文明化から社会問題へ	大村敦志	A5判 218頁 定価 2640円
倒産法入門──再生への扉	伊藤 眞	岩波新書 定価 880円
民事訴訟法 第4版	長谷部由起子	A5判 530頁 定価 4070円

──── 岩波書店刊 ────

定価は消費税10%込です
2025年3月現在